国家出版基金项目
NATIONAL PUBLICATION FOUNDATION

國家出版基金項目

教育部哲學社會科學研究重大課題攻關項目

「十一五」國家重點圖書出版規劃項目·重大工程出版規劃

國家社會科學基金重大項目

北京大學「九八五工程」重點項目

儒藏

精華編二四〇册上

集部

儒藏

精華編

北京大學《儒藏》編纂與研究中心

《儒藏》精華編第二四〇册

首席總編纂　季羨林

項目首席專家　湯一介

總　編　纂　湯一介　龐　樸　孫欽善　安平秋（按年齡排序）

本册主編　王玉德

《儒藏》精華編凡例

一、中國傳統文化以儒家思想爲中心。《儒藏》爲儒家經典和反映儒家思想、體現儒家經世做人原則的典籍的叢編。收書時限自先秦至清代結束。

二、《儒藏》精華編爲《儒藏》的一部分，選收《儒藏》中的精要書籍。

三、《儒藏》精華編所收書籍，包括傳世文獻和出土文獻。傳世文獻按《四庫全書總目》經史子集四部分類法分類，大類、小類基本參照《中國叢書綜録》和《中國古籍善本書目》，於個别處略作調整。凡單書已收入入選的個人叢書或全集者，僅存目録，並注明互見。出土文獻單列爲一個部類，原件以古文字書寫者一律收其釋文文本。韓國、日本、越南儒學者用漢文寫作的儒學著作，編爲海外文獻部類。

四、所收書籍的篇目卷次，一仍底本原貌，不選編，不改編，保持原書的完整性和獨立性。

五、對入選書籍進行簡要校勘。以對校爲主，確定内容完足、精確率高的版本爲底本，精選有校勘價值的版本爲校本。出校堅持少而精，以校正誤爲主，酌校異同。校記力求規範、精煉。

六、根據現行標點符號用法，結合古籍標點通例，進行規範化標點。專名號除書名號用角號（《》）外，其他一律省略。

七、對較長的篇章，根據文字内容，適當劃分段落。正文原已分段者，不作改動。千字以内的短文一般不分段。

八、各書卷端由整理者撰寫《校點説明》，簡要介紹作者生平、該書成書背景、主要内容及影響，以及整理時所確定的底本、校本（舉全稱後括注簡稱）及其他有關情況。重複出現的作者，其生平事蹟按出現順序前詳後略。

九、本書用繁體漢字豎排，小注一律排爲單行。

《儒藏》精華編第二四〇册

集部

《儒藏》精華編第二四〇册

集部

上册

勉齋先生黄文肅公文集

〔南宋〕黄幹 撰

周國林 校點

目録

勉齋先生黄文肅公文集卷第二十二

勉齋先生黄文肅公文集卷第三十七……六二二

雜著……六二二

校點説明

黄榦（一一五二—一二二一），字季直，一字直卿，號勉齋，福州閩縣（今福建福州）人。少受業於朱熹，志堅思苦，成爲朱熹「四大弟子」之一（另三人爲蔡元定、劉爚、陳淳，另一説有真德秀而無劉爚），朱熹以女妻之。宋寧宗登基，朱熹命榦奉表，補將仕郎，銓中授迪功郎，監台州酒務。丁母艱，講學於墓廬。朱熹病亟，盡授榦以所著諸書，手書與訣：「吾道之托在此，吾無憾矣。」榦執弟子禮，畢師之喪。後調嘉興府石門酒官，歷任臨川、新淦縣令，知漢陽軍、安慶府等職。在任恪盡職守，兢兢業業，嫉惡如仇，多有善政，深受士民愛戴。後主管亳州明道宫，旋以承議郎致仕。卒謚文肅，贈朝奉郎。《宋史》卷四百三十有傳。

黄榦以繼承、捍衛、闡揚、傳播朱熹學説爲己任，真德秀評價黄榦爲朱門之「顔曾」。清雍正二年（一七二四），從祀孔廟。黄榦著述頗廣，專著有《勉齋先生講義》一卷、《論語通釋》十卷、《孝經本旨》一卷、《儀禮經傳通解續》二十九卷、《繫辭傳解》一卷、《尚書説》十卷、《六經講義》一卷等。其外爲文集。黄榦文集，宋代諸種書目皆未著録。黄震于咸淳九年（一二七三）二月所作《跋勉齋集》，引當時人董雲章之説，稱有衡陽本十卷，巖溪趙氏所刊本二十四卷，雙峰饒氏録本《書問》一卷、徽庵程氏録本《書問》一卷，北山何氏録本《答問》十卷，並稱「近又得三山黄氏友進刊本四十卷，凡衡陽、巖溪、雙峰、徽庵本皆在焉，而又多三之一，獨無《答問》」。其後黄震又「盡求其書，屬榦辦常平司公事趙君必䢵相與裒類，爲《勉齋大全集》」。董雲章評價道：「衡陽本最初刊，有妨時，有不盡刊，故爲最略；巖溪所刊雖略增，其板已燬于火；三山所刊，分類多未嘗聞，亦頗散失。此集真成大全矣。」可知南宋末年，除數種録本外，黄榦文集至少已有四種刻本，以《勉齋大全集》内容最完整，四十卷本次之。元明兩代，多次翻刻四十卷本，並增刻附録。明代書目如《文淵閣書目》、《内閣藏書目録》等，對黄氏文集各刻本均有著録。

現存黄榦文集較早的刻本有以下兩種：

一、《勉齋先生黄文肅公文集》四十卷，附録一卷。此本原爲清代藏書家陸心源舊藏，《皕宋樓藏書志》著録爲宋刊本。陸氏藏本被後人廉價售與日本財閥岩崎氏之静嘉堂文庫。一九二九年，版本學家傅增湘赴日本，在静嘉堂見原書後，考訂爲元刊重修本。

二、《勉齋先生黄文肅公文集》四十卷、《語録》一卷、《年譜》一卷、《附集》一卷。此本原爲清人瞿鏞舊藏，《鐵琴銅劍樓藏書目録》著録。此本爲元代延祐二年（一三一五）元刻重修本，現存中國國家圖書館。與第一種刻本相比，正文内容相同，衹是形制上有白口與黑口的差別，附録中多了年譜和語録而已。

在清代，曾兩刻黄榦文集，一爲康熙四十三年（一七〇四）黄榦後裔黄若金刻本，一爲康熙五十年黄鉞刻本。與宋元舊本相比，二本訛誤竄易不少，且黄若金刻本編次亦多異舊帙。

此外，尚有幾種重要鈔本：一是南京圖書館藏清影宋鈔本，原爲清錢塘丁丙善本書室所藏。二是清馬氏紅藥山房鈔本，原爲清末民初藏書家李盛鐸舊藏，現存北京大學圖書館。三是清初的三十七卷鈔本，現存中國國家圖書館。該鈔本有二卷並題爲「卷九」，與元刻重修四十卷本相比，篇數有兩卷之差，篇目順序也不完全相同，但内容却基本一致。四是《四庫全書》本，係鈔自元刻，篇目順序與元刻重修四十卷本有異，文字上也有不少差別。

黄榦文集的各種刻本、鈔本，都存在嚴重的殘闕。本次校點，以中華再造善本影印中國國家圖書館藏元刻重修本爲底本。此本雖多漫漶，有壞板致脱失文字多處，然其仍宋刻之舊，字畫清勁，卷中有「鐵琴銅劍樓」等印記，版本價值與文獻價值爲最高。校本爲北京大學圖書館所藏之清人影宋鈔本，若干處可補底本之闕失。校記中稱「清鈔本」。《四庫全書》本後出，脱頁闕文亦多，爲人詬病，然鈔録者曾下過校勘功夫，間有勝于諸本之處，不可一概否定，故亦用作參校本。校記中稱「四庫本」。由於底本和校本殘闕之處多，爲便讀者閲讀順暢，酌補闕文，並説明校改依據。無法補足者，則以空圍號標示。凡遇校本闕略，或者内容比底本更少時，則例不出校。

校點者　周國林

勉齋先生黃文肅公文集卷第一

詩

答曾伯玉借長編二首

白露下百草，迅商薄脩林。幽人起長懷，感此節物深。攬衣自徘徊，撫劍還悲吟。丈夫各有志，莫作兒曹心。涉遠當疾趨，畏景須就陰。願言理輕車，去上南山岑。

祥麟踣魯郊，孔袂何漣漣。傷哉經濟心，付與文字傳。馬公述孔志，托意爲編年。是非一以判，纖悉不復捐。聞君卧丘壑，繭手磨丹鉛。願言得其解，努力希聖賢。

紹熙庚戌十月偕趙仲宗舜和潘謙之曾魯仲遊九峰芙蓉壽山紀行十首

九日早發桃枝嶺

登山豈不樂，屬此風露清。排簷夜雨滴，詰旦天空明。歡然金石交，要我林泉盟。支筇趁漫汗，勇往不計程。一水何縈紆，千峰鬱崢嶸。仰視流雲馳，俯聽幽壑鳴。班荊得所適，斗酒聊共傾。人生會有累，聚散如浮萍。今辰諧勝遊，異日難忘情。意愜各賦詩，庶以紀此行。

道間觀瀑布

行行益以遠，愜此心期幽。一徑險復夷，千林密相樛。回首天際山，矗面懸飛流。銀潢倚石壁，玉龍下山湫。光摇日璀璨，勢激風颼飀。可望不可親，神往形獨留。眷言桃枝山，久矣卜築謀。豈無一日閑，努力窮冥搜。

夜宿九峰寺

暝逐歸雲入遠山，九山環立似人間。摩娑石刻元和體，矍鑠僧譚宣政間。往古來今渾昨夢，隻雞斗酒强開顔。明朝酌取龍湫水，直上層霄不復還。

十日值雨

催粥華鯨徹翠微，覺來屋瓦白差差。初疑淡月霜天曉，忽失前山雲幙垂。田父腰鎌禾欲耳，行人策杖足如錐。老僧莫笑芒鞋苦，破釜生塵儂更悲。

早觀龍湫

夜宿羣峰裏，朝遊大石湫。寒潭飛薄霧，疊障瀉洪流。側徑蒼苔滑，叢祠古木幽。神龍好高卧，雲雨不勝愁。

宿芙蓉寺

萬疊雲山踏雨來，白雲依舊冒山隈。

尊罍罄盡客懷惡，衣屨沾濡僧意猜。默坐香爐煙起伏，喜聞靈洞石崔嵬。五更清磬丁東響，參斗橫空天四開。

十一日早登靈洞巖

寒巖突兀山之阿，足履危磴攀藤蘿。巖下清泉響環珮，巖前古木交枝柯。當中洞門忽開豁，上有石屋高嵳峩。乾坤開闢已呈露，鬼神守護頻揮呵。重門黯淡不可入，以火來照所見多。出門小洞亦奇絕，神龍奮怒吞蛟鼉。勝景如此難重過，手倚石壁頻摩挲。安得雄思如懸河，長吟大詠仍高歌。

過翠微

古寺殘僧少，孤村碧樹圍。明朝山下路，愁絕望煙歸。

十二日復歸桃枝嶺

大溪章溪溪水清，上寮下寮山路平。三山屹立相掎角，百里連亘如長城。仰干雲霄不盈尺，俯視天高浮寸碧。閑雲吞吐溢澗谷，飛泉噴灑下石壁。中有一山名芙蓉，端冕正色羣山空。望之可敬不可慢，僧言直與衡嶽同。坡陁突兀作雲洞，虎豹蹲踞棲鸞鳳。聞道前朝開闢日，曾住浮屠幾千衆。我來已作五日行，皇天一雨復一晴。穹林杳靄非人世，手接羣仙朝玉京。曉來更向山前去，忽到山翁棲隱處。却憶桃源洞裏人，日出煙銷忘舊路。

石爲文多招斧鑿，寺因野燒轉熒煌。
世間榮辱不足較，日暮天寒山路長。

壽　山

凡今之人莫如兄第詩并序

昔我伯氏披斬蓬藋，以筮宅於箕山之陰。有隱君子焉，曾其姓者，遇諸塗，班荆而語，相樂也。謁其居，有迎門而肅者。客入，長者坐而少者侍，少者請而長者諾，相敬如父子，相歡如友朋。問之，曰：「吾兄弟也。」見其二子焉，則在齠齔間而已。能差肩握手，如成人矣。伯氏歸，以語諸弟，相率而往見之。余家距箕山幾一舍，歲月之往，必館於曾舍，如歸焉。視其兄弟之愛，猶一日也。二十年間，伯氏蚤世，而二公者亦相繼以歿，獨其二子既冠且娶，刻意問學，而樂與吾兄弟者遊。察其相愛之情，猶二父也。余甚愧其爲人，樂與朋友道之。夫人倫之愛亦大矣，固人心之所不能已者，而余於曾氏父子獨有感焉。今夫富室衣暖而食飽，不私其有而與天屬均焉，宜若無難者。而世之争錢財相鬬鬩者，往往皆富室。自余造曾氏之門，而四壁蕭然，有人所不能堪者，而再世相處，皆能樂其愛而忘其貧，其亦可道也夫，其得無所愧也夫。紹熙庚戌之冬，余與友人趙仲宗、趙舜和、潘謙之遊九峰、芙蓉，觀龍湫、靈洞，過壽山、翠微以歸。曾氏之季子魯仲偕行，過其家，飲酒樂甚，相與賦

《常棣》之詩，而掇其「凡今之人莫如兄弟」字爲一詩，以嘉其事。魯仲復屬余序之，因書本末如此，以自警云。

物理須深玩，人心定不凡。棣華春競秀，鴻影暮相銜。天性人爲貴，同胞豈異心。疾行迷後長，思昔更傷今。憶昔提孩日，庭前聚戲嬉。利心驅逸馬，分背欲何之。富貴真餘事，兒孫亦後身。四支先自賊，駢拇若爲人。矢束折應難，葉密根無託。斯道固昭然，嘆息人何莫。儒衣而儒冠，滿口談《詩》《書》。君看鬩牆心，異類誠不如。我行箕山顛，上有賢弟兄。高節振頹俗，餘芳丐後生。二父及諸郎，異世真一體。賦詩豈遺君，自以警不弟。

游鼓山登大頂峰 辛亥夏

登山如學道，可進不可已。懸崖更千仞，壯志須萬里。平生石鼓懷，獨酌靈源水。峩峩大頂峰，欲往輒中止。今朝復何朝，擊楫渡清泚。好風從西來，縹渺吹游子。褰裳涉危巔，萬象皆俯視。東南際大海，日月旋磨蟻。煙雲隔洲渚，歷歷猶可指。城中十萬家，囂雜不到耳。郊源與塵市，瑣碎如聚米。同來皆良儔，得酒共歡喜。深林更叫嘯，磐石恣徙倚。摩娑陳公碑，歲月爲我紀。更持末後句，歸以銘吾几。陳烈先生登此山，紀歲月於石上。其略云：鼓屴崱，鼎峰特，歲辛亥，帝司赤。

雙髻峰

萬山環立兩山高，❶伯仲壎箎風味多。軒冕直能驚俗子，❷采薇千古不消磨。

侍文公飲浮翠用劉叔通韻❸

凉風振幽壑，陰雲翳前山。高懷勵清秋，適意林莽間。煙横萬家井，水净霅溪灣。徙倚暮忘歸，人境相與閑。遊子獨何爲，千里方言還。陪此杖屨遊，忘彼道路艱。心期更他年，依巖結柴關。

讀史記荆卿傳

説與男兒莫愛身，簞瓢陋巷不爲貧。古來豪士君知否，拚得頭顱斫與人。

食竹鼯

北山何崔嵬，猛虎之所藏。咆哮一震怒，百獸不敢當。有竹山之阿，挺挺青琳琅。威鳳鳴且棲，衆鳥空回皇。彼鼯獨何爲，莫夜争跳踉。鑽山窟穴深，嚙竹根本傷。鼠腹漲彭亨，鴟怒獨奮張。誰知樵蘇輩，嘆彼枝葉黄。鋤耰擣其室，束縛登我堂。遂令婉孌者，污此牙頰剛。才質既不同，分守合有常。曷不效爾曹，竊食仍循牆。直節永蕭森，庇此千仞岡。

❶「高」，四庫本作「起」。
❷「驚」，清鈔本作「警」。
❸「文公」，四庫本作「晦翁」。

讒　人

監謗兆周蹙，偶語擠秦亡。古風下刺上，國步安且强。靖康發深痛，熙豐啓餘殃。❶惜哉天子明，未免讒者傷。讒者亦何爲，君子名愈彰。

生　平

生平因寡合，歲晚交更少。非干世俗薄，自是志量小。

拜文公先生墓下

暝投大林谷，晨登岺如亭。高墳鬱嵳峩，百拜雙淚零。白楊自蕭蕭，宿草何青青。悲風振林薄，猿鳥爲悲鳴。音容久寂寞，欲語誰爲聽。空使千載後，儒生抱遺經。

答劉正之見招四絶

求田問舍兩參差，木壞山頽萬古悲。
多謝劉郎能館我，短檠踈雨聽清規。

昔年從學屏山下，炯炯胡劉風味長。
滿目青山非故國，人生熟處尚難忘。

君因戇直招時論，我以踈愚厭俗紛。
萬事不須閑着眼，蒼山白醑對西曛。

石馬臺邊森古木，晝寒亭下鎖晴煙。
紫陽不作遠菴死，一醉從君話昔年。

---

❶「啓」，清鈔本作「起」。

讀史戲呈劉正之

君不見漢初曹相國，日飲醇酒不事事。相舍後園近吏舍，黠吏醉呼不肯避。相國取酒飲後園，恨不呼吏與共醉。又不見後來丙丞相，馭吏不畏丞相嗔。嗜酒酒翻車上茵，醉飽去爾何容身。兩公一心知有漢，一夫見辱非吾患。但得時平酒價賤，從渠醉後來相慢。李斯逐客徒自尊，東門黃犬還可嘆。西曹地近不足責，不過能污車上茵。人言兩公固寬平，我謂兩吏非庸生。臣生無益兩丞相，故辱丞相成其名。至今漢家四百載，曹獨爲冠丙有聲。劉侯劉侯汝太癡，世間曹丙能幾箇。但知憤世快我意，醉語誰知官小大。却來東屯起田舍，日與田翁相唱和。人道劉侯只是一醉人，誰知胸中自有渭與涇。一雙怪眼如老鷹，每於醉後白復青。劉侯藏鋒斂鍔莫妄用，君家自是提兵冠豸種。

和魏元明四月菊

鵜鴂纔鳴歇衆芳，忽看佳菊變秋光。江頭雨漲梅同熟，隴上風清麥共黃。莫待重陽拚一醉，不愁長夏自微凉。籬根休遺兒曹見，又說梨花捧壽觴。

和劉實之喜雨

忽忽久不樂，中腸若焦焚。非無一樽酒，高堂細論文。塵俗了不知，學殖聊自耘。念此農事畢，膏雨猶未均。東郊與西疇，禱旱胡紛紛。長年四月時，蝸舍嗟梅蒸。旱魃逞威虐，暘烏麗朱明。風伯真可訟，田祖非無神。曷不駕飛龍，一息萬里奔。兀坐正長吁，仰瞻白雲屯。須臾梧桐上，策策琅玕聲。清溪一綫流，澒洞如盆傾。只此一日澤，便想百室盈。呼童索濁醪，爲我驅愁襟。珠玉忽滿前，語句何清新。此意久不傳，舉坐爲君興。雞蟲無了時，江閣聊自憑。切恐讀君詩，愁殺閉羅人。

再和實之喜雨呈正之

苦海渺無涯，火宅常自焚。青衫不療飢，❶白首非工文。勉策疲駑姿，舍己爲人耘。造物真小兒，苦樂胡不均。大如四月時，梅雨成炎蒸。安得玉燭調，一晦復一明。中夜忽自悞，❷感慨若有神。有名汝不趨，有利汝不奔。獨與迂闊友，卜隣向東屯。燕坐想羲皇，浩歌發商聲。床頭有濁醪，嘯詠聊自傾。又如苦旱中，一雨澗壑盈。□□□□□□□□□草木回春姿，萬象皆更新。君今東屯成，❸拙寢復幾興。我亦側西澗，草閣時共憑。長想千載上，依依耦耕人。

和劉實之寄生日

朝來謾與兒曹語，欲看羣峰插天宇。攜筇直上君子堂，出門復向東屯去。東屯田舍翁，邂逅成賓主。謂予始生朝，杯盤若碁布。須臾剥啄者爲誰，珠玉懷中來舉

❶「衫」，清鈔本作「山」。
❷「悞」，清鈔本、四庫本作「悟」。
❸「東」，底本漫漶，據清鈔本補。

似。滿堂賓客且停杯，看我蓮桃羅十數。感君厚意興轉逸，百斛瓊漿當鯨吸。造物亦何意，萬品齊結實。休論脩與短，大是空中色。但願雙橋茅屋成，欵段從君豈終極。

劉正之宜樓四章并序

劉正之創新居，以「宜」名其燕處之樓，謂其春秋冬夏無不宜也。同志之士，既已共賦之矣，予因採詩之四宜，以廣其意焉。一章言宜其室家也，二章言宜爾兄弟也，三章言宜爾子孫也，四章言罄無不宜也。讀之者，亦足以見予與正之道義相與之意云。

春風滿庭除，琴瑟亦静好。甕中有歡伯，相祝以偕老。

屏山重回首，日暮起長思。鴻鴈來翩翩，共賦《常棣》詩。

君家兩寧馨，翠竹棲鸞鳳。莞簟燕新居，孔釋復抱送。

山以静故高，水以静故深。福禄豈外求，萬感皆人心。

與胡西園伯履

白露下百草，玄雲翳崇岡。遊子莫何之，倏若孤鴈翔。朝發長沙渚，夕息湘山陽。飛鳴念儔侶，慷慨增悲傷。故人懷我深，遠寄金玉章。開緘且疾讀，慰此飢渴腸。是時焞中火，朔風掃枯黃。歲月能幾何，臯蘭結微霜。静觀天地間，至理何昭彰。乾行固不息，坤應還無疆。兩曜若循環，皦皦臨四方。人道政如斯，願君勉其常。❶ 脂車策良馬，日暮道正長。徒僕審驅馳，前途畏榛荒。劣質苦難任，白雲懷故鄉。南山一舍隔，動若參與商。大舶漾中流，矯首空西望。昆弟真可人，行樂毋相忘。

嘉興道間二首

平生事幽貞，足跡不出門。歲晚迫飢寒，暫聽媒妁言。

征途不寐輒終夕，故里無書今幾時。離别因知雙鬢改，❷飢寒解使寸心悲。

謁陸宣公祠于嘉興府學門外二首

年來風俗軟如綿，再拜公祠氣凜然。莫是平生太忠鯁，只今猶斥學宫前。

徘徊無處謁精廬，義膽忠肝一卷書。昏主亂時公尚爾，清朝平世合何如。

石　門

吴越天下富，京畿游俠鄉。隴畝盡膏腴，第宅皆侯王。世言蘇湖熟，霑丐及四方。自我來石門，觸目何凄凉。清晨開務門，有酒誰復嘗。纍纍挈妻子，汲汲求糟糠。父老稱近年，十載嘗九荒。聚落成丘墟，少壯爭逃亡。

訪高僉判所居

遠樹分高下，平洲半有無。短亭低密

❶「君」，原爲墨丁，據四庫本補。

❷「因」，清鈔本作「應」。

竹，小艇隱寒蘆。轉浪魚深入，斜陽鵶亂呼。自慚貴公子，未老賦歸歟。

甲子語溪閔雨四首

檣頭五兩摇空飛，舡頭百丈牽何遲。數篙塘水清可涉，故鄉千里歸何時。

塘中龍骨高數層，龜拆田中縱復横。青裙箬笠倚車卧，但有空車無水聲。

牛女盈盈河漢傍，清風肅肅吹羅裳。朱門達旦聽歌曲，莫遣濃陰蔽夜凉。

老夫年來百不悲，夜聽羣兒聲吾伊。呼兒握手長太息，不見儂家數口飢。

喜雨用前韻

莫愁塵土厭天飛，六月栽田未是遲。待得麥麻收拾後，通宵好雨定知時。

雲霓天外起層層，畢月相隨徹夜横。費得天公能幾力，數州愁苦變歌聲。

睡覺歌聲古道傍，有人中夜攬衣裳。床頭斗酒聊自酌，不爲書牕一夜凉。

山中書生休浪悲，燮調自有皐與伊。清香一瓣來天竺，更把民飢作己飢。予前兩夜月次昴宿，因與兒輩言，更一兩日當離畢則雨，後果然。

又用前韻謝葉宰并序

効官語溪，與金華鄭君聯事相好也。葉明府鄭出，予未及識之。適有以予閔雨四詩呈似者，不鄙而和之。輒以爲謝，且致予懷舊之意云。

誰推雙轂遶天飛，短髮蕭踈蚤是遲。腸斷金錢門外月，曉天秋露稻花時。余嘗侍東萊先生，出金錢門觀稻花，甚樂。

明招古木葉千層，山自浮雲溪自横。春老鶯藏無覓處，遺編燈火屢呑聲。明招，東萊先生所葬之地。

歲晚投身糟甕傍，旋除野服着公裳。折腰可愧更無米，贏得虚堂一味凉。

世事年來最可悲，開口不得洛與伊。兩君論交太左計，芋栗不足充人飢。

噫嘻示兒

噫嘻！吾退不能爲高蹈之靖節，吾進不能爲玩世之東方。腰折亦無米五斗，餓死安得粟一囊。徒令汝曹困齏鹽，對我面目青且黄。冬寒輕裘不朝御，朝飢軟飯不得嘗。大兒知書固自忍，小兒叫怒來牽裳。老夫對此忽自悟，呼兒並集來我傍。人生窮通固有命，丈夫志氣當自强。

送宋知府歸閬州

丈夫不遇歸西州，天遣旱魃爲王留。誰知冥鴻向蓬蓽，一使深蠲膠淺流。載書萬卷足自樂，端坐十日吾何憂。使君高懷不可挽，飛廉驅雨扶君舟。君今捩柂清江頭，江漢衮衮來爲浮。張帆掛席日千里，巨魚豈戀尋常溝。

浙江舟行遇風

扁舟泝浙江，日暖天氣清。□□□□□，胥濤寂無聲。篙工掛席帆，涉險如履平。不謂時適然，自詑伎已精。中流捨維楫，醉卧日月横。煙雲忽異色，亭午風浪生。兩涯忽黯淡，一葉隨欹傾。津人巧不施，反念西佛名。同舟已自訣，立葬東海鯨。雨聲忽自霽，霧暗忽復明。舉酒迭相賀，驕氣又已盈。同舟幸身安，氣塞莫敢爭。誰知翻覆手，頃刻分陰晴。既乏共濟力，拂衣起徒行。

和江西王倉中秋賞月韻

明晦從渠造物慳，好天佳月静時看。一輪天外長明徹，萬象胸中自屈盤。星逐使來隨處見，霜侵臺迥逼人寒。休觀玉兔頻頻擣，活國須公九轉舟。

勉都幹權君 并序

都幹權君明醫相之術，相與浮江淮，握手逾月，言論豪放。世罕識之者，亦隱於技耳，賦詩以勉之。

長安城中豪俊林，錦韉玉勒馳駸駸。入門朱粉誇妙麗，出門青紫争浮沉。東家問醫西問相，君獨燕坐鈎其深。冰眸一睨窮達判，刀劑不許寒暑侵。長安城外天陰陰，行人駐馬爲悲吟。高墳崔嵬葬白骨，安得不死腰黄金。世間萬事何足恃，禍福倚伏常相尋。渠儂自愚君自巧，誰肯一笑忘華簪。蜀人賣卜嚴君平，垂簾閉肆窮古今。逢人但説忠與孝，自有達者能知音。察形察色君所解，直須洞燭賢愚心。屈伸壽夭亦命爾，公平正直神所欽。

送章元德司理罷官歸永嘉

送君北門阪，遥望東甌路。峨峨白鶴

嶺，渺渺飛鸞渡。上有虎豹嘷，下有蛟龍怒。車馬堅且良，維檝夙已具。褰裳涉其險，萬怪不足懼。世路劇羊腸，曒曒誠易汙。但能心無愧，窮達安所遇。毋爲婉孌者，暫蹶輒驚顧。生平麋鹿姿，處世嘆多忤。胡爲展良覿，握手便如故。高懷發鍼石，正論諧韶濩。情親復告别，欲語誰與晤。乾坤一逆旅，日月雙脱兔。寒儒守蓬蓽，白首困章句。期君以遠大，庶足慰遲暮。

謝潘謙之二首

生平不作温飽計，歲晚寧愁衣褐無。一夜嬌兒啼徹曉，始知寒色已侵膚。

綈袍戀戀故人情，寒谷瀟瀟春意生。寂寞窮儒應易足，床頭鼻息便雷鳴。

慶元己未冬至前二日訪林公度至栗山翌日同訪吴必大林季亨容之偕行愛其溪山池亭之勝爲之賦詩

篝火下脩嶺，褰衣涉清川。夜投故人廬，洞壑藏真仙。一水遠縈紆，兩山對蜿蜒。但見煙雲深，不識車馬喧。主人敬客至，杯酒羅堂前。諸孫競勸酬，烹羊雜雞鮮。同來二三友，妙語争春妍。此會良獨難，達旦不復眠。雞鳴秉燭遊，到君新池邊。中有讀書堂，藏書足精研。把筆紀姓名，徘徊悵無緣。天明驅車去，去上層岡巔。回首三嘆息，安得數畝田。結茅與君鄰，嘯傲終殘年。

會南禪遊鄒氏園和知丞韻并序

長至後三日，約同官會南禪，登浮屠，遊鄒氏園以歸。知丞以佳篇見屬，因和其韻，併簡同遊諸丈。❶

杯酒聯翩臭味同，横枝疎影費天工。千林落木人煙絶，獨倚斜陽對晚風。

寄鄭維忠葉雲叟諸友并序

諸友九日上遊巖，老病不能相陪，小詩寄鄭維忠、葉雲叟諸友。

村村簫鼓競龍舟，萸菊巖前倚晚秋。老懶焚香書一卷，欹梅疎竹月侵樓。

宿廬阜歸宗題正覺禪師

稽首歸宗正覺師，長淮千里鬢如絲。早知具眼番成鬧，不作人間了事癡。

挽　詩

挽雲門鄭君

結友雲門日，曾聞谷口翁。松肥三徑雨，鱸熟一絲風。行業鄉閭敬，詩書子姓同。論心獨餘恨，秋草對碑豐。

❶「丈」，四庫本作「友」。

挽潘孺人二首

聞説初年失偶時，回看囊篋鬢成絲。誰知舊室如新室，解撫前兒似後兒。南澗萍生方得助，河陽花落不勝悲。高樓百尺今休上，望着佳城空淚垂。

紅雲照水春將暮，皓月盈盈院落深。正是佳人行樂地，翻令公子獨傷心。床頭琴瑟空長在，眼底音容無處尋。寒食紙錢飛滿野，一聲薤露涕霑襟。

挽新市張監酒三首

曲江人已矣，風采獨依然。薄宦何曾顯，英名是處傳。諸公交薦士，造物竟遺賢。窮達君應悟，怡神向九泉。

捧檄來新市，逢人説舊官。臘殘千棧熟，春到萬家歡。不見文移急，惟聞酒禁寬。摩挲石梁柱，俛仰歎才難。

淡泊心無累，行藏惠及人。詩書長孫子，雍睦化比鄰。我亦塵中客，來司甕底春。從公得遺範，惆悵重書紳。

代王惟謹挽李察院二首❶

關洛蕭條南渡日，龜山往事屬龍津。過庭詩禮傳宗旨，蓋世功名付後人。風憲隻身中與外，清忠壯節晚如新。崇蘭香歇玉剛折，定與天皇作侍臣。

牛角短謌頭半白，龍門峻級眼常青。一官多是春風力，千里俄驚秋淚零。坐想

---

❶「惟」，清鈔本、四庫本作「維」。

德容今寂寞，夢回耳語尚丁寧。夜臺雖閉公長在，有子能存舊典刑。

代曾魯仲挽蔣同叔母二首

釜竈朝晡百險艱，戹匜滫瀡悦慈顔。欲知婦順妻賢處，盡在姑啼夫哭間。庭下芝蘭方擢秀，堂前松檜未應慳。空餘馬鬣崔嵬在，及見春風衣錦還。

不樂何蕃歲一歸，歐陽越客飽京師。注見韓文。腰間未許印如斗，堂上還驚鬢已絲。男子但知三釜計，人生合是百年期。他時此恨憑誰説，見着魚軒心轉悲。

代季亨二首

枌榆接影一牛鳴，淑德相傳到後生。三世隻身長婉娩，兩兒雙淚遞縱橫。蘋蘩春澗情何切，機杼秋堂眼倍明。細讀古今賢婦傳，誰家駃女亦書名。

慇懃慈母手中線，縫作行人身上衣。待換青衫朝日去，誰知白帽帶星歸。別時早覺終天訣，底事能堪跬步違。一路顯親須努力，九原荒草恨依依。

代良夫二首

蚤歲爲儒讀國風，夫人高節有誰同。至今桑梓傳家法，便説蘋蘩力婦功。閨内衾裯長自苦，堂前滫瀡得能豐。欲知淑德碑何在，只聽鄉人歎息中。

聞道夫人遣子時，丁寧捧檄是歸期。青衫到手非難事，白髮驚心秪自悲。長娶忍聽《蒿里》句，短檠休唱《蓼莪》詩。九原精爽應長在，列戟松楸莫恨遲。

挽李尚書母太淑人

少壯聞忠孝，生平閱險夷。篆煙長寂寞，騶從任驅馳。塵俗渾無染，湖山每自怡。儒冠慚佛學，烈婦勝男兒。

紫橐光先烈，青衫拾世科。家聲今益振，母訓昔應多。方聽焚舟誓，俄聞鼓缶歌。定非孫與祖，一戰一言和。

枌社傳家範，堦庭著義方。能令鏘劍履，争欲倚門牆。么麽真無用，提撕獨異常。登堂今已矣，抆淚轉淋浪。

勉齋先生黄文肅公文集卷第二

書　一

與晦庵朱先生書

榦侍親幸安，病餘倦乏，無他往還，番閱舊書，不敢自廢。向日看《書》，獨《盤誥》殊未通，今始玩繹，俟異日求質正。如《盤庚》上篇，疑是誥戒有位者之辭，蓋將教于民，由乃在位者始。此史臣述經之大旨，自「盤庚遷于殷」至「底綏四方」，乃史官紀述民不願遷，而盤庚自以其意言之如此，以起下文誥戒有位之言。「其如台」以上，是民不願遷之辭。「卜稽」恐當爲句絶，❶言先王嘗以卜稽其疑，而龜筮之辭云云也。其他曲折，未能盡述，此乃向日最不通處，以此讀之，稍成倫理。然亦未知其是否。又看《大學》《中庸》《易傳》，循環讀之，乃知人心持守，常欲明覺，然義理未通貫，則羣疑塞胸，觸事面牆。所謂明覺者，殆不足恃。朋友猶以辨析已甚爲疑，恐卒墮於滅裂鹵莽、擿埴索塗之地也。林際可在帥書院，❷自謂艾軒嘗以《盤》《誥》授之。以不欲見帥，故不得亟見之，俟其罷局，當叩其曲折。但謂《康誥》爲周公攝政時書，故稱「朕其弟」，則於「王曰」之辭無所當矣。特恐其他

❶「卜」，原作「下」，據四庫本改。下句同。
❷「際」，原爲空格，據四庫本補。

或有長處也。三哥比得書，意思甚佳，蓋天姿之美、詩禮之訓，自應若此。榦以來歲彼中不招館客，欲得朋友相切磋，遂欲開歲四五日即離此，適得彥忠書，聞欲來春歸尋地，季通蔡丈亦同行。恐其至此，無他深密相識，勢須少候。已與之約，二十日不到此，榦當即啓行，不審尊意如何。書稱「主管徽猷先生」，❶又有歲晚天寒之問。

榦門户衰替，大懼先世儒業之不振，收教子姪輩，使粗知孝弟忠信，每自謂留心於此，亦居家職分所當然者。間有親舊之子，爲之授句讀解釋訓詁者，則受其束脩，以贍老幼。又年長好讀先生書者，則與之切磋，以更相勸勉。舉業聽其自爲，讀書次弟，用心要領，則尹先生所謂「臣師程某曰」者，所當遵守也。榦大要且勉令立志，其次以收放心。義理訓詁，則先生之書詳且明矣，有不甚曉者，則以所聞告之。張先生所謂「五益」者，亦信乎不能無補也。但歲月如流，城居人事紛擾，無復静坐觀書之樂，此爲可慮耳。警勵之誨，敢不服膺。繼此數蒙教誨，以警怠廢，幸甚幸甚。前日偶出山間，及歸之日，館中諸友忽爲大帥斥逐，榦亟還以歸。朋友十餘人，有居鄉者，卒無僕隸，大爲吏卒所辱。反覆自省，無一毫得罪者，涼薄自合至此。闔門引咎，蓋無見幾之明，無辟世之操，所以至此。其他曲折，不足瀆尊聽。至此益思平日狷介，未爲失也。後數日履常乃以簡來，別爲占一僧舍，令還居之。榦雖至不肖，亦何至一旦食嗟來之食，再拜謝之而已。林擇之丈欲招周醫爲古田丞療病，適周有公事在直司，林丈與履常

❶「管」，四庫本作「館」。

謀，使虞候傳語職官，令早爲結絶，蓋欲周之亟行也。訟者執其人，以爲教唆。其人以實告，諱履常不言，而專指擇之。帥大怒，杖虞候而逐之。擇之以此勉榦，使勿以帥不禮於人爲意，榦却欲以此勉擇之以早爲去就，毋數招人不禮爲辱也。❶林丈乃欲以嬉笑處之，是或一道也。此紙告焚之，勿以示人。近日事多出不測，更莫曉其意，自反以求免禍而已。喪服偶此人行急，後便録呈大略。司馬公不言冠之有武，其制若何。齊衰武纓用布，今不言則無以別於斬衰矣。衣領正方，疑是安項處三面皆方，斜裁而下。謂之方，則當有曲角處，不但如今背子領也。衣袂相屬處，長短皆齊而聯縫之，無空缺處。曲裾，以一幅布交解裁之爲兩條，上闊下狹，綴之兩旁，如燕尾然，非兩條相沓如燕尾也。故深衣温公注中云：或謂之圭者，上狹下鋭，指一條而言也。謂如燕尾者，兩鋭相向，揔一身而言也。今人以四條綴兩旁，如兩燕尾然，則失之矣。未知是否。榦過此尚百日，便圖趍侍，世路險巇，人心頗僻，捨先生將安歸？新居聞見締創，異日若得結茆附庸其側，爲朝夕依歸之地，則幸矣。潘丈誌文得與朋友拜觀，令人慨然念之，真高世之士也。家兄卜築小菴先墳之側，一往輒旬月，庶幾可庵之風矣。賜書旦夕附往，後便或可拜謝。此書稱「主管修撰郎中先生」，又有秋高極凉之問。

榦同二姐領兒女輩以十九日達侍旁，途中賴尊芘皆無恙。至家，兄弟畢集，親老懽喜，蓋累年所願欲而不可得者，獨區區懷慕道德之情，未易釋耳。三哥苧溪得爲一

❶「爲」，清鈔本作「之」。

宿之欵，意緒甚佳，彼中諸事，得所付託，諒深慰愜。莆中見鄭子上，已與約行期，今遣六人并轎往從之。趙帥小不安，未欲見之，渠遣人相呼，昨晚往見之。問及先生所以戒其用寬之實，榦謂不知其故，想是自有見處。帥云：「南康之政，凡事皆欲搜索理會，雖前官已結斷者，亦多改正。」又謂：「如前官已斷者，合只令經由以次官司，不必理會。一是免得發前人之失，二亦得事簡。若一一理會，恐反長姦猾。」榦答以「事到面前，亦只得爲他理會。況前官所斷已錯，人情或有冤抑，安能不爲之動心？」帥却云：「只令經以次官司，亦不到全無一人理會得。」偶渠坐間人吏群立，不欲力與之辨。似此等議論，百姓何賴焉？義理不明，雖有美質，終爲邪説所惑也。浦城之寇嘯聚百餘人，臨江一市焚毁太半，幸已撲滅。此皆非細故。石應之以王黨見逐，徐居厚不知其故。吕子約除藉田令。方羣憸彙征，不知子約知幾之明、克亂之才，果可以周旋其間否。榦一兩日人事擾擾，書院中六七小童得方大哥監視之，可以杜門終日，尋繹遺經，足以自樂。未有請教益者，當俟後便也。彼中有便，數蒙誨賜，慰此拳拳，幸甚。

榦侍旁幸安，偷閑温習，比去歲差得暇耳。聞祠命已下，竟遂間退之志，學者之幸也。此間朋友數人，亦難得志尚堅苦者，反顧年不後人，亦有痛自點檢耳。蔡丈想不久須到，意思斂退就實，殊可敬重。相聚不欵，别去深用懷想。膚仲地未入手，有準備者近特遡流爲圖之，又爲他人所先。其人乃無心得之，地之難圖如此。不知大哥窀穸有定所未邪？蔡丈爲膚仲言閩清一穴極佳，膚仲之力不能辦，不知先生肯遠就此否？　榦少禀劉仲則來訪，云渠見攝帥幕，帥於同列多不相下，辛憲又非能下人者，一旦有隙，則禍有所歸。渠欲得先生道其姓名於辛憲，榦與之有世契，不能辭，可否，幸裁酌。

仲則相訪，已悉以尊意達之。仲則近已得鄉樞薦章，劉邑長終是清勁明决。郡官有章司理者極曉事，趙司户者純粹，皆可喜。章司理以小眚爲帥斥責對移，自是僚屬皆束手莫敢任事，喜怒之不可不謹如此。先生將漕之命，恐是廟堂决意欲行三州經界，其勢亦恐難辭，果爾，鄉邦不世之遇也。尊體小小不快，想亦無甚害。榦身爲人束縛，不能走侍，不勝慕戀之情。七月初便當一出。書會人情不美，自是，初以爲貧而受之，既而以親戚尊長不可辭，若無閑事，出入應接，則在我者得盡其職，在彼者亦自無辭以相怪。受人子弟而不免出入，則彼雖未形之辭色，而此已惕然不自安矣。若必曰但據自家任便出入，彼不足恤，則非榦所敢爲。所幸止有百餘日耳。人情不美不足怪，最苦是有妨日力也。朋友往還十餘人，實用力者一二耳，又多相遠，不得朝夕講切。然自省之功，亦不能全恃他人也。朱曾叔兄弟今亦到此，通老知丞丈過，終是篤實，可愛可重，想不久須造席下。偶李簿行，附此。

榦初八晚已抵侍旁，老幼幸無恙，更留二十餘日，方可告歸。一房兒女，久勞撫念，重以爲媿。家兄此間亦能盡職，俸雖薄，亦足奉親。凡事只得逐日驅遣，不暇爲異日謀也。特老人於榦一房尤所鍾愛，甚欲令挈爲此來，亦俟相度事勢如何耳。過玉山，六七舅已爲古人。生平意氣不凡，雖欲爲生産之計，亦無所就。客居蕭然，❶殊可傷悼。玉山境内，彌望如赭，塘井盡涸，三衢粗勝，聞彼尤甚。❷此數日雨意不成，細民嗷嗷，良可念也。鄧子禮尚留此，九月可與之同歸。此書稱「主管修撰先生」，乃八月十日書也。

榦以初八日抵侍旁，所幸尊幼皆安，親老尤安健，稍足自慰。家兄以近制成資，須得部符，乃聽解罷。已遣人料理，未回，解任須在八月初，復以乳婢感冒不能行，未可即登途，度歸計須在此月末。抵建陽須當暫留，恐雙溪有妨縣官醮飲，則近市别得一小屋亦佳，望囑儲宰爲預謀之。家兄歸計及參部之計，未知所濟，已懇一二親舊爲假貸之策。過上饒，趙守亦許以歸日相周旋，但未知所假足用與否，亦且只得挨去看如何。休致不允之命，想榦離後三兩日即到，再上之章想已遣行。楊子直、劉智夫皆在此，遷延避暑，且候迓兵。蓋以近日有臺疏，言過家上冢宿留不行者皆爲故稽君命，其意指林和叔、樓大防而言。故諸公皆爲遷延中道之計，而不敢過家上冢矣。田子真之語，或者謂其對人稱許止吕、秦之事，果爾，亦可謂輕率之甚也。然指斥如此，乃得罷去，稍涉權要，遂至遷謫。輕重不倫，豈所以爲尊君哉？汪季路之罷，蓋以臺官先論孫元卿、袁和叔、陳武三人考校涉私。有錢原者，臨安人，家巨富，偶試屨中，故三人者遂坐此謗。季路爲之辯析，故臺論併及之，别無他罪，但以臺諫論事不當復辯

❶「居」，清鈔本作「舍」。
❷「彼」，原爲墨丁，據四庫本補。

矣。楊元範遷祭酒，蓋亦自覺其已甚，而能自悔，同列以其有異意，故去之。張鎡乃昌黎莫逆，與其兄争分業，張鎡主昌黎而其兄主王德謙，元範乃論張鎡，罷之，此所以爲異意也。黄元章除殿院，蓋實嘗與昌黎有雅好，但黄亦善人，想亦不敢爲已甚也。昌黎麻辭甚褒，雖其祖之功莫能過。中有一語，初云「獨成與子之功」，余揆貼云「力參與子之功」。昨聞詔語，亦貼二三字，如此，則余豈能久安相位哉？余、鄭皆非能久安者，何公舊物之除，意或在此也。鄧千里昨日方到此，則云欲褫餘于職名，故以囑何公耳。但諸賢豈能皆自保哉？道學之圖，聞高文虎之子所爲。又有一圖，云「右道學」，則以鄭惠叔爲首，楊元範次之，以其助佑道學也。高文虎短喪之請，復有一劄乞置都虞候如監軍之類，以上所親信爲之，庶幾可以相繼而無專兵之患，或以其意蓋主王德謙也。❶其無知敢於欺君黨惡乃如此。吴斗南有書力排短喪之議，然吴斗南已彈冠而赴架閣矣，其不變而從者幾希。近日所聞，大抵如此，無可言者。年穀大熟，可以寬生靈旦夕之死，未知造物竟何如也。拜侍在即。

辭職休致之請，楊子直、劉智夫皆以爲可以已之。子直以爲，不已則亦當婉其辭，但力言辭受之義，而不必他及。智夫以爲，不已則受職名而後求休致。榦以謂子直之説近是，而智夫之謀甚疎。要之，二公之論皆主於畏禍。榦謂禍不足畏，但使吾之所處者一合於義，則死生禍福一聽之天命可也。詘道以畏禍，非也；非道以取禍，亦非也。故前日封事不可上，今日辭職休致不

❶「主」，清鈔本作「指」。

可已。以此决之，似可以質諸聖賢而不惑矣。智夫之論，不足深怪。子直素稱學者，然其言論操守，矜持嚴整，而考其用意，皆出於畏禍。此所謂同行異情者。與之語，殊使人駭笑。自謂今日之事，全出其力，蓋當初欲行遣二三十人，某爲之首，却被某輪對，爲平平之論，許多事都蓋抹。此非所謂枉尺而直尋者乎？又言先生不可復論事，但婆娑山林以聽之。且云晏子以其君顯，這个人亦□□□□□□。崔杼之難，他都不管。蓋人主又□□□□□□之主管他做甚？其議論大率如□□□□□知有君，不知是何見識？如此，且□□□□□□此亦更不見州郡及賓客低聲□□□□□□之已臨其頸矣。故至此亦但一見□□□□□且云京之客有趙善括者，朝夕唱□□□□□説謝之爲人甚深。鄉者王謙仲排□□□□謝實教之，二人皆非可託。恐先生通□□□□深防此輩也。都下人想已遣矣。

□□□□起居之詳，且聞有感冒及齒痛之苦，□□□□不安，然終年常覺如此，恐亦應酬勞□□□□念欲趍侍，終是以舅氏之命不欲重違，□□□□徐處之，看如何資禀拙鈍，於古人文□□□□於今之程文又不習。隨隊一試，亦擾擾□□□□得寧静。家兄將樂之行，以辟書上日□□□□老幼，以辟書下日爲期。自是從師奉□□□□便，不勝幸甚。榦試後倦憊，且朋友畢□□□□冗，偶趙丞行，拜覆草率。此書稱「修撰鴻慶郎中先□」□□□十。

□□□□列薦之地於富沙，富沙語鄭

子仁云：榦嘗爲之遊談諸司。❶聞其説蓋云，吕仙遊雖與吕子約爲再從兄弟，然其議論趨向，絶不似子約。可嘆！可嘆！名家之子，不能安分，求榮得辱，其褒也乃所以爲貶也。榦去歲扶護還家，家兄相謀葬地，告以蔡丈所遷穴。只是蓋得不密，地中雖有水痕，而所藏之禾兩年尚發青牙，此可見地氣之煖。家兄不從，乃自見行視數處，皆全不成形局。後乃注意兩處，其一號庵前，其一號後窟。庵前却在舊墳包内，止是山包向裏，却於山背開穴，形尖勢反，風氣宣泄，土石頑礦。後窟乃在背，逼窄反逆，又更全不成地頭。此兩處，雖村夫牧童亦知其不可。家兄執之甚堅，其説以爲合宗廟水法，及親舊如膚仲、景思、謙之、彦忠、溥之諸人來説，即以無風水無禍福却之，以爲蔡季通信風水邪説，故有身竄子死之禍，惟吕東萊真是大賢，見得明白。諸弟力以爲言，則欲委而不葬。見其所執之堅如此，決欲以六月十六日葬庵前穴内。舅氏勸其併舉先人合葬。及開壙見欹側之狀，方惻然欲寬葬期。以去歲曾用磚結砌兩處作兩小壙，試其可用與否。及開庵前一穴，則滿穴皆臭水，不可近。恐其説之不勝，遂開後窟一穴，偶山燥無水，遂決以爲可葬。目下用工開掘，其地頭全無可取，全不成形勢，但欲幸其説之勝而不思親體之安，但以爲無水而不思水之外尤有可慮。所幸葬期尚寬，猶可商議。但家兄既堅不用蔡丈之穴，以爲便試得無水亦不可用，則無復可言者矣。日夜思之，心神昏亂，無以處此。以兄

❶ 此書及以下二書，四庫本别題爲「與某書失名」，且無「游談」以上文字。

弟論之，則止得順從；以父母遺體論之，則人子之心實有所不忍；以目前未葬論之，則不可以不速葬；以既葬而有水蟻之患論之，則不如緩葬之爲愈。咈長上之意以不葬其親，其名固不美；欲兄弟之歡以虧父母之遺體，其實又不安。智識淺陋，莫能決此，欲望先生爲熟思之，賜以一言，若以爲可從，則止得俯首聽命。若當熟諫，則亦乞先生反覆爲家兄言之，以釋其惑。榦亦率親故力言之，少遲一二年，以俟其定。望先生爲斟酌之，存没均受大賜。

榦罪逆不孝，二親已畢葬事。音容永隔，痛慕何窮？葬非其地，此心如割。每一起念，不如無生。以尊長之意，止有抑遏含忍而已。辱存撫之至，不勝哀感。適此痛苦，復迫隆冬，病軀爲寒氣所襲，輿病還家。復聞後山蔡丈之訃，拊心號慟，累日不能已。該博通達如斯人者，豈易得哉？以是氣疾轉甚，累夜不能就枕，多服疏導藥，如紫蘇、香附之屬，方少瘥。念欲即走侍師席，以病後尚怯寒，更旬日方可離此。《喪禮》旦夕携往拜呈，其條例先具别紙，乞先入思慮。❶只條例定，則其中小小曲折易整頓矣。扶病拜覆草草。此書稱「侍講先生」，十一月十九日書也。

林井伯歸，聞先生尊體不安，甚以懷念。及得此書，筆畫辭意殊無病狀，❷且見鄭子仁，具言啓處之詳，方稍自慰。終以書會相絆，未能走侍爲恨。兩日方聞引年之請已下，先生拳拳宗社之意，固未忍忘。然禮與時合，且得省分疏，亦是一事也。榦衰

❶「入」，四庫本作「生」。
❷「意」，清鈔本作「氣」。

病之軀，日困多事，自妨己業，甚以爲懼。朋友亦有五七人可與語，初亦且令識得性情部伍，認得虚靈體面。庶幾讀書存養，不至全無落着。❶ 然學者之患在於志卑氣弱，度量淺狹，規模褊陋，則雖與之細講，恐終無任道之意。故須是有大規模，又有細工夫，方且成个人物。故常以此提撕之，恐《中庸》所謂高明中庸、廣大精微，亦此意也。榦自治未至，何以教人？顧誦先生之言，與朋友共講之，亦賴以自警耳。幸先生有以警教之。精舍朋友聞稍有人，雖多方以禁之，而卒不能以尼其來，亦足見先生之道益尊，而人心之理未易泯也。楊丞此來，留半月餘，學者如此人，誠不多得，其胸襟無一物，只有向先生之道而已。讀書窮理，比舊似稍通曉，但説不甚出，亦不甚能問辨。且自言其平生仕宦，視辛幼安輩如小兒，獨於先生之前則畏憚不敢發一語。更望先生詳細與之語，若其有所得，却勝似世間一種心地紛擾、利欲膠固底人物也。鞏仲至屢相見，其説多而雜，虚泛而無倫理。然其蕭散樂易之意，亦今之所難得。見先生與渠書，句句皆藥石。又見渠今所拜先生書藁，則又止似溺於所好，未必能增其所不能也。鄭齊卿下喬入幽，大爲失計，讀書似得路逕漸直，亦勉其再往，然苦多病未能也。庚一、庚二哥觀其氣象，亦漸律貼，但後生心性難馴易變，安得一旦翻然棄其童習，而惟家學之是慕耶？丁寧誘掖，以漸率之，看其久久如何耳。此間曲折，楊丞能言之，不敢縷縷。此書稱「致政侍講先生」，五月朔旦

❶「落着」，清鈔本、四庫本作「着落」。

日書也。此後有別稟，❶問及同慶始祖墳禁，大率與公劄事目一同，已見第四卷，不録於此。

與辛稼軒侍郎書

榦拜違几舄，十有餘年，禍患餘生，不復有人世之念，以是愚賤之跡久自絶於門下。今者不自意，乃得俯伏道左，以尉拳拳慕戀之私。惟是有懷未吐，而舟馭啓行，深夜不敢造謁，坐局不敢離遠，終夕展轉如有所失。恭惟明公，以果毅之資，剛大之氣，真一世之雄也。而抑遏摧伏，不使得以盡其才，一旦有警，拔起於山谷之間，而委之以方面之寄。明公不以久閑爲念，不以家事爲懷，單車就道，風采凛然，已足以折衝於千里之外。雖然，今之所以用明公，與其所以爲明公用者，亦嘗深思之乎？古之立大功於外者，内不可以無所主，非張仲則吉甫不能成其功，非魏相則充國無以行其計。今之所以主明公者何如哉？黑白雜揉，賢不肖混殽，佞諛滿前，横恩四出，國且自伐，何以伐人？此僕所以深慮夫用明公者尤不可以不審夫自治之策也。國家以仁厚揉馴天下士大夫之氣，士大夫之論素以寛大長者爲風俗。江左人物，素號怯懦，秦氏和議，又從而銷靡之，士大夫至是奄奄然不復有生氣矣。語文章者多虚浮，談道德者多拘滯，求一人焉足以持一道之印、寄百里之命，已不復可得，况敢望其相與冒霜露、犯鋒鏑，以立不世之大功乎？此僕所以又慮夫爲明公用者無其人也。内之所以用我，與外之所以爲我用者，皆有未滿吾意者焉。

❶「别稟」，清鈔本作「廩别」。

勉齋先生黃文肅公文集卷第三

書　二

與李敬子司直書

幹只得僕僕入京，爲調官計，漕幕之請，全無來歷，大抵皆出於豐公之意。臨別猶有不忍相捨之狀，其拳拳於胡公之意厚矣，非所以相爲謀也。承見教「明德」章，更平心將諸處説明德參考，如「克明俊德」，以至於「光被四表」「懋昭大德」「自昭明德」「輝光日新其德」「予懷明德」之類，看兩个明字，作如何説，與今《大學》是同是别。又看格物、致知、誠意、正心、修身用功處，如何能明其明德，或問所謂明之端、明之實是如何。讀書只據見成文義看過，都無所疑，恐亦不是小小病痛，更望與諸兄審之。今有疑義，更無扣問處，只得依見本看，但恐終無味也。此事未易言，相聚時只説閑話，過了都不曾得攻擊也。《西銘》今看了，三十年來，血脉文理終不能得通貫。近因道間與黃伯新商量，方覺有歸着。異日須作一段説破録以請教也。所疑虚靈洞徹非所以言理，朱先生亦將虚靈不昧言德，德即理也。余、胡諸兄皆有此疑，更須見得不相悖處乃佳。幹差遣定後，更相度尋一相聚，非紙筆所能盡述也。

幹自南昌行至上饒，忽動家山之興，慨然南轅，意欲且留家間，遣人求一差遣。及抵家，米價大貴，家間典質已竭，只得且解囊中以濟其乏，而急走中都，求見次以濟之。❶ 方思賢者山居之樂，苦節而無求於人，真長策也。《大學》首章，舊説以德之發於外者昭著而不可掩爲明德，今解以德之存於中者昭徹而無所蔽爲言。故鄙意欲合内外而言之，亦似有理。今既無所考正，姑守今説爲得其本。異日出見，更商量也。榦求静處而未可得，秋凉或走見，不知可遂此願否。

榦以是月三日交賤事，縣道敗壞之甚，其勞又倍於臨川，獄訟更不堪。開眼財賦赤立，亦只得判身判命，硬着脊梁擔負前去。更兩三月後，當亦少定。所可喜者，無臨川奔走臺府之勞，可以終日坐曹耳。得徐兄肯來，甚濟事，亦更少得一兩人同理會事。不知東湖有可那得一人否？要得仙鄉、或九江、或西湖人乃佳。❷ 蓋質實耐辛苦，且是甘吉父職事，要一人主之也。此最急者，望留意，旬日内得之爲佳。茂欽、運幹煩致意，未及拜狀。趙簿爲此間謝公所持官會事，計使似亦疑之，更望同茂欽力爲言其決無此事也。新淦趙簿竟不免小小得喪，亦何足道？然世事可歎者，❸ 未易言也。榦交事已半月矣，又以其衰老之身，日與頑民爲鬬，何益於事？而徒費心力，深可歎也。黄兄且留在書院，一兩月後試之以事，自有以處之也。胡伯量得近訊否？余國秀得書未及報，且爲致意。本縣縣丞王其姓者，特一畏懦之人耳。昨以憲使差

❶「求」，清鈔本作「來」。
❷「湖」，原爲墨丁，據四庫本補。
❸「世」，清鈔本作「此」。

慮囚，遂以權縣爲詞，乃蒙憲使對移豐城簿。欲煩一言，得其復職，幸甚。丞乃鄉人，亦無一日之雅，特以同官之誼，不忍其至此，又不敢爲白之憲使。望爲宛轉，幸甚。恐憲使未欲便改，則姑遲旬日，亦不妨也。望與茂欽兄同爲致力也。

榦視事已月餘矣，此邦較之臨川，互有難易。臨川困於臺府之應酬，此邑却無此撓。然寓公、士人頗難制，又却不如臨川也。一切付之不恤，寓公之家以勢擾民者，只得按法治之。向來朔望，縣官皆先謁其門，今亦不講。士人之無賴者痛懲之。想此兩邑人日夜蓄憾，爲乘隙見攻之計，此亦每事愈加縝密，使之無隙可攻。更須月餘，事緒已定。比之臨川，却有讀書工夫，有疑當請教也。吾輩既未能脱然一意講學，出而應世，又覺民窮已極，州縣間法度無一如人意，何能有補於百姓？真虚度歲月也。

榦以一身當衆怒，凡寓公之家無不見怨者，蓋平日豪横成風，不容不痛治也。然爲新淦百姓吐得一口氣，便罷黜亦無憾矣。得計使書云：國録兄忽不相樂，契兄亦且不直之。何故至是？自古諸賢共事，亦未有不相攻排者，亦足以見君子之不比不同也。但與人交處，亦且看是何等色目人。若是吾輩，則雖有小失，亦只得將順正捄之，不必至於已甚。每讀樂毅復燕王書，有「君子交絶不出惡聲，❶忠臣去國不潔其名」之語，未嘗不三歎，以爲去古未遠，有此君子長者之論也。今幕中二賢，一旦浩然有此去志，不知置此老於何地邪？吾道窮矣，朋友大家扶持植立，何者爲人？何者

❶「交絶」，清鈔本、四庫本作「絶交」。

爲我？吾輩中得一人肯忠實爲國，不私於家，則亦宜扶持之，不須太相咈。外間傳播，又是道學中一段笑怪語也。方以賓主俱賢，一道仰賴爲幸，忽聞有此，爲之悵然。想今亦已無他矣，更千萬釋然乃幸。契兄游處先師之門有年矣，一時從遊如此老者能幾人？國録兄平日尤寬博雍容，豈不能調護此老，而至於此邪？徐兄相處半年，天資粹美，❶更須力學乃佳，諸子賴其教誨多矣。歲晚告歸，附此草草。不及拜國録兄書，煩致意，承許下訪，甚幸。蓋此邑不振久矣，得上幕臨之，見其敗壞源流而白之上司，以爲百十年之計，一邑之幸也。

榦自别後，又得漕使書縷縷，甚感贊助之意。但凡所主意，無非以寬恤爲念，此吾儒分内事。但今州縣間，有甚不得已者，又須是更以身體之也。職田之狀，想已爲言之，此亦不得已之一也。榦妄意本縣同官，委是俱賢，凡不肖得稍安其職者，皆同官之助也。昨在臨川，最苦同官不效力，今得其如此，甚以爲幸。輒有薦賢之狀兩緘，望契兄爲袖以達漕與帥，得與不得不敢必，而同官之誼當如此也，亦望遊談爲幸。姚君用提幹亦望提起。今世人物，大率只得此樣，彼善於此則可矣。况姚之廉謹公勤，又非時輩所可望邪。顒人草草，亦欲知職田作如何施行也。

榦受納裝綱，百役俱起，夜以繼日，無頃刻寧，苦不敢辭。白日真可惜，又苦目昏，如此役役，良可笑也。計使每得書，憂民之志甚切，但精力不逮，殊可念。惟司直有以助之爲幸。

---

❶「天資」，原爲墨丁，據四庫本補。

榦聞旆從同計使巡歷，想必經此，又得承教爲幸，亦誠不可不一至章貢南安也，他悉容面言少稟。昨所招敢死軍，十戰死八九，所存者一二耳。州郡所至，不加存恤，緩急何以使人？有胡以迪者，經由此欲赴漕臺陳詞，得爲行下。照李帥元行下支給請受，免使流離道路爲幸。國家財物，其他妄用以充苞苴、供飲宴，都不計較。至於執干戈、衛社稷之人，却偏去減削，殆不可曉。又有臨川寨兵黄斌事體一同，併望介念。姚榦已書滿考，夾尖竟不可得，亦可念也，不知更可爲一言否？

昨遣輔孫往候計使安否，想已至。今日又得其遞中叔姪兩書，力以姻事爲言，殊可念也。不須如此過慮，然荷其意厚，且念其病中心事如此懸懸，且略許之，亦無甚利害。但不知其病勢果何如？蓋老者不知吾人閑居自有可樂，而必欲見之行事，是以若此焦勞。今已上休致之章，若病勢向安，不妨高卧丘園，涵泳理義，又何必須是及物，然後有以自見邪？榦裝綱受租，更五日可畢事，已遣輔孫求檄稟議，併求一檄差新喻林丞來權縣。蓋王丞與寓公太熟，質弱多徇人情，恐大家得肆憾於百姓耳。三月上旬，必可拜見也。姚君用提榦必欲得一紙合尖，不知更能爲之一言否？亦是善人，殊可念也。孫行之想可到鄉中，後進如斯人者，殊不易得。方後生時但見其俊爽，今乃能折節以問學爲事，深可愛重也，更幸琢磨之。

榦昨拜書，令小兒呈納，今附胡叔器行。甚欲一見漕使，以林丞未來，不敢輕以邑事付人。王丞與豪家太熟，小民被害，不便也。謝公爲一邑之巨蠹，熟思之，此一段事不可不力贊計使行之，乃一邑生靈之福。榦若動足，此老必作怪，是乃榦貽禍於此邑之人也。平南安賊易，去此老難。豺狼當道，豈可不掃除之邪？樂山鄭安曾復其小小者耳。本邑苗米額管六萬二千石，除二千石不可催，實管六萬石。每年起綱及馬穀，共管六萬三千石，軍用五千石，縣用六千石，此已是七萬四千石米矣。又要貼水脚錢二萬貫，春衣一萬貫，半年版帳二萬，共五萬貫，皆是將苗米折價，須二萬五千苗方折得許多錢，如此乃是十萬石苗矣。故每石加耗等，共收一石七斗，縣計方足。江西一路皆然，不但此邑爲然也。自此老倚恃豪强，只欲見星交量，則縣道何以取辦？以是諸豪皆爲援例，而縣道之敗實由於此。今歲諸豪聽命，皆依縣例，而此老毅然不納，已具公狀申諸司矣。榦在此尚可，脱則繼今以往愈恣横，莫敢誰何矣。榦若爲南安之行，則不可不速治之，以寬一邑百姓之憂。若不爲南安之行，則勢不容與之兩立也。聞張元德在彼，亦熟知其曲折，千萬留意，乃一邑之望。不但一邑之幸，一路豪强聞之，亦當震懾矣。

榦本縣綱運已裝足，甚欲一見計使，只候林丞至便就道，更煩急往促此來。恐州郡未必肯令來，則榦亦難動。蓋一邑頑民，日夜磨牙，只俟榦動脚便覆出爲惡也。前日偶賤體不安，牒丞權縣，謝知府便投詞論擾百姓。及出假後，追其幹人斷治之。此公終是不悛，爲一邑之害。民畏之如虎，同心拱手聽命，是何世界？如此，不若趁計使在此了此一事。一邑生氣，不是細事也。榦之所以不敢輕動，誠不忍百姓失所恃也。若去此害，其他小小者亦自知戒，然後得放心也。楊漕此來，未曾有所按治，反覺風采不如楊子直。不若以此爲第一義，今録去大概，更以所聞參訂助之，爲此一舉，亦一快事也。

榦录录於此，方喜安跡，數日前，忽聞有改差監六部門之命。昨日部中人來，乃拜省劄，衰晚何以辱廟堂簡拔之意，只是合有窮分。又復搬家，寄寓臨川，且單騎一往，彼中俸薄何以支吾？抱關擊柝，既無重責，亦無多事，却可養痾矣。然老矣，何日而已邪？令人氣悶也。更有少事，得劉晦伯、朱敬之諸公書，皆令不須候代。然輕棄民社而去，又似不安。山野之人不知典故，輕去則爲躁進，遲去則爲偃蹇，二者皆不可。今以公狀就漕臺申審，欲煩契兄袖見漕使，想亦有此樣例，當如何，得漕司行下，可不可皆可藉手也。

同官王丞以急班改乞免差考試，前書已及之，今左守亦爲致懇於漕使，想亦必送僉廳。幕中之事，契兄能爲一言，則事無不濟。人非高舉遠引，不屑世故，則寸進之念人誰無之。今必欲拂人之情，使之無故拘牽而不得遂其所欲，且人以親老爲詞，又何忍阻人顯親之至情邪？恐見運管陳丈諸同幕，力爲言之，幸甚。

聞袁、吉皆盛傳富家藏楮之説，人情爲之騷動。聞趙漕使亦主之。或云朝廷行下，皆未見的實。果有是説，則莫若且自十貫税錢以上人户，使之收藏。若一二貫税錢人家，全無所有，豈可困之邪？相見在即，他不暇及。

聞從人暫出章貢，想今已歸。聞以官券事行，此事亦誠難措置。虜中官會謂之鈔，舊直八百足，今只得百七十省。其狼狽，又甚於吾國也。其所以出師連年屢敗者，亦以錢幣不行，軍士乏食之故。則此一項事，亦誠關利害也。北方弑逆之後，盜賊四起，淮北道梗不通，非百十人不可行。榷場北客絶少，兩使不至此，其事可想也。此間最可慮，全無措置。若萬一有警，不惟不能戰，亦不可守；不惟不可守，亦不可逃。蓋處地四平，無名山大川之限，一望二三百里方見山。其習俗勇悍，御得其道，無非精兵；御失其道，無非劇賊。向者憚於一行，蓋恐其全不可爲。及至此，究其本末，又困於不得有爲，束手坐視，甚難言也。到此已兩月，亦覺軍民豪傑翕然歸心，卒有緩急，只得旋收拾爲用耳。邦君有福，人全不見有憂慮意，亦可服也。此間事大略如此。兩子來此，却得終日監守讀書。老懶却未得工夫讀書，每日與羣豪相追逐，亦頗爲酒所害，但嗽疾却有向安意也。向來遠遊之興如何？葉味道、潘子善次第來相訪也。

安豐。

承聞已解臺幕之印，且得歸山中，陶然自樂。世間愚人方且自爲議論，自爲軒輊，亦可憐也。但安豐之約既不諧，金陵諸司所在，想未必肯出。若過儀真閑行一番，乃以微服見過，爲旬月之欵，亦不惡也。榦之蹤跡，想不甚知其詳，緣其人太庸凡、太鄙賤，不可相處。此亦不欲露不和之跡，只是彼此以貌相承而已。初亦不知彼乃日夜相譖訴於李仲詩之前，至於相回避，以臺諫脅之。仲詩甚憚之，遂有乞移倅之請，所以取悦於臺諫，而又以慰彼之心也。然其心又不能自安，遂密以其相傾陷之意白廟堂，所以榦既改除，而彼亦罷黜也。仲詩爲邊帥而憚一太守，至於詰曲如此，後乃屢遣人來相謝，且自解。榦亦未嘗有他，以倅易倅，何不可之有？初未知曲折如此，遂留儀真月餘，以書懇相識乞奉祠。未幾臺評既下，亦只得且往金陵，已於五月四日交賤事。然彼所以相陷傾之意，亦有説。有李明兄弟三四人，皆豪勇之士。榦甚愛之，數與往來，忽有告其兄欲結集人過淮取壽州者，郭守以爲奇貨，謂榦實使之，遣人相聞。榦知其必無此事，遂親出捕之，得其兄弟兩人送獄，乃是一士人徐師點者爲首謀，假太守之命以紿李氏之兄弟也。徐師點却是與太守最厚善，嘗以壽州人欲獻城告太守，太守答以待寫書與廟堂，恐有可乘之機。徐得此語，遂以紿鄉人，以爲太守奉朝廷之意而爲此事也。李明之兄李顯以告李明，李明却之，而其事始敗露。既以一行人送獄，乃日夜拷掠李氏兄弟，使之誣毁，以脱徐生之罪。榦知其故，遂移書仲詩，取一行人赴帥司根勘。郭君以此大恐，遂有回避之請，尚力争以爲乃李明之罪，而欲嫁禍於榦，亦可見其愚也。出來仕宦，便有此等事，既一家未有飯喫，而於義亦有未決然不可仕者，只得且隱忍於此，爲禄仕而已。若真要行志，則無處可頓身也。金陵。

伯量兄來，具知爲況之詳，昨但疑未欲遽出，以疾爲辭，今乃知果嘗愆和，幸已平復，不勝慰喜。新除去就，想已有定論，昨嘗囑吴勝之乞賢者入幕，庶得一水相望，可以承教。渠初甚以爲然，不知竟何如耳。榦年事益莫，未能引去，良可愧怍。郡事甚簡，民訟絶少，但性好興作，自不能安静耳。正以無朋友講習爲苦，忽桑、胡、譚三兄偕來，黄伯新亦繼至，得以朝夕講貫，此天授，非人力也。已相約編禮書《王朝禮》十篇，仍日温《論語集注》以相磨切。十年之間，吏役紛紛，不意今日忽復有此，每相對則深恨賢者之不來也。春夏之交不雨，靡神不舉，略無雨意，勢大可憂。大抵以江爲界，凡江北諸郡無不旱者，沿江亦然。北方兵革不休，妖厲之氣浸淫至此。朝論但欲平静，第恐非我之所能必。邊防未嘗不講，而未有一之足恃；從事於枝葉，而體統之未究。識者不能不寒心也。此間亦議築城，總漕兩司深以爲然，但主張小未合，朝廷亦未報行。守土之臣，捨是未有先焉者也。漢陽。

朋友得書，或云赴新任，或云不赴，皆不得端的。世事愈覺費力，皆不可曉解。榦已兩上丐祠之請，不遂。今歲大旱，無以爲百姓，亟發郡帑，收糴米麥，出糶貧民，目今境内幸不至貴糴，但頗以此得罪於漕司。目今施行之間，相咈處多，制司亦不相樂。只得急遣碎累先歸，置一身於此，以與之爲敵。歲終再力請祠，當必可得。若遂此志，則當有承教之幸矣。

適方知已辨臨川之行，亦勢不容已。吾人出處何常？惟義之從耳。同行甚佳，候到縣却相度也。漢陽歸途。

王臨川最勤而敏，士友多稱道之，千萬爲之調護，使得展布。聞其欲丐祠而去，亦可惜也。臨川鄉民極頑，非上司庇之，不惟邑宰之不幸，抑亦鄉民之不幸也。至禱至禱。

榦歸三山已月餘，一去鄉井幾二十年，訪舊半爲鬼矣，存者莫識其面也。百事悉置之度外，近得小寺屋在城中最幽静處，眼界甚佳，見葺治居之。端坐六七年，則無此身矣。歸來亦苦人事之多，不得一意觀書，但於心事日求寡過矣。李貫之素疑其弱，忽奮然抗論而去，東南之士愧死矣。儒學之有益於人如此，朝廷又能容之，皆盛事也。昨得其書，云尚留九江半年，果否？欲一見之，私居難動，自此恐爲永訣矣。三山。

榦以被命日久，又有促行之旨，既不能力辭，只得早到官。所宜措置以爲固圉之計，所欲請教者非一，既不能久俟，旦夕當以書求誨益也。榦過豫章，見陳巡檢名毅者，亦西班之奇士，陳凱、趙八之徒莫能及也。頗有相從之意，不知尊兄以爲其人何如？能廉乎？能不欺乎？能忠於所事乎？其他本事，隨其所長皆有用處，且得根本正當，則不誤人耳。榦欲遣人招之，决於尊兄之一言，望見教，就宰處借一人至南康，相追爲幸。今日之事，人才爲急也。偶又與陳子實同官，甚幸。其人苦硬可喜，尊兄知之否？其人之詳何如，併幸示教。勢不能伺候，自此相望不遠，常得拜狀。安慶道中。

閑居想甚適，知識時勢，自應若是，惟有仰羡而已。貫之既留，伯量復歸，想追隨於山南山北，其樂不可量也。榦不能固窮，又復一出，業已至此，只得安之。安慶雖淮郡，民俗最頑，頗費料理。又郡無城壁，累政以土惡不可築。不容但已，到此首興此役，請於朝廷乞錢米，不報，止得自爲之。邦人以爲是，亦有捐金相助者。度費百萬緡，亦不暇計有無。一面興築，以是終日無少暇。朋友亦有十數人在此，亦不暇講習，真一俗吏也。到此五日，便聞浮光之警，今虜退已兩月矣。朝廷亦屢有大舉之説，然施行皆未有可人意者。豐宅之意尤鋭，要之，無本領、無古今，只是杜撰，何以集事？得其書，云欲屈契兄入機幕，不知肯和此險韻否？ 若能同貫之一來此游山，亦佳。肯來，當遣人奉迎也。安慶。

爲貧試郡，落在塵埃箠楚中。望諸兄如蓬萊中人，不謂清流尚顧俗吏，千里遠訪，聞之洒然，真如執熱之濯清風也。

茲承改帙佐郡之命，在賢者不必多賀，朝廷公論益明，茲可慶也。榦已再上丐閑之請，一以避辭小受大之嫌，二以避峻急掊克之政。年事浸晚，筋力益衰，亦欲求閑耳。本留濂溪，以熱甚蚊多，遂遷太乙觀，俟得請，却過山南也。承教有期，預以爲喜。

榦以九月一日抵家，因得杜門絶人事，遂其堅僻，以度餘生。過臨川，見朋友講學頗盛，殊可喜。此契兄往者守官善誘之力也。國秀兄近況如何？ 往者不能迂道見之，此老久病，恐終不復相見矣。

榦屏居粗遣，惟是雖脱吏役，而家事未免關心，亦不得以一意講習耳。新年又六十有八矣，每念先師以一生辛苦著書，以惠後學，光明煒燁，而諸生莫有能達其旨趣者，又復數年傳習益訛，先師之目，將不瞑於地下矣。以是深以爲懼。鄉閭朋友絶少，昨自臨川經從，有李武伯者，舊亦嘗得從游，見其志慮堅篤，因與之歸此，留三閲月，嗜學不倦，歲晚言歸。恐其荒怠，因勉其往承教誨，更望扶持之爲桂。❶ 老來但覺切己務内之味最長，甚恨不得欵語也。三山。

長沙之行，想已有定論。一出一處，於義皆未有害。世俗之論，亦有不足恤者，要

❶「桂」，四庫本作「佳」。

以即於吾心之所安耳。朋友相聚，想如常。此間會府却遠，不逮江之東西也。亦以進取之途頗利，故不忍捨之而從事於寂寞也。榦還家已踰一年，只是杜門教子，温習故書而已。嗽疾復作，亦不復問醫，聽之而已。邦人得簡夫之來，不勝其快，蓋前日樂土已變爲愁歎之鄉矣，亦豈否泰相乘，故得賢侯辱臨之耶？南康黄史君亦是吾鄉之善類，必能繼陳寺丞之善政也。

聞趙倉相與之意甚厚，想協贊之力居多也。朝廷須檢舉歲月，恐亦不容閑退耳。樂則行，憂則違，惟義是從耳。初亦何心哉？榦閑居無他，以舊居迫窄，不足以容孥累，又念此身已老，亦欲爲久居之計，架小堂於屋之後。不敢求華美，但百物旋措置，故久之不就，更旬月可以告成矣。閑居無朋友講習，秋試後須有一二相識可以相聚，諸子亦可督以讀外翁之書也。伯量許下訪，吉父得書亦云，果爾，何幸如之。近於鄉間取得《禮書》來，内有先師親題編禮人姓名，晚年大段留意於此，不及見書之成，無窮之恨也。榦於喪祭二禮，編得甚詳密，先生以爲《禮書》所編皆不及，今當更子細看過，若可繕寫，即尋朋友在官者寄去抄録，可入《禮書》數中，其他亦皆須研究。但最苦是無朋友商榷，其次是無錢可雇人抄寫，及供給朋友檢閲，甚以爲撓。若伯量肯來，又能爲之多方抄化，得裹足及編書之費，來此相聚數月，以成先師之志，何幸如之。生平讀書多疑，無人講問，苦不可言，尊兄恐越竟亦難。若伯量來訪，俟其歸，榦當送之往麻姑，約從人一出，亦可爲旬日之集。榦若措置得家事定疊，此間難得朋友，亦只得挾策求教朋友也，便出外一兩年，亦無害也。因作伯量書，煩致意，促其來尤佳。

道體流行，無物不有，無時不然。而春陽已盛，生意條達，尤足以見道體發見之妙。曾點言志，乃欲從容游泳於其中，其氣象詞旨，雍容自得，各止其所，足以見其天資高明，洞見道體，渾然天理，無一毫人欲之累，以此而施之天下，則堯舜事業亦不過此。此夫子所以與之也。榦頃於「曾點言志」一章，未嘗見得分明，今無從質正，輒述己意，望相與訂正之。

元思報果州兄之病，令人驚惱，爲之奈何？此數日亦有可生之意否？天未昌斯文，乃使吾輩困厄病患。亦未終喪斯文，則決亦未使之止此也。得諸兄朝夕在其側，莫大之幸。榦拘縻於此，不得一往，但有終日憂歎而已。西泝之行，且宜遲之。今且遣兵士六輩往備使令，更看其病勢如何也。安慶。

榦抵臨川已兩日，省劄既到，而臺評予祠之報亦下，勢所必至，遂得杜門送老矣。向來及門之士，惟尊兄端可承衣鉢之傳。世事一切皆不足道，惟有勉進所學，以答先師囑望之意耳，至望至望。臨川諸人向學者有數人，甘吉父終是得其大者。今亦同胡伯量送至麻姑，道間又得款語也。

屏居如常，無足道者。少小見前人所以艱窘之狀，今已不啻足矣。特孥累十六七年隨乃翁從官，煖衣飽食，似不能堪，而又往往不能謀生。然此乃造化所以深愛之也。閑居可以讀書，特以喪祭二禮編次未畢，不能不以此關念。玩索之功不得精專，特反身一念，不能不自勉耳。李貫之一世奇士，而止於此，每切憐之。前承陳寺丞已爲立祠，遂爲記其所以立祠之意，亦使往來者知有吾貫之也。更得司直同南康諸人與貫之厚者，各爲題數語以見其爲人，庶幾祠可不廢，亦足以見吾輩交游之情也。三山。

幹屏居如常，人事絶不講，每月一出謁府主，餘則並不出，亦殊省事。昨得李武伯在此講切，武伯去，蜀人家本仲來，又得一月相聚，多讀書，尚氣節，立志甚篤。趙季仁以爲其人異日所到，當不在李貫之之下，亦各有所長，然亦真不凡也。得真景元書，耆學之志甚至。得陳師復書亦然。此二公者，異日所就，又當卓然，真護法大神也。先師没，今賴有此耳，可喜可喜。陳師復已爲貫之立祠，此公真使人不能忘之。師復刊其詩，以爲祠乃僧所立，未免爲着數語，以見吾人愛貫之之意，亦足以使學者有所興起也。

余國秀兄已爲古人，今其家如何？子弟如何？甚可傷也。簡夫不來，甚壯，但吾鄉失此賢帥，不無歎恨也。方明父遠來相訪，衰老廢學，甚孤其遠來之意，❶志氣甚篤，殊可愛敬，蓋其源流固有自來也。老來只覺存養玩索不可偏廢，世之學者往往墮於一偏，是以空虛而卒無得也。得明甫輩十人布在四方，吾道庶幾矣。今欲再趍函丈，使得與課社朋友往復商確，當不爲無益也。

昨迓曹帥人行，嘗拜狀，當無不達。陳寺丞、潘謙之歸，具知近況之詳，尤以爲慰。且承有訪戴之興，一動亦非易事，况筋力亦豈得與曩者並邪？黄守鄉人自此可以書問往來也。長沙之役，今竟如何？想已有

❶「孤」，清鈔本作「辜」。

定論矣。黄守不相識，聞其人亦賢。州縣事體，大非昔日之比。曹簡夫不來，此間老稚如失怙恃也。榦終日杜門，每月一謁府主耳。來年正月，便習學致仕，併州郡亦不出謁。後年正月，真不出矣。當初只帶得一團血氣并一點虚靈生在世間，今亦他無所用心，只得檢點身心，令明浄純潔，交還天地父母耳。先師發明義理，至精至備，後學難得擔負者，向來只得一李貫之可望，乃止於此。去冬有蜀人家擴字本仲者來訪，與之語涉月，極不易得，多讀書，持身甚介，玩理甚精，務學甚實，於貫之伯仲耳。近來諸生伏闕之書，雖是次名，實則首謀。故書中言蜀事最詳且切，已試中優等。近聞其丁家難而歸，與黎郎中名伯巽者同舟而歸，渠亦甚欲一見契兄，可使人於九江探問，若留之一相見，亦佳。此間得楊志仁相聚，謙之又歸，殊不落寞。岳陽方兄又遠來，殊不易得。饒兄諱魯書意向甚正。❶但得朋友多，斯道有傳，則先師爲不亡矣。近讀《中庸》，因推考古先聖賢言學，❷無非就身心上用工。人心道心，直内方外，都未説近講學處。夫子恐其識見易差，於是以博文約禮對言。博文先而約禮後，博文易而約禮難。後來學者專務其所易，而常憚其所難，此道之所以無傳，須是如《中庸》之旨，戒懼謹獨爲終身事業，不可須臾廢。而講學窮理，所以求其明且正耳。若但務學，而於身心不加意，恐全不成學問也。向來朋友在淛中者，一切放倒，其他所至寂寞，獨南康得契兄與諸賢維持，講學最盛，先師有望。每恨

❶「諱」，原爲墨丁，據四庫本補。

❷「先」，原作「元」，據清鈔本、四庫本改。

不得生長周旋其間，但不知於身心上點檢處如何耳。人藏其心，不可測度，欲一以窮之，捨禮何以哉？詞氣容止之間，應事接物之際，察其中理不中理，十得其七八矣。惟契兄爲彼中宗主，更望以此律之，則庶不至流而爲口耳之學也。嘗觀明道先生語謝上蔡云：「諸公來此，只是學某説話。」上蔡請益，明道云：「且静坐。」程門如上蔡，可謂務實爲己者也。明道尚以此箴之，使視今之學者，則豈不大爲之太息乎？老矣，他無所望於世，只是望得先師之學有傳，故不自知其僭越，以及於此也。

勉齋先生黃文肅公文集卷第四

書　三

復楊知縣通老楫

榦录录如昨，無足道者。課入粗辦，免追逮之擾，皆庇之及。鄰庫兼職，亦以俸入之薄，藉以相助。又適正官物故，新官未行，擾擾特甚，然亦幸可支吾。來諭所謂盡心者，誠當居之無倦，行之以忠。夫子以是爲爲政之法，思之誠有味也。陳膚仲尚留婺女，云春間方歸，彼亦幸而外除耳。若果留中，今亦不免矣。時論變遷，吾人只當静以處之。改節者固不足道，不改節者亦以躁得罪，皆非所宜也。楊志仁同令姪在彼，可以相伴，頃聞其歸興甚濃，不若且留之爲佳。吾人仕宦，只得了公事，私家瑣細，不可無朋友相貼也。

榦汩没如昨，無足道者。庫中夏月絶無事，乃以鄰庫不容辭，雖已有正官，年少不更事，頗費料理。所幸人情無它，可以相處，但所惜者，如此日力顧用之於猥瑣，爲可恨耳。政成事簡，百里蒙惠，亦非小事，均氣同體，在天地間，不忍之心，人所共有，得以行吾志，豈不樂哉？志仁能留彼相處，尤非易得，若其決去，則實未有人可相從也。先師日遠，大義日微，每竊嘆悼。朋友過此者多，往往不能久留，相與痛相規切，爲之奈何？榦去冬已一考，度滿罷之日，契丈尚未美解，當決意求爲旬月之欵。近謙之亦來此，尚往來都下，渠亦甚有走求見之意。得永嘉徐居父書，亦欲此來，即往拜見，亦未知果何如也，令兄因書煩致意。《敬義記》當述師説以答尊命。此便甚亟，不能敬承也。

榦行李以午後次郡城，首謁江户，相約來早見太守，又須逗留一日，而後可離也。深念聚合之難，終日作惡，稍自遣者，以契丈得志，仁兄朝夕相聚。又令孫頗謹厚警敏，又邑事井井有條，人被實惠，上下相孚，無它掣肘，此足以慰朋友遠别之情耳。榦僕僕遠役，甚非得已。今日之事，肉食者不以爲憂，而吾輩乃爲之戚戚，亦足見其踈也。

榦猥賤苟遣，無足道者。雜居庸保，以販鬻爲業，責任甚輕，真爲貧所宜處。歲且小稔，米價甚平，俸入雖薄，可以無飢，如是足矣。但無朋友之益，無講習之功，良以爲懼。旬日間，忽天台、永嘉一二友人來訪，且志仁、景孫繼至，因得紬繹舊聞，茅塞旋除，然亦可暫而已。竊聞德政所加，人吏相孚，財賦既可辦，則撫字乃優爲者。學道愛人之效，豈真所謂僞也哉？志仁立志堅苦，窮理不苟，友朋中所難得。景孫篤實，可與共學，但恨不能久留，亦恐契丈望其歸，不敢久留之也。膚仲此來，志氣甚鈍，初勉其注一小近倅，或再注幹官，不以爲然。今遠次，豈易待耶？舜和遂爲古人，極可傷念。少壯者不可保如此，益使人凛然，恐無復有卒業之日矣。近事想聞之又似一變，吾人但當堅守此志，死生無二，命義可畏，甚於鼎鑊，不可回互，反爲異己者所笑也，如何？

復江西漕楊通老楫

榦連日獲侍教誨，益見都運國博德盛仁熟，無非切實之論。經歷州縣，採之輿論，皆以爲凡所施行，最爲得體。謙抑下問，且俾述愚見，以備參考，辱愛予之厚，不敢自默。竊以爲都運國博今日爲監司與前日爲州縣不同，今日之精力亦與向日不同。頃嘗見相識云，雷聲發杳冥之中如嬰兒然，及其擊搏，則裂大石、拔大木有不可禦者。監司之風采亦然。故施行之間，不可不審。志氣雖不衰，而血氣有盛衰，耳目聰明一有不及，施行之間稍有差誤，則關繫甚大，而人亦得以窺我矣。十年以來，朋友之於國博，特以爲有德之君子。自績溪、金陵、龍舒之後，人皆以爲有用之才。則今日施行尤宜謹審，以全令名，使善類賴以增氣，而吾鄉有光矣。邵康節云：「有一人之人，有十人之人，有百人之人，有千人之人，有萬人之人。」所謂萬人者，以其能盡萬人之長，以爲一己之長也。今幙中有二李，是天相國博以爲腹心股肱耳目之助也。願國博虚心誠意以待之，凡所施爲必咨度而後行，則彼有所聞不傾心而相告者，無是理也。國博又以所見與斟酌，則何事不濟耶？榦嘗竊謂監司以按察爲任，且先留意於州縣之官吏。頃見章漕在建寧，嘗招在書院，案無他書，但有官員名銜册，舉以相問，俾據其所知之善否優劣以對，則自用筆誌之。不惟於榦爲然，每遇相識，必孜孜訪問。州縣之間，去一贓貪之吏，則一州一縣受其賜；一州一縣得一廉勤公敏之人，則一州一縣皆可委以裁決。如此，則我可以端坐持綱，而一道肅然矣。不惟可以集事，而又可以怡神養壽。世道窮蹙，人物凋零，有如國博者，尤當厚自愛重，不宜以細故自弊也。一路人物，榦不及盡知。吉州萬安有李知縣，名東，字子賢，邵武人，頃嘗來考亭從學，亦精敏可喜；江州德化有王知縣，名貫之，字忠甫，婺州人，頃與之同在吴德夫幕中，亦醇實不苟：皆可委以事而觀其能。陳子華在湖口，尤可託。如此之類，更宜博訪，若每郡得一人，則一郡之事皆可委之，或鄰郡之事亦可委送。人之冤抑必獲伸，政不必自責效於一身心力、耳目之間也。大抵江西健訟成風，斫一墳木，則以發塚訴，男女争競，則以强姦訴，指道旁病死之人爲被殺，指夜半穿窬之人爲强盗。如此之類，不一而足。仁人君子，愛物之念切，嫉惡之意深，鮮有不爲之動者。故凡有訴州縣理斷不當之訟，莫若且索案，或具因依申，不可便予決也。若便追人，若便送獄，曲直未明，而被害已多矣。今日之病，兵不素練，糧不素儲，卒有緩急，何以支吾？榦日夜有不恤緯之憂也。兵非漕司所掌，糧食一事恐宜加意。今歲江西雖小歉，較之常年，亦爲樂歲。朝廷既不和糴，大家亦有餘粟。更須算計漕司財賦，除起解之外，不若以贏餘委州縣廉明官吏，擇税錢最多人户平價和糴，或萬石、二萬石，隨吾錢之多寡收糴，於南昌江濱置倉盛貯，每歲增益。若歲有凶歉，則平價出糶，旁郡凶歉，亦可移以賑之。若加之師旅，則亦可資以給餉。歲或屢豐，則以代輸上流州縣之綱運，而取其合運之綱米以填入，此以新易陳之策也。州縣有學，最關風教，今皆爲文具。江西素號人物淵藪，比年蕭索尤甚。雖時文亦無傑然者，而況有學術乎？二陸唱爲不讀書而可以得道之説，士風愈陋，不過相與大言以自欺耳。學校雖存，教授固當教，提學者又豈可不提之耶？須是立爲規程，學生必宿學，教授每日必入學。諸生讀書必有課程，教授點檢其勤怠而賞罰之，旬申提學，提學亦間遣有學術德望之人巡視之，又以見教授之勤怠能否而殿最之，異日必有人才可爲世用。此其爲益大矣。今之爲運使者，未有知此者也。不惟今日，數十年亦未有知此者也。自我舉之，則將有聞風而視效者矣，此非細故也，與其徒創東湖之美名，而不思教養之實者大相遼絶矣。所謂規程者，更須熟思之。榦今亦欲行之於新淦，俟有規模，亦可相參考也。東湖亦當撥入州學，如嶽麓之例也。今日最急，莫如官會，最不可不奉行。且得先備文牓，以戒告之。一條戒官吏之蔑視而不奉行者，一條戒百姓之不肯行使者，一條戒頑民之誣告把持者，三者並行可也。至於實政，專委李司直巡行體訪，李司直耐辛苦，不憚奔走，而又忠信可託也。其法無出於鹽錢。若申朝廷乞降下鹽引，自販自賣，如福建之法，與商賈並行，人食賤鹽，而官得見錢，善之善者也。然世俗多憚煩，又難與慮始，無心膽，必有破其説者。其次則莫若先取諸郡之鹽價於隆興前後，兩江□差鹽官，[1]遇鹽船至則籍其數，仍問其所發賣之地分，州縣官爲置場樁積，以純會子還之。然後均之鹽舖，拘其見錢。所謂鹽客者，本以會子買鹽，今以會子還之，何所不可？彼之欲得見錢者，不過私下低買官會，此最亂法之民也。

[1]「□」，四庫本補作「之所」二字。

見錢多則官會有可兑之處，會價自高矣。計無出於此者，但其間防閑，斟酌便宜，與二幕上下共議論也。此數事既舉，則使臺亦可以安然無事矣。最切要是且宜清心省事，有張元德、甘吉父處於内，有李國録、李司直處於外，而國博提其綱領可也。天下之寳，當與天下共惜之，此榦所以不敢自外而輒進狂言也。

復劉師文寶學甲

榦八月下旬自金陵，邸吏遞至台翰并奏藁各一通，捧讀驚愕，莫知所自。未及修謝，忽被漢陽之命。已而督促就道，水陸奔馳，凡兩月方達漢陽，遂成稽緩，不勝恐悚。榦，閩之鄙人也，稟資庸陋，亡以瘉人。❶先君以儒素起家，至紹興御史，以清節爲世所推重。不肖諸孤，恪守先訓，罔敢失墜。既冠，聞晦菴先生以聖賢之學誨後進，摳衣從之，始獲粗知治心修身之本末。家素窮空，孥累猥衆。迨至中年，偶得一官，奔走州縣，亦不過爲斗升之計，而推其所聞於父師者，而見之行事耳。然以狷狹之資，不能同流合汙，以自媚於世，故其得罪於人者常多。然亦有察其愚直，以爲粗有足取，薦之於朝者凡數人，然非鄉曲之舊知，則州縣之屬吏。獨端明汪公，嘗三見薦於未嘗識面之日。顧閩浙之相去，壤地相接，是必有爲之遊談者。惟閣下在西蜀數千里之外，自代之章乃首及於閩嶠州縣之一小吏。以閣下之氣節德業視當世之士，固未肯多遜，而海内英俊亦豈無足以當論薦者？而顧求

❶「瘉」，四庫本作「逾」。

之於世所擯棄之人，此其所以驚愕而莫知所自也。非榦之才有以異於人，閣下之識見亦非流俗之所能窺測也。人之所以自立者，亦以天之所以付予於我者不可以不盡其分，初未嘗以世之用不用、人之知不知而有所加損也。顧以衰賤無用之人，而乃獨蒙大君子之知遇如此，則窮當益堅、老當益壯，亦不敢不痛自勉勵也。榦之鄉慕閣下聲名，非一日之積，而未得遂侍坐函丈之願。丙寅之夏，從官於江陵幕府，是時邊事方興，議論之間落落難合。閣下去江陵方數月，幕府之故吏猶在，間有相問勞者，必曰：「使子遇前帥，劉公必將志同氣合而無間也。」榦猶莫能悟其所以言者，已而徧考前日之所施行，但見吏畏而民安，事修而用足，與其所親見者大異。然後歎其命之窮，而所遭之不偶也。孰謂十年之後，復蒙知遇之厚乃如此耶？然雖蒙閣下之知遇如此，而榦之年已六十有三矣，去函丈又二千餘里。榦以職守所拘，無由致其身於大君子之側，以慰其生平願見之心，則亦有咨嗟太息而已。望閣下而不得見，榦之衰老又如此，則所恃以見其區區之情素者，一紙之書耳，又何敢以無謂之寒暄、不情之稱頌，而仰瀆執事者之聽耶？故敢併述其愚，以求教誨於左右。臣子之於君父，與生俱生，而不可解於心者也。食人之禄者當任其事，此亦不待智者而後知也。數十年來，風俗日異，謀身之意多於謀國，爲私之心急於爲公。上之人既不能明示好惡，以力變之，或反推波助瀾，使人安之以爲當然。所謂廉耻節義，至是掃地矣，國將何恃而能自立耶？此無他，義理不明，而人心不正也。閣下其何道以革之耶？中夜以思，心焉如割，尚冀台慈痛爲當路者言之。榦衰病日侵，所望者閤下召還，當得拜迎舟次也。有晦菴所爲先君子墓誌一篇，敬録呈。黨蒙爲跋數語以光泉壤，幸甚。榦近有《亂道》兩篇，併納呈，言雖不文，然亦足以激流俗而明道統也，併望有以教之。

石門擬與兩浙陳運判

榦竊謂天下之吏，自一命之微，皆以所聞自達於其上，惟犒賞諸庫爲不然。蓋是庫之設，創於貴將楊公，❶而主之者不過卒伍之長。及其歸□朝廷也，亦視之無足爲輕重。而武弁之貪黷、□游之躁進者居焉。是二人者，人之所共惡，而□亦自輕其身，不以惡爲耻也。十數年吏多闕□，士之公勤廉敏有志事功者，亦往往就之以□斗升之祿，然以其例不得齒於士大夫之列，□故亦甘心畏懦蓄縮以苟歲月，其獲免於□□已足矣，而況欲求有以自達乎？榦也□□□□之一吏耳，❷是亦應畏懦蓄縮以苟□□□□□也，因使者之來，乃欲有以□□□□□□□□獨其方冠知學，蓋嘗有□□□□□□□□□也。既無因以自見，狷□□□□□□□□□區區之淺識力耕□□□□□□□□□□而老及之矣，乃以一介之賤吏，獲隸於賢使者按臨之下，此而不言，是終已不得舒憤懣於斯世也。雖然，大言之則非其職之所宜，淺言之則委瑣不足以瀆使者之聽。如榦之職，所謂釀數百斛酒、辨數千緡錢，雖世之庸賈亦能之。

❶「於」，原闕，據清鈔本補。
❷前二「□」，清鈔本作「竊嘗」。

以使者之賢明，必不至使下吏不得以盡其職。榦之職，瑣瑣而不足以瀆使者之聽也。小者不足言，而大者復不敢言，姑以賤職之所及，而有關於國家之大體者爲閣下言之。

榦聞之，生民之命，社稷之安危實繫焉。京畿之民，尤所恃以屏翰王室，而不可不加恤焉者也。今也轍環四方，而未有饑窮困苦如浙西之民者焉，姑以二事驗之。石門酒課，舊額五六萬緡常有餘，今也歲解一萬常不足。界自若也，拍户自若也，而解錢不足者，民户減於昔，産業減於昔，則因沽酒之少而可以知户口之少也。石門酒庫以灰和糟，歲以糞田，雖狗彘不食。晨開務門，老稚纍纍，買糟和糠而食者肩相摩也。無錢而求糟以食者，常相半焉。則因食糟之多，而可以知貧民之多也。聖天子在上，二三大臣所以寬恤民力者無所不至，而京畿之小民户口日減，而貧民日衆，是豈不深可憫者乎？立國之命在於百姓，百姓之重莫急於京畿。今乃虛耗貧困，一至於此，是豈不深可憫者乎？榦少從先生長者遊，語及江右人物，未嘗不以先大丞相爲稱首，恭惟某官憂國愛民之意、謀王斷國之論，得諸家傳而藹然著於縉紳之間。主上軫念京畿之小民，而付之以將輸之寄，此固百姓之所懸命焉者也。《皇皇者華》之詩曰：「載馳載驅，周爰咨詢。」釋之者曰：「周，徧也，言使者之詢訪無所不徧也。」榦以一介幺麽之賤吏，其去民爲最近，得周旋里閭、覽觀風俗而有聞焉。故敢不避僭越之誅，輒陳愚瞽，以助詢訪之萬一，伏惟少垂察焉。若夫賑恤之策，經理之方，非少知治體不足以知此，惟閣下詳擇焉。

復蘆子陳監酒

榦講聞盛名甚久，每以未得參識爲恨。忽沐台翰之辱，縷縷滿幅，如對面欵，非吾臭味，何以至此？感尉無量。榦冒昧此來，以二百餘指無以自活之故。鄉兄才名如許，何故亦屑居此職？犒賞諸庫，乃楊存中所私置，不□□□□□□□居之後，雖以歸朝廷，亦視之□□□□□□西二班通差，❶非老耄無所歸□□□□□□貴游有所覬，則貪吝有所慕□□□□□□此榦自以爲失計，而不知足下□□□□□吾人要須無處不可居，無事不□□□□不然，則腐儒而已。承諭曲折，乃□□□□□□不知榦旦夕即獲譴去矣。然區區□□□□□爲足下言者，一則不可説我是□□□□□□尊大不屑細務。二則便將庫務作□□□□□不知有提領，但知酒要好，要賣得□□□□□錢到庫一毫不至於吾，心自不足□□□□□而然也。如此，則庫務無不可爲而□□□□□類推矣。若必以爲仕官當有樂處，職□□□□處則亦日見敗壞而已。榦之自處只□□□□廉易安、以勤易飽而已。承足下相問，□□□□輒及之，幸毋見誚也。

與嘉興鍾知府書

榦昨已拜違，不欲造謁，留此數日，以□□□□至而耳目所接，有不能自已於中者。□□□□冒昧之嫌，欲不言，胸中怵

❶「西」，清鈔本作「而」。

惕，不能自□□□□次不能自決者，蓋有日矣。尋復自念□□□□此爲世之庸暗飾非者設也。竊惟某□□□□正，莅事公勤，方國論紛紜之日，而獨□□□□帶之士人，固服執事之平。方羣賢交□□□□獨能無所附麗，人莫不稱執事之正□□□□已服人矣。政事之長，不易縷數。五鼓□□□□旰而退，可謂勤矣。二三黠吏罪惡貫□□□□惡而治之，可謂斷矣，其賢如此。而□□□□□毫之未察，是豈可以不爲之一言□□□□□言之。夫勤則事無不理，而有不理□□□□□無不畏，而有不畏之吏者。執事□□□□□□寓居旅舍，有孫世謹者以訟事□□□□□暇與之語也，但見其天明則拂□□□□□蹙頞而歸，父母妻子終夜戚戚，□□□□□而問之則曰：某投牒四十餘日，□□□□□吏不爲之呈，日僦食於主人，且□□□□□□則事之曲直未可知也。而已費□□□□□□之誅求不預焉。斡固無暇問□□□□□□怪其胡爲濡滯之至此也。以□□□□□□見抑如此，而況於貧賤之小民乎？以斡之所覩者如此，況其所不見者乎？則斡深惜明公之勤斷而事反不理，吏反不懼也。是以冒昧言之。斡之來自都城也，於交遊間皆云執事行即召還矣，豈此胥者平日自有所憚，而今乃有五日京兆之意耶？

與或人

讎耻之未雪，竟土之未復，中原之地化爲腥羶，江南之民疲於歲幣，此臣子之至痛也。八十年間，聖君賢相間有奮然欲一洗祖宗之大耻，率以牽制而不敢發。某官誠不顧羣議，斷然必爲，雖不克就，然而萬世之下皆有以亮其心也。蓋吾之心非不美，而人事不能盡如吾意爾。自舉兵以來，所向敗衄而不如吾意者，閣下亦知其所以然乎？將士驕惰，兵力單弱，無必勝之謀，有必潰之志，雖三尺童子知其如此也。愚獨以爲不然。是固兵將之罪，而士大夫之爲國謀者將不知之乎？抑知而不以告乎？不知則爲不智，不告則爲不忠。平居暇日養成驕惰、單弱之弊，既不能隨時整葺以無廢其舊，一旦有事，又不肯力言其弊，更張振刷，而□□□□□因□偷取爵秩爲身謀則善矣，是豈所以忠於國家者哉？雖然，天下事謹之於始，始之不謹，救之於後。始之不謹，事既敗矣，終而不救，則其爲害又有甚於始者。此榦所以深爲憂也。榦自荆襄來，江北之地莽爲夷狄盜賊之區，江南之官吏、百姓皇皇凛凛，若不可以終日。入江西之竟，則不復知其爲憂矣，然行路人猶有問征戰之事者。入浙東之竟，則不復知有兵革之事矣。至中都，則安然如太平之時。而採之士大夫之論，則又有甚可駭者。此榦前日荆襄之憂，反不若今日憂慮之深也。蓋天下之勢，如人一身，外邪客氣干吾之一節，而心腹耳目手足無不同其憂者，憂則慮，慮則病可愈矣。今淮荆襄如彼，而内地乃如此，是豈不深可憂乎？今士大夫之論，閣下欲知之乎？寒賤小官固知觸犯衆怒，言出諸口，禍及其身。然以閣下特賜垂問，榦而不言，是亦無以異於今之士大夫也。今士大夫之論，往往腹非心議，曰：「吾非不知也，非不欲言也。」閣下不信人耳，閣下之志，豈不忠於君、忠於國乎？豈不欲名譽□□後世乎？豈不欲上無愧於祖父，而下以垂□於子孫乎？使吾之言苟當於理，閣下何患而不從？今乃相視而不肯言，使閣下徒以一身朝夕營營於上。堯舜大聖，尚資人謀，閣下雖聰明，然一人獨見，豈若衆慮之精乎？榦自荆襄往來薛、吴二宣撫間，見其所請之事無一不從。閣下豈拒人言者乎？士大夫持禄保位，自不肯言爾。

勉齋先生黄文肅公文集卷第五

書　四

復輔漢卿主管書

昨所諭性無善惡，心有善惡。榦以爲性亦可謂之有惡者，蓋因明道「惡亦不可不謂之性」而發。蓋天地之間，只是箇陰陽五行，其理則爲健順，五常貫徹古今，充塞宇宙，捨此之外别無一物，亦無一物不是此理。以人心言之，未發則無不善，已發則善惡形焉。然原其所以爲惡者，亦自此理而發，非是别有箇惡與理不相干也。若别有箇惡與理不相干□，❶却是有性外之物也。《易》以陰陽分君子小人。周子謂：「性者，剛柔善惡。」君子小人不同而不出於陰陽，善惡不同而不出於剛柔。蓋天下未有性外之物也。人性本善，氣質之稟一昏一明、一偏一正，故有善惡之不同。其明而正者，則發無不善；昏而偏者，則發有善惡。然其所以爲惡者，亦自此理而發也。故曰：惡亦不可不謂之性也。然人性本善，若自一條直路而發，則無不善，故孟子不但言性善，雖才與情亦皆只謂之善。及其已發，而有善有惡者，氣稟不同耳。然其所以爲惡者，亦自此理而發。故惡亦不可不謂之性。孟子所謂莫非命也，程子所謂思慮動作皆

❶「□」，四庫本作「又」。

天也，張子所謂莫非天也，陽明勝則德性用，陰濁勝則物欲行，亦是此意。張子曰：「論氣不論性不明，論性不論氣不備。」故知性之本善，又知善惡皆性，然後復明且備也。更望垂教。

上江西運使書

居於其職而不知其事之曲直者，不知也；知其事之曲直而不爲之處其當者，不仁也；受人特達之知而無以報之者，不忠也；報之不以其道而陷人於有過者，不義也。榦，閩之鄙人也。少不自勵，老而無用，不自量度，乃以一命之微而膺百里之寄。百里之内利害休戚，皆不容於不關其心也。雖事之不至於其前，猶當日夜求訪而思有以處之，况明知其不可，乃坐視而莫之救耶？舉天下之士，孰無求進之望哉？或以佞，或以賄，或以請託，或以親故，其求之者非一方也，固有求而不得，未有不求而自得也。榦非不求也，自知其衰老而不敢求也。部使者之薦舉，乃首及於不求之人，此古人有言曰：「以國士遇我，以國士報之。」言各求其稱也。一則恩造，二則恩造，朝夕傴僂於其前，伺人之顔色，順人之風旨，惟恐有失焉者，是妾婦之道，將順其美。若夫正救其失，扶持植立，不使人有纖毫之玷，以成其光明盛大之德者，此國士之報也。王氏饒珉之訟，榦之所不能曉者也。婉婉之弱子哀號於其前，求以奉其母而不得，此仁人君子之所宜動心也。然所謂天倫者，謂其親疎高下粲然有條而不可易也。以弟而繼兄，爲子而追母，則天倫亂矣，非所以令衆庶見也，非所以明道而立教也。

夫以一偏之詞，執其十數家之族人，而指以爲教唆者，其虚實未可知也。以部使者之嚴，追而送之他郡，棄其家族，奔走道塗，吏卒之誅求，囹圄之禁繫，十數家者必蕩然而失其常産矣。是豈不深可憫耶？夫仁人君子之遇事如權衡然，蓋亦平其心，而非有所輕重於其間也。然毫氂之際有所未察，則亦容有不得其平者。部使者之威令，若雷霆然。世有登乎千仞之山，聞雷霆之發於太空也，隱然如嬰兒之聲，及其一震，則裂大石，折大木，舉措之間不可不審也如此。此榦之所以日夜思念而不容自默也。夫承使者之命，而追十數家之人，於縣令非有所擾也。然爲縣令，則不容不爲百姓慮。受人之知，則不容不爲知己者慮也。苟爲不然，則不仁不知不忠不義，是小人也。大君子之門，豈容有此無狀之小人哉？此榦之所以不避斧鉞之誅，而敢有所言也。伏惟台慈察其情，而加貸宥焉。

復李仲詩淮西帥大東

榦比以蹤跡不能自明，遂具事之始末仰溷台聽，方懼瀆尊以速罪戾，乃蒙顓价寵賜台汗，❶反覆開曉，聞所未聞，而又謙抑慰藉如待敵己，不勝悚懼，不勝感激。承諭，彼書是猶欲以結集事嫁其罪於榦也。比見有蘇知録者，以憂歸過此相訪云：「郭一日呼兩獄推司而問之曰：『獄案中如何都不説及通判？』獄吏答云：『此事與通判不相干，如何敢寫。』郭大怒，令申報，判云：『各勘杖一百。』」知録往見之，遂相引入卧内，

❶「台汗」，清鈔本作「台翰」，四庫本無此二字。

於紫袋中出文書一卷，内一條云：「一、體究得上件結集事，繫是黄通判使令。」知録云：「不知是何人體究，憑何人言語？❶既無此事，如何敢胡寫，通判便肯休？」郭遂教令知録供一狀來云：「徐師點係妄傳州郡台旨，李明之徒想亦是詐傳通判台旨。」遂判一照字而□之。今台諭云云，則其説尤可信，不知朝廷將信帥司之供責耶？❷抑將信彼之偏辭耶？可謂愚之甚也。❸第恐龍圖於廟堂私劄中，未免委曲其詞以致疑惑，而不判然别白言之，所以中都相識交以書來相告也。若是黄通判與謀，州郡何不將一行人解帥司，乃累日抗拒而不發耶？只此一節，便自可見，其他不辨而自明也。台諭每以爲其人姦險可畏，榦但見其庸陋愚俗，而不見其可畏也。榦愚不肖，數受教於當世之君子矣。禮義不愆，何恤於人言？直道而行，成敗利鈍，一切付之度外，又何彼之足畏哉？以堂堂大帥，乃凛然畏一列郡之繆守，❹此榦之所不曉也。觀前此賜教，❺以爲抑於形勢。方今朝列皆賢者，或偶爲人所誤，爲之移書求薦則有之，若其人不足薦不足用，明白而告之，彼亦豈不見聽？且龍圖之薦人，爲朝廷耶？爲形勢耶？高郵應守，其人自賢，又石丈之懿親，而丞相之所拔擢，一語不合，東帥劾而去之，誰議其非者？龍圖之威望，豈減於東帥？今乃如此隱忍回互，得無損威望耶？果如此，則繼今以往，高見遠識之

❶「言」，原作「台」，據四庫本改。
❷「信」，原闕，據四庫本補。
❸「之甚」，原闕，據四庫本補。
❹「乃凛」，原闕，據四庫本補。
❺「此賜」，原闕，據四庫本補。

士皆不敢曳裾於龍圖之門，而形勢之人日至矣。今觀彼書，有欲引嫌回避之語，大府遂有乞遷移通判之奏，是爲其脅嚇而不自覺也。果欲回避，則自回避，何必見告耶？且繼之曰：已作劄子達大坡矣。是何言語，乃敢陳於連帥之前？彼其意蓋欲以大坡相恐嚇耳。便是同列，亦不敢出此語，而大帥之威風，乃能受此脅嚇，何耶？且彼何等物類，大坡又何嘗眷眷於彼？特以虚聲相恐，便爲之動，又有大於此者，則當如何？奏狀中有「委有才學」之語，不知何者爲才，何者爲學，將委實見其有才學耶？抑此二字爲形勢而發耶？甚非天下之士所望於大君子之門也。經濟之才，世不多見，如龍圖之襟度忠壯，固當以韓、范自期，而世之所謂屬望者亦不輕，而受制於小人乃如此，此有識所以爲之不滿也。富貴之來，自有定分，一門之中登法從者相踵。世固不徒以貴顯望龍圖，而以道德功業望之也。大江之西，賢士大夫如林，持清議者口若劍戟，故區區之愚忠，更望龍圖持心正大，處己方嚴，是非可否，一切付之公論，而禍福利害，舉不能動吾之心，則此等小人奉頭鼠竄之不暇，又何敢肆無禮於其上，而以形勢相脅持耶？如此，則道德日以益，功業日以彰，聲名洋溢，西山東湖當爲之改觀矣。榦愚不肖，辱龍圖之愛念者甚至，區區之意亦但欲脩身明道報知己者，而不敢以功利爲心。今龍圖每得書，必勉之曰：「旦夕必得郡。」或曰：「必分符。」榦不知郡爲何物，符爲何物，乃如此利害，而屢勤龍圖之開曉耶？顔子、曾子不試郡、不分符，將不得爲賢人乎？天下之士皆必試郡分符而後爲可貴耶？如此，則龍圖亦未爲深相知者。夫子曰：「不患無位，患所以立。」士亦思所以自立耳，而何無位之足患哉？大韶大濩森羅乎胸中，用之則陳之朝廷，薦之郊廟，不用則戛擊搏拊於大山長谷之中，穹材茂木，清韻遺響，足以自樂。回視人世，方且擊甕盎，奏淫哇，雜優溺，何足聽哉？何足戀哉？榦所遣丐祠人尚未歸，幸而得之，便當買舟絶江，長歌痛飲於吴松之上，然後歸老武夷山中，不復交於人世矣。仰恃寬弘，僭陳悃愊，言詞激切，尚幸矜照。

復交代王寺丞 從

榦比承台翰之賜，又辱真染，見之别幅，詞意鄭重，不勝感刻，諛詞賤跡，不復重稟。惟是交承之契，誠非偶然，況又得踵賢者之遺規，其爲感幸，非言所可既也。漢陽小壘，介於大國之間，士大夫不自愛重，往往過自畏怯，又以一葦可航，雖守土之官亦輒違法出竟，奔走諸臺，謟事上官，不過求知己、事苞苴、徒餔啜耳。想其趨走臺府，未免傴僂屈折於吏胥之前，以至自損威重，以故臺府兵卒視漢陽如縣吏之視都保耳。其肆爲無禮，計非一朝一夕之故。奉天子命爲守於此，豈宜低首下氣奉承此輩耶？自交代丈赫然奮怒，執而囚之，公議翕然，咸以爲當。大别秋興自此遂增九鼎之重矣。榦也庸懦不武，亦得自襲此餘威，稍可自振，何幸如之！何幸如之！或者以爲州郡不應收禁監司之兵卒。天下之惡一也，監司兵卒敢於擾州郡，而州郡治之，是爲監司懲惡也，何不可之有？以太守而敢於治監司兵卒，則太守之賢可知，又足以明監司之賢，然後州郡乃敢如此也，此蔡丈一時施行之失當，亦自悔之矣。吾輩從宦，誠非得已，不過爲貧爲義，合則留，不合則去。況事之直在我，又何慊之有？榦視事已數日，茫然未知顛末，特每事必照交代丈例施行，所謂步亦步、趨亦趨也。有可見教者，更望不外。

復李軍使書 蜀人

榦講聞高誼之日久矣，參辰相望，願見無由，忽承惠書，陳義慷慨，詞氣奮厲，如驚湍怒濤，洶湧奔放，不可涯涘，不問可知其爲蜀之名士也。忠義之心，人誰無之？顧志昏於氣，義怵於利，則畏懦蓄縮而不能以充此心耳。觀執事之所以自叙，豈流俗之所敢望哉？顧是非毁譽屬乎人，窮通得喪屬乎天，吾惟盡吾此心而已，其他皆不必論也。閩蜀相望幾萬里，安楊之事固不能盡知，而亦嘗竊聞其略矣。柴與之，世之所謂善類，而顧若是焉，何哉？宜春善地，士友亦多可與語，惟執事安之而已。榦少不自力，老而無成，資性狷狹，與世多齟齬，其窮悴特甚。俾守偏壘，年事至此，豈能尚隨俗俯仰？方上香火之請，裹足窮山，杜門掃軌，以終餘年，安得千尋之綆挈執事於深淵乎？惟執事安之，公道開明，晉用有日矣。

與劉晦伯侍郎書

榦拙謬無他長，生平但知從師友讀書，於世事全不通曉。一行試吏，亦但知守父兄廉勤之訓，此侍郎所熟知，又安知邊防爲何事？既爲此來，亦不敢不私自籌度，以愛君憂國爲此心之主，而一身之利害不敢計。至於存撫百姓，相親相愛，使如父兄子弟、腹心手足，入可使守，出可使戰，人心既歸，則兵之弱者當思所以使之强，財之乏者當思所以使之富。城池雖難猝修，而要害之地亦當思所以爲老弱保聚之謀。南北之限，雖有淮河之阻，吾既能探彼之事，彼又豈不知吾之虚實哉？吾之至忠至誠、至仁至信，有以服南北之心，而又知吾之不可犯，則雖羊、陸之事，恐不出此。今北方擾擾，内有骨肉之相殘，外有强敵之相迫，山東河北，羣盜蠭起，道路不通，此豈非諸葛孔明所謂存亡危急之秋耶？今託身於人，而目之所見皆與心之所謀者不相類。天下人物，有才智自足以有爲者，有才智不足而資人以有爲者。自足有爲者當依之，資人以有爲者當輔之。既不足有爲，而又訑訑然拒人於千里之外，此所以私竊憤懣，而亦不敢見之詞色也。目今相處亦無他，事之小小者，亦不敢數言，其關繫稍大者，亦不容不言，禮貌往來，亦與他郡守貳無異。但勢分太尊而情好隔，得失太重而猜防深，望其松茂栢悦，魚川泳而鳥雲飛，則決無此也。不獨於榦爲然，而僚屬莫不然也，姑以貌相承而已。初亦甚覺可駭，今則久而安之矣。聞不和之説，已關廟堂之聽，欲和甚不難，但相與爲欺君誤國、持禄自謀之計，則無往而不和，是非可否之相濟，乃所以爲和也。初亦思爲避之之計，蓋恐其陰相中傷，今既頑然聽其自爾也。辱侍郎愛念之深，且有甚不可處之慮，此亦無不可處者，姑自盡而已，餘則付之分也，故敢詳及之。榦冬至一疾幾殆，稍安即過歷陽鞫獄。往反一月，胡總卿以檄見招。更兩三日後，徧走沿淮數百里巡視守把，即過金陵，亦得一見制帥，入幕之請，恐非寒賤所敢望也。區區愚見，竊意邊陲無寧静之理，儻得如侍郎之公忠無我以撫臨軍民，廣謀博聽，延攬英豪，庶幾有屹然不可拔之勢。但從容獻納，折衝樽俎，自有妙算，又不在於東馳西騖也。附此申禀。

與胡總卿書

榦比因人行，嘗草帥具隸人之敬，度必闗瀆台聽。惟是請違，倏忽十閱月。拳拳尊慕，實切此心。自顧寒微，朝廷過聽，用逾其分，氣血日衰，去家十五年，忽動丘壑之念，遂上香火之請。不蒙開允，俛首於此，事簡民醇，可以養痾。一旱可畏，種不入土，人無蓋藏，朝夕凜然，無以爲計。計使以監司而守武昌，必欲括諸郡之粟，以歸一郡；制使以防邊而實遠儲，不肯泄遠郡之粟，以歸内地。漢陽介於安復、武昌之間，制使禁安復之米使不得至，漢陽漕使又欲泄安復、漢陽之米以濟武昌，以故漢陽獨受其害。所幸得旱之初，盡捐帑中之積，廣糴客米，得二萬石，而舊積亦有二萬石。斗大之郡而有四萬石之積，遂可以安枕而無虞。然兩司之交鬬猶未已也，計使挾朝廷之命以持制閫，制閫又以閫外之權以令漕司，至遣大軍數十人守漢陽之竟。計使又遷怒以治安復之官吏，是何氣象，乃若是耶？監司之體，當如是耶？陰陽不和則爲旱，人事如此，何以召天地之和？朝廷擇人以安遠，而一室之内自相攻擊，何以安人心而固吾圉耶？世之所謂人物乃如此，其豈不大可寒心耶？以是益令人動歸去來之興也。要之，制使之理爲直，蓋實塞下之粟事體爲重，而救一郡之歉，亦易爲力也。亦嘗以是解計臺之意，遂亦併蒙見詆，自是只得静以聽之，不敢被髮纓冠而往救也。榦只俟賑濟結局，當再伸前請，得遂從欲，則當買舟東下，拱聽教誨也。

與綦總郎書 奎

榦伏自向者某官出宰建陽，得託受廛之芘，因獲晉拜。去歲，金陵復得預屬吏之末。兹承肅將正命，榮總餉臺，又獲密邇臺治，朝夕親承教條，視他郡有榮耀焉。顧以踈賤，僅能具姓名、通記府，雖一水之阻，又不敢越竟，親承約束，拳拳此心，如水東注。然區區賤職，有不敢不禀瀆者，是以忘其犯分之誅，輒冒昧陳之。榦衰晚庸繆，無足比數，誤蒙朝廷知遇之厚，試邑一年而得倅，爲倅一年而得郡，此近例所無有，不肖何足以當之？竭來此邦，民淳事簡，日領詞訟不過四五紙，晨起治事，一二刻即退，終日可以高卧，財賦之入不過市井酒税，亦不難辦，真無毫髮可以圖報朝廷知遇之意，身雖佚而心實不遑安也。然有一國之地，則當有一國之政，毫髮有闕則無非太守之罪，是豈得以爲事簡而自佚哉？漢陽雖小郡，實與武昌爲唇齒。丙寅、丁卯，榦適在武昌，武昌之人日夜望漢陽之烽火以爲安否。孫氏都武昌，而使魯肅守漢陽，則其爲要害可知。今乃蕩然無城池之可恃，此豈郡守之所敢自安？城南俯瞰大江，堤岸低薄，夏月水漲，居民晝夜爲之不寧。一或潰決，則一郡生靈皆爲魚矣。城池堤岸二事，乃郡政之最大者。日夜籌度計畫，要非郡計所能獨辦，俟有成説，即具利害方略申朝廷諸司。而目前有不容已之事，惟使所可以主張者，本軍軍籍多缺，禁軍二百人，僅有百二十人，多游手亡命之徒。向來廩給不充，聽其朝來暮去。自斡到任，爲之增廩給，然後粗有固志。且招填已及百五十人，見招足舊額，但無營屋可居，往往散處民間。有營屋三四十間，又在郡山之後荒蕪無人之地，深爲非便。蓋漢陽郡城自紹興之初殘破之後，並無居民。岳侯屯兵武昌，遂占郡城荒地爲水軍寨。所占之地，居郡城三分之一，屯水軍七八百人，又皆高燥之地。郡中民居皆在卑濕，又皆偪仄，無所容居。軍學乃在湖水之中，同官廨舍往往不能備，猶未利害，而禁軍無營寨乃闕典之大者。今水軍所居之地，既爲寨屋，又爲房廊，既爲廨舍，又爲花圃。向屯七八百人，今但三百人，則空地甚多。同爲屯軍，水軍之地有餘，而禁軍乃無營寨，禁軍之兵無地可居，❶而寄屯之軍其地反多空閑。以彼有餘補此不足，公此心而觀之，亦無不可者。欲乞某官曲加憐念，呼權司而喻之此意。或差一屬官過江相度，如果從所請，本軍每歲甘出賃金償之，亦惟命是聽。么麼小郡非上司力賜主張，則雖有趨事赴功之念，亦無所展布。

復豐宅之淮西帥 有俊

斡備員假守，才具淺拙，誠無能爲。獨拳拳宗社之念，日夜憂惻，無所控訴。昔藝祖數百年之基業，❷江左數百萬之生靈，二

❶「禁」，原闕，據四庫本補。
❷「昔」，原闕，據四庫本補。

帝之游魂無歸，八陵之餘憤未洗，當醜虜衰殘，朝不謀食之際，正中原遺黎「奚爲後我」之思，以如是之重任付之當世諸賢。浮光之警今又兩月矣，未見有一字施行起人意者。想其聞斫到番頭幾顆之報，上下舉首相慶，又爲宴安江沱苟安歲月之計，真使人憤懣，欲逃遁山林而不可得也。忽聞先發制人之誨，不覺喜欲起舞。今日之事甚不易見，釁端既開，事不容已。向者吾嘗屈己厚幣以事之，彼又據有河南北之地，志滿意足，故可以和。❶今吾既絶其幣，又失河北幽燕之故壤，其勢只得取償於我，此豈可更萌屈己求和之□□如此，❷則只有守有戰而已。守非易事，惟戰□□守，❸然自諸賢偷安日久，軍政不修，百事廢弛，❹將何以戰？❺顧今日事勢，則誠有所謂事半而功倍，❻要在處置得宜耳。一則收中□豪傑之□□□其黨與，❼弱其勢力。二則用兩淮荆襄，❽奮其勇力，固其藩籬，所謂□□□□□□□其聲勢而已。中原百姓有□□□□□□□□豪傑，使自相圖得一郡，則使之爲守，得一邑則使之爲令，淮北郡縣可不日而下矣。彼其離去巢穴，事力既弱，所恃者河南之郡縣，今既瓦解，則彼將捄死之不暇，何暇謀我哉？榦頃在安豐，見壽州有欲自獻其城者，聞結連陳、汝數郡，皆□歸附之意，此不待吾之寸兵尺鐵，而事之可□者，

❶「以」，原闕，據四庫本補。
❷「□□」，四庫本作「謀今既」，較底本多出一字。
❸「□□」，四庫本作「乃勝乎」，較底本多出一字。
❹「弛」，原闕，據四庫本補。
❺「將」，原闕，據四庫本補。
❻「而功倍」，原闕，據四庫本補。
❼「豪傑之」，原闕，據清鈔本補。
❽「淮荆襄」，原闕，據清鈔本補。

已十七八矣。兩淮荆襄之忠義，與虜相諳。□□强盛之日，尚敢數十爲羣，越虜竟一二百□□掠財物、盗牽其馬以歸。况今虜勢如此，莫□□願戰之意。近日浮光之警，王辛一出，不待□□□□從者數百人，其視大軍，一可當百。近□□□□取桐柏、毗陽二縣，皆忠義自爲之。其□□□□□矣，豈可不早爲之謀哉？壽、蔡兩城□□□□□浮光一二豪士喻之此意，便可辦□□□□□□然，我退則彼來，我來則彼退，以□□□□□□亦不知，誠可笑也。安危之機，在□□□□□□□世所倚重，只得力言之，力言□□□□□□□爲之。苟利國家，專之可也。大□□□□□□□不可不爲之區處，不然又有□□□□□□□事矣。要當重民兵將帥之權□□□□□□□使之各守要害，勿令相雜，則□□□□□□□取可用，今之招武、定誠是也。□□□□□□□中合處之，自爲隊伍，散處兩□□□□□□□相應援，虜人最畏之。今若收□□□□□□物反爲無用，更望審思之。彼皆□□□□□□恐亦廢其農業也。附此申禀。狂❶

❶「狂」下，有缺文。

勉齋先生黄文肅公文集卷第六

書　五

與胡伯量書

榦录录賤職無足道，身老累重，書會所入之薄，不足以自活，躬耕非所素習。捨是無非有害於義，惟有禄仕，猶法令所許，君臣不可廢之義，竭力盡職，食焉無愧，故冒昧爲之。幸亦職事粗辦，上下不相咈，可以苟歲月耳。但場務事多，❶無暇讀書。浙右之俗，專務豪奢，初不知讀書爲何事，過從絶少，講習遂廢，是則可恨也。契兄與黄寺丞丈處，彼此當相安，胡不且少留耶？ 膚仲去歲留此甚久，亦具言相處之適。其長子子華，今遂登科矣，恐欲知之。李、余二兄力學如此，可喜，近有自彼來者，乃云敬子捨禄仕而放債以爲活，豈亦惡之者之言耶？ 不知其生事何如？ 如他無以爲活，却不若丐祠之爲愈也。

榦衰晚之蹤，奪於兒女之累，不得一意卒所業，朝夕憂歎，虚度此生。若不爲擺脱之計，日度一日，溘然而逝，與枯梈朽株何異？ 兒女十人，一兒一女已婚嫁。次女亦已許人，今秋可了。更四男子，次子輔年已二十三矣，懵然無所知，然亦幸其静重，知讀書，但頑鈍之甚，留之膝下，無朋友過從，

❶ 「場」，原作「塲」，據清鈔本、四庫本改。

嘗欲遣之遠遊，以交於四方之賢者而廣其聞見，深以未得師爲念。今乃聞契兄寓筠陽，去此十舍而近，敬遣之趨函丈，望借一寺舍僧房近郡治者與之處，誨之以所當讀之書，每四五日一呼而教之，爲之點檢課程。不惟使之識義理，不爲小人之歸，亦望之使之多聞博識，進可以應舉，退可以爲書會，以不失其衣食之計。榦家世窮空，兄弟子姪輩皆須自撑拄以爲活，非有父兄之業可席以爲安也。若其可教，望收置席下，雖三五年無害也。此亦月遣人送資糧以與之。榦老矣，一二年間亦有卜處康廬之意，得此子先交於彼中相識，異日亦得以老此身也。萬望垂念。

李憲相約爲章貢之行，已治裝戒行，邑人苛留，不忍相捨，此亦爲之痛徹心肺。以此憂慮熏心，幾成大病，只得力辭之，未知其肯相從否？衰晚絶念世故，但得一日之閑，且爲卒業之計，豈敢更當此重委。若以此得罪而去，亦所甘心也。昨承示借先師遺訓，已囑小兒輩謹護，不敢損失。承許以夏初見訪，俟有的信，當遣舟奉迎。輹孫偶以去私留此，只得且以付之。蒙示及楊敬仲語，此自是二陸門户，其學者之説，大抵如此。專欲上門把人長短，又須勒令其人從其説，誠足以聳動人聽，然久而思之，意味殊短。契兄欲以某坐某行言之，則又恐非其指意，亦恐未盡其某坐某行之意也。國秀兄之説，似爲得之，恨以事冗，不得深思，再以求教也。

榦一身百慮，至上饒，又且不免還家看孥累。米價大貴，四壁蕭然，求欲退安丘壑，而不可得。旦夕又當一出，抑何時而已耶？回首諸公，徒切健羡。《大學》首章無他疑，但向者以爲明德之發於外者，昭著而不可掩也；今之解注乃存於中者，洞徹而無所蔽也。故鄙意以爲莫若合内外而言之，虚靈指存於中者而言，昭者指發於外者而言。如輝光之類，皆指外者而言之。今既未能不疑，且守師言，就本領上看，尤爲有味也。義理無窮，安得朝夕相依，以扣請所未聞耶？

「明德」只得如《章句》所説，然其間亦難看，更以「格」字、「致」字、「誠」字、「正」字、「脩」字與「明」字相參，見得分曉，方理會得先生旨意。不然，只是侏儒觀優也。

榦年益老，目益昏，每念先生諸書，向來極欲説得平易，使人易曉。然今所曉者，又只是見得皮殻，殊可歎也，悉俟面言之。近因與蔡兄元思論《西銘》，頗痛快，敬子當能言之，餘俟騎氣之來耳。

榦本是村秀才，却被捉從此來，又不免別换頭面，爲之説法，日尋羣豪，爲騎射雄飲之習。老矣，不足追逐，然舊病却自來此，爲之頓減，亦是頑骨合有許多辛苦分也。諸事已見敬子兄書中，向使真得一方之地，使自展布，亦當有可觀。局促隨人後，亦頗覺費力耳。亦只得尋不侵官、不犯分事爲之，使吾之志得行，而彼不覺耳，然孰若安坐讀書之爲樂也？兩子來此，却得課之讀書，其他無可交游者，蓋此間所習者騎射耳，不知有詩書也。

承教持守之方，别恐亦無他説。前輩及先師言之詳矣，亦只是不爲與爲之不力耳。然亦有一説，致知持敬兩事，相發人心，如火遇木即焚，遇事即應，惟於世間利害得喪及一切好樂，見得分明，則此心亦自然不爲之動，而所謂持守者始易爲力。若利欲爲此心之主，則雖是强加控制，此心隨所重而發，恐亦不易遏也。便使强制得下，病根不除，如以石厭草，石去而草復生矣，此不可不察也。不知高明以爲如何？榦老矣，未能忘禄。非禄之不可忘也，不仰禄則又須别求所以糊其口，而勞心害義，反甚於仰禄。以是東西南北，惟命是從，何去就出處之敢言，何功名事業之敢望？特汩没世俗，學問盡廢，大爲師門之罪人，不敢自文也。敬子果如何？來書所謂甚費造化，斷不可辭，此語却與向來議論不同。今之出仕，只是仰禄不得已，若謂合義，則非所敢聞。只管如此立説，却似浙間議論也。又不知高明以爲如何？敬子既是應舉得官，又家貧未能不仕，從之亦無害也。

前日之事，乃知諸公醖釀甚久，惟恐其來，故競起而攻之。要之，不能阿世徇俗，尚復俛首從宦，此當自責也。第因此遂得裹足山樊，杜門絶交，一意安静，以終餘年，又莫大之幸也。南康已成聚落，臨川氣象方張。此間亦有朋友自爲保社，講習益明，不至於微言絶而大義乖，亦先師所望於吾輩也。尊意只得屈意往白鹿，且以吾道爲念，收拾得十數人，使此道不至湮晦，最急務也。陳守胸懷坦然，無一毫私欲之累，於學問雖未甚加功，然其資其志不可及也。此而不可相處，則亦難乎望於今之世矣。

日來講學，想日有新功。朱先生集前脩之大成，設教垂世，其大綱無以復加矣。顧學者之爲學，則亦須隨其氣質，察其所偏與其所未至，擇其最切者，而用吾力焉。譬如用藥，古人方書，亦言其大法耳，而病證多端，則亦須對證而謹擇之也。榦衰老多病，於諸書亦不能泛讀矣。心身閨庭之間，是則學問之大端，朝夕孜孜，惟此而已。朋友講習，則絶難其人也。

復胡伯量書

承誨以諸友講問之詳，甚幸甚喜。榦之愚陋，何足以折衷之。所説大抵皆善，人心道心之説，恐如契兄所云者爲是。李所謂人心氣也，余所謂性之正者，皆未精確也。道體之説，此更宜講究，謂但指隱而言者，豈所以爲道體之全耶？體字不可以體用言，如今所謂國體、治體、文體、字體，亦曷嘗對用而言耶？所謂道體者，無物不在，無時不然，流行發用，無少間斷。如曾晳者，真是見得此理，然後從容自得，有以自樂。今之局促迫狹，尋行數墨輒拘礙者，豈亦於此有未灑然者耶？主敬致知，兩事相爲經緯，但言敬而不能有所見者，恐亦於此有所未思耳。此有非紙筆所能盡者，試以扣余、李二兄共商確之，安得一見相與劇言耶？恐有未安者，却望垂教爲幸。

榦偶當一職，自不敢苟，以是亦粗辦，不然，亦豈敢虚竊廩粟以活孥累耶？承見教講學大略，足見勤篤，師友所望。道體之説，前已具所聞求教矣，未審是否。持守之方，無出主敬。前輩所謂常惺惺法，已是將持敬人心胸内事模寫出了，更要去上面生支節，只恐支離，無緣脱灑，所謂坐右銘四句者，不知先師文集有耶，抑故友程君之語也？是必非夫子之言，若程君思索所到，則恐畫蛇尋足，愈支離而愈鶻突矣。安得起之九原之下，一扣所疑耶？《易本義》不暇細觀，但先天六十四卦圓圖已大錯繆，所謂有小圈者，特其小失耳。今以印策論之，則印策中縫之左即乾卦，其右即姤卦。乾、姤二卦，夾在策縫左右，乃今所印本。恒、巽之位，即先天乾、姤之位也。乾、姤居正南，坤、復居正北，故曰冬至子之半是也。若今所印，則冬至在亥子之間矣。知乾、姤在策縫之中，則伏羲八卦圖以乾爲南，以坤爲北，可以類推矣。此乃《易》之宗祖，宜亟正之。又圓圖後語有圓布者、有方布者，則六十四卦圓圖之中，當有方圖，豈可有其語而無其圖耶？榦以貧故無筆力，且在考亭借書以讀，以故無本。然此大節目，則可以默識，不可便流轉以誤後學也。

聞果州兄之病，令人終日憂惱，又是幾百十年復生得一人如此，況當人物衰微、微言將絶之際，豈宜如此？不知此數日又如何？朝夕引領以望音信，及得音信則又驚悸，不敢開緘，爲之奈何？諸兄更宜朝夕視之，且以寬釋其意也。西泝之計，且宜遲之。榦在此，陳師復又來，皆可差人去使喚，及其他委使，亦可效力。若解舟之後，朋友皆不在側，萬里脩途，不得不爲之慮也。

與胡伯履西園書

榦賤跡如舊，去冬復爲此來，更兩三日即理歸裝。頑鈍無寸進，特此志未衰爾。義理精微，玩索之久，漸覺前日用工之踈。然又安知異日之視今，不猶今之視昔耶？亦有刻意竭力，以不負此心而已。道難明而易晦，彼馳心俗學、略無見解者，是誠無望焉爾。有志於道者，又率多自執己見，安於速成，然於聖賢之學，不可以毫氂差者，其爲亡羊一也。以是益覺師友講貫，虛心求益，不可須臾忘也。此間朋友往來甚多，但悠悠不能自奮者亦不少。每念契兄剛毅果敢，未嘗不敬慕，恨不得朝夕承誨。論君舉陳丈於大本大經，固難責以盡合，然聞其於制度考證，亦頗有過人處。善取人者，亦資其長以益己而已。

復胡叔器書

榦兩歲奔走，相望益遠，無從晉記。人來，兩辱書誨，不勝感慰。吾輩年益老，百事皆不足關心，惟力進此道，以無負師門爲幸。進道之要固多端，且刊落世間許多利欲外慕，見得榮辱是非、得失利害皆不足道，只有直截此心無愧無懼，方且見之動静語默皆是道理。不然，則浮湛出入，渾殽膠擾，無益於己，見窺於人，甚可畏也。榦衰老，冒昧此來，只是爲貧，别無它事。日來覺得氣血大不如前，已上丐祠之請，不蒙報可，欲歸未能，意思昏悶。此間本事簡，偶值大旱，頗覺勞心，若得早歸，静坐讀書，莫大之幸也。

復葉味道書

榦录录如昨，衰晚冒昧，初以事簡爲幸。忽值大旱，不遑寧處。所幸方旱之初，便積得米以爲後日之地，以是其憂稍寬。但事變之來，不可預料，亦不容安枕也。老來但覺來日無多，亟上丐祠之請，不蒙聽從，然亦可以爲歲終再請之地也。《語録》事承見諭，然亦有一説，且如《語録》中所載與《四書》不同者，便徑削去，則朱先生所集《程先生語録》，胡爲兩説不同而亦皆采取耶？天下義理，正未可如此看也。雖朱先生不敢以自安，而學者乃欲率然如此，何耶？朱先生一部《論語》直解到死，自今觀之，亦覺有未安處。且如「不亦君子乎」一句，乃是第一段，幾番改過，今觀程子云「不見是而無悶，乃所謂君子」，是不愠然後君子也。朱先生云「故惟成德者能之」，則是君子然後不愠。以悦樂兩句例之，則須是如程子之説，方爲穩當。「敏於事而慎於言」，朱先生云：「敏於事者，❶勉其所不足；慎於言者，不敢盡其所有餘。」此用《中庸》有餘不敢盡之語，然所謂慎者，非以其有餘而慎之也。慎字本無不敢盡之意，事難行故當勉，言易肆故當謹耳。「人而無信」一章，「其何以行之哉」，「何以」之「以」，便當用「其何以觀」例。「志道、據德、依仁」，不當作次第説。若作次第説，則游藝有所不通，且有志道者未能據德、據德者未能依仁之病。道者貫古今、塞天地，人所共由，志者存之而不忘。德則行道而有得於身，隨其所得守之而不失。仁者心之全體，德由此立，道由此行，故當依之而不違。三者皆人所不可須臾離，若藝則游之而已。此一段乃近見一朋友語録中所載，又豈可以其與《四書》不合而削之乎？義理無窮，正可憂，正可懼，不可執一説而遂以爲安也。似此數處，皆是近日見諸子讀《論語》而得之。今既刊削如此，亦無可奈何，但乞存留抵本見示，❷併求新改本更一觀耳。序文讀之，全不成言語，留此人十餘日，欲修改去。竟以事奪，又以暑熱不可言，旦夕專

❶「者」，原作「者者」，據清鈔本、四庫本改。
❷「抵」，四庫本作「底」。

人送去。諸事已見李丈書中。

「小德川流，大德敦化」，與「萬物統體一太極，一物各具一太極」，是同是別？或云：大德敦化，是天命之謂性；小德川流，是率性之謂道。或云：大德是語大莫能載，小德是語小莫能破。此兩意是同是別？

「天生烝民，有物有則，民之秉彝，好是懿德」四句，如何既説物則，又説秉彝，又説好德？則也，彝也，德也，是一是二，語脉如何相貫？

榦昨以鄙見所疑奉質，今觀所答，頗似未安。孟子曰：「博學而詳説之，將以反説約也。」聖賢千言萬語，雖似不同，而其至約處，未嘗或異。今只隨句解析，而不見其統會之一則，恐於吾日用之間參前倚衡，未必有所見。此不但文義之不通而已也。道之在天下一體一用而已。體則一本，用則萬殊。一本者，天命之性；萬殊者，率性之道。天命之性，即大德之敦化；率性之道，即小德之川流。惟其大德之敦化，所以語大莫能載。惟其小德之川流，所以語小莫能破。語大莫能載，是萬物統體一太極也；語小莫能破，是一物各具一太極也。萬物統體一太極，此天下無性外之物也；一物各具一太極，此性無不在也。尊德性，所以存心而極乎道體之大；道問學，所以致知而盡乎道體之細。自性觀之，萬物只是一樣；自道觀之，一物各是一樣。惟其只是一樣，故但存此心，而萬事萬物之理無不完具；惟其各是一樣，故須窮理致知，而萬事萬物之理方始貫通。以此推之，聖賢言語更相發明，只是一義，豈不自博而反約哉？「天生烝民，有物有則」，於民之下又言有物者，何也？有物者，就人身上有耳、有目、有手、有足、有君臣、有父子之類而言也。有此等物，便有此當然之則。如耳聰目明、手恭足重、君仁臣忠、父慈子孝之類是也。然此當然之則，固無物不體，而此理之妙實根於人性之本然。惟人之生各禀此有常之性，所以應事接物，皆好此美德而不容已也。所謂美德，即所謂「物之則也」。其曰「好是懿德」是云者，即指上文「有則」而言也。孔子又加一「必」字於「有則」之上，加一「故」字於「好是」之上，其旨愈明矣。劉子曰：「民受天地之中以生，是以有動作禮義威儀之則。」亦此意也。若不如此看得文理明順，則謂之同者，鶻突而無別；謂之異者，支離而不通矣。榦嘗謂此四句，便該括了《中庸》《大學》《論語》《孟子》許多説話，非大聖人不能言也。自有天地以來，如人心道心四句及此四句，皆是天心正法傳授世人，不可輕將尋常詩句讀過也。且如大德小德，亦只是此意。秉彛便是大德，好德便是小德，世間只是一箇道理也。朋友難得相近，故痛言之。未知是否？

榦前日附去諸兄往復之語，今承見教，大抵榦之説失之合一而無別，諸兄之説失之離析而無統。更取朱先生《太極圖解》以統體太極爲天下無性外之物，以各具太極爲性無不在之語，并《中庸》「尊德性、道問學」注觀之，不知如何？如前日鄙見，亦覺未安。統體太極、各具太極，則兼體用。畢竟統體底又是體，各具底又是用，有統體底太極，則做出各具底太極。語大語小，則全指用而言，畢竟語大底是全體，語小底是用。天命謂性是未發，畢竟是體；率性謂道是人所常行，畢竟是用。大德而能敦化，畢竟是體；小德而川流，畢竟是用。若淺看則一段是一段，更深入思量，則又覺相似都湊，不知如何？中夜思之，更無着落。諸兄精力過人，更爲思之以見教，幸甚。

復李公晦書

來教謂喜怒哀樂屬於人心爲未當，必欲以由聲色臭味而喜怒哀樂者爲人心，由仁義禮智而喜怒哀樂者爲道心。以經文義理考之，竊恐不然。朱先生《中庸序》云：「人心發於形氣之私，道心原於性命之正。」形氣在我，如耳目鼻口是也，聲色臭味在物，豈得以發於聲色臭味者爲人心乎？朱先生云：「雖上智不能無人心。」今以由聲色臭味而喜怒哀樂，則是聖人未免於逐物也，而可乎？謂由仁義禮智而喜怒哀樂者爲道心，則《鄉黨》一篇委蛇曲折，焕乎其文章，莫匪由仁義禮智而發也，曷爲而以「道心」爲「惟微」乎？人指此身而言，道指此理而言。發於此身者，則如喜怒哀樂是也；發於此理者，則仁義禮智是也。若必謂兼喜怒哀樂而爲道心，❶則理與氣混然而無別矣。故以喜怒哀樂爲人心者，以其發於形氣之私也；以仁義禮智爲道心者，以其原於性命之正也。人心、道心，相對而言，猶《易》之言器與道，《孟子》之言氣與義也。人心既危而易陷，道心復微而難明，故當精以察之，則喜怒哀樂之間，皆見其有當然之則，又當一以守之，使之無一念而不合乎當然之則，然後信能守其中而不失也。似此可謂大段明白，未審高明以爲如何？

❶「若必謂」，原爲墨丁，據四庫本補。

更幸詳以見教。

真丈所刊《近思》《小學》皆已得之，《後語》亦得拜讀，先《近思》而後《四子》，却不見朱先生有此語，陳安卿所謂「《近思》，《四子》之階梯」，亦不知何所據而云。朱先生以《大學》爲先者，特以爲學之法，其條目綱領莫如此書耳。若《近思》則無所不載，不應在《大學》之先。至於首卷，則嘗見先生説其初本不欲立此一卷，後來覺得無頭，只得存之。今《近思》反成「遠思」也，以故二先生之序皆寓此意，亦可見矣。今觀學者，若不識本領，亦是無下手處，如安卿之論亦善，但非先師之意，若善學者，亦無所不可也。孔門教人，只説博文約禮，至子思，首言天命之謂性，孟子首言性善，是或一意也。

所疑《近思》數條，言仁一也，或在首卷矣，而仁之道只消道一「公」字，乃在第二卷者，首卷狀仁之德，「公」字乃爲仁之法，所以屬次卷。義利之辨，不在第二卷而在第七卷者，第三卷只論爲學之法，若是利則不可以爲學矣。如孟子言舜、跖之分，則跖豈可以學論哉？《四子》之序，以《大學》《語》《孟》《中庸》爲次，《近思》乃雜《詩》《書》於《語》《孟》之後，專言《四子》，則不及《詩》《書》，泛言讀書，則雜以《詩》《書》，亦各是一意。於學者用功初不相悖也。義理有疑一段而重出，此却可疑，但「濯去舊見，以來新意」，此句於學者讀書之法，頗精密，故先言之。最後《劄記》之語稍淺近，故列之於後。然不重出前數語，則又不成文理，此不妨重出也。致知在主敬前，亦當如此。若《大學或問》先以持敬補《小學》，而後及《大學》，則與此不同。然若不致知，則又不知持敬爲何事耶。先生嘗云：「居敬以立其本，窮理以致其知。本立而知益明，知精而本益固。」則亦不妨其互相爲先後也。凡此皆非大義所係，但覺《近思》舊本，二先生所共編次之日，未嘗立爲門目，其初固有此意，而未嘗立此字。後來見金華朋友方撰出此門目，想是聞二先生之説，或是料想而爲之。今乃著爲門目，若二先生之所自立者，則氣象不佳，亦非舊書所有，不若削去，而别爲數語載此門目，使讀書者知其如此，而不失此書之舊爲佳。試與真丈言之如何？《通鑒綱目》昨見舊本，只是周威烈前數段有諸國征伐，❶至弑戮十數萬人者皆不載。嘗以稟先生，答云：「此豈可不載？」遂添得數段，後欲重修而未暇也。如此大部帙，其間豈無疎漏處？然其大經大法，則正大的確，非前輩諸儒所能及也。僭易及之，更幸賜教。

與❷

三才之植立，萬化之流行，自一息至於不可終窮，自一毫至於不可限量，所以綱維主宰者，道而已。道非它，行乎天理之當然，不雜以人欲之私而已。自古帝王參天地，贊化育，更堯、舜、禹、湯六七君，上下數百千年，致治之盛，常如一日，豈有出於此道之外哉？詩書載籍之傳，其詳可睹也。春秋戰國以來，異論滋熾，其術愈工，其説愈巧，其效愈邈，彼豈不知聖帝明王豐功偉績之可慕哉？陷人欲之私，而昧天理之

❶「段」，原脱，據四庫本補。

❷底本、校本均缺受信人。

正，帝王體統卒以泯没，而民生不見隆古之盛，千有餘年於此矣，可勝嘆哉！循乎道者如此，戾乎道者如彼，然則有志於世者，其轍迹可考也。然道之在天下，與三才並立，萬化並行，雖顯晦不同，未嘗亡也。神而明之，其惟人乎。人以一身任斯道之責，其要有三：吾心之靈，萬善畢備，察識存養，以立其本；詩書載籍，嘉言具列，玩索涵泳，以博其知；賢人君子，懷才抱德，量其小大，皆有可取，搜羅振拔，以廣其輔。循是三者，而固守之，道之不明，非所患也。然處世有窮通，致力有難易。巖穴幽隱之士，刻意厲行，以有志斯道，亦足以獨善其身。惟夫君相之尊，公侯之貴，天下之所觀瞻，人心之所趨向，誠能篤意於斯道，則措天下於泰山之安，壯國勢於九鼎之重，直反掌耳。是則榦之所以有望於閣下也。

勉齋先生黃文肅公文集卷第七

書　六

與鄭成叔書

榦同朋友寓蕭寺，終日無來人，乃知山居之樂如此，入城千萬枉道下訪也。承諭記文，筆力低弱，不足以發明尊丈宣義家庭之訓，與賢昆弟相與之情，更幸改抹看如何，一覽棄去可也。記中欲知其爲某人之家，不得不書人表德，甚皇恐。父前子名，則又不得不書名，僭越之甚。紹熙壬子夏，成叔請《怡閣記》也。

傳諭丈丈宣義眷睞之意甚厚，❶秋深當走求瞻拜。無益之書，不敢先瀆，侍次望道謝意。何日復入城？近與朋友看《博議》，見其考事説理頗有可觀，反爲衍辭華語所汩没，間亦有非出一手者。妄意删去三，取其一，似稍可觀。已祝望之携呈，試爲一覽，有可疑者，幸相往復。成叔之敏，不過一閲也。

榦昨入城，特留一兩日，復入山。今尚可爲半月之留。漸迫俗務，不容久享清福也。朋友去盡，雖無講切，亦頗得自温習，業與世違，不足道也。昨望之歸，以一書附之浼達，不審曾至否。子羽尚未來，秋賦甚近，計淬厲日進，以成叔詞氣，當無復堅敵。

❶ 上「丈」字，四庫本作「尊」。

但更放平，令明白如白居易詩，雖婆子亦可曉，庶讀者不甚費思索耳。不知如何？但榦豈足議及此耶？久旱，風雨可畏，近城兩熟之田，皆無所傷。想並海殊爲此撓，於收刈無阻否？所在或水或蝗，天災異甚，肉食者殊不爲動心也。榦試後多事，欲再尋入山之盟而未能，筆硯已生埃矣。朋友盡散，獨謙之數往來耳。何日入城，得請教論邪？《儀禮》編次，殊未有倫理，得一二朋友如成叔之敏，爲兩三日之集，則此意可遂矣。榦日困多事，不得專意講習爲懼。承日課《詩》《禮》，計有新功。世間書無不當讀，况涵泳持久，以養情性者乎？但《語》《孟》《近思》，是初讀書用工緊要處，須是熟讀精思，真見聖賢意思，則以此讀世間書，是非得失方有尺度，不至於泛然，徒爲誦記而已。此皆前輩所已言，承問輒及之。

《詩集傳》刊本不及見，此却有寫本。偶鄭子立借去，俟其送至，當納去。《東萊詩記》與《詩傳》雖多不同，然意思寬博從容，却亦頗有益。

榦明日遂行，上元前度可抵家。需《詩傳》，適迫行忙冗，亦徧尋，偶文籍散亂，竟尋未得。榦不久即歸，抄録未晚也。《儀禮》元不曾點，併俟他日。

榦抵此，諸况如昨，但日俟家兄之報，以决行期。先銘非淺陋所能稱述，以友誼之厚，亦欲勉强。復迫多事，愧未能如期耳。買書亦偶印未就，彦忠行急，併俟後便也。慶元丙辰，先生是歲自晦翁所還里。

榦罪逆不天，先妣葬事有日，欲啓先人舊壙，舉以合葬。棺爲水所舂撞，雖幸無他，然欷側已甚，有人子所不忍見者，苦哉痛哉！不孝之罪，何以自贖？兄弟相視，方知擇地不可不審。家兄頃亦不以風水爲意，至此方大懼，新卜地特出家兄之見，開穴未數尺，已有涓涓之狀矣。以此遂姑遲之。然家兄嫉季通、彦忠之説如仇讎，雖有百口，莫能開釋，付之俗師，卜之淫鬼，終恐復蹈前轍，無可言者。身屬卑幼，熟諫不從，只得聽順，中間憂悶不能食者數日，幾至委頓。今却幸稍能支吾，以視大事之畢。百況如此，亦不如無生也。考亭先生中間得書，一病幾不可救，已遺書相訣矣，近却已安。近聞詆排之意復熾，不知竟如何？此間朋友十數人，却皆謹愿純静，有可共學之質。以科舉在近，皆未暇講習。聞家塾相聚者衆，想極有美質聞望之在彼，幸爲致意。試前能一來山間訪問生死否。戊午。

承許下訪，兼聞昆仲偕俫，❶慰幸之甚。《禮書》之成有日矣，所借善書行者二人，亦約上元後到此，得如期同點檢，與之抄録爲幸。張樓不難區處，潘百二哥今日亦來相訪。大率朋友來者，皆以朋友未集且歸，若成叔之來，當呼致之。林公度、潘謙之，度亦月半間此來，亦一盛集也。己未春，成叔遣其季弟周父來從先生學。

幹禍患餘生，心力凋耗，此間事緒不一，終日應酬無少暇，遇休日且得休歇。《喪禮》尚未暇修整，《禮圖》已略觀，更須相見，更相詰難，方見定論。自舉業爲士子錮疾，不惟義理全不明，而文字亦全無綱紀，補緝萎弱，亦無次序，如醉人説話，滔滔皆是也。如昆仲真讀本分書，實可爲後生法也。此中兩三般人，有一種直可與講理義者，有一種亦只得令渠讀經史及古人文字，

❶「俫」，清鈔本、四庫本作「來」。

勉令飭行，作世間好人耳。近却頗似整齊，彼此意思亦漸相孚矣。長溪楊丞通老來此，此人却是武夷門朴實做工夫人，無一點世俗態，信道甚篤，深可敬重，度更留此半月餘，不知成叔能及見之否。若撥冗一來，住三兩日亦佳。

榦祥祭在近，意緒摧割，且日與後生習無益之業，尤無好況。朋友講習者，亦苦無堅强奮發之意。此道不明二三千年，方得二三大儒講明，以大振墜緒，欲一一以望之世人亦難矣。但一向如此，則斯文之不喪者幾希。昆仲不讀世間書，異日相從於寂寞之濱者，賴有此耳。《類禮》此間全不暇看。大祥在七月初九日，榦欲七月初一日即請一二長上權齋，榦即携《喪禮》登箕山，作十日工夫，了却此一事。若彼時得成叔肯來，須省得太半功力也。不知如何？早望示報。《周禮》雖且編得到《地官》一半，然覺得亦成倫理，可觀。今歲若了得此一書，亦是一事。此間亦有前輩三四家說，略無足采者，以是益覺此書不可不成也。異日更得成叔修成所編《禮記》以配此書，更編得《祭禮》以配《喪禮》，亦可以少裨世教也。

榦祥祭在即，哀慕何窮，衰瘁日甚，他無可言者。家兄一房欲移歸城，借屋以居，私竊不便，只得移朋友，就陳膚仲舊屋。一兩日須可移。朋友多歸，無復講習之益，可以整治《喪禮》。適建寧有專人來，又了數日，書問擾擾不可言。小卷已了，即可附來此中呼書工録出，如未畢，且將所移《喪服制度注疏》見示，欲添成此一篇也。大祥，鄉人例用忌日，或疑不得二十五月足日之數，不知如何？試爲思之。

幹祥祭甫畢，哀慕罙深，❶以家兄一房在山間未歸，葺治屋舍，以俟其還，遂暫移朋友於膚仲故居。方此擾擾，又聞池陽余景思之訃，殊可傷悼。辦遣一僕往，迎護其喪，以是尤覺多事。自顧荒陋，恨無以謝朋友遠來相聚之意，日月如流，此去整整只有百日，即東西南北矣。八月一日，課諸兄説《易》一卦，《孟子》兩板，休日畢集於僧舍，設湯餅供，輪請六七人覆講，不通者罰，從容終日而罷，粗覺意思不惡。承許月半後此來，當不爽約也。《類禮》日夜在念，此兩日方得下手。《喪大記》及《士喪禮》已看過，只是多令互見，而注疏只出一處，如此亦不甚繁，更旬日亦可下手抄寫。但如孟子答滕文公段子之類，亦合入，但未有頓放處，更容盡抄出諸經，如《顧命》之類，皆抄入乃佳。《荀子》《左氏傳》之類，却別作外傳也。更得從者早來，相與詰難，庶有至當之論也。二十五月而大祥，頃亦檢尋，皆無所考。後見司馬公却於忌月前一月之末卜，忌月內一日祥祭。設使忌日在二十九日，而卜得初一二日，則尚不滿二十四月，只有七百日而大祥矣。不知司馬公何所據？然大祥必須卜日，又不知於何日方卜。前日先妣大祥，只於忌後一日祥祭，又不知果合《禮經》否。大帶初讀鄭註及疏，亦疑其如來諭云云，但「士緇辟二寸，再繚四寸」兩句，却以「緇辟」爲句絶，「二寸」又自爲一句，似不成文理。陳氏《禮書》却云：「二寸者，只是緇辟闊二寸，裨垂者只是裨其下端二寸耳。」❷其説又謂：「約組三

❶「罙」，四庫本作「尚」。

❷「裨」，原作「裡」，據清鈔本、四庫本改。

寸，不應帶反細於組。」其説亦似有理，如此，則「再繚四寸」者，恐是兩面皆緣二寸，則共爲四寸。是否？不知如何。《玉藻》最是説帶處，脱爛不可復考也。今《禮書》書帶，多於腰間正結處作兩紐如環，注疏又不及此，不知後人何所見而云。王侍郎遂以爲此即所謂紐也，亦恐未必然耳。疏中所謂「裨其一垂」者，初亦恐如來諭，或恐一垂只言不裨腰間而裨其垂，皆不可復考也。陳太丘、趙苞二事，鄙見亦只如此，但趙苞事更索區處，使一郡生靈不至魚肉，鮮卑不至衝突乃是。若只了得自身，而百事皆放倒，以爲乘障安邊付之能者，何不早爲此言，而誤人國家事哉？要之，古人立爲「危邦不入，亂邦不居」之法，亦正慮其異日之難處也。孝叔素聞其豪宕有奇氣，每以不得一見爲恨，今乃得竊觀餘論，甚幸甚慰，但不曉包承小人之法如何。昨讀《管見》，方疑胡公氣蓋一世，乃獨爲此等議論，不謂孝叔生平有豪名而亦爲此言也。榦比讀東漢黨人事，便雖變易姓名爲人傭作以避禍，及變易姓名往來京師，多所營救，故一時善類全宥者多，如此等人物，已覺不甚滿人意。不行乎此心之正，而崎嶇以求苟免者，皆不能樂天順命者也。奴僕熏腐之餘，竊弄人主之威福，天惡神怒，而豪傑之士恨不剚刃其腹，乃以士大夫而爲中常侍之弔客，豈但枉尋直尺而已哉！包承者，小人之所以吉也。若大人，則身雖否而道則亨矣。此《大易》之本旨也。更往復以質其是否乃佳。

榦諸況如昨，但漸覺多事，不得一意讀書爲撓。誌文後別改定數處，亦只是删去冗辭。今所指摘數處極是，俟改正即託舜和書之，但既不足以發揮潛德，又豈足以刊之堅珉也哉？己未春，成叔有外祖母之喪，此時求墓誌於先生也。

榦頗苦多事，七家兄方遺女，六家兄復治行，墳禁之訟復興，撓不可言。更旬日後，又自爲治裝之計矣。相別無月日，爲之悵然。後月廿日以前，更能一來與朋友相聚否？此間三五同舍，天資粹美，志向堅確，其他亦大率循循雅飭。榦之荒陋，反愧見之，故尤望成叔一來，與之相欵以別也。令外祖母志節之高，鄙文不足以稱之，又加以勒石，重自愧耳。

榦入栗山，因訪必大，過節方歸，治行冗擾不可言。自惟不才，竊聞先生長者之餘論，不爲鄉人朋友所鄙棄，復欲與之爲筆硯之交，義不容辭。開正又復東下，但處非其位，尚賴成叔諸兄相與維持，得不至踈脱爲幸。世俗淺薄，深恐因此遂蹈悔尤也。然天理人心有不可泯滅者，擇其善者相與勸勉，亦足以少助吾道之勢耳。

榦諸況如昨，病軀漸向安，然亦未十分脱體，亦漸可觀書矣。師亡友散，所恃者書册矣，益不敢不自勉也。昆仲相聚，日有新功，應舉工夫不可不勉。得失窮通，則勿以累其胸次爲佳，不然，則與庸人何異哉？人家之興替，人命之亨否，固有定命也。鄉間朋友漸知趍向者，多更賴成叔振拔激昂之，使師傅不廢，莫大之幸也。人生無幾，米鹽瑣碎，不足以浼吾靈臺也。近偶思九月以下之喪除服月日，先儒所未説，謾記一段，託望之録呈，試一觀，是否，幸見教。庚申。

榦一歲之中，災禍沓至，餘殃未殄，半月來疽發右臂，徹夜痛楚，心煩意亂，亦幾不救。然禍患更嘗已熟，亦不知死之可畏而生之可樂也。先兄一房存没留寓於此，爲計甚深，而親故莫能悟也。歲晚當一歸，爲先兄辦葬事，須得一見。

榦諸况如昨，無足言者，俟先生掩壙後即歸。度十二月初五六間到家，不知能一出相聚否？諸事悉面言，兹不暇及。但有一事，陳彦忠以九月廿四日死於建寧之客舍，無以爲棺斂之資，嘗率此間親故助之矣。然後事可慮者甚多，鄙意欲得成叔爲之糾率鄉間朋友嘗與彦忠往來者，如寅伯大哥、舜和、謙之、子立、履之、用之諸人，裒金以賙之，此已馳書懇潘溥之矣。彼中惟成叔與之最厚，當爲勸首，亦須稍厚乃可。此事不可緩，若得之，不可付其家，恐妄用。只遞來此間，或留以俟榦之歸可也。榦以先兄一房欲歸，亦以未葬，不容不歸，既歸又不容遽舍之去，遂決意就栗山之招。然栗山去箕山與城中正相等，身拘書院，亦率一月方得一歸箕山，歸亦一日復回，不能久留，以是事多有不滿人意處，甚以爲撓。榦又棄家，遠在數百里外，其况味可知。所幸朱家兄弟皆在家，庶免後慮耳。聞昆仲淬厲甚力，此吾人本分事，不可不留心。此間朋友亦只得課之作舉業以應試，不敢爲高論以誤之也。間亦有一二人甘心不習舉業，而留意於所謂僞者，此亦難盡以責人也。彦忠後事，與之區處，稍成倫理，亦率得官券八十道以助之，但亦尚欠得一兩月糧，承欲爲糾率，若得十餘千以助之亦佳。偶有建陽人在此，已報渠子弟矣。千萬早爲辦此，遞來城中諸公次第，未必可率也。近得渠子弟書，却頗能自守，此差慰人意耳。此間朋友甚思一見成叔，若得五七日暇，只取連江湯裏，借問日溪路，❶則至此不遠矣。辛酉。

榦山居甚適，但朋友日課舉業，講切殆廢，爲可懼耳。七月半間亦暫歸建陽，八月半前復來此，試前當得欵聽教誨也。少意昨承許爲陳彦忠作檀越，昨已報其家，令作十四五千主張矣。其家已就妻兄處借去禾，令妻兄就此支錢用，不知如何？或隨多少看得若干，六月末旬内借一人送來爲佳。恐榦七月内行期不定，早得此錢使用，度成叔必不忘掛劍之義也。

榦衰晚試邑，不敢憚勞，歲月倏忽，已一考半矣。所幸上下相安，可以逃責，但思學業之不進，齒髮之日衰，又爲可慮耳。嘉定己巳，時宰臨川。

榦素不治生業，孥累日衆，齒髮日衰，又不能坐視其啼號，冒昧試邑，以求升斗之給。不習爲吏，一切自爲法度，但知無一民不當愛，無一事不當理，日夜勞瘁，無頃刻寧。以是行年六十有一，而衰態可畏。又居官無蓄積，還家又復匱乏。去歲之夏，一至中都，部吏以爲文字不員，遂注令闕以歸，已絶意京秩矣。冬初，一二故人官於中都者又謂可以料理，使其復來，留滯於此，已半年矣。班引之後，注闕甚難云云。壬申，先生在京注新淦宰時書。

榦請違甚久，奔走官涂，人事曠廢，久缺晉記。尚是癸酉年秋間解后令，似於清江舟中，得熟知動静之常。便中忽拜誨字之辱，反復數四，不勝欣懌，乃知琴書寓都城，長才遠識，尚爾淹回，造物固大有所成就邪？榦衰老，與世寡偶，甘就閑退，朝廷

❶「日」，四庫本作「入」。

見念，尚畀祠禄，粗足自給，志願畢矣。還考亭寓居已五十日矣，亦欲一歸里中省墳墓，尚以牽制未能動，勢須少俟秋涼也。丙子，先生罷漢陽守，奉祠居考亭，是冬歸鄉，成叔時在東府鄭景紹書院。

榦諸况粗遣，無足道者，惟區處家事，今粗有條理，則可以安居静養，以送此生耳。偶有少稟知縣，家兄位小姪子自知孤貧，刻意向學，偶因子方姪入都，遂附之行，欲經營漕試，日子已迫。不知尚可圖否？且此子怯弱踈拙，心甚念之，又不欲尼其行，已爲作林宗魯、潘謙之書囑之矣。恐尊兄有能爲之地者，蒙介念，甚幸。家兄頃丞沙邑，大參方親迎，亦嘗獲拜識，不敢令其輒扣賓謁。家兄之孝友清苦，人所共知，若能爲宛轉，使不至冒暑徒行，幸甚。

榦抵家兩月餘，日望騎氣之至。近聞膚仲兄乃知爲子華所誤，及得來教，又知躰候亦少不安，吾輩縱浪大化中，凡事豈能盡如人意，要使在我有定見，而彼之往來吾前者，千態萬狀，不足以爲吾累可也。榦投老來歸先廬，無可栖宿之地，得法雲寺僧廬數間，葺治居之，今已安如山矣。蔬食飲水，亦可以老，更得如尊兄數人朝夕往來，則尤幸也。

一出良勞，有司不明久矣，豈特士子一試而已哉？此亦何足爲賢者道。榦一去鄉井，十有五年，投老來歸，百事非舊。後生輩皆以爲讀書者充塞時文之具矣，必欲全不讀書，專念一文一葉者爲是，彼亦豈欺我哉？左右以年少便蒙不令讀書之號，此可以觀人物矣。勉之，彼不足與較也。榦無屋可以爲羣雛之芘，近得法雲寺居之，僻寂正拙者所宜。新正能下訪否？與成叔之子元肅書。

□已拜安慶之命，十一日出門，十五日長行，更得一見以別，幸甚。令弟喪事既展，則早下訪尤佳。

榦衰晚，爲貧冒昧，不意邊事擾擾如此。初至人面不相識，便有浮光之警，幸即退衄，此亦汲汲爲自治計。今城壁已就，人心已安，可以無恐矣。但年月已暮，光陰無多矣。已作書懇諸公求歸，不然則來春亦決意爲歸計。虜勢誠弱，人心勇鋭，亦頗勝。丙寅、丁卯間，但諸賢處事皆未見有足恃者，中原分裂，兵革方動，未有息肩之日。謀國者但欲苟安，未見其可也。丁丑冬在舒州時書。

榦以與當路諸賢議論不合，不忍蠹民誤國，力辭歷陽、安慶奏事之旨，深入康山堅坐幾百日，竟以此忤意。平日不相樂者從而擠之，罷命之至，而此身已歸至臨川矣。向使冒昧爲修門之行，爲辱豈小哉？自此遂得斬斷四路頭，温故書以待盡。然有一事，欲與契兄議之，若早下訪，幸甚。北山倦翁不免一出，因與之別，想亦不免入郡也。生平故舊，如賢者今幾人邪？以是尤懸懸也。戊寅罷，辭召命來歸。

榦諸況如常，痰嗽不止，亦不足爲苦也。《禮書》亦畢，❶日與二三朋友考訂，暇則相與番閲舊書，稍足自適耳。❷來教縷縷，以貧爲苦，此吾人所通患，然平生亦只有此一字，可以上答吾君與父師耳。必欲求足，則須是棄其所學乃可，是何異持千金之璧，以易一瓦缶邪？投老歸來，頗覺鄉

❶「亦」，清鈔本作「未」，四庫本作「既」。
❷「稍」，原漫漶不清，據清鈔本補，四庫本作「亦」。

俗大不如二十年前。足下父子生平自負卓卓如此，苟未至飢餓不能出門户，亦不如且伸眉之爲愈也。嘗見陳子昭勸賢者教兩令，似習舉業，賢者力折之，此却是子昭美意，亦是渠生平艱苦，見得如此。今説得太高，纔經折挫，便就委靡，却不濟事也。足下亦想未深知某之事體，只看後年正月下了致仕，則夫妻父子必至流離，此亦已先安排下此一着，對他不足畏也。春初早入城，此間有安下處。岳陽有一朋友在此，真能任道者，恐其正月末即歸，早來聽其議論，甚可壯也。己卯。

榦自夏間爲氣疾所苦，至今未脱體，此病恐與之同死生也。更得兩三年在世間，讀了所願讀之書，則可以無憾矣。潮陽之命，力以疾辭，已再上矣，以必得爲期也。貧固可畏，然亦留一个餓死做樣子，亦不須人人安飽也。新春和暖，亦能一出否？

榦辭免之命再上，竟未有處分。中間都城大火，又復無暇及此，亦决不能復出，便做掛冠主張，遲速亦不必論也。賢父子何日入城，近覺向來朋友講論不親切，後未有不束之高閣者。近却有一二人真可共學，獨恨不得相與欵語也。

與鄭

榦愚不肖，過蒙眷予之厚。自惟怠惰，深懼無以副期待之意，尚蕲有以教之乃幸。扁舟浮江，訪長者於象山之中，以快平昔慕用之私，不替寢食，稍暇當求遂所願也。

勉齋先生黄文肅公文集卷第八

書　七

與李侍郎夢聞書

榦服職淮壖，幸未汰斥，仰藉台庇，知感知，❶自去秋之末眂所職，汩没應酬，冬間感冒，幾與世隔。又其間有小齟齬，不敢拜。興寢之問，非敢怠也。每得孫行之正字書，具言侍郎所以顧念之意甚至，尤切感激。榦資禀頑鈍，拙於處世，致勤台念，尤劇皇恐。駑鈍之資，於世事都不通曉，一行試吏，恪守父兄廉勤之訓，諸賢過聽，以爲有才，使佐邊州。受命以來，不勝悚懼，冒昧此來，目之所見，與平昔之所聞於師友者大異。白面書生，固不曉邊事，然載在方册，其本末源流昭然可考。聖賢事業，固難悉言，而上合天意，下順人心，盡體國之忠，絶自私之念，則大經大本，未有舍此而能自立者。諸葛孔明所謂「宫中府中俱爲一體，黜陟臧否不宜異同」，只此數句，便可得三軍之死命，却司馬仲達而奪之氣也。至於管仲之於齊，范蠡之於越，雖霸國之事，而其規模經畫亦有次第，皆守邊者之所當講明。弱而能使之强，貧而能使之富，蕞爾之地而能使敵人惆疑而不敢窺伺，雖使羊、陸復生，計無出於此者。今所謂守邊者，亦何

❶ 下「知」下，四庫本有「遇」字。

必侍從臺諫之論薦、宰執之所親擇哉？雖州縣一吏，亦可爲也，不過簿書期會之間而已，彼知管、范、羊、陸爲何事哉？榦之向者所以憚於一來，亦自知其迂闊之見決不能與世合也。初亦甚以爲駭，今則頑然聽其自爾也。然今日之事，侍郎亦嘗略思之乎？胡運之衰，人所共知，盜賊四起，人亦所共聞。今每舉一細事，必曰毋致張皇。千餘里之長淮，皆蕩然如無人之境，而委寄於庸夫，緩急安可恃耶？紹興之初，虜勢方張，諸賢建復讎之議，流離死徙有所不顧。今守邊之事，亦無有明白剴切而言之，此天下有識之士皆不能無望於侍郎也。安得一侍函丈，開口一吐胸中之憤悶耶？「二聖蒙塵，八陵廢祀」，此兩句不復敢出諸其口矣。開禧、丙寅之事，兩淮荆襄之生靈肝腦塗地，十室九空，有人心者亦當爲之動念也。侍郎家世忠孝，而江西平賊之功又已試之效，此擔恐不容好避，❶而亦天下之所屬望，故敢冒昧及之。榦大病之餘，氣血衰甚，歲前一至歷陽鞫獄，旦夕徧淮堠巡視守把，即至金陵總所稟議，亦須參謁制帥。入幕之事，非所敢望也。安豐。

榦自知踈拙，不敢萌一毫寸進之念。金陵贅員，方挈賤累爲久安之計，忽蒙除郡之命。自念踈遠，何以得此？吹噓之賜，端有自來感激亡已。聖賢相逢，公論昭著，尺寸之長，尚有可採，輒破去前例，不次而用之。朝廷何負於士大夫，敢不勉竭駑鈍，以圖報塞？漢陽爲郡，雖小國寡民，然實吳蜀往來之衝，武昌唇齒之國，無漢陽則武昌亦不能以自立矣。丙寅、丁卯之事，榦適

❶「好」，清鈔本、四庫本作「辭」。

在武昌，親見其事。武昌官民日夜望漢陽之烽火以爲安否，向使虜人數騎抵大別，則武昌不攻而潰矣，其不至漢陽者，幸也。然其爲郡最小，事權最輕，郡無城郭，郭内之民僅千家，有兵二百人。人月給米五斗，多者一石，朝來暮去，若客旅之視傳舍。郭外沿江之民，幾二千家，皆浮居草屋，視水之進退以爲去住，夏則遷於城之南，冬則移於城之北，若鴻鴈之去來。每歲二税所入，不及中州大邑之一都，官吏請俸，僅及中州三之一，騶從不備，往往徒行，以是仕者憚來，闕員殆半。如此，何以爲國？由是，武昌視之若屬邑。然而此邦官吏，又不克自振，其爲衰陋，未見其比也。榦視賤事已兼旬，首集郡兵而第其强弱，倍支廩粟以活其家，校其武藝之工拙，數支賞給，而士卒始有固志。自是，嘗有應募而來者矣。同官亦量其所得之多寡而優恤之，與同甘苦。百姓不問其已經縣未經縣，已結絶未結絶，應有詞訴一聽其來，而曲直始有所伸，民心安，官與兵各得其所，方漸有州郡氣象。但土地褊小，雖滕文公之賢，亦不能以爲善國也。妄意亦欲有一二興創，勢須洞究本末，然後敢請于朝。亦惟藉侍郎裹言之重，庶或不至於掣肘也。但資質庸下，精力衰憊，恐不能仰副朝廷責望之意耳。尚幸有以警策之。漢陽。

榦久不拜隸人之敬，拳拳尊仰，實切此心，遞中兩承台翰之辱，不勝感悚。修城事，誠知朝廷事力決未能及此，但事屬利害，不敢自默，其行與否，豈敢必耶？鄭書先君之交遊，其令孫從官於此，豈敢忘之？但同官亦多賢人，又只得視人物之高下以爲先後。薦舉之弊，至此極矣，亦不敢全不顧公議。下半年尚餘一章，更容相度也。榦輒有誠切之懇，冒瀆台聽。紹興間，一時先君輩行仕於朝，有聲當世凡數家，如任如鄭皆是也。惟先君不事生業，至今諸孫凡十三房，皆無以自活。榦之所以黽勉從官者，亦爲門户之衰替耳，非敢望榮，免死足矣，豈不願浮湛仕途爲門户計？加以名賢遞相推挽，朝廷過聽超躐，亦豈不願奔走以赴事功？實以年齡頽莫，精力衰弱，不足以效驅策。一去里閈，凡十五年，先君尚葬淺土，墳墓皆無人料理。兄弟五人，今所存者第三，家兄年已七十，其窮到骨，挈之來此，則不堪扶曳，捨之則又於心不安。榦少不自量，好從當世名勝遊。既冠，而執經於晦菴先生，荷其一見，便有相教誨之意。未數年而授之以室，又數年而授之以官，又數年而爲之築室廬，相約終老相從之計，其屬託之意則曰：「微言易墜，汝其保之。」今先師之亡十有六年矣，榦奔走仕途，束遺書於高閣，手未嘗披，目未嘗睹也。每一念之，如負芒刺，無面目以見朋友，死亦何以見先師於地下耶？勉强從仕，固足以恤孤窮、活孥累，然一行試吏，百事俱廢，又於心實有所不安也。所以前日上祠禄之請，蓋爲此耳。幸而得之，則庶可以了門户之私計，承先師之雅志，榦亦得以婆娑丘園，諷詠遺書，以祈寡過。誠意未孚，不蒙俞允，蓋此意不能盡白。得相識書，皆疑其爲請築城不獲而求去，又謂與諸司恐有嫌而求去。朋友之言且如此，亦無惑朝廷不從所乞也。築城之事，朝廷已令買木料矣，非不從也。便使不從，亦是公家之事，又何至怨望而求去耶？諸司皆賢，吴漕乃故舊，綦總尤相愛。爲州郡者，不過自盡其職耳，本無所嫌也。孟子云：「不知者以爲爲肉。」孔子之出處人尚疑之，在榦則又何怪？既被不允之命，亦只得且安之。況災旱如此，又豈敢便爲求去之計？偶讀邸報，興國趙守持本路倉節，此則不容不力爲求去之計。蓋法令之所不許，物議之所不容，是以又不能自已也。趙娶晦菴之女孫，於榦已爲姻黨之親，榦之長學生又與爲友婿，監司按察州郡，在榦繫是受察之人，以親察親，職事間委有妨嫌。今再以公劄懇廟堂，尚幸侍郎力爲一言，使決得罷去，不勝千萬之幸。方今人物如林，如榦等輩何足比數？苟得祠禄，已爲過分，不足以勞朝廷之區處也。再有情懇，漢陽郡計有餘，郡官之俸差勝作縣，到此數月，用度漸廣，蓋親戚朋友未免有所責望，今所餘無幾矣。朝廷若畀以祠禄，歸家便有飯喫，乃爲大幸。若朝廷遂其雅意，便就侍郎求建寧太守一書，命下之日，便得幇請，尤感周旋之賜。

與金陵制使李夢聞書

一

榦離里中之日，拜領台翰之辱，抵郡視事之三日，又蒙專人寵頒誨墨，謙尊下逮，捧讀感悚。榦衰病不才，奉祠還里，便已爲終焉之計。與郡之命，初亦未敢祗受。尋聞制閫之命，屬之一代偉人，榦復得託在按臨之下，是以不敢復辭。初亦欲取道金陵，求聽約束而後行，又恐在道日久，且或議其有所干請，遂不果如所願。得中都親故書，亦知台慈軫念，欲置之幕府，榦識見淺陋，亦何足以當此？然既在部封屬吏之末，則凡有所見所聞，自當詳悉吐露，亦與入幕無異。顧嘗平居以思，則今日之事誠不得不慮，所以處之者，亦誠有所甚難。新虜有崛興炎炎之勢，殘虜殘寇有遁逃衝決之虞，羣盜有分裂割據之憂，邊民有乘時幸亂之意。一動則百變交起，其將何以應之？雖朝廷安静，國祚靈長，誠有可恃，然中原雲擾，豈能終無變哉？特緩急異耳。國家素以仁厚立國，所以治安三四百年，然其弊亦以是而失之太弱。東南風氣亦不若西北之勁，秦氏倡爲和議，而忠義之心益以消沮，今欲鼓而作之，豈易事哉？朝廷起尚書於士論所共服之中，自可以談笑而折衝於千里之外，其所施行必有出於世俗謀慮之表，如榦輩安能效涓埃之之益哉？❶然尚書之所以顧念者，不啻如子弟骨肉，則區區鄙見亦不敢自默。大抵當大任者，亦須伸縮自由，言聽計行，然後乃可爲。若謀之於外而制之於内，人之所見不周而事十全之利，以吾之焦勞計慮，而或者乃安坐而指其小疵以議之，則決無可爲之理。齊威之於夷吾，句踐之於范蠡，皆舉國以聽之，而事業之就僅能如許，則亦可鑒矣。今國勢之弱甚矣，兵不素練，財不素蓄，人才不素養，舉世之人皆欲行其私以肥其身，此何等氣象，而欲禦此大變耶？當此任者，非大有以更張之，乃欲一切聽命於人，以參苓甘术即愈沉痾九死之疾，未見其可也。儒生之論，迂闊而不可行；俗吏之論，鄙近而不足行。惟尚書超然遠覽，起至强於至弱之中，致至富於至貧之地，使前所謂四可憂者，皆望風畏懾，而萬一有乘吾之虚，而吾必有以制之，庶乎

❶「之之」，清鈔本、四庫本僅一「之」字。

其可也。今之爲制帥者，或以好殺而失人心，或以偷安而不厭物論。天下之望尚書者，不但兩淮之兩路而已，況廟堂之於尚書，亦可謂相知之深者。惟在我籌度利害，使其足以壯國勢而消外侮，毋陷於儒生俗吏之言，亦當無不聽從者矣。冒昧僭率，皇恐死罪。

二

榦被命此來，視事已五日，途中以奔走而不遑拜書，到此又以冗擾而不敢拜書，又以到任例修啓劄之常禮，至今方能辦，方敢敬陳悃愊。龍舒素稱佳郡，今乃大不然。闕正官日久，倅甚賢，同官以其攝事之故，玩弛特甚。兩獄繫囚無一得其平者，悉索案祖與之疏理，❶夜以繼日，曾無少暇。財賦失催，縣道並不起解，兩職官癃老者不勝任，少壯者不可任，兩獄官或病心疾，或已中風。胡倅最賢，又榦之故舊，今又得郡而去，乃以衰老之身，當此紛擾，此亦不敢自憚。最是龍舒處地四平，謂之舒者，以桐柏之山經信陽、光州至此而始平夷也。然全無城郭之足恃，楊通老僅能葺理子城，亦未嘗包砌，市井皆在子城之外，亦復何益？開禧間，張軍大者以數十人徑造郡城，如入無人之境，無城故也。累政將官錢妄用，而不思築城，亦可謂無遠慮者。舒雖近江，而蘄、黄又在舒之南，蘄、黄尚有城，而舒獨無城，可乎？榦已託同官相度，旦夕開具申稟。榦昨乞築漢陽城，而朝廷不從，蓋以非要地故也。然人之一身必有衣服，一家必

❶「索案祖」，四庫本作「粗案索」，清鈔本「祖」作「租」。

有牆壁。既曰州郡，豈可無城？若無城，則米糧不可積，積之是資盜糧也；器械不可修，修之是借寇兵也。如此，亦何以爲郡耶？況張軍大之事曉然可見，豪傑之見覘者，未必不垂涎也。此則賴尚書力賜主張，一郡千里之幸也。榦以拜書遲緩，不勝皇恐，又以初交事，詞訴紛紛，然不容坐視。申稟草率，惟尚書視之如子弟之寫家書，則庶幾免矣。

三

榦投老此來，所恃者有制使尚書知愛之厚耳。安慶素稱佳郡，及到此乃大不然。楊國博則盡括諸邑之所入，而邑至於不可爲；張舍人則盡括民間之所積，而民至於不可活。乃以羨餘獻之朝廷，以自見其功，是皆爲父而攤其子也。子既貧，則父亦不可繼矣。楊則專事姑息，而錢費於不必用；張則專務興造，而錢費於不當用。今則郡計索然矣，軍糧常欠數月，則其他可知。其最利害者，則郡無城壁。往者張軍大以數十人之衆如入無人之境，尚不之鑒。楊僅能治子城之壕，民居皆子城之外；張則朝廷行下令其築城，乃爲浮言以沮之。書生不知事體，無遠慮乃若此。榦靜思一郡之大，所以保生靈而爲江南之屏蔽，莫急於此。與同官計度，與民居商議，皆以爲然，亦欲半年之間可就。其所申述，具見公劄，望尚書力賜主盟，力申朝廷，便從其請，千萬幸甚。今最急者，欲得一壕寨官，并曾經築城軍兵二三十人前來使喚。今有一劄，且以修北峽關隘、本府城門爲辭，欲望劄付池州軍下，火急差撥應副使喚。所請於朝者甚微，特三十萬緡，其餘者皆郡元椿之錢耳。惟尚書力爲之言，一郡幸甚。殘虜狂悖，此天速其亡耳，然彼之亡與不亡，皆吾所當慮也。前書所陳屯田、義甲兩事，斷然可行，不富不强，何以爲國？今之擾擾，只得委之廬帥或委大軍數千人以禦之，不可輕進，虜人多詐，一墮其計，則士氣沮喪。兩淮安危，在此一舉。吾之所以長久規模，則又不可以此廢而不講。今雨水如此，彼豈能爲吾患？秋冬間必須大擾，則義甲一事不可不早圖之也。築城一事，朝廷見從，則榦尚可留。然其專輒若此，朝廷必不見貰，若貰其罪而不從其請，則榦決不可留，只得引疾東歸，便當以黄冠野服，從制使尚書於金陵，與諸公上下共議論，或能有一得之愚可裨末議。

四

浮光之警，或是北方羣盗，或是殘虜，皆未可知。但彼以二三千人來擾吾邊，而吾未免起大軍，下闕。❶事之可驗者也。惟尚書審圖之幸甚。榦輒有私禱，前書已略言之矣。龍舒爲郡，財最匱乏，楊通老爲之，最得善爲郡之名，然壞此郡者通老也。此郡財賦全藉租税，既不通江，則舟車不往來，何緣得從容？通老適當軍興之後，人家交易頗多，以是投印契日收千餘緡，乃不爲長久之慮，恃其多貲，欲以自見，而獻其羨餘於朝廷。張敏則繼之，又耻其不如前人，悉按簿籍盡追索人户契照，然後别造簿

❶ 「軍」下，底本闕兩葉。

收割，以此人户亦無一紙白契不來投印，以此財賦之羨與通老等，亦獻二十萬以自見。由是百姓遭竭澤之擾，而不聊生矣。二公者，財賦雖羨，而不爲長久之計，一郡之大，漫無城池之可恃，而可以爲郡乎？陳郎中繼張敏則之後，當旱歉之歲，所積之錢皆耗於招納流移，大抵迂闊類於吴勝之，所入既不及二公，而二公所積悉已耗矣。榦適承其後，視事之日，便爲築城之謀，而郡帑乃如此。前書所陳，想尚書亦深然之。榦已一面興工，燒磚鑿石，收買竹木，只俟朝廷給降錢物，便可興工修築，秋晚可成，則今冬無慮。望尚書痛賜矜念，若朝廷堅不從，則望尚書軫念帷蓋之舊，爲榦作轉身計，得早歸田里，不至在此誤生靈也。欲言千萬，安得一至尚書之側，開口一吐胸中之憤悶耶？更有少禀，淮民困於起夫，甚可念，此皆平日無措置，倉卒只是擾害百姓，便有措置，亦多不中節，卒不免爲百姓之害。近漕司令起一萬八千夫運廬州米，此最爲害，已具狀詳懇，望賜施行，幸甚。

五

邊事不寧，想尚書措置籌度良勞。前屢聞捷報，亦深以爲喜。適聞二十七日三統制之敗，極爲寒心。大軍自是不足用，但可張聲勢耳，今乃深入以取敗衄，是何輕率如此？聞有制幹者實主其事，想是後生不曉事，欲以是取功名耳。尚書今作如何主張？以榦之愚，莫若養威持重，牛酒日至，以作士氣，分據險要，以防衝突，以吾之逸待彼之勞，彼雖得一勝，然所損亦多，切不可又復輕舉也。暑氣漸熱，彼未敢深入，但秋高馬肥，誠爲可慮。此兩三月之間，早作措置，增兵聚糧，廣納計策，收用老成，相與圖事，不可輕信後生之言，以敗吾事，至望至望。榦目今汲汲爲城壁之計，然費用不貲，未必可就，便使城成，亦無人可守。攻既不可，守又不能，爲之奈何？亦只得盡心力而爲之耳。漕司運糧一事，督蹙可畏，幸得使司行下免差，百姓歡舞，但計臺必謂榦實有此請，恐自此相治愈甚，亦無可奈何。便使罷去，亦是爲百姓也。嘗謂淮西一路監司太少，合更置一提刑。舊龍舒乃提刑置司之所，今以一司兼倉憲坑冶四司之事，又安得心力可以幹當，而使之中節耶？方今邊事不寧，莫若於兩路各添一憲，擇老成有膽氣才略者爲之，使之措置守禦，亦尚書之一助也。蓋彼可以往來諸郡，相度事宜，爲吾之羽翼也。今計司事冗，州郡刑獄屢申不報，良以爲苦。此一策，尚書不可不力言之，如曹簡夫之類，皆可使居是任也。幕府更須求人日夜計度，專人布此，率略皇懼。

六

浮光之警，今已兩月矣。但聞豐帥之除，稍足爲宗社慶。其他皆未見有所施行，足爲秋高之備者，又不能不以爲懼。今日之事，且先見得大體如何來。或和或戰，尚有可得商量。今日決然是戰，無可疑者。前日虜人據有三分之二，吾又括江南之財賦以充歲幣，故屈己求和，彼必見聽。今既彼爲韃靼所驅，失其巢穴，豈肯甘心處河南數州之地哉？其垂涎兩淮以廣其境土者，非一日也。今吾又絶其歲幣，則彼之決於一戰，既無可疑，吾亦不得不與之爲敵。和既不可，則其勢必不可以不戰，此大體之最易見者也。大體既定，則凡所謀畫，無非爲一戰之計。幕府盈庭之論，謀士借箸之言，可以戰者從之，不可以戰者却之，依違不決尚守屈己之論者斬之。朝廷百姓，同是此心，同是此見。然後先自朝廷進君子、退小人，延納忠讜之言，斥逐邪佞之語，凡前日苞苴奔競之風、阿私朋比之習，嚴行戒飭，使朝廷清明，天人悦豫，然後有可以進取中原之實。於是下哀痛之詔，具言二聖、八陵之痛，與夫屈己求和之辱，開禧丙寅兩淮荆襄生靈塗炭之苦，以激發忠臣義士之氣，則朝廷之氣振矣。其次則制司亦以至公盡誠感動人心，非兵不講，非戰不談，各求實事，毋事空談。大軍之不足用久矣，悉驅之淮上，擇良將以御之，擇其怯懦者戮之，勇敢者常足，亦未見其不可用也。武定軍人皆以爲可用，然以今日招武定軍觀之，則亦未必得其用也。蓋武定軍者，本沿淮有産税之家，向也爲虜人所逐，遂結爲屯寨，以護家口，或一二千人，或數百人。已而無以爲食，遂互相吞併，殺戮攘奪，不可禁遏。朝廷急招之以爲忠義軍，於是相率而應募，彼非樂爲軍也，特欲藉官中之錢米以自活耳。已而改爲沿淮，又已而改爲武定，講解之後，人人皆有放散之心。蓋其元有産税，謂之户家，故不樂爲軍而樂爲農也。今乃欲招之爲軍，則不過得其大不得已者耳，其稍從容者，決不敢就也。不若便行下諸處，使之自行招集，結爲部伍，擇其頭首人，❶命之以官，使部轄之，但使之守護鄉井，一旦有

❶「首」，清鈔本作「目」。

急則調發應援，一聽官司之命，庶幾稍從容者皆樂爲吾用矣。如虜中所謂千户者，想亦如此也。大軍好與武定等人争，只是武定人權太輕，若武定人如軒、如夏之類，使之自爲一軍，則大軍不敢陵之矣。武定固可用，然亦不可執一也。嘗觀後唐末年，事力亦已竭矣，世宗取兩淮，所遣策應軍以數萬計者，不知其幾也。今以吴蜀之地，而兵勢寡弱乃如此，❶可不早爲之圖乎？自大軍、武定之外，更合招募敢死之士，於江南諸郡得數百人，❷自爲一軍，悉起諸郡配隸之人，得數千人，亦自爲一軍，各擇人以將之，悉屯之兩淮要害之地，則吾軍稍張矣。財賦亦不難辦，當此危急之際，天下之財皆吾財，有道以取之，則人孰不樂輸哉？古之立大事建大功者，曷嘗拘攣顧忌而有爲哉？但此等事須是愛日而早圖之，不可悠悠。秋高馬肥，束手無策，大事去矣。又有一説，軍政不講久矣，不可不早圖，亦不足深恃。中原遺黎，引領以望王師之至，有年于兹矣。自虜人南遷，則酷用河南之民爲尤甚。榦在安豐，見有士人徐師點，欲結集淮民以取壽州，乃是壽州城中一富室先爲此謀，以告吾境淮邊百姓高德，已有定日矣，偶爾敗獲，事不果就。後來探知不特壽州爲然，汝潁諸郡皆已願從矣。想今日淮北之民欲吾歸者，又當甚於前日也。今但呼淮邊一二豪傑，諭以此意，使淮北之民先自壽州始，能以壽州降者，即以壽州之守命之，然後以武定大軍爲之擁護。吾得一州，則彼失一州之事。以漸蠶食之，不用寸兵

❶「勢」，原爲墨丁，據四庫本補。
❷「百人」，原爲墨丁，據四庫本補。

尺鐵，而中原可復，虜將救死之不暇，而暇謀人乎？此策之最急者也。聞京西已得其桐柏、毗陵兩縣矣，願早圖之。制司欲招武定人，更有一策。向來武定頭目人，今皆補官，多在江南州郡。此間亦有兩人，便可按籍悉呼至制府，與之商議，仍令見任處州郡解每月請給以與之，更以禮貌待之，添與請受，此數十輩皆可擢之以當主將之任者也。如軒、如夏，皆其徒也，王辛亦是一人之數，此尤不可不便施行也。亦有因一二小事，竄在他處者，霍丘縣有一典押，開禧間結集人以禦虜，後立功補官，爲李制帥竄逐，不知今在何處，抆拭而用之，當得其死力也。又有李明兄弟，見在合肥，皆真可用之人也。此乃招武定最急之策，不可不便施行也。聞幕中議論亦不一，更宜招世所謂賢者聚之於書院，與之議論可也。幹此間已興工築城，只用民兵廂禁軍弓手寨兵，力不足，則未免資之僧道寺觀；人夫不足，則未免以産錢高下勸率人户。度至秋冬之間可辦，❶不敢更望朝廷之錢也。城磚諸邑運用，❷但皆經由大江，非大舟不可載，欲就江、池兩軍各借馬舡兩隻，并兵梢往來般載。輒具公狀，欲乞施行，千萬幸甚。

❶「秋冬之間」，原闕，據四庫本補。
❷「運用」，原闕，據四庫本補。

勉齋先生黃文肅公文集卷第九

書八

與金陵制使李夢聞書

七

幹比奉使帖，且準省劄，具知制使大學尚書不棄帷蓋之舊，❶意欲羅而致之幕府。嘗謂制府辟屬雖未必有晝諾之益，而所辟得失，實係一世之觀瞻，人心服則凡所施爲自無有不應之效。況今邊陲多事，全在措置，兵弱而欲其强，食少而欲其足，人情之向背，地形之險易，敵勢之强弱，非得有識慮之人旁搜博采，驅馳計畫，則環二千餘里之地，豈能坐於堂上而洞見其曲折哉？如張魏公之所辟客，今已不敢多望，近代如薛宣撫者，尚能得林叔虎、曹簡夫爲之屬。二公者，亦皆今代之奇士。所病者，薛公知人而不善任使，是以卒不免於狼狽。今制使尚書乃欲以衰繆不才，舉世所擯棄之人如幹者而充是選，恐不足以厭伏人心，而反爲累也。所幸朝廷且爲遷延之計，蓋亦知其不足以當是選也。然感激知己之恩，則銘鏤肌骨，不敢忘也。此亦不敢祇受，已抗章力辭，亦微寓丐歸之意。今土城已畢，城之五門亦已包砌，屹然爲淮右之最，一郡之

❶「大學」，四庫本作「學士」。

人，可以安枕而卧。城磚已擇僧之善幹者二十人，委之分頭燒辦，仍許以寺有闕住持者，必給補之，亦無不樂從，只俟春初凍解，且燒且砌，亦三五月可畢。俟來春再上丐祠之請，果從所乞，當白衣從幕府賓客之後，可效涓埃之報也。邊事雖少息，然得沿邊書，皆有春夏之間韃靼既去，❶則彼必專意於我。彼既能抗强盛之韃靼，豈不能奮其餘力以侵吾之疆場耶？❷是亦不容不早爲之慮也。

八

榦迂踈狷狹，生長桑梓，於尚書未嘗有一日之雅。從官江西，伏謁之初，便蒙顧遇，異於儔匹。自是以來，薦拔覆護，蓋生平知己未有若是之特達深厚者也。榦無所能似，少從四方之師友游，涉歷世故，今年幾七十矣。竊亦以爲今代人物可以爲國柱石、扶持宗社，非尚書其誰與歸？今者當閫外之寄，以法從之尊，下與韋布之士相與爲僚友，如榦不肖，亦預采取之列。而真翰寵貽，謙抑慰藉，皆非敢望於今之世者，天下之士孰不聞風慕義，争出死力，以效驅馳於鞭策之下哉？惟是榦之才識卑下，齒髮復衰頽，既不足以備使令，而南北大勢又復有深可慮者。言戰固未可輕，言和尤爲大繆。紹興言和，但不能取中原耳；今日言和，且併江南而棄之也。戰既不可，和又不可，以彼之憤激，當吾之偷惰，是豈非深可慮乎？此非上下一意，警策奮厲，皆以國

❶「有」，四庫本作「謂」。
❷「場」，原作「埸」，據清鈔本、四庫本改。

事爲念，蒐兵聚糧，使長淮屹然有可恃之勢，未見其可也。縱曰未能，亦且以兩淮付之尚書，使得伸縮自由而無所牽制，事猶有可爲者。今又動掣其肘，則雖使伊、周、管、樂復生今之世，亦無所用其力。榦也素於廟堂未嘗曳其裾，而諸公貴人又多有惡其不附己者，頭方命薄，動招譏謗，以義處之，理當不仕，俛首州縣，直爲貧耳。今使之居元僚之任，以參閫外之謀，是昭昭然爲的於天下，人莫不彎弓而思射之，正恐不能爲尚書之益而反以爲累也，更望尚書熟慮而改圖之，不勝幸甚。本府城壁既就，五門亦已包砌，上施敵樓，下設重門，屹然可觀，兩淮之人過者驚歎，皆尚書之賜也。但包砌城身，其功倍於土城，勢須來秋方得了畢，蓋冬寒春雨，皆非造磚砌城之時也。

九

榦不自揆度，妄談當世之務，以瀆台聽者屢矣。區區不能殫布之懷鬱舛於中，❶不容但已，輒敢冒昧極言之。今日之事，其瑣細者不足言，而人皆能言之。其關於大體者有四。其一曰大本不可以不立，其二曰大義不可以不明，其三曰己私不可以不克，其四曰人才不可以不收。此四説者，雖使伊、周復生，爲今日計，無以易此。管、樂以下，亦未有不假此而能自立者。然其不敢以望伊、周者，亦以於此有所未盡耳。何謂大本不可以不立？古之聖人垂拱於廟堂之上，能使夷狄重九譯而來，曰：吾聞中國

❶「舛」，四庫本作「結」。

有至仁者，大本立也。諸葛孔明之出師也，雖曰甲兵已足，而必拳拳於進君子退小人，❶「宮中府中俱爲一體，黜陟臧否不宜異同」之數語，❷亦可謂知本者矣。今□□□□□□二於大本，❸可謂無憾矣。丞相誅韓之後，所以潛消禍變者，其於大本不爲無助。惟其懲意外之變，遂專用左右親信之人，往往得罪於天下之公議，世之君子，遂從而歸咎於丞相。丞相不堪其咎，遂斷然屏逐而去之，而左右親信者其用愈專矣。平居無事，紀綱紊亂，亦不過州縣之間百姓受禍，然至於軍政不修，欺罔百出，邊備廢弛，皆此曹實爲之。若今大敵在竟，更不改圖，則大事去矣。丞相所以寵任此輩者，特以爲自固之計。大事既去，則雖欲自固，可乎？人之情，言之於安平無事之日，則輕於鴻毛；諫之於禍變將至之日，則重於千金。今日之急，莫大於此。須得一二有識見、有智謀、能議論、識深淺之人，數數遣赴廟堂稟議，使之委曲曉譬，以開其惑。此亦數以手書，密布忠悃，苟一言悟意，則大本立而天下定矣。何謂大義不可以不明？建炎紹興之間，天下忠臣義士，莫不慷慨憤激，捐軀赴死，以與虜爲敵者，二聖之辱，八陵之痛，中原之殘破，皆在目前，而君臣之大義，下至走卒，亦能知之。自秦氏唱爲和議，而此意日銷月亡，以至於今皆不知有所謂君父之讎也。不惟百姓忘之，而士大夫亦忘之矣。今觀詔旨之下，與諸處宣諭之文不過但言我不曾與汝爲敵，汝却無故來

❶「於」，原闕，據四庫本補。
❷「臧否不宜」，原闕，據四庫本補。
❸「□□□□□□二」，四庫本作「使將相得人其」。

侵我，又不過言汝從我則安，不從我則危，皆不出於彼此利害之言，亦何足以感天下豪傑忠義之心哉？ 臣子之於君父，當如手足之捍頭目，子弟之衛父兄。 主憂則臣辱，主辱則臣死，此天之經、地之義、人之大倫，不可易之理也。 祖宗德澤，涵濡生養二三百年，凡吾所以衣食生養於天地間者，毫髮皆君父之賜也。 至於蕞爾夷虜，俘我二帝，殘我陵寢，蕩夷我中原，又使我竭江南之金幣以事之，天地以來，所謂君父之辱，孰甚於此？ 今既爲外夷所逐，乃欲窺伺我淮甸，又欲驅虜我百姓，以廣其人民，侵擾我兩淮，以廣其土地。 至於言辭指斥無所顧忌，此豈臣子所忍聞哉？ 誠能日夜以此宣於上，告於下，使此意洞達，則雖三尺童子亦莫不爭欲操戈以報不共戴天之讎矣。 大本不立，則在內者無以服人之心； 大義不明，則在我者亦無以感人之心。 幽陰迫窄，雖吾國之人亦且不服，又何以使外夷之我畏哉？ 何謂己私之不可以不克？ 天下之事，非可以聲言笑貌爲也，惟其意之誠，而後無感不通矣。 今尚書之身，非尚書之身，宗社之身，天下生靈之身也。 夫既非吾之身，則凡吾身内之事，皆不可一毫芥蔕乎其心，官則法從矣，宮室則可居矣，田園則可食矣，子弟則皆仕矣，吾復何憂哉？ 所憂者，宗社生靈耳。 榮辱得失皆不可以動吾之心，苟有一毫涉乎己之私，則必痛克而去之。 至於寢食居處，常有與士卒同甘苦之意，進退黜陟，必求合乎理而毋徇乎吾之私情。 誠能如此，則吾之氣已伸於萬物之上，至大至剛而不可屈撓。 其明白洞達，不惟吾之官屬服之，而朝廷之上亦服之； 不惟江淮之軍民服之，而中原之虜亦服之矣。

何謂人才之不可以不收？古人所謂觀近臣以其所主，韓公亦以爲觀其賓客，可以信其主人。天下之人觀尚書，亦欲於其賓客觀之。今皆未見其卓然可稱於世者，不過循循謹嘿而已。至於一二經從於此，亦自謂兩路而僅得一人。自謂以下寮而亦與賓幙者，又皆諂諛而無情實，狡儈而用小數耳，此何足以服人哉？古之用人固非一端，雞鳴狗盜莫不賓禮，然則一二巨人致之左右，則此輩亦皆足以備使令。今大率不甚相遠，則豈不見輕於世哉？縱曰辟客皆出於朝廷，則擇世之卓然爲人之所推者，卑辭厚禮，招置東閣，雖千百人皆不厭也。人才多則議論多，議論多則爲益多矣。諸葛孔明《出師後表》，歷言其生平所得人物，而今皆不在，深歎日月之逾邁，而事功之不立，可謂知所先務矣。近日吴畏齋猶能以此得天下之譽，孰謂尚書而不能哉？天下之父歸之，其子焉往耶？己私克於内，人才收於外，何事之不集，何功之不立哉？所謂兵不强，國不富，非所慮也。苟爲不然，雖吾國亦不可保，況敢望以取中原哉？中原雖可取，亦何以使外患之不作哉？人之所望於尚書者，其下者則求薦進，其上者亦不過望尚書隨世以就功名，皆不知本末源流，不知義理古今者也。榦之所望於尚書，則欲其爲伊、周，爲諸葛孔明，欲復文武之竟土，使吾宋之國祚永永無極也。望尚書無以爲老生之迂論，則幸甚。此四言者，藏之胸中已久，不敢輕發也。

十

榦一介妄庸，世所擯棄，獨荷尚書之知

遇眷愛，至深至厚，故亦忘其愚不肖，常欲納忠於左右，庶幾尚書之德業光明碩大，度越一世，乃所以爲知己之報也。故自去歲以來，所以獻其區區之愚忠者屢矣。今者維楊之行，❶事無鉅細，無不極言，尚書亦聽納不疑。顧其至大至切者，則未有所施行焉，此幹所以日夜惕然，不能安也。殘虜犯邊亦既一年，彼其君臣，上下日夜相與經營，必欲得吾兩淮而後已，雖以歲幣爲名，而實不在乎歲幣也。去歲五月休兵之後，使吾蚤夜經畫以固吾圉，亦何至今春三月之中，三邊衝突，連亘數百里，自去自來，如入無人之竟，俘掠生齒，屠戮官軍，焚燒室廬，如此之酷哉！事之已往固不必追咎，然亦豈可不深監耶？今浮光虜退已兩月，安豐虜退已一月，盱眙虜退亦將兩旬矣，不知吾所以措置者何事，施行者何策？但見邊備之弛，又甚於前日。日復一日，恬不知懼，但恐其禍又不止於今春矣。向者輕信庸人之言，爲泗上之役，喪師萬人，良將勁卒，精兵利刃，❷不戰而淪於泗水，黄團老幼俘虜殺戮五六萬人，❸盱眙東西數百里莽爲丘墟，聞之者莫不測然痛心，比尚書巡歷見之最切者也。安豐、浮光之事，大率類此，尚書亦豈不聞之乎？竊意千乘言旋，❹必須痛自咎責，❺出宿于外，大戒于國，曰：「此吾之罪也，有能箴吾之失者疾入諫。」日與僚屬、與四方之賢士討論條畫，審思而力行之，必將卧不能安枕，食不能下咽也。今

❶「楊」，清鈔本、四庫本作「揚」。
❷「刃」，原闕，據四庫本補。
❸「萬」，原闕，據四庫本補。
❹「言」，清鈔本作「書」。
❺「須」，四庫本作「欲」。

歸已五日矣，但聞請總領、運使至玉麟堂賞牡丹，用妓樂，又聞總領、運使請賞牡丹，用妓樂，又聞用妓樂宴僚屬而已。邦人聞之，諸軍聞之，豈不痛憤？請之人與吾所請之人雖相對而飲，退而未有不竊笑者也。惻隱是非，人誰無之？顧患不能充此心耳。苟充此心，則視牡丹之紅艷，豈不思邊庭之流血？視絲管之咽啾，豈不思老稚之哀號？視棟宇之宏麗，豈不思士卒之暴露？視飲饌之豐美，豈不思流民之調飢？以尚書之聰明，豈不念此？亦如謝安之雅量鎮浮，方秦人大舉入寇，乃圍碁賭别墅，即苻堅以八十萬之師入寇，❶謝玄以數千禦之，大敗其師，如此則敵國雖强，若無足慮者，可以從容間暇以應之矣。然嘗觀苻堅至壽春，登城以望晉師，見其行陣整肅，心爲之驚愕，❷晉師雖寡，❸而玄能用之，非僥倖而取勝者也，❹今□果能使行陣整肅耶？❺苟惟不能欲處以閒暇，❻亦何異小兒輩排棗栗以爲牲牢、列瓦礫以爲俎豆，匍匐俯仰而曰周公之禮樂盡在是耶？榦非以爲不合行樂也，但以爲徒行樂而不思邊防耳，苟思邊防，亦何暇行樂耶？祖宗二三百年之天下，兩淮數百萬之生靈，尚書以法從之尊，當四路之寄，敵國深侵，宇内騷動，主上食不甘味，聽朝不怡，大臣憂懼不知所出，尚書豈得不朝夕憂懼耶？而乃如是之迂緩暇樂耶？今浮光之報已至矣，虜人欲以十

❶「苻」，原作「符」，據四庫本改。下同。
❷「之驚愕」，原闕，據四庫本補。
❸「晉」，原闕，據四庫本補。
❹「者也」，原闕，據四庫本補。
❺「今」，原闕，據四庫本補。
❻「閒」，原闕，據清鈔本補。

六縣之衆，以四月攻浮光、侵五關，且以一縣五千人爲率，則當有八萬人，以二萬人攻浮光，以萬人刈吾麥，以五萬人攻五關，吾之守關不過五六百人，豈能當萬人之衆哉？ 則關之不可守決矣。 五關失守則蘄、黄決不保，蘄、黄不保則江南甚危矣。 尚書聞此亦已數日，乃不聞有所施行，何耶？ 火然矣，猶謂之安，此榦之所以深憂永歎，不得已而發於言也。 虜之屬意浮光，將以窺五關也，窺五關所以瞰長江也。 今淮東委之應守，以山東忠義守之矣。 濠與安豐未有警報，設使有警，濠去此爲近，亦可以調兵策應，安豐亦有六安義甲足以捍之，決不至使之深至江南。 惟浮光最急，今且專意爲浮光謀，調武定五六千人分屯固始、光山，以捍其深入，調蘄、黄民兵以守五關，仍關湖北借總効以同捍禦，則庶乎可以無憂。此則望尚書速圖之也。 或云朝廷靳惜財賦，難以調兵，殊不知苟失長江，則雖有財賦，將焉用之？ 况蘄、黄自有樁積米，且得從權支借，異日事定，漸爲之圖，不可顧慮。一失事機，則悔無及矣。 或又云尚書決爲還朝之計，以故慮不及此，尤非所以望尚書也。 平居暇日，猶當一日必葺，况事之危急如此，豈得以吾將行而遽忘之乎？ 朝廷若從尚書之請，亦須擇人以爲代，此非兩三月不可，又孰有出於尚書之右者乎？❶ 况兩三月之内豈能無變乎？ 此尤不可頃刻不關念也。 榦衰老無用，❷毫無功名富貴之念，❸家故窮空，隨例作郡耳。 聞尚書之使

❶「又」，原闕，據四庫本補。
❷「用」，原闕，據四庫本補。
❸「毫無」，原闕，據四庫本補。

來，❶感激思奮以圖報稱，歷陽既以邊鄙不願就，❷安慶又以有赴新任，不可再往，制參之命，❸元是遥領，不敢供職。塊處驛舍以俟予往，❹是知維揚之役，❺本出尚書之意。榦特微贊之，而同事之人以爲與己異，❻譁然而排之，初以爲召禍者，❼其言既無驗矣，又變而爲虚費，不論事體而斷以私見，大官唱聲，萬口和附。榦之寒遠，豈敢逢彼之怒耶？自今以往，苟有小失，莫不嫁其罪，曰：「此黃制參之謀也。」噫，可畏哉！只得稱病杜門，不敢造屏著，然區區忠於尚書之意不能自遏，故敢僭布之，猶有望於尚書深亮之也。仍勿以示人，千萬幸甚。

十一

榦衰病之迹，已兩上祠請，未報，筋力支離，不敢造屏著。夜來方丕父下訪，繼而幕府諸丈亦來，皆云尚書不以其不肖，欲委以西方之事，此固願驅馳，以報知己，況在屬郡守土之官，亦復何辭？退而自顧，識見淺短，既非其才，老病衰頹，又無其力，既不足以勝其任，幕府英俊如林，又皆久於其職，自足以笑談折衝，乃使遠外衰病之人當此重寄，徒取訕笑，徒取忌嫉，竟亦何益？尚書委任下吏，雖欲使之任責，亦思所以保全其身，此非所以保全之也。自古謀臣策士各出所見以裨其上，其言豈必皆當哉？

❶「聞尚書」，原闕，據四庫本補。
❷「邊鄙」，原闕，據四庫本補。
❸「參之命」，原闕，據四庫本補。
❹「往」，原闕，據四庫本補。
❺「是知」，原闕，據四庫本補。
❻「而同事」，原闕，據四庫本補。
❼「禍」，原闕，據四庫本補。

或是或非，在上之人與所親信者決擇之耳，則異日成敗，皆決擇者之任。今則不然。泗上之役，王穎叔嘗與謀矣，王穎叔之意，猶言燕可伐也，所以伐之者，尚書與幕府之責也。今不幸而敗，一則曰此王遂也，二則曰此王遂也。如此，則誰復爲我謀哉？維揚之行，出於朝廷之意，尚書奉行之，榦來自遠外，特因訪問之間，而微贊其決耳。紛紛之命未行也，則曰必召禍；幸而無事且歸也，則又曰徒虛費，怫然不平，以爲異己，較之穎叔差輕耳，是尚可預幕府之末議，而當一面之重寄哉？今以西方之事責之一列郡之守，尚書曰可，幕府亦曰可。幸而虜不深入，則將曰虜自不來耳；不幸而微有衝突，則吹毛而索其疵，則曰榦之罪也。榦又何苦試身於不測之禍哉？此榦之所以雖感尚書知己之厚，願竭愚忠而有所不敢也。今日之事，可謂至危。虜人能以弱而爲强，吾國反以强而爲弱，此士大夫之罪也。虜騎既退，竊意制府上下惕厲，悔前之失，思今之得，若不可以一朝居者。今則不然。尚書則曰：吾有二萬武定，不足畏也；幕府則曰：比柴守所申虜騎將至，皆虛申也。古之用師，至六十萬八十萬而不以爲多，今以二萬人而足恃；古之用師常懷勿恃其不來之戒，今則曰虜決不來。此何言耶？古之所謂「足以喪邦」者是也。至於至小之事，亦復如此。且如武定人無器甲，此特一事耳，然行道之人皆言其然也。尚書曰吾已與之矣，幕府亦曰吾已與之矣，又以爲吾有八百人，工匠日夜製造，何以謂之無器甲哉？吾所謂無，非全無也，制府之所謂與，亦誠與之矣，特恐與其一而遺其二耳。不然，何以行道之人皆曰無器甲耶？

以制府之森嚴，言之得以自達者，百不一二也。幸而有聞，亦當考核其故，曰武定之額若干人，吾之所給器甲者若干副。人人與之矣，猶恐出戰之際，箭鑿已發者不可復收，器械已鈍弊者無力以修整也。況又未必有耶？古之用人，皆當有以知其勞苦，知其困乏，使吾恩意浹洽乎其心，然後有以得其死力。今則不然，吾但欲得汝以爲吾用，吾可以免其責，汝之勞苦困乏吾不知也，汝異日之受禍吾不恤也。近有金陵士子以書見投，有及丘宣撫之事者，云丘一日欲招敢死之士，幕府請問事例，丘判云「錢一百貫，銀六兩」，幕府以爲太多。丘判一「死」字，其意以爲欲其致死，豈不直錢一百貫、銀六兩耶？只此一字，誰不願爲之死耶？至今聞之，亦使人感泣也。今制府用人，能若是耶？使幹而任西方之寄，則上下皆曰吾有人以任其責矣。有請則不報，有求則不獲，亦何以異於言武定之無器甲者耶？夫不能用人，則欲得其力，此乃今日之大病，而又不能聽人之言而用其長。嘗觀近日出而圖回國事，❶其能自有所爲者，莫若辛幼安；不能自爲而資人以有爲者，莫若吳德夫。辛幼安之才世不常有，如吳德夫者，常人可學而能也。吳之在荆南也，外而幕府十餘人，內而士友十餘人，賓客之往來者不絕于賓謁。每旦出見客投獻利害者以大紫袋負之以歸，吳公輒以夸於人曰「今日復得一牛褪矣」，❷言所得之多也，即送之書院，書院之士友參考之。幕府

❶「回」，四庫本作「惟」。
❷「褪」，四庫本作「腿」。

之議論，士友亦得與聞。飯後至遇晚，❶士友及幕府各以所見來告，上下□議論而求其當，❷然後從而行之。間舉酒一二觴，夜坐漏下數刻而後退。吳公又數以言語尉藉之，察其有無而賙恤之，以是事無不知，知無不行。今尚書接人，則既踈矣，聞人之言未嘗商確必行也，幕府辰入酉出，其與人接尤少，則亦何以周知天下之利害云？今莫若先出文牓，具言殘虜侵擾淮甸，引咎歸己，卑辭下意，以求裨益，委文官忠厚禮下者一人，置司於轅門之外，應有投獻者不拘早晚，悉令接見，受納文字，問其居止。然後委幕府詮其言之有益者，遣人請之相見而慰藉之，反覆而究問之。其無可采者，亦第其高下，饋其薄禮，則天下之利害莫不周知矣。尚書亦以爲然，至今未有所聞，想亦以爲虜騎已退，不欲自暴其失，不欲謂己不能而求於人也。夫自謂己能而不資諸人，雖堯舜、孔孟不敢如此，既不能自有所爲，又不資人以有爲，則終於無所爲而已。以無所爲爲心，亦無怪其以武定二萬人爲足恃，以柴守所申爲妄，以武定無甲爲非也。縱使武定真可恃，虜人真不來，兩淮真已寧靜，亦且可以偷安於旦暮。今棗陽被圍百日，城之不陷者如髮。棗陽陷則長驅而來，破應山，掃黄陂，蘄、黄兩城不攻而下，則兩淮豈得爲寧靜耶？兩淮荆襄之勢如人一身關節相通，❸一處被害，則百節皆痛，非若六國之勢，韓之禍不及乎魏，趙之害不與乎燕也。然六國尚且合從以禦秦，况棗陽尚

❶「至」，四庫本作「凡」。
❷「議論」，原闕，據四庫本補。
❸「荆」，原作「京」，據清鈔本、四庫本改。

被兵而可謂兩淮已寧静耶？此榦之所以日夜憂慮，如坐針氈之上而不敢寧也。尚書盍亦思之乎？人事久乖，天變屢見，宗社之危甚於累卵，又豈得上下安坐，欲以一方之事付之老繆之人，而遂以爲無慮耶？如前所陳，言語雖繁，其大要有三：思慮淺則不能周知利害，而動失事機；接物簡則下情不通，而聞見少；與人寡合則人心睽，而無以得其死力。尚書誠以是三者反覆思之，知宗社之爲重，而不知吾身之爲貴，知智謀之可取，而不知一己之有所長，則庶乎其得矣。榦老矣，不知外物之可慕，兩作邑而爲倅，兩貳郡而爲守，又兩試郡矣，狠愎自用，僅足以充篋庫之任。天下公議，未嘗以爲能也，素行之不孚，自應至是。尚書辟以爲元僚，朝廷且使之任郡事，則不可以復在左右矣。今又言語狂悖，不知深淺如此，非尚書亮之而誰耶？今欲使之任西方之事，豈不爲馮婦所笑耶？

別　幅

榦竊謂兩淮之事，亦不難處，欲乞尚書急呼安豐軍路分韓全，正陽水軍統制王文中，武定將官徐抃、李明，及安豐寄居吴主簿名時升，安豐直學張籌，命州郡津遣速來與之商議。榦與數人者皆有舊，且相信必能得淮西所以守禦之實。如六安洪縣尉者，檄之以來，亦可與商量山中義甲，正不待榦之親行也。陳桐城一出已半月，想更四五日即回縣，併檄之使來禀議，仍以淮西之事安之可也。適有來相訪者，因問以浮光之事，其人云：安豐至浮光各有人守把，虜騎若入，亦可一戰以決勝負。惟浮光之西如中渡最緊要，皆棄之不顧，王、馬二將但閉城自守耳。沿淮守把，固未必濟事，然折柳樊圃，亦足以使狂夫之驚顧，今乃捐百里之地，無一夫之守，是開門而望其不來也。此等事不因人之議論亦不及知，乞以台意詰問光守，使之措置爲佳。棗陽危急，則黄州以西不係六關，亦合措置，更合密行下黄州，令其條具乃佳。然此非重兵截其衝突不可也。

勉齋先生黃文肅公文集卷第十

書　九

復吴勝之湖北運判柔勝

榦伏拜台翰之賜，捧讀不勝感悚。□□□□□有間，❶不敢數以吏牘干犯威嚴，特於□□□□台候起處之詳，及施行條教，無非□□□□，❷□政不勝敬歎。❸伏辱台翰，❹曹運幹所傳□□□□亦誠有之，❺但不專爲使臺欄客舟而□□□。❻□□無能之人，❼自其少年已絶科舉。□□□□，❽僻□寡諧，❾賦性狷狹，與物多忤，每竊自□□□，❿其□旋斯世，⓫動輒齟齬，孰若窮耕田野，與世相□□爲樂乎。⓬偶得一官，浮湛寸禄，聊以自活命，□□□老，⓭回顧初心，終日凛然，如負芒刺，直以君相□恩，⓮不敢不爲。此來但俟半考，即上祠禄

❶「□□□□」，四庫本作「但因執事」。
❷「□□□□」，四庫本作「爲國爲民」。
❸「□」，四庫本作「實」。
❹「辱」，四庫本作「候」。
❺「□□□□」，四庫本作「聞其事或」。
❻「□□□」，四庫本作「行其事」。
❼「□□」，四庫本作「椎魯」。
❽「□□□□」，四庫本作「矢志學道」。
❾「□」，四庫本作「識」。
❿「□□□」，四庫本作「念樸拙」。
⓫「□」，四庫本作「周」。
⓬「□□」，四庫本作「隔絶」。
⓭「□□□」，四庫本作「兼得養」。
⓮「□」，四庫本作「之」。

之請而已。此語自都運寺丞艤舟弊郡，亦嘗及之矣。□五月半即半考，❶數日來，遂委一二同官，先□相迓新所用之金，❷令項椿管，置辦從物，庶幾解□而去，❸見管之錢，皆是實數耳。此或者所以傳□有浩然之興也。❹然榦也官先師之官，學先師之學，先師平日去就之義皦然。今衰老如此，而不知退，是受其官而忘其教也。於我安乎？此浩然之意，亦誠非妄傳，亦非全爲攔米而然也。攔米一事，使臺施行，委欠商量，特不欲有請耳。米舟不之鄂渚，而之漢陽。漢陽小郡，下情易通，客旅□詞訴易達，❺官吏有所抑勒，牙儈有所邀阻，可以徑達於太守之庭。鄂州大府，則反是。治其源□，❻斯可矣。❼今散遣官吏，勒客舟之米，不得之漢陽而之鄂州。如此，則漢陽之百姓不隸於湖北而爲化外之民矣。在鄂州行之則可，在使臺行之，恐非公視一路之意；在他人行之則可，在都運寺丞行之，則恐未免或者之議。假令漢陽□□官吏於金口攔鄂州米，❽可乎？況名爲攔米，而□□攔稅，❾本爲鄂州，而託之使臺，情狀曉然。□□□云，❿翁大人不疑人欺我耳。今台翰以爲□□□。⓫天下事，不知當論理耶，當論例耶？所謂□□□，何人所立耶？朝

❶「□」，四庫本作「至」。
❷「□」，底本不清，四庫本作「期」。
❸「□」，四庫本作「印」。
❹「□」，四庫本作「其」。
❺「□」，四庫本作「之」。
❻「□」，四庫本作「流」。
❼「可」，四庫本作「知」。
❽「□□」，四庫本作「郡之」。
❾「□□」，四庫本作「實爲」。
❿「□□□云」，四庫本作「前所云」。
⓫「□□□」，四庫本作「未必然」。

旨嘗有中流爲界，不得□□□文。❶ 捨朝旨而用舊例，非所以示訓也。鄂州與漢陽無歲不争，似此施行，鄂州爲直乎？漢陽□□乎？監司平兩郡之争者也，而又啓之，可乎？□□此久矣，所不請者，不必請也。昔者夫子轍環天下，所向不合，老聃氏退然與物無競。夫子□□：❷「吾今日見老子，其猶龍耶！」榦嘗請事斯語，□□物接，❸察言觀色，苟有不合，則望鞭影而亟□，❹□敢競也。❺ 州郡財賦，粗足可矣，政不必多求□□，❻軍置錢監，常歲附鑄二萬緡，以助軍用，其□□爲一萬緡，❼其後監官，每以此邀州郡之舉，□□如其請，❽則多方沮抑。自榦至此，覺其如此，□□口不言附鑄，❾漢陽軍無萬緡錢，將不爲漢陽□？❿ 便通濟米舟，悉爲鄂州所據，則漢陽軍亦不□於不爲郡也。⓫ 況又既不爲久留之計，又不必争也。榦實是衰瘁，不惟無富貴之念，實無功業之想，無家可歸，無田可耕，判作餓死，何向不可？蓋此計已決，不但爲攔客舟而然也。後月之望，未免徧以公狀申諸臺，乞爲備申丐歸田里，更望都運寺丞力賜扶持，千萬幸甚。曹簡夫得書，旦夕即到此。豪傑之士，紛然而起，國勢益强，外患自弭。衰病無能之人，得以止足山

❶「□□□」，四庫本作「視爲具」。
❷「□□」，四庫本作「嘆云」。
❸「□□」，四庫本作「及與」。
❹「□」，四庫本作「去」。
❺「□」，四庫本作「不」。
❻「□□」，四庫本作「積貯」。
❼「□□」，四庫本作「先所」。
❽「□□」，四庫本作「若不」。
❾「□□」，四庫本作「惟緘」。
❿「□」，四庫本作「乎」。
⓫「□」，四庫本作「至」。

樊，歌詠太平，以終餘年，莫大之幸也。

築城一事，戎司終不以爲然。榦之所以建此事者，❶亦是戎司壕寨路炳者相與熟謀之，❷初非□於己意。❸今所差來人，堅以爲不可築，則□□□之亢旱如此，❹自非興工之日，又米價頓長一倍，則築城之人糧食之費，皆倍於前日矣。以此思之，不若已之爲愈。曹幹亦深以爲然，翌日具狀，申兩司也。

昨承不鄙，訪以救荒之策。榦於都運寺丞，豈敢不用其情？今早見制司行下一劄，仍答使司所申者，其説甚堅。然在彼之責，亦只得如此。以榦觀之，此事亦不甚難，只覺幕府無人商議耳。都運寺丞，只得端居深念，或更於一路之内，檄一二有心力人相與商議，事無不可爲者。不然，則以彼淺近之智，而經理天地之變，未見其有濟也。榦適與曹丈説，制司便不放米出界，吾豈不得差人密行收糴？使司選委人物，任以此事，諸郡誰不聽命耶？制司既所執如此之堅，使司只得申朝廷，乞於湖南、江西豐熟州郡，撥樁積米應副鄂州，以時價給還之，此無不可者。以都運寺丞之事權，而又爲廟堂所倚重，苟有所請，當無不從也。大抵此等事，要處之有道，有毫髮不到，便能生弊。官吏之不任責，此大可慮者也。曹□□□爲，❺本軍不當分彼此。蓋鄂州米價，□□□□□，❻制司旅皆有捨西而東

❶「事」，四庫本作「議」。
❷「寨」，四庫本作「塞」。
❸「□」，四庫本作「出」。
❹「□□□」，四庫本作「以今日」。
❺「□□□」，四庫本作「運之所」。
❻「□□□□□」，四庫本作「原不同於漢陽」。

之意，苟□□□□□，❶竊□漢陽之□轉死於溝壑，❷亦□□□□□也。又□□□□□，此監米客米之□□□□□，則有西州長江□浩，彼胡爲不之□□□□漢陽耶？漢陽兩邑一郡共二十萬家，凡一郡者，□只得爲之深思遠慮。今差官而攔之，自棄漢陽也。第恐米舟經税之後，則越□他界，❸如此只恐多遺舟船於漢口以上守等可也，❹此皆幕府之拙謀，不知事體者也。王介甫云：「善謀家者資之國，善謀國者資之天下，善謀天下者資之□□□。」❺榦思之，莫若亟遣人於江西、湖南收糴，□□□□寺丞，❻尚疑此郡有彼此之分，則乞令張□道過此，熟與之議，必能有至當之論。做官□□大官不可爲，❼既隔下情，又不能不資於同官。所謂同官者，類皆不足與謀，此事之所以難□也。❽

榦伏承台翰之辱，捧讀不勝感悚。□非列□□□望，況衰賤又何以辱此？弊郡□□只是□□□外，可以無慮。漢陽管下，分爲四五隅，請官□□□□□已抄劄到户口，量其□□而□□□□勸諭到人户之穀，官司先出價錢以償之，□寄穀於其家，却給曆頭與合糴之家，使之就□□。約自十一月至來歲三月而止，月前，❾□□□□□晚豆之屬，可以接食，已支去□□□□□□

❶「□□□□□」，四庫本作「不通融和糴」。
❷ 上「□」，四庫本作「恐」。「□轉」，四庫本作「商旅」。
❸「□」，原爲墨丁，四庫本作「踰」。
❹「恐」，四庫本作「得」。
❺「□□□」，四庫本作「於百姓」。
❻「□□□□」，四庫本作「以待都運」。
❼「□□」，四庫本作「最是」。
❽「□」，四庫本作「濟」。
❾「月」，清鈔本作「目」。

川一縣，但令其邑長自立規模，□□□□□□貸之，兩縣亦有無錢可以糴米者，□□□□□□之。自此月爲始，家日給一升，亦□□□□□□。其所施行，僅能如此，亦豈能無煎熬之患？□諭所謂米舟不至，❶乃州縣迎合制司，或因以爲利，此説恐未然。榦每謂使都運寺丞守德安，將禁米乎，將不禁米乎？禁米則違上司之命，不禁米則害百姓，二者孰緩孰急？榦但聞德安、復州亦已狼狽，饑民熬熬矣。今乃專欲咎之，恐未安也。古人言遏糴之禁，謂此凶而彼豐，今數州□爲旱歉而可咎之乎？❷況通融雖是美事，然處□有道可也。❸古人告糴，如晉告而秦輸，乃官司□遣人糴可也。❹官司自糴，則所糴有限量，□□所用而告焉？❺今欲聽客旅之自販，則所販有限量，而又或適他郡，或俟價高，不惟爲彼□□□，❻而亦爲吾郡之害也。如雲夢、孝感，自有水路徑趨淮西，不經漢陽，官司莫之覺也。李貫之提舉書云：「江東一路，自問朝廷乞得米三十萬石，又有常平米三十萬石，又自糴得十萬石。以一路而有七十萬石之米，何饑歉之足憂？今不廣圖之，而日夜歸咎於饑荒之數郡，以吾爲部使者，而汲汲然爲鄂州而治，他郡米既不至，而徒傷吾公平廣大之意，豈亦未之思耶？」榦嘗謂爲監、司郡守，與作縣不同。作縣是親民最緊底處，每事可以立見底蘊，郡守則已隔

❶「□」，清鈔本、四庫本作「台」。
❷「□」，四庫本作「俱」。
❸「□」，四庫本作「之」。
❹「□」，四庫本作「散」。
❺「□□」，四庫本作「又安」。
❻「□□□」，四庫本作「方之害」。

一重，監司則又隔兩重。監司、郡守之於人户詞訴，但當只令索案，或且令具因依申，然後徐察其詞之是非而處之。今若憑一紙狀詞便爲施行，鮮不十事而九失者，不可不察也。本軍糴米，或加五六，價錢低於市價，亦誠有之，而實則有説。本軍市井有三樣斛：有文思院斛，此官省斛也；有黃池斛，客人所常用也；有打買斛，軍學所置，客旅交易，必請此斛。官收斛錢，以養士也。打買斛者，兩斛□□爲一石五斗文思院斛，❶公私交易皆通用□。❷故人以爲□五六也，❸價錢反低於市價。今□□□□論之，❹客人糴米五碩五斗爲□□，❺若以□□論之，❻已糴七百八百會子矣，❼豈得以其反□於市價而病之乎？❽且市價起於何人？不出於□，❾不出於官，而出於牟利之商賈。今日一貫，明日二貫，又明日三貫五貫，市之牙儈，從而和之，此細民所以受病也，而可從之乎？官司爲之約□，❿使商賈獲倍稱以上之息，而不到於横爲無厭之求，官司依所糴之價而糴與百姓，則商與民俱無害矣。客人哽噎而不能言，非畏官府也，是亦自知其不可也。若其冥頑嗜利，幸灾樂禍，以病吾民者，亦何足多恤哉？故曰「小仁者，大仁之賊也」，是豈可不察哉？

❶「□□」，四庫本作「三斗」。
❷「□」，四庫本作「者」。
❸「□五六」，四庫本作「甚便」。
❹「□□□□」，四庫本作「以諸斛通」。
❺「□□」，四庫本作「正價」。
❻「□□」，四庫本作「價錢」。
❼「八百」，四庫本作「八十」。
❽「□」，四庫本作「低」。
❾「□」，四庫本作「民」。
❿「□」，清鈔本作「度」。

諸葛孔明之治國，以大德不以小惠，大丈夫行事，磊磊犖犖，正當如是也。築城事只是如此，知其事之可爲而不以告，不忠也；知其時之未可爲而不以告者，亦不忠也。所謂「恐或者得以議論」，此一句最關利害。吾人處事，但當自信，不必隨人，恐其議論而曲意以從之，可乎？其亦不敢説不爲，但説須是有錢有米耳。況榦之去意已決，不敢承當此事。世事難言，都運寺丞，天下之所謂正人端士，更幸日想天下之賢者，❶以講明義理之正，毋徒曰資質可恃，事業可致，以道義自居，卒陷於功利而不自知也。世間最緊要事甚不多，爲聖爲賢，爲堯舜爲湯武，爲伊爲周，皆從此出。若捨却這些子緊要處而論功業，便教做出漢高祖、唐太宗、蕭、曹、房、杜，亦何足道哉？若於此曉解，世間利禄，真是糞壤；世間事業，真是太空一點浮翳也，何足把玩哉？榦之所以亟欲歸山者，老先生傳授一粒金丹，亦欲歸去，静坐服食，庶幾老死可以見先師於地下而無愧也。若浮湛世間，爲庸人所軒輊，以求區區之名利，是猶持千金之璧以易一瓦缶，幾何不舉而棄之溝也？若因不修城得罪而去，正所願也。承聞使節欲以點船絶江，儻得伏謁以承誨論，何幸如之？以都運寺丞知遇之厚，不自知其言之狂且僭也。

辭知潮州復鄭知院

榦辱朝廷之知遇恩寵至深至厚，拔擢超躐，皆出望外。自知衰老，甘自退藏，豈期軫念下逮枯朽，便當疾趨，豈宜遜避？

❶「想」，清鈔本、四庫本作「親」。

竊念榦處世多艱，氣血衰瘁，自臨川得痰喘之疾，今已十年。忽於今夏□□之間，❶結爲痞塊，卧則沉伏，行則膨脹，一□□中，❷半在牀衽，起居百阻，愁憂亡聊，自知此身旦暮不保，已治丘壟，誅茅其間，方將移居，以便藏骨，豈敢復有意於榮宦哉？若勉强就道，不過中途，立見踣斃，此決不可以不容辭者。近者習俗偷薄，逐利忘義，祖先墳墓有累年不拜掃者。家君察院，草葬於水泉砂礫之中，家兄知縣之所藏，亦爲螻螘所食，諸孫中無一人自立者，方日夜爲之經營，庶年歲間畢此二事。今若捨之而去，則存之與殁，抱恨無窮。門户單微，始祖墳墓亦爲强宗所侵，銜冤抱痛，無路自訴。若不爲之經理，則數年之後，不可復任矣。此皆至痛至切而不容捨者。家兄見存者，年七十有五，飢窮至骨，向來從宦分俸以養，今雖家居，亦得察其有無，共其乏困。今挈之以行，固不可，舍之而别，亦不安。諸姪飢寒，亦費區處，此亦皆人道之所不容已者。又有難以告人者：榦年方及冠，從遊於朱文公之門，其所以撫存而卵翼之者，不啻己子。其所以然者，非有他故也，以榦從學之久，庶幾粗得其立言垂世之大意，可以與後進之有志者相與訂正，以垂之將□，❸□□□□□□絶而大義之乖。❹是則文公相與之大意□□□，❺榦又何足以辱其知遇之厚哉！二十年□□□爲貧，❻舊學

❶「□□」，四庫本作「五月」。
❷「□□」，四庫本作「日之」。
❸「□」，四庫本作「來」。
❹「□□□□□□」，四庫本作「庶不至微言之」。
❺「□□□」，四庫本作「如是耳」。
❻「□□□」，四庫本作「來歷宦」。

日廢，每一念之，如負芒刺。奉祠以來，方得與朋友數人，日夜討論，漸成保社，方深恨向者告歸之不早。若復既歸而又出，則安得面目復見文公於地下耶？此則人之心事所至痛者，❶而不敢以告人也。榦家世雖貧，素守詩禮，❷自榦一從禄仕，困於朱墨，子姪輩氣習漸異前人，非彼之不可教，此既不暇教之，而游玩紛華之習，反有以害之也。兩年家居，一守儒素，方覺氣習漸變，今豈宜啓之以故態耶？人之仰禄，爲子孫耳，今既壞其心志，則雖多藏以遺之，是適所以資其愚不肖也。此又憂深思遠之不容不然者。閣下試以是數者而思之，則榦今日之或出或處，斷可識矣。仰恃閣下之眷憐，故敢布露心□，❸無非由中之言，實無片辭矯飾，非若世俗之□謂禮辭者，❹欲望鈞慈特賜寢免。

二

榦窮悴無聊，疾病轉劇，前幅所陳，無非實狀。仰蒙某官委曲誨諭進退出處之宜，無非至論，可謂曲盡。但榦今日之事，非能仕不欲，乃欲仕不能，惟有哀鳴造化，乞此一日之命，正終丘園，則千萬幸甚。更望力賜重言於二府，庶得微誠洞達，早遂卑請，若再得祠禄一任，則兩年之中，一室孥累俱獲温飽，他非所敢望也。榦兩月無祠禄，便覺丐貸費力，望閣下早賜垂念，亟與祠請，以救此涸轍之困，幸甚。別紙所示，

❶「之心」，四庫本作「心之」。
❷「禮」，清鈔本作「書」。
❸「□」，四庫本作「腹」。
❹「□」，四庫本作「所」。

榦久留山間，投閑養病，遂用劄子實封，遣人繳達之，亦未得□回報。榦極爲其所知，然自到任，亦只得兩三次隨衆謁見，以其情性，有未易以常情測度者，故亦不敢有言。想閣下備知其詳，若常常開諭，以成其美，亦鄉邦之幸也。近蒙其以鄉中士友相問，榦偶有一館客，亦自知其賢，遂枉騎訪之，徑補以學職。其人感之，遂上諫書極言其失，里人皆云，自此漸覺和平。彼自精明，苟知其過，亦不憚改也。

三

榦伏自昨者敬伸不得已之禱，朝夕凛凛，以俟方命之誅。公朝眷憐，俯從卑欲，既脱州麾之責，□叨祠廪之優，❶於老且貧，莫便於此。且蒙鈞翰面賜撫存，❷化工生物之仁，委曲懇到乃如此，舉室感激，未易名言。惟是奇蹇之迹，入春以來，無日不病。日夜思治尺牘，以致二府之謝，自念不敢以吏書爲禮，而氣疾所梗，莫難於據案，以是至今未能畢緘。府吏踵門，忽復叨真翰之賜，跪誦三復，大非衰賤所宜蒙。至於憂勤宗社之意，出處去就之宜，當功業之方興，而動婆娑緑野之念，屈公相之尊，而下友於山林之棄人，盛德謙光，可爲世法，百拜十襲，以爲子孫無窮之榮。榦莫年多病，百念灰冷，儻得未就溝壑，則温尋故書，以祈寡過。向非朝廷大恩，畀以祠廪，則今已不免爲溝中瘠矣。然亦有未能不過慮者，祠禄正以補田租之闕，則可以卒歲而無飢。入

❶「□」，四庫本作「以」。
❷「面」，清鈔本、四庫本作「曲」。

春已兩月，種不入土，並海之田，鹹潮浸灌，今雖得雨，亦已無及。近域之田，❶皆不可耕，山邑泉源□足之田，❷亦皆枯涸。更旬月不雨，則歲事已矣，豈敢復望田租之入哉？但聞旱勢頗廣，則一家一户之利害，不敢計也。以公相燮調之力，而以感召和氣，變災爲祥者，反覆手耳，此特草草□□慮也。或以一春無不雨之理，然榦昨守漢陽□，❸自正月不雨，以至九月，飢民流離，纍纍滿道。傷弓之餘，故誠不能不過慮耳。榦老病日加，終日塊坐，舉動頗艱，生平不避勞苦，晚歲自應如此。重蒙閣下軫念帷蓋之舊，特有珍劑之賜，雄、附五十隻，鍾乳十貼，其品格氣味，皆非人間所常有者，寶藏服食，苟活一旦之命，無非大造更生之賜也。專使之回，輒扶病敬布謝悃。窮居不能端謹，伏乞鈞亮。

辭再知安慶府 在知潮州前

榦一介庸賤，無足比數，蒙閣下之顧遇，拔擢超躐。家故窮空，孥累猥衆，筮仕十有五年，皆得食租衣税，不至流離飢殍，毫髮皆閣下之恩也。雖身膏草野，亦不足以言報。今至於復其舊職，乃力辭而不就者，畏清議，避機穽也。畀以列郡而不受，予之藩府而受之，此豈能免當世之譏議？況其所至，動與物忤，非閣下之芘護，已不復有今日矣，況敢自蹈於不知廉耻之地哉？築城，所以保民也，建議之初，已諱然

❶「域」，四庫本作「城」。
❷「□」，四庫本作「霑」。
❸「□」，四庫本作「郡」。

而見攻矣；及其速□，❶則曰：是必勞民也；及其費省，則曰：是必擾民也。元僚之辟，制府之請也；五關之守禦，浮光之督戰，制府之命也。未及行，而嫉之者至矣。眇然庸儒，何足以知天下之大計？乃創爲之説曰：是道學之徒喜言大義，談恢復者也。守土之臣，去制府五六百里，邊郵之事未嘗與聞，一或失宜，則曰：是嘗與謀也。軍旅之際，征役繁興，民不堪命，少陳利害，則曰：是素喜争也。東羅西網，一舉足且蹈其中，憂畏憤懣，殆無容身之所。正使無歷陽之除，亦當哀鳴造化以求避，況今嫌隙已開，豈敢冒犯清議，試身於不測之禍哉？倅安豐則得罪於太守，守漢陽則得罪於監司。今怨咎滋起，復有其兆矣。是皆稟資狷狹，賦分奇窮，有以取之也。幹開禧年中，從事荆南幕府，往來八關，備歷險阻，因得嘔血之疾。目今痼疾復發，加以痰喘，不可支吾。儻蒙鈞慈特賜憐憫，投畀山林，自同麋鹿，使之悠然涵泳聖化於寂寞之濱，生死肉骨之恩，没齒不敢忘也。不然，政恐異日議論揁生，❷雖閣下愛念之深，亦恐不能以庇之也。

復林正卿

竊觀所論作《易》大旨，本於陰陽錯綜而成者，大意甚善。其所與《本義》之旨不同，而先生以爲不信，其大者，亦不過兩端而已。先生則以《易》之作，本爲卜筮，而夫子釋之以垂教。老兄則以《易》之作，本爲

❶「□」，四庫本作「成」。
❷「揁」，清鈔本、四庫本作「横」。

垂教，而伏羲、文王借之以卜筮，此其旨若非有大異者。然如老兄之説，則恐於作《易》本意及《易》書本文，皆不能無失，亦不得爲小誤也。竊詳老兄之意，❶蓋以天地露許多機緘，做出一箇圖書，聖人用許多工夫，看得一箇義理，今却別無用處，只將來做卜筮用了，故必欲將作垂教之書，而卜筮特其一事。却不知聖人於圖書之妙、義理之原，心通默識，則凡其見於日用之間、施設之際，固無適而非是理之歸，亦曷嘗棄之，以爲他皆無用，而專以卜筮耶？至於一部《易》書，則原其本意，却只爲教卜筮而作耳，蓋卜筮自非小事，吉凶生大業者，蓋出於此。況上古之世，民淳俗質，誨以義理，亦未必深曉，使之一舉一動，皆取決於卜筮，則事弗非而民弗疑，而教人之意，又未嘗不行乎其中，則卜筮亦豈小事也哉？今必以爲教人之書，則□□卜筮也，❷亦甚矣。況《易》書之文，所謂利，所謂勿用，所謂吉凶，所謂悔吝者，其文皆主於卜筮而發。所謂畜牝牛、田獲三品之類，又於設教之意，亦且迂遠而難明。聖人著書垂教，本以開示後世，使人易曉，又何苦爲是艱深難測之辭，以眩人觀聽哉？今乃捨是不言，而專指師、比最分曉之卦，以爲設教之書，則執一而不通矣。若作卜筮看，則所以如此則吉，所以如此則凶者，非義理之所寓，而未嘗不可以爲教。必以爲非爲卜筮，則於作《易》之旨、《易》書之文，皆有所不通。幹之所謂亦非小誤者，此也。夫□吾友天

❶「詳」，四庫本作「嘗思」。
❷「□□」，四庫本作「非爲」。

資清勁，❶讀書不能平心以觀，故其失□□如此，❷試更思之爲佳。鬼神之説，大概得之。□□有未盡者，❸偶收在家中，遇于公行，不及取□奉答，❹悉俟令姪歸報去也。有可垂教，毋惜往復。今以文王、周公之辭爲卜筮分曉，故又欲以伏戲之《易》不爲卜筮，及至文王、周公始借是以爲卜筮，則亦自覺其説之不通矣。自覺其不通，而不肯捨，遂欲將伏戲、孔子作一樣説，文王作一様説。孔子於文王、周公卜筮之中，□而爲垂教之意，❺乃是有功於《易》，文王、周公乃於伏戲垂教之義，抑而爲卜筮之用，則是得罪於伏戲大矣。卜筮既爲不切之具，而文王、周公乃用一生工夫，壞却伏戲一部義理，是何不知不仁之甚耶？如此，則孔子便當削文王、周公之書，而專使伏戲之意，又乃祖文王、周公之後，爲人注解不切之書，何耶？此其説不通之甚者也。

與潘謙之

榦此間糧食雖已竭，而治生粗有倫理。朋友相聚，人之多寡不必論，但得臭味相似，庶幾交相切瑳，以張吾道耳。今所賃屋，不知何地？人少則東山桑溪小寺中亦可以爲終歲之聚也。若得蚤定，庶歸來便得讀書爲佳。歲月易度，若非閏月，則春已莫矣。契兄昆仲，及成叔兄弟能偕來否？先生衰病，氣滿筋攣，然修書誨人之意，未

❶「夫□」，清鈔本、四庫本作「大抵」。
❷「□□」，四庫本作「至於」。
❸「□□」，四庫本作「而更」。
❹「□」，四庫本作「以」。
❺「□」，原爲墨丁，四庫本作「闡」。

嘗頃刻忘也。吾輩可謂懶惰之甚者，當相與努力，以副其所期也。今歲之集，更須倍加功，以補此空閑之月乃佳。鄙意欲每日相聚，共看經史文集，不以長少，各立程課，庶一日有一日之益，不至虚辱朋友之意。尊兄更爲熟思法度見教。

□十二日登舟，❶十七日早已抵家，朋友相候之久，重以爲愧。生平僻執，誤事如此，可以爲戒也。縣學極齊整，又日瞻先聖以爲依歸，莫大之幸。不知尊友能一來相聚旬月否？兩月得侍先生誨論，方悟向來學問差處，尤欲與朋友共正之。齋中規矩，只得十分嚴整，不然，誤人子弟，罪有所歸也。廿一日入學，廿二日便略與諸友擬試，俟補試後，諸友齊集，鳩金買牲，舍菜于先聖，遂講光齋之禮。初一日，即立定規繩讀書。大略如此，恐吾兄欲知之也。

尊兄久寓京城，朋友相信向，亦不妨講學，又得賢主人，亦無入而不自得也。❷富貴説甚平正，然却不如書中所説之痛快也。蓋説中大抵是歸之於命，其意以爲可曉愚人。然人心蠹壞，至此極矣，如三十年痼疾，非一二服平胃散所能療。孟子將作乞兒斥罵，以樂正子之賢，尚有餔啜之譏，則其他可知。義利上須是先見得分明，方不至拖泥帶水也。此中絶難得朋友講學，已約蔡伯静十數朋友爲季集，一年亦得四次相見，各述所見，以相質正，庶幾不至寂寥之甚，但亦未有成説耳。

榦近在甘泉，因與林正卿講及一貫忠恕一章，見其所説毫釐之差，而於古人之意

❶「□」，四庫本作「榦」。
❷「入」，清鈔本作「日」。

全不相似，乃知吾人講學不可不與朋友共之。以此欲與兄款聚之意甚切，計八月間，彼中諸事已畢，千萬撥置，爲我一來。但至此不能走見，反欲坐致，從者爲愧已甚，計兄亦必不我怪也。

榦嘗謂天地之間，無獨必有對。以天言之，則貧對富，貴對賤，窮對通，泰對否。以人言之，則出對處，進對退，隱對見，仕對止。古之人惟義所在，隨遇而安，未嘗有所擇也。比年以來，士大夫風俗，只揀一邊好底，都不要一邊不好底，於己則利矣，其如義何？此風一長，望其舍生取義，殺身成仁，決無此理。況出處去就，雖是相對，然去與處乃其常，出與就又是偶然之變。今乃以變爲常，以常爲大不幸，殊不可曉。至於利害之際，則留連眷戀，而不肯舍，至於可恥可賤，發於羞惡之本心者，一切不問，此又豈易與俗人言哉？安得一見，相與劇論哉？

答潘謙之

榦碌碌遠官，無足言者。極邊重地，守貳之間，意見不協，朝廷寬恩，姑令易地。初亦欲乘此丐歸，而臺論又爲之辨白，不欲激抗，黽勉就職，已於五月四日交賤事。要之在己無以取信於世，又不能阿容求售。諸賢不度事勢，力相推挽，反以取當路者之賤薄。朝夕念歸，然亦覺於義可以少留，則又且浮湛，爲仰禄計耳。行年六十有三矣，每思師友之訓，令人惕然以慚也。尊兄今歲安寓？或云留興化，果否？陳安溪已除六院，能與之偕來亦佳。此間相去不遠，又可以一見也。鄭子立相見否？鄉間朋友難得，得其意向如此，肯與吾人相親，又才氣亦非常流，吾人只得扶持之。彼既多與世不合，吾人又踈遠之，恐非所宜也。

榦蹤跡想不知其詳。此間初自不合來，以朝廷拔擢，不敢辭，到此百怪皆有，真不成世界。以虎狼之暴、盜賊之狡，而當方面之寄，視百姓如草管，❶視僚屬如奴隸，此豈可入其竟哉？初亦自理郡事，不復相關，適以大旱，渠自與吴漕爲敵，始則相抗，而遣卒數十人入本軍之竟，攔截米船，不得過武昌。既而吴聞之朝廷，又欲奪本軍之米以媚武昌，其行遣之間，可怪可笑。初亦以吴爲賢，且得相依，吴又不曉事，使客氣漸以相及，只得引疾丐祠以歸。數郡大旱，監司無一人問及，餓死不可勝數，更不堪着眼。數百人爲羣，上人家丐米，丐者，奪之異名也，又只得捕而戮之，是何世界如此！榦幸而力抗兩司，糴得米四五萬石以賑糶，所活者萬家，他皆不暇恤也。自此且得歸家，讀書教子，不能在世間與此等異類爲伍也。有傳師復監簿輪對之章，見之者三復敬歎，使臣子之鯁切皆如此，國其有不興乎？煩爲致意，甚恨相識之晚也。適方得孫行之書，感感。此間只俟省劄下，或代者至，皆可便行，要不出此月也。相識皆煩致意，既爲閑人，亦不敢作朝士書也。到家亦便欲歸福州省墳墓、親戚，家兄年老多病，諸姪貧困流落，皆急欲一相見也。

❶「管」，清鈔本、四庫本作「菅」。

勉齋先生黃文肅公文集卷第十一

書　十

復楊志仁書

榦官守如昨，春苦蝗，夏苦旱，奔走阡陌無寧日。近方得雨，槁苗復蘇，人心亦與之俱蘇矣。但旱處頗廣，恐自此不得復寧也。一考零八月矣，亦本無他撓，中間州家以財賦見怪，亦頗不能平。渠亦無他，但不曉耳。既憤然取上，又忽然發下，特爲吏輩所玩弄耳。倉臺昨亦見疑，但此不與之辨，近亦無他，直道而行，雖蠻貊可也，何足道哉？

去歲新淦常辱誨字之賜，并見示《仁説》，考索極精，傳示朋友，無不歎服，但恨不得相與款語，各究所藴耳。榦本但爲貧循常調，竊升斗耳，豈敢爲寸進計？諸公推挽，朝廷誤以爲可用，擢貳淮州，又不得展布，而受命於庸人，其勢必不合，不合則當去。朝廷遂易以他郡，只得聽命，然未能決去者，試邑之後作倅，亦非分外事耳。但老矣，故山之夢甚切，來春當力懇廟堂，求爲歸計也。先師云亡，朋友寥落，此道無與共講者，不知契兄能一出否？若能挑包行脚，相與講明此道，所不敢望之他人也。通老兄竟爲古人，天資甚高，學識未甚通，於朋友甚惓惓，殊可念也。都下作此，託鄭夢錫附便，亦未知何日可達。

榦比嘗拜書，託鄭夢錫轉達，便中承書貺，感感。录录如常，無足道者。本無仕宦之念，直以爲貧，勢不容已，改秩作令之後，須欲求一便家去處爲歸老計。偶朝廷過聽，以爲可用，一歲間自淮西移金陵，復自金陵移漢陽。臣子之義，亦豈不願趨事赴功？但事有本末，未易悉言。世之妄以功名自許者，皆欺君者也。加以年事至此，素志未酬，勢須夏秋間即爲丐休之計。儻得投老山樊，以卒所業，莫大之幸也。自先師在日，朋友間已覺無可人意者，今又朋友寂寥，未有一人真能窺見涯涘。如志仁天資勁特，識見通敏，竊有望焉，乃不得相與講貫，徒深怏怏。

榦去冬已拜予祠之命，以省劄不明言交與何人，遂再申審。三月初命下即行，四月七日抵家。自去歲兩上丐祠之請不遂，適以計臺撓政，不欲與之競，亦不欲爲之屈，遂引疾丐祠。其事亦甚微，然較之束帶見督郵則大矣。但今之士大夫見得未分明，故亦不能無疑耳。争米事勢不容已，受人牛羊，爲之求牧與芻，豈可爲人掣肘，而坐視百姓之餓死耶？歸來意謂便得安坐讀書，偶以故居太窄，不足容孥累，遂再創數椽於其後，便覺擾擾，無異居官，但終是自在，不與世俗俯仰也。昨承見教，《先天圖》以字多未暇悉考，今所示諭數條，別紙請教。

榦以孥累猥衆，未能忘禄。十餘年間，奔走宦塗，勞神苦形，無頃刻暇，然亦不過役心於簿書期會。人生幾何，自苦如是，所謂講習之功，一切束之高閣矣。諸賢以其不肯避事，故凡事之至難，人所望風畏憚，必以見役。食人之禄，不容推辭，以是愈覺疲憊。今皤然一翁矣，不能善刃而藏，誰之咎歟？義理無窮，歲月有限，良可歎也。承示《仁説》，討論極精。通天地，亘古今，只是一箇生意，此心流行，未嘗間斷，於當官處見得尤分明，自朝至暮，無一息不是此心發見處也。今之士大夫，徇私忘公，怠墮苟且，皆不能廣而充之者也。師亡友散，講誦寂寥，鄉間故人，惟志仁、潘謙之孜孜不怠，更冀努力，以昌吾道。自來江西，亦有三五朋友，可與共學。今歲科舉，又且各用工舉業矣。齊卿亦相聚否？亦曾講論否？更有以切磨之爲佳。屬有帥檄攝倅南安，乃濂谿舊治，力不獲辭，後月初即行到彼，一兩月即告歸。人行急，布禀草草。

年事遲暮，常懼即填溝壑，不得合并相與講習，以遂平生之願。❶近引疾丐祠，三上方得請，自此相去不遠，可以遂所志矣。亡似之跡，豈不願隨緣利物？每念講學大事，荒廢累年，區區薄宦，真成爲利，令人悚懼。然事之難言者，十常八九，又未易形之紙筆也。且得退閑，庶幾不負師門出處之大誼耳。書中所言日光月魄，見得極親切，但別紙心性之論，則似未通透。昨少年日常將四箇字形容此身，只是形氣神理。理精於神，神精於氣，氣精於形，形則一定。氣能呼吸，能冷煖；神則有知覺，能運用；理則知覺運用上許多道理。然有形則斯有氣，有氣斯有神，有神斯有理。只是一物分出許多名字，知此則心、性、情之類，皆可見矣。

示及四條，所論思索極苦。近年朋友肯如此用心者，絶不曾見，敬服。榦但亦各

❶「平」，四庫本作「今」。

有可疑，幸相與商確。程、謝、尹所論「敬」處，固兼動静，無淺深，亦各就持敬處見得一箇意思，各立爲一説，以形容之。今謂謝、尹之説，只是發明「主一」之意，恐未必有此意耳。就三先生説處，各自體認湊合，將來見得「敬」字，愈覺親切。今只欲就「主一」兩字上欲該括謝、尹之説，却恐看得謝、尹之説未免踈略耳。不知然否？明德不言性而言心，楊德淵惠書，亦録示所答之語。此但當答以心之明便是性之明，初非有二物，則直截簡徑，使之自此思索，却見得分曉。今觀所答，是未免以心性爲兩物也。如「回也，其心三月不違仁」，則心自是心，仁自是仁。如孟子言「仁，人心也」，則仁又便是心。《大學》所解明德，則心便是性，性便是心也。所答之病，既誤以心性爲兩物，而又欲安排併合，故其説頗覺費力。

心之能爲性情之主宰者，以其虚靈知覺也。此心之理，炯然不昧，亦以其虚靈知覺也。自當隨其所指，各自體認，其淺深各自不同。心能主宰，則如謝氏「常惺惺」之謂，此只是能持敬，則便能如此。若此心之理，炯然不昧，如《大學》所謂「明德」，須是物格知至方能如此，正不須安排併合也。不知然否？《洪範》五行、五事之説，近亦嘗思之，前輩所説，決然不是，以庶證觀之自可見，但貌言視聽思之所以配水火木金土，則恐來説未免穿鑿耳。榦亦嘗反覆思之，只以造化及人生之初驗之，便自然合。天一生水，水便有形。人生精血湊合成體，亦若造化之有水也。地二生火，火便有氣。人有此體，便能爲聲，聲者，氣之所爲，亦若造化之有火也。水陰而火陽，貌亦屬陰，而言亦屬陽也。水火雖有形質，然乃造化之初，故水但能潤，火但能炎，其形質終是輕清。至若天三生木，地四生金，則形質已全具矣。亦如人身耳目既具，則人之形成矣。木陽而金陰，亦猶視陽而聽陰也。只以此配之，則人身便是一箇造化，理自分明，以此等處，恐只得如此寬看，不知然否？耳目口鼻之配五行四象，亦自分明。來諭亦似支離，耳屬腎，腎即水，水即太陰；目屬肝，肝即木，木即少陽；口屬脾，脾屬土，土王於夏秋之間，即太陰少陽之合；鼻屬肺，肺屬金，金即少陰。亦是自然之理如此，初無可疑也。不知然否？

所論大概得之，但所引「志動氣，氣動志，合而言之，道也」等語，皆不可曉。此猶文義少疵爾。至於「道生一，一生二，二生三，三生萬物」，則老氏之所謂道，而非吾儒之所謂道也。明道云：「天下之物，無獨必有對。」若只生一，則是獨也。「一陰一陽之謂道」，道何嘗在一之先，而又何嘗有一而後有道哉？「易有太極」，「易」即陰陽也，太極何嘗在陰陽之先？「是生兩儀」，何嘗生一而後生二？嘗竊謂太極不可名狀，因陰陽而後見。一動一静，一晝一夜，以至於一生一死，一呼一吸，無往而非二也。因陰陽之二而反以求之，太極所以爲陰陽者，亦不出於二也。如是，則二者，道之體也，非其本體之二，何以使末流無往不二哉？然二也各有本末，各有終始，故二分爲四，而五行立矣。蓋一陽分而爲木火，一陰分而爲金水，木者火之始，火者木之終，金者水之始，水者金之終。物各有終始，未有有始而無終，有終而無始。二各有終始，則二分爲四矣。知二之無不四，則知其所以爲是四者，亦道之本體，非其四，何以使物之無不四哉？故二與四，天下之物無不然，則亦足以見道體之本然也。太極不可名狀，至此亦可以見其端倪矣。體用一源，顯微無間，要當以是觀之，塞天地，貫古今，無往不然。仁義禮智，特就人心而立名耳。天以是心而成萬物，人以是心而成萬事。故曰「天體物而不遺」，猶仁體事而無不在也。人之生也，五臟百骸各有自然之則，天之爲也。君仁臣忠，父慈子孝，以至手容之恭，足容之重，又人所以全天之所賦者也。自天之所爲者而觀之，則不待人爲，而此理已完具矣，故曰：「鳶飛戾天，魚躍于淵，言其上下察也。」明道所謂「活潑潑地」者，真見其如此，亦真箇使人不知手舞足蹈也。顔子之「不改其樂」，又安得而不樂哉？世間所謂功名富貴者，真太虛浮雲一點也，故曰：「朝聞道，夕死可矣。」「死生亦大矣」，苟見此理，便死亦是閑事也。數年讀先生之書，適自見得如此。以先生之書合之，亦無不然。不但世之學者尋行數墨而無見於此，竊意周、程、邵子、朱先生見得分明，其它皆未知其果如何也。爲學而不見其本源，是入門而不至其室。雖然，前輩教人且只道敬，此又學者不可不思也。榦平生未嘗敢以此與朋友言之，言之亦未必曉。志仁、力學、苦思，故詳布之。知此，則來教得失大略可知矣，思之。

榦歸老山樊，此心甚安甚愜，而家事亦有費區處者。福州先人弊廬，以諸位人多，❶無可住處。此間向來破屋三間，亦苦人多難住，欲盡挈歸福州，則不忍忘數十年師生之情。欲止留此，則墳墓親舊，亦不忍

❶「位」，四庫本作「侄」。

輕舍。老妻長婦，皆此間人，只得留之在此，以長子主之，稍爲葺治屋舍，使可居止。以三子皆娶福州人，只得挈之歸福州。榦自四月歸抵此，所以遲遲未歸福州者，以此間事緒未定矣。十月初決歸福州，自撫三子，教而養之，自此晚年得奉墳墓以終老矣。

榦以向者見理之不明，固窮之不力，冒昧出仕，而無上下之交，竭忠盡力，横議四起。二月虜攻浮光，令往黄州守禦；已而虜勢頗熾，又令往光州督戰；既而歷陽徐守求去，遂令兩易歷陽。諸公之意，實相忌而欲擠之。既辭歷陽，併辭安慶，又辭奏事，以此忤當路之意，諸公不相樂，遂交攻之。亦知其勢必至此，徑作歸計。至臨川，而罷命始下，諸公以爲得計，而此實甘心。不然，則此身何日而可脱耶？年事至此，實不敢誤國誤百姓也。還家二十餘日，杜門謝客，一意安静，喪、祭二禮，非契兄未易言此，日夜念念，千萬早來。舊本併携來爲佳，當得與二三同志共成此書也。南康亦欲屈尊兄爲白鹿堂長。歲晚了此二書，來春可赴其招，且得此理稍明，則老死無憾也。春間及今，兩拜誨字，感感，但無便，今乃獲治謝，爲愧耳。教官無所鑒别，去而不來，極善。此間朋友留戀椀飯，有乞人所不屑者，甚可鄙也。榦上嗽下痞，兩疾如故，頗爲所苦。且是疲倦，飲食不進，終日倦睡，氣象又不及去年矣。《論語》讀得一過，益見聖人之道高明廣大。老矣，既不可追悔，朋友間不能刻意求進，執一得之智，一偏之見，便志滿意足，大可歎也。

有司如主人服，則非今僕隸輩明矣，豈有僕隸而可服主人之服乎？執冠者，注家以爲有司；爲期于庿門，擯者請期，亦謂之有司；佐禮者涖于庿門，宗人告事畢，亦謂之有司。主禮者如此，則宗人擯者皆可以用僕隸乎？但恐古之府史，亦是士流爲之，如漢卒史尚皆補官入仕，則非若後世盡用下流也。故注家以有司爲府史之屬耳。今用吾輩之後生者爲之，庶可服主人之服，而無慊也。不知如何？

「自此理而出」一句不可曉。理在何處置局？許多物事，皆自他局中出耶？有理便有氣，理氣未嘗相離。若是元亨利貞，天之四德，亦是有箇天，便有箇德。其爲萬物也，亦是理與氣一併分付，何處專有箇理，管幹出許多物耶？似此沉痼見識，若要自立議論不妨，不敢奉和也。「性無内外」一句不可曉。實體之於身，如何是無内外？横渠《定性書》言性乃是言心，何不反身以思，遂爲是語也？「道者，中庸之道」一句亦無害，終是説得似太急耳。其他認得皆親切。

復甘吉甫

葉味道來此，已留月餘矣。却得相與讀先生書，乃知吾輩於緊要處，工夫絶少。「求放心」三字，動静之間更宜百倍加之功，方有倚靠。因此亦粗有省，如象山所謂「悟」者，恨不得一見相與劇談也。榦老矣，諸兄正好着力，庶師道之有傳也。

榦山居，幸無他，以兩房子舍在此，舊居窄隘，不足以容，遂於屋後架堂三間，方不過二三丈，爲送老之計。以百物皆旋措置，遂遲緩至今，更旬日亦當告成也，坐是頗妨讀書。承欲下訪，果爾，何幸如之。此間絶無朋友講習，況得契兄辱臨之耶？諭及朋友，只解讀書，不能明理，此切當之論。不長進，正在此。若不見道理，正如去行在，便到候潮門外，回來亦未是端的也。近日因思五行，生之序則曰水火木金土，行之序則曰木火土金水。何故造物却有此兩樣？看來只是一理，生之序便是行之序。元初只是一箇水，水煖便是火，此兩箇是母，木者水之子，金者火之子。冬是太陰，春是少陽，夏是太陽，秋是少陰。從冬起來，故水木火金，自成次序。以水生木，以火生金，故生之序便是行之序也。孔子言「精氣爲物」，精便是水，氣便是火。子産言「物生始化曰魄，既生魄，陽曰魂」，魄便是精之靈，魂便是氣之靈。水便生木，火便生金。在人一身，初只是生腎水，次生心火，腎水上生肝木，心火上生肺金，造化只是如此，何常有兩樣來？天一生水，地二生火，天三生木，地四生金，此便是造化本原。其後流行，亦只如此。四時之序，不過二天二地而已。所以《洪範》五行，亦只説水火木金土，謂之五行，則行之序亦是如此也。以此可見造化之端倪，物生之本始。《洪範》又推之以配五事，曰貌言視聽思。前輩之説，往往以木配貌，其次序殊不可曉，且與庶證肅乂哲謀不同，不知《洛書》安排得自分明，何必如此牽强。以水配貌，水屬陰，陰有質也；以火配言，火屬陽，陽有氣也。水滋潤柔軟而生木，木屬肝，而主視；火焦燥堅剛而生金，金屬肺，而主聽。如此分配，則生與行只是一理也。人之一身，以貌爲主，貌者，一身之容貌也。整齊嚴肅則心便一，故貌恭則作肅。人身發用處莫如言，心正則言詞端確，故儼若思而後能安定辭也。造化以水爲主，學道以敬爲主，此《洪範》之要旨，前賢教人入道門户，不是杜撰，直是與造化同體也。以此觀之，至精至妙。竊意前賢亦須見得如此，而不肯輕發也。尊兄以爲如何？試思之以見教，併舉似李司直、黄去私，恐可商確也。

又思太極只是極至之理，不可形容。聖賢只説到一陰一陽處住，只是箇一陰一陽底道理，所以天地、寒暑、晝夜、生死，千變萬化，都只一樣。分而言之，則一物各具一陰陽；合而言之，則萬物總是一陰陽。然學者於此，亦只見得皮草，其精微處未必有所見，非尊兄莫與言此也。若不看到源頭，仍舊是候潮門外也，況又未必到此乎！安得尊兄一來，相聚旬月耶？近日朋友，却是鄉間有一楊志仁，最能思索，儘可講學，亦相許以冬間下訪也。閑居無事，只是讀書教子耳，它皆不必言也。吾人年事至此，百事只得放下，且以檢點身心爲急也。方兄之來，又得講習之益。年來朋友，却頗有卓然向學者，吾道之幸也。來諭别紙所論周子之語，言合，胡爲不自萬而一；言開，胡爲不自一而萬。竊謂周子之言造化，至五行處是一關隔，自五行而上屬乎造化，自五行而下屬乎人物。所以《太極圖説》到「四時行焉」，却説轉從五行説，説太極又從「五行之生」説、「各一其性」説出，至「變化無窮」。蓋天地造化，分陰分陽，至五行而止，五行既具，則由是而生人物也。有太極便有陰陽，有陰陽便有五行。三者初無斷際，至此若不説合，却恐人將作三件物事認了，所以合而謂之「妙合」。合者，非昔開而今合，莫之合而合也。至於五行既凝，而後有男女，男女既交，而後生萬物，此却是有次第。故自五行而下，節節開説，然其理其氣，未嘗有異，則恐未嘗不合也。楊至之之疑，却恐未曉此意，先生初然其言，後不復改者，此也。

賤職甚簡静，可以終日讀書。同官亦多賢，但郡侯庸俗，初到便相疑，至以書見詆於廟堂，可笑之甚，此亦未免相玩，恐亦難久相處也。虜有必亡之勢，而守邊者乃此等庸物，亦無分毫備禦之策，只是一味脱空逢迎，萬一有警，則牽連就死耳，果何罪耶？

五行有生數，有行數，榦嘗疑之，不知何故。初生是一樣，其爲物不二，則其生物不測，易簡之理恐不如此，故嘗疑其只是一樣。及以造化本原，參之人物之生育，初無兩樣，只是水木火金土，便是次序。在人欲分別陰陽造化之殊，故以水火木金土爲言耳。自一至十之數，特言奇耦□寡爾，❶非謂次第如此也。蓋積實之數，非次第之數也。天得奇而爲水，故曰一生水；一之極而爲三，故曰三生木。一極爲三，以一運之，圓而成三，故一而三也。地得耦而爲火，故曰二生火；二之極而爲四，故曰四生金。二極爲四，以二周之，方而爲四，故二而四也。一能爲三，二不爲六而爲四者，地屬於天，陰屬於陽，故其方也止於四，不爲六。水者初生之陽，木者極盛之陽，火者初生之陰，金者極盛之陰。陽極而生陰，陰極而生陽，故但當以水木火金土爲次序也。自初生至流行，皆是如此。若要看陰陽奇耦，一初一盛，則當曰水火木金土，非謂次序如此也。今以爲第一生水，第二生火，第三生木，第四生金，以爲次序則誤矣。水木

❶「□」，清鈔本、四庫本作「多」。

火金土，五行之序也，水火木金土，分其奇耦初盛而言也。以此觀之，只是一樣，初無兩樣也。所謂一二三四，但言一多一少，多之極，少之極也。初非以次序而言，猶人言一文兩文，非謂第一名第二名也。果以次序而言，則一生水而未成水，必至五行俱足，猶待第六而後成水；二生火而未成火，必待五行俱足，然後第七而成火耶？如此，則全不成造化，亦不成義理矣。六之成水也，猶坎之爲卦也。一陽居中，天一生水也，地六包於外，陽少陰多，而水始盛成。七之成火也，猶離之爲卦也。一陰居中，地二生火也，天七包於外，陰少陽多，而火始盛成。坎屬陽，而離屬陰，以其内者爲主，而在外者成之也。頃見方士言人之生男女也，夫氣先至，而婦氣應之則生男；婦氣先至，而夫氣應之則生女。此坎離之義，❶一六二七相成之理也。若以次序，則全不成義理矣。雖然，此特粗淺之論也，此特文義之不可不辨也。夫水木火金土，足以見其次序矣，吕不韋尚知之，而况於古人乎？六府之序、九疇之次，必曰水火木金土，何哉？六府與九疇不同，然必以水火爲先。濂溪先生所序亦如此，蓋不若是，無以知造化生成之妙，無以知太極本原之所以然也。天其運乎，地其處乎，日月其争於所乎，孰主張是，孰維綱是，是必有爲之本者矣。此事更宜深思，若只隨人脚跟轉，竊恐虚過一生，不曾識本生父母面目也。有可見教，更幸往復。

生之序，行之序，以質言，以氣言，皆朱先生《通書解》中語，學者守其説可也。然義理須是自見得分明，若有所疑，正須講

❶「義」，清鈔本作「竅」。

貫。若但如侏儒之觀優，則亦何益哉？中間所述鄙説，得諸兄詰難，甚幸。榦終不能釋然，且如生既有質，豈容無氣？行既有氣，豈容無質？木生火，火生土，曷嘗無質哉？此其所未明也。元德兄疑於天一地二、天三地四之説與春夏秋冬不同，則前已辨之矣。去私兄以爲火能尅金，不應生金，何故夏之後便爲秋耶？借曰中央有戊己土，不知何月何日屬戊己耶？土旺四季，則何物非土所生，豈特金耶？金本土也，以秋燥熱而生金，謂之火生金，何不可也？火能尅金，惟其能生，所以能尅，又何疑焉？以耳屬金，是誠可疑。醫家以耳屬腎，以肺屬金，誠不應如此分配。吉父兄亦有此疑。然配與屬不同，屬者管屬之謂，配者比並之謂。論其管屬，則耳屬於腎；取其比並，則聽比於金。且何爲其聽比於金也？《洪範》五行五事，皆以造化之初及人物始生而言也。造化之初，天一生水而三生木，地二生火而四生金。蓋陰陽之氣，一濕一燥而爲水火，濕極燥極而爲木與金也。人物始生，精與氣耳。《大傳》曰：「精氣爲物。」子産曰：「物生始化曰魄，既生魄，陽曰魂。」此皆精妙之語。人物之生，如此而已。精濕而氣燥，精實而氣虚，精沉而氣浮，故精爲貌而氣爲言。精之盛者濕之極，故爲木、爲肝、爲視；氣之盛者燥之極，故爲金、爲肺、爲聽。大抵貌與視屬精，故精衰而目暗；言與聽屬氣，故氣塞而耳聾。此曉然易見者也。然精衰則氣衰，精盛則氣盛，又初無間隔也。若以醫書所屬而疑之，則不知變之論也。至如去私兄言地非土，則不可曉矣。吉父兄論陰陽太極，以爲或以太極言，或以陰陽言者，非太極無以生陰陽，非陰陽無以見太極，此體用所以一原，顯微所以無間也。《易》曰：「一陰一陽之謂道。」其示人切矣。五行之序，榦欲作三句以斷之，曰：「論得數奇耦多寡，則曰水火木金土；論始生之序，則曰水木火金土；論相生之序，則曰木火土金水。」如此，其庶幾乎。

五行次序，榦只見造化所以然者，只是一動一静。又細分之，則有動之初，有動之終，静亦然。其理如此，其氣亦如此。理如此者，仁了便是禮，禮了便是義，義了便是智。氣如此者，春而夏，夏而秋，秋而冬。故五行之序，只是水而木，木而火，火而金，金而土。其生如此，其行亦如此。若謂先有水火，後有木金，則不成道理，亦不成造化矣。今不將道理去推尋，只是隨人背後盤旋也。以此故頗疑生之序便是行之序，其詳已見別紙。更幸與朋友講之，有便見教也。

榦生平學問，自謂有得力處。今此之歸，方知向前只是抱不哭底孩兒。學問須是就險難窮困處試一過，真能不動，方是學者。人生最難克是利欲，利欲之大是富貴貧賤，吾夫子只許顔淵、子路兩箇。若是此處打不過，便教説得天花亂墜，盡是閑話也。吾輩勉之。

榦衰病如常，無足言者。老來深欲求閑，亦覺世道可厭。然終以家事相絆，未能脱去爲撓也。方明父來此，相聚累月，其於義理大端講之甚明，而志氣高尚尤切於義利取舍之辨，殊不易得，勉爲不已，向來朋友恐未易出其右也。欲留臨川旬月講論，當有可觀者，甚恨不得從之，以聽緒餘也。

勉齋先生黃文肅公文集卷第十二

書十一

與閩縣學諸友

諸生不幸，先師棄世，痛慕摧割，不可堪處。教育之恩，昊天罔極，哲人云亡，微言將絶，又不但二十三四年依賴之私而已。計彼中皆知之，當同此痛苦也。奉別之後，日行百里，今早方抵此，而屬纊已十日矣。罪惡貫盈，醫藥殯斂皆不及侍側，終身之痛，何以自釋！此中諸事已定，但與之略定服制。五服之親，各用古衣冠。諸生弔服加麻，制如深衣，用冠絰方相稱。諸兄終有駭俗之慮，或且用麻布頭巾耳。大要且率聚持服，行喪之人，三年之內不可便散，如孟子所謂「三年之外，門人治任將歸」，則喪未畢固不可歸也。若省親幹家之類，亦許暫告假。師之喪若喪父而無服，豈有一哭而散，同常人之理？此議稍定，不惟足以盡平日師生之情，又得朝夕相與琢磨理義。幹持舅甥之服，行師生之義，禮不可復歸。朋友相聚，方成倫理，私竊自幸。若得一二年謹守規約，彼此皆不爲無益。而吾鄉之俗，亦當知理義者漸多。一旦至此，皆幹罪惡所招，何復云云？先生臨終，再三令幹不須歸，其樂得吾人相聚，其拳拳學者之心，雖死不忘。哀哉，痛哉！學中不知，今復何以處之？此在諸友自處，幹思慮之所不能及也。若須分散，則家中床榻之屬，欲煩齊卿、季亨收拾，送七家兄處。輅孫亦令還家。房中書册，悉令收歸，一兩日遣人往取之也。六三哥、立之、謙之、舜和、齊卿，恐皆當來奔喪，不可復緩。四方朋友日至，擇之、充之今日須到。其他凡曾從學者早報之。林正卿之弟安卿有書報正卿，可便爲附去。必大相許一來相看，能同六三哥一出否？季亨、仁父或能偕來相聚年歲亦佳。此間米平，費用不多，立身大事，各宜努力爲祝。會之既有破食在學，❶自可率茂諸人在學讀書，❷定□亦可與應哥相聚，❸莫令荒廢。維忠千萬將息，齊仲能與性之偕來會喪否？諸兄不及一一多祝，但切須立志讀書，此身未死，尚冀他日與切磋也。六三哥、潘謙之、舜和不及一一附書，但煩維允録此報令叔，周叔録此報成叔，季亨録此報六三哥也。伏紙悽愴，千萬自愛。

與林宗魯司業

榦同碎累離金陵，宿半山。次日，碎累東行，榦以請祠未報，不敢偕歸，且復西邁，過池陽，留五七日俟報。若未有指揮，即過九江。兩郡皆與舒相近，以見臣子不敢自安之意。然區區之情，決不敢復往安慶，以犯公議也。若所請不獲，又須力請，以至再至三。安慶已是一考，既是解任，豈宜再往？榦年已六十七矣，若更終兩考，便是

❶「破」，四庫本作「被」。
❷「茂」、「諸」之間底本有一墨丁。
❸「□」，四庫本作「然」。

七十，精力已衰，不復成人矣。家中萬千未了事，及今亟歸，亦可略與整頓。每思楊子直、楊通老、廖子晦，皆以老不知止，三人後事無不狼狽。此可爲深戒也。年來覺得世道愈迫切不可曉，李文昌以元僚見辟，乃是泗上既敗之後，忽思蹇叔持重之言耳。榦豈願爲此哉？浮光之虜未退，既責以守關，又責以督戰，感文昌之知愛，不敢辭難，乃有以爲逼己而惡之者，制總兩司謗書盈篋。胡卿面以見諭曰：「此不可留，必有相陷者矣。」文昌亦曰：「其人每得書，好論邊事。自某相辟之後，絶口不及邊事，殊不可曉。」其意恐人之奪其位，而又陽爲舉以自代之言，是不思之甚者也。此豈可久與之處哉？兩淮，江南屏蔽，又復與虜相鄰，則淮民尤不可不恤。今淮郡百姓，被虜人之害小，被官司之害大。去歲和糴，不問有無，必欲及數，不問土俗，必欲促辦。以至敷馬草，敷巢縣寨屋料，敷廬州團樓木，並是不支本錢，郡抑之縣，縣抑之總保，總保抑之百姓。一切常行之事，今皆急如星火。去歲和糴，於本府見管錢內，刷去十五萬貫，❶今又要糴二萬石料穀，亦是不支本錢。今本府交割錢亦且刮去，無一文矣，今又添北來人請受四五萬貫。不爭則害民，爭則爲犯上，此亦豈可復爲哉？樂則行之，憂則違之，今既有憂矣，豈可不違哉？城壁一事，見今包砌，榦已措置下四百萬磚矣，更諸縣約有百萬，自可足用。石灰亦各有指擬，人工諸色，皆有定論。又分委寄居士友十二人，分百二十丈，皆忠實可託之人。每日早到暮歸，如治私事，不過秋冬間，便

❶「刷」，四庫本作「括」。

可畢。此不足勤廟堂慮，但得一賢太守以臨之，則自可不勞而辦。榦亦不願以此爲功也，但得歸老故山，蔬食飲水，亦足樂也。更望親家力爲一言耳。然一身寄數千里之外，望歸如望歲也。

榦碌碌寓此，已三季矣。自度非仕進之具，無頃刻非思歸之日也。來書所諭，以版築之役謗言四起，尤使人慨然，便欲謝冠冕而從農圃也。顧生平本不作榮進之想，直以爲貧，如爲人傭雇，姑就斗升之禄耳。樂則行，憂則違，謗與不謗，用與不用，亦何足計顧哉？彼謗者固非也，汲汲解其謗者亦非也。置此身於天地間，以聽天之所命，但得不得罪於當世之善人君子足矣，他何足戀，他何足畏哉？制參之除，李公可謂不知人矣，如榦者，又豈能有補於制司之毫髮哉？今朝廷清明，英俊布列，自可折衝於萬里之遠，遠夷畏懾，其效可見。制已贅矣，而況參乎？已具申丐免，開春再上祠請，得歸幸矣。此則全望親家曲爲之地也。

榦十七日抵九江，復被不允之命。安慶乃是舊物，可以無嫌，然已除歷陽徐守矣。以榦之辭歷陽，遂奪徐守之安慶，榦又居而有之，於誼安乎？平居無事，動遭口語，況於有此嫌疑，正好議論者所得以藉口，榦又何以自明？去年之方築城也，則曰：「此書生怯懦耳。」及其速成也，則曰：「此必勞民也。」及其費省也，則又曰：「此必擾民也。」不思往者百年之間，所至築城爲人所欺，而反歸咎於費用之太省、工役之太速，是必欲相率而爲欺也。如此尚可以起功名之念耶？至其尤可怪者，泗上之役，輕脱之最可笑者也。安慶深僻，全不知所以敗衄、所以調發之由，及至金陵，徐而扣之，至今亦莫知其故也。乃有倡爲之説者，自是好言恢復者也，是嘗與泗上之謀也。安慶去金陵六七百里，制府欲爲此秘密之舉，豈肯泄其機，而謀之於數百里之外耶？使榦果有恢復之志，又豈肯甘心築城以自固耶？制帥以泗上既敗之後，方思老成遲鈍者之可用，然後辟以爲元僚。使榦果若後生輕鋭之爲此謀以誤制帥，又胡爲於既敗之後方見辟耶？又其辟之辭云曰，榦之所言，無非保民、固圉之術，又何嘗言其善談恢復耶？夫言恢復者，紹興初先儒之論也，然亦未嘗不以量力伺便爲先，亦何嘗不察事機，如是之輕舉哉？況榦何人，乃敢開此大口。兵之勇怯，將之能否，器甲糧廪，謾不知其虚實，乃敢抵掌而談恢復耶？制帥以元僚見辟，朝廷令且包砌城壁，則是未嘗供元僚之職。又令其往黄州措置關隘，又令其往光州督戰，此皆迫於上命，然亦未嘗啓行也。而惡之疾之者，紛然而起矣。使榦不量事力，冒昧居元僚之任，則天下之惡將皆萃於其身矣。軍旅一起，征役繁興，不量有無，不度可否，州迫之縣，縣迫之總保，總保迫之百姓。兩淮之民，不勝其苦，外爲夷虜所侵，内爲州縣所迫，是大可念也。後唐以茶鹽給淮民，而取其米麥，謂之博征。周師一至，淮民簞食壺漿以迎之，此大可監也。如此，尚可以爲郡耶？只此數事，則安慶決不可以復往矣。行年幾七十矣，痰喘之疾大作，不可支吾，只得且借濂溪祠堂安歇，以俟報可。然一身資糧易竭，恐將無以爲歸，萬望爲徧告相識，力禀之相君，放歸山林，不勝大幸。若又不從，又只得力辭，却恐上觸朝廷之怒，甚非小官能當也。

與黃去私書 義勇❶

先師教人爲學，門户平正廣大，真聖門階級，無可疑者。只是持守講習，氣質之偏，利欲之汩，即(下缺)❷

復余道夫❸

(上缺)可愧耳。且北虜有必亡之勢，如人將死，但不知臨時作何證候，❹而既死之後又作何等鬼祟，而吾又何以禦之？朝廷既不以爲意，而州郡又只是脱空逢迎，殊可慮也。聞來歲且欲歸仙里，榦近思之，且是以「求放心」爲本，一動一静，一寢一食，不可離此三字。便有以爲之根本，然後可以讀書玩理也。更與吉父、去私共講之。譚仲南曉得此意，但亦無着實工夫，所謂其行不揜焉者也。如吾人又説得工夫太散慢，不濟事。城中得此二三朋友，亦可數數相聚，何必至來年八月方得一相聚耶？榦特以老年，不欲棄墳墓，亦甚有卜居臨川之意也。兩小兒甚荷教誨，平生所見小子之師，未有如此之勤且切者，亦此子之幸也。尹中父肯相從來，望於暇日相見之次，便以舊令尹之政，力與之語爲幸也。

榦還家杜門，百念灰冷，惟有舊學不敢忘也。想且留城中，與朋友講學，知此身之

❶「與黃去私書」，四庫本無此篇。

❷底本「即」下相銜接之葉與卷二十三第八葉内容相同，當是誤植於此，今删去。

❸「復余道夫」，此篇脱前文，該標題亦缺，此據原目録補。四庫本作「與某某書」。

❹「證」，四庫本作「症」。

至重、義理之至貴，知歲月之不可復得，早夜以思之，不患其不進也。

與孫居敬提刑 枃

榦野拙無庸，自山中來，寄跡宦途，於世事都不通曉。又生平鄙懶，不解作世俗語，故於當世之名卿大夫，未嘗敢以書問自見。至於據案親書，以見慇懃，則尤自知語言之不文、字畫之不工，而不敢輒作也。若某官名德之重，世所共服，是以不敢自外。况自視事以來，覽觀書判題詠，經營締建，皆偉丈夫所爲，非世俗所敢希望其萬一。繼此者，亦得以鼓庸懦之氣，而追高賢之躅。此榦所以感幸，而不能自已也。由郎官歷赤壁，揖李、蘇二仙於蒼茫埃壒之外，其胸中之浩然者，又非可以前日論也。持節湖湘，收拾衡嶽洞庭於胸中，然後還清班，登法從，危言正色，建竑偉之議，以挫憸庸之氣，此善類之所共望，非榦之私禱也。榦老矣，一官奔走，大非得已。自父兄以來，無瓦石之儲，迫於啼號之累，是以隱忍在此。但知感君上之隆恩，一日不敢自怠。惟性資狷介，與世寡合，亦不敢爲長久計。某官軫念舊治，苟有以教誨之，使得以苟逃曠責，千萬願望。

與江陵吴帥賓客張生簡

榦少稟，夜來見董撫幹，説大帥剡章薦幕屬，亦有相料理之意。此必契兄所爲，於心甚不安。諸丈在幕府日久，委實宣勞。榦到此甫五十日，何勞之有焉？賦分奇蹇，窮悴之甚，天實爲之，若又無功而辱薦，是重其罪也。招軍諸邑之力，買馬獸醫之事，幹何功之有？不才無似，從師友游三十年矣。幸不得罪於朋友，今顧以善招軍買馬見薦，人其謂何？帥府千里而辟一士，幹亦以千里而從辟，今乃以善招軍買馬得名，豈不輕大府、羞當世之士哉？自古乘田委吏，聖人亦甘心焉，然欲以此爲功，則稍自好者不願也。幹山林麋鹿之性，自計已熟，爲二百指所累，不得不仰寸禄以自活耳，絶無一毫榮進之念，方欲懇大府丐一祠禄而去，恐有避事之嫌。來春亦欲伸請，尊兄不能爲我謀，反欲以招軍買馬見治，尊兄亦何用此招軍買馬之朋友哉？反覆以思，殆不知所以得罪之由也。幹生平介然之性，苟使之得行其志，雖赴湯蹈火，有所不憚。辱大帥之招，當此多事之際，自當知無不爲，又豈待薦引而後用其力哉？以薦舉而後用力，則不薦舉而不用力矣。豈良士也哉？想文字未行，尊兄宜乘此力爲我辭，使幹尚得託跡幕府，幸甚。

答林公度

承垂諭以令從子加冠。冠禮之廢久矣，欲舉而行之，甚善甚善。幹愚不敏，何足以知此？但頃從朱先生遊，見其家所行冠禮，全依司馬公所定，而公之書即《儀禮》之節略也。亦嘗獲預於賓贊之末矣。初習其儀，雖若繁縟，然行之頃刻可畢，且冠禮在六禮中最爲易行。蓋人家閨門父子所自行，不與他人相干涉，而質明行事，不數刻而禮成，亦初無艱難辛苦之事。但得一莊重好禮者爲賓，則登降揖遜自然中節，不可先憚其難，樂爲簡便也。幹嘗謂古人處事，全是煩碎中方有深意，且如揲蓍，分二，掛一，以四揲之，四營成易，十八變而成卦，誠不若擲校杯者之一舉而知吉凶也。❶然揲之愈煩，而心愈專，意愈誠，蓋不專且誠，則將誤數而錯置之矣。此其所以問焉以言，而應命如響也。榦頃嘗爲童子加冠，至於禮儀繁縟之際，儼然正色而臨之，自覺此心惻然有感於父兄所以教愛子弟之意。彼童子質朴畏謹，見其父兄賓客待我者如此，亦豈不惕然動其心乎？正不可先求簡便，以啓其驕慢。但衣服之制，自司馬公處之，已不能盡如古，則今亦當用今人之所常服。至於三加之禮，乃古人丁寧懇到之意，則不可略也。妄意謂未冠兩紒着背子，始加小冠，今市中所賣黑漆或竹皮爲之者。道服；再加道巾、籠衫；三加帽子、衫帶。若有力可製襴帽，則始加頭巾、籠衫，再加帽子、衫帶，三加襴幞、公裳，亦可用。堂室之制，不能如古，則但於一廳事之上行之，陳服與將冠者位只於廳之東北隅，用屏風或帷幙障截門外向。或人家廳偏間之後自有空房，與廳相連，自可一依古制。此則古今異宜，不容不斟酌而行之者。其他如筮日、筮賓，乃古人不敢自專之意，若能行之固善。今人父兄多拘忌吉凶，例用歲旦或春日。而賓尤不擇，苟有人焉，亦不暇筮其可否，則亦當前期三日告廟，以「孝子某，某日爲子某加冠，敬以某人爲賓，敢告」，然後馳書戒賓。或道遠不能親訪，及有宿賓，則書中便言「某之子某，將以某日加冠於其首，願吾子之教也」。賓以期至，庶省往復也。執事者須是子弟中嚴重者爲之，恐亦難得如此三人執冠立於西階下者，

❶「校」，據文義疑當作「珓」。

若可以備數尤善，無則一人捧箱盛三冠亦可也。觀此兩三節稍從簡易，便覺失古人嚴肅詳密之意，況於其它，豈可略乎？試斷然行之，然後知其非難也。但司馬公《書儀》難得善本，而建本尤多錯誤，更以《儀禮》參校而是正之爲佳。榦承下問之勤，不敢不竭其愚，政恐不能自免於僭易之罪，尚幸亮之。命名之意，出於尊意，所不當言。謂土能生木，則非五行相生之正，蓋土之所生者金，而金之所尅者木。今以五行支干六位皆木，而欲以土生木，不知土者乃尅木之母也。若正相生，則當從水。此固皆無義理，然亦見陰陽家之不足信乃如此也。承垂問，併及之。

前承誨以諸疑，久稽拜答。此人去亟，亦未暇詳細，但區區之意，欲長者且於虛静處認得分曉，又於間静時存得純固，此乃萬理之宅，萬事之原。看到惺惺處，則於一二疑義合商量處，不過十日之功，肯細心磨講，則洞然無疑矣。

閑居計頗有静養功夫，且認得性情部分，識得虛靈本體，端居默養，令根本完固，則成性存存，而理義自明矣。此事不可更緩，吾人前面無多日子，所幸師儒並世，而不聞道以死，亦可哀。榦衰病之餘，益覺世味無足留戀，百事紛來，與化俱逝，獨義理一途與天地通，誠不可不力行也。「惺惺」二字，真學者入德之門。比以扣稟老先生，亦深蒙印可，吾輩不可不留意也。尊兄不以齒德之高，下與鄉間晚輩爲伍，只此一念，豈它人可及哉？顧不肖重以自愧耳。

不能安貧，强顔求禄，敬讀誨語，陳義甚高，歎服歎服。況今所儗，尤衆所指目，其昭然立的，以自取彈射，無可疑者。然顧瞻四方，亦何所容其身哉？入門而求己則餓死，出門而求人則辱死。古之人所以無可奈何而安之曰命，則命雖窮未嘗屈也，又何必過自疑畏也哉？屬以外移，合歸本貫銓量，事隸州家，須半月可畢事。事畢，去求山寺度暑，七月初便作歸計也。

斯文不幸，先師即世，痛慕摧苦，不自堪處。同門之舊，諒均此情。榦晨夜兼行，衝冒風露，痰喘氣促，至今未復，氣息奄奄，亦非久於人世者。重念半生函丈之側，一旦失所依怙，總角聞道，不自刻厲，識見未明，今無復摳趨之地，奈何奈何！朋友解散，講問寂寥，又不勝微言將絶之慮。鄉年來朋友幸皆有向道之意，若得相予勉力，以共扶斯道，庶幾先生死而不亡。尚賴長者出爲主盟，毋使悠悠虚度歲月。五穀不熟，不如荑稗，可爲深戒。明年科舉又在目前，諸友想未能忘應舉之念，讀書作文，亦本分事，更幸痛勉之。須是博採前賢議論，熟讀古人文字，令氣質勁健乃佳。栗山諸兄須得六三哥爲之領袖，必大、季亨相予維持之，日作課程，莫令廢惰，區區至願。

承欲此來，甚幸。鄉間朋友來者已遍，鄭成叔、唐華卿皆以頃年嘗一參侍，亦皆奔赴，此亦足見人心同然不能已者，不知何日得遂一見耶？一動想亦費力，須得轎馬乃佳。吾人血氣向衰，不宜勞頓，恐易生疾，遲速之期，亦更審處之。榦憂苦貧病，不自聊生。葬期在今冬，只得留此，候葬事畢，或須一歸。衣食所驅，恐亦不容遂築室於場之計也。與諸友建議，欲於城中度一空地，立書院三間，内設先生祠，歲時一日畢集，頗有樂施金者。此議若成，亦不免遺人持疏到栗山也。禍患摧苦，殆無生意。先人生平以清苦自將，兄弟相與恪守家法，幸不得罪於朋友。先兄平生一介之行，亦間有過當處，然今觀之，豈惟吾家不復有若人哉？痛苦痛苦，未易具言也。以是深憂家聲自此隤然，不可復振。愁憂無聊，欲見尊兄面訴之無從也，故因此詳布之。蒙頒賜奠儀，已薦陳矣。先兄平生於朋友無足當其意者，獨於長者深所敬愛，計聞此惻然，當甚他人也。先生葬畢事，朋友遠來失聲墓下，傷哉，痛哉！念之淚下如雨。未死之身，將復誰依耶？今日已祔廟，音容益遠，不及九泉，無相見之日。傷哉，痛哉！

榦忽得季亨書，承聞先太夫人奄棄色養，不勝驚怛。昆仲孝愛純篤，何以堪處？別來數日間，事變不測如此。榦辱在契好舊交，便合趨慰，適以迫行，不克如願，愧負多矣。但得季亨報云：治喪不用浮屠，一以禮經從事。掃去末俗之陋，不以夷狄之道事其親，而先太夫人遂得以禮終，是則孝之大者。尚幸堅持雅志，世俗啁啾之論，不足恤也。榦正月半間即歸，歸日首圖參慰。

榦諸況如昨，無足云者。特一念長者未得即見，爲之慨然。朋友講論不敢放過，然亦未甚見有勇猛精進者。近得先生書，亦再三以此爲問，其拳拳後學之意至矣。顧榦自治不至，又何以起發朋友之善意哉？

榦以《禮書》未就緒，劉用之相約過神光爲卒歲之計，度亦不能久留，只俟虞兄爲先兄擇地了畢，即爲歸計。今日暫走箕山，相去三十里，不得一見，殊深悵然。吾人相與之意，分雖朋友情猶兄弟，雖終身相依可也。各以事牽，其勢難以久合。榦方奔走爲衣食計，兄亦老且倦遊，異日思欲爲今春草堂夜話、舉觴相屬，豈可復得哉？臨書不勝愴恨。

榦猥賤苟活，爲朋友羞，然他無以自活，則不若食其力之爲無愧耳。久敗之場務，❶幸亦漸成倫理，酒酣氣振，且笑且歎，終不若歸故山之爲樂也。已一考有半矣，但恐任滿，無以爲歸，若可達里中，則又當尋尊兄爲旬月之遊也。髮已種種，齒牙動摇，目視茫茫，非久於人世者。門户衰頽，諸姪皆不能自立，深有可慮。但世事皆非人所能料，只有聽之而已。

榦一墮宦途，如入苦海，終歲汩没。人生幾許，十四年不得休息，真是可厭。世間以仕爲樂者，以其富貴也，然求富貴者，非爲盗則爲佞，僕誠不能，其貧且賤如故。進不得行其志，退不能活其家，以是思之，不若放歸山林之爲樂也。三上香火之請，方遂所圖，以是月七日抵寓舍，亦欲亟歸省墳墓，訪親舊。從人既遣，不能徒行，少俟秋涼，即謀歸計。一生鞠育於辛苦之中，今三子已娶，兒婦滿前，亦人生幸事耳。但自度不足以活之，只得散居，令其人自爲計。六郎歸鄉之計已決，性資拙朴，未能讀書，然頗好書，向所寄書册，渠欲得之，乞付之爲佳。恐有重本欲留宅上者，可面諭之也。

榦爲貧一出，奔走十五年，於公私之計，並無所益。性本介僻，學又迂疎，與世寡與，義不受辱，引疾奉祠，投閑故里，百懷未易一二言也。歸來怯寒，無日不病，里閭故舊，朝夕來訪，只辦應酬，或至對客終日。念欲一拜書，亦不可得，徒切悵望而已。不謂反勤先辱，尤深愧悚。榦以先間爲姪輩

❶「場」，原作「塲」，據清鈔本、四庫本改。

占住，無所安息，❶偶帥參相念，以南法雲僧堂見遺，見障織居止。其前有園，可以開門從大路出入，不與髡徒相干涉。其側即萬歲諸刹，幽静，最擯棄者所宜處也。

❶「安」，原爲墨丁，據四庫本補。

勉齋先生黄文肅公文集卷第十三

書十二

復陳師復監簿

頃於諸先令兄多雅故，獨以未及參識爲恨。三四年來，每得謙之兄書，未嘗不言篤志好學、推己及物之盛美，深切歎服，然亦不敢遽以姓名自通於隸人。近者又復拜觀應詔之章，懇切簡直，皆人所難言，數十年所未見，其爲向慕又不但前日所聞於謙之兄者而已。繼承台翰之賜，捧讀不勝皇悚，自顧衰暮，何足以當勞問之厚？榦少不自量，喜從師友游，竊有志於聖賢之學。中年孥累猥衆，偶得一官，仰禄爲活。一行試吏，講習遂廢，重以先師棄，諸生朋友解散，蓋不待七十子之殁而大義已乖矣。日夕惕懼，如負芒刺，忽聞執事志道之篤、立行之高乃如此，喜躍不能自勝。想先師九原之下，亦當爲之擊節，喜吾道之有傳也。朝廷之事，既有如諸賢之所論奏，而外之所恃以爲人物者，亦多不可曉解矣。所以降灾者方數千里之旱，今之所以救灾者，又皆具文。中原蕩析，既不可支，而邊陲守禦亦殊未有可恃之策。腹心之疾未愈，則耳目百體無往而非病，良醫之藥既卻而不用，則事無可爲者矣。榦衰晚不才，分甘投棄。昨上香火之請，本無他意，只是年老不堪從官，未蒙俞允，姑且安之。適趙興國持倉節，於斡爲姻黨至親，不容不引嫌而去。自是可以退安田野，以卒舊業，以終餘年矣。

復陳師復寺丞

寺丞天資高明，閑居益加涵養，吾道之幸也。斡不能安貧，冒昧一出，信道不篤，徒深悔懼。抵此五日，即聞浮光之警，人情未相諳悉，無以爲策。今虜騎已退，上下相安，稍可措置。最苦是郡無城壁，便即興工創築，度費五六十萬券。郡中亦有一二十萬，皆是前政樁積已申朝廷之錢，亦不暇問，只得支用。郡民便之，捐施竹木、工役、夫米者紛然，此亦不容但已也。亦請於朝，乞四十萬券，未必應副，亦無可奈何，只得旋措置也。秋冬間了得此一役，便可丐歸矣。虜騎之來，亦不過數千人，此以數千人與之戰，初亦小勝，已而大合，殺傷相當。有貪功輕進者，遂爲所敗。吾之所失遂多，度亦不敢以實聞也。諸賢施行，大抵未有起人意者。到此一月，以六書達制帥，與議邊事，皆未得報，豈以其切直而惡之耶？抑以倉皇忙迫而未暇也？今只得自做家計，修城壁、造器械、排保伍，日夜與諸邑講裕民之政。漕臺欲運合肥米至安豐，相去二百里耳，却來起安慶四萬夫。安慶至合肥已是四百里，捨近取遠，人情皇皇，只得力拒之，幸而得免，便覺百姓有歡舞之狀矣。他事皆可闊略，有敢害民者，必痛治之。如此，亦稍可支吾。但大勢可慮，恐非一木所能支也。李貫之尚留九江，亦屢得書，此等人物皆引去，爲之奈何？

久不拜狀，正切尊仰。祝兄來，承台翰之賜，謙之兄繼至，又得熟聞爲況之詳，至以感尉。賑濟區處有方，人賴全活，甚善。郡政一新，又可以風厲流俗，使人知儒者誠不負於斯世也。榦衰老，念歸未能。今邊事復動，亦不敢請歸矣。虜犯浮光，其勢甚亟，城雖未可破，而四出抄掠，生齒塗炭，甚可念也。此間土城雖已圓備，但未包砌，馬面尚少，未爲可守。但既有城壁，亦只得效死守之。此間世俗皆以爲丙午、辛巳、丙寅虜之犯淮皆不到此，故士夫之愚者亦全不以爲意，軍器全不整齊，士卒千人多是老弱，皆須旋行措置。去歲一意版築，故此等事皆有所不暇及，今亦一面料理，輒有少稟，此間軍器，最是弓箭更無一隻，可怪之甚。偶見詹簿説使郡弓箭甚多，且箭材乃地産所出，妄意欲就借箭萬隻，少亦須借五千見箭，却借五千箭材，角弓得四五十張，却煩一面製造以補還，仍示及價直，便當納還。儻蒙軫念，一郡均受鄰邦之賜，若非事勢忽迫，亦不敢相撓也。已令此人賫錢就彼雇人擔擎以來，至望至望。

承聞開府未幾，豈弟仁恤之譽已洋洋於田里。當旱暵之餘，得賢者振卹之，康廬之民何其幸耶！但不知朝廷上司肯以米相助否，莫若且急遣二三精敏官屬，散行諸縣，勸諭諸户，籍其有餘之粟，以備賑糶，須是異日實可以及百姓。若但爲虚數，則無益也。同官間難得人，寄居亦恐多私，不若取之故舊中爲佳。若李敬子肯相助，則決不至有他也。米價亦要平而有常，每見所在豐年米價十錢，至凶年出糶官米，却只糶五錢。如此，皆非是。官物有限，只得照常年例方是。或云「凶年錢難得」，是固然也，却不思天灾流行，百姓亦須大家喫受，常年喫一升米，今且喫半升，此豈得已哉？又賑濟不如平糴，官司錢物既有限，細民當此饑歲，亦當倍竭其力以度凶厄，豈可誘之使偷惰，是非所以愛之也。又濟糴不可分口數，徒見瑣碎，只是每家每日三升，若一口者亦糴三升，彼自能多寡相通融。大抵舉大事者最怕叢脞也。賑糴之法，當論旬不論月。且如每日糴三升，每旬糴三斗，或以一日而糴三斗，或三兩次糴三斗，從其便可也。如此，則人免伺候之勞，切不可慕納流移之名，其後難繼。人情偷惰，若開此門，必至失業，乃所以害之也。南豐述趙清獻之事，以爲仍告以去其家者勿給，此正所以絶其流移之路。若欲往他處就食者，則薄給其路費可也，亦不可多，多則既去復來，亦難繼也。愚見如此，未知是否，不敢不以告也。榦此間城壁已就，近又砌畢五門，亦屹然可觀。兵籍最少，通老弱不過千人，見於城内沿城空地架屋千間，爲壯士營，募民之壯健願居者給與之，不收其僦金，且先爲辦床榻之屬以誘之。官爲之約，無他役，但使之家守丈五之城，治其蕪穢，使不爲城之害，有警則皆守城之兵也。仍造弩千張而家給之，使之無事則閲習，亦一助也。近郊二十里保伍亦隸之郡，擇其强壯者籍之，有急亦可驅以守城。如此，二三千兵亦不難辦也。燒磚一事，擇浮屠之有才幹者二十人主之，應管内有僧寺闕住持者，便給帖與之住持，以償其勞。如此，則三四百萬磚亦不難辦。來歲夏末，此事可畢矣。故山之興甚濃，非敢爲僞。年事至此，戲衫亦不宜久着也。❶忽有制幕之命，此事久矣，諸公甚忌其來，李公頗費唇舌，省劄下只得力辭

❶「戲」，四庫本作「朝」。

不可，則來歲城壁既就，必趣使供職，却旋求去，走康廬以求教誨有日矣。虜之弱甚矣，不待間諜而可知也。諸賢度德度力，不敢便爲進取之計，此其爲宗社謀至矣。然將爲宗社無疆之計，臣子要當致無疆之思。今進取者既失之孟浪，持重者又失之偷安，不知事終安歸耶？日引月長，吾國日困，以彼之憤激敵吾之偷惰，未知鹿死誰手也。況新寇方强，羣盜蠭起，吾所當慮，非但一端也。今邊鄙事息，正造物者遺我以閒暇之日，使之明其政刑，登崇俊良，以共起事功，□□□□□□□□□□□□，❶政恐反因以驕縱而日益顛倒耳。每一念之，令人流涕。要之，但當歸死故山，不至徒在世間，爲人所嫉惡也。安得一見抒胸中之憤悶耶？

以廬阜之嵂崒，與彭蠡之洶湧，臨之以一代之偉人，人物山川相與酬酢，一郡生齒游泳於春風和氣中，計其歡謡，已洋洋於田野間矣。甚盛甚盛。榦抵此已逾半年，自覺初謀已拙，到此別無出場，只得爲築城鑿池，與民爲效死勿去之策。方其度工之初，人無不驚且駭者，幸而天相人扶，未及半年，事已就緒。目今一意包砌，歲前五門并三斗門亦可汔事，便有啓閫，雖大敵之至未可保，而小小姦雄，亦望風退聽矣。身守一郡，只得汲汲爲一郡計，外此皆非所敢知。國家如天之福，虜至輒敗衄而去，是以至今隆冬不敢深入。此兩日方聞淮北洶洶，大率皆是相恐嚇之意，兵來不除道也。天遺我以閒暇之日，而諸公視之悠悠，恬不加

❶「□□□□□□□□□□□□」，四庫本作「則恢復中原之慶翹首可待」。

意，要其胸中無識見、無古今，既不曉利害之實，而又日夜拱手以聽命於人。天固助之，我固拒之，謂之何哉？南康朋友甚盛，想聞賢守之至，必有盍簪之樂。榦亦以老且病告廟堂丐骸骨，若遂雅志，當得承教於白鹿卧龍之間矣。

榦自前月來愈覺多事，初令其往黄州提督關隘，次又令往光州撫諭將士，及至將行，又令且赴制司稟議。凡此皆非所長，只是緩急無人承當，且胡亂拖出。不知平日拔擢貴顯者，又要作何用耶？自去年四月以後，虜騎既退，全不做分毫事業，及至事到目前，方且旋荒。虜固弱甚，然驅中原之百姓，盡括其家貲，帥以渡淮，使之抄掠以取償於我。浮光、信陽數百里之地，殺人如麻，室廬焚毁，至今未退，棗陽被圍已四十日，尚未解其勢，危甚。盱眙既自取敗衂，又□招侮。今又聞安豐亦已據霍丘矣，爲之奈何？全看天意如何。若人謀無一足恃者，安慶城壁未包砌，軍籍亦寡弱，器械未備，將何以守？若歷陽則尤當風寒之衝，已力丐免矣。制司稟議之命甚久，不欲遽行區處，稍定□□□□□□□□□□□勢如何也。老矣，精□□□□□□□□□□□□榦自維揚歸，即不□□□□□□□□□□府皆少俊，不相合，□□□□□□□□□□□多端，未易整頓，遂□□□□□□□□□□□除非朝廷意，乃是徐□□□□□□□□□□不能任歷陽之責。又□□□□□□□□□□令候包砌畢日供職□□□□□□□□□舒易和則徐守亦可□□□□□□□□□書相近制書請之朝□□□□□□□□□朝廷遂有復還舊任□□□□□□□□□富之嫌，只得再三奏□□□□□□

□□□金陵風波可畏，因思□□□□□□□
□□□親與朋友之可樂，遂□□□□□□□
□□□濂溪挂搭，以俟命下□□□□□□□
□□□約一二朋友爲卒歲□□□□□□□
□□□庶幾復爲完人也。延□□□□□□□
□□□約李先生以爲山中□□□□□□□
□□□爲某初曉不得此語□□□□□□□
□□□十分精神，今以世□□□□□□□□
□□□已不惜取爲讀書計，❶以□□□□□
□□□□空，入仕以來，一家孥累□□□□
□□□□□畢，朝廷之恩如天，莫報□□□
□□□□□□相安慶之民相愛如父，□□□
□□□□□□此兩事亦往來于心，每□□□
□□□□□□年事至此，不容復濡滯□□□
□□□□□□榦山居甚適，但辭免□□□□
□□□□□□復仕之意分數頗多，❷□□□
□□□□□□□此一不可仕也。名實不□
□□□□□□□□□可仕也。年齒衰暮，
力□□□□□□□□□□就易，辭小就大，
失廉□□□□□□□□□□遐日降，謗議
日興，此□□□□□□□□□□以盡從，此
六不可仕□□□□□□□□□□不放歸，
此七不可仕□□□□□□□□□□已芸，
人將無以死此□□□□□□□□□□以遺
書，今而負之，此□□□□□□□□□□墓
室廬皆欠葺治，□□□□□□□□□□□
於胸中，豈宜峩峩□□□□□□□□□□□
□爲貧，故舊則多□□□□□□□□□□□
□□□甚者也。一□□□□□□□□□□
□大廈萬間，支以一木，不謂之愚，可乎？
此計已決，但未得朝廷概然相捨，則上無以

❶「已」，清鈔本作「可」。
❷「多」下，清鈔本有「樂」字。

答朝廷之善意，下無以慰舒民之望。二者縈繫於心耳，尚冀高明有以贊其決，幸甚。五事亦多是文具，此却皆是實事，今亦略改數處，未知是否，更幸詳之。聞欲招林、楊二君，亦更相度事力，果欲遣人，却望令來此取書也。

榦讀書愛日之意甚切，而精力不逮，每切爲慮。新歲已登七十矣，來日苦無多也。朋友紛紛，不爲無人，氣力足以任重者，誠不易得，故所望於左右者，忽不自知其拳拳也。静處下工，誠爲長策，然居敬集義，博文約禮，皆不可廢。朋友切磨，固欲相觀而善，然講習一事，尤爲至切，須將聖賢言語逐一研究，不可以爲非切己。若不自此用工，則義理不明，生出無限病痛。李貫之全是就講學上用工，晚年大節光明，如此讀書豈可忽哉？留丞相晚年歸來，日課朱先生《詩傳》，朱先生每對人，輒歎服之，蓋捨此實是無進益處也。不知高明以爲然否？

榦昨日得相識録示小報，知己被予祠之命，乃十二月十七日旨揮，今日邸吏發報，狀尤分明。此雖父兄爲子弟謀，無以易此，遂使衰晚得免無廉耻之罪，君父之恩大矣。若得省劄早下，不復以家事關念，則自今以往，無非安坐讀書之日矣。别紙寵貺，仰仞愛予之厚，恐其匱乏，無以全其守也。若祠禄不下，亦只得判作餓死。年來却見得此事稍分明，死常事耳。朋友之餽不敢辭，私居辦此，亦令人不能安也。

與真景元直院

榦伏自壽春僭拜隸人之敬，歲月倏忽，奔走靡寧，遂踈嗣貢，拳拳山斗之仰，實切此心。

中間竊聞屢進危言，力扶大義，公論藉以開明，善類爲之踊躍。枘鑿難合，勇退急流，此風不聞於世久矣。自顧庸懦，亦切增氣。持皇華之節，居盤踞之都，是猶欲某官推其所言，而見之行事也。相望數千里，跧伏陋邦，不獲目擊施行之一二以爲快，但聞種不入土，蝗且蔽天。伏想高賢憂世之深情、烈士濟時之大略，安得供侍函丈，款聽誨言？

幹老矣，本不敢有寸進之念，偶得一官，庶脱九死。自先世不事生産，而諸孫俱墮飢寒，心切念之，黽勉從仕。姑竭駑力，本無寸長，敢期公朝過聽，遂叨爲郡之命，此誠生平夢想所不到。冒昧此來，已踰半考，自度遲莫，不堪扶曳，亟上香火之請，不蒙開允。而旱亢如此，郡計蕭然，地居安復、武昌之間。爲制使之説則曰：安復極邊，兩郡之粟不可以出漢陽；爲漕使之説則曰：安復、漢陽之粟，當泄以濟鄂渚。制使以閫外之寄而令諸司，計臺挾朝廷之命以持制閫，彼此交鬬，甚若仇讎。甚至制司遣官軍以守漢陽之竟，計臺復遷怒以治安復之官吏，是何氣象，乃若是也！陰陽不和則爲旱，人事如此，何以召天地之和？朝廷方爲安邊之計，而一室之内自相攻擊，又何以安人心而固吾圉耶？世之所謂賢者乃如此，是殆不知其所以然也。顧幹庸凡，日夜起故山之念，亦不敢與聞茲事，被髮纓冠而救之則惑也。百憂滿懷，安得一侍誨言，紓胸中之憤悶耶？

與孫行之正字

幹衰晚，負丞竊粟，自知亡補，忽叨予郡之命，皆朋友過相推許，是以至此，不敢以爲喜，重以爲憂也。自金陵五十日方抵此，民甚醇，訟甚簡，財賦亦從容，安平無事，不妨爲守之樂。但襟江帶湖，吴蜀往來之衝，武昌脣齒之國也。若欲屹然真可當于藩之任，則非所敢當。郡無城郭，有兵二百人，倏來忽去，月給甚薄，緩急亦安所恃耶？小郡若非所急，無漢陽則無武昌矣。抵此二十日，且以治財賦，增兵廪，大開赴愬之門，以平民之曲直。其他所當經理者，俟見顛末，續當有請也。既不能不仕，仕則不可不任其事耳。但天性拙直，與世寡合，易以取禍，又不知果能安於此否？安與不安，亦一切聽之也。在已既無以痛人，視人之所爲，又多不滿，吾意不知此世將誰與扶持耶？自今觀之，只是義理不明，人心不正，舉世滔滔，聚一大團私意於天地間，如濃膠厚漆牢不可解。吾輩且戲吁太息於其間，亦愚矣哉！膚仲遂得歸，可喜，但聞其病手戰，亦可念也。真丈如何？聞且歸建寧，果否？敬子聞以疾辭，皆使人有愧也。此間傳聞晦伯侍郎抗疏論遣使事，恨不得見，能録本見示否？

復趙蹈中寺丞

榦昨者僭拜記室之問，帥略之甚。黎斌來，忽辱台翰之賜，前所賜教，猶未及拜領也。寺丞持節内郡，而拳拳於邊陲之諸將，豪傑之士莫不慕義，願爲效死。推其所以治峒寇者，以制殘虜，中興之功，可日冀也。天下大勢，亦可見矣。嘗以兩淮言之，殘虜衝突，三方分攻，不攻都梁而攻招信，不攻安豐而攻霍丘，不攻浮光而攻光山，非不攻也，力不逮也。圍棗陽百有餘日，而卒以自解，則勢之弱可見矣。虜能以弱爲强，吾乃以强爲弱，豈將士之罪哉？所以用將士者，非其道也。邊事方殷，而廟堂在告，制府所請，百不一報，制府疑懼，力上祠請。邊郡所請，百不一行，此亦何時而可以若是耶？信義不孚，賞罰不明，無非自伐之道，而尚可以伐人乎哉？志士忠臣，深憂切歎，寺丞義兼家國，想不能不爲之寒心也。以榦料之，虜必不能自立，割麥在即，而邊郡寂然，此必有變生乎内者矣。羣盜四起，虜亦不能自立，吾亦豈能暫寧哉？是爲可痛哭流涕也。榦衰病無似之迹，本以不能固窮，投老試郡，但思築城鑿池，與民守之，效死勿去之計。制帥令以列郡帶行制參之職，虜攻五關，復令以郡守出竟守關，又令以越闞督戰，皆不敢辭。虜騎已退，忽令易守歷陽，則老病不堪復易一郡，又令赴制司供職，則事亦有難從者。今乃得復守安慶之旨，辭小受大，驅去復還，於義不安，已上香火之請，更一兩日往江池間候報，以必得爲期也。相望遼邈，無由一見，以紓胸中之憤懣。

與李子復書

榦不能安貧，冒昧一出，屬以邊頭擾擾，才力綿薄，大懼無以撫安此民。諸賢措置，各持其説，當危急之秋，爲偷安之計，敵人有所制，未能以逞，然蓄憾愈深。向者之防秋，今反轉移而爲防春矣。每思契兄神識過人，閱世已久，未見其比。顧乃袖手燕間，如蒼生何？榦抵此，以郡無城壁，一意興築，不待報下，即便興工，五閲月而城成。今五門亦已包砌，屹然遂爲淮右之冠，居民方有固志，小小姦雄，望風畏遁。若殘虜衝突，彼恐合肥、安豐之議其後，亦不敢久頓兵於城下，恐亦可以苟安矣。制司忽有幕府之辟，此已力辭，倘一不克，❶則李公生平相愛至厚，亦不容不從其請。今日之事，策將安出？❷静觀事變，當必有非常之論，幸有以教之。或能不遠千里，偕鄒兄垂訪，尤不勝至幸。望賜報，當遣人奉迎也。

與趙省倉

人來，承惠書，雖未及詹拜，固已深服足下資禀之粹、趨向之高，而非流俗之所敢望也。顧僕衰老，困於吏役，離羣索居，有負初心，何以謝來教之辱耶？世方急於利禄，而獨安於奉親；世方趨於卑陋，而獨志於聞道。尚賢而取友，孰有過於足下者？此僕之所以不敢默默而無言也。竊觀來教，以孔門欲爲有用之學，而又欲其大有所成就，歎其老之將至，而欲爲有用之歸。然理義之精微，心術之隱奥，所差甚微，而天理人欲之分，君子小人之判，自此而決不可不察也。聖賢之學，固求爲可用，而求之常在己；欲施於有用，而得之係乎天。求之在己則内外一致，而所造者正；得之在天則窮通一視，而所處者安。故其教人，雖欲其有用，而未嘗切切於用也。曰「明明德」，而新民在其中矣。至其用之則行，舍之則藏，而亦曷嘗適莫於其間哉？志於學而先以用爲心，則固已馳騖於外矣。至其用也，則事求可、功求成，安於義命者固若是耶？

❶「倘」，清鈔本作「萬」。
❷「出」，清鈔本作「在」。

立心一差，則將無所不至矣。聖賢立教，蓋以人受天地之中以生，具有仁義禮智之性，必先格物致知而力行之，所謂用者，亦即此而推之耳，曷嘗先以有用爲念哉？孔門之徒，惟曾、顔未嘗見於用也，而三千之徒，卒莫能及。由此觀之，則爲學之要可知矣。孟子曰：「君子所性，雖大行不加焉，雖窮居不損焉。」爲學而先以有用爲念，則是未知所性之貴，而有外慕之心焉。故敢以切己務實爲足下獻。榦老矣，方力上丐祠之請，而求爲無用之人，宜其於足下之言有所不合也。交淺言深，惟足下亮之。

答陳泰之書 倫

榦伏承不鄙，特枉臨顧。先之朋友以達其意，副之長箋以述其情，志甚篤，貌甚恭，辭甚遜。以榦之愚不肖，上之不能取高官耀閭里，中之不能作文章誇聲名，下之不能蓄貨財養妻子，此世之所謂無用而不齒焉者，顧何足以辱足下之好哉？豈非以其嘗從先生長者遊，而獲聞君子之大道歟？足下之意則甚厚，而榦安敢不竭其誠，敢以所聞爲足下言之？夫學之有志，猶三軍之有帥也。約束既明，申令既審，鼓行而前，有進無退，磨礲乎理義之刃，而斬刈乎利慾之場，先登乎道德之郛，而策勳乎聖賢之府，非有志而能若是乎？巽懦怯懾，背公營私，❶鼓之以仁義則氣索而不進，脅之以利害則手戰而請降。氣馬逸而不可收，心地蹙而不可復，非器不利，帥之罪也。然則爲學之方，捨此宜無急焉者矣。足下居長

❶「公」，清鈔本作「心」。

溪之西偏，裹糧而趨，不五日而至武夷夫子之舍。望洋向若，以觀世之大勇者焉，毋徒下睨污瀆之中，而覬吞舟之獲也。足下其亦亮之。

敬字看得親切，但常惺惺法爲主乎整齊嚴肅，其心收斂，不容一物，所以持乎主一無適，似太分裂，試更思之。此學問之本原，而終身之所當服行者也。先師永逝，吾道益孤，所賴者朋友相與維持，然如許重檐，亦須奮不顧身，方能負荷，若沉浮世間，與庸人奚異？百年之身，世間利害，所直幾何？若不勇猛向前，則二三十年遂無此身矣，可不大懼？

承諭，旦晝念慮，不如平旦静坐。此亦只是常覺，不如常加提撕，則久當純一矣。不見道體，却亦不須如此着意。行吾敬故謂之義，亦只是做行吾敬工夫而已。又着一心要見箇義，却恐有病。學問大方，只是致知力行，持之以敬，只怕人不用力而已，别無好法也。

致知乃入道之方，而致知非易事，要須默認實體，方見端的。不然，則只是講説文字，終日譊譊，而真實體段元不曾識，故其説易差，而其見不實。動静表裏，有未能合一，則雖曰爲善，而卒不免於自欺也。莫若一切將就自身上體看，許多義理名字就自身上見得是如何，則統之有宗，不至於支離外馳也。

勉齋先生黄文肅公文集卷第十四

書十三

與李貫之兵部書 道傳

連辱書誨，三復感尉。❶旱勢可畏，臣子同憂，契兄正當其任，想見不勝憂念也。昨承諭及數條，誠爲切要。然神而明之，存乎其人，苟非其人，徒爲文具。莫若且於部内擇精敏公勤官屬數人，分頭管幹，❷守令之不才者去之，無過而庸懦者易之，庶幾得一人則一道一郡可以無憂耳，他皆未見長策也。此間種不入土，米價翔貴，但自初旱便逐急糴米，已糴二萬石，舊積亦二萬石，常平五千石。目今逐日出糶，比之江南，亦十六文一升，城之内外帖然，不見其爲旱也。漢川一邑，素有蓄積，知縣又曉事，亦可無慮。漢陽縣鄉下稑種頗多，❸目前尚有可支吾，至冬春間即發粟以賑之，亦可過此一厄。諸司亦無掣肘，但此間與鄂渚對岸，例是齟齬，亦只是頑以待之。吾人去就輕，則百事皆不足爲累也。六月初遣人丐祠，只是自覺年事至此，於義當退，預爲此舉，庶幾異日再請，則其志可遂也。憂世而救世之術踈，憂道而學道之功廢。若乞得數

❶「尉」，四庫本作「慰」。
❷「頭」，四庫本作「類」。
❸「稑」，原漫漶不清，據清鈔本、四庫本補。

年之間，自放山林，以遂初志，莫大之幸。《語録》事承見諭曲折，初亦深恐削之太甚耳，若只如此，亦無害。又得味道兄整過，可以無憾矣。大抵鄙意以爲此等文字，寧過於詳，則刊之爲易，若先求其精，則一削之後不可復求，此爲可慮耳。序文全不成言語，留此人旬日，亦欲依命修改附去，竟做言語不成，一是熱，二是多事，終日昏憒，旦夕專人拜納，其他亦併俟後便也。如目録以所記年月爲序，如金去僞者，番昜人，❶初識之年方十七八，乃己亥在南康相會，自後絶不知蹤跡，不知此録從何得之，遽列之第二，未知安否，更熟思之。記録之人真是學者，如子晦丈、漢卿丈之類，絶少再相見。記録所聞及大段背馳者甚多，但以年月爲次第，似亦未安。或分爲兩様，第以歲月，亦似未穩，可更商量。榦後便更思之，當拜稟也。

來諭趙制帥遏糴事，想衆人皆不以爲然。吴勝之力與之争，契兄亦是正當賑濟之任，故皆見其非，此處利害之中者也。榦初亦見其如此處置，甚服其得策，以告勝之，勝之甚不樂。後綦總得書，亦與鄙見合。以此一事觀之，然後知世事之不可爲也。彼爲制帥，所慮者邊防耳，盡空塞下之粟，使邊民告飢，盗賊間作，夷狄窺伺，其利害不既重矣乎？勝之初以通融之説懇之，趙力拒之，勝之復以聞于朝廷，朝廷從其説，趙又力拒之。二公正此爲敵，未知其孰勝，甚可笑也。要之，趙之説爲是。趙之説若私而公，彼所務者大，所不及者，漢陽、鄂渚兩郡矣。吴之説若公而實私，非爲十五

❶「昜」，原作「易」，據清鈔本改。

州也。且吴之請於朝乃曰乞只通融十五郡，但不得過湖北界。如此，則兩淮、江東西皆化外之國乎？以此言語寫在紙上，獨能安於心乎？勝之號剛直，人稱其賢，到此亦甚歉然。屢以書來問救荒之策，亦只得以己見告之。曹器遠在幕中，尤大言無當，其他皆不濟事，以此殊覺費力。漢陽小國寡民，本易處置，初以情告之，以爲兩州相望，莫若先定米價，使之一樣，使比之常年幾增一倍，亦無可奈何。米價既定，則客旅之販米者，不之東州則之西州。吴不以爲然，一聽客人之高價，其意以爲可以致其來耳。彼商賈何厭之有？米價頓長，幾不可通。漢陽只得固守前説，而嚴泄米之禁，以是人物熙熙。彼乃以爲漢陽有米，多方作威作勢，欲奪而有之，但付之嬉笑，不與之競，亦不爲之屈。貌雖相與，而心實不平也，然亦決不至有他也。趙公方嚴，近見其一二事，亦有不可及處，所差人至州縣，無一毫之擾。勝之甚鄙之，然恐未易輕也。世事如此，天象如此，人物又如此，以是尤使人不可一朝居也。讀畢焚之。

國事之成敗，不在乎兩陣相向之日，而在乎君子小人進退之間。今事勢至此，尚復逞其私意而不自懲創，爲之奈何？李金陵依違蓄縮，動失事機，安豐、合肥踴躍奮厲，未知遠略。聞欲爲大舉深入之意，一切取辦於沿淮之忠義，此曹誠可用，不過能爲盗賊之行，焚燒縣鎮，刼掠財物，正恐因此大失中原之心耳。秋高馬肥，彼必傾國以來，驅淮北被害之民，皆欲報其深讎，政恐非忠義之人所能遏也。浮光之事，想亦知其詳，大抵殺傷亦相當。吾之敗軍殺將，爲辱不少，今吾皆未見有可恃者，深足爲慮也。榦失計此來，無可言者，非可丐閑之日，只得汲汲自治。城壁見興築，邦人皆樂從，秋冬可辦，亦但足禦小寇之衝突耳。至此而後，知有國有家，有身有心，聖賢一言一字，皆可師法，從之則吉，違之則凶。緊要一着，只要信得篤，行得力耳。舟馭想且留九江，敬子諸公必來相聚，深恨不得周旋其間，聽教誨也。此間亦有十數士友相從，大抵皆故人之子弟，有楊志仁，識趣端正；方伯謨之子丕父，剛毅不苟，可爲領袖。公事之暇，亦不落莫也。敬子頗有遠游之興，此至九江殊不遠，能與之乘興一來否？榦老矣，自此恐不復有相見之日，且是相去遠，未必可以通問。百懷非紙筆所能述，旦夕又當顓介承候也。

復李貫之兵部

豈弟慈祥之政，撫摩凋弊之郡，使幽隱無聊之民各得其所。世之鄙薄儒生者，閉口不敢吐氣，吾道之大幸也。排去貪守，明辨是非，皆非敢望於今之人。昨在湖北，見爲監司自號剛直者，坐視列郡之無狀，噤不敢發一語，然後知吾人若非見理明、利害輕者，終是低回顧望，不快人意，求百姓之受惠，難矣。大抵小人爲非固可惡，吾人以善類自名，而胸中全是利欲者，尤可惡。所以使吾道爲世所鄙薄者，皆斯人爲之也。得尊兄在東南，不惟前賢道學之緒得所託，而政事氣節遂爲一世儀表，亦國家宗社之福也。榦投老山林，竊自增氣，不知手舞而足蹈也。榦歸建安，寓居整整四月矣。向來數椽，二十年前所置容膝之地，初亦甚安，今孥累數倍於前，不足以容居，旋於舊居之後架小堂，方不過二三丈，以爲送老之計，坐是亦頗擾擾。更旬日亦可休息，一意杜門觀書矣。朋友數人，皆欲秋試後相訪，亦可相與切磋，義理非講習扣擊，終是不分明也。近於鄉間取得所修《祭禮》來，幸無去失，併《喪禮》皆可入《禮書》類中，然亦尚欠修整。當官固以無暇觀書爲恨，閑居又以無筆吏抄寫爲撓，因閱故書中，得慶元三年朱先生所書編禮人姓名，爲之感慨，益思是書之不可不蚤定也。然亦須朋友二三人來，方可參訂。味道、子洪皆有志於此者，獨恨道遠，難相屈致。榦亦無力遠出，不能携書以就朋友，觀先師晚年於此極惓惓，殊使人爲之不安也。若得契兄持節入閩，有以資朋友之來，則不但是書之可續耳。決去就雖甚力，朝廷顧惜事體，亦豈遽從所請？若如來教所云，且留九江，榦亦當齎糧爲數月承教之款也。向來同學之士，今凋零殆盡，閩中則潘謙之、楊志仁、林正卿、林子武、李守約、李公晦，江西則甘吉父、黃去私、張元德，江東則李敬子、胡伯量、蔡元思，浙中則葉味道、潘子善、黃子洪，大約不過此數人而已。年來得尊兄并太府陳寺丞相與接續，尤覺此道之不孤。若且得留東南數年，吾道之大幸也。世事難言，尤非閑退之人所宜言，只得此道大明，人物輩出，清議所在，彼自無所容其喙，亦且有所畏縮顧忌，或革面以從善也。吾人所能致力者，止此而已。最是廉恥道喪，風俗波蕩，略無羞惡之心，但知貪利嗜進。吾輩中非卓然有特見者，未有不爲之移惑，以喪其所守也。來教所謂「激成黨錮之禍者，決不至此」，此誠至論。東漢黨人，便是孔子所謂狂者，使有聖人爲之依歸，皆是游夏向上人物。今豈敢望此哉？四十萬人齊解甲矣，安得相與爲黨而激成其禍哉？榦嘗記得在先師侍側，偶因舉孔孟出處去就不同處以爲問，蓋亦疑先師當有不屑就之意。先師答云：「某只見得『志士不忘在溝壑』一句分明。」當時亦未甚曉解，近日思之，委是至當之論。若不如此，不是真丈夫也。陳太丘送張讓父之喪，人以爲善類賴以全活者甚衆，前輩亦以爲太丘道廣，嘗竊疑之，如此，則枉尺直尋而可爲歟？士君子行己立身自有法度，有義有命，豈宜以此爲法？天地如此其廣，古今如此其遠，人物如此其衆，便使東漢善類盡爲宦官所殺，世亦曷嘗無善類哉？若使是真丈夫，又豈畏宦官之禍，而藉太丘如此之屈辱以全其身哉？吾人於此等處，直須見得分明，不然，未有不墮坑落塹者也。榦閑居甚適，嗽疾亦爲小害，諸子亦次第皆能撰飯喫，不相累矣。若有祠禄，亦稍可支吾，若無祠禄，諸子亦可做書會以養衰老也。池陽相去遠，若移節在閩或江西，亦即走承教也。所答胡伯量鬼神等説，今以所説鬼神大意録去，是否，幸見教。

春間過康廬，胡伯量出示諸人講論祭祀鬼神一段，見味道兄所答詞甚精，意甚巧。尊兄從而是之，伯量又爲之敷衍其説，然愚見終不敢以爲然也。此蓋疑於祖考已亡，一祭祀之頃，雖是聚己之精神，如何便得祖考來格？雖是祖考之氣已散，而天地之間公共之氣常在，亦如何便湊合得其爲己之祖考而祭之也？故味道兄爲説，以爲只是祭己之精神，如此，則三日齋、七日戒，自坐而享之，以爲祖考來格，可乎？ 果爾，則鬼神之義亦甚粗淺，而聖人常謹言之，何耶？ 古人奉先追遠之誼至重，生而盡孝，則此身此心，無一念不在其親。 及親之殁也，升屋而號，設重以祭，則祖考之精神魂魄，亦不至於遽散。 朝夕之奠，悲慕之情，自有相爲感通而不離者。 及其歲月既遠，若未易格，則祖考之氣雖散，而所以爲祖考之氣，未嘗不流行於天地之間；祖考之精神雖亡，而吾所受之精神，即祖考之精神。以吾受祖考之精神而交於所以爲祖考之氣，神氣交感，則洋洋然在其上、在其左右者，蓋有必然而不能無者矣。 學者但知世間可言可見之理，而稍幽冥難曉，則一切以爲不可信，是以其説率不能合於聖賢之意也。 蓋嘗以琴觀之，《南風》之奏，今不復見矣，而絲桐則世常有也，撫之以指，則其聲鏗然矣。 謂聲爲在絲桐耶？ 置絲桐而不撫之以指，則寂然而無聲；謂聲爲在指耶？ 然非絲桐，則指雖屢動而不能以自鳴也。 指自指也，絲桐自絲桐也，一搏拊而其聲自應。 向使此心和平仁厚，真與天地同意，則《南風》之奏亦何異於舜之樂哉？ 今乃以爲但聚己之精神而祭之，便是祖考來格，則是捨絲桐而求聲於指也，可乎？ 此等事，直須大着心胸平看，聖賢議論，庶乎其可通矣。 鄙見如此，更望見教。

按行屬郡，具得吏治民情之大要，酌其利害而罷行之，此使者大務也。 今從仕亦只得如此，若欲百姓真得蘇醒，非大有所更張不可也。 亦竊歎保正、户長之爲民害。保正合管煙火盗賊，此大綱法度如此，若真有剽刼及走失凶身，豈可責之保正？ 當使巡尉任其責而寬保正，則保正不難爲矣。

户長自可不差人户，租賦自合輸官，官立期限，有不輸者追而治之，則人自輸矣，又何必户長哉？此皆徒爲紛擾，以困中産之家也。此事難言，今之爲政只是循習無所作爲，則爲良吏。小有更張，則人以爲駭，更不思義理當如何耳。大旱如此，真有可慮。目今米價已騰踊，直至來歲秋成方有可望。歲月長遠，誠可憂懼，未有奇策。聖主憂勤，見之施行者，每伏讀之，令人感涕。求言之詔，固臣子所當竭盡，淺言之則無益，深言之則復蹈何生之轍，是乃所以箝天下之口也。李舍人之去，尤可驚駭。自古規摹如此者多矣，覆轍可鑒，何苦而復襲其跡耶？契兄當一路之寄，常平捄荒之職誠是難事，只得每郡擇一二賢吏而委任之，申請朝廷，多求金錢，散遣僚屬，於豐熟州郡廣行收糴以爲備，它未有奇策也。郭生之除，此亦常事。其人善結託，諸公嘗以邊郡薦之，渠亦以此自詭。淮西李帥嘗按之，既不可令去，遂令其來湖北，想到此便以郡除，又豈爲榦一人而使朝廷皆不除用人才耶？正不須以此引嫌也。但榦之來此，便已立定規摹，只住半年便爲去計。此月半已得半年矣，更數日後，便遣人引疾丐祠，蓋實是衰老，自覺前路無多日月，只得乞骸骨歸故山，初不以彼而去就也。但前此常建築城之議，綦、吴二公皆贊其謀，且捐金以助其役。遣人到中都，已兩月未得報，亦欲未報下之前，先爲丐祠之請。萬一築城之議已下，又須展兩三月却陳乞也。更俟數日看如何，彼不足道也。《語録》切不可删，只得全寫，便有重複，亦無奈何。若吝所費則不若勿爲，若病重複則不如勿刊也。南康有兩三朋友在此，又搜尋得數家，更俟商量，專人拜納，併序語納去也。

答林季亨書

榦承書，忽聞公度六三哥有母夫人之喪，傷悼無已。適以迫行，未及趨慰，徒深愧負。不用浮屠，自世俗視之則爲難，自吾人觀之，此至易事。治喪乃吾家自事，外人議論何足恤？須是見得以夷狄事其親，乃所以爲不孝。以先王之禮事其親，孝莫大焉，便自然胸中無疑。喪服不能盡如古餘，❶親齊只得用麻布頭巾，❷及麻布凉衫足矣。助喪之人無服，則只用白絹凉衫；若有服，則各如其服之輕重，此更自斟酌。但六二哥、六三哥體怯弱，遭此大禍，實難堪處，季亨諸兄更朝夕與之相伴，勉令毋至過毁乃幸。六二哥、六三哥兩日來所處如何，稍能支吾否？心甚念之，恨行速，不得一往慰之也，告爲致意。向氏遺訓附往。生平所聞於師友，可以終身行之者，只是「獨立不懼」四字，願與朋友共之也。

天理之節文，此是從裏説出；人事之儀則，此是從外説入。理虚無物可見，節是有上下高低，則如曰樣則，且如天子十二章、上公九章，各有等數，此是節；若山龍華蟲之類爲飾，此是文。如下不敢僭上，諸侯當用九章則安，用十二章則不安，此是天理自然處。又如人裹頭巾着衣服之類，此是文處；若不裹不着則不得，此是天理處。如冠如昏，此是人事；若冠禮裏面，有三加揖讓升降處，此是

❶「餘」，四庫本作「制」。
❷「親齊」，四庫本作「齊衰」。

儀；若天子元子冠禮則當如何，諸侯則當如何，嫡子則如何，衆子則如何，各有則樣，此是則，處則如曰恰好。

仁者，愛之理，心之德。愛之理是偏言，心之德是專言。程子所謂「偏言之則一事，專言之則包四者」是也。

答林子至書

惠書具知近況之詳，役事爲之悵然。年來州縣例是不恤，百姓無措身之地，並緣軍期之名，以爲封殖計，所在皆然。榦晚景冒昧一出，誠不忍百姓之被害，不避仇怨而與之爭，自度決不能勝，脱身遠避，便雖獲譴亦所甘心，故聞此等科擾事，雖在畎畝，猶不能不戚然也。還家四十餘日，但求安静，以度餘生。然城郭人事，亦不能免，只得隨分應酬耳。旦夕須到箕山，恐可求見也。

承誨字，喜聆役事已休，深可贊慶。當官者無復安富恤貧之意，令人太息。榦老矣，歸來亦欲温舊書以度餘年，精力疲甚，未能如所志。江左自有管夷吾，政可自逸也。推之者固多，沮之者亦力。太虛浮雲，俱不足爲輕重也。令似字序納去，殊愧草草。

榦投老歸來，引疾丐閑，圖晚歲與知舊往來山谷間，以終餘年。朝家不貰，起以大郡，進退政自難處，已遣人力告廟堂，以必得閑爲期，二月半間此事可決也。春事向暖，須至箕山爲旬日之留，恐可奉屈求欵晤言也。

答鄭子立書

榦至愚，無所用於世，❶年既踰冠，始獲從先生長者遊，又不能刻意厲行，因循怠惰，卒無所成。足下以鄉閭之秀，年少氣鋭，乃以可畏之資下問於不足畏之人，不惟自愧其冒過情之譽，而亦竊歎足下擇交之不審也。然嘗聞之師友，以爲天地之闔闢，古今之往來，人物之所以生，風俗之所以成者，以有斯道存焉耳。斯道不立，則不惟吾身失其所以爲人者，而凡天地之間，往往乖戾拂迷而不能以自理。吁，其亦可畏也！夫堯、舜、禹、湯、文、武所以兢業於上，孔子、子思、孟子、周子、程子、張子所以講明於下者，凡以爲此。而吾徒生而蒙父兄之訓，長而聞師友之論，其所當汲汲用力者，捨此宜無大者焉。致知之要，存養之方，《語》《孟》六籍與夫周、程、張子發之於先，數十年間，一二三大儒又從而推明其說，足下固熟聞之矣。講其所可疑，而行其所可知，如馳堅車以志於趙、燕之郊，苟不至不止也，惟足下勉焉，僕固將有賴焉耳。若夫竊無實之名，以妄自尊大，僕方以是自恐，足下又從而重困之，則非僕之所敢承也。

答鄭子羽書

榦嘗竊自念，斯道之顯晦，係於人物之盛衰。蓋義理以講習而明，德性以相觀而善。孑然獨立，而無與爲侶，則學問廢而識見淺，繩約弛而怠慢生。古之人所以重朋

❶「用」，四庫本作「容」。

友之樂者，❶豈不以此歟？ 榦也資性褊狹，少不自量，出而從先生長者遊，雖足以粗聞聖賢之緒論，及其退而處於鄉閭，則猶抑鬱而無與語，在己無所資於人，而在人無所益於己，凛然懼初志之不就者有年於此矣。一二年間，天啓其衷，多聞直諒之益，不待取之四方，而坐得於閭里之秀，善而或予告也，過而或予箴也。 義理之辨，蚤思之，不待莫而質焉可也；莫思之，不待越宿而質焉可也。 豈比夫側居僻處，而動離索之嘆者哉？ 足下吾鄉之秀，不遠數百里，求同志而與之處，又不以僕爲陋，而辱顧焉。 年少而才俊，志篤而業脩，此固僕之所感嘆於人物之盛，而資以爲輔仁之益者也。 天理之難明，而人欲之易肆，懦志之不作，而歲月之不可留也。 僕誠深懼焉，惟足下勉之，以輔吾志則幸矣。 過情無實之稱，非所取也，足下亮之。

榦多事如昨，朋友相處亦如故，但亦無甚講論，雖其志意之不立，亦淺陋無以發之也。得如子羽孜孜不怠者，朝夕相與處焉，則所益多矣。 承諭爲學曲折，甚善，且如此用功，令趨向堅定，久之自然得力。 或謂不可太拘滯，須是放開者，皆誤人之論也。 僕嘗折肱焉，不敢不以告也。 大抵爲學是終身事，須是大着心胸，不可迫切。 然發軔之初，亦須防檢拘束，乃能脱於流俗，庶幾心志凝定，見識明達，所慮夢寐顛倒，意況不佳，此當於吾心地上觀之。 若是旦晝所爲，主一無適，則夜氣虚静，自不至若是。 敬字只是此心肅然不敢輕動之謂，何由反以動其心乎？

❶「友」，原作「來」，據清鈔本、四庫本改。

與吴伯豐

浴沂一章，終是看不出，喟然而嘆、夫子與點之意深矣。《集注》云：「日用之間，無非天理流行之妙。曾皙有見於此，故欲樂此以終身。」如此，却是樂此天理之流行，而於本文曾皙意旨，恐不相似。幹竊意恐須是如此，天理方流行。中心斯須不和不樂，則與道不相似，而計較繫戀之私入之矣。夫子無意、必、固、我，老者安之，朋友信之，少者懷之，政是此意，直與天地相似。《易》曰：「貞吉悔亡，憧憧往來，朋從爾思。」夫子傳之曰：「天下何思何慮。」聖人豈教人如死灰槁木，曠蕩其心，徜徉其身哉？張子曰：「湛一性之本，攻取氣之欲，物各付物，而無一毫計較繫戀之私，則致廣大而極高明。雖堯舜事業，亦不能一毫加益於此矣。」後來，邵康節先生全是見得此意思。明道先生詩中，亦多此意。一大節目，望詳以見教。此書今見《晦庵集》中，萬正淳録以呈晦菴先生，❶先生答曰：「直卿之説却是作工夫底事，非曾點所以答『如或知爾則何以哉』之問也。」又云：「《集注》誠有病，今復改數語，試更詳之。」

答王幼觀

幹碌碌如昨，初以爲貧，勉强從仕，諸公誤以爲可用，遂推挽至此，然非其本心也。生平所聞於師友者，皆無與講習，有負初心。朝夕悚懼，更兩三月即爲丐歸之謀，若得退處山樊，以卒所業，莫大之幸也。契

❶「呈」，原爲墨丁，據四庫本補。

兄生平刻苦，聞老來尚未免聚徒，亦庶不易。以道自安，一本云「而貧」。亦士之常也。叔重生平力學，識敏而氣鋭，一别七八年，遂爲古人，殊可傷悼。想里閭間失此人，亦復蕭索。榦與之情最厚，行狀之責，故不敢辭，但有少曲折，已與其令嗣言之矣，契兄更爲議之。榦老來但覺每事就實，意味深長，虚文浮詞，無益於事。近日大冶萬正純之子，亦以此相囑，亦以是告之矣。先師行狀，乃是初本，殊未成次第，不知何人便輒傳出。此事自非不肖所當爲，但以敬之見囑，又其間有不敢不記者，更俟一二年學業稍進，方敢下筆也。承示近作，皆至當之論，啓發多矣。目昏，作字不謹，更幸亮之。

答董叔重之子書

先丈縣尉棄世，又將小祥，念之悲愴，想追慕未易爲懷，承諭行狀，敢不敬承。榦於先丈同師同庚，相與最親且厚，亦誠不敢自外。但所録太泛，如督運之類，皆是舉措之差，當隱而不當書。又每見人家紀述其先世之事實，連篇累牘，徒以爲美觀，而無益於傳遠。古人謚法，節以一惠，惟其簡要，而後人信之。孔門顔曾，亦何嘗有許多説話，而後人信其爲賢者哉？先丈從師力學，人所共知。契友人子之心，自不能已。第以此屬於人，則似太煩而無益，莫若便託有德有言之士，撰一墓銘，擇一二事之最著者書之，便足以名世，不必如此其繁冗也。若以治命之故，不欲屬他人，亦當勉爲下筆以塞責。不必專人，但以書託池陽李倉遞來可也，或徑託李倉爲之亦可。李倉雖不曾識先丈，亦嘗通書矣。更與幼觀王丈議之。榦衰晚，日思歸休之計，諸況皆不足言，更冀抑節以畢大事。

勉齋先生黃文肅公文集卷第十五

書十四

與陳子華書 韡

歸來數得欵語，但亦彼此忙迫，至今懷仰。尊丈參議之任已滿，未有差除，費用既廣，何以爲策？且得曲意奉承爲佳。榦到此五日，即聞浮光之警，此亦勢所必至，但亦不知如是之速耳。今已退矣，但吾之所以處此，誠未有可恃也。安慶無城壁，到此便措置，邦人甚幸，捐助竹木及米者紛然，度費六七十萬緡，此間所有僅十分之一，至感至感。榦聞執事之盛名非一日，不自意乃得并合，深慰生平傾仰之私。世道益衰，人物零落，得一賢者，忻然慕之，真不啻景星鳳凰也。舉世滔滔，病在於以古人行事非今人所可爲，遂甘心没溺，但欲合今人而遂已，至於苟賤無恥而得富貴，則揚揚自得，以爲其説之勝。百年之間，醉生夢死，計其所得，亦復幾何？回視古人行事，非難爲也，因言以求其心，即事以求其迹，充積涵養，斃而後已，則亦何事之不可爲哉？窮逼利達，自非吾人所當計校，况又實有命焉，而非人力之所能爲也。榦稟資甚庸，❶涉道甚淺，獨以早年侍晦翁，杖屨之日久，聞其言論，觀其舉措者差熟。投閑待盡，亦

❶「稟資」，清鈔本作「資稟」。

不過以其所聞見者常常諷道之，以庶幾不失其初心耳。自先師夢奠以來，舉世倀倀，既莫知其所歸。向來從遊之士，識見之偏，義利之交戰，而又自以無聞爲恥，言論紛然，誑惑斯世。又有後生好怪之徒，敢於立言，無復忌憚，蓋不待七十子盡歿而大義已乖矣。由是，私竊懼焉，故願得强毅有立、趨死不顧利害之人，相與出力而維持之。抵家兩年，門無轍迹，去秋乃得盛族一二人，象祖與焉。不避勞苦，刻意講習，他亦有一二後生，皆可望者。私竊自喜，以爲儻得十數人者講之精，行之果，皆如干將、鏌鋣，則立之而足以擁衛吾道，使外邪不能犯，用之而邪説詖行肝碎膽裂，庶幾日月之明，猶未至於浮雲之點翳也。但身既衰病，學又淺陋，恐不足以召致而激發之耳。尚幸有以教之也。

復鄒俊甫書

榦壬申之夏，偶獲邂逅，甚慰夙夕鄉仰之懷。第以行役忽忽，不及欵語而别。每思賢德再見亡從，徒切悁仰。忽辱台翰縷縷，尤認眷予之意，所謂「截斷衆流」一句，乃是吾人立身第一義。此處拖泥帶水，則其它千言萬語皆是空談。但世之不墮在此坑穽中者，能幾人哉？吾輩但有自勉而已。榦老矣，無以餬其口，尚此竊禄，荒陋之邦，無可與語，安得詹望誨色，慰此拳拳耶？便中更幸數賜教藥。世道益衰，人物可歎，區區鄙懷，更望益勉所學，益厲所守。外此，亦未有可言者。

復王主簿

便中兩辱書誨，感感，知遂從提舉李兄游，深以爲喜。然不喜足下之得爲屬，乃深喜得親師友講道誼，以廣見聞也。人之道，莫切於學；學之道，莫切於居敬而窮理。舉世昏昏，莫知學問之方，而世所謂儒者，又多虛言以欺人，而實自欺，仙鄉諸長上爲尤甚。然亦以此刼取高官大職，而後生爲其所惑，甚可憐也。今乃得與李兄游，又味道亦是鄉人，更宜朝夕相親，有疑則扣，不得不止，異日見得端的，方知鄙言之不妄也，不可只以公事虛度，歲月誠可惜也。一早如此，事甚死。❶或歸鄉聽教誨也。鄭成叔不及奉書，煩致意。或以此書呈似之，與作書等也。浮光一敗，雖殺傷相當，吾之所失者，亦是三四千人及一二頭首。制帥所用多少俊，喜功名，豈細事耶？

復王幼學書伯大

幹衰病之蹤，不足齒卹。去冬臈月祠秩當滿，便當上謝事之請，偶蒙朝廷記憶，畀以州麾。自知州郡非養痾之地，力辭不獲命，君恩深重，難以孤其生成之意。辭郡丐祠，亦以爲免死之計，幸而得請，實出望外。原其所自，無非遊談之助。三已申朝廷，❷每錢米，❸邊事如此，決未肯應副。只

❶「事甚死」，似有脱漏。清鈔本「甚」後有小號字體「未」，蓋注明闕文之意。四庫本作「事甚可憂」，而其後文字與底本、清鈔本全不相同。

❷「三已」，四庫本作「已三」。

❸「每」，清鈔本、四庫本作「無」。

得大膽便做，每錢又旋撰。❶應在郡錢米，不問已申未申，一切□使得罪而去，❷無可奈何。秋冬間可畢事，邦人便有可恃，老夫亦可丐歸矣。安慶實無財賦，全靠牙契。通老丈當軍興之後交易頗多，遂頗富實，不應以二十萬獻之朝廷，至今遂將安慶作富郡，科敷抑配，百姓受害，皆通老爲之也。到此只得汲汲寬百姓。喬漕欲起四萬夫運糧至安豐，只得力拒之，只免此一役，吾地之民已歡舞矣。到此却甚健，日飲十餘杯，度尚未可憂。衰晚不才，旦夕即上歸休之請，若遂所欲，或又可拜見也。莊生行遣如此之嚴，亦去一大姦，當塗之幸也。

復黃會卿

榦衰晚如常，無足道者，更數月則當挂冠矣。近思此身不欲爲後人之累，去城四十里，入深山中得一埋骨之所，方遣學生輩葺數椽，架小樓。樓成即移居其中，以待盡耳。去鄉井二十年，歸來朋友凋零，晚輩難與語，獨二三朋友來自遠方者，差能任道。甚矣，吾道之益孤！一二年來，於中庸之旨，玩之殊有味。此乃子思子於其家學中備見本末源流，作爲此書，盡發聖賢底藴，雖非初學所能盡曉，而亦初學所不可不知。始之以戒懼謹獨，次之以智仁勇之三德，終之以誠之一字。戒懼謹獨，不待勉强，不假思索，只是一念之間，此意便在，初學豈可不以此孜孜奉持，則天之所以予我者，便已渾然在此矣。然後加講學力行之功，以盡

❶「每」，清鈔本、四庫本作「無」。
❷「□」，四庫本作「事」。

其所謂智仁勇者，則理之渾然者，又燦然各有着落，而無復毫釐之差矣。於是又進其所謂誠者，亦不過講學力行，而實用其力焉，則天理流行，無少間斷矣。今但曰講學，而不先之以戒謹，不終之以力行，而誠心不加焉，則恐亦未免墮於口耳之習。若但曰躬行，而智識之不通，則恐亦未爲得也。是則學者之所不可不加之意也。試與朋友商榷之。

復黄清卿

榦衰病如常，無足言者。倦遊本圖閑静，然亦未免塵俗之擾，得觀書策之日亦少，朋友往來亦不爲無人，而知學者亦難得。近方謀爲山居之計，更兩三月當就緒。來教深以學者或溺心淺近，或馳志高遠，此正今日之通病。然自陰陽雜揉，氣質萬端，自生民以來便已如此，今嘗能使之一一皆就塗轍？所貴於朋友者，正所以箴規切磋，矯其偏而歸之正，不可便生厭惡。若以二者爲非，而別求方法，則恐又有矯枉過中之病。書不可不讀，義理不可不求，身不可不修，心不可不正。明誠兩立，敬義夾持，俛焉孳孳，學問之道，如此而已。榦深思一出聽朋友之教而無繇，且老來力乏，亦非可以遠出，徒有詹企而已。

復薛希賢書 師邵，撫州人

人心蒙蔽，理義難明，足下超然獨得，雖精微曲折，未見所造之淺深，而大意已非流輩所可及矣。來教云云，亦皆非蹈襲語，皆自胸中流出，良深歎服。近嘗論曾氏父子，晳也自上達而有所見，參也自下學而有所得。要之，升高自下，陟遐自邇，不可以無其序也。聖賢門户，廣大而精微，高明而中庸。得其大旨，而毫釐之不審，是猶屋外觀屋，固見其巍然大矣，而門庭堂奥，皆莫知其所向，則恐未得其所居之安也。自門而庭，自庭而堂，自堂而奥，精辨而實履焉，則亦不待觀於其外，而所謂潭潭翼翼者，皆在吾心目步趨之間矣。惟足下少抑高明之見，俯循學問之實，以聖道不明爲己憂，毋以吾心所見爲已足，則朋友之望也。里中朋友極難得，夢寐未嘗不在靈谷擬峴之間也。

答余瞻之

榦奉親幸安，不足勤齒𠇍。杜門閑居，但定力不足，已不能不爲今學所撓。平日守定師友，尚無向進，若又分之以雜學，況味可知，獨有隨事檢點，以庶幾寡過，而未能耳。西齋親友相聚之樂，徒深健羨，夏深，儻能撥置以尋雪峰之約，或可一觀盛集也。但自家兄已赴清湘，復不無家幹之撓。七家兄多往外家，且多病，以是出入更不能預料。若家兄少瘉，一二日之勞所不憚也。擇之、五一哥聞五月間亦嘗入城，更不蒙見訪，何也？榦固不敢屈長者，但城中廣闊，復不能探伺以圖走見，以是益怏怏。吾人相聚，動一二年，或十數年僅得一二，交臂而失，令人悦然，不曉所謂也。有寺簿一書，并榦亦作一書，便中煩早達之，幸甚。比收先生四月十三日書，爲況甚適，但云賑濟無效，丐歸甚力，不知果遂否，恐欲知之。浙間二麥亦不全好，重以疾疫，目下日色可畏，一日之熱，比尋常三五日，近郊之田已龜坼，瀕海者已絶望矣，不知他處何如。若大率皆然，則甚可慮也。榦迫親養，未能絶意場屋，但覺力綿途遠，若不能擺脱，終是悠悠。日來稍親世務，惡人意處頗多，惟有退步一着，自作本分事業，意味頗長也。因書有可警誨者，幸毋惜。

榦侍旁苟安，不足勤齒卹。去良友日久，舊學益荒落矣。來春擬過藍田，尋舊約，爲屏山之行。比收先生書，又爲會稽行。道遠力綿，行止殊未能決，更俟後報，如何？得彦忠兄書，云奏事之請不遂，即不果去。若先生歸屏山，當遂前約否？則又未知見時也。杜門獨學，近亦得數朋友，但不得數數相聚，如與兄在茅舍中耳。擇之丈歸，未有動静否？擴之兄爲況如何？偶寓先墳，未及拜二兄書，會次煩致鄉仰意。廬陵書信遞去良久，旦夕須有回訊，當得尋便納往。景陽書何説？比亦收書，看《周禮》甚有味，亦作書挽其歸，恐遂爲廬陵人，未可知也。或問草嘗收下十卷，上數卷多脱誤，後便附去。書籍並在家中，此价速行，未及納去。《淵源録》尚未及寫紙，蒙惠甚感，但本託致少許，遂爾相溷爲愧。榦山居旬餘，頗有清樂，去兄亦不遠，恨不能即欵聚也。

比收先生書云：「看書一過，頗有省發。因得讀書訣云：斂身正坐，緩視微吟，虚心玩味，切己省察。」敬録呈。陳士直字彦忠，閩清蓋平里人。許子春字景陽，泉同安人。

復饒伯輿 魯，饒州餘干人

榦諸況如常。杜門讀書，所恨者朋友

可與講習者，難其人耳。病軀支離，度不可復求友於四方矣。來諭爲學之方，語意極端正精實。近亦頗覺古人爲學，大抵先於身心上用功，如危微精一之旨，制心制事之語，敬勝怠、義勝欲之戒，無非欲人檢點身心、存天理、去人慾而已。然學問之方，難以人人口授，故必載之方策。而義理精微，亦難以意見揣度，故必參之聖賢。故初學之法，且令格物窮理，考古驗今者，蓋欲知爲學之方，求義理之正，使知所以居敬集義，而無毫釐之差，亦卒歸於檢點身心而已。年來學者但見古人有格物窮理之説，但馳心於辨析講論之間，而不務持養省察之實，所以辨析講論者又不原切問近思之意。天之所以與我與吾之所以全乎天者，大本大原漫不加省，而尋行數墨，入耳出口，以爲即此便是學問，退而察其胸中之所存，與夫應事接物，無一不相背馳。聖人教人，決不若是，則雖曰學者之衆，而適足以爲吾道之累也。《中庸》之書，首言戒懼謹獨，次言智仁勇，終之以誠。此數字括盡千古聖賢所以教人之旨。戒懼以致夫中者，居敬之謂也；謹獨以致乎和者，集義之謂也。致中和，豈非檢點身心之謂乎？智，求知夫此者也；仁，行夫此者也；勇，勉夫此者也，亦不過求所以致夫中和也。如此而加之以誠，則真知實行，而其勇不可及矣。故學者立心，便當以持養省察爲主。至於講學窮理，而持養省察之意未嘗少懈，乃所以使吾敬愈固，而義愈精矣。不以持養省察爲主，而曰吾惟講學窮理者，皆務外者也。來諭以義以方外爲隨事省察，即物推明，似便以是爲格物致知之事。竊嘗謂古人敬義兩字，且就念慮上用工。敬是持養此心，而欲其存於内者，無不直；義是省察此心而欲其應於外者，無不方。居敬集義，乃是要檢點自家身心；格物致知，乃是要通曉事物道理，其主意不同，不可合而言之也。又謂貞者萬殊之所以一本，元者一本之所以萬殊，如此，則亨利兩字，又當頓在何處？一本萬殊四字，朱先生於一貫處言之，以其一故曰一本，以其貫故曰萬殊。一以貫之，以此之一貫彼之萬，故忠爲一本，恕爲萬殊也。今欲以四德言之，則利當爲一之始，貞當爲一之終，元當爲萬之始，亨當爲萬之終。自亨而利，則由萬而趨於一，至於貞，則成夫一也；自貞而元，則由一而趨夫萬，至於亨，則成夫萬也。似此，方始無病，此又窮理之不可不察也。大抵講學命詞，易得有差，治報草草，未能無病，恐有所疑，往復爲幸。要之，朋友篤實用功，實難其人，惟契兄勉之，吾道之望也。

承聞教授里閭，向道日篤，不勝敬歎。幹承晤之日淺，每見明父極談操履純篤，趨向堅正，未嘗不矯首興懷，恨不得朝夕奉從容也。先師棄諸生，微言不絶者如綫，向來從遊之士，本無以身殉道之志，一旦失所畏慕，則汩没於利欲海中，鮮有能自拔者；後來者習聞其説，亦未有卓然興起者。故所望於師魯、明父者，不啻飢渴也。承諭以讀《春秋大義》，頃見朱先生説亦然。然以爲全無意義，只是直書，則其間亦有曉然若出於聖人之微意者，若如後世諸儒之説，則又失之穿鑿太甚。先生每戒諸生以未須留意，蓋以爲非理明義精，不足以與此也。《西銘》之説其大意固是如此，但自「民吾同胞」，「顛連無告」，亦不可但以爲見其爲天之子。自人及物各盡其愛，自上及下各得其宜，便是仁之道，而天理之當然也。又豈特「于時保之」以後，方爲樂天畏天哉？五行之説亦多未曉，生之序、行之序，頃亦欲作一樣説，後思之恐不然。生則先水火而後木金，行則先水木而後火金，恐是不易之論，所畫圖亦恐不然。不若且祖前輩之説，未安者且置之也。此間絶難得朋友，近亦有五七人肯向學，未知久久如何也。榦老且病，近亦謀山居，庶得安静，不復有四方之志，亦未有承教之日也。

榦諸況如常，無足道者，明父能具言之。明父兄此來，説足下之賢不容口。明父志氣高邁，非妄許人者，以是深恨相知之不深也。朱先生一生辛苦，盡取洙泗濂洛之學爲之解剥而發明之，如大明之中天也。學者志氣卑狹，守章句者不知存養之爲切，談存養者不知玩索之不可緩，各守一偏，於先生之道，卒無得焉。甚哉，大義之將乖，微言之將絶也！足下與明父當任此責，使先生之道將微而復振，莫大之幸也。榦老且病，雖志學之心益苦，而氣不足以配其志，徒自嘆矣，惟以勉旃爲禱。

榦舊苦痰嗽，今夏於小腹之右氣滯成癖，遇嗽痛掣，至今未愈，終日塊坐，雖讀書之志甚切，而精力已不逮矣。潮陽之命，亦以老病不容不辭，再上之章適值都城失火，至今未下，然決不敢復出矣。此間今歲却有朋友數人相講切，其間亦有一二可望，乃知向日朋友講習不甚切痛，以至後來多不得力。須是切己用工，若只是辨論辭章，恐終不濟事也。此事甚長，恨不得一見，相與極論也。

復趙立夫

榦伏承別紙之諭以讀禮之暇不廢講學，此正立身行道，以顯揚其親之大務。顧榦何足以知之？然自老來閑居，益知學問至重至切，苟生而爲人，不知義理，則天之所以予我而謂之人者，亦已昏塞廢放，頑而不靈，無以自別於物矣。及其周旋斯世，自少至老，紛紛擾擾，不過情欲利害之間，而無復義理之準。及其甚也，則三綱之淪、九法之斁，將亦何所不至哉？若其所以爲學，則敬以直内，義以方外，博我以文，約我以禮，此四語者，無復加矣。其間曲折詳密，則未能詳布，亦與朋友熟講而力行之耳。伏承下問之勤，不敢不告，僭帥皇恐，尚冀亮之。

復林自知

承下問以心無據依。頃於石門，與賢者語經旬月，❶每見記誦甚富，輒以不是見答，似未以鄙見爲然。今乃知其無所據依，此足見高明進德之驗。吾道不明且數千年，程、張始闡其端，晦菴先生爲之大振厥緒。今此書此語滿天下，然無所據依之病，豈惟自知爲然，蓋有同堂合席，終日問酬，退而茫然者多矣。僕固不肖，竊誠痛之。孔門之求仁，孟氏之求放心，所求何事？顏子之不違，曾子之忠恕，所學何義？及其參前倚衡，左右逢原，所見何物？參諸天命之賦予，驗諸吾身之稟受，察諸日用之

❶「旬」，原作「句」，據清鈔本、四庫本改。

流行，蓋有操之甚約，用之甚博，而不可須臾離者人心據依。試以是求之，蓋有所謂躍如而不能自已者矣。自知資甚敏、見甚高，然察末而不求其本，見表而不由諸裏，如無根之木、無源之水，乍生乍滅、乍長乍歇，校之世俗之流蕩汩没，則相去遠矣。然師門寂寥，微言將絶，朋友之所望於自知者，則不但若是而已。榦嶽祠必可得，自是歸老武夷，以卒所學。自知抱所有以遊於今之世，未必能有所合，若能卜鄰於武夷之下，相與切磋以張斯道，則僕死無憾矣。漢卿丈歸試商搉之，却以見教也。

與張敬父書 元簡

自契兄之行，所與往來者，趙司直一人耳。契兄逐逐，里巷間人固知其賢，而未知其所以賢也。善觀人者，要當知其大者，人豈易知哉？以故僕之所望於執事，誠不敢以流輩並也。然鄉間風氣淺薄，不賢者不足道，賢者往往量狹而氣輕。量狹則易足，氣輕則不能任重。人莫不知聖賢之可慕，道德之可貴，曷嘗有一人終日慊然常有不足之意，慨然常有必至之念？因循歲月，終其身爲常人者，狹故也。小才小慧，殊不足道，稍足以異於流俗，便沾沾自喜，識者視之，政可一笑。只此意思，隔了多少好事，此無他，輕故也。區區之愚，更望契兄於公事之暇，掩關静坐，常以舜何人、予何人自省，便如適遠鄉而思見父兄，更以聖賢經訓深自玩繹，不宜虛過歲月，今年只是這人，明年亦只是這人也。又看自古聖賢到處是如何，今吾之所有處是如何，相去幾千萬倍，方知平生所有皆不足道。以此自省，深沉静默，異日結裹爲世間第一流，此區區之至望也。無由面言，未知是否，亦足見拳拳愛望之切。

四郎來，聞爲況之詳。武伯至，又承惠書，感感。但四郎具言體候不安之狀，殊令人慮。榦生平所在守官，真是不顧身命，其所管幹之事，全不是緊要，只是見世人全不肯理會，故心下不平，須要理會。今思之全不濟事，然榦素貧賤，奈辛苦，故亦不覺其勞，便遭大病，如嘔血數升，亦能保全至七十歲也。今左右本是膏粱，只是天資高，脱去世俗之鄙習，然肌體重大不耐勞，亦復不顧辛苦，大恐非所宜也。但做得一尉，十分稱職，亦濟得甚事？榦之所深慮者，歸鄉兩年有餘，偏閲朋友，無一可人意者。其可與語者，李隨父、陳儀父耳，其他難言也。然陳、李亦天資醇耳，恐未必堪跌撲，故每與相識言，且煩於鄉里尋箇張敬父樣人，則久而無對。非敢爲諂也，實是無第二手，然亦天資高耳。人之難得如此，又豈可輕試於一尉耶？更宜千萬謹重，此皆非高上語也。榦已得予祠之命，父兄之爲子弟謀，不過如此，自此可以無飢矣。春夏間晴和，或可約朋友相會於嵢峽之間，若非官路，只是隔溪，有小寺，相聚三五日亦佳，却旋謀之也。宋□□者，人品之最賤者，頃在臨川，渠來相見，不知其人，姑收接之，記得許多言語，便每書來求薦於鄉之守令，後聞其持此以偏謁諸路使者，此人之最無恥者也。若此等人又復收拾之，則吾之符水不靈矣。但當斥絶之，庶使堅苦向學、不求名利者氣亦有所伸也。左右乃以爲賢姊夫之薦爲重，必欲周旋之，使賢姊夫薦一盜跖，亦復周旋之耶？人心不正，大類如此，可歎也。此人視盜跖，亦恐無異也。公晦《禮書》已寫畢，更俟月末楊志仁來，即附去。

復李隨甫書 晦

伏承示及《論語疑義》，觀左右之用心，可謂甚苦學。世方汨沒於課試之文，乃能留意於聖賢之書，而又思索精勤，雖未能盡合聖賢之本意，然亦豈鹵莽於學者所能及。未及識面，便承寵教，不勝敬歎。但學以爲己，聖賢所言，無非教人自修之實事，更須尋求聖賢本意，玩味而自得之爲佳也。榦一去鄉井，十有五年，投老來歸，百事非舊。朋友凋零，每興索居之歎。反覆來教，真所謂空谷足音也。偶以事冗，輒先以十篇所疑者求教，陳子昭亦云未及相識，容訪高隱，即圖請見。草率，幸亮之。

答梁寧翁書 祖康

榦承惠書，且言年少不謹，頗以自悔。今歲華峰朋友中，深愛賢者與曾成叔之沉静縝密可與共學，每於稠人中昌言之。又問目中亦隨其是非爲之去取，亦衆所共見。想其間不無相忌者，而追咎其已往之愆也。近復見賢者甘心於寂寞之濱，志愈厲而情愈親，故其爲説愈熾耶？世俗之薄，一至於此，韓子所謂怠者不能修，而忌者畏人修也。頃亦見林□□一再言之，亦不過付之一笑，便使賢者年少，自陷於子弟之過，一旦翻然改悔，而欲爲善，顧亦何所不可，而必欲嫉惡之耶？又以爲恐有志於學者，因是而不來，其説尤可笑。果有志於學，又豈以其徒之未善，而遂不來？榦亦何賴於學者之必來，而多方遷就以召致之耶？其褊心狹量，切切然求人之陰私而誅責之，自以爲足以訐人之過，而自陷於陰險禍賊之中而不自覺也。孟子曰：「雖有惡人，齋戒沐浴，可以事上帝。」馬之踶囓者，或可以致千里，低首帖耳，安知非駑駘下乘耶？善之與惡，一反手之間耳，天下亦安有不可爲善之人哉？惟賢者深自改悔，克己自修，繼今以往，凡吾所以施於家庭、施於宗族閭里者，各盡其道，博學篤志，以静觀天下之理，亦豈不足以收之桑榆，而徒畏夫紛紛之議哉？❶ 兩日政以不相見爲懷，諸子以爲閤政之病頗篤，不知今又如何耶？草草，幸亮之。

❶「徒」，清鈔本作「獨」；「畏」，四庫本作「聽」。

勉齋先生黄文肅公文集卷第十六

書十五

復李汝明書 鑑

中間獲奉欵晤，切觀志尚，❶大非世俗所敢望，深用歎服，顧相别忽忽爲恨。人來，承誨字，感慰。承諭敬義之旨，蓋人有此良心。良心者，虚靈不昧，具萬善而應萬事者也。天地之所以爲天地，聖賢之所以爲聖賢，亦只是靠着此理。物之感人無窮，而人之好惡無節，此心既無主宰，則逐物流轉，所具之善既不行，而所應之事亦悖謬，而無所不至矣。此敬義之訓，自成湯制事制心與太公所陳之丹書，以及《大易·文言》之旨，上下千餘年間，同出一意，其垂教後世，至精至切。爲學而不由乎此，則支離渙散，昏惑紛擾，未有得其門而入者矣。直内方外，本是兩項工夫，直内主心，方外主事。敬是收斂精神，使存於心者，無邪曲之擾；義是裁度事宜，使應於事者，無偏詖之病。然敬該夫動，則方外者乃敬之流行；義主於心，則直内者乃義之根本。則二者未嘗不相爲用也。要之，學者自當各用其力，此心所存，無一息而不敬。至於應事接物，則又當裁度，而使之得宜也。承嗜學之篤，下問之勤，故輒詳及之。榦老病益侵，

❶「切」，四庫本作「竊」。

辭免之章再上，未報，不能者止，自當固辭也。九經之會，數十人而未止，亦盛矣哉。其規摹如何，後便望示及。

閑居玩理，想不爲無見。顧衰晚益覺爲學須是驗之於心，體之於身，見得天理漸復，人欲漸消，方是有得。若只是將言語説過，皆不濟事，更宜勉之。榦兩三月來，嗽疾不止，腰腹之間結成痞塊，意思極不佳。足下果有意於學，千萬一來，與此間朋友相切磨，方見底藴。不然，書問之來倦甚，不能悉報，無益也。

榦衰病如常，無足道者。理義無窮，歲月有限，❶祇益懼耳。足下年少才俊，於前修格言記誦如流，揮灑盈幅，蓋有世俗老儒一生辛苦所莫能及者。博文約禮，古人爲學不過如此。然博文而不約之以禮，或文雖博心淺近而漫無分毫知識者，則相去遠矣。秋水方至，百川渺瀰，霜降水涸，涯涘自見。更冀勉之。《問目》兩卷，已草草答去。楊慈湖文亦已一觀，有德者之言也。惜乎，其不純乎聖賢之學也。病倦不暇縷縷。

與曾文仲魯仲

山居閑静，若不至大段窘束，且宜閉門讀書。縱未能忘應舉，亦宜以一經窮研，少讀精思，博諸説以求其當，其中自有會於吾心可以受用處。不但徒鑽故紙，涉獵浮泛，卒無所有也。賢者以爲如何？每與家兄語及昆仲，病在志氣不立，未免於隨俗浮沉，此爲大害，更幸思之。先墳望垂念，遊

❶「限」，原作「恨」，據清鈔本、四庫本改。

子遠方不勝松楸之懷。

忽得建陽書，疾驅以來，至建寧聞先師已下世，苦痛不可堪勝。哲人其萎，微言將絶，不但爲二十餘年恩愛之私也。榦於諸生中荷恩最厚，❶當執心喪，加緦服三年，而後歸鄉閭。書會不可復集，但石粟諸友相愛之至，兩年相聚，雖於其德性上亦粗覺有益，而學業全未成倫緒，是使人不能無愧也。方欲今歲大與整頓，不意至此，奈何？六三哥宜一來相慰，老先師臨終之書尚拳拳及之也。季亨、武哥不知可以一出否？最可惜是朋友皆謹愿有志，一兩年不相見，恐遂廢耳。

與葉雲叟書 士龍

暇日千萬莫廢讀書，士人惟此可以立身，不須管閑事，議論人物，徒生悔吝，不若閉門自修之爲妙也。

吾友以妙年能力學自守，爲異鄉之人所信向，殊可歎服，更幸勉之。朱先生諸書宜勤讀，而所謂求放心者，尤宜篤於用工。人生萬善具足，只要在人持守。若只講説得，不濟事也。吾友雖貧，可以粗足，不可太柔弱，反爲人所凌辱，常使在我有毅然不可犯之色乃佳。庚四哥更望勤教誨之。

四郎情性比舊差勝，只是輕儇浮靡之習難除，做工夫不勤苦，好閑講度日，亦望與之切磋也。榦歲晚又丐祠，若得歸，便洒掃精舍，不復與世交矣。雲叟以隻身任仰事俯育之責，誠爲不易。依本分教人子弟以活其家，此最爲上策，但亦須自治。讀書

❶「荷」，四庫本作「私」。

爲文，令有教人之具，又須專心致志以思所以教人之方，則書會庶可以長久也。家間諸事粗遣，諸子未免嚴治之，如此一二年，亦稍成人家。新歲書館有定所否？士人只有此科可入，外此皆是非義。今人只見携書走四方，得錢差易，故往往舍館地而事干謁，不知此與乞人何異？豈有士人而甘爲乞人之所爲乎？館地不須較所得之多寡，且得安身，❶且勤於教子，亦不患無人見招。暇日則且勤讀書以爲根本，其他皆非所當用心也。

忍貧讀書，切己進學爲祝。老病日甚，恐未必復相見。若稍健，則來秋當一至唐石也。蔡一哥相見爲致意。

鄉曲書館，可以接續子弟，得所矜式，事親治家，往來良便，如是足矣。惟閑居更益厲所學爲佳。讀書向道，乃終身事，不可自廢也。榦老益甚，病益加，奉祠得閑，莫大之幸，亦有朋友數人，可以講習。若得先師之道有傳，則死且無憾矣。《橋記》鋪敘已可讀，更容潤色，即以奉納也。

答或人

人來，承誨字，陳義甚正，三服敬歎，❷安得此賢者之言哉？豈亦周遊四方，歷變履險，加之師良友賢，❸聞見浸廣，陶冶詩什，吟詠情性，乃能進□□至此耶？❹頃亦嘗屢進説於尊丈之前矣，或□□云：❺榦與

❶「且」，四庫本作「但」。
❷「服」，四庫本作「復」。
❸「良友」，原闕，據四庫本補。
❹「□□」，四庫本爲一「益」字。
❺「□□」，四庫本作「人有」。

令叔爲黨，紿令尊丈莫遷，以遂□□□移之計。❶假使令叔先移，於尊丈亦何損□？❷□□兄長，❸而弟先移，吾據中堂，自爲家主，人□□□議，❹我亦未嘗有毫髮之損也。榦與二賢父□□，❺三十年未嘗有一語相失，握手相追逐，無□□相猜疑，❻年來却覺文至而實不孚，貌親而情□隨，❼只緣兩房互相爭競，故區處其間者，易使人有黨比之疑也。往年先令祖違世之後，令叔數過家間商量事，榦或過宅中，則令叔不來商議，或是答人書，或是喪中禮數，則或人便謂：榦與令叔議尊丈。日來尊丈多過舊里，榦亦數數襆被同寢，情意頗密。夜半睡醒，則談話達旦，又安知令叔不以榦爲黨尊丈耶？榦無能之人，縱有偏黨，亦何足道？但三十年親故而皆不得用其情，終日相對，如畏秦人偶語之禁，亦使人怏怏不樂也。今因來諭，請痛言之，且說移居之計，是何義理？古人兄弟同居以相親，今乃移居以相避，一不可。兩房各異居，不知置孤寡於何地，二不可。先令祖締創之難，死肉未寒而棄之，三不可。家廟書籍，使誰主之？四不可。尊丈移此來，猶有可諉者，曰田園僕役之便。令叔移入城，又何説耶？城中士大夫日相嘲毀，吾乃自揭其短，使人得而議之，所損多矣。❽五不可。先令祖家人以爲禮法之窟，今乃喧爭至是，六不可。前途

❶「□□□」，四庫本作「令叔先」。
❷「□」，四庫本作「哉」。
❸「□□」，四庫本作「吾爲」。
❹「□□□」，四庫本作「誰有異」。
❺「□□」，四庫本作「相處」。
❻「□□」，四庫本作「嫌隙」。
❼「□」，四庫本作「不」。
❽「所」，四庫本作「自」。

仕宦各欲寸進，今乃自暴其短，七不可。犯是七不可，而此利彼害，猶不可爲，況此之移不足以害彼，彼之移亦無損於我，又何必嘵嘵如此哉？ 二賢父年亦各四五十矣，孤苦之餘，❶所最親者孰如兄弟？ 今乃相視如路人，因小忿而棄懿親，有人心者，能無惻然於中耶？ 先令祖平日艱難爲子孫計，今雖已殁，而英靈魂魄猶在也。吾晨起焚香而拜之，退而喧争，厥聲載路，在廟之靈其能安乎？ 吾親友近聞頗工於《詩》，請細讀《常棣》之篇而歌以諷之，庶其有感乎？此則二賢父之所未深思者也。若二昆仲，則亦當自省。 榦嘗爲鄭成叔作《怡閣記》，因辨叔姪二字，叔伯云者，猶今人謂三月爲孟仲季也，呼春者必須曰孟春、仲春、季春，未有捨春字而但言孟、言仲、言季也。古人以爲父之兄弟皆吾父也，而有少長之分，故呼父之兄則曰伯父，呼父之弟則曰叔父，猶曰大父小父也。今人呼叔伯而去父字，則全無義理矣。《儀禮》子夏傳云：「謂吾姑者，吾謂之姪。」則姪者姑呼其兄弟之子之名也。古人呼兄弟之子猶子也，❷故亦以子呼之。今乃謂之姪，則失之矣。自兄弟之子不呼叔伯爲父，則不知敬其叔伯矣；自叔伯父不呼兄弟之子爲子，則不知愛兄弟之子矣。今覺賢昆仲略無親敬賢叔父之心，而間有相悖相侮之意，胡不反而思之，彼乃吾父之同氣，同出於吾祖者也？ 今而悖之，是悖吾祖吾父也。今使一哥之子悖二哥，二哥之子復悖一哥，二兄其能忍乎？今請賢昆仲深思此言，敬謝過於賢叔父，朝

❶ 「苦」，四庫本作「寡」。
❷ 「呼」，四庫本作「視」。

夕起敬起愛，則賢叔父亦須感動曰：「吾兄之子敬愛於我如此，我又安敢復悖其兄耶？」名賢之家，弟悖其兄，兄之子又悖其叔父，下至婢僕之屬亦得以嫚罵其主之兄弟，所謂詩禮安在耶？　榦嘗謂：世間惟有樹木，可以觀人家天倫之屬。木之根，即吾之祖、吾之父也。析而爲兩榦，即兄弟也。又抽而爲小枝，即子孫也。爲子孫而不敬其祖父，是自伐其根也。一榦獨盛而一榦枯，是兄弟相摧殘也。小枝之有盛衰，是子孫有異心也。今有木焉，自本根至枝葉蓊然茂盛，而無尺寸之枯，人必皆以爲木之美者也。使一榦一枝獨枯，則彼之獨盛者亦不得爲全木矣。人家何以異此，而乃自相摧殘耶？　榦衰晚不才，辱先令祖知愛爲最厚，中心誠不能忘二賢父及賢昆仲也。苟有可以效忠者，無不願盡其心焉。故因來教之及，不勝喜幸，而發其狂言，幸因此心而充廣之。知我罪我，惟執事者實圖之也。

答黄伯新

榦諸況如常，無足言者，但旱勢已成，無可救者。所幸於將旱之際，急糴得米二萬石，前任椿積亦有二萬石，接續發糶，亦不至大段空乏也。自覺衰老，倦於應酬，亟上丐祠之請，不蒙俞允，丐祠未允，當此苦旱，難於再請。前面歲月無幾，學之不講，爲可慮也。伯量諸人亦已歸矣，此間亦難得朋友講習也。來教數條，推測皆當。自頃在臨川，每見賢者所剖析義理，皆明白詳審，第恐於自己身上工夫有所踈略。此事須要直下承當，勇猛精進，若只説過，不濟事也。敬子李兄信道甚篤，志學甚勇。朱先生之門，少見其比。足下無衣食之累，數往訪之，爲益多矣。朋友難得，更宜勉之。

回考亭諸丈劄子

榦伏辱劄翰，以祀事畢，令榦講明先師教人之意，榦何足以當此？重念衰晚，爲貧逐祿，廢學日久，惕然于懷，引疾奉祠，來歸寓里，正有望於朋友切瑳之益。若又退遜，則終無請教之日矣。敢不僭述所聞，以期鐫誨。布謝崖略，併幾情亮。❶

與楊德淵書 溥

國博令孫有嫁母之喪，聞不爲持服，亦不往哭。嗚呼！天下固有無母之國哉？❷賢者之後，禮法之家，一至此耶？想其令孫年少未更事，事必取決於族人之長者，則德淵諸賢皆不得辭其責矣。又聞亦嘗謀諸城中長上，以爲法不當爲服，此大非衰晚所能曉。年來風俗大壞，人紀不立，雖賢士大夫亦未免有可議者。流風滋熾，遂有今夏之事，令人有不忍聞者。然推此不爲服之一念，亦何所不至耶？在禮，父卒爲母，則齊衰三年；父在爲母，則杖朞；而繼之以繼母如母、慈母如母。此不可易之大典也。慈母，父之妾也。父命之使慈己者，其服尚與親母同。❸今爲人後，而爲所後視其母，乃不得與父妾比，何其無人道之甚耶？出母嫁，從爲之服報，禮也。謂之出母，則爲

❶「幾」，四庫本作「希」。
❷「國」，四庫本作「子」。
❸「與」，四庫本作「如」。「同」，四庫本無此字。

父所棄逐者也。其既嫁也，子尚爲之服朞。母有過，父得棄之，子豈得而絶之哉？況其母又未嘗爲父所逐者耶？若曰母嘗不恤其子，挈其家貲以歸，不復有母子之恩矣，是可無服也。然則處頑嚚之際，所以虐其子者，亦無時不至矣。負罪引慝則聞之，未聞不爲之服也。父母，天地也，豈較曲直之地耶？毁冠裂冕，絶滅人道，一至於此，豈不大可傷、大可痛耶？想國博之賢，亦將爲之目不瞑於地下矣。又聞其令孫來歲便欲赴銓，如此則行將仕矣。君臣父子，人之大倫也，求忠臣必於孝子之門，未有不有其母而能忠其君者也。❶其亟於赴銓，豈非欲急爲仕進計耶？方入仕之始，而先犯大不孝之罪，公議凜然，亦何所逃於天地之間哉？求一二年之速化，❷而犯終身之大戮，亦非計之得也。榦辱國博之知甚至，不忍其孫之無知至此，不得不相爲言之，切冀德淵諸賢痛爲解説，早自悔艾，亟爲制服，往奔其喪，服以朞而心喪以三年，哀號擗踊，但知有母之恩，而不知有母之過，庶幾無愧於爲楊國博之孫矣。苟能如此，則尚可以世契之故，以書問相往來。不然，則亦不容不自絶也。豈有無母之人，而尚可與之交耶？言之至此，令人哽塞，切幸亮之。

荆南與吴宣撫乞罷置櫃事

榦竊見宣撫待制德望足以高一世者，以其寛大和易，有以服人心耳。除命之下，兒童走卒無不鼓舞，此正自古英雄所以建

❶ 下「有」字，四庫本作「孝」。
❷ 「化」，四庫本作「仕」。

立事功之機也。然位望既尊，則下情易隔，待御者不察吾平日待下之意，而徒欲爲尊嚴其上之儀，使吾寬和之心一變而爲森嚴之狀。人心一失，聲望將減，甚非所以成宣撫待制之美意也。置櫃一事，蓋恐不能盡接四方之士，以廣其聽聞。然或者以吾爲不屑於接見，而遂爲是舉，如此則非吾平日待士之意矣。今莫若先出文牓，卑詞下意，以求裨益，然後撤去元櫃，委文官忠厚禮下者一人，置司於轅門之外，應有投獻者，不拘早晚，悉令接見，受納文字，問其居止，然後委僉廳官詮其言之有益者，遣人請之相見，而慰藉之。其無可采者，亦第其高下，饋以薄禮。如此，則四方之士莫不于于然而來矣。至於四方書劄，亦委所差官置簿收接，於書院中委一士人可託者，置簿交收，逐日契勘，發遣回書，庶免隱匿滯留之患。

與宇文宣撫言荆襄事體

今日之患，莫甚於諸將之爲欺。荆襄去朝廷遠，故其欺特甚。武昌十萬之兵，付之庸將，有虚籍，有老弱，其間可用僅及三分之二。敗衂之餘，盡聚之襄陽，不過二三萬人。鄂州、荆南，全無大軍。頃見薛宣撫以戰艦無兵，盡刷其癃老者千餘人，皆皓首執幟，立于舟上，州人相視，以爲兒戲。向者所創鄂州一軍，豈專欲守襄陽哉？大軍僅足守襄陽，則卒有緩急，數百里之地，又何所倚賴？軍籍既少，又皆貧困無聊，至有妻女求食於人者。至於主帥，則其所服用皆精選，其所愛幸皆姝麗，又安責其善戰？士大夫莫敢議其軍政者，其事又難言也。偏裨之中，又甚可駭。幹頃蒙宣總帥三司，差往提點信陽三關。是時襄陽遣三將，各將千人以守三關，癃老惷愚，曾卒伍之不若。幹深竊憂之，亟以書白陳副宣。副宣復書曰：「其軍中大抵皆此物。」此蓋以庸繆之帥，擇庸繆之將，豈暇計其勇力事藝？亦不過以其善奉承而遷之耳。是以臨敵之際，不戰而潰。襄陽之圍，特因虜人之退而乘之。使之正與虜敵，亦有棄甲而遁耳。今若因仍舊貫，使此人將此兵，宣司日出數百萬緡，復招數十萬兵以益之，其相習成風，未見其可用也。爲今之計者，要須振起而更張之，多遣官吏賫金帛招勇敢强有力之人，擇良將以統之，屯於巴陵、公安之間，不使之習見鄂州將帥之故態，日夜教閱，其不如今者繩以軍灋，使之感恩而畏威，則庶幾緩急不至復蹈前日之轍。鄂州見軍屯襄陽者，且使舊帥統之以守襄陽，吾之所自立一軍，別擇主帥，氣勢既張，則襄陽之帥亦不待易，而惟吾之約束。彼見吾所自立之軍紀律嚴整，則亦將變其故態，皆爲精兵。異日事定，從而移易之，亦不難矣。自去夏唐州一敗之後，不復敢言進取，虜已知吾軍之弱矣。去冬德安、襄陽之圍，其初猶有救援之兵，然而每戰輒敗。自後數月，絶無一騎敢向之者。虜又有以知吾之弱矣。然猶有魏友諒一軍萬伍千餘人，退襄陽二百里以守荆門，雖不能解襄陽之圍，尚足以爲荆門之蔽。二月十有四日，虜騎數千未至荆門數十里，友諒策馬先遁，諸軍從之，虜遂悍然據荆門，以瞰荆南。此又豈待遣間諜而後知吾之弱哉？使和可成，城可保，虜人厭兵，不復言戰，武昌十萬之師尚不可不爲之修復其舊。況戎狄之情詭詐難測，萬一秋高馬肥，乘吾之虚以擣荆襄，非兵力之盛，其何以禦之？ 使吾兵備既飭，虜人見吾之强，則亦將望風而莫敢來。縱使之來，吾有以待之，亦不至於倉皇無策矣。此一事者，其利害最大，可以振起數十年軍政之弊，可以强國勢，可以服戎心，與夫蹈常襲故、有敗無成者，相去遠矣。

又畫一六事

一、江陵城壁較之襄陽，其厚薄高下，僅得三分之二，所以今此人心極爲皇皇。向者築城之人，務爲欺誑，於低城上高爲女牆，以惑外觀。吴宣撫爲設險之計，無所不至，獨於城壁尚未暇及。今宜增之使高，至於城薄，亦須培之使厚。攻城之法，不過攻吾城脚，今縱未能盡使之厚，且培城脚，高丈餘，各厚五六尺。稍有餘力，又逐旋培之。城壁既堅，則在我有可恃之勢矣。鄂州軍餉所聚，人物繁盛，控扼險要，乃全無城壁。去歲陳副宣欲以錢數萬緡助鄂州築城，太守不從而止。今移趙守守鄂，聞其人頗喜事，宜力贊之。此急務也。恐燒磚、鳩工、具器用非一日可辦，宜先以書委官屬，使一面措置。

一、荆襄糧食空乏，深可爲慮。蓋彼中連年旱荒，決無所從出。今歲江、池人民流離，既不耕種，亦決無租賦可輸。若俟到彼而旋請之，則無及矣。莫若便請於朝，乞撥何處米以實荆襄，便就此委官前去催促，庶幾易以辦集。

一、諸軍器甲全少，荆襄、湖北事力已竭，責之打造，未必足用。今亦宜請之於朝，行下他路打造應副，亦合便委官前去催督。鐵甲用工最多，未必便能辦集。目今綿絹新熟，宜早委官於湖南收買，以備軟纏之用。長鎗、弓弩，軍中固不可闕，然制虜騎之衝突，則長刀、巨斧、乂鎌尤爲要切。此等器械，新招之軍不教而能，不可不多置也。

一、義勇民兵只可用以守城，不可恃以野戰。蓋其心終是自謂百姓，未必有死敵之心也。又統之者皆是總首，不過鄉里有物力之家，恃之野戰，未必可用。但擇其强者，教之弓弩，用之守城可也。向聞義勇至，府吏輩例有需索，總首又有誅求，故其間不無私下放免，及代名抵替之弊。此當申明約束，敢有犯者，以軍法治之可也。

一、忠義軍之名甚佳，其人亦可用，但其實只是相聚爲盜賊。榦頃在信陽，聞董達者，其下有二千人，日遣其徒刼掠平民，至官司調發，則逃匿山谷，不肯爲用。是時聞其欲俟虜人之至，便先焚燒應山。其後亦聞果如其言，此曹若不早爲區處，異日必聚爲大盜。須是得其願充正軍，方入紀律，拔其首領，命之以官，方知自愛。

一、沿江南岸全無守備，戰艦不可不早備，水手不可不早招。兵法先聲，當使虜人望風而不敢犯，乃爲長策。

建寧社倉利病

竊見閩中之俗，建寧最爲難治。山川險峻，故小民好鬭而輕生；土壤狹隘，故大家寡恩而嗇施。米以五六升爲斗，每斗不過五六十金。其或旱及踰月，增至百金。大家必閉倉以俟高價，小民亦羣起殺人以取其禾，閭里爲之震駭，官吏困於誅捕。苟或負固難擒，必且嘯聚爲變。往者里之寄居，有憂其然者，遂請於官，得米五六百石，賑貸於其里，計其口數，給以五月，至冬而輸，取息二分。日增月益，累數千石。米日益多，所及益廣，謂之社倉。其後他郡縣亦有倣而爲之者，鄉民五六月間坐得一月之糧，一月之後早禾已登場矣，是以米價不至騰踊，富家無所牟利，故無閉糴之家，小民不至乏食，故無刼禾之患。二十餘年，里閭安帖，無復他變，蓋所以陰銷潛弭之者，皆社倉之力也。數年以來，主其事者多非其人，故有鄉里大家詭立名字，貸而不輸，有至數十百石者。然細民之貸者，則毫髮不敢有負。去冬少歉，漕使趙公行部，豪猾詭名之徒所逋甚多，恐無以償，遂鼓率陳詞，乞權免催。趙公遂從其請，而細民善良者，亦觀望而不輸矣。所在社倉，索然一空。今歲五六月間，鄉民遂失常年社倉所貸一月之食，其勢不得不奔走告糴於大家，大家利其告糴之急，遂索價愈高，至於百八九十金，而無可糴之處。較之常年，則是三倍其直矣。由是，細民之艱食者百十爲羣，聚於大家，以借禾爲名，不可則徑發其廩，又不可則殺其人而散其儲，居民皇皇，爲之不安。崇安一鄉，大家相率逃避於州縣者不可勝數。人情如此，誠非小故。雖國家法令嚴密，不敢有變，而患生不測，可爲深慮。若社倉之制自此而廢，則嗣歲之憂誠未艾也。爲今之計，莫若行下本路監司，委官早行措置，去歲之逋必有索之之道，積年之弊必有革之之方，使社倉之制既復，則建寧之民可安。事雖若微，所關甚大，不可不熟慮，不可不早圖。

代胡總領論保伍

某猥以庸虛，誤蒙委寄，總餉淮右，責任非輕。每念先世當紹興間力抗姦臣，扶持大義，某若不勉盡忠悃，是無以報君恩而見先世於地下也。竊見醜虜犯順，雄據中原，垂九十年。天地之數，窮則必復。今自更化以來，正人登庸，庶政修舉，和氣充塞，年穀屢登。北虜無道，骨肉相戕，達靼侵迫，旱蝗荐臻，狼狽遷徙，此天厭夷德而啓吾國中興之兆，斷可見矣。聖君賢相，經營圖回，❶固非庸凡所能測識。然愚竊料之，今日之計，莫急於經理兩淮。長江者，江南之藩蔽；兩淮者，又長江之藩蔽。無兩淮，是無長江也。今日選守，明日擇令，今日浚壕，明日修城，是亦足恃以爲經理乎？今日之患，莫大於兵力之不足。沿江數千里，屯戍之兵不過二十萬。分戍淮郡，多者二三千人，少者數百人，雖有守令，何所用力？雖有城壁，將誰與守？豈可不深慮乎？愚竊以謂防江之兵力，❷固不可不增戍兩淮。然有策於此，不張皇不勞擾，坐得一二十萬之精卒，以守長淮數千里之竟土，國家何憚而不爲此？蓋爲今之計，莫若用兩淮之人，食兩淮之粟，守兩淮之地。夫南北之人氣禀不同，以淮人而較之江南之人，則强弱勇怯大不侔矣。生長淮壖，與虜相諳，騎射劍戟，其所素習，山川險易，其所熟

❶「回」，四庫本作「國」。
❷「謂」，四庫本作「爲」。

知。淮陰之韓、英六之布，皆淮人也。曩者虜人衝突，遇大軍則索戰，遇淮人則退却，此其明驗也。又紹興、開禧間，虜人犯淮，俘虜殺戮，切骨怨憤，所欲甘心於夷虜者，其素志也，籍而用之，豈不賢於防戍之卒乎？又其地廣莫，所務農桑，所蓄米麥，因其農隙，教以習戰，無養兵之費，而得養兵之用。計無善於此者矣。然而用淮人之策，必先明保伍。自伍家爲伍，❶則伍有伍長；五伍爲隊，則隊有隊長；四隊百人，則有百人之長；伍百人則爲一將；二千五百人則爲一軍，有統領；四軍萬人則爲統制以總之。度其郡之大小廣狹，而爲統制多寡之數，又立都統制以總之。自都統以下，各以物力高下、人才服衆而差。自軍將而上，則朝廷給之官資，以下則制司補以文帖。其爲保伍，不過以防托鄉井爲名而已。❷及至緩急，人自爲戰，皆精卒也。保伍既明，則爲之置立堡寨，蓋淮民散居平土，卒有緩急，米麥無所藏，妻孥無所託，不爲俘虜則爲饑莩，不甘於轉死則去爲盜賊。惟或依山、或附水，創置寨屋，立囷倉，使各隨其隊伍而居之，閑居則預藏米麥，有急則安存老弱。既有所居，則莫不愛護鄉井，與虜爲敵。二者既定，則寬其力役以安之，設馬監、置軍器以資之。兩淮之民，不苦於税而苦於役。州縣之吏知其税之輕也，則重役以困之。有保伍，有總首，一有行移，總保俱受其害。今既籍爲保伍，凡有追胥，行之保伍足矣，而總保可廢也。人免總保之苦，則亦樂於保伍之法，不待驅而自從也。

❶ 上「伍」，四庫本作「五」。下文「伍百人」之「伍」同。
❷ 「托」，四庫本作「捍」。

兩淮之地，承平之際蓄馬成羣，開禧之後靡有孑遺。今馬之價，數倍江南，而人之蓄馬者絶少。淮人長於用騎，而苦於無馬，其所乘之馬，亦不必産於西北。凡江南常馬，蓄於其地，風氣堅勁，水草肥饒，亦皆可用。惟廣鬻江南之馬而蓄之淮上，隨其保伍，因以給之，又爲之制軍器以資其用，不過累月，而軍政可成矣。雖然天下未嘗無可用之法，而常患無能用之人。朝廷擇一制帥，而付以閫外之任，乃獨置之江南，而於淮甸之事，既未嘗諳悉，又僚屬不許辟置，則朝夕所與圖事者，又將何所恃乎？愚以爲莫若移制司於歷陽，居兩淮之中，而去江咫尺，文移往來，莫此爲便。又許之自辟其屬四五人，往來兩淮，措置保伍，則庶幾所立之法不至徒爲文具矣。此法既定，忽有小警，甲兵之問不至廟堂，而彼自有以處之，此與調江南之兵相去萬萬也，且不惟足以禦敵而已。兩淮之民遭丙寅之危，瘡痍未合，今聞虜人遷居汴京，莫不狼顧脅息，皆有棄田廬挈妻子，或渡江或入山之意。其間素號勇悍者，則且將伺變竊發。向者胡海、張軍三之變，爲兩淮之害，甚於虜人。今若不早爲之所，則兩淮日見荒墟，卒有警急，皆攘臂而起矣。惟結爲保伍，而使物力最高者統之，則爲首者皆知自愛，而其下亦各有服屬。既有險阻之可恃，則不至輕去故鄉；既有上下之相維，則不至輕爲盜賊。此非愚之策也，管仲内政之策也。朝廷所議邊事，每以張皇爲慮。今以保伍爲名，以防託鄉井爲説，則不至張皇，而屹然有不可拔之勢矣。

回總郎言築城事

榦伏蒙台慈寵示劄翰，遣至濠寨官陳校尉，并所畫城圖，令榦再行相度，仰認某官體國憂邊、思患預防之意，榦與一郡吏民不勝感激。榦一介書生，於世事都不通曉，向來所建築城之議，亦是世俗常談，其所畫城壁方向，亦是臆度己見。今蒙台念，因得聞所未聞，遂帥郡僚陟降觀覽，形勢雄壯誠如台論。嘉定五年間，郡守趙朝奉亦嘗借到壕寨李忠顯相視計料，亦只欲築向西一面，接連大别山爲固，東西兩面，下瞰大江，不築城壁，其後制置司疏駁三事，其一以爲錢監之側有水坑難修築；其二以爲大别山闊遠，恐難用工；其三以爲南面鑰匙頭之外，既有空地，恐不足禦敵。趙知軍遂不敢復請。今同壕寨官相視，前一項錢監之側即無水坑，但後面兩項亦有可疑。今以鄙見與趙知軍所請規摹較之，趙知軍所請，即今使所所示之圖也，乃是鄂州大軍中元立規模如此。榦所請，只欲依郡治後小山，向西築至朝天門，即自朝天門斜取壕東門，過水軍寨，至南紀門，沿堤包築，後接郡治後山，周回不滿七里，則四面皆有城壁。一城之民知有城壁，則人心可安。城之四面，皆可相望，廂禁軍及市兵以至義武民兵，亦可固守。但以形勢論之，則誠不若併包大别山之爲壯也。然欲築四面一帶，接聯大别山爲固，則形勢雖是雄壯，顧其間亦有可疑者，面面向南，鑰匙頭之外有地數十丈，既無城壁，則敵人必窺，恐難守禦。合肥之城，可謂雄壯，只有水門可入，虜人攻城，徑趨水門，合肥之人危如累卵。其可疑者一也。自錢監之側向南至江，並是依山創築城壁，誠爲險要，但去民居遥遠，如大別山則相去又高且遠，緩急之際，欲帥市民以守城，則其聲援委不相及。其可疑者二也。築城雖以禦敵，然兩軍相向，姦民四起，東南兩面既無城壁，姦人窺伺，官司難以稽考，安知舟中不爲敵國？向日守城幾於不免者，無城壁以幾察姦盗耳。❶其可疑者三也。四面皆有城壁，人心皆有所恃，則顧其室家，不忍遷徙，官司亦可與民守之，效死勿去。東南兩面既無城壁，人心不安，皆相率而渡江矣。雖有大別之山，將誰與守？其可疑者四也。大別山一帶，其上平闊，其兩旁皆險峻，誠爲可恃，但其下若不剗削，其上若不築城，則形勢凌遲，亦可扳援而至。若欲剗削，則其山多石，難以施工；若欲築城，則其山無土，亦難用力，費用浸廣，功役難成。其可疑者五也。如榦之説，方爲城郭；如趙知軍之説，則特爲一關隘耳，非城郭之謂也。然大別天險，委是雄壯，若欲守禦，亦不可廢。爲今之計，莫若兩利而俱存之。先如榦之説，築爲周圍可恃之城，令其堅固而不可拔，然後於西北隅接連創築低城，以至大別山之上，大別之顛或累石，或用木爲欄障，要使内城堅固，而其外特以爲之護衛耳。如合肥之城亦然，使外城可守，則用以卻敵，不可守，則退守内城。内城既固，孰敢頓兵其下久而不去哉？大抵建功立事，須是思其始而圖其終，考其利而究其害，務求實而不求其名。每觀世道日降，人心日薄，士大夫之爲國謀者必不如其家，爲民計者必不如其身，但圖一時之

❶「幾」，四庫本作「稽」。

名，但思一己之利。異日之可恃，皆不論也。區區之愚，更望台慈將榦所陳聞之計臺，聚三司屬官而通議之。如榦妄論或有未當，亦望疏駁行下，往復詰難，務求至當之策，使早有定論。日下計度，便行燒磚買木，成就於歲月之間，不勝吏民之幸。

勉齋先生黄文肅公文集卷第十七

銘

石門酒器五銘

磨　銘

上動下静象天地，前推後盪象六子。晝夜運行命不已，精粗紛綸物資始。君子省身盍顧諟，無小無大亦一理。

醡　床　銘

責酒清易，責人清難。智者於酒，可以反觀。

陶　器　銘

一綫之漏，足以敗酒。一念之差，得無敗所守乎？

燒　器　銘

厚其耳，廣其腹。厚故勝，廣故蓄。綿薄任重，祇以覆其餗。

升銘

凡物之理，不平則鳴，不足則慊，太溢則傾，誰謂剖斗而民不争。其取也，寧過於嗇；其予也，寧過於盈。是又所以爲不平之平乎？

記

楊恭老敬義堂記

人禀陰陽五行之秀氣以生，而太極之理已具。其根於心也，未發則爲仁義禮智之性，已發則爲惻隱、羞惡、辭遜、是非之情。❶其施於身也，則爲皃之恭、言之從、視之明、聽之聰、思之睿；其見於事也，則爲君臣之義、父子之恩、夫婦之别、長幼之序、朋友之信。與凡百行之當然者，是其禀賦之初、内外之分，固莫非天理之所具。然少有不謹，則人欲得以間之，合乎天理，則順直端方而無邪曲偏詖之累。人欲間之，則反是矣。是故存養省察於幾微之間，其惟敬義乎？主一之謂敬，合宜之謂義。主於一則思慮不雜，天理常存而内直矣；合於宜則品節不差，天理常行而外方矣。内直外方，則所謂具衆理宰萬事，有以全吾心本然之妙矣。坤，順也，二，中也，以六居之，正也，順理而中正，直方之義也。聖人推原其所以然者，而爲之言曰：「君子敬以直内，義以方外。」示人之意切矣，學者其可不

❶「遜」，清鈔本、四庫本作「讓」。

務乎？長溪楊君通老致其兄恭老之意曰：「吾嘗以敬義名吾堂，日與吾兄弟諸子講習乎其中。子與吾弟交最厚，其爲我言其意。」榦謝不敏，而通老之請益堅。吾與通老從遊於夫子之門二十年矣，通老長於吾十年，而首與之交相好也。通老温厚質實，信道甚篤，余未及識恭老，而通老以爲不可及，其亦賢者歟！以昆弟之賢，而朋友之契，以切瑳之義責於予，予亦安得無言耶？予惟楊君亦既深知古人爲學之要矣。兄弟諸子，藏修遊息於斯堂之上，端居静慮，斂襟肅容，深惟其義而存諸中，察諸念慮之隱微，驗諸事物之雜揉，使此意常存無少間斷，則《大易》之旨固已不占而有孚矣。余老矣，無所歸，亦將裹糧而前，歷堦而升，以聽楊君兄弟之教也，於是乎言。長樂黄榦記。

鄭次山怡閣記

怡閣者，象山鄭君次山之家塾也。以怡名，取夫子答子路問士之意也。紹熙二年冬閣成，以書藏之，帥其子若弟之子，羣居而肄業焉。明年夏，命其子遹成叔來告曰：「願有記。」榦於鄭君，未嘗有一日之雅而已，竊聞其有長者之風矣。及觀成叔之爲人，襟度夷曠，智識闓爽，則又知君之施於家者，信可書也。遂不辭而言曰：自竄竊摹擬之學可苟富貴，而孔氏《詩》《書》遂爲無用之具。其間博聞强記者，亦不過騁譚辯、誇文章，而於古人之學修身及家者，漫不復講。今君教其諸子，而首欲其篤於兄弟之愛，可謂審所輕重，而不惑於流俗者矣。蓋五典者，天叙之常理，人道之大端也。析而言之，則君臣、夫婦、朋友者，人之屬；而天屬之親，惟父子、兄弟爲然。其四肢百體，皆一氣之所生，其入孝出悌，爲萬善之根本，則兄弟之義，可不謂重乎？古之稱其從父者曰世父、叔父，從父稱之則曰兄弟之子。後之稱其從父曰伯、叔，而父之義始不明矣。「謂吾姑者，吾謂之姪。」而世率以姪稱其兄弟之子，則是不以子待之也。父之兄弟與夫兄弟之子，猶有父子之稱者，以其同出於一氣也。則從父兄弟，豈不猶吾之兄弟乎？所貴乎士者，以能深明其同氣之義，而不失其天性之至愛耳。若夫利欲膠固，横目自營，一室之内乖離鬬狠，則雖通今博古、高談天人，而亦何足爲士哉？此則君之所以爲教，而獨有味乎夫子之言也。君之諸子居是閣也，仰而觀焉，俛而思焉，知君之待兄弟之子如己子焉，則吾之處乎兄弟者，其則不遠矣。利欲之私，豈足易吾天性之樂哉！而又廣而充之，至於天典民彝，各盡其道，則於君之所以爲教者可無負也。此邦之人，聞君之教其諸子者若此，則過君之居，履君之閣，孰不自嘆夫流俗之薄，而陰革其乖争之習乎？榦嘗東浮大江，躡雲門，跨石龍，以望所謂象山者，其巖谷峭崒，風濤洶湧，甚可愛也。異日尚當從君怡閣之上，觀君之施於其家以及鄉人者焉，君亦坐予而熏沐之哉。乃爲之記，不惟以見君之志，亦以自警云。五月壬辰朔，北山黄榦記。

劉正之遂初堂記

始予識劉君正之于屏山，正之年方十六七。予意其貴顯已三世，綺襦之習、聲色之樂、軒冕之味，必有以動其心、成其質者。已而觀其皃，聽其言，察其行，則褒衣博帶，墊巾芒屨，不見其瑶環瑜珥也；左圖右史，吟風詠月，不見其粉白黛緑也；高談抗論，動與世忤，不見其脂韋嫵媚、與波上下也。予退而嘆曰：富貴，人所欲也，彼豈異於人哉？所謂居移氣、養移體者，果足信也哉？抑其年少氣鋭，久而遂變也哉？自是以來，與之交日熟，情日親，即其新以考其舊，蓋有甚焉，無不及也。其後予以禍患摧折，退歸故鄉，而正之方馳騁東西，爲諸侯客，蓋不見者十有餘年。既而聞其以憤世嫉邪，斥辱權要，罷歸田里。其先公之賓客有顓國秉者，其先大夫人之親族有屬中宫者，宦遊之交好有爲天子之耳目者，宜若可以自白且彈冠矣。親故愛正之者，亦率以是勉之，而正之偃然而不應，日與親朋彈碁賦詩，蒔花植竹，蕭然若將終身焉。予又退而嘆曰：是其天資之美，不以外物累其中者也，是真能不負其初心者也。此古之有道者之所難，而《風雨》之詩所爲作者也。癸亥之秋，予復訪正之於屏山，正之與予言曰：「予少時嘗以遂初名其所居之堂，晦菴朱先生嘗爲予書之，子能爲我記之乎？」予曰：「若先生者，固望子以遂其初，予固有以知子之果能遂其初也。富貴之毒人也甚於鴆，惟其嗜之美也，而其毒愈深。蝍蛆甘帶，鴟鴉嗜鼠，彼豈知其爲臭腐哉？墦間之餘，嗟來之食，蓋有妻妾之所泣，乞人之所不屑者，而士大夫不顧廉恥，而冒求之。今子生於公相之家，狃於富貴之樂，而能遺外聲利，不改其度如此，是豈不甚可敬哉？雖然，子之初亦既遂矣，吾請卒言其所謂初者，子其爲我聽之。天地之初，太極是也；

人物之初，性善是也；聖賢之初，赤子之心是也。子其能遂吾之所謂初者乎？子能遂之，則子之家之初，忠烈如延康，勳業如少傅，道德如屏山，備前人之美，發揮而光大之如忠肅者，子皆有以遂之矣。」正之曰：「某不敏，敢不敬蚤夜以承子之教。」因書其本，以爲《遂初堂記》。七月朔旦，長樂黄榦記。

家恭伯重齋記

眉山家恭伯名其讀書之齋曰重，取夫子「不重則學不固」之義，屬榦記。榦竊聞大學之道，以格物致知、誠意正心修身爲本，而推之以齊家治國平天下。格物致知，又以居敬爲本焉。先儒論居敬之方，則曰「主一之謂敬」，又曰「整齊嚴肅則心便一」。整齊嚴肅，夫子所謂重，而又居敬之本也。容皃之莊，言詞之謹，非致飾於外，制於外所以養其中也。輕淺浮躁，其中可知矣，何以究此理之精微，存此心之純一哉？世之學者，溺心於文詞功利之末，固非大學之所當務。志於學而不得其要，則又捨近騖遠，憚拘檢而樂放肆，其於學亦豈能有得耶？恭伯負奇才，攄讜論，擢高科，守其家學之傳，汲汲然以讀書講道爲事，而又必以重爲先，可謂得爲學之要矣。然則以弘毅而任斯道之重，以斯道而任天下之重，亦由是而益用力於大學之道而已。恭伯勉之哉！恭伯名抑，今爲嘉定府學教授。嘉定辛未長至，三山黄榦記。

郭聖予瑞蓮堂記

有蓮偶而華，邑人瑞之，不以私，獻于

令，令顧德弗稱，復歸之，輦于通衢，邑人縱觀焉。桂湖主人郭君來請曰：「某之先嘗面池而堂，將以瑞蓮名，願有記。」蓮，花之君子也。蓮而瑞，君子道長之祥也。學而德進，仕而業廣，皆道之長也。天其啓之矣，吾邑之士勉乎哉！　嘉定癸酉六月既望，令長樂黃榦記。❶

林正卿龍門菴記

度地居民，❷爲城邑，爲鄉井。其居之安，其生齒阜以蕃，則其山川融結，磅礴深厚，宛委回復，必有可觀者。若夫萃爲中和，散爲英華，涵濡孕育，爲哲人才士，則其瓌偉絶特，必有大可觀者焉。蓋人稟陰陽以生，川流山峙，陰陽之大者，其剛柔厚薄，盈虛聚散，宜悉相似也。吾友林正卿所居之鄉，山曰鼎峰，水曰梅溪。鼎峰之山析爲二支，東西迭起，仰而相向，俯而相就，卒而交互以相入。梅溪之水，沿山而流，若往而復，若抵而觸，若停而滀，莫知其所自出。如是者十餘里，然後聳爲雙崖，瀉爲三灘，崖東灘駛，嵂崒澎湃，露怪呈奇，不可名狀。蓋一鄉之屏蔽，神龍之所潛也。其鄉士友顧而樂之，於崖之東結茅爲菴，名以龍門，以爲禱祈遊覽之地，而屬其友黃榦記之。榦未嘗至其鄉，獨嘗與其士友遊。大抵潔廉峭峻，好義而喜文，則山川之氣實使然也。人固囿於氣，當有以充其氣。山之高，水之深，神龍之變化，苟有以充之，吾分内物耳。不然，樵漁耕販往來其間者相踵也，

❶「令」，四庫本無此字。

❷「度地」，清鈔本作「廣邑」。

於我何有焉？ 今正卿能與其鄉人倘徉盤礴，而講其所聞於師友者，以充其所禀之氣，庶乎博碩宏偉，而無負於兹土之勝矣。

嘉定三年七月朔日，長樂黄榦記。

安慶府新建廟學記

聖人之道，與天地並，學校之設，以明道也。 夫陰陽五行發生萬物，而太極之妙周流不窮。 凡囿於造化之内者，鈞稟是氣，則鈞具是理。 人爲萬物之靈，則受中以生，純粹至善，而日用常行各有當然之則，貫徹古今，充塞宇宙，❶無適而非此道之寓也。 聖人參天地以立極，既爲之發明其藴，而經理斯世者，又設爲學校以教之。 上自王宫國都，而下至里術，蓋將與一世之人，凡有血氣心知者，莫不周旋涵泳於吾道之中，顧安有遠近内外之間哉？ 龍舒爲郡，自周之初，以國著名，其沐文武成康之遺澤舊矣。 其地域距天地之中、王者故都千餘里，風氣所鍾，正朔所及，古男服之國。 其山川之勝，扶輿磅礴，泓澄演迤，爲兩淮絶特之觀。 其習俗質樸而渾厚，其奇才秀民挾策讀書者彬彬也。 而郡之學獨簡陋弗稱，累數十百年，莫有過而問者焉。 蓋自衣冠文物萃於東南，仕於淮者咸以爲遠且外，化民成俗所當急者反緩之，吾道之大，寧若是耶？ 考之圖志，自唐有夫子廟，學之始建，獨闕弗載。 舊學在今學之北，政和間改創今地。 紹興初既廢，復興，其後或增或葺，大抵因襲簡陋，非有意於崇學校、美教化也。 嘉定壬申，右史舍人直龍圖閣張公來守是邦，進

❶ 「宇宙」，清鈔本作「天地」。

謁先聖，退而歎曰：「若是其隘也。閲武之地迫於學宫，非所以右文教也。」徙置他所，而學之地始闢。則又嘆曰：「若是其陋也。肄業之齋環於廟殿，非所以尊先聖也。」更創諸齋於所闢之地，而廟之制始嚴。右廟左學，位序既定，凡屬乎廟者，首建郡守齋廬以肅祀事。既又考諸鄒、兖二公以及從祀坐向等級，率謬不應古法，以侍講朱文公先生所定新儀悉釐正之。郡之先賢與周、程三先生，舊祠學門外，至是遷之以亞從祀。凡屬乎學者，則北爲傑閣，以藏宸翰。閣之下爲師生燕見之堂，堂之北爲教官齋宿之舍，列六齋以及學職之位於東西兩廡，其南有軒，軒南有池，池上有亭，爲游息之地，其外爲射圃。深廣崇嚴，耽耽翼翼，規撫之壯，❶東南諸郡莫能過也。材取於在官之竹木，工取於在學之佃夫，邑之寓公間遺助焉。興是大役，民不知也。既以學前官池與官田若干畝，廣贍學之廩，又以白沙魚池歲收累千緡，以待士之貢禮部與喪葬之不能舉者，贍而周之。廟學之支傾補漏，亦於是取辦焉。嗟夫！公之加惠於此邦之士厚矣。此邦之士鼓篋而來，攝衣而升。入乎廟，瞻聖賢之儀容，以繹其典訓；處乎學，聆師友之講習，以考其德行。道藝之著見，躍如也。又能存養於齋莊静一之中，省察於念慮起居之際，窮理以致其知，力行以踐其實，則道在我矣。積習既久，風俗日變，雖鄒魯可也。孰謂衣冠文物獨東南之爲盛哉？公名嗣古，真寧人，❷蚤以儒學登

❶「撫」，四庫本作「模」。
❷「真」，四庫本作「直」。

顯貴，❶刻意於道，以己所得，欲人皆然。其守舒尤以教化爲先務，未朞年政成令孚，百廢具舉。廟學之建視他役爲最鉅，既訖功，以府學教授趙汝謐之請，屬幹記之。竊惟舒之先賢有文翁者，興學於蜀，人化之，漢史既傳其事。千餘年間，蜀之名公項背相望，猶相與言曰：「此文之教也。」公能視舒如蜀，舒之人豈不能以蜀自視，視公如文哉？豈可使之泯泯不少概見，而太史氏失其傳哉？遂不敢辭，而紀其本末，侈公之德，❷以厲舒人，使來者有考也。學成於癸酉十月之庚子，董其役者，懷寧尉范楷、兵馬都監鄭選云，後十日，具位黄幹記。

平江府和靜尹先生祠堂記

和靜尹先生寓居平江府虎丘西菴，牓曰「三畏齋」，所題雜録、《論語解》皆可考，所寓即上方也。去之七十有五年，郡守直秘閣陳君茾、通守太學博士丁君焴始度菴空地爲屋，繪先生像祠焉，尊前賢厲後學也。先生諱焞，洛陽人，年二十師伊川程子，舉闈策士，議誅元祐黨，不答，遂棄舉子業。靖康初，以布衣召，不至，詔褒爲和靜處士。洛陽陷，家殲焉。先生死，復甦，竄長安山谷中，逆豫以禮聘，溺水逃去，展轉蜀道累年。紹興五年，以崇政殿説書召，凡二十辭。八年冬始入見，除祕書郎。明年，遷少監、太常少卿，權禮部侍郎。每遷輒力辭，其冬除徽猷閣待制、提舉萬壽宫，辭不已，遂奉外祠，即虎丘以居，年已七十矣，貧

❶「儒」，四庫本作「實」。

❷「德」，四庫本作「惠」。

無以爲歸也。後二年，竟殁於會稽之寓舍。先生所遇於世如此。蓋嘗考先生之所學，篤於踐行，不爲虚語，未嘗求人之知，人亦莫能窺其所藴也。今其可見者，經帷進講，門人記録耳。惟即其所遇於世者觀其所處，❶然後知先生之於道，卓乎不可及矣。利害者，人心之私；理義者，道心之公。公私之間，迭爲勝負，一取一舍，而賢不肖可知也。至於歷險難之極而不變，處貴顯之驟而不動，抱仁履義，終其身而不悔，非盛德能若是乎？理義充於中，則禍福成敗、榮辱得喪膠轕萬變日陳乎前，而此心自若也。程子之門，從遊之士皆閎博俊偉，極天下之選，而於先生亟稱之，其察之審矣。顔淵退然如愚，而夫子稱之，亦曰「簞瓢陋巷不改其樂」，又曰「庶乎屢空」，然則先生者，程門之顔氏歟？里巷小人，顛冥於利欲之塗不足道，學士大夫則知理義矣，臨利害未毛髮許，棄其所守者，可嘆也。聞先生之風，得無少愧歟？有志於道者，亦可自勉歟。二君爲是祠，有補於名教大矣。故述其躬行之大節，以示學者，庶幾驗之於身，而得於先生之道云。嘉定七年六月既望，後學黄榦記。

袁州萍鄉縣西社倉絜矩堂記

晦菴先生初創社倉，以惠其鄉人，欲以聞于朝，朌之州縣，江淛間好義者争傚焉。袁州萍鄉社倉九，縣西其一也，鍾君唐傑爲之記。有堂焉，未名，胡君叔器謀於榦，以絜矩名之。叔器歸以語唐傑，唐傑曰：「可乎哉。」以書來曰：「子爲我記之。」榦聞之

❶「處」，四庫本作「取舍」。

師曰：絜，度也；矩，所以爲方也。處己接物，度之而無有餘不足，方之謂也。富者連阡陌而餘粱肉，貧者無置錐而厭糟糠，非方也。社倉之創，輟此之有餘，濟彼之不足，絜矩之義也。君子之道，必度而使方者，乾父坤母，而人物處乎其中，均稟天地之氣以爲體，均受天地之理以爲生，民特吾兄弟，物特吾黨與，則其林然而生者，未嘗不方也。惻隱之心，人皆有之，赤子入井，一牛觳觫，於己何與而怵惕生焉？一原之所同出，自不能已耳。則方者，又人心之同然也。飢而食，寒而衣，仰事而俯育，人之同情也。是以古之帝王設爲井田，家受百畝，上有補助之政，下有賙救之義。於吾心猶病焉，此方之政也。己欲立而立人，己欲達而達人，老吾老以及人之老，幼吾幼以及人之幼，因其分殊，原其理一，方之所以爲教也。夫稽之天理，驗之人心，參之帝王之制，質之聖賢之訓，君子之道，孰有大於絜矩者乎？若夫橫目自營，拔一毛不以利天下，充其小己自私之心，雖一家之內，父子兄弟尚有彼此之分，而況推之人物乎？故不能以絜矩爲心者，拂天理、逆人心，帝王之所必誅，聖賢之所必棄也。然則知社倉之爲義而置者，絜矩者也；不知社倉之爲義而不置者，不絜矩者也。既不知之，又欲壞之，是自不能絜矩而又惡人之絜矩，賢不肖之分曉然矣。又嘗即鍾君之記而考之，萍鄉之爲邑久矣。爲令爲尉於其邑者，不知幾人，而孫公、潘公獨於此留意，❶爲士而生且長於其邑者，又不知其幾人也。彭君雖不知其人，而鍾君、胡君則貧不能自立者

❶「於此」，四庫本作「能」。

也，而亦拳拳於此，是四五人者，其賢於人可知矣。因是推之，則向之捐米以置倉如柳如宜者，其人又可知矣。又嘗考之，鍾君嘗求記於先生，而先生爲之跋，考其歲月蓋屬纊之前二十日也。其詞抑揚感慨，有遺義焉。其天地生物之心，至於老且歿而不衰也。某年某月某日，具位黃榦記。

吉州永新縣學記

永新於吉爲壯邑，山水明秀，土地衍沃，其俗富足而家業儒。其學校之創舊矣。嘉定元年，盜發荆潭，結黨與，負險阻以抗逆王師，環數州之地，千餘里被其毒。永新當往來之衝，剽刼焚蕩，官廬民舍，寸椽尺瓦無在者。越數年，始克撫定。縣尉范君某芟荆棘，夷瓦礫，約己嗇用，首建縣學而

一新之，以其州事判官孫君德輿之書來請記。榦謝不敏，范君秩滿，復過予，請益堅。方盜之始平也，山谷之反側未盡安，田野之流庸未盡復，弭寇安民，❶尉職也。弦歌揖遜，經生學士平居暇日以講以肄，尉亦何急於此歟？蓋嘗原盜之所由興矣。慶元、開禧間，抵排道學之説，指士之潔廉好禮、誦先王之言行其道者，一切以僞目之。貪得嗜利之流，習爲苟賤無恥，以自别於道學，阿權姦，竊威福，志氣盈溢，遂啓兵端。債軍殺將，兩淮荆襄爲之騷然。東南之民困於供億，監司州縣方且括民財奉苞苴，民不勝其困。江西之俗，豪家富室喜於兼并，爲之守令者不惟無以抑之而反縱之，而細民又困矣。夫民生不見禮義之及己，而困於

❶「寇」，四庫本作「盗」。

衣食之不足，幸菑樂禍，以圖逞其不平之憤，則去爲盜賊，而焚燒縣邑，賊害良民者，勢使然也。知盜之所由興，起於不悦學，則弭盜安民之術，舍學何以哉！此則范君之所爲汲汲也。夫子之言曰：「君子學道則愛人，小人學道則易使也。」使夫子之教行，則進賢退不肖者，必不肯用民之賊；爲監司守令者，必不肯爲民之賊。富民必不肯兼并，細民亦不肯相率而爲不義。如是則不惟盜賊之可弭，雖使人有士君子之行可也。然則范君之所尚，俗人以爲迂，而君子以爲急。不惟永新之爲官民者所當知，而天下之所當取法也。故爲之推廣其意而記，其學成之歲，嘉定某年某月某日也。明年某月某日，具位黄榦記。

徽州朱文公祠堂記

道原於天，具於人心，著於事物，載於方策。明而行之，存乎其人。聖賢迭興，體道經世，三綱既正，九疇既叙，則安且治。聖賢不作，道術分裂，邪説誣民，充塞仁義，則危且亂。世之有聖賢，其所關繫者甚大。生而榮，死而哀，秉彝好德之良心所不能自已也。堯、舜、禹、湯、文、武、周公生而道始行，孔子、孟子生而道始明。孔孟之道，周、程、張子繼之；周、程、張子之道，文公朱先生又繼之。此道統之傳，歷萬世而可考也。文公，徽人也。其殁也，徽之士相與言曰：「公之系兹土，吾郡之盛事也。」即郡之學，繪而祠焉。太守趙君師端至，視其祠褊且狹，不足以稱邦人思慕之意，改創於講堂之北，且屬榦記之。竊惟自昔聖賢之生，率五百餘年而一遇。孟子既歿，千有五百餘年，無聞焉。考其世系，則又皆中土之所生，而南方則又無聞焉。歷世之久，輿地之廣，其間豈無閎博俊偉之士？而不足以與聞斯道之傳。至我本朝，周、程、張子既相望於一時，而文公復興於未及百年之後。周子既生於舂陵，而文公復生於新安，豈非治教休明、文風周浹、天運之所開、地靈之所萃、曠古之創見而一代之極盛者歟！秦漢以來，斯道晦蝕，天理不明，人心不正，事物當然之則昧没而不彰，方策不刊之訓殘闕而將墜，周、程、張子既推明其大端，而傳訛襲舛，浸失本真。迨我文公，禀高明之資，厲强毅之志，潛心密察，篤信力行，精粗不遺，豪氂必辨，至其德盛仁熟，理明義精，歷代相傳之道，粲然昭著。故雖窮鄉晚出，亦皆知有聖賢教人之旨。然則公之生於世，有功於斯道大矣。至公之歿，海内之士莫不齎咨涕洟，❶失所依歸，而況生長於公之故里者乎？宜其思慕不能自已。趙君大其祠宇，以慰其心也，亦宜矣哉。雖然，思其人不若尊其道，慕其迹不若師其心。今公之書，既家藏而人誦之矣，惟不爲習俗之所遷，不爲利欲之所誘，居敬以立其本，窮理以致其知，躬行以踐其實，則雖越宇宙如親見之，道之明且行，世之安且治，可冀也。此當世之所宜共勉，徽之士其可無以勉之哉？師端與其兄弟，皆從遊於文公先生之門，故其爲政知所先務如此。堂成於嘉定七年八月，董其役者，歙令孫某。十月朔，門人黄榦謹記。

❶「齎」，四庫本作「嗟」。

勉齋先生黄文肅公文集卷第十八

記

漢陽軍學五先生祠堂記

嘉定八年冬十有一月，漢陽軍學五先生祠堂成，郡假守長樂黄榦帥其屬與在學之士，諏日而舍奠焉。郡文學金華潘衍與其諸生合詞而請記。竊惟成均之法，合國子弟擇有道德者使教焉，殁則祭於瞽宗，謂之先聖先師。國無人，則取諸其鄰，與其鄉鄰而嘗遊宦於其國、有善可紀者亦祀之。若孔子、孟子及其門人，則又不必其鄉鄰遊宦。而祀典所秩，通於天下，此學校之所同，未有能易焉者也。漢陽爲郡，訪之於學，常祀之外，乃咸無焉。其江山之勝，習俗之媺，禹功文化，載於詩書，士生其間，卓然自立者，固不乏人，豈懷道抱德，深藏不市，尸而祝之，不可得耶？二程子以道學繼孔孟不傳之緒，生於黄陂，爲漢陽鄰壤，其門人游氏，嘗守是邦。程子稱其德器睟然，學問日進，則取諸其鄰與嘗所遊宦者，不可以莫之舉也。即師生以原學之所自傳，則濂溪周先生實倡其始，又即周程之學以究其所以光明盛大，則新安朱先生實成其終。此五先生之祠所以立，而學之文物始備矣。夫道統之傳，自堯、舜、禹、湯、文、武、周公，躬是道以化天下；周之衰，斯道不行，孔子、孟子及其門人相與推明之。秦漢以來，且千有餘歲，洙泗之遺緒已墜而復振，非五先生之力歟？則五先生者，自當與孔孟之徒通祀於學校。況又其遺跡之可考，則合而祀之，使此邦之士知道統之有傳，聖賢之可慕，顧不偉歟？當斯文晦蝕，遺編殘脱之餘，天運有開，名儒繼出，以高明之資，强毅之志，剖析毫釐，張皇幽眇，著之圖書，炳如日月。今之學者，蓋不待窮探力索，可以目擊而道存焉。然士風之壞久矣，遊於學校者，非科目不習也。此豈士之罪哉？漢陽之士，入其門升其堂，孔孟之徒森乎其前，五先生之祠列乎其後，尊其人，讀其書，明其道，心之所存，身之所履，必有以超然自得者。則夫有道有德，下以教國之子弟，上以紹諸儒正統之傳，豈其無人歟？豈其無人歟？遂爲之記，以授其學者，俾勒石于庭以俟。明年正月元日，謹記。

鄂州州學四賢堂記

陰陽分而五行具，人物生而萬事出。太極之妙，爲之根柢，而周流其間，充塞宇宙，貫徹古今，不可須臾離也。形交氣感，而稟受不齊，慾動情勝，而好惡無節。心以形役，志以氣移，理以慾昏，性以情鑿。鄉之不可離者，梏亡茅塞，莫之存矣。《圖》《書》出而天文始兆，聖賢生而人文始開，二儀肇分，仁義著矣，五氣順布，五事備矣。禮以天秩，典以天叙，而教行焉。因至顯之象，驗至微之理，即人事之當然，察天命之本然，加之以操存持養，則動容周旋，無適而不由於斯道之中矣。聖賢之功，與天無間。凡有血氣，莫不尊親，心之秉彝，不容已也。周德既衰，邪説並作，言道者祖虛無，論治者尚功利，談經者溺訓詁，工文者騁詞華。千有餘年，天理湮晦，雖閎博俊偉之才，未有能窮其旨歸者也。聖宋龍興，德配天地，尊道以儒，出治以仁，經術文章，一根於理。鴻儒碩士，彬彬輩出。上儗三代，下軼漢唐，何其盛哉！漸摩積累，斯道之久蝕者復明焉。濂溪周先生不由師傳，洞見道體，推無極太極，以明陰陽五行之本。人物化生，萬事紛擾，則定之以中正仁義，而人極立焉。蓋與《河圖》《洛書》相爲表裏。周子以授伊洛二程子，程子所言道德性命，皆自此出，而微詞奥義，學者未之達也。新安朱先生禀資高明，厲志剛毅，深潛默識，篤信力行，體用一源、顯微無間之旨超然獨悟，而又條畫演繹，以示後學。周程之道，至是而始著矣。窮理盡性以至命，存心養性以事天，非四先生孰發之？道之不明，以學者無所見，而異端禍之也。四先生之道，本諸人心之所固有，天理之不可易，則邪説不得肆，而皆趨於至正之途，止於至善之地矣。天下學者尊信崇尚，以爲孔孟之徒復生斯世。祠之學官，以起學者敬慕之心，是則師儒之職，會稽石君繼喻之意也。石君爲鄂州教授，而榦適分符於沔。石君之先太常寺簿，師朱先生爲門人高弟，以榦爲同門後進也。嘉定八年春二月，四先生祠堂成，遣其學正張頤孫來請記。四先生之書，家傳而人誦之矣。述其關於道體之大要，以見四先生之道光明盛大，其本原固有自也。夫以天命之在人甚明，前賢之教人甚至，聖朝之重道甚隆，師儒之衛道甚切，則遊於學校而拜於祠下者，亦思所以自勉哉。後學長樂黄榦謹記。

南康軍新修白鹿書院記

廬山之陽，傑然而以峰名者五老；五老之麓，窈然而以洞名者白鹿。唐太子賓客李公渤之所隱居，而南唐廣之，以爲養士之地。聖宋肇興，文教敷暢，開寶中，有以高第知廬山學事，而洞學始盛。太平興國有賜書之寵，大中祥符有加繕之命。慶曆詔郡縣皆立學，而應有學者率仍其舊。聖祖神宗所以崇儒風惠士子者，至矣。蕩爲丘墟、莽爲荆榛者，豈立學之後，士趨簡便，不復爲林泉之適耶？淳熙八年，詔以文公朱先生起家爲郡，始得遺址，規復之。歲適大侵，役從其簡。已而請額與書以重其事，則其簡也固有待也。繼爲郡侯爲博士者，累累增治，然量力之宜，踵堂之舊，未有能侈而大之者也。嘉定十年，先生之子在以大理正來踐世職，思所以揚休命，成先志，鳩工度材，缺者增之，爲前賢之祠，寓賓之館，閣東之齋，趨洞之路狹者廣之，爲禮殿，爲直舍，爲門爲墉，已具而弊者新之，雖庖湢之屬不苟也。又以先生嘗著跪坐之制，聞于朝，請釐正之。其規模宏壯，皆他郡學所不及。於康廬絶特之觀甚稱，於諸生講肄之所甚宜，宣聖朝崇尚之風，成前人教育之美，皆可無憾矣。周衰道晦且千餘載，周、程夫子始得孔孟不傳之緒，未及百年，大義乖矣。先生洞究其道，而推其所未發。其爲郡也，固嘗與諸生熟講之，規誨之，語約而盡矣。今侯亦招致嘗從學先生而通其説者，使長其事講授焉，所望於諸生豈淺哉？苟徒資口腹媒利禄，而治心脩身漫不加意，則既失崇尚教育之旨，覽觀山川之勝，周旋堂宇之盛，於心安乎？ 侯之爲政，得於過庭。 詩禮之餘，戢姦扶弱，革弊興壞，而尤以字民爲先務。 南康地瘠民貧，先生累乞蠲減租稅與凡無藝之征，侯亦扼滲漏節浮冗，代民之輸而蠲其負者，至緡錢六萬餘，尚能以其餘力，屬意於儒宫者如此，是固不可不書。 榦頃從先生游，及觀書院之始，後三十有八年，復覩書院之成，既悲往哲之不復見，又喜賢侯之善繼其志。 命之記，不得辭也，是爲記。 嘉定十年三月也。

李德進毋自欺齋記

李君德進自太學歸，蜀祭酒袁公喜其篤實而嗜學也，爲書「毋自欺」以勉之，李君將歸，以名其齋。 踰江過灊山，屬予爲之記。 予聞學問之道，知與行而已。 自昔聖人，繼天立極，不曰知而曰精，不曰行而曰一，知不精行不一，猶不知不行也。 聖賢相傳，啓悟後學，言知必曰知至，言意必曰意誠。 至則事物之理無不通，誠則念慮之發無不實。 曰至與誠，其精一之謂歟？ 知與行者，學之塗轍；至與誠者，學之歸宿。 有志於道者，可不孳孳求止於是歟？ 江出岷山，東望滄海，不知其幾千里也。 滔滔不息，卒亦至焉，誠故也。 覿於此，則毋自欺之意可見矣。 予方懷信道不篤之懼，而德進之請，適有感於予，遂不辭而述其所聞以諗之，且以自警云。 德進名輶之，隆山人。 嘉定丁丑五月丁酉，長樂黄榦記。

陳師復仰止堂記

仰止堂者，丞相正獻陳公舊第之東偏，

晦菴文公朱先生嘗館焉。文公樂其道，而忘人之勢，不遠千里而勤館人，正獻公樂道而忘勢，折輩行館而與之友。二公之在此堂，道相與也。堂之面其山曰壺公，峻拔端重，若正人端士翔拱而進也。文公之館於此，正獻公之子皆摳衣焉。太府寺丞宓長而益耆學，思文公而不得見，登其堂望其山，如見其人焉，取高山仰止之義以名之。既與朋友講習於其中，而屬榦爲之記。聖賢之生斯世，盛德至善，血氣之屬莫不尊親者，豈自外至哉？秉彝好德，良心之不自已也。學者之於聖賢，思其居處而起敬焉，豈特聞風而悦之哉？尊德樂道，志於學者之不能已也。寺丞之名此堂，可謂良心之發，而能志於學者矣。抑因是而有感焉。道原於天，聖賢體天立道而示諸人，若喬嶽然，可望而登也。人皆仰之，然無目者不見，資禀累之也，逐獸者不見，物欲昏之也。有指一草木而謂之山，見之偏且小者也。有見矣，趨而下焉，捨喬而入幽也。既趨矣，峻則止焉，半塗而遂廢也，此豈其無人心而不知學哉？心不充，學不力也。今之學者，有不蹈此者乎？吾懼斯道之日晦也，誠能居敬以立其本，窮理以致其知，力行以踐其實，體高山景行，一仰一行，相爲先後之意，循序而漸進，自强而不息，始見其彌高，終見其卓爾，羹牆輿立無非道也，則於斯堂之義，庶乎無愧矣，豈有他哉？充其好德之心，厲其好學之志也。寺丞立朝臨政，能任道者也。故推其所感者以勉之，且示同志，使有警也。□□□年□月□日，長樂黄榦記。

家本仲無欲齋記

家本仲訪予於于山之下，相與讀周子、程子以及先師朱子之書，探其端緒，以求其本原。至於周子「無欲則静」之旨，本仲喟然嘆曰：「入德之要，其在兹乎！是可以名吾齋矣。盍爲我言其義？」予嘉本仲擇之精，信之篤，幸吾黨之有人，斯文之未墜也。爲之言曰：寂然不動，心之體也。事物未接，思慮未萌，湛然純一，如水之止，如衡之平，則其本静矣。蔽交於前，其中則遷而欲生焉，欲熾而益蕩。感物而動者，既失其節，寂然不動者，亦且紛紜膠擾，而不能以頃刻寧，動静相因，展轉迷亂，天理日微，人欲日肆矣。故主静者，所以制乎動；無欲者，所以全乎静。此周子之意，而亦有所自來也。「艮其背不獲其身，行其庭不見其人」，主乎静也。旦晝之梏亡，則夜氣不足以存，無欲動静也，❶豈惟聖賢之教爲然哉？春夏，陽之動也。秋冬，陰之静也。方其静也，一物不生，萬籟不鳴，木反于根，冰凝于淵，不若是無以嘘衆陽而生萬物。及其動也，物各付物，天何心哉？天且無心，欲何有焉？不若是無以肅羣陰而成歲功矣。天且不違，而況於人乎？夫健順五常，性也；精氣百骸，形也。君臣、父子、夫婦、兄弟、朋友之交，道也。徇耳目口腹之欲，以厭足其蕞爾之形，静以賊本然之性，動以害當然之道，上以逆天地之化，下以違聖賢之教，於禽獸奚擇焉？誠能反而思之，天之所以予我者，如是其尊且貴也，先

❶「動」，清鈔本、四庫本作「則」。

立乎其大者，❶則小者莫能奪焉。視世之功名富貴，人之所大欲眇然若浮埃之在太空，而况車馬、衾裘、飽食之間乎？蓋將與造物者相從於沖漠之境，而非人世之所能羈縶也。所謂襟懷灑落，如光風霽月者，其所存可知矣。周子推明無極動静之義，以繼孔孟不傳之緒，而斷之以「無欲則静」之一言。至其論聖學，則曰「無欲則静虚動直」，論養心則曰「無欲則誠立明通」。然則聖傳之樞要，學者之塗轍，果不出於斯言也哉！本仲名擴，眉山人。嘉定己卯正旦，長樂黃榦記。

李兵部祠堂記

兵部郎中知果州李君道傳，字貫之。既殁之二年，有祠之于南康軍廬山棲賢寺者。貫之自蜀來仕東南，以不及執經晦菴朱先生之門爲恨。凡從先生游者，皆詘首願與之交，凡先生之遺書與其師生問答，皆手抄成誦，晝夜不倦。其天資敏悟，固已默而識之矣。其有疑未釋者，必反復問辨，以求是正，由是通達該貫。而篤信力行見之行事者，又皆卓然可敬。東南之士，斂衽推服。使貫之及登先生之門，當不在諸子之下。先生殁，而私淑諸人以有得者，當以貫之爲首。與之處者，久而益親。及其殁也，思之而不能忘。貫之去國，而艤舟于山之北，日與朋友往來於巖壑泉石之間，而於玉淵三峽之勝，尤惓惓不忍去，與之游者亦不忍貫之之遂至此也。至今思貫之者，猶若貫之之徜徉乎其間。嗚呼！此祠之所爲

❶「大」，原作「天」，據清鈔本、四庫本改。

立也。道之不明，自古病之。貫之未得爲晦菴先生徒也，而其所自得乎於人者如是。貫之未嘗有德於人，而人親慕之，以道故也。則道豈難知，而人亦豈可不志於道哉？祠之立，既足以見尊賢樂善之誠，而過其下者，亦豈無聞風而興起者哉？予懼其所以立祠者無以自白於世，故爲之言。而非立祠之本意者，皆不著。嘉定己卯人日，友人長樂黄榦記。

袁州重建韓文公廟記

自堯舜至於孟子二千年間，聖賢迭興，以道相授，其章章較著者，前後相望也。皐陶、伊尹、萊朱、太公望、散宜生之倫，亦皆得以與知道者之列。顔、曾、子思則不待言，而源流可考也。自孟子蓋千年而後有韓公，獨以斯道之傳爲己任，以古準今，壹何盛衰顯晦之殊耶？古者道德一，風俗同，歷世雖久，所守者一説，其見素明也。周衰，異端之禍起，學者各以所見爲守，而道始晦。故古之爲道也易，後之爲道也難。若韓公者，尋墜緒於支離踳駁之餘，而卓然有見焉，則自比於聖賢，以冀斯道之傳，宜矣。公固以道自任，後世稱公者亦以道歸之。約六經之旨，以起八代之衰；排二氏之非，以濟天下之溺。諫宮市貶，諫佛骨又貶，流離困躓，瀕死而不悔。公如鎮州，迓公者皆甲，人爲公危之，公以理開諭，皆俛首聽命。非有道，能若是乎？然先儒誦公之言，獨曰「軻之死不得其傳」，非公有所見，則所傳者何事？且公之所見者，何也？天之所命之謂性，公則曰「所以爲性者五，曰仁義禮智信」；率性而行之之謂道，公則曰「由仁義而之焉之謂道」；修道以導民之謂教，公則曰「其法禮樂刑政，其位君臣父子」。由是而充之，則日用常行，莫非天理。而私意人欲，邪説詭論，無所容乎其間矣。其詞確，其旨明，此豈臆度料想所能及哉？體於身，驗於心，斷斷乎不可易也。以公之所見觀之，則聖賢所傳其不以是歟？荀、楊氏去孟氏未遠也，醇疵之不同，其見者異也。公稱孟之醇，而斥荀、楊之疵，則公之見蓋有得於孟氏，而又以自況也。公之書，一則仁義，二則仁義，見之明也如此。居仁由義，聖賢事業不難進也，而況言論氣節之一二乎？故論公之迹，不足以知公之深；觀公之所見，則公之以道自任者可知矣。公嘗爲袁守，袁故有公廟。□遷焉，❶尋復其舊，歲久頽圮。太守著作郎中鄭侯自誠始新之，宗正少卿滕侯强恕續成之，而屬榦記其事。世之稱公者，既不足以知公之深，甚者則指公爲文人，而又以文爲道，使聖賢之道不明。而公之旁搜遠紹、辛苦而僅有之者，生不得究其施，殁無以白於後，非先儒發其蘊，公之志何自而伸耶？推先儒之言，以明公之蘊，其敢以陋爲辭！榦不敢以文尊公，則公亦必不鄙其文之陋也。廟之役，始於嘉定戊寅十月，其成以己卯三月。董其役者，司户高炎。後三月望日，長樂黄榦記。

曾氏樂斯菴記

建陽縣之東北有山，曰竹原草堂，劉先生之隱居、晦菴朱先生執經問道之所也。

❶「□」，四庫本作「後」。

章貢曾君堅伯愛其溪山之勝，慨慕先賢之陳迹，築菴於其旁，曰：「樂哉斯丘也，生以佚吾老，殁以藏吾骨也。」予嘗與堅伯遊，而深知其爲人，倜儻負奇氣，不爲齷齪軟美計顧毫末以自同於流俗，其居官以才廉稱，其於勢利泊如也。考其源流，則又文清公之從孫，習聞其家法，而恪守之，故其敬賢樂善，雖老不忘，而於死生之變，浩乎不以動其中也。死生，旦晝之常也。古之人夭壽不貳，而脩身以俟之耳，曷嘗置喜戚於其間哉？鄙夫庸人，生既無益於世，而徘徊顧戀，猶冀其久存於世，蓋其識見既陋，而貪鄙之習沈痼而不能以自脱也。觀於此，則堅伯之名其菴而自以爲樂，是不謂之賢乎？堅伯名松，氣貌甚偉，精力倍人，猶可仕也，自以朝請郎江西安撫司參議官請於朝，致其事云。嘉定辛巳二月朔，長樂黄榦記。

台州州學四先生祠堂記代劉晦伯作

嘉定五年春正月，天台郡學始建四先生祠堂。郡侯豫章黄罃以其事來言曰：「故侍講文公朱先生聞道里閭，爲世師表，台之士受業於其門者衆。淳熙間，浙東大饑，詔起先生爲常平使者，部内賴以生活，台之民蒙其德尤厚。先生之學，實得濂溪周先生、伊洛二程先生之正傳，故併祠之，庶幾邦人有所嚮慕興起。而斯道之不忘，❶四先生力也，願有記。」某竊惟黄侯因邦人感先生之賜，而推原其學之所自出，以風厲之。其於化民成俗之意篤矣。然四先生之

❶「忘」，四庫本作「亡」。

學，則某雖□□，❶嘗竊聞之，惟皇上帝降衷于民，本然之性純粹至善，窮理以致其知，反躬以踐其實，則齊家治國平天下，亦舉而措之耳。三代而上，立學教人，孔孟迭興，立言垂世，非有他道也。四先生之學，亦起於千載之後，繼孔孟不傳之統而已。顧其去古既遠，淺陋之習陷溺乎人心，一聞正大之論，則羣起而非之，下之既自賊其本然之善，爲政者又舉其善俗之道而棄之，儒風治效，浸不如古，非此之故歟？今黄侯之建是祠也，既有以尊顯其人，又刊其所著之書，日與學者講習之，推明其道。台之人將日捨其淺陋之習，而趨於正大之見矣。使凡爲政者皆如黄侯之化其民，而其民亦皆如台之人從黄侯之化，則真儒輩出，善治日興，黄侯之惠豈特一郡而已哉？某也官長成均，適當聖化更新、崇儒重道之日，方將叙正祀典，剡聞天朝，以表示當世，嘉黄侯之能開其端也。遂爲之記，俾勒石於庭以俟。

❶「□□」，四庫本作「不敏」。

勉齋先生黄文肅公文集卷第十九

序

送陳元平宰邵武序

陳君以英豪邁往之氣，少以功名自許，熟於民情軍政之利病。與之語，亹亹不倦，老吏宿將斂衽畏服，而獨喜與世之守章句、語道理、繩趨而尺步者遊。苟誠其人，不間爵齒，必詘首下問，此豈非其本心也哉？世率以果敢捷給病陳君，而戒以静重詳審。予以爲人患無志耳。士固有志於聖賢之學，而爲氣所勝，未能遽易其習尚之偏者。然志，氣之帥，苟有其志，氣亦安能卒勝之耶？人之氣禀，固有剛柔之異，然剛者易□，❶而柔者難扶，安知前日爲吾病者，不反以贊吾今日自治之決耶？陳君於吾道汲汲向慕，而才豪氣剛，尚有持尺箠取中原之意，抑豈不能自治其氣禀之偏耶？静重詳審之言，予將有考矣。

陳君今爲昭武令，一日過門而別曰：「我行矣，子亦有以語我乎？」予於陳君爲後輩，且駑劣不足與語，而猶若是，則其志可知矣。予嘗聞昭武有故尚書黄公者，終日正容危坐，視其貌若無以異於常人，聽其言呐然如不能出諸其口。一旦立便殿上，與天子相與可否，凜凜然不可犯。君今該

❶「□」，四庫本作「折」。

諸其鄉人，❶而式於其閭，其亦有所感也。夫春三渺瀰，❷兩涘之間，不辨牛馬，而霜降水涸，蛟龍諸藏者，乃天地之全功也。陳君其尚勉之哉！ 紹熙辛亥莫春既望，北山黄榦序。

輔仁録序

榦嘗誦《谷風》之詩，而爲之掩卷太息曰：嗟乎！ 人之大倫五，朋友居一焉，豈不重哉？ 自天地陰陽升降上下，而君臣之義、父子之恩、夫婦之别、長幼之序著矣。 朋友者，果何自而然耶？ 方以類聚，物以羣分，天之道也。 人之與人，類也。朋友者，人類之中志同而道合者也。 故曰天叙有典，豈人力也哉？ 君臣、父子、夫婦、長幼，一失其序，則天典不立，而人道化爲夷狄矣。 朋友道絶，則此四者雖欲各居其分，不可得也。 善而莫予告也，過而莫予規也。 觀感廢而怠心生，講習踈而實理晦，則五常百行顛倒錯繆，而不可勝捄矣。 然則朋友者，列於人倫而又所以紀綱人倫者也。 所可重者若此，而世莫之重焉，可不爲之屢歎也耶！ 世教不明，人心益薄，生而知愛長而知敬者，往往奪於利慾而不能以相保，況其倏然集、忽然散，如太虚浮雲之無所倚薄者乎？ 宜其苟合輕棄，而不以動其心也。 雖然，抑有由矣。相習也以利，相許也以氣，相附也以勢，平居講切無補於人心天理之毫髮，甚者又從而斲喪之，有之既不足以爲益，則棄之亦

❶「該」，四庫本作「訪」。
❷「三」，四庫本作「水」。

不足以爲憾矣。誠能思夫天典之所固有，人倫之所賴以立，雖欲勿重，其可得哉？吾友黄君公泰，謁榦而言曰：「學者之所志，人道之當然耳。久要之不忘，獨非人道之當然乎？朝於斯，夕於斯，一旦離索焉，而姓名邑里之不紀，其何以慰吾拳拳之念耶？」遂出録，屬榦名之而俾序其意。榦謂此道不明久矣。公泰知其有所輔於己也，願以「輔仁」名之，可乎？抑嘗聞之，朋友所以輔吾仁，而非志於仁，則亦無以盡朋友之道。人之生，同稟此氣，同具此理，大吾心而達觀之，不見其爲異也。朋友之交，亦去其物我之私而已。有善焉公爲之，有過焉公改之，資人以成己，推其所以望於己者而勉人也，盡其心，平其氣，毋匿毋拒、毋徇毋惡，則故舊之情將銘諸心而不能忘也，況是録之可攷乎？不然，則屢書之奚益？同志其勉之，榦方有賴焉爾。紹熙辛亥六月九日，北山黄榦謹序。

送徐屉父歸永嘉序

榦嘗讀詹事王公之文，觀其序篇，致意於君子小人之際，而得公之用心，明白若日月，浩汗若河漢，未嘗不廢卷而嘆也。曰：「世豈復有斯人也耶？高明廣大者，天理之公也；詰曲偏暗者，人慾之私也。天理不明，人慾日肆，世豈復有斯人也耶！」及考其世系，則公永嘉人也，常欲遊於其鄉，以覽觀山川之勝。訪於其鄉之士，豈無聞公之風而興起者乎？淳熙甲辰，始識包君定於武夷之下，越八年，復識徐君屉父于清潭之濱。既又因屉父識其兄仁父、其□弟葉君味道，❶與凡遊且宦於是邦者，則疇昔之鄉慕，固不待跋履之艱、訪問之勤，得以與之周旋矣。至於人聞其名，家藏其書，號爲一世能言之士，而射策決科者皆宗之，則猶以未得竊伏下風爲恨也。嗚呼！公不復作矣。公之用心，余殆將有所考焉。而世之説者，乃曰「皓皓者易污，不若循循而俯者之可以集事也」，則公之用心是耶？非歟？屋父之歸也，弔望於王公之墓，而過諸其友，其爲予問之。紹熙辛亥九月六日，北山黃榦序。

代仲兄會表兄弟序

北山黃東招其内弟鄭肅子恭，而告之曰：「吾從母昆弟，皆葉出也。葉氏昆弟，猶吾從母之昆弟也。凡三姓四家，雖所系不同，自吾外祖父母以來，一本而已。先王制禮，列之五服之次，以爲緦麻之戚焉。古之緦麻，非今之所謂緦麻者也。其歲月必相往來，吉凶必相慶弔，出入必相餞勞，禍患必相賙卹，亦其理宜也。世降俗末，利害交攻，一室之内，同姓之中，尚有爭毫末相鬭鬩者，況於異居別族之親乎？吾故昆弟散而居於城之東西南者，有累十數年而不相見者焉。邂逅相遇問起居外，僅能貌相勞苦而已，漠然無情矣。至於諸姒諸子，則有終其身而不識面者焉。吉凶禍患之來，而能爲之同其苦樂者亦罕矣。嗚呼！此豈人道之所可安也哉？吾嘗記爲童子日，外祖父母皆亡恙，歲冬之朝，兄弟畢集，相與握手，終日談諧笑語，市棗栗相啖。追其

❶「□」，四庫本作「外」。

去則留連不忍捨，旦暮又思之，而幸其復來也。豈非秉彝良心，有不能已者？及其長也，而後怵於習俗，迫於利害而不能以相保與，此有識者之所當慨念也。今吾欲與兄弟約，以歲正月之十日、六月之二十日會於天寧之浮屠。天寧居城南十里，於吾三姓兄弟之往來道里適均，人具肴一柈，酒一壺，飯一器，春蠔夏荔不拘其數，合而飲食之。古人騷賦詩詠，與夫投壺弓矢之具，有則攜之，以供娛樂，相告語以孝悌忠信，相問勞以老少安否、家計有無，至於農圃桑麻之業，皆可抵掌而劇談也。世俗俚下之詞，閨閫米鹽之賤，則謹勿出諸其口。晨而往，戴星而歸，於是重親族，厚風教，不其善歟？」子恭曰：「善哉！盍爲之期日而告之乎？」余曰：「吾二十年前，表兄弟之存者二十有一人，今其亡者六人矣。亡者不可復作，其僅存而長者不下四五人，少者亦已娶婦抱子矣。使此十有五人者皆康寧，皆壽考，皆歲無他適而能相樂，其爲斯會也亦不過七八十日，而無此身矣。人生百年之間，兄弟十有五人，而無七八十日之相樂，其與路人奚擇焉？則是會也，誠有不可緩者。吾欲始以壬子之春，如何？」子恭曰：「善哉！敬受教。」遂述其言如此，遍以告諸兄弟，俾書其姓名於左，曰「如約」。東，長也，謹書曰「黃東如約」。

林仲則二子名字序

慶元戊午，予屏居箕山，林仲則之二子曰庚曰武者自栗山來，從予遊。明年，予將爲武夷之行，而二子者亦且將冠，仲則以書來，曰：「吾將易其童稚所命之名，而因以字之，願以屬子，可乎？」予與仲則兄弟交最久，而二子者復從學於予，其何説之辭？予觀庚也慤，而武也敏。慤者恐其不志於學，而敏者恐其不力於行。故名庚以「學之」，名武以「行之」。學之則聞見博而雖愚必明矣，行之則德日起而雖柔必强矣。故字學之曰「伯明父」，字行之曰「仲强父」，二子其勉之！ 栗山之俗，率以長子主家於内，次子讀書於外。使主家者知學，則公平友愛之義篤，而家之道益和以昌；讀書者能行，則孝悌恭順之道隆，而所以讀書者，不但口耳之末而已。不然，吾恐内焉妻孥之慮□，❶外焉子弟之職廢，乖争陵犯之風，將由是起矣。故予之所以名而字之者，不惟就二子之質，而亦以因其俗，不惟二子可勉，而凡栗山之從吾遊者，盍皆有以思吾言哉！ 冬至後二日，北山黄榦序。

久要録序

非天屬之親，非名位之臨，倏然相聚於千百里之外，一朝去之，姓名爵里有不及記者，此《久要録》之所不可無也。然非天屬而愛生焉，非名位而敬生焉，姓名爵里不相與而不可不録焉者，道義切磨之功，人道之至重，天理之不能忘也。異日離羣索居，取是録而觀之，某賢與，某始善而中變與，某日進而不已與，皆可以致吾忻慕慨歎之意，而亦以爲進德之助者。是録之作，豈小補哉？ 書之編首，以諗同志云。長樂黄榦序。

❶「□」，原爲墨丁，清鈔本作「深」，四庫本作「重」。

送許太博入宇文宣撫幕府序

天地之間一陰一陽，兩儀立焉。陰陽有老少，四象生焉。形而上謂之道，形而下謂之器。語大天下莫能載，語小天下莫能破，皆不出是四者而已。人之一身，仁禮爲陽，義智爲陰，兩儀也。仁爲木，禮爲火，義爲金，智爲水，四象也。形而上者也。肝心爲陽，腎肺爲陰，兩儀也。肝爲木，心爲火，肺爲金，腎爲水，四象也。形而下者也。耳目鼻口之分，少長老死之變，喜怒哀樂之感，惻隱、羞惡、辭遜、是非之情，與夫五常百行，未有出四者之外者也。語大則天地、日月、鬼神、四時不能違也，語小則一草一木無不具也。四者之妙，其淵深廣大如此，人之所以與天地並立而無間者，於此器之中具此道也，所以爲聖爲賢而超乎人物者，於此器之中由此道也。格物致知，窮此道也。存誠居敬，守此道也。無以窮之則罔然無所見，無以守之則茫然無所得。雖具人之形，其與夷狄禽獸不遠矣。世教不明，學者知之而未必求，求之而未必熟，不至乎熟猶無見無得也，至乎熟則動容周旋無適而非四者之用也。古之君子所以自强不息者，亦將所以熟之也。開禧丁卯，尚書宇文公出帥江陵，宣威荆襄，辟許君爲屬，而列予於下陳。雖以病辭，不果行，而因以得交於許君。一日，相與語康節先生之學，有感於數之起於四者。予因極言之，以諗許君，且以自警云。長樂黄榦序。

葉雲叟子名序

葉雲叟以嘉定丙子後七月生男，越三日來請名。予與雲叟舊且好也，不容辭，諗之曰：正得秋而萬物成，天道也。閏以積分而成月，乃定時而成歲。雲叟奉母自括蒼來居於此，種學甚力，持身甚謹。此鄉之人，皆敬愛之。今遂娶婦生子矣，其亦至此而有成乎？天啓之矣。請以「成子」名之。歲適大比，雲叟行將褎然爲舉首，此其成之兆乎？若夫學者，所以成德也。知類通達，强立而不反，謂之大成，予於雲叟父子有望焉。冲佑逸吏黄榦序。

趙季仁二子字序

吾友趙君季仁之二子，長曰希譚，次曰希譫。將爲之加冠，而重成人也，求字於其友黄榦。按《釋文》，譚謂告曉之熟也，譫謂中也，此因言而訓也。即言以求其心，則言之熟者，致敬而不敢忽也；言之中者，度誼而不敢苟也。❶夫學豈徒言而已哉？故字譚以「伯敬甫」，字譫以「仲誼甫」。《易》曰：「君子敬以直内，誼以方外。」程子曰：「敬立而内直，誼形而外方。」直而方，則大矣。有志於學，捨敬與義將安適乎？季仁，好學者也。二子必能世其業，故爲之字，而序其意以勉

❶「誼」，四庫本作「義」。下「誼」同。

之。嘉定丁丑長至，沖佑散吏序。❶

黃西坡文集序

善學者，先立其本，文詞之末，達而已矣。然本深者末必茂，不務其本而末焉是先，未見其能工也。予始識西坡黃君，見其神清氣勇，襟懷卓犖，而知其資禀之異；見其從師問學，如恐不及，而知其趨向之正；見其臨民多惠政，立朝多壯節，而知其事業之偉。歲適大侵，人相食，官吏畏首畏尾，束手坐視，君發廩蠲租不待報，竟以得罪。僞禁方嚴，學者更名他師，至有師歿不弔者。君謫居，不遠千里哭泣犇赴。投閑十年，人不能堪，君泊如也。有本者如是，文詞特餘事耳。慶元初，天子方慨然建立治功，收召四方知名之士，君亦駸駸嚮用矣。使得究其蘊，豈但文詞之足稱哉？君爲南昌郡博士，予始識君於康廬，四十年矣。哲人其萎，而從遊諸老皆無在者。過君家訪其子，如見其人焉。其子池州法曹杭出君文一編示予，俾序之。予懼讀君之文者，愛其詞不求其本，故爲之言。某年某月某日，長樂黃榦序。

林子至子字序

貢者，下獻上之稱也。球琳琅玕與夫橘柚之屬，皆可以供朝廷宗廟賓客禮樂之用而後貢，故《夏書》九州之貢以物名，《周禮》邦國之貢以用名。下之獻其上，非有不貢也。朝廷資人才以共治，諸侯擇其賢

❶「吏」下，四庫本有「黃榦」二字。

且能者以獻于上，亦曰貢。得其人則足以建功立業，否則蠹國害民，尤不可以無用者貢也。二者皆以有用貢，而人才之用爲尤大。然致其用者在人，養其用者在己。古者禮義之教素明，士之所自養者莫非有用之實。後世以文詞取士，則皆空言而無實用矣。是以君子少而小人多，治日少而亂日多，職此之由也。然則爲士而將貢于上，其可不以有用者自養乎？栗山林子至，名其子以「貢」，而問字於予，爲之字曰「用之」，勉乎哉！行將見子干霄陵雲，而爲棟梁之用，棖闑居楔，❶非所望於吾子也。嘉定己卯夏至，冲佑散吏黃榦序。

送方明父歸岳陽序

晦菴先生以道德爲學者師，榦少不自量，得與弟子列。竊窺其容貌，端莊儼然，終日未嘗懈；玩索理義，片詞隻字未嘗忽；厲志聖賢，以身任道未嘗忘；誘掖後進，寸長片善未嘗棄。端居一室，世之玩好無所嗜；安貧自樂，世之富貴無所慕；篤信善道，世之毁譽無所恤；臨事度義，世之利害無所擇。其精微高遠者，非末學所可知；其可知者，亦人之所共知也。四方學者，從遊者數百人，今其存蓋無幾。先生之書，則家藏而人誦之，讀其言者，未必通其義；通其義者，未必明諸心。凜凜乎微言之絶、大義之乖也。先生殁十有餘年，蜀有李君道傳貫之者，乃獨求之文字朋友之間，篤學力行，卓乎有不可及。顧其不幸，不見先生而

❶「居」，原作「居」，清鈔本作「居」，四庫本作「椐」，此據文義改。

親炙之，又不幸蚤世以歿，不及究其學充其志也。嘗深痛之，以爲今之世不復有斯人矣。又五六年，有家擯本仲者，其志學操行視貫之，伯仲也。豈蜀之人物獨盛於東南耶？今又得吾明父焉，於理義之大端講之熟矣，尤深病夫世之學者言行之背馳、義利之交戰也，而深懲焉。觀其志之所趨，蓋未可量也。明父復爲予言番易饒曾師魯之爲人，❶自以爲莫及也。以是觀之，天壤之間，英靈之氣鍾爲人物者，何代無之？洙泗濂洛之學，深微隱奥者，至先生而昭昭然，若大明之中天也，尚何微言絶、大義乖之足憂乎？此予之所以釋然以喜也。抑嘗有聞焉：夫子之道，惟曾子、孟子得其傳。曾子曰：「士不可以不弘毅。」孟子曰：「其爲氣也至大至剛。」子思之《中庸》，受之曾子，而傳之孟子，一篇之中，無非弘毅剛大之意。惟明父勉之！先生之學，庶乎有望焉。於其行也，書以爲贈。嘉定庚辰正月二十有七日，長樂黄榦序。

趙季仁習鄉飲酒儀序

請賓介、陳器饌、獻賓介、獻僎、旅酬、燕六者，禮之大節也。登降辭受，禮之文也。鼎俎籩豆，禮之器也。脯醢脊脅，禮之用也。此觀禮者所共知也。其數易知，其義難知也。鄉飲，教親睦也。鄉閭親睦，陵犯爭訟之風息矣。夫禮主於敬，敬勝則乖，乖則離，聖人制禮必濟之以和。和勝則瀆，瀆則慢，聖人制禮必濟之以敬。始之以禮，教敬也；終之以樂，教和也。拜至、拜洗、

❶「易」，原作「昜」，據清鈔本改。四庫本作「陽」。

拜送、拜既，敬之至也；請安、請坐、爵樂無筭，和之至也。敬而和，禮之大義也。此所以親睦鄉閭，而息陵犯爭訟之風也。降洗降盥，潔也；辭盥辭洗，遜也。父坐子立，孝也；老者坐於上，少者立於下，弟也。飲食必祭，不忘本也。酬爵不舉不盡，人之忠也。序賓以賢，貴德也。序坐以齒，貴長也。序僎以爵，貴貴也。工歌必獻，不忘功也。燕及沃洗，不忘賤也。歌《關雎》《葛覃》《卷耳》，齊家之義著矣。歌《鹿鳴》《四牡》《皇皇者華》，事君之義著矣。一飲一食，一拜一坐，一揖一降，無非教也。通於義者，又非但可以親睦鄉閭而已也。天理得，人心正，無所施而不可也。聖人著爲禮以教人，凡爲鄉人者，皆知此義焉，此成周之世所以人人皆有士君子之行也。禮廢樂墜，鄉人之羣飲者未嘗廢，豐飲食，侈供帳，悦聲伎，恣讙嗷，教侈也，淫也，❶恣欲也，無非所以敗人心者也。此後世之士大夫，曾古之服勤於畎畝者之不若也。然則是禮也，雖不行於今之世，學士大夫之有志於古者，其可不思所以講明而肄習之歟？吾友趙君師恕，宦不達而忘其貧，今不合而志於古。其爲邑餘杭，嘗行鄉飲酒之禮矣。今復舉是禮，與鄉之有志之士講肄焉。禮成，予猶恐觀禮者習其數而不明其義也，故紀其大略，使刻之篇首。嘉定庚辰六月朔旦，長樂黄榦序。

林良夫三子字序

傅、佑、仔，皆所以佐助夫人者也。吾

❶「淫」上，四庫本有「誨」字。

友栗山林良夫，以是名其三子，而求字於予。名以望之，父之志也，字以補其所不及，朋友之教也。良夫之名其子也，蓋望其出爲世用，以承弼厥辟，左右有民也，其志大矣。榦之字之也，先乎己而後能及乎人，不先乎己，爲人之學也，又安能及人也哉？傅者，所以輔夫人也，必先自輔以成其德，而後可以輔人，故字之曰「自輔」。佑者，啓佑之以正也，必先自正，而後能正人，故字之曰「自正」。仔者，任人之事者也，必先能自任其事，而後能任人之事，故字之曰「自任」。三子者之呼其名，則當慨然曰：「此父之志也，吾當志伊尹之所志。」人之呼三子以字也，則當惕然曰：「此朋友之教也，吾當學顔子之所學。」能若是，其於名若字也，庶無愧乎！嘉定辛巳二月望日，明道散吏黄榦序。

與郭德元序

火陽剛，故趨上，然人憚而避之；水陰柔，故就下，然人狎而玩之。人性亦然。將趨上乎？抑就下乎？將爲人所憚乎？抑爲人所狎乎？將趨上則不必求人之狎，至於爲人所狎，則不可不思吾之所處也。然則趨上者當自安，就下者當自省也。嘉定五年暮春既望，勉齋黄榦書寄郭兄德元。

李維志字序

志者，心之有所之也。心者，天地之蘊，化育之機。人之所以得以生者，人有是心。極其所之，則人道可立，雖參天地，贊化育，亦豈有所假於外哉？甚矣！人之輕視其心也。之於名，之於利，何其卑且陋耶？之於道者，善矣。用之不專，進之不力，持之不堅，猶無所之也。如適千里之塗，紛然而多岐，志焉而中止，❶安能有所志乎？吾友李維石，名士興，病其字之不類也，以「維志」易之。其義以爲學而有所興起，非志不能也。復求其説於余。維志嘗聞武夷夫子之道而説之者，其志已不爲世俗之卑且陋矣。故特以人心本然之大，與夫志之所以爲志者諗之。《詩》云：「高山仰止，景行行止。」君子曰：「《詩》之好仁如此。」維志勉乎哉！予於子有所警矣。紹熙甲寅八月既望，北山黄榦謹序。

❶「志」，四庫本作「忽」。

勉齋先生黃文肅公文集卷第二十

題　跋

書蔡西山家書

榦始受學於晦菴先生，首識西山蔡公。先生之門，從遊者多矣。公之來，先生必留數日，往往通夕對床不暇寢。從先生遊者，歸必過公之家，聽其言論不忍去，去皆充然有所得也。蓋公負英邁之氣，蘊該洽之學，智極乎道德性命之原，行謹乎家庭唯諾之際。於先生之門，可謂傑然者矣。榦之識公爲最久，而荷公之教爲最深。其卜居乎此也，固惟先生是依，亦庶幾資公之教以自老。公既不容於世以死，而先生亦相繼而殁。榦又將疇依耶？嗚呼！吾先生者，固累千百年不可復見，若公者，亦豈世之所常有耶？今年春，先生以書一通授榦，咨嗟太息者久之，曰：「此季通與其子書也，子爲我掇其要語繕寫以來。」未及反命，而先生殁，因書其左方，歸公之子，使藏之，以致其悲慕之意云。

代書晦菴先生四齋箴

晦菴先生以紹興癸酉主簿玆邑，時年二十有二也。其拳拳於學校之教悉矣，而又爲此銘以以誨學者，❶欲其目之所睹、耳之

❶「以以」，清鈔本僅一「以」字，四庫本作「而以」。

所聞，無適而非義理之歸。今誦其言，以考其所用心，蓋有老儒之所不能道，而大吏之所不暇及者。雖其天資絶人，難以企望，而志學之早，愛人之切，學者其可不思所以自奮哉？某踈繆不學，試邑于兹，惕然無以奉承先生之所爲銘如此，而又懼其無傳也，因取先生所爲《白鹿洞學規》，併刻之以諗同志，而亦以自警云。紹熙甲寅三月朔，門人余元一謹書。

書晦菴先生正本大學

榦嘗獲受業於晦菴先生之門，竊觀先生訓釋諸書，皆虚心平氣以玩其詞，研精覃思以究其旨，字尋句索，縷析毫分。其察理之精，措辭之當，必欲深探古人之意，而使後學曉然易知。至於一語之未安，則反覆紬繹，寢食之頃不忘也。《大學》修改無虚日，諸生傳録幾數十本，誠意一章猶未終前三日所更定。既以語門人，曰：「《大學》一書，至是始無憾矣。」今惟建陽後山蔡氏所刊爲定本，潮倅廖君德明得之，以授潮陽尉趙君師恕，趙君鋟板縣庠，且慮傳本之多，無以取信後來，因屬榦記之。嗚呼！先生不復見矣。所恃以明善誠身者，不過文字之間，是豈可以不謹其所傳哉？遂敬爲之揮涕書此。嘉泰辛酉十有一月朔旦，門人長樂黄榦敬書。

跋三衢毛氏增韻

書，六藝之一。諧聲，六書之一也。字書音韻之學，其來尚矣。古者教人，八歲入小學，教之以六藝。十有五歲而后大學之教行焉。夫必先之以小學，而習之以七年者，蓋其切於日用之實，不若是無以博其識、養其心，而爲進德之基。其騖高者既忽之而不習，徇卑者又與大學而併廢之。不惟不習，而反笑人之習，則其不如古也宜哉。攬毛公之所述，爲之三太息云。開禧乙丑二月五日，長樂黄榦書于石門酒庫。

跋方耕道書

余嘗聞方耕道爲南軒先生之客，有遺憾焉。及聞李君子謂之語，具道一時相予之意，然後知傳者之妄也。子謂出示耕道手書，敬服其論議攻排之益。耕道以直道事南軒，而南軒能容之。子謂又以是友耕道，而耕道敬之又如此。賓主規諫之難久矣，豈其遇合自有時耶？余爲之三復而三嘆息云。開禧丁卯春社，長樂黄榦書。

書晦菴先生所書損益大象

損益之義大矣。聖人獨有取於懲忿窒慾、遷善改過，何哉？正心修身者，學問之大端，而齊家治國平天下之本也。古之學者，無一念不在身心之中；後之學者，無一念不在身心之外。此賢愚所由分，而聖人之所爲深戒也。晦菴先生二象以授學徒江君孚先，所警於後學者，至矣。孚先以示其同學。黄榦三復敬玩，刻之臨川縣學，以勉同志，庶亦知所以自警哉。嘉定己巳莫春望日敬書。

跋樂安曾一菴歲月記

觀一菴曾君自處於生死之際，亦可謂

達矣哉。一菴家貲累千金，子四人，好學守家法，無所累於中而然也。世之貴富安逸過一菴者何限？老愈饕，死且不瞑者皆是。一菴非達耶？一菴能超然於生死，至語諸子，猶以不能光大門户爲恨。抑豈未能忘情於窮通耶？其曰「醇謹勤儉，讀書則是求諸己而已」，曷嘗以摇尾乞憐如墦間之徒爲能光且大哉？一菴，達者也。余年六十有一，無一區之宅、一囊之粟以自給，尚趑趄俛首入銓曹。讀曾君之記，誠有愧矣。因書其後，以諗其子，使毋忘乃翁之訓，而亦以自厲云。嘉定壬申二月既望，勉齋黄榦書于武林旅舍。

跋西山徐介甫手澤

此西山徐君子手澤也。余不及識君，而識君之壻胡伯量與其子烜。觀君之擇壻與其教子，則其人之賢猶可想而知也。曾子所謂「其言也善」者，其此之謂與！嘉定壬申長至，長樂黄榦書于新淦縣無訟堂。

書龔夢錫所編晦菴先生語録

龔兄夢錫所編朱先生語，❶字字皆格言也，學者所當留意焉。雖然，言之於口不若會之於心者其旨深，玩之於書不若體之於身者其理實。熟味「衣錦尚絅」之章，與夫「默而識之」之語，則於是書也，庶乎其有得矣。嘉定癸酉七月望日，門人黄榦敬書于臨川寓舍。

❶「語」下，四庫本有「録」字。

跋南康胡氏鄉約

南康胡伯量以鄉約示其友，黃榦讀已而嘆曰：此《鄉飲酒》遺意也。古之人於其鄉黨，平居則相友相助，有急則相救相賙。其情誼之厚如此，故其暇日相與爲飲酒之禮，以致其繾綣之情，而因以寓其尊卑長幼之序。如是，風俗安得而不厚哉？後世禮教不明，人欲滋熾，利害相攻，情僞相勝，一室之内，父子兄弟乖争陵犯者多矣，而況於鄉鄰乎？風俗之不如古，亦宜矣哉。伯量兄弟孝友，同居合爨，人無間言。又能推其施之家者而達之鄉，其有補於風教大矣。故書其後，以諗其鄉人，使知其合於古誼，相與守之而勿替去。❶ 嘉定乙亥四月晦日，書于鳳山書院。

書晦菴先生語録

晦菴朱先生所與門人問答，門人退而私竊記之。先生歿，其書始出。記録之語，未必盡得其本旨，而更相傳寫，又多失其本真，甚或輒自删改，雜亂訛舛，幾不可讀。李君道傳貫之自蜀來仕于朝，博求先生之遺書，與之游者亦樂爲之搜訪，多得記録者之初本。其後出守儀真，持庾節於池陽，又與葉賀孫、潘時舉諸嘗從游於先生之門者，互相讎校，重複者削之，訛繆者正之，有別録者，有不必録者，隨其所得，爲卷帙次第。凡幾家。繼此有得者，又將以附于後，特以備散失、廣其傳耳。先生之著書多矣，教人

❶「去」，清鈔本、四庫本作「云」。

求道入德之方備矣。師生函丈間往復詰難，其辨愈詳，其義愈精，讀之竦然，如侍燕間承謦欬也。後之學者誠能齊心而玩之，歷千載而如會一堂，合衆聞而悉歸一己。是書之傳，豈小補哉？貫之既以鋟諸木，以榦與聞次輯，而俾述其意云。嘉定乙亥十月朔旦，門人黃榦謹書。

書東萊呂先生寄李文簡手帖

侍郎李公以東萊先生手帖示榦，既獲，竊窺兩賢相與之意，而所稱引莫非當世巨儒，所講論莫非古先典訓，何其盛哉！今其人既不復見，而其言亦不復聞，豈亦氣數消長，驟盛者固忽衰與？吾輩盍思所以自勉哉？爲之三復太息云。嘉定乙亥長至後一日，後學黃榦敬書于鳳山書院。

書晦菴先生家禮

昔者，聞諸先師曰：「禮者，天理之節文，人事之儀則也。」蓋自天高地下，萬物散殊，而禮之制已存乎其中矣。於五行則爲火，於四序則爲夏，於四德則爲亨，莫非天理之自然而不可易。人稟五常之性以生，則禮之體始具於有生之初，形而爲恭敬辭遜，著而爲威儀度數，則又皆人事之當然而不容已也。聖人沿人情而制禮，❶既本於天理之正，隆古之世習俗醇厚，亦安行於是理之中。世降俗末，人心邪僻，天理堙晦，於是始以禮爲强世之具矣。先儒取其施於家者，著爲一家之書，爲斯世慮至切也。晦菴

❶「沿」，四庫本作「因」。

朱先生以其本末詳略猶有可疑，斟酌損益，更爲《家禮》，務從本實，以惠後學。蓋以天理不可一日而不存，則是禮亦不可一日而或缺也。先生教人，自格物致知、誠意正心以修其身，皆所以正人心、復天理也。則禮其可緩與？迨其晚年，討論家鄉、侯國、王朝之禮，以復三代之墜典，未及脱藁，而先生殁矣。此百世之遺恨也。則是書已就而切於人倫日用之常，學者其可不盡心與？趙君師恕之宰餘杭也，廼取是書鋟諸木以廣傳，蓋有意乎武城弦歌之遺事，學者得是書而習之，又於先生所以教人者深致意焉。然後知是書之作，無非天理之自然，人事之當然，而不可一日缺也。見之明，信之篤，守之固。禮教之行，庶乎有望矣。嘉定丙子夏至，門人黃榦敬書。

跋陳履道先墳菴額大字

榦嘗受學於晦菴先生，其所教人，以孝弟爲人道之大端。已而辱在子壻行，家庭享祀、丘墓展省，皆得與執事之列，齊戒陳設、滌濯烹飪，皆曲盡其誠敬。奉觴薦俎，追慕感慨，泣涕如雨，三十年間如一日焉。凱風寒泉之思，蓋天資之美、學力之到，有以充其良知良能以至此也。孝於親而望於人，陳公菴額之所爲書也。履道既能成其先大夫之志，復以墨本爲軸，朝夕展玩，如適丘壟而撫松楸，悽愴之情，自有不能已者。故述余之所見，以明先生之爲此書，履道之寶此書，不但字畫之工而已。嘉定丙子六月既望，長樂黃榦敬書于竹林精舍。

跋陳履道辯誣卷

大書以揚其親之美，力辨以不忍其親之見誣，皆子孫愛親之美也。然貴顯而賻其族，亦人道之當然。徽猷公既貴矣，斥其母子宿昔無聊之狀，亦非書法之所宜。使其概嘗有聞焉，書其事而諱其名斯可也。然徽猷公之所成就，自其器識之過人。假使真如所言，其志氣亦豈少衰哉？賻不賻，正不足爲公之輕重，則不必辨焉亦可也。祖考之望其子孫，子孫之孝其祖考，固有在矣。諸陳爲建陽大族，皆好學守家法，則所以顯其親者，豈在於大書而力辯耶？辯謗之作，所謂家事，非外人所宜與。然榦以寓居介於諸陳之間，則亦里人也。爲里人而平其爭，誼也，故爲之書。嘉定丙子六月既望，里人黃榦書于竹林精舍。

跋陳履道烝嘗田約

嘉定丙子六月既望，陳履道訪余於竹林精舍，出示其先墳菴額、墓誌、辯誣、烝嘗田約三卷，無非孝愛其親之意，而田約深遠矣，可謂篤於人道之大端者也。獺祭魚、豺祭獸，豺獺之祭，非有所戒約而預爲之備也。禽獸微物而知奉其先，況於人乎？爲物之靈而忘其追遠之念，曾禽獸之不若也，況於爲之戒備者如此，而忍忘之乎？風俗之薄，甚矣！不但誶語德色之可畏也，視其親如仇讎、如路人者有之。孩提之童不學而能者，安在哉？顧我復我，出入腹我，而且若此，況敢望其追念數十世之丘墓乎？此履道之所爲諄諄也，讀其約爲之三太息，而書之以爲世戒。長樂黄榦書。

書龜山楊先生家書

龜山先生晚年家書也，其精明詳審如此，非道學之力歟？榦蚤從晦菴先生遊，因得講聞先生之道。中年遊宦，學業遂廢，歲月蹉跎，老及之矣。引疾來歸，願畢此志。師亡友散，獨抱遺編。先生之孫浚携書來訪，三復起敬，竊書其後，以致慨慕之意云。嘉定丙子九月五日，後學黄榦敬書。

書新淦郭氏敘譜堂記

人禀天地生物之心以爲心，凡在覆載之内者，皆所當愛也。況族系之所自出，雖枝分派别，推而上之，皆吾祖宗之一氣耳，可不知所愛乎？不知所愛，則上負於天地，下愧於祖宗矣。新淦郭氏之於族人也，既買田以給之，又爲堂以聚之，蓋知此義矣。即此義而充之，知此心之無不徧，知此氣之無不同，則將合覆載而爲一堂也，豈不大哉！予嘗爲邑於新淦，而聖與嘗問學於予，聞其事而嘉其志，爲是説以廣之。嘉定丁丑長至，定菴黄榦書。

書陳密學守城録

密學陳公之守城殆天才，非可學而能也。然得其書熟玩焉，觸類而通之，亦豈不可學哉？顧嘗以爲守城者，郡守僚屬之責也。今之仕者，二三年輒一易，偶當閑暇，於是書固不屑讀。倉卒擾攘，則亦不暇讀矣。若使邦人皆得是書而讀之，父子兄弟、庠序里閭，平居暇日相與講説，則凡在城之内者，無非可與守城之人也。況又切於其身之利害，則考之必精，思之必審，其爲郡守僚屬之助多矣。予既與同官、寓公、士友合謀併力，以成安慶版築之役，因以是書屬郡文學金淵刊之學官。寓公、士友、凡邦人之欲得是書者，悉以遺之，合一郡之見，守一郡之城，當有得陳公之意於是書之外者矣。凡爲郡而欲得是書以遺其邦人者，又將以廣其傳焉。則凡有城者，皆可守，尚何外侮之足患哉？嘉定戊寅二月既望，長樂黄榦書。

書龜山楊先生帖

此靖康元年書也。公年七十有四矣。虜退圍解，痛哭流涕，以防後患，諫大夫責也。言不見聽，則浩然以歸，亦足以明事勢之誠可憂也。上下偷安，方以和爲可恃，獨何歟？爲之三復三太息云。嘉定己卯七月二十三日，長樂黄榦謹書。

書趙華文行狀

榦少從晦菴先生遊，竊聞篤行公之名，攬其遺事，俯仰敬嘆，如對古人。後十餘歲，遂獲與仲兄偕受知於丞相忠定公，竊窺言論施設之大概。華文方以少年擢高科，館於劉忠肅公之家，而授業於晦菴先生之門，遂與爲友焉。其後從宦江西，累累相遇，則華文涉歷愈深，年愈高而德愈卲也。投老來歸，聞華文之子總幹君宰崇安，有惠政，人多稱之。五十年間，及見其一家四世之賢如此，雖其事業所至有不同，而其人之賢，則皆處心以忠實，持身以端謹，居家以孝友。施之於政者，真知體國愛民者也。何其盛哉！丙寅丁卯間，榦方以事走京師，及見權姦薰焰，忠良被禍，殆若天道冥漠不可曉者。及今觀之，鄙夫憸人根株鋤戮，聞其名者不啻若犬彘。而篤行公之後，赫奕盛大至於如此，所謂福善禍淫者，豈不灼然可監也哉？讀李君敬子所述華文之行實，而敬題其後，爲善者當知所勸，而不善者亦當知所戒矣。嘉定庚辰十二月二十五日，長樂黄榦謹書。

勉齋先生黃文肅公文集卷第二十一

啓

通兩浙趙漕啓

財貨源流之寄，孰踰畿甸之尊？ 廛埃筆楚之間，無若酒人之賤。豈姓名之敢徹，冀悃愊之少輸？ 竊以在昔肇民，以酒爲禮。❶ 五齊之掌，周始列於天官；大酋之監，秦復著於《月令》。凡祭禮之共，賓客之奉，皆秫稻必齊，麴糵必時。苟爲曠職以弗虔，毋乃乾餱而失德。至詩人而有「酤我」之詠，及夫子而有「沽酒」之文，則是懋遷有無，奚間今古？ 然皆旨且多、旨且有，孰不醉言舞、醉言歸？ 至於厭棄而不售於人，則亦薄惡而不適於口。自世已降，奚弊不生？ 漢人以米麴三斛成一釀，而味不醇；唐人以銅錢三百飲一斣，而價苦貴。遂使天下命士，類多空簿之欺；市上酒徒，稀復醉眠之樂。究弊原之自出，皆吏道之不修，背公徇私，見利忘義。夜入此舍，不辭盗飲之名；日醉後園，自取廢事之責。及課額之不辦，則姦計之愈生，求善價而沽諸，皆市貨之滯者。于于然來矣，何異餔糟而啜醨；望望然去之，無復登臺而飲酎。間有悉心營職，洗手奉公，求以自見其長，庶幾獲免于戾。然木以穴蠹，穴深則木何由

❶ 「肇」，四庫本作「兆」。

生？水以源長，源竭則水亦何有？所謂通變斡旋之策，❶實資聰明仁惠之賢。激濁揚清，興壞補廢，恤其有無而究其實，憫其卑賤而通其情。庶疵賤之微官，得展布其四體。求之於世，今見其人。恭惟某官實大聲宏，行高能鉅。歆向之學，博雅該通，賀白之文，温醇典麗。蚤攄素抱，俯拾巍科，揚歷滋多，聲稱甚籍。悉心州縣，屢興襦袴之歌；策足班聯，自結冕旒之眷。即正秉鈞之任，尚淹挽粟之權。有巴蜀之轉輸，始見酇侯之績；非江淮之運漕，孰明劉晏之功？奏課朝聞，璽書夕至。榦迂踈無學，局促不才。濩落半生，偶叨一命；蹉跎十載，備涉百艱。齒髮侵尋，神識凋耗，自合退歸於農圃，豈宜復玷於縉紳？家無數十畝之田，身有二百指之累，既飢寒之未免，於仕進以難忘。智類挈瓶，自知無用；職當滌器，猶恐弗堪。得君子以爲歸，則官箴之可免，豈期幸會，獲隸按廉。雜居庸保之間，惟有鞠躬而盡力；仰賴帡幪之庇，尚蕲藏疾以納汙。

通提領所董主管

酒政軍須之是仰，要須賓幕之得人；名賢民望之所推，遂使才能之贊畫。❷豈期寒賤，亦託帡幪。未諧望舄之恭，敢後修詞之敬。恭惟某官，器宏識遠，學廣聞多。人傑地靈，盡挹湖山之清淑；儒宗世業，久識師友之淵源。❸俯拾巍科，浸登膴仕，以經

❶「有所謂」，四庫本作「由出有」。
❷「才能」，原爲墨丁，據四庫本補。
❸「識」，原爲墨丁，據四庫本補。

術飾吏治，以豈弟得民情。臥轍攀轅，籍甚虎城之譽；依蕖泛水，來爲鳳闕之游。十五州財賦之浩穰，百萬衆營屯之仰給。爲諸侯之客，才立事，智造謀；近天子之光，朝奏書，暮召見。斡禀資甚陋，賦分多奇。乃以甚貧之家，而有至重之累；冒居極猥之職，適當極弊之時。雖勉竭於疲駑，卒難逃於曠敗。尚依仁庇，俾逭官箴，何自而忘，未快白日青天之覩；自今以往，庶無震風淩雨之虞。

通提領所豐提屬

上幕得賢之重，易地皆然；卑官賴庇之榮，自天而下。趨承伊始，喜幸何窮。恭惟某官，才識俱長，人門並壯。先朝忠概，追事業於簡編；近世名卿，熟見聞於耳目。世濟其美，人皆曰賢。果發藻於儒林，遂蜚聲於宦海。青氈故物，合陪紫禁之贊襄；緑水清游，姑佐皇華之畫諾。❶不畏強禦，有公是非。與其枉尺而直尋，孰若捨彼而從此？聲稱籍甚，眷注彌隆，不容坐席之温，佇奉詔環之寵。作諸侯之客，自應事舉以言揚；近天子之光，是宜朝奏而暮召。斡賦性蹇拙，涉世迂踈。落落五十年，已甘閑散；嗷嗷二百指，尚苦飢寒。誰言簪紱之甚榮？孰識塵埃之可畏？儻非庥庇，難免曠遝。自昔閩山，幸託棠陰之蔽芾；豈期秀水，復叨厦屋之帡幪。欣詠以還，敷宣罔既。

❶「姑」，四庫本作「始」。

通嘉興知府

以酒爲名，昔獲天官之屬；分肆而市，今居邦域之中。幸陪下吏之聯，敢後柔緘之貢。恭惟某官，材高器遠，學廣間多。❶氣鍾雲夢之英，澤呑八九；志逞南溟之運，水擊三千。蚤擢第於儒林，遂蜚聲於寰海；自結冕旒之眷，晉陞鵷鷺之班。

榦庸陋不才，迂愚無識。蹉跎半世，偶叨一命之微；荏苒半生，❷備涉百罹之苦。合投身於壟畝，尚抗首於塵埃，家無缾石之儲，身有妻孥之累。指四方而糊口，寧敢安居？爲五斗而折腰，誰知無米？所冀曠遝之免，敢惟温飽之圖，幸甚依仁，庶幾免戾。無襦今袴，人歌太守之恩；飲酎登臺，客歎卑官之幸。

謝兩浙漕司送錢

竊禄無功，復拜金錢之賜；感恩知幸，如叨華衮之榮。輒述寸誠，敬陳尺牘。竊以官分品級，事無等差，皆當竭力以盡心，庶免素飡而尸位。揆諸物類，雖雞犬而有所司；質之聖言，則牛羊亦求其壯。苟性靈於物而偷安適已，才劣於聖而闊視高談。以汩没州縣爲勞人，以稽考簿書爲俗吏，則食焉而怠，何以免污者之譏？任既不勝，亦無怪梓人之怒。故官箴之是守，皆吏職之當爲。豈曰難能，足膺厚錫。如榦者才非適用，學不逮人。落落五十年，益歎儒冠

❶「間」，清鈔本作「問」，四庫本作「聞」。

❷「半」，原爲墨丁，據清鈔本補。四庫本作「此」。

之多誤；嗷嗷二百指，庶幾廩粟之是縻。與其因偷敗事，因貪敗名；孰若以廉求安，以勤求飽。乃至奔馳於兩庫，固惟竭盡於一心。自冬涉春，深愧代庖而越俎；以新易舊，豈宜攘臂以下車。方陳控免之情，忽奉寵嘉之命，出於非望，得之若驚。伏遇某官，仁禮存心，謙恭接物。樂於下士，有握髮吐哺之風；惠以使人，得解衣推食之意。遂使庸愚之賤，亦蒙錫予之恩。榦敢不勉竭駑疲，力圖稱塞，守清白傳家之節，爲辛勤報國之誠。廣厦千萬間，幸假驩顔之庇；畏途九折坂，甘爲叱馭之驅。

謝兩浙陳運使許薦

尸祝無功，復忝代庖之責；伶官至賤，亦叨錫爵之榮。往昔所無，吏民共駭。竊以位高而易墜，❶勢卑而難伸。齊禮牛角之歌，燕感駿骨之論。垂之往諜，是爲美談。要必真有用之才，乃能當非常之遇。如榦者，識非涉世，學不逮人。抱關擊柝，姑以爲貧；毀瓦畫墁，難以求食。惟究心於辦職，庶竊廩以偷生。豈期錫賞之至三，又俾侵官而共二。知己難值，捐軀不辭。當光華臨按之時，正官吏戰兢之際。忽寵肦於台翰，復拜賜於金錢。憫其寒微，許以甄拔。趙文子舉筦庫之士，晉叔向聽堂下之言，不謂古風，乃見今日。伏遇某官，英猷經遠，雅望鎮浮，於大賢何不容，占小善率以録。竹頭木屑，馬渤牛溲，咸預兼收，未嘗輕棄，遂使塵埃之賤，輒蒙禮貌之優。榦

❶「墜」，原爲墨丁，據四庫本補。

敢不益厲素心，勉彈駑力。❶ 食禄者當任其事，感恩者必竭其勞。庶幾晚景之桑榆，遽變春風之桃李。豈惟攬轡，冀不忘推轂之言；行即秉鈞，亦願作在鎔之器。

回崇德吴尉

採鄉曲之譽，不勝仰德之懷；仕邦域之中，遂有依仁之幸。忽魚書之寵賜，知騎氣之鼎來，感與愧并，得諸望外。恭惟某官，材高識遠，學廣文多。❷ 秀氣儒林，❸ 擅斗南一人之望；名高仕版，策天山三箭之勳。自應密勿於廟堂，尚復徊翔於州縣。惠必期於澤物，官何嫌於近民。佇聞課最之登，即聽交章之薦。幹禀姿甚薄，賦分多奇。半世蹉跎，已甘閑散；一官蹭蹬，尚苦飢寒。方興張頤待哺之思，復起折腰無米之歎。尚賴仁賢之誨，頓寬寂寞之憂。報匪瓊瑶，姑謝撝謙之辱；音毋金玉，行修請益之恭。

通屬官啓

紅蕖緑水，久欽入幕之高風；白首青衫，來作當壚之賤吏。仰託帲幪之芘，敢稽簡牘之修。恭惟某官，學廣問多，❹ 行高識遠。儒林奮迹，豈惟數萬里之鵬程；仕路剸繁，不但十九年之牛刃。合厠論思之選，尚淹畫諾之遊。揚歷滋深，聲稱甚籍。錢流地上，收飛芻輓粟之功；身在日邊，

❶「彈」，清鈔本、四庫本作「殫」。
❷「文」，四庫本作「聞」。
❸「秀氣」，四庫本作「氣秀」。
❹「問」，四庫本作「聞」。

有朝奏夕召之寵。晉登華貫，俯穆師言。斡局促不才，迂愚無學。蹉跎半世，偶叨一命之微；荏苒十年，備歷百罹之厄。合收身於農圃，尚投迹於塵埃。蓋將餬口於四方，但有折腰於五斗。雜居庸保，惟知竭力以盡心；尚賴仁賢，曲賜匿瑕而藏疾。

通孟主管啓

計臺重寄，職分廉按之權；委吏卑官，身處塵埃之役。趨承有日，感幸自天。恭惟某官，雅量鎮浮，英猷經遠。文之以禮，不徒公綽之成人；養之以剛，豈特施舍之守氣？究其學問，端有源流，教傳三徙之餘，道守七篇之舊。晉楚之富不可及也，豈若以吾義、以吾仁；管晏之功可復許乎，非但其君顯、其君霸。踐揚滋久，譽望寖隆，宜自致於要津，庶盡攄於素抱。平分風月，人皆屬意於竹符；坐對湖山，公獨甘心於蓮幕。雖高懷之難企，於輿論以未伸。課最朝聞，璽書夕至。借方寸之地，力輸削草之忠；近咫尺之天，行即持荷之選。斡迂踈無學，淺陋不才。濩落半生，偶叨一命；蹉跎十載，備涉百罹。齒髮侵尋，神識凋耗。自合退還於農圃，豈宜復玷於搢紳。家無數十畝之田，身有二百指之累，既饑寒之未免，於仕進以難忘。智類挈瓶，自知無用；分當滌器，猶恐弗堪。得君子以爲歸，則官箴之可免。豈期幸會，獲與使令。雜居庸保之間，惟有鞠躬而盡力；仰賴仁賢之庇，庶幾藏疾以納汙。

通程主管啓

計臺重寄，獨顓幙府之權；酒正卑官，獲執隸人之役。依承有日，感幸自天。苟稽尺牘之修，曷展寸心之敬。竊以庫名犒賞，實助軍須；身爲監官，當辦國課。管榷之任，無異於昔；財貨之匱，莫甚於今。居是職者，不得其人，委其權而悉付之吏，出入不謹，貪冒是聞。雖足苟朝夕之安，何以免譴何之辱？間有悉心營職，洗手奉公，求以自見其長，庶幾獲免於戾。然上下不相應，而情實不得通。職雖領之使臺，治實寓於他郡。寧復相關之血脉，殆猶無用之贅疣。至使州縣之猾胥，與夫鄉曲之豪舉，❶皆得抑其志而使不得騁；❷乘其隙而動欲見擠，縱有薄能，曷圖微效？深察源流之故，必資仁惠之賢，憫其卑賤之易揺，察其疎遠之難達。有訴必省，有謁必從，則夫榷酤之至微，雖或庸愚而可辦。恭惟某官，源深流遠，實大聲宏。挺挺人門，蔚有乃祖之風烈；洋洋器量，卓爲當世之表儀。大受不可以小知，長才猶難於近用，踐歇寖久，譽望益隆。非朝陽無以來鳳凰之鳴，非南溟無以適鵾鵬之運。暫作諸侯之客，式觀王國之光。近咫尺之天，名徹冕旒之聽；借方寸之地，力輸肝膽之忠。豈惟賤吏實賴於帡幪，抑使善類悉歸於陶鑄。榦迂踈晚學，么麼庸才。半世蹉跎，合退安於壟畝；一官猥瑣，祇自困於塵埃。雜居庸保之間，坐計錐刀之利。以庸繆之資，而當繁劇之任；以敗

❶「舉」，四庫本作「縱」。
❷「騁」，清鈔本、四庫本作「騁」。

壞之職，而求尺寸之功。儻所願之獲伸，雖至勞而敢憚。豈期幸會，獲備使令。斂板造庭，愧未有摳趨之日；鞠躬盡力，庶勉圖報稱之忠。

謝兩浙倉漕薦啓

東西十五郡，屬當孟博之登車；官吏千百人，咸望鄭莊之推轂。豈意剡章之辱，乃先管庫之卑。承命易驚，撫心甚恧。竊以薦士非難，而難於下白屋之士；求知非難，而難於辱大賢之知。故燕昭市駿骨，而諸侯之客始歸；顔淵附驥尾，而萬里之名益顯。如上以請託而舉，而下以貴要而趨，則得之若無，榮不蓋愧。❶然以卑官之冗賤，乃獲公名之薦揚，苟非學行之素充，必亦才業之可採。❷如幹者才非適用，學不逮人。蚤歲父兄，誨以傳家之清白；平生師友，勉其刻意於丹鉛。志不篤而業不精，年益老而身益困。自合甘心於農畝，豈宜厠迹於搢紳？屈指平居，幾見齏鹽之不給；庇身寸禄，敢云麴櫱之爲卑。處之固已甚榮，外此敢有他望？夫何脱毛遂之穎，又獲登李膺之門。往昔所無，里閭共駭。兹蓋伏遇某官，量涵淵海，智燭蓍龜。泰宇清明，白日青天之在望；德容温粹，春風和氣之襲人。持心悉本於公平，接物無分於貴賤。以謂不龜手之藥，或濟於時須；❸當知扣牛角而歌，未忍以人廢。擢自百僚之底，賜之一字之褒。幹敢不益勵初心，堅持晚

❶「不蓋」，四庫本作「反益」。
❷「必」，四庫本作「當」；「業」，四庫本作「猷」。
❸「謂」，四庫本作「爲」；「時」，四庫本作「世」。

節。陳篇誓報，不敢爲世俗之佞言；律己居官，惟毋負聖賢之明訓。

通江陵府教授啓

閭閻小子，喜聞兵革之言；搢紳先生，獨道詩書之事。敢因宦學，敬拜師儒。恭惟某官，德粹而醇，業通以博。談經馬帳，諸老所未能言；發策漢庭，一第亦直溷子。乃推所蘊，以淑諸人。遂令蠢爾之蠻荆，莫不翕然而鄒魯。文章典雅，追屈原、宋玉之風；問學淵源，悦周公、仲尼之道。獲聆盛事，實快夙心。榦質本庸愚，學尤迂僻。兩年試吏，甕盎投身；千里脩途，塵埃滿面。顧亟聞於謦欬，以大振於昏冥。倒廩傾困，❶儻與門人之列；息黥補劓，終從長者之遊。

回臨川陳主學啓

塵埃箠楚，日懷製錦之慚；禮樂詩書，天假摳衣之幸。方首圖於問政，愧先辱於貽緘。恭惟某官，行粹而醇，業深以博。宏才偉量，太丘遺風；麗思雄文，後山嫡嗣。自蜚聲於璧水，屢擢秀於儒林。盍陪東觀之校讎，乃屈南荒之征榷。當公道開明之日，正高賢登用之時。鄉校主盟，固足尉青衿之望；朝家汲引，行即看紫綍之頒。榦學不知方，仕尤拙計。❷蹉跎半世，偶得一官；禍患十年，始霑寸禄。未遂丘園之雅志，忽蒙臺府之誤知。乃以小才，付之大

❶「困」，原作「困」，據清鈔本、四庫本改。
❷「計」，四庫本作「滯」。

邑。未操刀而使割，若涉水以無涯。尚賴師儒，言提其耳；庶幾民社，無愧厥心。

謝江西王提舉薦

銅章受察，乏撥繁劇之才；玉節按臨，抗激濁揚清之志。夫何甄拔，猥及庸愚。流傳忽到於人間，感激已踰於望外。竊以風俗大弊，孰甚義利之不明？薦舉一途，馴至上下之俱失。富貴者，人之欲；廉恥者，國之維。自奔競之習既滋，而羞惡之端浸泯。脅肩諂笑，摇尾乞憐，有鄙夫之不爲，雖君子亦未免。取之者隨時而馳騖，與之者視勢而低昂，專布私恩，絶無公議。至有不求而自得，與夫既舉而不知。此當望於古人之中，要難施於庸流之表。如榦者，心期甚短，學術亡奇。早歲父兄，誨以徐行而後長；壯年師友，厲其處分以甘貧。既不能自奮於精力强盛之時，又寧忍躁進於齒髮衰頽之日。一行試吏，三奉辟書，愧無尺寸之長，始爲升斗之計。朅來百里，比及三年，資淺而望輕，訟繁而民雜。恤貧安富，詎敢有偏？守法奉公，但求其是。奈勝心之滋熾，肆讒口以居多。市虎屢至，未免或疑；秋鶚一書，胡爲而上？静而有守，拙性所便；直而不阿，戇懷難克。旱魃警用刑之酷，螟蝗戒爲政之貪。不辭奔走之勞，難免譴何之及。豈意匿瑕而藏垢，乃蒙棄短以録長。兹蓋伏遇某官，識量過人，精忠體國。冰壺清鏡，是非悉付於至公；砥柱中流，静定不摇於勁力。坐令嵬瑣，亦預選掄。在大賢，無望報之私；於小吏，有難酬之德。榦敢不激昂晚節，刻厲初心，躬駑馬十駕之勤，詭鉛刀一割之效。陳篇奏記，恥爲世俗之諛言；律己愛人，願守聖賢之明訓。

謝撫州陳守薦啓

百里驅馳，祇奉州家之條教；一封奏徹，亶爲京秩之權輿。褒拂之舉有加，特達之知曷稱。竊以富貴者人之欲，羞惡者義之端。古人行道，未嘗求知；後世盡職，庶幾有遇。迨俗之末，惟利是趨。乞其餘者，無異墦間；望而罔焉，何殊龍斷。欲求投足舉手之力，必爲脅肩諂笑之容。若夫禀質之迂愚，加以賦分之奇蹇。既無以借王公之譽，又不忍決性命之情。乃思附翼以攀鱗，何異挾山而超海。如榦者，受材甚拙，涉世多艱。一生燈火之勞，闊踈無用；兩鬢風霜之晚，荏苒何爲。誓將求老農老圃之師，誰敢望大邑大官之庇？役役於塵埃箠楚，汲汲乎期會簿書。學已負於前修，政有同於俗吏。趨風率職，海山何賴於涓埃；渴雨經時，田野未安於寢食。儻自忘於罪戾，敢有冀於薦揚。殆速譴何，毋復廉恥，豈意不龜手之藥，與夫扣牛角之歌？雖曰無心，亦徒知己。❶ 茲蓋伏遇某官，度包海嶽，義薄雲天。君子容衆而尊賢，夙推德量；宰相量長而較短，克紹家聲。不爲權勢之所摇，尤以奔競爲可厭，斷以獨見，拔之庸流。十六字衮黼之榮，實爲未副；千萬里門庭之遠，名乃上聞。有是遭逢，若爲稱塞？❷ 榦敢不激昂晚節，刻厲初心，躬駑馬十駕之勤，詭鉛刀一割之效。陳篇奏

❶「徒」，四庫本作「從」。
❷「若」，四庫本作「莫」。

記，不敢爲世俗之諛言；律己奉公，願恪守聖賢之明訓。

謝江西胡漕薦啓

馹騎載馳，俯盼雲翰；鶚書刻奏，仰扣天閽。既不敢陳豰蕆之言，又未獲執李君之御。胡然望外，意者夢中。竊以薦舉之道以公不以私，仕進之方謀義不謀利。凡古人之所守，皆天理之當然。上無徇勢以市恩，下不貪榮而希寵。❶ 彼此俱全於大節，是非夐出於常流。兹道浸微，迨今尤甚。禮辨於登門之疏數，情分於通問之後先。脅肩諂笑，誇以爲能；摇尾乞憐，忘其自賤。操心若此，報國謂何？ 如榦之愚，與世尤戾。彈冠筮仕，初乏寸長；據桉臨民，難甘尺枉。獨念閭閻之休戚，有關宗社之安危。此心不憫於人窮，何面輒饕於君禄。始循拙政，見謂癡兒，要無愧於俯仰之間，亦奚恤於異同之論？ 大賢所隸，庶獲知音；鄙性無庸，豈宜自鬻？ 敢期寒谷，不礙陽和。求匪待於童蒙，遇乃叨於國士。書藏十襲，字抵千金。潢潦無根，顧謂源流之有自；蚊山重任，剛言劇易之兼長。被溢美以若驚，怳莫知其所本。兹蓋伏遇某官，清姿邁往，逸度昂霄，得澹菴衣鉢之傳，開韓公晝錦之兆。乘軺輓粟，推轂薦賢，遂使安庸，猥蒙褒借。榦敢不激昂晚節，刻厲初心，躬駑馬十駕之勤，詭鉛刀一割之效。陳篇奏記，恥爲世俗之諛言；學道愛人，恪守聖賢之明訓。

❶「希寵」，原爲墨丁，據四庫本補。

謝江西章提舉薦啓

課三載之績，無善可稱；辱一字之褒，爲榮已甚。兩叨薦拔，倍切凌兢。竊以天生此民，君爲司牧。張官置吏，碁布星分；登能選公，寸量銖度。惟進賢可以報國，苟舉枉何以服人？眷言耳目之官，實握權度之柄。持至狹之京削，馭至衆之英才。不惟難以獲薦，薦者亦難；未有得者不求，求乃可得。故驅馳於宦路，多湛伏於選坑。❶孰誤我公？首及於榦。自慚鄙拙，見謂迂疎。慨慕前修，屠龍無用；俛從流俗，刻鵠不成。雖屢困於窮途，卒難忘於故步。塵埃汩没，歲月蹉跎。知伯玉之非，耄其及矣；覺淵明之是，去將安之？迫於啼號，姑此奔走。❷數瓜期之且至，夢松徑以將歸。七寶浮圖，合尖誰望；萬間廣厦，大芘焉依。反復揄揚，終始成就。學不窮於閫奥，文未探於菁華。以法爲師，視民如子。皆願摳衣，敬請先生之教；庶幾磨礪，不爲小人之歸。胡然品題，逮此庸瑣。壯也不如，今老矣，曷稱所蒙？一謂之甚，可再乎，敢忘其自？兹蓋伏遇某官，文雄璧水，道冠蓬山。把麾衡嶽之陽，播甘棠勿剪之詠；持節大江之右，振皇華咨度之風。掄材無間於菲葑，護善有如於璧玉。遂令朽質，亦預薦書。近水樓臺，最先得月；窮冬草木，頓覺回春。榦敢不奮激愞衷，摩挲老鬢，觀大賢相予之至此，信平生所學之不差。陋巷雖貧，讀書補過；清朝不棄，徇國

❶「坑」，四庫本作「埸」。
❷「姑」，四庫本作「始」。

忘身。

賀福建章漕啓

渙奉宸綸，晉更使指。激西江以活涸轍之鮒，所嘗及者十一州；徙南溟而運垂天之鵬，又不知其幾千里。按棲鸞之舊治，耀晝錦於故鄉。公雖恬然，不見其榮；人争覩之，以先爲快。恭惟某官，天生賢佐，世濟精忠。萬古家聲，應不在巡遠之下；一門秀氣，豈復論荀陸之儔。入相天子而筦樞衡，出將王命而馳原隰。均之體國，皆足庇民。暫辭蓬萊方丈之遊，歷覽衡嶽康廬之勝。君遣之以禮樂，遠有光華；人自得於湖山，令修庭户。姦强斂戢，窮弱歡呼。然非歷試無以顯其器之全，非治煩無以表其才之鉅。一星斜指，祥移翼軫之躔；六轡載馳，風動甌閩之路。部屬分於八郡，産最薄者四州，所謂利源，全資塩筴。惟亭户常貧，黠吏常富。故私販日熾，官課日虧，重以名次之大艱，愈使綱運之不繼。欲更宿弊，實藉通儒。至於獄訟之浩繁，與夫郡縣之欺慢，聆其已試，孰不潛銷？管晏斡山海之饒，莫能過也；吕范侈衣冠之盛，行即見之。榦自揣亡庸，❶受知最厚，剡鶚書而屢奏，歎猿臂之數奇。有宅一區，未辦子雲之歸計；去家千里，復尋元亮之漫游。及瓜尚隔於再期，種菊姑安於三徑。忽聽易軺之命，不勝折屐之情。俗吏之期會簿書，未諧稟令；門人之洒掃應對，敢不盡心？

❶「亡」，四庫本作「妄」。

通江西提刑啓

鼎來丹詔，晉陟皇華。二千石以最聞，佇公卿之漢選；十一城之地大，耀禮樂於周原。號令素孚，風采寀振。恭惟某官，高明秀整，謙厚粹和。文章足以名家，炳如日月；節義見於傳世，凛甚冰霜。泛侯國之紅蓮，挺王臣之喬木。鵷序方期於大用，虎符遽斂於偏方。江淮之草木知名，久安德化；潢池之甲兵徹警，已茂勳庸。虎城安静柝之秋，燕寢樂凝香之晝。九重注想，四牡歌功。維昔兩邦，摩撫盡袴襦之詠；厥今一道，澄清張繡斧之威。民喜得公，刑以弼教。圜扉鞠草，旁推聖世好生之心；禁殿持荷，盡見儒者有用之學。榦少知爲士，晚始得官。齒豁頭童，自甘閑散；足穿肘見，未免啼號。曩懷製錦之羞，敢課鳴絃之最。豈期脱選，復此字民。金水一來，適當凋弊之後；鉛刀再割，不無缺折之虞。眷言此邑之吏民，尚守昔時之條教。但知恪意，或可芘身。滿目江山，猶覺棠陰之如舊；託身霄漢，更忻樾蔭之方新。頌詠之私，敷宣罔既。

通江西提刑啓

光奉宸綸，榮遷使指。望隆二千石，至今猶奉於教條；刑按十一州，豈謂盡歸於廉察？雖再分於符竹，復就攬於轡絲。山嶽動摇，吏民呼舞。恭惟某官，天生賢德，世濟英才。籍籍家聲，應不在機、雲之下；巍巍望閥，寧復論吕、范之儔。慶累葉以承休，超七階而出仕。筦庫一聞於小試，入幕屢顯於能聲。贊寅清而列屬奉常，任勿憸而庀司廷尉。把麾淮甸，再騰襦袴之歌；易鎮江城，兩播甘棠之詠。禽鳥知太守之樂，草木聞刺史之名。非治煩無以表其才，非歷試無以顯其器。踐揚滋久，簡注冞深。❶因卧轍以請留，俾乘軺而更治。謂洞獠甫平而民生未復，犴獄多滯而吏惡久盈。尚煩霹靂之威，更藉撫摩之手。雖外憲非公而孰寄？然大任舍我以其誰。❷會即拜於詔環，恐未温於坐席。暫持繡斧，頓令獄訟之平；行復青氈，益侈衣冠之盛。榦學非適用，才不逮人。壯歲蹉跎，已灰百念；半生坎壈，偶得一官。孰云製錦之無傷，乃使操刀而再割。固知不缺而則折，但欲補拙而以勤。得君子以爲歸，則官箴之可免。固嘗沿檄，得遊賢父子之間；孰謂效官，尚託舊師帥之庇。財賦殫匱，困於追呼；豪猾縱横，見之訟牒。人皆畏之而不顧，公幸知之爲最詳。獲預按廉，實爲幸會。教載飲食，敢忘前日之話言；期會簿書，願緩今朝之辔策。

通江西王安撫

計臺飛最，制閫宣威。玉節觀風，但覺事權之浸重；珠簾捲雨，不妨景物之相安。山川不移，風采益著。恭惟某官，聲名足以肅姦暴，學術足以經國家。砥礪廉隅，毅然秋霜烈日；成就器質，温乎和氣春風。能稱飛宦海之英，大節見朝班之峻。民無冤者，得廷尉持天下之平；尹兹敬哉，信長安

❶「冞」，四庫本作「彌」。
❷「以其誰」，四庫本作「其誰歸」。

爲教化之本。卿月獨明於霄漢，使星分照於江淮。道上埋輪，寒甚梟狐之膽；□□□□，□□□□□。□□□□，□□□□。高牙大纛，新榮北闕之恩；緩帶輕裘，重納西山之爽。第方咨訪，難鬱老成。人方樂於湖山，令自歸於禁闥。榦迂踈太甚，結約亡奇。齒豁頭童，自甘閑散；足穿肘見，未免啼號。念財賦之寒酸，與頑豪之獰惡。不有雲天之庇，難逃機穽之憂。千里畏途，敢憚駑駘之力；萬間廣厦，不勝燕雀之情。

謝史丞相啓

六曹管鑰之司，方拜誤恩之及；千里藩籬之重，遽叨貳郡之除。悉繇大造之矜憐，遂使孤蹤之振拔。既難稱塞，但切兢惶。竊以壽春當戎馬之衝，淮右號咽喉之地。粤經蹂踐，遂至凋零。十室九空，痛流學之未復；❶四郊一望，嗟田畝之多荒。城池僅可以肩摩，兵卒殆同於兒戲。儻欲固封疆之守，庶幾無枹鼓之驚。非强明兼文武之材，與少壯喜功名之士，則何以籌思邊計，關決郡條？苟徒務於欺謾，乃全無於事實。力小任重，意廣才踈。但謀高爵以肥身，不衈虛名之誤國。有虧忠義，難免譴何。如榦者眇眇腐儒，空空小器，少無立志，長不逮人。術業迂踈，已乏科名之伎；生涯牢落，亦無農圃之能。念百指之啼號，藉一官而奔走。間關州縣，荏苒歲時。簿書期會以粗勤，勇力權謀之未學。加以多艱涉世，奇疾纏身，深思賦分之窮，方起投閑之念，敢圖矜軫，忽被使令。茲蓋伏遇某

❶「學」，四庫本作「離」。

官，學際天人，器涵海嶽。建久安之勢，成長治之業，功在立談；開衆正之路，杜羣枉之門，道推先覺。措四方於磐石，轉萬類於洪鈞。迄今遲暮之姿，亦預甄鎔之數。榦敢不力扶憊體，勉竭愚衷。恩重身輕，固已甘心於溝壑；神疲形瘵，但知託庇於雲天。傾頌徒深，敷陳莫既。

通淮西李帥啓

推禮樂詩書之習，坐玉帳以宣威；脱塵埃箠楚之勞，伏星屏而聽命。昔忝封章之薦，今修屬部之恭。行或使之，望不及此。恭惟某官，氣涵剛正，識達幾微。勳業萃於一門，實難兄而難弟；才猷兼於衆智，信允武以允文。内外踐更，聲稱益著。合調元於百揆，尚作屏於十連。翼軫星分，光射斗牛之上；江淮壤接，名聞草木之微。當干戈甫定之餘，正瘡痍未瘳之日，散强梗貔貅之卒，集流離鴻鴈之民。朝寬顧憂，人忘虜至。借留冞切，姑少徇遠方赤子之心；虚左以須，當大慰斯世蒼生之願。榦少無立志，老不如人。學術迂疎，已乏科名之伎；生涯牢落，亦無農圃之能。念百指之啼號，藉一官而奔走。但知律己，豈敢言才？誤名勝之推揚，致廟堂之甄拔。畀之朝蹟，貳彼邊州。雖力伸香火之祈，其敢怠簡書之畏。斥單車而遠邁，望會府以前趨。省己摧頹，難任驅馳之責；量能進退，不逃廉按之明。

通淮西錢漕啓

諸老凋零，賴有中流之砥柱；一生欽

慕，殆猶迷路之南車。忽乘邊障以佐州，乃隸使臺而聽命。敢憑尺牘，敬寫寸誠。恭惟某官，識造淵深，氣涵剛大。詞根於理，不徒誇舉子一日之雄；道探其宗，直將紹往哲百年之緒。推其餘以經世，隨所寓而著聲。世方學圓，人爭嗜進。慈祥所發，寧甘心於州縣之間；正直自將，不肯安於朝廷之上。年彌高而學甚苦，任愈重而氣不衰。議論之確，既足以折羣邪；著述之富，又足以扶皇極。沿淮數千里，方莽爲盜賊之區；弭節一二年，皆晏若桑麻之壤。信儒者之效，無間於中外；而君子之論，當先乎本原。公道益開，正人迭進。評推月旦，自應不愧於梅溪；詔下天庭，行聽直躋於槐路。榦少無立志，老不逮人。術業迂踈，已乏科名之伎；生涯牢落，亦無農圃之能。念百指之啼號，藉一官而奔走。但知律己，何所取材？六曹管籥之司，方拜誤恩之及；❶千里藩籬之重，忽叨貳郡之除。已力祈香火之緣，又復念簡書之畏。叱單車而于邁，望英蕩以焉依。❷省己衰頹，不足任驅馳之責；量能進退，端不逃廉按之明。

通安豐郭守啓

才猷間出，久欽貫日之忠；衰晚無庸，行遂披雲之願。敢云佐理，庶獲依仁。恭惟某官，學廣問多，❸識高器遠。文章議論，得諸家世之傳；事業功名，卓爾天資之茂。合與闕庭之論，尚甘州縣之勞。中外踐更，

❶「誤」，四庫本作「隆」。
❷「英蕩」，四庫本作「列戟」；「焉」，四庫本作「爲」。
❸「問」，四庫本作「聞」。

聲稱藹著。剖淮邦之竹，要須譽望之久孚；綰鄰邑之銅，遂擢蕃宣之重寄。眷知已篤，委任尤專。益攄韜略之奇，庸壯金湯之固。華夷按堵，永無擊柝之虞；廊廟疇庸，即聽持荷之選。榦少無立志，老不如人。學術迂踈，已乏科名之伎；生涯牢落，亦無農圃之能。念百指之啼號，藉一官而奔走。但知律己，豈敢言才。誤名勝之推揚，致公朝之甄拔，俾從縣紱，來奉教條。固知事大夫之賢，或可竭愚者之慮。奈沉痾之已久，懼寸禄之難酬，已伸香火之祈，尚念簡書之畏。叱單車而于邁，望列戟以前趨。儻遂歸休，亦不失詹承之幸；❶如乖素願，尚有資覆護之恩。

通江東柴漕啓

理義不明，人心爲之陷溺；英賢間出，世道賴以扶持。久勤欽慕之私，今獲趨承之幸。恭惟某官，懷奇負氣，篤志力行。道本諸身，不學腐儒之陋習；德施於政，豈徒俗吏之能爲？禁僞學以方嚴，名他師者皆是。確守義文之象數，自稱伊洛之源流。進以立朝，推忠誠而佐后；出而乘障，仗恩信以服人。迨北虜之既衰，倚西方而爲重。下繫羣心之屬望，上寬當宁之顧□。□□□□□□羊公之遽去金陵盤踞，欲令□□□□□□□有意於規恢，事亦莫先於飛□□□□□□□馬騰不煩劉晏之

❶「詹」，四庫本作「瞻」。

低昂所□□□□□□□□餽餉孰並其功行觀詔紵□□□□□□□□。榦少無立志，老不逮人，每□□□□□□□□一貧之爲累，邊塵眯目，曾□□□□□□□□心益想林泉之適，況筋力之□□□□□□□慷慨以何如。所期求全璧□□□□□□□□命靖惟僥冒，實自推揚諸老□□□□□□□益陋，晚年飄泊，豈期道德之（後闕數字）。

謝史丞相

歷江淮而亡善狀，易地皆然；□□□□□□，自天而下。莫知感德，則曰非□。□□□□□□，以寫寸心之蘊。伏念榦受才□□，□□□□。□也父兄，誨以安貧而守志；壯□□□，□□□□以禔身。但知爲農圃之歸寧，□□□□□□。□叨一命，不調十年。麴蘖埋頭，白□□□。□□□眼，敢冀生全。適從辟於諸侯，遂□□□□□，□坑幸脱，縣譜重尋。六十歲衰疲□□，□□□□裹足；二百指啼號之累，姑爲米以折腰。況當累政蠹壞之餘，加以群豪獰惡之素。咸謂此行之必敗，豈期當黜而反升。司六部之門，濫厠中朝之蹟；佐二州之政，誤叨半刺之榮。方脱諸危穽之間，又寵以專城之寄。心隆恩之沓至，❶揣微分以若驚。蓋清時不次而用人，乃更化以來之盛事。然此非有科名之優，則必有閥閲之舊；非有功能之異，則必有行義之高。苟四者俱後於人，亦萬無可得之理。夫何遴選，乃及庸虛。兹蓋伏遇某官，學紹帝師，家傳相業。不以夢不以

❶「心」，清鈔本作「忽」，四庫本作「荷」。

卜，勳績著而譽望隆；驗於天驗於民，年穀豐而邊陲静。猶且取材於數路，無非用意之至公。凡拔諸州縣冗散之中，悉出於造化生成之内。故兹嵬瑣，忽預使令。幹敢不勉策愞庸，强扶衰憊。歆朝宗之水，忠誠堅報主之心；登大别之山，飢溺體爲民之意。庶殫駑力，少答鴻私。

賀劉尚書仲則

光膺宸綍，晉長冬官。位陞八座之尊，職贊萬機之密。善類增氣，薄海具瞻。矧兹屬吏之微，復忝世契之舊。欣聞除命，倍切欣愉。恭惟某官，德厚而量宏，道高而識遠。垂紳搢笏而朝綱自肅，輕裘緩帶而制閫增隆。自應即正於鈞衡，庶以永綏於宗社。制書沓至，旦暮可期。幹逖違台躔，甫十閱月，仰高宋切，晉記實跡。❶以衰老之軀，當牧養之寄。適時旱暵，種不入土，米價踴翔，細民窘匱。加以制漕之交鬬，難乎州縣之奉承。益思向者趨事之時，❷真得大賢填撫之體。未嘗變容而動色，自然畏德以懷威。投老無庸，亟上香火之請；卑誠未達，孰伸井臼之情？尚冀寬慈，曲垂芘護，俾全晚節，以終餘年。仰瀆威尊，不勝皇懼。更乞權衡六氣，金玉五官，佇膺麻綍之宣，即拜金甌之命。拳拳真禱。

❶「記」，四庫本作「謁」。
❷「者」，四庫本作「日」。

勉齋先生黃文肅公文集卷第二十二

婚書

代劉氏女嫁鄭氏

望通德之門，雖久欽於俊譽；持知足之戒，敢自託於華姻。忽辱魚緘，已諧鳳卜。某人聲馳簪紱，實鍾懷玉之地靈；某人業務組紃，粗識屏山之家範。封聯畛接，曾無數舍之遥；帨結衿施，永締百年之好。

大兒娶舅氏女

師門教育之勤，恩均父子；甥館追隨之樂，情等弟兄。感積年辱愛之懷，起再世爲婚之念。重蒙高誼，不替遺言。某人稟性醇和，姑姪最親於平日；某人賦才踈拙，兒童素鞠於外家。遂聯二姓之懽，夫豈一朝之雅。惟是姻婭之攸好，亦圖道德之焉依。自顧頹齡，無復侍燕申之誨；庶幾晚輩，尚獲聞詩禮之餘。冒貢微誠，敬納嘉禮。

仲子娶潘氏女

言念父兄，嘗偕侍拙齋之席；豈期子弟，復同升雲谷之堂。載聯二姓之姻，實篤三生之契。某人天資温淑，習姆訓以素閑；某人性質庸凡，讀翁書而未悟。輒憑久好，敬附高門。禮謹大婚，願早遂室家之好；職修半子，庶與聞詩禮之餘。

季子娶趙氏

里閈論文，不但燈火十年之舊；婚姻締好，復聯室家二姓之歡。得諸氣味之同，非以勢利而論。有請斯諾，匪今所期。某人稟姿温良，飽習家庭之儀則；某人受材疎拙，方親師友之箴規。觀平生磋切之情，卜他日諧和之意。老夫耄矣，每思師訓之無傳；小子聽之，幸有婦翁之可學。

長女嫁高氏

師門洒掃，久矣望回；宦路馳驅，居然薦禰。脱略勢分，講求婚姻。兹今世之所難，雖小官而敢避。伏承令弟醇□有守，❶得自家傳；而榦長女朴拙無他，未閑姆訓。既以友朋之咸贊，繼而幣帛之鼎來。難弟難兄，足見壎篪之樂；有家有室，永臻琴瑟之和。

叔女嫁陳氏

交游滿目，莫如兩家兄弟之親；子姪通名，復講二姓婚姻之好。有高風誼，來畀雲緘。伏承某人質厚而文，衣鉢親承於諸父。榦第三女性愚而樸，奩鹽備見於廼翁。以配高閎，庶無違教。夢回里社，不勝鱸鱠之情；喜溢門闌，行覯鳳鳴之慶。

❶「醇」上，四庫本有「謹」字，而下無闕字。

代朱氏娶李氏

學禮學詩，非一日友朋之契；有家有室，合百年男女之歡。適當時變之不同，益感交情之獨厚。伏承令女少閑父訓，功容言德之既全；某男粗□祖風，❶洒掃進退之未習。實熀耀先公之望，❷俾周旋賢者之門。以其子妻之，不但幸聯於姻事；得爲君御矣，庶幾有賴於作成。

疏

代劉樞府請開善長老疏

瞻省松楸，緬懷先烈；虔修香火，久創精廬。爲一方梵宇之雄，乃四海衲僧之聚。大揚祖意，獨賴宗師。某人具智慧根，離意釋想。蚤歷五湖之外，徧參萬法之源。嫡嗣雲菴，實繼雲門之衣鉢；好辭建鄴，來持建水之鈴槌。冀飛錫之俯臨，庶叢林之改觀。❸

青詞

安慶祈晴青詞

淫雨過常，失秋斂冬藏之節；至仁育

❶「□」，四庫本作「承」。
❷「熀」，清鈔本、四庫本作「焜」。
❸「觀」，四庫本作「色」。

物，播陽開陰闔之功。載竭精衷，願孚善應。伏念臣誤叨郡寄，深軫民憂。竊希《魯頌》之務農，尤監莒城之恃陋。且耕且築，百堵皆興；曰雨曰暘，三時不害。適秋成之在候，值陰沴之爲灾。禾生耳而未收，牆及肩而婁止。❶罪皆由己，痛則呼天。伏願矜憫黎元，斡回造化。清風四起，盡掃重陰；白日正中，頓開霽景。色動三農之喜，聲騰萬杵之歡。飽食安居，銜恩戴德。❷

（後殘闕數字）

祝　文

栗山書社祭神文

揚抱兮拊鼓，燎薌兮奠糈。羽駕集兮繽紛，神翩翩兮來下。拜舞兮鏘鏘，劍舞兮滿堂。陳齊謳兮趙瑟，羅桂酒兮椒漿。神熏熏兮既醉，❸詔諸生兮上征。操弧矢兮射魁斗，跨龍首兮登天庭。諸生兮蹈舞，神之靈兮予祐。鼓詞鋒兮一戰，掃千軍兮莫予禦。秋風高兮槐黃，月魄皎兮桂子香。旂紛紛兮耀神，凱音奏兮琅琅。諸生喜兮交賀，宰肥牛兮烹羊。走靈祠兮百拜，報神休兮不忘。

閩縣學謁先聖文

維年月日，後學黃榦謹率同舍，拜謁于

❶「婁止」，四庫本作「欲敗」。
❷「歡」下四庫本以「永荷洪庥，敢忘寸報」爲結束語。
❸「熏熏」，清鈔本作「欣欣」。

先聖先師。榦等適以今歲聚學于先聖之宫，惟先聖所以教人，見於門人所記者，曰：「博我以文，約我以禮。」又曰：「子以四教，文、行、忠、信。」蓋博文所以致其知，約禮所以見諸行。加之以忠信誠慤之心，則知無不精，行無不篤也。竊嘗聞於當世宗師者如此，敢不痛自循省，勉勵同志，以無負先聖之教。顧惟庸陋，舍己芸人，日瞻聖容，有靦面目。恭惟先聖，道通古今，不倦之心，千古如在。憫兹後學，尚克相之。敢告。

荆南代吴安撫禱雨文

往歲之夏，不雨而暘。飢饉荐臻，民卒流亡。彼夏而旱，已乖其常。此春而旱，于何不臧。干戈方興，田萊多荒。失時不耕，後將安望？刑政之愆，某身是當。毋虐我民，亦孔之傷。神之聰明，實佐彼蒼。嗚呼仁哉，反妖爲祥。

臨川謁廟文

社　稷

往年大歉，井邑蕭然。一稔之餘，民窮自若。顧瞻四境，惕然于中。神之聰明，尚克有相。

縣　學

聞古之從政，勸學爲先。義理既明，風俗自熾。榦敢不敬從衿佩，勉課誦弦。

城隍

神司此民，而吏治之，惟敬於民，乃敬於神。吏治此民，而神庇之，惟福於民，乃福於吏。故吏之始至，敬謁神祠，非有所祈，惟民是禱。

顔魯公祠

惟公孤忠壯節，萬世如生。臣子大倫，賴公以立。吏司教化，首拜公祠。庶與邑人，聞風而起。

晏元獻祠

惟公受天間氣，爲世鉅公。山川炳靈，顧瞻如在。吏司教化，首謁祠宫。庶公邑人，聞風而起。

祭龍潭文

諸侯祭名山大川之在境内者，禮也。今雖卑而地倍子男，其職爲近民。民之不幸而有水旱之菑，非名山大川其奚禱？案圖考牒，質諸父老云：南濟之山，嵌崟嵂崒，其上爲潭，泓渟黯黮，神龍之所潛，一邑之望。今歲之春，雨暘時若，禾黍芃芃，民生有樂。及兹大夏，不雨逾月。早禾之入，已乖所望。晚稻方茂，田又告拆。天之於民勤矣，胡爲而至此極耶？將吏職有不恭歟？民情有不通歟？是非有不明歟？聽斷有不公歟？賦役或太煩歟？刑罰或失中歟？此吏之愆，匪民之罪也。使者守令，反躬自責。靡神不舉，卒不獲應，豈天神人鬼之不歆非祀歟？抑興雲雨、潤萬物固有其職歟？此榦所以犇走數舍，而有禱于神也。膚寸之雲，足以澤百里之廣；三日之霖，足以慰終歲之望。神亦何憚，而不惠我民耶？

新淦謁廟文

縣學

昔者夫子嘗曰：「達、果、藝於從政乎何有？」榦於三者，未能有一焉。若曰居之無倦，行之以忠，榦雖不敏，請事斯語矣。

城隍

新淦之爲邑，神實司其土。江山之秀，風俗之媺，吏稱其職，民安其業，神亦預有榮焉。以壯哉之邑，而注闕天官者皆望洋而退。吏不能自安，民亦無所赴訴，豈不重爲神羞耶？榦之踈繆，冒昧此來。廉勤自將，固不敢有愧於己；芘護之福，亦不能無望於神。莅事之初，敢敬以告。

建康謁廟文

府學

不學而仕，無德而祿，義不精不足以集事，意不誠不能以動人。自取悔尤，分當誅斥。上恩寬大，易地名藩。聖訓具存，服膺敢怠。反身自省，以蓋前愆。視事之初，敢敬以告。

城　隍

榦丞郡亡狀，分合誅斥。聖恩寬大，姑令易地。趨走大府，朝夕凛然。賴神之休，庶無後悔。視事云初，❶敢敬以告。

漢陽軍祭五先生文

濂溪周先生

維嘉定八年，歲次乙亥，十有二月乙酉朔，六日庚寅，漢陽軍學五先生祠堂成，宣教郎、權發遣漢陽軍兼管内勸農營田事、提舉義勇民兵黃榦，謹率郡僚及諸生釋奠于濂溪周先生。惟先生資禀清明，襟懷灑落，光風霽月，碧草紅蕖。推太極二五，以探造化之原；定仁義中正，以顯人極之立。紹孔孟不傳之緒，闡古今未發之機。眷惟春陵，實隸荆楚，湘波餘潤，沾丐邦人。假守于兹，敢忘祠祀？庶幾末學，尚想高風。敢告。

二程先生

惟先生西洛儲精，濂溪嗣派。春温秋肅，玉潤金堅。指持敬以明存養之端，論致知以極貫通之妙。聖道益闡，後學有師。眷惟鄰封，實生賢哲。釋奠有令，著在禮

❶「云」，清鈔本、四庫本作「之」。

經。假守于兹，敢忘祠祀？師生並列，萬古儀刑。敢告。

建安游先生

□□□□晬然，❶學問日進，見稱於師。□□□□，❷□如日星，❸見稱於友。流風餘韻，足以師□□□。❹惠政在民，至於久而不忘，先生之於此，□□澤固不淺矣。❺百餘年間，士風淳質，可與適道，□其效歟？❻然訪之學官，祠貌猶鈌，遺前賢之軌躅，泯後學之儀刑。師帥之職，得無曠歟？是用建祠，以舉墜典。敢告。

新安朱先生

惟先生稟資高明，厲志剛毅，師延平以繼龜山之緒，泝西洛以尋洙泗之原。六經之指，久鬱而明；周程之學，將訛而正。玩索窮乎杪忽，操履極於堅高。張皇大中，啓迪後學，人尊其道，家哉其書。❼幹也庸愚，早蒙誨誘。總角聞道，皓首無成。顧與邦人，起敬起慕。敢告。

安慶府祭諸廟文

灊皖之勝，穹窿磅礴，甲於兩淮。山川之靈，降而爲神，則聰明正直，其必有以大

❶「□□□□」，四庫本作「先生德器」。
❷「□□□□」，四庫本作「清德重望」。
❸「□」，四庫本作「皎」。
❹「□□□」，四庫本作「範斯世」。
❺「□□」，四庫本作「則遺」。
❻「□」，四庫本作「非」。
❼「哉」，清鈔本爲空格，四庫本作「誦」。

庇茲土也。榦衰晚庸陋，假守于茲。勉竭疲駑，深懼弗稱。禦菑捍患，使年穀屢豐，百姓安業者，惟神其相之。祗謁之初，敢敬以禱。

奏狀

漢陽條奏便民五事

一　結保伍

臣竊見國家比年以來，講求邊備，最爲詳密。然臣竊以爲外侮固所當慮，而內患尤所當憂。今之內患，莫甚於人心渙散而無統。嘗觀成周比閭族黨州鄉之法，上下相維，脉絡相關，防閑密而姦宄不生，❶法制嚴而馴服有素。夫是以人心有所統攝，而緩急不敢以自肆。後世保伍之法，猶有成周之遺意。然州縣之間，未嘗舉行，不過保正掌追胥、户長掌租税而已。以一家而總數十里之地，以一身而任數百户之責，又每一二年而輒易，此豈足以總攝人心，使之久安而無變哉？臣嘗爲臨川令，當開禧用兵之後，隅官之法未盡廢。其法以五家爲一小甲，五小甲爲一大甲，四大甲爲一團長，一里之內總數團長爲一里正，一鄉之內總數里正爲一鄉官，一縣之地分爲四隅，每隅之內總數鄉官爲一隅官。以察姦慝，以護鄉井，行之三年，人以爲便。今者蒙恩假守漢陽，適值大旱，細民艱食，修舉荒政，□推

❶「宄」，原作「究」，據四庫本改。

行保伍之法，❶户籍多寡，蓄積有無，皆可得而周知，然亦但爲荒政設耳，不敢大有所更張也。向使熟議而力行之，則維持人心、防閑變故之道，無以易此。況湖右之地，皆五方雜處之民，土地廣袤，姦盜伏藏。往年虜未入境，嘯呼成羣，剽刼閭里者，皆此曹也。使保伍之法既明，則人心素有統屬，亦何至於肆行而莫之禁耶？故知保伍之法，乃所以總攝人心、防閑變故，而爲緩急之慮也。苟法制素守、人心既孚，因其農隙，教以武事，則五、兩、卒、旅、軍、師之制，可以漸復，而戰攻守禦之習亦無不精。不惟不至於爲寇，而又足以禦寇，亦何憚而不爲乎？❷臣所陳果有可採，欲乞行下制置司詳議施行，取進止。

二　廣儲蓄

臣恭惟國家以深仁厚澤覆露宇内，一民一物之微，撫摩愛育，不忍使之不得其所，獨於水旱凶荒，州縣無素備之策，而民之死於飢莩者，不知其幾，甚可傷也。今之守令爲救荒之策者，不過曰勸分、曰通商而已。勸分通商，不聽其自爲低昂，則客旅税户不肯出粟；若聽其自爲低昂，則人心無厭，數倍其價，閭閻小民當豐穰之歲，亦必父子竭作然後可以易一飽。迨至凶荒，雖有技藝，已無所售，安得有數倍之錢可以糴米，則亦有相與枕藉而死耳。夫事固有若

❶「□」，四庫本作「遂」。
❷「憚」，原作「禪」，據清鈔本、四庫本改。

老生常談而確然不可議者，廣儲蓄是也。然人皆知其不可易，而不可爲者，病在因循而已。本軍每歲苗米不過二千餘石，僅足以解總所給大軍，而本軍官兵之請給，皆旋行收糴，素未嘗蓄積也。自前知軍孫祚首糴萬石，知軍王從繼之，亦糴萬石。今歲大旱，偶米價未大貴之日，臣急發郡帑借貸緡錢，糴客舟税户米三萬餘石，漢川縣亦糴萬石。自六月以來，米價頓貴，藉此六萬餘石之米，發以賑糶，每户數石，則亦可以及萬餘之衆，日食賤米而無慮。以是推之，則積貯者信其爲天下之大命也。臣愚以爲莫若及今行下兩浙、江東西、湖南北諸路，擇沿江十數大郡起立倉敖，使可積數十萬石。纔遇豐熟，即於諸郡和糴椿積，則十郡可積數百萬石。雖有水旱，不能爲吾憂矣。況胡運日衰，中原故壤指日可復，師旅一動，悉發此米，方舟而下，何患糧食之不繼哉？方旱而思造舟，方暑而思造裘，雖若近於迂闊，然先事而慮，可以無憂。事至而憂，則無及矣。惟集議而決行之，天下幸甚，取進止。

三　修軍政

臣竊見州郡之間，有厢軍，有禁軍，非獨以備使令，蓋將使之執干戈以爲攻守之用。江北之兵，視江南内地爲尤重。臣獨怪江北之兵，反不若江南之有紀律，朝而來暮而去，甲之名乙承之，丙又承之，累數十人無非甲也，累數十年無非甲也。十人之中無妻孥者七八，苟於趨利，輕於犯法，屢黥莫之悔也。緩急之際，求其不相挺而爲盗，已爲幸矣，況敢望其備攻守之用乎？臣守漢陽，嘗觀諸軍之請給，廂軍月糧五斗，禁軍倍之。夫五斗之米，不足以供一卒一月之食，薪蔬之費已無所從出，尚何暇爲妻孥計哉？春冬衣賜，則以鐵錢折支，視中州所得五分之一耳。夫衣食足則知自愛，所施者厚則其報之者亦然。今待之如此其薄，是驅之使爲不肖也。臣到任之初，廂禁軍各添支月糧五斗，復與之料錢數百。嫁娶生育，則助其費，疾病則給以藥；差出日久，則贍其家；無屋可居，則爲營寨以處之。向之單身無家者，皆有願爲之室者矣。到任一年，輕於犯法者絶少，而逃竄者則絶無也。以此思之，則前日不爲吾用者，責有所歸矣。臣愚以爲，有一郡必有一郡之財賦，誠能撙節用度，檢防滲漏，以修舉軍政，當務之急，莫先於此。臣前所言三事，皆本軍所已行者，非敢自言其能也。因其已試，然後見其可行，不敢爲誕謾嘗試之言也。敢輒僭陳之，以俟採擇，取進止。

四　領監卒

臣竊見漢陽軍，地居江北，實吴蜀之咽喉，武昌之藩蔽。財賦窘乏，兵籍單弱，反不若江南之一小縣。地逼諸臺，費倍他郡。廂禁軍通約五百人，而總漕兩司占破其半，其餘以備差使猶且不給，尚何暇教習以爲守禦之備乎？若欲廣行招募，則事力既乏，無以給之。今臣愚計，可以不費錢糧，而坐得數百人之精卒，以爲州郡之用。竊見本軍有鐵錢監一所，置監之初，每歲認額十萬貫。臣到任之始，覈實其數，累數年間，椿積極少。問之監吏，則曰所鑄之錢，僅只以充監卒請給之費。守臣雖任提督點檢之責,而其權乃屬淮西坑冶司,任其事者自有監官,出入多寡,守臣不得而問焉。弊之有無,臣不敢知也。獨竊見鼓鑄之卒不下三百人,類皆伉健可用,月有廩給,供贍頗厚,非廂禁軍比也。若以錢監之權屬之湖北漕司,而使守臣掌其收支出入,在監之卒悉聽守臣之節制,不惟監中之弊可革,而數百人之卒,可以助州郡之軍額。鼓鑄之暇,教以武事,而爲緩急之備,此所謂不費錢糧而坐得數百人之精卒,計無便於此者。如臣言可採,乞行下湖北轉運司,相度施行,取進止。

五　復馬監

臣竊見馬政,國之大事也。騋牝三千,衛國以興,思馬思徂,魯人頌之,則其關繫,誠爲不輕。國家所用之馬,西取於蜀,南取於廣,皆在數千里之外。博易之費,道里之費,一馬之入動數百千,其所得甚艱,所費甚巨。一有緩急,無馬可用。開禧年間,虜騎壓境,旋行收買,駑駘下乘,亦以備數。平居暇日,可不思所以處之乎?竊見漢陽管内,有馬監一所。馬之自蜀來者憩息於此,五日而後行,守臣亦預點檢之責。臣嘗親至其地,見馬監之前有所謂孳生監者,乃鄂州大軍昔日所創。方其盛時,馬之蕃息可以足軍中之用,今監皆頹敗,不復有馬矣。漢陽爲郡,土壤甚廣,風氣甚勁,水草甚饒,若委之守臣,使之興復舊監,以爲牧馬之地,給降本錢收買江北所産之馬,而蕃息之,差撥兵卒,使任牧養之責。數年之間,生息蕃盛,猝有緩急,即可爲用。與夫求之於至遠之地，買之於倉卒之際，其利害相去遠矣。如臣之愚，未必深曉世務，更乞行下總領所，同鄂州都統司相度施行，取進止。

勉齋先生黄文肅公文集卷第二十三

擬　奏

安慶府擬奏便民五事

一　安淮民

臣竊見江南之有兩淮，猶人家之有牆壁也。牆壁固則堂室安，垣頹壍斷，雖有室家之好，恐亦不能以自固。守邊之臣，保障之計，莫先於安民。臣竊怪兩淮之民困苦憔悴，遠不如江南之民者，役使科敷皆在淮民，江南之民無有也。臣生長江南，每見有産之家，不過春秋輸納二税耳，不過累數十年一充保正、户長耳。自此之外，官司未嘗一毫過而問焉。無産之家，則耕田鑿井，蓋有終身不入城市者焉。兩淮之民，何其擾擾耶？既爲武定，又爲民兵，又爲萬弩手，又爲保伍。既爲保正，又爲户長，又爲大保長，又爲小保長，無一家得免，無一人得休也。或運糧，或運草，或運竹木，以至起造亭館、迎送賓客，無一日非差夫也。以安慶言之，如科廬州之馬草、廬州敵樓木、巢縣寨屋料，類皆不計道里之遠近，不恤州縣之有無，名曰和買，其實白科。監司行下州郡，州郡行下縣道，縣道行下保正，保正敷之大小保長，大小保長抑勒百姓，既責以出草出木，又責以出錢湫結，又責以水脚般運，一丁之夫、一葉之舟不得免也。爲淮之民，❶何其重不幸也？人家將以固其堂室，反自毀其垣塹。兩淮之民，既欲得其死力以抗外禦，必當寬其征役，以安民心，使兩淮之民亦如江南百姓之安，則其感戴朝廷恩德，孰不願殞軀捐命，以爲江南之捍蔽哉？欲望聖慈特賜詳酌，行下制府及諸司，存恤淮民。糧當預積，不可待倉卒而旋運。草當近取，不可於遠地而强科。竹木之屬，或均敷於江南，或差人自買，不必抑勒郡縣。縣既有保正，又有户長，不必保正户長之下又差大小保長，庶幾淮民稍得安業。淮民安，則江南安矣。

二　實邊郡

臣竊見用兵之道，以糧爲重。漢之敗楚，以蕭何給餉之功。蜀之不能勝魏，亦以諸葛出師，糧食不給故也。然古之行軍，因糧於敵者，上也；實粟塞下者，次也；千里餽糧，斯爲下矣。今之北虜連年旱蝗，彼方飢餓轉徙，固不復有糧之可因。爲今之計，莫若於暇豫之日，急爲實粟塞下之謀。向者，沿邊諸郡無城壁之可守，則固無積粟之所。今浮光、安豐、廬、濠諸州既皆有城，則當預積粟於諸郡，以閑暇之日爲緩急之備，則軍不至於乏絶，民不至於騷動。苟爲不然，平居暇日恬不爲備，至於兩鋒相交，方且望糧食於千里之外，餉道既絶，則雖有精將良卒，亦安所施？近裏州郡，一聞邊□之警，莫不各爲守禦之備，方且起夫運糧，羽書交馳，急於星火，居者有破産之患，行者有喪身之憂。郡縣憂惶，人心離怨，亦何

❶「淮」，原作「准」，據清鈔本、四庫本改。

暇爲固圉之計耶？臣之區區管見，莫若於近江諸郡各認所管沿淮諸郡之米。蘄、黄、安慶、無爲、歷陽，此沿江之郡也。浮光、安豐、廬、濠，此沿淮之郡也。度其地里之遠近，責以所運之米，實於所管之郡，使之早爲區處，督以搬運，庶幾不至上誤國計、下失人心，計無便於此者矣。

擬應詔封事

臣竊以爲，天下之患，非有形之易見者爲可憂，而無形之難知者尤可慮。自姦臣擅權，竊弄兵柄，搔動南北之生靈，使之肝膽塗地，❶不知其幾千萬，遂使怨毒之氣上下相干，陰陽旱蝗相因，流殍滿野，此誠非常之變，有形之可見者也。雖三尺童子，皆知以爲深憂。自天誅顯行，姦臣就戮，諸賢彙進，公道復升，❷薄海内外，延頸以觀太平。而歷觀州縣之事，蓋有凛然若不能一朝居者，是豈好爲異論以驚世駭俗哉？蓋嘗竊謂：今天下無一事之不弊，無一民之得所。一郡之大，以言乎兵則不强，以言乎財則不裕，以言乎城堡則不修，以言乎器械則不備，以言乎風俗則喜事而囂訟，以言乎官吏則誕謾而具文。此臣所謂無一事之不弊者是也。雖今之氓負陰抱陽，❸君以爲天，❹國以爲本，聽其自善自惡、自貧自富、自安自危，而漠然不以爲意。今貪吏害之，❺酷吏害之，黠胥又害之，弓手土兵之追

❶「膽」，四庫本作「腦」。
❷「升」，四庫本作「明」。
❸「雖今」，四庫本作「蚩蚩」。
❹「天」，四庫本作「貴」。
❺「今」，四庫本作「令」。

逮者又害之，兼并豪户之徒又害之，凛然何以自立？而中産之家，十室九破，小民則今日壞而明日死之矣。此臣所謂無一民之得其所者是也。蓋嘗深求其故，竊以今之天下，當極弊之勢，苟不速反而正之，則壞爛頽靡，而不可收拾。前輩以謂視其容貌無以異於常人，❶而倉公、扁鵲所望而走者也。然則今之天下，當如何？管子曰：「禮義廉恥，是謂四維。四維不張，國乃滅亡。」夫禮義廉恥，行於士大夫之間，而足以維國祚於長久者，何也？使士大夫而知禮義，知廉恥，則必知君之當尊，民之當愛，禄之不可苟食，而職事之不可苟廢也。今也不然，士大夫之處心者，不復知有君，不復知有民。知有細書疊幅、華言麗語，以取知而已；知有擎跽曲拳、卑詞下氣，取容而已；知有苞苴賄賂、請託奔競，以求進而已。云云。

代奏

代撫州陳守

一　綱運

國家綱運，資以餉軍。比年以來，法度弛壞，非惟軍餉不繼，抑亦公私受弊。其未離岸也，有江水淺涸、坐食縻費之弊；其已離岸也，有監官侵虧、船梢盗竊之弊；而其既敗也，有攤賴平民之弊。雖知其弊，莫之

❶「以」，四庫本作「所」。

能革，是無他，廢轉般之制，❶而循直達之法故耳。今欲革歷年之弊，使官無羨費，而衆害悉除，則莫若復轉般之制。且以江西一路言之，如撫州、建昌綱之折閲，每以水道淺涸，不能行巨舟，延引歲終而未能起隔歲之綱者。一綱吏卒水手，動數百計，又所招集並皆游手無賴之人，自度官吏侵盗大數已虧，恣情極用，無所顧忌。估籍所償，不能萬分之一，官司不免縱之，攤賴平民，侵削國本，爲害不細。今若於隆興置轉般倉一所，每歲一路綱運水脚，其費不貲，取其所費養水軍數百人，命一武臣爲之長，造數十巨艦，部以軍法，責之轉輸。近裹州軍，止以小舟運載，納之轉般倉，却令水軍專一護送，更往迭來，不假召募。綱紀素定，部分素嚴，舟楫素具，較之烏合嘗試，實相萬萬。如此，則非惟可以省官綱之折閲，抑足以增國家之武備，戢江湖之羣盜，脱士大夫之罪戾，免平民之攤賴，是一變法而羣害悉去，衆利並興。如果可採，乞於諸路推廣之。

二　役法

役法之弊，其來尚矣。國家之制，保副正謂之大役，户長謂之小役。二役皆選之每都人户，大役者非户産稍高不在其數，至於小役，則税錢或不滿百，亦所不免。寛都人户有至二三十年方一差者，狹都人户有三五家循環充役，無歲不受其害者，故物力之家雖置産於狹都，❷而必立户於寛都，雖

❶「般」，四庫本作「磐」，本篇下同。
❷「力」下，四庫本有「充實」二字。

散其産於狹都，而必併其税於寬都。彼寬都之役日以寬，狹都之役日以密；寬者益富，而密者益貧；❶貧者益勞，而富者益逸；勞者日益朘削，而逸者日益封殖。勞逸不均，而中産以下破蕩流移，深可憐憫。竊以保正副所管者煙火盜賊，故必本都之人而後可充；户長所管者催科，亦何必皆本都之人哉？況今之爲保正副、户長者，皆非其親身，逐都各有無賴惡少，習知鄉閭之事，爲之充身代名。執役之親身雖屢易，而代役之充身者數十年不易也。故莫若差大役則限以都，差小役則不限以都而限以鄉。一鄉數都，寬狹相通，則富者不至於逃逸，而貧者不至於獨勞。休養生息，加之數年，小户漸爲中户，而爲公家執役者甚衆，則大户中户亦不至於有頻差之擾。更勞迭逸，其利無窮。此亦固國本之一端也。

三　役卒

罪隸刑餘之人，類非尋常庸奴之才，漁食里閭□□□□□□□□□□害然上之人能駕馭□□□□□□□□□□以部伍，飽其衣食而□□□□□□□□□□遏絶姦非，亦足以去□□□□□□□□□□利。故管夷吾之取盜□□□□□□□□□□跖弛士小大雖殊，❷皆□□□□□□□□□□罪不至死者姑從流□□□□□□□□□□配所而遂逃竄以歸□□□□□□□□□□歸者，昔爲平民，足爲□□□□□□□□□□軍自名則横行閭里，□□□□□□□□□

❶「密」，四庫本作「狹」。

❷「跖」，原作「蹠」，據本書卷十二《與黄去私書》改。

□賊之多民不安枕者，□□□□□□□□□□□□爲國家募卒，每得疲□□□□□□□□□□□則掩耳而不願聽聆□□□□□□□□□□惟是黥徒免死之人，□□□□□□□□□□跳浪奔走筋力百倍，抗□□□□□□□□□□堪勞苦耐飢渴，往時帥□□□□□□□□□□□擒姦贓盗大獲其用。曩□□□□□□□□□□，❶精鋭非他卒比。今地□□□□□□□□□□□，❷黥隸之徒悉收養之，精□□□□□□□□□□，❸可以修武備而壯軍威，❹□□□□□□□□□□□民害也。惟朝廷詳酌而行之。❺

四　逃户

古者取民之法，惟租税而已。其他山澤之利，皆與民共之，茶鹽酒榷之禁，古無有也。後世國用匱乏，權一時之宜，以紓目前之急耳。今國家征榷之法密於前世，無一目之漏、一孔之遺，而國之租税所以爲公家經常之用者，顧乃爲姦民變易名字，貿亂簿書，謂之逃户。夫户則逃矣，其田固自若也，水不能飄，火不能焚，非篋笥所藏，非人力所徙，自古以固存，誰得而掩覆之哉？其所以不究見者，鄉司實執其權耳。税産之陞降出於鄉司，而爲是逃亡倚閣者，亦出於鄉司。爲官吏者，又皆苟簡歲月，應文逃責，孰肯一一而研究之哉？故莫若使爲縣令者，盡括諸鄉之逃户，具爲一書，隨其一

❶「曩」，原闕，據本書卷十二《與黄去私書》補。
❷「今地□」，本書卷十二《與黄去私書》作「今若於」。
❸「精」，原闕，據本書卷十二《與黄去私書》補。
❹「軍威」，據本書卷十二《與黄去私書》補。
❺「詳酌」，據本書卷十二《與黄去私書》補。

任之力，根括搜求，期復舊額，及其終更，具申於州，州考其實，以爲殿最，少示黜陟。磨以歲月，則稅額可以復舊，而國用可以自足。與夫屑屑於常賦之外，以求足用之道者，大相遠矣。

五　陂塘

國家頻年以來，常苦旱暵，是雖天時之適然，而亦人事不修之過也。人事既盡，則雖天災流行，亦有不得而勝者。陂塘之利所以灌注田畝，漢世良吏往往以開渠灌田立名後世，如召伯埭、甘棠湖之類，民到于今稱之。使爲國者可以一切取必於天，則何必若是之屑屑哉？江西之田瘠而多涸，非藉陂塘井堰之利，則往往皆爲曠土。比年以來，飢旱荐臻，大抵皆陂塘不修之故。莫若申嚴舊法，在州委通判，在縣委縣丞，先於每鄉籍記陂塘之廣狹深淺，方水泉涸縮之時，農事空閑之際，責都保聚民，浚深其下，而培築其上。積水既多，則雖有旱暵，而未始枯竭。巡行考察，課其勤惰而爲之賞罰。其始雖若勞，而其終乃所以利民。如此，則天災不能爲害，豐登可以常保，而不至於上勤朝廷賑恤之勞矣。

代　奏

代撫州陳守奏事

第　一　劄

竊見方今綱運之弊，惟撫州建昌軍最

甚。公私受害，殆非一端。國家全資綱運，每綱虧折，動數千碩，遂至軍儲不給，此總所之害也。❶虧折之後，部綱官吏與夫綱梢拘縻兩州，動數百輩，文移迫促，責在州郡，此州郡之害也。部綱之官圖賞而獲罪，篙工舟師規利而被害，大者褫爵，小者破家，此部綱者之害也。綱官、舟人虧折之後，既無以償，妄指富民以圖攤賴，州縣追逮不問虚實，囹圄禁繫，責以代償，此居民之害也。以一綱運而公私俱受其害如此，是可不思所以革之乎？蓋嘗訪求其故，則其積弊非一日矣。兩州處江西之上流，溪狹而水淺，州郡窘乏，起綱不以時，則坐淺日久，虧折日多，人見其虧折之爲害，則官吏之謹畏、商賈之富實者類以部綱爲戒。其甘心部綱者，皆破落無賴之徒，故綱未離岸而水脚之費已空，綱已離岸則盗糶官米以自給，又自知其大勢之必不免也，則公然發糶，以爲買囑請求之資，此綱運之弊所以無歲而不爲害也。此無他，不循祖宗轉般之制，❷而行後世直達之法耳。撫、建兩州綱運，❸歲幾二十萬石，水脚之費爲錢十餘萬緡，置水軍千人於豫章，而以水脚之費爲之衣糧，使兩郡徑以當運之米輸之轉般倉，漕司自以水軍爲之般運，一軍之中必有將校使之部轄，號令素明，則必無侵盗虧折之患。往來江湖，習於水事，以其暇日造爲戰艦，使之教閲。江湖之間盗賊淵藪，知吾有備，亦自消弭矣。江西鹽貨最爲今日之利原，而悉歸於富商之手，若易以官般之法，使水軍之運

❶「總」下，四庫本有「綱」字。「之」，四庫本作「以」。
❷「般」，四庫本作「盤」，本篇下同。
❸「撫建」，原爲墨丁，據四庫本補。

綱者交米於建鄴、京口，以其歸舟運鹽於通、泰，聚之漕司，發之諸郡，漕司以其所得之息而廣軍儲，則又不但可給千人而已。如此，則因綱運以寓軍制、弭盜賊而壯國威，衆害去而百利興矣。

第二劄

竊見江西、湖南盜賊擾攘，覆軍殺將，焚破縣邑，陵迫州郡，雖曰小寇，實有不可忽者。以臣計之，此輩本無深謀遠慮，其始不過爲剽掠之計耳。在我素無自治之策，而浪與之鬭。以彼之輕鋭，據地之險阻，連亘千里，與吾州縣相接，故乘吾之虚，得以肆其陸梁，而吾輕與爲敵，是以縣邑屢破，官軍屢衂，而賊勢愈張。賊勢既張，則其事將有不可測者。自治之策，其可不亟講之乎？重門擊柝，以待暴客，蓋取諸《豫》，在《坎》之《彖》亦曰：「王公設險，以守其國。」蓋高城深池以固吾圉，雖平居無事，猶不可緩，況羣盜在境，爲郡縣者獨可不爲城守之計乎？❶嘗竊迹近事，虜人之犯荆襄也，棗陽無城最先破，隨州無城則又破，光化無城則又破，襄陽、德安城壁最堅，故虜騎攻之，數月不能拔。郢州號爲石城，城小而堅，虜人圍之數日，度不可攻而遂去之。淮東諸郡亦然。非守者有勇怯，有城與無城異耳。❷國家南渡以後，大築襄陽、楚州兩城，方其經畫之初，豈能無勞民費財之患？設使兩城不築，前者虜人得以據吾之要害，則今日之事得無有大可慮者乎？此已事之

❶「可不」，四庫本作「不思」。
❷「有」上，四庫本有「乃」字。

明驗也。爲今之計，莫若行下江西、湖南、二廣州郡，去賊不遠者，可大治城壁。朝廷出捐度牒，以助其費，使州郡爲區處。雖貸民之錢，用民之力，亦有所不得已者。蓋不暫勞者不永逸，以逸道使民，雖勞不怨也。吾之城壁既堅，然後悉發諸縣村郭富室大家，凡其米穀金帛之屬，入保于州縣。郭之不能爲城壁者，亦當遠斥堠，掘坑塹，使不得以衝突。彼之蜂屯蟻聚，幾數千人，非有平日蓄積之素，進無所虜掠，退無所資給，則其勢必至於自相賊殺，束手而受降矣。又何必數與之鬬，以自損吾之威重乎？夫以朝廷威靈，將士用命，蠢爾小寇行即授首，若不足慮。然因此而大治諸郡之城壁，不惟可以禦一朝之患，實國家萬世無窮之利也。

論

《中庸》總論

《中庸》之書，《章句》《或問》言之悉矣，學者讀之，未有不曉其文通其義者也。然此書之作，脉絡相通，首尾相應，子思之所述，非若《語》《孟》問答章殊而旨異也。苟從章分句析而不得一篇之旨，則亦無以得子思著書之意矣。程子以爲：始言一理，中散爲萬事，末復合爲一理。朱先生以「誠」之一字爲此篇之樞紐，示人切矣。今輒述其遺意而言之。竊謂此書皆言道之體用，下學而上達，理一而分殊也。首言性與道，則性爲體而道爲用矣。次言中與和，則中爲體而和爲用矣。又言中庸，則合體用而言，無適而非中庸也。又言費與隱，則分體用而言，隱爲體費爲用也。自「道不遠人」以下，則皆指用以明體。自言「誠」以下，則皆因體以明用。「大哉聖人之道」一章，總言道之體用也。「發育萬物，峻極于天」，道之體也；「禮儀三百，威儀三千」，道之用也。「仲尼」一章，言聖人盡道之體用也。「大德敦化」，道之體也；「小德川流」，道之用也。「至聖」則足以全道之用矣，「至誠」則足以全道之體矣。末言「上天之載，無聲無臭」，則用即體、體即用，造道之極致也。雖皆以體用爲言，然首章則言道之在天，由體以見於用；末章則言人之適道，由用而歸於體也。其所以用功而全夫道之體用者，則戒懼謹獨，與夫智仁勇三者，及夫「誠」之一言而已。是則一篇之大旨也。子思之著書，所以必言夫道之體用者，知道有體用，則一動一静皆天理自然之妙，而無一毫人爲之私也。知道之有體，則凡術數詞章非道也；知道之有用，則虚無寂滅非道也。知體用爲二，則操存省察皆不可以不用其力；知體用合一，則從容中道皆無所用其力也。善言道者，未有加於此者也。曰：「孔孟何爲而不言也？」曰：「其源流可考也。孔子之學傳之曾子，曾子傳之子思，子思傳之孟子，皆此道也。曾子曰：『夫子之道，忠恕而已矣。』忠即體，恕即用也。『維天之命，於穆不已。』非道之體乎？『乾道變化，各正性命。』非道之用乎？此曾子得之孔子，而傳之子思也。孟子曰：『惻隱之心，仁之端也；羞惡之心，義之端也；辭遜之心，❶

❶「遜」，四庫本作「讓」，下文同。

禮之端也；是非之心，智之端也。』惻隱、羞惡、辭遜、是非，非道之用乎？仁義禮智，非道之體乎？此又子思得之曾子而傳之孟子也。道喪千載，濂溪周子繼孔孟不傳之緒。其言太極者，道之體也；其言陰陽五行、男女萬物，道之用也。太極之静而陰，體也；太極之動而陽，用也。聖賢言道，又安有異指乎？」或曰：「以性爲體，則屬乎人矣。子思以爲天命，又以爲發育萬物，峻極于天，又以爲經綸大經，立大本，知化育，乃合天人爲一。何也？」曰：「性即理也。自理而言，則屬乎天；以人所受，❶則屬乎人矣。屬乎人者，本乎天也。故曰：『萬物統體一太極，天下無性外之物。』『一物各具一太極，性無不在』。屬乎人者也。」或曰：「《中庸》言體用，既分爲二矣。程子又言性即氣，氣即性，道亦器，器亦道。則何以别其爲體用乎？」曰：「程子有言，『體用一源，顯微無間』也。自理而觀，體未嘗不包乎用，『冲漠無朕，萬象森然已具』之類是也；自物而言，用未嘗不具乎體，一陰一陽之謂道，形色天性之謂是也。」或曰：「如此，則體用既不相離，何以别其爲費爲隱乎？」「道之見於用者，費也；其所以爲是用者，隱也。費猶木之華葉，可見者也；隱猶華葉之有生理，不可見者也。小德之川流，費也；大德之敦化，隱也。然大德之中，小德已具；小德之中，大德固存。此又體用之未嘗相離也。」嘉定戊寅，栖賢寺書此，以爲《中庸總論》。

❶「受」下，四庫本有「而言」二字。

勉齋先生黃文肅公文集卷第二十四

講義

臨川郡學

《乾》:「元亨利貞。」《文言》曰:「元者,善之長也;亨者,嘉之會也;利者,義之和也;貞者,事之幹也。君子體仁足以長人,嘉會足以合禮,利物足以和義,貞固足以幹事。君子行此四德者,故曰:乾,元亨利貞。」

孟子曰:「無惻隱之心,非人也;無羞惡之心,非人也;無辭讓之心,非人也;無是非之心,非人也。惻隱之心,仁之端也;羞惡之心,義之端也;辭讓之心,禮之端也;是非之心,智之端也。人之有是四端也,猶其有四體也。有是四端而自謂不能者,自賊者也。謂其君不能者,賊其君者也。凡有四端於我者,知皆擴而充之矣。若火之始然,泉之始達,苟能充之,足以保四海;苟不充之,不足以事父母。」

五三載籍之傳,以仁義禮智對立而並言者,自孔孟始,前此未之聞也。孔子發之於《易》,孟子深於《易》,從而祖述之,示人之意深矣。天地奠位而陰陽分,陰陽既分而五行具,天地之大,所以行四時而生萬物者,不過陰陽五行之理而已。元者春之生,而其行爲木;亨者夏之長,而其行爲火;利者秋之成,而其行爲金;貞者冬之藏，而其行爲水。人禀陰陽五行之氣，而生乎天地之間，則亦具元亨利貞之德，而爲仁義禮智之性。元之德於性爲仁，亨之德於性爲禮，利之德於性爲義，貞之德於性爲智。天地而非元亨利貞，不能以行四時、生萬物；人而非仁義禮智，又何以充四端、制百事哉？均是人也，均賦此性，均具此形，夫子之言，特以爲君子行此四德；孟子之言，又有不能充之者。何哉？蓋人受天地之中，無非此性，雜之以氣質，撓之以習俗，不能親師取友，以致其學問之功，雖有此性，亦未免於晦而不明，窒而不通矣。今夫暴虐很鷙，❶傷人害物，則無復惻隱之心矣；頑鈍嗜利，寡廉鮮恥，則無復羞惡之心矣；驕淫矜誇，傲很凌物，則無復辭讓之心矣；背善趨惡，舍正習邪，則無復是非之心矣。如此，則雖有人之形以生，亦何以異於禽獸哉？此無他，學問之功不明，而無以全其本然之性也。古之君子，博學之，審問之，謹思之，明辨之，篤行之，非誇多鬬博以爲能也，絺章繪句以爲工也，求其知吾性之至善，而全其所固有也，故其仁之用，足以愛人而利物；義之用，足以制事而度宜；禮之用，足以事上而接下；智之用，足以明物而察倫。是豈獨足以盡人之性哉？蓋將與天地相爲流通而無間矣。三代而上，此道素明，故黎民於變比屋可封，雖閭巷匹夫亦無往而非賢也。秦漢以來，功利之習勝，而此道始不明矣。大山長谷之中，田夫野叟尚有能守其醇厚質實之素，而通都大

❶「虐」，原作「虚」，據清鈔本、四庫本改。

邑，經生學士反不及焉。其聞見甚博也，其文辭甚工也，考其胸中之所存，而察其操履之實，則其可愧也多矣。其天資之美者，亦不過安常守分，而於聖賢教人之方，謾不加省。舉世滔滔，隨波逐流，醉生夢死，豈不甚可悼哉？誠能玩《大易》之旨，味《孟子》之言，反觀默省而知吾心四德之本，窮理格物而辨吾心四德之實，存養修省而審吾心四德之幾，勉强力行而全吾心四德之用，則天地之所以爲天地，聖賢之所以爲聖賢，皆吾分内事也，又何苦甘心於庸淺下流之域，而與草木俱腐哉？《大易》之言四德而必贊之以乾元之大，《孟子》之論四端而必首之以不忍之心，蓋仁義禮智者吾心之所固有，而仁足以包四德，猶四時之運而春生之氣未嘗不流行乎其間也。春者歲之始，朔者日之始，即《大易》之所謂元，孔孟之所謂仁也。夫道豈難知哉？人病弗求耳。我心之憂，日月逾邁，若弗云來。有志之士，盍相與勉之。

隆興府東湖書院

子曰：「道之不行也，我知之矣。知者過之，愚者不及也。道之不明也，我知之矣。賢者過之，不肖者不及也。」道者何？君之仁、臣之敬、父之慈、子之孝、與人交之信，根於吾心之本然，而形見於事爲之當然者，皆是也。曷嘗有過與不及之偏哉？過與不及，此道所以不明不行也。然嘗竊有疑焉，賢與知，人品之最高者也，一有過焉，則無異於愚不肖。志於道而有不及，特未造夫道耳，其與違夫道者有間矣，而遂指以爲愚不肖焉，何哉？ 蓋道之在天下，中而已。過非中也，不及非中也。賢且知而失之過，則如楊墨佛老，而其流至於無父無君，豈不深可畏哉？ 志於道而不能以合夫當然之理，則明有所未通，誠有所未立，雖謂之愚不肖可也。聖賢衛道之嚴，所以力勉夫人以大中之道者，蓋若此。然則學者當如何哉？ 博學之，審問之，謹思之，明辨之，篤行之，不惑乎賢且智之過，不憧乎愚不肖者之不及，則庶乎其可也。若曰學可以不講，而一蹴可以至乎聖賢之域，既未免乎賢且智之過，至於用力不篤，悠悠玩日，而卒無得，則雖謂之愚不肖，亦奚不可哉？ 同志其勉之。

新淦縣學

子貢問曰：「何如斯可謂之士矣？」子曰：「行己有恥，使於四方不辱君命，可謂士矣。」曰：「敢問其次。」曰：「宗族稱孝焉，鄉黨稱弟焉。」曰：「敢問其次。」曰：「言必信，行必果，硜硜然小人哉。抑亦可以爲次矣。」

子路問曰：「何如斯可謂之士矣？」子曰：「切切偲偲，怡怡如也，可謂士矣。朋友切切偲偲，兄弟怡怡。」

爵有五，士居其間，民有四，士爲之先。謂之士者，誠可貴也。人物並生天地之間，而人爲最靈，謂之人則宜其舉相似也，而士爲貴，何哉？ 以其記誦之多，文辭之工耶？ 則由與賜優爲之矣，乃汲汲然以士爲問，何也？ 夫子之於二子，非有所隱也，至其告之者，不過於行己事君、入孝出弟、言信行果，與夫處兄弟朋友之間，又何耶？ 人之大倫五：父子也、君臣也、夫婦也、兄弟也、朋友之交也。父子有親，君臣有義，夫婦有別，長幼有序，朋友有信，五者人之大端也。舜命契爲司徒，必先於敷五教，三代之學，所以明人倫也。則謂之士者，捨是無急焉矣。後世則不然，父子之所告詔，師友之所訓誨，有司之所選掄，記誦而已耳，詞章而已耳，人道之大端不暇講也。如是而謂之士，其果可以當此名耶？ 謂之可貴，未見其真可貴也。雖然，「天生烝民，有物有則，民之秉彝，好是懿德」。孩提之童，無不知愛其親，及其長也，無不知敬其兄。孺子入井，而怵惕惻隱之心油然而生者，人莫不有是心也。聖賢慮夫人之莫覺也，又爲之推明縯繹，載之簡策，炳然易見。學者誠能端居靜慮，察吾心之固有，博學審問，以求聖賢之格言，存之於心，體之於身，措之於事，則人道之大端既有以得之，而士之美名始可以無愧矣。此豈溺於記誦詞章之習者所可望哉？ 敢以所聞於師友者爲諸君誦之。

王子墊問曰：「士何事？」孟子曰：「尚志。」曰：「何謂尚志？」曰：「仁義而已矣。殺一無罪，非仁也；非其有而取之，非義也。居惡在？ 仁是也。路惡在？ 義是也。居仁由義，大人之事備矣。」

仁，人之安宅也。義，人之正路也。 曠安宅而弗居，舍正路而不由，哀哉！

孩提之童，無不知愛其親者，及其長也，無不知敬其兄也。親親，仁也；敬長，義也。無他，達之天下也。

《論語》一書，未嘗以仁義對言，而《孟子》言仁義者，不一而足。聖賢之教，宜無異指，而若是不同，何也？仁義，性所有也。夫子言性不可得聞，而孟子道性善者，夫子教人無非仁義之道，使人油然入於仁義而不自知也；孟子憫斯世之迷惑，故開闢啓鑰，直指人心，而明告之也。五常百行，皆性所有，而獨言仁義，又何也？仁蓋總其名，而五常百行，其支派也。孟子提綱挈領，使人由是而推之，無往而非仁義也。孟子之言仁義也，其强爲是名耶，抑亦有自來也？且何以知其爲性所有，而五常百行之總名也？夫子固嘗言之矣：「立天之道曰陰與陽，立地之道曰柔與剛，立人之道曰仁與義。」三才之道，一而已，陰陽以氣言，剛柔以質言，仁義以理言也。人受氣於天，賦形於地，禀陰陽剛柔氣質以爲體，則具仁義之理以爲性，此豈人之所能强名？而五常百行，孰有出於仁義之外哉？道固莫大乎仁義矣。而孟子又曰「惻隱之心，仁也；羞惡之心，義也；恭敬之心，禮也；是非之心，知也」，向之二者分而爲四，又何也？天固不外乎陰陽，陰陽互分而爲老少，則爲四矣。陰陽互分而爲老少，金木水火之所以流行也。木神則仁，金神則義，火神則禮，水神則知，五行既不外陰陽，則五性不外乎仁義也。嗟夫！人禀五行陰陽之秀氣以生，而具有仁義禮知之性，所以與天地並立而爲三也。自其爲氣禀所昏、物欲所汩，❶則惻隱者變

❶「汩」，四庫本作「蔽」。

而爲殘忍矣，羞惡者變而爲鄙賤矣，恭敬者變而爲傲慢矣，是非者變而爲昏愚矣。如是，則雖具人之形，而亦何以異於禽獸哉？以天地並立之身，一不自覺，則流而爲禽獸。然則，學者其可不思所以自勉之乎？

　古之欲明明德於天下者，先治其國；欲治其國者，先齊其家；欲齊其家者，先脩其身；欲脩其身者，先正其心；欲正其心者，先誠其意；欲誠其意者，先致其知；致知在格物。

　博學之，審問之，慎思之，明辨之，篤行之。

學之爲義，大矣。人心之所以正，人倫之所以明，家之所以齊，國之所以治，天地之所以位，萬物之所以育，未有不須學以成者。唐虞以來，司徒掌教，后夔典樂，皆學之所由興也。至商而後，有學之名，至周而後，有學之法。洙泗之間，師友講習，而學之條目纖悉始具。蓋嘗求其所以爲學之綱領者，曰致知、曰力行而已。《大學》曰：「物格而后知至，知至而后意誠，意誠而后心正，心正而后身脩。」物格知至者，知之事也；意誠心正者，行之事也。《中庸》曰：「博學之，審問之，謹思之，明辨之，篤行之。」學問思辨者，知之事；篤行者，行之事也。《書》之所謂「惟精惟一」，《易》之所謂「知崇禮卑」，《論語》之所謂「知及仁守」，《孟子》所謂「始終條理」，無非始之以致知，終之以力行。蓋始之以致知，則天下之理洞然於吾心，而無所蔽；終之以力行，則天下之理渾然於吾身，而無所虧。知之不至，則如擿埴索塗，而有可南可北之疑；行之不力，則如弊車羸馬，而有中道而廢之患。然則有志於聖賢之域者，致知力行之外，無他道也。秦漢以來，一世之士不騖於詞章，則溺於訓詁，不陷於功利，則惑於異端，是固不足以語聖賢之學矣。至於我朝周、程夫子出，繼斯道不傳之緒，二三大儒又從而相與推明之，於是古先聖賢教人爲學之道，至是而復明。然講明之精，記問之博，而不能反躬實踐者，既不足以造夫道；脱略章句，馳心高妙，以爲聖人之道不假學問可以一蹴而入者，又未免於空虚無據之失。學者誠能於立心之始，玩聖賢教人之法，循序而進焉，則庶乎得其門而入矣。

君子喻於義，小人喻於利。君子求諸己，小人求諸人。君子上達，小人下達。君子周而不比，小人比而不周。君子和而不同，小人同而不和。君子泰而不驕，小人驕而不泰。

若昔聖賢，所以致謹於君子小人之辨者至矣，毋乃太刻切，而少寬裕耶？蓋善惡兩塗，判然如薰蕕，冰炭之不相入。剖析而言之，所以使人去惡而全善也。聖賢教人之意切矣，其曰：「君子喻於義，小人喻於利。」「君子求諸己，小人求諸人。」「君子上達，小人下達。」此以其趨嚮之相遠者而言也。其曰：「君子周而不比，小人比而不周。」「君子和而不同，小人同而不和。」「君子泰而不驕，小人驕而不泰。」此以其趨嚮之相近者而言也。言其相遠，所以決取舍之機；言其相近，所以審毫釐之辨。聖賢立言，所以諄諄而不能自已也。然即數章而觀之，雖其言各有所稱，總其要而論之，則循天理者爲君子，徇人欲者爲小人也。所喻者利，所求者人，所達者下，曰同曰比曰驕，皆徇乎人欲者也。所喻者義，所求者己，所達者上，曰和曰周曰泰，皆循乎天理者也。天理人欲之間，而君子小人之分定矣。人之常情，譽之以爲君子則欣然而喜，斥之以爲小人則拂然而怒，此秉彝好德之良心也。至其心之所存，身之所履，往往捨君子而爲小人之歸，則亦不能充其心之本然而已。孟子曰：「羞惡之心，人皆有之；是非之心，人皆有之。」誠能自其好善惡惡之本心廣而充之，則駸駸乎君子之途矣。

榦備員于此，甫及朞月，拙直之資、疵繆之政，得罪於百里之士民多矣。方將日遊鄉校，以聽諸賢然否之議，以其鄙見更相往復，而爲理義之歸。廟堂過聽，忽有改除之命，行且遠別，惟同志之士更相勸勉。繼今以往，將有以德行純實、識見超遠著于鄉閭者，此則區區之至願也。

竹林精舍祠堂

嘉定丙子仲秋上丁之翌日，同舍諸賢會於先師之祠下。祀事畢，俾榦講明先師教人之意。愚不肖，何足以當此？重念廢學日久，政有望於講習之益，故敢僭言之。竊謂先師之道，本諸無極二五流行發育之妙，具諸天理人心常行日用之間，存之則爲聖爲賢，去之則爲下愚爲不肖。堯、舜、禹、湯、文、武、周公躬行於上，孔子、孟子、濂溪、二程講明於下。迨我先師，剖析毫釐，窮極幽眇，推明演繹，炳如日星，爲學者慮至深切也。至其教人之方，則曰居敬，曰窮理，曰力行。此又其諄諄反覆而屢言之者。所讀之書，則先之以《大學》，次之以《語》《孟》，而終之以《中庸》。其爲科級，則又皆可循序而進也。從遊之士，亦嘗從事於斯矣。夢奠之後，篤信力行者不無其人。其間亦有如榦之類，棄其所學日負初心者，可不深求其故耶？趨向卑而立志之不高，私慾昏而信道之不篤，尋行數墨而見理之不明，入耳出口而反躬之不實，此其所以粗有所聞而不能朞月守也。嘗試思之，一命之爵，人未有輕辭之者，十金之産，人未有輕棄之者，以其可貴也。聖賢之道，其爲可貴，豈直一命之爵、十金之産哉？受天地之中以生，而聞堯、舜、禹、湯數聖人之道，居禮義之國，而得大賢以爲之依歸，豈可不誦之終身而遽忘之乎？昔者孔孟之教人，曰「守死善道」，曰「舍生取義」。夫死生亦大矣，至於道義之可樂，則生不足戀，而死不足顧。生不足戀而死不足顧，則於聖賢之道，如飢者不忘食，渴者不忘飲，行者不忘歸，病者不忘起，猶未足以諭其切也。如是，則可以無負於先師之門矣。不然，則隨波逐流，醉生夢死，卒爲一世庸人而不自覺也。豈不深可哀也哉？此則愚不肖之所深病，敢布露之，以庶幾君子之見教焉。

安慶郡學

《易大傳》曰：「立天之道，曰陰與陽；立地之道，曰柔與剛；立人之道，曰仁與義。」

天之道，不外乎陰陽，寒暑往來之類是也；地之道，不外乎柔剛，山川流峙之類是也；人之道，不外乎仁義，事親從兄之類是也。陰陽以氣言，剛柔以質言，仁義以理言。雖若有所不同，然仁者，陽剛之理也；義者，陰柔之理也。其實則一而已。天地亦大矣，人以藐然之身，乃與天地並立而爲三，至其爲道，則又與天地混然而無間。其可不知所以自立哉？非陰陽柔剛，則雖天地不能以自立；不仁不義，則亦不可以謂之人矣。不謂之人，則與禽獸奚異哉？由仁義，則與天地並立而無間；不仁不義，則無以自别於禽獸。學者於此，其亦知所擇矣。雖然，仁義之道不在他求。孟子曰：「惻隱之心，仁之端也；羞惡之心，義之端也。」又曰：「孩提之童，無不知愛其親者，及其長也，無不知敬其兄者。親親，仁也；敬長，義也。」仁義之道根於吾心之固有，初非有甚高難能之事也。存之於虚静純一之中，推之於動作應酬之際，則仁義之道在我矣。試以吾平日設心者思之，果能事親而孝乎？果能處宗族而睦乎？果能交於鄉黨朋友而兼所愛乎？果能視人如己乎？果能視民如傷乎？即是心而充之，以至於無一念之不公，則仁之道盡矣。果能從兄而順乎？果能事上而敬乎？果能應事接物而求其是乎？果能見利不趨乎？果能見害不避乎？即是心而充之，以至於無一事之不宜，則義之道盡矣。盡仁義之道，則仰不愧俯不怍，而上下與天地同流矣。苟爲不然，人我之念汩於中，利害之私昏於外，雖父子骨肉之間已不能相保，而況於仁民愛物乎？飲食起居之際已不能中節，而況於酬酢事變乎？凡吾本然具足之良心，已斲喪無餘矣。其視虎狼之父子、❶螻蟻之君臣且不能無愧，而又何以爲人乎？夫以天地並立無間之身，仁義本然具足之性，不知自貴自重，而陷溺至此，此聖賢之所以拳拳爲斯世慮也。即此而致思焉，則知所以入德之門矣。有志於學者，

《書》曰：「惟皇上帝，降衷于下民，若有常性，克綏厥猷惟后。」

歷考聖賢垂世立教，示人以性，其源流蓋本諸此。夫教亦多術矣，而必以性示人者，使人知有生之初，萬善具足，爲聖爲賢，不待外求，而可以取足於吾之一身也。性者，人所固有也，而言性必以天者，使人知吾此性純粹至善，莫非天理之本然，而初無一毫人爲之私也。性者，天所賦也，而克綏其道，必歸之君者，人性雖善，而氣禀之雜、物欲之私，或得以汩之，故必有聰明之君設爲教化以防閑之，然後得以全其本然之善也。羲農以來，繼天立極，莫非此理。至於成湯，乃始抽關啓鑰，明以示人。自是以來，《烝民》之詩曰：「天生烝民，有物有則，民之秉彝，好是懿德。」劉子曰：「民受天地之中以生，所謂命也。是以有動作禮義威儀之則，以定命也。」子思曰：「天命之謂性，率性之謂道，修道之謂教。」孟子曰：「非天降才爾殊也，所以陷溺其心者然也。」皆成湯之意，有以發之也。夫自商而周，以至於春秋戰國，千有餘年，聖賢迭生，立言垂訓，如出一人之口，信乎此理之不可易也。人生天地之間，蠢蠢林林，不勝其衆也。反而求之吾身，則人莫不有是

❶「視」，原文殘闕，據四庫本補。

性，性莫不具是中，莫非天之所生，莫非君之所教，人何忍自暴自棄，而卒爲小人之歸乎？ 在昔盛世，此理素明，天下之人皆知吾之有是性，皆知性之具是中，皆知天之所生、君之所教，莫不相率而趨於善，其效至於比屋可封，黎民於變人人皆有士君子之行。 周德既衰，聖賢之道不傳，異端邪説復起而乘之，高者溺於空無，下者趨於功利，學士大夫已不知有斯道之正統，而況於下民乎？ 此風俗之壞，始不能以如古矣。 至我本朝，名儒迭興，相與推明聖賢之道，以繼孔孟不傳之緒，其載之方册，亦既家藏而人誦之矣。當秦漢之後，而獲聞堯、舜、禹、湯、文、武所相傳之道，顧非幸歟？ 誠能於此深思而力行之，存吾天命本然之善，以無負於君師教育之意，是則區區深有望於諸君也。

《樂記》曰：「人生而靜，天之性也。感於物而動，性之欲也。物至知知，然後好惡形焉。好惡無節於内，知誘於外，不能反躬，天理滅矣。」

《中庸》曰：「喜怒哀樂之未發，謂之中；發而皆中節，謂之和。中也者，天下之大本也；和也者，天下之達道也。致中和，天地位焉，萬物育焉。」

學問之道，治心修身而已。知此心之無不善，又知此心之有善有不善，則存其善而去其不善，心可得而治，身可得而修矣。夫人心之有動静，猶陰陽寒暑之往來也。事物未接，思慮未萌，天理渾然，無所偏倚，此心之静而無不善也。事物既接，思慮既萌，隨其所趨，善惡殊轍，此心之動而有善有不善也。靜者心之體，所謂天之性，而喜怒哀樂未發之中也；動者心之用，所謂性之欲，而其善者則發而中節之和，其不善者則好惡無節於内也。人莫不具是性，性莫不具是中，是則性無有不善也。或中節焉，或無節焉，是則情之有善有不善也。知性之無不善，則當有以養其性；知情之有善有不善，則當有以制其情。致中和者，養其性而制其情也。不能反躬，則縱其情而滅其性矣。不能反躬，其禍至於滅天理；能致中和，其效至於天地位，萬物育。毫釐之差，天壤之隔，可不謹哉。《樂記》《中庸》之言，其亦互相發歟？反躬者，致中和之謂也。致中和者，戒謹恐懼而謹其獨也。學者誠能終日之間如履淵冰，如奉盤水，如對上帝，如見大賓，則静而無不中，❶動而無不和矣。怠慢放肆，任情縱欲，滅棄繩檢，無所忌憚，則善者既不能以自存，不善者日長月益而不自知也。可勝歎哉！明於性情之故，而審其用力之方，學問之道，思過半矣。「惟狂克念作聖，惟聖罔念作狂」，聖狂之分，起於一念，大哉念乎，學者不可不察也。

《書》曰：「人心惟危，道心惟微。惟精惟一，允執厥中。」

心也者，與生俱生者也。❷虚靈而善應，神妙□不測，❸主宰乎一身，應酬千萬事，總括乎衆□，著見乎七情，爲智爲賢，此心也，爲下愚爲不肖，亦此心也。是以聖賢垂訓，必諄諄然以□爲言，蓋綱領所

❶「而」，原文殘闕，據清鈔本補。
❷「生」，原作「主」，據清鈔本改。
❸「□」，原闕，清鈔本作「而」。

係，學者舍是無以爲入德之門也。然心一也，主於形氣而動者，人心也，目欲色、耳欲聲、鼻欲臭、口欲味、四肢欲安佚之類是也。主於義理而動者，道心也，耳目口鼻四肢之欲莫不中節之類是也。人心生於形氣之私，故常危殆而難安；道心原於義理之正，故常微妙而難測。以危殆難安之心，求合乎微妙難測之道，是豈鹵莽滅裂、輕率淺易者之所能及哉？凡吾一念之發，必精以察之，曰：是合於道乎？抑離於道乎？其純粹而無疵乎？抑猶有毫釐之差乎？無一念而不合乎理，無一理而不造其極，若是而後可以謂之精也。察之精，則所謂人心固已合於道矣。又必一以守之，朝於斯，夕於斯，造次顛沛無適而不於斯焉，事物膠轕，萬變不窮，天理渾然，無少間斷，如是而後可以謂之一也。精而察之於其始，一以守之於其終，則視聽言動、起居食息，無往而不合乎中矣。堯舜禹之授受也，洪水則未平，五品則未遜，三苗則未格，其相告戒，必有先務之當急者，而其所言乃止於此，蓋心者萬化之根本，此心不正，則欲足以敗度，縱足以敗禮，雖一身之內，亦且顛倒錯繆，而不合其宜矣，又何以齊家治國而平天下哉？是以古之帝王，雖居萬乘之尊，享九州之富，而兢兢業業如履淵冰，左史則書其言，右史則書其動，至於聲氣之高下若無害焉者，亦有御瞽以幾之。盤盂則有銘，几杖則有戒，升車行步莫不有節，無非檢防其心，使之無一念不合乎道也。故曰：「人不足與適也，政不足與間也。惟大人爲能格君心之非。君仁莫不仁，君義莫不義，君正莫不正。一正君而國定矣。」然則，堯舜禹之相告戒，舍是宜無急焉者矣。以堯舜之聖，處帝王之尊，而所以自治其心者如此。世之學者，不知此心之爲重，而任情縱欲，驕逸放肆，念慮之頃或升而天飛，或降而淵淪，或熱而焦火，或寒而凝冰，如狂惑喪心之人，雖宫室之安、衣服之適、飲食之宜，亦茫然莫之覺也。豈不深可憫哉？聖賢垂訓，炳然明白，學者亦盍深思而熟玩之哉！

南康白鹿書院

《乾》之九三曰：「君子終日乾乾，夕惕若厲，无咎。」《文言》曰：「君子進德修業，忠信所以進德也。修辭立其誠，所以居業也。」《坤》之六二曰：「直方，大，不習無不利。」《文言》曰：「君子敬以直内，義以方外。敬義立而德不孤，直方，大，不習無不利，則不疑其所行也。」

聖人作《易》，於《乾》、《坤》二爻首言學問之事以誨人，其旨深矣。《乾》之九三以陽居剛，得乾之正，而當人位之下。❶《坤》之六二以陰居柔，得坤之正，而居下卦之中。以其居中得正而復在下，故即二爻以明問學之道也。乾，天道也，至健而動，故曰「君子終日乾乾，夕惕若厲」，以言其自强而不息，故雖憂危而實无咎也。坤，地道也，至順而静，故曰「直方」，以言其守正而不撓，故所蓄者大，而不習無不利也。人能自强如乾，守正如坤，學問之道無以復加矣。不能自强則怠惰乘

❶「人位之下」，四庫本作「下卦之上」。

之，不能守正則放僻乘之，尚何學問之有哉？《爻詞》之義，亦已備矣。聖人慮夫天下後世未明夫所以自强者何事、所以守正者何道也，故爲《文言》以廣之曰：所以自强者，内以進其德，外以修其業，皆當終日乾乾而不息也；所以守正者，内以存吾敬，外以行吾義，敬立則内直矣，義形則外方矣。禀五行之秀以生，而具仁義禮智信之理者，德也；充是德而見之應事接物者，業也。德之不充則不進，❶業不本之以德則不修。學者所志，孰有先於此者乎？主一無適而虚明不昧者，敬也；窮理度宜而品節不差者，義也。不敬則所主紛擾矣，不義則所行悖繆矣。學者所務，又孰有急於此者乎？知所以進德修業，又知所以居敬集義，則乾之自强，坤之守正，學問之道無餘藴矣。又嘗因其義而推之，乾言德業，坤言敬義，雖若不同而實相爲經緯也。欲進乾之德，必本之以坤之敬；欲修乾之業，必制之以坤之義。非敬則内不直，德何由而進？非義則外不方，業何由而修？終日乾乾，雖進修夫德業，而所以進修者，乃用力於敬義之間。用力於敬義，固可以至於大，而所謂大者，乃德之日新而業之富有也。即是而思之，則知二爻之詞、《文言》之旨，誨人之意愈明，而所謂學問不待他求而得之。夫《易》之爲義廣矣，大矣。乾坤二卦，又諸卦之首也，乃拳拳以學問爲言，而提綱挈領，反復詳盡又如此。有志於學者，不於此而加意焉，則亦無所用力矣。

❶「德之不充」，四庫本作「德不充之以業」。

勉齋先生黃文肅公文集卷第二十五

講　義

漢陽軍學

王子墊問曰：「士何事？」孟子曰：「尚志。」一章

孟子曰：「自暴者不可與有言也，自棄者不可與有爲也。」一章

人物並生於天地之間，負陰而抱陽，均氣而同體，未始不相似也。靈於物而謂之人，賢於人而謂之士，則其等級亦相遼絶矣。渴飲而飢食，趨利而避害，人物之所同也。士居其中，獨超然有以異於人與物，何哉？以其能立吾志而惟仁義之是趨也。苟爲不然，則章甫其冠，逢掖其衣，懵然而無識，頽然而無志，其所尚者不過飲食利害之間，謂之人已有愧矣，亦何以當爲士之名哉？故爲士者，要當以立志爲先，而立志者要當以仁義爲主。仁義者，天理之自然，人心之固有也。爲宅也而安，爲路也而正，人之不可以不居而由之也。言而非之是自害也，委以不能是自棄也。士之異於人物者，以其立志而惟仁義之趨也。自暴自棄，是舍其所以異於人與物者，而不足以謂之士矣。諸君處庠序而謂之士者也，盍亦先立吾志，講明是理而力行之，庶幾居仁由義，而無愧於爲士之名。不然，則汨没於飲

食利害之間，識陋而志卑，醉生而夢死。孟子所謂「哀哉」，豈不甚可哀也哉？諸君其勉之。

「滕文公爲世子，將之楚，過宋而見孟子。」一章

滕之爲國方五十里，國之至小者也，間於齊、楚，勢之至危者也。以至小之國，處至危之勢，干戈相尋，翦焉傾覆，可立而待也。文公思所以自全之策，不謀之申、商、管、晏之徒，顧乃即孟子而問焉。孟子亦當告之以國若何而富，兵若何而强，庶乎其可瘳也。一則曰性善，一則曰堯舜，何其迂闊，不切事情耶？性者，人之所得於天之理也；堯舜者，盡此性者也。苟盡此性，堯舜可爲也，況於區區之富强乎？人無賢愚，均具此性，堯舜之聖，人皆可爲，何獨於文公而疑之哉？孟子歷引成覸、顔淵、公明儀之言，所以釋文公之疑，卒之以「若藥不瞑眩，厥疾不瘳」，所以厲文公之志也。道之不明久矣，舉天下之人汩没於利欲之中，貪夫徇財，烈士徇名，夸者死權，品庶馮生，天之所以與我而堯舜可爲者，懵然莫覺也。譬如甕盎之間，百千蚊蚋，須臾之頃，乍起乍滅，何足道哉？諸君誠能深思孟子之言，而厲之以自强之志，則將有以超然獨立乎萬物之表，而天下之至貴無以復加矣。夫子曰：「未之思也，夫何遠之有？」諸君其亦退而思之哉。

孟子曰：「人皆有不忍人之心，止。不足以事父母。」

仁義禮智，心之體也；惻隱、羞惡、辭遜、是非，心之用也。古之言道，未有若是之深切著明也。人稟五行之氣以生，有是

氣則必有是理，仁義禮智者，木火金水之理也；有是體則必有是用，惻隱、羞惡、辭遜、是非者，仁義禮智之用也。人莫不有是氣，則莫不有是理；莫不有是體，則莫不有是用。此天之所以予我，而人之所以爲人者也。天下之人倀倀然於覆載之間，亦嘗反諸吾身而思之乎？飢食而渴飲，趨利而避害，則知之矣，至於天之予我而人之所以爲人者，乃反不知焉，何哉？孟子憫斯人之愚而莫之覺也，故爲之反覆開示之，既啓之以孺子入井之端，又告之以火然泉達之始，知是理而充之，則足以保四海，不充之則不足以事父母。充不充之間，而功用之遼絶乃如此，其教人之意亦切矣。世之學者，未有不讀七篇之書者也，而莫有知其言之爲切者，何哉？習俗之所汩，利欲之所昏，既無明師良友以示之，又無誠心堅志以求之，譬如大明當天，而瞽者莫之見也，豈不甚可憫也哉？學者誠能於此玩味而有得焉，則聖賢之道庶乎其有入德之門矣。

公都子曰：「告子曰性無善無不善也。」一章

古之言性者多矣，何其紛紛而不一耶？在《商書》則言常性，在《周書》則言節性，在孔子則言性相近，在孟子則言性善。聖賢立論固已不同，下至諸子，則荀子言性惡，揚子言善惡混，韓子言三品，佛氏則又以知覺言性。然則後世將何所折衷耶？蓋嘗即數説而考之，性即理也。理無不善，氣質之禀不能皆同，則所受之理亦隨以異，此善不善之所由分也。《商書》之言常性，孟子之言性善，此指理而言也。《周書》之言節性，孔子之言相近，

此指氣而言也。所指雖異，亦何害其爲同哉？荀、揚、佛氏則敢爲異論而不顧者也。謂之惡，則性無善矣；謂之混，則善惡相對而生也。此豈理之本然者哉？知覺者，人之精神，而又非所以言性也。惟韓愈氏生於數子之後，獨有得於聖賢之意，其曰「性之品有三」，則孔子相近之謂也；「所以爲性者五」，則孟子性善之謂也。故其自視以爲世無孔子，不當在弟子之列，而每以孟子自比者，夫豈無所見而然歟？愈之言則善矣，然性之品有三，亦未知其所以然也。迨我本朝關洛之學發明孔孟不傳之遺旨，曰：性即理也，天下之理原其所自，未有不善。又曰：人生氣稟，理有善惡。又曰：形而後有氣質之性，善反之，則天地之性存焉。然後聖賢之意坦然明白，而諸子異端始無所容其喙矣。學者知理之無不善，則當加存養之功；知氣質之有善有不善，則當施矯揉之力。務本之學，未有急於此者。諸君其勉之。

孟子曰：「仁則榮，不仁則辱。」一章

孟子曰：「三代之得天下也以仁，其失天下也以不仁。」一章

人稟五行之秀氣以生，所稟之理則爲仁義禮智信，此天之所以予我，而人之所以爲人也。天生五材，缺一不可，在《易》之《乾》則曰「元亨利貞」，在人之德則曰仁義禮智，而不及乎信者，何也？仁義禮智莫非實理之所爲，猶土之居中而旺於四季也，故四端不言信，而信在其中矣。仁義禮智四者並立，聖人於《易》獨曰「立人之道，曰仁與義」，七篇之書亦多以仁義對言，而又不及乎禮智者，何也？仁

屬乎陽，禮則陽之極；義屬乎陰，智則陰之極，猶夏者春之極，而冬者秋之極也。故專言仁義，而禮與智在其中矣。至於孔門師生之問答，又皆以求仁爲先，而不及乎義。《孟子》此章，亦特以仁爲言者，又何也？蓋仁者，天地生物之心，而人之所得以爲心者也。四序之運，莫非生意之流行，此心之妙，亦孰非仁道之流行乎？君仁臣忠，父慈子孝，兄友弟恭，夫義婦從，與夫交朋友之信，不仁而能若是乎？苟盡此心則安富尊榮，亦理之必然也。世教不明，人心邪僻，父子兄弟之間猶不能以相保，况敢望其仁民愛物乎？舉天下之間，莫非私意之流行，相傾相詐，相戕相賊，無一物得遂其生者，至於天下之人牧，未有不嗜殺人，則私意横生，天理滅矣。不知人心既失，國其有不殆者乎？此孟子於戰國之際，深明榮辱得失之辨，其憂世之心切矣。諸君日處庠序，可不知孔孟教人之先務，而思所以自勉乎？

孟子曰：「今有無名之指，屈而不信。」一章

孟子曰：「拱把之桐梓，人苟欲生之。」一章

天運乎上，地處乎下，陰陽五行周流乎中，而人物生焉。則人物者，均稟天地之氣以爲體，而均得天地之心以爲心也。然人之所以異於物者，又以其稟氣之正，而其心爲最靈。人物並生於天地之間，而獨異於萬物者如此，其可不知所以自貴乎？聖賢教人，必使之正其心、修其身者，蓋不若是則無以全天地之賦予而異於萬物也。所謂正其心、脩其身者，亦盡吾當然之理而已。耳目手足，百體具焉，身也，視明而聽聰，手恭而足重，此身

之理，而所以爲身者也。虛靈知覺，百慮生焉，心也，仁義禮智以爲體，惻隱、羞惡、辭遜、是非以爲用，此心之理，而所以爲心者也。內而察諸精神念慮之間，外而審諸動容周旋之際，無適而不當於理，此心之所以正，身之所以修也。苟爲不然，則徇情縱欲，悖理傷道，亦將無所不至矣。雖曰具人之形，而與禽獸奚異哉？孟子憂世之心切，故舉其至輕，以明其至重，欲使斯人反而思之，庶乎有以全吾身心之理，而無愧於所以爲人也。讀孟子之書者多矣，孰能深味其言而力行之乎？以至貴之身心，沉溺於利欲之中，自暴自棄而不自知也，其亦可哀也哉！誨爾諄諄，聽我藐藐，其是之謂夫？

孟子曰：「牛山之木嘗美矣。」一章

孟子曰：「無或乎王之不智也。」一章

性稟於天，故在人者無不善之性；情發乎性，故在人無不善之情。所以不善者，氣昏之、欲汩之也。迨其氣清而欲窒，則善端未有不油然而生者，性善故也。《書》曰：「惟皇上帝，降衷于民。」《詩》曰：「天生烝民，有物有則。」孩提之童，至無知也，而皆知愛其親；赤子入井，於己無與也，而見之者皆怵惕。火然泉達，誰獨無是心哉？有是心而不能養之，養之而不能致其志，善端雖萌而爲氣所昏，爲欲所汩，天固予我而我固賊之，則與禽獸奚異哉？誠能存養於齋莊靜一之中，省察於念慮云爲之際，使吾善端之萌通達而無窒礙，充足而無欠缺，如萌蘗之生，無牛羊斧斤、一暴十寒之患，則其至於干雲蔽日也可必矣，故爲人而合乎天，爲士而至於聖，亦即此心而充養之爾。孟子發明養心之論，而申之以專心致志之戒，其示人之意切矣。讀書至此，而猶不悟焉，則亦終於爲小人之歸也，豈不深可歎哉？

孟子曰：「仁，人心也；義，人路也。」一章

若昔聖賢垂世立教，載在方策。凡言心者，不一而足。堯舜禹之授受也，曰：「人心惟危，道心惟微。」成湯則以「禮制心」，文王則「小心翼翼」，孔子有「操則存，舍則亡」之戒，孟子復斷爲之説曰：「學問之道無他，求其放心而已矣。」聖賢之事業大矣，而拳拳於心之一説，何耶？心者，神明之舍，虛靈洞徹，具衆理而應萬事者也。天之高也，地之厚也，日月之出没、寒暑之往來、四序之行、萬物之生，是必有爲之主宰者然也。苟無以爲之主宰，則安能亘古窮今，循序而不亂乎？人稟天地之氣以爲體，而得其所以主宰者以爲心，故人心之妙可以參天地，可以贊化育，可以修身而齊家，可以治國而平天下，孰非此心之所爲乎？然人心至微，而攻之者衆，耳目口鼻之欲，喜怒哀樂之私，皆足以爲吾心之累也。此心一爲物欲所累，則犇逸流蕩，失其正理，而無所不至矣。是以古之聖賢戰戰兢兢，静存動察，如履淵冰，如奉槃水，不使此心少有所放，則成性存存而道義行矣。此孟子「求放心」之一語，所以警學者之意切矣。自秦漢以來，學者所習，不曰詞章之富，則曰記問之博也，視古人存心之學爲何事哉？迨我本朝周、程先生倡明聖學，以繼孟子不傳之緒，故其所以誨門人者，尤先於持敬。敬則此心自存，而所

以「求放心」之要旨也。學者即其說而力行之，庶乎其有入德之門矣。

孟子曰：「養心莫善於寡欲。」一章

孟子嘗言「求放心」矣，又言「存其心」矣。操之則存，舍之則亡，心之存亡，決於操舍。而又曰「莫善於寡欲」，何也？操存固學者之先務，然人惟一心，而攻之者衆，聲色臭味交乎外，榮辱利害動乎內，隨感而應無有窮已，則清明純一之體，又安能保其常存而不放哉？夫心之所以易放而難操者，以其有欲也。塵去則鏡明，風靜則水止。凡天下之可喜可耆者，舉不足以爲吾之累，則心之虛靈、澹然泊然，有不待操而自存矣。「出門如賓，承事如祭」，夫子之告仲弓操存之謂也。「非禮勿視，非禮勿聽，非禮勿言，非禮勿動」，夫子之告顏淵寡欲之謂也。二子之問仁則同，而夫子告之之異者，豈其所到固有淺深歟？高城深池，重門擊柝，固足以自守矣。內姦外宄，投隙伺便，一有少懈，而乘之者至矣。良將勁卒，堅甲利兵，掃除妖氛，而乾清坤夷矣。此孟子發明操存之說，而又以爲莫善於寡欲也。雖然，寡欲固善矣，然非真知夫天理人欲之分，則何以施其克治之功哉？故格物致知，又所以爲寡欲之要，此又學者之所當察也。聖賢諄諄之誨，無非爲人心慮也。學者讀其書而不知養其心，謂之非愚，可乎？

公孫丑問曰：「敢問夫子惡乎長？」曰：「我知言，我善養吾浩然之氣。」止「聖人復起，必從吾言矣。」

孟子嘗言養心矣，又嘗言養其性矣。性即理也，心具此理者也，有以養之，則人欲不能爲天理之害。操存寡欲，養之之方也。而又有所謂養氣者，何哉？陰陽五行，氣也，所以然者，理也。精粗本一源，顯微本無間也。陽一嘘而萬物生，陰一翕而萬物成。寒暑之往來，風雷之鼓舞，無非是氣之用也。負陰抱陽以生，則吾之氣固與天地相爲流通矣，是則所謂浩然而至大至剛者也。有以養之，則富貴不能淫，貧賤不能移，威武不能屈。堯舜之事業，孔孟之道德，孰非是氣之所爲乎？苟失其養，則委靡巽懦、卑陋凡猥，錐刀之得則躍躍以喜，毫末之失則戚戚以悲。聞公卿大人之名則側肩帖耳，若不可及，語賢人君子之道則望洋向若，悅然以驚。爲媚竈，爲墦間，爲妾婦，此豈氣之本然哉？養不養之間，君子小人之所由分也。孟子發明養氣之論，有功於後世大矣。然其所以養氣者，必先於集義，所以集義者，必先於知言。惟知言，則是非邪正曉然於胸中，動容周旋無適而不合於義。夫是以仰不愧，俯不怍，有以全吾浩然剛大之體矣。養性也，養心也，養氣也，蓋亦一理而已。然養氣之論，何獨至於孟子而後發耶？夫子固嘗言之矣：「内省不疚，夫何憂何懼？」此養氣之論所自來也。屈子曰：「寧昂昂若千里之駒乎？將汎汎若水中之鳧，與波上下，偷以全吾軀乎？」諸君其謹擇之。

孟子曰：「伯夷，聖之清者也。」止「其中非爾力也。」

道之在天下，無古今之異。聖賢教人入道之要，亦古今一轍也。堯舜禹之授受也，曰：「人心惟危，道心惟微。惟精惟一，允執厥中。」聖賢言道，自此始也。人心者，形氣之私；道心者，義理之正。人心危而難安，道心微而難著。始而精以察之，終而一以守之，則無適而不合乎中也。傅説之告高宗也，曰：「王，人求多聞，時惟建事。學于古訓乃有獲，事不師古以克永世，匪説攸聞。惟學遜志，務時敏，厥修乃來。允懷于兹，道積于厥躬。」聖賢言學，自此始也。古人之所行，方策之所載，無非道也。始而多聞以求之，終而遜志以守之，則無適而不合乎道也。至周以來，學校之教益修，聖賢之道益著，比年入學，中年考校，自離經辨志以至於知類通達，强立而不反。離經者，求之於方策；辨志者，察之於性情；知類通達者，見之明；强立不反者，守之固。其教甚詳，而其法甚密也。至于夫子，既無位以行其道，於是博採古先帝王教人之法，而著爲《大學》之書，其言大學之道，必先之以格物致知，而繼之以誠意正心以修其身，亦不過於知與行而已。《大易》曰：「學以聚之，問以辯之，寬以居之，仁以行之。」《中庸》曰：「博學之，審問之，謹思之，❶明辨之，篤行之。」皆此意也。一知一行，相爲終始。知有不至，則不能以徒行；行有不篤，則雖知無益也。入道之要，無以復加於此矣。是以孟子歷叙伊尹、夷、惠之事，而繼之以孔子，非好方人也，所以明入道之要也。始條理者知之事，終條理者聖之事，知與行之謂也。孔子之異於三子者，知之至而行之盡；三子之不及孔子者，知有所蔽於始

❶「謹」，清鈔本、四庫本作「愼」。

而行有所缺於終也。此孔子之所以獨得其全，而三子僅得其偏也。知有不至，行有不盡，雖以伊尹、夷、惠之資，尚不能無愧於孔子，而况學者乎？世之學者，溺於卑近淺陋之習，既未嘗有志於聖賢之道；其有志焉者，則或騖於方策而踐履有所不察，或專於性情而知識有所不周。道之不明不行，由此其故也。誠能即孟子之説而思之，則始終兩盡而無惑乎紛紛之論矣。

浩生不害問曰：「樂正子何人也？」止「樂正子，二之中、四之下也。」

學之所造有淺深，則德之所至有高下。聖賢推明其序，使學者循而進焉，其望於斯世亦至矣。由善而信，由信而美，以至於爲大、爲聖、爲神。夫聖神者，豈常人之所敢望哉？孟子當戰國之際，其告人者，不曰堯舜，則曰湯武，豈固强人以其所不能哉？蓋人性皆善，聖神者亦全吾性之所固有爾，學者豈以不能爲患哉？患不爲也。雖然，聖神固可學也，而乃始之以「可欲之謂善」，何哉？此孟子指其至易曉者，而示人以入道之門也。蓋學者入道之初，將以决其趨向，不必它求也，求之於可欲不可欲之間而已。今有人焉，孝弟忠信，樂善不倦，不惟吾之所欲，而人亦以爲可欲也；不仁不智，無禮無義，不惟人以爲可惡，而吾亦自知其可惡也。學者反而思之，凡吾言行之間，果可欲乎？果可惡乎？從其所可欲，捨其所可惡，斯可以爲善人矣。由是而進焉，雖聖神可爲也。孟子教人，何其炳而易知、簡而易行也哉！又曰：「無爲其所不爲，無欲其所不欲，如斯而已矣。」亦此意也。勉之以人之所難能，而曉之以人之所易能，聖賢之望於學者如此，而學者顧不思焉，其亦可嘆也哉！

孟子曰：「雞鳴而起，孳孳爲善，舜之徒也。」一章

事所當爲之謂善，有爲而爲之謂利。爲君而仁，爲臣而敬，爲子而孝，爲父而慈，事之所當爲者也；爲内交，爲要譽，爲宫室之美，爲妻妾之奉，有爲而爲之者也。善者，天理之公；利者，人欲之私。公私之間，相去甚近，❶而一則爲舜，一則爲蹠，乃由是而分焉。豈人心之靈，❷與天同體，純粹至善，萬理具焉。雞鳴而起，孳孳在是，則舜之兢兢業業，由仁義行者，亦是心也；見便則趨，見利則奪，枉尺直尋則爲之，損人益己則爲之，雞鳴而起，孳孳在是，則盜蹠之暴戾恣睢，日殺不辜，亦是心也。一善利之間，而上智下愚之分乃如此。差之毫氂，繆以千里，可不謹哉？孟子發明善利之論，而尤謹其所謂間者，蓋欲學者精別於毫氂之際，而審其所趨嚮也。至其答梁王之問、告宋牼之詞，皆拳拳於義利之別，其示人之意切矣。學者誠能澄心静慮，反觀内省，於其所謂間者而致察焉，凡吾一念之發果善乎？果利乎？善則行之，利則避之，朝於斯，夕於斯。就其如舜者，去其不如舜者，是亦舜而已矣。苟爲不知□計較於毫髮之微，而甚至於父子兄弟不□保，❸其不同禽獸者無幾爾。一念之差，

❶「去」，原文殘損，據清鈔本、四庫本補。

❷「豈」，四庫本作「蓋」。

❸「□」，四庫本作「能」。

固若□哉！❶學者不可以不察也。

孟子曰：「有天爵者，有人爵者。」一章

孟子曰：「欲貴者，人之同心也。」一章

富與貴，是人之所欲也。聖賢之論，乃獨重理義而輕富貴，何哉？理義，天之所賦也；富貴，人之所予也。人之所予，人得而奪之；天之所賦，根於人心不可易也。一輕一重，蓋有不難辨者。然閭巷之人，知有富貴而不知有理義。學士大夫，則知理義矣，然未有不爲富貴所移，而忘其所可重。若夫真知富貴之爲輕，理義之爲重，非知道者孰能識之？仁義禮智，天之予我，而吾心之所固有也。充吾之仁則愛人利物，而居天下之廣居；充吾之禮則别嫌明微，而立天下之正位；充吾之義則體常盡變，而行天下之達道；充吾之智則察倫明物，而成天下之大業。以之爲心則和而平，以之爲人則愛而公。推之天下國家，則利澤施於今，令名垂於後。回視世之所謂富貴者，不過輿馬之赫奕、飲食之豐美、宫室之壯麗，賢者得志有所不爲，不賢者亦以豢養其不肖之身，而遺臭於萬世，曾狗彘之不若，而又何足以夸於人哉？故善學者要當深明夫内外輕重之分，在内者重，則在外者輕，在外者愈輕則在内者愈重。真積力久，胸中泰然，天理流行，一毫物欲不能爲之累。顔子之簞瓢陋巷，曾點之鼓瑟浴沂，翛然悠然，蓋將與造物相爲酬酢，天下之至貴無以復加於此矣。孟子之言，豈欺我哉？

孟子曰：「舜發於畎畝之中，傅説舉於版築

❶「□」，四庫本作「此」。

之間。」一章

貧賤憂戚，是人之所惡也。聖賢之論，乃獨以是爲進德之地，何哉？恐懼修省，常生於憂患；驕奢淫泆，必起於宴安。當羇窮困踣之餘，其操心危，其慮患深，其刻厲奮發以進於善，有不期而然者矣。天地之間，有陰則有陽，有晝則有夜。禍福吉凶、貧富貴賤、死生憂樂之變，二者常相對而不能以偏無也。人生其間，隨所付受，蓋有一定而不可易者。與其戚戚於貧賤，而卒不能以自勉，孰若因其所遇，而反以成吾德耶？是以古之君子，有以命義之當然而安之者，貧而無諂是也；有以義理之可貴而忘之者，不改其樂是也；有以爲天將降大任於我而反以爲進德之地者，孟子之言是也。其處之者若是，故其胸中泰然，一毫外物不能爲之累。顏淵、原憲之貧，一簞之食、百結之衣，可謂極矣，惟知聖道之可樂而不知吾身之爲貧。後之學者，其貧且賤，未必如顏淵、原憲之甚也，少不如意，志氣銷沮，卑辱污賤，靡所不爲，不能進德而反以敗德，不能□辱而重以取辱。❶聞孟子之言，亦可以釋然而悟，幡然而改矣。

景春曰：「公孫衍、張儀，豈不誠大丈夫哉？」❷一章

古之仕者爲道，故知有己而不知有人；後之仕者爲利，故知有人而不知有己。古之君子，非仁不存，非禮不立，非義不行，所貴者良貴，所樂者真樂，人之知不知、世之用不用，於我何與焉？貧富貴

❶「□」，四庫本作「遠」。

❷「夫」，原無，據《孟子》原文補。

賤、死生禍福，日交乎前不暇顧也。後之君子，心之所固有，事之所當行，何者爲仁，何者爲禮，何者爲義，□□□□，❶懵然莫覺也，功名而已耳，利禄而已耳。以區區之私意小智，汲汲然求售於人，慮人之不己用也，委曲遷就以求順於人，幸而得志，哆然自以爲莫己若也。小不如意，則戚戚然幾不能以終日矣。公孫衍、張儀，戰國之遊士也。一怒而諸侯懼，安居而天下熄，則其才亦有足稱者矣。以其無學，而不知道也，一切求順於人，孟子至以妾婦目之，况於學不及古人、才不及公孫衍、張儀哉？夫順於人者，人之所喜也；不順於人者，人之所惡也。然順於人者，非有它也，以其威福之權足以生殺榮辱乎我也，即是心而充之，則貪者耆利、背君賣國者皆若人也，豈但妾婦之可羞而已哉？若夫守道之士，不肯脂韋嫵媚以順乎人者，不但出處去就、言論風旨之得其正也，託六尺之孤、寄百里之命、臨大節而不可奪也，豈不毅然大丈夫也哉！凡我同志仕而未達、學而未仕者，盍亦思所以自勉哉！

「齊人有一妻一妾而處室者」一章

《孟子》一書，於辭受出處之際，未嘗不拳拳焉。齊王欲見則辭以疾，王驩輔行則不與言，欲受以室則却而不從，欲留其行則卧而不應，枉尺直尋則非之，不辨禮義則非之，既譬以鑽穴隙而相窺，又譬之以登龍斷而罔利，至於墦間之喻，辭旨懇切若是者，果何耶？義與利之間，君子小人之所由分，而天下國家治亂之所關係

❶「□□□□」，原闕，四庫本作「何者爲智」。

也。義者，天理之公；利者，人欲之私。循天理之公，則辭受出處惟義之從、惟命之安，是既足以全吾此心之德矣。以之治人，則必能立懦而激貪；以之事君，則必能伏節而死義。徇人欲之私者反是，卑辱苟賤，惟利之趨，既已喪其本心矣，則傷風敗教、欺君誤國，皆斯人爲之也。聖賢安得不深致其戒哉？今觀墦間一章，所以形容其苟賤之態，雖三尺童子亦知惡之，然流俗滔滔，務爲卑諂，工簡牘、事苞苴、脅肩諂笑、摇尾乞憐，自少至老，自朝至暮，無一念不在於是，視吾身心爲何物？視天下國家爲何事？其未得之也，則愁憂窮蹙若不可以終日；志得意滿，則驕其親戚，傲其閭里。然其可賤尤甚於墦間，而莫之覺也。學者要當深明義利之辨，充吾羞惡之心而養吾剛大之氣，然後知孟子之言誠末俗之箴砭也。

梁惠王曰：「晉國，天下莫强焉，叟之所知也。」一章

皆功利之説勝，❶而王道始不行於後世。夫功利之所以勝者，以其有立至之效；王道之不行，以其迂闊而不切事情也。孟子生於戰國之世，告齊梁之君，非王道不言，而言「王若易然」何也？王者之道，本乎人心，循乎天理，人均具此心，心均具此理，即是理而行之，三綱既正，九疇既叙，則人皆知尊其君，親其上，治安之效猶泰山而四維之也。初豈有甚高難行之事，亦曷嘗無朝夕可冀之功哉？謂王道爲迂闊，而惟功利之從，則曰兵可强也，國可富也。縱横變詐，崎嶇險側，咈

❶「皆」，清鈔本、四庫本作「自」。

人心，逆天理，君臣父子之間且不能以相保，而又何以固吾國家？然則立至之效，乃速亡之兆也。湯武以仁義而王，戰國以功利而亡，此萬世之龜鑑也。然天下皆知尊湯武而不免於蹈戰國之覆轍者，則其識見之卑，趨嚮之謬，而不自覺也。若昔聖賢，無位以行其道，於是推明古先帝王之事業，而載之方策，大綱小紀，本數末度，炳然日星之易見也。今乃指爲迂闊而莫之講，故自成康殁而民生不見先王之治，由此其故也。鄙夫庸人竊國之寵，而卒以誤國，鴻儒碩士抱憂國愛君之志，而老死於大山長谷之中，誠可歎也。學者將以有行也，則孟子之言可不深思而熟玩哉？

「無恒産而有恒心者，惟士爲能。」止「未之有也。」

儒術之不見用於世，以其空言而無實用，故功利之説常易以求售於人，不知夫功利者乃空言，而儒術則皆實用也。爲功利者，則曰「兵可强國可富也」。然挾區區之小數，而不知爲國之大體，相傾相詐，相戕相賊，不惟爲敵國之病，而吾國之民固亦不得安其生矣，豈不謂之空言乎？儒術則不然，自五畝之宅、百畝之田，使民養生喪死而無憾，然後教之以孝悌忠信，不惟吾之民皆知尊君親上，而天下之人亦皆引領而望之，其爲實用孰過於此？夫元后者，民之父母也。父母之於子，必先有以養之，而又有以教之，然後爲之子者，得以全其父母之身。今也爲民父母，聽其自生自死、自愚自智，而莫之問也，又倡爲功利之説以斲喪之，豈爲民父母之道哉？虞氏九官、周家六典，無非儒者已試之效，孰謂其皆空言而無實用，必待管、申之術而後可以爲國乎？故孟子論王道必曰仁政，論仁政必曰井地，斷斷乎其不可易也。孟子之言既不用於齊、梁之君，後世皆知讀其書而不能用其道，故歷數千年，而帝王之盛卒不復見，可歎也哉！夫儒術之不見用，學者相與講明之，庶幾猶有望於斯世也。謂之儒者，而茫然不知其源流，徒抱其淺陋之識，以周旋斯世，則吾道之不行，功利之説勝，是誰之罪哉？學者不可不察也。

「聖王不作，諸侯放恣。」止「聖人復起，不易吾言矣。」

孟子曰：「楊子取爲我，拔一毛而利天下。」一章

道者何？中而已。無過不及之謂中，時措之宜謂之時中，是皆人心之本然而不容已，天理之至正而不可易者也。天地之化亦大矣，小有偏焉，則雨暘寒暑各失其節。人受天地之中以生，喜怒哀樂、念慮云爲其可以有所偏耶？楊氏之爲我，墨氏之兼愛，皆不得其中，子莫之執中，又非所以爲時中也。孟子從而闢之，所以正人心，明天理，爲天下後世慮至切也。夫墨之兼愛，不失爲仁；楊之爲我，不失爲義。孟子極言其禍，至於無父無君，而以禽獸目之。志於道而不得其中，豈不甚可畏哉？後世楊墨之患息，而佛老之説興，至於今且千有餘歲，棄天常，滅人類，習夷狄之教，非先王之道，蓋不待其流之弊，而與禽獸無異矣。學士大夫不惟不能斥而遠之，乃溺其禍福之説，尊其荒唐之教。甚者，則文之以聖賢之

言，以爲與吾道無異，學者從而信之，以自絶於聖人大中至正之道，其爲天下後世之害，豈淺淺哉？有志於學者，惟以孔子、孟子之言爲主，以六經之道爲法，則異端之説無自而入矣。

榦踈繆不才，蒙恩假守，每念此郡士風簡質渾厚，可與適道，輒誦所聞以與士友講説，爲《孟子講義》二十章。衰晚愚昧，廢學日久，不足以發明聖賢之藴奥。然孟子之書明白切至，誦其本文，亦足以使人興起。於此二十章之中玩味而有得焉，則七篇之旨可以類推，聖賢之道可以馴致。惟諸友勉之。庶幾異日漢水之濱，將有以聖道爲諸儒倡者矣。嘉定乙亥長至，後學黄榦謹書。

勉齋先生黄文肅公文集卷第二十六

經　說

先生所著之書，如《書傳》《易解》《論語通釋》《儀禮通解》《孝經本旨》之類，皆已成書，其尚未有終篇者，有未脱藁者，有一時因筆所記者，有與朋友講貫所及者，今集爲《經説》附于集中。

《大學》經一章解

大學之道，在明明德，在新民，在止於至善。

明明德者，德謂人所得於天之理，人之本心虚靈不昧，故理之本體純瑩昭著，不爲氣質物欲所雜而昏，是則所謂明也。然人之此身，❶既囿於氣，而不能不感於物，則不能無所昏雜，而不得全其本然之明，故必學問省察，存養克治，去其昏雜，而後有以復其本然之明，所謂明明德也。新民者，天生烝民，均有是德，德之本然未嘗不明，然既爲氣質物欲所昏雜，乃始汙濁垢弊，而失其本然之明，惟在我者既有以自明其明德，又必推以及人，而有以新之，則亦純瑩昭著而無不明矣。止於至善者，止謂所歸宿之地也，至善謂理之極致也。明德、新民，皆當造其極焉，是則所謂至善也。苟未至於極，是則猶有所昏雜，而非所當止也。

此言大學綱領，其本末當如此也。

知止而后有定，定而后能静，静而后能安，安而后能慮，慮而后能得。

❶「身」，四庫本作「心」。

知止謂明德新民皆當止於至善，然必先有以知止有定，而后能静、能慮、能得焉。苟不知所止，則理之極致莫之能辨，又何所用力而得所止哉？知所止，則吾之胸中事事物物各有定理不可易也。曰止曰定，指理而言也。知所止而有定理，則心無所疑而能静，能静則物不能摇而能安。曰静曰安，指心而言也。既静且安，則有以施其學問省察、存養克治之功而能慮矣。能慮，則力行□造而能得矣。❶能慮能得，則心與理一，而所守固矣。上文止於至善，兼明德新民而言。此章乃明德、新民、止於至善，所以用力之方，始於知止有定，而終於能慮能得也。

此言大學工夫，其始終當如此也。

物有本末，事有終始。知所先後，則近道矣。

在物則有本末，行事則有終始。德與民，物也，德爲本而民爲末。知止、能慮，事也，知止爲始而能慮爲終。物既有本末，事既有終始，則學者以事處物，必當知所先後，則交用其力而進爲有序，則去道不遠矣。蓋本始所當先，末終所當後，道則至善之所在也。言人以始終之事，處本末之物，當先明德而後新民，先知止而後能慮，不先明德則無以成己，不務新民則無以成物，不先知止則動無所止，不務能慮則明無所用。其示人之意切矣。

此承上文兩節，明大學之道，以起下文兩節之意也。

古之欲明明德於天下者，先治其國；欲治其國者，先齊其家。止國治而后天下平。

明明德於天下者，治國齊家，新民之事

❶「□」，原爲墨丁，四庫本作「深」。

也。不曰新而曰明，新即明也。曰治曰齊，皆所以新之也。修身、正心、誠意，明明德之事也。曰修曰正曰誠，皆所以明之也。致知者明德新民，皆欲止於至善。然非知所止，則無以得所止焉。故新民必本於明德，而明德又本於致知也。格物者，言知不可以徒致，必事事物物皆有以窮極其理也。物格而后知至。物者，理之寓也，物之理無不窮，則吾之知無不致矣。知無不至，則是非昭晰，而意無不誠矣。意者，心之發，意誠則心無不正矣。心者，身之主，心正則身無不修矣。身者，家之儀，身修則家無不齊矣。自家以及天下，亦推此以及彼耳。曰齊曰治曰平，遠近親疏之勢也。

此推言上文三節之意，言明德新民之目，知止能得之序，本末始終之有先後也。

自天子以至於庶人，止未之有也。

天子庶人，貴賤不同，然均之爲人，則身皆不可以不修，所厚謂家也。誠意、正心，所以修身。治國、平天下，亦自齊家而推之。故又以修身齊家爲要也。

上文所言大學之道盡矣，此復申言修身齊家乃大學之要。無貴無賤，皆當自勉，其示人之意至矣。

《大學章句》疏義

大學之道，在明明德，在新民，在止於至善。

言聖賢教人以學，既及成人，則爲大人，當志其大者，以成其大人之德。其學之道，如下文所云也。明明德者，明其在己所稟至明之德也。明謂虛靈知覺純瑩昭著也，德謂所具之理也。新猶明也，既自明其明德，又當推以及人，亦使之去其蒙蔽汙濁，而復其本然之明也。止謂必至於是而不遷之謂也。至善者，德之當明、民之當新，皆當止於至善。盡天理之極，而無一毫人欲之私，是明明德、新民之至善，❶而學者之所當止也。注云「大人之學」者，❷兼齒德而言也。又云「虛靈不昧」者，虛謂知覺，不昧謂純瑩昭著者也。知覺者，物格知至也。純瑩昭著者，意誠心正而可以齊家、治國、平天下也。注云「具衆理，應萬事」者，德即理也，而曰具衆理，又兼夫應萬事而言，此乃直指人心，合全體大用而爲言也。具衆理者，德之全體；應萬事者，德之大用也。云新者，革其舊之謂，又云「去其舊染之汙」者，舊謂蒙蔽汙濁，新則去其蒙蔽汙濁，故新亦明也。云「至善謂事理當然之極」者，言凡事理皆有當然之對，當然之則乃所謂善也，其極則至善也。不至於當然，不足以爲善；不至於當然之極，不足以爲至善。蓋言明而新之者，必盡夫天理之極，而無一毫人欲之私也。

知止而后有定，定而后能靜，靜而后能安，安而后能慮，慮而后能得。

承上文明德新民皆當止於至善，而欲得其所止，則當先知其所止，謂一事一物必先研究其至善之所在，使此心曉然，所謂知止也；事物所當止之地既知之矣，則此心之中皆有一定不可易之理，所謂有定也；理既有定，事物未接則無所疑惑，

❶ 上「明」字，原作「民」，據清鈔本改。

❷ 「大」，原作「夫」，據清鈔本改。

湛然而静矣，所謂能静也；心既能静，則事物之來莫能動摇，泰然而安矣，所謂能安也；能静能安，則酬酢萬變，思慮精審，所謂能慮也；能慮則動容周旋無不中理，所謂能得也。大學之道，在於明德新民；明德新民之功，在於至善；至善之理，又在於必至而不遷。故此一節，但以止爲言，曰知曰得，止之兩端。定者，知所止之驗；慮者，得所止之始。曰静曰安，則原於知而終於得，有必至不遷之意矣。注云「志有定向」，則必至之意也；注云「心不妄動，所處而安」，則不遷之意也。

物有本末，事有終始，知所先後，則近道矣。

物指明德、新民而言，明德爲本，新民爲末也。事指知止有定、能慮能得而言，知止有定爲始，能慮能得爲終。本始所當先，末終所當後。道謂至善之地，知先後則進爲有序，而去道不遠矣。

古之欲明明德於天下者，先治其國，止致知在格物。

天下、國家者，民也，曰明明德曰治曰齊，新之也；身、心、意者，德也，曰修曰正曰誠，明之也。此言物有本末，當先德而後民，明明德於天下也。以至於誠意皆曰欲者，求其德之事也。❶曰致知曰格物者，知止之事也。此言事有終始，當先知而後得也。既曰先德後民矣，則先知後慮之事，❷當先施於自明其德，而後及於民焉，是則知所先後也。

物格而后知至。止國治而后天下平。

❶「德」，四庫本作「得」。
❷「慮」，四庫本作「德」。

此覆説上文能慮。❶物格矣，則理明義精，而此心之知可至。□□矣，❷則能謹獨以誠意，而意可誠。意誠矣，則能居敬以正心，而心可正。心正矣，則能不偏以修身，而身可修。身修矣，則施於家國天下，皆能盡其道而成其效矣。前言新民者先於明德，欲能得者先於知至，❸此則言知止而後能得，明德而後新民。合兩節而言之，則知所先後之意可見矣。

自天子以至於庶人，壹是皆以修身爲本。止未之有也。

《論語集注》學而疏義

第一章注：「學之爲言效也。人性皆善，而覺有先後，後覺者必效先覺之所爲，乃可以明善而復其初也。」

此文言學而釋以性善，且欲明善而復其初者。愚謂性者，人心所具之天理，寂然不動之時，萬善具足之名也。由是而之五常百行，無非至善。人爲氣質所昏，物欲所汩，又不能學以通之，既不知其本然之善，則亦無以施其存養之功。惟能效夫先覺者之所爲，然後知吾此性本無不善，操存涵養，以復其初也。爲聖爲賢，不外於此。知此則義理之大原、學問之要指不俟他求而得之矣。此乃首章誨人最要切之語，學者便當致思，不可泛然讀過也。

程子曰：「以善及人，而信從者衆，故可樂。」

❶「能慮」，清鈔本、四庫本皆作「之意」。
❷「□□」，四庫本作「知止」，清鈔本作「知至」。
❸「至」，四庫本作「止」。

此文言「有朋自遠方來」，而程子釋之曰：「以善及人，信從者衆。」何也？愚謂以自遠方來觀之，非吾之善有以及人，何以使同類之人皆自遠而至。自遠而至，則信從者衆可知矣。程子語雖簡短，而深得聖人之意，學者當詳味也。

第二章注：「仁者，愛之理，心之德也。」愛之理，則《或問》之説詳而明矣，心之德，則猶有所未達也。愚謂人之一心，虚靈洞徹，而所具之理乃所謂德也。指虚靈洞徹而謂之德固不可，捨虚靈洞徹而謂之德亦不可，於虚靈洞徹之中而有理存焉，此心之德也，乃所謂仁也。曰：義禮智，亦心之德，而獨歸之仁，何也？義禮智者，德之一端，而仁者，德之全體，以仁包四者，故心德之全，獨仁足以當之也。曰：仁之包乎四者，何也？天地之間，一生意而已，爲夏爲秋爲冬，無非春生之意也。專言仁，而義禮智在其中矣。故仁之爲德，偏言之則與義禮智相對，而所主一事；專言之則不及義禮智，而四者無不包也。曰：此章乃偏言，而併以專言者釋之，何也？其實愛之理，所以爲心之德，而非有二物也，故合而言之，仁之旨備矣。

第四章

愚謂三省雖五事，❶然皆重厚詳審而無輕易苟且之意。曾子資稟篤實，故其所省如此。

第五章注：「敬者，主一無適之謂。」愚謂「敬者主一無適之謂」，用程子語也。程子曰：「主一之謂敬，無適之謂一。」

❶「五」，四庫本作「三」。

《敬齋箴》所謂「不貳以二，不參以三，不東以西，不南以北」，正釋主一無適之義也。然師説又有以敬字惟畏近之，何也？蓋敬者，此心肅然，有所畏之名，故畏字於敬之義爲最近。畏則心主於一，如入宗廟見君父，心有所畏之時，自無雜念。閑居放肆之際，則念慮紛擾，而不主於一矣。二説蓋相表裏，學者體之，則可見矣。

第六章

愚謂孝、弟、謹、信、汎愛、親仁，體此六者，見之行事，如有餘力，則以學文。非謂行此六者，有餘力然後學文也。

《繫辭傳》解二章

天尊地卑，乾坤定矣。

儼然而尊，隤然而卑，健順之德，於此乎定。

卑高以陳，貴賤位矣。

高陳而上，卑陳而下，貴賤之分，於此乎位。

動静有常，剛柔斷矣。

動者常動，静者常静，剛柔之質，斷然不易。

方以類聚，物以羣分，吉凶生矣。

方物合一，何吉何凶，類聚羣分，迭爲勝負，吉凶之應，由是生焉。

在天成象，在地成形，變化見矣。

象形未成，何變何化？已成之後，迭爲消長，變化之機，由是見焉。此以上言有天地，則乾坤、貴賤、剛柔、吉凶，變化之理昭然可見。然必有乾坤，而後貴賤、剛柔、吉凶之體始具；有貴賤、剛柔、吉凶，而後變化之用始行。始於乾坤，終於變化，此生生所以不窮、天地所以常久而不已也。

是故剛柔相摩，八卦相盪，鼓之以雷霆，潤之以風雨。日月運行，一寒一暑，乾道成男，坤道成女。

以剛摩柔，剛化而柔變；以柔摩剛，柔化而剛變。八卦相推盪亦然，後者化而前者變，後者長而前者消。雷霆風雨、日月寒暑，一變一化，而人物生焉。得乾健之性者爲男，得坤順之性者爲女。此承上文乾坤變化成物之功也。

乾知太始，坤作成物。乾以易知，坤以簡能。

知猶主掌也，作，爲也。萬物受氣於天，成形於地，乾始而坤成之也。乾健故易，而知太始；坤順故簡，而作成物。此承上文生物之功，而言其本於乾坤之簡易。

易則易知，簡則易從。易知則有親，易從則有功。有親則可久，有功則可大。

易則理明，故易知；簡則事直，故易從。理易知則可信，故有親；事易從則可成，故有功。行之而信，故可久；爲之而成，故可大。此承上文易簡成物，而言其功效如此。

可久則賢人之德，可大則賢人之業。

德以理言，業以事言。賢人體乾坤之易簡，故德業可久可大。

易簡而天下之理得矣，天下之理得而成位乎其中矣。

不思而得，易也；不勉而中，簡也。天下之理得萬物皆備於我也。萬物皆備於我，則與天地合其德矣，聖人之事也。此言乾坤之易簡既成生物之功，而在人得之則爲聖爲賢，亦此理也。

右第一章。《繫辭》之作，以明《易》也。《易》之爲道，不過於推明乾坤、貴賤、剛柔、吉凶變化之理。人物之所以生，聖賢之所以立，然其道已具於天地，而其論蓋本於乾坤一健一順，而萬化萬事由是生焉。聖人作《易》，蓋本乎此。通乎此，則道體之妙、聖經之奥，可以默識矣。

聖人設卦觀象，繫辭焉而明吉凶，剛柔相推而生變化。

設卦，謂伏羲造八卦，重之爲六十四也。觀象，謂觀萬物萬事之象，取其卦之所似，故謂之象。繫辭，謂三聖所述卦爻之辭，繫於卦爻之下，故謂之繫辭。剛柔相推，謂以卦爻相推盪，此指卜筮而言，謂遇老陽則以柔推剛，變陽而化陰；遇老陰則以剛推柔，變陰而化陽。此言《易》之爲言，或見之卦爻之辭，或施之卜筮之用，皆聖人設卦觀象而爲之也。卦爻有似乎人事之得失，故繫之以辭，而明其吉凶；卦爻有似乎陰陽之消長，故以剛柔相推而生變化也。

是故吉凶者，得失之象也；悔吝者，憂虞之象也。

卦爻有人事得失之象，故其辭爲吉爲凶；卦爻有人事憂虞之象，故其事爲悔爲吝。此言觀象繫辭，而明吉凶也。

剛柔者，晝夜之象也；變化者，進退之象也。六爻之動，三極之道也。

卦爻有陰陽晝夜之象，故卦畫有剛有柔；卦爻有陰陽進退之象，故剛柔相推而一變一化，化者進而變者退也。卦有六爻，動者變也，亦以相推而爲言也。上兩爻屬天，中兩爻屬人，下兩爻屬地，以其有天地人之象，故分而爲六爻。道猶言義也。此言觀象，而以剛柔相推生變化也。

是故君子所居而安者，《易》之序也，所樂而玩者，爻之辭也。是故君子居則觀其象而玩其辭，動則觀其變而玩其占。是以自天祐之，吉無不利。

所居，謂身所處。安，謂無所疑。序，謂卦爻有進退行藏之序。所樂，謂心所好。玩，謂不能忘。辭，謂卦爻有象占之辭。居，謂退處。象，謂卦爻之似。辭，謂卦爻之辭。動，謂出而有爲。變，謂卜筮得老陽老陽而變。❶占，謂或吉或凶。所居所樂，以身對心而言，居動，以行對藏而言。此言聖人作《易》，無非取諸天地萬物人事之象，既皆自然之理，故君子學《易》，身之所處，心之所樂，一行一藏，無往而不法乎《易》，亦皆順乎自然之理，是以天祐之而無不利。天即理也，順理則吉無不利矣。

右第二章

《中庸》續説

或者問：「《中庸》之書言道之體用，則既聞之矣。戒懼謹獨、知、仁、勇之德與夫誠之一言，所以全道之體用者，可得而詳言之乎？」天命之性，率性之道，人之所固有而無不善也。氣稟雜之，物欲昏之，則固有而無不善者將有過不及之患，而明之行之而未至夫誠，則未足以造夫誠也。❷是則子

❶ 上「陽」字，四庫本作「陰」。
❷ 「誠」，四庫本作「道」。

思子之所憂也。若昔聖賢，所以立教垂世，不過欲人全其固有而無不善者，然其大旨固非有異，而開導之方亦各不同。或舉其一端，或示其大法；或隨其所禀，或量其所至；言之略者非隱也，言之緩者非怠也。教人之序不可以躐等，而學不可以陵節而施也。子思子襲孔聖之餘訓，繼曾子之的傳，覽古先聖賢教人之旨，鑒後世學者爲學之大弊，作爲《中庸》之書，其提挈綱維，開示藴奥，則如言道之體用者，亦既明且盡矣。至於學者之所以用功者，又必反覆包羅，而極其詳且切焉。蓋嘗以其本而考之，首言戒懼謹獨，因天命之性、率性之道固有而無不善者而爲言，欲人防其所未然而察其所將然也。其言要而易知，其事簡而易行。學者於此而持循焉，則吾之固有而無不善者將不待他求而得之也。次言知、仁、勇三德者，因君子之中庸、小人之反中庸皆生於氣禀之清濁、物欲之多寡而有異也，故必知之明、行之力，而終之以勇，而後氣禀物欲不能以累其固有而無不善也。末言誠之一字者，又因天道人道之分，以見天下之理無不實，欲人實用其力以全天理之實也。此即子思子所以教人之大旨也。曰戒懼謹獨者，静存動察之功也。能若是，則吾之具是性而體是道者，固已得之矣。又曰知、仁、勇者，致知力行之功也。能若是，則由性以達夫道者，舉合乎中庸而無過不及之差也。曰誠者，則由人以進夫天，聖賢之極致也。是非其言之極其詳乎？戒懼於不睹不聞之際，謹獨於至微至隱之中，則所謂静存動察者切矣。曰知矣，而繼之以仁；曰仁矣，而繼之以勇。加之以弗措之功，而勉之以己百己千之力，則所謂致知力行者，切矣。其言誠也，本於擇善固執之始，而成於無聲無臭之極，蓋至於所謂大而化之，過此以往，莫之或知也者，豈非又極其切者乎？若不極其詳，則學者用心或安於偏見；不極其切，則學者用功或止於小成。此子思子憂慮天下後世而爲是書也。

聖賢道統傳授總叙説

有太極而陰陽分，有陰陽而五行具，太極二五妙合而人物生。賦於人者秀而靈，精氣凝而爲形，魂魄交而爲神，五常具而爲性，感於物而爲情，措諸用而爲事。物之生也雖偏且塞，而亦莫非太極二五之所爲。此道原之出於天者然也。聖人者，又得其秀之秀而最靈者焉。❶於是繼天立極，而得道統之傳，故能參天地、贊化育，而統理人倫，使人各遂其生，各全其性者。其所以發明道統以示天下後世者，皆可考也。堯之命舜則曰：「允執厥中。」中者，無所偏倚、無過不及之名也。存諸心而無偏倚，措之事而無過不及，則合乎太極矣。此堯之得於天者，舜之得統於堯也。舜之命禹則曰：「人心惟危，道心惟微。惟精惟一，允執厥中。」舜因堯之命，而推其所以執中之由，以爲人心形氣之私也。道心，性命之正也，精以察之，一以守之，則道心爲主，而人心聽命焉。則存之心、措之事，信能執其中。曰精曰一，此又舜之得統於堯、禹之得統於舜者也。其在成湯，則曰：「以義制事，以禮制心。」此又因堯之中、舜之精一，而推其制之之法，制心以禮，制事以義，則

❶「其秀」，四庫本作「人中」。

道心常存，而中可執矣。曰禮曰義，此又湯之得統於禹者也。其在文王，則曰：「不顯亦臨，無射亦保。」此湯之以禮制心也。「不聞亦式，不諫亦入」，此湯之以義制事也，此文王之得統於湯者。其在武王，受丹書之戒，則曰：「敬勝怠者吉，義勝欲者從。」周公繫《易》爻之辭曰：「敬以直内，義以方外。」曰敬者，文王之所以制心也；曰義者，文王之所以制事也。此武王、周公之得統於文王者也。至於夫子，則曰「博學於文，約之以禮」，又曰「文行忠信」，又曰「克己復禮」。其著之《大學》曰「格物致知、誠意正心、修身、治國、平天下」，亦無非數聖人制心制事之意焉。此又孔子得統於周公者也。顔子得於「博文約禮」、「克己復禮」之言，曾子得之《大學》之義，故其親受道統之傳者如此。至於子思，則先之以戒懼謹獨，次之以知仁勇，而終之以誠。至於孟子，則先之以「求放心」，而次之以「集義」，終之以「廣充」。此又孟子得統於子思者然也。及至周子，則以誠爲本，以欲爲戒。❶此又周子繼孔孟不傳之緒者也。至二程子，則曰：「涵養須用敬，進學則在致知。」又曰：「非明則動無所之，非動則明無所用。」而爲《四箴》以著克己之義焉。此二程得於周子者也。先師文公之學，見之四書，而其要則尤以《大學》爲入道之序。蓋持敬也，誠意、正心、修身，而見於齊家、治國、平天下，外有以極其規模之大，而内有以盡其節目之詳。此又先師之得其統於二程者也。聖賢相傳，垂世立教，粲然明白，若天之垂象，昭昭然而不可易也。雖其詳略之不同者，愈

❶「欲」，四庫本作「敬」。

講而愈明也，□□□□學者之所當遵承而同守也。[1]違乎是，則差也。故嘗撮其要指而明之：居敬以立其本，窮理以致其知，克己以滅其私，存誠以致其實。以是五者而存諸心，[2]則千聖萬賢所以傳道而教人者，不越乎此矣。

五常五行太極説三條 初五日記

仁者，善之長；禮者，仁之極；義者，仁之反；[3]智者，義之極。仁者，舒之始；禮者，舒之極；義者，斂之始；智者，斂之極。[4]而爲智者湛然虚静、淵然深識者與。

五行一曰水，五事一曰貌，貌曰恭，恭作肅。貌之恭，而能爲心之肅。整齊嚴肅，則心便一也。心之一也，其猶水之止而静歟。此敬所以爲入道之始，水所以爲五行之本也。

太極本體，難以形容，緣氣察理，遡流求源，則可知矣。一静一動，静動初終，此氣之流也。是孰爲之哉？理也。天其運乎，地其處也，日月其争於其所乎。孰主張是？孰綱維是？主張綱維，理之謂乎？有是理故有是氣，理如此則氣亦如此。此體用所以一源，顯微所以無間也。嗚呼，深哉！

《孟子》説三條

告子之言，其語審矣。但孟子攻之太

[1] 「同」，四庫本作「固」。
[2] 「五」，四庫本作「四」。
[3] 「反」，四庫本作「施」。
[4] 「斂之極」，四庫本重此三字。

峻而語不及詳，故其指有未甚明者，請試論之。夫性者，人物所得乎天之理也，仁義禮智之屬是也。生者，人物所得乎天之氣也，有知覺而能運動者是也。性者，萬物之一原，有生之類各得於天，固無少異，❶但所稟之氣則或值其清濁美惡之不齊，故理之所賦不能無開塞偏正之異，此人物之所以分也。然以氣而言，則所稟雖殊，而其所以爲知覺運動者反無甚異。以理而言，則其本雖同，而人之有是四端，所以爲至靈至貴者，非庶物之可擬矣。告子之學不足以知此，但見其蠢然之生即以爲性，而又謂凡得此者無有不同，則是不惟不知性，亦不知氣，不惟觀於外者亂於人獸之别，而其反於身者，亦昧於天理人欲之幾矣。

人之所以爲性者五，而獨舉仁義，何也？曰：「天地之所以生物者，不過乎陰陽五行，而五行實一陰陽也。故人之所以爲性者，雖有仁義禮智信之殊，然曰仁義則其大端已□□矣。❷蓋以陰陽五行而言，則禮者仁之餘，智者義之歸，而信亦無不在也。」曰：「然則其或主於愛，或主於宜，而所施亦有君親之不同，何也？」曰：「仁者，人也。其發則專主於愛，而愛莫切於愛親，故人仁則不遺其親矣。義者，宜也。其發則事皆得其宜，而所宜者莫大於尊君，故人義則必不後其君矣。」曰：「然則其必爲體用而不可混者，何也？」曰：「仁存諸心，性之所以爲體也；義制夫事，性之所以爲用也。是豈可以混而無别哉？然又有一説焉，以其性而言之，則皆體也；以其情而言

❶「少」，原文殘闕，據清鈔本、四庫本補。

❷「□□」，原爲墨丁，四庫本作「包括」。

之，則皆用也。以陰陽而言之，則義體而仁用也；以存心制事言之，則仁體而義用也。錯綜交羅，惟其所當，而莫不有條理焉。告子之言，蓋特舉其一爾。」曰：「義以制事而言，則固外矣，而孟子非之，奈何？」曰：「義之爲用則固施於外矣，若其施者則又安得而外之乎？此其所以有體用之殊，而無内外之别，學者所宜明辨而熟察之也。」

或問：「孟子道性善，而言必稱堯舜者，何也？」曰：「性善者，以理言之；稱堯舜者，質其事以實之。所以互相發明也。其言蓋曰：知性善，則有以知堯舜之必可爲矣；知堯舜之可爲，則其於性善也信之益篤，而守之益固矣。」曰：「夫子之言性與天道，子貢猶有不得而聞者，而孟子之言性善，乃以語夫未嘗學問之人，得無陵節之甚耶？」曰：「性命之理，若究其所以然而論之，則誠有不易言者。若其大體之已然，則學者固不可以不知也。蓋必知此，然後知天理人欲有賓主之分，趨善從惡有逆順之殊。董子所謂明於天性，知自貴於物，然後知仁義，知仁義然後重禮節，重禮節然後安處善，安處善然後樂循理。」

讀《左氏傳》雜説三條 嘉定十年二月一日

隱桓之事，《公羊》《左氏》以隱爲是，《穀梁》以隱爲非。《左氏》以隱之讓爲賢君。讓固美德，不義之讓與讓而自立，皆不得爲賢。《公羊》又創爲立子以貴之説以實之。惠公既有元妃矣，則其他皆不得爲適，仲子何貴之有？故《公羊》《左氏》之説皆未得爲當。惟《穀梁》之説以爲《春秋》貴義不貴惠，信道不信邪，乃爲正論。但謂惠公能勝其邪心而與隱，則恐未必然。既以手文而立仲子爲夫人矣，又豈肯立隱以爲世子乎？此乃惠公殁，諸大夫扳隱而立之，非惠公意也。非惠公意，則當如夷齊之事，乃爲得其正也。若隱者，蓋義利交戰於胸中而不能自決，貪實利而慕虛名，是以不免於弒也。又推其原，則其禍實始於惠公。失禮而惑於邪，不思諸侯一娶九女無再娶之義，而又惑乎手文之異，是以貽禍於後世也。

鄭莊公無孝友之誠心，又不明於予奪之大義，故勉强以徇其母，而處心積慮以殺其弟也。使其有孝友之誠心，而又明於予奪之大義，則必能委曲順承而區處得宜，如舜之於象也。

潁考叔舍肉遺母之意甚善，而闕地及泉之對甚愚，此皆不達於理而已。

敬說

古人論爲學之方多矣。自程子始專以敬爲言，近世朱、張二先生復申其說，至於爲箴以自警。朱先生於《大學》之書首言小學之學，惟敬足以補其缺。裒集程門之語，如所謂「主一無適」、「常惺惺法」、「整齊嚴肅」、「收斂身心」、「不容一物」者以明之，其說詳且密矣。然爲學而必主於敬，與主敬之必有其義，諸說既各不同，而其說亦未易曉，是以學者雖知主敬之切於爲學，而莫有能用功於敬者，則亦其說之有未明也。人稟陰陽五行之氣以生，其爲是氣也，莫不各有是理。人得是氣以爲體，則亦具是理以爲性，又必有虛靈知覺者存乎其間以爲心。事物未接，思慮未萌，虛靈知覺者感而遂通，一寂一感，而是理亦爲之寂感焉。使夫虛靈知覺者常肅然而不亂，炯然而不昏，則寂而理之，體無不存；感而理之，用無不行矣。惟夫虛靈知覺既不能不囿於氣，而又不能不動於欲也，則將爲氣所昏，爲欲所亂，而理之體用亦隨之而昏且亂矣。此敬之説所由以立也。虛靈知覺，我所有也。吾惟慢怠而無以檢之，則爲氣所昏，爲欲所亂矣。惕然悚然，常若鬼神父師之臨其上，常若深淵薄冰之處其下，則虛靈知覺者自不容於昏且亂矣。故嘗聞之先師曰：「敬字之説，惟畏爲近之。」誠能以所謂畏者驗之，則不昏不亂可見矣。曰：「然則諸説之不同，何也？」曰：「惺惺者，不昏之謂也；主於一，而不容一物撓亂之謂也；整齊嚴肅，則制於外以養其中也。是皆可以體夫敬之意矣。然而不昏不亂者，必先敬而後能如此；制於外以養其中者，必如此而後能敬。以之體敬之義，必欲真見夫所謂敬者，惟畏爲近之也。蓋畏即敬也，能畏則能整齊嚴肅，整齊嚴肅則能敬，能敬則不昏不亂矣。此朱先生不得不取夫諸説以明夫敬，而又以畏字爲最近也。」

舜禹傳心周程言性二圖辨寄黄子洪

客有以黄子洪所爲二圖見示，子洪且欲刊之虎丘，以諗後學，而亦有刊之江陰郡庠者矣。僕竊有疑焉。以圖觀之，則舜禹傳心之圖以人心道心合爲一，則是天理人欲同體，而可乎？危微之下，合爲精一，又合爲執中，至於一而中，則非危矣，又安得並立於危微之下乎？其爲説，則「心之所發，必乘於形氣」，抑不思《中庸序》之言曰：「或發於形氣之私，或原於性命之正。」則不皆乘於形氣矣。惟其以爲皆乘於形氣，所以合人心道心而爲一也。「人心惟危」，則言之詳矣，「道心惟微」，則無一語以及之，而遂及於精一，何哉？精一之後繼以動，則皆中矣。而又曰「道心統乎人心而一矣」，則一在中之前，抑又中之後乎？周、程言性之圖，既以仁義禮智合爲一而謂之性矣，又於性之下而繼之以心，則心果在性之外乎？孟子曰「仁義禮智根於心」，則仁義禮智皆具於心，而謂心在性外，可乎？至於爲説則曰「心出于性」，何其與孟子之言相戾乎？其論「發以是理、發非是理」數語則善矣，而未發之性獨略而不言，則但致和而不致中，於學者功用亦疎矣。雖曰虛明之體常卓立乎其中，然終不言無所偏倚，則亦未爲深知未發之所以爲大本也。蓋其圖中置心於性之外，而其説則曰「心出於性」，則此心之妙，但有虛明而無理義矣。愚恐擇義之不精，而反以誤後學，故爲是説以寄子洪，庶幾藏其語而勿出，仆其碑而勿廣，深思而熟講之，不至於七十子未喪而大義遂乖也。

榦承惠書，感感。榦年已七十，病倦不及裁謝，姑寄此以見朋友切磋之意，幸亮之。

勉齋先生黄文肅公文集卷第二十七

策問

時務策問

問：天道運於上，人事修於下，假天道以紀人事者，莫大於建元，所以備三才，大一統，繫萬事而詔來世也。然考之往古，按之當今，其爲説不一，而其爲道不同也。元之爲義，古未有也。三《傳》興而索《春秋》於一字之間，亦曰國君之始年耳。漢儒宗之，乃曰辭之所謂大，又曰法五始之要，其意則曰示大始，而欲正本也。是果夫子之意耶？古之所謂年者，以歲之登而爲言。夫子作《春秋》，而歲之登者曰「有年」。《左氏》述當時之言，不可以五稔，蓋此意也。然唐虞夏皆曰載，商獨曰祀，至周而後曰年，亦豈無義耶？三王之道，何其異指哉？秦漢以前，有初即位之元，而未有所謂改元也。文景之世，有所謂後元、中元，而元之爲號，猶未至於紛紛而不一也。自時厥後，或以事名，或以功名，或以瑞名。名之不同，其孰可取乎？或頻年而輒改，或累年而一改，或數十年而不改。改之不同，其孰可法乎？王事之大體，當世之急務，果何取於此？二帝三王之意，其亦有所合乎？聖天子嗣登寶位，六年于兹，乃獨有取於漢之武帝與夫章聖皇帝之故事，易「嘉泰」之名以幸天下，德至渥也。亨嘉通泰之義，諸君講之熟矣，其鋪張揚厲，以侈當世之盛典，與夫古今不一之説、不同之道，其悉言之，毋略。

問：董子曰「今之天下亦古之天下」，以今觀古，何其不然耶？ 直道而行者，此民也，今也德色而誶語，❶反唇而相稽。成人有德者，此士也，今也隨□以敗業，❷竄竊以規利。退食自公者，此吏也，今□舞文以繩下，❸徇私而背公。豈向也善而今也惡，向易治而今難化耶？ 何其俗之戾也？ 謂化有未至耶？ 聖天子恭儉元默，無愧於古矣。謂法有未密耶？ 國家法令明具，無隙可乘矣。謂令有未明耶？ 詔旨之下，諄複詳悉，如見肺肝矣。而要其治效，茫如捕風，甚至建一議、造一事，往往倡之而不應，爲之而無成；理財之法，至析秋毫，而財終不可豐；養兵之費，如奉驕子，而兵終不可强。邊陲之備禦未固，祖宗之竟土未復，雷霆之異、地震之變，與夫淮甸饑旱之灾，所以上勤聖王之宵旰，下貽廷臣之隱思，欲起而更新之，乃以是歲之春，特命改元，以庶幾亨嘉通泰之治。猗與休哉！❹士生斯時，何其幸耶！ 風俗之未美，教令之未孚，事功之未舉，灾變之未銷，當必有説以處此，以日進於亨嘉通泰之實。其悉陳之有司，將以復于上。

問：任司牧之寄者曰君，任輔君之責者曰相，君相同心一體，以階天下之治者也。輔相之責，豈不甚重哉！ 姚崇以十事説天子，論者非之。嗟夫，崇之慮亦深矣！

❶「誶」，四庫本作「誶」。
❷「□」，原爲墨丁，四庫本作「俗」。
❸「□」，原爲墨丁，四庫本作「也」。
❹「休」，原作「体」，據清鈔本、四庫本改。

宰相無所不統，古所謂百揆云者，豈得不歷數而預防之耶？傅説旦胥靡而暮輔相，干戈甲胄、刑賞祭祀，未嘗不歷歷爲其君言之也。或者乃曰：宰相不親細務。此又何説耶？是故旁求俊彦，宰相責也，而後世乃有除吏盡未之嫌；九職九賦，冢宰責也，而後世乃有問之廷尉之語。獄者生民之命，天子所與三公九卿坐於槐棘之間而聽焉者也，而閲訟牒或者以爲失體。然則又將孰從耶？恭惟聖天子嗣登大寶，七年于兹，擢用二三大臣，委之以政。兹者親灑宸翰，賜之《書》之《説命》、《詩》之《天保》、《易》之《泰》卦，其相與之意可謂至矣。然求之今日，則國是之未定也，風俗之未醇也，文武之臣尚未能副朝廷之用也，下至於獄訟之未清，簿書期會未能不稽違，則廟堂之上，亦豈得不深思熟慮以副吾君眷倚之意乎？「黷于祭祀」一語，而「無豐于昵」，尚不能不賴於祖己之訓，則君臣之際，豈不甚難矣哉？夫以前數者之弊，當聖賢相逢之日，更革而作新之，又豈無其道耶？酌古人大臣之體，明今日大臣之任，其悉言之，以裨廟堂之末議。

疑難策問

問：《易大傳》曰：「河出圖，洛出書，聖人則之。」畫八卦者則《河圖》，叙九疇者則《洛書》。八卦、九疇，非人之所能爲也，蓋有自然之象數存焉。以今考之，《河圖》自一至十，以備五行生成之數，八卦以奇偶錯綜，而成天、地、山、澤、雷、風、水、火之象。二者乃不相類，何耶？至周重之，而六十四卦、三百八十四爻之義始備，其亦有本於《河圖》之數否耶？ 或曰：自庖犧、神農、黄帝、堯、舜制器尚象，而重卦之名已著，則又安知非伏犧授圖而遂重耶？ 其曰文王者天，❶果何説也？《洛書》自一至九，縱横十五，亦不過備五行生成之數而已，獨不可爲卦，而乃爲疇，何耶？ 九疇之叙，自五行以至六極，亦自一至九，以次列之耳，亦何以知其九數之内，遂具九疇之義耶？ 或曰：赤文緑字，已見於神龜之所負，箕子從而演之耳。其信然耶？ 然則所謂則之者，終亦未有見其必然也。《易》本《河圖》，《範》本《洛書》，猶有可疑者，則《太元》以擬《易》，《潛虚》以擬《元》，學者尤不可以不考也。方、州、部、家、表、贊，以三三相生而成《太元》，氣、體、性、名、行、命，以五行相錯而成《潛虚》，固不可謂非自然之象數也。以兩贊準日，不滿則加踦羸二贊以足之，以一變準一日，有餘則元餘齊不變以合之，天地自然之數，《易》《範》果有是乎？ 五行在天地之間，惟土取數爲最多，而在物爲最均也。九贊之位，土於五行特居其半，名圖之布，土居四維，多寡不齊，其義安在？《易》之六爻，即卦之六畫也，❷四重而爲九贊，二體而爲七變，其亦有説乎？《易》卦之名，因畫起義也，八十一家、五十五行，亦皆然乎？《太元》之書，法天運以起曆，自甲子歷二十七而得甲辰，又歷二十七而得甲申，又歷二十七而後得甲子。❸其合於章旨統元之數，❹亦巧矣。謂日起於牽牛者，其於

❶「天」，四庫本作「又」。
❷「畫」，原作「晝」，據清鈔本、四庫本改。
❸「後」，四庫本作「復」。
❹「旨」，四庫本作「蔀」。

天受爲如何？❶《潛虚》之書，於人事尤惓惓焉。祖於虚，生於氣，以成體，體以受性，性以辨名，名以立行，行以俟命。此其著書之序也。自詘一以至於詘四，得無牽合之病耶？至其揲蓍之策，或分或掛，以決吉凶休咎之變者，在《易》爲大衍，在《範》爲稽疑，在《太元》《潛虚》亦皆有法焉。其孰得孰失耶？四書之作，本於天地而備於聖賢，是必有奥義焉，幸詳言之，毋略。

問：仰以觀於天文，俯以察於地理，《易》之爲書，何預於天文地理耶？上律天時，下襲水土，夫子所以律而襲之者，又果何事也？古之聖人，其於幽明之故，必有深察默悟，而非他人之所及知者矣。冠員冠，屨方屨，俯仰之間，亦豈可懵然而不知其粗者耶？昔之言天體者多矣，有曰天包地外、地居其中者，有曰天地皆中高四頽者，有曰天地四遊升降於三萬里中者，其説固不同而亦皆有理。自渾天之説興，而談天者皆宗之。天之高也，星辰之遠也，又何以知渾天之爲得，而其説之爲失耶？❷天道左旋，日月五星右轉，言天象者皆祖是説也。然日月五星皆東生而西没，曷爲反天而逆行耶？日陽而月陰，曷爲月行反疾、日行反遲耶？或者天道左旋，處其中者皆順之，以天行之疾而視日月之遲，則日月之行反若右轉焉。五星亦然，亦豈得爲無理？且日月皆陰陽之精也，而月之有盈有闕，何也？或曰：月無光，受日之光，何以驗其必然耶？五星行度，土何爲而最遲，

❶「受」，四庫本作「度」。
❷「其」，清鈔本闕，四庫本作「諸」。

金水二星又何爲常附日而行耶？二十八宿不惟四時迭運，不可以方所言。蓋一晝夜之頃，固已迭周乎天矣，何以辨其爲東西南北之宿，而各司一方耶？地之體，則人跡之所歷，非若天之難見也。人之言曰：地形西北高而東南下，故水雖萬折，無不趨於東者。然弱水則既西矣，黑水則又西矣。曰四海云者，安知四表之外不皆有海耶？又有以天地之中如中國者九，而水環之，故曰九州，中國特其一耳。人之所見，雖中國且不能徧，又安知中國之外不復有如或者之云乎？古今同一河也，決於堯而息於禹，決於商而息於周，決於漢而息於唐，其或決或否，亦皆有説耶？禹釃二渠，以循西山之麓，故無泛溢之患，其蹟豈不可復考耶？江自岷山東流數千里以入于海，蓋爲他水之所會，不應復折而爲他水也，今乃有九江之名，而《禹貢》復有東爲中江、東爲北江之語，何耶？天下之水一也，而海之水乃或進或退，何也？或曰視月之出没以爲進退，其信然耶？否也？深於幽明之故者，非孔子孟子歟？孔子謂北辰居所，衆星拱之，説者乃以爲北極一星近於不動，而非不動者，何也？孟子謂禹決汝漢、排淮泗而注之江，今汝也淮也泗也，皆徑入海而不入江，又何也？聖賢非講之不精者，而與今之説者異，其孰是孰非耶？夫觀天地者，亦觀其理耳。苟徒襲古人之迹，而曰某之論然也，又何以異於侏儒之觀優耶？此問與答者之所當戒也。

問：六經之道與天人並，三綱五常之所自出，而人道之所由以立也。❶更秦迄

❶「人」，清鈔本闕，四庫本作「天」。

漢，書缺簡脱，而禮樂之失爲尤甚。《樂》之爲書，無復存者，小戴所存《樂記》一篇，❶乃出於《荀卿子》，司馬遷從而述之，其果聖人之遺經耶？❷然其所記者乃樂之大義，而樂之節奏不與焉，❸其亦有可考者耶？《周禮》，職官之書，《禮記》，漢儒所述，乃與《儀禮》並列爲三禮，亦大不倫矣。❹而《儀禮》在唐雖名儒已苦其難讀，今乃不得與二禮列於學官，以設科取士，何耶？禮樂所以正人心、厚風俗，而殘缺若此，是未暇悉辨也。《易》始伏犧，《書》始唐虞，《詩》紀春秋，以備列國，其於古今之際悉矣，其書尚存，而家藏人誦之，其可不考乎？作《易》本於《河圖》，夫子何以言其觀天察地以及鳥獸之文？用《易》本以卜筮，夫子何以言其開物成務而冒天下之道？天、地、山、澤、雷、風、水、火，列卦之方位也。震兑坎離以居四正，乾坤艮巽以居四維，所取何義耶？九六爲老，七八爲少，揲卦之陰陽也，陽爻用九而不用七，陰爻用六而不用八，其亦有説乎？經卦皆八，其別皆六十四，自夏商之《易》已然矣，何以言文王重卦之數？「元，體之長；亨，嘉之會」，自魯穆姜已有是言矣，何以言夫子贊《易》之辭？夫子釋《彖》繫之卦辭之後，夫子《小象》繫之爻辭之下，何於《乾》卦爲獨得用九用六，❺別爲二爻？《文言》二篇總釋卦義，何

❶「樂」，原闕，據四庫本補。
❷「果」，原闕，據四庫本補。
❸「樂之」，原闕，據四庫本補。
❹「大」，原闕，據四庫本補。
❺「得」，清鈔本闕，四庫本作「異陽」二字。「用六」，屬《坤》卦内容，疑本句有脱文。

於《坤》二卦爲獨詳？❶《繫辭》果爲夫子之言乎？❷《序卦》果非聖人之藴乎？《易》之可疑者此也。《書》之作也，或以策命臣下，《微子》《蔡仲》是也；或以告諭百姓，《盤庚》《多方》是也。命臣下者反易曉，而告百姓者反難通，何耶？或出於口授，伏生所傳是也；或得之屋壁，孔氏所述是也。口授者反聱牙，壁藏者反明白，何耶？《堯典》一篇，孔氏所述，何不繫之唐而繫之虞？《臯陶》《益稷》，《左氏》所引，何不繫之虞而繫之夏？伏生二《典》合爲一，而孔氏析之，然《舜典》篇首得之齊建武年間者，安知非僞耶？伏生《益稷》合於《臯陶謨》，而孔氏正之，然二篇文勢相蒙，如蘇氏之傳者，安知非是耶？嗣征之舉，以時考之，當在后羿之世，六師之命，豈仲康所得專？康叔之封，以時考之，當在武王之世，小子之稱，豈成王所宜言？《吕刑》雖曰祥刑，而穆王耄荒之所作，夫子曷爲取之？秦穆雖曰悔過，而二國之争未已，夫子曷爲存之？《書》之可疑者此也。風雅頌以爲經，賦比興以爲緯，此《詩》之義也。或曰《詩》之中皆有六義，如《豳風》《豳雅》《豳頌》是也，其亦有説乎？有善則美，有惡則刺，此《詩》之體也，然亦有男女詠歌各言其情者，豈皆爲美刺而作乎？或以《詩》爲國史吟詠情性而作，閭巷小夫之辭豈皆出於國史乎？或以《詩》爲孔子被之弦歌，以合《韶》《武》之音，怨忿淫佚之語，豈皆合於《韶》《武》乎？《七月》陳王業，何以不列之《大

❶「於」，原文殘闕，據四庫本補。「坤」上，四庫本有「乾」字。「詳」，原作「祥」，據清鈔本、四庫本改。

❷「夫子」，原文殘闕，據四庫本補。

雅》而列之變風？《棠棣》閔管蔡，何以不繫之成王而繫之文武？邶、鄘即衛也，何以不繫之衛而繫之邶、鄘？《詩》之可疑者此也。諸君其詳言四經之僅存，以及於禮樂之已廢，庶以副朝廷尊經重道、搜羅博洽之意。

公劄

申兩浙運司催石門庫吏責辦年計劄子

榦竊見張官置吏，上下相承，等級甚嚴，至於輕侮黷慢，無所畏懼，不但慮其奉承唯諾之不前，而於職事之際，必至於稽違虧曠之爲可慮也。榦今來賤職石門，老吏十數人，往往宿姦巨蠹，輕侮其長，循習已久，恬不爲怪。蓋緣酒吏卑官素無足畏，而又貪利無恥之人與之爲市，往往坐受其侮，以至於此。榦比到庫中，見交代指云某人某人最爲可畏，往往能持官吏長短，納短卷於臺部；又云某人某人前日行司經由，往往獸奔鳥竄，不可約束。此豈復有上下之分哉？且如榦以犒賞舊例，急於趁辦歲計，前月此來，旅寓都城已一月矣。初遣人拜劄於交代，借一二人使令，幹當公參等事，代者回書云，遣廳子趙澤前去。持書人已回，而趙澤者乃逾旬而後至。近復遣趙澤回庫，復拜劄交代，以責酒歲晚合有預前料理事務，欲於合干人內專差兩人，及脚夫輩兩人前來支請酒本，呼集柴米牙人商量價例及較議酒匠等事，庶免後期。今去數日矣，亦莫有至者。新官之初已怠慢如此，異日到庫何以令之？

此職業之所以不舉，而官課之所以日虧也。然此曹姦弊已深，未易卒治，接物之道，亦宜平心，不可忿嫉。今謹具公狀上呈，欲乞台判嚴限追赴使司，責認措辦責酒，歲計仍責領本錢。然其姦弊之狀，不可不預稟。異日反覆申告，復有不悛即當申稟，望痛賜懲治，庶幾庫務一新，官吏促辦。區區小吏得以逃責，而上司亦免追需之撓，不勝千萬之幸。

申提領所僉廳解錢劄子

幹猥賤小吏，屬以烝燒多事，復承庫務久壞之後，屋舍、牆垣、器用之屬，無一全者。循習百計侵欺，以犬馬之力，晝夜監督，無頃刻休，以是不及時賁起居問。乃承台慈貶損威重，特賜台翰，捧讀不勝感激，輒有卑悃：十二月格目合係前官解發，幹自十二月二十七日交割，及今方十五日，既無酒本可以醞造，乃欲半月之中解一月錢，雖使管晏復生，不能爲已。今解去十五日息錢，併將借到私債本錢湊納交割，後十五日本息已空，大段費力。切恐使所人吏不復顧恤，妄有追擾，則幹視事之初無以存立。

申崇德縣乞追究錢福劄子

幹昨所申解本庫合干人蔣潤及拍户錢九一、錢福、私役人錢七等冒占官拍户發賣私酒事。幹屬以烝燒事冗，未及躬詣台屏，不審已蒙嚴施行否。竊念犒賞諸庫，雖屬版曹，而領在計臺，雖屬計臺，而隸在州縣，如附疣縣贅，雖有痒痾疾痛，人莫有憐者。所謂版曹、計臺、州郡，尤漠然相遼絶，獨有使縣相去密邇，幸遇賢百里。榦厠之屬吏之末，則卒有緩急，尤可以呼號赴愬耳。今茲之愬，非可以常事比，豈有拍户既不行打酒，而反私立拍户？豈有官酒既不發賣，而反自賣私酒？豈有官司地界而爲己私屬？豈有官司之人而爲己私役？區區小吏固不足道，豈有百里之内久沐德化，乃有姦豪一至於此？今納去地圖一紙，凡墨書者屬本庫，凡朱書者皆錢福所占賣私酒之地也。欲望牒尉司追上錢九二及小拍户沈十八，根究施行。

榦一介小官，不足比數，然其所以趁辦，係是户部犒賞錢物，其所統屬，係是本路使者提領。雖於貴縣若無干預，然弊庫辱在治封，無異屬吏。貴縣趁辦版帳，何異弊庫？事體既已不殊，利害所宜相䘏。今有拍户錢福不赴庫打酒，其罪一；私下造酒，其罪二；多置拍户，其罪三；本庫使人告諭不從，反裝論訴本庫，其罪四。情理明白，不待智者知其不可。今訴之巡尉，貴縣人吏反移文巡尉，不爲施行；訴之州郡，貴縣人吏反蔑視州郡，不爲追逮，却稱本縣寄居爲之芘護。夫寄居賢者耶？必不肯芘此無狀之人；不賢耶？貴縣不當受不賢之囑。今觀所稱寄居，邑人皆稱其賢，則是必無此事，而貴縣人吏欲以勢相恐嚇，而爲錢福求免也。今不得已，而訴之運使、提領，已蒙行下貴縣，追人根究，切望勿爲吏輩所欺，則不待片言而獄可折矣。榦衰晚小官，爲貧仰禄，不過以勤易飽，以廉易安，此外無所顧望。若貴縣肯爲施行，則尚可俛首趁辦國課；若使如前付之吏輩，漠然不顧，則乞徑申使所，將榦對移放罷，❶以快錢福之意。不然，榦亦當徑申使司，乞回避錢福，不得復爲貴縣屬吏矣。豈有本庫自有界分，乃出門東望環數十里爲一拍户錢福所占，貴縣不爲追理，而可以安坐受恥，苟升斗之禄乎？

江陵歸乞嶽廟劄子

榦一介寒賤，賦分奇窮，晚得一官，甘心筦庫。今京西湖北宣撫吴待制出帥江陵，辟居幙府，未及兩月，屬以朝旨委本司措置信陽關隘，遂蒙委同陳總領提點八關，經歷光、黄、信陽、德安四郡，往反三四千里。途中衝冒，偶得惡疾，幾至危殆。吴待制改除宣撫，榦已隨司解罷。至今病勢未能去體，氣血衰頹，心志凋耗，難以服勞州縣。家貧累重，素無生業，未免飢寒。欲望鈞慈特賜憐念，且與陶鑄嶽廟一次，俾得稍沾寸禄，少活殘軀，不勝隆天厚地之施。

第二劄

榦一介寒賤，受廛三山，自先父察院起家單微，素無産業，兄弟相依以生，不幸諸兄皆以薄宦蚤世。榦賦分庸凡，不敢有志仕進，迨今中年，偶得一官，復以禍患，十年不調。心志摧頹，久絶榮望，甘心筦庫，以活餘生。偶今宣撫吴待制出帥江陵，辟置幙府，又蒙委出信陽諸處點檢關隘，衝冒登頓，遂得惡疾，幾至危殆。及吴安撫改除京西湖北宣撫，以榦係是辟差，合隨司解罷。

❶「放」，四庫本作「斥」。

至今痼疾未能去體，難以從宦，家貧累重，未免飢寒。欲望鈞慈俯賜憐念，特與陶鑄嶽廟一次，俾得稍沾寸禄，少活殘軀，不勝隆天厚地之施。

辭宇文宣撫再辟帥幕劄子

榦一介晚生，至愚極陋，賦分奇窮，素安分守，不敢萌仕進之念。迨及晚歲，偶得一官，復以禍患，十年不調。家貧累重，飢寒迫身，勉竭疲駑，竊食筦庫。宣撫吴公憐其窮悴，辟置幙府，繼蒙差出極邊，累月衝冒，得疾伏枕逾月。吴公親見其危殆之狀，念其以孑然之身，抱病數千里之外，遂許以隨司解罷，還家就醫，求一嶽祠差遣，爲相門養痾之地。❶忽聞明公復欲辟以舊職，拔之庸凡之中，置之帷幄之末，深切感激。名在仕版，東西南北，惟命之從，豈敢有辭？實以一病之後，氣血衰頽，心志凋耗，若又驅而使就故地，其勢必至狼狽。且榦以二百餘指之素，❷無一畝之田，甘心爲祠禄之請，飢寒窮困，皆不暇恤，則其情可見。此意此請已在明公未欲辟置之前，非是今日方爲此以避事也。目今邊事未寧，幙府之士非精力過人難任此責，四方英俊如林，如榦等輩何足比數？兼榦向在吴公幙府，既以疾辭之而歸，病未及瘳，復以辟命扶曳而去，吴公必以爲有所不足於己，榦亦何面目復見吴公？竊以大君子愛人以德，必不使後輩去就違義，故敢僭布申懇，儻蒙台炤，特賜改辟，

❶「相」，四庫本作「杜」。
❷「素」，四庫本作「累」。

不勝萬幸。

乞嶽廟第三劄

榦近嘗僭具稟劄，以榦盡瘁邊陲，偶嬰惡疾，乞賜陶鑄嶽廟差遣一次，繼蒙新京西湖北宣撫使宇文閣學辟差榦監荆湖北路安撫司激賞酒庫，兼准備差遣。緣榦實是大病之餘，氣血羸□，❶難以復備使令。今來已蒙宇文閣學改辟某□衝替。❷伏念榦家貧累重，難需遠次，欲望鈞慈得賜陶鑄嶽廟差遣一次，庶得少霑微禄，以活殘軀。

第四劄

榦昨自江陵罷官來歸，自度衰賤無能，僭以嶽祠爲請，繼承宇文宣撫再辟，充江陵舊闕。榦大病之餘，不任奔走，已行改辟。榦以留滯中都，資用已竭，復聞閩中米價騰踊，鄉落擾擾，遂再上祠請，退居田廬，俯伏俟命。及得邸報，乃蒙朝廷復降與幹官差遣指揮。仰見某官收拾人物，不間疎賤，螻蟻小官，亦蒙記恤，不欲終棄於無用之地。私切感激，何以稱塞？伏念榦奇蹇之蹤，不自植立。先人爲紹興御史，家無置錐之地，兩兄從官，相依以生，僅改京秩，相繼而歿。榦託迹妻父，偶得一官，心志摧沮，舉家數百指無以自活。宣撫吴公辟置幙府，軍旅方殷，不敢憚勞，遂蒙委赴宣司商議。信陽關隘，地係極邊，人憚其行，薛公、陳公

❶「□」，四庫本作「衰」。
❷「□」，四庫本作「員」。「衝」，四庫本作「充」。

移書江陵，委提點光、黄、信陽八關，自去歲七月奔走窮山絶徼，往反數百里，孱弱之軀因此得疾。以孑然之身，抱病數千里之外，當是之時，不以兵死，亦以病死。今幸以身歸老牖下，豈敢復有榮進之望？而某官乃念之如此，所謂施恩於無用之地，垂德於不報之所。惟是累重家貧，日圖升斗，不足自給，蓋天下之窮民而無告者。遠望闕庭，如在數千萬里之外，雖寸步不能以自致。儻蒙鈞慈特賜憐念，仍舊陶鑄嶽廟差遣，使榦即得就升斗之禄，皆大造之賜也。

勉齋先生黄文肅公文集卷第二十八

公劄

臨川代郡守申綱運利病

某庸繆不才，蒙恩試郡。入境之初，首問民俗之利病，皆以爲綱運一事，大爲一郡吏民之害。本州地居上流，溪港易涸，十日不雨，河流斷絶，舟行既艱，坐蠹益甚。又以水脚等錢楮券價低，比之頃年已折其半，買造船隻、雇募綱稍，支遣之外，所餘無幾。經過場務，雖無税物，必收力勝，留滯誅求，動輒旬日。及其交卸，縻費尤多。若非盜糶官米，費用安出？故比年以來，綱運欠折，動數千石。部綱之官，不惟褫爵，未免繫縲；隨綱之吏，不惟抄估，未免斷配；篙工火兒，繫囚陷獄，未免致死；❶沿河居民，例遭攤賴，未免逃移。所謂大爲一郡官民之害者，此也。不特官民之受害而已，朝廷出捐金錢，遣使和糴，百姓傾困倒廩，惟命之從，而欠折若此，待哺之飢民、仰給之戍卒，未免闕朝廷之慮。究其弊端，未易遽革。然采之衆論，亦有一策，可以少寬舟人之力者，莫若盡弛沿河場務之費，不惟税錢可省，而舟行亦不至滯留。坐蠹之害既除，則盜糶之弊亦可以少減。況本州今歲和糴綱運，全不曾造辦船隻。五月半間，方蒙給

❶「致」，原爲墨丁，據四庫本補。

降縻費等錢，雇舟猶未辨，而江溪已斷絶矣。官吏見行如遣謫戍，朝廷督促急如星火，則其可慮又甚常時。區區餘闕

代人稟宰執論歲幣

某竊謂當今所講究者，莫切於待夷狄之策。聞之道路，皆謂進言之臣以爲虜人若索歲幣，即當予之，使得以賂達靼，然後兩國寧静。愚實不曉所謂也。平居暇日，不爲備邊之謀，專務迎合之計，及至迫急，則倡爲卑屈之策，以啓侵侮之漸。忠於謀國者，固若是乎？若虜人果南走，達靼果侵陵不已，區區歲幣果能遏其鋒乎？靖康之事，吾國未嘗不行賂也，卒不能遏女真之禍，今女真又豈能以歲幣，而止達靼之師乎？數月以來，皆言虜人已遷汴京，以愚料之，其實不然。使達靼已據河北，虜人必不能越河北而都汴京；達靼未據河北，虜人必不肯棄河北而都汴京。此不過遣一二親信，移其骨肉以爲三窟之計耳。其設爲侵淮之言者，亦不過動摇我邊陲，以爲索歲幣之計耳。吾從其所索而遂與之，使虜主真都汴京，當彼危亡之餘，而吾國尚行全盛之禮，已是爲中國之辱。若虜主實未嘗遷，而吾爲所欺，則彼益得以輕我矣，尚何以爲國乎？愚以爲莫若先斬妄議之臣，明下哀痛之詔，拔擢忠鯁之士，延納深遠之策，厲兵秣馬，增兩淮之戍卒，鳩兩淮之民兵，按師勿動，以伺其變。彼以要索歲幣爲詞，吾以未知遷都虛實爲對，數遣信使往來辯難，加以孫詞，折以大誼，欵彼之謀，固吾之備。彼知吾國有人，未敢與吾爲敵，又困於達靼之侵陵，亦不暇與吾爲敵。女真、達靼兩國

交争，吾因其弊而後乘之，此卞莊子刺虎之術也。千慮一得，惟廟堂其圖之。

申撫州辨危教授訴熊祥

榦竊見使府委巡尉追逮熊祥，急於星火，以其不合教使陳九之子告危教授之子歐殺其父。事屬使府，有非縣道所宜與者，然守令之職，均於字民，臨川之民有受害者，不容自默。自古爲政，詢之蒭蕘，況其僚屬，豈敢自外？榦竊謂聽訟之道，固當執法，亦當原情。熊祥教人告危教授之子殺人，實緣危教授使人誣告熊祥停藏而起；危教授使人誣告熊祥停藏，實緣危教授欲吞併熊祥地産而起。夫身爲士夫，不守三尺，欲白奪鄉民之産業，奪之不得而欲以停藏之罪加之，使之枉被追擾。人非木石，豈能無不平之心乎？故於陳九之死也，雖非危教授之子所殺，而實因危教授之子所歐，故熊祥得以泄其不平之氣，而諭其子以興訟。其於法不爲無罪，皆因危教授而起，是豈可不原其情而深察之乎？今聞其身奔竄，其親屬繫累，其家業破蕩，豈可不深憫耶？蓋向者危教授之誣告熊祥以停藏也，藉尉司諸彎之力，以鍛鍊無辜之百姓，而文致其罪，本縣見其無理，遂將尉司之人斷治。今使府又遣此曹以追逮熊祥，彼亦何所不至耶？危教授雖士大夫，熊祥雖百姓，實皆王民也。危教授白奪人之地，誣告以停藏，官司不敢加以毫毛之罪，熊祥一語之失，遂至破蕩其家。危教授之誣告熊祥，既不免追擾，熊祥之告危教授，熊祥亦不免破蕩。如此，則爲士大夫者無所往而不勝，爲百姓者無所往而不得罪。國家張官置吏，豈專以庇無狀之士大夫，而不復爲百姓地耶？ 況以法論之，亦有可察者，陳九之子告其父之死，不過以危四官人所毆，亦不曾言有致命痕傷，陳九之被危四官人所毆，則本縣嘗行根究，曉然甚明。以一衰老朝不謀夕之百姓，監繫累月，復加箠楚之毒，十指兩踝皆有痕損，夫安得不死？ 雖無致命痕傷，其由危四官人而死，則無疑者。以此而聞於官，亦豈得謂之誣告耶？ 陳九之子發於至痛，熊祥之心發於不平，又豈可與尋常誣告者例論之乎？ 危教授以高科自負，以高材自居，居於村落，人畏如虎。當啜菽飲水之時，爲健訟珥筆之事，今又一聽其說，而百姓受困如此，則繼此以往，凡臨川之東無非危教授之服屬，奪人之田、據人之屋，❶不復敢伸冤於父母之前矣。危教授以堂堂之容、行行之氣，灑灑之辨，祥祭之後曳裾修門，必將移其所以治熊祥者而治臨川。榦以二百指之累，而仰五斗之禄，亦豈不知顧惜？ 以爲受天子之命，而牧養此民，則痒痾疾痛無非在我，又豈敢顧一己之利害，而置百姓於度外哉？ 雖得罪而去，是有命焉，不足畏也。前日誣告停藏之訟，本縣已爲之辨明，今日所告毆打之訟，使府乃不爲之深察，是使譽歸縣道，而怨歸州府，此則小吏之所不能安者也。欲乞台慈將榦此劄發下僉廳，具申監司，特與蠲免熊祥之罪，使强梁者不敢逞，冤抑者有所伸，則千里之内無不感生成之賜矣。

❶「屋」，清鈔本作「庢」。

申安撫司辨危教授訴熊祥事

榦疎繆不才，望輕資淺，冒昧試邑，日懼曠瘝。竊謂爲政之道，抑强扶弱，不宜有偏，安富恤貧，要當兩盡。至於形勢侵漁鄉民，毒害很鷙，如虎狼蝮蠍，蕩人家産，以霸鄉閭，則字民之官亦不忍安坐而不卹。竊見本縣有教授危某者，❶寄居鄉落，去城四五十里。所居之旁，有山林陂塘，乃鄉民熊祥家之産，其始多方迫脅，必欲得之。熊祥亦已少從其欲，而蠶食不已，不滿其意。危教授之家偶被鼠竊，所盗不過米鹽瑣屑之物，榦因捕蝗，偶過其家，危教授以爲熊祥之家實爲窩藏。榦以寄居之故，行下尉司，差人根緝，已而解至三人，皆歷歷供吐，以爲熊祥之家實嘗停盜。及追熊祥與之供對，則三人者盡變其説，兩人以爲危教授者賂之使言，一人以爲實被危教授之子箠楚誣服。即而聽之，則一人者拾指皆被夾損，兩踝皆被椎損。又熟問之，則危教授者實與尉司數人肆其慘毒如此。本縣見其既無實跡，而熊氏之家已不勝其擾，被箠之人亦已傷重，遂從而釋之。未數日，而被箠之人卒以傷重而死。死者之子以聞于官，訴其父之死乃爲危教授之子所歐。州委官驗之，委有歐傷痕損，但非致命致害耳。危教授者復訴于州，以爲熊祥實教死者之子，使之妄訴，必欲追治熊祥。州郡官吏畏其形勢，牒巡尉兩司圍熊氏之屋，如捕大盗。一族數家盡室逃竄，室廬器用、雞羊狗彘，百十年家業掃蕩無餘。遂執其異居之弟姪，

❶ 「某」，原爲墨丁，據四庫本補。

繫累箠撻，不勝其毒，卒致死者之子於囹圄，年方十六七，鞭笞鍛鍊，何所不可，必欲以流罪加之熊祥。方是時，榦適以職事趨大府禀議，及歸而獄已成矣。遂亟以公劄力禀太守，方得少寬，而無辜之弟姪拘繫巡檢司，猶未得釋也。因其陳詞，復爲備申本州，方得脱免。繼而郊祀之赦既下，巡尉兩司尚復追捕熊祥不已。因熊祥之子陳詞又爲備申，方得追回承捕之人，而數家之被禍已不啻如寇盗之至矣。今危教授者又復訴于使府，必欲重困其家，使之流離轉徙，盡據其産業而後已。若此之人，不復顧士大夫廉恥之節，而無復惻隱之心，真所謂虎狼蛇蝎者也。榦嘗斷斯獄，以爲熊祥教人之子告其父之死，虚實未可知，假令有之，亦因危教授誣告熊祥而發也。已死之人雖無致命痕傷，亦因危教授之子所毆而死，則危教授父子之與熊祥，亦當均分其罪，豈得倚恃官勢，蔑視赦恩，而健訟不已乎？竊見危教授專事脣吻，日與城中破落把持士人數輩，控脅本州官吏。今者帥閫取索文案，吏輩未必不掇移改換，以惑有司之聽。故因其子陳詞備録本縣文案，具狀申使司，併具短劄，仰瀆台聽，欲乞併送清强官看定，使形勢之家不得侵害閭里，遠縣鄉民實荷生成之賜。

申江西提刑司辭差兼節榦

榦今月初五日準提刑使司牒，差榦兼權督捕節制司幹辦公事。自念庸愚，重蒙委遇，恩深責重，感極涕零。況盗賊未弭，憂顧方深，隸職部封，安敢辭避？已治辦行裝，涓日就道。而志念惶惑，百慮熏心，寢食俱廢，實緣榦生長孤窮，自弱冠以來貧賤奔走，無一日寧，齒髮早衰，行年六十，朝夕有溝壑之慮。今欲使之驅馳戎馬，精力不逮，徒誤使令，無補贊畫。自膺民社之寄，兩年于兹，實與邑人情猶父子，鋤治强梗，撫安善良，歲事大侵，❶民無飢色。目今農事方興，人方艱食，一旦舍之而出，於心誠有不安。足未出門，而姦吏頡民競起而害吾赤子矣，❷顧瞻父老涕泗交頤。竊伏自念，冒當重寄，初無靖難之才，遠離職守，決有殃民之慮。濟時平難，固使者之遠謀，體國愛民，尤仁人之深念。以是輒敢控瀝愚悃，乞於本路别差豪俊經濟之才，以備使令。庶榦得以苟安賤職，撫字細民，以至早禾成熟，閭里稍安，甘就斥逐，以謝方命之罪，實與邑人均被生成之賜。

榦伏自今月十六日拜領使帖，繼承台翰之賜，以屬吏之末，辱在門下士之列。重以桑梓之敬，當王事多難之時，選擇一路人物，不以他囑，而下及疵賤，雖庸懦不武，敢不踊躍以備使令。然既稟命而復輟，非敢有他。榦疎繆不才，冒昧試邑，它無技巧，一意字民，上下相親，情意交孚。夫歲旱歉，❸僅得半收，承積年饑饉之餘，無終歲倉箱之積，富商巨室，樂於興販，利於高價，多方禁遏，人免艱食。忽聞其將有遠行，鄉落米價爲之頓增，不過月餘，則飢餓流離、剽掠之禍興矣。臨川風俗，素號健訟，豪民猾吏，動輒生事以害善良，情僞萬端，無所畏憚，多方禁戢，人免搔擾。忽聞其將有遠

❶「侵」，四庫本作「祲」。
❷「頡」，四庫本作「頑」。
❸「夫」，清鈔本、四庫本作「去」。

行，磨牙摇毒，競肆吞噬，不過月餘，則乖爭侵陵，而善良不得安居矣。蓋遏之久者，其洩必甚；防之至者，其毒必深，此理勢之所必至也。故其將行也，老稚呼號，若失其恃。而此情亦有不能自捨者，故不得已而冒威犯嚴，有所控免也。强寇爲梗，兩郡搔動，事誠至重，然一邑千萬家之赤子號呼慘戚，亦豈得不爲之動心乎？況農事方興，青黄未接，三月四月之間，最細民艱食之時，尤有一日不可離者。苟爲不然，則幕府之逸，豈不勝作邑之勞？幕府之尊，豈不勝作邑之賤？以某官體國忘家，奉版輿陟險阻，有所不憚。榦以孑然之一身，亦復何所憚而爲是推避乎？顧其職在字民，而又與之相處多年於此，乃於艱食之時捨之而去，故於心有所不滿。故欲就某官乞此不肖之一身，以活一邑十萬家之赤子，更望台慈少霽威嚴，曲賜體察，則不勝千萬之幸。

新淦申轉運司乞依本軍例撥貼綱錢

榦么麽小吏，伏準使衙行下契勘本縣財賦出入，已具公狀及公劄申聞外，竊惟台慈必有以存䘏下邑者。今有目前最緊切利害合行申禀者，本縣歲額苗米管催六萬餘石，而起綱亦計米六萬餘石，却於苗米之外要白陪水脚錢二萬二千餘貫。昨來使司見得委是無窠名可出，遂每歲特支三千緡貼本縣起綱，而臨江軍亦有貼支之數。但臨江軍起綱計米五萬石，却得使司錢四千貫，是一萬石得錢八百貫。本縣起綱六萬餘石，却只得使司錢三千貫，是一萬石只得錢五百貫也。軍縣雖均受使司之賜，而實有不均。目今正是起發綱運之時，而水脚錢無所從出，若得且依軍例支給，則本縣又得一千八百餘緡，亦可少救倒懸之急。欲乞台慈送僉廳，契勘向來支給不均之由，特與一例支給，使窮陋之邑一旦遂獲一千八百餘緡，於使司所損甚微，於縣計所補甚大。是非深知縣道窮乏，惻然以扶持興起爲念者，縣道亦不敢言，使司亦不肯行。失今不言，是無可言之時也。

申臨江軍乞減醋息錢

榦不揆疎愚，冒當繁劇，日夜思念本縣敗壞之原，皆出於財賦入少而出多。蓋嘗計會一縣所收之數，以供其費出，每歲常欠二萬緡。故積之兩三年，必是拖下本司起解錢物，以致縣道狼狽不可支吾。近者搜訪職田一事，每年失陷三四千緡，已具申使軍諸司外，再以縣計考之，有所謂供給錢者，乃以醋錢支還，每歲亦數千緡。不知醋錢者，果何等錢耶？若是縣道賣醋，則不過五六百緡，此外如保正户長入役，與夫報牛驗買狀紙之屬，皆勳以納錢，此豈爲政者所宜取耶？此等既不當取，而支遣之數則不可闕，此縣道之所以不可爲也。且如使軍供給，一年計三千緡，以州郡之供給，縣道自當每月支解，然不知其初作故敷在本縣如此之多，而又不知清江、新喻亦有此數耶？榦竊見知軍寺簿，所以存恤縣道無不備至，而榦又辱在門下士之列，苟有可以寬一縣之計者，又何苦緘默不言耶？欲乞台慈詳榦所陳，特賜軫念，每月以其半就公使庫支送，則本縣一歲得減千餘緡，不惟一時官吏實拜莫大之惠，而新淦一邑將千百年受惠無窮也。

申轉運司爲曾縣尉不法豪横事

榦不避斧鉞之誅，輒爲本縣揚名、斷金兩鄉諸都無辜之民，祈哀請命於都運大著之前，伏惟台慈少垂聽覽。榦竊見當今仕宦，作邑最難。惴惴焉簿書期會之間，尚未免譴訶之域，豈敢奮不顧身，與豪民爲敵？榦衰晚，有二百指之累，而無擔石之儲，一旦罷去，則展轉溝壑，豈不略知自愛？竊念奉朝廷之命，膺民社之寄，而四境之内，乃有倚恃豪俠，吞啗鄉民，使之哀號怨憤，無所赴愬。爲民父母，安忍坐視？儻或顧一身而不恤百姓，則上負朝廷，下負所學，榦所以不得已而有請焉。竊見權臣專恣，流毒生民，摧抑忠良，動摇兵革，至其餘害，延及州縣，甚可痛也。本縣某鄉某都，有納粟得官新贛縣東尉曾千齡者，本人家幹僕，天姿狡險。自開禧年間韓元卿爲本縣知縣，千齡知其黷貨無厭，貪其勢焰可炙，遂以厚資與之結託，以孤遺姪女與元卿之子結婚，自此通家出入，請求關節。千齡武斷鄉曲，本自可畏，加以結親縣官，誰敢正視？兩鄉幾都之人，凡有膏腴之田地、富厚之財貨，或因致死公事，或因盜賊行刼，必多牽引使陷其中，然後控取財物，爲之救解。或出牓貼占，或假立契書，鄉民俯首聽命，莫敢與争。文引追逮，全類官府；關鎖禁繫，無異犴獄。兼併孤遺田産，吞併寺觀財物，兩三年間，增置税錢一二百貫，而流離轉徙者不知其幾家。蓄養幹僕劉雲卿之徒，爲之爪牙，日夜漁獵人家物産。千齡資幹僕之力，幹僕憑千齡之勢，而人家物産不歸之千齡，則歸之幹僕矣。謝廷玉以媚蘇師旦而横行於縣之内，曾千齡以媚韓元卿而恣横於縣之外，豈有國家赤子乃得恣其戕賊，而爲之縣令者獨俛首而不敢問乎？是皆有所憑藉其威勢，以至此也。國家至仁，護惜民命，海涵春育，不忍一物之失所。挾刃以殺人，持杖以行刼，枉法而受贓，重者處死，次亦徒流。如曾千齡者，侵害貧民，使之死亡離散，與殺人何異？强奪人家物業，與刼盗何異？誣人以罪而取其財物，與枉法受贓何異？而官府不問，法令不加，擁高貲，據大第，歌童舞女，美衣鮮食，以匹夫而享公侯之奉，則豪横之徒又何苦而不爲惡耶？方今朝廷清明，賢使者當路，似此等輩自不應使之漏網。苟默而不言，亦何面目以見一縣之百姓？謹以人户詞訴已結絶、未結絶者具録申聞，欲望台慈備幹所陳，申奏朝廷，追上曾千齡及幹僕劉雲卿、李彦端、毛舜祥輩，❶置獄根勘，抄估家財，編竄遠方。自此豪强斂戢，善良安業，一邑生靈感恩戴德，無有窮已。

安豐申朝省辨郭知軍誣罔事仍丐祠

榦一介愚賤，無足比數。昨蒙朝廷過聽，特賜拔擢，俾倅安豐。到任以來，但知體國憂邊，不敢欺君利己，委是與本軍知軍意見不合。今月初五日準省劄，以安撫司申守倅不和，遂有改除之命。以榦孤寒，不能量度事勢，又不能同流合汙，邊庭之間，乃有不和之名，自應誅斥。今乃復得本職，易地大府，朝廷寬恩，何以稱塞？然帥司

❶「追上」，四庫本作「上追」。

所申，乃在徐師點結集之後，切恐本軍妄有陳述，變亂是非，而帥司聽信，未得其實，則亦有不敢不辨者。今姑摭其實而言之，有水軍張統制，以片紙報正統制王文中，稱木子兄弟三人欲結集人，渡淮取壽州。王文中以告太守，太守遣人相聞。已而王文中亦來稱。木子者，李明、李顯者三兄弟也。❶榦遂呼廳吏問以州郡作如何處置，答云州郡差范芮再遇，皆不敢往。榦與三李兄弟相識，李明尤熟。州郡既無人可遣，而事已彰露，聞郡城之中，亦有預謀者。榦遂遣廳吏告太守，請自往捕之。太守又遣都吏回傳語。榦遂驅車出門，衝冒風雨，由大路西行，先遣人往諭李家兄弟，以榦出巡鋪，約來相見。又遣本廳獄子呂俊取小路，沿淮行，蓋恐其徒有自小路來者。行十五里，相會於青岡城。呂俊報云：李顯、李大用、張俊三人已取小路入軍城。榦亟遣呂俊持批，與都吏令稟太守，遣人同呂俊就城捕之。榦即復行十五里，❷至永壽館，李明者亦來，榦遂與偕回軍城。當得都吏申狀，稱得所批，後方捕得李顯等三人，當行勘問，稱是士人徐師點、專知李瑋、百姓高德爲謀首，遂併就城，捕得徐師點等。榦既約李明入城，亟遣人告太守，併取以送獄。又次日方捕得聞青之徒數人，又次日方捕得高德。蓋徐師點者，爲軍學講書，獄官嘗用之作四六，又與本軍吏輩厚善，遂交薦於太守。太守愛其才，爲其所愚，日與之飲酒於宅堂，或至後園，情好之密，同官莫及也，遂委之修圖經。學中士人力言於太守，以爲其人

❶「者」，四庫本作「等」。
❷「榦」，原漫漶不清，據四庫本補。

無行，不可與交，太守不信也。徐師點乃自稱太守館客，因與李瑋謀，紿李顯等曰：「太守實使我爲此舉也。」淮鄉愚民習戰鬬，喜功名，遂信之。李顯以告其弟李明，李明告以不可輕信，須是有本軍文字方可去。其徒疑之者，遂以告水軍張統領。李顯亦疑之，遂以是日入軍城審其事，以致捉獲。然則因太守爲徐師點所愚，而後有是事；因李明之却其兄，而其事始露；因榦之遣，吕俊方捉得李顯等三人；因勘李顯，方捉敗徐師點、李瑋。其事甚明也。既敗獲之次日，榦以爲州郡無城壁，其徒實繁，恐有不測，莫若將一行人解帥司，庶得寧静，太守不聽。又次日，帥司有帖來取李明，蓋太守申帥司，妄以李明爲首也。次日，往見太守，問以發遣李明，太守答以不發。榦退而訪之兩獄，則徐師點獨禁州獄，而李顯之徒皆禁司理院，徐師點略不加箠楚，而李顯之徒日夜拷打。蓋太守與獄官及吏輩，皆諱其與徐師點往來，欲以李顯爲謀首，而出徐師點之罪，故初申朝廷及制司，皆敢妄以李顯爲首名，而置徐師點於五六人之後，其情狀可見矣。榦以爲，州郡小事，所不必問，至於事干人命，則亦不容坐視。亟以書禱帥司，乞取一行人，赴帥司根勘。又兩日，帥司遣强勇軍二十人來取徐師點等，州郡又不發，乃日夜將李顯等煅煉。榦呼兩獄官而責之，且諭以禍福，仍令獄吏供所勘情節，果皆倒置，首謀者反輕，詿誤者反重。榦又往見太守，太守方云：「帥座見某不發人，甚怒。答書云州郡尚欲有權，帥司豈得無權？若更不發來，只得申朝廷求去。」頃之，即將一行人解帥司，李顯之徒被楚毒者，皆不能行，而徐師點則怡然也。其私意横生，不遵□□如此。❶向使榦不力争，帥司不取上，則李顯之徒必爲獄官所殺以滅其口，而徐師點反得清脱矣。身爲貳郡，似此等事若不力争，豈不負朝廷使令之意？榦丱角以來，承父師之訓，恪守誠實，幸不得罪於鄉黨，若不辨白，何以自□？❷欲乞鈞慈特賜憐念，先爲敷奏，念榦衰病，改畀祠禄，退歸田里，免至爲所傾陷。仍行下制帥兩司，審實其事。如榦所陳得實，庶幾不至得罪公議。如有一字不實，乞將榦勒停貶竄，以爲欺罔之戒，亦不敢辭。

申安撫司給武定將校俸

榦竊見丙寅丁卯間虜騎犯淮，沿江諸軍悉已渡江，防城之兵僅足守城。兩淮數千里，不爲虜所據，則皆盗賊之區，蕩然無一卒持兵而誰何者。朝廷招收淮西雄淮軍，使之捍禦，然後虜騎不敢衝突，盗賊不敢縱横，其功不爲小矣。講和之後，改刺武定，朝廷廪給又不足以餉之，既聚之後，難以復散。大帥龍圖郎中爲之經畫區處，行伍之卒各厚給楮券，使之復業，部轄之人亦皆補奏官資，使之入仕。一旦帖然，各安其所。此等皆平日豪俠之徒，不徒官司既免饋餉之費，而此曹亦無怨望之憂，至其感激朝廷大府恩德，淪於骨髓，使猝有緩急，亦可以一呼而復合，誠以朝廷雖嘗用我，而未嘗有負於我也。然其部轄補官之人，分隸諸郡，每郡二人，每人請給多者百餘千，少者數十千而止，皆有專降指揮。州郡之間，

❶「□□」，四庫本作「王法」。
❷「□」，四庫本作「明」。

豈可不顧惜事體，爲朝廷辦此小費哉？奉苞苴，飾廚傳，遊謁伎術之徒，動捐數百千有所不顧，而於執干戈衛社稷者，乃靳惜若此，何哉？榦被命此來，所歷州郡凡數處，其徒皆來相訪，莫不涕泣飲恨，以爲諸郡不肯支給全俸，每月量給二三十千，吏輩管請之人除尅之外，所得無幾。僦屋以居，雇人以充僕使，一月之入不足以供一月之用。棄妻孥，離墳墓，失田園之業，所望者俸給耳，而微薄如此。淮人質實，於江南無復相識，又不能經營關節，哀鳴官吏，不過塊守旅舍，有類拘囚，衣服藍縷，意氣蕭索，豈不重失淮人之心哉？向來所募，大率皆安豐、濠、梁之人，而安豐爲尤多。其諳習邊事，忠勇可用，大軍所不能及，豈宜惜此小費，而不以慰兩淮忠義之徒哉？欲乞使府詳酌利害，申聞朝省行下諸郡，立限一月，並將拖下請給盡數支還，以後並須按月全給。仍占空閑寺舍與之居止，量差人從與之使令。如有違戾去處，致有詞訴，重行按治。庶幾淮民感激恩德，可備異日之用。

申乞築安豐城壁事

榦一介庸愚，加以衰病，誤蒙朝廷擢貳邊郡，以君命之嚴，不敢控辭，已冒昧供職。天假之幸，郡守賢明，軍民相安，榦之不肖，得以一切奉承，苟逃曠敗。但到任以來，竊聞本軍已曾申請乞錢三十萬貫，修浚城池，近又聞朝廷已從其請。以太守憂勞邊事如此之勤，朝廷俯從外郡所請如此之速，榦適有己見，若不控陳，深慮有負使令。榦竊見安豐爲郡，最爲要地，前後北方用師，侵犯兩淮，未有不先犯安豐者。蓋兩淮形勢，西則有山嶺之阻，東則有湖濼之險，惟安豐處地四平，略無限隔。若安豐可守，則廬、和、舒、蘄皆可無慮，故自古城池最爲堅峻，以周世宗之英武，將兵數十萬，親至城下，累年而不拔，亦足以見古人恃此以爲兩淮要地。蓋兩淮者，江南之藩蔽，而安豐，又爲淮西之藩蔽也。是豈可不深加之意乎？今城壁摧毁，高不及二丈，薄或四五尺，若但以三十萬緡裝砌乳頭，恐不足以爲險固，而適所以虚耗錢物，貽禍生靈也。古人以城郭爲金城，蓋以堅實不可攻也，今但裝乳頭以爲外觀，而城不包砌，是豈足以爲固耶？鵝車洞子一達其下，則百碎而不可支持矣。況欲裝砌乳頭，則亦勢必填築舊城，令其方正，旋挑新土，以益舊土，而無磚以爲之限，春雨淋漓，東摧西仆，亦不待攻而先毁矣，則三十萬緡皆爲虚費。不但虚費三十萬緡而已，每歲摧壞則每歲整葺，爲州郡之害，無有窮已。若但費錢猶可言也，民愚無知，以爲安豐有城，勢必復業，既不可守，豈不有誤百姓？朝廷憂念邊事，亦欲恃以爲固，既不可恃，一旦有急，豈不重勞顧憂？此榦所以彷徨歎息，不得已而有言也。安豐之形勢，在於兩淮與襄陽等，襄陽之城如此牢壯，而安豐之城如此滅裂，殆所未曉也。區區之愚，欲望鈞慈因太守之賢明，更與行下制司、帥司再與相度，不惜重費，盡行築砌，以壯形勢，以惠邊民，實宗社無窮之計。榦身爲貳郡，越職而言，誠爲有罪。若隱忍不言，異日誤事，爲罪尤大，故敢僭越言之。

勉齋先生黄文肅公文集卷第二十九

公　劄

漢陽申朝省築城事

榦一介庸愚，無足比數，誤蒙拔擢，躐畀郡符，朝夕思念，無以報塞。漢陽爲郡，民淳事簡，一意撫摩，或可逃責，然既叨專城之任，則當思固圉之謀。訪之故老，察之形勢，則最關利害而不可不預圖者，無城壁之可恃也。考之圖志，漢陽舊有偃月城，今其蹤跡皆無存者，則昔固嘗有城矣。國家講好息民，胡運日衰，邊鄙寧静，固無他虞。然州郡之有城，猶人家之有牆壁。家無牆壁，雖無盗賊，何以爲家？況設險守國，思患預防，當無事之日，不可不爲有事之備。本軍地雖近江，旁亦多水，然齊安、江陵皆近江，皆有城，武昌、池陽皆在江南，亦有城，何獨漢陽而無城？其旁故多水澤，然冬月淺涸，亦不足恃。況其爲地雖非極邊，而實則武昌唇齒，吴蜀咽喉，南人得之，則恃爲捍蔽，孫氏都武昌，使魯肅守漢陽是也；北人得之，則武昌不能自立，漢陽守臣李恕屢以舟師敗鄂人是也。蓋大江東下，雖若可恃，然東有陽羅洑，西有劉翁洲，最爲淺狹，頃刻可渡，乃敵人必窺之地。古之爲國，守在四鄰，賊入吾腹，則無及矣。故築漢陽之城，不惟可以守漢陽，而亦所以蔽武昌也。開禧丙寅虜騎圍安陸，破竟陵，漢陽之民逃奔江南者太半，武昌之人日夜望漢陽之烽火以爲安不。向非漢川之民結集義士，固守南河，與虜血戰，則事未可知。使漢陽有城，虎視江瀆，孰敢越吾境而爲寇耶？京口之有瓜洲，所以通淮浙往來之道，武昌之視漢陽，猶京口之視瓜洲也。瓜洲有城，則師之出入皆有所恃。武昌之師自漢陽而濟者，絶江之後便無駐足之地。比其反也，❶前有長江之阻，後有敵人之慮。武昌之師不敢久駐江北者，無城故也。使漢陽有城，卒有緩急，移武昌之屯數千人以守之，或出或入，從容整暇，察敵伺便，乘機應變，壯荆襄之聲勢，爲諸郡之應援，計未有急於此者矣。瓜洲非郡，尚不可無城，而況漢陽古之沔州，衝要之地乎？此則城壁之不可以不築也。觀其地勢，他郡城壁有難修築者，有雖修築而不足爲險者，惟漢陽地勢，其北依山，其南瞰江，東西有湖，皆自然之天塹，無湖無江之處，十之二三耳。向使經□□方，❷雖郢之石城亦無以加。郡城之南，皆沿江堤岸，每歲修築，率費二三千緡，而城居之民常凛然有爲魚之患。築城之後，則每年可免修堤之費，而向憂墊溺者，可以安枕而無虞矣，是又一舉而兩利也。又嘗令壕寨官計其丈尺工料，則爲城不過六七里，爲費亦數十萬緡。諸郡築城，例役大軍，大軍一出，跋涉稍久，不無勞費。漢陽、武昌兩郡相望，以武昌所屯之兵築漢陽之城，士卒無久出之勞，州郡減增券之費，與築他郡之城，其難易大不侔矣。朝廷近年以來，留意守禦，所在州郡修築城壁，

❶「比」，原作「北」，據四庫本改。
❷「□□」，四庫本作「理有」。

無非爲堅固不可拔之謀。今築漢陽之城，其關於利害甚切，其爲勢甚固，其爲費甚省，亦何憚而久不爲此？榦庸繆書生，不足以知當世之務，然參之衆論，不敢自默。欲乞行下制司、總所、轉運司，公共相度，庶幾究見事實，以爲永久之計。然榦生平艱苦，爲貧而仕，齒髮衰頹，禍患銷沮，量才揣分，自合投閑置散，❶非敢生事喜功，有所僥覬。特以郡之長官，謂之守土，城壁不築，則非所以守土，而曠其職矣。故敢冒昧控陳，以俟採擇，謹以本郡地勢繪成圖本，併以繳納。

小貼子

榦照得今所築城并包砌，據壕寨官計料，爲費九十萬貫湖廣會子，准行在會子五十餘萬貫。本軍樁積交割錢約有四萬餘貫。向來朝廷許本軍每歲就錢監附鑄二萬貫，其後減爲一萬貫，今若許以元額附鑄十年之數，可得二十餘萬貫，此亦是本軍合得□用之錢，❷便可一面收買磚石，擇緊要處修築。更乞鈞慈詳酌施行。

申兩司言築城事

榦一介庸愚，不通世務，昨者妄以本軍築城事申稟，重蒙台慈特賜矜念，差壕寨官前來相度，乃與本軍所欲修築規模不同。本軍但欲依郡治小山周圍築城，保衛市井，壕寨官又嘗相度，却欲只築西北一面及大

❶「閑」，原闕，據清鈔本、四庫本補。
❷「□」，四庫本作「應」。

别山一帶。二説不同，本軍遂具利害辯析，亦欲往復詰難，以求至當。今蒙使所發下幹條具及都統司壕寨官條畫事宜，以爲築周圍之城，不如築一面之城，以爲本軍所立規模有未便者。其一曰：「大别山俯瞰城中，以高臨下，遍受矢石。」大别山去城中甚遠，本軍城之北，又自有小山足爲捍蔽，城中人家盡在小山之下，大别之山豈能俯瞰城中？登大别之山，望漢陽之城，相去數百步，豈有矢石可以相及？試以强弩登山而射，果能射及城中，則其説爲驗，不然，則恐是思之不審。其二曰：「本軍倉敖皆在城外，設遇緩急，反資敵寇。」本軍倉庫，皆在軍衙之側，自去年來，前任王知軍方起一小倉，在大别寺之側，舉而移之一反手，❶豈得便以爲本軍倉敖皆在城外？此亦恐是思之未審。其三曰：「形勢偏隘，薪汲不便。」軍城之中有南湖，有道觀湖，南有韓家湖，蓄水甚多，可以供汲。至於取薪，則例是燒荻，不過多積可以足用。若築大别，亦是童山，何薪之可採？此恐是思之未審。其四曰：「姚家湖、永濟港皆是泥泛，不可築城。沿湜江水衝激，❷不可築城。」湖港只是淺小藕池，四五十步之闊耳，目今乾旱，土堅如石，何泥泛之可慮？沿江堤岸，因堤爲城，去江尚一二丈，何衝激之足憂？蘇秀之城，皆在水中，不憂泥泛；錢塘之堤，可垾海濤，❸不慮衝激。此亦恐是思之未審。又以爲本軍築城，比之築大别之城，又省所費三分之二。今以所開具細算，又

❶「手」下，四庫本有「耳」字。
❷「湜」，四庫本作「堤」。
❸「垾」，清鈔本作「堤」，旁注有小字「捍」。四庫本作「捍」。

只減得一半，即不曾省得三分之二。本軍周圍築城，較之築一面之城，自是多費一倍，但築周圍之城，費雖倍而却爲有用，築一面之城，費雖省而不足爲固。況又於鑰匙頭旋置鹿角，又於沿江旋栽榆柳，旋防姦細。北而依山，既汗漫而難守；南而臨江，復曠蕩而可憂。猥曰費省，不恤害深，此亦恐是思之未審。至於都統太尉台判以爲「新城規模，乃受敵於堂隍之間；大別山所築，實拒盗於門牆之外」，似此數句，語意峻潔而精到，有非常人所能及。竊以爲堂隍周密，則敵不可窺；門牆罅隙，則盗不可拒。此又不可不深思者也。以榦愚見，漢陽之城不可不築，政不須彼此迭爲異論。先築内城以固根本，次包外險以爲捍衛，如此，則善之善者也。不築大别而專築内城者次之，若不築内城而徒欲以大别山爲固，則緩急不足守，適以誤國誤民而已。事關利害，非敢好辯，伏冀台慈更賜詳察。

與京湖制使請興築漢陽城壁

榦領郡之初，嘗具疵賤姓名通記府，正懼僭帥以速譴訶，乃蒙謙尊寵賜台翰，至於别紙真染，慰藉隆渥。自顧踈微，何以辱此。再圖布下悃，致謝誠。斗大之郡，仰藉威重，適未有一事可假而陳者，徒有銘鏤珍襲，無日忘之。仰惟制使以剛明之資，充之以正大之學，物欲不足以累其中，是非不足以易其守，故其施設措畫，雷動風行，蓋夷夏之所倚賴。乃復護惜善類，不間微賤，海内之士，孰不欣欣然願執鞭以備使令？人心既歸，大功可就矣。榦闒嶠書生，自少迂僻，量己甚明，世念甚薄。中年孥累猥衆，受徒爲活，❶偶得一官，既無場屋之能，又非閥閲之舊，遂甘心塵埃中，計傭以受直耳。豈敢與英俊量長較短，以争聲名，而取富貴哉？州縣之間，稍不敢曠廢職業，諸賢過聽，誤相推拔，脱選之後，甫及四年，遂剖郡符。自顧么麽，何以得此？誓當捐糜以報殊遇。而又適以一麾仰隸按臨之下，遂得朝夕奉教條，竊窺大賢設施之萬一，其何幸如之。惟是性資踈拙，於世俗應酬漫不通曉，行年六十有四，意緒衰懶，深懼不足以當千里之寄，尚冀台慈有以芘護警誨之，不勝至望。榦自到郡以來，深念本軍全無城壁，亦欲建白，而自顧人微，不敢有請。近漕使吴寺丞久留郡中，乃以其説爲然，力贊其法。❷謹具公劄、圖本申呈，伏祈采矚。事役重大，列郡所不敢專，欲乞下之幕府詳議可否，千萬幸甚。

復湖廣總領請創築漢陽城壁

榦伏準使帖，備示本軍創築城壁事。不惟愚陋之見過蒙採擇，而又爲推説其不能自述之請；不惟貰其踈愚，而又過蒙褒獎，助其工役之費。此其精忠體國，❸至公無我，孰肯若此？感激之私，蓋與兩郡士民同此心也。衰晚不才，誤蒙朝廷躐分郡寄，到任以來，惟思勉竭庸愚，以圖稱塞。倍增諸卒之廪，新創諸卒之營，廣積糧儲，精加教閲，無所不用其力。然爲州郡而無城壁，則所謂練兵儲糧，皆無用之具。蓋既

❶「受」，四庫本作「授」。
❷「法」，清鈔本、四庫本作「決」。
❸「其」，四庫本作「非」。

有城壁，則凡事可以次第而舉，蓄兵以守城，蓄糧以贍兵，凡所施爲，皆有足恃。況漢陽之城，又爲要害之地，蔽遮長淮，爲武昌之藩屏乎！但事貴乘機，謀貴及時，目今日晷正長，可以興役，若至天寒，則無所措手。本軍所申朝省已及月餘，未蒙行下，更乞備申，早賜施行，不勝幸甚。

復湖北運使請興築漢陽城壁

幹伏準使帖，備所申請本軍築城事。幹衰晚庸愚，不足以深知當世之務，雖嘗採之輿論，亦以人微言輕，不敢有所建明。至於築城一事，蓋自少而知學，則已知設險所以守國，長而從仕，則又見有城之可以久存。然藏之於心，不敢有請。比因都運判府寺丞駐節江干，不以登陟爲勞，覽觀形勢，首言本軍之城不可不築，遂妄意條具申之朝省，聞之諸司。兹者乃蒙開陳古今得失之跡，詳酌東西緩急之勢，移武昌之材料，助漢陽之工役。奉使總領郎中亦捐金十萬以相之。列郡建議而監司贊其謀，西州築城而東州助其役，蓋精忠體國，至公無我，古人之所難能，而後世之所創見也。使邊郡之臣皆存此心，則亦何患國家之不固，而外侮之足患哉？顧區區之愚，亦有不敢不申稟者。本軍昨申朝廷，至今兩月矣，尚未蒙行下。目今日晷正長，可以興工，若至冬深，則難爲力。今兩司既已具申朝廷，當無不從。欲乞兩司商議，先於官屬中各差一人，同壕寨官俯臨敝郡，前期計度丈尺及合用工料，計度既定，則合用磚石、竹木之屬，先行收買。及至命下，則移武昌所屯之兵，便可下工興築。庶幾事役早辦，不勝兩郡百姓之望。

與漕使趙監丞論錢監利害

榦忽奉使帖，令條具錢監買鐵利害。榦至愚無知，不足以知當世之務，然既蒙某官謙抑下問，榦亦豈敢自默。榦到郡已三閱月，於監中利病亦粗聞其一二，徒有私切驚愕而已。如所謂減買鐵之額，增買鐵之價，此僅足以救其弊之末流也。其弊之源，不在此也。官府賦財之出入，關節甚多，防閑甚密，貪官猾吏尚盜用而不顧，今聽之自鑄自支而自用之，安能責其無弊乎？榦於監中官吏無所統屬，無以究其曲折之詳，然嘗問及朝廷每歲所得之錢，則曰：四年之內所積九萬緡耳。則是一年之內，朝廷所得者不及三萬緡。問其每歲所鑄之多寡，則曰：非二三十萬緡不足以了監中之支遣。如此，則朝廷所得，僅十分之一。所謂九分者，置之何地耶？則曰：買鐵買炭，例是衮支。❶朝廷初破本錢四分，其後增爲六分，今監中又欲破七分之本以買炭，支給工匠，亦不過歲鑄十萬緡，則朝廷可得三萬緡之息，而監中亦有七萬緡之本矣。今乃鑄二三十萬緡，則十萬之外置之何地耶？又扣其所謂七分之本者，其他固難盡知。若曰炭每斤二十文，漢陽炭價，冬月二十文，夏月減其半，又豈可專一價貴之月而爲例乎？❷又曰：官吏請給，每鑄一千緡支錢百緡。若鑄二三十萬緡，則爲官吏者能幾人，而可以費二三萬緡之請給耶？所謂

❶「衮」，四庫本作「兑」。
❷「一」，四庫本作「以」。

工匠之費，則又不在此數也。以此二者觀之，則斡所謂受弊之源者，可得而知也。惟其自鑄自支而自用之也，故不復問朝廷所得之多寡，惟恐所鑄之不多，所得之不廣。惟欲所鑄之多，則惟恐買鐵之不及額；惟欲所得之廣，則豈復顧鐵價之低？此使司所以有減額增價之議，蓋處利害之外，斯能知民情之休戚。監中之官吏，溺於利害之中，雖使盡追鐵山之爐户，大者討而小者戮，亦未足以厭其欲也。今乃欲使之減額而增價，是窒其侵蠹之穴，彼又豈肯俯首而聽命哉？爲今之計，莫若先計朝廷所得之數，立爲每歲本息合鑄之額。如但得三萬緡之息，則只可鑄十萬緡，而本息皆在其中。所謂本錢之内，除支工匠官吏之費，所謂買鐵買炭者，又可樁積以爲嗣歲之用，又不必鑄十萬緡而可得三萬緡之息矣。向也費本四分，今增爲七分，則自可以償鐵炭之直。此法既立，則額不期減而自減，價不期增而自增矣。立額之外，不得輒有增鑄；動爐之日，委官監視而拘其出入，則弊可革矣。今乃慢無統紀，聽其自鑄自支而自用之，上以洩天地山川之藏，次以竊人主富貴之柄，下以重爐户追擾之困，是豈可不早正而力救之乎？然猶有一説，兩淮荆襄，人煙蕭索，而鐵錢太多，故其用也輕。數年之前，鐵錢二當銅錢一，今則以三當一矣。如爐户得鐵錢五十，向也可易銅錢二十五，今近可易十七，❶則已折三分之一矣，此鐵價之所以愈貴。若監中所鑄無度，則銅錢愈重，鐵錢愈輕。今若立爲限制，而朝廷又能出數十萬官券易鐵錢而藏之，則鐵錢稍重

❶「近」，四庫本作「止」。

矣。此非某官莫能開陳而力行之也。榦衰老亡庸，獨其憂國之念隨寓而發，勃勃而不自覺，惟恕其狂直而察其情，則千萬幸甚。

與漕司論放魚利事

榦伏準使司行下，欲以湖北路諸州所管魚湖所收課利，盡行蠲免。應湖北所産魚蚌之屬，聽貧民從便採取，主家不得執占。仍許諸州以交割錢理折每歲所收魚利，既不失諸州支遣財賦，又使貧民得採魚爲食，以度飢荒，似爲良便。然其間乃有大不便者，恐亦思慮有所未至耳。湖北諸州湖池，有係民户祖業者，有係官地民户請佃多年者，有産業之家或自爲主，或立年限租樸與人，而租樸之人爲主者。每歲冬月採魚，湖主不能自採，皆是荊襄、淮西、江東、湖南諸處客人駕舡載網前來湖主家，結立文約，採取魚利而與湖主均分之。採魚之人多是亡命不逞之徒，每遇採魚，或其徒中自相攘奪，或主客之間互相争競，大則賊殺，小則鬭傷。今乃欲聽從民户採取，則諸州取魚客人，皆不肯復與湖主均分，湖旁强横之民，又羣起而争之，湖主亦不得而問也。湖主歲收湖魚之利，多或數千緡，少亦數百緡，又豈肯坐視而不問乎？其勢必至於争鬭，諸州之客並湖之民，❶既與湖主爲鬭，客之與民徒黨之中又自相爲鬭，則賊殺鬭傷，紛然而起矣。設或結爲徒黨，更相抗拒，意外之變豈能無之？今以十金投之地，而聽人之争取，猶有不平而争鬭者，況湖魚之利，動數千緡，又豈可不辨主客，而

❶「並湖」下，四庫本有「旁」字。

聽人之攘奪乎？且湖北一路，有田租，有荻地，有魚湖，皆隨其所産，官司所收十不及一，其餘皆地主之物也。湖魚可聽人户之自採，則荻柴、田禾，亦可聽人之自取乎？州縣百姓，有耕田者，有種地者，或爲工，或爲商，或爲士。今歲大旱，無民不飢，若是者，皆非能取魚者也，通州縣而計之，旁湖而能取魚者，十之一二耳。雖捐魚利而聽其自取，士農工賈，豈能率被其實惠乎？至於富厚有力之家，有强梁地客百十爲羣，亦並緣官司指揮，網取他人之魚利，則又將何以禁之乎？貧民不得受實惠，豪强得以恣其惡，州縣之間，詞訴紛起，況於意外之可慮，尤可寒心。以愚之計，莫若且令仍舊，行下州縣，紐計每歲所收魚利，先將交割錢總計人户多寡，真貧乏者散錢以與之。彼既得錢，可以糴米，又以買魚。争鬬之患不作，而民受實惠矣。計無便於此者。更乞將榦所陳送僉廳詳議施行，伏乞台察。

申制置司乞援鄂州例給米

榦竊聞之，當天下之大任與立天下之大業者，要當有公平廣大之心。今天下之人物，所謂當大任、立大業，以公平廣大爲心，未有如制置大卿也。榦也，庸繆衰晚之一夫，朝廷過聽，畀以專城之寄。歲適大旱，種不入土，野無青草，湖北一路，未有漢陽之甚者也。復州、德安，皆産米之地；鄂州諸邑，亦有山源之田，間得半熟。漢陽爲郡，皆平原曠野，民無蓋藏，一經旱暵，四野如焚，老稚纍纍，去死如髪，稍涉冬寒，枕藉溝壑，誠可傷也。本軍交割鐵錢七八萬貫，收糴米穀僅可及城之内外千餘家耳，四郊之外，實無力以及之，徒有憂歎而已。近聞江東一路，請於朝廷得米三十萬碩，又有常平米三十萬碩，又和糴到十萬碩。朝廷又以三監司各分州，俾任賑濟之責。獨湖北一路荒旱如此，未有監司過而問之者，亦未有捐一粒以救州郡之匱乏者，豈湖北百姓非朝廷之赤子乎？方切驚愕，以爲本路無賢監司，則若是也固宜。今皆朝廷遴選以爲大賢也，則奚爲若是？數日以來，忽有相傳以制使司捐米四萬碩，以濟鄂州總所之乏，市井鄉村飢羸小民，莫不扶杖而起，以爲吾亦將有更生之賜也。或者乃曰：總領運使皆大官，故制置使司特以濟之，汝蕞爾小郡，誰復汝憐哉？是不然。制置大使之發粟，爲百姓也，豈爲總領運使哉？東西兩州相望，使東人飽西人瘠，東人喜西人怒，豈制置大使之心哉？或者又曰：鄂州地大人夥，故捐粟以救之，非漢陽比也。鄂州人固衆矣，漢陽亦當十分之一，鄂州可給二萬，則漢陽亦當給以二千碩，制置大使不當賑其大而遺其細也。今一路監司既皆不問，而制置大使亦不問，則此郡之生靈枕藉而死，亦命也哉？百姓既不當言，而郡守又不爲之言，則是坐視其死也。夫子嘗以周而不比爲君子，在《易》之《比》，亦以顯比爲吉，同人于野爲亨，同人于宗則吝。制置大使以公平廣大爲心，何愛米二千碩，而不以慰漢陽百姓之心哉？故敢冒昧控陳，尚冀台慈少垂憐念，不勝一郡百姓之幸。

安慶與宰相乞築城及邊防利便

榦一介寒微，無足比數，誤蒙鈞慈曲賜

收録，起從香火，畀以潛藩，拔之於世所共棄之中，置之於望所不及之地。固知筋力既衰，邊陲多事，難以稱塞。然以恩德隆厚，不敢固辭，扶曳就道，勉竭駑疲，以圖報效。榦伏自開禧丙寅，往來兵間，親見北虜入寇，棗陽無城最先破，隨州無城則又破，復州無城則又破，信陽、荆門無城則又皆破。郢州號爲石城，虜人圍之三日而去，襄陽、德安城最堅，攻累月而不破。以是知古人築城鑿池以爲捍禦，此不可易之長策也。自更化以來，力排羣議，一意修築邊城，兩淮、江南可以安枕而卧，此不世之大功也。榦昨守漢陽，嘗以城壁爲請，朝廷以爲内郡，遂寢其議。今到安慶，亦覺此役不可不興，謀之郡人，謀之同官，皆以爲然。遂敢條具申聞，欲望鈞慈斷在必行，則龍舒之民感戴恩德，當與潛皖相爲無窮也。至望至望。榦近亦有書稟李制帥，以爲保伍不可不結，屯田不可不講，此二事者，兵可强，國可富。若其説可行，則守禦無遺策矣。榦視事之五日，即聞浮光有警，又五日，聞安豐亦被擾。殘虜狂悖，此天速其亡也。十數日來，天雨不止，頓兵堅城之下，以此之逸待彼之勞，亦何足慮？但彼亦獸窮則搏，自此亦恐未有安静之日。更望鈞慈超然遠覽，毋爲宴安之謀，勿聽苟且之論，使在我有金湯之固，彼自望風不敢正視，則永永無虞矣。

與淮西喬運判辨起夫運糧事

榦天予之幸，兩獲預屬吏，趨走之末，孰聞某官體國愛民之意，至深至厚。凡在列郡，敢不奉承。榦衰晚多病，分甘投棄，誤蒙朝廷復畀郡符，冒昧此來，意亦以淮郡久被賢使者存撫之恩，可以藏拙，今乃大有不然者。今日爲守令者，最當固結民心，而淮民之困苦憔悴，最可憐憫。旱蝗疾疫，天既困之於上；敷抑驅擾，人又困之於下。又何以使之效死而勿去耶？巢縣之寨木，合肥之馬草，一則曰起夫，二則曰起夫。小民既以飢餓流離，不能自存矣，稍謂之税户者，亦皆破蕩産業，無復生意。每念及兹，不覺涕泣之横流也。近承使帖，起懷寧、桐城兩縣人夫，運廬州一萬石米，已具迫切之情，冒瀆台嚴矣。想軫念淮民，必蒙開允。今又承使帖，再差宿松、望江、太湖三縣人夫，運廬州米，蓋前所申者尚未呈徹耳，欲乞台慈照前所申，併與蠲免，不勝千里生靈之幸。幹到郡之初，竊以爲此郡古稱名郡，而蕩無城壁之可恃，急欲創築城壁。今也邊事方殷，難以乞差大軍，只得募五縣百姓相與助役，則其間豈無勞擾？輒具公狀申聞，欲乞台慈以本郡見役大衆，一切差夫特與免放，則千里幸甚。安慶爲郡，别無財賦，所入甚微，前兩政輒以羡餘爲獻，其間極有難言者。雖得善爲郡之名，而壞此郡者，斯人爲之。以孱弱衰病之軀，當此繁難困弊之地，若非賢明使者力賜扶持，則獲罪必矣。今之爲政者，不務恤民，但求利己，視其外則若汲汲於事功，而誕謾欺罔，使百姓怨入骨髓，誠不忍爲也。後唐以茶鹽敷百姓，俾助米麥，謂之博征，周師入境，皆簞食壺漿以迎之。彼猶以一物博一物，今之郡縣皆扼民之吭而奪之食者也，可勝歎哉！仰恃賢明知眷之深，吐露情素，冒瀆威嚴，罪當萬死。

又

榦昨者妄以乞免起夫事瀆台聽，意謂必蒙開允，今準使帖，從僉廳所擬，再行下照差。環顧百姓，不勝驚擾。榦往年倅安豐，每見鄉民困於官司之擾，已爲之驚懼。及今此來，尤覺百姓窮悴，被擾百端，殆若非人世者。城市之中，民之窮困或自經自刎，以爲不如無生。此何等景象哉！起夫一事，官司敷之税户，税户抑勒佃户。税户每三四十千起一夫，未免有鬻産之患；佃户以爲投之死地，父子夫妻，相顧號泣而後行，此誠爲政者所不忍聞也。自今春農方興，麥未刈，秧未插，蠶未繅，豈忍使之失一歲之計耶？況復道里迂回，官司皆有重費，傷財害民，莫甚於此。擔米火頭之屬，五縣共管四萬夫，以虜人一小隊犯浮光，而爲擾如此，萬一又有甚於此者，則百姓何以自存？正恐兩淮之禍，不在殘虜，而在蕭牆之内也。本府素無城郭，居民日夜皇皇，前數政略不留意。榦到任之初，自度無以爲守禦之計，鋭意興築，幸而同官協謀，邦人翕然從之，見鑿石燒磚，五月初即興工，欲以數月辦集。邊事不寧，不敢乞差大軍，其勢只得起夫興築，日役萬人，亦皆今所欲起夫之百姓也。欲乞台慈以本府興此大役，特與免差，不勝官吏士民之幸。雖無爲未免起夫，然愚意亦以爲無爲亦是不應差，但無爲又無本府築城之役，自非某官軫念淮民，不忍使一夫不得其所，則寒賤小吏亦何敢冒犯如此？若必欲起夫，則民不得安，城不得築，一郡狼狽，何以支吾？此榦所以死請也。百拜頓首，敢爲邦民乞此餘生，惟某官垂憐焉。榦衰晚，素無宦情，特以朝廷不棄之恩難報，意謂邊庭無事，州郡富實，措置一二年，使此郡可爲一保障。不意公私困乏，邊警日至，亦甚悔此來。儻蒙某官曲賜保全，幸甚。

榦又有一説，運廬州之米，止得安豐、合肥兩處各出二千人馬馱之屬，循環迭運，不過一兩月亦可運，其爲費甚省而自辦。若不計民間之利害，與事體之逆順，但欲一切起夫，非愛民利物之至情也。聞虜之入寇，大抵以歲幣爲主，三兩年間，所謂書生者皆以免歲幣爲請也。榦雖至愚，亦切笑之。❶惟某官毅然力排衆論，至於今日，而其驗已如此。則通儒有用之學，非若世之不達時宜者。今某官持節於此，殘虜豈不知感，又安敢深入耶？運糧一事，亦正可徐徐而圖之也。百拜頓首，哀鳴以請，惟台慈其憐之。

申安撫司論買馬利害

榦昨準使司行下收買戰馬，雖自顧駑下，不足備使令，亦粗知邊防事急，使司買馬，豈敢苟簡？日夜督迫。諸縣人品雖不同，亦以本府催督之故，應有馬之家盡行搜尋，解到本府。本府喚上牙人，又專委一二親信曾諳曉馬之老少羸壯者，相視其量度高下，又皆親至堦前一比度，❷率十餘疋中方得一疋可以申解。又其價例皆是十償一二，鄉村人家畏懼上司，只得退聽。及兩次申解使司，其初十疋則揀退兩疋，續解八疋

❶「切」，四庫本作「竊」。
❷「一」，四庫本重此字。

則揀退四疋，皆減落價錢。問之解馬之人，則云使司選馬合干人皆云無錢可用，又云不解馬牙，及賣馬人來，以故多方邀阻。今官司一舉動，則承行之人不務徇公，但知謀利，此不足怪。減落價錢，退還馬疋，本府只得承受，但恐自此馬愈難得，徒使本府虛受不任責之罪。若使本府捐一二百券作縻費使用，以駑馬申解，固亦不難，又恐本府有欺罔上司之責。此在小郡利害尤輕，第恐其他州郡奉承此意，反使使司買馬愈難。不惟不得良馬，而反得駑馬，此於邊防事體關繫尤大。榦仰荷使令，不敢自隱，謹具劄稟，欲乞台慈專委親信清强文官一員監視，以防欺弊，不勝千萬之幸。

與安慶屬邑詰問起夫事

竊見守令之職，愛民爲先。諸君到任許久，豈不見淮民遭開禧兵戈之擾，又遭□□旱蝗之灾，❶前歲一旱，亦諸君所親見。漕司行下敷巢縣屋料及廬州馬草，若州縣有措置，自當差人至地頭買納，何至科配百姓，既勒令出料出草，又勒令出夫般運，甚至不和雇舟船，乃欲起夫運草。一擔之草，未直百鏹，一夫之運，何止數千？但知花押行下，不識人間辛苦，況又不能禁戢吏卒，縱之下鄉搔擾，斯民何苦受此荼毒？❷每念及此，不覺涕下。近日漕臺行下，起夫

❶「□□」，四庫本作「天時」。
❷「苦」，四庫本作「辜」。

運廬州米二萬五千，鄉村聞之，如赴湯火，富室有破家之患，細民有喪生之憂。諸君亦有室家，亦有父子，誰不愛惜？正當視人如己，視民如傷。今諸縣間，有便聽吏言公然搔擾，上司之命固當聽從，天子之民亦當愛惜，況老身不敢自愛，兩申漕臺，願以此身爲百姓代受此苦。諸君不過申漕司，以爲本府給牓告示諸縣，縣下人户聞之，皆不伏差使，乞下本府速賜施行，則縣道有所憑藉以役百姓。如此，則漕臺不過按罷一太守耳，於諸君初無利害，何苦遽然如此，以致百姓皇皇不安？目今秧未插，麥未穫，蚕未繅，❶遂使鄉民失一歲之計，則爲守令者，衣食租税，亦何面目以見百姓？若本府三四往返，便使推辭不得，亦且拖延旬月，庶得農桑之功已畢，亦得少寬。更望諸君常存愛民利物之心，毋爲徇私自營之計，則千萬幸甚。

辭依舊知安慶且丐祠

榦一介庸賤，無足比數，蒙公相之顧遇，拔擢超躐。家故窮空，孥累猥衆，筮仕十有五年，皆得食租衣税，不至流離飢殍，毫髮皆公相之恩也。雖身膏草野，亦不足以言報。今至於復其舊職，乃牢詞而不就者，❷畏清議、避機穽也。畀以列郡而不受，予之藩府而受之，此豈能免當世之譏議？況其所至，動與物忤，非公相雲天之庇，已不復有今日矣，況敢自蹈於不知廉恥之地哉？築城所以保民也，自初建議，已譁然

❶「蚕」，四庫本作「絲」。

❷「詞」，清鈔本、四庫本作「辭」。

而見攻矣，及其速成，則曰是必勞民也，及其費省，則曰是必擾民也。元僚之辟，制府之請也，五關之守禦，浮光之督戰，制府之命也，未及行而嫉之者紛然矣。眇然庸儒，何足知天下大計？乃創爲之説曰是道學之徒，喜言大義談恢復也。守土之臣，去制府五六百里，邊陲之事未嘗與聞，一有失宜，則曰是嘗與謀也。軍旅之際，征役繁興，民不堪命，少陳利病，則曰是素喜争也。東羅西網，一舉足且蹈其中，憂畏憤懣，殆無容身之所。縱使無歷陽之除，亦當哀鳴造化以求避，況今嫌隙既開，豈敢冒犯清議，試身於不測之禍哉？倅安豐則得罪於太守，守漢陽則得罪於監司，今怨咎滋起，復有其兆矣。是皆稟資狷狹，賦分奇窮，有以取之也。榦開禧年間從事荆南幕府，往來八關，❶備歷險阻，因得痼疾，目今復發，加以痰喘，不可支吾。儻蒙鈞慈特賜憐憫，投畀山林，自同麋鹿，使之悠然涵泳聖化於寂寞之濱，生死骨肉之恩，没齒不敢忘也。不然，政恐他日異論横生，雖公相愛念之深，亦恐不能以庇之也。俯伏俟命，下情不勝戰懼之至。

與制帥辭依舊知安慶府❷

朝廷於榦，真有造化卵翼之恩。榦以樸樕凡材，加以剛很，若繩以當世之論，自不應齒士大夫之列。入仕且十五年，無非動與物忤，怒目疾視，擠而陷之者衆矣。朝廷優容，有陟無黜。家本窮空，孥累猥衆，

❶「八」，四庫本作「五」。
❷「制帥」，原爲墨丁，據四庫本補。

二百餘指不至餓死，婚嫁粗畢，無累後人。此恩此德，寧可不知所自來？ 制參之辟，朝廷令以包砌城壁畢日供職，則亦知一郡之命，實繫於此。舒、和兩易，則一二友實誤制帥，非朝廷之本意。今此朝廷又令還安慶之任，且徇舉留者之請，則朝廷之恩厚不惟及榦，而舒民感朝廷之賜，又當如何也！ 如榦小官，自當竭蹷趨赴舊任，以報朝廷恩遇之厚，以成安慶城壁之功，夫復何言？ 然其所以遲回道途，決爲歸山之計者，蓋亦有説。古之人，直道而行，初無嫌疑，亦無顧忌，可仕則仕，可止則止，雖舉世非之不恤也。今則不然，利禄之習勝，恬退之風衰。榦之素行，又本不孚於人，今乃捨和而就舒，殆若與人爭較州郡之大小，比量俸入之厚薄，物論紛紛，安能家置一喙以自解哉？ 生平顧惜名義，甘處窮約，今年幾七十，乃使人得以貪榮慕禄而議之，是誠可畏也。昔有以財賦羡餘而申聞朝廷，以秤提官會而奉行條約，其忠誠體國之念不足以暴白，而後生小子至今猶得以議之。然則清議所在，亦豈得直道而不顧耶？ 世之苟賤無恥、行若狗彘者，人皆置而不論，至若名在僞學之籍，則一舉足必議其短。此古之學道者所以戰戰兢兢，如臨深履薄，至死而後知免也。榦之負朝廷之恩，有莫大之罪；負安慶之民，亦誠所不忍。然使榦得以退歸田里，保全晚節，是乃所以欽承朝廷崇尚廉恥、涵養風俗之意。安慶大郡，不過擇一公廉慈惠之人以爲之守，則必能爲朝廷牧養百姓。城壁一役，土功已畢，包砌之磚亦已燒造四百餘萬，同官既皆協力，又有寄居士友十二人，人分百二十丈自行管幹，朝至夕歸，如己私事，不過今冬自可了畢。方今英俊如林，如榦等輩車載斗量，何可勝數？亦何足以勞朝廷之區處？賦以祠禄，放歸山林，物論定矣。榦自丙寅丁卯爲湖北帥屬，往來兵間，遂得嘔血之疾。後宰臨川，詞訟繁冗，日夜勤勞，加以痰喘，至老愈甚。每見朋友楊子直、楊通老、廖子晦，皆以既老且病，仕不知止，至其身後無不狼狽。今又豈宜復蹈其覆轍哉？此榦所以決於退閑，非敢爲是矯飾之言也。以君命之嚴，不敢即安私室，孑然一身，宿留逆旅，尚望早爲白之廟堂，毋使一介小吏有再三之瀆，以重取罪，則爲幸大矣。

與西外知宗訴同慶墳地并事目

榦至愚無知，然於鄉黨親族未嘗有毫髮争競之心。顧以墳墓祖宗藏骨之所，不幸爲豪强侵犯，子孫之義，自不容已。雖其事已白，然猶懇禱勸化，冀其自還，如是者二十餘年，既不退聽，而很戾玩侮益甚。自知宗秘書下車以來，私切自喜，以爲已白之訟而求決於至明至斷之前，可以頃刻而定。然竊伏下風，觀道德，聽教誨，起敬起慕，何敢以紛争猥事仰紊清聽？蓋隱忍而不發者，又一年于兹矣。桑榆之景，浸迫遲莫，深恐一旦溘然遂填溝壑，則祖宗抱無窮之羞，子孫銜無窮之恨。故輒具公牘，私自慚赧，亦不敢躬造庭下，伏冀台慈特賜矜察。

事目

榦世居福州東門外，所居之旁百餘步，有同慶僧寺，寺之屋宇多先世捨造，其題梁猶可驗也。由是，三世祖墳皆葬同慶，而僧堂之側，❶春秋合族饗祀不絶，以世數考之，今三百年矣。先君察院嘗即寺之廊屋爲書院，察院之親從妹有婿曰趙帳管名公珩者，無屋可居，先姑爲之請，遂輟書院借之。其後久假不歸，生息日蕃，有子十二人，一寺皆爲所占。然猶有僧堂，乃家間往來饗祀之所。淳熙間，趙帳管諸子不顧甥舅之誼，輒令僮僕於墓下牧馬作踐。先兄經閩縣陳詞，纖塞小門以絶牧馬之路，復開僧堂後門，往來祭祀。閩縣給牓約束，猶可覆也。至慶元間，先妣宜人棄諸孤，兄弟相與廬於墓，去城數十里，帳管之第八子彦翻者，遽占僧堂以居，塞本家往來祭祀之路，復開小門以通往來，又於僧堂之後築爲高牆，以爲花臺之觀，與夫庖湢之類。跨越溝界，侵入祖墳、禁地七八尺。舉族痛苦摧割，然猶未敢告之有司，徧託鄉里長上，卑辭厚意，致其懇禱。諸趙漠然不顧，不得已遂經宗司投牒，諸趙譁然而起，或以多貲請求，或以威力恐脅，不顧義理，强辭枝蔓。宗司遂委官地頭打量驗定，見得侵占丈尺，分明告示日下除拆牆圍，給還禁地。趙縣尉又妄以其妻生産爲詞，乞展月日，故爲遷延。榦以禍患貧困之餘，急欲到部，遂於宗司出給斷由，以爲圖記。而先兄即世，榦又以貧故，奔走急禄十有八年，雖足跡不得一至松楸之下，然痛心疾首，一寢一食，未嘗不在丘壟之間也。諸趙之宦途相逢者，則竭誠以懇之，其在鄉曲者，則貽書以禱之。或頑然而不顧，或面許而背違。至其兄弟急難之際，不顧利害，極力以救之者，不一而足，始則深以爲感，終則反以見侮。及榦奉祠來

❶「而」，四庫本作「寺」。

歸，不惟前日所占之禁地未還，而後來之侵侮益甚。合族相告，以爲自榦一出之後，帳管第七子彦備者，又復於墓前掘去石條，斫伐大木。從弟因禮問之，彦備趕逐奮擊，族弟有救勸者，遂爲所歐，以至傷重。從弟經宗司論訴，案牘具在。今歲之春，族人相率葺理墳牆，增培墳土，初與諸趙不相干涉。畢工之次日，又有拋積不潔於墳上，及鋤削所增之墳土者。已而墳右數尺之内，巨竹成叢，悉爲斫伐，審問其人，則趙帳管之孫實爲之。以親戚爲之勸解，遂不欲竟其事。彼之强横有素，則陵犯所曲，乃其常態，苟可容忍，亦姑置不問。至於禁地一事，則孝子順孫之所必争，而不容以自已也。伏念國家深仁厚澤，雖馬醫夏畦之鬼，亦得十八步之墳禁，以庇其枯骨，法令明備，犯者有刑。趙帳管之子孫，乃獨敢不有國家之法令，況宗司已斷之訟，亦復玩視而不顧，則縱横四出，亦誰得而制之？福州宗子大率謹守禮法，而城東一族乃獨重爲平民之害。趙帳管之子，黄氏之所自出，則今之墳墓，亦其母之先祖也，縱以舅爲不足道，獨不念其母乎？不念其母，亦何所不至哉？不遵朝廷之法令，不聽宗司之約束，不顧其母之親屬，猶爲有人道乎？榦也三世祖墳已經三百年，及榦之身，衰弱不振，乃不能保其墳墓之禁地，官府既爲之辨明，亦復因循以至今日。春秋拜掃墓下，布席之外，殆無容身之地，俛仰悲歎，心焉如割，尚何面目復見祖先於地下乎！今齒髮衰頽，行就溝壑，若不鋪陳事因，告之仁人君子，則將抱終天無窮之恨。伏惟仁慈少加憐焉。

新淦申轉運司乞賑卹縣道

伏準使帖，委請運幹李司直契勘本縣少欠綱運，及見起解上供，及本縣苗數等事，已開具公狀，乞備申訖。大抵本縣財賦，所入供其所出，每歲嘗欠二萬緡，積之一政，常拖欠六萬緡。若遇歲有凶歉，催科不辦，及如向來軍興及兩年峒寇之擾，科需券食，費用百出，則愈見不可支梧。以綱運常是拖欠，縣官常是放罷，縣吏常是決配，縣道無以爲策，只有哀鳴富室預借緡錢。形勢之户恃縣道爲債家，控持驅役，惟命是聽。貧弱之民，視勢家如官府，冤抑愁歎，無時獲伸。則不惟縣道狼狽，而爲新淦之細民亦無復生全之樂。十數年來，人皆知新淦之難治，而不知所以難治者，蓋在於財賦之入少而出多。亦有知其如此者，而漠然如秦人視越人之肥瘠。今運使國博乃能軫念下邑，特屈上幕俯加察訪，此非惟官吏之幸，實一邑細民更生之幸；非惟一時之幸，實一邑官吏無窮之幸也。竊見朝廷以天下爲一體，監司以一路爲一體，痒痾疾痛見於肢節之間，而此心未有不爲之動者。既動其心，則將必有以處之矣。此么麽小吏與夫一邑吏民所以聞命踴躍，日夜矯首，庶幾尩羸垂絶之邑，一遇良醫，而元氣爲之頓回也。更望台慈曲賜垂念，送下僉幕，條陳所以賑卹縣道之策而施行之，不勝千萬之幸。

再辭知潮州丐祠

榦不避斧鉞之誅，輒具稟劄，仰干鈞

聽。榦昨嘗控陳哀悃，祈免潮陽之命，不謂措辭未白，誠意未孚，以致有旨趣行，未賜俞允，榦不勝戰懼回皇之至。伏念榦庸陋凡才，摧頽暮景，投老山谷，誰復顧憐？獨蒙朝廷軫念若此，畀之便地，寵以見次，種種優異，雖以老病投辭，尚蒙寬貰，❶令其一行，感戴恩德，何有窮已。愚夫小人，受一金之賜，尚知感激，以圖報塞，榦雖無知，其於君父大誼、朝廷特恩，豈敢寧居，尚煩督促？實以疾病加劇，見之申牘，無一飾詞，若不哀鳴，反成欺罔。況顧妻孥，憂貧賤，苟具此身，誰無此志？乃欲甘心屏伏，自取飢寒，亦豈人情？所恨賦命奇蹇，老而益困，朽株枯枿，不足以仰承雨露生成之恩，中夜以思，但知感泣。恭惟某官，蓍龜之識，江海之量，俯垂鑒照，特賜矜憫，曲爲敷奏，追還成命，使得偃仰一室，安養賤軀。繼今一日之生全，莫匪二天之庇覆，鏤膺刻骨，頂踵知歸。若蒙憫其貧病，再與陶鑄宫廟差遣一次，使得仰竊升斗以活餘齡，實戴隆天厚地之施。榦勉扶病軀，申布忱悃，且痛且忍，言不成文，雖欲吐露，有失倫次，方命之譴，復此驚憂。尚冀鈞慈俯賜矜察，榦下情無任戰慄之至。

❶「貰」，原作「貫」，據清鈔本、四庫本改。

勉齋先生黄文肅公文集卷第三十

公　狀

石門申提領所請截留本錢

榦么麽小官，無足比數。適承庫務積年久壞之後，雖未交賤事，❶而曠敗之狀已見。然區區冒昧，未敢辭難者，亦以竭力盡瘁，守法奉公，庶幾仰藉使臺之威風，稍能有濟耳。近準使帖，以前官拖欠責界格目錢，遂截去來年歲計三百千，以補責界之欠。榦聞命恐懼，不能自寧，已具申懇，未蒙允可，故敢復布陳之。竊見本庫每年歲計所給本錢二千七百貫，趁辦息錢八千貫，官吏之請給，場務之支費，❷又幾二千貫，是以一錢而取三分之息也。累政之所以敗壞者，正以本少息多耳。本少息多，則造酒必薄，私酒必多，拍户必逃移，官課必虧折，此不待智者而後知也。盡得二千七百貫本錢猶不能辦，況又截去三百千耶？截去三百千固知其不可，況榦今之所處，猶有可矜念者，每伏月造麴，以供責界之用。榦之到庫，麴數殊少，比之常年，已將本錢買麴，計三百千矣。清酒本錢例得一千二百貫，爲六月造賣清酒之用。榦之到庫，却有兩月發賣清酒，本已不復有，又將本錢四百千造

❶「賤」，四庫本作「錢」。

❷「場」，原作「塲」，據清鈔本、四庫本改。

兩月清酒矣。以二者計之，無故而坐費七百千，則本錢所餘二千貫耳。若使又截去三百千，則所餘者一千七百貫耳。以二千七百貫尚不能辦歲計，況又削去其半，又何以支吾耶？竊念犒賞諸庫所以敗壞者，皆生於上下之情不通，監官不卹酒之厚薄，必欲拍户之納錢；使所不卹本錢之多寡，必欲監官之趁辦。上下煎熬，但見追專知，索印紙，對移闒倖，終歲紛紛，而酒課卒不辦。榦愚庸無似，惟知關防滲漏，撙省餘費，縮水加料，使所造之酒於心無愧，則拍户不患其拖欠，然亦須使所多給本錢，然後可辦。方欲於清本之外，再有陳請，況又截去其九分之一耶？故敢冒瀆台嚴，欲乞盡與支撥，使榦得以悉力展布，庶幾不悮使令。石門爲酒庫之首，其敗壞不振，積有年數，使榦勉竭駑鈍，是庫久敗而復興，則不惟小吏得以逃責，而使所亦免追胥之勞。以使臺輟三百千，特一毫毛耳，而庫中解發不至虧欠，則其爲利，豈但三百千而已？

申提領所乞懲治錢福

榦昨嘗以拍户錢福不赴庫打酒，私下多置脚店自造私酒，亞賣鄉里，❶占據本庫地界四分之一，乞使所痛賜懲治。於某月某日承準使所公文，已牒嘉興府帖崇德縣追人根究，限十日申。經今已半月，本縣全不追人，却將本庫解去合干人蔣潤放令走閃，錢福名下某人放令歸家。蓋緣錢福係是本縣某鄉充役人，以本庫拍户爲名，復與本庫合干人通同公造私酒，莫敢誰何，多置

❶「亞」，四庫本作「出」。

脚店，散在保下。每遇鄉民有公事屬錢福保下者，❶輒勒令就所置脚店買酒。以此數年，遂置富厚，每以將仕郎、某州司法自稱，實一村頑猾小民暴致富厚，以此欺嚇愚民而自利耳。州縣胥吏多受情囑，❷雖有使所公文，亦莫之行，管庫小官無所伸愬，委實利害。竊念犒賞諸庫，趁辦使所格目，如石門一庫最爲費力，雖有地界百里許，而居民鮮少，又多貧乏之家；雖有拍户三十人，而衰老貧困，每限賣酒極少。獨有錢福所居地名錢林，有僧寺頗大，有居民頗衆，其地闊狹，幾及本庫地界四分之一，其私置拍户，幾及本庫三分之一，乃爲錢福所占。遂使本庫之地界日蹙，本庫之拍户日少，而息錢不減於舊日，此本庫所以敗壞，官吏無所措手，而重勤使所之督迫也。❸夫造賣私酒，鄉村豈能盡無？至於廣包地界，公立拍户，挾庫吏之勢而監官莫能察，恃保正之力而鄉民莫敢問，又以金錢買求州縣吏胥，而州縣亦莫能較之，其視造賣私酒之家潛伏隱奥，以規求毫末之利者，其罪爲大。若非使所嚴賜根治，則纔出庫門，東向南望周回二三十里，永爲錢福所據，是東西兩庫也，錢福日厚，則石門日貧；石門日貧，則使所格目日虧。此本庫所以不容但已，而捨使所無所赴愬也。大抵犒賞諸庫之在州縣，一有不得其平，即首而訴之，❹漠然未嘗加省，故使所雖有行移，欲爲場務之地而不可得。❺欲望台慈就使所差專人，就崇德縣

❶「每」，四庫本作「一」。
❷「情」，四庫本作「請」。
❸「重」，四庫本作「動」。
❹「即」，四庫本作「仰」。
❺「場」，原作「埸」，據清鈔本、四庫本改。

巡尉司守待追人，徑赴使所根治，庶幾猾吏有所忌，頑民有所憚，而弊庫小官亦得以少行其志矣。

申提領所體究烏青庫監官及措置官互申事

榦照得兩人争競之端，蓋緣烏青庫敗壞之後息錢重大，張監酒竭力趁辦，雖於格目有虧，然比之舊年已是增羡。因見王訓武前來措置，内懷愧恨，見之詞色。王訓武既蒙使所知遇，只得竭力向前，意謂場務虧欠，合干人必有情弊，到庫之初，便行根究，奮怒之容，凛不可犯。以是不能互相容忍，以了官事，至於紊煩台聽。今欲見其曲直，則王訓武申張監酒不合以私身廳子父薛大中充貼司，❶干預庫事，雖未有他罪，然不避嫌疑，豈得無過？張監酒申王訓武不合親自歐打姚顯，至於重傷，目今醫治或可安痊，然庫子過犯自有刑憲，何必暮夜親行捶撻？兩人之曲止於如此。若其他所申，謂清酒趁錢只解及三分之一，其餘未知落着，則一分之外皆是本錢，每有循環，非是情弊。謂去年煑酒，不應開煑之後旋行醖造，則此乃諸庫通例。蓋煑酒息錢頗多，旋以趁息錢復行醖造，若非得辦庫分，鮮不如此。又謂太平樓賣酒人拖欠酒錢，此亦諸庫之常。蓋賣酒之法，非賒不行，既曰賒賣，則人户取錢多不及數。若此之類，皆求全之毁、溢惡之辭，不足根問。蓋兩人皆將家子孫，其勃勃不平之氣，乃其素習。若使張監酒自知虧欠息錢，既蒙使所委官措置，則授之柄而處其下，息錢既辦，亦己之福。

❶「子」，清鈔本作「于」。

王訓武自知彼既不辦，使己代之，羞愧之情亦人之常，則從容和緩而與之處，亦何不可？今兩人皆以一時之私忿，至於紛争，已傷事體，況坊場趁辦官錢，目今年計未辦，人吏恐懼，不敢稟事，行客疑惑，不敢交關，此於庫門委有利害。欲望使所更賜戒諭，令其和協，同辦國課。

臨川申提舉司住行賑糶

昨準使司行下本縣措置賑糶事件，條畫詳明，仰見使臺布宣上意，寬仁厚下，懇惻愛民，官吏但當鞠躬奉行，不敢稽慢。然熟復所行事件，有曰隨宜相度，則是又欲諸縣各度事宜，不拘文法。榦生長閭閻，熟知賑糶之利病，詢訪故老，具言風俗之便宜，故條具申聞，照得賑濟之法實行於大歉之年，賑濟之惠，必資於官司之米。今本縣去年早禾大熟，臨川境内早禾最多，晚禾雖被蝗旱，然所在□□□有大歉之處，亦有大熟之鄉，長短相補，亦得半收。早晚禾通計，已是七八分成熟，自非賑糶年分。目今官司所在窖匱，其勢不能斥其所有以及民，但行文書，徒爲煩擾。故行賑糶之法，不若嚴閉糴出界之令。一縣之大，周圜數百里，知縣不能親歷，賑糶之法必須付之胥吏，付之鄉官，付之保正。方其抄劄人丁之多少，得賂者一户詭而爲十户，一丁詭而爲十丁，不得賂者反是。其抄劄蓄積之有無，則得賂者變殷實爲貧乏，不得賂者亦反是。其置場出糶也，富家積粟多者，量其所認以出糶，而其餘則閉户而藏之。雖索價十倍，官司無以罪之也。然善良者循法而不敢違，而頑猾者名曰出糶，而又實未嘗糶也。至中産之家，與夫産出稅存之人，官司例令出米，彼既無米可出，則其勢必就糴於富家，而其費必至於十倍，於是始有破家鬻産之患。小民之係抄劄給曆頭者，或賫曆就糴，而富室不糶；其不係抄劄無曆頭者，則愈無所從糴矣。此法一行，富室因賑糶而獲利，中産以下因賑糶以被害，賄賂縱横於胥吏之門，而小民未必均受其惠。如此，則賑糶之法誠未可輕行也。故莫若且嚴出界之禁，申閉糴之令。米不出界，則富人藏粟者不容於不糶；上户不閉糴，則小民乏食者皆得以就糴也。榦近日因行鄉落，立定米價，併捕到客人販米，鄉落人户亦未至乏食。所有使臺賑糶事，欲乞住行。

申撫州辨危教授訴熊祥

本縣照得危教授、熊祥之争，起於危教授倚恃官勢，白奪熊祥山地。不從，遂因其家偶被鼠竊，乃欲誣以停藏之罪，庶幾熊祥怕懼，自獻其地。本縣見其用心不臧，欺凌小民，又將陳九鏁縛歐打，以致病患飢餓，遂將誣告人踈放。其後陳九果因此致死，其子不勝其憤，遂陳詞乞檢驗。獄司却以爲熊祥教唆陳九之子，熊祥畏懼危教授之勢，遂逃匿不出，其教唆之實亦未可知。然陳九雖非危教授之子所殺，亦因危教授之子所歐而死，情狀甚明。熊祥固未必是教唆，若果是教唆，亦因危教授誣告停藏而起，原情定法，實有可憐。今熊祥，巡尉司已得泄其所憾，痛加搔擾，吏輩又於台判之外别出引牒，脱漏台判，併差尉司人追擾，如此，則熊祥之家必至於破蕩靡有孑遺矣。危教授身爲士夫，不顧公議，殃害鄉民，如此其極。所仰望者，但有州縣爲之理直耳。榦身爲縣令，目覩其冤，不容坐視，欲望使府台判將熊祥照赦原免，追回巡尉司承差人，仍根究吏人於台判之外，又脱漏台判，差尉司人下鄉搔擾情罪，庶幾千里之内，實感父母生成之賜。

申提舉司乞約束破壞義役

竊見縣令之職，莫切於愛民，人户受害，莫甚於户長。都分有廣狹，而差役無增減。寬都可差役者，或三四十家，歇役或三四十年；狹都可差役者，或止四五家，或頻年被差而不歇。故寬都之民雖充役而不見其爲害，狹都之民每充一役，必至於破家蕩産。由是寬者愈寬，狹者愈狹，甚至於狹都全無可差，而以催科付之鄉司家丁者。役法之不均，不惟人户被害，而官物愈見失陷。榦自到任以來，深憫斯弊，偶因一都之内有上户七家，相與陳詞，乞免差户長，七户自爲甲首，以都内合納官物分爲七，縣中但給人户自承，由子付之，❶甲首自行管催，不惟人户免差户長之害，而官物所入反增於常年，人户深以爲便。本縣遂出文牒行下狹都勸誘，❷人户欣然從之者，十有餘都，可謂公私俱受其利者也。然不以爲便，而欲破壞之者亦多矣。鄉司以差役爲利，解子以追催爲利，案吏貼司以繳引爲利，杖直

❶「由」，四庫本作「解」。
❷「誘」，四庫本作「諭」。

之徒以呈比爲利，今皆失之，故朝夕窺伺，惟恐義役之不壞也。竊見某官視民如子，而差役一事，尤使臺之所留意，欲乞台慈照榦所述，備牓行下本縣，有吏貼等人輒敢破壞義役，以致人户論訴，仰本縣申解使臺，特與重行編配，庶幾義役人户實受生成之賜。

新淦申臨江軍及諸司乞申朝廷給下賣過職田錢就人户取回

照得江西諸縣，惟新淦最爲難治，二十年間，爲知縣者十政而九敗，爲人吏者朝補而夕配。推原其端，皆緣財賦窘乏，入少出多，通一年計之，常欠二萬餘緡。官吏無以爲策，只有懇求上户預借官物。縣道之柄，從此倒持，豪强之家得以控扼，請求關節，殘害細民，苟有不從，便生論訴。若非朝廷上司痛加存恤，則新淦一邑無由辦治。榦踈繆不才，冒當邑寄，蓋嘗推尋弊端，不一而足。以一事言之，諸州諸縣例有職田，而本縣職田爲最多，監司州郡以至縣官，每歲計米二千三百餘碩，蓋緣本縣元有職田，每歲收租二千三百餘碩，以是爲起解支給之數，則所謂職田者，乃官司之田，每歲資其所入以爲出者也。今所出之數不減昔時，而所入之數僅有四百餘石，則所支一千九百餘石者，將何所取辦乎？ 考之案牘，乃因慶元年間嘗有朝旨出賣官田。所謂官田者，乃籍没逃死無主之田，而非職田之謂也。一時官司鹵莽，略不契勘，形勢之家買誘胥吏，❶併以職田爲官田請買，遂使一千

❶「誘」，四庫本作「誘」。

二百餘石之職田，一旦盡變而爲豪民之田，則其請買，已非朝廷指揮之本意矣。至其請買之時，又與鄉司通同減落等色，以肥爲瘠，以上爲下，量納價錢，包占膏腴，名曰起理二税，而所輸絶少，則又失陷縣道之財賦矣。況賣田指揮必須投狀實封，給與價高之人，今乃徑行請買，則與朝廷法令又相違戾矣。一千二百餘碩之職田，共賣過六千餘貫，已係本軍申解朝廷，而本縣每年白陪三千緡支解，此縣道所以日見窘匱而不可爲也。在法，交易違法，錢當没官，業當還主。今人户輒敢違法賣官司職田，則合自徑行拘籍。竊見朝廷至仁，寬恤百姓，本縣亦不敢徑行拘籍，除已一面告示人户將職田租額納官，免納二税，其元納價錢不多者，本縣那兑支還。惟是昨來誤賣過職田錢六千貫申解朝廷者，數目浩大，欲望特與備申朝廷，給下本縣支還人户，庶幾本縣復得職田租米支解，實一邑無窮之利。

申江西轉運司乞申朝省照賣過屯田租米數蠲減上供

本縣近準轉運使司，委請運幹李司直契勘本縣財賦每歲所入之數，欲見得拖欠總領所綱運因依。本縣已畫一開具成年收支，常欠一萬七八千緡，及乞使司添給貼綱水脚錢，并人户違法將本縣職田作官田請買，以致財賦匱乏。今據人户賫出慶元三年請買屯田公據，内該載朝廷昨來指揮出賣没官田産，併將屯田出賣。本軍曾申審，以屯田租米係衮同苗米起發，上供綱運。今來出賣改作民田，起理二税，則苗米數少，比之成年起發上供綱運，多有減下米數。向去淮東西總領使司及轉運司，難以減額，具申行在提領賣官田使所，乞具申尚書省，則是出賣屯田之時，本軍固已知綱運之數必至拖欠矣。未準回降間，本軍監勒本縣徑將屯田出賣過貳千捌拾捌石，起理二税，每年只收苗米肆百肆拾柒石，致使本縣每年坐失租米壹千陸百肆拾壹石。照得本縣苗屯米係盡數起發，每年起綱陸萬貳千餘石。今屯田出賣貳千捌拾捌石，每年亦起綱陸萬貳千石。既是朝廷賣過屯田，本縣既失屯田，已出賣壹千陸百肆拾壹石，則上供之額亦合蠲減。今屯田已出賣，而上供之數如舊，如本縣每年於所收苗外，白撰壹千陸百餘石起解，此亦本縣所以狼狽之一端也。欲乞使司特與詳酌向來本軍申審因依，及今來所收租米數少，所起綱運數多之害，特與備申朝省，於陸萬貳千餘石上供綱運之中，蠲減壹千伍百石，庶幾易以支梧，不至頻年拖欠綱運，實一邑無窮之幸。

申臨江軍爲鄒司户違法典買田產事

本縣昨具公狀，申述鄒濤違法典買田產事。蓋阿江有二子，長曰陳安國，次曰陳安節，陳安國却瞞昧其母阿江及弟安節，將共衆產業出典鄒濤，鄒濤又與之通情，使陳安國假作阿江及陳安節着押交易，此是違法分明。在法，自合準分法追陳安節分受一半產業還陳安節管業，却監陳安國錢還鄒濤方爲允當。今鄒濤倚恃多貲，妄興詞訴，脱罔台判。及至本縣申陳，又買囑法司，輒引尊長卑幼通同之條，欲先監陳安國錢畢日，方給還陳安節產業。陳安國既與鄒濤違法交易，又豈有將錢還鄒濤而後給還陳安節産業？ 陳安國既不肯還錢，則陳安節永無得産之理。 以江西風俗，違法盜買卑幼田産之訟最多，若皆可以引用此條，則形勢之家可以恣行違法置産，其卑幼共分之人，其合得産業爲人盜賣之後，永無得伸之時。 國家設法，本爲人伸雪不平，豈肯使卑幼反受屈抑？ 今觀法司所具韓吏部、韓侍郎申請，明言卑幼尊長或承分人通同，令卑幼輒賣其業，既將價錢後於官司陳論者，須管追理價錢足日，方許管業，蓋謂共分人通同，令卑幼違法交易者也。 今陳安國瞞昧其母與弟，輒典賣共分人田産，即非通合，豈得引用此條欲先監錢而後還業耶？ 顯是法司受鄒濤情囑，輒敢欺罔嚴明。 欲乞台慈特賜詳酌，照榦元申行下，庶幾形勢之家不敢違法奪人産業，姦猾之吏不得侮法欺罔嚴明，貧窮小民得以保全所合承分之産，庶得允當。

申臨江軍乞申朝省除豁舊綱欠

照對本縣全年財賦，每歲苗米額催管陸萬貳千餘碩，每歲起解淮東西總領所上供綱并湖廣總領所馬料，亦管陸萬貳千餘碩。 所入有失陷，有拖欠，所謂陸萬貳千餘碩者，無由粒粒催足。 至於支遣，則起綱之外，又有本縣官吏、寨兵、鋪兵與夫宗室月俸、過往批支，約壹萬貳叁千碩。 又起綱水脚縻費等錢，每歲陸萬貳千碩米，計錢叁萬柒百餘貫。 隨苗水脚錢只收到壹萬貳千餘貫，其餘壹萬捌千餘貫，又係别行措辦湊足。 以其所入，且不足以支所出，而本縣自慶元三年何知縣任内，至今十五年間，前後拖欠總領所共計肆萬捌千餘碩。 每歲三總領所專人絡繹催促，縣道決無可補填，徒被追擾，委實切害。若非朝廷痛行優恤，則一邑受害無有窮已。竊見前件所欠米斛，具有當年官吏姓名，至後來逐年綱運不曾拖欠，而總所乃以新綱補足舊綱，至於行移，反坐以拖欠新綱之罪。前之官吏正行拖欠者，既已幸免，後之官吏未嘗拖欠者，反被追擾。淮東之專人朝來，而淮西之專人夕至，湖廣之專人又已踵門矣。縣庭之下，三總所之吏舍也，斥辱微官，甚於奴隸；扯捽小吏，甚於罪囚；誅求金錢，甚於攘刼。叫號街巷，歌舞市肆，必厭其所欲而後反，吏輩無所從出，則受賕鬻獄，苛征橫斂，拖欠版帳，預借税苗，詞訟紛拏，追逮旁午。故爲新淦之令者，十政而五敗；爲新淦之吏者，朝補而夕配。縣道既不能自立，則豪户控持，姦民欺侮，善良失職，鄉井蕭條。雖有循良之吏，亦無所施。夫戕敗一邑而足以償總所之逋、給軍餉之乏，官吏百謫，❶公私俱病，亦不敢辭。總所之欠，既無以償，而縣道之入乃益以耗，縣道之耗日以甚，而總所之欠日以增。然則不但爲州縣之害，而亦所以爲總所之害也。榦疎繆不才，冒當邑寄，竊見本縣委有上件利害，欲乞備申朝省，特賜敷奏，詳酌利害，並與蠲閣前項舊欠，使一縣官吏得以洗濯自新，一縣士民得以安静無擾，實出隆天厚地之賜。

申帥司乞免權南安軍通判事

伏準使帖差權南安軍通判職事，相度置寨，差軍出戍。榦一介書生，庸愞不武，

❶「謫」，原作「讁」，據四庫本改。

再試劇邑，僅能以勤掩拙，粗不廢事，初無績效可稱。諸司過聽，屢蒙甄拔，實出望外。今乃蒙使司差委攝上件職事，竊見峒寇擾攘，近方粗定，正須遴選有風采威望可以鎮壓、慈愛惠利可以撫摩之人，往貳郡事。如榦衰拙，委實無堪。加以新淦爲縣敗壞日久，羣豪恣横，細民失業，財賦失陷，總餉屢虧。自榦到任，甫及半年，搜尋弊端，一邑之事稍有條理。若奪此粗立之規，就彼難任之責，□□所宜。❶伏乞台慈特賜蠲免，别行委官前去權攝，庶不悮事。

安豐申相視開浚河道

準本軍牒，委前去安豐縣體訪開河利害事。榦沿途訪問開河曲折，備知詳細。安豐縣在本軍之南六十里，縣之東有芍陂。芍陂之北，舊有河道，可以決水，北流至軍城之南，堙塞不通，鄉人以爲今百年矣。通之，則可以灌注安豐軍城壕，可以蔭溉沿路田園，可以通放舟楫，誠利之大者。昔人所以創爲河道，誠爲不苟。州郡以此申請，亦便利之一事。然亦有一説，榦因以案沓參考，初因朝廷委安撫司措置，修築安豐軍城，安撫司以軍城廣闊，難以猝築，不若修築安豐縣城。朝廷劄下本軍，本軍差壽春主簿王必達前去相度。王主簿相度計料外，却於申狀上稱，若欲屯駐，則無水路可以通運糧草。其意以爲，有城則有兵，有兵則當如合肥有水路可通長江，總所餉運可以徑達。今安豐縣水皆北流，無南流入江之河道耳。今來所開河道，乃是決芍陂之

❶「□□」，四庫本作「兩非」。

水北流至軍城，即與王主簿所申不同。朝廷初欲修安豐縣城，而尋訪河道，乃與修安豐縣城事體相反。若不築安豐縣城，則開河尚爲無害；若開河之後，又欲築安豐縣城，則河道既通，泄去安豐縣之水，反爲安豐縣城之害矣。區區愚見，以爲朝廷若有意修築軍城，則河道可通，若欲修築縣城，則河道不必通矣。又芍陂灌溉安豐縣民田，爲一縣之險要，經今三千年矣。其後陂之四旁，往往多被豪民填塞侵耕，其水源來自六安，又爲六安縣民決爲溝渠，散漫四出，水利之慱，❶已不若舊。若又開河以泄其水，春水泛漲，則陂之與河瀰漫泛溢，兩不相害；若稍旱乾，河水先竭，救河則害陂，救陂則害河。如是，則河道之通可以利軍，而不利於縣也。更乞使軍申朝廷，以決其可否，庶爲利便。

申朝省相視開浚河道

照會近準樞密院劄子施行相視河道事。榦沿途訪問所開河道，委是利害。安豐縣去本軍六十里，縣東有芍陂，今欲決芍陂之水，以達于軍城之南，可以注本軍城壕，可以灌沿路民田，可以通放舟楫。古跡見存湮塞日久，若用工疏通，以復其舊，不爲無益。本軍申請開掘，朝廷又已從申行下，無可議者。或者又以爲，恐泄芍陂之水，有妨本縣灌溉民田。此不過上疏水源，下置堰閘，使陂水盈溢，然後泄其有餘，以時啓閉，而注之河，決不至陂水乾涸。但目今正值隆冬盛寒，艱於用工，開正春事將

❶「慱」，清鈔本作「博」，四庫本作「溥」。

興，又恐有妨農務。兼照得此河連衡於軍城縣城之間，若修築軍城，則此河之開最爲利害；若修築縣城，則此河亦未宜開。蓋安豐縣所恃，芍陂之水，水既可決，則芍陂不足爲險。今李安撫所請，則欲築縣城，錢運使申乞，則欲築軍城。有此兩端，未蒙朝廷予決。榦區區管見，更合申朝廷，乞俟晴暖用工，兼俟築城之議既定，庶得穩當。

勉齋先生黃文肅公文集卷第三十一

公狀

漢陽申朝省爲旱荒乞更詳審築城事

照對本軍昨來申請創築城壁事，實以身爲守臣，地居江北，環顧鄰郡，皆有城壁，獨漢陽頗爲衝要，乃蕩無藩籬之限，是以輒敢陳述利害，冒昧上聞。繼而諸司皆贊其決，總領綦郎中復捐十萬緡以助其費。遂蒙朝廷行下，令先以上項錢收買物料，別議興築。榦竊見向來陳乞，係壕寨計料用錢九十餘萬貫，今所得總領所錢近九分之一，除已一面燒造城磚外，但竹木等物未敢收買。蓋區區愚見以爲，朝廷若有意興築，即乞明降旨揮，接續給降元計料錢物，行下鄂州都統司，趁此秋冬，差撥大軍日下興築，庶幾所管物料不至徒爲虛費。切恐朝廷方經理極邊，未暇及此，内地加以亢旱，調度百出，未有錢物可以應副，則所買竹木堆積日久，必至腐爛，徒壞錢物，無補事功。亦乞明降旨揮，庶幾官吏得以遵守，更合申取旨揮。

申帥漕兩司爲旱荒乞別相度築城事

本軍昨以興築城壁事申朝省，又蒙總領使所備申朝廷，撥官會十萬貫，助本軍興築。遂蒙省劄行下，支撥上件官會，并本軍見管交割錢四萬貫，一面收買物料。竊見向來本軍係借到鄂州都統司壕寨駱炳相度計料，以爲可以興築，本軍方敢具申。今蒙總領使所差到壕寨官陳師賢前來計料，却以爲不可興築。本軍不敢自專，兼向後興役必資大軍，而寨官異同如此，異日興工，亦有妨礙。本軍自春間計料陳請之後，忽值大旱，種不入土，野無青草，米價踴貴，細民嗷嗷。目今如此，向後事體尤有可慮。蓋本軍人户不事耕農，專恃魚利，今湖池亦已乾涸，則魚利亦無可望。人户既無蓋藏，而客旅興販不敢越界，數月之後，必有流離轉死之患。一郡官吏，朝夕奔走，且以救荒爲急。所有築城之役，既是議論不同，而興役之後，便用米糧，今尚無米可救飢民，安得有餘以興大役？欲乞備申朝廷，且候秋成日別行相度，庶得一意講求荒政，以無負朝廷愛恤百姓之意。

申轉運司乞候歲豐別議築城事

照對本軍準使司帖，備準樞密院劄子行下本軍興築城壁事。本軍向來建此議，正當粒米狼戾，人物熙熙，因念此郡全無藩籬之限，可以乘此樂歲創築城壁，以衛居民。已而不雨，種不入土，細民嗷嗷。復念朝廷當此數千里之旱，何暇慮此偏郡興此大役？若有錢有米尚可自勉，既無錢米何以使人？遂以錢物申審。今來省劄行下，只言差撥大軍興築，亦不明言於何處支撥錢米。目今百姓日食草根，州郡尚無米可以賑之，安得有米可以築城？若於旋行收糴，向來米價每碩二千，目今已是七八千方糴一碩，且以五萬碩米言之，則倍費二三十萬緡，況又一兩月來，並無粒米可以收糴。本軍廂禁軍額不及五百人，總領使所、轉運使衙占破一半，只有二百三四十人，分散諸廳。若是築城，此輩只得差使幹事。民兵百姓，亦須是有錢有米，方可雇募。以本軍愚慮，謂今日事勢，環視四境，無非飢莩，如人大病，氣息奄奄，只宜安静撫養，度此菑厄。若復率意摇撼，人情不安，使之重困，恐非父母斯民之意。兼湖外旱寒，日晷向短，若以役人，力倍功半。米價既增，事功復減，皆爲未便。更乞台慈詳酌，備申朝廷。如必欲興役，合乞朝廷撥到錢米，如以救荒爲急，即乞且俟歲豐别議興築，未敢專擅。

申朝省乞候救荒結局别行措置築城事

照對本軍昨以創築城壁事申朝廷，特以身爲守臣，地居江北，環顧諸郡，皆有城壁。漢陽衝要，自合創築，遂據壕寨計料，合費九十餘萬貫湖北會子，申取指揮，未蒙朝廷施行。尋準省劄，以總領所申捐十萬貫會子助役，令本軍先計料收買磚石竹木。本軍照得十萬貫會子只辦竹木尚且不給，其他支費尚有數倍。若辦竹木之後，其勢又須别行控陳。向來申請之時，粒米狼戾，細民樂業，可以興事。三月以後，亢陽爲虐，種不入土。漢陽爲郡，民無蓋藏，全藉德安、復州米穀供贍。今制司以極邊爲念，不令出界。近者尚恐有已泄在本軍界内者，至遣邏卒數十人前來搜捕，客旅驚駭，人心皇皇，豈復更有粒米前來？本軍訪聞鄉民有掘梟茨、采菱芡以充飢者。夏秋之交，事勢如此，霜露既降，細民寒凍，無所求趁，官司又無力可以接濟，則枕藉而死，理所必至。職在牧養，能無寒心？官吏日夜聚首，談論奔走，無非爲民，無非爲米。榦職在守土，亦只得衝冒酷暑，往來鄉落，若於此時傲然不顧，且以措置城壁爲事，則救荒之政必至鹵莽。若一面救荒，城築之役委之司存，則支費不實，工役不堅，亦徒文具。加以方數千里之旱，朝廷支遣計亦調度百出，安得餘力應副築城？異日有請不下，則所買竹木悉爲無用，風日蒸薄，必至朽腐。夫爲臣子者，上則爲國，下則爲民，若知其可爲而不言，與知其未可爲而不止，不務誠實，徒避嫌疑，則負國負民，罪當萬死。所有築城工料，欲乞候救荒結局日別行申請措置，所有榦自請自罷之罪，乞朝廷重賜貶黜施行。

申轉運司乞止約客莊搬載租課米事

照對漢陽軍，每歲苗米不過二千石，若以什一之法論之，所産米止有二萬石。兩縣百姓共有二萬家，每家五口，共有十萬口，以所産之米贍所居之民，每口一歲只得二斗米食用。本軍全藉德安府、復州米通融接濟。今上流米既不通，則全藉田土所産耳。若富家大室在此居者，則當以所餘之米贍此邦之民，若在外界居，輒累數百斛搬出外界，則是坐視百姓之餓死也。朝廷通融之意，蓋以爲有餘州郡而補不足，非謂括不足州郡而使之赤立也。昨據趙知監家載到米，本欲勒令盡數糶與鄉民，尋據其幹人哀鳴，遂免其税錢，量糴一半，已與之載過一半。尚深慮後來者之援例也，今更輒敢經使司陳詞，顯是無厭。謹具因依，申轉運使司，欲乞台判今後遇有陳詞欲取租課穀者，乞勒令移徙就田産居止，庶幾細民感戴更生之賜。

申轉運司爲追逮漢川縣吏及市民事

準使帖，委本軍追漢川縣吏杜誠及市民馮作舟，本軍固當奉行。然竊詳田瑞應狀詞，並不載月日，既是已經兩月，何故全無詞訴？方六月間，兩司互争未決，官吏莫知適從，固難以責其不禀命。旱既太甚，細民乏食，亦難以責其不糴米。數十里之間，物價高低已自不同，漢川取産米郡縣最近，亦難以責其不減價。健訟之人，凡欲興訴，多是裝飾虚詞，亦難以便行盡信。漢川一縣，久闕正官，敗壞特甚，一縣之大，止有知縣一人，更無同官可以相助。王知縣到任未及半考，百廢具舉，究心荒政，日夜焦勞，且理斷公事，並無一字飜訴到軍。後生從官能如此辦心辦力，本軍只得一意扶持，蓋不特爲王知縣計，乃爲一縣百姓計也。某官既知其賢而薦之矣。妄一庸人陳一紙無根之詞，便欲追其人吏，追其市民，使之意氣消沮，安能展布？漢陽、漢川縣百姓亦某官之百姓，當此飢饉，莫先安静，若行追擾，必至狼狽。本軍既承上司指揮，亦只得行下追逮，但有此曲折，不敢自默。

申轉運司爲客船匿税及米價不同事

照對本軍客旅舟船自漢江來者，必經由郭師口關發赴軍投税。郭師口去軍城二十里，例是一日或兩日即到務。如四五日不到，即係沿路搬寄，私下交易，隱瞞税錢，例是照瞞税例斷治，抽分監賞，每月務官將關發曆根刷。六月内，務官根刷有羅太、唐太船經隔二十餘日不曾到務，遂遣人根追，乃變易姓名，藏伏港汊，將河巡等人斷治，方始捉到，遂將兩名送獄。屬以旱乾，姑從釋放，仍監兩名所載糯米出糶，照本軍酌中價例還錢，可謂寬恕之甚。今乃輒經使臺陳詞，顯是頑猾。湖北糯米與飯米同價，去年糶兩貫一石，今春糶兩貫貳伯文一石。已而大旱，遂增叁伯，又增貳伯，遂增至叁貫乙石。客旅以一貫四百文搬販糯米，經涉二三百里，而獲倍稱之息，亦何所不可？若必悉饜其欲，則雖百千未止也。本軍酒務，舊是務官自糴米，自造酒，去冬以來，本軍爲之收糴糯米，務中納錢出米造酒。本軍以三貫文糴米，只糴與務中兩貫七百文，並有文曆可照。蓋寧少取息錢，不使酒味淡薄，此豈龍斷者之所爲？今羅太又以兩臺米價比較高下，物之不齊或相什伯，豈能比而同之？兩臺米價所以貴者，其説有三。交量則有斛面，或三升或五升，一也；交米給錢，則稽留日久，二也；倉中交米，庫中支錢，則有乞覓除尅，三也。客人得價雖多，而費用頗廣，亦無怪其價之貴也。本軍只似小小人家，交米則客人自量，既無斛面之費；左手交米，右手交錢，又無稽留之患；支給錢物，並是客人當廳請領，又無除尅之擾。此米價所以頗減於兩臺也，豈是有龍斷之心哉？且以客具三色米價言之，以總所、漕臺棟宇相接，而米價已自不同，總所價錢已減使司一貫，豈是有龍斷之意？况又一江之隔，則事體自應不同。况本軍收糴糯米，客人一樣價例，何獨於羅太而有不平？蓋緣羅太既不平本軍嘗將羅太收禁，而又適遇羅太糴米之時，總所忽遣人吏前來本軍置局收糴糯米，增多價錢，客人遂欲援是以爲比。有一郡則有一郡之體例，亦豈得而同之？如黄州飯米糴二十貫官會，鄂州只糴五貫五伯文，物之不齊乃如此，以此見得本軍不是龍斷，亦與知録全無干涉。竊恐使司不知上項因依，須至申聞。

申京湖制置司辨漢陽軍糴米事

照會今月初七日準使司劄子，據潘制屬申，續抄劄到客船米麥穀豆等共三千四百五十七石，並已具申本軍，差人坐押前去軍城岸下梢泊，内又糴過修城米一千三百九十二石，實有見在二千六十五石，申乞照會。奉某官台判，質諸事理，糴濟爲先，三千四百五十七石並令鄂州差人取押糴賣，如漢陽於數内已有收糴之數，亦仰發與鄂州收糴濟糴，不必各占，劄付本軍遵從施行。并於當日又準使司劄子，訪聞漢陽已糴米四萬石，如有到漢口客船米，即盡數發過鄂州收糴濟糴，仍嚴戒所差官吏，不許受情脱放。先具遵禀狀申，須至申聞。

右照對制置使司備潘制屬申，本軍糴到修城米兩項三千九十餘石，令本軍於後項所糴一千三百九十二石，并客米二千六十五石，發過鄂州，又以本軍已糴米四萬石，今後盡將客船米發過鄂州中糴者。照得本軍元申乞修城米，不蒙朝廷施行，已嘗申乞住罷，即不曾收糴修城糧米，不知潘制屬所申憑何文書？有何倉敖專一收貯修城使用？本軍城内外户口不下三千家，又有船居四百隻，每日盡是糴食之人，豈有客船到岸，本軍收糴椿備修城？百姓於何處收糴食用？兩項客船，本軍只是逐旋收糴，賑糶人户，即不曾有椿積修城之米，其餘並是船户人户逐日收糴食用。目今何緣更有存在？所準發米過鄂州旨揮，委是無米可發。又照得本軍於二三月間欲旱之際，嘗出郡帑糴到米六千石，已而不雨，種不入土，細民嗷嗷，本軍又逐急節次收糴，得米一萬四千石。然所糴之米盡是長江上流諸處客米，其糴於漢口者無幾也。以六千石準備十箇月軍糧，以一萬四千石準備賑糶人户。本軍城下并漢口共三千家，除能自食者約千家，尚有二千家皆是貧乏糴食之人。米鋪户乘此貴糴，日增米價，以困貧民。本軍遂將前項收糴之米，給曆與貧乏之家，使就設廳收糴食用。今且以每家五口約之，家食五升，是二千家每日合食壹伯碩。本軍只得量行賑糶，約度此米只可糶至來年二月，已無以繼其後。本軍兩縣鄉村共二萬户，且以一家五口計之，共十萬口，目今並無一粒之米可以準備糶濟。數日以來，已聞有掘草根而食、挈妻子以博米麥者矣。每一念之，但有對僚屬涕泣而已。朝廷如天，監司如神，列郡小吏哀鳴無地，尚有前政兩知軍申朝廷椿積米二萬石，非本軍所敢專輒，正欲申朝廷乞發此米，以給鄉下之細民。便使真得此米，二縣二萬家，亦不過家得一石，其能使之不餓死乎？今欲本軍自此不糴客米，則是坐視百姓之餓死也。本軍官吏軍民，日夜仰望諸司哀憐小郡，痛賜賑恤，今乃反欲移本軍之粟，而禁本軍之糴，不知置一郡軍民於何地耶？制置大卿威如雷霆，明如蓍龜，不知何人乃敢欺誑如此？加以本軍斗大之郡，交割到公使庫、軍資庫錢物共有十萬貫鐵鑼，準湖會六萬貫。目今米價四貫以上官會可糴一石，則四萬石之米何處得錢可以收糴？此理甚明，而可以肆欺於制置大卿之前耶？今鄂州人口繁夥，爲漢陽三十餘倍，便使盡竭漢陽之米，盡餓死漢陽之民以資鄂州，亦不過得鄂州十日之食。漢陽百姓固餓死，而鄂州之民亦不免於餓死矣。榦愚不肖，奉朝廷之命專守此土，當此飢旱，亦止得竭力日夜救此垂死之百姓。今以鄂州無米，而必欲困漢陽，則是左臂既病，而又欲移之右臂。今有米無米，皆不敢辨。雖家置一喙，亦無以自解。欲乞使司就委潘承信并帖鄂州差官一員前來本軍盤量，除六千石支軍糧，一萬四千石賑糶在城百姓，及朝廷椿積前政所糴米二萬石欲給兩縣外，有一斗一升以上，並請鄂州徑自差人般去支用，本軍不惟不敢占吝，亦且不敢請領價錢。不知又欲後來米船到岸，本軍不得收糴。兩縣百姓便得朝廷肯發椿積之米，家得一石，果能救其餓死乎？自今以後，流離飢莩，非郡守之責而何？榦一介孤寒，違上司之命固當罷，坐視百姓之餓死亦當罷，等罷耳，寧爲百姓而罷也。榦自知衰老無用，未嘗有仕進之念，朝廷拔擢，畀以郡符，於六月間已嘗遣人哀懇朝廷乞歸田里，不蒙俞允。近以興國趙知軍除本路提舉，榦與之爲妻黨至親，亦已陳乞回避。所有劄本軍以所糴之米發過鄂州，及不許收糴，乞候榦罷命之至，然後施行，庶幾使榦不見百姓之餓死，不負朝廷差委牧養小民之責，則榦亦得以老死山林而無憾矣。更冀台慈痛賜矜察施行。

申制司再乞給米

照對本軍昨以旱歉，就使司乞米二千石。伏準劄下，羣言交至，皆以爲漢陽糴米最多，本司從而又稽考之，皆是真實。其間又有説不欲施行，恐成紛紛多事，能使斯民被其澤足矣。本軍照得今歲旱歉異於常年，本軍被旱甚於他郡，小官既不敢申聞朝廷，日望本路諸司行下賑恤。忽覩使司撥米四萬石應副鄂州并總領所，遂敢援例陳乞，今乃蒙行下，以本軍糴米最多，又云其間有説不欲施行。本軍只糴得米二萬石，目今賑糶已支過七千石，只是及得在城人户，其他鄉村並未有以及之。本軍在庫錢，共不過十萬貫鐵錢，準六萬貫湖北會子，盡竭以糴米，只糴得上項之數。一郡之大，有米二萬石，豈爲最多？至於其間又有説者，則非小郡之所能曉，是非曲直亦欲分明，今以爲不欲施行，則小郡不敢受此曖昧之謗。百姓飢餓，亟發米以賑之，既有以見大使之仁；小官有過，聲其罪而逐之，又有以見大使之義。既發二千石之粟以賑飢民，又劾去庸繆之吏不使害民，不勝千里百姓之幸。

申制置司爲賑糶米價太高事

本軍準使司劄子，分撥諸州賑糶米，係撥江陵府樁管朝廷米斛，合拘收價錢，將來糴米補還。今請契勘本軍在市米價，限五日具狀指定，保明供申，須至申聞。

右昨準使劄，令差人般米，五千石賑糶，二千石賑濟。本軍已差人前去，仍具申乞只撥糴米一千石、濟米二千石，并乞定下糴米價錢，仍就和雇船隻因依。今準使劄行下，稱朝廷旨揮，應糴官米每升只可減五七文至十文止。❶本軍照得朝廷旨揮，蓋爲市價不甚貴，官價却太賤，故本此體例。今本軍每歲米價，每升只是十七八文湖會，今客人高擡米價，增至四五倍。若止減五七文，則百姓無錢可糴，必至餓死。本軍自去歲六月糴客米，只是四十文一升，只作四十文湖會出糴，有孫知軍樁積米，經隔三年，已是陳腐，故又減作三十五文湖會。然比之市價雖減一半，比之每年價例已增一倍。如此，尚有飢窮無錢可糴之人。今若又欲於此價之上再行增錢，則百姓無錢可糴，餓死無疑。小民之窮，至此已極，豐年樂歲尚有飢餓無告之民，父子竭作，然後可以易一飽，凶荒之年，雖有伎藝，亦無所售。今若使之貴價糴米，則其錢何所從出？只有餓死而已。百姓既無錢可糴，所載到使司之米無處出糴，州郡安得有錢可以陪還？今差人搬米，雇船雇脚已是州郡陪錢，況又積下米斛無處出糴，州郡常賦有限，飢荒之年酒税虧折，若州郡又添此一項督迫，必至狼狽。本軍去歲糴到米并樁積米亦可賑糴至今年四五月，接得二麥成熟。若使司米價錢減，則亦可寬糴百姓，若又價高，則不惟無益，而反有害。所有賑糴米五千石，本軍不敢承受。如使司以仁恤爲念，乞發下濟米，賙給百姓，庶幾感戴生成之賜。

❶「應」，據四庫本補。

漢陽丐祠申省

軨資稟凡庸，學術迂僻，分甘農圃，望絶搢紳。中年偶叨一命，家貧累重，仰禄苟全。其於居官，本無可紀，誤蒙朝廷拔擢，改秩甫朞，寵以朝蹟，俾貳邊郡，爲任匪輕。方思勉竭，恥事誕謾，忌嫉既深，機穽隨至。曲勞造化，易佐大藩，甫及半年，忽膺郡紱。試邑一年而得倅，爲□一年而試郡，❶破去舊例，荐被隆恩，粉骨碎肌，未知稱塞。竊緣軨筮仕以來，不避艱險，用心過勞，遂得奇疾。兩叨劇邑，黽勉四朞，舊疾增加，形神癯瘁，年事浸晚，齒髮衰頹。加以禍患侵淩，去歲冬夏連嬰兒女之戚，衰年傷感，幾不聊生，兩目昏花不能久眂。是皆用過其分，難以支持，儻不及今投誠君父，必致顛擠。自惟官卑人微，不當冒有陳請，實緣到任已踰半年，絶無毫絲補報，苟玩愒歲月，爲罪愈深。欲乞鈞慈特賜敷奏，陶鑄祠禄差遣，庶得養疾故山，以終餘年，實戴大造生成之賜，候指揮。六月十七日，三省同奉聖旨，不允。

申朝省爲已乞祠禄申審築城事

伏準省劄，備湖廣總領所申興築漢陽軍城壁事。本軍以總領所貼助錢十萬貫，及本軍交割錢四萬貫，先次計辦合用物料。照得本軍昨來參酌衆論，以爲要害之地，不可無城，亦嘗申聞朝廷。續聞朝廷方興築沿邊城壁，費用浩瀚，漢陽係是近裏州郡，

❶「□」，四庫本作「倅」。

未暇及此，亦理勢當然，已不復作此念。尋以榦行年六十有四，素有奇疾，往來不常，齒髮已衰，加以氣喘，去年以來自夏涉冬，連嬰兒女之戚，感傷憂悴，殊不聊生。入夏以來，病疾增加，難以支持，兼到任已及半年，殊無分毫補報。遂於數日前，專人具公劄控告朝廷，乞賜敷奏，陶鑄宫觀差遣，庶得歸老故山，以終餘年。諒惟鈞慈必賜矜允。今來所準，係是朝廷旨揮及漢陽軍合行事件，在榦未被命去官之前，一日必葺之義，自不容有所推辭。除已遵稟外，尚有合行陳乞事件，小郡不敢專擅，當節次申總領所及轉運司，乞行備申。但榦之私懇見於專人所賫公劄，布露迫切，尚冀鈞慈曲賜憐念，早差忠實不欺、精敏曉事之人前來抵替，庶幾不至悞事。

申總領所爲已乞祠禄申審築城事

準使帖，備準省劄行下，撥支官會付本軍計辦物料措置築城事。本軍昨參酌衆議，以爲要害州郡，不可無城，遂具利害申朝廷及諸司。自半月前所遣人回，蒙參政樞密賜翰，以爲朝廷方興築沿邊城壁，漢陽係近裏州郡，未暇及此。榦以行年六十有四，素有奇疾，往來不常，齒髮已衰，加以氣喘，去年以來自夏涉冬，連嬰兒女之戚，感傷憂悴，殊不聊生。入夏以來，疾病增加，自度難以支持，兼到任已及半年，殊無分毫報補。遂專人控告朝廷，乞歸田里，庶得養疾故山，以終餘年。竊計朝廷必蒙矜允，今來所準，係是朝廷指揮及漢陽軍合行事件。在榦未被命去官之前，一日必葺之義，自不容有所推辭。除已委官前來請領外，但榦竊見築城大役，必須計料合用錢物大數，申乞朝廷給降。俟有定論，則一面收買物料，一面用工興築，庶幾有如古人所謂「三旬而成，不愆于素」者。若但苟簡，務求省節，纔經雨水，即見摧壞，何以禦敵？若且先應命，旋行陳乞，數目不足，異日無以支遣，必致狼狽。欲乞使司及轉運司委請官屬前來，再行計料合用錢物，申明朝廷，乞早賜施行，以憑遵守。兼榦已係陳乞祠禄之人，併乞備申朝廷，選差精强有心力人前來抵替，庶幾不至誤事。

丐祠第二狀

榦一介凡庸，無足比數，誤蒙拔擢，畀以郡符，深願勉竭駑鈍，以圖報塞。實緣齒髮衰暮，禍患侵凌，疾病增加，精力凋秏。近嘗控瀝卑懇，以祈閑退，誠意未孚，未蒙俞允。聞命以來，懼深感極，不敢遽有塵瀆，本欲少遲書考，再行陳乞。近讀邸報，興國趙知軍改除湖北提舉。竊緣榦係娶朱侍講之女，趙提舉娶朱侍講之孫女，榦之長子又娶趙提舉之妻妹，於趙提舉爲僚壻，其於姻黨可謂最親，早同師門，情誼尤厚。監司所以按察州郡職事之際，委有妨嫌，在榦若不申明，切恐有犯物議。兼榦到任已歷三季，仰藉恩芘，幸無敗闕。目今雖是旱歉，榦已於方旱之初，亟出郡帑收糴到米二萬碩，以備賑糶。前兩政亦有樁積米二萬碩。漢陽户口不多，後任郡守但出此米賑糶，稍加之意，亦不至有飢餓流離之患。榦委非别有規避，欲乞特賜敷奏，陶鑄祠禄差遣，庶幾少安愚分，以終餘年，實荷大造生成之賜，候旨揮。九月二十一日三省同奉聖旨，不允。

申諸司乞備申病篤解罷

照對榦忽於十月初三日感冒風寒，不省人事，兩臂不舉，難以復行在任管榦職事。除已將職事交割與以次官僉判劉宣教，欲乞備申朝省，特賜解罷。十一月十四日奉聖旨，黃榦依所乞與宮觀。

乞離任申省

照對榦昨因感冒，病勢危篤，竊念一郡民社之寄，事體非輕。加以旱歉舉行荒政，尤非衰病之人所能任責，遂亟申諸司，乞備申朝省，改畀祠禄，亦已將職事牒以次官時暫權攝。緣本軍僉判不肯交割職事，只得扶病勉强供職。近於前月二十八日伏覩邸報，廼知朝廷矜念，特從所乞。榦即便將救荒等事分委同官，及救荒錢米悉已區處，可至來歲五月，不敢有誤百姓，亦不敢侵用交割錢米，倉庫見管，比元交割數目有增無欠。緣守土之臣不敢徑自拋離，經今二十餘日，尚未被受省劄，久廢郡事，實不遑安。欲乞鈞慈檢照已降指揮，劄下以次官交割，容榦一面起離歸鄉，尋訪醫藥，實感大造生成之賜。

乞起離第二狀

照對榦昨因感冒，病勢危篤，深恐有妨郡事，遂申制司，乞備申朝省。於今月二十一日準省劄，奉聖旨依所乞與宮觀，即於當日將軍事牌印交割與以次官僉判劉宣教。尋據劉宣教回報，稱本職即不曾被受交割郡事指揮，又榦所授省劄亦無交割與以次官明文，再三不肯接受。欲乞鈞慈檢照已降指揮，速賜劄下以次官僉判劉宣教，交割本軍郡事施行。

申朝省罷築城事

近準省劄，差撥大軍創築城壁，已具遵稟。但所役軍民必須支給錢米。本軍小壘，並無儲蓄，向來只交割到鐵錢數萬貫，雖有總領所築城□十萬貫，❶此役一動，只得支撥收買物料。本軍每歲苗米，但有二千碩餘。官兵請給，却管七八千碩，盡是逐旋收糴。目今米價比之春間已增至五六倍，亦無告糴之處。一年之中，得雨不過十數日，種不入土，野無青草。今又蝗虫滿野，黑虫復生，田野秋種爲之一空。鄉村小民，皆掘草根而食，嗣歲之計，誠未可保。目今飢民嗷嗷，悉發郡廩不足振貸。所有興築城壁，須藉朝廷支撥錢米，方敢興役。昨來申乞給降緡錢九十萬貫，乃是春間粒米狼戾之時可以收糴。目今若欲興役，非朝廷支撥米四五萬碩，并接續支給錢物，則委是難以措手。欲望鈞慈特賜詳酌施行。

漢陽軍管下賑荒條件

一、所委官分管鄉村下項：

西倪、鳳栖村請知縣；

長樂、北豐樂、鋸㩻三村請司理；

❶「□」，四庫本作「錢」。

漢陽玉山東、玉山西、張平、㕘山請司法；

沌口、山陽委沌口李監鎮；

南豐樂、沙港上、沙港下委通濟李監鎮；

崇仁、陳符、山口、上下梅城、相陰委請縣尉。

一、請所委官先遍行所管鄉分，相度合行事宜，見得人家户口曲折。

一、帖縣告示所管鄉分保正副，聽從所委官差使。

一、請逐鄉畫出地圖，山川、道路各注人户於路之傍。人能自食者用紅圈，不能自食合糴官米者用黑圈，又於能自食之中有粟可糶以備賑糶者用黃圈，又於不能自食之中亦無錢糴米者用白圈，各開具數目。

一、逐鄉之中，各以比近置立保五。五家爲一小甲，置小甲首一名；五小甲爲一大甲，置大甲首一名；四大甲爲一都，置一都正。合一鄉都分，共幾都通置一鄉官，總一鄉賑糶之紀綱。都正掌百家糶米之事。

一、逐鄉細算，合糴官米者幾家，每家日三升，且以八箇月爲率，每月合費若干米；本鄉之內積蓄之家可以收糶出糶者若干碩，其餘欠米若干碩，合作如何措置收糴。

一、遇糶到米，即寄藏於都正之家。自九月初一日爲頭，給曆付人户，每旬糴米三㪷。

一、合賑濟者具數申軍，本軍自行措置。

又賑濟條目

一、漢陽縣二十村分爲四隅，五村爲一隅，每隅請見任官一人主之，使各徧走村落，管幹救荒之事。見任官不足，委請寄居。

一、每村各畫一圖，要見山水、道路，人户居止，各置一籍，抄劄人户姓名，及其家藝業。

一、每村選税户一人爲鄉官，鄉官所掌一鄉之事。五家爲一小甲，五小甲爲一大甲，四大甲爲一都，選一人爲都正，都正掌百家之事。鄉官、都正皆擇税户有物力者爲之。

一、以各村人户分爲四等，以能自食而又有餘粟可備勸糴爲甲户，以無可勸糴而能自食者爲乙户，以不能自食而藉官中賑糴者爲丙户，以官中雖有粟出糴而其人無錢可糴者爲丁户。

一、諸鄉勸到米穀具到數目，官司先約度鄉里價例，支價錢還之，而以米穀寄於其家，責其罪狀，不得移動，然後紐算勸到米穀，及本鄉合糴人户多寡，有餘則移之他鄉，不足則官移粟補之。

一、勸糴之米，官司先以錢償之，即寄於糴米之家，使本村人就糴。如地里闊遠，官司雇人般檐，❶散寄鄉官或都正之家，使人户得以就糴。

一、甲乙等人户官司可以不問，丙户給曆，自十一月初一日爲始，至明年三月終，每户合糴三碩，每月糴六㪷。其糴以每

❶「檐」，四庫本作「擔」。

旬二㪷爲率，或一次或三五次就糴，合從其便。

一、丁户乃是鰥寡疾病不能自濟之家，即自九月初一日爲始，官司先支常平米寄之都正之家，量其户之多寡，每月給米三㪷，給曆就請，每旬以一㪷爲率。

一、分布既定，所差之官每月巡視。而糴官米之家有不用官司升㪷，或雜以糠碎及糴不如數者，許人户陳訴，當酌量懲治。其能用心助官司賑糴者，當薄賞之。

一、所糴之米，每月看拘收錢，逐旋拘收，皆官司遣人般取，不以勞寄糴之家。

申省糴樁積米

照對本軍前任知軍孫承議、王朝奉兩任之内，各糴下樁積米壹萬碩，已備申朝省訖。榦自去年十一月交割以後，竊見粒米狼戾，頗亦傷農。而備邊急務，以食爲重，古人三年必有一年之蓄，九年必有三年之蓄，則守土之官，任任相承，皆當以儲蓄爲念。榦遂逐急支撥錢二萬五千貫會子，委本軍知録鄭從政、司法梅從政、漢陽知縣陳儒林多方收糴，務要春前收糴數足。❶照得上項糴米，初非自爲經畫，乃是循襲前兩政已成規摹，其錢亦非别有措置，乃是冬月郡計稍辦。今來所糴通前政共計三萬碩，本是州郡合行之事，但恐歲月浸久，貪官污吏妄有移用，欲乞鈞慈照孫承議、王朝奉例，劄下本軍遵守施行。

❶「春」、「足」，四庫本作「合」、「目」。

申省椿米八千碩

照對本軍管内多是湖池，即非産米之地，每遇水旱，公私窘匱，甚於他郡。自前政孫知軍礿始創小坻倉，積米一萬碩，其次王知軍從又創廣備倉，積米一萬碩。榦到任之初，見得兩政措置，委是長策，亦竊欲倣效糴米椿積，遂就廣備倉接連起蓋兩敖。方欲收糴間，適值大旱，米價踊貴，僅椿積到米八千碩，並係本軍司法李昕交量收管。今來欲將上項米湊前兩政共計二萬八千碩充椿積之數，如是，本軍欲將上項米支撥賑糶，亦合將賑糶到錢令項椿管，準備向後豐熟日糴米補足，不得妄有移用，以爲永久之利。今來榦已被奉祠之命，只俟申審交割指揮下日，即便離任。所有倉庫元交割錢物有增無欠。今所糴八千碩，乃是趲積出剩之數，即非有礙郡計，欲乞劄下本軍，照應施行。

小貼子

榦照得本軍去歲大旱，賑糶百姓，每米一㪷糶湖北會子四百文。昨來申乞將前兩政米二萬碩出糶，已蒙朝廷劄下從所申。榦見得孫知軍所糴米已經三年，恐日久腐壞，遂先將孫知軍所糴米出糶，其米委是陳腐，遂減作三百五十文湖會，以便百姓。然比之初糴之價，每㪷亦已增及八十文。若向後官吏出糶見管之米，或未甚陳腐，又須更增四五十文出糶，庶幾公私兩便。欲乞詳榦所申，併賜劄下施行。

榦照得本軍去歲旱歉，自六月内即出

糴官米，並是本軍自行收糴，在城内外并諸鄉共計四萬餘碩，已有指準。所糴孫知軍米至截日，終只糴得六千碩，約度向後更將椿積米一萬碩出糴，便可接至早禾成熟。於二萬八千碩椿積米之内，以一萬六千碩出糴價錢，亦尚有一萬二千碩米本色見存。以此知積貯之策誠爲利便，併乞鈞照。

申省豁常平米

照對本軍去歲旱歉，委是顆粒不收。尋常豐熟年分，亦是全仰安、復州米，緣制置司禁米不得出界，轉運司復遣人就本軍界内搜捉米船過鄂州。本軍愈見狼狽，急發郡帑及借過總領所會子，日夜收糴到米約四萬碩，漢川縣亦糴萬碩。自六月以後，便行出糴，再將孫知軍任内米湊合出糴。在城人户，可糴至五月，諸鄉人户，可糴至四月，所糴之錢，復歸之官。其間大段貧乏及他處流移之人，並用公庫攢積到錢救濟，約支及二萬貫文。又賴同官相與協力，一郡之民幸不至流離飢莩，亦不敢虧折本軍交割錢物。但有常平米約管四千七百五十八碩五斗三升八合九抄一撮，本以備凶荒賑濟之用，本軍亦屢承上司文移，令發常平米賑濟。今開具前後用過常平米數目因依下項：

一、本軍年例，自十月起支給乞丐米至今年正月終，支過一百四十五碩七斗五合，乃是每年奉行朝廷仁恤之政，即非創例支破。

一、本軍自去年六月措置賑糴，分人户爲甲乙丙丁四等，甲户有税産，乙户有營運，皆不仰賴官司；丙户則給曆與糴官米，官米之價減今市價一半；丁户則皆是鰥寡殘疾不能自食之人，則支常平米以濟之，家日一升。諸鄉及在城自九月爲頭，至三月終，共支過米一千一百五十六碩九蚪五升。

一、本軍管内多湖澤荻林，湖澤有魚蝦，荻林有藤根，皆可充飢。尋常旱歉之歲，安、復、光、黄之民皆輻湊於此，旋結茅菴，採取以食，動數千人。然尋常旱歲，多是九十月間方來，故可以採取，至春草既生，春農既興而復歸。去歲乃是二月以後種不入土，四州之人自六月以後便來採取，至九十月間魚蝦、藤根亦已竭矣。既無以爲食，初則鬻子，次則賣妻，又次則餓死。延喘者則携持以來，坐於譙門之外，日不下百餘人，皆人形鬼狀，去死無幾，見之使人蹙額酸鼻，不覺涕淚之横流也。只得擇其尤甚者，逐旋收養，給以錢米。自去冬至今，所收養共二千七百餘人，至正月以後乃爲之區處，願歸者給以裹費，使之復業，其不願者爲之結廬，使之營生。於是去者半，留者半。自此以往，更不支給錢米。然細計之，❶亦共費米一千一十四碩九蚪六升五合。

以上三項，通費常平二千三百一十七碩六蚪二升，皆是當廳相貌委是飢餓不能自存者，即無虚僞冒請之人。今榦已被奉祠之命，旦夕離任，所有正月以前支過常平米數，須至申聞者。

❶「細」，清鈔本作「紐」。

申省賑糶月日及米價

照得牧守之任，撫字爲先，飢荒之歲，賑糶爲急。若坐視不恤，則生民必至流離餓死；欲給米以濟之，則官司亦無緣可辦。惟預有儲蓄，或逐急收糴，然後低價出糶，比元價則稍損，使境内之民悠然不知旱荒之苦，方爲得策。本軍去歲旱歉，全賴前政孫知軍、王知軍各有米一萬石。斡復於方旱之初，就客船糴到米約二萬五千碩，漢陽縣諸村糴到米一萬五千碩，漢川知縣亦糴到米一萬餘碩。自六月以後，即行出糶。目今市價，每米一蚪糶湖北會八百文，本軍官米，只糶四百文，其樁積久者又減其五十。由是城之内外，及兩縣諸村百姓，幸皆安業。在城内外米合糶至五月終，諸村人户米各已樁積在鄉下，已約糶至三月終，尚恐鄉下二麥未熟，人户艱食，再展一月至四月終。本軍所樁積米，除已發在諸鄉外，自正月終，尚有二萬二千碩見在。城之内外，每月合糶米一千四百碩，自二月至五月終，合管米五千六百碩。除漢川縣係知縣自行措置外，漢陽縣諸村已有米樁在鄉下，可糶至三月終，再展一月，合管米四千碩。於二萬二千碩之中撥兩項米約一萬碩，則鄉下之民可接至二麥成熟，城内外之民可接至早禾成熟，不至有流離餓死之患矣。今斡自知不才多病，丐祠得請，旦夕離任，後政知軍必能加意存恤，今合行開具備申。

勉齋先生黃文肅公文集卷第三十二

公　狀

安慶築城申省❶

不可無城，則安慶之城，誠不可不築。　榦除已一面將官錢收買木石興工外，欲望鈞慈特賜敷奏朝廷，據榦所陳行下本州照應施行，不勝千里生靈之幸。

小　貼　子

榦竊見殘虜狂悖，妄開邊釁。目今雨水固未可慮，秋冬之間未保寧靜。欲望鈞慈早賜垂念，容榦與此邦之人協力創築。數月之間，或可辦集，併乞鈞照。

榦又有過慮，不敢不申稟者。嘗見安豐、武定軍官言：開禧丙寅，淮人避寇，千百爲羣，沿途刼掠，直至桐城縣，意欲自舒城渡江，幸而制司招人充忠義軍，此曹方退而就招。不然，則事之可慮，豈特一安慶哉？　安慶五縣，多有港汊可通大江。桐城、宿松、太湖三縣，皆是邊山，山多巨木，人多積粟，使虜人據舒城，食所積之粟以爲

❶ 此後有「原書此處缺葉」六字欄外注。

糧，伐所産之木以爲筏，由所適之港以渡江，其爲利害豈細故哉？使其有城，則不敢頓兵堅城之下矣。此項事干利害，欲乞密之。

申朝省以安慶築城乞減漕司行下和糴數

照會本府昨準朝省旨揮，許令創築城壁。自今年五月以來，日役六七千人，皆是權兑借别色樁管米支遣，目今見措置收糴米二萬石餘補還。又準江淮制置使司行下糴米一萬五千石，又本府年例糴一萬石，賑糶在市百姓。今來又準轉運司備奉聖旨行下本府糴七萬石，實緣本府今載管屬多有缺雨，不曾布插去處，田多旱損，委實百姓無所從出。本府除已抱認本路轉運司和糴米五萬石措置收糴外，欲望朝廷以本府創築城壁，興此大役，特加矜恤，行下本路轉運司，免糴其餘二萬石，不勝一郡官吏生靈之幸。

申轉運司乞減和糴數

今月十二日，準轉運使衙減免本府和糴米一萬石，只糴六萬石。仰仞使臺存恤小郡之意，千里士民皆知感戴。本府昨認五萬石，皆是分下諸縣，勸諭人户□糴。諸縣互有詞説，桐城以旱□，□□以潦告，太湖以陸地多，水田少爲説。採□□□皆非飾詞。守令，字民之官，上畏部使者□□亦不敢虐諸縣之百姓，只有蹙頞相視□□□嘗取會鄰郡蘄州所認五萬石，亦但以□□□千石抛下諸縣，其餘二萬五千石係差□□□客米。蘄州有蘄口鎮，正邊大江，可以招□□□。本府去大江水路三百里，客舟所不至。□□□可以招邀，以是五萬石之米尚未有確□□□指準，若抑逼諸縣道，亦不過困苦百姓。□□□廪而輸之官，來歲青黄未接之際，必有□□□患。竊聞兩淮州郡及沿邊一帶，今歲大□□□浮光來者，云粒米狼戾，州郡苦於無錢，□□□糴。安豐軍六安一邑，如洪如汪數大家，□□□十餘萬斛。若委官收糴，不惟米數易辦，□□□省餽運之費。與其索之旱潦之鄉，莫若□□□熟之郡。更望台慈痛賜體訪，使邊江諸□□□莫大之賜，不勝幸甚。

□□□子榦復有申禀，今歲四五月起夫運糧，□□□之民運至五次，麥不及割，蠶不及繅，秧□□□插，百姓困苦，至有地客殺其主人一項□□事，見送本府，是何景色如此？本府亦以築□□起夫及民兵至三萬餘人，其勞民動衆，豈□□廢業？今三郡復有和糴之苦，想仁人聞之，□□爲動心，冒昧瀆禀。

申淮西轉運司乞免起夫運糧事

□□運使衙行下本府懷寧、桐城兩縣，起夫般□□用米，共一萬石，應副安豐軍支遣。本府照□□萬石，每夫擔米七斗，并火頭等人，共合起□□數千人。竊詳制置使司行下，起廬州米合□□廬州人夫般運。今若起本府人夫，異日本□□□椿積米，若不測起發，則本府又不免重□□□委是利害。況廬州去安豐只二百里，本□□□州三百六十里，若起廬州人夫，只行二□□，□起本府人夫，却是行五百六十里，往返

□□□只運得米七斗，所費之米不多，而爲民□□□特甚，尤爲不便。竊見安慶民户困於官□□□夫，幾無以爲生。運廬州馬草則起夫，運□□□木則又起夫，運諸縣和糴米則又起夫。□□□旦兩縣之中，起夫一萬八千運廬州之□，□所以安淮民而固邦本也。若委是軍期急迫，本府亦不敢辭。今詳安豐軍申制司，制司又行下使司，使司又行下本府，則安豐軍所申乃是初六七間文字，今已十有餘日，安豐軍晏然無他，此是但聞光州警急，爲此張皇。欲乞使司軫念本府民户困於差役，且行下廬州徑自差夫逐旋般運，不勝一郡生靈之幸。

榦伏蒙使帖行下，催夫運糧，已嘗具申。屬以乍到事冗，未及親布稟劄，乃蒙批示，不勝恐悚。兼前所申，亦有未盡利害。今起一夫，例科税户，税户不能自行，例雇鄉民，鄉民乘税户之急需，索數十千，已重爲人户之苦。官司又每夫日給米二升半，官會百文，若起合肥、安豐之人，則往返只四百里，若起安慶之人，則往返一千二百里，此其勞逸已争兩倍。官司差人，一往一返計十五日，爲米三斗七升五合，又一貫五百官會，可糴米六斗四升，共該米一石一升五合。官司費一石一升五合，僅可運七斗之米，則公私俱受其害。更望台慈照榦所申，今安豐既帖然，則起六安一縣之夫，亦似無害。儻蒙矜念，不勝一郡百姓之幸。

昨準使帖，起懷寧、桐城兩縣夫，般運廬州米一萬石至安豐軍，已兩具利害因依申使臺。訖今又準使帖，再起太湖、宿松、望江三縣人夫，運廬州米一萬五千石至安豐軍，委是重擾人户，事屬利害。欲乞照前所申，差廬州、安豐人夫自行逐旋般運，里數不多，則民力不至重困，比之差本府人夫，相去三倍，事體不同。兼本府素無城壁，見今燒磚鑿石，收買竹木，未免勞動百姓。邊事不寧，不敢乞差大軍興築，其勢又只得勸諭百姓，雇募執役，已具築城因依申使司外，併乞照所申，以本府興大役、動大衆，一切差科特與蠲免，不勝一郡生靈之幸。

昨準使帖，差本府五縣人夫運廬州米二萬五千石至安豐軍。本府實以民户貧困，道路遥遠，申乞免差。蒙使司特與減免一萬石，只運一萬五千石，闔郡百姓流涕感激，自當即便敷差起發。實緣本府素無城壁，目即興築，計料除燒甎鑿石外，尚役三百萬工。目今邊事不寧，不敢申朝廷乞差大軍，只得勸諭百姓，雇募差使。今若又使之運外州之糧，則人不得寧，城不得築，前功俱廢，後患難保。官吏士民，情意迫切，欲乞台慈特與併行蠲免。

申制置司行下安慶府催包砌城壁事

照對安慶府自去年創築城壁，至歲終土功已畢，五門並已包砌。目今見行包砌城身，别無奇□，不過用甎石并灰二匠結砌。緣目今未有正官，竊恐情弊百出，簡慢怠惰，深屬不便，合行晝一，具申者：

一、申本府權府通判董朝奉仁厚篤實，潔廉謹畏，未見其比。今來包砌城壁，支破錢物浩大，必須檢防姦弊，因此易生風波，全藉上司芘護，庶幾可以展布。

一、去歲所築土城，全藉同官協力，不避寒暑，上下一意，以故費省工速。今來包砌，亦全藉同官協力，如教授之篤實、書記之精審、節推之詳練、察推之俊敏，皆同官之賢者。今欲委請四員逐日分頭巡視監包砌，務令堅實。懷寧趙知縣之公勤，去歲興築用力最多。幹嘗以其姓名薦之於朝，今來所役民兵等人，及措置甎石并灰，多屬本縣管下。今欲專委趙知縣措置人夫并甎石及灰，務令辦集，毋致搔擾。所合支破錢物，請趙知縣詳酌申府支請。司法之勁特，嘗專委以倉庫出入，頗能檢察吏姦，不避仇怨。今欲委司法專一機察諸場包砌支破物料及支請錢米，仍委司法審勘，無異即稟權府，便與支給。

一、去歲興築城壁，雖藉同官之力，尤藉寄居士人諳識鄉風，土姓相與出力贊助。初得陳上舍、王宣教、向學賓三人監築土城，其所用力已占四分之一，又皆是最難用力之地。較之諸場，最爲堅緻，費用大省。去冬商議包砌城身，遂再委請到趙判院、陳將仕、陳宣教、三張宣教、二王宣教、胡宣教、向學賓、蔣解元、梁解元共十二員，各分認百二十丈，專一監視包砌，而以胡監嶽、陳上舍提督諸場。此十四五人者，皆忠實勤敏，素爲鄉閭所推服，朝出莫歸，往來監督，不憚勤勞，如己私事。向來每員各差廂軍二人，隨直出入，并每月支送錢米充飯食之費。州郡暇日，或置酒殽，會同官并寄居士友宴集，情意懽洽，皆忘其勞。今來本府照例施行。

一、包砌城壁，全藉甎灰。安慶府寺觀最多，田地山林太半皆屬寺觀，僧道常住優厚，亦皆肯出力爲官司辦事。遂委僧道分頭燒辦青甎，支給柴料工食錢米，並與私家價數一同。但僧道別無用心，措置皆有方法，已約定甎三百餘萬片。竊慮其間間有鼓倡，不肯用心，并苟簡蔑裂，合從本府勒罷住持。其用心最勤者，合從本府陞差上刹，庶幾各知勸戒，早得辦集。

一、向來商議包砌，自上至下，各用甎厚二寸。除女墻外，城高二丈，自下而上，甎約百片，每片殺入八分，自下而上，共殺八尺。四重之甎，又皆横直相交，謂之丁搭，言其一横一直如丁字然。多用石灰澆灌，既乾之後，合爲一片，牢不可破。今恐倡爲苟簡之説，減省甎數，并石灰稀少，利於速成，不計久遠。合請同官士友並照元包砌法，以爲無窮之利。

一、興築包砌城壁，全得池州壕寨官尹椿并李都統申之薦到壕寨官王先二人之力，而尹椿尤爲精巧，爲諸軍壕寨之所推服，經涉寒暑，勞苦之甚，本府雖增犒設，❶終未足以酬其勞。今候包砌城壁了日，欲從本府申乞劄下本軍，與陞擢差遣，本府亦合數支犒酒食，俾之激勸。

一、本府昨委外四縣燒甎，約及百餘萬，只緣水路遥遠，無力撑載。尋常諸州築城，例差軍船載甎，至有往復千餘里者。今四縣水路遠者，不過二三百里，昨申使司，乞差江、池兩軍船各二隻，分載四縣之甎。其江州既以無船爲詞，池州雖差到船，僅能載及一次，却乃遷延月日，又復百般需索載甎之費，與燒甎等。又且有桀驁之狀，難以使令。今來欲乞劄下池

❶「犒」下，四庫本有「賞」字。

州，專差兩員軍官部轄搬運四縣城甎。除本軍月有請受外，本府照例量行支犒，不許過有需索，仍不許遷延歲月。如更似前，乞從本府申舉，懲治施行。

右件申述如前，欲乞制置使司劄下本府，並從所述施行，毋致違慢。伏乞照會。

申省土功告畢

□□□□□□□□□一介庸愚，誤膺郡寄，竊□□□□□□□□□言恃陋不虞，《春秋》深戒□□□□□□□□具申朝省，尋準行下，於□□□□□□□□□百七十日，版築之役已□□□□□□□□三千四百三十步，其崇二□□□□□□□□尺，趾之闊，爲四丈二尺，面□□□□□□□□爲準，通役民兵五千人。往□□□□□□□□而罷，以人户産錢起丁夫□□□□□□□萬餘夫。人十日而罷，初借大□□□□□□□府廂禁軍，皆以慵惰不行，事□□□□□□□月則每月歇六日，每日則停□□□□□□□漸殺其半，費錢若米通計官□□□□□□□趲積支遣，不敢支破朝廷□□□□□□未興役之初，人户亦樂以錢米□□□□□□取受。今來工役已畢，兵夫已行，□□□□□□當爲之事，亦如人家素無墻壁，□□□□□□理。然興大役，動大衆，興工告成□□□□□□廷照會。

申省乞撥本府前政椿管修城餘錢包砌城壁❶

照對本府備準指揮行下，□□□□□□

---

❶「申省乞撥」、「城壁」，據本書目録補。

□□所有支破錢物，並係本府□□□□□□□□動交割樁管錢米。目今燒甎□□□□□□□脚用石三層，城身用甎四重，□□□□□□□丈，用甎五百餘萬片，用石灰□□□□□□□人未支費在外，通計合用官□□□□□□□府未敢申乞給降，應副支遣□□□□□□米亦不敢支動。竊見本府昨□□□□□□任内樁積下銀錢共四十萬□□□□□□以準備本府修築城壁使用。□□□□□□□行下，移撥糴米等外，尚存留□□□□□□□四千九百一十七貫二百六十□□□□□□萬貫。且乞朝廷明賜行下，□□□□□□□錢包砌城壁，向後更有闕少，旋□□□□□□輒須至申聞者。

申制置司乞撥修城米賑糴

照對安慶府雖稱大郡，其實依□□□□□□歲春夏間，率是艱糴，民以爲苦。□□□□□□置平糴倉積米萬碩，春夏出糴，□□□□□□錢糴米還補，人甚便之。自嘉定□□□□□□❶

申省辭制參❷

□□□□□□□□□□書考，力求閑退，忽奉□□□□□□□□□□倍切凌兢。竊惟制府□□□□□□□□□□之職，必

❶ 此後有「原書此處缺葉」六字欄外注。
❷ 「申省辭制參」，原闕，據本書目録補。

得識慮深長□□□□□□□□□□足膺是選，雖尚攝郡，□□□□□□□□□□愧溢于中。若不控陳，□□□□□□朝廷特賜敷奏，追寢成命，改□□□□□□□□郡之寄，如郡事叢冗，精力□□□□□□别當哀鳴，庶全晚節。所有省劄□□□□□□庫未敢祇受，伏候指揮。正月二□□□□□同奉聖旨，不允。

辭兼知和州申省❶

□□□□江淮制置司參議官，節制六關守禦□□□兵，江、池都統司三州出戍軍馬，兼權安□□事黄榦狀，照對二月初五日，伏準省劄，正□□十三日，三省同奉聖旨，徐僑差知安慶□□榦依舊江淮制置司參議官，兼知和州，節□本州屯戍軍馬，並

填見闕，各就送還，人疾速□去之任，候任滿前來奏事，仍具已起發，及到□月日申尚書省。伏念榦一介庸凡，伏自聖□登極，誤叨一命，迨今二十有六年。初任筦庫，當積年敗壞之餘，次□□□□□□□□□□臨川，丁旱蝗飢饉之□□□□□□□□□□豪强獰惡之俗，則以改□□□□□□□□□恩除，甫司六部之門，旋□□□□□□□□□則任賑濟之勞，再守安□□□□□□□□□險阻，備涉艱勤，不過苟□□□□□□□□□求進，方拜制參之命，復□□□□□□□□□感深愧極，惟是積勞成疾，□□□□□□□□十，豈堪復易一郡，倍費區□。所□□□□□□留安慶府軍資庫，未敢祇

❶「申省」，本書目録中二字在標題中居前。本篇以下數篇與此相同。

受。欲望□□□□□敷奏改畀才識優長、精力强盛之人，□□□□有誤國事，所有昨來控免制參旨揮□□□□兼以北虜犯闕，又蒙省劄，從制置司□□□□安慶府事牒，與通判權管，就帶制參職□□□黃州置司，措置六關守禦，不敢推避，除□□□制參起發前去外，然尤覺制幕之職非□□□容事勢稍定，再當控辭，併望朝廷憐其□□□苦，許令閑退，以畢餘生，實荷隆天厚地之□，□候旨揮。二月二十一日，三省同奉聖旨，□□

申制司乞備申省丐祠

照對榦昨任安慶府，準省劄差充江淮制置司參議官，兼權安慶府。辭免不允，除已被受訖，續準省劄，依舊江淮制置司參議官，兼知和州。榦以年老多病，使之更易一郡，倍費區處，心力凋瘁，難以支吾。已嘗具狀控免，尋準省劄，未蒙俞允。所有省劄，未敢祇受，除寄留制置司庫訖，屬以制司巡歷淮壖，令隨至維揚，邊事方殷，未敢控請。今來虜騎已退，在榦即非辭難，實以行年六十有七，生平艱苦，既老尤衰，不惟郡寄難以復行管幹，所有參議職事委亦無所裨益。緣榦小官，不敢屢于朝省，欲乞察其衰莫，備申朝廷，特與敷奏，改畀祠禄，歸安田里，以畢餘生，不至有誤使令，須至申聞者。

申省再丐祠

□□□□準省劄，改差充江淮制置司參議官，□□□□□辭免不允，已勉强祇受。再準省劄，□□□□□□議官兼知和州。尋具狀控免，未□□□□□□□見寄留制置司庫，不敢祗拜。□□□□□□□再控告朝廷，已具申制司□□□□□□□□禄，歸安田里。已蒙制司備□□□□□□□□疎賤，庸虚無取，加之衰老□□□□□□□□陽，曲荷聖朝特從所請，□□□□□□□□使欲爲終焉之計。忽蒙□□□□□□□□辭不獲命，銜戴恩德，黽勉□□□□□□□□即欲丐歸，忽被制幙之除，□□□□□□□□不獲，姑受遥領之命。又蒙□□□□□□□令赴司稟議。及至金陵，又令□□□□□幸而迄事，已歸旬日，歷陽既以事□□□□□區處。自顧衰老，不勝其任。安慶又□□□□□任指揮，自不應再還舊任，兼辭小就大，辭難就易，皆有妨嫌。至於制參職事，元是遥領，不敢冒昧供職，事體重大，尤非衰病所能任責。緣榦昨於丙寅年中，奔走兵間，因得奇疾。日來憂慮，痼疾發動，難以支吾，不免再瀝愚衷，欲乞朝廷特賜敷奏，改畀祠禄，以安愚分。顧榦么麽何人，乃敢僭越，有所陳請，至於一再，跼蹐皇懼，日待譴誅。儻蒙朝廷特賜矜允，實被大造生成之賜。

辭依舊兼知安慶府申省

照對榦今月十九日，準江淮制置使司牒，備準尚書省劄子，四月十三日三省同奉聖旨，黄榦依舊知安慶府。昨於二月内準省劄，令將安慶府職事交與以次官，就赴和州新任。榦除已將安慶府職事交與通判董朝奉訖，所有和州職事，實以年老多病，若又更易一郡，事緒更端，倍費區處，兩上丐祠之請，意謂必蒙俞允。今準上項旨揮，仰見朝廷恩遇之意，一介么麽，尚復何言？竊念辭受進退，立身大節，苟或失宜，不惟於心不安，亦且必招謗議。古之仕者，辭尊居卑，辭富居貧，進必以禮，退必以義。榦昨蒙改知和州，已嘗辭免，今復再知安慶，乃是辭卑居尊，辭貧居富。自離安慶，已踰兩月，迎新送故，事體已定，官吏百姓各已解體。今乃驅去復還，進退之間，全無禮義。懷利以事上，枉己而直人，大節既虧，清議可畏。此榦雖感朝廷恩遇至於銘鏤肌骨，然亦不忍以垂絶之年，自壞名節，將無以見師友於地下。欲望朝廷檢會榦兩次丐祠狀，特賜敷奏，改畀祠禄，庶幾保全晚節，以畢餘生，實被大造生成之賜。榦既被朝命，不敢自安，兼痼疾發動，不可支吾。除已一面起發，前往江、池間就醫，聽候指揮。

五月六日，三省同奉聖旨，不允。

再辭依舊兼知安慶府申省

照對榦昨準省劄，改知和州，令將安慶府職事交與以次官，赴制司稟議。至金陵已及兩月，制參以非其所長，且元是外郡遥領，不敢輒行供職；和州又以老病，若復易一郡，事緒更端，倍費區處，不敢祗赴。安慶府則已係解罷之人，既辭和州，若再適安慶，則是辭卑居尊，辭貧居富，尤不可復往。三者皆非置身之地，只得控告朝廷，力上奏祠之請，謂必蒙俞允。今準省劄，令依舊知安慶府。竊念榦稟資介僻，處分孤危，平居無事，易遭謗議，若非朝廷曲加保全，何以自免？今既辭和州，復之安慶，人言必曰安慶藩府故不肯舍，又曰包砌城壁可希功賞。成命未頒，人已籍籍。生平自守廉隅，不敢妄圖榮貴。今年幾七十，乃自陷於寡廉鮮恥之地，朝廷愛護人物，當亦不忍使之至此。竊意朝論必以包砌城壁爲念，榦自未離安慶之前，已爲區處，造甎四百餘萬，城門已砌，城壕已開，防城器具已一面置造。同官既各分頭管幹，又選請寄居士人忠實可託者十有二人，人分百二十丈監視，朝至暮歸，如己私事，不過今秋，須可畢工。朝廷所給錢米，足可支遣，不須别作經營。若但付之權官，亦可不勞而辦。況潛皖之勝，兩淮甲郡，又皆遊官名流之所欲得，政不必衰病無能之人。已嘗去官，又復再往，蠅營狗苟，驅去復還，無補事功，徒取譏訕。兼榦一生艱苦，既老尤衰，開禧丙寅往來兵間，因得奇疾。今若思慮稍過，痼疾又復發動，形體支離，不堪從官。故敢不避斧鉞之誅，投誠造化，欲乞特爲敷奏，改畀祠禄，俾得歸老山林，實荷生成之賜。

三辭依舊兼知安慶府申省

照對榦昨準省劄，再知安慶府。榦不避誅譴，乞改畀祠禄，仍以君命之嚴，未敢退安田里，屬以痼疾發動，前至江州就醫。今月十八日，據安慶府差人賫到省劄一道，乃知螻蟻小臣，言詞拙訥，尚未足以感動天聽。竊惟朝廷之意，蓋以安慶乃是舊治，可以無嫌，又城壁之役，包砌未畢，故欲令其復舊任。仰見朝廷恩遇小官，憫念元元之意，然安慶藩府、歷陽列郡，人所共知，榦以老且病，既不能任歷陽重難之寄，今再除安慶，乃從而受之，是辭小而受大，豈復有廉恥之風哉？ 生平狷介，與世寡合，動遭忌嫉，今乃自蹈於無廉恥之地，豈能免當世之清議？ 砌城一事，見計置燒甎，約可得四百萬片，安慶之人懲往年張寇之變，喜於得城以自固，寓公士友之忠實可託，如太學生陳寀者十有餘人，各願自分料數，提督監視，朝至暮歸，如治私事。 權郡通判董永之公廉畏謹，少見其比。 懷寧知縣趙善部亦能勤敏專任其責。 自教授以下，無不竭力以董其事，胥吏無所容其姦，工役無所逃其役，不過今冬，可見次第，政不必勤朝廷顧慮。 上設禮義廉恥以遇其臣，❶則下亦以禮義廉恥而事其上，賈誼以爲聖人有金城者，此也。 今乃使榦有辭小受大、寡廉鮮恥之過，則城非不高，池非不深，又豈能責人死守如金城之固哉？ 不惟自敗其立身之節，又以壞國家涵養風俗之化，榦所以寧受方命之誅，不避再三之瀆也。 兼榦開禧兵興，往來五關，備嘗險阻，因得痼疾。 目今發動，醫治未愈，加以痰喘，不可支吾。 欲望鈞慈特與敷奏，畀以祠廩，放歸田里，實荷隆天厚地之賜。 所有省劄，見寄留江州軍資庫。

辭免奏事指揮申省

照對六月十六日，江州發到省劄一道，六月八日，三省同奉聖旨，黄榦令赴行在奏事者。 榦螻蟻小臣，比蒙聖恩，改差和州，固嘗以衰病辭矣，繼準旨揮，再知安慶府，又復引嫌控免。 揆其方命，合即嚴誅。 天地優容，不加之罪，更叨收召，俾造闕庭。

❶ 「遇」，四庫本作「御」。

自顧何人，乃蒙朝廷委曲注意如此，恭聞恩命，感極流涕。榦素無朝蹟，遽對清光，平生之榮，莫大於此。所當恪思不俟駕之誼，疾趨前進，豈宜尚有陳請？然人臣之誼，敢懷隱情，蓋有不容不屢瀆者。榦疎庸拙直，實無能解可取，公朝過聽，引而進之，豈非以其涉歷州縣，粗知世務，或能罄瀝愚管，有補聖化萬分之一耶？榦爲貧所驅，出從吏役，不過律己奉法，恪守常程，初無奇策，何足上裨日月之明？而性資狷介，與世多忤，每懷憂畏，但思退藏。今復景迫頹齡，身抱痼疾，形神衰憊，智慮荒落，儻又不自量度，冒昧而前，非特術業空疎，無以稱塞明詔，當退而進，有乖名教，徒招物論，恐孤朝廷平日保全之意。欲望鈞慈特賜敷奏，收還成涣，改畀祠禄，使得退安愚分，實荷造化始終生成之賜。須至申聞者，伏候旨揮。七月十二日，三省同奉聖旨，不允。

辭知潮州申省

照對榦九月十一日，準省劄二道，三省同奉聖旨，林士衡除廣東提刑，吴季真除廣東提舉，趙汝僘除提舉廣南市舶，黄榦差知潮州，並填見闕，候任滿前來奏事。令所在州軍差撥兵級三十人，疾速起發之任，兵級逐州更替，遇接人到日止，具已起發，及到任月日申尚書省。榦官卑人微，不應辭免，緣有悃愊，須合控聞。伏念榦碌碌常才，無以逾人，公朝過聽，拔擢超躐，皆出望外。奉祠來歸，養痾待盡，潮爲佳郡，且復便家，仰戴簡記使令之意。榦頃以奔走州縣，不避勞苦，遂得喘嗽之疾，歲久日深。春夏以來，腰腹之間忽加痞結，坐卧常多於行立，飲食每減於藥餌，扶曳上道，必至顛踣。兼聞潮陽闕守已久，濡滯日月，深恐廢事。欲望朝廷察其誠實，特賜敷奏，亟選賢守以惠一方。❶使榦補滿祠禄，優游餘年，實出君父生成之賜。所有省劄，未敢祗受，除已寄留福州軍資庫外，伏候旨揮。十月七日，三省同奉聖旨，不允。仍依已降指揮，疾速起發之任。

再辭知潮州申省

照會榦九月十一日，準省劄，差知潮州，榦嘗以老病，申乞敷奏寢免恩命。十月二十一日，復準省劄，奉聖旨不允，仍依已降旨揮，疾速起發之任者。榦螻蟻小官，不當再三申瀆，上恩隆重，便合承命疾趨，實緣疾病沉痼，難以支吾。向者聞命之初，驚恐昏憒，拙於敷陳，以致誠意未孚，復降促行之旨。乞念榦喘嗽宿疾已八九年，氣息日衰，病勢加甚。今夏復於腰腹之間結爲瘕塊，上下攻擊，痛楚難堪，行動寢處，常須擁護，呻吟困悴，食少肌羸，自恐大期將至，豈堪復走道途？若更郡務縈心，立見顛仆，上負聖恩，下速官謗。欲望朝廷察此由衷之請，貰其方命之誅，特與敷奏，追寢成命。若蒙矜憐貧病，更與陶鑄宮廟差遣一次，以活餘生，實荷生成之施。所有省劄，見寄留福州軍資庫，伏候旨揮。十二月十七日，三省同奉聖旨，依所乞，差主管亳州明道宮，任便居住。

---

❶「選」，四庫本作「差」。

新除知安慶府申省辭免

照對榦準省劄，十二月十六日三省同奉聖旨，黄榦差知安慶府，填見闕，令所在州軍差撥兵級三十人津發，限五日前去之任，候任滿前來奏事。兵級逐州更替，遇接人到日止，仍具已離起及到任月日，申尚書省。劄付榦照會者。伏念榦螻蟻小官，便合聞命疾趨，仰酬眷遇，不應敢違近制，尚有控辭。實以榦極陋至愚，無足比數，遭逢聖世，誤被使令，作縣一年而除倅，爲倅一年而予郡，越去故常，極爲超躐。而榦稟資狷狹，賦分奇窮，拙於奉承，動多齟齬，但知悔艾，甘就沉淪。苟罪戾之或逃，已爲大幸，而恩寵之沓至，委實難勝。衆議交非，孤蹤難免，若不控投君父，必至自速譴訶。況安慶爲郡，實今重地，付之庸繆衰瘁之人，責以保障蕃宣之效，恐辜委寄，倍費生成。欲望朝廷特賜敷奏，追寢成命，容榦仍舊祠禄，庶安愚分。所有省劄，未敢祗受，除已寄留福州軍資庫外，謹具申尚書省，伏候指揮。正月二十二日，三省同奉聖旨，不允。

勉齋先生黃文肅公文集卷第三十三

行狀

貢士林君丕顯行狀

君姓林氏，諱謩，字丕顯，福州連江縣鄭崎人。鄭崎，州之東南海中，水環之，去市郭絶遠。島居之民，耕且漁以生，罕業儒。儒名者，❶率狹陋，守尋常，無超越之見。君少穎悟，讀書不數反輒成誦，爲文操紙筆立就。從鄉之儒先三山林公遊，與東萊呂先生爲同舍生。東萊先生年最少，少於君且數歲，先生所爲詩若文，輒手抄默誦之。其後先生以道德文章爲四方學者師，摳衣從者數百人。君聞之，慨然曰：「吾得師矣。」裹糧浮海，詘首受業，從諸生後惟謹，君年四十有二矣。先生方裒集諸儒《詩》《春秋》之説，其所編次，君與有力焉。諷玩抄録，窮日夜不少懈，勞心疲精，甚或眩瞀僵仆，幾不可支持，少定，復據案誦習如初。先生常曰：「此閩中瑞物也。」每舉其立志用力者，以誨諸生焉。語及當世名儒，斂衽起敬，而於武夷朱夫子尤拳拳不少忘。後嘗一再侍函丈，猶以貧且老，不得朝夕見聞。其鄉人有嘗從學於夫子者，雖後出晚輩，必造門願交，孜孜扣問，樂善好學之意，至於老而愈篤也。其天資樂易純實，

❶「儒」，四庫本作「傳」。

事親孝，友於兄弟，於親故之誼尤篤。平居與人言，怡怡然惟恐傷之，雖待子弟僕隸亦然。家庭瑣碎，心事隱微，雖毫髮未嘗有所隱於人。方從學金華，母夫人鄭氏尚無恙，君思親之在遠，中夜感念，歔欷以至泣下。及歸，鄉人慕君之賢，郡文學以禮延致之。居數月即引去，曰：「不遠千里而辭其親者，爲道故也，今又安能舍其親而爲人乎？」即歸，杜門竭力致養。執親之喪，哭泣悲哀，鄉人不忍聞。既反哭，曰：「吾朝夕侍吾親，而忍一旦離之乎？」晝奉几筵，夜宿墓下，更三年如一日。名其所居之廬曰「著存」，除喪猶不忍去，迺率其子弟若兄弟之子肄業焉，終其身。平生未嘗計資産豐約，兄弟同室無間言。輕財急義，朋友之貧者力賙之，衣服囊篋恣所取。至有背義忘施而復請於君者，君待之如初，無毫髮怨望靳惜意。君家伏臘本粗足，卒以是取困乏，鄉人皆嗤之，君曰：「吾有讀書教子而已，貧富貴賤，天也。」死之日，家無餘財，朋友善類無不爲之齎咨灑涕者。嗚呼！人之所以溺於利慾之私，而忘其天理之樂，❶資不美而學不足也。世之所謂學者，又不惟取科第、夸聲名，❷則反以濟其利欲，而斲喪其良心。若君者，乃能於大海之濱、荒茁之隈，超然知以從師問道爲事，而不惑於世俗尋常之見，豈不賢於人乎哉？君之曾祖龢、祖□、父元炳皆隱德不仕，至君始獲與薦書。娶柳氏、潘氏，子二人：審向、審尚；女二人，長適將仕郎趙汝渙，次未行。君以紹熙癸丑年正月卒，享年五十有九，將以甲

❶「之」，原闕，據清鈔本、四庫本補。

❷清鈔本「惟」作「過」。「又不惟」，四庫本作「無不欲」。

寅年後十月葬於金聲坑之原。審向來言曰：「先人之友最厚者莫如君，知先人之志趣行事最詳且實者宜亦莫如君。今不幸先人歿，不次其事，無以發先志，示後人，敢以爲請。」榦丱角聞君名，既冠從師於武夷、金華，遂獲與君爲忘年友。二十餘年之間，辱君之教，而於金華之日，相與爲最密，故知其所以爲學者尤詳焉。遂不敢復辭，而次其事之大概如右，謹狀。紹熙五年九月日，江夏黄榦狀。

朝奉郎尚書吏部右曹郎中王公行狀

本貫漳州龍溪縣

曾祖□，補太學上舍生，妣黄氏。

祖彦道，鄉貢進士，贈朝奉郎，妣安人莊氏、蔡氏。

父羽儀，朝散郎，通判衢州，累贈朝議大夫，妣宜人楊氏。

公諱遇，字子正。王氏之先世有篤行，鄉閭敬之，以長者名其家。至公之曾祖，始以舍法兩魁其選。朝奉公五與鄉薦，雖不第，以儒業顯，相繼爲學者師。别駕公博而文，尤長於詩，所留題，人争傳詠以熟。公資警敏，自力於學，少遊鄉校，挺挺見頭角。甫冠，爲太學生，文詞優異，月書季攷，數占前列，未幾，升上舍。東萊吕先生器之，以學職屈公，公守規矩，諸生相戒，無敢犯。乾道五年，廷試中甲科，調臨江軍教授。丁别駕公憂，閩俗多忌，以喪歸自外者，不以入其家。别駕公歿于建，公護喪以入，殯楹間，哀毁蔬食，終三年無違禮。再調處州教授，丁宜人楊氏憂。既免喪，再調蘄州教授。公之三調教官也，率需次五六年，其□

不赴也，又率以官期甫及而丁家禍，至蘄□□之登第已十有七年矣。❶ 一時輩行才學出□□者，❷皆已登膴仕，公恬然不以動其心。方閒居時，不遠千餘里受業於晦菴、南軒、東萊三先生之門，考德問業，以正學不明爲己憂，精思力行以求自得，不務爲入口出耳、釣名聲求利禄，涵泳渟滀，所藴益富，而人亦以大用於世者期公矣。蘄學久廢，諸生家坐而官餉之，公嚴爲程課，寢食必於學，日爲講説《語》《孟》、經史，一以洙泗、伊洛之傳爲正。夜漏下二十刻，猶裴回學舍，督諸生誦習，獎勵戒飭，蘄人化之，衣冠濟濟若中州然。既滿秩，丞相留公欲以掌故處公，且囑公俟。公曰：「朝廷用人，使之知，又使之俟，是吾不才，以自取辱也。」亟趨部注福州懷安縣丞，閩帥詹公體仁、鄭公僑以禮屈公，置幕府，公極意裨贊，事無纖鉅，咸盡其心力，不以名德自居也。給事尤公袤、祭酒李公祥皆一代名流，交口薦公。丞相趙公亦聞公賢，且將擢用，而僞學之禍興矣。以薦者改宣教郎，知福州長樂縣。丞相陳自强、侍御林采輩所居，權勢熏灼，鄉井騷動，官吏凜凜奉承，少忤意輒罷去，人□□公憂，❸公介然自守，持身廉謹，莅事公勤，諸□□亦莫敢撓也。❹ 撙節浮費，積緡錢數千，興修大塘水利，溉田十餘萬頃，歲旱而稔，邑人植碑立祠，以報公德。郡以聞于朝，當路者不敢没其實而增秩焉。轉奉議郎，通判贛州。公之方注邑長樂，陳自强爲諫官，與公有太學同舍之

❶「□□之」，四庫本作「州時距」。
❷「輩行」，四庫本作「同輩」。「□□」，四庫本作「衆人」。
❸「□□」，四庫本作「以爲」。
❹「□□」，四庫本作「同寮」。

舊，欲薦公；其滿歸也，自强爲丞相，欲留公。其倅贑也，部使者既以公薦，屬有旨侍從郎官薦賢，諸公要人亦交以公聞。時韓侂胄顓國，公毅然不少貶以求售也。侂胄既就誅，羣邪竄斥，衆正登用。丞相錢公始擢公爲太學博士，未數月，除諸王宫教授，駸駸嚮用矣。適毗陵大旱，議選可爲守者，以公誠心懇惻，熟知閭閻疾苦，遂屬公。既至，講求荒政，竭官府之儲以賑民，公帑之餽遺、公廚之燕犒，一切停罷，積金數萬緡以資糴本，捐俸金以助賙卹，勸分通商，纖悉具舉。屏騎從，出入阡陌，去城四五十里間，皆躬自巡省，餘擇官吏以委之，無一户一民不被其惠者。毗陵歉最甚，而民無流殍，公之措置有方，而勞來不倦也。既又講求毗陵致旱之由，以爲其州地勢於浙西爲最高，所仰者太湖水利，往往爲勢家侵奪，填塞爲田，於是悉行開掘，使復其舊，雖豪右無所憚。時朝議欲行鐵錢於沿江諸郡，公以爲兩淮鐵錢壅滯，民間重困，正以盗鑄者多，今又於沿江州郡行使，盗鑄之徒必欣然動心，莫若權罷止鼓鑄，則鐵錢當不勞力而流轉通行矣。未幾，京口果以軍情動摇爲言，始服公遠識，而鐵錢之議寢矣。浙東大飢，廟堂以公有毗陵救荒之功，遂詔公爲提舉常平使者。入對言：「水潦浸淫，太陽虧蝕，灾異相仍，淮南凶民嘯聚，動以萬計，京都護衛理宜嚴肅，乃有狂夫唱亂，駭聞四方，此何等時、何等事，而不爲深思遠慮乎？必須齊戒以飭躬，剛大以進德，急聞直言以救闕失，樂從公議以扶正道，法令貴乎順，上下之情貴乎相通，斷絶斜封墨勑之原，常存視民如傷之念。」又言：「常州北濱大江，南連大湖，運河貫其中，兩旁支港接續聯絡，今皆堙塞，傍湖本皆良田，豪民巨室謀取大利，乃於水面圍築成田，則傍湖之水利皆廢矣。若朝廷明行禁戢，爲郡守者任滿必開浚一二所，則水利流通矣。」公既至，留心賑濟，一如毗陵。時鹽課久不登，檢柅吏姦，優恤亭户，鹽貨之入視昔有加焉。朝議欲行計竈買鹽之策，公力争之，以爲昔人置立鹽場，定爲鹽額，非不知竈之可以數計，必其顧惜亭民，不欲盡其力也。今必計竈，或有虧一日二日之鹽，官司便以罪加之，則雖黥罪日積，不可勝加，非惟浮鹽難買，將與額鹽併失之矣。設使官鹽充積，必有獻言計口賣鹽者，則是今日之計竈買鹽，乃他日計口賣鹽之原也。議遂寢。公之論事，發於忠誠，故質實剴切如此。除大宗正丞，遷右曹郎中。嘉定四年，皇帝臨軒策士，公考校殿廬，地禁事嚴，時公年已七十矣，不敢辭，得疾，噤不敢告。既畢事，病轉劇，以六月九日終于位。公性仁厚，族人不能自食者贍之，葬死者之無歸，❶貧不能嫁者，具資裝而遣焉，朋友乏絶者捐金以賙之，蓋有長者之遺風焉。家之吉凶喪祭，一以古禮，斥去巫覡老佛之陋。故公之殁，其子治喪，悉遵公命。❷公在蘄與諸生講論兩漢興亡之大端，集而成編，名曰《漢議》，及其他文集悉編次藏于家。公先娶安人陳氏，繼室安人沈氏，皆有賢行，先公卒。子二人，長仲信，預鄉薦，亦先卒；次仲誠，公遺澤及焉。女一人，適承務郎知福州福清縣楊士訓。孫男六人、女二人。公殁之年十月二日，葬于其州龍溪縣石獅山之原。

❶「葬死」句，四庫本作「死者之無歸代爲葬之」。
❷「遂」，四庫本作「遵」。

其子仲誠次公行事，而以行狀屬榦，且曰：「仲誠之先君子，不妄交，於子獨惓惓焉。其毋辭。」惟公立言行事，炳然在人耳目者，既不可泯没矣。士大夫馳逐於富貴，蓋有不度其才之稱否，而冒之者焉。及其析圭儋爵，顯其身，肥其子孫，而視公家事，乃漫不加意。公以少年擢高科，諸公薦引不容口，才非不足於用也，宜超躐貴顯矣，乃反低回逡避若不屑就。從仕四十餘年，列於朝者不過數月，官不過郎曹，用不足盡其才也。而鞠躬盡瘁，不擇險易，蓋至於老且死而無憾焉。是非學識之精、義利之明，超然於流俗之中，不以一毫私欲累其心者，不能也。是可激貪警惰而厲風俗矣。遂不辭而叙其事如左，謹狀。

肇慶府節度推官曾君行狀

本貫贛州寧都縣

曾祖京，妣林氏。

祖通，妣嚴氏。

父□□，從事郎，静江府司理參軍，妣謝氏、楊氏。

君諱興宗，字光祖。其先廬陵人，唐末，始祖士方爲虔化令，遭五季之亂，因家焉。紹興間，改虔化爲寧都。家世業儒，饒於財，喜施予，閭里稱之。司理公性嚴重，不妄言笑，監金陵稅院，奉職廉勤，大爲建安忠肅劉公珙所知。年踰强仕，即倦遊，以致其事。君其嫡長子也，資禀純厚，襟懷坦夷，外雖温然可親，遇事則剛毅有立。自爲兒童，不好嬉戲，儼然如成人。年十六七時，已厭科舉之習，一意於聖賢爲己之學。嘗言：「吾讀舉子業如嚼蠟，觀諸理學則心快目明，終日忘倦。」人皆笑其與世背馳，君處之怡然。兩預鄉薦不第，即棄去。慶元五年，詔恩廷對入等，❶調主隆興府南昌簿。南昌劇邑，簿書繁冗，吏緣爲姦，君勾稽不倦，户籍升降，税租登耗，毫髪無遺漏，牘而藏之，官民俱便。歲適大侵，趙公希懌持倉臺節，選可囑以荒政者，莫踰君。君出入阡陌，檢視虚實，務均其惠。富民有蓋藏者，勸以出粟，平其價；靳而牟利者，發廪而償其直。飢民賴以全活。趙公賢之，凡民訟歷年不决者，雖旁郡外邑，悉以委君。有袁州分宜董氏者，園池爲近鄰所占，改易途徑，人莫能辨，君廣諏博訪，親詣其地，索文券，考步畝，積年之訟，一日而伸。南昌伍氏欺妻黨孤弱，徙其母外邑，指爲逃絶，給據而佃其業，經四十年。其孤訟之數載，不獲伸。漕帥二司交以委君，索據辨證，考其業之所自出，旁引鄰至及元賣業之子孫，供證得實，一府稱其神明。邑有豪民，窩聚逋逃，流毒一鄉，無敢誰何，人以冤訟，里正驗實，復遭其捶，反自焚其居而訟之，無以自明。君造其里，鄰近畏之，莫敢言，得十歲小兒訪問得實，解府黥之，鄉民以安。君嘗誦：「程子有言：一命之士，苟存心愛物，於人必有所濟。」故其在南昌，簿職雖微，不敢自怠，理冤雪滯，無慮百十數。其欲去也，士民合數百列狀于部使者，述其政績，挽而留之。既不獲命，則送别者塞填街巷，餞于江皋者屨滿焉，見者以爲先此簿職所未有也。秩滿，注肇慶府節度推官，君於是浩然

❶「詔」，原作「該」，據四庫本改。

不復有從宦之意矣。君生未閱月，失所恃，事祖母至孝。嚴氏殁，獨予田數百畝以助遊學，君不以自私，悉以供歲時祭祀之用。司理公晚年以舊居近市，闢室于金精谷口之陽，以適餘年。君以晨昏不可遠離，遂闢其旁以居。司理公得疾，不遠數百里，躬自請醫，朝夕扶持湯藥，衣不解帶。事繼母楊氏，尤得其歡心。居家動遵古禮，冠婚喪祭不肯雜以世俗之儀。子孫環立，必誨以聖賢躬行踐履之學。其於鄉黨，無賢愚貴賤，接之以禮。見人有善，稱獎不容口；聞人之過及以急難告者，如己隱憂。凡鄰里有紛争，必先于君，君以理折衷，俱得其平，至或輟己物以息訟。人或有犯，未嘗忿嫉，從容訓責，終歸於恕，使自愧服。禮賢好士，出於誠心。往來寧都者，以不見君爲慊。過從者，館穀無虚日，故田園雖豐，而囊無餘貲，處之無悔也。歸自南昌，闢所居之南山創精舍，取後凋之意，扁曰「歲寒」，儲書聚糧，以待四方士友，爲暮年講切之益。自號唯菴鈍叟，日處其中，學者至，必以所學告語之，所謂孝弟忠信之説，未始脱諸口，來者亦莫不拱手竦聽而去。君晚年方欲休致，以卒所業，不幸遭長子之戚。未半載，而君遽得氣脇之疾。雖卧疾，手不釋卷，故舊見之，勉以少事調息，君曰：「吾於病中静觀此理，愈熟愈深，政自無害也。」未易簀十日，猶與學者論《中庸》《語》《孟》。臨終之夕，談論至五鼓，至次日中，忽謂諸子孫曰：「吾病必不起矣。我死，勿用浮屠氏，陷我於不知道之域。喪事宜遵古，參用《儀禮》。非禮勿爲，非道勿學，乃吾子孫。」言終，奄然而逝。卒之日，里之人莫不咨嗟歎息，以爲善人君子之云亡，後進之失所也。

斯道不明千有餘年，二程子出，孔孟不傳之緒得以復續，然諸儒迭興，講論不精，易以訛舛。晦菴文公朱先生講道於武夷之下，然後邪説詭論無復肆，而後學有所宗師。君自知學以來，既有意於聖賢之事，聞旁郡有以知道自名者，君往從之遊，視其説茫洋惝恍，無所依據，不遠千里，授業於文公之門。堅守其説，孜孜力行，必求有得於心而後已。文公嘗以純茂篤實、切己致思、用功正當稱之。僞學之禁興，一時學者諱名其師，君執禮益勤，厲志益苦，未嘗少懈。文公没，君星馳而弔，心喪三年。嗚呼，若君者，豈非天資之厚、志學之專，而又能就正於有道！故其居官治家、應事接物，處之終身，無所悔怍如此，則君之云亡，豈不深可痛恨也哉？君年六十有七，以嘉定五年六月十日卒于家。娶謝氏，有賢德，先十一年卒。子五人：長浚之，先一年卒；次夢吉，與鄉舉；次頤之、益之、艮之。益之繼弟興邦後，艮之亦早夭。女二人：長適劉昌時，次黎宗海。孫四人：樸、槺、椿、榴。女孫七人。有文集十卷，號《唯菴渠藁》，藏于家。榦於君有同門之契，交遊非一日，宦於江之西，尤相親且相好也。因其從子益之之請，述其行事之梗概，俾求於當世立言之君子，而請銘焉。謹狀。

處士唐君焕文行狀代梁縣丞大亮作

君姓唐氏，諱堯章，字焕文，福州閩縣王晡人。州東南際大海，江水之所入，有山屹然錯立於其中者五，王晡據其上流，視諸山爲傑出。居其間多秀民，去而操巨資航大海，以牟什一之利者，相踵也。君世家焉。曾大父感、大父正甫、父恩，皆隱晦不仕，尤不喜營利，輕財急義，聞於鄉。紹興間，君大父以綱運有功，當補官，棄不顧。出藏鏹二百萬以賑貸鄉人，疾革，取券焚之，遺命勿責償焉，人皆以爲難。君幼孤，大父撫教尤至。君承祖父之訓，不復以生業爲念，賑乏已責，❶無毫髮靳惜意。始治進士業，不售，即棄去，視世之榮利泊如也。嘗曰：「讀書務明理，豈必爲利禄計耶？」留意經籍，至老不倦。歲晚眎昏，諸子誦書必令高聲，曰：「庶我聞之而有益也。」聞晦菴朱先生講道武夷，語其子畢曰：「吾老矣，不能從夫子游，爾其毋忘吾志乎！」既而畢獲登門，授業以歸，詰其所聞，竦然曰：「吾得聞所未聞，死不憾矣。」繼而曰：「入耳出口，學者大患，爾其戒之。」其輕利重義而篤於問學如此，故其處己應事，往往有人所不能及者。居家孝友，接人樂易，執親之喪，三年如一日，既免喪，猶不忍服華飾。夫婦相敬如賓，親屬閭里遇之有恩，未嘗有違言。下至奴僕，撫之亦各得其意。終日恂恂如不能言，至其見義必爲，則斷然有所不惑也。性不喜浮屠，常謂學佛者曰：「謂事佛爲可求福田利益耶？是教人以爲善而有所利也。謂能懺雪罪惡耶？是導人以爲惡而有所恃也。使人皆有是心，則爲善不誠，爲惡不忌，佛之教使然也。尚何足學哉？」識者以爲知言。娶陳氏，先君五年而逝。治喪不用浮屠，鄉人皆異之，君不爲少變。爲文以示諸子，大略以「古人治喪自有常典，羌胡之教不足爲法。吾百歲後，汝曹謹毋爲邪説所惑，以背吾言」。

---

❶「已責」，四庫本作「卹貧」。

故君之殁也，諸子得以不敢徇俗者，君之教也。自佛之説入中國，鼓天下之衆而從之，雖豪傑之士有不能自解免者。王氏入閩，崇奉釋氏尤甚，故閩中塔廟之盛甲於天下，家設木偶、繪像、堂殿之屬，列之正寢，朝夕事之惟謹。髡其首而散於他州者，閩居十九焉，其崇信如是。君乃獨能不爲所惑，非其義利之素明，問學之素講，其安能若是耶？若君者，可謂勇於義而篤於自信者矣。君以慶元戊午正月晦日殁，享年六十有二。子男三人：暈、暉、習。女四人：長許適歐公旦，次蚤亡，餘未笄。孫男一人：復。孫女一人。先是君爲母潘氏築墳於九龍山之原，曰：「吾生事之未足，死當祔之。」朝夕必往省焉。至其衰病，猶扶杖以往，忽自歎曰：「吾老矣，登陟良苦，孰若蚤從吾母遊地下乎！」諸孤從其治命，將以四月二十九日葬于潘氏塋之東偏，而記其平生言行，以求狀於余。余於暈有舊好，辱聞君之行爲最詳，哀其請而不得辭也，故爲之類次其大略于右。謹狀。

處士潘君立之行狀

君諱植，字立之，姓潘氏。九世祖諱□，事王氏爲銀青光禄大夫。自光州固始入閩，家于福州懷安縣之水南，世業儒，至君之考諱滋，始貢名禮部。紹興初習淳質，中原衣冠多南徙，吾鄉之儒學彬彬焉。其以文詞行義爲學者宗師，則若李若林，其傑然者也。二先生之學以孝弟忠信、窮經博古爲主，及門之士亦往往渾厚質實，志尚脩潔，若貢士，則又其徒之傑然者也。貢士於學，至老不倦，聞鄉閭之善士，輒折輩行，率其子從之游。後聞晦菴朱先生講道武夷，有非他師所能及者，遂慨然屬其子往師事之，君遂與其弟柄，不遠千里而往拜焉。君少穎悟，讀書不數過輒成誦，衆皆謂宜以童子應試者。貢士曰：「躁進速成，非教也。」少長爲文，操筆立就，然未嘗效世俗剽剥綴緝，曰：「韓與蘇，吾所法也。」於二氏之文，關鍵脉絡，沉潛諷味，❶故其爲文語意雄健。遊鄉校，流輩推先焉。❷尤嗜史學，自載籍以來上下數千年，反復耽玩，其於興亡治亂、是非得失之故，貫穿出入，如指諸掌，談論亹亹，率嘗屈其坐人。方以世交馳於射策決科之習，君之天資學識，於科目可俯拾，乃與其弟皆以弱冠摳衣有道，厲志前脩，回視故習，若將浼己，儕輩至有「高談性理，❸下視程文」之誚，不顧也。智識日進，聞見日廣，尤以務實爲己爲本，由是師友交稱之。退而家居，日以濂洛諸書磨礲浸灌，暇則徜徉林壑間，以觴詠自娱。閨庭之間，怡怡如也。生平慷慨有大志，不能規規較錐刀、事生産。襟度坦夷無畦畛，於親友之誼尤篤，每見必連留竟日，情意懇欵，殽饌之費不計家之有無。喜施予，赒人之急，雖斥家人簪珥以振之，略無秋毫顧惜意。鄉閭有事訟者，輒詣君求決，君爲之平曲直，以義理開譬，各釋其所争而去。親戚急難，奮身以援之，利害有所不計，雖罹困辱不以爲悔。急於救世，亦有知其不可而爲之者。雖未免賢智之過，然以世俗滔滔横目自營者視之，是可不謂之賢乎？使君而見用於

❶「味」，四庫本作「咏」。
❷「流」，四庫本作「儕」。
❸「儕」，四庫本作「流」。

世，其事業當有卓然可觀者。而困頓疾病，卒賫其志以殁，所以施於家、信於友、行於鄉閭者，僅若此，豈非命夫？君疾病累年，至其屬纊之夕，與其弟訣，若未嘗病者，亦可謂達於死生之變矣。死之日，親朋閭里無不爲之洒涕，亦君之誼有以感於人也夫。君享年五十有九，以□□□□□□終于正寢。❶娶□氏，先卒。子一人：大圭，業進士。女一人，適進士倪泳孫。孫女一人。以踰月之制□□□□葬于□□之原，禮也。榦之兄弟嘗受教於貢士公，於君之兄弟交遊者，非一日也。生同里，學同師，今又締姻於君家，則述君之行，其何辭？謹摭其梗概，以諗來者。

太恭人李氏行狀

太恭人姓李氏，諱洞安。其先，李唐之裔，五季之亂，有徙居興化莆田者，郡稱甲族。曾祖宗顔，贈通奉大夫。祖持正，左朝請大夫，知潮州，崇觀間，與曾叔祖諱宗師同遊辟雍，名振當世，號大李小李。其後宗師延對，爲第二人，朝請公繼亦擢第。父尹仲，迪功郎，廣南提舶司幹官。母宋氏，禮部侍郎棐之女。太恭人端重静淑，一語笑不妄發，父母愛之。既長，相攸爲朝散郎、知高州、贈朝議大夫趙君諱公賓之配，孝敬慈順，以賢婦稱。朝議公歷仕四十年，居官廉謹，不殖貨利，所至可紀者，亦内助有力

❶「□□□□□□」，四庫本作「某年某月某日」。

焉。朝議公終于高州，太恭人扶護以歸，❶艱險萬狀。既達寓里，囊無餘貲，聚指數百，惟以勤儉教子爲急。每謂諸孤曰：「汝輩年漸長，宜各勉學，使吾及見汝輩成立，他日見汝父於地下，則無憾矣。」閒關貧困，餘三十年，至其晚歲，長子抱孫聯翩科第。太恭人自處冲澹，日課佛書，自言：「吾生平未嘗萌一惡念。」喜施予，不問有無，諸子欲奉版輿，便榮養，不願也，由是諸子各擇邇地以仕。嘉定十二年十二月二十七日晨興，忽呼諸子孫而告之曰：「吾昨夕夢朝議公在前，言語如平生，❷數將止此乎？」命辦衣衾且湯沐，家人以太恭人體力康强，何遽至是？或竊悲泣，復視之曰：「不可徒亂人意。」言訖而逝，享年六十有五。❸初以朝議公再封安人，復以男彥候、彥倪兩遇明煙，❹加封太恭人。男十三人，存者九人：彥候，奉議郎，兩浙轉運司主管文字；彥假，從事郎，邵武軍判官；彥倪，奉議郎，知南劍州尤溪縣；彥優，中國子監舉；彥仞，從政郎，興化軍興化縣令；彥仟，修職郎，廣州南海縣東尉；彥偲、彥偶、彥傈，並累中監舉。女九人，存者四人：適進士林炳、蔡幼度，國學進士林應辰，進士陳雱孫。孫男十五人：琚夫，修職郎，潮州潮陽縣主簿；瓚夫、綰夫，並三中監舉；旺夫，習進士業；尊夫、紱夫，並中監舉；瓏夫、統夫、盤夫、繸夫、睬夫、嵩夫、興夫，尚童幼。孫女十九人：適進士蔡應孫、錢琳、鄭元父，迪

❶「扶」，原作「抉」，據四庫本改。
❷「語」，原爲墨丁，據四庫本補。
❸「六」、「五」，原爲墨丁，據四庫本補。
❹「候」，四庫本作「侯」，下同。「煙」，清鈔本、四庫本作「禋」。

功郎前汀州清流縣主簿杜功綽，進士林天祐、陳學文，餘未行。曾孫男一人：時淦。不惟衣冠之盛萃於一門，而樂善循理，人無間言者，賢母義方之訓也。詩人以《麟趾》信厚爲《關雎》賢淑之應，其信然耶！天族，天所芘也，一室之内，母子兄弟無一念而非天也，則如天之福，豈自外而至哉？明年三月十二日，葬于候官縣保慶寺上焬山之原，從朝議公之兆也。前期，彦候掇其世系行實，俾榦述之。榦家世城東，後徙而南，未嘗不東首者，以丘墓之寄於東也。丘墓之感，又未嘗不痛心疾首焉，則於其鄰之賢者，安得不欣然慕之？今乃知其爲賢母之教也。既以自悲，又悲夫人之不可復見，遂述其事，以誌來者。謹狀。

通直郎致仕林公行狀

公姓林氏，諱周卿，字少望。林氏爲閩大姓，孝友之風，著自古昔，散而處者，亦多聞人。公之先，占籍福州之江南，五世矣。江南爲州之中土，其俗質實渾厚，故公之家世皆以篤行厚德稱於閭里。公敏悟端重，色温氣和，襟懷坦夷，與物無競。少從合沙先生鄭公少梅學，通《易》大旨，所交遊皆世名勝。及壯，失所怙，事母馮氏，年八袠，公鬚髮皓白，怡愉戀慕有嬰兒之狀。處兄弟友愛，常恐傷其意，貲産厚薄一不經念，悉推祖父遺業奉其兄，鄉閭有同氣争産不平者，必舉公盛德以爲訓。仲兄蚤世，撫其孤女，使有所歸。宗族單微煢獨不能立、死喪嫁娶不能舉者，極力賙之，無倦色。其居家未嘗厲聲怒容，居鄉未嘗後人先己，趨人之急如己隱憂，聞人之善若自己出。以是服公之仁、慕公之義者，内外老稚無間言。公自少遊場屋，已嶄然見頭角，人固蘄公以大其家矣。已而蹭蹬不遂，公處之恬然，安貧守義，擇師教子之外無他念。公之子司業君埛遂入太學，連中有司，竟以舍選魁多士，出綰郡紱，入儀天朝，斑衣爛綵，極其孝養。公亦未嘗少易平素，遇貴賤必與之握手劇談，❶無復畦畛。語及桑梓，則動心墮淚，不知宦遊之樂也。會兩學與京尹競，司業君謂待士宜以禮，力爭去國，兩學諸生扣相府門乞留者數百人，公以得歸爲幸，趣家人指日就道。既歸，即所居之旁鑿池築室，樓以儲書，亭以宴客，草木成陰，風日晴燠，親賓畢集，釃酒高會。年幾九十，視聽步履不減少壯，飲食倍人，儀狀甚偉，聲音滿堂，進拜公於前者，不知其已老也。忽晨興，命家人取瓜果杯勺羅列庭下，公起攝衣，焚香酹酒以告曰：「某年八十有六，天地芘護之力也。生平心事毫髮不敢欺，請酹此而逝。」又呼兒孫下逮僕隸飲以辯曰：「人生如寄，吾年至此，尚復何望？此心無累，可行即行，今與汝曹酹此而别。」越三日，疾有瘳，家人問安否，公笑曰：「晴明即行。」至晚，命浴，索酒一飲，整襟正寢而逝，嘉定庚辰六月十九日也。其達於窮通死生之變如此，則公之處於家於鄉者，又不足以盡公之蘊也。公寬厚博大人也，豈若是淺丈夫然哉？利害未毛髮許，兄弟骨肉反自如仇讎；❷榮辱得喪之際小不如意，則戚然若不

❶「貴」，四庫本作「貧」。
❷「自」，四庫本作「目」。

可以生者；一旦意得志滿，則前恭後倨，視故交如路人。於公得無愧乎？公教其子以書生起家，名聲震當世，立朝挺挺有風節，不可謂無所自。以子恩封至通直郎。娶陳氏，追封安人，先三十二年卒。子一人，司業君也。孫男三人：昌嗣、昌壽、昌敬。昌壽，國學生，餘業進士。孫女五人：長適國學生陳嘉謨，次迪功郎前潭州湘潭縣主簿陳興龍，次勑賜同進士出身魏復亨，次進士黄輹，次尚幼。將以是年十二月十日葬于移風鄉龍灣之原，從先兆也。榦於公爲後輩，獨嘗拜識公於三十年之前。既與司業君爲筆硯交，後復託姻婭之好，於公行事知之審矣。司業君以述公之行見屬，不容辭。謹掇其梗概，以諗來者。謹狀。

貢士黄君仲玉行狀

君諱振龍，字仲玉，姓黄氏。九世祖自光之固始從王氏入閩，因仕焉，居言路，有直聲，後遷至中丞。子孫散處，有居福州城東者。至五世祖亨有厚德，自奉薄，喜施予，鄉閭感之，號爲長者。曾祖緯，祖鈞，父行知，自亨以來，皆能繼其家聲，故今稱長者不絶。城東之黄，雖未有顯者，然過其閭者慕其德，仕其鄉者亦聞其名而敬之。君天性純厚，襟懷坦夷，樂於爲善，聞不善則毅然惟恐浼己，其勇有不可及者。接物無崖岸，與人交，久而愈篤。赴人之急，風雨寒暑不避，輕財重誼，親故之貧者周之無秋毫顧惜意。人有疾病，力能療之，雖貧下危篤，必以身親之，無厭倦之色。親屬鄰里事有難決，即君謀之，爲之委曲剖析，納之義理，不可則面折之，未嘗有所遷就畏避也。少力學自奮，爲舉子業，必根極理致，不爲浮靡徇俗。歲大比，真舍人德秀見其文奇之，擢之前列，自是切磋往復，遂爲深交，嘗曰：「三山士友，篤實不相負者，吾仲玉也。」晚益收斂爲己，慨然以歲月遲莫、役志俗學爲恨，日以《論語》《孟子》自課，端居莊誦，既又博觀先賢遺言，左右探索，意味有得，輒忘寢食。至朱文公「端莊存養，獨觀昭曠之原。年事既高，若不着緊用工，恐歲月悠悠」之語，惕然有感，書之坐右以自警。深悼少年之不及親師取友也，由是益加人一己百之功。聞四方賢者，必使其子學焉，聚伊洛諸書，課其子以講習。君天資既美，至其知學，則益自力於脩身齊家之實行，故其一門之中，動守禮法，❶相勉以善，內外雍睦，人無間言。鄉鄰之志於學者，莫不喜從君遊，觀感磨厲，以共扶斯道。而君没矣，蓋莫不失聲墮淚，爲之號慟也。君疾革，命取新衣易之，家人方環立侍疾，君整襟肅容，呼其子曰：「養吾疾者，莫若子，男子不死於婦人之手。」婦人退，又曰：「我死，謹毋用浮屠法。不然，是使我不得正其終也。」君之學既行於妻子，又嘗以朱文公《家禮》帥其家人，使守之，故其治喪，奉君之治命惟謹。君以嘉定己卯七月甲寅終于正寢，享年五十有一。娶潘氏。子男二人：朴，太學生；格，業進士。女二人：長許適進士潘公炳，次先卒。孫男一人：壽老。將以是年十月二十二日葬于閩縣橫嶼山之原。二子以君之行不可無述也，固以請。

❶「動」，四庫本作「謹」。

斡與君交最晚，於里巷交遊間，知君之行最詳，既喜其稟姿之粹、務學之實，其於死生之際又能不溺於兒女繫戀之情、夷狄荒幻之教，而乎於家人者又如此。因其家以驗其行，即其終以信其平昔，是不可使之泯泯無聲，以畀來人，遂述其梗概，俾求銘於當世立言之君子。謹狀。

太安人林氏行狀

安人姓林氏，其先自莆徙福州，爲長樂縣新溪人。嘉祐中，有諱端復、休復者，兄弟相繼擢第爲郎，自是族益大，業儒益衆。夫人之曾祖□、祖□皆以學行爲里閭推敬。考諱□，中紹興戊午進士第四人，累官至奉議郎。夫人端重警敏，誦書一覽不忘，《語》《孟》諸經，悉通大義。少從羣兒聚家塾，奉議命題使屬對，曰：「亞夫爲將，屯軍細柳之營。」衆閣筆未能下，安人忽從旁代曰：「召伯治民，聽訟甘棠之舍。」聞者異之。歸任氏，爲中奉大夫、太常少卿諱文薦之婦，奉議郎、知瑞金縣諱道宗之配。事舅姑以孝謹稱，夫婦如賓，相勉以正。少卿嘗以公勤廉和戒其子，夫人每諷道之曰：「此家訓，謹勿忘。」少卿捐館舍，甫卒哭，知縣哀毁繼殁。夫人年二十有八，生計蕭然，子女七人，俱在齠齔，内外親屬，有不堪其憂者。安人毅然自守，莫敢奪其志。執夫之喪，哀戚備極，既免喪，不御華飾，族黨游觀無所預。閑家有則，内外肅然。自奉簡約，食喜蔬素，登堂奉姑，必具甘旨。冬裘夏絺，縫紉補拆，先期而辦。家之用度，刻苦撙節，享祀問遺與教子束脩，悉從其厚。親戚急難，倒篋以周之，忘其家之貧也。晨興，諸子就學，莫歸，使環几而坐，孤燈夜績，課以誦讀，率漏下三十刻乃寐，風雨寒暑不渝。句讀訛謬爲之釐正，卷帙爛脱爲之補綴。旦旦而誨之，必曰：「汝家多難，生理素薄，汝輩勉自植立，勿忝乃祖，則吾雖勞無憾。」迨其入仕也，猶力以先訓勉之，聞士夫之廉勤者，❶輒悚然曰：「君子哉！汝輩能若□□吾願足矣。」❷晚年，諸孫皆既就傅，尚諄諄誨督，不忘其初。安人持身處家，既盡其道，而義方之訓施於子孫者尤切，故其諸子皆能以少年聯翩學校，接踵世科，娣姒相勉飭，亦皆以不教子爲恥，感發奮厲。而少卿之子數人，其諸孫皆無白丁者，實安人啓之。邦人稱願之曰：「盛哉！有子如此，嗟乃母之教也。」所以望其子者，亦恨不得與諸任齒，而安人未嘗以科目爲已足也，猶責之以廉勤謹恪，使必能繼少卿之業而後已。蓋其少長習聞兩家儒學之素，而天資之高，又有以知人道之所當先，而不可緩也。世之慈子嗜利，忽詩禮而事驕逸，卒以敗其家者多矣。以一婦人，乃能於艱棘之中，勉其子以有立，而少卿之門日昌而大，是不謂之賢乎哉？嘉定乙亥明禋，安人以子官封太安人，享年七十有四，己卯七月□日以疾終于適寢。將易簀，神色不亂。子男六人：長□□，早夭；次惟明，國學進士；次一鶚，鄉貢擢第，今爲朝散郎，知建昌軍；次一鳴，國學待省；次騰，國學生，□年而□；次一龍，由國學，與其兄一鶚爲同年進士，今爲奉議郎，前知江州彭澤縣。女一人，適建寧府司理王榕。孫男七人：俊

❶「勤」，四庫本作「謹」。

❷「□□」，四庫本作「此則」。

老、椿老、泗老、濟僧、澤僧、崧老。女八人，適進士潘公植、周誠，餘在室。以□□年□月□□日附葬于懷安縣杜塢山之原。惟明以安人之行不可無述也，率其諸弟而屬筆於榦。惟昔先君御史於少卿爲道義之交，於少卿族弟爲姻婭之好，榦也遊知縣父子間，聞安人淑德懿範者非一日，雖衰晚不文，不敢辭，謹摭其遺事可傳於世者如右。

謹狀。

勉齋先生黄文肅公文集卷第三十四

行狀

朝奉大夫華文閣待制贈寶謨閣直學士通議大夫謚文朱先生行狀

曾祖絢，故不仕。妣汪氏。

祖森，故贈承事郎。妣程氏，贈孺人。

父松，故任左承議郎，守尚書吏部員外郎，兼史館校勘，累贈通議大夫。妣孺人祝氏，贈碩人。

本貫徽州婺源縣永平鄉松巖里。

先生姓朱氏，諱熹，字仲晦父。朱氏爲婺源著姓，以儒名家，世有偉人。吏部公甫冠，擢進士第，入館爲尚書郎，兼史事，以不附和議去國。文章行義爲學者師，號韋齋先生，有文集行於世。吏部公因仕入閩，至先生始寓建之崇安五夫里，今居建陽之考亭。先生以建炎四年九月十五日午時生南劍尤溪之寓舍。幼穎悟，莊重能言，韋齋指示曰：「此天也。」問曰：「天之上何物？」韋齋異之。就傅，授以《孝經》，一閱封之，題其上曰：「不若是，非人也。」嘗從羣兒戲沙上，獨端坐，以指畫沙，視之，八卦也。少長，厲志聖賢之學，❶於舉子業初不經意。年十八，貢于鄉，

❶ 「志聖賢」，原闕，據四庫本補。

登紹興十八年進士第，❶以左迪功郎主泉州同□□。❷莅職勤敏，纖悉必親，郡縣長吏，事倚以決，苟利於民，雖勞無憚。職兼學事，選邑之秀民充弟子員，訪求名士以爲表率，日與講説聖賢脩己治人之道。年方踰冠，聞其風者，已知學之有師而尊慕之。歷四考，罷歸，以奉親講學爲急。

二十八年，請奉祠，監潭州南嶽廟。明年，召赴行在，言路有託抑奔競以沮之者，遂以疾辭。三十二年，祠秩滿，再請。孝宗即位，復因其任。會有詔求直言，因上封事，其略言：「聖躬雖未有闕失，而帝王之學不可以不熟講；朝政雖未有闕遺，而修攘之計不可以不早定；利害休戚雖不可徧以疏舉，然本原之地不可以不加意。陛下毓德之初，親御簡策，不過諷誦文辭，吟詠情性。比年以來，欲求大道之要，又頗留意於老子、釋氏之書。記誦詞藻，非所以探淵源而出治道；虚無寂滅，非所以貫本末而立大中。帝王之學，必先格物致知以極夫事物之變，使義理所存纖悉畢照，則自然意誠心正，而可以應天下之務。」次言：「今日之計，不過脩政事、禳夷狄，❸然計不時定者，講和之説疑之也。金虜於我有不共戴天之讎，則不可和也，義理明矣，知義理之不可爲而猶爲之，以有利而無害也。以臣策之，所謂和者，有百害而無一利，何苦而必爲之？願疇咨大臣，總攬羣策，鑒失之之由，求應之之術，斷以義理之公，參以利害之實，閉關絶約，任賢使能，立紀綱，厲風

❶「登紹」，原闕，據四庫本補。「興」，原作「典」，據史實及四庫本改。
❷「□□」，四庫本作「安簿」。
❸「禳」，清鈔本、四庫本作「攘」。

俗。使吾修政攘夷之外，了然無一毫可恃爲遷延中已之資，而不敢懷頃刻自安之意，然後將相軍民無不曉然知陛下之志，更相激厲以圖事功。數年之外，志定氣飽，國富兵强，視吾力之强弱，觀彼釁之淺深，徐起而圖之，中原故地不爲吾有而將焉往？」次言：「四海利病，係斯民之休戚；斯民休戚，係守令之賢否。監司者，守令之綱；朝廷者，監司之本。欲斯民之得其所，本原之地亦在朝廷而已。今之監司，姦贓狼藉，肆虐以病民者，莫非宰執、臺諫之親舊賓客。其已失勢者，既按見其交私之狀而斥去之，尚在勢者，豈無其人？顧陛下無自而知之耳。」

明年，改元隆興，復召，辭，不許，即入對。其一言：「大學之道，在乎格物以致其知。蓋有是物，必有是理，然理無形而難知，物有迹而易觀，故因是物以求之，使是理瞭然於心目之間，而無毫髮之差，則應乎事者目無毫髮之繆。❶陛下雖有生知之性、高世之行，而未嘗隨事以觀理，故天下之理多所未察；未嘗即理以應事，故天下之事多所未明，是以舉措之間動涉疑貳，聽納之際未免蔽欺。平治之效所以未著，由不講乎大學之道，而溺心於淺近虚無之過。」其二言：「君父之讎不與共戴天，乃天之所覆，地之所載，凡有君臣父子之性者，發於至痛不能自已之同情，而非專出於一己之私。然則今日所當爲者，非戰無以復讎，非守無以制勝，是皆天理之同然，非人欲之私忿也。」末言：「古先聖王制御夷狄之道，其本不在乎威强而在乎德業，其任不在乎邊

❶「目」，疑當作「自」。

境而在乎朝廷，其具不在乎兵食而在乎紀綱。今日諫諍之塗尚壅，佞幸之勢方張，爵賞易致而威罰不行，民力已殫而國用未節，則德業未可謂修，朝廷未可謂正，紀綱未可謂立。凡古先聖王所以强本折衝、威制夷狄之道，皆未可謂備。」三劄所陳，不出封事之意，而加剴切焉。先生以爲，制治之原莫急於講學，經世之務莫大於復讎，至於德業成敗，則決於君子小人之用舍，故於奏對復申言之。蓋學有定見，事有定理，而措之於言者如此。

除武學博士，待次。乾道改元，促就職。既至，以時相方主和議，請監南嶽廟以歸。三年，差充樞密院編修官，待次。五年，三促就職，會魏掞之以布衣召爲國子録，因論曾覿而去，遂力辭。先生嘗兩進絶和議、抑佞幸之戒，❶言既不行，雖擢用狎至，不敢就。出處之義，凛然有不可易者。尋丁内艱。六年，復召，以未終喪辭。七年，既免喪，復召，以禄不及養辭。四年之間辭者六。九年，有旨：「安貧守道，廉退可嘉。」特改合入官，主管台州崇道觀。先生以改秩畀祠皆進賢賞功、優老報勤之典，今無故驟得之，求退得進，於義未安，再辭。淳熙元年，又再辭。上意愈堅，始拜命。改宣教郎，奉祠。二年，除秘書郎。先生以改官之命，正以嘉其廉退，今乃冒進擢之寵，是左右望而罔市利，力辭。時上諭大臣，欲奬用廉退，執政以先生爲言，故有是命。會有言虚名之士不可用者，以故再辭，即從其請，主管武夷山冲佑觀。五年，差權發遣南康軍事，辭者四，始之任。先生自同安歸，

❶「抑」，原作「仰」，據清鈔本、四庫本改。

奉祠家居幾二十年，間關貧困，不以屬心，涵養充積，理明義精，見之行事者益霈然矣。至郡，懇惻愛民，如己隱憂，興利除害，惟恐不及。屬邑星子土瘠税重，乞從蠲減，章凡五六上。歲值不雨，講求荒政，凡請於朝，言無不盡，官物之檢放、倚閣、蠲減、除豁，帶納，如秋苗夏税、木炭月樁，經總制錢之屬，各視其邑目爲之條奏，或至三四，不得請不已，并奏請截留綱運，乞轉運、常平兩司撥錢米充軍糧，❶備賑濟，申嚴鄰路斷港遏糴之禁。選官吏授以方略，俾視境内，具知荒歉分數，户口多寡、蓄積虚實，通商勸分，多所全活。其設施次第，人争傳録以爲法。訖事，奏乞依格推賞納粟人者凡數四。郡濱大江，舟艤岸者遇大風輒淪溺，因募飢民築堤捍舟，民脱於飢，舟患亦息。先生視民如傷，至姦豪侵擾細民、撓法害政者，懲之不少貸，由是豪强斂戢，里閭安靖。數詣郡學，引進士子，與之講論。訪白鹿洞書院遺址，奏復其舊。又奏乞賜書院敕額，及高宗御書石經版本《九經註疏》等書者至再。每休沐，輒一至，諸生質疑問難，誨誘不倦，退則相與徜徉泉石間，竟日乃反。又求栗里陶靖節之居、西澗劉屯田之墓、孝子熊仁贍之閭旌顯之，猶以不得悉行其志爲恨。

明年，詔監司、郡守條具民間利病，遂上疏言：「天下之大務，莫大於卹民；卹民之本，又在人君正心術以立紀綱。今日民間特以税重爲苦，正緣二税之入，朝廷盡取以供軍，而州縣無復贏餘，則不免於二税之外別作名色，巧取於民。今民貧賦重，若不

❶「撥」，四庫本作「發」。

討軍實、去浮冗，則民力決不可寬。惟有選將吏、覈兵籍，可以節軍實；開廣屯田，可以益軍儲；練習民兵，可以益邊備。今日將帥之選，率皆膏粱子弟、厮役凡流，所得差遣，爲費已是不貲，到軍之日，惟望掊斂刻剥，以償債負。總餽餉之任者，亦皆倚附幽陰，交通貨賂，其所驅催東南數十郡之脂膏骨髓，名爲供軍，而輦載以輸權倖之門者，不可以數計。然則欲討軍實以紓民力，必盡反前之所爲，然後乃可革也。授將印、委利權，一出於朝廷之公議，則可以絶苞苴請託之私，而刻剥之風可革。務求忠勇沉毅、實經行陣之人，則可以革輕授非才之弊，而軍士畏愛，蒐閱以時，竄名冗食者不得容其間。又擇老成忠實、通曉兵農之務者，使領屯田之事，付以重權，責其久任，則可以漸省列屯坐食之兵，稍損列郡供軍之數。軍籍既覈，屯田既成，民兵既練，州縣事力既紓，然後可以禁其苛斂，責其寬恤，庶幾窮困之民得保生業，無復流移漂蕩之患矣。所謂其本在於正心術以立紀綱者，❶蓋天下之紀綱不能以自立，必人主之心術公平正大，無偏黨反側之私，然後紀綱有所繫而立。君心不能以自正，必親賢臣、遠小人，講明義理之歸，閉塞私邪之路，然後乃可得而正。今宰相、臺省、師傅、賓友、諫諍之臣皆失其職，而陛下所與親密謀議者，不過一二近習之臣。此一二小人者，上則蠱惑陛下之心志，使陛下不信先王之大道，而説於功利之卑説，不樂莊士之讜言，而安於私暬之鄙態。下則招集天下士大夫之嗜利無恥者，文武彙分，各入其門，所喜則陰爲

❶「謂」下，四庫本有「端」字。

引援，擢寘清顯，所惡則密行呰毁，公肆擠排。交通貨賂，則所盜者皆陛下之財；命卿置將，則所竊者皆陛下之柄。陛下所謂宰相、師傅、賓友、諫諍之臣，或反出入其門墻，承望其風旨，其幸能自立者，亦不過齪齪自守，而未嘗敢一言以斥之。其甚畏公論者，乃略能驚逐其徒黨之一二，既不能深有所傷，而終亦不敢明言以擣其囊橐窟穴之所在。勢成威立，中外靡然向之，使陛下之號令黜陟不復出於朝廷，而出於此一二人之門，名爲陛下之獨斷，而實此一二人者陰執其柄。蓋其所壞，非獨壞陛下之紀綱，乃併與陛下所以立紀綱者而壞之，則民又安可得而恤，財又安可得而理，軍政何自而修，土宇何自而復，宗廟之讎恥又何時而可雪耶？」

先生在任，嘗用劄子奏事，後因臺諫言用劄子非舊制，遂奏乞罷黜，又以致人户逃移自劾者再，以疾請奉祠者五。將滿，除江西提舉常平茶鹽事，待次。初，廟堂議遣先生使蜀，上意不欲其遠去，故有是命。詔以修舉荒政，民無流殍，除直秘閣，凡三辭，皆以前所奏納粟人未推賞，難以先被恩命。時會浙東大饑，易提舉浙東常平茶鹽事。時民已艱食，即日單車就道。復以南康納粟人未推賞辭職名，且乞奏事之任。納粟賞行，遂受職名。入對，其一言：「陛下臨御二十年間，水旱盜賊略無寧歲，意者德之崇未至於天與？業之廣未及於地與？政之大者有未舉而小者無所繫與？刑之遠者或不當而近者或幸免與？君子有未用而小人有未去與？大臣失其職而賤者竊其柄與？直諒之言罕聞而諂諛者衆與？德義之風未著而汙賤者騁與？貨賂或上流而恩澤不下究與？責人或已詳而反躬有未至與？夫必有是數者，然後足以召災而致異。」其二言：「陛下即政之初，蓋嘗選建英豪，任以政事，不幸其間不能盡得其人，是以不復廣求賢哲，而姑取軟熟易制之人以充其位。於是左右私褻使令之賤，始得以奉燕間，備驅使，而宰相之權日輕。又慮其勢有所偏而因重以壅己也，則時聽外廷之論，將以陰察此輩之負犯而操切之。陛下既未能循天理、公聖心以正朝廷之大體，則固已失其本矣，而又欲兼聽士大夫之公言，以爲駕馭之術，則士大夫之進見有時，而近習之從容無間。士大夫之禮貌既莊而難親，其議論又苦而難入，近習便辟側媚之態既足以蠱心志，其胥吏狡猾之術又足以眩聰明，此其生熟甘苦既有所分，恐陛下未及施其駕馭之術，而先墮其數中矣。是以雖欲微抑此輩，而此輩之勢日重，雖欲兼采公論，而士夫之勢日輕。重者既挾其重以竊陛下之權，輕者又借力於所重以爲竊位固寵之計，中外相應，更濟以私，日往月來，浸淫耗蝕。使陛下之德業日隳，綱紀日壞，邪佞充塞，貨賂公行，兵愁民怨，盗賊間作，災異數見，飢饉荐臻。羣小相挻，人人皆得滿其所欲，惟有陛下了無所得，而國家顧乃獨受其弊。」其三言救荒利害，如州縣旱傷，早行檢放，從實蠲減。勸諭人户賑糶，務得其平。納粟之人早行推賞，所納米數仍減其半。乞撥豐儲倉米三十餘萬石，以備濟糶。州縣新舊官物並且住催，紹興丁身等錢預行蠲放，及免米商力勝税錢。量立賞格，官吏違慢者奏劾，昏病者别與差遣，仍選差得替、待闕、宫廟、持服官員時暫管幹。其四言水旱三分以上，第五等户免檢並放；五分以上，第四等户依此施行，乞行著令，及請肦行社倉條約於諸路。其五言紹興和買，乞議革其弊。其六言南康嘗乞蠲減星子租税，有司拒以對補，吝細鄙狹，不達大體。其七言白鹿書院請賜書額。先生所對奏劄凡七，其一二皆自書以防宣泄。又以南康所上封事繕寫成册，用袋重封，於閤門投進。後五劄亦有非一時捄荒之急者，當倥傯不暇給之際，而憂深慮遠，從容整暇，蓋急於捄民，罄竭忠悃，不敢有所隱也。先生所居之鄉，每歲春夏之交，豪户閉糴牟利，細民發廩强奪，動相賊殺，幾至挺變。先生嘗率鄉人置社倉以賑貸之，米價不登，人得安業。至是，乞推行之。白鹿書院事，本不暇及，前期執政使人諭以且宜勿言，先生因念主上未必有鄙薄儒生之意，而大臣先爲此言，不可。及對，卒言之。上委曲訪問，悉從其請。

先生初拜命，即移書他郡，募米商，蠲其征，及至，客舟之米已輻湊。復以入奏荒政數事，推廣條上，情詞懇惻，條目詳密。日與僚屬寓公鈎訪民隱，至廢寢食。分畫既定，按行所部，窮山長谷，靡所不到，拊問存恤，所活不可勝計。每出，皆乘單車，屏徒從，所歷雖廣而人不知。郡縣官吏憚其風采，蒼黄驚懼，常若使者壓其境，至有自引去者，由是所部肅然。而尤以戢盗、捕蝗、興水利爲急，大抵措畫悉如南康時，而用心尤苦。初奏紹興和買之弊，至是乞先與痛減歲額，然後用貫頭科敷。惟慮真下户受其弊，則請參用高下等第均敷，及減免下户丁錢以優之。又乞免台州丁錢。至於差役利害，亦嘗條具數千言申省。義役之法，則乞令均出義田，罷去役首，免排役次，官差保正副長輪收義田，仍令上户兼充户長。又乞取會福建下四州見行產鹽法，行於本路沿海四州。又乞依處州見行之法，改諸郡酒坊爲萬户。於捄荒之餘，猶悉及他事，以爲經久之計。先生猶以徒費大農數十萬緡，無以全活一道飢民自劾。又以前後奏請多見抑却，幸而從者又率稽緩後時，無益於事，蝗旱相仍，不勝憂憤，復奏言：「爲今之計，獨有斷自聖心，沛然發號，責躬求言，然後君臣相戒，痛自省改。其次，惟有盡出內庫之錢以供大禮之費，爲收糴之本。詔户部無得催理舊欠，詔諸路漕臣遵依條限檢放税租，詔宰臣沙汰被災路分州軍監司、守臣之無狀者，遴選賢能，責以荒政，庶幾猶足以下結人心，消其乘時作亂之意。不然，臣恐所憂者不止於餓殍而在於盜賊，蒙其害者不止於官吏而上及於國家也。」復上時宰書云：「朝廷愛民之心，不如惜費之甚，是以不肯爲極力救民之事；明公憂國之念，不如愛身之切，是以但務爲阿諛順旨之計。然民之與財，孰輕孰重？身之與國，孰大孰小？財散猶可復聚，民心一失則不可復收；身危猶可復安，國勢一傾則不可復正。至於民散國危，而措身無所，則其所聚有不爲大盜積者耶？」

九年，以賑濟有勞，進直徽猷閣，辭。台守唐仲友與時相王淮同里，爲姻家，遷江西憲，未行。先生行部，訟者紛然，得其姦贓、僞造楮幣等事，劾之，時久旱而雨。奏上，淮匿不以聞，仲友亦自辯，且言弟婦王氏鷩悸病篤，論愈力，章至十上。事下紹興府鞫之，獄具情得，乃奪其新命授先生。先生以爲是蹊田而奪之牛，辭不拜，遂歸。尋令兩易江東，辭，及辭職名，且言唐仲友雖寢新命，已具之獄，竟釋不治，則是所按不實，難以復沾恩賞。並不許。受職名，再辭新任，且乞奉祠，言：「所劾贓吏黨與衆多，並當要路，大者宰制斡旋於上，小者馳騖經營於下，若其加害於臣不遺餘力，則遠至師友淵源之所自，亦復無故横肆觝排。爲臣之計，惟有乞身就閑，或可少紓患害。」時從臣有奉時相意上疏毁程氏之學以陰詆先生者，故有是言。十年，差主管台州崇道觀。先生守南康，使浙東，始得行其所學，已試之效卓然，而卒不果用，退而奉崇道、雲臺、鴻慶之祠者五年。自是，海内學者尊信益衆。十四年，除提點江西刑獄公事，待次，以疾辭，不許，遂拜命。

十五年，促奏事，又以疾辭，不許，遂行。又以疾請奉祠者再。淮罷相，遂力疾入奏，首言：「近年以來，刑獄不當，輕重失宜，甚至涉於人倫風化之重者。有司議刑，亦從流宥之法，則天理民彝幾何不至於泯滅？」又言：「州郡獄官乞注有舉主關陞，及任滿銓試第二等以上人，常調關陞，及省部胥吏並不得注擬。若縣獄則專委之令，或不得人，則無所不至，亦望令縣丞或主簿同行推訊。」又言：「提刑司管催經總制錢，起於宣和末年倉卒用兵，權宜措畫，其始亦但計其出納之實數，而隨以取之。及紹興經界，民間投印違限，契約所入倍於常歲，自後遂以是年爲額，而立爲比較之説。甚至災傷檢放、倚閣錢米已無所入，而經總制錢獨不豁除，州縣之煎熬何日而少紓，斯民之愁歎何時而少息？」又言江西諸州科罰之弊。至其末篇，乃言：「陛下即位二十有七年，而因循荏苒，無尺寸之效可以仰酬聖志。嘗反覆而思之，無乃燕間蠖濩之中，❶虛明應物之地，天理有未純，人欲有未盡歟？天理未純，是以爲善不能充其量；人欲未盡，是以除惡不能去其根。一念之頃，公私邪正、是非得失之機，朋分角立，❷交戰於其中。故體貌大臣非不厚，而便嬖側媚得以深被腹心之寄；寤寐豪英非不切，而柔邪庸繆得以久竊廊廟之權。非不樂聞公議正論而有時不容，非不堲讒説殄行而未免誤聽，非不欲報復陵廟讎恥而不免畏怯苟安，非不欲愛養生靈財力而未免歎息愁怨。凡若此類，不一而足。願陛下自今以往，一念之頃則必謹而察之，此爲天理耶？爲人欲耶？果天理也，則敬以充之，而不使其少有壅閼；果人欲也，則敬以克之，而不使其少有凝滯。推而至於言語動作之間、用人處事之際，無不以是裁之，則聖心洞然，中外融徹，無一毫之私欲得以介乎其間，而天下之事，將惟陛下之所欲爲，無不如志矣。」是行也，有要之於路，以「正心誠意」爲上所厭聞，戒以勿言者。先生曰：「吾平生所學，只有此四字，豈可回互而欺吾君乎？」及奏，上未嘗不稱善，曰：「久不見卿，浙東之事，朕自知之。今當處卿清要，不復勞卿州縣。」除兵部郎，以足疾丐祠，未供職。本部侍郎林栗前數日與先生論《易》《西銘》不合，至是，遣部吏抱印迫以供職，先生以疾在告，遂疏先生欺慢。時上意方嚮先生，欲易以他部郎。時相竟請授以前江西之命，仍舊職名，又令吏部給還改官以後不曾陳乞磨勘。蓋先生改秩既出特

❶「蠖濩之中」，四庫本作「起居之間」。
❷「朋」，四庫本作「明」。

恩，其後累任祠官，無績可考，以故不曾陳乞磨勘者十有四年。先生行且辭曰：「論者謂臣事君無禮，爲人臣子有此名，罪當誅戮，豈可復任外臺耳目之寄？」章再上，除直寶文閣，主管西京嵩山崇福宫，粟亦罷。辭磨勘及職名，不許，轉朝奉郎。

未踰月，再召。時廟堂知上眷厚，憚先生復入，故爲兩罷之策。上悟，先生復召，受職名，辭召命，以爲遷官進職，皆爲許其閑退，方竊難進易退之褒，復爲彈冠結綬之計，則其爲世觀笑，不但往來屑屑之譏。又促召。初，先生入奏事，迫於疾作，嘗面奏，以爲口陳之説有所未盡，乞具封事以聞。至是，再辭，遂併具封事投匭以進。其略曰：「今天下大勢，如人有重病，内自心腹，外達四支，無一毫一髮不受病者，臣不暇言，且以天下之大本與今日之急務爲陛下言之。蓋大本者，陛下之心；急務則輔翼太子、選任大臣、振舉綱維、變化風俗、愛養民力、修明軍政六者是也。古先聖王，兢兢業業持守此心，雖在紛華波動之中、幽獨得肆之地，而所以精之一之、克之復之，如對神明、如臨淵谷，猶恐隱微之間或有差失而不自知，是以建師保之官，列諫諍之職。凡飲食酒漿、衣服次舍、器用財賄，與夫宦官宫妾之政，無一不領於冢宰，使其左右前後一動一静，無不制以有司之法，而無纖芥之隙、瞬息之頃，得以隱其毫髮之私。陛下之所以精一克復而持守其心，果有如此之功乎？所以脩身齊家而正其左右，果有如此之效乎？官省事禁，❶臣固不得而知，然爵賞之濫、貨賂之流，閭巷竊言，蓋久已不勝

❶「官」，清鈔本、四庫本作「鮮」。

其籍籍，則陛下所以脩之家者，恐其未有以及古之聖王也。至於左右便嬖之私，恩遇過當，往者淵、覿、説、抃之徒勢焰熏灼，傾動一時，今已無可言矣。獨有前日臣所面陳者，雖蒙聖慈委曲開譬，然臣之愚，竊以爲此輩但當使之守門傳命，供掃除之役，不當假借崇長，使得逞邪媚，作淫巧於内，以蕩上心，立門庭，招權勢於外，以累聖政。臣竊聞之道路，自王抃既逐之後，諸將差除多出此人之手。陛下竭生靈膏血以奉軍旅，而軍士顧乃未嘗得一温飽，是皆將帥巧爲名色，奪取其糧，肆行貨賂於近習，以圖進用。出入禁闥腹心之臣，外交將帥，共爲欺蔽，以至於此。而陛下不悟，反寵暱之，以是爲我之私人，至使宰相不得議其制置之得失，給諫不得論其除授之是非，則陛下所以正其左右者，未能及古之聖王又明矣。

至於輔翼太子，則自王十朋、陳良翰之後，宫寮之選號爲得人而能稱其職者，蓋已解矣。而又時使邪佞儇薄、闒冗妄庸之輩或得參錯於其間，所謂講讀亦姑以應文備數，而未聞其有箴規之效。至於從容朝夕陪侍遊燕者，又不過使臣宦者數輩而已。唐之《六典》，東宫之官，師傅、賓客既職輔導，而詹事府、兩春坊實擬天子之三省，故以詹事、庶子領之。今則師傅、賓客既不復置，而詹事、庶子有名無實，其左右春坊遂直以使臣掌之，何其輕且褻之甚耶！夫立太子而不置師傅、賓客，則無以發其隆師親友、尊德樂義之心；獨使春坊使臣得侍左右，則無以防其戲慢媟狎、奇衺雜進之害。宜討論前典，置師傅、賓客之官，罷去春坊使臣，而使詹事、庶子各復其職。至於選任大臣，則以陛下之聰明，豈不知天下之事，必得剛明公正之人而後可任哉？其所以常不得如此之人，而反容鄙夫之竊位者，直以一念之間未能撤其私邪之蔽，而燕私之好、便嬖之流不能盡由於法度。若用剛明公正之人以爲輔相，則恐其有以妨吾之事、害吾之人，而不得肆。是以選掄之際，常先排擯此等寘之度外，而後取凡疲懦軟熟、平日不敢直言正色之人而揣摩之，又於其中得其至庸極陋、決可保其不至於有所妨者，然後舉而加之於位。是以除書未出，而物色先定，姓名未顯，而中外已逆知其決非天下之第一流矣。至於振肅紀綱、變化風俗，則今日宮省之間、禁密之地，而天下不公之道、不正之人顧乃得以窟穴盤據於其間，而陛下目見耳聞，無非不公不正之事，則其所以熏蒸銷鑠，使陛下好善之心不著，疾惡之意不深，其害已有不可勝言者矣。及其作姦犯法，則陛下又未能深割私愛而付諸外廷之議，論以有司之法，是以紀綱不能無所撓敗。紀綱不正於上，是以風俗頹弊於下，蓋其爲患之日久矣，而浙中爲尤甚。大率習爲軟美之態、依阿之言，以不分是非、不辨曲直爲得計。下之事上固不敢少忤其意，上之御下亦不敢稍咈其情，惟其私意之所在，則千塗萬轍、經營計較必得而後已。甚者以金珠爲脯醢，以契券爲詩文，宰相可啗則啗宰相，近習可通則通近習，惟得之求，無復廉恥。一有剛毅正直、守道循理之士出乎其間，則羣譏衆排，指爲『道學』，而加以矯激之罪。十數年來，以此二字禁錮天下之賢人君子，復如崇、宣之間所謂元祐學術者，排擯詆辱，必使無所容其身而後已。嗚呼！此豈治世之事而尚復忍言之哉？至於愛養民力、修明軍政，則自虞允文之爲相也，盡取版曹歲入窠名之必可指擬者，號爲歲終羨餘之數，而輸之内帑。顧以其有名無實，積累掛欠，空載簿籍，不可催理者，撥還版曹，以爲内帑之積，將以備他日用兵進取不時之須。然自是以來二十餘年，内帑歲入不知幾何，而認爲私貯，典以私人，宰相不得以式貢均節其出入，版曹不得以簿書勾考其有亡，其日銷月耗以奉燕私之費者，蓋不知其幾何矣，而曷嘗聞其能用此錢以易胡人之首，如太祖皇帝之言哉？徒使版曹經費闕乏日甚，督趣日峻，以至廢去祖宗以來破分良法，而必以十分登足爲限，以爲未足，則又造爲比較監司郡守殿最之法，以誘脅之。於是中外承風，競爲苛急，此民力之所以重困也。諸將之求進也，必先掊克士卒以殖私財，然後以此自結於陛下之私人，而祈以姓名達於陛下之貴將。貴將得其姓名，即以付之軍中，使自什伍以上，節次保明，稱其材武堪任將帥，然後具奏爲牘，而言之陛下之前。陛下但見等級推先、案牘具備，則誠以爲公薦而可以得人矣，而豈知其諧價輸錢，已若晚唐之『債帥』哉？夫將者，三軍之司命，而其選置之方乖剌如此，則其智勇材略之人，孰肯抑心下首於宦官宮妾之門？而陛下之所得以爲將帥者，皆庸夫走卒，而猶望其修明軍政，激勸士卒，以强國勢，豈不誤哉？凡此六事，皆不可緩，而本在於陛下之一心。一心正則六事無不正，一有人心私欲以介乎其間，則雖欲憊精勞力以求正夫六事者，亦將徒爲文具，而天下之事愈至於不可爲矣。」疏入，夜漏下七刻，上已就寢，亟起秉燭，讀之終篇。

明日，除主管太乙宮，兼崇政殿説書。

時上已有倦勤之意，蓋將以爲燕翼之謀。先生嘗草奏疏，言講學以正心，脩身以齊家，遠便嬖以近忠直，抑私恩以抗公道，明義理以絶神姦，擇師傅以輔皇儲，精選任以明體統，振紀綱以厲風俗，節財用以固邦本，修政事以攘夷狄，凡十事，欲以爲新政之助。會執政有指道學爲邪氣者，力辭新命，除秘閣修撰，仍奉外祠，遂不果上。先生當孝宗朝，陛對者三，上封事者三。其初固以講學窮理爲出治之大原，其後則直指天理人欲之分、精一克復之義。其初固以當世急務一二爲言，其後封事之上，則心術、宫禁、時政、風俗，披肝瀝膽，極其忠鯁。蓋所望於君父愈深，而其言愈切，故於封事之末有曰：「日月逾邁，如川之流，一往而不復，不惟臣之蒼顔白髮已迫遲莫，而竊仰天顔，亦覺非昔時矣。」忠誠懇惻，至今讀者猶爲之涕下。先生進疏雖切，孝宗亦開懷容納，武博、編摩、秘省郎曹之除，蓋將引以自近。守南康，持浙東、江西之節，又知其不可强留而授之。至是，復有經帷之命。先生之盡忠，孝宗之受盡言，亦未爲不遇也。然先生進言皆痛詆大臣近習，孝宗之眷愈厚，而嫉者愈深，是以不能一日安其身於朝廷之上，而孝宗内禪矣。

光宗即位，再辭職名，仍舊直寶文閣，降詔獎諭，除江東轉運副使，以疾辭者再。覃恩轉朝散郎，賜緋衣銀魚，改知漳州，又再以疾辭，不許。時光宗初政，再被除命，遂以紹熙元年之任，奏除屬縣無名之賦七百萬，❶減經總制錢四百萬，加意學校教誘諸生如南康時。又以習俗未知禮，採古喪

❶「七」，原作「士」，據四庫本改。

葬嫁娶之儀，揭以示之，命父老解説以教子弟。釋氏之教，南方爲盛，男女聚僧廬爲傳經會，女不嫁者私爲菴舍以居，悉禁之，俗大變。郡有故迪功郎高登，忤秦檜貶死，爲奏請昭雪，褒其直。會朝論欲行泉、漳、汀三州經界，先生初仕同安，已知經界不行之害，至是訪事宜、擇人物，以至方量之法，洞見本末，遂疏其事，上之。且言必可行之説三，將必至於不能行之説一。蓋謂經界法行，息争止訟，大爲民利，而占田隱税、侵漁貧弱者所不便。及具宣德意，牓之通衢，則邦民鼓舞，而寓公豪右果爲異議以沮之。遂因地震及足疾不赴錫宴自劾。其冬，有旨先行漳州經界，南方春旱，事已無及。明年，屬有嗣子之喪，再請奉祠，除秘閣修撰，主管南京鴻慶宫。先生以當上初政，嘗辭前件職名，已降褒詔從其請，難以復受，辭者再。詔：「論撰之職，以寵名儒。」乃拜命。除荆湖南路轉運副使，再辭。漳州經界竟報罷，遂以前言經界可行自劾。三年，再以疾辭，乞補滿宫觀，從之。又數月，差知静江府、廣南西路經略安撫，辭。四年，又辭主管南京鴻慶宫。未幾，差知潭州荆湖南路安撫，以辭遠就近不爲無嫌，力辭。五年，再辭。有旨：「長沙巨屏，得賢爲重。」會洞獠擾屬郡，遂拜命赴鎮，至則遣人諭以禍福，皆降之。申教令，嚴武備，戢姦吏，抑豪民。先生所至，必興學校，明教化。湖湘士子素知學，日伺公退，則請質所疑，先生爲之講説不倦，四方之學者畢至。又以南康、漳州所申改正釋奠儀式爲請，録故死節五人，爲之立廟。

孝宗升遐，先生哀慟，不能自勝，又聞上以疾不能執喪，中外洶洶，益憂懼，遂申省乞歸田里。言：「天下國家所以長久安寧，惟賴朝廷三綱五常之教建立修明於上，然後守藩述職之臣有以禀承宣布於下，所以内外相維，小大順序，雖有彊猾姦宄，無所逞志。不然，以一介書生置諸數千里軍民之上，亦何所憑恃而能服其衆哉？」又草封事，極言父子天性，不應以小嫌廢彝倫，言頗切直。會今上即位，不果上。

上在潛邸，聞先生名，每恨不得先生爲本宮講官，至是，首召奏事。先生行且辭，除焕章閣待制、侍講，辭，不許，又再辭，且言：「陛下嗣位之初，方將一新庶政，所宜愛惜名器。若使倖門一開，其弊豈可復塞？至於博延儒臣，專意講學，蓋將求所以深得親懽者，爲建極導民之本；思所以大振朝綱者，爲防微慮遠之圖。顧問之臣，實資輔養，用人或繆，所繫非輕。」蓋先生在道聞南内朝禮尚闕，近習已有用事者，故預有是言。又不許，遂奏乞且依元降旨揮帶元官職奏事者。再及入對，首言：「乃者天運艱難，國有大咎，所謂天下之大變，而不可以常理處者。太皇太后躬定大策，陛下寅紹丕圖，可謂處之以權，而庶幾不失其正矣。然自頃至今，亦既三月，或反不能無疑於逆順名實之際，禍亂之本，又已伏於冥冥之中，竊爲陛下憂之。尚猶有可諉者，亦曰陛下之心，前日未嘗有求位之計，今日未嘗忘思親之懷。此則道心微妙之全體，天理發用之本然，所以行權而不失其正之根本也。誠即是心而充之，所謂『求仁得仁而無怨』，『終身訢然，樂而忘天下』者，臣有以知陛下之不難矣。借曰天命神器不可無傳，宗廟社稷不可無奉，則轉禍爲福，易危爲安，亦豈可舍此而他求哉？充吾未嘗求位之心，則可以盡吾負罪引慝之誠；充吾未嘗忘親之心，則可以致吾温清定省之禮。始終不越乎此，而大倫正、大本立矣」。次言爲學莫先於窮理，窮理必在於讀書。讀書之法，莫貴於循序而致精，致精之本則又在於居敬而持志。又三劄言：「湖南歲計入少出多，不可支吾，乞裁減差到諸班换授歸正雜色補官員數。邵州邊防全無措畫，以致猺人侵犯，乞移置寨栅，增撥戍兵。潭州城壁，乞行計度修築。」既對，面辭待制、侍講，不許。翌日，又辭待制職名，乞改作説書差遣，以爲未得進説而先受厚恩，萬一異時未效涓埃而疾病不支，遂竊侍從職名而去，則臣死有餘罪。上手札：「卿經術淵源，正資勸講，次對之職，勿復牢辭，以副朕崇儒重道之意。」遂拜命。

會趙彦逾按視孝宗山陵，以爲土肉淺薄，掘深五尺，下有水石，旋改新穴，比舊僅高尺餘。孫逢吉覆按，亦乞少寬月日，别求吉兆。有旨集議，臺史憚之，議遂中寢。先生竟上議狀言：「壽皇聖德神功，宜得吉土以奉衣冠之藏，當廣求術士，博訪名山，不宜偏信臺史罔上誤國之言，固執紹興坐南向北之説，委之水泉沙礫之中、殘破浮淺之地。」不報。覃恩轉朝請郎，賜紫章服，兼實録院同修撰，再辭，不許。拜命受詔，進講《大學》。先生以平日論著敷陳開析，務積誠意以感上心，遂奉乞除朔望旬休及過宫日分，不以寒暑雙隻月日諸假故，並令蚤晚進講。又乞置局看詳四方封事，瑞慶節免稱賀。皆從之。復因有旨修葺舊東宫，爲屋三數百間，遂具四事奏言：「當上帝震怒，災異數出，畿甸百姓飢餓流離，太上皇帝未獲進見，壽皇因山未卜，❶太皇太后、皇太后皆以尊老之年煢然憂苦，不宜大興土木，以就安便。壽康定省之禮，所宜下詔自責，頻日繼往，顧乃逶迤舒緩，無異尋常。太上皇帝必以爲此特備禮而來，其深閉固拒而不得見亦宜矣。朝廷紀綱尤所當嚴，上自人主，下至百執，各有職業，不可相侵。今進退宰執，移易臺諫，皆出陛下之獨斷，大臣不與謀，給舍不及議，正使其事悉當於理，亦非爲治之體。況中外傳聞，皆謂左右或竊其柄，而其所行又未能盡允於公議乎。此弊不革，臣恐名爲獨斷，而主威不免於下移，欲以求治，而返不免於致亂。」末復申言：「菆宮之卜，不宜偏聽臺史膠固繆妄之言，墮其交結眩惑之計。」皆不報。

先生進講，每及數次，復以前所講者編次成帙以進。上亦開懷容納，且面諭以「求放心」之説甚善，所進册子，宮中常讀之，今後更爲點來。先生知上有意於學，遂以劄子勉上進德，其略言：「願陛下日用之間，語默動靜，必求放心以爲之本，而於玩經觀史、親近儒學，已用力處，益用力焉。數召大臣切劘治道，俾陳今日要務，略如仁祖開天章閣故事。至於羣臣進對，亦賜温顏，反覆詢訪，以求政事之得失，民情之休戚，而又因以察其人才之邪正短長，庶於天下之事各得其理。」又奏：「禮經勑令：子爲父、嫡孫承重爲祖父，皆斬衰三年，嫡子當爲父後，不能襲位執喪，則嫡孫繼統而代之執喪。自漢文短喪，歷代因之，天子遂無三年之喪。爲父且然，則嫡孫承重可知。人紀廢壞，三綱不明，千有餘年，莫能釐正。壽

❶「因山」，四庫本作「山陵」。

皇聖帝至性自天，孝誠内發，易月之外，猶執通喪，朝衣朝冠，皆以大布，所宜著在方册，爲世法程。間者，遺誥初頒，太上皇帝偶違康豫，不能躬就喪次，陛下以世嫡承大統，則承重之服著在禮律，所宜遵壽皇已行之法。一時倉卒，不及詳議，遂用漆紗淺黄之服，不惟上違禮律，且使壽皇已行之禮舉而復墜，臣竊痛之。然既往之失不及追改，惟有將來啓殯發引，禮當復用初喪之服，則其變除之節尚有可議。欲望明詔禮官，稽考禮律，預行指定。」會孝宗祔廟，議宗廟迭毁之次，有請併祧僖、宣二祖，奉太祖居第一室，祫祭則正東向之位者。有旨集議，僖、順、翼、宣四祖祧主宜有所歸。自太祖皇帝首尊四祖之廟，以僖祖爲四廟之首。治平間，議者以世數寖遠，請遷僖祖於夾室。未及數年，王安石等奏，僖祖有廟，與稷、契無異，請復其舊，詔從之。時相雅不以熙寧復祀僖祖爲是，先生度難以口舌争，遂移疾上議狀，條其不可者四，以爲：「藏之夾室，則是以祖宗之主下藏於子孫之夾室，至於祫祭，設幄於夾室之前，則亦不得謂之祫。欲別立一廟，則喪事即遠，有毁無立；欲藏之天興殿，則宗廟原廟不可相雜。議者皆知其不安，特以其心急於尊奉太祖三年一祫時暫東向之故，不知其實無益於太祖之尊，而徒使僖祖、太祖兩廟威靈相與争校彊弱於冥冥之中，并使四祖之神疑於受擯，徬徨躑躅，不知所歸，令人傷痛不能自已。今但以太祖當日追尊帝號之心而默推之，則知太祖今日在天之靈於此必有所不忍，又況僖祖祧主遷於治平，不過數年，神宗皇帝復奉以爲始祖，已爲得禮之正而合於人心，所謂有其舉之而莫敢廢者乎?」又擬爲廟制,以辯議者一旦併遷僖、宣二祖,析太祖、太宗爲二之失,復引元祐大儒程頤之説,以爲物豈有無本而生者,今日天下基本,蓋出僖祖,安得爲無功業?

議狀既上,廟堂持之不以聞,即毁撤僖、宣廟室,更創別廟以奉四祖。宰相既有所偏主,樓鑰、陳傅良又復牽合裝綴以附其説。先生所議,頗達上聽,忽有旨召赴内殿奏事,因節略狀文,及爲劄子,畫圖以進。上然之,且曰:「僖祖,國家始祖,高宗、孝宗、太上皇帝不曾遷,今日豈敢輕議?」欲令先生於榻前撰數語,以御批直罷其事。先生方懲内批之弊,因言乞降出劄子,再令臣寮集議。既退,復以上意諭廟堂,而事竟不行。經生學士知禮者,皆是先生,一時異議之徒忌其軋己,權姦遂從而乘之。上之立也,丞相趙汝愚密與知閤門事韓侂胄謀之,侂胄於太皇太后爲親屬,因得通中外之言。侂胄自謂有定策功,居中用事。先生自長沙辭免待制、侍講,已微寓其意,及進對,復嘗再三面言,又約吏部侍郎彭龜年共攻之。龜年出護使客,侂胄益得志。先生又於所奏四事疏中,斥言左右竊柄之失,後因講筵留身,復申言前疏,乞賜施行。既退,即降御批云:「憫卿耆艾,方此隆冬,恐難立講,已除卿宫觀。」宰相執奏不行。明日,徑以御批付下,臺諫給舍亦争留,不可,除寶文閣待制,與州郡差遣,力辭。尋除知江陵府,又力辭,仍乞追還新舊職名,詔依舊煥章閣待制、提舉南京鴻慶宫。慶元元年,又乞追還舊職,不許。趙丞相亦罷,誣以不軌,謫永州。丞相既當大任,收召四方知名之士,中外引領以觀新政。先生獨惕然以侂胄用事爲慮，既屢爲上言，又數以手書遺生徒密白丞相，當以厚賞酬其勞，勿使得預朝政，且有分界限、立紀綱、防微杜漸、謹不可忽之意。丞相方謂其易制，所倚以爲腹心謀事之人，又皆持禄苟安無復遠慮，丞相既逐，而朝廷大權悉歸侂胄。先生自念身雖閑退，尚帶侍從職名，不敢自嘿，遂草書萬言，極言姦邪蔽主之禍，因以明其冤。詞旨痛切，諸生更諫，❶以筮決之，遇《遯》之《同人》，先生默然，退取諫藁焚之，自號遯翁。以廟議不合，乞收還職名，又以疾乞休致，不許。

先是，吏部取會磨勘，至是轉朝奉大夫，又辭職名，乞休致。又以嘗妄議山陵自劾，又言已罷講官，不敢復帶侍從職名，詔依舊秘閣修撰。二年，又言：「昨來疏封錫服、封贈蔭補、磨勘轉官，皆爲已受從官恩數，乞改正。」沈繼祖爲監察御史，上章誣詆，落職罷祠。四年十二月，以來歲年及七十，申乞致仕。五年，依所請。六年三月甲子，終于正寢。十一月壬申，葬建陽縣唐石里之大林谷。嘉泰二年，❷除華文閣待制，與致仕恩澤。傅伯壽，故家子，❸嘗執弟子禮，恨不薦己，先生辭次對、除修撰也，伯壽行詞有「慢僞」等語。及先生没，伯壽守建寧，又不以聞，故復職之命猶生存也。

自先生去國，侂胄勢益張，鄙夫憸人迎合其意，以學爲僞，謂貪黷放肆乃人真情，潔廉好禮者皆僞也。科舉取士稍涉經訓

❶「更」，四庫本作「遂」。
❷「泰」，原作「定」，據四庫本及《宋史·朱熹傳》改。
❸「家」，原闕，據四庫本補。

者，悉見排黜；文章議論根於理義者，並行除毁。六經、《語》《孟》，悉爲世之大禁，猾胥賤隸、頑鈍無耻之徒，往往引用以至卿相，繩趨尺步、稍以儒名者，無所容其身。從遊之士特立不顧者，屏伏丘壑；依阿巽懦者，更名他師，過門不入，甚至變易衣冠，狎遊市肆，以自别其非黨。先生日與諸生講學竹林精舍，有勸以謝遣生徒者，笑而不答。先生既没，善類悉已排擯，羣小之勢已成，侂胄志氣驕溢，遂至擅開邊釁，幾危宗社，而生靈塗炭矣。開禧三年，侂胄伏誅，凶徒憸黨根株斥戮。嘉定元年，詔賜謚，與遺表恩澤。明年，賜謚曰文。又明年，贈中大夫，特贈寶謨閣直學士。後以明堂恩，累贈通議大夫。先生平居惓惓，無一念不在於國。聞時政之闕失，則戚然有不豫之色；語及國勢之未振，則感慨以至泣下。然謹難進之禮，則一官之拜必抗章而力辭；厲易退之節，則一語不合必奉身而亟去。其事君也，不貶道以求售；其愛民也，不徇俗以苟安。故其與世動輒齟齬，自筮仕以至屬纊，五十年間歷事四朝，仕於外者僅九考，立於朝者四十日，道之難行也如此。然紹道統，立人極，爲萬世宗師，則不以用舍爲加損也。

自韋齋先生得中原文獻之傳，聞河洛之學，推明聖賢遺意，日誦《大學》《中庸》，以用力於致知誠意之地，先生蚤歲已知其説而心好之。韋齋病且亟，屬曰：「籍溪胡原仲、白水劉致中、屏山劉彦冲三人，吾友也，學有淵源，吾所敬畏。吾即死，汝往事之，而惟其言之聽，則吾死不恨矣。」先生既孤，則奉以告三君子而禀學焉。時年十有四，慨然有求道之志，博求之經傳，徧交當世有識之士，❶雖釋老之學亦必究其歸趣，訂其是非。延平李先生學於豫章羅先生，羅先生學於龜山楊先生，延平於韋齋爲同門友。先生歸自同安，不遠數百里，徒步往從之，延平稱之曰：「樂善好義，鮮與倫比。」又曰：「穎悟絶人，力行可畏，其所論難，體認切至。」自是從遊累年，精思實體，而學之所造者益深矣。

其爲學也，窮理以致其知，反躬以踐其實，居敬者，所以成始成終也。謂致知不以敬，則昏惑紛擾，無以察義理之歸；躬行不以敬，則怠惰放肆，無以致義理之實。持敬之方，莫先主一，既爲之箴以自警，又筆之書，以爲小學、大學皆本於此。終日儼然，端坐一室，討論典訓未嘗少輟。自吾一心一身，以至萬事萬物，莫不有理。存此心於齊莊静一之中，窮此理於學問思辨之際，皆有以見其所當然而不容已，與其所以然而不可易。然充其知而見於行者，未嘗不反之於身也。不睹不聞之前，所以戒懼者愈嚴愈敬；隱微幽獨之際，所以省察者愈精愈密。思慮未萌而知覺不昧，事物既接而品節不差。無所容乎人欲之私，而有以全乎天理之正。不安於偏見，不急於小成，而道之正統在是矣。其爲道也，有太極而陰陽分，有陰陽而五行具，稟陰陽五行之氣以生，則太極之理各具於其中。天所賦爲命，人所受爲性，感於物爲情，統性情爲心。根於性則爲仁義禮智之德，發於情則爲惻隱、羞惡、辭遜、是非之端，形於身則爲手足耳目口鼻之用，見於事則爲君臣、父子、夫婦、兄弟、朋友之常，求諸人則人之理不異於

❶「徧」，原作「偏」，據四庫本改。

己，參諸物則物之理不異於人。貫徹古今，充塞宇宙，無一息之間斷，無一毫之空闕，莫不析之，極其精而不亂；然後合之，盡其大而無餘。先生之於道，可謂建諸天地而不悖，質諸聖賢而無疑矣。故其得於己而爲德也，以一心而窮造化之原，盡性情之妙，達聖賢之蘊；以一身而體天地之運，備事物之理，任綱常之責。明足以察其微，剛足以任其重，弘足以致其廣，毅足以極其常。其存之也虛而静，其發之也果而確，其用之也應事接物而不窮，其守之也歷變履險而不易。本末精粗不見其或遺，表裏初終不見其或異。至其養深積厚，矜持者純熟，嚴厲者和平，心不待操而存，義不待索而精。猶以爲義理無窮，歲月有限，常慊然有不足之意，蓋有日新又新、不能自已者，而非後學之所可擬議也。

其可見之行，則脩諸身者，其色莊，其言厲，其行舒而恭，其坐端而直。其間居也，未明而起，深衣幅衣方履拜於家廟，❶以及先聖，退坐書室，几案必正，書籍器用必整。其飲食也，羹食行列有定位，匕箸舉措有定所。倦而休也，瞑目端坐；休而起也，整步徐行。中夜而寢，既寢而寤，則擁衾而坐，或至達旦。威儀容止之則，自少至老，祁寒盛暑，造次顛沛，未嘗有須臾之離也。行於家者，奉親極其孝，撫下極其慈，閨庭之間，内外斬斬，恩義之篤，怡怡如也。其祭祀也，事無纖鉅，必誠必敬，小不如儀，則終日不樂，已祭無違禮，則油然而喜。死喪之威，❷哀戚備至，飲食衰絰，各稱其情。賓

❶ 下「衣」字，清鈔本、四庫本作「巾」。
❷ 「威」，四庫本作「禮」。

客往來，無不延遇，稱家有無，常盡其歡。於親故雖踈遠必致其愛，於鄉間雖微賤必致其恭。吉凶慶弔，禮無所遺；賙卹問遺，恩無所闕。其自奉則衣取蔽體，食取充腹，居止取足以障風雨，人不能堪，而處之裕如也。

若其措諸事業，則州縣之施設，立朝之言論，經綸規畫，正大宏偉，亦可概見。雖達而行道不能施之一時，然退而明道足以傳之萬代，謂聖賢道統之傳，散在方册，聖經之旨不明，則道統之傳始晦，於是竭其精力，以研窮聖賢之經訓。於《大學》《中庸》，則補其闕遺，别其次第，綱領條目，粲然復明。於《論語》《孟子》，則深原當時答問之意，使讀而味之者如親見聖賢而面命之。於《易》與《詩》，則求其本義，攻其末失，深得古人遺意於數千載之上。凡數經者，見之傳注，其關於天命之微、人心之奥、入德之門、造道之閾者，既已極深研幾，探賾索隱，發其旨趣而無遺矣。至於一字未安，一詞未備，亦必沉潛反覆，或達旦不寐，或累日不倦，必求至當而後已。故章旨字義，至微至細，莫不理明詞順，易知易行。於《書》，則疑今文之艱澁，反不若古文之平易。於《春秋》，則疑聖心之正大，決不類傳注之穿鑿。於《禮》，則病王安石廢罷《儀禮》，而傳記獨存。於《樂》，則憫後世律尺既亡而清濁無據。是數經者，亦嘗討論本末，雖未能著爲成書，然其大旨固已獨得之矣。若歷代史記，則又考論西周以來至于五代，取司馬公編年之書，繩以《春秋》紀事之法，綱舉而不繁，目張而不紊，國家之理亂，君臣之得失，如指諸掌。周、程、張、邵之書所以繼孔孟道統之傳，歷時未久，微言大義鬱而不章，爲之裒集發明，而後得以盛行於世。《太極》《先天》二圖，精微廣博，不可涯涘，爲之解剥條畫，而後天地本原、聖賢蘊奥不至於混没。❶程、張門人祖述其學，所得有淺深，所見有疏密，先生既爲之區別，以悉取其所長，至或識見小偏、流於異端者，亦必研窮剖析，而不没其所短。南軒張公、東萊吕公同出其時，先生以其志同道合，樂與之友，至或識見少異，亦必講磨辨難，以一其歸。至若求道而過者，病傳注誦習之煩，以爲不立文字可以識心見性，不假修爲可以造道入德，守虚靈之識而昧天理之真，借儒者之言以文老佛之説，學者利其簡便，詆訾聖賢，捐棄經典，猖狂叫呶，側僻固陋，自以爲悟。立論愈下者，則又崇獎漢唐，比附三代，以便其討切謀利之私。❷二説並立，高者陷於空無，下者溺於卑陋，其害豈淺淺哉？先生力排之，俾不至亂吾道以惑天下，於是學者靡然向之。

先生教人，以《大學》《語》《孟》《中庸》爲入道之序，而後及諸經，以爲不先乎《大學》，則無以提綱挈領而盡《論》《孟》之道微，❸不參之以《論》《孟》，則無以融會貫通而極《中庸》之旨趣；❹然有會具極於《中庸》，❺□又何以建立大本，❻經綸大經，而讀天下之書，論天下之事哉？其於讀書也，又必使之辨其音釋，正其章句，玩其辭，求其義，研精覃思以究其所難知，平心易氣

❶「混」，四庫本作「泯」。
❷「討切」，四庫本作「計功」。
❸「道」，四庫本作「精」。
❹「中庸之旨」，原闕，據四庫本補。
❺「有」，四庫本作「不」。「具」，四庫本作「其」。
❻「□」，四庫本作「則」。

以聽其所自得，然爲己務實、辨别義利、毋自欺、謹其獨之戒，未嘗不三致意焉。蓋亦欲學者窮理反身，而持之以敬也。從游之士迭誦所習，以質其疑，意有未諭則委曲告之而未嘗倦，問有未切則反覆戒之而未嘗隱，務學篤則喜見於言，進道難則憂形于色。講論經典，商略古今，率至夜半，雖疾病支離，至諸生問辨則脱然沉痾之去體，一日不講學，則惕然常以爲憂。摳衣而來，遠自川蜀，文詞之傳，流及海外，至於夷虜亦知慕其道，竊問其起居。窮鄉晚出，家蓄其書，私淑諸人者，不可勝數。先生既没，學者傳其書、信其道者益衆，亦足以見理義之感於人者深也。繼往聖將微之緒，啓前賢未發之機，辨諸儒之得失，闢異端之訛繆，明天理，正人心，事業之大，又孰有加於此者？至若天文、地志、律曆、兵機，亦皆洞究淵微，文詞字畫，騷人才士疲精竭神，常病其難，至先生未管用意，❶而亦皆動中規繩，可爲世法。是非姿禀之異、學行之篤，安能事事物物各當其理，各造其極哉？學脩而道立，德成而行尊，見之事業者又如此。秦漢以來迂儒曲學，既皆不足以望其藩墻，而近代諸儒有志乎孔孟周程之學者，亦豈能以造其閫域哉？嗚呼！是殆天所以相斯文，篤生哲人，以大斯道之傳也。

先生疾且革，手爲書，囑其子在與門人范念德、黃榦，尤拳拳以勉學及修正遺書爲言。翌旦，門人侍疾者請教，先生曰：「堅苦。」問温公《喪禮》，曰：「疎略。」問《儀禮》，頷之。已而正坐整冠衣，就枕而逝。門人治喪者既一以《儀禮》從事，而訃告所

❶「管」，四庫本作「嘗」。

至，從遊之士與夫聞風慕義者，莫不相與爲位而聚哭焉，禁錮雖嚴，有所不避也。嗚呼，天又胡不憖遺以永斯道之傳而遽使後學失所依歸哉！ 先生所著書，有《易本義》《啓蒙》《蓍卦考誤》《詩集傳》，《大學》《中庸》章句、或問，《論語》《孟子》集注，《太極圖》《通書》《西銘解》，《楚詞集注》《辨證》，《韓文考異》。所編次有《語孟集義》《孟子指要》《中庸集略》《孝經刊誤》《小學書》《通鑑綱目》《本朝名臣言行録》《古今家祭禮》《近思録》《河南程氏遺書》《伊洛淵源録》，皆行於世。先生著述雖多，於《語》《孟》《中庸》《大學》，尤所加意，若《大學》《論語》，則更定數四以至垂没，《大學》「誠意」一章，乃其絶筆也。其明道垂教，拳拳深切如此。《楚詞集注》亦晚年所作，其愛君憂國，雖老不忘。《通鑑綱目》僅能成編，每以未及修補爲恨。又嘗編次《禮書》，用工尤苦，竟亦未能脱藁。所輯《家禮》，世多用之，然其後亦多損益，未暇更定。平生爲文，則季子在類次之矣。❶ 生徒問答，則後學李道傳嘗裒輯鋟版，未備也。

娶劉氏，追封碩人，白水草堂先生之女。草堂即韋齋所屬以從學者也。其卒也以淳熙丙申，其葬以術穴。❷ 子三人：長塾，先十年卒；次埜，迪功郎，監湖州德清縣户部新市犒賞酒庫，後十年亦卒；季在，承議郎，提舉兩浙西路常平茶鹽公事。女五人，婿儒林郎、静江府臨桂縣令劉學古，奉議郎、主管亳州明道宫黄榦，進士范元裕，仲、季二人亦早卒。孫男七人：鉅、銓、

❶「類」，四庫本作「彙」。
❷「術」，四庫本作「祔」。

鑑、鐸、銍、鉉、鑄。鉅，從政郎，新差監行在雜買務雜賣場門；銓，從事郎，融州司法參軍；鑑，迪功郎，新辟差充廣西經略安撫司準備差遣；餘業進士。女九人，壻承議郎、主管華州雲臺觀趙師夏，進士葉韜甫、周巽亨、鄭宗亮、黃輅，從政郎、紹興府會稽縣丞趙師若，黃慶臣，李公玉。曾孫男六人：淵、洽、潛、濟、濬、澄。❶女七人。

先生没有年矣，狀其行者未有所屬筆，在以榦從學日久，俾任其責。先生既不假是而著，榦之識見淺陋，言語卑弱，又不足模倣萬一。追思平日步趨謦欬，則悲愴哽咽不忍書，亦不忍忘也。竊聞道之正統，待人而後傳。自周以來，任傳道之責、得統之正者，不過數人，而能使斯道章章較著者，一二人而止耳。由孔子而後，周、程、張子繼其絶，至先生而始著。蓋千有餘年之間，孔孟之徒所以推明是道者，既已煨燼殘闕、離析穿鑿，而微言幾絶矣。周、程、張子崛起於斯文湮塞之餘、人心蠹壞之後，扶持植立，厥功偉然。未及百年，踳駁尤甚。❷先生出，而自周以來聖賢相傳之道一旦豁然，如大明中天，昭晰呈露。則摭其言行，又可略歟？輒採同志之議，敬述世系爵里、出處言論，與夫學問道德行業人之所共知者，而又私竊以道統之著者終之，以俟知德者考焉。謹狀。

嘉定十四年正月日，門人、奉議郎、主管亳州明道宮黃榦狀。行狀之作，非得已也，懼先生之道不明，而後世傳者之訛也。追思平日之聞見，參以叙述

❶「濟濬」，原爲墨丁，據四庫本補。

❷「踳」，四庫本作「蹐」。

奠誄之文，定爲草藁，以諗同志。反覆詰難，一言之善不敢不從，然亦有參之鄙意，而不敢盡從者，不可以無辨也。有謂言貴含蓄不可太露，文貴簡古不可太繁者。夫工於爲文者，固能使之隱而顯，簡而明，是非愚陋所能及也。顧恐名曰含蓄而未免於晦昧，名曰簡古而未免於艱澁，反不若詳書其事之爲明白也。又有謂年月不必盡記，辭受不必盡書者。先生之用舍去就，實關世道之隆替，後學之楷式。年月必記，所以著世變；辭受必書，所以明世教。狀先生之行，又豈可以常人比、常體論哉！又有謂告上之語失之太直，記人之過失之太訐者。責難陳善，事君之大義，人主能容於前，而臣子反欲隱於後，先生敢陳於當世，而學者反欲諱於將來乎？人之有過，或具之獄案，或見之章奏，天下後世所共知，而欲没之，可乎？又有謂奏疏之文紀述太繁，申請之事細微必録，似非行狀之體者。古人得君行道，有事實可紀，則奏疏可以不述。先生進不得用於世，其所可見者，特其言論之間，乃其規模之素，則言與行豈有異耶？事雖微細，處得其道，則人受其利，一失其道，則人受其害。先生理明義精，故雖細故區處條畫無不當於人心者，則鉅與細亦豈有異耶？其可辨者如此，則其尤淺陋者不必辨也。至於流俗之論，則又以爲前輩不必深抑，異學不必力排，稱述之辭似失之過者，孔門諸賢至謂孔子賢於堯舜，豈以抑堯舜爲嫌乎？孟子闢楊墨而比之禽獸，衛道豈可以不嚴乎？ 夫子嘗曰：「莫我知也夫。」又曰：「知德者鮮矣。」甚矣，聖賢之難知也。知不知，不足爲先生損益，然使聖賢之道不明，異端之説滋熾，是則愚之所懼，而不容於不辨也。故嘗太息而爲之言曰：「是未易以口舌争，百年論定，然後知愚言之爲可信。」遂書其語以俟後之君子。榦謹書。

勉齋先生黄文肅公文集卷第三十五

誌　銘

鄭處士墓誌銘

鄭君諱倫，字次山，福州閩縣象山人。象山並海，❶民貧，依大姓以活，其貧乏轉徙而失其所依者蓋多矣。鄭氏居是土二百餘年，爲著姓。曾祖銘、祖忻、父雋，世以輕財急義名其家，賑恤飢乏不計有無，里閭德之。紹興間，海盜焚剽民居，且及其里，里之父老謀曰：「今遇盜必死，無鄭亦死，祈盜以全鄭，可乎？」相率冒死以請于盜，盜服其義，秋毫無犯。航海之官遇盜攻刼不能歸者，聞其風往依焉。爲治廬室，給衣廩，久之如始至，卒全其家，里人至今往往樂道其事。君少聞祖父之志，即慨然。能容一家，然後可以治一家；能容一鄉，然後可以居一鄉。故於親族鄉閭之義尤篤。友愛諸弟無間言，撫教諸子無異己出，創閣家塾之上，使其子與羣從子隸業焉，取夫子荅子路問士之義，名之曰「怡」，蓋勉之也。嘗爲詩以示之，其意以爲唐人書「忍」字善矣，未若初無瑕隙可忍之爲愈，識者以爲知言。官以繇役，令民兄弟析産，君太息，諭諸子曰：「是爲政者教人以薄其親也。汝聞祖父之訓乎？産業財賄，兄弟同之。吾奉先

❶「並」，四庫本作「憑」。

志，罔敢失墜。公家之事，非汝所敢知，謹勿敗吾家法耳。」春秋燕享，吉凶慶吊，雖族屬疏遠，未嘗或遺，恩意浹洽，晚歲彌篤。族黨乖異者必委曲曉譬，以平其憾。里閭假貸有所逋負，輒焚券已責，以財委人。有所侵盜，或請治之，曰：「勿任足矣，彼既盜用，尚安所責償耶？」有侵其田廬疆場者，亦不復校，曰：「所争幾何，而失吾鄉鄰之意耶？」鄉人無賢愚，皆以長者目君，好事者亦爲歌詩以美之。嗚呼！真可謂長者之風，而善守家法矣。君天姿穎悟，志尚高潔，好讀書，不喜營利。壯歲即棄場屋，放懷山水間，爲詩自娱，其言多出於脩身竢命之意，不事華采，而皆有補於風教。名其讀書之室曰「正己」。端莊以居，雖大暑未嘗見膚體，造次夜起必冠，曰：「豈以晦冥故不加整飭耶？」與人書簡，未嘗草書。律身甚嚴，而居家接物，寬和樂易，事親孝養，篤志居喪，哀毁過人。教子勤懇，爲擇師友，訓以理義，至或有過，未嘗厲聲責之。閨門之内，雍雍如也。病且革，戒其婦曰：「汝爲冢婦，異日介婦歸，其相率輯睦，毋以小利傷大恩。」家人復請所欲言，則曰：「從孤女未行，吾憾也。」語已，命之退，恬然而逝。蓋其篤於親族之意出於天性，故雖老且死而不忘也。卒之日，寔慶元元年八月戊辰，享年六十有一。先娶吴氏，早世。再娶林氏，生男四人：遹、適、邁、适。孫男一人：元孫。榦嘗與遹遊，因得聞君之賢爲最久，後謁君於象山之中，觀其氣象，聆其言語，凝重温粹，誠實懇惻，然後信所聞之不妄也。遹將以三年九月甲寅葬君於龍角山之原，以王明府之狀來曰：「願請銘。」余悼夫古風之日遠，而流俗之益薄，人欲之日熾，而天理之寖微，粹然生物之心與天地爲一體者，斲喪淪泯，臨小利害未毫髮比，則父子兄弟反面若不相識。如鄭君者，豈不足以激頹俗而厚人心哉？遂不辭而爲之銘，曰：

人物並生，氣同體均。孰合而離，孰踈而親？先民有言，仁與不仁。鄭君之先，逮于厥身。稟此春和，裕彼鄉鄰。孝友任恤，曰睦曰婣。君實備之，有志未伸。獨濬其源，以溢于後人。

方夫人墓誌銘

慶元五年春三月辛酉，象山鄭遹成叔以其外祖母方氏之喪來訃，且問服之制度與其日月之數，及凡居喪之品節，以授方氏之孫，俾行之如禮。某年某月某日，將葬于某縣某鄉某山之原，成叔復以方氏之狀來曰：「願請銘。」予嘉成叔之能篤於親而志於古，方氏之孫能不徇於俗，而惟成叔之言是聽。既受其狀，讀之，因仰而吁曰：嗚呼！禍福倚伏之期，豈不甚可歎哉？守道者不以所遇易其志，雖無意於福而未必不得福，分之不安而戚然以避禍爲心者，禍亦豈可終避哉？予於夫人方氏之狀有感焉。成叔之狀曰：方氏於莆爲著姓，五代末有占名數于福州閩縣之象山者，其先皆隱德不仕，至諱某者年踰九十，始用高宗皇帝慶壽恩補迪功郎，夫人其長女也。生有令姿，温淑而高潔。年十三，喪其母吳氏，佐迪功君，治家事勤以篤，友兄弟敬以和，年既笄，適同里進士林君松。未六年，年二十有六，而林君卒，事其姑如事父，友其夫之女弟如在室之兄弟，而守節毅然，又有人所不能及者焉。子二人，曰偉才、良才。女一人，適處士鄭君，適之先君子也。有賢行，鄉人稱爲長者鄭君。偉才既有室而卒，良才亦蚤世。孫二人：友孫、恭孫，皆幼。夫人惸然當一家之寄，不惟保其田廬以無失墜，而其溫惠正信，又足以孚於鄉人；不惟撫其二孫以無廢林氏之祀，而又教之義方，以得爲良子弟。二孫既長有立，而夫人卒，享年八十有三。夫人始終之所遇如此。古者婦人有三從之義，夫人所從何其坎壈而多故耶？少哭其母，長哭其夫，又哭其子，古之所謂窮而無告者，夫人居其三焉，其亦可悲也已。夫人守志彌堅，厲行彌篤，卒享高壽。二孫知讀書好學，而又有成叔爲之外孫，以禮相其終，而述其行，以詔于後。夫人於此，又何其幸耶？使夫人於禍變摧折之餘，而不能保其身以全其壽，其生也不爲鄉閭之所稱，其没也亦將泯泯而無聞矣。此余於夫人方氏之事爲之三歎者，蓋不但爲夫人歎也。銘曰：

太虚冥運兮，尸之者誰？禍福倚伏兮，我罔敢知。彼日而食兮，彼月而虧。此心凜凜兮，百挫不移。有後而賢兮，有壽而耆。没而以禮兮，憾寧有遺。我作此詩兮，以儆世人。嗟爾子孫兮，勿替引之。

吴夫人墓誌銘 代仲兄撰

夫人吴氏，福州懷安縣達溪人。父諱貴，有隱德。夫人以姿性柔淑聞于里，里之大族争遺媒約婚，不聽，曰：「是女必以歸詩禮家。」石粟林公諱茂，倜儻重信義，有賢子諱齡，少穎悟，喜讀書，善屬文，將聘婦，則曰：「非吴氏女不可。」吴公聞其言，一日，適相值語道意，乃酌酒定婚。夫人歸，逮事祖姑曾氏。曾氏晚多病，舅及姑高氏奉事起居，蚤夜不少懈，夫人承其意輒先之。舅姑曰：「此吾事也，爾毋預。」夫人曰：「有婦以代勞也。」曾氏曰：「吾病且愈，爾曹其休矣。」其上下雍睦如此。舅喜客，客至必盡歡，不計家之有無。家素厚，坐是日益窘，有譏者，則輒笑曰：「儋石爲黍，當飯幾客？薄酒伏雌，爲費幾何？」夫人聽從婉娩，曲順其意，几榻膳羞，整潔豐備，常若客至，未嘗敢以貧爲解。舅姑没，夫人治家益勤，禮賓客不廢其舊，故其夫與其子憲卿、守卿益得以讀書隸業，❶從賢士君子游，家事瑣碎一不以屬心。夫既没，而夫人年已七十矣。二子不忍朝夕離侍側，夫人輒戒之曰：「汝讀書當如乃父，敬禮賢士當如大父，毋以我老故有怠心。」以是二子交道日廣，聞鄉之名勝，不以道之遠近、齒之長少，皆願裹糧詘首而與之交。夫人極力資致無惰容，每曰：「汝能從賢者遊，雖不在吾側，吾樂也。」憲卿遂受業於晦菴先生之門，而與東及東之季弟榦交最厚，後皆能自檢飭爲名士，里之人相與語曰：「二子之賢，嗟乃母之教也。」夫人以慶元己未十有一月三十日戊午卒，享年八十有五。子二人。女一人，適進士吴溥，先夫人卒。孫一人：蕃。孫女一人。夫人亡恙時，憲卿嘗從容曰：「浮圖氏之教行，而先王之禮遂廢。天堂地獄，寧有是事耶？」夫人曰：「汝能守禮，吾死無憾矣。」故夫人之没也，二子治喪，盡斥去浮圖氏法，一以禮致其

❶「隸」，四庫本作「肄」。

哀。里人族黨謗言日至，晦菴先生貽書以勉之，而謗者始息。自佛老之説行於中國且數千年，五代王氏崇奉塔廟，而其説始熾於吾閩，深山長谷之民信奉尤篤。至於死生大故之際，忘其焦瞖乾肝之苦，而篤於梵唄膜拜之習，甚至舉其親之遺體，古人所以重衾複斂必誠必信者，而投之烈焰之中，曰「佛教然也」，是豈不大可哀者耶？夫人生山谷間，乃能以禮誨其子，而不溺於異教如此，是豈不謂之賢者耶？將以慶元六年二月十四日庚午合祔于高嶺之原，其姪吴宗萬與其夫之族子士蒙狀夫人之行，來請銘。予既從夫人之二子游，且嘉夫人之行，遂不辭而爲之銘曰：

未笄而見愛於父母，已嫁而能順於舅姑，厲其夫若子以學，而交天下之善士；全其終以禮，而不溺於昏妄之浮圖。夫人之德，始終全備如此，是豈可不銘也夫。

林端仲墓誌銘

有隱君子曰林公某，字端仲，福州懷安縣栗山人。州之山自北而來者，曰雪峰，曰居儒，曰芙蓉、壽山、九峰，皆巖谷嵌谺，巔崖崛嵂，可喜可愕。栗山當其中，蜿蜒扶輿，回復磅礴，有清淑之氣。居其間者，多秀民傑士，孝友雍睦，發於天性，豈非風氣使然耶？公俶儻有偉志，未冠遊四方，與方外之士交。有異人焉，與之處，愛其才，授之書一編曰：「讀是可以活萬人。」公退而閲之，乃黄帝、歧伯相與問答之書，其品裁劑量，則國工名方未嘗不載也。公歸，築精舍於其居之前。病者造焉，公則齋戒涓潔，如己隱憂，館而食之，日往視焉，曰安則喜，有不安節則爲之惻然，終夕不寐。其以息數踈數決人死生於數年之後，如燭照龜卜，方匕之劑以起人死而肉白骨者，如取諸其懷而與之也。諸公貴人聞公名者争欲致之，公入有左右圖史之娱，出有山林池亭之樂，率十餘年未嘗至城郭。深山長谷窮悴無聊之小民，昏暮叩門以疾告者，公遺之藥，且賙之，未嘗責報焉。輕財重誼，視人之急極力振之，惟恐或後。里閈之間有利於人者，公常慨然爲之倡。嗚呼！若公者豈可以醫名者耶？豈亦如古之憤世絶俗、寄於醫卜以自晦者耶？公之卒以某年某月某日，以某年某月某日葬于其居之二十里翠微寺之北，其子子牧與其子子敭之爲兄後者，嘗以公之志氣從學於予，予又嘗假館於其里，樂其山川之勝，而知公之行爲最詳。故其葬也，子牧來請銘，予嘗歎夫天地萬物本吾同體，痒痾疾痛皆切吾身，痿痺不仁者，不惟莫之恤，而反禍之。豪傑之士，不爲天子宰相操殺生之權，以除民之蠹而全其壽，則亦爲大醫王，左提箴砭，右秉藥餌，以去陰陽寒暑之爲民害者。今幹老矣，無能爲也，惜公之死，而考公之行，豈不有所感也夫！銘曰：

負陰抱陽同一域，胡爲不仁相禍賊。赤子入井皆怵惕，知公此心可醫國。

黄仲脩墓誌銘

余爲令臨川，愛其山川風俗之嬿，名儒鉅公彬彬輩出，故家遺俗皆知尚氣節，畏清議，信厚而質直，其天性然也。黄君思永，字仲脩，其先金華人，徙豐城，後遷是邑。余嘗過之，入其門，庭宇閴寂，登其堂，主人肅然問起居外，不輕發一語，氣貌凝重，進止有常。見其二子，延客坐，服飾樸素，器用純質。坐客常滿，然無雜賓焉。自是累累過之，終三年猶一日也。予與仲脩交最久，仲脩足迹未嘗造公庭，閭嘗走鄉疃，視時穀價之貴賤，仲脩獨下其價以售，賙卹閭里。役於仲脩之家者，歲凶無流徙焉。篤於教子，不爲剽竊以徼利達，擇師取友，不遠數百里，必求有學行者致之。爲子擇婦，不以財，必以世之鉅儒與鄉之名勝。嗚呼，何其賢且厚耶！訪其家世，則左朝散大夫、吏部郎中、提點荆湖南路刑獄公事、贈通奉大夫次山，碩人章氏之曾孫，通直郎、知静江府義寧縣事愷之、孺人徐氏之孫，貢士逢吉、夫人管氏之子。❶叔祖瓊管公，擇仲脩於羣從之子最賢者，以爲貢士後。蓋邑人之右族，其生産之厚裕如也。士大夫席父兄之業，擁高貲，鮮有不習尚浮靡、貪榮耆利、恃氣陵物，以累其身、辱其先者。今仲脩家世如此，迺能自處泊然，無一毫驕吝之意，豈其天資之厚，有以守其故家遺俗之舊耶？仲脩年四十，卒於嘉定元年十月朔日。娶饒氏，子二人：慶臣、清臣。女二人，長適進士饒洽，次以疾廢。慶臣娶晦菴朱文公之孫、監酒朱君埜之女；清臣娶寺簿王君克勤之女。兩君家甚貧，後仲脩數月亦皆卒。王君且死，其家遣姆來曰：「妾不幸有夫之喪，女長無以嫁，夫人其改擇焉。」饒夫人曰：「吾言已决矣，擇婦擇其身，非財也。」且寄語於朱氏，謹毋以貧爲嫌。二子無異意焉。嗚呼！非獨仲脩然也，如其妻子，亦賢且厚也，道行於家人，固

❶「子」，四庫本作「嗣」。

若是耶？仲脩將以嘉定三年十二月十八日壬申葬于縣之明賢鄉唐門之原，二子以其師盱江傅沂之狀來請銘，余既獲交於仲脩，又於其長子有妻黨之親，知仲脩之行事爲最實，故不辭而爲之銘曰：

植根厚者，其華必豐。浮埃爲基，胡墉之崇。猗歟仲脩，古人之風。器大聲宏，不于其躬。銘以俟之，列于幽宮。

篤孝傅公墓誌銘

公諱脩，字子期，豫章進賢人也。曾祖俊。祖安民，建炎中以收逆賊補官進義校尉。父時中，從政郎，爲宣撫岳公賓客。母胡氏。生於紹興己未，以開禧丁卯六月丙午卒于正寢，將以嘉定元年十有二月癸酉葬于所居之南荷田源。是歲十月，公季子瑭走臨川，謁公之友長樂黃榦，泣而言曰：「瑭嘗侍先人師晦菴先生而友吾子，今不幸棄諸孤，葬有日，生平之梗概，託以不朽者，先生歿矣，子何説之辭？」榦謝不敏。又泣曰：「德與位，世所有也。先人之友，莫子若也。子何説之辭？」發其書讀之，公剛方質直，孝友信義，行於家庭，著於閭里。天資敏悟，不樂時學，少習輒棄去。端坐一室，左右圖史，持身斬斬，無違行。接親族有恩，賙人之急，常恐不及。凡公之性行，皆可述如此。而於事親尤篤，飲食起居未嘗頃刻忘。嘗遊蕪湖，一夕有感而歎曰：「吾親其有疾乎？」旦即馳歸，千里不數日而至。從政公既葬，去家一舍，每一念至即馳往，裴回信宿而後反。庚申之春，榦嘗侍坐於晦菴先生之側，有麻絰菅屨、扶服而前者，貌不勝衣，言不能出諸其口，問其姓名，則公也。先生方與諸生習禮於武夷之下，愛其賢，書其所携從政公之事狀曰：「予觀其冠履應禮，而戚容與之稱，言詞懇愨，情旨酸辛，爲惻然動心焉。」坐者無不加敬。未幾，先生没。明年，且葬，柩行，公悵悵而來，且號且拜，俯伏於道，若將隕焉，送葬者重爲之垂涕。方是時，僞學之禁嚴，縉紳恥言學，學者更名它師，至有吊賻不及門者，公獨毅然不遠千里，哀號痛慕若此。公誠孝人也，以其愛親者施之師，由是充之，則凡子瑭之所述，皆可信不疑也。嗚呼！道之不明久矣，諸老先生迭起力扶之。習俗日薄，學者不能盡通其師之意，小廉曲謹，不足以捄大本之差，博聞多見，適足以爲實行之累。顧使阿世之徒得以藉口濟其爲姦之術，而斯文日以堙晦。今諸老先生既没，如公之篤實躬行者，亦復相繼而逝，是豈不重哀也夫！公娶張氏，子三人：夢得、夢與、瑭，業進士，瑭嘗與鄉貢，皆篤信好學，有父之遺風焉。女四人，長適修職郎、前筠州主簿趙汝偵，次適待補太學生王大年，次適進士周士珍。孫男女十四人，男：謙、巽、觀、咸、益、渙，女：長適漕貢進士趙師櫓，次未行。榦既謝不獲，遂次公之行而爲之銘，銘曰：

學之大，先人倫。行有實，豈其文。參也魯，以孝聞。一唯間，策奇勳。嗟後世，胡紛紜。毋他求，視兹墳。

董縣尉墓誌銘

番陽董君叔重之子浚以書走漢陽，叙次叔重之言行，以求銘於其父之友黄榦曰：「吾父治命也。」奉其書而泣，進使者而問故。嗚呼！榦嘗從游於晦菴先生，今四十年矣，相與始終周旋最久且厚者，惟叔重爲然，宜其疾且革而不予忘也，其何辭？叔重諱銖，世爲德興望族，唐保大間始有以仕顯名者。本朝慶曆以來，六世從祖諱淵，爲太常博士；高祖諱介卿，爲删定。自是業儒益衆，登進士第者相踵。曾祖材，處州縉雲令。祖陵，隱居不仕。考琦，迪功郎致仕，有賢德，晦菴先生嘗誌其墓。叔重天資警敏，勵志於學，自其少年已爲鄉閭所稱道。叔重亦自負，以功名可唾手致也。既冠，從鄉之儒先程公洵遊，公語以晦菴先生所以教人者，叔重盡棄所學，取《大學》《中庸》《語》《孟》諸書，日夜玩習，裹糧入閩，摳趨函丈，不憚勞苦。先生亦愛其勤且敏，不倦以教之。嘗語之曰：「更宜深察聖賢義利之訓，反求諸身，推類窮根，漸次銷伏，使日用之間全在義理上立脚，方是講學之地。」又曰：「日用功夫，更於收拾持守中，就思慮萌處察其孰是天理，孰是人欲，取此舍彼，以致敬義夾持之功。讀書須是就自己分上體當出來，庶幾得力。」又曰：「此心操則自存，動静始終不越『敬』之一字。伊洛拈出此字，乃是聖學真的要妙功夫。學者於此著實用功，不患不至聖賢之域。」又曰：「更宜加意涵養於日用動静之間，不然，徒爲空言，無益而有害也。」先生嚴重剛毅，雖樂於教人，然非其資禀志尚可與適道，未嘗陵節施也。觀其告叔重之語，精切懇到如此，非愛之深、望之至耶？則叔重爲人，亦可知矣。叔重學益勤，志益苦，往來師門，率不一二歲輒一至，至必越累月而後歸，故於先生之書無不通，而操存持守，不負其所教。慶元初，先生歸自講筵，日與諸生論學於竹林精舍，命叔重長其事，諸生日所誦習，叔重先與之反復辯難，然後即先生而折衷焉。僞學之禁方嚴，有平日從學而不通書問者，有諱言其學而更名他師者，有變節改行、狂歌痛飲、挑達市肆以自汙者，有昔嘗親厚恨不薦己而反擠之者。至其深相愛者，亦勉以散遣生徒，爲遠害計，諸生雖從學亦有爲之摇動，欲託辭以告歸者。叔重正色責之，喻以理義，然後諸生翕然以定，非其見之明、守之剛，能若是乎？叔重敏志，工於文詞，藻麗而醇正，嘗貢於鄉矣，迨其晚年，始中進士第，授迪功郎、婺州金華尉，轉從事郎以歿。人皆以叔重不得究其用爲恨，然使叔重以少年即擢高科爲世所用，必不能用力於學，雖學亦不能專心致志而有得也。得此失彼，亦何憾哉？叔重事親孝，於朋友義以誠。家素厚，喜施予，親舊貧不能自振者，竭力扶持之；有利於鄉閭者，争先爲之。歲或大侵，必發粟以賑貧者。故其没也，鄉人皆爲之垂涕焉。叔重之施於家、施於鄉如此，則推之於世猶是也，士奚以窮達論哉？娶祝氏，生子二人，浚之弟曰淪。孫二人，曰槼、曰栗。叔重以嘉定甲戌卒，享年六十有三。葬于其鄉銀城九峰之原，卒之明年八月也。先師没十有六年，交游凋落，後生無所師承，而微言將絶。榦與叔重生同年、學同師，叔重没而予亦老矣，故重爲之悲感，次其事而爲之銘。銘曰：

師之誨兮諄諄，君之德兮恂恂。交朋友兮以義，處閭里兮以仁。世方艱兮心愈壯，身雖屈兮志則伸。正以斃兮奚所憾，尚其似之兮後之人。

周舜弼墓誌銘

君諱謨，字舜弼，姓周氏。其先會稽人，八世祖勍仕南唐李氏，有軍功，官至御史中丞，徙居江州瑞昌縣，今爲南康軍建昌縣人。君資强毅，果於爲善，有不善立改，其接物温然。少警敏耆學，兩預鄉薦。文公朱晦菴先生守南康，君摳衣登門，盡棄其學而學焉，晝抄夜誦，精思篤行。南康抵武夷且千里，有重岡複嶺之阻，君嘗往就學。先生守臨漳，去武夷又千餘里，其地爲閩廣之交，瘴癘之鄉，君又往求卒業。既歸，温繹所聞，以書請益，先生答曰：「講學持守，不懈益勤，深慰所望。當此歲寒，不易其操，尤不易得也。」居家孝友，母喪，蔬食三年，治喪悉用古禮，斥去浮屠、老子法，鄉人多效之。先生又以書勞之曰：「居喪盡誠，不徇流俗，此人所難。」其見稱重如此。先生没，僞禁方嚴，君冒隆寒，戴星徒走，偕鄉人受業者往會葬，年逾六十矣。家故貧，事孀嫂，撫兄之子，極其敬愛。交朋友，處鄉閭，無間言。君生於紹興辛酉，其卒以嘉泰壬戌，葬於甘泉鄉箬坑之原祖妣彭氏墓左，嘉定戊辰七月也。娶李氏，有淑德，盡婦道，後君三年卒，其葬以君之祔穴。子三人：曄、昞、昭，皆業進士，昞亦預鄉薦。女適進士蔡樞、崔若訥、黄萬英。先生以孔孟周程之學誨後進，海内之士從之者，郡有人焉。先生没，學徒解散，靳靳守舊聞，漫無講習，益微言不絶如綫，❶獨康廬間有李敬子燔、余國秀宋傑、蔡元思念成、胡伯量泳

❶「益」，四庫本無此字。

兄弟，帥其徒數十人，惟先生書是讀，季一集，迭主之。至期集主者之家，往復問難，相告以善，有過規正之，歲月浸久不少怠。榦始仕江湖間，因得交於其徒，心忻然慕之，願卜居五老三峽間，從諸君後，未能也。嘉定丙子，自漢陽道過其里，集中來會者十七八，皆佳士也，何其盛哉！於是，君之子曄述其父之行，拜且泣曰：「吾父入閩，與子交最厚，墓木拱矣，銘未立，將有待也。子辱與吾黨之士游，又辱過其里，敢請。」又泣曰：「自先生守南康，吾鄉之士始知學；自吾父入閩，士始不遠千里從學。吾鄉之爲季集，亦吾父發之。今没而無傳焉，敢固以請。」嗚呼！舜弼之學行，脩諸身，行於家，又取信於鄉人，使吾師之道講習不輟。今吾病且老，不能遂卜居之志，將以季集之約，歸語其鄉人，使行之，斯文之不至湮晦，非舜弼之力歟？遂不辭而爲之銘曰：

廬阜兮蒼蒼，彭蠡兮湯湯。地靈兮鍾秀，物産兮多良。諸儒兮勵志，吾道兮有光。夫君兮始倡，没世兮不忘。

吴節推墓誌銘

君諱居仁，字温父，姓吴氏，建陽縣考亭人。考亭溪山之勝甲建陽，文公朱晦菴先生卜居之，君其西鄰也。先生以道學訓後進，四方之士日造焉。暨君至，則竦然起敬，延之上座，語移晷乃退。榦嘗私請焉，曰：「此真廉吏也。」嗟異者久之。又數年，先生爲榦買地結廬，徙其家以居，則又爲君之西鄰焉。於是始識君，君亦折輩行爲道義交，故知君之履行爲尤詳。君没之十年，仲子從周以其壻葉士龍之狀爲書走漢陽，曰：「吾父以廉介自守，既没而無傳焉，諸孤責也。」又曰：「吾父受知於文公，又獲與子交。文公没矣，述吾父之行，傳諸後，非子其誰？」榦既與君鄰，有雅故，其奚辭？君之曾祖睿，仕至承議郎、知福州候官縣，有廉聲，妣安仁縣君黄氏。祖天覺，妣陳氏。父懋功，妣江氏。君自少以學行爲鄉閭所敬，長貢於其州，晚以特恩補官，爲福州古田縣尉，再轉爲潭州攸縣丞，秩滿爲融州節度推官。君仕所至，勤於職業，以儒飾吏，聽訟必以人倫大誼斷曲直，部使者下其所斷爲州縣式。居官常俸不足自給，君洗手奉法，一毫不妄取，古田之人稱其清廉世所絶無，以俗語目之爲生羅漢，邑人思之至今。丞滿不能歸，邑長以富民之訟産者囑君，且曰：「行計可辦矣。」君笑曰：「此言何爲至我哉？」遂徒步以歸。廣西部使者知君貧，不可以不義屈也，委君行視十邑倉粟，一切餽遺悉却之，大爲當路所知，共薦之，而君没矣。同寮交致賻，始能以喪歸。君生以建炎丙午，其没以開禧丙寅，葬於其鄉均亭里石溪之原。娶翁氏，先君二十年卒。子三人：有洽、從周、子容。今其存者，從周也。女一人，適進士黄拱。孫男四人：椿、田、杞、郴。孫女二人，長適進士葉士龍。讀其狀，皆生平閭里所聞見，可考不誣也。嗚呼！貧固人所難處，君老得官，且家貧，又多累，獨能以廉自將，是則真可敬也。其爲大賢之所推許也，宜矣。吾聞君之八世祖殿中丞文靖，與其弟比部員外郎文秀，自國初擢第，歷仕三朝，祥符三年同日告老辭位，而天子以三朝元老加賜章服，以華其行。時人榮之，以比漢二疏。侍郎李虛己以詩餞之，有「常棣陰中齊拜表，脊令原上對懸車」之句。然則君之清風高節，其源流固有自也。吴氏之先，自太伯避位逃奔于吴，孔子稱其至德。其後季扎有賢德，孔子題其墓。今君亦以廉見稱於文公，豈其苗裔耶？何其多賢也。抑予有感焉。始予爲兒童，從先生長者游，相告語必以氣節，鄉人有貪者，皆鄙賤而不與之齒。士大夫官至監司郡守，子孫至無以爲食，人猶敬之，曰：「此賢者後也。」今老矣，視俗之所尚，大與曩者異。一簿若尉，而求田問舍之計畢矣，人爭慕之，若不可及，不若是，則子孫憪然，折而爲厮役者有之，榮辱之殊如是，孰肯以此而易彼哉？然嘗思之，廉而貧，賢也；貪而富，盗也；貧而子孫能自立，則又賢也；富而子孫驕且騃，習見其父祖之所爲而效之，其爲盗可勝既耶？孰貴孰賤，必有能辯之者。予因吴君之事，併書之，以爲世戒，且以勉其子孫。銘之曰：

謂貪爲可樂兮，跖名以盗；謂廉爲可貴兮，夷死以餓。歷前聖以折中兮，跖之鄙而夷是慕。嗚呼賢哉，是謂有宋廉吏吴君之墓。

知果州李兵部墓誌銘

嘉定十年冬十月壬子，尚書兵部員外郎、知果州李君諱道傳字貫之，以疾終于江州之寓舍。聞之者識與不識，莫不咨嗟涕洟，相與語曰：「是刻意勵行、求聖賢之道，而能踐其實者；是立天子殿上，危言正色，爲宗社無窮之計者；是懇惻愛民，救菑捍患，江東父老子弟數十萬皆得全其生者；是利禄不能動其心者；是危險不能易其守者。斯人也止於斯，可哀也夫！」明年冬，太府寺丞、知南康軍陳宓以書告于長樂黄榦曰：「李君有惠政於江東，樂與此邦之士遊。今亡矣，從之遊者祠之廬山棲賢寺，子與李君交最厚，願有記。」榦悲君之不可復見，遂爲之記，以見君之誠於身、信於友也。又明年，君之兄弟若子以君門人牟桂之狀來請銘，又得以考君事業氣節，而備書之，尚何辭？君隆州井研縣人，曾祖公錫；祖發，宣義郎；父舜臣，承議郎，行宗正寺主簿，贈朝請大夫。宗正公官中都，君年始十一，試胄監，中貴人主邏者異之，曲加問遺，君端坐不顧，識者卜其異日之所守矣。少長，讀程子書，知講學涵養之要，玩索理義，至忘寢食，雖處闇室，整襟危坐，肅如也。未冠，博通經史百家，爲舉子業，不逐時好，較於有司，名常出衆上，賜慶元二年進士第，調利州司户參軍。秩滿，移蓬州州學教授。開禧用兵，虜窺散關急，君以諸司檄計事，道聞吴曦反，君痛憤見於詞色，即遣其客間道持書遺制置使楊輔，論曦必敗，曰：「彼素非雄材，犯順首亂，人心離怨，因人心而用之，可坐而縛也。誠決此舉，不惟内變可定，亦使虜知中國有人，稍息窺覬。正使不捷，亦無愧千古矣。」逆儔趙亮以曦意脅君，君以誼折之，遂棄官歸。逆曦平，有奏君抗節不撓、潔身自全者，詔進官二等，由是中外交薦。嘉定二年，召除太學博士。宰屬有子，以誦書應試，風同列囑君，君卻之，兩學之士多君有守，遷太常博士，兼沂王府小學教授。沂邸有母之喪，官吏例進秩，君曰：「有執事之勞者，推恩可也。吾輩何與焉？」辭不受，遷秘書郎。閲月，又遷著作佐郎。見上，首言人才盛衰係學術之明晦，願下明詔尚正學，取故侍講朱熹

《論語》《孟子》集注、《中庸》《大學》章句，或問四書頒之太學，仍請以周端頤、邵雍、程顥、程頤、張載五人從祀孔子廟。時執政有不樂道學者，以語侵君，君不爲動。兼權考功郎官，令史有以某御史意求更定欲筆者，君曰：「欲筆不可改也。」自是，六部郎官缺，君遞攝之，幾二年，無敢干以私。時新進用事，贓賄成風，會再對，首言：「今名優儒臣，實取才吏，刻剥殘忍、誕謾傾危之人紛然進矣。」君求補郡，執政使諭曰：「進書近可待也。」請愈力，六年，差知真州。君至，按圖牒，覽形勝，歎曰：「要地也，可無備乎？」城圮弗治，前守請於朝，得緡錢斛米以數萬計，甓護之所費，僅四之一。君益以郡計，盡甓之，並江居民視城中幾十倍，請築翼城，不報。乃請築兩石垻，益浚二壕，緩急有警，復決州之東西陳公塘，以水爲阻，而人心始固矣。創築倉廩，請廣儲蓄，上出内府錢，命增糴四萬斛以實之。忠勇軍舊千人，亡者半，君既募足，廼爲置統率，嚴教閱，幾出入，禁役使，軍政肅然。復條弩手民兵按閱之法，上之。及請六合戍兵聽守臣節制，皆報可。君以禮下士，數詣學校，誨以聖賢經訓。瓜步故有魏大武祠，牲幣湊集，君曰：「此地昔拓跋燾所踐蹂，豈宜獲祀？」悉取土木偶投江中，以除民害。七年秋，除提舉江南東路常平茶鹽公事。將行，別儲郡計錢四萬緡，爲樓櫓費，弛負輸亦萬緡。去之日，帑庾視始至皆倍焉。君之爲部使者，按行屬郡，劾吏之貪縱者十餘人，胥吏爲民害者大駔小逐百餘人，狴獄不當繫者二百餘人，盡釋之，弛負錢一十餘萬緡，決訟牒二萬餘紙。所過村落，細民愬事者，日夜坐而聽焉，無不得其情而去。池陽戍將以責賄不滿意，杖其統制官幾死，其弟愬于君，不受，愬愈切，君逮繫之，密以告江淮制使，移他屯得不死。後制使奏言：「軍帥以求貨杖殺將士，歲至六七百人。自今將佐有罪，並送所在州論鞫如律。」奏可。蓋自君啓之。夏，大旱，君應詔言「楮幣之換，官民如讎，鈔法之行，商賈疑怨，賦斂增加，軍將刻剥」，皆切中時病，遂條上荒政，多從之。時三部使者分賑九州，君得池、宣、徽三州十八縣，獨居一路之半，得濟糶米三十萬斛，錢一十萬緡，通商勸分，足以均給。君既分委寮屬，又躬行省視，窮冬風雪中，竹輿上下山坡，深村窮谷，靡所不到。起十有一月，盡明年四月，無一人捐瘠流徙者。鄰郡九江來告急，亦輟糴舟濟之，賴以全活者甚衆。新宣城守素無廉稱，君奏罷之，主之者大怒。郡號凋弊，乃命君攝事以困之，君撙節關防，府計充裕，郡爲大斛以受民租，悉剖而更制之。是歲減民輸七萬斛，既又捐夏税緡錢亦五萬。去郡之日，帑庾視始至亦數倍。君視民疾苦如己隱憂，爲之興利除害如己嗜欲。推行晦菴先生社倉之法，上饒、新安、南康諸郡，翕然應命，社倉之法獨盛江東，人蒙其利。江東豪民詭籍寄産以避差役，某王府物力四千緡，莫非詭寄，君請勒王家吏齎契券質驗，仍申嚴限田之法。自是，豪猾不得肆，貧弱少紓矣。浮梁、德興民訴役錢增重，爲考其實，歲用之外，盡蠲之。君於僚屬，待之有禮，至於舉刺，斷之以己，不爲貴要所移。初除真州，偏白輔臣、臺諫以薦舉請託之弊，願公舉以勵職業，比終更，莫敢以書至者。及使江東，兼攝臬事，所舉多不識面，受舉者亦莫知其故也。新南康守，貴勢子也，庸下躁妄，君劾之，久乃予祠。廣德守臣觀望，劾郡博士，且詆轉運使真德秀，乞避之。君請覆實，守坐免。徽守丐倚閣月樁錢，爲總餉者所劾，都省亦言本州玩視朝廷，君爲力辯，且言所行荒政實出己畫，守竟奉祠去。君既孤立多忤，已浩然有歸志。會吏部侍郎胡榘舉君自代，遂引疾丐祠，不許，令君入奏事，再辭，又不許。遂入對，首疏二千言，上自宫掖，次及朝廷，以至侍從臺諫闕失，無不歷歷爲上言之，皆天下國家所以安危治亂者，聞者爲之悚然。上寬容，不以爲忤也。言者論君務爲己勝，昧於體國，除兵部郎官，力辭，差知果州。薦君者方爲君恨，而不知君之簡奄宦，折逆黨，其平昔植立已如此，安有去就出處不能擇其所主，而顧爲不義屈哉？君聞臺劾下，即解舟過京口，與其友劉宰登茅山，次九江，入康山，山南北之士皆來會，幅巾藜杖，窮極勝概，飲酒賦詩，不知爲逐客也。疾君既得疾，即請奉祠，乞致仕，皆未報。疾革，屬其友南康李燔以後事，一本朱先生之禮，釋老之説皆不用。手爲書別兄弟，召大兒達可坐床下記遺言，尤以謹藏伊洛之書讀之爲囑。九江蔡念成舉易簀語以告，則對曰：「不敢忘。」已而命左右出，下帷，少頃，視之已長往矣，年四十有八。特轉一官，朝請郎致仕，命沿江轉運司致其柩還蜀。君氣禀清明，容貌端直，望之若不能勝衣，而其中屹然不可犯。羣居終日，寡言笑，而温潤之色即之睟然。孝友出於天性，内外屬之貧者死喪嫁娶，悉爲經紀，輒分俸贍之。立朝介然，無阿附，然沉静安詳，人亦莫能窺其際也。儀真俸素厚，損其不當得者；宣城之禄厚於庾使，取其薄者。四方聘幣皆不講。與僚吏寓公過客爲禮，酒不過五行，非公會不作樂。其恬淡寡慾，無所係累，則學問之本已先立矣。自宗正公始以文學行誼爲學者師，誨諸子必以聖賢爲法。兄心傳不樂仕進，窮經博古，爲西州之望，其所著述，多行於世。其季性傳，亦力學自好，其進未可量也。君與兄弟相視如師友，故其一家之學，言論操履，一歸於正。君既擢第，慨然有從學武夷之志，屬以家難，不果行。及爲中都官，訪求所嘗從學者，相與講習，盡得遺書讀之，謙虚下問，晝夜紬繹，宏綱大義、微言奥旨，靡不研究。又得門人所録問答，反覆參考，鋟版以惠學者。然其爲學，篤於實踐，不爲空言。於經史皆未有所論著，曰：「學未至，不敢。」於詩文平淡條達，亦未嘗苟作，曰：「學未至，不暇。」其没也，其家裒其遺藁，定爲五十卷，君之所得，不盡見於此也。君篤於爲學，蓋有摳衣升堂涉歷歲月莫能及者，故其事業氣節卓然可敬，而窮達死生不能累其胸中也。士大夫不悦學久矣，投之事物膠轕之中，依阿顧望，無益於成敗之數，窮通得喪之來，利害未毫髮比，顛冥昏瞀，棄其所守者皆是也。聞李君之風，得無少愧乎？若李君者，可謂有道之士否乎？是可以付之萬世之公議矣。君娶眉山史氏，封安人。三子：達可，國學進士；當可，少穎悟，莊重如成人，後君八閲月而夭；獻可，尚幼，以君命爲伯父後。三女，長適迪功郎、新資州盤石縣主簿杜曄，次尚幼，其季後君九月而夭。君以嘉定十五年八月甲辰葬于眉州青神縣盤龍山之原，距宗正公太墓十里。銘曰：

大學之道，曰知與行。博文約禮，玉振金

聲。知而不至，如眇斯視。行而不力，如跛斯履。允穆李侯，稟資清明。志篤行堅，心通義精。曰豈徒言，静存動省。暗室屋漏，必戒必謹。中外踐更，遑卹我身。上則有君，下則有民。民方阻飢，慈母來哺。衮職有闕，肝膽披露。窮達死生，浮雲太空。以身任道，萬折必東。有言有行，爲訓爲式。勒此銘詩，以詔罔極。

林存齋墓誌銘

存齋先生林君公度，諱憲卿，福州懷安縣栗山人。天資莊重，篤實淵粹，自少已爲佳子弟，處學校，輩行推其賢。喜從當世知名之士遊，聞濂洛治心脩身之學，欣然慕之。受業朱文公，與所嘗從學者友，日以孔孟六籍、周程之書磨礲浸灌，充養其德性。色温氣仁，言必擇而後發，舉動造次不失繩墨。與人交先自下，聞人善若出諸己，表裏洞徹，人無間言。少孤，事兄如父，撫兄子如己子，飲食居處，不忍一日離，事瑣細以身任之。相戒飭必曰勤儉，家人有所爲，小大必咨而後行。視親族鄉黨如其家，有無患難相賙恤惟恐後。誨鄉之子弟必以理義，從容談論終日，人交感其誠、樂其和，相勉以善，故雖山谷窮處，儒風之盛不減都邑，循循雅飭，不問可知其爲存齋徒也。生平交遊，皆已致身貴顯，君獨翛然大山長谷中，坐幽亭，俯清池，吟風弄月，不知窮通榮辱之變也。文公晚得君，稱其忠信，勉以學，及屬纊，猶惓惓與君訣。文公没，君痛甚，耆學益苦。其徒吴宗萬、林士蒙皆志篤行堅，可與進道。二子相繼没，君益悲，望後輩日益切，而君亦老矣。年七十，嘉定丁丑六月壬戌以疾終于家。君之曾祖菁、祖茂、父齡，皆世積賢厚，迨君學行始著。君不娶，兄守卿之子蕃主君喪，哭之也猶父子；鄉人哀之也，皆曰：「吾師逝矣，吾誰與歸？」相與即存齋祠而祀之。所謂「鄉先生没祭於社」者，則君雖不娶不爲無後也。越二年己卯，九月辛酉，葬君南山之麓。蕃以君之治命來請銘，予與君交最久，不敢辭。嗚呼！若君者，古之所謂躬行君子也夫。銘曰：

學有本，修諸身。行於家，及鄉人。施不遐，道則伸。琢斯珉，示無垠。

郭夫人墓誌銘

夫人，龍舒郭日休先生名作德之女，臨川晏元獻公曾孫名巽之配。既没而狀其行者，河東薛慈儉；既葬而爲之請銘者，新城黃義勇；叙其事而銘之者，長樂黃榦。予嘗從宦潛皖，愛其土俗之美，聞兩家世德爲尤詳，與薛、黃二君交相好也。日休博學有行義，爲淮人所宗師。晏氏望族，世守禮法。薛君，耆儒；黃君，名士。皆謹然諾，不輕許可，則夫人性行，禀賦薰習，始爲女，中爲婦，終爲母，各盡其道，可書如狀，不誣也。夫人端静敏慧，聞講誦輒通大旨，閑於女功，極其精巧。既嫁，閨閫如賓，能勉以正。夫黨繁衍，遇以恩禮，咸得其情。執夫之喪，哀痛摧毁。既免喪，不御綺縠，宴遊之會不赴，創書室，蓄經籍，擇端士爲子師，禮以齊家，儉以足用。迨其晚歲，資生之具倍致昌阜，親屬貧者月給之，里巷死喪不能舉、女不能嫁，力賙之。歲或艱食，輒發廩平其賈。夫人之德見於狀者，此其大略也。予嘗嗟夫世之稱婦德者必曰柔靜，然非剛嚴方正以濟之，則昏愚庸弱之敗人家者多矣。夫人年方三十，夫喪子幼，獨能以禮節防其身，以義方訓其子，以勤儉富其家，又能斥其有餘以及族屬鄉黨，無秋毫顧惜意。介然烈丈夫之所爲，非所謂至柔而動剛、至靜而德方者耶？夫不能鞠躬盡瘁以直道事其君，務爲脂韋輭美以偷合苟容者，士大夫猶爲之，况敢責之婦人女子乎？予以是益歎夫人之爲賢也。夫人孀居四十有八年，享年七十有九，以壽終。子男三人：紹祖、茂祖、榮祖。女一人，適鄉貢進士吳綰。孫男十一人：焕、炳、燁、奕、煜、煒、熾、炘、燧、熺、燐。女八人。振振之盛又如此，天之報施善人何如哉！夫人没嘉定癸酉九月□□，葬於長樂鄉大園窠，乙亥九月□□也。銘曰：

婦人之德，柔淑靜專。濟以剛方，其德乃全。豈惟婦道，臣道亦然。靖共正直，曷其有偏？承顔順旨，爲世所賢。亡家敗國，伊誰之愆？孰若夫人，行通于天。子孫振振，眉壽永年。於昭厥聲，勒銘幽阡。

楊料院墓誌銘

文公朱先生守臨漳，興學校，明禮義，以教其郡之士，擇士之志於學者，置賓賢□以處之，❶楊君士訓字尹叔，實與焉。予以諸生從始識君，君年尚少，已爲儕輩所推重。户部郎中王君遇剛介，少許可，獨器

❶「□」，四庫本作「館」。

君，以子妻之。予與王君交最厚，知君志行爲尤詳，已而聞君擢進士第，初試吏爲福州古田尉，再轉爲潮州海陽丞、福州永福令。古田、永福，又予鄉之鄰邑也，君之政譽益有聞於人。會湖廣總領請于朝，願得廉靖吏以董軍餉，君亦以邑最爲諸臺交薦，遂以選差監鄂州糧料院。未幾，聞君歿，累官至宣教郎，年五十有八，嘉定己卯三月二十有六也。將以明年正月壬子葬于漳浦縣永清里官陂之原，其孤以予與君有雅故來請銘，所以敘述君之本末者，皆予所親見聞也。

君之曾祖絳、祖宗孟，世積厚德，至父成大，始貢名禮部。君醇靜警敏，少刻厲自奮，處鄉校，入太學，杜門劬書，不爲獵涉綴緝，務求聖賢遺意而躬行之。文公嘗稱其學已知方，則其望之亦至矣。持身謹恪，一語笑不妄發，處家內外肅然。少孤，事祖母孝，遇所願欲，雖行數十里不憚艱險，以求順適其意。所不樂，一毫不敢有所拂。有疾，訪醫行禱，循陔百匝，鄉空悲泣，疾瘳乃已。既歿，執喪盡禮。及葬，廬于墓左，朝夕哀號，至毀瘠骨立。終喪，鬢髮盡白。仕於其邑者，相與爲詩歌以詠其事。厚於親族，急難乏困，竭力賙救之，雖功緦之戚，必爲之制服蔬食。朋友貧願稱貸者，倒篋予之，無吝色。故君之內弟有同居終其身者，及君之歿，水漿不入口者累日，寫其悲痛之情，見之篇什，有人所不忍聞者。其居官，一以寬和爲主，不爲震厲立威名，善者扶之，豪者柔之，人亦感其誠，不肅而自化。民有爭訟，先以禮義曉譬，有遂釋所爭而去者。至決事，姦無所容，而曲直咸得其情。其治永福，留意學校，更定祭器，修立社稷、風雨師壇。有以民俗險健爲言者，君不敢鄙夷其民，推誠以待之。邑之人士誦君之德不容口，有曰：「公之德量，汪乎如不撓之陂；公之接人，温乎如可愛之日。潛心可質之上帝，操行不欺乎暗室。」諸臺亦以豈弟慈祥、聽訟平允薦之。皆實録也。自北鄙兵連，民疲轉餉，而士不宿飽，至舉荆襄兩路軍儲以屬君，君亦以忠誠懇篤，慨然任其責，上下相慶，以爲得人。未踰月君歿，行道之人皆爲之咨嗟涕下。君素廉介，至無以爲斂，總餉者義之，帥其僚屬爲之具棺櫬、備舟車，護其喪以歸。觀君所以感於人者如此，則其歿也，不獨爲君惜也。蓋君資稟既厚，而又切於爲己之學，故其立行無瑕玷，而孝道之篤，尤人所難及。措之事業，雖未能大見於世，即其已試者充之，顧亦何施而不可哉？嗚呼！習俗之薄久矣，不學者無以議爲也，學焉者工言語，事容飾，植聲名，殆類知道者，胸中所存，矛戟森列，雖父子骨肉間不能盡其道多矣，況他人乎？況以臨其民乎？若君者，非古之所謂篤行君子乎？君之子七人：景亮，鄉貢進士；次匽，爲族人後；次□；餘夭。君之教子，以孝悌忠信爲先，其餘利禄未嘗一語及之，故其諸子皆篤學謹行，克世其家。予既深識君，而又參之以師友公論之所推許，是宜銘。銘曰：

厚其根，其實不蕃。流之長，不如其源。天命靡常，定理則存。濬其源，毋伐其根。不在其身，在其子孫。

李知縣墓誌銘

榦少居里中，聞秘閣李公之賢，每朔旦必齋宿往造焉。公不鄙，延之坐，語移日，凡治身處家、事物之應酬、古今治亂得失之故，隨所扣無倦色。其好善如不及，其於窮通榮辱之變，泊如也。公於是老矣。後十餘年，友人余元一爲邑同安，稱其主簿之賢不容口，問其出，則秘閣公之季子也。於是始識君。又十餘年，君以南安丞轉爲廬陵丞，秩滿，調安遠令，又以部使者交辟，改爲龍泉令。榦適從宦江西，去君治所率不過數舍，聞君治行爲尤詳。又數年，君以薦者改秩，爲令惠之歸善。未幾，聞君以疾終官舍，嘉定己卯七月十九日也。君以父任，累官宣教郎，享年五十有四。秘閣之賢，宜有子矣，君又真能世其家者。榦遊君父子間幾四十年，老而歸，日求里之賢者與之處，如君者不數人，而君歿矣。明年四月二十有二日，葬於候官縣保安山之原。其孤僩述君行實，來請銘，遂叙其事而銘之。君諱大訓，字君序。其先金陵人，國初徙合肥，靖康間始入閩，今爲福州閩縣人。五世祖諱先，以儒起家，擢天聖五年進士第，歷官中外，所至有聲，孫公覺稱其有古循吏風以太中大夫致仕，贈光禄大夫。先生朝請郎、贈朝議大夫諱庭玉，庭玉生朝奉郎、贈金紫光禄大夫諱彦倫，是爲君之曾祖，與豫章黃太史爲文字友。彦倫生奉直大夫、贈金紫光禄大夫諱瀶，瀶生奉直大夫、直秘閣諱士龍。君端重警敏，弱不好弄，居家孝友，秘閣公深器之。少長，篤意學問，聞伊洛之學，忻然好之，得朱文公《大學》《中庸》，朝夕諦玩。非其類不交，鄉鄰罕識其面，沖淡寡慾，若無意於世者。至居官，則恪意盡瘁，勇於敢爲。簿職卑而冷，例求奉檄入幕府，簿書斷絶，吏緣爲姦，君洗手據桉，會計纖悉，終日不倦，民産登降、官賦羸乏無逃者。兩丞劇邑，南安踵積弊，姦豪受民賦，與吏相表裏，不以入，賦日虧，民苦追逮。君課吏，籍其姓名與所受之數，桉籍以索，不擾而辦。廬陵歲委官受租，前期請囑相攘奪，既得，與吏爲市，民苦重征，官受惡粟，選可委者以囑君。君洗手奉職，盡革前弊，公私便之。歲適大旱，獄囚淹滯，檄君慮之。有以峒寇繫者七十餘人，君得其正犯十餘人，皆伏辜。其二十人則爲所驅迫，餘皆平民，官軍掠之以示多獲，獄具白之主將，捕盜者力争庭下，君與之辯。明日，復以告，争愈力，君正色曰：「將官殺人軍前，則獄官不得與。今既付獄，是非曲直當聽有司，君安得輒争乎？」所活五十餘人。有尹四者，或謂賊將不當釋，君辯其非。後數日，果有執尹四將以至者，人大服。方峒寇猖熾，焚燒兩邑，峒連湖廣，三路騷然，官吏縮手畏遁，君往來兵間無虚日。萬安通寇境，君攝其事，烽火屢警，君不爲動，密調義丁戍兵以備之，賊不得逞而去。郡委官湖南，議夾攻之策，難其人，咸謂無以易君者。潭帥曹彦約得君大喜，偕行討賊，迄事始歸。峒寇新平，龍泉遭焚蕩，人心憂疑，負固喜亂者尚跳踉山谷間。君既去官，以辟就職，招集流庸，一意撫摩。蹂踐之地，朝廷蠲兩税，君復請寬年限，又請于州，給錢積穀，以備凶荒。大軍撤戍，君謂不可無備，請置隴頭寨以捍外寇，留戍兵五百以護縣郭。新作縣門，示以閑暇，人情始安。青草、明坑二峒素桀驁，或請剿之，以息後患，君曰：「獨不可理諭乎？」招其酋長十餘人，或戒以勿往，皆曰：「李知縣非欺人者。」既至，爲具勞之，諭以禍福，皆泣謝，誓不敢他志。於是籍鄉丁，明保伍，使聽命隅官。又擇其有信義、能帥衆者，爲都隅官以統之，有警則互相防守，不率則更相糾察，衆皆歡呼而去，相與勒石於石筍峰，頌君德以明不敢有負。自是，鄰邑連歲竊發，以此曹不從亂，皆莫敢入縣境。君於理煩剸劇如此，至爲歸善，事簡俗醇，治以安静。以民未知禮，鬭狠告訐，形於親族，衣冠喪葬，無復品節，爲文戒之，民俗自化。君既簡追呼，罷科抑，民亦田里相安，獄訟衰息，可以卧治，而君殁矣。簿書財穀，獄訟甲兵，俗吏誇之以爲能，而儒生所不道；禮樂教化，儒生喜談以爲名高，而俗吏見謂迂闊。事不根理，理不該事，而數千年間，天下無善治。若君者，倥偬則力事功，閑暇則修禮教，儒而不腐，吏而不俗，此豈常情所能及哉？君所至，以廉勤整辦稱。其在江西，臺府交薦，君自處恬然，未嘗曲意阿世，故功多而報嗇。其於財利，未嘗秋毫經意，故其殁也，以田易地而後能葬。嗚呼！是可謂賢者也，是真能世其家者也。君娶陳氏，子三人：僩、价、侹，皆業進士。女三人，長適浙漕進士林夢庚，次適迪功郎、汀州寧化縣尉林光謙，次在室。銘曰：

業紹於家，學修於身。行孚於友，利加於民。何辜于天？有志莫伸。聚散倏忽，如空中塵。顔夭跖壽，孰暴孰仁？不亡者存，視此堅珉。

族叔處士墓誌銘

黄氏居福州城東三百年，釐而爲三，派而爲六，後有他徙者。自同慶而下，子孫存者無慮四十人，挾策爲儒者，累累不絶。紹興間，察院公始以篤行直道、清名高節著聞當世。子宣教君杲、通直君東亦皆孝友廉潔，挺挺有父風。又六七十年，後路之黄諱叔毖者生先覺，先覺生俊卿，俊卿生公，諱凱，字舜舉，獨能以勤儉大其家。苦學守禮法，教其子南金、宗尹、宗傳，皆雅飭爲良子弟。南金以弱冠預鄉貢，宗尹亦繼入太學。一門之盛庶幾哉！察院公之遺事矣。嘉定庚辰十月丁丑，公微疾，終于正寢。初娶何氏，後兩娶陳氏。子三人，女一人，婚嫁皆未畢。而公之年僅五十有二，乃不及享其盛大之福，識與不識，無不爲公流涕也。命之脩短，懸于天矣；勤儉苦學，守禮法者，人也。一族之間，三百年之久，其盛不過再世，皆以勤儉苦學守禮法得之，則公之行信可書。公之子弟，與凡吾之族人皆知以公爲法，則吾宗之大未有艾也。其年十二月壬午，葬公于桑溪艮山之原，其族孫榦爲之誌其墓，❶而系之以銘：

家之興替，不于其家于其身；天之報施，不于其天于其人。謂予不信，視此堅珉。

林處士墓誌銘

龍門三灘之勝，清邃雄特，著於永福。有隱君子諱仁澤、字德俊居之，篤行遠識，信於鄉之人。大理卿黄公景説、國子博士杜公申皆鄉鄰之望，嚴介少許可，道君之賢，亹亹不絶口。榦嘗欲禮於其廬，未能也，間與其弟若子遊，則如見君焉。投老來歸，卧病田里，不復有志於當世之賢豪，而君亦已爲古人矣。其子宋偉踵門，泣且拜曰：「葬有日，願請銘。」考其弟羽所述之

❶「孫」，四庫本無此字。

狀，則君奉親以孝聞，事寡嫂如母，撫子孫極其慈，視兄之子若己子，樂賓客，喜施予，處鄉閭以和，遇童稚如成人，田夫野叟如敵己。樂君之德、斂衽而稱道之者，内外無間言。家故多貲，中更變故，簞瓢屢空，人不能堪，君處之裕如也。及其子入太學，升舍選，疲精竭力，營菽水以進其親，有餘矣，君不爲喜，厲其子以學，尤嚴以切。自號龍門牧翁，放懷山水之間，賓朋觴詠，終日翛然，有遺世獨立之意。利害得喪與夫横逆之來，一以虛舟視之，不爲毫髮自累。忽一日晨起，命家人具酒肴，集羣從，語以死生旦晝之常，若相訣别焉者。於是治楄柎，相丘隧，舉酒屬客，笑傲其旁，觀其神采，無異平日。後數月，以疾終于正寢。蓋君之兄仁實嘗受業於晦菴朱文公，退而講習如師友，厭棄科舉，刻意聖賢之學，嘉言善行，沉潛玩繹，終其身不少懈，則君之自得周旋乎日用之間，傲睨乎塵俗之表，其以是歟？予嘗疾夫世之學者，事口耳，飾容貌，若可觀矣，而實行不若市人，其謹畏自將者僅足寡過，而貧富窮通、榮辱死生之變，鮮不悖繆喪其守者，則區區細行，亦何足道哉？況於不學者哉！若君者，可謂篤行遠識之君子矣。君之曾祖校，祖覺民，父必先，世積厚德。母黄氏，外祖純夫以文章行誼著於州里。娶黄氏，先君卒三十年。子男女各一人，男宋偉，女適進士黄淵。孫男女二人。君之生以紹興壬申，其歿以嘉定己卯十月，明年十月壬戌。葬于東山之麓。銘之曰：

龍門之灣，昔所遊兮。東山之麓，今所休兮。生死旦晝，等一漚兮。與化俱逝，將安求兮？俯視斯世，捃若囚兮。何千萬年，樂斯丘兮。

朱夫人墓表

賜冠帔夫人朱氏，紹興丞相魏國公之季女，常德臨汀郡侯之女弟，是爲某官陳公之婦，都昌令元平之妻。子七人，女三人，享年若干，以慶元五年某月歿于福州所居之小寢。元平方調官上京，聞其喪，哭之甚哀，將以是年某月葬于某鄉某山之原。元平三過予而言曰：「此吾賢配也，丞相魏國公酷愛之。吾從宦遊四方，坐曹不少暇，凡於裘瑣碎，❶歲時薦享，賓客問遺，得以無闕漏者，惟夫人是賴。吾之子非夫人所生者凡三人，夫人撫之無毫髮異意，飲食衣服必先其夫若子，不足則啜空器、衣敝襦，泊如也。夫少爲人子，長爲人妻，又爲人母，能若是亦可以爲賢矣乎！今臨汀公既爲之誌其壙矣，吾與子交最久且厚，吾猶不忍吾妻之泯泯無聞也，子盍有以表其墓乎？」余惟夫人之行不聞于外，知夫人之賢者莫若夫與兄，臨汀公既爲之誌，元平復與予言如是，予尚何言哉？予與元平交且二十年，元平慷慨奇男子也，生平視世事不如意，輒上書闕下論得失，斥公卿賢不肖，立部使者、郡太守庭下辨事可否，剌口斥言，不少忌，以是官不遂。家故豐厚，坐是反困約。予觀元平之所爲，與其所遇如此，意其妻孥當甚苦之，然賓客過元平之家，輒笑語移日，其杯勺殽核，皆若素備，以待元平不時之需。其飲饌陳設，必精以潔；其庭宇洒掃，必肅以嚴；其奴隸趨走，執事惟謹。大

❶「裘」下，四庫本有「葛」字。

不類元平之爲人。朋友患難，雖甚乏，輒罄囊以賙之。升堂，琴瑟和鳴之聲聞於外，予於此有以見元平夫人之賢矣。婦人之行，莫大於順其夫，由貴盛而處窮約，雖男子有不能堪者，今夫人乃能與元平相安如是，是可不謂賢乎？元平所與朋友，見元平之豪俊不可羈束，鮮不病之；視元平之官不遂且貧，鮮不姗且笑。則元平之友，反不如元平之妻者多矣。禍福窮通之來，要有定理，若其冒没勢利，使其妻妾相詘於中庭，孰若姑守所志，而能使其室家相安如元平之家乎？故予於夫人不惟有以見其行，而又有以厲當世；不惟有以見夫人之賢，而又有以見元平之能刑其家也。是爲表。

仲兄知縣墓表

慶元六年五月十有一日，通直郎、知撫州樂安縣事黄君東字仁卿至撫州之一日，以疾卒于郡學之官舍。教授劉君填發其篋視之，金無餘藏，問之左右，則君未至州而糧已終矣。劉君亟取其家器皿質金，買棺製衣以襲以斂，徧走部使者、臺郡寮屬以告而賙之。丞相廬陵周公以幣來賻，旁縣他郡聞君名者，雖非雅故，亦交致禮，然後君之喪與其孤幼始得歸達于福州。嘉泰二年秋九月，葬于懷安縣桃枝山保福僧寺之東北隅。君之家世族系，見於晦菴朱先生所諗御史公之墓。❶君，公之次子也。遺澤補

❶「諗」，四庫本作「誌」。

將仕郎，歷任迪功郎、監吉州酒務，全州法曹，關陞從政郎、南劍州沙縣丞，轉文林郎、監衢州税務，轉承直郎，改秩通直郎、知吉州萬安縣。丁内艱，服闋，受今任。君天資警敏，而簡默遲重，呐然如不能言者。少遊鄉校，多爲先輩所稱道，屬文賦詩，思致清古，遇事無鉅細，咸研精極思。其所規畫，人莫測其意，及臻厥成，往往歎其不能易也。故其居鄉，親故事有難理者，必即君謀之。及當官，雖筦庫之微，而部使者、郡太守民訟難剖者，悉以委君。同寮聯事者文書行，非君莫敢決，間遇詰責，率賴君以免。故君之所涖輒有稱，而既去無不思之者。廉介之行，人所難及。常俸之外，凡以例得者，皆卻不受，官之雜金苦斂諸吏以給公用者，一切屏之。每之官，警盜之卒非法所應役者遣之，雇夫之金非法所應用者歸之。既終任，供帳之屬一毫不以私其家，故相番易趙公知君之貧，其帥閩也，屬君校書而月饋之，謝不可，則受什之一二。請君攝事鄉邑，辭曰：「有先人之訓，不敢違。」居官辦職，不爲表襮以求人知，所至未嘗以姓名通諸司。剛介自持，雖州縣長吏不敢溷以私事，所當争，則脅以斥逐，不顧也，以是官既不達，而家益貧。然君處之，如未嘗仕，衣食疏糲，妻孥以下有不能堪者。築室先壠之側，仕已則居焉，日與田夫野老出入桑麻之間，頗有終焉之志，以家事爲累，未能也。御史公既殁，家無餘財，田畝之入不足支數月。君奉太夫人，撫弟妹，三十餘年之中，米鹽瑣細靡不躬歷，黽勉有亡，未嘗告憊。以故太夫人之意甚適，而弟妹亦皆賴以有立。俸入之餘，銖寸積累，嫁女弟、從女弟及弟之女凡三人，至遣弟之女，則囊篋絲縷無餘矣。嗚呼！以君之才識，豈不足以致富貴？至於貧困者，取於人者廉也。以君之簡儉，縱不至富貴，亦豈不足自給？至於死無以爲斂，且無以爲歸者，施於弟妹者厚也。無所利而爲善，古人猶難之。若夫顛連困躓，以身殉義，没齒而無悔者，其視古之有道之士見善明而用心剛者何如也？以君娶延平張氏，有賢德，事姑孝，處内外以和，能承君之意。君初無子，得張氏女撫養之，復以叔弟之子益孫爲後。君殁前三歲，有子安孫。❶既殁，有遺腹子曰寧孫。惟吾家自御史公以剛方潔廉、慈愛惠利著聞當世，號稱名卿，伯兄杲亦以才氣超逸，克世其家，今君所自植立又如此。三子皆幼，而二弟亦已老矣，大懼君之行泯泯無傳，將無以著吾家世濟之美，而昭先訓於無窮也，遂洒涕而誌其梗概如此，以表諸墓，而示後人使有考也。季弟迪功郎、監嘉興府崇德縣户部石門犒賞酒庫榦述。

❶「子」下，原空一格，清鈔本作「曰」。

勉齋先生黄文肅公文集卷第三十六

祭　文

祭臨江劉静春先生諱清之，字子澄

嗚呼！去古愈邈，道學不明，末俗喧豗，匪利則名。豈無大賢，挺生斯世，彼昏不知，孰發其蔽？吁嗟先生，天資絶人，心平氣和，志篤行醇。博極羣書，該貫一理，尊敬師儒，考訂非是。閨門雍雍，兄弟怡怡，憂國以誠，撫民以慈。篤學力行，後進是式，推己愛人，尤極懇惻。人之有善，稱道揄揚，不責其備，而取其長。人之有過，箴規訓誨，不顧其違，而冀其悔。先生此心，可謂至仁，芝菌鸞鴞，同然一春。吁嗟先生，今其亡矣，昏迷恣肆，誰逆其耳？榦也顓愚，少無師承，年已踰冠，始來廬陵。摳衣趨隅，歷問所學，直指前修，以警後覺。乙未之冬，歲莫天寒，奉命造朝，艤舟江干。折簡來呼，治子行李，武夷金華，惟子所止。二三偉人，爲世宗師。莫啓其行，已背而馳。廬山之陽，杖屨幾月，别後詒書，勉厲不絶。尚期他年，執經遠遊，南北犇馳，有志未酬。千里訃音，哀慕悲痛，哲人云亡，豈曰私慟。天不佑善，斯文已孤，舉世滔滔，斯人何辜？武夷夫子，先生所敬，小子不敏，幸獲將命。敢不蚤夜，益堅所行，庶幾有聞，如見先生。抆淚緘辭，寄觴以酹。惟神之靈，鑒此微意。

祭丁復之文

嗟嗟復之，如君之賢，而止此耶，信耶非耶？病革之書，伯休、文之之訊，胡爲而至於是耶！勉我以學，告我以死，捧書長號，濡淚滿紙。嗚呼悲夫！其何有於余，逮死而不已耶？以復之之惓惓於余，則余之恨於復之者，抑可知矣。荒村之陬，茅屋之底，春雨對床，秋風聯騎。挾册承師，質疑問義，退歸切磨，夜分乃寐。往來七年，終始一意。至今潭溪之湄，山翁野稚尚能言。❶善哉！二人者之爲友也，孰謂復之而遽棄耶？賢哉復之，少有大志。蟬蜕於名利之場，鞭加於聖賢之地。視其貌若不勝衣，考其所操凜然有君子之器。先民有言，順事而存，得正而斃，達人大觀，生死一致。有如復之，固亦可以無愧矣。顧余未死，則將奚恃？余目孰視，余足孰履，扶持一傾，顛沛頓委，則余之所恨寧有止耶？家空四壁，目極千里，聞喪不前，朋友之耻。緘辭寄哀，幸勿予鄙。自冬徂春，聚糧于邁，庶得以哭于殯，弔其父而撫其子也。嗚呼哀哉。

祭林丕顯文

嗚呼！人心厚薄之不同，古今人物之所以異也。古人不可復見，則能如古人者誠足貴也。如君之賢，篤厚誠實之風，求之古人，亦可以無愧也。慕親之孝，顧瞻松楸，常若承其志也。愛子之慈，從容訓誨，

❶「言」下，四庫本有「之」字。

常恐傷其意也。東萊先生，君之故友，詘首受書，凛乎有所畏也。鄉曲後進，纖芥之善，踵門願交，未嘗有所棄也。急義之誠，不必家之有無；好學之篤，不知老之將至也。至於應酬交際，懇惻繾綣，貴賤長少，同一致也。雖兼善之志不能自達，而婆娑里閭，亦可以激薄俗之澆浮，而振古風於既墜也。曷爲不永其年，而遽嗇其志以殁于地也耶？丙申，金華師席連侍，有過相箴，有善相示，握手劇談，達旦不寐，分雖友朋，恩若同氣。十有八年之中，離合不常，而相予之情不忍一日離也。去歲之冬，君嘗與余言曰：「吾老矣，無所合於世，殆將結廬于荒山之顛，要子爲旬日之集，則吾之願遂矣。」孰謂其反視君於殯，而哭君於位也耶？嗚呼已矣，君不可復見矣！亦將潔身厲行，以慕君之義而已；勉君之子，以述君之事而已。薄酒哀詞，亦庶君之來暨也。嗚呼哀哉。

祭晦菴朱先生

吁嗟斯文，有廢有興。其廢也，三綱淪而九法斁；其興也，大經正而大誼明。是其所關，豈不甚重？而夫子胡乃一疾而隕其生。若昔孔孟，迄于周程，異世相望，各以道鳴。逌去古之益遠，紛異説之縱横。❶其精微之藴既不可得而見，幸而託諸文字之間者，亦且踵訛承舛，而莫見其全經。❷自夫子之繼作，集累聖之大成，其知生知，其行安行。其襟懷洒然，光風而霽月；其

❶ 「紛」，四庫本作「當」。
❷ 「經」，四庫本作「綱」。

言動肅然，左矩而右繩。望之者雖憚其貌莊而言厲，即之者常樂其心和而氣平。資本高明，而志道益遠；性實通敏，而索理益精。主敬以立本，而動静無間；格物以致知，而毫釐畢呈。大而察諸天地陰陽之變，遠而驗諸古今事物之情。仁義禮智，不離五性之所賦；洒掃應對，洞見一理之所形。其精義入神，既有自然之權度，則窮經考古，莫不炳然如日星。謂《中庸》爲造道之閫奥，謂《大學》爲入道之門庭。究本義以言《易》，而深得卜筮之旨；黜小序以正《詩》，而力辨雅鄭之聲。探《語》《孟》之編，而如對鄒魯之問答；述周、程之書，而一新濂洛之典刑。至於星曆地志、曲藝小數，不可以悉究。騷人墨客，窮年卒歲，僅見其可稱。莫不折之以理，而各造其極，蓋亦得之於天命，而非學可能。信本深而形鉅，故末茂而聲宏。其立朝也，危言正色，屢形於感慨；其臨政也，仁民利物，一本於哀矜。立經陳紀而不爲苟簡之計，摧姦摘伏而不求姑息之名。當就而就，不事乎矯激；可止而止，力辭夫寵榮。積者厚而施不遐，❶身雖否而道則亨。婆娑丘園，湛若無營。上以尋墜緒之茫茫，下以警聵俗之冥冥。諸老先生咸資於質正，後學小子幸得於師承。肆逃禪之論者，莫能以惑世；騁雜伯之説者，不容於抗衡。傳聖統以繼絶學，正人心而息邪説，夫子之功大矣。則一存一亡，豈不有係於斯世之重輕？嗚呼蒼天，曾是莫聽。曷不百年，大命以傾。榦丙申之春，師門始登。誨語諄諄，情猶父兄。春山朝榮，秋堂夜清。或執經於坐隅，或散策於林坰，

❶「不」，四庫本作「自」。

或談笑而春容，或切至而丁寧。始受室於潭溪，復問舍於星亭。庶依歸以終老，指溪山以爲盟。胡睽離之未幾，忽夢奠乎兩楹。奉疾革之貽書，對使者而涕零。亟奔走以來歸，乃獨睹乎丹旐。悵此生之疇依，魂欲絶而復醒。念屬託之至重，豈綿力之能勝？想音容而奉遺書，敢不早夜以服膺。惟力策乎駑鈍，庶無愧於英靈。奠卮酒以陳辭，尚有鑒於微誠。

又祭晦菴朱先生

嗚呼先生，百世之師。天啓我人，篤生于兹。海内之士，聞風以馳，垂櫜而來，稇載而歸。榦於朋儕，質劣志卑。憫其鈍頑，誨誘孜孜。既養其端，復發其知。既揉其偏，復克其私。燕申則侍，步趨則隨。適來則喜，已去則悲。别不踰年，書不越時。父生師教，天覆地持。二十五年，恩絶等夷。嗚呼曷辜，而不憗遺？❶日月推遷，窀穸有期。夜臺冥冥，藏棺蔽帷。海内之士，賷咨涕洟。使榦之愚，倀倀何之？孰策其慵，孰指其迷？孰顧孰瞻，孰扣孰咨？維今之春，升堂摳衣。笑語温温，神完氣微。鄉人見招，悲不忍違。❷命曰汝行，我志未衰。閩山荔枝，其實離離。我以扁舟，訪汝以嬉。自春徂冬，如慕如疑。誰知此言，終天永辭。前有書堂，燕居怡怡。後有精廬，諸生焉依。有園有池，清溪之湄。履迹雖存，音容莫追。獨有遺書，千古具垂。句索字尋，口誦心惟。亦有良朋，攝以威儀。有善

❶「憗」，四庫本作「憖」。
❷「悲」，四庫本作「意」。

相聞，有過相規。毋誘于利，毋蹈于非。毋溺于安，毋憚于危。庶幾師門，涓埃是裨。靈輀啓行，清酒一卮。撫棺長號，天乎痛哉。

辭晦菴朱先生几筵

惟先生之靈碩大宏博，以成己爲本，以成物爲用。自其學之不厭，而推之於誨人之不倦，蓋與天地同量，而聖賢同心也。所以興起斯文，惠顧後學之意切矣。榦也不才，去年之春，里之父兄以其從遊於先生之門久，而意其粗有所聞也，帥其子弟而相與講學焉。榦方固辭，而先生督之愈力，是以不獲隅坐執燭以聽垂殁之誨，至今抱恨無有窮也。今先生練祭近一二月，而里之子弟復有所請。榦竊惟先生之治命不敢違，鄉人之善意不敢沮，遂捨先生之几筵以行。不能築室於場，以終三年之禮，俛仰太息，絶愧古人，卮酒告行，痛徹心肺。

晦菴先生小祥

先生兮道德，百世兮彌彰。天地兮齊壽，日月兮齊光。自古兮有死，先生兮不亡。賤子兮何之，❶菀結兮慘傷。嬰兒兮失哺，逆旅兮悲鄉。德容兮□□，❷□□兮琅琅。❸髣髴兮耳目，顧瞻兮茫茫。歲月兮不淹，遽易兮星霜。矯首兮武夷，白雲兮高翔。褰衣兮無從，寫哀兮此堂。良友兮駢

❶「賤」，四庫本作「殘」。
❷「□□」，四庫本作「在望」。
❸「□□」，四庫本作「佩服」。

羅，賢孫兮侍旁。先生兮夙心，英靈兮未忘。瑶席兮玉斝，桂酒兮椒觴。靈來兮何許，涕泗兮淋浪。

祭趙舜和

朋友之誼，人之大倫。豈曰燕遊，以輔吾仁。昔我兄弟，退居鄉鄰。交遊親厚，非趙則陳。責難規過，握手諄諄。自始及今，餘二十春。有不見者，未嘗涉旬。維君之年，少我數人。發軔仕途，名滿搢紳。胡爲一疾，遂隕厥身。使我衰頹，❶慟哭酸辛。君所可憾，有志未伸。亦有可慰，諸子詵詵。人之賦命，脩短莫均。君則往矣，我老孰親。千里脩途，東越南閩。撫棺長號，欲往曷因。緘辭寫哀，涕淚霑巾。

祭任舶并女兄

昔我先人，峻節山峙。始奇女兄，不與凡子。君來登門，二姓咸喜。義忘我貧，德不以齒。君資粹和，兄輔以理。克成厥家，既多受祉。振振兩甥，復濟其美。歲晚婆娑，榮耀閭里。相樂以生，亦偕以死。誰無室家，鮮克有是。君擢危科，名聯伯氏。娶而卜居，相望枌梓。朝嘻夕怡，苦樂相倚。四十餘年，親狎誰比。自斡之遷，武夷之趾。劾官荆吴，一别半紀。二老貽書，蠅頭滿紙。謂當期頤，益介福履。云胡相繼，一疾不起。病不及知，斂不及視。捧書長號，欲往暫止。終天之痛，有淚如泚。

❶「衰」，四庫本作「哀」。

祭范伯崇

道之不明，患無其徒。或義之談，而利是趨。或始之鋭，而卒乃渝。人無常心，吾道始孤。在昔夫子，發揮聖謨。紛然而前，摳衣坐隅。豈無其人，孰公之如。公資簡嚴，濟以怡愉。早登師門，詘首受書。致知力行，無替厥初。榦也亡庸，❶從師以居。所敬惟公，公尤眷予。尚期晚年，依公里閭。孰謂老成，忽焉以徂。師亡道微，捨公孰扶。孰剖我疑，孰砭我愚。孰知我哀，嗚呼天乎！

祭陳寅伯

嗚呼寅伯，而止於此耶？福善禍淫，孰主張是耶？剛方正直，胡横以夭，脂韋婉孌，老不死耶？所謂天者不可信，而理者不可恃耶？人生斯世，切磋講貫，不可無友，相知以心，相期以道，孰有過吾二三子耶？飢寒所驅，犇走四出，尚期它年，合并卒業。今存者尚可復見，❷而九原之下烏可復起耶？❸自吾仲氏之亡，已不勝索居之歎。今又失吾寅伯，使兩家二弟形影相弔，銜哀抱痛，何時而已耶？今遣吾子哭君之喪於西山之側，緘詞遣奠，不自覺其淚之如泚也。

❶「亡」，四庫本作「凡」。
❷「可復」，四庫本作「不可」。
❸「原」，四庫本作「泉」。

祭朱文之

在昔夫子，性嚴氣剛。規矩準繩，動止有常。君承其顔，惟恐或傷。在昔夫子，朝圖莫書。遑恤其家，孰有孰無。君服其勞，使若有餘。内睦姻親，外交朋友。歲時享祀，殽核清酒。囊篋瑣碎，俾無遺漏。非君之賢，孰左孰右？榦之從遊，餘三十年。四海兄弟，兩世姻婭。於君事親，知君之賢。人之百行，非孝孰先。劬勞造家，黽勉旦夕。顧我倉庾，相我黍稷。跋涉險阻，忘寢與食。庶無飢寒，以安厥室。室家臻臻，男女詵詵。且訓且誨，爲婚爲姻。有疑未祛，有願未伸。竟以勞悴，而隕厥身。爲子而孝，爲父而慈。君可無憾，人誰不思。千里相望，銜哀致詞。嗚呼傷哉，孰知我悲。

祭徐子宜

定大策於甲寅之初，公同其憂而不同其樂；排大難於丙寅之後，公與其危而不與其安。此當世所以爲公歎也。利不私於身而忠存於國，身不享於今而名顯於後。則公亦何所憾耶？和好方通，流庸未復，人情易變，正論難伸。公於此時，奄然而逝，公則無憾，國其謂何？榦一介諸生，無所肖似，獨於蚤歲，偏交諸賢，我特於公，未嘗識面。公於我厚，首以露章，❶我知公賢，不敢私謝，是則相知以心，相期以道，亦未有如是之深也。公以喪歸，俯伏道左，一觴以薦，有淚盈襟。

❶「首」，四庫本作「有」。

祭高應朝

惟公稟剛直不撓之德、博碩有用之才，而位不顯，年不壽，此榦之所以爲公惜也。當變異屢見之時，人情危疑之際，而賢者擯，能者伏，此榦之所以爲世惜也。榦也聞公之名於數十年之前，爲公之屬於三四月之頃。公之行事表表著見者，夫人而能知之。干戈擾攘，人方應酬之不給，而公獨長慮卻顧，築城鑿池，爲不可拔之計。帑藏空竭，人方支吾之不暇，而公獨捐金結客，振窮恤滯，有不勝用之財。此豈人之所能強爲？亦豈人之所可輕議哉？此則榦之所目擊而心服者也。數月之前，公嘗以書屬榦曰：「晉有祖逖，人莫有知之者。今之世未嘗無祖逖也，知之者其惟子乎？」榦何足以知公者，世之知不知亦何足爲公道哉？公其死矣，顧使齷齪庸凡之徒紛起而謀天下之事，是則重可爲斯世惜也。千里緘詞，一觴遣奠，公其以爲真知我者哉！

祭劉正之

嗚呼正之，天資偉然，不出户庭而相羊詩禮之囿，❶不越里閈而涵泳師友之淵。故其學積於身，行著於家，事業施於官，而賙卹偏於親故。至其大節之不可及者，則不爲威惕，而不爲利遷。貴要人所趨而義所不可，❷則寧沉伏於州縣之吏；權勢人所畏而意所不樂，則或怒罵於公侯之前。退休

❶「羊」、「囿」，四庫本作「得」、「深」。
❷「貴要」，四庫本作「富貴」。

于家而以遂初自命。是豈一毫榮辱禍福之所能拘牽者哉？❶榦之定交，三十餘年，歲晚論心，金石其堅。蓋將卜鄰於屏山之下，而依我友以終老，孰謂先師既歿，季通、伯休相繼以逝，今又哭吾正之，則自今以往，善孰吾告而過孰吾鐫耶？然則失我良友，既足爲斯世惜，而尤榦之所以深自憐也。嗚呼痛哉！

祭王子正 清漳人

嗟夫，士風之薄，至此極也。少而爲學，骫骳熟爛，❷支離浮薄，❸無可用之實也。壯而從宦，營私背公，憚煩習惰，謾不知其所職也。至於決性命之情，以饕富貴，則左拏右攫，東馳西騖，無所不用其力也。中州大邑，滔滔皆是，固無以責夫遐荒下國也。嗟哉王君，一代之英，南方之特也。策勳詞場，❹奮發踔厲，潛心道闈，涵泳從容，躬行實踐，非外飾也。蜚聲宦途，焦勞國事，致身朝列，罄竭忠悃，鞠躬盡瘁，毋自逸也。然其視名利之去來，泊然若浮雲之在太空，一毫非義，則欲屈之以萬鍾之貴而不可得也。士大夫而皆若是，何患風俗之不孅，❺民生之不得休息也。❻如君之賢，固宜享期頤，躋貴顯，爲世則也。胡積之厚，報者嗇也；胡用之遲，奪者亟也。❼榦亦同門，多艱棘也。慇懃顧念，感君德也。哭君

❶「毫」，四庫本作「時」。
❷「骫骳熟爛」，四庫本作「志趨卑鄙」。
❸「支離浮薄」，四庫本作「意思凡庸」。
❹「場」，原作「塲」，據四庫本改。
❺「孅」，四庫本作「振」，下有「而」字。
❻「得休息」，四庫本作「厚」。
❼「亟」，四庫本作「振」。

之亡，病弗克也。奔君之葬，阻行役也。緘辭寫哀，不知涕淚之横臆也。

祭曾光祖

有倬斯道，如日方中。天生蒸民，咸啓厥衷。質弱氣浮，利慾交攻。乃背而馳，乃瞽而聾。孰厚而深，孰毅而洪。❶不事空言，體道以躬。我觀曾君，禀資粹冲。處心端夷，古人之風。志學雖切，不爲苟同。乃得明師，摳衣而從。篤志力行，百倍其功。心無外思，《大學》《中庸》。壯始筮仕，飭己奉公。利澤小施，扶衰振窮。君曰已哉，我學未充。簞簹之谷，金精之峰。結廬其間，笑詠從容。前修是期，後輩所宗。胡不眉壽，一疾而終。同志寂寥，孰磨孰礱。晚進滔滔，孰啓其蒙。痛哉斯文，涕淚填胸。

祭楊通老

嗚呼！遊晦菴先生之門者多矣，篤實無華、强毅有守，孰有出公之右者乎？居家而兄弟化其和，從師而朋友愛其誠，立於朝而君相知其忠，仕於外而吏民安其仁。非天資之厚、學問之篤，孰能隨所寓，内省而不疚者乎？觀公之資與公之學，所以保其身者至矣，而不能享期頤之壽者，何也？人生一世，如浮雲太空，倏來忽去，不足把玩，如公之亡，亦可以無憾矣。惟其和而誠，惟其忠而仁，自有不能忘情於公者，是則可哀也已。民社所幹也辱公之知最深，荷公之愛最厚。民社所拘，不能犇走以哭公之柩，緘詞寫哀，遣子往

❶ 「洪」，四庫本作「弘」。

弔，公其尚能鑒榦之衷也夫。

祭安慶項教授母

榦之於僚屬，義猶弟兄也。愛猶弟之賢，傷其母之歿，人之至情也。有子之賢，有母之壽，歿猶生也。因夫人之喪，奪賢屬之助，淚如傾也。

祭李貫之

嗚呼貫之，止於斯耶！ 晦菴先生以孔孟周程之道誨後進，見而知者，固有之矣，聞而知者，非吾貫之耶？ 貫之目不識先生之面，耳不聞先生之言，顧以爲聞而知者，亦何自而知耶？ 貫之性資粹美，襟懷坦夷，凝静有常，堅剛自持，則其質固已近於道矣。而其志則勇於求道，若決江河而東注，若輕車駿馬就熟路而疾馳。自蜀而來，人謂貫之有志乎功名事業，而貫之則曰：「吾將歷東南而求師，縱往者之不作，有遺風之可追。」聞晦菴之門人，則虚心屈己而與之友，得晦菴之遺書，則手抄口誦而講其疑。昔之門人，雖同堂合席，然往來不常，或得其一而失其二。貫之雖殊方異世，旁搜博採，乃反總其凡而會其歸，而又篤信力行，切問近思，毫釐必辨，精粗不遺。故其動容周旋莫不有則，出處進退莫得而疵。立於朝廷，則不知權利之可慕；仕於州縣，則亦捨民瘼其孰咨。至其感慨發憤，抗章極論，則有犯無隱，竭肝膽而瀝披。向非見道明、用心剛，而無一毫物欲之累，孰肯試身於不測之禍，雖百謫而不辭？ 使其在摳衣之列，及門之士皆當斂衽而推服，則聞其風而興起，淑諸人而有得，非貫之其誰耶？貫之之行也，以書來曰：「吾猶少駐康山湓浦之側，以待水涸而泝峽，子能一來，庶以慰吾拳拳之念。」榦亦以書相挽曰：「子未可以亟行也。朝廷清明，行將起子以扶斯世，東南之士亦皆望子以振斯道之微。」嗚呼貫之，乃止於斯耶？貫之之歿也，有識之士莫不爲之嗟惜。視貫之之病者，則以貫之病亟，尚與朋友講析理義而不少衰。嗚呼！此其所以爲吾貫之也。朝聞道，夕死可矣。有得於道，則禍福、榮辱、死生之變，若太空浮雲之過目，此何足以爲貫之之累？顧爲斯世惜，爲斯文惜，安得不情鬱結而涕漣洏？

祭林存齋

居大山長谷之中，無耳濡目染之素，獨能慨慕乎聖賢，沈酣乎典訓，追逐乎師友，磨礲乎身心。爲弟而事兄如父也，爲季父而撫其從子猶子也，族人觀之，鄉人敬之。歷山之陽，❶無百室之聚，家弦誦而人縫掖，又皆知理義之訓，君之教也。吾鄉之士遊晦菴之門，歲晚能自守者，不過三數人。如君之醇厚質直，樂善不倦，則又朋友之所敬愛者也。君與予交最善，又嘗致予於其里，以教其族子弟，故其情爲尤親。宦遊江湖，不見君者十年矣。奉祠來歸，君年已七十，視其貌猶矍鑠，而耆學之志不少衰。予復

❶「歷」，四庫本作「栗」。

以王命守淮邦，相期以一年之别，尚可以白首相從，而卒所志也。孰謂相别未數月，而哀訃遽至耶？君既殁，而予亦老矣，乞骸骨歸田里，凡君之所見屬者，不敢不勉行，當拜君遺像於存齋，而弔宿草於南山之原也。嗚呼哀哉！

祭李守約

自先生講道武夷，學者紛然。迨今觀之，非俊偉卓犖、方嚴正直，亦何足以費夫子之雕鐫？彼頑鈍齷齪、脂韋軟美，雖曰聞善知慕，未有不見害則避、見利則遷者也。求之師門，如吾守約兄者，是豈流輩之所可並肩也耶？早以俊譽蜚聲塲屋，❶出其小技，所向無前。迨其聞道，超然默會，且鑽且仰，孰高孰堅。而一第之微，獨低回於壯歲；簿領之卑，又復馳逐於蠻煙。鞠躬盡力，輸忠納善，臺府交薦，歛衽稱賢。至於十室之聚，鳥言夷面，尤不足以展布，撫摩經理，不遺餘力，向之憂疑反側者，安生樂業，驩謡沸傳，政聲賢譽，亦既轉而上聞矣。庶幾收功於桑榆之後，不惟障斯世之横流，亦以煽吾道於復燃。孰謂造物既嗇於其始，而於其將振也，而復奪之年。嗚呼！梁木之已壞者不可復作矣，宿草之可弔者又不勝其悲矣。當齒髮衰頽、交遊凋落之際，乃復失我良友，則箴規警誨，將誰是望？此所以既爲吾兄慟，而又以私自憐也。

❶「塲」，原作「場」，據四庫本改。

祭陳監場❶

天道無親，常與善人，是耶否耶？今則不然。善人何夭？不善何壽？頃子來訪，以書見扣。讀之亹亹，如獲瓊玖。徐而察之，夙有良友。尚期他年，微言細剖。一疾而終，伊誰之咎？謂天有常，禍福紛糾。謂天無常，如在左右。覯子南歸，不前不後。不歿於道路而歿於館人之家，不斂於諸僕而斂於賢者之手。則天於善人，蓋亦未嘗不厚也。諸郎詵詵，先訓是守。鄰有明師，是誨是誘。他日有成，子則不朽。莫寫我哀，寓此杯酒。

祭潘立之

昔我兄弟，與君父子，俱以諸生，摳趨林李。偉哉大儒，倡道武夷，悉屏舊習，翩然從之。空谷春融，虛堂夜靜，有善相勉，有過相警。四十餘年，豈無他人，與君兄弟，神交意親。昔我宦遊，君以病止，今以倦歸，君病不起。追想音容，如在目前，志氣雄豪，化爲新阡。道則常存，因人顯晦，師友寂寥，興言永慨。豈期晚年，乃復哭君，莫寫我哀，酹以斯文。

❶「場」，原作「塲」，據四庫本改。

祭趙壻

維兩橋之天派，昔固知其多賢。迨結交於諸父，偉聲望之卓然。故一語之契合，締二姓之姻媾。及吾子之受室，儼諸老而齊肩。幸季女之有託，庶舊學之可傳。攬别後之貽書，覺向道之彌堅。方得子之足喜，胡一疾而沉綿。執訃書而長號，灑老淚而漣漣。想庭闈之愛戀，與孀幼之哀憐。願一伸於弔唁，病支離而拘牽。遣長子以代行，情哽噎而莫宣。

晦菴朱先生行狀成告家廟

榦竊惟先生之道高明廣大，非後學所可摹寫。榦之鄙陋愚暗，尤不足以仰窺萬一，固不當冒昧執筆，以爲先生之玷。伏念先生資禀學問、道德行業，學焉而知之者蓋少，知而能盡其藴者又加少。老成前輩凋零殆盡，既無所考訂，而歲月浸久，傳訛襲舛，則上無以明先生之道，下反以啓後學之疑，此其獲罪，又豈但不揣分量而已哉？於是追思平日聞見，定爲草藁，以求正於四方之朋友，如是者十有餘年，一言之善則必從，一字之非則必改。遷就曲從者間或有之，徧愎自任者則不敢也。蓋合朋友之見止於如此，則亦稍足以自信，至其甚不可從者，隱之於心而不安，質之於理而或悖，則尤足以見知德者鮮，而狀之作不容以自已也。行狀成於丁丑之夏，然猶藏之篋笥，以爲未死之前或有可以更定者，如是者又四年，今氣血愈衰，疾病愈甚，度不能有所增損矣。謹繕寫一通，遣男輅白之家廟，而併布其僭妄不得已之愚。撫卷興悲，涕淚如雨。

辭晦菴先生墓

榦至愚極陋之人，先生不鄙而收教之，涵淹卵育於困窮惸獨之餘，父兄之於子弟不是過也。先生不以是爲有德於榦，榦亦不敢以是而歸德焉。理義之淵微，問學之精密，顔、曾之於洙泗，尹、謝之於伊洛，皆一世大賢也，而後有聞焉。榦獨何人，而在摳趨之列耶？公平正大者，先生之心；剛毅勇決者，先生之氣；嚴威儼恪者，先生之容；精深廣博者，先生之學。耳濡目染，朝薰夕炙者三十年，榦獨何人，而獲親道德之粹耶？既示之以精微，復開之以博大；既廣之以聞見，復約之以踐行。扶而掖之，惟恐其不進；培而植之，惟恐其不立。榦獨何人，而受此生成之賜耶？空谷春遊，虚堂夜坐，一行之乎，一言之契，未嘗不欣然以喜。至於末年之付囑、將殁之丁寧，則戚戚然大義之乖、微言之絶也。榦獨何人，而當此期望之厚耶？先生棄諸生二十有一年，榦也不能安貧自守，而仰禄於州縣，黽勉王事，固不敢違先生之訓。然講習之功廢於朱墨，持守之志奪於應酬，歲月蹉跎，而老及之矣。朝廷憫其衰病，畀之祠廪而予之歸，杜門省過，番閲舊學，而神識昏眊，疾病支離。追念初心，涕零如雨，何先生愛遇之厚，而榦之負先生乃至此耶！師儒難於並世，歲月不可再得，惟有抱終身之恨而已。自今未死之日，尚當勉策疲駑，不敢自怠，居敬集義，致知力行，體之於身以勉同志，庶幾收桑榆涓埃之益，尚可見先生於九泉之下耳。榦深願一拜先生之墓，然後退而待盡。數月以來，痰作於上，氣痞於下，恐一旦遂溘先朝露，謹遣男輅告于墓下，惟先生其鑒之。

祭某人

難明者道，難遇者師。從師問道，難得者資。志堅行篤，道奚遠而。自我夫子，講道武夷。豈無他士，踵門摳衣？嗟君之來，婦啼子悲。交遊怪訝，閭里笑譏。君獨毅然，如捄渴飢。問君之年，二毛鬢垂。何見何聞，果毅不疑。上堂請業，切問謹思；下堂取友，片善不遺。如榦之愚，尤君所推。君之爲人，實惟我知。性資謙和，襟懷坦夷。持身若法，觸事敢爲。義動鄉閭，恩撫窮嫠。盜不過門，人誰忍欺。求之古人，庶或似之。胡不永年，而止於斯？師友相顧，齎咨涕洟。自君之亡，弔不及帷，葬不哭墓，噉哀坐馳。君嘗語予：「吾力已衰，惟我二子，他日可期。而與之遊，切磨箴規。」尚祈他年，無愧此詞。

代祭林黃中侍郎

嗟往哲之垂訓，曰剛毅其近仁。苟緝熙以學問，庶德業其日新。相彼頹俗，與波俱淪。不爲丈夫偉特之節，而脂韋軟媚，以效兒女子之態；不觀聖賢作經之意，而剽切摹擬，徒欲以媒其身。若夫剛正不懼，仕優而學，求之斯世，如公幾人？嗟哉我公，受天勁氣，爲時直臣。玩犧經之文象，究筆削於獲麟。忘齒尊而爵貴，常矻矻以諄諄。至其立朝正色，苟咈吾意，雖當世大儒，或見排斥；著書立言，苟異吾趣，雖前賢篤論，亦不樂於因循。觀公之過，而公之近仁者抑可見矣，論者固不可以一眚而掩其大醇也。某試吏長沙，低回下陳，辱公見知，相待如賓。雖公事之婁忤，然既久而益親。何一老之不遺，淚琅琅而沾巾。承乏仁里，有社有民，小智大謀，危辱旋臻。所望以問政於公者，今不可復得矣。陰相而默護之者，尚有賴於在天之神。

祭章翼之運使

榦也筮仕二十年，所歷六七郡，竊觀當世人物，於百里而求一賢令，於千里而求一賢守，於一道而求一賢使者，嗚呼，何其難也，其吾某官章公乎！蓋天下之人物，潔廉忠信者未必通於世務，通於世務者未必潔廉而忠信者也。徒潔廉忠信者而不通於世務，謂之賢可也，民有不被其害者乎？通於世務而潔廉忠信之不足，則所謂世務者，豈能盡出於公且正乎？若公者，潔廉忠信而通世務者也。

勉齋先生黃文肅公文集卷第三十七

雜著

催科辯

客有問於余曰：「催科之事，子之所不屑爲乎？」曰：「非也。」曰：「子之拙於催科，何也？」曰：「非不屑爲也。有不得爲者，有不忍爲者，有不當爲者，有不可爲者。」曰：「其詳可得聞乎？」曰：「催科之法，要當任之專，信之篤，而後事可辦也。臨川之財賦所見催者，有開禧三年之舊苗，有開禧二年之舊税，有嘉定元年之新税。舊者額已少而難催，新者額尚多而易催。今州郡以其舊者，縣催而縣納；以其新者，縣催而州納。縣催而縣納者，則有縣吏主之，有手力督之，朝以至則朝以納，夕以至則夕以納。彼户長者，天下之頑民也，退有所畏，進無所阻，故不容於不納也。故舊苗舊税之在縣者，比之舊年增多萬餘貫。新税則不然，催於縣而納於州，縣不過出文引以示之而已。其納於州也，聽户長之自納而已。既無人以督之，而州吏頡頏，日未申而已歸矣。户長既無所畏而反有所阻，宜其不能無欠也。縣之申於州者，不知其爲狀也；❶請於州者，不知其幾語矣。漠然若無聞焉，此所謂不得爲者

❶「爲」，四庫本作「幾」。

也。」曰：「舊苗舊税亦有二三萬之欠，子得爲之矣，而不爲何也？」曰：「不敢爲也。今之苗税之數，皆經界已後之總數也。自經界之時，已有不可耕、不可栽之名。經界之後，又有逃亡走絶、沙理落港之數，❶又有撥入州縣學、慈幼院而不輸於州者。苗税之額徒在，而苗税之實則無也。吾豈不能峻其期限、嚴其箠楚而使之納？顧恐保正户長不堪其苦，懦者則貿田廬、鬻妻子以償之，强者則執平民之産去税存者以誣之，蚩蚩之氓，君以爲天，國以爲本，戕其天、賊其本，吾不忍爲也。」曰：「是則然矣。子之所謂不當爲、不可爲者，何也？」曰：「古之取民者非得已也，故當量其地、度其力以爲之征斂，而亦未嘗不立爲一定之法也。故近郊十一，遠郊十二，十一、十二之外，一毫不妄取也。今則不然，苗錢舊若干，今則增爲若干矣；税錢每疋若干，去年則增爲若干，今又增爲若干矣。夫民至愚而神，若昏而明，惟有以得其心，而後有以得其財。□□□顧其往年之所納，不至若是多也，則方讎嫉之不暇，而孰肯樂輸乎？此端一啓，後之人又將有求多於此者矣。今乃併其所謂增之數，立爲數萬之額以責其促辦，是則所不當爲也。縣之財賦，縣令不辦當罪其令。不應取而歸之於州，猶州之不辦，總領轉運未嘗取而自催也。自前太守取而歸之州，已非州郡之體。去歲賢太守下車之初，慨然舉而歸之於縣，然猶不盡歸者，其不盡歸者非幙府之願，非胥吏之便也。蓋苗税之所輸者，有所謂事例錢者，縣得之則以修廨舍，

❶「理」，四庫本作「埋」。

造器用，供過客，宴同官；呈比錢者，縣吏得之則以活其家。故歸之於州，則縣皆不得與，而幙府胥吏得之矣，故不盡歸，猶不足以快其意也。故於新税特爲遲緩要阻，以幸其虧之多。及其折苗之將起也，乃求一妄男子作爲白劄，以言縣之不辦，庶幾太守聽信，復歸而舉之於州也。不然，則此劄胡爲不發於去冬，而發於折苗之將起乎？嗟夫，險矣哉！吾老矣，無所望於世，又孰能受屈於此曹哉？是則不可爲也矣。予豈不屑爲哉？予不得已也。」作《催科辯》。

不從宇文辟辯

諸公皆以榦從宇文之去爲是，不從爲非，因以辯之。榦自信陽得疾，幾至不救，吳宣撫諭令解帥幕之職，從宣幕之招。榦以病辭，得歸養病。今病未瘳而復從宇文之行，其誼安在？宇文始欲以帥幕辟之矣，復改正宣撫，復欲以宣幕見招，若從之行，是辭卑居尊，義尤不安。況興兵動衆，國之大事，以身許人，亦非小節，要當斟酌可否，豈宜見利則趨？若外言體國，内實規利，不量才力，冒當重責，雖曰體國，而實誤國，雖欲規利，利亦何有？城南宣榦，厥監不遠，豈宜冒昧復蹈其轍？加以十年之僞學，爲一日之實材，若不力辭，或至踈脱，則小人益得以肆其喙，善類將無所容其身。不惟榦受其禍，而上辱先師，下累朋友，至於彼時，又將以不合輕去而見責矣。去歲夏間，諸路敗衄，論者以鄧宣撫之故，皆謂「道學首唱兵端」，若非廟堂察其本末，力排異論，吾輩皆已不免矣，况又敢以其身誤國以規利乎？劉韜仲從鄧公之招，今議者皆非之。榦不從宇文之招，議者又非之。然則將如何而可？古之君子，出處去就如陰陽四時，各當其可；今之君子，各削其半，有出無處，有就無去，如有陰無陽，有秋冬無春夏。古之君子，一出一處各適其中，不幸而過，寧過於處，無過於出，過於處猶有畏義之心，過於出則利焉而已矣。然則不從宇文之招，未見其爲不可也。曰：「然則子之從吴公之招，可乎？」曰：「吴公，榦之故人。帥幕非主兵之職，然予亦已悔之矣，豈敢迷復而不反乎？」作《不從宇文辟辯》。

除喪辯

或曰：「九月以下之喪，除喪之日，《禮經》無明文。將併始死之月以及除喪之月朔爲九月耶？如正月十五日至三月初一日之類。抑自始死之月數至九月，又踰月朔而爲九月耶？」如正月十五日始死至四月一日之類。曰：「此於《禮經》雖無明文，然以禮考之，恐必數至九月，又踰月朔而後除喪也。」曰：「三年之喪，二十五月而畢，則僅至兩年又踰月而遂除服，則九月之喪亦必至八月又踰月而可除服矣。今乃欲至九月而又踰月，毋乃重服反輕，而輕服反重乎？」曰：「《三年問》曰：『至親以期斷。加隆焉，故使再期也。』又《小記》曰：『《三年問》再期之喪，三年也。』古人三年之喪，本謂之再期，是以足兩年又踰月除喪也。再期之喪足兩年又踰月而除喪也，則九月之喪足九月又踰月而後除喪，無可疑矣。況期之喪，十三月而大祥，此又《禮經》之明文也。期之喪足一期又踰月而除喪，則九月之喪安得不足九月又踰月而除喪乎？《檀弓》云：『既葬各以其服除。』注云：『三月而葬，則三月之親先除服。』古人葬事先遠日，蓋卜下旬之日以葬，吉也。若大夫以成月數，則葬以三月，乃在四月之內，不應於未葬之前而遂先除服也。使三月之喪亦併始死之月及除喪之月朔爲三月，則是未葬而先除服矣。未葬之前，緦麻既先除，五月、九月又未當除，則既葬之後，所謂各以其服除者，所除何服耶？況三月之喪若至二月又踰月而除，則假令有人正月三十日死，至三月初一日而除，則緦麻之服僅及三十日而止。❶此豈近於人情耶？三月之喪不可以至二月又踰月朔而除服，則九月之喪亦不應近至八月又踰月朔而遂除服也。以朞喪及三月之喪例之，則九月、五月之喪當必足九月、五月又踰月朔而後可除喪也。若朞喪，則十三月之內畢日而大祥。緦麻之喪，則既葬而除服也。」曰：「久而不葬者奈何？」曰：「《禮》曰：『久而不葬者，惟主葬者不除。』如此，則九月以下之喪各足月數，又踰月朔而後除喪也，明矣。」

易説

《警學》謂用應始有，體該本無，則是虛也。程子以爻爲人，以位爲時，則實有

❶「三」，原作「六」，據四庫本改。

是事也。以爲虛，則觀象玩辭者何以體驗持守之要乎？觀上文及其「貫之萬事一理」之語，則「理定既實」以下，皆指深於學《易》者而言。理即體也，用即事也。理之爲體雖實，而所該者無形；事之爲用雖本虛，而應乃有迹。稽實存體，所以玩理；待虛應用，所以制事。當潛而潛，當見而見，皆理之自然而不可易者，非實乎？然求其所謂當然者，則無形之可見，非本無乎？未有潛見之事，非虛乎？處陋巷、三過其門而不入，則有迹之可睹，非始有乎？程子之説，與此意自不相妨，特解《易》則皆推説耳。

雲上於天，需待之象，今而曰「雲上於天，無所復爲」，則是兼取於飲食燕樂之義。雲上於天自爲需待之義，飲食燕樂，則君子處需而得其道耳。九五一爻盡之，非惟無所復爲，取飲食燕樂之義也。

風自火出，明内齊外之義，今曰「身修家治」，則於風自火出之象有所未明。火在内卦爲明内，明身修也；風在外卦爲齊外，齊家治也。上九一爻，是其義也。

《師》取蓄衆之義，則兵師、師衆一也，今曰「水不外於地，兵不外於民」，則似以兵師、師衆爲二義。《師》卦皆主兵師而言，然兵師、師衆本亦一義，旅師亦然。師之爲言衆也，在軍則有師之名。

《升》言順德，謂物理之升，皆以順積而致之。《本義》：「順，當作慎。」積小高大，方有升義，以其小而能高大，則不可不慎，故慎義爲長。

《困》言致命，謂委致於天命耳。《本義》云：「猶持以與人而不之有。」未明「致」有二義：有以此召彼之來，兵法致人是也；

有自此推之於彼，事君致身是也。《大學》致知亦然。二義雖不同，或移彼至此，或推此至彼，其義一也。若謂委之命，則非致字之義。故命只爲吾身性命，而致爲推以與人也。

西銘説

嘗記師説《西銘》，自「乾稱父」以下至「顛連無告」如碁局，自「子之翼也」以下至篇末如人下碁，未曉其説。丁卯夏，三衢舟中因思之，方知其然。乾父坤母，予混然中處，此四句是綱領，言天地，人之父母，人，天地之子也。天地之帥塞爲吾之體性，言吾所以爲天地之子之實。「民吾同胞」至「顛連無告」，言民物並生天地之間，則皆天地之子，而吾之兄弟黨與，特有差等之殊。吾既爲天地之子，則必當全吾之體，養吾之性，愛敬吾之兄弟黨與，然後可以爲孝。不然，則謂之背逆之子。「于時保之」以下即言人子盡孝之道，以明人之所以事天之道，所以全吾體、養吾性、愛敬吾兄弟黨與之道，盡於此矣。

雨暘寒煖風説

衢州道間，因思雨暘寒煖風之變。天地之間，不過陰陽交感。扞格而不交，則爲旱；交感之太過，則爲雨；陽有餘陰不足爲煖；陰有餘陽不足爲寒。四者加以急疾則爲風。

金木水火土説

金木水火四者，金水陰也，火木陽也。金水皆素具形質於天地之間，非有所附麗假借而後有也。火以木而後成，一本作形。木因土而後發，木土之氣盡，則火木亦隨而歇滅。蓋陰質陽氣，其分如此。

記丁卯揲卦解

丁卯正月朔旦，揲卦得《困》，其辭曰：「臀困于株木，入于幽谷，三歲不覿。」占之者曰：「此隱遯之象也。」予以江陵吴公之命至廟堂白事，併求祠禄，以應三歲之占。偶宇文尚書復欲相辟入幕，予不從，諸公大恐，以爲必拂廟堂之意。予遂浩然而歸隱於幽谷之中，以聽天命。

五月一日占，遇《震》之《姤》，五爻俱變，合占之卦，不動爻在《姤》之四，其辭曰：「包無魚，起凶。」《象》曰：「包無魚，遠民也。」是時欲求嶽廟，占之，不吉而歸。

戒殺記

丁卯夏用兵，冬，虜騎入寇，予適在荆襄，自見江北百姓及諸軍死於鋒鏑，不可勝數，奚啻如羊豕之被害。人物並生於天地之間，使之至死，深可傷念。自有天地以來，便有戰争，便有殺戮，因思人之暴殄天物，亦不可不戒也。戒殺一事，吾儒雖不言，然殺之以時，用之以禮，亦決不若後世之暴殄。今觀孟子言「七十者可以食肉」，則未七十者，固無因常食肉也。如此，則殺生自少。後世嬰孩便要食肉，安得不暴殄天物？人身惟五穀可以療飢，稍有滋味，便可以進食，亦何必須多食肉？人若省得食肉，亦覺志氣清明，用度自少，亦免得分外過求。不可以其説類釋氏而不之思也。

仲夏，三衢舟中記。

日記式

日記

聖賢之教曰「博學於文，約之以禮」，又曰「日知其所亡，月無忘其所能」，此録之所以作也。自旦至暮，自少至老，置之坐右，書以識之，文行相須，新故相尋，德進業廣矣。

一、記年月日。　歲次　一行

一、記氣節寒暑雨暘之變。　天運　一行

一、記所寓之地。　所寓　一行

一、記所習經子史集四書，多少隨力所及。　讀書起止　四行

一、記所出入及所爲大事。　出入動作　三行

一、記所聞善言、所見善行。　善言善行　三行

一、記所見賓友。　賓友　三行❶

戒子家訓❷

先於孝友，❸人性本善，知識不明，故流

❶「行」下，文字脱頁，底本於欄外標注「原書此處缺葉」六字。

❷「戒子家訓」，原闕，據本書目録補。

❸「先」上，當有脱文。

而爲惡。聖賢經訓，所以□□□□趨善。況儒衣儒冠，自當窮經博古，立□□□□儒學莫先於讀書。人身至貴，少有縱□□□□爲賤，戒謹恐懼，庶幾寡過。事以勤而□□□□敗。人有一身，則仰事俯育，自有當爲□□□□而起，常恐不及，豈宜惰其四支，無所用□□□儉而足，以奢而匱。人之一身，不過惡衣惡食，苟免飢寒，不見可欲，此心不亂，豈宜縱耳目之好以事無益？今百餘年，更歷三世，守此五事，常如一日。繼今子孫，所宜永鑒。書之家廟，以示不忘。

始祖祭田關約

榦愚不肖，無以振祖宗之遺緒，每念丘壠之重，則爲之愴然以悲。今年已七十，恐一旦溘然填溝壑，無以爲子孫祭祀之計，則將抱終天無窮之恨。惟是從宦以來，生理微薄，平日志願，迄莫之遂。墳墓之近者，尚賴子孫相與維持，獨同慶先祖墳共四所，已三百年，雖族人春秋醵金祭享其間，貧困者亦頗以爲苦。世代既遠，人情易怠，自祭享之外，亦罕有至墓下者，大非孝子順孫追□□之□今輒以本位近歲取贖到古□潘□之元□□□肆畝乙角六十七步，每歲□□一十六碩，充享祀之用。緣所入甚微，未足以供諸房輪收，今欲每年於內撥六石充祭享及輪租之□□□□管，以備不測支遺。如無□□□以所餘之穀□□增置，俟十年以後即□□□□□輪贍宗族之貧者。其元穀十六碩□□□□增享祀之費，餘一半以備支遺，樁留□置以□□貧之用。此則□□族人賢者推至仁至公□□爲

之區處。□□□□□模薄陋□□□□□□以增益之，亦所□□□定十四年□□□□□□奉議郎主管□州明道宮幹（後闕）❶

族長奠儀咨目

□□□□□□□□□輩諸孫情□□□今亡□□□□□□□□□單寡，自合篤親睦之義。□□□□□□□□□□□□□□殯在邇，欲率□□□□量家□□□□□□家兄貧病，不能爲□□□咨。

臨川勸諭文

臨川之民，❷秀而能文，剛而不屈，故前輩名公彬彬輩出，惟臨川爲盛。然其流俗之弊，亦以其剛而喜於争，以其文而工於訟，風俗不□，❸莫此爲甚。當職不才，誤叨邑寄，兩月之間，披閱訟牒，幾數千紙。毫末之争，動經歲月，羸糧棄業，跋涉道途，城市淹留，官府伺候，走卒斥辱，猾吏誅求，犴獄拘囚，箠楚荼毒，何以堪忍？訟而不勝，所損固多，訟而能勝，亦復何益？何不思天地之性，惟人爲貴，均氣同體，誰無善心，豈可萌此惡念，自絶天地？何不思父母生育，以有此身，愛護髮膚，以至□立，❹豈可輕以小忿毁辱父母？何不思祖先勤勞，置

❶「幹」後一行，文字全脱，字數多少不明，故以「後闕」標識。
❷本句上，四庫本有如下一段文字：「竊以天地之間，萬類雜糅。惟人也，得其秀而最靈。民，吾同胞，物，吾同與，亦惟明理者見其大則心泰。獸相食且人惡之，況人受天地之中以生而逞忿忘身，君子恥之。」
❸「□」，四庫本作「馴」。
❹「□」，四庫本作「成」。

立産業，亦欲百世，以永其傳，豈可争較毫末，破蕩家業？何不思生育子孫，以求嗣續，亦當殖福，庶可久長，豈可包藏禍心，殃及後代？所争甚微，所失甚大，其訟愈工，其禍愈皓，❶故《易》曰：「不永所事，訟不可長也。」又曰：「以訟受服，亦不足敬也。」蓋言人不可争訟，訟而難勝，❷亦不足以爲貴也。孰若士農工賈，各務本業，起居出入，常存善心。❸孝順父母，友愛兄弟，親戚鄉黨，交相和睦，利則思義，忿則思難，既無争競，亦無禍殃，既無追孫，□□□□，心平氣和，身安家足，豈□樂哉？當□身□□□，❹□訟曲直，❺自當詳細推究，至於虚□誕□，□□百姓，亦不敢不痛加懲治。然亦深□愚□，❻□□□□憲綱。❼一朝之忿，以忘其身，則□□□□，❽誠□明之罪也。❾故敢以愚見廣行，不論□□百姓，各宜交相告戒，毋貽後悔。

禁詩軸綵旗榜文

當職不才，冒領大邑，惟恐踈繆，得罪邑人。米價低平，細民樂業，天實爲之，豈伊人力？近來城郭鄉村人户，乃有作爲詩頌，造旗背軸以相褒譽，不惟不足當此虚名，抑使人户重有所費。目今蝗蟲遺種復

❶「皓」，清鈔本、四庫本作「酷」。
❷「難」，四庫本作「雖」。
❸「善」，清鈔本、四庫本作「道」。
❹「□」，四庫本作「職」。「□□□」，四庫本作「膺民社」。
❺「□」，四庫本作「斷」。
❻「□愚□」，四庫本作「念愚民」。
❼「□□□□」，四庫本作「惟此王綱」。
❽「□□□□」，四庫本作「訊鞫之下」。
❾「□」，四庫本作「恐有不」三字。

生，日夕憂惕，但知省過，何足矜能？❶凡我邑人，切莫虚費。除已告示門子，❷今後不得妄□外，仍給牓曉諭，各宜知悉。

新淦勸農文

正月之望，縣令出郊，召父老告之曰：爾□□□□窮困，❸縣令孰知之？❹雨□耕暑而不沾□□□□終□勤動，❺農功□□□□□□□□□□□之□□□矣。縣□之怠惰，縣□□□□□□□誅□□民之侵剖□□之欺□□□□爾農之害，又不一而足，使爾父子輕於相棄，夫婦輕於相離，兄弟輕於相訟，轉徙飢餓，不安其生，可哀也哉！縣令既不能爲爾興利除害，其可無以勉爾乎？爾既不能不衣食而生天地之間，又不能不桑耕而爲衣食之計，則莫若勤，勤則不匱。爾之求衣食之路甚狹，爾之享衣食之奉甚難，則莫若儉，儉則易足。人之視爾甚弱而易陵，爾之敵人甚拙而難勝，則莫若忍，忍則寡争。能佩斯言，庶可以苟安於斯世矣。今之昏惰，敢不自勉。田主債主與夫貪黠誅求、侵刻欺詐以害我農人者，盍亦深思均氣同體之義，與吾衣食之所自來，相賙相給，使我農人亦得遂其生生之願。争訟不興，里閭安静，協氣感召，時和歲豐，顧不樂哉！幸相與勉之。

❶「足」，四庫本作「暇」。
❷「門」，四庫本作「士」，清鈔本無此字。
❸「□□□□」，四庫本作「爲農耕種」。
❹「縣令」，四庫本作「勤苦」。
❺「終」下之「□」，清鈔本作「歲」。

漢陽禁約官屬違法出界仍牓客位

畔官離次，《夏書》所戒；竟外之交，《春秋》譏之。本軍距鄂州雖一葦可航，然係是别郡，自有疆界。守土之臣，自當各守其土，其他官僚不應差出者，雖本界地分，亦不應輒出。可以差出者，亦須有公事，有文移，方許出界。國家成法具存，官吏所當遵守。今來本軍官屬，動輒往來鄂州，不以爲怪，甚至郡守亦或一往。竊詳其意，不過欲奔走諸臺，以求知己，其次則謁親舊、事宴游。抑不思事上之禮，正以奉法守職爲先。若失職違法，乃監司之所當按治，又何以望其知己？輕棄職守，違蔑典憲，事體非輕。帖諸廳，今後不請輒違法出界，仍牓客位。

放免漁人網釣魚利錢牓文

古者山澤之利，與民共之。本軍常賦所入甚薄，全藉湖池魚利支遣。然所謂湖池，乃人户産業，魚利乃客旅興販，故量其所出而收其租入，此有不得已者。至於大江之中，舟楫往來，即非人户産業，漁人採捕以給衣食，即非客旅興販，亦欲分其微利，秋毫不遺，非所以體國家仁厚之意，而盡郡守牧養之職。上項魚利，合行蠲免。訪聞亦有豪强之家强占長江水利收魚利錢者，亦合併行禁戢。

免行户買物牓文

官司收買應用物色，若有見錢，何處不

可收買？今來本軍應買一文以上零碎雜物，並是出引追行户供物。想持引上門之人，必有乞覓需索，及至供認，又須被人吏揀擇邀求，至於請錢，又被公使庫拖延除尅。今至外廳，亦復出引搔擾民户，深屬不便。今後本軍收買雜物，徑差人就鄂州收買，並不得出引追擾行户，外廳更敢似前追擾，許行户前來陳告，切待重作施行。備牓市曹曉示，别引追李裕同詞人對，仍轉牒諸廳取遵稟申。

免人户賑糶牓文

本軍昨委官勸諭上户出米糶與居民，亦只照孫監丞例，非是創意搔擾。尋據所委官勸諭到米三千餘碩，本軍未及行下勸糶間，節次據人户前來陳詞，乞行蠲免。本軍既無實惠可及人户，先使人户憂慮如此，甚非爲政者所宜。況本軍所謂上户，有蓄積之家委實不多，其間亦有若富而實貧者，不應皆令賑糶。本軍只得多方自行措置，糶與貧乏之家。所有勸糶，並行蠲免。兩政勸糶案沓姓名，悉行燒毁，庶幾異日不至重爲人户之擾。須至曉示。

約束場務買納歲計食物牓文

據公使庫呈買歲計獐鹿鶉兔及鱘鰉等魚，從例監諸場務合干人收買，照得場務合干人只管收趁官課，不應勒令收買食物。兼有數在諸鄉者，必是科擾總保等人，總保等人又是科擾百姓。官司文引一出，收買一斤必是收買三五十斤，除納官外，又須納與諸廳人吏。交納之際，公使庫人吏又要錢使用。如此，不勝其擾。其實又只供口腹之需及苞苴之用，州郡何忍以此擾民？除已判令照年例各減壹半，仍只差市買照市價就城收買，如買不得即不須買外，切恐外人未知因依，仍舊被場務合干人照年例搔擾，深屬不便。兼恐兩縣亦有年例行下總保，收買上件物色，搔擾百姓，亦仰照本軍約束，不許科擾。如違，許人告，切待追人根究施行。備牓市曹，及兩縣張掛曉示。

安慶勸諭團結保伍牓文

照對兩淮州郡，自三國六朝干戈相尋，無復寧歲。本朝南渡，又且百年，講好息兵，民得安業。然紹興辛巳、開禧丙寅，亦未免戰爭之擾。龍舒爲郡，雖北虜所不到，然李成、張軍大亦嘗竊發，刼掠居民。州縣百姓欲保室廬，則有性命之憂；欲逃匿山谷、流徙江南，則廬室焚毁，糧食空竭，終亦轉死溝壑。嘗觀五代之末，周世宗攻兩淮，州郡各已降附，周之諸將恣行殺戮，淮人相與結集保伍，截紙爲甲，號白甲軍，大敗周師。雖周世宗之英武，亦且退却。蓋淮人忠實勇健，若能平日團集保伍，閲習武藝，叶心一意，共保鄉閭，雖有强敵，莫能爲患。又嘗觀唐咸通間，浙東賊裘甫掠諸州，惟明州之人相與謀曰：「賊若入城，妻子皆爲葅醢，況貨財能保之乎？」乃自相帥出財，募勇士，治器械，立栅浚溝，斷橋固守，賊不敢犯。浙人怯弱，協力鼓勇，向前却敵，況我淮民忠實勇健，誰曰不能？本府見行措置，修築城壁，練習軍兵，行下諸縣團結保伍。凡爾百姓，各宜爲鄉閭室家相保之計，解仇息訟，務相和叶。閑暇之日閱習武藝，務令精熟，遇有緩急，遞相應援，以保室廬，以安妻子。守禦之策，無以易此。故兹勸諭，各宜知悉。

戒約隅官保長以下牓文

隅官、保長、大小甲首，皆合律己奉公，憐貧憫老，撫恤甲户，守護鄉里。乃敢倚恃聲勢，擅作威福，出入呵道，恐嚇細民，點名教閱，恣行捶撻，單丁貧户，勒造軍器，供報紙筆，敷抑錢物，搜索微罪，報復私讎。將以保民，反以害民，除已密切體訪，應有違犯，定行決配，不以蔭贖。今牓曉諭，各宜知悉。

禁約頑民誣賴牓文

本府諸縣公事，多有頑民自縊自刎以誣賴人者。諸縣便以爲事干人命，收捉所賴之人，以爲大辟凶身，差官檢覆，禁繫累月，又行結解。被賴之人，本無大罪，而家業已破蕩矣。頑民習見一死可以賴人，纔有小忿便輒輕生，死者既以無藉而隕命，生者又以無辜而破家，此皆諸縣官吏不能斟酌事情，但欲應文逃責。至其愚者，又以爲人命至重，不可不爲根治，却不思彼自取死，於他人何預？便使真曾與之毆打，亦不過得毆打之罪，何至以爲大辟禁繫結解耶？至於佃户地客少欠租課，主家不可不需索；人家奴僕或有小過，主家不可不懲戒，亦輒行誣賴，此風豈可長哉？牒諸縣，今後應有自刎自縊公事，並且委官，或行下本保，究見是與不是自刎自縊，并自刎自縊之由，集四鄰結罪保明，不得追逮所賴之人，仍未得便行檢驗，疾速飛申本府，切待詳酌。如本府見得委是誣賴，即便行下埋瘞。如是血屬有詞，亦請併詞人申解本府，切待重責罪罰，方與詳酌施行，不得便行受理。仍備牓市曹及諸縣。

曉示納苗和糴優卹牓文

本府受納冬苗及和糴米，并本府已出牓召人户中糴粳米，每一足碩三貫三百文官會，聽人户自行概盪。切慮斗脚等人乞覓邀阻，及高量斛面，以致人户受納中糴遲緩。今自十一月初一日至十一月終，知府每日躬親上倉監納，仍就倉支還和糴價錢，務在優恤。仍仰人户及此一月内，速行般米赴倉，交納中糴。各仰知悉。

宋文聚等乞丐搔擾斷配牓文

當職到任未及兩月，鄉村人户論訴乞丐搔擾者紛然，皆以宋文聚、宋諒、宋邦佐爲首，其數十人横行鄉落，遇人家婚嫁喪葬乞覓錢物，須索酒食，稍不滿意便行毁駡，甚至毆擊。勝則鼓舞而去，不勝則擇其徒衰病者自行毆殺，以圖誣賴。鄉人畏之如虎，至於男不敢婚，女不敢嫁，死亡不敢喪葬，官司豈容坐視鄉人之受害哉？遂追捉到宋文聚等一行人，分送兩獄，具得其擾害鄉民之實。貧而至於乞丐，此固官司之所當賑恤，乞丐而至於害人，亦官司之所當懲治。諸宋共二十四口，皆是至親叔姪兄弟，追到其家，兒女衣着華麗，不類貧子。此皆聚衆乞丐，搔擾鄉民，而專其利，罪惡盈貫，是以敗露。然以二十四口之衆，其罪固不可不治，亦不忍使之失所。宋諒元係刺配江州，今改配建昌軍；其子宋邦佐尤爲桀黠，刺配撫州牢城；宋文聚刺配臨江軍；宋四一刺配隆興府。逐人家口，並行押發至配所居住，各有請受可以養贍。此數州者，相去不過一二百里，其親戚骨肉亦可以往還。變乞丐而爲軍身，捨淮鄉而處内郡，所以爲諸宋之計者，可謂得其所矣。自此，安慶鄉民始得安業。尚恐餘黨猶有在鄉搔擾者，賞牓許人告捉，仍行下諸縣巡尉司及鄉保，日夜搜捕，不得容留。須至約束。

曉示城西居民築城利便

七月十六日，據府市西廂士民祖堯述等狀：使府興築外城，爲居民防護賊寇。但本府向西坐落最低，每歲山水暴漲，全藉舊土城迂曲，使水勢彎環，自北以西入西門外河，則城内無弃浸之患。今若築新城，只自張王廟畔曲轉處，正是水勢直來衝打去處，未蒙從長相度。若存留舊土城抵新城，則土石必不能相貼，水勢一攻，土城必壞，直衝入城，將何抵禦？狀乞從相度施行。❶奉判：州郡不可無城壁，如人家不可無墻垣，人身不可無衣服。今蘄、黄小州，在安慶之南，尚且有城以守禦。安慶大府，去淮

❶「狀」，四庫本作「伏」。

邊不遠，豈應蕩然全無城壁？往年張軍大之事，爾父老所親見。當職不自量度，到任以來，首以興築城壁，爲爾百姓防備不虞，但築城則當思所以守，可築而不可守，則不如勿築。故築城之法，以小爲貴，小則守城之人用力爲易，若所築大闊，兵力不及，反誤百姓，利害非輕。本府形勢，民居多在東北一隅，西門一帶，只是夾路一條人家相對，其他盡是空閑田園。若使元無古城，於法亦當截減，況今所築，乃是因古城舊基，自祠山廟向南創築。比之目今西門，減省二百八十餘丈，是六分而減其一。若六千人守城，則可減一千人。城勢圍簇，往來巡邏，易以爲力。萬一警急，城西之人不過移入城內，便可無虞。苟寬闊難守，不惟城西之人無所逃避，併與一城之人皆不可保，則所築之城不足保民，反以誤民。此其利害曉然易見。城西之人特以本府置之城外，故設此爲詞。本府官吏日夜辛苦，只爲百姓，何嘗於城西父老乃不加卹？特爾輩處利害之中，故不知有利害之實耳。今至謂累政積錢只是禦水，如楊國博浚壕以培子城，亦豈只爲禦水而設？其他州郡本無水患，亦何故皆有城壁？本府今雖創築新城，仍舊可捍水，土城即不除掘，自可捍禦水勢。若謂新城土城交接之處，恐磚與土不相貼，易以衝壞，却有此理。本府包砌新城，於交接之際，再與用甎於土城之外包砌數丈，使甎足以蔽土，則可以無患，亦與趙知郡、周監丞用甎用石無異。州郡築城之後，稍有事力，❶更於西邊一帶土城多方措置，令其堅牢，決不至使汝父老有墊溺之

❶「稍」、「事」，四庫本作「再」、「氣」。

憂。栽插竹木，令其蔽塞，浚壕塹，令其深險，不惟可以禦水，設有緩急，亦不至便有衝突之患。汝父老宜以一身之利害爲念，❶不可以爲吾家不得在城内安生意見，有誤大計。恐本府所見尚有未盡，仰人户再來陳詞，故兹曉示，各宜知悉。

七月二十九日，據西門廂士民計君庸等狀，乞仍舊從西門土城興築城壁，及招募民兵守城等事。奉判：昨據城西居民不肯依古城興築，必欲依後來防水土墻爲城。當職誠知不便於守禦，遂備牓明述利害，庶幾居民易曉。今復行陳詞，然窺其意，但見向來已在城中，今乃屏之而出城門之外，不得與東方之人均得城守之固耳。此其意亦可念也。但其説以爲後來必有開通壕塹，掘至土墻，❷必有水患，此則不然。安慶地形西北最高，若元有水可通，則後來必有開壕通水、使之流轉。今古城西北角，自是陸地，無水可通，何緣更有開壕以通水？又以爲多招民兵以防城，州郡事力有限，豈能賙給民兵萬人，留之數月爲防城之用？至又執出圖經，以爲所在碑記皆稱今之西門，即是城門。圖經乃是近來人所撰，只據目所親見而言，豈復知有古城古壕之可驗？豈有古城古壕不可爲據，而欲引紙上空言以爲據？若此等類皆是詞窮理短，只欲强詞，以僥倖一中耳。此與前狀所謂積錢築城但欲禦水之説無異。顧本府向來所慮，只欲城勢團簇，守禦堅固，故但欲依古城八里，易以防守。今若依防水之墻，則遂爲九里半之城，增五分之一，委有城闊難守之

❶「身」，四庫本作「郡」。
❷「土」，原作「上」，據四庫本改。

患。但西人陳詞不已，不欲重違其請，今亦姑從所請，一面興築。若灊皖之勝，藩府之大城，闊九里有半，亦未爲過。但得後來爲太守者戢姦惡，撫善良，愛惜財賦，招募兵卒，修治器械。又城中居民各存善心，毋相欺詐，毋相殘害，變成美俗，四方之人皆願受廛而爲氓，則亦何患九里之城不可守哉？此則當職之所深願也。然民難久役，事貴速成，亦望爾民更相贊助，上下一心，成此勝事。故兹曉諭，各宜知悉。

帖軍學請孟主簿充學正

守令之職，不惟治獄訟、理財賦，正欲崇學校、養人才，使教化行而風俗媺。漢陽爲郡，湖山之勝，奇秀清絶，江北之俗，質實渾厚，當必有瓌偉傑異之才彬彬輩出。歷考圖志，未有聞焉，則亦司宣化之任者曠其職耳。漢陽知縣暫攝教官，固知以教導爲急。然邑事叢委，不得朝夕與士友講貫，故士友之來學者聞鼓而集，會食而散，絃誦之聲終歲寂寥。如此而望人才之成就，亦難矣。竊見前漢陽孟主簿老成耆學，直諒多聞，帖請充軍學有官學正，專一在學，兼教導職事。仍請條具學中合行事宜，與教官商議，自新年爲始，日請在學生員赴學習讀，遇夜宿齋日，書所習課程，以俟稽考。庶幾日進月益，業廣德崇，以成一郡風俗之美。案帖請仍關軍學照會。

行下軍學爲申請增俸錢帖

學校養士，本是美意，爲郡守教官者，不知以道義訓誨諸生，但欲增添俸錢，增置學産，以取士子之虚譽，所謂教養之義安在哉？況此一項錢，去歲九月王知軍已被均州之命，則漢陽軍錢物，均州太守不應妄行支破，陳知縣輒行陳乞，王知軍亦復聽從。官司錢物，盡是百姓膏血，豈是官吏得以妄行支破、沽譽干名？據學司齎到簿曆對算，每月百五十貫會子支破，尚有餘剩，又何用再支五十貫會子？職事員數，朝廷自有著令，今增置至數倍，亦有足跡不到學校而遥請月俸者，官司又何忍以生民膏血充此無用之費哉？天下事惟求其是，若每事合理，俯仰無愧，人自心服。若但欲以錢米買士人之唇□，❶可謂無識之甚者，當職不敢曲徇此請。帖教授照會，仍請契勘職事不在學虚請俸錢者，並請削其籍，具姓名申。

行下軍學罷職事二員帖

學校則有禮義，官府則有法守，二者常相爲用，而不可廢。農處於田，工處於肆，士處於學，理也。今職事之額甚衆，而學校之絃誦寂然，此於理已有未安。況又捨而他之，但月費俸錢而已，於理安乎？理所不安，學校官府皆坐視而不問，則非所以遵禮義而顧法守也。假令爲職事者皆援此例，皆捨學校而虚請俸錢，又豈設學養士本意哉？劉、正皆此邦士類之秀者，❷教官尤宜護惜，毋使之受此非理之俸，是乃愛之以德也。

❶「□」，四庫本作「舌」。
❷「正」，清鈔本、四庫本作「王」。

行下軍學申嚴釋奠事

釋奠大祀，禮當嚴整。本軍循襲，蕩無規矩。行禮之際，吏卒往來笑語，略無忌憚。行禮方畢，搶奪蘆蓆及祭餘果子之屬，本軍失於禁戢，學中亦不申舉。今已無及，來春釋奠，須備牓約束，仍先關閉後門，不得往來。專帖都監學門守把，吏卒不得無故入學。帖軍學照應施行。

勸獎賑濟官李監務牒

李監務雖是西班，其敏於事如此，行下未半月，發去錢未十日，户口抄劄，貧富已曉然，又已糴麥，分團賑濟，其爲慮又周密，皆老僕所不能及。若留心如此，兩鄉之民必無流離飢莩之患矣。敬服敬服。公庫送錢三十貫，酒四瓶各七升，虞候齎呈諸廳，望各留意，一郡百姓幸甚。沌口監鎮講説此事已兩月，並不見抄劄户口，仍牒催。

再除知安慶府行下本府牒

照對當職於今月二十日準制司牒，備準尚書省劄子，令□仍舊知安慶府，除已一面擇日起離前至池州，所有遠接新官儀料等物，如人從衣衫之類，一物一件並請寄收軍資庫，❶不得妄有支動，準備後來接新官用，免被虛費官錢。當職目今起離，係就建康府差借人從荷轎，仰本府並不須差人前來迎接，虛破請受，但差承局兩名前來池州

❶「件」，四庫本作「儀」。

探候消息，仍未須差雇渡船，以致搔擾。衙宇並是仍舊，不須糊飾，亦不須置辦備宅等物，當職只是單騎前來，仍不請虛破一文官錢。須至公文。

桃符

壬戌考亭寓舍堂門

卜築從師千古恨，出門求友故鄉心。

新淦鼓門

和氣滿城樓照日，歡聲到耳漏催春。

中門

萬家赤子安田里，一夜青春到户庭。

軟門

春意不隨門屏隔，老懷長與里閭關。

客位門

嘉客不妨常見訪，諛詞從此莫相聞。

獄門

夜後列星沉貫索，春來茂草鞠圜扉。

無訟堂

但覺堂中無愧怍，不應門外有紛争。

自公堂

食租衣税當知愧，律己齊家更自勤。

漢陽譙門

二水抱城朝海去，一山環市送春來。

漢廣堂

一牕紅日文書省，滿坐春風笑語閑。

法雲寺寓舍

廬其居，仁者壽。

勉齋先生黃文肅公文集卷第三十八

判　語

危教授論熊祥停盜

危教授被盜，論盜者數人。續據尉司解到陳九，自供爲盜是實，又供係是熊祥教令爲盜。饒細乙、舒九兩名亦供熊祥尋常實是停盜，累嘗使人爲盜。當廳審問，與尉司所供無異。又各人稱尉司人不曾拷打，❶危教授不曾計囑。及追到熊祥，再喚人供對，都與前所供全然相反，並稱係是弓手黃友、徐亮在龍舟院打縛，又係危官人自行打勘。本縣照得陳九爲盜，并饒細乙、舒九供熊祥停盜，若非受打受賂，豈肯到官自行供通？及喚上醫人，驗陳九被打痕損，果是曾經用椎打傷踝骨，并夾損手指分明。停人爲盜與執人爲盜，利害非輕，陳九傷損病患，且押下本保着家知管。饒細乙、舒九本無罪犯，特以所供前後不同，三名併押下本保着家知管。熊祥雖未知停藏着實，然前後詞訴不一，必是鄉里豪横。徐亮、黃友輒將陳九等歐打，並寄收對引，追龍舟院僧行供對，併牒催未獲人，陳百乙放。

昨據危教授陳論被盜，本縣以寄居之家，寓居村落，爲盜所擾，不容坐視，遂牒官根捉。未獲間，又偶出捕蝗，親至危教授之

❶「人」，四庫本作「都」。

家，見其所説被盗蹤跡，因及鄰人有熊祥者，平日豪横，又與之互争山地，意爲盗之人乃熊祥教使。本縣又嚴切行下尉司根捉。續據危教授指名陳論之人三名，陳九等自出官辨析，本縣遂將三名押下尉司，根捉正賊。本縣所以厚於寄居，嚴於馭盗，可謂至矣。尋據尉司解到所押下三名，具申供通因依，當廳審問，三名者歷歷通吐，略無隱諱。問之以尉司曾有箠楚，則曰無，問之以危教授曾有計囑，則又曰無，陳九親爲盗者也，饒細乙、舒九不曾爲盗，而言熊祥停盗者也。既無箠楚，又無計囑，何苦歷歷通吐如此？所以不能使人無疑也。再押下尉司審實，未幾而熊祥出官陳詞，遂就尉司取上所押下三名供對，尉司自合即時申解，却執留所押下人，反申縣乞押下熊祥就尉司根究。尉司，捕盗官，而承勘乃屬於縣道，豈有反押詞人下尉司之理？此又所以不能使人無疑也。及本縣再專人追尉司承行人監解所押下三名，方始解到。及三人到縣，而所供盡與前日不同，又見陳九者羸瘦將死，令醫人看驗，則拾指皆被夾損，脚踝亦被椎損。問三人前日所以吐供之由，則曰危四官人并弓手徐亮、黄友綳縛箠打，不勝其苦，而使自誣服，非其本情也。觀陳九之痕損，則箠楚之下亦何求而不得耶？此又所以使人不能無疑也。又據熊祥供，危教授因强奪其山地不得遂，欲以停盗之罪加之。此邦之人，以産業與人正行交易，及其起意誣賴，則是特抵當，❶非正行交易也。立契交關，領錢管業，經隔年歲，豈得無故謂之抵當？陳如圭先以山賣與熊祥，

❶「特」下，四庫本有「出」字。

今又將賣與危教授，乃陳詞于縣，以爲抵當。以此觀之，則危教授委是與熊祥有爭山之隙也。夫無所爭而論人以停盜，猶可□也，❶有所争而以停盜之罪加人，此又甚使人不能無疑者。危教授之所恃以論熊祥者，但有三人可以爲證，今三人皆已變其前説，則官司又何以見其果爲停盜乎？危教授必欲偏走諸司，置熊祥於囹圄以重困之。張官置吏，亦止得據情按法，平理曲直，又豈敢以罪狀未明之人，置之囹圄，以快寄居之意乎？大抵此間之俗，凡居鄉者必須雜用霸道，以陵駕鄉間，然後有以自立，雖士大夫未免爲習俗所移，但縣道固難助人爲霸道者也。熊祥停藏未明，押下本保知管，牒尉司追捉正賊。侯圈五、陳細乙兩名到日，喚上黃友、徐亮，輒將陳九毆打，各先勘杖六十，放，備申提舉使司及使州。已具申，後因陳壽哩狀，經縣陳論，稱父陳九因被危教授宅捉縛打損身死，乞檢驗追究，備詞申解。陳哩赴州供對，及具公劄具申。後熊謙、熊漸共狀訴各居兄熊祥被危教授裝事加誣事，奉判于后。

熊祥之事，三尺童子皆知其冤，使使真是教唆，亦因危教授誣告停藏，屈抑不平而發，況又未必非獄吏鍛錬之辭，其奔走憲臺，亦求脱免耳，情亦可憐。況二人乃其弟姪，罪不相及，恩赦之後，使府豈不寬宥？特以吏輩抑塞，未必爲檢舉。今既有詞，身爲縣令，不敢坐視，備申使州，乞照赦疎放。又據艾勝狀訴，田圭、熊祥被危教授計囑尉司、弓手圍屋勾追。見今大禾成熟，乞監割事，奉判：引差范慶、王亨同本保監收割，仍別備詞并公狀再申使州。

❶「□」，清鈔本作「疑」，四庫本作「言」。

曾知府論黃國材停盜

轉運司送下黃景信論曾知府誣執其父黃國材停盜事，委本縣下州院監勘。尋引追上黃國材，□□□神形鬼狀，❶去死無幾。又有黃四、李石五兩□□，❷□州院身死，❸遂亟申州，取下本縣醫治，遂□□問，並稱所供皆出吏手，全無實情。拖照案□，❹□覆參考，❺乃有大可疑者。罪人入獄，事雖至微，□□推抵而後乃首服，❻豈有數人入獄，歷歷吐實，如出一口，略無異辭？一可疑也。數人爲盜錢銀、官告，直數百千，阿曾指蹤嚮道，乃獨得一中衣，二可疑也。黃國材果停盜，則必庇其所停之人，今乃自停而自捕之，三可疑也。樂安縣獄能使數人歷叙其爲盜之跡，而繫縲數月，卒不得其的實銖兩之贓，四可疑也。阿曾自首者也，郡追阿曾而與之對，乃逃匿不肯出者幾兩月，敢於自首而不敢於供對，五可疑也。阿曾以九月初四日出官，未嘗言黃國材停盜，黃四之徒以十九日至尉司，始供留贓以供其主人。曾知府幹人乃以十八日經州訴黃國材停盜，度其離樂安之日，乃十四五間也。阿曾之所不言，黃四之徒之所未言，曾知府幹人何所見而執黃國材以爲停盜？六可疑也。❼聽獄而有以盡其情，雖置之死地而無憾，今其可疑者如此，又豈可堅執之以盜

❶「□□□」，四庫本作「囚繫而」。
❷「□□」，四庫本作「之贓」。
❸「□」，四庫本作「在」。
❹「□」，四庫本作「據」。
❺「□」，四庫本作「又」。
❻「□□」，四庫本作「必待」。
❼「六」，原作「大」，據清鈔本、四庫本改。

耶？加之平人猶且不可，況其繼母之女之夫耶？以直爲曲，以無爲有，箠楚之下，何求不得？今觀黄景舒初疑曾知府之以書請囑也，❶與吕檜數人互争以至縣庭，事之至微者也。吕檜之詞則曰：「黄三十男爲見李元勵未敗，❷乘勢統帶五十餘人，直入縣廓，各執器仗，分屯駐劄，作亂謀反，公吏百姓不敢行往。」其敢於誣人，乃至於此。白晝市鄽之中，尚敢加人以不軌，則昏夜無人之地，欲誣執人以爲盗，尚何憚而不爲耶？知後之所告者爲非，則前之所告者可知矣。以事迹考之，黄國材之在鄉曲，决非善良，數人者亦皆破落之徒。曾知府之家亦委是被盗，顧其所失者不多，乃張大數目，以眩惑觀聽，又買求阿曾以證實其事，然後堅執數人，加之以爲盗之罪，卒之的實之贓既不可得，阿曾逃匿，不敢出官，則適以自見其爲虚妄也。況此數人者，使真如曾知府所訴，亦不過竊盗耳，其事亦已該赦宥。今黄四、李五贓證未明，死於囹圄，黄國材、龍二十之徒繫縲者半年，幸而得脱，死生未可知，而生計已蕩然，是亦足以快曾將仕誣告之志矣。張官置吏，亦豈敢曲徇寄居之意，而卒置數人於死耶？合將各人並押下樂安縣着家知管，帖縣根索真贓，方得着實。六名並召保，申轉運使司，取指揮，仍備申諸司及使州。

照得五月初一日，承準轉運司判下黄景信狀，訴曾知府宅先誣告父黄國材停盗事，令本縣監勘。本縣引上見禁人，及拖照案牘，見得顯是誣告分明。黄國材與曾知

❶「舒」，四庫本作「信」。
❷「三」，四庫本作「四」。

府係是親戚，平時往來，不應一旦如此誣執。此是曾知府在鄉，平時倚恃豪横，多有不法事件，每爲黄國材所持，以致積怨。不知自反，乃因小小被盗，遂買誘婦人阿曾，誣執黄國材地客數輩，而因以併及其主人，把持樂安縣獄，必欲鍛鍊置之死地。本縣既承上司旨揮監勘，見其委是無理。然以其係是寄居之家，不欲痛言其無狀，且爲無辜之人略行開拆，已於五月初一日辰時，具申轉運司及諸司訖。今來曾知府父子慮本縣從公勘斷，無以遂其誣告之志，乃占先復經轉運司，妄稱黄國材之男黄景信時復前來本縣謁見，先以私意相干。其敢於蔑視上司，肆行誣罔如此，以監司委送，尚敢如此把持，則其在鄉曲尚何忌憚？今觀其前後狀詞，一則曰近上寄居，二則曰近上寄居，此在他人言之則可，豈有父母之邦，輒自呼爲上寄居以陵駕父兄族黨乎？黄國材之妻，曾知府繼母艾氏前夫之女也。在禮，繼母如母，父母之所愛亦愛之。艾氏雖再嫁曾知府之父，豈不愛其前夫之女乎？況黄國材與曾知府認爲親戚，情義不薄，今乃一旦誣以停盗，而欲置之死地，則不復有念其繼母之心矣。今觀其豚犬不肖之子，畫爲宗枝圖，曾知府之父有九子，乃别而言曰：「四位董夫人所生，五位艾夫人所生。」蓋知府欲别其非艾氏所生也，如此，則真有不母其繼母之心矣。又曰：「繼母艾氏先嫁編氓胡家，而生阿胡，嫁黄國材爲妻。」編氓云者，以其不得齒於士大夫之族，賤之之辭也。娶所以配身也，曾知府自以其父娶編氓之妻，則亦自賤其父矣。夫爲人子而不母其母，不父其父，士大夫所爲，恐不如是。使古之君子斷斯獄也，將以停盗者爲重乎？抑以不孝於父母者爲重乎？況如本職前狀申述，則數人者決非爲盜，而黄國材決非停盜者也。雖曾知府狀詞皆稱幹人，而其豚犬不肖之子，亦嘗出官供對，然嗾之者乃曾知府也。今乃恐其蹤跡敗露，妄以爲黄景信屢來本縣相見，先以私意相干，又足以見其專以誣告把持爲事也。今欲乞台判立嚴限，行下本州，追上自守人阿曾，❶窮究其妄告爲盜之罪；追上曾將仕，窮究其妄稱黄景信曾來相見之跡。如使兩人情願出官，所告得實，則黄國材自當斷配，本職不合與外人交通關節，亦甘伏按治。如阿曾、曾將仕懼罪不出，所告非實，亦欲乞將曾知府父子申奏朝廷，重加懲戒，以爲士大夫敢於陵駕鄉里者之戒。而黄四、李五無辜致死之冤，庶得少伸於地下矣。申本州及諸司。

曾适張潛争地

使府送下曾安撫宅二承務名适、幹人周成，并金谿縣百姓張潛，并干證人張四九等共六名，委本縣勘究買地掘墳事。內有陳四一、饒大兩名監繫日久，羸病欲死，已差醫人李才鼎看驗監醫，併求陳四三、彭六三二名各召保，周成、張潛寄收。尋拖照案牘，參酌事情，委是曾适妄狀誣賴，意在擾害張潛等人。今張潛被害，已破蕩，而干證之人亦被監繫，病患危篤，深可憐念。且曾适以掘墳論訴，情若甚切，然自開禧三年三月估賣園地，張潛以錢就買，若果有掘墳情節，何爲當時並無詞訴？此其虛妄一也。

❶「守」，四庫本作「首」。

張潛買地之時，曾經官陳詞。曾适幹人陳先等并鄰甲數人供狀指證，皆以爲並無墳墓，何爲曾适略無一詞與之争辨？此其虚妄二也。曾适嘗於開禧二年十二月論郭謙侵占屋地，屋地之與墳墓孰緩孰急？豈有先論屋地，經隔兩年而論掘墳？此其虚妄三也。曾适執出鬮書，登載受分園地有祖墳三所，其後所供稱是二女一乳母之墳，何其先後之相戾耶？豈非自有祖墳，恐爲人所證，故遂亟變其説？此其虚妄四也。開禧二年正月未抄估之前，有曾宅幹人朱端陳詞，稱産業係三位均分，有朱契、砧基簿表照，即不言有鬮書。今乃旋造鬮書以爲表證，此其虚妄五也。鬮書之末，具載曾适令幹人熊富聽狀印鬮。嘉泰三年，曾儒林尚無恙，何不爲狀首而獨□於曾适？此其虚妄六也。既曰穿鬮，則兄弟三人各有三本，今但以一本出官，則是本無穿鬮，此其虚妄七也。園地得産於智大夫及陳成，亦合有上手契字，今以其自稱三墳係是淳熙年間，恐與上手年月抵牾，故遂不敢賫出此契。此其虚妄八也。買園之時，是乃知府尚在之日，「日涉」之名，是乃知府宴遊之所，既有力以辦宴遊之園，獨不能求隙地以葬其殤女乳母，而置之園中，乃朝夕宴遊於墟墓之間乎？此其虚妄九也。日涉之園，而乃在縣郭之内，亦非埋葬之所，此其虚妄十也。有此十妄，曉然易見，反覆參考，然後知曾适者，真豪横健訟之人也。方曾儒林侵盗官綱之時，朝旨行下，抄估家産，急如星火，爲子弟者，當知乃兄之罪不可逃，朝廷之命不可忽，傾其家貲以輸之可也。今乃以已賣廢契欺罔縣道，又以西昇不可賣之産僞稱義遜，使縣道官吏日受督責，不得已而將别項産業根括估賣。張澘之徒既得其産，而曾适乃敢脱漏丞廳，僞印關書，妄訴不已。今日之訟，自始至終皆曾适爲之也。今省部行下給還産業，使人户虚納價錢，而曾适坐得舊業，亦可已矣。又欲加之掘墳之罪，不惟逞其忿憾，而又欲肆其邀求，使張澘之家、張六二嘗經安撫使司陳詞，台判以爲據所陳請買曾家園，節次勘驗，□□曾家幹人妄訴不已，❶送本縣照祖究實，❷如周成妄狀論擾重行斷治，可謂明白簡切，而得其情矣。今曾适者騎從甚都，言辭甚辨，進退甚詳雅，出入臺府，揚揚自得，動以權勢脅持上下，官吏相顧，莫敢予決。若不爲之明辨，數月之後，被論之人不待刑憲而銜冤入地矣。所有人案，申解使州，乞詳本縣所陳，先將被論及干證人召保放歸着業，乃備申朝省諸司。今後曾适更敢妄狀，嚴行追治，庶幾無辜之民不至被害，而健訟之人稍知畏戢。

曾灘趙師淵互論置曾挺田産

使州送下曾灘、趙師淵兩家互論置買曾挺田産事，趙僉判已行看定，斷還趙師淵管業。其曾灘幹人不伏所斷，再行論訴，使州遂委本縣審定。緣本職與曾灘委是二十年故舊，恐有妨嫌，遂申乞回避。再蒙使州發下，不敢有違。拖照案牘，曾灘幹人所以不伏趙僉判所定者，蓋亦未得其情。趙僉判以爲空頭契字，乃是曾挺之契，再立之契，乃曾灘僞契。既不曾追出曾挺供對，如

❶「□□」，清鈔本作「勘驗」，四庫本作「則知」。
❷「祖」，清鈔本、四庫本作「租」。

何見得便是僞契？此間人交關，亦多有不將正契投印者，亦安知再立之契果爲僞乎？既以再立之契爲僞，遂併以門僧之書爲通同旋寫。既不曾追到門僧供對，亦何緣見得是通同旋寫？又稱曾挺若果得上期錢，又不敢與別人交關，世間將田産重籠交易，脱瞞人錢物者甚多，亦何以知曾挺之必不敢乎？不得其情，而欲決其曲直，亦無怪曾濰幹人之不伏也。大抵此訟，只要見得曾挺曾與不曾交領得曾濰上期錢耳。若交得曾濰錢，則業當還曾濰；若不曾交得曾濰錢，則業當還趙師淵。今曾濰之所恃以爲已曾交錢者，以有曾挺所與三制幹親書耳。今以曾挺親書觀之，若果曾交得曾濰錢，必須言遞到若干錢已交領訖，今皆無此語，但云「所諭旋交一百千省，家兄書中且乞更支一半」。而「更」字乃經塗改，尋繹字畫，乃是將「先」字改作「更」字，又覺「更」字筆畫係是塗改，恐爲人所疑，遂又多改數字以亂之，而不知便改一「先」字作「更」字，亦不妨其爲交錢也。曾濰幹人之詞，以爲交去官會一百道，而曾挺書中乃作「一百千省」。豈有得人一百道會，乃自認作一百千省之理？曾濰在臨川，若於狀詞作一百千省，則見錢一百千省無緣擔得到建昌，故於狀詞變作官會一百貫。親書既與狀詞不相合，則又豈可執親書以爲據乎？以此觀之，則曾挺實不曾交得曾濰錢，無可疑者矣。又詳書中所言，有「田勞經畫之久，契字已稟媽媽僉往，尊叔可逗留至月初，同在着押」，又言「下期錢後月中旬爲約」。曾濰幹人遂以「媽媽僉往」并「下期錢後月中旬爲約」兩語，遂以曾挺爲已交上期錢。若非已交上期錢，何緣有媽媽着押，并何緣及下期錢？然以文勢考之，曾挺初立空頭契字，將此産業託三制幹召人承買，曾濰既欲就買，遂別立契字，遣人先取其母着押。曾挺與曾濰爲至親，故先請其母着押發回，而門僧亦有押一字之書。然曾挺有「月初同在着押」之語，則實不曾親着押，則亦不曾交錢可知矣。書之首先言上期錢之太少，書之末又慮下期錢之太遠，此豈足以爲已領上期錢之證乎？然則，再立之契非僞契，門僧之書非僞書，但曾挺實不曾交得曾濰之錢，無可疑也。趙僉判以爲僞契、僞書，故曾濰之幹人不伏。然僉判之所定有曰：「曾挺窘乏急於求售，則曾五官人不惟酬價不平，又且支打上期錢數不多，不□旨揮使用，❶及有其他沮抑，所以不願，遂別與趙運幹宅交易。曾五官人後來知得，所以陳詞。」此數句者，可謂盡得兩家心術之微矣。曾濰名家之子，其所交遊皆當世賢士，亦欲改過遷善，以克世其家，然所以爲此者，豈亦念祖業之重，不忍使他人得之乎？或者幹人自起誣賴，而非曾五官人之本意乎？然不敢以朋友之私情，而反以重曾五官人之過也。備申使州。

白蓮寺僧如璉論陂田

金谿縣白蓮寺僧如璉經轉運司論金谿縣尉看定薛定陂田，不還本寺耕種，仍將行者勘杖一百，在縣身死，所斷不當事，送本縣看詳。今將案牘參照，初係白蓮寺論佃客蔣某擅於本院未曾開墾田内强栽禾稻，續係蔣某稱是盧將領宅耕種，金谿縣遂將

❶「□」，四庫本作「肯」。

蔣某勘斷。又續係盧將領宅於貴溪縣，論白蓮寺争占自己所𢦏木。❶ 又續係盧嘉猷於本州府判廳、提舉使衙論强塞水圳，有妨水利，遂行下金谿縣丞廳看定。偶金谿縣尉權丞遂將白蓮寺所訟田不得耕種，仍將行者某人從杖一百勘斷。以本縣丞尉親至地頭，必須究見事理，合得允當，而寺僧如璉不能無辭者，亦其間有不得其平者有二事：其一謂田乃寺田，不應不得爲主；其二謂行者從杖不當。今照得上件争訟，本縣縣尉何不索出兩縣干照，從實打量？若盧家所置薛思惠産不曾推流，則不應越港占白蓮之田。僧寺之田若畝步見在，則亦不應並緣沙漲，輒行開墾，阻遏水勢。如此，則不待辨而自明矣。今不行打量，而妄空便行理斷，此不可曉一也。盧嘉猷初得於貴溪縣争白蓮寺之田，次則經通判廳，又次則經提舉司争水圳，而帶及田事，其前後詞反覆不同，此不可曉二也。盧嘉猷之田在港東，白蓮寺之田在港西，若盧嘉猷委是田被水衝没於東而復生於西，亦當經官標扦，豈得徑自栽種，而反行論訴？此不可曉三也。又田在港東，而論港西水圳，又別無干照，見得有古水圳處來歷，白蓮寺乃有薛家借圳干照，若盧家得薛家産，亦港西下流，則借圳可也，豈可訟乎？此不可曉四也。盧嘉猷所論者水圳，縣尉乃不定奪水圳，而反及水港，此不可曉五也。若謂不合將遺洲開田衝破港東之田，則栽田者乃盧嘉猷，初非白蓮寺之罪，何故却將行者勘斷？此不可曉六也。兩家之訟，初争田，次則捨田而争水圳，其終又捨水圳而争水港，及所種

❶ 「𢦏」，清鈔本、四庫本作「栽」。

田以阻遏水勢，乃盧嘉猷而非行者，乃將行者勘斷一百，既欲聽贖斯可已矣，何至必加之杖而使之抑鬱以死乎？此不可曉七也。觀其所看定如此，則其所論田之形、水之勢，亦恐未能盡當事情。提舉寺丞於所申之後，判令兩家並不得耕種，則亦已覺尉司所以右盧嘉猷者太過，而未必盡得其實也。今已斷者不可復贖，已死者不可復生，而吏輩受財，曲斷其事，已在赦前，皆可勿問，而所争之田，欲乞上司再委官前去地頭體究，方見着實，庶絶詞訟。申都運提舉使衙取旨揮。

勉齋先生黄文肅公文集卷第三十九

判語

陳如椿論房弟婦不應立異姓子爲嗣

使府送下陳如椿論房弟婦劉氏不應立異姓子爲嗣，委本縣照條看定申。本縣參攷案牘，又有見任辰溪知縣陳敏學申州公狀，亦與陳如椿之詞一同。劉氏以爲其夫寧鄉知縣陳邵，於甲寅年在潭州抱養同官遺棄之子，立名志學，經今十六年，即非今方立爲嗣。辰溪知縣陳敏學及陳如椿却稱知縣不曾立外人爲嗣。今考陳如椿之辭，以爲知縣癸丑年離任，志學甲寅年始生，則是在潭州時猶未生此收養之子。據劉氏賫出印紙，陳知縣乃是癸丑年冬十一月方滿，亦安知其尚留潭州兩月間，❶收養志學以爲子乎？又考陳如椿之辭，以爲知縣但有庶生子六三哥，即無收養之子。據劉氏却稱六三哥亦是收養之子。及再令陳如椿供對，却是收養吴博士之子。其言詞又自反覆，則其所告志學非收養之子，亦是虚妄可知。又據劉氏賫到自童蒙以來讀書學字十數卷，皆積年陳舊文字，問其所從之師，則在撫州者見有先生姓饒。及請到饒先生供對，則又稱去年陳知縣已送志學相從讀書，豈得以爲身死之後，旋立十五六歲異姓之

❶「知」下，四庫本有「非」字。

子乎？陳知縣年五十有七而亡，其妻劉氏亦年五六十歲，其相處不爲不久，何其夫身死之後，乃信幹僕之言，立十五六歲素不相識之子以爲嗣乎？則陳如椿之虚妄無可疑者。陳如椿自稱挾術爲生，則其爲人乃破落，把持起倒劉氏錢物而不得，遂扶陳敏學論訴，意欲立敏學之子爲陳知縣之嗣，異日併有劉氏物業，此市井破落之常，不足深責。辰溪知縣陳敏學身爲士夫，不顧義理，不念劉氏乃其叔母，亦敢移文本州，與破落陳如椿挾同妄訴，欲以吞併叔父之業，廉恥道喪，莫此爲甚。今據劉氏所供，辰溪知縣陳敏學之父一機宜亦是陳安撫收養遺棄之子。❶今乃罪劉氏不合收養爲不當，是責其祖、辱其父也。爲人子者責其祖、辱其父，誣其零丁孤寡之叔母，罪莫大焉，合將陳如椿重行勘斷。念其於劉氏之子有族伯之親，申解使府，乞將陳如椿責戒勵放，❷仍牒辰溪知縣知委，庶其少知改悔，以全士大夫之名節。餘人放。

崇真觀女道士論掘墳

儒者之道，自君臣父子、穀粟桑麻、養生喪死之外，無他説。異端虚無之教，古所無有，不惟不之信，又且斥而絶之。張官置吏，又不過行儒者之道，使斯民相生相養，和平輯睦，則斂福錫民，莫過於此。豈有崇信老佛，賊害生民，而可以求福田利益之理？崇真觀稱□夫人修煉之所，❸今女道

❶「宜」，四庫本無此字。
❷「勵」，四庫本作「釋」。
❸「□」，四庫本作「某」。

士居之，虛無誕謾，不足考信。假令有之，亦儒者之所當斥絶。世有豪傑之士，必廬其居，火其書，偶其徒，使不得以亂吾教，豈有拆人屋廬，掘人墳墓，使老幼存没咨嗟怨恨，政足以上干天地之和，又豈能求福應哉？自女道士王道存賫出本觀文書，以與熊氏十數家争訟地界，以爲十數家所居之屋、所葬之墓，皆觀中之地，是以十數家者，亦賫出十數年文書，各有經界打量。蓋莫辨其爲誰氏之産，官司自不應受理。本縣何主簿親至地頭看定，得見合給還人户分明。王道存復經轉運司論訴，一時定奪官員不憑人户文書，乃欲給還觀中。運使趙龍圖雖從其説，亦不過拆一家之屋，餘令認還賃錢，即未嘗許其掘人墳墓也。王道存乃一陰毒很鷙之老婦人，恃其瀾翻之口舌，奔走於貴要之門，必欲發掘余登、譚太兩家數十年已葬之墳墓。本職亦嘗親至其地，見其觀中所謂三劍塚者巋然，居中有江、鄧兩家之墳，饒、聶兩家之山與塚爲鄰，而余登、譚太之墳，乃在江、鄧、饒、聶墳之外，去塚最遠。今乃捨其近而攻其遠，此其出於王道存之私忿，無可疑者。遂備申轉運使司，乞免掘兩家墳墓，亦古人掩骼埋胔之意。運使趙龍圖遂判居民元占本觀基地造屋居止，只合量還本觀賃地錢，如占葬日久，並不得勒令舉掘。上司所判如此，則亦深悔前日拆屋之非，而猶以今來掘墓爲戒也。況其地又未必真爲觀中之地，本觀自合聽從上司所斷。今乃輒敢走經省部，埋頭陳詞，更不言已經監司結絶，顯是頑猾。江西之俗，固號健訟，然亦未聞有老黠婦人如此之健訟者。欲乞備申省部，照轉運使司已判事理施行，仍行下本州，追出頑猾健訟王道存，别擇有戒行道士掌管常住，庶幾閭里安静。所謂崇尚道教，邀求福利，亦莫過於此者。申使州取旨揮。

張運屬兄弟互訴墓田 新淦

祖父置立墓田，子孫封植林木，皆所以致奉先追遠之意。今乃一變而爲興争起訟之端，不惟辱及祖父，亦且累及子孫。今張解元醜詆運幹，而運幹痛訟解元，曾不略思吾二人者，自祖而觀，本是一氣，今乃相詆毁如此，是自毁其身何異？祖父生育子孫，一在仕塗，一預鄉薦，亦可以爲門户之榮矣。今乃相詆毁如此，反爲門户之辱，詳此事，深爲運幹、解元惜之。世固有輕財急義，捐千金以資故舊者，不以爲吝，今乃於骨肉之中，争此毫末，爲鄉閭所嗤笑，物論所厭薄。所争者小，所失者大，可謂不思之甚。當職身爲縣令，於小民之愚頑者，則當推究情實，斷之以法；於士大夫，則當以義理勸勉，不敢以愚民相待。請運幹、解元各歸深思，飜然改悔。凡舊所讎隙，一切煎洗，勿置胸中，深思同氣之義與門户之重，應憤悶事，一切從公，與族黨共之，不必萌一毫私意。人家雍睦，天理昭著，它日自應光大，不必計此區區也。兩狀之詞，皆非縣令所願聞。牒運幹，并告示解元，取和對狀申。

窑户楊三十四等論謝知府宅强買甎瓦

窑户十七人經縣陳詞，論謝知府宅非理吊縛抑勒，白要甎瓦事。本縣追到幹人鄒彦、王明供對，兩詞各不從實供招，遂各散禁。今以兩詞供答參詳，據幹人賫到文約，並稱所買甎瓦皆是大甎大瓦，則所供價例乃窑户之説爲是。幹人初供以爲小甎小瓦，則與元立文約不同，此乃是低價抑勒之驗，窑户所以不得已而哀號於縣庭也。小民以燒甎瓦爲業，不過日求升合，以活其妻孥，惟恐人之不售也，所售愈多，則得利愈厚，豈有甘心飢餓而不求售者哉？寄居之家，所還價直與民户等，彼亦何苦而不求售？今至於合爲朋曹，經官論訴，必是有甚不能平而後至此也。今觀其所議收買甎瓦，窑户不肯賣，便至於經官陳詞，差弓手鄒全、保正温彦追出。寄居之與民户，初無統屬，交關市易，當取其情願，豈有挾官司之號令逼勒而使之中賣之理？❶至於立約，又不與之較物之厚薄小大與價之多寡，則異日結算，以何爲據？是不復照平常人户交易之例，而自有一種門庭，庶幾支還多寡，惟吾之命是聽也。又先支每人錢米共約八貫，而欲使之入納甎瓦萬三千片，所納未足，更不支錢。一萬三千甎瓦，所直十七千，今乃只得錢八貫，而欲其納足，窑户安得餘錢可以先爲燒造甎瓦，納足而後請錢耶？小民之貧，朝不謀夕，今其立約乃如此，是但知吾之形勢可以抑勒，而不知理有不可，則必不能免人户之論訴也。今又以爲元約一萬三千，今只入五六千，便作了足，即是現買現賣，本宅何不前期將錢借與各人？世間交易，未有不前期借錢以爲定者，況所燒甎瓦非一人之力所能辦，非一日之期所能成，必須作泥造坯，必須候乾燥，必須入窑燒變，必經隔旬月而後成。今六

❶「中」，四庫本作「賤」。

月半得錢，七月半之後逐旋交納，所入之價反多於所借之錢，豈得尚歸罪於窑户耶？幹人之詞，尚欲懲治窑户之背約。所謂文約，豈窑户之所情願？追之以弓手保正，抑勒而使之着押耳。官司二税，朝廷立爲省限，形勢之家尚有出違省限，不肯輸納者，況於私家非理之文約，而可以責人之必不背約耶？寄居、百姓，貴賤不同，張官置吏，難以偏徇。鄒彦、王明且免斷，安廣監鄒彦出外，備已入甎瓦未還價錢還窑户。所有窑户三名已搬到甎瓦，未曾交入，亦仰監鄒彦照入具價錢呈。王明一名且寄收，候還錢足日呈放。兩詞各給斷由。

謝知府宅幹人賫到文約四紙，並稱大甎大瓦，今狀中却稱是小樣，顯是誣賴。六月十三日交去定錢，七月半逐旋入去甎瓦，今却稱是經隔三月。形勢之家欺凌鄉民，率皆類此，難以施行，照已判再監。文約四紙，已粘入案，難以給還。簿乙扇，元是幹人收掌，不應又行取索。賴人甎瓦，欠人錢物，豈得以爲無罪不應收禁？私家却得將人打縛，官司不得禁人，❶豪强之狀，即此可見。

彭念七論謝知府宅追擾

普天之下，莫非王民，雖有貴賤貧富之不同，其爲國家之赤子，則一而已。張官置吏，務以安存百姓，而形勢之家，專欲搔擾細民。所謂寄居者，既叨冒朝廷官職，寄寓州縣，尤當仰體國家矜百姓之意，今乃倚國家之官職，害國家之百姓，此豈士大夫所當

❶「人」，四庫本作「抑」。

爲哉？近據彭念七狀，稱有次弟彭念九，充謝知府宅甲頭，與彭彦、彭念七及小弟彭三一，各無干涉，忽覩謝知府宅幹人郭勝同胡甲頭賫引前來，稱是謝知府宅文字，追唤彭念七、彭三一赴本宅根究，委實懼怕，不敢前去。尋追到胡甲頭取問追擾無干涉人因依，却據胡甲頭名成供：有彭彦者充謝宅甲頭，彭念七、彭念九、彭三一皆彭彦之子。緣彭念九走閃，遂追上彭念七、彭三一。再索到知丞廳權縣日，有謝知府宅幹人睦晟狀，論甲頭彭彦不肯前來支量米穀，贍給佃户，心曲走閃，遂唤得本人親弟彭三一前來，未到本宅，被本人至親曾少四奪去彭三一。尋據丞廳追到曾少四供，即不曾有奪去彭三一因依，再追上睦晟所供，亦與胡成無異。今以睦晟初狀觀之，既稱彭三一爲彭彦親弟，則彭彦乃是彭念九與彭念七、彭三一爲兄弟也。今却妄供彭彦爲念七、念九、三一之父，蓋亦自知彭念九之走閃，與彭念七、彭三一不相干涉，而遂變其詞以爲父子也，却不思其初詞以爲兄弟，而今豈得變以爲父子耶？彭念九之走閃，與其兄弟不相干涉，乃輒追擾其兄弟。彭念七之不伏勾追，與其親戚曾少四尤不相干涉，又輒論訴其親戚，如此支蔓，害及無辜，使細民何自而得安其生業耶？使謝知府宅存心平恕，不務刻削，爲甲頭何苦逃竄？至於逃竄，亦只得經官追其正身，豈得私出文引，追擾其兄弟，妄興詞訴，殘害其親戚？則是但知官職形勢可以欺壓細民，而略不體朝廷張官置吏、存恤百姓之意，委實切害。據胡成自稱已七十有一，且與免斷。睦晟不合妄狀搔擾細民，勘杖八十，枷項下案，監納未盡苗米，日呈夜寄收，候納足日放。餘人放。

鄒宗逸訴謝八官人違法刑害

昨窑户并鄒宗逸陳詞，並是弓手搔擾。在法，弓手官司尚不得差出下鄉，私家輒行差使，是以引惹人户詞訴。況佐官不得受狀，近降旨揮甚嚴，今遣人出屋，輒以停藏爲名，妄經尉司，縣尉亦不契勘，便行受理，此皆受制大家，深屬未便。據詞人所論，專指謝八官人，乞行追究。今以兩魁漕貢，見該奏薦，不伏出官。若事屬利害，則雖命官，亦合追逮。但今所陳以爲幹人，則難便令主僕供對，且唤上詞人，并最緊合干人鄒季文、戴祥、張仲三名對。

徐少十論謝知府宅九官人及人力胡先强姦

胡先供，去年曾與阿張通姦，又稱今年係是和姦。據阿張供通，去年不曾有通姦來歷，今來係是强姦。兩名所供異同，權官即不曾勘對着實，便欲將胡先、阿張同斷。若是强姦，則阿張不應同斷，胡先亦不應止從杖罪決遣。又阿張所供，曾被謝九官人强姦，如此，則是主僕通同强姦阿張，情理難恕。今亦不曾追問謝九官人，此是案吏怕懼謝知府形勢，使貧弱之家受此屈抑。再引監阿張，唤上胡先，仍追謝九官人對。限只今，如追不到，備申諸司，仍先監詞人起離外處居止。徐十元住謝家房屋。

人爲告罪

縣道理斷公事，自有條法。若事屬小可，尚可從恕。至於身爲士人，强姦人妻，在法合該徒配，豈容輕恕？本縣每遇斷決公事，乃有自稱進士，招呼十餘人列狀告罪，若是真有見識士人，豈肯排立公庭，幹當閑事？況又爲人告不可恕之罪，則決非士類可知。牓縣門，今後有士人輒入縣庭爲人告罪者，先勘斷門子及本案人吏。

宋有論謝知府宅侵占墳地

宋有論謝知府宅强占園地，已係慶元元年以後論訴屈抑不伸等事。及追謝知府宅幹人索干照理斷，幹人録白到契字，稱宋有已曾作知見交錢着押，又稱一項係與曾吏部宅交易。據宋有稱，宋朝英被謝知府宅關鎖抑逼，一家恐畏，只得着押。又稱曾吏部宅即是謝知府宅，假作曾吏部宅名字。及索出宋有關書，乃是宋有、宋輔兩户均分産業，內有衆户尅留産業甲龍、甲師字兩號，有祖父母墓共四所，兄弟商議不得典賣，關約分明。今謝知府宅，乃於嘉定元年立契買置，只作宋朝英立契，豈有宋輔、宋有兩名尅留物業，內有墳墓四所，乃徑與宋輔之孫宋朝英交易之理？又豈有紹興年間兄弟立約不得典賣，乃可以違約交易之理？以宋有共分物業，乃能使之作知見人着押，則是以形勢抑逼可知。交易之時，宋朝英年未及丁，則其畏懼聽從，亦無可疑者。宋有又曾經縣、經軍、經轉運司論訴，竟不獲伸，則其倚恃形勢，尤可見也。人家墳墓，乃子孫百年醮祭之地，謝知府宅乃欲白奪以爲園囿飲宴之所，謝知府獨無祖先父母乎？其不仁不義，倚恃豪强乃敢如此。謝知府、曾吏部違法典賣宋有共分物業，又抑勒宋有作知見人，顯是知情違法分明，合追契書毁抹。今謝知府宅倚恃形勢，不令賫出契書，且將園池給還宋有、宋朝英，徑自障截管業，仍給斷由爲照。仍申軍及諸司。

王顯論謝知府占廟地

西嶽雲滕廟元是王顯家捨地造廟，❶以爲邑民祈求之所，已而家貧，遂託神以自活。神依顯之地以居，顯依神之靈以食。謝知府既架屋其側，遂占廟之路以爲圃，又種竹於廟之四圍，以芘蔭其花圃宅塲。民畏謝知府之形勢，所謂邀福乞靈者，皆不敢過其門，而神之血食者，遂失其所依矣。王顯本依神以活其家，謝知府又從而逐之，使其族人專廟祝之利，而王顯又失其所依矣。謝知府但知形勢之可以肆其欲，而不思神人共憤，則謝知府亦不能自安也。近據宋有者訟謝知府占其祖先墳墓以爲園囿，本縣已斷還宋有管業。士大夫欲創造屋廬以爲子孫無窮之計，亦須顧理義，畏條法，然後心安而子孫可保也。今至於夷丘隴，毁祠廟，以廣第宅，侈燕遊，携持拏累，日居其中，果能下莞上簟而安斯寢乎？使官司不爲之理直，而冥冥之間所謂福善禍淫者，亦豈無可畏者乎？所有廟地，合給還王顯照祖管業，引告示謝天祐，日下起離，併取謝

❶「滕」，四庫本作「騰」，當是。

知府宅幹人知委狀申。

張凱夫訴謝知府宅貪併田産

張凱夫陳訴謝知府宅貪併田産，再行詰問。據母陳氏賣田，係開禧三年五月，母陳氏論歸宗，係開禧元年。其論配兩吏押，係二年十二月。如是，則是先欲遣逐其子，而後奪其産也。夫所立之子，妻不應遣逐；夫所有之産，寡婦不應出賣。二者皆是違法，絶人之嗣，而奪其産，挾其妻以害其姪婿，此有人心者所不爲也。引就追謝八官人索干照，并申安撫使司，乞就問謝知府取供責狀申，押幹人下縣理對。

妻不當遣逐夫之子，寡婦不當賣夫之産，只此兩事，並是違法。謝知府雖已移徙，其家尚留舊居。今乃倚恃豪横，不肯賫出干照，使詞訴無由結絶。案先給據，將所管違法典賣田産，監張凱夫具出號段書填給付張凱夫管業收花利，仍再申安撫使司。

徐莘首賭及邑民列狀論徐莘

稂莠不去，❶則穀不能以自植；敗羣者不斥，則羊不能以自肥。本縣實緣敗壞之久，姦豪得志，細民被害。歷考其尤者，則寄居中蓋有其人，而士人則徐莘是也。徐莘僥倖一舉，本不足道，乃恃强很，大爲一縣之害。兩經縣道牓示，尚不悛改。去年，又與寄居扶同論訴縣道，權縣已被行遣，合干人亦被斷配，自此愈見恣肆。本縣雖訪聞本人頗爲民害，然人户不敢論訴，亦且暫

❶「稂」，原作「根」，據四庫本改。

已。今探聞當職時暫差出，便復論訴人吏，全無着實。尋又據市民列狀，賫出縣牓論訴，顯見徐莘擾害鄉民。照得朝廷日來深慮寄居等人擾害鄉曲，故雖欒安鄒山、曾復係是命官，亦且押送它州居住。蓋投之四裔，屏之遠方，古人所以治頑民者，不若是，則終無以絶其本根。今徐莘者，若不屏逐，無以遏絶姦惡。今備詞并縣牓申解使軍，欲乞將徐莘押送外州居住，庶絶後患。本縣除已將一行人踈放外，其徐莘合行申解。奉軍判，徐莘押送吉州拘管，申朝省及諸司照會。

陳會卿訴郭六朝散贖田

陳會卿論郭六朝散幹人抑勒其子世隆，輒將田租出賣，更不取其父知委。追到幹人，索出干照，却有父陳元亨着押，幹人以爲其父親書，陳會卿與男世隆皆以爲勒令陳世隆假作父親押。兩家之詞，未見虚實。然以所交易契字觀之，若是父元亨自行賣租，又何必其子亦同書着押？與其子同賣，已自可疑，又作其子世隆交領價錢，豈有父賣産不自領錢，乃使其子領錢之理？此是勒其子假作其父着押，以瞞昧其父，而不自知其漏綻，將以欺人而不知其不可欺也。幹人無狀，乃至於此，且與免斷，賣契毀抹附案。知情違法，合監陳世隆價錢入官，再監幹人朱榮索與契還陳會卿取贖。陳元亨先放。

徐鎧教唆徐辛哥妄論劉少六

照對本縣詞訟最多，及至根究，太半虚妄，使鄉村善良枉被追擾。若官司不察曲直，遂使無辜受害。皆緣坊郭鄉村破落無賴粗曉文墨，自稱士人，輒行教唆，意欲搔擾鄉民，因而乞取錢物，情理難恕。近據徐辛哥論劉少六强占山地，❶及將徐辛哥送獄，却稱係叔徐鎧教令陳詞。追上徐鎧，又供委是包占。及追到出産主，❷并得産人供對，即無包占因依，徐鎧方始招伏。其平日生事擾害鄉民如此，若不懲治，無以示戒。今徐鎧自稱士人，且決竹篦二十，枷項號令縣門三日，仍牓市心曉示。

郝神保論曾運幹贖田

黄達係是總領所押下虧欠綱運人，本縣典押反不契勘，却令入役。曾運幹宅與郝神保互争田，係是張顯承行，黄達却無故當廳執覆，意在刼持役使知縣，且免斷，仍舊錮身，押下巡檢司拘管。

郝神保論曾運幹占據田産，欲備錢取贖。索出干照，郝神保之父茂成因病風顛，祖父忠義遂將田産撥與諸孫，則是知其子不可付託也。今郝茂成乃以祖所分與孫之物業，與曾運幹交易，豈有風顛之人能與人爲交易者乎？曾運幹典人田産，亦須索出人家干照。既知其鬮書所載，係是祖父撥與諸孫，又稱其子風顛，豈得輒與風顛之人爲交易乎？使出於茂成之意，則爲子而背其父，使出於曾運幹之意，則是教其子以背其父也。天下豈有無父之國哉？况已交易之當月，出業人郝茂成便經官陳詞，以爲被曾運幹家幹人宋六一誘引抑勒，不曾得

❶「辛」，四庫本作「莘」。下文同。

❷「主」，四庫本無此字。

錢。其子神保亦經官陳論詞訴，官司雖爲追人，更不曾根究，則知其非出於郝茂成之意，乃曾運幹與其幹人誘引逼脅，白奪田産也。官司不敢追究者，非畏曾運幹之形勢，則受曾運幹之請囑也。郝神保既無以自伸，遂甘心納其租課，至於備錢取贖，則曾運幹又假爲進典五年契字，以圖誣賴，其着押又與前契不同矣。形勢之家貪圖人家物産，則有之矣，未有若此無狀之甚者也。兩契並毁抹，給還郝神保管業，仍各給斷由，餘人放。

勉齋先生黄文肅公文集卷第四十

判　語

陳安節論陳安國盜賣田地事

阿江有子，長名安國，第六十；次名安節，第六二。阿江於五月經縣論長男安國盜將田業出賣，續送主簿廳，阿江又自出供狀，亦稱長男盜賣田業。尋追上得業人曾金紫、曾司法、陳德遠三户契照，而阿江已謂其子不肖，又爲形勢之家拖延，不肯出官，憤悶得疾身死矣。但存其弟陳安節，與之證對。據契書，皆有阿江及弟安節着押，而弟安節則不肯承認，以爲其母及安節不曾着押，皆陳安國假寫。阿江已死，無可驗證，但以契上所書陳安節三字比之，陳安國及陳安節兩人經官狀詞，亦各有陳安節三字，則知其爲陳安國假寫無可疑者。契上節字，皆從草頭，其傍皆從卩子結反。字，陳安國狀上節字亦如此寫。陳安節狀上則皆從竹頭，其傍皆從附邑。又唤上書鋪辨驗，亦皆供契上陳安節三字，皆陳安國寫，則是瞞昧其母與弟，盜賣田産無疑。陳德遠、曾金紫、曾司法三契所得田業，各合析爲二分，以陳安國一分還得業之主，以一分還陳安節，契字批鑿還陳安節收執，别給據付陳德遠、曾金紫、曾司法照管一分物業，仍監陳安國備一分錢，還陳、曾三家。陳安國勘杖六十，引監錢。陳安節放。

陳安國，阿江之子，陳安節之兄。阿江與陳安節論陳安國盜將田業典賣，初論曾金紫等三户。本縣得見所書陳安節名姓，皆是陳安國代書，又是其母陳論，此是曾金紫等三户典買違法分明，已準分法給一半還得業人，給據付得業人管業，仍批鑿契字付陳安節執照所合受分之産。續又據陳安節陳論鄒司户、雷少四兩户亦係違法交易，瞞昧盜典賣陳安節合受分田産。再追出兩户干照，鄒司户十契，亦是陳安國代書陳安節名，尤爲明白。此是違法瞞昧分明，但鄒司户宅之詞以爲其母所論三户之時，即不曾論鄒司户，則其説亦似有理。及再拖照案牘，本縣曾以上件事委送主簿看定，阿江親到主簿廳陳詞，乃是陳論曾金紫等三户違法交易之後，其狀詞中乞追陳安國供盜賣田地之多少，着實不知有無見存，則是阿江固已知本户田産多爲陳安國盜行典賣，所及知者，但曾金紫三户而已，其餘則不及知也。惟其不及知，所以不曾論鄒司户等户也。及再於陳安節名下索出砧基參對，則陳安國盜將田業典賣，砧基簿之上，但批鑿曾金紫三户，而其餘不曾批鑿，此阿江之所以不及知，而未及陳論也。阿江未及陳論而死，則陳安節於阿江已死之後，經官論訴鄒司户家，豈得以阿江無詞，而以陳安節爲妄訴乎？要之十契之内，所書陳安節字畫皆陳安國書寫，則不可得而揜也。若雷少四一契，則又全無陳安節姓名，此尤不待辨而知瞞昧違法也。鄒司户十契、雷少四一契所得産業，並合準分法，以陳安國一分給還鄒司户宅，仍給據爲照，陳安節一分批鑿契字，執照管業。仍備本縣所斷曾金紫三户判語及今所判，給斷由付兩家收執，引監陳安國備錢還鄒司户宅。然猶有一説，形勢之家專以貪圖人户田業致富，所以敢於違法者，恃其富强可以欺凌，小民不敢經官論訴，便使經官得理，亦必健訟飾詞，以其多貲買誘官吏，曲行改斷。小民貧困，多被屈抑，便使偶得理直，而追逮費用已不勝其困矣。此富家所以愈富，而貧民所以愈貧也。陳安節得産之後，必不免鄒司户之論訴，故再述貧富之情狀如此。兩争人並放。

本縣昨據陳安節論兄陳安國盗將卑幼田産與鄒司户交易，本縣見得陳安國假作母親及弟書名着押，違法將兄弟共分田産與鄒司户交易分明，遂將陳安國一分還鄒司户管業，將陳安節一分還陳安節，却監陳安國備違法契面錢還鄒司户。其後鄒司户倚恃富豪，專務健訟，不伏本縣所斷，遂經使軍陳詞。使軍將本縣所斷看詳，準判：今照斷由所斷，已是允當，合監陳安國一半契面錢還鄒司户，候錢足之日，方可給田管業。本縣照得所争之田，析而爲二分，一分屬陳安國，一分屬陳安節。□陳安國一分之田已是自行出賣與鄒司户，自不願取回爲業，陳安節一分之田乃是陳安國盗行出典，若要監陳安國錢足日方給還陳安節爲業，則陳安節永無得田之理。在法，若盗賣卑幼田産，則先合給還卑幼，後監盗賣人錢還錢主。若尊長與卑幼通同知情典賣，則合先監錢還錢主足日，方給還産業。今陳安國係假作母親阿江及陳安節書名着押，係母親及弟陳論，即非通同知情，恐難以候監錢足日方還陳安節管業。竊詳使判，必是令陳安國自還一分錢足日，方給還陳安國一分之田。今陳安國不願取回上項田產，更合取使軍旨揮。

陳希點帥文先争田

陳希點自去年十月以來，兩次陳詞論帥文先不肯行使官會。朝廷新制，秤提官會最爲嚴切，自合出官，與被論人供對，却抗拒官司，倚恃形勢，不伏出官，意欲使破落幹僕與人户抵拒。及其出官，狀詞中略不及官會一節，顯是誣訴分明。陳希點枷收，引喚上帥文先對。

朝廷措置秤提官會，行下州縣，最爲嚴切，不容人户低價行使官會，亦不容以不使官會妄賴人户。今陳希點爲狀首，兩狀論帥文先不使官會，及官司追對，乃倚恃形勢，經隔累月，不伏出官。及其到官，所供又全不及不使官會一節，乃欲推是頑賴人力劉顯陳詞。顯是並緣朝廷法令之嚴，以此把持鄉民。且勾木陂一項交易，乃帥文先不在家，却與帥文先之子假作其父着押，此豈交易條法所當然者，非乘人之危急，貪人田產者耶？嚴江陂一項交易，六月内交錢交業，乃於十一月内半年以後，❶方論多典過錢，則其妄訴又可見矣。又於兩詞之内，皆夾帶不使官會爲詞，其意以爲非此無以重帥文先之罪也。身爲士人，當如是耶？妄訴不使官會之罪，若從條定斷，則陳希點合在反坐決配之條。事在赦前，且免根究。嚴江陂田已是交易交業，難以更行論理。勾木陂田，乃是陳希點與帥文先之子帥文勝通同，不取其父知委，假作其父着押，知情違法，錢當没官，業當還主，契字

❶「半」，原作「牛」，據清鈔本、四庫本改。

追上毀抹，仍舊還帥文先管業。引監帥文勝備契面錢入官。陳希點之父名子國，人户詞訴頗多，率是累月不肯出官，且踈枷召保，案刷具本户詞訴來日唤上供，候理對畢日放。

聶士元論陳希點占學租

聶士元於去年十一月論陳子國强占所買學糧租田，輒於主簿廳陳詞，改正作陳文學户産業。本縣追人索干照理對，經今四五月，陳子國之子因他事到官，又行走竄，不肯賫出公據干照前來理對，遂將幹人聶大亨收禁監追，亦復不肯出官。若非理曲，何苦如此？今據聶大亨賫到積年收納學糧鈔，並作聶瑜户輸納，官司當以契照爲據，豈有陳子國所置之産，而契照乃在聶士元之家？陳子國以爲作佃户聶瑜名字請佃，豈有六七十年不曾歸户之理？若作聶瑜名字請佃，何爲契照乃在聶士元之家？陳子國積代豪横，聶瑜與之至親，遂以産託其主掌，陳子國遂起吞併之心，乃於去年九月旋於主簿廳陳詞，改給公據管業。主簿一時不曾契勘，不索出陳子國上手有何干照，便以朱鈔及官員公劄爲據，遂與出給公憑管業。顯是豪强脱罔官司，侵奪人户田産分明。今又堅執所冒請公據，不肯賫出官毀抹，欲以爲異日論訴張本。然聶士元既有元祖上手干照，則雖有冒請公據，亦何所施？再以林、趙兩主簿劄子觀之，其詞卑巽之甚，豈有人户不肯輸納官租，乃使縣官屈辱如此？不惟强占鄉民田産，又且脱免官司租賦，官司不敢誰何，至於具劄子懇禱，「卑官拜呈」等語，陳子國何人，乃敢如此？鈔書給還聶士元收掌，并前已給公據管業劄子兩封附案，再給斷由付聶士元收執。見到人再監索所請僞據毀抹。

龔儀久追不出

朝廷差守令以爲千里百里之長，則凡在部封之内，雖有貴賤貧富之不同，皆部民也。人户詞訴，官司追逮，雖曲直未可知，自當應時出官供對。今鄉村豪民，遇有詞訴追逮，率是累月以致年歲不肯出官，保正虚受杖責，使人户詞訴無由結絶，官吏文移日見壅滯。本縣豪户，大率皆然，而其尤甚者，則排風龔儀是也。自去歲七月間，有陳暘叔者，訟其起屋侵占墳地，追逮半年，不伏出官。及至差官親至地頭驗實，龔儀亦端坐不出，卒使詞人坐困，甘心移改墳墓，不與之争。何等頑民，乃敢如此？自是以後，訟其奪牛，訟其占山，訟其占屋，訟其不收税，凡七八件，皆是累月不出。本縣將其安下主人監繫追逮，方肯出官。使人人皆如龔儀，則國家守令條法皆爲無用矣。且龔儀自稱士人，豈應不畏名義，不畏條法，以至於此？合將龔儀重行勘斷。念其自稱士人，秋試在近，且與免罪疎枷押下，安下人葉萬卿保管，伺候理對公事，安邦只今取保狀申。

京宣義訴曾嵓叟取妻歸葬

京宣義經使軍陳詞，取妻周氏歸葬，使軍行下本縣詳狀照條施行。本縣遂追周氏之兄周司户，及周氏前夫之子曾嵓叟供對。今據兩家幹人賚出周司户之才及曾嵓叟狀詞前來出官，今看詳，周氏初嫁曾氏，再嫁趙副將，又再嫁京宣義，則周氏於曾家之義絶矣。既爲京宣義之妻，則其死也，當歸葬於京氏。然考其歲月，京宣義以開禧二年十一月娶周氏爲妻。次年八月取歸隆興府，經及兩月，周氏以京宣義溺於嬖妾，遂逃歸曾家，自後京宣義赴池陽丞，周氏不復隨往。至去年八月間，周氏身死，京宣義與周氏爲夫婦僅及一年，則已反目不相顧矣。既溺於嬖妾，無復伉儷之情，又携其妾之官，而棄周氏於曾嵓叟之家者凡四年，又豈復有夫婦之義乎？周氏於曾家固爲義絶，而京宣義之於周氏亦不復有夫婦之義矣。使京宣義於周氏果有夫婦之義，則不應溺嬖妾而棄正室，又不應棄周氏於曾嵓叟之家者數年，而挈其妾以之官。生而棄之而不顧，死則欲奪以歸葬，此豈出於死則同穴之至情乎？特欲搔擾曾嵓叟之家，以裝奩誣賴，因以爲利耳，此豈士大夫之所當爲哉？其説以爲始乃娶趙副將之妻，不應曾嵓叟占留以葬，獨不思周氏之嫁京宣義，乃自曾家出嫁，其避京宣義之妾而歸也，亦歸於曾家，豈得以爲與曾家無干涉乎？周氏於曾固爲義絶，在法，夫出外三年不歸者，其妻聽改嫁，今京宣義棄周氏而去，亦絶矣。以義斷之，則兩家皆爲義絶；以恩處之，則京宣義於周氏絶無夫婦之恩，而曾氏母子之恩則未嘗替也。京宣義公相之子孫，名在仕版，不應爲此閭巷之態，妄生詞訴。周氏之喪，乞行下聽從曾嵓叟安葬，仍乞告示京宣義，不得更有詞訴。申使軍取旨揮，幹人留領斷由訖，放。

徐家論陳家取去媳婦及田産

女子生而願爲之有家，是以夫之家爲其家也。婦人謂嫁曰歸，是以得嫁爲得所歸也。莫重於夫，莫尊於姑，莫親於子，一齊而不可變，豈可以生死易其心哉？陳氏之爲徐孟彝之妻，則以徐孟彝之家爲其家，而得所歸矣。不幸而夫死，必當體其夫之意，事其姑終身焉。假使無子，猶不可歸，况有女三人，有男一人，携之以歸其父之家猶不可，况棄之而去？既不以身奉其姑，而反以其子累其姑，此豈復有人道乎？父給田而予之嫁，是爲徐氏之田矣；夫置田而以裝奩爲名，是亦徐氏之田也，陳氏豈得而有之？使徐氏無子，則陳氏取其田以爲己有可也，况有子四人，則自當以田分其諸子，豈得取其田而棄諸子乎？使陳氏果有此志，陳文明爲之父、陳伯洪爲之兄，尚當力戒之，豈得容之使歸，反助之爲不義乎？察其事情，未必出於陳氏之本意，乃陳文明、陳伯洪實爲此舉也。陳文明獨無兒婦乎？使伯洪死，其妻亦棄其子以累其父母，取其田而自歸，陳文明豈得無詞乎？陳氏一婦人，陳文明亦老矣，其實則陳伯洪之罪也。知軍吴寺簿不察此義，反將徐孟彝之弟徐善英勘斷，以爲不應教其母争訟，是縱陳氏爲不義也。欲將陳伯洪從杖六十勘斷，押陳氏歸徐家，仍監將兩項田聽從徐氏收管花利，教其子，嫁其女，庶得允當。申提刑使衙取旨揮，一行人召保。

李良佐訴李師膺取唐氏歸李家

在禮，爲之後爲之子。師膺既歸李氏，則以世英爲父，以孔氏爲母。今復取唐氏歸李家，則是二母也。況李良佐所陳，因唐氏之弟所訟而世英死，此尤人子之至痛，唐氏決不可往來李家，李師膺決不可再收養唐氏。李師膺爲李世英之子，已經歷年深，亦嘗爲世英持斬衰之服，善事孔氏，母子無間言，友愛師勉，兄弟無異意。李良佐乃輒生異姓不可收養之論，以離其心。在法，祖父母所立之子，苟無顯過，雖其母亦不應遣逐。今其母尚能容之，良佐何人，乃欲遣逐之乎？李師膺斷然當爲李世英之子，李良佐斷然不可妄興異議，唐氏當去，師膺當立。李良佐又欲牓示徐、羅二解元，使不得往來李師膺之家，此亦遣逐師膺之意，蓋欲使師膺失所依也。良佐之處心不臧，情態已見。徐、羅二解元，則未見有侵欺之實，豈可預行牓示？況李師膺年已二十二，亦非全然不辨菽麥，而爲外人所侵者。徐、羅二解元果有侵欺，李良佐旋行陳告，亦未爲晚。世間亦真有可託孤之人，亦安知徐、羅二解元非念其孤幼，而爲之經紀其家？難以預行給牓。併行下保，曉諭李師膺兄弟并徐、羅二解元，各照本縣所行，取知委申。

謝文學訴嫂黎氏立繼

謝文學名駿，訟其嫂黎氏不立其子五六冬郎爲嗣，而立堂兄謝鵬之子五八孜爲嗣。自嘉定三年論訴至今，❶經隔五年，寧都楊知縣、柯知縣、贛州僉廳及本州趙司法，皆以爲立嗣當從黎氏，謝文學不應争立，援法據理，極爲明白。寧都縣曾追到黎氏出官供責，稱是其夫謝驂在日，與弟謝駿時常争鬧，有同冤家，又稱其夫病重，稱欲立謝鵬之子五八孜。又追到族長數人，並稱謝驂不願立謝駿之子，而願立謝鵬之子。在法，夫亡妻在，從其妻。便使謝驂元無意立謝鵬之子，尚聽黎氏所立，况又出於謝驂之本意乎？今謝文學駿健訟不已，復經轉運使臺，必欲争立。且法令以爲不當立，兩知縣以爲不當立，本州僉廳以爲不當立，提刑司委送趙司法亦以爲不當立，其族長以爲不當立，其嫂黎氏亦以爲不當立，謝駿何人，乃敢蔑視官府，違慢條法，欺凌孤幼，斥責族長？顯是豪横，難以輕恕。照得提刑李吏部惡其健訟，嘗將謝駿枷禁州院，今來尚不悛改。❷今據謝駿復遣幹人謝卓前來本縣投詞，錮身解轉運使衙，欲乞併追謝駿痛賜懲治，以爲豪猾健訟者之戒。

郭氏劉拱禮訴劉仁謙等冒占田産

劉拱禮并劉拱武妻郭氏訟劉拱辰之子仁謙、仁愿不伏監司所斷，不分合受分田産。今拖照案牘，劉下班有子三人：長曰拱辰，妻郭氏所生；次曰拱禮、拱武，妾母所生。劉下班有本户税錢六貫文，又有郭氏自隨田税錢六貫文。劉下班死，郭氏亦

❶「定」，四庫本作「泰」。
❷「悛」，四庫本作「悛」。

死，劉拱辰兄弟分産，只將本户六貫文税錢析爲三分，以母郭氏自隨之田爲己所當得，遂專而有之，不以分其二弟，二弟亦甘心，不與之争。自淳熙十二年以至嘉泰元年，凡十六年，絶無詞訴，蓋畏其兄，不敢訴也。嘉泰元年，拱辰死，拱武、拱禮始訟之於縣，又三訴之憲臺，又兩訴之帥司，經本縣鄭知縣、吉州董司法、提刑司僉廳、本縣韓知縣、吉州知録及趙安撫六處定斷。鄭知縣及提刑司僉廳則以爲拱禮、拱武不當分郭氏自隨之産，合全給與拱辰；吉州司法及知録則以爲拱辰不當獨占劉下班所得郭氏隨嫁之産，合均分與拱武、拱禮；韓知縣、趙安撫則以爲合以郭氏六貫文税錢析爲二分，拱辰得其一，拱武、拱禮共得其一。六處之説各不同，然趙安撫之所定在後，既已行下本縣，而劉仁謙、劉仁愿乃蔑視帥司所定，不肯照所斷分析，郭氏所以又復有詞也。

以法論之，兄弟分産之條，即未嘗言自隨之産合盡給與親生之子。又自隨之産不得別立女户，當隨其夫户頭，是爲夫之産矣。爲夫之産，則凡爲夫之子者皆得均受，豈親生之子所得獨占？以理論之，郭氏之嫁劉下班也，雖有嫡庶之子，自當視爲一體，庶生之子既以郭氏爲母，生則孝養，死則哀送，與母無異，則郭氏庶生之子猶己子也，豈有郭氏既死之後，拱辰乃得自占其母隨嫁之田？拱辰雖親生，拱武、拱禮雖庶出，然其受氣於父則一也。以母視之，雖曰異胞，以父視之，則爲同氣，拱辰豈得不體其父之意，而獨占其母隨嫁之田乎？以此觀之，則六貫文之税，當分而爲三，兄弟均受，方爲允當。今試以鄭知縣及提刑司僉廳所斷，而較之吉州司法、知録之所斷，則鄭知縣、僉廳之所見甚狹，而司法、知録所見甚廣；鄭知縣、僉廳之用意甚私，而司法、知録之用意甚公。從司法、知録之所斷，則在子爲孝於其父，在兄爲友於其弟；從鄭知縣及僉廳之所斷，則在子爲不孝於其父，在兄爲不友於其弟。一善一惡，一是一非，豈不大相遼絶哉？官司理對公事，所以美教化移風俗也，豈有導人以不孝不友，而自以爲是哉？如韓知縣、趙安撫所斷，已是曲盡世俗之私情，不盡合天下之公理，劉仁愿、劉仁謙尚且抗拒，則是但知形勢之可以凌蔑孤寡，而不復知有官司。今且照韓知縣、趙安撫所斷，引監劉仁愿、劉仁謙撥税錢叁貫文付拱禮、郭氏，候畢日放。仍申諸司及使軍照會。

權太平州

張日新訴莊武離間母子

張敷文孫名日新，經官論編管人莊武又名三聘，離間其母，使其母盡逐兩房兒婦，持到莊武親書與其母簡帖兩紙，外作妻封，内作自名，當將莊武送獄根究，兩紙委是親書。據莊武供，舊曾在張宅作館客，豈有舊館客輒寫簡帖與館主寡婦之理？又供前後往來飲酒，雜坐無間，此何理耶？且其簡帖之詞，有曰：「自安人從家間歸去，他門便大字寫在書院牕上呪人，及要殺人。」又曰：「除是安人出外商議方可，看了毁之。」其詞意褻狎，情理切害乃如此，是必欲逐其子，而惟莊武之言是聽也。亂男女之别，離子母之情，莊武之罪，其可貸乎？若採之衆論，則又不止於簡帖往來而已，一郡之人爲之不平。夫能使母逐其子而不顧，則是必有以蠱惑其心者矣。顧人子不敢言，官司亦不必推究，庶幾子母可以復合也。且莊武福州人，自稱曾請鄉舉，觀其詞氣字畫，不類士人。嘗以爲人指引代筆，編管當塗，自當少知斂戢，姦險凶横，累有過犯。爲朱僉判館客，則既導之爲非矣，復挾人以訟之，朱竟罷去。爲張伸館客，則以尋捉學生爲名，徑登其女之卧榻，以致論訴。至於撻使婢而使之縊死，輕税官而敢於無禮，皆見之訟牒。每追到官，則先爲凶暴之狀，以陵駕長官，雖宇文侍郎以法從之貴，亦不免於無禮。官司亦每以士類而曲貸之。凡此數事，苟未至於甚爲人害者，猶可貰也。張敷文以宦族故家，而莊武乃專其家政，若不懲治，則張氏家悉歸於莊氏，兩子無所歸，一家將自破矣，爲政者豈得不爲之動心乎？竊謂當塗本非莊武之故鄉，莊武見係編管之罪人，以士類之故，且免其斷治，再將莊武移徙鄰郡，則寡婦之謗可以自明，孤子之愛可以復合，張氏之家不至大破，莊武亦不至於稔其罪，而猶可以自新。但莊武元係得旨編管人，州郡不敢自專，若欲申聞朝省，則么麽小官，暫攝郡事，亦不敢以輕舉。寶文大卿到日呈。

漢陽

漕司行下放寄莊米

漢陽田土所出，只得養活漢陽軍百姓，

若盡數搬出外界，漢陽之民必致餓死。漢陽老知軍情願放罷，不敢餓死百姓。送務照已判。

沈總屬

郡無大小，俱爲守土。關津有禁，不但取征税，亦以防姦盗、譏出入也。舟楫至境，不以見告，徑斫纜索，鼓噪而去，此何理耶？浮數巨艦，所載何物，若非有慊，何故如此？苟非横取，多自爲興販，則必夾帶商賈，圖取財物。申轉運司，乞行下鄂州，拘下船隻搜檢税物，以戒姦貪。

安慶

太學生劉機罪犯

行己有恥，則謂之士；鄉黨稱弟，則謂之士。劉機既爲士人，又嘗遊太學，自合動循禮法，恪守士行。今乃專事豪縱，❶陵蔑閭里，人言籍籍，姑置不問，既入酒肆，復歐妓弟。行檢如此，便使讀書破萬卷，文章妙天下，亦何足以齒於爲士之列？淮人本醇質，士子亦皆重厚，劉機但以太學之故，而所爲狂悖乃如此。當官而行，何强之有，一太學生，亦何足道哉！劉機且與從恕放，

❶ 「事」，四庫本作「騖」。

如敢再犯，定當具奏，屏之遠方，以爲不守士行者之戒。

王珍減尅軍糧斷配

王珍爲軍典，尋常管兵士請給月糧衣錢，例每減尅，已是無理。本府興築城壁，勞動軍士，自非得已，王珍更不思軍人辛苦，亦敢減尅，錢□□□輒尅□□□米貳升半輒尅五合，情理切害。王珍決脊杖十五，刺面配撫州牢城。楊焕不點名支破，勘杖一百。吕青押楊焕就王珍家取未散錢米并盜尅下錢米支散。

宣永等因築城乞覓斷配

安慶大府，素無城壁，無以爲守禦之備。當職不自量度，妄意興築，支費浩大，官司未易了辦，不免資百姓之力以衛百姓，甚非得已。揆之於心，每切自愧。今既令人户出備博子木般擔至府，尉司人吏乃輒敢邀阻乞覓。人户獻木，尚復要錢，則公事追逮，其擾可知。此而不治，是使本府重得罪於百姓也。宣永、張明、李明、龔顔各決脊杖十二，刺面配一千里外州軍牢城，案開具所寄錢追納，抄估到家業牓賣。仍備牓府縣曉示，如並緣築城，輒敢擾民者，許人陳首，賞錢三百貫，犯人重行斷治。

武楷認金

掘土得金，❶元是武安撫宅基，武楷遂

❶「土」，原作「工」，據清鈔本、四庫本改。

認以爲舊物。訪之邦人，乃以爲元是天井劉家宅基，武安撫復於上居止。以事理考之，必是劉家之物，蓋藏金於地，爲避賊而藏也。安撫方提兵討賊，又何爲而藏金於地耶？但武安撫有功於此邦，見之墓誌，未及百年，其子孫零替如此，使人爲之悵然。便無認金之訟，官司亦當賙恤。但聞武楷自少不學，家産破蕩，若得錢又復妄費。公庫置曆，每月批送錢五貫省，自七月爲頭，薄贍其家，以爲有功於此邦者之報。

刼盜祝興逃走處斬

照得安豐軍遞押到配軍祝興、徐青爲妄傳邊事，各持軍器作威，執火刼奪客人財物，決脊杖二十，刺配二千里。本府差寨兵高成管押前去，至中路，其徐青、祝興反將高成歐打逃走，當捉獲到祝興一名，據各人供責分明。本府照得邊事方興，小人喜於倡亂，並緣刼掠，自不應更分首從。今安豐軍從輕決配，已是失刑，今又尚敢歐打防送人逃走，祝興押赴市曹斬首。府城號令三日，傳下諸縣各號令三日，未到人徐青，賞錢五百貫文，許諸色人捕捉。申朝廷，乞行下邊郡，應有此等凶惡之人，並不分首從處斬。所有本府不合擅斬强賊，乞賜竄謫施行。仍申諸司。

勉齋先生黄文肅公語録

門人承務郎致仕林圓記録
門人梁祖康校正

問何謂恕

曰：後世把恕作寬恕，便錯認本意了。聖人言恕，曰己所不欲，勿施於人，此恕之謂。若以恕己之心恕人，是兩家齊放倒了。

人之一心，虚靈不昧，爲萬善之主宰。無事時須是如人家養孩兒相似，監住他，莫縱他出入。天之明命，是天理之具於我也，而先王常顧諟之，是亦存心之説也。堯舜所以爲堯舜，湯武所以爲湯武，舉不外此。佛家之坐禪，是尋一箇心，道家之入神，亦尋一箇心。若尋得一箇心，則其義理皆易通矣。方其無事，澹然不動，及其應事接物，莫不中節，皆自此心推之。故人能存心，而持之以敬，其庶乎？但今十人中，無五六人能如此。

問心與性

心之與性，非二物也。合而言之，人心上自有本性之天理；分而言之，則爲心爲性。又曰如仁人心也，是合而言之也；如曰其心三月不違仁，是分而言之也。

二陸之學，只令人静坐適然，言語有會道者，遂以得道許之。嘗誘後進，語之曰：「心之精神謂之聖。」

喜怒哀樂未發謂之中，發而皆中節謂之和。所謂喜怒哀樂，非是指赤子而言也。方其喜怒哀樂未發之初，渾然不動，無所偏倚，是之謂中，此性也。及喜怒哀樂既發之後，隨事中節，是之謂和，此情也。

惻隱之心，仁之端也；羞惡之心，義之端也；辭讓之心，禮之端也；是非之心，智之端也。夫惻隱、羞惡、辭讓、是非，聖人言之，各由淺以及深。惻者，惻然也，至於隱，則隱痛矣；羞者，羞恥也，至於惡，則疾之矣。辭者，以禮辭也，至於讓，則却而不受矣；是，惟知其是而已，至於非，則併與其非而察之矣。

問氣

氣者何也？呼吸之謂氣。人之一身，有形有氣。以形對氣言，則形粗而氣精矣；以氣對心言，則氣粗而心精矣；以心對性言，則心粗而性精矣。孟子所謂浩然之氣塞乎天地之間，蓋以天地運行惟一氣耳。陽一嘘而萬物生，陰一吸而萬物成，惟人得是氣也亦然。禹惟有是氣，然後可以抑洪水而天下平；周公惟有是氣，然後可以兼夷狄，驅猛獸，而百姓寧。孟子所以謂之是集義所生也。故氣惟集義理所生，則其氣皆至大至剛之氣。不然，是狂暴之氣，匹夫可能也，君子不爲。今人只知有身，不知身之内有心。知有身則蔽於有我之私，隔藩籬，分爾汝。以心論之，則心中有許多天理，合天地萬物爲一體，曷嘗有彼此人物之別哉？

不到此間議論，雖殺人放火，自不相干。既到此間議論，須是檢點自己，從頭到尾，得徹方是。

氣質之偏正，則有人物之別。氣質之清濁，則有聖賢愚不肖之別。

爲學須是持敬。如是持敬，雖不讀書

不妨；如不能持敬，雖讀盡世間書亦無益。且如居官判詞訟，能審問子細，寄他判也。是持敬聽獄訟，能不妄訊鞠，須得其情也。是持敬推此心以往，以至於治家能持敬，則家事必理。讀書能持敬則義理必精。爲學先須理會心，理會心先須持敬。世間多少讀書人都不識心，須是束住此心，以敬持之，如敬以直内是也。所謂敬以直内者，蓋動静之間，一以敬行之。至於義以方外，是又因其既動之時，隨事而處之以義也。

今人不惟無躬行之學，所謂口耳之學，亦不曾説得透。

問學如何便可做聖人

曰：聖人，學者之準的也。如射者以中鵠爲準的，其至與不至，則隨人限量。要之不可不以鵠爲準的也。又曰：孔子直做到七十不踰矩便止，孟子直做到聖而不可知便止。又問學從何處入？曰：聖人之心純乎天理之公，無一毫人慾之私。如欲學聖人，須是從此處入。

或曰：無心於事，如何？曰：人生世間，與天地並立而爲三，如何得無心於事？如何思何慮與毋意、毋必、毋固、毋我，此是聖人地位。要之，且就君臣、父子、兄弟、夫婦上理會。

鳶飛戾天，魚躍于淵，此是道無往不在意思。鳶合在天飛，魚合在淵躍，自有不待安排底道理。所謂道者，不過合乎當然之理而已。

居官時□視民之被擾，真如雞母之護其子，然後做得。

恭則壽，謂不戕賊。勞則富。世間之狼狽不能植立者，其患皆生於安逸也。

學而時習之。所謂學者，非是學文字也。見人有孝悌，則學他孝悌；見人有忠信，則學他忠信。

天地不理會别事，只理會生物。觀天地生物之意，得見人受天地之中以生，不可無仁心。君子以仁存心，當推廣此仁心，不然，被事物遮礙，可惜。

仁者，二人相依謂之仁。

心者，存乎性而制乎情也。是非之心，性之所有也，所以能是非者，心也。德者，性之所有也，守之而不失，則德爲我有矣。故德有兩説，有指性所具而言者，有指己所得而言者。

《中庸》一書，多言道不言心。然所謂戒謹不睹、恐懼不聞、喜怒哀樂未發，未嘗不言心。如《論語》不言誠、《孟子》不言《易》也。《論語》多説仁，《孟子》多説心。

君子之道費而隱，有費之大，有費之小。天地間，大小本末，何物不是道？就中擇其小者來看，亦是道。載華嶽而不重、振河海而不洩者，此道也。而一撮之土、一勺之水，亦是道。是以《哀公問政》一章，凡大小本末具舉，以此見彌滿天地間皆是道。人之一身，坐於道之中。然如此説，未免岐道爲二，要之，身亦道也，如魚在水中，内外皆是水。

人讀書不必説是讀書時方着意，如合了策，亦須念念不忘。以身體之，庶乎有得矣。如敬之一字，須是驗之於心。如何是敬，不敬時又如何，子細看，教没鑚處，方是格物。今人讀書，只是看物。

又

儒者讀書，如何及得釋氏？釋氏有兩

句：不得掉舉、不得昏沉。掉舉是走東走西也，昏沉是一面放倒也。不得掉舉，則是鈐束住；不得昏沉，則是常提撕起來。如是，則一片心如明鏡，如止水。

問敬義

敬以直内，義以方外，此便是護身符。然敬用直字，義用方字，古人自有說。如人胷中千蹊萬徑，便是不直，用敬檢束此心，則一條直上，更無欹曲矣；如東西南北不正，便是不方，用義以處之，則四方平正，而無偏側矣。知此二句，雖不讀書亦無害。

又曰

直方，大。直方者，言敬與義；大者，言直方之效也。

又曰

世間無一箇物勝似義理之學，咀嚼之有無窮之樂。天地得之爲天地，帝王得之爲帝王，聖賢得之爲聖賢，人得之爲人。若能以義理灌溉臟腑，將來儘有受用。但是今人信不過，一脚在門内，一脚在門外，皆不濟事，須是如造九層之塔，吾立於九層之上，見世間萬事皆如泥塗方得。

又曰

學道須拚了命方可。

今人讀書時便着意，纔合了册便不思量。如此因何會長進。須是讀一句書，便把身心體認，方親切。

凡具於身者，皆天理也。有以體之，則天理在我矣。無以體之，天理自天理，與自己有何相干？

誠之一字，只是實如《易》之所謂「無妄」是也。無妄者，不期然而然者，着一毫人爲不得。《無妄》之卦，如曰：「無妄之災，或繫之牛，行人之得，邑人之災。」又曰：「無妄之疾，勿藥有喜。」不當有此疾，勿服藥却好。又曰：「不耕穫，不菑畬，有攸利。」誠對僞説，僞字一邊是人，一邊是爲，纔涉人爲，便是僞，既是僞便不是誠。

讀書之法，莫幹當書册，只幹當身心。此是第一件事。其次，莫如持敬。惟持敬，則收斂此心，讀書時便如尖刀相似，何物不透？看得精時，字字透徹，更無窒礙處。

聖賢立言，皆是斡出心肝五臟向人説，便是天上語，不是人間語，特今人不細考耳。

《中庸》一書，第一是戒謹恐懼。然戒謹恐懼，亦須是有知、仁、勇以行之。然知、仁、勇固所以行之，又須是守之以誠後可，其終又歸於戒謹恐懼，此《中庸》之大略也。

道不可須臾離。如何是不可須臾離？曰：率性之謂道。道既由性出，如何須臾離得？

博學而篤志，切問而近思，如何是仁在其中？《論語》凡説在其中者，皆是不如此，却如此。如「言寡尤、行寡悔，禄在其中」、「耕也，餒在其中」是也。有如博學而篤志者，是一向爲學，且篤其志，如此，則人慾安得而干之？切問而近思者，是又就身上説。切問者，如問如何是心，如何是性，又且近取諸身而思之，如是則雖不是仁，而仁在其中矣。蓋仁者，純乎天理，而無一毫之私者也。既能博學而篤志，又能切問近思，則天理存，而人慾去矣，仁獨不在是乎？

孔門弟子平日講論，只説仁。蓋人而不仁，不足以爲人。故居家而知仁，則事親必孝，事長必悌，待朋友必信；居官而知仁，則視民如傷。世間多少人不仁，惟其不察此，故曰：忠矣未知，焉得仁？清矣未知，焉得仁？聖人以爲雖忠雖清，未知你心裏如何。蓋仁者務内而不務外，如巧言令色，是徒善令其顔色耳，仁何有哉？至於剛毅木訥，則許其近仁，以其資質純朴，不爲務外之事，此所以近仁歟？

孟子曰：「苟能充之，足以保四海；不充之，不足以保妻子。」仁與不仁，相去如何得如此懸絶？此無人思之。

德不勝氣，性命於氣；德勝其氣，性命於德。

曰：所謂德不勝氣者，只是氣出來做主，德不足以勝之，故性命爲氣所使。所謂德勝其氣，是德做主，而氣不足以勝之，故性命皆備其德。故曰：性，天德也；命，天理也。則知上面命字是重字，不是聽命之命。

性本善，而曰有氣質之性，何也？

曰：惟皇上帝降衷于民，天之所以予我者本善，迨夫性包氣出，於是有清有濁有偏有正，稟得濁者偏者，其性遂不善，非是性元有不善。蓋氣既不好和，性亦不好了，此所謂有天地之性，有氣質之性。天地之性，是當來天之所以予我者也；氣質之性，是後來氣質之所稟者也。故曰：善，固性也；惡，亦不可不謂之性也。夫子曰：「性相近也，習相遠也。」才説相近，便是有别。若孟子説性，只説性善，至於論情論才，亦説是善。孟子當戰國時，人性盡壞，孟子只得説十分好，欲令人循此一條路去。

人生世間，只靠得此性常在，性中自有至貴者存，與金玉相似。今人不去點檢，只把作瓦礫看，甚可惜。

後生讀書，須要識義理，然亦須是行得。如人寫藥方，須要服藥，不然，徒寫無益也。

《論語》一書，似若淺近之言，然使夫子再生，亦□過許多説話。若堯舜出來，亦不能捨此平治天下。若就中用心兩三月，氣象自別，更一年二年，氣象又迥别矣。

天體物而不遺，猶仁體事而無不在。天發生萬物，一物具一天。仁應萬事，一事具一仁。

神之一字有幾樣。有心之神，則虚靈不昧，出入無時莫知其鄉；有理之神，則聖而不可知之謂神；有精神之神，有鬼神之神。統而言之，只是一箇神字。

子張問：「十世可知也夫？」子曰：「殷因於夏禮，周因於殷禮，所損益可知也。」是已往可知之事也。如曰「其或繼周者，百世可知也」，是未來可知之事也。

志者，心之所之也。氣之剛柔緩急，志實爲之帥也。志於道，志於學，皆志也。伯夷、叔齊餓於首陽之下，亦志也。武王能伐紂，不能以刀鋸加之伯夷，以其志不可奪也。故志爲將帥，氣爲卒徒，未有卒徒不聽命於將帥也。其或卒徒專恣，必將帥之無能爲也。伊川嘗謂：曾子易簀之時，氣亦甚微，所以必易簀者，志定故也。凡周流於一身之間者，皆氣也。目莫不欲視亂色，而不與之視亂色者，志使之也；耳莫不欲聽淫聲，而不與之聽淫聲者，志使之也；至於口鼻亦然。曾記後生時作多少狂妄事，直至年高皆不敢爲，志定故也。

仁者，有謂心之德、愛之理，有謂當理無私心，有謂具全體而不息者。蓋心之德、愛之理，乃仁之體，而人之所以爲仁，必當理而無私心，具全體而不息也。然當理而無私心，又不似具全體而不息。顔子僅能三月不違仁，如不息，則便到聖人地位。

學而不思則罔，思而不學則殆。學者效也，思乃心之所索也。聖人尚左亦尚左，聖人尚右亦尚右。徒學聖人所爲，不思所以左右者何義，則罔而無益。徒知閉門讀書，不能親師取友，以質其是非，則其心危殆而不安。

此一件事頭面大，須是如見陣時，纔打起鼓，一（下缺）❶

（上缺）□便是天。

義理是大本原，不識本原，如人不識父祖。其次爲學門庭即是持敬，不從這裏入，如瞎眼人不識路，爲學怕見得不端的。見得不端的，即是體得不切實。須是體，反着眼在肚裏來看了，又把身來體公做仁，恰如以主一喚做敬一般，公猶是那仁一路，即是對着不親切，覺字不是路。

因論仁曰：稟得健底出來，勾當這事。治家即是有界限三字截斷，莫過思量。大哉聖人之道，洋洋乎發育萬物，峻極于天。説一箇物恁地馱，優優大哉。禮儀三百，威儀三千，雖恁地馱，裏面却充足，無所不具，事事有。且説至大至小，無所不有，待其人而後行。道恁地，你無時也閑。至道，大也有，小也有；至德，大也盡，小也盡。君子所以貴脩德。尊德性是脩大德，便凝得大道。道問學是脩小德，便凝得小道。凝是自家去聚他，即是打一箇尊德性，那峻極于天便在這裏。打一箇道問學，那禮儀三百、威儀三千底便在這裏。大德凝得大道，小德凝得小道，後面説仲尼處，便

❶「一」下底本缺數葉，且有兩葉《附集》内容誤入，今删去。

是孔子能盡得這箇。小德川流，便是曾子所謂恕；大德敦化，便是曾子所謂忠。維天之命，於穆不已，不已處，是厚化。乾道變化，各正性命，各正處，是川流。大德敦篤底便是尊德性，小德川流底便是道問學。存着心時，這統體都具是大德。洒掃應對，出來一件一件事是小德。溥博淵泉是大德，而時出之便是小德。下文孔夫子所以恁地，是至聖，是至誠。又云：它從起頭説來，都是這箇天命之謂性，是大德敦化；率性之謂道，是小德川流。惟天下至誠是大德，致曲便是小德。至誠就統體上做，致曲就細碎上做。曲似委曲纖悉之事，如曾子理會孝，且就孝上做去。又云：它這物事，説得恁地馱，裏面却纖悉具備。孔子説得忒平，孟子説得忒急；孔子即説博文約禮，孟子即得箇天命之謂性。□管説子思背後説出，剜盡精粗巨細。

《中庸》戒懼謹獨是大骨，頃刻不可忘，知仁勇是做工夫。讀書講明義理，後面着箇誠字鎖盡，教學者讀書只是扶得箇心路直，他自會讀。

世間秖是憂畏二字好。

天命自度，如以天命自繩束一般。

致中和，《章句》云：「自戒謹恐懼而約之，以至於至静之中，無少偏倚，而其守不失，則極其中而天地位矣。自謹獨而精之，以至於應物之處，無少差繆，而無適不然，則極其和而萬物育矣。」榦在南康歸道中，讀此不覺涕下，以爲文公教人，其至精至密如此。無少偏倚、差謬，是横致一致；其守不失、無適不然，是直致一致。横致如一箇物打迸了四圍，恁地净潔相□；□致則是今日如此净潔，明日亦如此，以至□□刻不如此。舊本云無一息□不中，即説□□□□□□□□□致中，天地位□□□萬物育□。山林隱者見得此處多分曉。

曾成叔録

寧翁問：「忠恕一貫如何？」曰：「□□□□，曾子是見得爲君有爲君之道，爲臣有爲臣之道，一事一物上各見有一箇道理，只是渙□□統紀。夫子説你恁地看，何時是了，我這箇道理只是箇一底道理，都貫了他，故曰吾道一以貫之。夫子是摘箇頭共尾向他説，一是頭，貫是尾。曾子説忠恕，忠便是一，恕便是貫，忠恕便是狀箇一貫。□曾子未曾聞一貫時，譬如已見得河水之委分爲九河，但未見得導河積石處。夫子便從箇大頭腦處共他説，九河底便只是導河積石處，推去做，如共子貢説：『汝以我爲多學而識之者歟？』我却不是學得多了逐件記，我只是有箇一去貫他。一貫兩箇字，須是恁地看。今且説如何是盡己之謂忠，推己之謂恕。忠者，須是此心發得十分盡，有一分未盡不是忠；恕者，須是將我心去比量他心，都要恁地，若有一處不恁地也不是恕。程子云：『維天之命，於穆不已，便是盡底意。』乾道變化，各正性命，各正便是推底意。天下雷行，物與無妄，是一箇物與他一箇無妄，皆是恕底意。但他是自然恁地，流行不息，在學者却須是盡。他是自然恁地，箇箇恰好，不費力，在學者却須是去推。《集註》上自説得分曉，只是説得濶，自家去讀，須是且看他正文。夫子説『吾道一以貫之』，一字却是重字，而今人便即説一貫，除了箇以字，都是相瞞説話，如説同條共貫相似，一字都把做閑了。」

寧翁云：「《答問》中言：『一，心也，貫是貫萬事。』」先生曰：「多少是説得分曉。舊嘗見朱先生在某岩上，指那水說：這一泓之水，未決即是水，盡決開放去便是忠，更留些子決不盡，也不是忠。都推出去到得池沼坑窟，處處都滿，便是恕。如半路塞了，流不到那裏，也不是恕。」

寧翁問：「如此看體用二字，又覺見寬。」曰：「只是近箇體。忠，體也；恕，用也。忠，天道也；恕，人道也。而今且把違道不遠之忠恕來看便分曉。聖人之忠恕，天道也；學者之忠恕，便是人道也。如何又説忠是天道，恕是人道？以聖人去比學者，聖人之忠是天之天，聖人之恕是天之人。學者之忠是人之天，學者之恕是人之人。必竟忠喚做體，便是近那未發處，故雖學者亦有箇天；恕喚做用，便是推出外去了，雖聖人亦有箇人。忠只是盡自家心，便較易，恕是逐一去做，便着力。如孔子有那至公至仁之心，自是忠了。及其老者安、少者懷，這是恕。如把仁義來説亦得，却如何不説仁義，只説忠恕？仁義即一般，只是不見得盡與推意。」

寧翁問：「如此，則忠恕兩字，都是發處見？」曰：「固是。而今學者，也只有兩件事，只是盡共推。致廣大，盡精微，廣大便是箇大頭腦處，自家須是致；精微便是至微細處，都一一要他盡。因舉仲尼上律天時，下襲水土，譬如天地之無不持載、無不覆幬，如四時之錯行，如日月之代明，萬物並育而不相害，道並行而不相悖。無不持載、無不覆幬，便是箇大底；四時錯行、日月代明，便是箇小底。如蛇蟲虎犬人物，都各自生育不相妨，此是不相害；陰了又陽，晝了便夜，春夏了便做秋冬，他也無他不得，此是並行不相悖。小底便是小德川流，大底便是大德敦化。其實那川流底，却是那敦篤底做出來，看得恁地，多少快活。」

又

「便是要存得箇大本底出來，便如致中致和，便是正要得恁地」。又問：「天地位，萬物育，如何？」曰：「天地乖異，都是人致得，物物得其所也。是人致得，如何不是天地位、萬物育？而今世俗可畏，見那人不存得些子好物事，只怕這箇義理數年後鶻突了，可惜。」

録人心惟危道心惟微説

先生曰：只看人有箇虛靈知覺在這裏。這虛靈知覺發出去，如見物便要喫，這口之欲，便隨他出，此是人心。這箇心便危，危如立千仞之上，失脚便陷了，如即管恁地要物喫，少間紾兄臂，便從此去，豈不危？道心惟微，這虛靈知覺發出去，也有箇合道理底隨他，如見物好喫，這裏也思量當喫不當喫，這箇道理也綴着他，即是其體則微，自是隱晦難見。人心既不可靠恃，道心又難見，如此，則人只管逐箇人心去了。聖人便教人於此用工，須是先去察看一念之頃，何者爲人心，何者爲道心，是合道理不合道理，於此加察别，這是精。既見得時，便須純一守着，如口鼻耳目之欲，都要從這一路出，這是一。

録聖可學乎一段

先生曰：一爲要。一字有數樣，有作左右看，則一爲純一之一；有作前後看，則一爲專一之一。此所謂一，是純一不雜之謂也。譬如一物恁地光潔，更無些物塵污了。但看下文言無欲，無欲是一；静虚，虚也是一；動直，直也是一。何謂無欲？即是純然是一箇天理，無一點私欲。此須作兩路看，莫非欲也。飲食男女，人之大欲，此不待説。須着見面前許多物，苟有一念掛着底都是欲，不切嗜好之類，此是一路。又須識得欲不待沉濁其中而後謂之欲。伊川曰：「纔有所向，便是欲。」這箇甚微，纔起念處便是欲。譬如止水上打一動相，似若到酒池肉林，已狼當了。無欲則自是湛然，一物不留，故静便虚。未發時，這虚靈知覺如明鏡止水，恁地虚動便直，做事時即有一路直去，那裏有偏曲路徑？纔虚便明，明則見道理透徹，故通。直便公，公自是無物我，故溥。又曰：動直則公，公則溥。譬如兄弟分産，即有一路便分將去，少間，我又思量要好所在。既如此，便有迂曲，便有私意。兄弟間却如何得周徧。

問《易》上六爻

這是陰陽奇偶做成，世間事變都從這裏出，若只作人事上看，便不是。如乾卦六爻，聖人便説六箇龍與人去占。初九「潛龍勿用」，占得這爻，一切人都未好做事。九二「見龍在田」，占得這爻，出得一步，利見大人，上面遇陽剛九五之君，故好出來用事。這是隨人占象，所值即是爻象，中間依舊有箇道理。如潛龍之時，聖人不教人出，却教人勿用，這便是道理。

問讀《定性書》

讀明道答横渠《定性書》，逐小段讀過，

先自頭至「遽語定哉」，是第一段。曰：此定性字當作定心看。若以性有内外，則不惟未可語定，亦且不識心矣。「夫天地之常」至「而順應」，第二段。或人問：「此書雖長，大意不過如此七句而已。擴然大公，是不絶乎物；物來順應，是不累乎物。」先生曰：「固是如此。然自心普萬物，情順萬事，便是不絶乎物；無情無心，便是不累乎物。只是此兩意，貫了一篇。」又讀「《易》曰『貞吉悔亡』」至「而除也」，是第三段。此段引《易》以結上段之意。貞吉則虚中無我，不絶乎物，而亦不累乎物也，憧憧則累於物矣。又讀「人之情」至「索照也」，是第四段，只是與第二段意相反，自私便是求絶乎物，用智是反累乎物。不能以有爲爲應迹，故求絶乎物；不能以明覺爲自然，故反累乎物。又讀「《易》曰『艮其背』」至「應物爲累哉」，是第五段，亦是引《易》以結上文。艮不獲其身則無我，無我則不自私；用智而鑿則不以明覺爲自然，故不若内外之兩忘也。又讀「聖人之喜」至「爲如何哉」，是第六段。以聖人喜怒，明其擴然大公，物來順應也。後面是第七段。未嘗無怒，而觀理是非，則未至於聖人，而於道思過半矣。此篇以此讀之，則自粲然明白矣。又云：未一段訓專説順應一邊，然未嘗不怒則是大公。朱文公舊説此段，亦兼大公、順應二者而言，以遽忘其怒爲大公，可記之。

明乎善而進之以誠心，此是爲學最緊要處。如「子以四教：文、行、忠、信」，須着箇忠信。趁後面攢，方實有所得。又須省外事，如威儀文辭之類，方守約而功專。若不省外事，欲學問之進，難矣。

問：「孟子才高，學之無可依據。學之

者當學顔子入聖人爲近，有用力處。如何？」先生云：「如博文約禮、克己復禮、不遷怒、不貳過等，皆用力處。就務實切己處下工，所以入聖人爲近。」

問：濂溪曰「聖希天、賢希聖、士希賢」一條。曰：「才説爲學，便以伊尹、顔子並言，若非爲己務實之論。蓋人之心量，自是有許多事，不然則褊狹了，然又不可不知輕重先後，故伊尹曰志，顔子則曰學。《大學》既言明德，便言新民，聖賢無一偏之學。」

或問顔子好學論❶

或以爲燭、銅盤是日之象，燭是日之光。要識得日，便須道太陽之精方可。朱先生晚年之説，未有若是精切者也。纔畏便會主一，便會惺惺，便會收斂不容一物，這許多説話，皆包藏在裏許。釋氏説心，云不得跳舉，不得昏沉，是他見得此心衹有這兩項。跳舉即是走作時節，昏沉即是放倒時節，惟敬則都無此病。

讀書入路，須緊着心挨近裏來。如看文義，須體當自家身心上事，見得聖人言語，都是教自家，無一句是説别人底。如此用工，方有成立。蓋緊得一步，便有一步受用，一日便有一日受用。若只胡亂解釋將去，與自家全無干涉，終老不濟事。

敬以直内，義以方外。這兩句便是吾儒家護身符相似。纔失了符，鬼便來。敬以直内，是自家心裏即有這一條路，無些子迂曲；義以方外，是應事接物時，各得箇四面恰好。今吾人須常常省察，看這心敬未，内直了未，處事合義未，外方了未。步步照

❶「論」後底本缺兩葉。

管，這便做得箇好人在世間。又云：今人可畏。如怠勝敬，是猶有箇敬被他勝，今人都無敬可勝。

乾稱父，坤稱母。且説人生於父母胞胎中，却是父精母血做成，如何又稱乾坤作父母？或曰：人須禀陰陽之氣，而後父母生之。先生云：如此則乾坤是祖翁了。這處也易見，但人都不曾理會。但以草木譬之，便可見。如一株蓮，其根便是父母，其生出子，便如人之子一般。若下無水土蔭注，上不得風露之氣，雖有根，能生得他否？但看瓶中之花自見。以此知人生在世間，日長一日，都是這氣摻成，但人由其中而不自覺耳。

問心無形影未發時如何下敬工夫

先生曰：説心無形影，不得叩我也。

須會應。

敬齋箴：當初做時，是從粗底説入精去，從淺處説入深去。

問前輩説主一無適是説得已發時敬如惺惺收斂是説得未發時敬

先生曰：未須要辨已發未發。且説自家心，一息之間，幾番已發未發，須數十萬變，豈可辨認？且如一箇大鏡相似，恁地光皎在這裏，人來照着，便隨他賦形，人過去後，所謂光皎者自若。

敬是心之本體，人惟胡思亂想，便失了本然之體。恐懼警畏，正欲收拾他，依元恁地。譬如小兒，見人便畏，鄉村下農夫，見一箇官員，便肅然畏懼他。城市中人不然，何故？知此，則可見心之本體。

《哀公問政》一章，當一部《大學》，須着

反覆看。榦舊時看，越看越好。

問誠意晦甫

先生曰：誠之一字，都緣人把做一箇馱字看，故曉未得。誠即是實，如一箇物透頭透尾，裏面充足，無一毫空缺處。且以一粒穀觀之，裏面充足，有十分米，這便是實。纔説七分米，便有三分不實，六分米便有四分不實。如自家盡一箇孝道，未有妻子時，或舉足，或出言，無頃刻不在父母，這是意之實。纔有妻子，則只有得六七分在父母身上，終留得那三分掛着妻子，這是不實。那三分不實處，人未見得，自家心都見得了，如何瞞得自家心？故所謂誠其意者，毋自欺也，都要實，不得欺自家心。如惡惡臭，十分惡他，如好好色，十分好他，滿自家心裏都如此，這是自慊。所謂自慊，不是求足於人，自家不如此，心便不足。故《誠意》章二箇「自」字好看，這便是謹獨意思，然須是知得盡後，方肯去實他。知未盡時，善惡淆亂，和那七分底都没了。

先生向諸友説：今日來讀這義理文字，要得如何？如後生讀時文，此心便要發解登科，故朝夕去讀他，即是要得如此。今日來讀這書，是要得如何？因舉云：爲天地立心，爲生民立道，爲去聖繼絶學，爲萬世開太平。人之一身，生在天地間，便是爲天地之心，講明義理，而使人道立，便是爲天地立箇心。爲生民立道，便是盡箇君臣、父子、夫婦、長幼、朋友之道，以爲生民標的。爲去聖繼絶學，爲萬世開太平。往古來今，都是這箇道理，須曉得此意，終身去讀他。

道也者，不可須臾離也。這一句，須從

率性之謂道上看來。若只説無適不在，無時不然，只見得道不離你，不見你所以不能離道之意。蓋道不外乎性，人自不能以不率乎性，故自有不可得而離者。《章句》云：「皆性之德而具於心。」此一句最要。譬如手足之在身，有身便有手足，如何離得？（後缺）❶

（上缺）看❷

□□□□□□□□□□□□之費，大事大費，□□□□□□□□□□□洋乎，發育萬物，峻□□□□□□□□□□□威儀三千，是小底□□□□□□□□□□□許多道理，如一揖□□□□□□□□□□□道如手容恭，費在□□□□□□□□□□費又在頭，又如仁之□□□□□□□□□□又在君臣、父子上面，□□□□□□□□□□是包那小底，小底依□□□□□□□□□人道即是手恭足重底□□□□□□□□□。

□□□□□□□□□説天命之性惡，亦不可□□□□□□□□□説氣禀之性否。

□□□□□□□□□□也須着。且説天命之□□□□□□□□□如何恁地惡。晦甫曰：太□□□□□□□□□陰陽二氣化生萬物，便□□□□□□□□□□看不得，如何見得實？□□□□□□□□□□天地間祇有兩箇陰□□□□□□□□□□時，春爲陽之始，夏爲□□□□□□□□□□陰之極，春夏間陽氣□□□□□□□□□□來這是健。到得秋冬□□□□□□□□□

❶「得」後底本缺一行，姑以「後缺」標識。

❷此行爲小標題，但「看」前缺文多少不明，僅以「（上缺）」示意。

□貫成一箇物。譬如前□□□□□□□□□□收拾，這是順人稟，得□□□□□□□□□□健順之理而爲性，則□□□□□□□□□□分付與你去，然你受□□□□□□□□□□有善有惡，須是發後□□□□□□□□□□着方見，若未發時，這□□□□□□□□□□，故前輩云：形而後有□□□□□□□□□□之性存焉，祇緣有這□□□□□□□□□□於善反。

□□□□□□□□□□在一處動，陽在一處□□□□□□□□□□間都是這氣拍塞，即□□□□□□□□□□在上，地在下，便道中□□□□□□□□□□偪拶都實吾身之外，□□□□□□□□□□寒冷是這氣襲人。舊□□□□□□□□□□□起這一箇那一箇，□□□□□□□□□□□云：知太虛即氣，則□□□□□□□□□□□和便會天地，位萬(後缺)。❶

性即理也，這一句已説得好，但理包動靜而言，不若顔子「所好何學」。《論》中云「其本也真而静」，這二字尤切。真即是理，靜即是未發底地頭。理之未發爲性，若只説理，理兼動静，纔動便不是性了。如秋冬間，萬物都實，那時收拾斂藏，這是天地之性。纔到春夏間，那成實底各自生長出來，這是天地之情了。如孟子説仁義禮智根於心，這是説性。四德皆實理，根是未發處。學者認得真而静底意思，那性一字看攧也不破。

問理氣一段更望先生發明

云：此項以意會譬喻，只得恁地。因

❶「萬」下缺一行，字數多少不明，以「後缺」標識。

舉橫渠云：一故神，兩故化。一故神是説理，兩故化是説氣。榦嘗思天地間道理，譬如大水，人都渾身浸在裏面，你肚裏是水，他肚裏也是水，如兩人在此，肚裏即是一箇道理。故自家説出時，他那裏也道是，便是這裏説，外面人都道是，這便是不疾而速，不行而至，故喚做神。兩故化，兩便化，這裏消得一分，那裏却長得一分，一箇消一箇長，這是兩故化。

又云：自伏羲堯舜相傳至今，一代復一代，今人不見古人，這是化。若説這箇道理，便是伏羲堯舜復生也。道即是恁地，此是一故神。

又問兩故化之説

先生曰：纔有兩箇，便即管化去，這是氣。那神底是説理。且盈天地間，物都是這兩箇。這兩箇中間，又都是這一箇，且如寒暑晝夜，一箇往一箇來。又如人身，語默呼吸動静，都是這兩底恁地相挨摻過，安有常語不默、常默不語之理？這是化。這兩箇裏面，有一箇道理串在裏面，過這裏有那裏，也有不論彼此，拈來都是。惟如此，便會神。

又曰：窮神知化，德之盛也。這神化二字，是本於此，不是過化存神之神化。如何是窮神知化？橫渠云：「知化則善述其事，窮神則善繼其志。」化底是氣，故喚做天地之事；神底是理，故喚做天地之志。窮神者，窺見天地之志，這箇無形無迹，那化底却人都見得。

問曾點漆雕開已見大意如何是大意

先生云：大意即是大體，他是見得這

大體是恁地了，便有一二節目處未盡得。譬如白盤中一點黑，黑盤中一點白，不是全篇不是？又如人學字，且要識得一箇字模樣，那一點一畫未是，却有商量。

又問大意是他見得什麽物事

先生曰：他是學爲聖人，却見得這箇道理。直是恁地，且如漆雕開曰：「吾斯之未能信。」説一箇斯字，是他也和箇道理字都無了。即説是這箇物，譬如着衣喫飯相似。古人直是見得這處徹，守得這處牢，纔讀着書時，直是渾身入在裏面，不若今人，焉能爲有，焉能爲亡也。

晦甫象祖問《太極圖解》所乘之機字是如何

太極動而生陽，静而生陰。太極不是會動静底物，動静，陰陽也。所以《圖解》云：「動静者，所乘之機也。」「所乘之機」四字最難看。舊蔡季通却曉此，對朱先生問所乘之機如何下得恁地。朱先生微笑，大抵即看太極乘着什麽機，乘着動機便動，乘着静機便静，那太極却不自會動静。晦甫問：「動静既是陰陽，如何又説生陽生陰？」先生云：「生陽生陰，亦猶説陽生陰生。太極隨陰陽而爲動静，陰陽則於動静而見其生，不是太極在這邊動，陽在那邊生。譬如蟻在磨盤上一般，磨動則蟻隨他動，磨止則蟻隨他止，故蟻隨磨轉，而因蟻之動静可以見磨之動静。如此，則太極是理，陰陽是氣。」

晦甫問陽變陰合而生水火木金土次序如何

先生云：水與火對生，木與金對生，因云這裏有兩項看。如作建寅看時，木火是陽，金水是陰，此以行之序論。如作建子看時，則水木是陽，火金是陰，此以生之序論。大概是冬春夏可以謂之陽，夏秋冬可以謂之陰。因云《太極圖解》有一處可疑。圖以水陰盛故居右，火陽盛故居左，金陰穉故次水，木陽穉故次火，此是説生之序。下云却説水木陽也，火金陰也，却以此爲陽，彼爲陰。論來物之初生，自是幼嫩，如陽始生爲水，尚柔弱，到生木已强盛；陰始生爲火，尚微，到生金已成質。如此，則水爲陽穉，木爲陽盛，火爲陰穉，金爲陰盛，不知《圖解》所指是如何。後請問云：「《圖解》所分，恐是解剥圖體，言其居左居右之位次否？」先生云：「舊也如此看，即是水而木，木而火，以下必竟是説行之序，這畢竟是説生之序。」

問：昨日見先生説其心三月不違仁，不曾究竟其説。夜來思之謂仁是心之天理，其不違者即是此心全是天理，無些小人慾，這便是不違仁，非是仁在彼，心在此而使是心之不違也，未知是否？

先生云：心字有專指知覺一邊而言者，有專指義理一邊而言者，有合知覺義理而爲言者，須逐處看得分曉。舊嘗説一句與士友。云：孟子言：「仁，人心也。」下云：「放其心而不知求。」是把仁便唤做心。孔子又説：「回也，其心三月不違仁。」似仁是仁，心是心，是如何？　又問：「仁，人心也」，恐是説兼字之義；「其心三月不違仁，」恐是主宰之義。心統性情。朱先生云：「統是兼而主宰之意。」恐是如此否？

先生云：大概亦是如此。但下主宰字，未得必竟。孟子之言是合説，是合那義與知覺説。孔子之言是分説，以心對性，則心爲知覺之心。又曰：看義理文字，須是分看了又合看。

晦甫問：戒謹不覩，恐懼不聞，是耳未有所聞、目未有所覩之時，是未有知覺時節，却如何下戒謹恐懼工夫？

先生云：這是畏心常在。這箇畏心徹頭徹尾，所謂未發時特未見於事耳，不成未發便放倒了。譬如春夏是生物之時，便秋冬肅殺，這生意也包藏在裏面。今但得常存這敬畏意思，勿認那未發已發。

問：定之以中正仁義而主静。解云正義是静。正義如何謂之静？

先生曰：是向那裏裁，一裁便住。

又問：此是聖人主静工夫，學者要主静時，莫是向事物上各得箇當然之則，便是主静否？

先生云：主静下小注云：「無欲故静。」須就裏面下工夫，今人終日紛擾，心不定疊也，須着片時，去那裏静坐收這心。不專一則不能直遂，不翕聚則不能發散。但看天地之氣，冬間纔温暖，陽氣發泄得盡了，來歲生物必不十分暢茂也，多有疫癘之氣。若是大寒極凍，方藏得許多氣，一發出便自充塞萬物，箇箇長茂，人亦如此。孟子言夜氣，亦是如此。日間固不可不存，若於早晨清明未接物時纔存養得，日間自別。

天體物而不遺，猶仁體事而無不在。

此處最説得精。體物猶言爲物之體，是他骨子一般。凡有一箇物，即具一箇天，無一箇物裏無一箇天，無一箇事裏無一箇仁。上是就天上説，下是就人上説。天便是箇大底人，人便是箇小底天。且如曲禮三百、威儀三千，無一事而非仁也。今但以鄉飲酒言之，纔一洗即是仁，唱一聲喏亦是仁。當其洗時，此心自是不忍把污穢與人喫；當其唱喏，自是不忍輕忽他。即這不忍處，便是仁。

神字有以氣言者，以功用謂之鬼神是也；有以理言者，窮神知化是也；有以虛靈知覺而言者，如人心其神矣乎？此則合氣與理説，其實即一般。神字從申，氣之往來屈伸，理之變動周流，人心之出入無時，皆申之義也。

氣拍塞天地間，如一大海水相似。水即氣也，其清潤而就下則性也。水中之魚鱉蘋藻，則猶天地間之人物也。魚鱉蘋藻無種自生，是這水之氣蒸出來，魚鱉便是會動底物，蘋藻便是會植底物。魚鱉蘋藻，直是渾身都是水。但看魚之鱗鬣，便與水波相似，其游游曳曳，便如水之就下。蘋藻清潔瑩静，細看之都是水。以此觀天地間萬物，那箇不是氣摻成。

逝者如斯夫。逝者，是指那逝底物，此天地間道理。孔子言那逝底物一如此水者，是把這水指向人説。《集注》云：「道之體。」體是體質之體，言有形而可見者，與「其體則謂之易」之「體」同。

游氣紛擾，合而成質者，生人物之萬殊；其陰陽兩端，循環不已者，立天地之大義。上是横看，下是直看。横看時，東面至于東海，西面至于西海，南面至于南海，北面至于北海。四海之内拍塞，生出許多人物，都是這箇氣。直看時，上自開闢以來，下至千萬世之遠，也即是這箇氣流行不息。朱先生《感興詩》首篇便是説横看底，次篇便是説直看底。天下道理如此看，安有餘藴？

看義理文字，須是看得活。如一陰一陽之謂道，若是後世拘儒，斷不敢作此説，聖人却云陰陽便是道，且形而上者謂之道，形而下者謂之器。須着如此説，其實道亦器，器亦道，看須着與其□□□□□□□□□之是不得不如此説。

□□□□□□□□□間，豈爲難知這易簡二（後缺）。❶

□□□□□□□□□不識那字，祖人説簡易□□□□□□□□□理，不知二字是從健順□□□□□□□□□能。乾，健也，健如人之有□□□□□□□□□無許多辛苦，自是《易》坤□□□□□□□□□承天所爲，自尋得箇簡□□□□□□□□□乾坤足以當之。《易》豈是□□□□□□□□□簡易之德，如何做得箇□□□□□□□□□如知某州軍州事是管□□□□□□□□□成□底乾，所以管他頭□□□□□□□□□那後底以簡而能。

□□□□□□□□□是理不必將既屈之氣□□□□□□□□□此言天地間道理自恁□□□□□□□□□道是伸底氣，即是那屈□□□□□□□□□佛氏輪迴之説，但不知□□□□□□□□□是是如何？

□□□□□□□□這箇物常恁地，去裏面却□□□□□□□□如大江之水，被

❶「二」後有一行缺文，字數多少不明，姑以「後缺」標識。

風吹後，前□□□□□□□□□見他恁地，却其勢都是□□□□□□□□□多進退，這是道理。如此，□□□□□□□□□是去底是氣，還他許多（後缺）。❶

□□□□□□□□□輩曾説日頭，謂一日一□□□□□□□□□即是一箇日頭，也得如□□□□□□□□□時看是丑時，日頭即是□□□□□□□□□化，因云天地間如大洪□□□□□□□□□水勢盡湊東南，都消鑠□□□□□□□□□所謂逝者如斯夫，是見□□□□□□□□□息，呼一呼，又吸一吸，不□□□□□□□□□肚裏來，做那呼底如枝□□□□□□□□□開不成開底花是落底（後缺）。❷

□□□□□□□□□後已是情，須認得生字□□□□□□□□□上去，有人問一前輩云：□□□□□□□□□此窗也在吾仁中否？前□□□□□□□□□□□□□□□□□□□有人來擘碎這窗紙，你（後缺）。❸

讀《中庸》綱領分六段授陳師復

「天命之謂性」止「萬物育焉」

先生云：此一篇之綱領。

「仲尼曰君子中庸」止「惟聖者能之」

先生云：此中庸明道之體段。惟有知仁勇之德者，爲足以盡之。

「君子之道費而隱」止十九章之半「不明乎善，不誠乎身矣」

先生云：言中庸之道，無所不在，無時

❶「多」後有一行缺文，字數多少不明，姑以「後缺」標識。

❷「底」後有一行缺文，字數多少不明，姑以「後缺」標識。

❸「你」後有一行缺文，字數多少不明，姑以「後缺」標識。

不然。

「誠者天之道也」止「純亦不已」

先生云：言道皆實理，人惟誠實，足以盡道。至此，《中庸》一篇之義盡矣。

「大哉聖人之道」止「其孰能知之」

先生云：此後六章，總括上文一篇之義，以明道之大小無所不該，惟德之大小無所不盡者，爲足以體之。中間仲尼祖述堯舜，再提起頭，説仲尼一章，言大德小德無所不盡者，惟孔子足以當之。此子思所以明道統之正傳，以尊孔子也。至聖者，至誠之成功；至誠者，至聖之實德。此又承上文，稱仲尼而贊詠之也。

「詩云衣錦尚絅」止「無聲無臭至矣」

先生云：末章言人之體道，先於務實，而務實之功有淺有深，必至於上天之載無聲無臭而後已。至此，則所謂大而化之，聖而不可知之謂也。

又

先生云：戒懼、謹獨、知、仁、勇、誠，此八字括盡《中庸》大旨。

問「君子中庸」止「小人而無忌憚」

人莫不具是性，亦莫不有是道，然陰陽五行之氣，雜揉不齊，君子小人之分，趨向亦異，故中庸之道，惟君子能之，而小人則反是。君子之所以中庸者，以其有君子之德，而又能隨時以處中也。蓋其戒懼謹獨，居敬集義，以能不失乎中庸也。小人之所以反中庸者，以其爲小人之行，而又無所忌憚也。蓋既不能戒懼謹獨，而徒執己見，是以常反中庸也。此則子思子言惟君子則可入道，而小人則與道背馳，此乃理之所不能免。然得君子以爲吾道之宗主，則小人雖無忌憚，而此道猶未至於不明不行也。

問「道之不行也」止「鮮能知味也」

上章言民鮮有能行中庸之道，此章則詳言其故。蓋賢智，君子也；愚不肖，小人也。君子本能隨物以處中，今則謂之君子而常過焉，是君子而不能時中也。小人無忌憚，然猶自以爲道，今則謂之小人而但不及焉。是併與無忌憚而不能也。此君子小人皆不及乎古之人，此道之所以不明不行也。

《中庸》前面教人做工夫，中間又怕人做得不實，「誠者天之道」以後，故教之以誠。後面說天下之至聖，是說其人之地位；至誠，是說其人之實德。到「衣錦尚絅」以後，又歸天命之謂性處。此四段最好看。

問「苟不至德至道不凝焉」

先生曰：「道有小大，德亦有小大。發育萬物，峻極于天，是道之大；禮儀三百、威儀三千，是道之小。尊德性，道中庸，是做德之大者；道問學、盡精微，是做德之小者。道不干自家事，天地間有這箇物事，自家要凝他，須有此德凝，是自家去聚他。」問：「如此，大德凝大道，小德凝小道。」先生曰：「是。即是打一箇尊德性，那發育萬物，峻極于天底都在這裏。打一箇道問學，那禮儀三百、威儀三千底都在這裏。他上面說『大哉聖人之道，洋洋乎，發育萬物，峻極于天』，一箇都恁地馱，無所不包，『禮儀三百、威儀三千』，裏面却充足無所不具。又說『待其人而後行』，是有此道無人行也枉了。至道大也有，小也有，至德大也盡，小也盡。大德凝大道，小德凝小道。後面說仲尼，是惟仲尼，足以盡此，是他小德川流，大德敦化。大德是心之本體，無許多大底，亦做不得許多小底出來。大德即曾子所謂忠，小德即曾子所謂恕。維天之命，於穆不已。不已處是大德敦化。乾道變化，各正性命。各正處是小德川流。小德川流底便是道問學，大德敦化底便是尊德性。溥博淵泉是大德，而時出之是小德，他從頭說來。」

問四德是能發用底道理

此自是至論，何疑之有？然亦正不須說。惻隱之心仁之端，端便是發用處也。

問《大學》傳之三章

小章文義分明，但更須分作三節，既曉大意，却嘿循其意，諷詠而自得之，自能使人興起而不（後缺）。❶

□□□□揌測度而試之，❷則知其清而無滓，不□□□□滓則不可測試。

□□□□□□□□□□□□□□□□□□□□□□□□□其色精□□乾燥亦如沈□水之□□□善者□□□□□□□□□得此□□之全，然後可以□□□□□□□□自□□□言六材至此□□□謂逐件試□之□材既全美，則可以□□□□□□□凡□□□□□□□□□□□□□□□□□□上既□□□此下□□□□□□□□□□冬析幹而□液角□□□□□□□□□□□□

❶「不」後缺一行，字數多少不明，以「後缺」標識。

❷「□□□□揌測度而試之」以下，皆宋代理學家林希逸（號鬳齋）《考工記解》中文字。

冬時堅凝，方可取幹□□□□□破削以爲□□也。春氣融和，則可漬液□□也。夏氣熱，則□□□柔故以治之。□□□□□□□□□□□□三材□□□□□□□□□□□□□□□ 三材既備，至秋方合，而□□□□□□□□□奠體□□□□□□□□□□□□□□□□□奠讀爲定，冬□既堅，其弓□□□之，弓□之中以定其往來之體，不可移動也。

勉齋先生黄文肅公語録

九江蔡念成元思録

君子之道費而隱。《章句》云:「費,用之廣也。隱,體之微也。」所謂「體之微」,當如何説?《或問》「理行乎事物而無毫髪之空缺」者,用之廣也;「理行乎事物而無形狀之可指」者,體之微也。

曰:藏字帶病,亦終是隔了些小。由某觀之,如今風雨之時,滿室皆陰氣,然不可見,此體之隱也。其着人衣服則覺得温潤,着人腠理則覺得酸楚,此顯而可見者,用之廣也。然着人衣服,身體即是那滿室陰濕之氣耳。或曰:「如此説時,體是箇總腦頭,有體然後有用。若如或人之説,□是就用中求體。只説得一物,各具一□,□不曾説得萬物體統一太極。」❶曰:「然。」或曰:「無□而太極,太極動而生陽,静而主陰,此是就腦頭説下來,是由體而達用。五行一陰陽,陰陽一太極,却是就下面推上去,是由用而言體。」曰:「亦是如此。且如足容重,手容恭,只是見於手足者如此。若論其體,則拍塞天地皆滿,但因手足之用而見耳。嘗欲以魚與水譬之,事物在理,如魚之在水,無往非水,魚但遊於其間耳,然魚與水是兩物。又言水則不見體之隱處,不若以陰濕之氣取喻爲得也。《或問》以魚水譬之,滿□□□而魚之鱗鬣身體亦水爲之。」曰:「然。或人□□□水之指其體段,

❶「□」漫漶,疑當作「似」。

則有滿地之水，便有養魚之理。及至養魚，不是因有魚而旋有此理也。」□：「亦□□□，體無往而不在，氣亦無往而不在。《或問》亦□未見用於時否。」

曰：或出或處，或嘿或語，❶無非用。若謂閉了眼時不是用，則陰静非□□。又曰：浩然之氣至大至剛，以直養而無害，則塞乎天地之間。蓋是本身養得此剛大之氣，則與天地□□□□□曾養得此氣，則相接不着。《或問》□□□□□爲陰氣所感，肌膚而有酸楚，□□□□□病人則自不與陰氣相接了。《或問》□□□□意相關禽對語，❷生香不斷樹交花。乃此有□□生香披，亦有樂意生香，亦是相接底意思。□□叔窗前草不除去，❸曰：「與自家意思一般。」亦是自家意思與生物底意思相接。曰：是如此。又曰：此身常浸在太極裏面。邵子曰：「天根月窟閑來往，三十六宮都是春。」此言往來於道體之中，而此身都浸在裏面，亦實深厚，然後可以承載。初涉大義後有跳踉□喜之意，又安能任重而致遠耶？世間□□□□識學問，而能質實重厚小心謹畏者，□□□□□，亦有親師取友講明道□□□□□□□□□爲小人，此等處皆□□□□□□□□□□□厚爲心，然後可以（後缺）。

❶ 下「或」，據《周易・繫辭》及上下文義補。

❷ 「意」上，當爲「樂」字，出自宋人石延年《金鄉張氏園亭》詩句。

❸ 「叔」上二字，當爲「周茂」，見《宋元學案・濂溪學案下》。

勉齋先生黄文肅公年譜

門人荷谿鄭元肅録

門人朝奉郎直秘閣致仕陳義和編

高宗紹興二十二年壬申六月壬申亥時，先生生于三山城東故居。

朱文公撰《黄御史墓誌》云：「其先世居福州長樂縣青山，後乃徙家郡城之東，爲閩縣人，六世矣。」《黄氏世系記》云：「所居在城東里餘三昧、崇壽兩寺之間。」

曾祖時。祖南仲，七試禮部，以子御史恩封朝奉郎。父瑀，朝散郎、監察御史，其德業名節，朱文公銘之。先生諱榦，字季真，父御史公之第四子也。母曰安人葉氏。先生贈御史，爲朝奉大夫，安人贈宜人。御史公五子。長曰杲，仕至江西提刑司檢法官；次曰東，樂安知縣；次曰香，不仕；次則先生；又次曰梲，蚤世。先生表樂安之墓曰：惟吾家自御史公以剛方廉潔、慈愛惠利著聞，當世伯兄杲亦以才氣超逸克世其家。今君所植立又如此。

二十三年癸酉

二十四年甲戌

二十五年乙亥

二十六年丙子

二十七年丁丑

御史公爲永春宰，先生從行，生六年矣。

二十八年戊寅

二十九年己卯

三十年庚辰

三十一年辛巳

三十二年壬午

孝宗隆興元年癸未

二年甲申

乾道元年乙酉

二年丙戌

三年丁亥

四年戊子八月辛卯，御史府君卒，先生年十七，居喪如禮。

瓜山潘柄曰：「公居家孝友。居察院，及夫人喪，蔬食毁瘠，治喪皆按古禮，不用浮屠，鄉人從而化者多矣。」

既葬，遂從學于鄉先生淡齋李公深卿。

信齋楊復曰：「先生廬墓寖久，私以失學爲憂，遂從淡齋學詞賦。既成，又學古文，盡得其妙。非其好也。」

又嘗遊拙齋先生林公少穎之門。

按先生《祭潘立之文》云：「昔我弟兄，及君父子，俱以諸生，摳趨林、李。」蓋同時而從二先生也。

五年己丑

六年庚寅

七年辛卯

八年壬辰

九年癸巳

淳熙元年甲午，伯兄官于湖北，先生于桃源侍母，遂應湖北漕舉。

二年乙未冬，仲兄官于吉州，先生從行，因識清江劉公子澄，以書進之晦菴朱文公，先生遂以歲除之夕，登舟如建安。

劉子澄諱清之，自號静春，原父之後。○潘瓜山曰：「劉公一見奇之，曰：『子乃遠器，時學非所以處子也。』遂以書進公於朱文公之門。」○門人陳倫《師訓》曰：「先生性禀高明，家法嚴重，自少年勇於有立，即有任重道遠之意。一日歲晏，劉公叩門，約同拜朱夫子，入稟母夫人，即日命行。出門，雪大作，既抵屏山，朱夫子適他出。先生留客邸，堅苦思索，蓋卧起一榻不解衣者兩月，而後夫子歸，遂終身焉。其得道之傳自此始。先生每從容與倫言及此事，曰：『此吾母之明且決也。』蓋先生得斯道之傳，雖其天資絶人，亦察院剛明風烈、葉夫人懿行遠識之所助云。」

三年丙申春，始見朱文公于五夫，文公館先生於屏山潭溪之側，先生業精思苦，久而益篤。文公深知其有得於道，於是有傳授付畀之意。

按先生《祭文公文》：「丙申之春，師門始登。誨言諄諄，情猶父兄」。○文公撰《御史墓誌》云：「始余試吏泉之同安，聞旁邑有賢令尹曰黄公，後十餘年屏居里中，有書生來請受業，學精思苦，久而益篤。問其出，則公之季子也。」○先生嘗言：「初見文公，年二十五歲。文公令人邀去一所在看文字，乃是臨溪一小屋，在大樟樹下，四顧全無人聲。屋中舊只有一村老翁，日間寄他做三頓飯。村翁出去作息，則做了一日飯而後去，夜間村翁往田中，其寥寥可知。某自拜先生後，夜不設床。記得舊有大椅子，倦時跳上去坐，略睡一瞌，又起看文字，如是者三兩月。或夜間只坐到天曉，孤燈獨坐，聽屋頭風聲，令人聳然。那時豈有如今這樣書册？都是去尋，毳費多少力。而今人討得見成好書讀，更不去讀。」

是歲，自建安如金華，從學于東萊吕先生，逾年始歸。

案《祭林丕顯文》云：「丙申金華，師席連侍。」

四年丁酉

五年戊戌

六年己亥，文公守南康，先生從行，因遊白鹿，歷觀廬阜之陽。

事見文公在南康日所賦諸詩，及先生《新修白鹿書院記》。《廬山題名》云：「晦翁與程正思、丁復之、黃直卿俱來覽江山之勝，樂而忘歸，時淳熙己亥重午日。」

四月，伯兄檢法府君卒，先生奔喪還家。

六月十七日，文公與呂東萊書云：「此兩月只看得兩篇《論語》，亦是直卿先爲看過，參考異同，方爲折中，尚且如此。渠昨日又聞兄喪歸去，此事又難就緒矣。」

七年庚子，先生尚留福州。

是歲文公書與先生云：「南軒云亡，吾道益孤，朋友難得十分可指擬者，所望於賢者不輕，千萬勉旃。」又云：「老病無聊，益厭俯仰。但思歸臥山林，與如直卿者一二人相與講論，以終素業耳。」案先生今歲始與文公有經年之別，其書拳拳如此，可見異日畀付之意也。

八年辛丑閏三月，文公代歸，先生從行，同遊廬阜之陰。

事見文公《山北紀行詩》及《濂溪光風霽月亭題名》。文公以是月二十七日出城，歷遊廬山北境勝處，偕劉子澄以下十五人同行。四月六日，會拜濂溪先生像于書堂。七日，朋友各散，先生侍文公南歸。文公在南康時，先生嘗以《御史公墓銘》爲請，罷郡，乃克爲之。

十月，文公被召至京，先生從行。

事見文公《靈隱寺題名》。

九年壬寅，文公以仲女歸于先生，館于紫陽書堂。

案先生《祭文公文》云：「始授室於潭溪。」是時猶在五夫也。先生登文公之門，至是八年矣。　潘瓜山曰：「文公語公以道德性命之旨，言下領悟，遂厭科舉之業，慨然有志於道。深觀默養，殆幾十年。文公喜其用意清苦，遂妻以女。時文公聲名已盛，公卿名家莫不攀慕，爭欲以子弟求昏。公家清貧，門户衰冷，文公獨屬於公者，以吾道所在，欲有託也。」

十年癸卯

十一年甲辰，先生留建安。

潘瓜山曰：「文公退居山谷者三十年，專討論經典，訓釋諸書，以惠後學。時從遊者，獨公日侍左右，纂集考訂之功居多。」《論語通釋·衛靈公篇》誰毀誰譽章記云：「先師之用意於《集註》一書，愚嘗親覩之，一字未安，一語未順，覃思靜慮，更易不置，或一二日而不已，夜坐或至三四更。如此章，乃親見其更改之勞。坐對至四鼓，先師曰：『此心已孤，且休矣。』退而就寢，目未交睫，復見小史持版牌以見示，則是退而猶未寐也，未幾而天明矣。用心之苦如此，而學者顧以易心讀之，安能得聖賢之意哉？追念往事，著之於此，以爲世戒。」　先生《送徐居父序》云：「淳熙甲辰，始識包君定於武夷之下。」君定，永嘉人也。

十二月，長子輅生。

十二年乙巳

十三年丙午三月，仲子輔生。是歲仲兄奉太夫人官于沙邑，先生自建安往來省侍。

事見文公後書。

十四年丁未，文公命季子在從學于沙邑。

事見文公書。

十五年戊申夏，先生以婦氏及輅、輔歸于太夫人侍下。

四月十日，文公有書與樂安云：「累承諭及女子歸期，即已隨事經葺，以趁此月中澣之期。忽得直卿書，欲且緩行，殊不可曉。不免且令兒輩送此女及二甥，定三十日就道，約直卿來建，劍間接去。」又與先生書：「此女得歸德門，事賢者，固爲甚幸。但早年失母，闕於禮教，而貧家資遣不能豐備，深□愧恨。想太夫人慈念，必能闊略。然婦禮不可缺者，亦更賴直卿早晚詳細與説，使不至於曠敗爲善。」

已而復歸文公之側。

時朱夫人、二子俱留沙邑，先生復往五夫。文公此時有書與樂安云：「直卿在此甚安。」又有「承諭女子、諸孫安穩」之語。

冬，又如沙邑。

此時，文公有書與樂安云：「直卿來歲之計果何所定？此人回幸見報。若在後山，此間諸生亦有能往者，老拙亦可時一到也。」

十六年己酉

光宗紹熙元年庚戌春，復歸文公之側。

文公三月二十四日與樂安書云：「病中得直卿携女子、輅孫歸來，甚慰。」

夏，文公守漳州，先生從行。秋，自臨漳復還三山。

十月，同諸君遊北郊三山。❶

事見先生所□《紀行詩》，同遊者趙仲宗、趙舜和、潘謙之、曾魯仲也。又有《凡今之人莫如兄弟詩》。

十一月，復如臨漳。

案先生以十月遊北郊，而文公在漳州，以是歲臘月刊《蔡帖跋尾》，有先生名，明年又歸家，則是時在臨漳僅月餘耳。

二年辛亥春，自臨漳歸三山。

正月二日，文公有書與樂安云：「直卿告歸，併挈女子一房歸侍。」

朋友生徒會于新河舊居。

梅塢林羽曰：「初見先生于新河，家徒四壁，日特蔬食以對賓客，端坐講論，至達旦不寐。書前輩詩于壁曰：『愚夫飽欲死，志士常苦飢。但能守簞瓢，何事不可爲。』識者見之，已凜然有廉頑立懦之風矣。」

時趙忠定公汝愚爲七閩帥，舍先生於登瀛館，諸生從學于所館，已而移會葉氏悅樂堂。

初趙公以館借先生，未幾，有公事當隔勘者，更以館空閑對，趙公不察，遂令置獄館中。先生移會葉氏家塾，名其堂曰「悅樂」。趙公後悔，又別占一僧舍，令遷居其中，先生謝之而已。

五月，同諸君遊鼓山大頂峰。

先生賦詩，其首聯云：「登山如學道，可進不可已。」卒章云：「摩挲古石刻，歲月爲我紀。」人咸異之，詳見集中。○同遊者，同郡潘謙之、趙舜和、鄭成叔、唐去華，括蒼葉味道，永嘉徐居父、仁父。○是歲，有

❶「北」，原闕，據下文補。

《送陳元平宰昭武》、《送徐居父歸永嘉》二序。○按《送居父序》云：「甲辰始識包君定，後八年識徐居父於清潭之側，既又因居父識其兄仁父、其内弟葉味道。」則是年中間，嘗如清潭也。

秋，文公自漳州請祠南歸，道經三山，先生從文公至武夷，尋復歸鄉。

三年壬子春，約表兄弟歲兩集于城外僧舍。

事見先生《代仲兄會表兄弟序》。

諸生從學于城東古寺。

是時，文公書與先生云：「世道如此，吾人幸得竊聞聖賢遺教，安可不推所聞，以拯斯人之溺？政使不得行於當年，亦須有補於後也。」

又云：「爲學直是先要立本，文義却可且與説出正意，令其寬心玩味，未可便令考校同異，研究纖悉，恐其意思迫促，難得長進。將來見得大意，略舉一二節目，漸次理會，蓋未晚也。」

初，文公編集《儀禮經傳通解》，先生分掌喪、祭二禮。是秋，始與朋友共討論之。

九月，子輹生。冬，自三山如建安。

四年癸丑春，自建安歸三山，所居鍾山趙氏館，致先生以爲諸子師。

趙公善綽，字友裕，庸齋趙公汝騰之父。

秋，泛舟九龍山，哭故人之喪。

林君丕顯也。祭文略云：「丙申金華，師席連侍。」又云：「十有八年之間，離合不常。」

因訪鄭文遹成叔於象山下。○冬，仲兄奉太夫人之官衢州，先生又如建安。○十二月，歸三山。五年甲寅春，先生將如三衢省母。道建安，會文公爲湖南帥，先生從行。〇七月，寧宗即位。文公以捧表恩，奏補先生將仕郎。

鄭元肅録云：「先生初受官時，力辭於文公，諸公以爲不可而止。先生嘗謂：『某初辭官，非爲過高。每念先公歷任至部使者，俸餘僅足以給道路之需，況於官卑俸薄，仰禄既不足以爲貧，居官又未足以行志。而枉費心力於簿書米鹽之間，孰若隱居山林，講學問道之爲樂哉？』其後因到銓曹事不如意，屢有繳納之興。蓋先生於未仕之前，誓以清苦傳家，必毋忝先訓，而進退浩然，又非爵禄之所能羈縻也。」〇楊信齋曰：「文公心嘉其剛勁堅苦，可與任道，未十年而授之以室，又十年而畀之以官。先生涵養日久，自得益深，每誦程子之言曰：『泰山爲高矣，然山頂上已不屬之泰山，雖堯舜事業，亦只是一點浮雲過目。』程子此言，非先生知道，孰能識之？又曰：『進道之要固多端，且刊落世間許多物欲外慕，見得榮辱得失利害皆不足道，只有直截此心無愧無懼，方見之動静語默，皆是道理。』故先生平日居正位，行大道，得失利害禍福不足以動其心。由其見道之明，故能守道之篤也。」

時趙忠定公爲丞相，召文公爲侍講。先生從至京師。

林梅塢曰：「趙公與文公厚善，聞先生抵中都，每對客念其貧，且意其必來見也。先生聞之，曰：『丈夫豈可爲人憐？』卒不見之。」

韓侂胄用事，忠定公及文公俱罷。先生從行出京，留于三衢。

先生嘗言：「趙丞相、朱文公初得貶時，

或問某所以自處之計。某語之曰：『已辦一杖雙屨，欲從先生度嶺過海矣。』」蓋先生於文公恩深義重，以死相從，已決於心。其後嘗舉「子畏於匡，顔淵後，吾以汝爲死矣」等語以勵學者，皆有深意云。

寧宗慶元元年乙卯春二月，銓中《春和議賑貸賦》四月授迪功郎、監台州户部贍軍酒庫。在行都與吕公子約、子約諱祖倫，東萊先生弟趙公子欽諱彦肅交遊，因以《禮書圖證》相與講明之。

汪氏遺事云：「公言：『吾去年來行都下，不與物欵接，今年與善類過從衆矣。始見若是，即之非也，況索之至再三乎？唯吕子約、趙子欽愈久愈賢。吾行閩中、湘中，皆無有是人者，安得長友之乎？』遂賦古詩二章，分簡二公。其簡趙公卒章云：『安得老桐江，從君習其儀。』蓋公爲《士寢廟圖》《冠》、《昏》、《喪》、《祭禮》，皆精切於《儀禮》者。士大夫想聞公賢，願交者衆，公所與金石交，乃獨取二公，其簡嚴如此。二公真天下偉士，篤學力行，始終不變，近世言學者，不能跂及也。」

會吕公以言事得罪竄瑞州，先生餞之，出境乃反。

吕公以孟夏抵貶所，事見王峴《祭晦菴文》。○是時，朝命甚峻。吕公之行，莫敢餞之者，先生獨出城與别。送卒有侵吕公者，先生以義責□，且諭之，其人感服。

十一月，趙丞相謫永州，文公奉祠居家，先生自京還，留文公之側。

楊信齋曰：「丞相之逐也，文公不勝憤抑，草封事，欲上直指姦邪，以明丞相之寃。先生力諫，勸以筮決之，遂止。繼而文公乞收還職名，又以病乞休致。論者或以爲可以已，若不已則當婉其辭，不必他及。或以爲受職名而後乞休致。先生曰：『二子之論，微有不同，而皆主於畏禍。禍不足畏，但使吾之出處者合於義，則死生禍福一聽天命可也。詘道以避禍，非也；非道以取禍，亦非也。故前日封章不可上，今日辭職休致不可已。以此決之，可質諸聖賢而無疑矣。』」

二年丙辰，自建安歸三山。諸生從學于城南。時文公被旨落職，罷祠閑居，分界門人編輯《禮書》。先生實爲分經類傳，文公删修筆削，條例皆與議焉。

初，文公雖以喪祭二禮分界先生，其實全帙自冠、昏、家鄉、邦國、王朝等類，皆與先生平章之。文公嘗與先生書云：「所喻編禮次第甚善。」又云：「千萬更與同志勉勵，究此大業。」又云：「將來送彼參訂修歸一塗。」又云：「此事異時直卿當任其責。」其他往復條例，文多不能盡載。明年三月乙亥朔，竹林精舍編次《儀禮集傳集註》書成。條理經傳，寫成定本，文公當之，而分經類傳，則歸其功於先生焉。然《集註集傳》，乃此書之舊名。自丙辰丁巳以後，累歲刊定，訖于庚申，猶未脱藁，而先生所分喪祭二禮，猶未在其中也。

是秋，自三山復如文公之側。

黄義剛録：「文公云：『直卿與某相聚多年，看文字甚子細，在三山亦甚有益於學者，今日可爲某説。』直卿起辭，先生曰：『不必多遜，包顯道請申言《論語》有子一章。』於是直卿略言此章之指，復歷述聖賢相傳之心法。」

三年丁巳，仲兄之官廬陵，先生從行。

○文公爲築室于考亭新居之旁。

按先生《祭文公文》云：「復問舍於星亭。」蓋前年文公始遷居於此，今乃謀爲先生築室也。○是時文公書與先生云：「見謀屋於後園中作精舍，規模甚盛，他時歸來，便可請直卿掛牌秉拂也。作此之後，并爲直卿作一小屋，亦不難矣。」又云：「五夫不可居，不如只此相聚。爲謀一屋不就，別討屋基了，相去又十數步，若作小屋三間，儘可居也。」

七月，皇妣安人葉氏卒。先生與仲兄護喪來歸。

先生家世清貧，諸兄官滿多無以歸。又皇妣卒，先生鬻所跨驢制衰服，從仲兄徒步以喪歸。於是，仲兄奉喪葬于箕山先塋之精舍，因同居焉。

四年戊午，諸生從學于箕山廬居。

文公與先生書云：「居廬讀《禮》，學者自來，甚善。但不易彼中後生乃能如此。」又云：「諸友相向甚不易得，年來此道爲世排斥，其勢愈甚，而後生鄉之者曾不少變，自非天意，何以及此？」○先生爲林氏二子字序云：「慶元戊午，予屏居箕山，林仲則之二子曰武曰庚，自栗山來從予遊。」即此時也。

□月祔葬母夫人于先兆。是歲，文公得疾，貽書先生爲訣，因以深衣及平生所著書授之。

先生諸子以爲此書今不復存，惟深衣尚在耳。

五年己未，諸生從學于新河所居，文公遣其諸孫來執經。

文公書與先生云：「書社想亦漸成次第，更宜勉力，交相磨切，使有成就，非細事也。」○又云：「彼中學者，今年有幾人？可更精切自做工夫，勤於接引爲佳。」○又曰：「齋館既開，慕從者衆，尤以爲喜。規繩既定，更又耐煩勉力，使後生輩稍知以讀書修己爲務，少變前日淺陋、儇浮之習，非細事也。」

會聚朋友，修纂喪祭二禮，各爲長編，以納于文公之所。

楊信齋《喪禮後序》曰：「先生嘗語諸生云：『文公當時分喪祭二禮，俾某編纂，某夙夜究心，粗成端緒，嘗奉而質之，先師喜曰：「君所創立規模甚善，他日若能以吾所編家鄉、邦國、王朝禮悉用喪祭禮規模，尤佳也。」於是讀《喪禮》十一章終篇，注疏有繁冗之文，悉皆親筆删削。於不杖、大功章有親批五條，其他商確發明，不一而足。』」

七月免喪，遂遷朋友於城南。

八月朔日，始課諸生，日講《易》一卦、《孟子》兩版。休日畢集于僧舍，設湯餅供造，請五六人覆講，不通者罰，從容終日而罷。

十一月，登栗山，訪故舊。還，遂如考亭，因遷于新居。

六年庚申春，自考亭還三山。諸生從學于閩縣學。

按文公與樂安書云：「直卿到此，葺治園屋，方粗成次第，而彼中諸生復來迎致。此間殊恨失助，然又不可爽彼之約。今便登舟，極令人作惡也。」先生以二月十二日自考亭登舟，至家二十一日。諸生擬試，遂行舍菜之禮。三月一日，立定課程讀書。○事見先生與潘瓜山書。

三月甲子，文公歿。前一日，貽書先生爲訣，以勉學及修正遺書爲言。

是月八日，文公疾革，手書以遺先生云：「人還得書，知已到三山，一行安樂。又知授書次第，人益信向，所示告文規約皆佳，深以爲慰。今想愈成倫理，凡百更宜勉力。吾道之託在此者，吾無憾矣。異時諸子諸孫，切望一一推誠，力賜教誨，使不爲門户之羞，至祝至祝。《禮書》今爲用之、履之不來，亦不濟事，無人商量了。可便報之，直就直卿處折衷，如向來《喪禮》，詳略皆已得中矣。《臣禮》一篇并舊本，今先附寄，可一面整理。其他并望参攷條例，以次修成，就諸處借來分寫，教作兩樣本，行道大小并附去，紙各千番，可收也。謙之、公度各煩致意，不意遂成永訣，各希珍重。仁卿未行，亦可致意。病昏且倦，作字不成，所懷徒切悽黯。」

訃聞，先生日行百里。丙子，至考亭，爲文公護喪。事遂，持心喪三年，不復調官。先生歸考亭後，有書與縣學朋友云：「奉別之後，日行百里。」又云：「屬纊已十日矣。」又云：「某以甥舅之親，行師生之禮誼，不可復歸。」

五月，仲兄樂安府君卒，訃聞，先生徒步迎喪于撫州學舍。八月，以樂安之喪寓于考亭。十一月，文公葬于唐石。

嘉泰元年辛酉正月，先生告辭文公几筵，護樂安之喪歸于三山。諸生從學于栗山草堂，文公諸孫在焉。

先生以初十日行，有《辭几筵文》見集中。○潘瓜山曰：「公於兄弟友愛尤至，視猶子如子，通其有無，所入不以私諸己。樂安中年即世，撫育孤子，自襁褓以至冠，嘗携以自隨，教養備至，使有成立。」

三月，文公小祥，先生設位奠于所舘。七月，同諸君山行，因如考亭，未幾還舘。是歲，爲趙師恕《書潮州所刊〈大學〉後》。

二年壬戌三月，文公大祥，先生心喪終除。夏，赴調行都。八月，得監嘉興府崇德縣石門酒庫，待次于家。九月，喪樂安君于桃枝山，遂會朋友于城南烏石山寺，續後修《儀禮》，以成文公之志。

時先創書局于神光寺，又移仁王寺，皆李筠翁先生寓居也。先生以書招鄭文遹入書局，書中有「此間不能久留，修書亦頗有次第，日望賢者之來」等語。○局中所修之書，先生董之，同門友劉勵用之、門人鄭宗亮惟忠、潘儆茂修與鄭文遹成叔分任其事，蓋先修《王朝禮》一部，亦未知所止也。時有《別定禮書目録》揭之壁間，文遹以爲先生欲遵文公遺言，悉取《家禮》以下別爲次第，此時實與諸君子商確其目。追惟此書終先生之世既不及爲，而目録手藁具藏，當以編入先師遺言之内云。○是歲，有《林端仲墓誌銘》。

冬，遂歸考亭。○子軺生。

三年癸亥，劉忠肅公之子學雅正之延先生于家塾，以爲二子師。

正之號遂初居士，先生謝之以詩，有「君因戇直招時論，我以疎愚厭俗紛」之語。○是歲，有與劉正之、實之唱和諸詩，又作《劉氏遂初堂記》。

冬，赴石門酒庫，十二月，到任。

時先單車到官，家人尚未至也。○門人葉士龍曰：「石門酒庫弊壞爲浙西之最，公私宿逋，動以萬計，幾不可爲。先生未及涖職，已預爲糴本計，暨至，而米麥之舟已艤于岸下矣。前後庫官始參部使者，出給酒本，多爲胥吏折辱誅求。至是，呈告則先生自袖之，出券則先生自印之，吏輩莫得邀阻以行其姦也。昔之爲政者，非不欲究心經理，姦胥猾吏首以貨賂爲始至之獻，一有所受，則俯首受制，不復可以有爲。先生洞知其弊，凡欺公媚上者，首罷斥之。至是，爲蠹弊者去矣。監當之職，率皆膏粱子弟爲之，養安而憚勞也。米麵之用，太半入於胥吏之家，故先生涖職，夙興夜寐，祁寒盛暑有所不避，防其滲漏，而幾其出入。於是規畫井井有條也。」○始至石門，有通漕使及幕屬知州縣官啓，申漕司公事狀三通。

四年甲子，石門酒政修舉。

葉氏曰：「曩者弊端百出，酒味澆漓。其技止於抑拍户，且嚴於私酤，雖追繩治，而酒之不行自若也。先生至，宿弊頓革，酒復醇醲。不行抑賣，罕捕私酤，於是舊户盡復，新課日登。甫一年，而舊額補足。又一年，而盡還上户所貸。」○林梅塢曰：「官酤既行，私釀不禁而自戢，歲入沛然。或謂：『是瑣瑣者，何足以煩君子？』先生笑曰：『孰非公家事耶？惟無事不知，無事不能，乃爲通材，世之仕者務爲簡佚，儼如神明，竟亦何用？』侍郎辛公棄疾過石門見之，歎曰：『是所謂聖賢嘗爲委吏乘田者也。』」○是歲，有《謁陸宣公祠》《謁高僉判所居》《閔雨》《喜雨》《道中》《石門》諸詩，又《謝漕使啓》《與辛侍郎書》。

冬，檄權新市烏青諸庫。

按先生《謝漕使啓》，有「奔馳兩庫，竭盡一心」之語，又云：「自冬涉春，愧代庖而越俎。」○鄭元肅録云：「先生被檄之初，言於部使者，請先給新市舊官俸給，乃敢受命。使者不許，固請，從之。或問其故，先生曰：『彼特無能爲耳，家貧俸薄，又從而奪之，豈人之情？且彼既窘，必貸於庫家，從之則近於背公行私，不從則必至傷恩生怨。彼若不得請於我，必須於吏輩，吏反啗之。他日復職，彼益不得有爲，而庫日壞矣。』」○楊信齋曰：「漕司檄先生攝鄰庫，庫無粒米，數月不造酒。先生曰：『課利以日積者也，一日無酒，則失一日之利。既久不造酒，課利安從生？』責吏輩人各認借米五石，凡得數十石，而酒本已辦，遂牓示三日賣酒，人訝其速。先生歸石門，載酒兩舟借之，旬日間，遂循他庫例解發，而前借悉償。先生道大才雄，屈於筦庫，人疑其不屑，意先生連興三庫，從容整頓，有精於辦事，吏所不能及者。識者於細處而知先生有用之學，無施而不可矣。」○有《庫中五銘》。

開禧元年乙丑，浙西三庫酒政皆舉，部使者遂薦之於朝。

兩浙運判詹公徽之舉充從事郎以上任使，詞曰：「存不矜之心，爲有用之學。屈在筦庫，未究所長。」先生有謝詹公二啓。

二年丙寅春，往來三庫涖事。

正月元日，與楊信齋書云：「鄰庫往來誠勞，亦只得五日一往。甲夜登舟，天明即至，往來不費力，但事頗多，不能不費思慮耳。」先生石門在任兩考零兩月，是歲某月某日解罷。

會邊事動，吴公獵出帥江陵，躬至石門訪問籌策，奏辟先生入幕。三月，授荆湖北路安撫司激賞酒庫兼準備差遣。五月，到任。

楊信齋曰：「吴公雅敬先生名德，奏辟帥屬。先生曰：『聞議者欲爲大舉深入之謀，果爾，必敗，爲社稷憂。此何時可圖進取哉？』至江陵，邊事已動，羽檄交馳，先生爲畫權宜守禦之策，同幕諸公有不能相容者多矣。」

以招軍買馬有勞，辭賞不受。

按先生與吴公賓客張生書曰：「招軍諸邑之力，買馬獸醫之事，某何功之有？不才無似，從師友游三十年矣，幸不得罪於朋友。今顧以善招軍買馬見薦，人其謂何？帥府千里而辟一士，某亦以千里而從辟。今乃以善招軍買馬得名，豈不輕大府、羞當世之士哉？自古乘田委吏，聖人亦甘心焉。然欲以此爲功，則稍自好者不願也。」帥遂止。

七月，檄措置極邊關隘，總領、宣撫二司就委提點八關。經歷光、黃、德安、信陽四郡之間。十一月，虜攻棗陽，破隨州。帥司檄先生歸，在塗絶糧成疾。未幾，吴公改除京西湖北宣撫，先生隨司解罷。

時朝旨令本司措置信陽關隘，地係極邊，人憚其行，先生被檄以出。總領陳公謙、宣撫薛公叔似移書江陵，請就委先生提點八關，經歷光、黃、信陽、德安四郡，奔走窮山絶谷，往返三四千里。及虜騎來攻棗陽，破隨州，攻德安，帥司始檄先生歸江陵。時盜賊四起，道途梗塞，逃匿山谷間，數日不粒食，遂以成疾。三日三夜，嘔血數斗，伏枕逾月。吴公見其危殆，會有宣撫之命，遂令隨司解罷。○此以先生辭宇文帥書，及干堂求嶽祠二劄修附。○在江陵府時，有代吴公禱雨及言事諸劄。

三年丁卯，宇文公紹節代吴公爲帥，再辟先生入幕。四月，復授湖北帥屬，力辭；别與幹官差遣，又辭。丐祠未報，徑歸建安。

楊信齋曰：「宇文奏辟，當路已從。先生對人曰：『此則斷然不可。』其言甚厲。宇文知先生不來，以書問先生施行所宜，先生條答荆襄事宜甚悉，竟辭辟命而行。諸公皆以不從宇文爲非，先生曰：『興兵動衆，國之大事。以身許人，亦非小節。要當斟酌可否，豈宜見利則趨？』」○葉士龍曰：「時侂胄專權，朝綱日紊。先生知不可爲，遂乞嶽祠，不俟報而歸。未幾果敗。」○事見先生所作《不從宇文辟辯》及《與宇文宣撫劄子》《申廟堂丐祠禄狀》《丁卯揲卦二解》《送許太博入宇文幕序》。

十一月，江西提舉常平趙公希懌、知撫州高公商老奏辟先生知臨川縣事。十二月，之任。

高、趙二公奏狀云：「黄某稟資公正，律己廉勤，使宰百里，綽有餘才。」

嘉定元年戊辰正月，到任。

門人黄義勇曰：「臨川地大民繁，素號難治。蓋自趙善譽以能稱，已四十餘年無賢令尹矣。先生初至，每日裁決，觀者如堵。先生剖決如流，每決一事，衆皆咨嗟歎息而退，蓋無不犂然有當於人心也。五鼓出理事，終日坐廳，夜繼以燭，漏下二十刻始休。初，吏輩疑其始政勉强如此，久而必懈，其後無日不然，吏輩皆昏困，不能奉行文書，然後大服其精力誠不可及也。先生平時往來臨川甚久，親故多來謁者，略無間拒。每日賓朋滿坐，談笑議論，對坐處決，一以至公行之，士友亦未嘗忍以私干之。是以終始三年，故舊往來如一日，上而臺府，下而士民，無一人有異言者。臨川風俗强勁負氣，小有争訟，雖破家亡身皆有所不暇恤，由是事務繁劇，有微事而數年不決者紛至沓來。先生一旦立辨，人無不服。或有田畝山林之争，先生親往定驗，每一出必五六事。自是偏履鄉落，民間銖兩之姦皆得其姓名，偶訟牒及之，追胥不少恕，里正解子素擾鄉閭者，無一人敢自縱於境內。自是良善帖息，視之如父母。每出，童兒婦女皆争聚覩，謂安得見此知縣也。臨川民負富室之租，殺子女以誣之，前後有司不察，即委官驗視，自兩驗之餘，富民雖得直，而産業已蕩然矣。由是兇人得逞其姦，相扇成風。先生深懲此弊，每有告者即留之，星馳吏輩同里正鄉官急下地頭驗其事，無不得其情實，然後究其誣罔之狀。由是富室得保全其家，而兇人自絶，天倫之風遂息。」○案臨川政事、決訟、理冤等事，見集中《上漕使理王氏饒珉訟書》與《江西安撫撫州知郡辯危教授訴熊祥書》。又《辨王寺簿買山事書》及任内前後判語，然未必皆在此年也。○是歲，又有臨川社稷、夫子廟、城隍祠并諸廟文、《黄西坡文集序》、代陳知郡條奏五事并奏事二劄、《篤孝傅公墓誌銘》。

二年己巳春正月，郡守以禮延先生于

郡庠講書，爲講四德四端之要。三月，新作臨川縣學。

初九日，與楊信齋書云：「縣學落成，不以試選，而以公選，肯來讀書者則容之。頗成倫叙，但未有毅然任道者耳。」

時州郡方以催科爲急，先生力言其弊，且爲經理之。

三月，與楊信齋書云：「郡計缺乏之甚，催愈多而督促愈急，令人可厭，亦欲棄之而去。屬以此間去歲旱蝗，爲之平糴價，而人方有生意。若遽去此，頑民閉糴，便有饑莩之憂。俟五月便作去計，老矣，誰能僕僕於此耶？」○案催科事，恐不止在此年，姑因與楊君書而附此。以後書「州家以財賦見怪」等語考之，此年爲甚。○葉士龍曰：「州郡方以催科爲急，取其舊者，縣催而縣納，以其新者，縣催而州納。舊者常少而新者常多故也。先生深言其弊有三，其一不可爲，其二不敢爲，其三不當爲。後州郡盡撥還縣催，民力得以少寬。蓋先生爲政，學道愛人，出於至誠惻怛，而不肯爲俗吏具文而已。」○事見《催科辯》。○楊信齋曰：「臨川民户之害，莫甚於户長。先生深察民情，以逐都之内合納官物分隸民户，使之自爲甲首，給人户自承，由子付之，甲首自行催管。人户免差户長之害，而官物反增於常年，民甚便之。」

三年庚午春，帥檄稟議，自臨川如豫章。

春間，書與楊信齋，有「再書下考」，又云：「近抵豫章，李敬子之徒兩三人亦來相聚。」

時邑中仍歲旱蝗。至是，民益艱食。

先生爲平糴價，寬征斂，民賴以安。

門人臨川黄義勇曰：「先生自到任，值旱蝗相仍，禱雨不驗。先生露宿於野，親往二百里外，禱於龍湫。躋攀險阻，必造其巔，卒至感應。蝗蟲蔽天，所止之地，竹木立空，禾穗不遺，細民仰天號泣，無所赴訴。先生下四隅諸鄉，遇蝗，到處即鳴鈴走報，親帥鄉官監督，保甲併力打撲，且埋且焚，無下數十萬斛。東馳西騖，盛暑烈日，皆不遑恤。由是，蝗不甚爲灾。次年，蝗復生，急令保甲捕捉，以米易之，又得數萬斛，以致縣庭。自是，其種遂絶。次年，穀價騰踊，倉司行下賑糶。先生讀之，曰：『可謂滿紙仁人之言也，然實殺人之具，不可用也。』於是，下四隅官、鄉官大嚴米穀出界之弊。臨川居水上流，江淮諸郡米價踴甚，每一碩可得七八倍之息。由是豪民百計求泄，或假上司文牓，或因權貴之家，或借綱運之名，先生力禁止之。有監司滿還，送吏將米出境，先生遠送，隨其坐舟，卻之不退，監司乃悟其意，因搜舟中，果得藏米，遂懲之。至於宰執侍從子弟，欲乘時射利者，悉捕得之，舟米併没，略無假借。於旱蝗之餘，一邑按然，略無乏食之憂。以至鄰邑旁郡，皆蒙其利。先生立法，境内之米，在東者不得過西，在南者不得移北，令行禁止，民樂爲用。臨川下流如沙河等處，去豫章界甚邇，先生每挈小舟奄至，親到牙儈之家檢察，有疑似迹即痛懲之。姦猾之徒凛然，常若知縣臨其前。先生在臨川，其利民最博者，莫大於此。未幾，朝廷行下江西諸郡和糴，撫得數多，州家欲自置場，先生恐事出州家，則因此壞其港禁，遂乞發下縣自糴。先生素孚於民，凡有舉動，靡不鄉應，故糴數雖多，富室無不樂輸，初不以爲怨。蓋前此和糴銀，會吏輩多解除，又給不以時，多爲牙攬用過，是以每以中糴爲苦。先生盡革前弊，凡和糴之銀，自半兩至十兩悉封記之，人户入糴計直當廳俵散，非惟吏不容尅，而牙攬不得以遂其指掩之私矣。由是所糴不逾時而辦。」

臨川政成，郡太守、部使者交薦于朝。知撫州陳公蕃孫奏云：「充其所學，施於有政，郡既有賴，民亦以安。」○江西安撫使趙公希懌奏云：「以選人宰劇邑，律己清廉，涖民公正，篤意字民，一路五十四縣，無能出其右者。」○提刑李公珏奏云：「操行醇正，持論公平，撥煩治劇，井井有條理。」○運判胡公槻奏云：「學有源流，才兼劇易。」又有舉政績狀，未見。○提舉常平章公良肱奏云：「學有師承，文尚體要，更明吏道，甚得民心。」○以上並舉改官。○提舉常平王公顧問舉政績奏云：「黄某静而有守，直而不阿。自入仕以來，屢經諸司奏辟，臨川民雜事繁，率務已勝，某能不畏彊禦，一決以公，閭閻細民尤樂稱道。適遇旱歉，奉行荒政不爲具文，至於禱雨除蝗，躬行阡陌，雖盛暑有所不憚，邑人感之。」○初，連帥趙公希懌雅敬先生，辟置先生而力薦之。撫有女冠黄道存者，挾宫闈之勢，侵占百姓墳墓屋宇以廣其居，州縣畏其聲焰，莫敢誰何。先生覽訟牒，閱實其事，竟申諸司，逐去之。趙公不能不左右道存，遂忤先生意。先生取其京削，封而還之，趙公自爲投之吏部。

吏部尚書汪公逵特以先生政績奏聞。

汪公父子與御史公及朱文公皆有雅好，薦先生，蓋真知己者，故特書之其後。又舉充所知，又應制舉，堪充邊郡。先生與劉寶學書云：「端明汪公，三嘗見薦於未識面之前。」是也。

時溪峒盜起，調發益急。先生爲郡治酒政，爲憲司招官兵，皆賴其用。

黃義勇曰：「臨川郡務酒政頹壞，知郡林公岊以先生往年石門酒政大舉，委先生督其事。先生以縣事煩，力不能及，辭不獲已，就縣別置庫，就用都務匠者造酒，以比郡務酒味，合干人以是不敢爲欺弊，縣庫流通，遂以息還州家，縣計亦稍賴於此。未幾，峒寇爲擾，節制司委先生招敢死士。所招皆豪健，日椎牛釃酒以勞之，士皆踴躍思奮。又擇茶商陳凱統之，峒寇頓息，多賴其力，凱遂策勳補官。其後節制所給招軍之費，不足充用，往往多資於酒利，先生終更恐是庫在縣，他日爲宰者精力有不及，卒爲後人之累，於是悉還州本息，併撤庫屋以絶其迹。」

四年辛未春，江西提刑李公珏檄先生兼督捕節制司幹官，且聞于朝，力辭不就。

時峒寇猶未平也，先生力辭，有二劄子云：「行年六十矣。」又云：「農事方興，青黃未接。」故知此春也。

二月，臨川秩滿，李公又以爲請，先生又辭。

臨川在任，三考零二十四日，以是年二月日滿。

自江右如行都。六月，循從政郎授南劍州劍浦縣令，待次考亭。

潘瓜山曰：「公不卑小官，恥於求薦舉。

筮仕以來，不以書考爲意。及宰臨川，諸司剡薦交上，一時五紙，不求自至。而到部之日，吏以格法不備爲沮，公曰：『吾晚得一官，但求升斗之禄，豈復有榮進之心？』即注劍浦令以歸。」○是歲，爲眉山家恭伯作《重齋記》。

五年壬申二月，改宣教郎，知臨江軍。盧公子文奏辟先生知新淦縣事。四月，命下，五月，到任。

新淦爲邑，凋弊特甚。先生到任，盡心畢力，窮究弊源，大抵如臨川。邑之爲累，莫大於綱運，前後滯久，欠折無慮五六萬石，爲邑者率不滿秩而去。先生首申諸司乞去，然後爲之經理。先生又以綱運所以欠折者，蓋由船不預辦，舊例嘗以納米之後方造船，造船之後方差官，淹延日月，及將起發，春水已退，不可遽進。於是沿途泊岸，以待水肥，及久不雨，則易小艘搬傳，謂之「傳淺」，因此綱官盜用，舟梢蠹食，弊端百出，不可稽考。及至總所，所餘無幾。往往綱官苛留印紙，拘繫監納，舟人估賣船隻、貨鬻妻子以償猶不足，則江岸人家悉被攤賴，不問是非，不辨有無，無一得免者。先生熟知此弊，今年之冬，猶未開場，先令造船，及開場，則舟楫已辦。每日人户輸米，即令下船，不復入倉。先生日治縣政，夜則下倉，秉炬運米，差官遣吏，以至水脚縻費，一一辦具，即戒部綱官吏促裝，期以春水肥，立命離岸。一日水漲，先生具酒三行，就别綱官於舟中，酒罷揖之，使即解纜，支犒篙師有差，巨艘數十銜尾而下，鼓吹歌謡之聲，滿江如雷。先生目送，久之而後歸。及至總司，官吏驚駭，以爲新淦綱運常居諸郡邑之後，而且不足，今乃先至，而無顆粒之耗。綱官以此奏功轉官云。○時邑有寓公，以貲武斷鄉曲，租税不輸，邑與民苦之，累訟牒至三四百紙。先生爲申諸司，白于朝，徙居隆興。

漕使楊公楫延先生于東湖書院，講《中庸》之第四章。

先生嘗言：「江西諸公有言學不必講，可以一僦至聖賢之域，爲申此章以辨之。」

始有勉齋之號。

初，文公訣別之書，有勉學之語，故先生因以自號。○是歲，作《台州四先生祠堂記》。到官之初，有《謁廟文》及《通啓》及《曾一菴記跋》。

六年癸酉，新淦政成，部使者、郡太守交薦于朝。

運判楊公楫奏云：「黄某性資通徹，學問精深，務實用而不爲空言，善應變而不失正理。曩爲酒官，兼總數庫，近宰臨川，聲望尤著。新淦爲邑，劇是狼狽，某盡心畢力，究見弊源，撫恤困窮，不畏彊禦，經理財賦，綱運整辦。理斷民訟，人罕再訴。它日新淦，遂成佳邑。」時楊公病革，上章力薦三人，先生爲之首。○提舉常平袁公燮奏言：「黄某學有本原，才堪負荷。昨宰臨川，去替之日，民不忍捨。今任新淦，凋弊之餘，事靡不集。所藴未易可量，而年已過六十矣。若不早置朝行，則精力疲於一縣，深爲明時惜之。」○知軍盧公子文奏言：「黄某少能力學，自有源流，晚而精明，益加刻勵。不惟學問廉隅有以過人，至於居官盡職，無所回撓。昨宰臨川，至今人懷去思。臣被命之初，新淦尚缺縣令，兩班改秩，無肯就者。蓋臨江雖小壘，三邑素號繁劇，珥筆之風盛於江右，率多過而弗顧。臣以某申辟，蒙朝廷送部注授。自某之來，縣事井井有條，彊者服其威，弱者懷其惠。臣以爲百里之政固其所長，然某抱負不凡，未盡其材。」○安撫使李公珏、運使王公補之亦舉政績。

江西安撫使王公補之檄先生攝南安軍，不果往。六月，除監尚書六部門。

王公奏言：「黃某政事優長，累經論薦。今再作縣，績效益著。」○時有《郭氏叙譜》及《瑞蓮堂記》《書龔君錫文公語録後》《與楊澧通老書》及《祭楊澧通老文》。

未赴，改差通判安豐軍。

部門之除，朝列有懼先生之來欲沮之者。會江淮制使欲得先生守邊郡，乃有是命。

九月，到任。未幾，爲郡將誣陷，先生引疾請歸，不許。

葉士龍曰：「先生天資高明，不同流合汙以自媚於世。郡將郭紹彭不樂，會徐師點、李明之徒結集北界，紹彭妄謂先生實使之，物論沸騰，頗聞于朝。先生遂以疾丐祠。」○事見《與淮西帥李仲詩書》及申狀。

近臣論薦先生堪守邊郡。

十月五日，臣寮奏乞明詔大臣精擇邊守，仍令侍從兩省臺諫，廣行搜訪，各薦二人。諫議大夫鄭公昭先應詔，奏言：「黃某名父之子，學有源流。自初試吏，已著能聲。平時議論，有志當世，人頗知之。新淦素號難治，比益廢壞，某爲政朞年，爬梳剔抉，頓復舊觀。邑有彊宗，恣爲民害，某極力鋤治，民以安妥。自是，善譽翕然。朝廷寵以内除，足未登畿，俾倅安豐，邊城事簡，局於職守，未究設施，材優用狹，公論殊鬱。若處以邊城之寄，必能坐收捍禦撫摩之功。然詳觀其才，推而上之，恐不止於守邊而已。」時吏書汪公逵亦應詔薦。

十二月，自安豐如歷陽鞠獄。

楊信齋曰：「和州有疑獄未決，帥檄先生鞠之。先生釋囚桎梏，飲食之，委曲審問，未得其情。一夜感夢井有人焉，明日呼囚詰之曰：『汝殺人投之於井，我悉知之矣。胡得欺我？』囚遂驚服，果於廢井得其尸骸。其誠所感如此。」〇安豐在任五月二十一日，以明年二月罷事，見《與潘謙之書》。

始編《文公語録》。

《語録》今刊于池陽倉司，凡四十三家，實先生之所編次，而蜀人李公道傳貫之取以刊之。

七年甲戌二月，特添差通判建康府事，仍釐務。諫官爲辨安豐之謗，郡將坐黜。

正言倪公千里論之。

自安豐巡歷淮堧守禦要害。

事見《與劉晦伯書》。

道經儀真，與李公道傳胥會。

有《問答》可考。

五月，到任。制使檄權太平州，未幾，還任。

有《張日新訴莊武判語》。

寶謨閣學士利路安撫使劉公甲、兵部侍郎李公珏舉先生自代。

劉公奏言：「黃某師友淵源，氣節剛正，恥同流俗，有志事功。舉辟不樂，苟從佐郡，以嚴見憚。才學行義，臣實不如。舉以自代。」〇李公奏言：「黃某學有淵源，行有根本。忠孝竊於許國，信義長於使人。其材足以濟繁難，其節足以臨緩急。近蒙朝廷稍試以事，藹著聲稱，士論以爲可當大任。」

九月，除權發遣漢陽軍提舉義勇民兵，辭，不許。十月，到任。

與孫行之云：「自金陵五十日到官。」

增兵積粟，爲城築計。

楊信齋曰：「漢陽與鄂州接境，一葦可航。前此士大夫往往違法出境，奔走臺府，以求知己，雖守臣不免也。故臺府吏卒視漢陽如縣吏之視都保，誅求無禮，久而益甚。先生嚴戒屬吏，非公事無得越江，由是郡政肅然。」○葉士龍曰：「漢陽實武昌之唇齒，吳蜀之咽喉。先生丙寅年間，親見武昌之民望漢陽之烽火以決去就，而略無城郭之固。郭內之民，僅二千家，有兵二百人，郭外沿江亦二千家，皆浮居草屋，夏則遷於城南，冬則遷於城北。先生至，首集郡兵而第其彊弱，增給廩粟以活其家，校武藝之工拙，數支賞給，而士卒始有固志。自是，遂有應募而來。既而請築城，講究利病與其費用，各有成畫，竟以大旱寢其事。」○時有再申朝省制置、總領諸司乞經營築城及與制帥、總卿、漕使劄，李侍郎夢聞書，皆言漢陽城築事。○是歲，有徽州朱文公祠堂、平江府尹和靖祠堂、安慶府府學三《記》，《董叔重墓銘》、《答叔重之子及王幼觀書》。

八年乙亥，大旱，竭力爲荒政備。坐是與制垣漕使不合。六月，丐祠不報。漕使上救荒之功，乞留在任。

楊信齋曰：「歲大旱，先生知米價必騰

踊，先計户多寡，勸諭人户有粟之家，官先支價錢以償之，而寄穀於其家。乃給曆付貧民，使之就糴。甚貧者以常平米賙之。然大約不過自冬至春而止，無以爲繼。遂招諭米商，酒食迎勞，又爲之革官吏抑勒牙儈邀阻之弊，由是船商輻湊，帑廪充積，及諸寺觀官舍皆滿。以所糴之本價而糶於民，規畫有條，給散有法，自城市以及鄉村，莫不被其惠。初，漕使吴公與先生謀救荒政，先生以早收糴之説告之，吴不能用。已而鄂州米價高於漢陽三倍，吴不能平，差官拘漢陽商船。先生曰：『漢陽一郡二十萬家，州郡只得爲之深思遠慮。今差官攔米，是棄漢陽也。』遂稱疾丐祠而歸。」○時制帥趙公方與漕使吴公柔勝交争。始者，制司遣兵於本軍境内邀截，不令入武昌界。漕司以聞于朝，制司又反其説，欲令本軍發取所樁米斛，以給鄂州，文移甚峻。時先生多方招往來船商，説而願集於漢陽之市，其至鄂渚者甚希。漕司恥之，又令人邀勒商船，必歸其境。先生皆不以爲然，累書争論，辨析甚詳。制帥動以威脅官吏，先生不以之爲恐，拒之益急，漕使雖先生之故人，而尤不能平，先生亦不顧也，然卒莫奪先生志。制使訖不敢加侮，而吴公後大悔悟，反以此薦先生之功。然先生當時蓋已決爲去計，於是以六月走价請祠。未許，又以書囑李公珏爲請。大略言：「某既冠而執經於晦菴，一見便有相教誨之意，未數年而授之以室，又數年而奏之以官，又數年而爲之築室廬，約爲終老之計，而囑之曰：『遺言甚墜，汝其保之。』今先生之亡，十有六年矣。奔走仕途，束遺書於高閣，未嘗披覩，每一念之，如負芒刺。死何以見先師於地下耶？」蓋先生丐歸本謀如此，會趙君師夏新除本路常平使者，趙君娶文公之孫女，與先生長子輅爲友壻。於是復申前請，力引親嫌，而朝廷猶未許也。○事見《申制司漕司公狀》及與趙帥、吴漕劄，又與潘謙之、李貫之、李夢聞、真景元、孫行之書。

秋，始治學政，五日一下學，勸課諸生講誦，躬督教之。十一月，新作五先生祠堂、鳳山書院，皆成。

十一月，與楊信齋書云：「某行且一考，秋間方整頓學校，遇一、六日下學與士友講説，且課其讀《論語》，使之自講大義。湖外士子却質直可喜，且開其路，異日亦當有興起者耳。」○有《孟子講義》二十篇及《五先生祠堂記》。

十一月，丐祠。十二月，差主管建寧府武夷山冲佑觀。

初請，六月奉旨不允。又請，九月奉旨不允。又請，十一月，奉旨依。十二月，命下。

漕使再乞留。

吴運使再申：「照對本路漢陽軍，今歲係十分被旱去處，若非郡守得人，撫摩安集不遺餘力，則流離轉徙，其害立見。伏覩黃知軍自夏初以來，即能先事措置，收糴米斛以爲荒政之備，又能委任僚屬，家至户到，規畫有條，給散有法，自城市以至鄉村，莫不被其實惠，遂使一郡之民，當此歉歲，不至失所。考其政事，實爲本路十五郡之冠。昨者因其丐祠，已嘗具申朝廷，乞行存留在任。今月二十七日忽覩邸報，黄知軍依所乞宫觀。竊惟當今士風不振，人才難得，今有公廉清介、忠誠懇惻如黄知軍者，顧乃置之閑散之地，當職深切惜之。況自黄知軍有奉祠之請，闔郡士民皇皇然，皆恐其去，如赤子之慕慈母，前來本司陳乞舉留者數十百人，深恐黄知軍既去之後，一方百姓失所依賴，必至狼狽。近因巡歷，經過漢陽，親見漢陽黄知軍精神如故，了無疾病，欲乞鈞慈加惠漢陽之民，特賜敷奏，收還已降指揮，仍舊令黄宣教知漢陽軍，庶幾一郡之民賴以全活，不勝大幸。」

九年丙子二月，轉通直郎。三月，自漢陽道廬山之下以歸。四月，至考亭所居。漢陽在任乙考有零。

諸生從學于文公竹林精舍。

葉士龍曰：「先生洒掃精舍，獨處一室，聚子姪及鄉之後進而誘掖之，著書立言，以詔來世。」有《精舍春祀講義》。

始草《文公行狀》。

葉士龍曰：「夫子歿已十七年，而行狀未有所屬，季子在以先生知夫子行履爲最詳，講夫子道德爲最密，請先生述其事。先生至是始爲草定其狀。」○是時，雖已草具此文，而未欲傳布。○是歲，有葉雲叟子名序，跋餘杭所刊《家禮》，及陳履道家諸書、楊龜山家書，後與李貫之論編修《禮書》及先師所説出處大節，及東漢黨人事及答鬼神説。

閏七月，新作草堂三間于考亭之寓舍，名以「環峰」，以毋忘御史之遺訓。

門人陳宓爲仲子輔作《雲谷樓記》曰：「聞之先生曰：『吾早歲惟師是從，師以別墅畀我。我今始能爲屋三間，名以「環峰」，乃吾考察院祖居山名也。』命長子輅居環峰，曰毋忘爾祖之訓也。」○草堂經始，實在此年。

十月，自考亭還三山舊居。十一月，寓居城南法雲僧舍。

先生遷于城南也，時參政衛公涇帥閩、龍圖陳公孔碩爲參議官，知先生無家，帖法雲西廡數間權爲居止，義和與今知院陳公韡共相經理。先生到寺居有詩一聯云：「投老無家依寶刹，爲貧竊粟奉琳宮。」蕭寺荒凉，處之晏如。

十二月，除權發遣安慶府事，力辭，不許。

告詞曰：「長淮諸郡，被邊帶江，屏翰得人，形勢增重。龍舒闕守，弄印久之，兹用命汝，可以知其選矣。爾學有師法，才裕劇繁，嘗奏最於邊城，可久安於家食。亟由簡拔，起畀郡符，使桐城之民，恃汝以爲保障。庶寬朕之顧憂，爰疾其驅，以對休命。」○中書舍人莊夏行。

十年丁丑春，朋舊生徒畢集於法雲寓居，先生爲立同志規約，以示學者。

同志規約以每日各讀一經一子一史，而以《論語》《周易》《左傳》爲之首，日記所讀多寡，所疑事目，並疏于簿。在郡者月一集，五十里外者季一集，百里外者歲一集，每集各以所記文字至，與師友講明。而問難之大要，欲明義利之分；謹言行之要，以共保先帥遺訓之意。❶

二月，始拜安慶之命。

楊信齋曰：「時聞將有邊警，單騎赴任，不挈家屬。家人皆願隨侍，先生曰：『安

❶「帥」，疑爲「師」之訛。

慶次邊，一有兵馬衝突之虞，我爲守臣，當盡忠報國，力所不及，則握節以死，不暇顧家，汝曹欲與我俱死乎？』」

四月，到任。會虜攻破光州，沿邊多警。漕司欲發安慶民運糧，先生拒之而止。於是，竭力經營安慶城池，大爲戰守之備。葉士龍曰：「先生朔日交印，後四日，虜人破光山，而沿邊多警。安慶去浮光不遠，民情震恐，先生以謂城池無可恃者，何以爲固？借曰虜人不至，則紹興間嘗罹李成之變，丙寅再罹張軍大之變，長驅入境，旁若無人。今兩淮騷動，焉保其無陸梁竊發者哉？失今不圖，後悔無及。即申朝廷，乞興版築，爲與民死守之計。不俟報，自五月八日興工，士民争獻竹木，同官寄居争效心力。會淮西漕臣起發本府人夫二萬，往廬州負糧至安豐。先生陳其非便，乞免起發，漕司不從，凡三四請，最後乞將老守按劾，以代百姓之苦。且併申制司，制司是先生議，併免無爲、蘄、舒三州之役，以安民心，且劾去漕臣。百姓由是鼓舞，聽命築城惟恐後。城廣三千四百三十步，通女墻高二丈七尺，趾廣四丈二尺，凡一百七十日而畢役。民兵五千人，人役九十日，而計人户産錢，起丁夫，通役二萬夫，人十日而罷。初借大軍四十人，及役本府廂禁軍，皆以慵惰不任事而止。役者往來更番，前後更代，具有條理。暑月每月休六日，每日亭午休一時。至秋，漸殺其半，費米計直官會八萬緡，皆本府趲積支遣，並不支朝廷樁積與交割錢物。包砌城脚，用石三層，城身用甎四重，通計用石六千餘丈，用甎五百餘萬，人夫支費在外，用會二十餘萬貫有奇。方其興作也，以城分爲十二料，先以一料自築，計其工費若干，然後委官吏、寓公、士人分料主之。先生每日五鼓坐宣化堂，令合干濠寨官入聽命，以一日成算授之：役某鄉民兵若干、某鄉人夫若干，分布於某人料分，或搬運某處土木，應副某料使用，某料民兵人夫合當更代，合散幾日錢米。俱受命畢，乃治府事，理民訟，接賓客，閲士卒，會僚佐，講究邊防利病，次則巡城視役，晚入書院講論經史，或舉酒屬客，不問寒暑，率以爲常。雖年事寖高，晝夜勤勞，而精神愈清，有非年少所及者。蓋先生稟純剛之姿，加之持養之力，故能臨事不倦如此。版築經始，合用鐵杵五千，倉卒未辦，先生以爲本府錢監有未鑄之鐵可用，事畢復還之，委官相度，不勞而集。既築之際，民兵歌詩相杵，節以旗鼓，江南兒童爭效之，以爲戲樂。是夏，旱勢甚廣，綿亘千餘里，獨安慶祈輒得雨。先生未嘗出禱，晨興諸府治天柱閣，遥望灊山再拜，雨即隨至。」○安慶學者張某曰：「安慶素無城池之險，先後相仍，悉以沙磧不任築鑿爲辭，因陋就簡，僥倖僅安者非一日矣。先生盡排紛議，斷以己見，盡捐囊日申獻羨餘之積。董視經營，不謀之兵戎胥吏，而獨謀之邦人士友；不委之官吏僚佐，而獨委之學校諸生。役不知而成，事不擾而集。」○王某曰：「創築城壁之初，邦人莫不争先獻助，先生一切却之而不受，皆是樽節浮費，不半年而築城千七百餘丈。今閲五年，並無尺寸頹圮。」○時先生既築新城，又思民所以守城之策，乃以紹興名臣陳公規守城之法，鋟木以示邦人，使熟習之，自爲之序。既畢工，因元宵張燈城上，燈火十里，熒煌如晝。合城内外，喜緩急之有託也，扶老携幼，往來不絶，間有深山窮谷平生足迹未嘗入城，皆願來觀。有一老嫗年百歲，二子以籃輿舁之，諸孫曾孫皆從至府致謝，先生禮之，命予酒炙，又勞以金帛。嫗曰：「老婦之來，爲一郡生靈謝耳。太守之賜，非所冀也。」卒不受而去。

江淮制置使李公珏奏辟先生爲參議官。十一月，命下，仍候新城畢工日赴司供職。又辭，不許。

初，李公行時面請於朝，乞以先生爲上賓，朝廷乃起先生知安慶府。先生到官之初，凡三書達之。一言國勢邊事之要，二言江淮守禦之方，三言今日必戰之計。且屢以經營城築，免起運夫爲言。李公多從之。○林梅塢曰：「李公節制江淮，先生乃其夙所敬重者也。念不可以常禮事之，貽書規切。大抵言：今日以決戰爲大計，先自朝廷，進君子，退小人，革薄習，下哀痛之詔，以激忠義之心；次則制司，以至公血誠感動人心，非兵不講，非戰不談，各求實事，無尚虚談，然後擇良將，明賞罰，以厲大軍，廣招募，增事權，以重武定軍；仍疏兩淮奇材劍客之姓名，以備録用，謂幙中議論不一，當益開書閣，延賢俊，與之講切。又言虜自南遷，虐用河南之民，莫不延頸以歸我，宜諭淮北豪傑能攻城略地者，即以與之，然後以吾兵爲之擁護，虜將救死不暇，何暇謀人乎？」○案此即先生三書之要，語見與豐宅之寺丞李貫之、兵部劉晦伯侍郎，皆及邊陲大計，並見集中。○是歲作《隆山李進德毋自欺齋記》《白鹿洞書院記》《趙季仁二子字序》《書新淦郭氏叙譜堂記》。

十一年戊寅春正月，虜犯黄州砂窩諸關。詔以先生提督五關守禦督戰光州，節制江、池三州戍兵，光、黄、蘄、安慶四州民兵。二月，改除權發遣和州兼管内安撫，節制戍兵。力辭，不許。

安慶在任未及乙考，以是年二月解罷。○葉士龍曰：「是春，城之五門結砌已畢。城之裏，環植萬柳，城之外，四圍包砌，已三之二。未幾，虜大入，窺黄州砂窩諸關，遂命先生節制五郡軍馬，提督五關。又命先生越關往光州督戰，先生聞警就道有日，忽得旨改和州。」

時王師敗績於泗水，制帥請令先生赴司稟議，自龍舒來金陵，從制帥勞軍維楊。尋以所議不合，引歸。

朝命知和州，仍赴司議事。先生辭免和州，遵稟議事。○葉士龍曰：「泗上之役，喪師萬人。良將勁卒，精兵利器，不戰而淪於泗水。黄團老幼，俘虜殺戮五六千人。盱眙東西千餘里，莽爲丘墟。還適先生自龍舒至，從帥往維楊犒師。還之五日，先生密書抵之，勸其出宿于外，大戒于國，日與四方之賢士討論條畫，以爲後圖。且爲陳策應安豐、守衛浮光及屯固始、守五關之計，皆不能用。先生杜門稱疾，而歸計決矣。」○林梅塢曰：「先生一見，箴規闕失，皆人所不敢言者。先生嘗歷沿淮郡倅，多識兩淮豪傑，而豪傑亦習知先生之爲人，所願歸心焉。至是，聞先生在幕府，皆有奮身自效之意，而幕府諸人益忌之。蓋時方掩覆以避禍，欺誕以爲功，而先生所言者，皆公爾忘私之語，經遠務實之計，則言出而身危者宜矣。」○《汪氏遺事》曰：「公在江淮幕府數月，告去甚力。制使留之，不可，自往見公曰：『是終不可屈留耶？』公曰：『非然也。方今淮西之事可憂，尚書若責實經理，命駕駐合淝數月，某雖奔走六關，爲幕府倡，人任一事可也。不然，亦安用某爲哉？不若許去之爲得也。』」○鄭元肅録云：「當時幕府書館，往往輕儇浮靡之士，僚吏士民有獻邊畫機謀，多爲毁抹疏駁，將帥偏裨屬櫜於庭，踞坐受之，略不爲禮。人心不附，所向無功。時方流移滿道，餓莩盈野，而諸司長吏設樂張燕無虚日。先生每事痛言其非，語侵幕中賓客，制帥外雖勉從，而内已不能堪，同僚遂從而媒孽之。初，制帥奏辟，先生本不樂就，以方有守關督戰之委，不敢辭難。譏之制帥者，乃有逼己之嫌，制帥既惑於人言，反舉自代。然先生引疾苦辭，浩然去志已凛乎有不可奪者矣。」

四月，依舊知安慶府兼制置司參議官。

六月，召赴行在奏事，屢辭不就。

初辭。五月，奉旨不允，再辭。六月，有奏事之命，又辭。七月，奉旨不允。

由池陽如江州，寓居廬山，棲賢僧舍以俟朝命。朋友生徒游從，講學於山間。於是，安慶新城内外畢投。

葉士龍曰：「朝廷復畀安慶，了畢城壁。先生以安慶除代，難以再就，再辭，遂自池陽迤邐俟報，至濂溪祠堂，移文促官吏輩成城。暨先生被入奏之命，而安慶之城已砌將畢。」○楊信齋曰：「安慶之民數百人競趨制司，乞先生還安慶。李公因奏，乞先生再知安慶。先生曰：『安慶潛藩，和州列郡，昨辭和州，而今受安慶，辭小居大，其無廉恥甚矣。』」○時先生已遣家眷東歸，而獨徜徉池陽、九江間，以俟請祠之報。蓋兩郡於舒爲近，以見臣子不敢自安之意。然先生不往龍舒，蓋已決矣。○時有《白鹿講義》《廬山問答》。

七月，除大理寺丞，又辭，監察御史李楠奏罷之。命下，先生已至臨川，遂遊麻姑，取道順昌以歸。

林梅墕曰：「先生方退避請祠，而中外亦慮先生入見，必直言邊事以悟上意，叶謀擠之。先生既歸，杜門謝絶人事，惟聞邊報與水旱，則蹙頞不樂者久之。」○金華何伯熭曰：「先生夙有大志，自少講貫，不爲無用之學。初入荊湖幕府，奔走諸關，與江淮豪傑游，往往已有依附意，及倅安豐、武定，諸將皆歸心焉。後倅建康，守漢陽，聲問益著。諸豪又深知先生倜儻有謀，及來安慶，且兼制幕，長淮軍民之心翕然相向，每遇制司文移失當，則悻然而怒，皆願得先生以爲依歸。此聲既出，在位者益忌，故同僚羣起而見擠，有馳書於朝，令其親屬譖之時宰，故當時陽召而實逐之，不知先生浩然歸志，已見於不從諫之日矣。」

先生去後，舒民懷思不忘。後三年，虜大入，邊城被禍，獨安慶無虞，人益感先生之德。

楊信齋曰：「先生在安慶，民立生祠於城北。去後思先生恩德之深，復立祠城南。蓋南北之人，各欲便於熏祝也。及聞臺劾，有『安慶築城軍民愁嘆』之語，又爲詩曰：『要識舒民愁嘆處，城南城北兩祠堂。』以此見民情之不可拂，公論之不可泯如此。後三年，虜又自間道直趨蘄、黄，破城郭，殺官吏，守臣以下皆死，兩州墜於塗炭，惟舒城晏然，虜不敢犯。至是，始知先生之大功庇民遠矣。」○金壇王公遂祭文曰：「誰爲此言，和附詆排。謂關不必守，虜不必來。未幾明年，虜入就食。今來關破，連城告蹐。黄以身竄，蘄以家徇。溥彼皖城，畏不敢近。舒卒有來，泣涕相告：微我黄公，父子不保。」

八月，長孫興公生。○九月，先生歸至法雲寓舍。○十一月，差主管建寧府武夷山冲佑觀，重修《儀禮經傳》續卷，置局於寓舍之書室及城東張氏南園。四方生徒，會聚講學。

林梅塢曰：「文公所編《儀禮》，工夫汗漫，十未及一二，而先生身任其責，中間奔走王事，作輟不常，每以爲慊。及此投閑，乃整葺爲書，與同志者以卒其業。」○楊信齋曰：「先生日接鄉黨後進，講明身心性情之德，修己治人之方，以開曉學者，始知向方。朋友自蜀、江、湖來者日衆。」○時江西□□□□□、岳陽方暹明父、蜀人家擯本仲皆來。

十二年己卯，諸生移寓于山之嘉福僧舍。

先是，先生以法雲寓居迫狹，無以容朋友，更闢草舍三間於門側，先生坐臥寢食其間。至是，諸生來者寖多，又不能容，乃假嘉福寺居之。○林梅塢曰：「先生朝往夕返，日以爲常。諸生質疑請益，氣象如文公時。或有過於思索者，先生曰：『以心照書，無以書入心可也。』又嘗言學者役精神於文義，而不反求諸心，終未免有口耳之學。故於講論之際，必宛轉而歸諸求放心、存天理者焉。」

始通釋文公《論語》。

潘瓜山曰：「公晚年丐閑，方欲成先志，取文公諸書，以次通釋，《論語》僅已，抱恨九原矣。」〇門人陳宓題叙《通釋》曰：「先生合文公《集注》《集義》《或問》三書而通釋之。蓋《集注》之辭簡而嚴，學者未能遽曉，於是作《或問》一書，設爲問答，以盡其詳，且明去取諸家之意。先生恐學者不暇旁究，故直取疏解《集注》之辭，而列之於後，以便觀覽。然《集注》《或問》間有去取之不同，發揮之未盡，先生追憶向日親炙之語，附以己意，名曰《通釋》，於是始無遺憾矣。嗚呼！文公年七十一，自弱冠至于易簀，未嘗一日不用其力於此書，先生弱冠從文公遊者，三十餘年，未嘗不執經在左右，其去取之論，無不與聞。先生年亦七十，從事是書，亦五十年。晚歲得閑歸三山，生徒雲集，講論餘暇，率夜坐至四鼓，未晨而興，手釋二十篇，比成而逝。其用心堅苦如此，學者其可以易觀哉？」〇先生之意，蓋欲合《集注》《集義》《或問》《語録》四書而通釋之，其後《語録》未果入也。

五月，新作書樓法雲寓居之右，牓曰「雲谷」，以示毋忘文公之訓。

陳氏記曰：「先生歸寓舍，立重屋讀書，其上命曰『雲谷』，取朱先生隱廬之舊名。」

十二月，門人張元簡以古昏禮歸其女弟，請於先生，爲之正其儀法，行之。

張氏姻家龔君□□人共賢之。〇潘瓜山曰：「鄉人有欲行古婚者，獨以奠鴈恐爲人駭笑，來質於公。公曰：『今人家子弟，鬭雞走馬不以爲怪，而巍冠博帶以行禮，顧慮人之非笑。』其人遂決意行之。」

十三年庚辰春，先生躬相丘宅于北山匏犧原，結廬其旁，牓曰「高峰書院」，諸生從學于山間。

地在懷安縣靈山鄉遵化里林洋寺。是年，陳師復、潘謙之自莆來會，山間題名在焉。○初，先生有意卜居北郊，以近父兄墳墓爲安。既得吉兆，喜甚，廬成，名其亭曰「求得正」，其閣曰「老益壯」，其軒曰「笑不答」，其泉曰「逝如斯」，安處其中，州郡屢延請講書，辭不就。一向深入學者，賫糧從於山間云。

三月，門人陳仍以古冠禮冠其長子，請於先生，爲之正其儀法，且涖其事。

時肄業于嘉福寺，遂即其地而行禮焉。陳君之兄偉爲主人，楊信齋爲賓。先生與趙季仁、張敬父諸君涖焉。

夏，《儀禮經傳通解》續卷《喪禮》書成。

楊信齋曰：「先生歸自建鄴，奉祠居家，始取向來《喪禮》藁本精修。至庚辰之夏，而《喪禮》書成。本經則《喪服》《士喪禮》上下、《士虞禮》，所補者則《喪大記》上下、《卒哭祔練祥禫記》《補服》《喪服變除》《喪服制度》《喪服義》《喪通禮》《喪變禮》《弔禮》《喪禮義》，凡十五卷。《祭禮》亦已有書，本經則《特牲》《少牢》《有司徹》，《大戴》則《釁廟》。所補者，則自天神地祇、百神宗廟，以至因事而祭者，如建國遷都，巡守師田，行役祈禳及祭服祭器，事序終始，其綱目尤爲詳備。先生嘗言：『某於《祭禮》，用力甚久，規模已定，每取其書翻閱而推明之，間一二條尚欠修正。』方欲加意更定，而先生殁矣。嗚呼！《禮》莫重於《喪》《祭》，文公以二書屬之先生，其責蓋不輕也。先生於是書也，推明文王、周公之典，辨正諸儒同異之論，剖擊世俗蠹壞人心之邪説，以示天下後世。其正人心、扶世教之功，至遠也。先生之心，憂天下後世爲心，夫豈以著述爲一己之書哉？先生又念《喪禮》條目散闕，欲撰《喪服圖式》一卷以舉其要。草創已就，猶慊然不滿意，曰：『此卷尚欲審訂，或别爲一書，如外書，以附其後可也。』」○又曰：「先生嘗言此卷乃十五卷之樞要，又包舉古今喪禮之變，兼括節文度數之詳，尚欲子細審訂以成之。蓋謹重不輕之意也。先生又嘗謂《祭禮》已有七八分，欲修定，用力甚省。復請於先生曰：『他卷更無可議，惟天神一門，更宜整正。』先生然其言。」

五月，門人趙師恕率鄉黨朋友習鄉飲酒儀于補山，先生以上僎臨之。

潘瓜山曰：「公嘗謂鄉飲酒之禮久廢不講，率諸生習而行之。聞而沮之者甚衆，公執之愈堅，行之愈力。習禮之日，時官寓公以與集爲榮，觀者千百輩，無一人敢非笑者，蓋公率之以誠故也。」

八月，轉奉議郎。九月，除權發遣潮州，再辭。十二月，差主管亳州明道宫。

楊信齋曰：「時食指頗衆，祠禄將滿，或以爲貧，勉先生赴上。先生曰：『事論義理之當否，豈可言貧？若徒曰爲貧而已，則貧之一字，何時而能足哉？志士不忘在溝壑，勇士不忘喪其元。死不足恤，何畏於貧？况明年七十，當掛冠。若到官未久便請掛冠而歸，進退何所據哉？』朋友有以書問先生出處，答曰：『久病不可以臨民，臨民則廢事，廢事則爲不忠。年老不可以入廣，入廣則忘身，忘身則爲不孝。』卒辭之。」

《孝經本旨》成。

初，文公嘗欲掇次他書之言可發明《孝經》之旨，別爲《外傳》而未暇爲。今先生之爲此書，蓋成其志也。門人陳宓刊于延平。

乞致仕。

以明年七十也。

十四年辛巳正月，《文公行狀》成。

有《告文公祠堂文》。

三月壬寅，終于所居之正寢。

前六日，與楊信齋書云：「《論語》讀得一過，益見聖人之道大。老矣，既不可追悔，朋友間不能刻意求進，一得之智，一偏之見，便志滿意足，大可歎也。以是，今歲趲催學者愈急也。」○先生素苦痞氣，至是發動。前屬纊之夕，猶誦書，課童孫，晨興而逝。衣衾棺槨，皆朋舊共成之。

四月乙丑，葬于高峰書院。

門人弟子執紼者二百餘人，皆衰絰菅屨，引柩三十餘里。至山間，喪儀如禮。鄉人歎息，以爲前此未之見。

八月壬子朔，孺人朱氏卒。十月，合葬于高峰之原。

葉士龍曰：「夫人生有淑質，長服家庭之訓，事先生無違德，以明堂恩封孺人。先生歿，而夫人以哀毀成疾而逝，相去僅一百三十三日耳。」○林梅塢曰：「夫人生長德門，閨閫儀範，師表一世。羽向者侍先生之側，嘗言夫人居清貧中撫育之勞：寒暑補綴針線未嘗去手，遇食則分肉以飼諸子，每持空羹以對飯。羽親聞其語，凛然起敬。」○門人孫德輿曰：「夫人性行均淑，賢德著聞于中外，克相君子，終始儉勤，義重所天，遂成哀毁，卒從夫子於九原。悲夫！」

十二月，轉承議郎，致仕。

告詞曰：「儒者而以才顯，此有用之學，而儒之爲貴也。爾聞道甚深，晚方一命，龍舒版築之功，歸然爲淮右重，可謂不負左符之寄矣。幕府謀猷不合而去，悵賢業之未究，而遽致其事。莫奪汝志，姑進一階，尚淑後人，以綏多祉。」

理宗寶慶三年丁亥，諸生祠先生于鼇峰精舍。

即嘉福僧舍，舊日從遊之地。○瓜山潘柄與門人楊復、陳宓等衆議儒釋難與共處，遂卜其地於鼇峰之趾，不遠先生平日讀書息遊之所。諸生捐金，得提幹李氏之舊宅，東至龜石祠，西至池，南至妙嚴，北至陳給事，規模形勝，彷彿武夷白鹿之意存焉。○李弘齋記文。

嘉熙三年，安撫司撥助祭花利池二頃，坐落迎仙橋南。○佃户李惠等年納租陸拾伍貫足。○使府公據壹道。

紹定六年癸巳，詔贈朝奉郎，仍與一子恩澤。

告詞曰：「洙泗之斯文未喪，得顔、曾數子羽翼，而其教大明；伊洛之正學方興，得尹、楊諸人發明，而其傳益廣。今有倡道武夷，而門人之中，卓然以扶世立教自任，是國家之所當尊向也。❶以爾紹興名

❶「向」，《勉齋先生黄文肅公附集・轉官告詞》作「尚」。

御史瑀之子、慶元朱侍講熹之甥，密察精思，盡得師承之正；篤行力踐，發爲賢業之光。矧熹於易簀之時，屬爾以傳道之託，討論《三禮》，敷繹四書。朕今讀其書，求其徒，思堅正弘毅如榦者，既不得與之同時矣，則追榮一秩，燕及後昆，朕又何愛焉？可特贈朝奉郎，仍與一子恩澤。」〇直舍人院吴公□行。

端平三年丙申，謚文肅。

太常少卿吴公昌裔率其屬議曰：「造道入德之方，莫過致知居敬而已。《堯典》首論欽明文思，而聖人之道以傳。孔門中言博文約禮，而聖人之道以立。《大學》格物致知，《中庸》學問思辯，則窮理之極功也。其曰『誠意正心』，曰『戒謹恐懼』，則治心之要法也。蓋吾心之靈，萬物畢備，必主一收斂，以澄其源。聖賢之書，嘉言具列，必隨事窮格，以精其義。二者蓋互相發，不容以偏廢也。程子曰：『涵養須用敬，進學則在致知。』朱子曰：『主敬以立其本，窮理以致其知。』兩先生挈提綱領，開示後學者至矣。勉齋黄先生自登文公之門，即喜此身有所歸宿，於是萬事悉置，而專探索於義理之淵，一物不留，而常提省於神明之舍。謂學問無窮，不可以輕儇淺得也，則遠而觀諸陰陽道器之運，進而求諸精氣魂魄之神，哭而察諸性道中和體用之貫，微而考諸敬義文禮知行之精。文公《四書》口授面講，一義必繹，一字必訂。既嘗與於討論之事，先生所著，《禮》有《續編》，《語》有《通釋》，《大學》有《經解》，《中庸》《孟子》有《講義》，尤足以發明師傳未發之言，則先生之致知，可謂密矣。知心爲活物，不可以縱肆緩慢求也，則以丹書『敬勝怠』之語列坐右，以《洪範》『恭作肅』之訓授諸生。其操心也静而一，其應物也動而明。吾義可安，雖簞瓢屢空有所不厭；吾志可行，雖筦庫卑官有所不屑。其任州縣，寧以匹夫不被其澤爲恥，不以一時近利爲己功；其參幕府，寧以殺一不辜爲戒，不以流俗姗笑爲己病。力可以自任天下之重，而見不以禮，不肯曳裾於權門；才可以經綸天下之經，而招非其道，不忘志在於溝壑。頽簷敗屋，人不堪憂，而風味蕭然，尚有堅壯之志；莫齡宿疾，歲不我與，而講論亹亹，一無衰惰之容。則先生之持敬可謂篤矣。世之學問，溺志卑近者，既鶩於方策，而不能存養本原；馳心高妙者，又略於章句，而不務研索義理。惟文公發明致知主敬之義，每使學者互進功程，其説固已内外兼該；而先生體帖居敬集義之旨，專欲教人點檢身心，其功尤爲近裹親切。是則文公有功於程氏，而先生有助於師門。千載師友之盛，真所謂顔、曾之於洙泗矣。文公嘗曰：『直卿志堅思苦，吾道之託，在此無憾。』則文公之文，不在兹乎？先生嘗曰：『先師嘗以畏字狀敬，某又看得肅字較密。』則先生之肅，非苟知之乎？其允蹈之乎？《謚法》：『道德博聞曰文，剛德克就曰肅。』合二字而謚先生，夫誰曰不宜？」○尚書考功員外郎王公瓚《覆謚議》曰：「議謚者，奉常也；覆謚者，考功也。少卿吴公昌裔謚故大理寺丞特贈朝奉郎黄公某曰文肅，三復斯議而歎曰：『懿哉斯名乎！』瓚嘗分教歷陽邂逅，登公之堂矣。灸其誨論，則旨趣敷暢，金奏玉應，秩然而理也；挹其容貌，則矩度端嚴，霜凝冰沍，凜然而威也。傷今不復見矣，可無以寓其形容之意乎？竊謂道以人而傳，亦以人而明。吾夫子以身任斯道之責，與諸門人弟子相講明者，大端不過博文約禮而已。顔子得之而爲克己之仁，曾子得之而爲省身之學，子思得之而有明辯篤行之説，孟子得之而有敬義内外之辨。是以道由夫子而傳，至諸子而明矣。洙泗而後，逮本朝而周、程出焉，繼之者晦菴朱文公某、南軒張宣公某、東萊吕成公某。公則受業文公之門者也。文公嘗曰：『主敬以立其本，窮理以進其知。』公亦拳拳於丹書敬怠之格言、伊洛精微之奥旨，朝夕講誦，必欲到徹底處。故自格物而至於致知，精義而至於入神，則明誠之教，皆誠明之性。形而下者之器，皆形而上者之道。羣疑洮汰，萬境昭融，不期文而自文矣，非道德博聞者乎？□□□□至於□外，誠意而至於正心，則不□□□□□，❶□如手指目視之地；家□燕□□□，□□□廟顯臨之□。□居龍見，□默□□，□□□而自肅矣，非□□□□□□？抑嘗謂□□、□□□□□，□□、□□□□□□，□□□□□□□□□□□，□□理貫通而後可言存心之要。齋著乎正，所以養斯文之原也；文理密察，所以充此敬之用也。文公既以斯道而託於公，公亦以斯道自任，發明文公之學。位雖不稱其德，乃若討論《三禮》，敷繹四

❶「則不」句，以下文字殘闕，標點依據本書附集《覆謚》一文。

書，其化今，其傳後，有補於學者多矣。一時名公與今知院鄭公性之頌述其美，以贈官節惠，申請于朝，綸誥褒獎，至有『密察精思，盡得師傳之正；篤行力踐，發爲賢業之光』，且有『堅正弘毅，不得同時』之歎。公之道，至是始光明於天下矣。」

聖上因讀《禮書》，問：「朱某適傳是黄某，黄某適傳爲誰？又相與編《禮》門人爲誰？」殿院王公遂抗疏，謂：「公遊文公之門，爲後進領袖，講説著述，世多傳誦，人以爲學明東南，文公之功爲大，公之力爲多，請迓易名之典，詔下奉常，謚以文肅。盍從少卿之議，以充太史之録，謹謚。」四月九日，奉聖旨依。

勉齋先生黄文肅公年譜卷終

義和自弱冠登勉齋先生門，因表叔潘瓜山柄以進，延于家塾，俾課諸子讀書。義和因而受學，暨義和補入太學，時先生守官，乃之石門。義和從先生往官所，朝夕侍側，聽先生教誨爲最親。嘗記在法雲寓舍，一日，先生與瓜山説乾坤易簡，顧語義和曰：「乾惟健故易。此易字非是輕易，亦非止平易，如人剛健則任重不難。」

先生禀德既剛，加以學力，剛與慾反，擺脱世上昏利，見理分明。以此守身居官，健而無息，何事不濟？石門酒政成，薦者交剡，託一二朋友代謝啓，無可其意者，乃自述。其中一聯云：「與其因偷敗事因貪敗名，孰若以勤易安以廉易飽。」此寫出先生本心，豈他人所能道？秩未滿，值邊事動，故人吴公獵出帥湖北，道經石門，艤舟訪先生，且請于朝。先生安貧守道，其心不忘天下，宣勞湖幕，□試劇邑，倅貳極邊，所至有聲。然立身易，用世難。守漢陽，與帥漕不合；守安慶，與制垣不合。方時多事，專方面者以功名自壯，實不離乎富貴，吾欲以道義行乎其間，難矣。昔孟子談仁義於齊梁之間，如以方枘入圓鑿，黄鍾動俚耳，烏能有合？然盛行不加，窮居不損，孟子之所性自若也。

先生自安慶歸，義和撰屨僅數月，適常德冷官及戍，忽忽又别，臨行告先生曰：「授徒講學，以紹朱文公之統，今其時矣。」既抵官，聞朋友聚鼇峰日盛，竊以爲喜。甫再朞，而聞先生之訃。哀哉！先生生無田廬，棲僧寺以居，死無衣衾棺槨，賴朋友共爲之。貧者，命也；蓄德未展於用者，時也。出處以義，不負朱門之付託者，有道存焉，命與時不足言也。先生殁，今四十四年矣。家日貧，諸孤無存，行狀誌銘未具。近得《年譜》一卷於先生之猶子友進，乃門人鄭元肅所録。元肅舊從予遊，壯之四方，學問益長進。今亡矣。反覆此卷，亦頗完備。間有剪其繁蕪，補其踈漏，可爲行狀、誌銘張本，以俟他日作者。敬書卷末，少叙哀悃。景定五年歲次甲子，門人朝奉郎直秘閣致仕陳義和謹述。

勉齋先生黄文肅公附集

國史附傳此本得之巖溪趙侍講家

黄榦字直卿，福州閩縣人。父瑀，事高宗爲監察御史，以篤行直道著聞，與朱熹相厚善。瑀歿，榦請授業于熹，寓溪山間。人跡迥絶，孤燈獨坐，懸榻不設。❶熹語人曰：「直卿志堅思苦，與之相處，甚有益。」久之，授以道德性命之旨，即領會。及門之士，皆推高焉。嘗詣東萊吕祖謙，以所聞於熹者相質正。及南軒張栻亡，熹與榦書曰：「吾道益孤矣，所望於賢者不輕。」後遂以其子妻榦。寧宗登極，熹命榦奉表，補將仕郎，銓中，授迪功郎，監台州酒務。丁母艱，學者從之講學于墓廬甚衆。熹作竹林精舍成，遺榦書，有「他時便可請直卿代即講席」之語。及編《禮書》，獨以《喪》、《祭》二編屬榦。藁就，熹見而喜曰：「所立規模次第，縝密有條理，他日當取所編家鄉、邦國、王朝禮，悉倣此更定之。」病亟，盡授榦以所著諸書，手書與訣曰：「吾道之託在此，吾無憾矣。」榦執弟子禮，畢師之喪。

調嘉興府石門酒官。時韓侂胄方謀用兵，吴獵帥湖北，將赴鎮，訪以兵事。榦謂：「今天下事盡委之二厮役，國且自伐，何以伐人？」吴深然之，辟入幙，事有未當，必輸忠欵力争。江西諸司辟爲臨川令，

❶「懸」，底本原爲小字「從縣從心」，蓋係避宋諱而改刻，爲文義通順故，今回改。

曰：「憲臺以死囚走失、刼盜不獲，當責之巡尉，不當責之保正。兩造曲直未分，不當俱置囹圄。」憲下所陳，爲州縣式。歲旱，勸糶捕蝗極其力。改秩知新淦縣，吏民習知臨川之政，皆喜躍，不令而政行。用舉者薦，擢監尚書六部門。尋知漢陽軍，糴客米，發常平，以賑飢歲。制司下令，欲移本軍之粟，而禁其糴。榦報以「乞候某罷命之至然後施行」，及援鄂州例，❶十分之一求賑助給米於制司。荒政具舉，旁郡飢民輻湊，惠撫均一，春暖願歸者給之糧，不願歸者爲之結廬，民大感悦。所至以庠序教養爲急，臨川士多從熹學，闢縣庠之左爲書院以處之，朝夕延置問辨，以究其師之業。其在新淦，立規程于學，日爲諸生講《論語》。至漢陽，又選老成之士于學爲表倡，朔望講《孟子》要旨，即郡治後鳳栖山爲屋，館四方士，立周、程、游、朱四先生祠而記之。❷以病篤乞祠，章三上，主管武夷冲祐觀。尋起知安慶府，至郡五日，虜犯浮光郡，民恐，奔軼四出，不可遏。即日申于朝，請城安慶。躬杖屨督役，勞問賞犒不絶，役夫與董事者忘其勞。民喜得城，争獻錢米竹木，皆謝却之。半歲，土功告成。明年，虜再犯浮光，迫沙窩。又明年，虜破沙窩，淮東西皆震，獨安慶按堵如故。繼而霖潦餘月，巨浸暴至，城屹然無虞。舒人德之，相謂曰：「不殘于寇，不陷于水，生汝者黃父也。」制置李珏辟爲參議官，再辭不受。既而朝命與徐僑兩易和州，且令先赴制司禀議。榦力上祠請，即自解印，趨制府。歷陽軍民日望其來，

❶「及」，底本作「反」，據《宋史·黃榦傳》改。

❷「四」，底本作「五」，據《宋史·黃榦傳》及文義改。

曰：「是嘗檄至吾郡鞫死囚，感夢於古井中者，庶能直吾屈乎？」

先是，榦移書珏曰：「丞相誅韓之後，懲意外之變，專用左右親信之人，往往得罪於天下公議，世之君子遂從而歸咎於丞相。丞相不堪其咎，斷然逐去之，而左右親信者其用愈專矣。平居無事，紀綱紊亂，不過州縣之間，百姓受禍。至於軍政不脩，邊備廢弛，皆此曹實爲之。若今大敵在境，更不改圖，大事去矣。今日之急，莫大於此。宜數手書，密布忠悃，委曲曉譬，以開其惑。」又曰：「人心天意，只是一事。今諸賢皆引去，則失人心多矣。如李敬子、劉平國、李貫之、陳師復，豈可不力言之朝，乞加擢用，以安人心，以順天意？」又曰：「辟客雖皆出於朝命，當擇世之卓然爲人所推者，卑辭厚禮，招置東閣，雖百十人不厭也。人才多則議論多，議論多則爲益多矣。孔明《出師後表》歷言其生平所得人物，今皆不在，深歎日月之逾邁，而事功之不立，可謂知所先務矣。」又曰：「不張皇，不勞擾，可坐得一二十萬精卒，以守長淮數千里之地，國家何憚而不爲爲？今之計，莫若用兩淮之人，食兩淮之粟，守兩淮之地。然其策，當先明保伍。保伍既明，則爲之立堡塞、蓄馬、制軍器，以資其用，不過累月，軍政可成。且淮民遭丙寅之厄，今聞虜人遷汴，莫不狼顧脅息，有棄田廬、挈妻子渡江之意，其間勇悍者，且將伺變竊發。向日胡海、張軍大之變，爲害甚於虜。今若不早爲之圖，則兩淮日見荒墟，卒有警急，攘臂而起矣。」珏往往皆不能用。及至制府，珏往維楊視師，與偕行，榦言：「虜既退，當思所以賞功罰罪者。崔維楊能於清平山豫立義寨，斷虜人右臂，方儀真能措置捍禦，不使軍民倉皇奔軼，此二人者，當薦之。泗上之敗，劉倬可斬也。某州官吏三人携家奔竄，追而治之，然後具奏也。」幕府憚榦嚴直，少年輩或至玩侮。

榦知不足與共事，歸自維楊，再辭和州之命，仍乞祠，閉閤謝客，宴樂不與。告其長曰：「浮光虜退已兩月，安豐已一月，盱眙亦將兩旬，不知吾所措置者何事？所施行者何策？邊備之弛，又甚於前。日復一日，恬不知懼，恐其禍又不止今春矣。向者輕信人言，爲泗上之役，喪師萬人。良將勁卒、精兵利器，不戰而淪於泗水。黄團老幼，俘虜殺戮五六千人。盱眙東西數百里，莽爲丘墟。安豐、浮光之事，大率類此。竊意千乘言旋，痛自咎責，出宿于外，大戒于國，曰：『此吾之罪也，有能箴吾失者疾入諫。』日與僚屬及四方賢士討論條畫，審思而力行之，卧不安枕，食不下咽也。今歸已五日矣，但聞請總領、運使至玉麟堂賞牡丹，用妓樂；又聞總領、運使請宴賞亦然；又聞宴僚屬亦然。邦人聞之，諸軍聞之，豈不痛憤？且視牡丹之紅豔，豈不思邊庭之流血？視管絃之啁啾，豈不思老幼之哀號？視棟宇之宏麗，豈不思士卒之暴露？視飲饌之豐美，豈不思流民之凍餒？敵國深侵，宇内騷動。主上食不甘味，聽朝不怡，大臣憂懼不知所出，尚書豈得不朝夕憂懼，而乃如是之迂緩暇逸耶！今浮光之報又至矣，虜欲以十六縣之衆，四月攻浮光，侵五關，且以一縣五千人爲率，則當有八萬人。以二萬人攻浮光，以萬人刈吾麥，以五萬人攻五關，吾之守關不過五六百人，豈能當萬人之衆哉？則關之不可守決矣。五關失守，則蘄、黄決不可保。蘄、黄不保，則江南危。尚書聞此亦已數日，乃不聞有所施行，何耶？」其他言皆激切，同幕忌之尤甚，共詆排。厥後光、黄、蘄繼失，果如所料，遂力辭去，請祠不已。俄再知安慶，不就。入廬山，訪其友李燔、陳宓，相與盤旋玉淵、三峽間，俛仰其師舊跡，講乾坤二卦於白鹿書院，山南北之士皆來集。未幾，召赴行在所奏事，又辭。除大理丞，不拜，爲御史李楠所劾，遂歸里。弟子日盛，巴蜀、江湖之士不遠千里而來，編禮著書，日不暇給。夜與其徒講貫經理，亹亹不倦，借鄰寺以處學者，朝夕往來，質疑請益，如熹時。俄命知潮州，辭不行，差主管亳州明道宮。踰月，上掛冠請，杜門謝絶人事，特授承議郎致仕。既歿後數年，門人請謚，得旨，特贈朝奉郎，與一子下州文學。尋詔謚文肅。生平學業，見于《經解》、文集行于世。

史臣曰：世不知儒者，謂闊遠事情，不急於世用，謬矣。中興以來，朱熹之學儻得大用，致隆平，頌清廟，豈不易易然哉？今觀其門人巨擘如榦，雖出仕晚，引年速，守邊備禦，籌畫闔事，忠忱遠慮，宛然得諸葛孔明遺意，終亦不與時偶而去。惜哉！意者天將以其師友傳授，爲斯文寄歟？

轉官告詞

洙泗之斯文未喪，得顔、曾數子羽翼而其教大明；伊洛之正學方興，得楊、尹諸人發揮而其傳益廣。今有倡道武夷，而門人之中，卓然以扶世立教自任，是固國家之所當尊尚也。以爾紹興名御史瑀之子，慶元朱侍講熹之甥，密察精思，盡得師傳之正，篤行力踐，發爲賢業之光。矧熹於易簀之時，屬爾以傳道之託，討論《三禮》，敷繹《四書》。朕今讀其書，求其徒，思堅正洪毅如榦者，既不得與之同時矣，則追榮一秩，燕及後昆，朕又何愛焉？可特贈朝奉郎。

謚議

朝奉大夫、太常少卿兼國史院編修官，兼實録院檢討官吴昌裔率其屬議曰：造道入德之方，莫過致知居敬而已。《堯典》首論欽明文思，而聖人之道以傳；孔門申言博文約禮，而聖人之道以立。《大學》格物致知，《中庸》學問思辯，則窮理之極功也。其曰誠意正心，曰戒謹恐懼，則治心之要法也。蓋吾心之靈，萬物畢備，必主一收斂以澄其源；聖賢之書，嘉言具列，必隨事窮格以精其義。二者蓋亦相發，不容以偏廢也。程子曰：「涵養須用敬，進學則在致知。」朱子曰：「主敬以立其本，窮理以進其知。」兩先生挈提綱領，開示後學者至矣。勉齋黃先生自登文公之門，即喜此身有所歸宿，於是萬事悉置，而專探索於義理之淵；一物不留，而常提省於神明之舍。謂學問無窮，不可以輕儇浮淺得也，則遠而觀諸陰陽道器之運，進而求諸精氣魂魄之神，大而察諸性道中和體用之貫，微而考諸敬義文禮知行之精。文公《四書》，口授面講，一義必繹，一字必訂。既嘗與於討論之事，而先生所著，《禮》有續編，《語》有《通釋》，《大學》有《經解》，《中庸》《孟子》有《講義》，尤足以發明師傳未發之言，則先生之致知，可謂密矣。知心爲活物，不可以縱肆緩慢求也，則以丹書「敬勝怠」之語列坐右，以《洪範》「恭作肅」之訓授諸生。其操心也静而一，其應物也動而明。吾義可安，雖簞瓢屢空有所不厭；吾志可行，雖筦庫卑官有所不屑。其任州縣，寧以匹夫不被其澤爲恥，不以一時近利爲己功；其參幕府，寧以殺一不辜爲戒，不以流俗姍笑爲己病。力可以自任天下之重，而見不以禮，不肯曳裾於權門；才可以經綸天下之經，而招非其道，不忘志在於溝壑。頹簷敗壁，人不堪憂，而風味蕭然。嘗有堅壯之志，莫齡宿疾，歲不我與，而講論亹亹，一無衰惰之容，則先生之持敬可謂篤矣。世之學問，溺志卑近者，既騖於方策，而不能存養本原；馳心高妙者，又略於章句，而不務研索義理。惟文公發明致知主敬之義，每使學者互進功程，其説固已内外兼該，而先生體貼居敬集義之旨，專欲教人點檢身心，其工尤爲近裏親切。是則文公有功於程氏，而先生有助於師門。千載師友之盛，真所謂顔、曾之於洙泗矣。文公嘗稱：「直卿志堅思苦，吾道之託在此無憾。」則文公之文，不在兹乎？先生嘗曰：「先師以畏字狀敬，榦又看得肅字較密。」則先生之肅，非苟知之乎？其允蹈之乎？《謚法》：「道德博聞曰文，剛德克就曰肅。」合二字而謚先生，夫誰曰不宜？謹謚。

覆謚

朝奉大夫、行尚書考功員外郎兼權樞密院檢詳諸房文字王瓚撰到《覆謚議》曰：議謚者，奉常也；覆謚者，考功也。少卿吴公昌裔謚故大理寺丞、特贈朝奉郎黄公榦曰「文肅」。三復其義而歎曰：「懿哉斯名乎！」瓚嘗分教歷陽邂逅，登公之堂矣。炙其誨論，則旨趣敷暢，金奏玉應，秩然而理也；挹其容貌，則矩度端嚴，霜凝冰沍，凛然而威也。傷今不復見矣，可無以寓其形容之意乎？竊謂道以人而傳，亦以人而明。吾夫子以身任吾道之責，與諸門人弟子相講明者，大端不過博文約禮而已。顔子得之而爲克己之仁，曾子得之而爲省身之學，子思得之而有明辯篤行之説，孟子得之而有敬義内外之辨。是以道由夫子而傳，至諸子而明矣。洙泗而後逮本朝，而周、程出焉，繼之者晦菴朱文公熹、南軒張宣公栻、東萊吕成公祖謙。公則受業文公之門者也。文公嘗曰：「主敬以立其本，窮理以進其知。」公亦拳拳於丹書敬怠之格言、伊洛精微之奥旨，朝夕講誦，必欲到徹底處。故自格物而至於致知，精義而至於入神，則明誠之教，皆誠明之性；形而下者之器，皆形而上者之道。羣疑洮汰，萬境昭融，不期文而自文矣，非道德博聞者乎？自直内而至於方外，誠意而至於正心，則不睹不聞之中，常如手目指視之地；家庭燕處之時，常如宗廟顯臨之日。尸居龍見，淵默雷聲，不期肅而自肅矣，非剛德克就者乎？抑嘗謂德行、文學雖別兩科，文行、忠信實同一教，必志慮寧静而後可言講學之功，必義理貫通而後可言存心之要。齊莊中正，所以養斯文之原也；文理密察，所以充此敬之用也。

文公既以斯道而託於公，公亦以斯道自任，而發明文公之學。位雖不稱其德，乃若討論《三禮》，敷繹《四書》，其化今，其傳後，有補於學者多矣。一時名公與今知院鄭公性之頌述前美，以贈官節惠，中請于朝，❶綸詞褒獎，至有「密察精思，盡得師傳之正；篤行力踐，發爲賢業之光」，且有「堅正弘毅，不得同時」之歎。公之道，至是始光明於天下矣。

聖上因讀《禮書》，問：「朱熹適傳是黃榦，黃榦適傳爲誰？又相與編《禮》門人爲誰？」殿院王公遂抗疏，謂公遊文公之門，爲後進領袖，講説著述，世多傳誦，人以爲學明東南，文公之功爲大，公之力居多。請還易名之典，詔下奉常，謚以文肅。盍從少卿之議，以充太史之録。謹議。四月九日，奉聖旨依。

行實

先生資禀特異，自少穎悟絶人，氣節剛介，志趣高遠，不屑爲舉子業，慨然有求師問道之志。一登朱文公之門，如魚之得水，潛思力踐，超於流輩。默有以察夫虛明純一之體，所以主宰一身，統攝萬理者，存而養之，無事則至虛而不昧，應事則至精而不流。深居危坐，對越上帝，雖出入道塗，必袖書與俱，紛華過前，未嘗舉目。朋儕笑語於其側，若不聞焉。始而人甚怪之，惟文公深知其有得也。大本既立，以之讀書，則有冰釋理順之見，以之脩身，則有省察克治之功。積而久之，則言動食息，無一息而非存養，精粗小大，無一事而非講學。其學雖以《語》《孟》《六經》爲本，而諸史百家之書，未嘗不參同異而求旨歸；雖以道德性命名世，而錢穀甲兵技藝之事，未嘗不該本末而備實用。學愈博而愈精，則是心之體愈全，

❶ 「中」，據本書《勉齋先生黃文肅公年譜》，當作「申」。

而用愈周矣。以是心而貫萬事，故望其容也，莊重而坦夷，可敬而不可踈；味其言也，簡明而醞藉，可觀而不可狎。其睦親族也，盡歡愛之至情，而不昵以私；其交朋友也，盡規切之大誼，而不失之數。尊尊貴貴，雍容有禮，至於秉誼執法，則不以權勢而少屈，臨深履薄，犯而不校。至於當官臨事，則不以危難而少懾，沉潛静默，不露圭角，及分別人物之是非邪正，則較然權衡之不可欺。事物之來，應之以無心，及投機制變，敏決詳密，則合衆人之智有不及。撫摩凋瘵，如護肢體，而未嘗事姑息之小惠；鋤姦擊暴，迅若雷霆，而録用其所長，則雖盜賊有不棄。未嘗求工於文也，或時出而應之，其步驟如歐陽公，加以紀律嚴密，理致深遠，有一唱而三嘆之旨焉。若夫剛柔闔闢之妙用，出處辭受之大節，窮通豐約之異宜，憂樂休咎之萬變，隨其所寓，曲折萬狀，而粹然無利欲之私，則貫表裏而徹首尾，質諸天地鬼神而不可誣也。世之英偉秀傑亦多矣，所謂節概之高而政事之敏，記識之富而詞藻之華者，表表相望，至於孝弟忠信可通神明，捐軀徇國夷險一致，安貧守道以終其身如先生者，近世一人而已。

羽初見先生於新河，家徒壁立，日持蔬食以對客，端坐講論，至達旦不寐。書前輩詩句於壁曰：「愚夫飽欲死，志士固長飢。但能守簞瓢，何事不可爲？」識者見之，已凛然有廉頑立懦之風矣。先大夫生平廉介，雖仕至部使者，而貲産不及中人。食指浸多，日以不給，太夫人以愛女出適，欲割其半以備歸粧，議者難之。先生適自外至，曰：「薄産何足惜？吾母之意不可咈也。」欣然奉命。友人以急難告者，亦捐數畝以賙之。而簞瓢屢空，怡如也。時閫帥以才智自豪，多所傲忽，而務交名勝以爲名，凡見稱於朱文公之門者，必以虚禮相鈎致。先生力引避之，未嘗與之褻，帥亦敬服其高誼焉。丞相趙公汝愚與朱文公厚善，聞先生抵中都，每對客念其貧，且意其必來見也。先生聞之，曰：「丈夫豈可爲人憐？」卒不見之。初授台州瞻軍酒庫，未赴，丁家難。服闋，以文公心喪三年。

再任，監嘉興府石門酒庫。前此庫官，多子弟武夫爲之，既律身不廉，而吏恣爲姦，官沽醨薄，而私釀横行，故積負上司錢以萬計，庫官率以此得罪。先生既至，以官本錢自往市米於産米之地，凡纖悉必躬親，雖隆寒烈暑不憚也。官酤既行，私釀不禁而自戢，歲入霈然矣。或謂：「是瑣瑣者，何足以煩君子？」先生笑曰：「孰非公家事耶？惟無事不知，無事不能，乃爲通材。世之仕者，務爲簡佚，儼然如神明，竟亦何用？」侍郎辛公棄疾過官，枉車騎見之，歎曰：「是謂聖賢嘗爲乘田委吏者也。」邊事方起，吴公獵宣撫湖北，辟先生參軍事。先生於吴爲夙好，誼不可辭，單騎從之。軍中事無鉅細，任之以身，繕治關塞，奔走千百里，至臨虜騎之衝，不以爲憚。時厚賞格以資募兵，先生所募之數最多，幕府議奏如格，先生曰：「是不足以爲功也。」卒辭之。

爲撫州臨川縣令。縣久凋敝，先生下車，剖決滯訟，整葺縣計，修明學政。退食之暇，延諸生講論，率至夜分。臨川負郭縣，俗尚囂訟。豪宗大姓，閭里游俠，縱横其中，號爲難治。先生雍容聽斷，不動聲色，而人自相戒以不犯。至於故人親戚居其地者，往來無間，恩禮有加。而公事至前，則斷之以誼，不容少撓。時楮令方嚴，民間先以産質金於人，至是，乘勢以楮如官價强贖之訟者紛然。先生曰：「質金者，贖以金；質楮者，贖以楮。」訟者説服。歲適飢旱，米價騰踴，上官議使富民高下出粟以振貸，先生曰：「是未必有益於貧民，而先擾富室。」乃出行鄉落，酌中以定穀價，有乘時增價者懲，其一二首奉令者褒賞之，遠近叶應，民無艱糴。蓋其恩信素孚於人，故緩急之際，令行禁止如此。

屬峒寇踐蹂虔、吉間，至動大兵以臨之，久而未捷。憲使李公珏雅敬先生，時從訪問籌策，先生爲募百金之士，精其器甲，勤習擊刺，親臨按閲。所募不過百人，而足支千人之敵，異時破賊多其力也。蓋先生簡易無我，不事邊幅，所至樂與賢人君子游，雖武夫豪將、幽人衲子，一見如平生驩，而人皆樂輸忠欵，以爲之用。凡土俗之好尚、民情之休戚、户口之多寡、閭里之姦邪，皆先得之，不待設箵箽、事鈎距而知之也。先生平時常言：「爲令宰而不能周知一境之地，不足以言政。」故凡因祈禱迎送，必躬出入於隴畝閭閻之間，或與士友相携，持以杖屨，從事訪問耆老，撫摩疾苦，如家人父子之相唯。深山窮谷，旄倪聚觀，鼓舞歎息，以爲有生未之見也。不惟一邑爲之肅静，至於臺府不决之訟、難集之事，悉倚辦焉。

知臨江軍新淦縣，新淦凋敝甚於臨川，而其地與臨川相接，吏民習知先生治行。其未至也，已洗心易慮，而待之矣。邑有富人，自鄉舉而至分郡符，皆以貲得之，凌暴平民，不輸公賦，無復有官府。先是，不快其邑主簿，誣以不奉楮令，告于郡而逐之。

先生至，則爲伸枉於諸臺，臺伸諸朝，明正典刑，遷置富人於鄰郡。於是豪强屏伏，而善良吐氣矣。縣當發總所米斛以數萬計，較諸賦籍僅可支十之七，❶其三則以人户産苗高下均敷之，蓋舊比也。然姦弊百出，民之强有力者多幸免，而貧弱者必督責如令。於是，綱額歲虧，文移追呼，縣道益難支吾。先生斷之以公，行之以信，民皆樂輸，而綱額始仍舊貫。前此官吏習爲玩弛，簿書期會之外，半爲游宴寢息之日；綱米雖具，而逐日搬發，不能百十斛。綱舟次岸，淹延數月，部押官吏、稍工棹卒坐縻旅食，舟中粒米耗於鼠竊，數虧於官，而罪歸於綱運之人。先生宵中而入倉，秉炬而運米，部分嚴肅，往來井井，以一日而辦數日之事。不旬日而讫工，舳艫銜尾而下，舟人嘯歌，公私利之。先生察事之明，處事之敏，類如此。

知漢陽軍，大江東流，漢川在其北，鄂渚在其南，鄂渚則漕臺在焉，使者蓋先生之故人也。湖北大旱，二公謀爲救荒之政，使者曰：「寬征以來米商，則民可足食。」先生不爲然，獨振郡帑之儲，仍貸總司錢五萬緡，開場糴米，命文武寮屬日會食於郡齋，退則分局以治事，覈實户口者有人，收糴者有人，支金者有人。先生日往來按視其中，皆盡力，而吏不容姦。米之入者，無高量低價之私；錢之出者，無阻格減尅之弊。米商輻湊，□□□□□□□□□糴之患。於是北岸熙□□□□□□□□□萬口啼飢，始謀者反以□□□□□□□□□以避之。

❶「七」，原闕，據上下文補。

再知安慶府，正□□□□□□□□□壁頹壞，無一可恃。先生□□□□□□□□□節浮費，振刷餘羨，升合□□□□□□□□□鍤工役，悉取諸城隍之□□□□□□□□□之。先是，漕臺調民以轉□□□□□□□□□邊所最迴遠，度民費泉□□□□□□□□□生言：「餽餉固不可緩，宜□□□□□□□□□遠民流離怨嗟，一郡騷□□□□□□□□□漕臺督迫狎至。先生曰：□□□□□□□□□之愈堅。漕既詞屈，乃他□□□□□□□□□督郵絡繹，先生一無所□□□□□□□□□於是民德先生益深。❶及□□□□□□□□里遠近之差，爲番上多寡□□□□□□□□其手吏惟行文書而已。法□□□□□□□□皆鼓舞以趨事，仍多選士□□□□□□□時杖屨指麾，版築之間，規模□□□□□□□□崇嚴甎土堅實，隱然有不□□□□□□□書李公珏節制江淮，先生乃□□□□□□□□不可以常禮事之。貽書規□□□□□□□□戰爲大體，先自朝廷進君□□□□□□□□哀痛之詔，以激忠義之心，□□□□□□□□誠感動人心，非兵不講，非□□□□□□□□尚虛文，然後擇良將，明賞□□□□□□□□增事權以重武定軍，仍疏□□□□□□□□名以備録用。謂幕中議論□□□□□□□□□賢俊與之講切。又言：「虜自□□□□□□□□莫不延頸以歸我，宜諭淮□□□□□□□□者即以與之，然後以吾兵□□□□□□□□不暇，何暇謀人乎？」未幾，李□□□□□□□□即日馳赴一見，箴規闕失，□□□□□□□□□嘗歷沿淮郡倅，多

❶「民」，底本漫漶，據清鈔本補。

識兩□□□□□□□□□知先生之所爲，咸歸心□□□□□□□□□皆有奮身自效之意。而□□□□□□□□□方掩覆以避禍，欺誕以□□□□□□□□□公爾忘私之語，經遠務□□□□□□□□□者宜矣。屬朝廷以大理□□□□□□□□□祠，而中外亦慮其入見，□□□□□□□□□意叶謀擠之，而罷命下矣。

先生既歸，杜門謝絶人事，惟每聞邊報與水旱，則蹙頞不樂者久之。念文公所編《儀禮》工夫汗漫，十未及一二，而文公逝。先生身任其責，中間奔走王事，作輟不常，每以爲慊。及此曠閑，乃整葺舊書，與同志者以卒其業。而遠近學者咸集其門，或自川蜀，或自江右，於是借鄰寺以居之。先生朝往夕返，日以爲常。諸生質疑請益，氣象如文公時。或有過於思索者，先生曰：「以心照書，無以心入書可也。」又嘗言：「學者役精神於文義，而不反求諸其心，終未免口耳之學。」故於講論之際，必宛轉而歸諸求放心、存天理者焉。蓋先生歸自安慶，而貧不減昔時，祠禄之入，分以贍族屬。自奉之具，有寒酸所不能堪者。重以連年跋履險阻，暴露寒暑，寖以致疾。雖力疾以對諸生，而精力亦頓衰矣。乃躬相丘宅於北山之原，草具數椽於其側，謂門人曰：「死便埋我，豈不快哉！」俟祠秩滿，即上告老之章。會有詔起先生守潮陽，懇辭再三，乃復拜祠命，未兩月而棄諸生矣。前屬纊之一夕，猶誦書以教姪孫。晨興，不病而逝。衣衾棺槨，僅可苟完。諸生按文公《家禮》，扶護以就窀穸，而《禮書》竟未終帙，遂爲千古之恨。嗚呼！尚忍言之哉。

羽載惟朱文公唱道於東南，一時宗工

鉅儒斂衽推先，士大夫登門受業者動以千計，要其弘毅足以任重致遠者，自先生之外未有聞焉。蓋師友淵源同出於一，而心領神會或相什伯，若有陰扶而默相之，故斯文興喪，夫子以歸之天。夫天之生是人也不數，學者獲親炙而師事之，豈易得哉？凡一言一行，動關世教，不有以誌而存之，則後之君子將有憾於吾徒也。竊觀伊川之喪，門人有叙述之例，隨其見聞悉裒集之，以備採擇。羽愚不肖，蒙被教誨之日久，追想平日之容止語默，如侍左右，摧咽流涕，不能自已。尚恨中間離合之不一，於先生之行事終身始末不能盡知，其大者遠者又不足以知之。謹誌一二與夫愚見之所及者，條具如左，以待如先生者出焉，而爲之筆削云。嘉定十四年六月朔日，門人林羽叙述。

鼇峰精舍祠堂記

洪惟我宋文明之運，盛於東南。元公周先生之出于荆，純公、正公兩程先生之出于淮，以至我文公朱先生之出于閩。數君子者，前後相望，於皇至矣。於是，北方之學日轉而之南。我文公之爲南康也，静春劉公清之過我叔父今是公，言曰：「黄直卿他日東南大儒，吾子志之。」今是顧謂燔曰：「而亦志諸。」後數入閩，欲往從之，以踐先訓，僅及文公之門而止。千里懷人，未之遂也。文公薨，葬有日，亟走會葬，遇之建陽道間，深衣加麻，纍纍從柩翊扶，無須臾離，事至微小亦出經畫。竊自語曰：「是固身乎道者，劉説信矣，吾師得所傳矣。」喪荒已事遂分適。

逮宰臨川，偕友朋因之，士至語道吏，民至施之政，坐卧廳事之所，晨夕不少曠。又語吾友曰：「吾儕耽理而簡於事，舛矣。」自是歲或一二見，或書疏數十，著而灑掃應對之其然，微而其然之所以然。近而應事接物之常，遠而戒戎作遏蠻方之變，思無不周，語及詳密，又語僚友執友曰：「勉齋公非所友也，所事也。」歲在己卯，書有之曰：「來年正月便習學，致仕不出謁。」後年正月，真不出矣。厥初得是氣，具是理，生在世間，今無所用心，止得點檢身心，令明静純潔，歸之天地父母焉耳。先師發明義理，至精至備，難得肯負荷者。」又曰：「南康講學雖盛，先師有望。但不知於身心上如何？明道對上蔡云：『諸君來此，只是學某説話。』上蔡請益，明道云：『且静坐。』程門如上蔡，可謂務實爲己者，明道尚以此箴之。俯視今之學者，豈不重爲之太息乎？老矣，它無望於世，止望先師之學有傳耳。」燔與同志饜焉，悲惕焉。省將就之以取正，未幾，訃書至矣。哀哉！爲位長號，憯不欲生，緘辭往奠，疾故尼之不得與於撫棺臨穴之列。宿草纏悲，支衰及墓，突然丘于箕山之上，人兮何之？時癸未冬也。

又四年，丁亥之夏四月，公之從子輯及吾門，言曰：「叔父之祠，成於同里鄰郡之善士。子，叔父友也。願請文記之。」有陳侯宓凡二十有五人之書在，亟拜其辱作。」而曰：「吾意陳侯狀而叔父公之行來，乃先乎此，亦足以爲厚矣。」書之概曰：古之有道德以教國子者，殁則祭于瞽宗，而鄉之以經行顯者亦祀之，皆所以尊先賢、厲後學也。勉齋黄先生登文公之門，纔弱冠，刻志苦學，聞道最深。宦遊所至，學者宗而師之。晚歲歸休，講道蕭寺，摳衣受業，遠近翕然。天不慭遺，梁木興歎。學徒追慕，逾久彌篤，今即其講道著書之地曰「嘉福寺」之後，築屋肖像，以寓仰瞻，以嚴崇奉，及門之士與乎知尊信者争捐金買田，以爲春秋享祀費，祠成釋菜，朔望胥會，各以所疑更相質難，期刑于教。紀其事不於子乎之而何之。嗚呼！悲夫。燔老且病，屬念公之懿德偉才，久而未之誌，每不能去心，此而敢辭，幽冥之間負負何極？矧惟陳侯，昔吾邦君，天下善士，曷敢不承聽？而諸賢崇師尚德之意有加，又曷敢不惟命之承也？請遂言之。公之學貫事理，盡常變，一死生，永傳授，固悉見諸言行之實。竊復惟念公之還自安慶也，徘徊廬阜之南北者再月，濂溪、白鹿二書院之士來同，燔與九江蔡君念成與焉。一日，語及《中庸》費隱之旨，縱言劇論，唱和翕如。于後蔡君偕哭公墓，福之帥守固請開講，蔡君申演前旨，若明著矣，而今弗之是也。比索公書以述訓語，得公所答亡友余君宋傑《費隱説》曰：「費隱非二物，但有費則必有隱以爲之體。」至矣。文公之言曰：「今人所言皆費隱，元説不得。所謂天有四時，春夏秋冬，風雨霜露，無非教也；地載神氣，風霆流形，庶物露生，無非教也。孔子謂：『天何言哉！四時行焉，百物生焉。』吾無行而不與二三子是也。燔妄謂自天地以至萬物萬事無不各得其理，而可指陳者，費也；即天地萬物萬事之理，根本之而不可指陳者，隱也。所以見道之無乎不在，有用必有體，學者加存養體察之功，而不可須臾離也。其然乎？其不然乎？尚願質之巾几之前。九月望公諱榦，紹興御史公瑀之季子云。

日，友人廬山李燔記。

李弘齋之記久矣，丁亥距今三十有七年，未及鐫諸石，朋友語予，訪求舊文，得之故巖溪趙公師恕家藏，勒于祠下。義和悵然追往，而爲之辭曰：予弱冠而從游兮，今耄矣而何爲？仰喬木而不見兮，撫此石而生悲。南有鼇峰兮，維北有箕。浩氣凛如在兮，游魂乎何之？諸孤無存兮，山有蕨薇。師友寥寥兮，悠悠我思。鄒魯雖云遠兮，源浩浩而流滋。泝濂洛之脉脉兮，接淵泉於聖涯。登斯堂之伷閟兮，紹典刑於武夷。遺言猶在耳兮，貴身省而心惟。肆來者之勵翼兮，監斯文其在兹。景定四年夏五月，門人朝奉郎、直秘閣致仕陳義和跋。

祭文

友生朝請大夫主管亳州明道宫陳孔碩

嗚呼！孰發殺機，塵霾坌滃。蛇龍陸起，貍犬人拱。鵙鳩鳴而朝朝，蘭芷枯而爲茅。罔苟生而幸免，不如死之久矣。一世直方，相踵淪斯。慟遺此友，今復奪之。慨我良友，七十全歸。非友是傷，我傷在時。嗟乎！師亡友散，歷載三七。傳言失指，逾遠彌失。賴子諄諄，補綴遺軼。俾後死者，與去聲聆微息。王事孔艱，辟音避劇請閑。馬墜餘響，啚而寂然。凷塊字是一翁，❶餘日能幾。俯仰宇宙，此生良已。誰實爲

❶「塊字」，原漫漶不清，據清鈔本補。

之，謂之何哉？博膺于學，永訣此梧。寄愁天上，埋憂地下。畢此餘暉，復何爲者。

又

茲以亡友寺丞黃兄、孺人朱氏，卜以翌日甲寅合葬于長箕山高峰之兆。既夕，謹遣兄之子韡以酒脯之奠，告訣于靈前曰：嗚呼！《國風》有云，死則同穴。篤時二人，生有貞節。死見先人，全歸罔缺。于今卜藏，自君康强。其安且寧，以保後生。一奠告哀，永判幽明。嗚呼哀哉。

門人持服林坰

古之儒者，得時行道，與夫著書立言，其出處不同，而憂世拯溺之心一也。先生抱負聖賢之業，而仕不與時偶，皐夔稷契之業未試一二，而一簞一瓢之樂，雖顏氏子不能過也。況夫扶正道於湮微，闡伊洛之奥旨，補文公之未備，斷者續，晦者彰，先生其有功於後學多矣。毁之者不足以奪譽者之口，疑之者不足以易信者之心，卓乎其百世之下也。文中子有言：「使諸葛孔明而無死，禮樂其有興乎？」嗚呼惜哉，其亦奈之何哉！

門人宣義郎主管華州雲臺觀趙師恕

嘉定十四年春三月壬寅，大理寺丞知潮州勉齋黃先生卒，吾邦之士大夫皆來哭吊，門人學者治喪。先一年，先生相地於城北匏檵山之原，坐坤向艮，結廬於其側，曰「高峰書院」，名其泉曰「逝如斯」，名其亭曰

「求得正」，則先生之志定矣。其年四月乙丑，諸孤稟偏親之命，遵文公之禮，奉先生之襄歸于高峰，❶就營葬事，從先志也。某義則師生，恩猶父子，敬以菲儀之奠，昭告于先生之靈曰：嗚呼！自孟氏殁，而《大學》《中庸》之旨不傳。秦漢以來，寥寥絶響，至周、程氏作，而此道始明。朱文公繼之，而此道益著。登文公之門，海内之士不知其幾人，而能抽其關鑰，直造閫奥者，惟先生一人得精微之傳，故文公既殁之後，四方學者共尊而師事之，執弟子之禮，猶文公之存也。既而出仕，爲邑爲郡，至誠惻例，❷一意在民，故所至民皆化之，愛之如父母，敬之如神明，莫不心悦而誠服也。此豈聲音笑貌之所能爲哉？使其身一日得在朝廷之上行其道焉，則見於事業者，豈特致吾君、澤吾民而已，禮樂其有興乎？道鉅才大，設施未能竟萬分一，而世不能容矣。歸爲祠官，講學于家，士之有志者，遠近翕然。歸鄉不惟教行于閩，而江湖、巴蜀之士有不遠數千里裹糧而至者，故成就人才，於時爲多。天下知先生爲一世之英傑，時事方殷，朝家起之以郡，而先生堅卧不出矣。於是著書立言，以卒文公之業。吾黨之小子，正賴先生所以裁之，曷謂天乃不遺一老，而遽奪之耶？嗚呼痛哉！補山之俎豆如存，華峰之几桉猶在，午風夜月升斯堂，入斯室，猶如聞其謦欬之聲，而不見其容矣。諸生相顧，悵悵然，其將誰正之也？某也蒙先生之撫愛爲最久，辱先生之教誨爲最深，掬匱一奠，送此晨征，傷如之何？悠悠去

❶「襄」，疑「喪」之訛。
❷「例」，清鈔本作「惻」。

旌，故言不足於文，而哀有餘於情。惟先生之虛靈不昧者，其鑒予誠。

門人修職郎南劍州劍蒲縣尉張元簡

嗚呼痛哉！某顓蒙乖僻，年過壯歲，始得執弟子之禮。先生不鄙其拙陋而教之，期待之切，責誨之重，使得少知蹊徑，以弗畔先聖先賢之教，其幸何如也。廼去夏五月，某隨牒延平，先生辱送之于參泉，諄諄之誨，今猶在耳。猶幸一水相望，特信宿間尚得數日嗣音。近楊醫便中先生書來云：「久不得見，尚或過嵢峽對岸一聚會。」又數日，林簿相過，又出示先生書云：「氣塊度不能愈，甚念一見，能沿檄一來否？」此二書手墨猶濕也，嗚呼！曾謂不數日遽聞終天之痛耶？嗚呼痛哉！職守拘縻，既不侍屬纊之列，又不得預執紼之役。奔走來歸，閴然堂廡，寂然門扃，拊膺墮淚，如夢如醉。問之閽人，則曰：「先生之殯，已遷匏樴矣。」痛心如割，亟具雞酒，犇走山間，以寫悲苦。嗚呼痛哉！

門人迪功郎衡州常寧縣主簿林觀過

嗚呼！道之不信，學者病之，如食必飽，枵腹必飢。先生之道，廣大精微，至者能言，我不敢知。然自石門之受教，越十有七年于兹，或考其夷居暇日，或驗其顛沛流離，或覸其陋巷之獨處，或觀其四國之略施。守御史之風則皓首而恐墜，篤令原之念則一飯而不遺，公爾忘私則形之事上，死而後已則見之事師。族婣鄰里，無幼賤皆撫以恩禮，武夫悍卒，莫不感激於誠心之披。當赤子之若保，不翅溝中之推納；迨彊禦之不畏，又信矣其安問狐狸。辨取舍之義，蓋有千駟萬鍾之不屑；安出處之命，不待一丘一壑之足治。若夫興寐之勤，居處之卑，飲食之菲，輿服之羸，凡七十載亶如於一日，而四千石無異於布衣。由所欲之不存，斯中實而外煇。即行以稽其言，而言果可復；按迹以究其用，而用皆不違。君子之不可及者，其惟人之所不可見。苟非有本者如是，而何以合時措之宜？是以論東南之賢者，僉舉其稱首；講武夷之學者，獨詣其無疑。遡關洛之淵源，抑歷歷其可推。賢者識其大者，閔愚魯之多迷在盈虛與亡有，此豈容於自欺？幸仞牆之繫望，其免下流之歸。嗟吾黨之不淑，緊倀倀其從誰？嗚呼哀哉！潮陽之命，罄室不支。不謀于家，爰契我龜。昔歲時徂，辱臨荆扉。明當納禄，致于有司。曁畀祠廩，上恩是祇。卒成雅志，秋以爲期。易簀何驟，囊無餘貲。本末與聞，孰知我悲？惟德問學，殆其在斯。士於得師，恨不同時。從游最久，恥槖猶垂。有聞未行，敢昧攸基。知恩莫報，有涕沾頤。不辱其門，敬矢此辭。嗚呼哀哉！

門人迪功郎常德府府學教授陳義和

嗚呼！九月八日聞先生訃，乃知云亡已在春莫。哭不見斂，送不及墓。有涕漣如，伊阻道路。嗚呼！蘭摧竹折，梁木其仆。先生逝兮，吾道誰護？嗚呼！日皎玉瑩，冰雪其沍。四壁遺書，一榻蕭寺。嗚呼！天齡七十，匪夭其數。亦又何悲，有用未措。朱氏之傳，親接統緒。學道愛人，先生情素。漢陽之歸，猶念世故。龍舒之行，庶幾展布。落落時情，挺挺其先。導師旨於同志，翕傾依而慕羶。臘下奉書，敬義再詢，意内外之一致，惟持敬之是專。先生賜答，諄悉盈牋。謂二者之相爲用，須兩盡工夫而不偏。且曰：「是理也，天地之所以爲天地，聖賢之所以爲聖賢。」此其爲教，廼周程自得之深旨，紫陽面授之大原。顧愚陋之曷進，日加惕而乾乾。尚圖秋末，罄扣宗元。以正其心，以脩其身，何梁木之告壞，遽含恨於終天？使當世之欲平治，則吾先生胡爲而不少延？嗚呼痛哉！先生不可復見，紫陽之道幸猶在於遺編。自今以始，力索精研。務外方而内直，幾終得於淵源。儻是道之未泯，斯先生之長存。某情均子弟，聞訃欲奔。屬奉親之湯藥，弗敢離乎朝昏。又朋徒之遠，過爲私業之嬰纏。悵望弗及，有淚漣漣。聆葬期之尚未，庶攀追之有緣。酒果薄奠，上告靈筵。慚躬酹之不與，託片辭而昭宣。哀哉先生，願鑒其虔。

国家出版基金项目
NATIONAL PUBLICATION FOUNDATION

國家出版基金項目

教育部哲學社會科學研究重大課題攻關項目

「十一五」國家重點圖書出版規劃項目・重大工程出版規劃

國家社會科學基金重大項目

北京大學「九八五工程」重點項目

儒藏

精華編二四〇冊下

集部

儒藏

精華編

北京大學《儒藏》編纂與研究中心

《儒藏》精華編第二四〇册

集部

下册

北溪先生大全文集

〔南宋〕陳淳　撰
張加才　校點

目録

校點説明

陳淳(一一五九—一二二三),字安卿,漳州龍溪(今福建省漳州市龍文區)北溪人,學者稱北溪先生。《宋史·道學傳》有陳淳傳記。淳一生主要以訓蒙爲業。紹熙初朱熹守漳州,淳從學於郡齋。朱熹離開漳州後,陳淳仍以書劄問學。朱熹屢稱其「善問」,「甚長進」,「異日未可量也」,「區區南官,亦喜爲吾道得此人也」。十年後,陳淳於建陽考亭再次從學朱熹。此次師生分别後九十二日,朱熹逝世。陳淳對兩次問學情形詳加記録,今分類載於《朱子語類》中,成爲研習朱子學的重要資料。陳淳晚年尤致力於闡發和推廣朱子思想,樹立朱子學的正統地位,同時抨擊陸學。嘉定十年(一二一七)應試中都臨安(今杭州),在臨安和歸途經過的嚴陵(今浙江建德市)、莆田等地,停留數月之久,與當地書院、郡庠的師友、諸生切磋研習學術,傳播朱子思想,「同志之士遠及川蜀,争投贄謁」,「歸自中都,泉之人士争師之」,産生了重要的學術影響。此間和稍後形成的《嚴陵講義》、《北溪字義》等,均聲名卓著。嘉定十一年授迪功郎、泉州安溪主簿,但他認爲「不足以行志」,「又需遠闕」,未到任,只就近短期代理長泰主簿一職。陳淳是朱熹的得意門生之一,與黄榦並稱。

《宋元學案》稱:陳淳對朱子學「多所發明」。實際上,作爲朱子門人和傳人,陳淳一方面力圖準確理解和把握朱子的思想精髓,另一方面,又十分注重義理推演和融會貫通,因而逐步形成了自己的理學思想體系,並在多方面豐富和發展了朱子的基本理論。如在本體論上,他關於「理氣不離、難分先後」的觀點,是在理本論框架下對朱子學的修正。他提出「理有能然、必然、當然、自然之義」的思想,揭示了「理」所内蘊的能動性及豐富義涵,對朱子思想有所補充。如在心性論上，他對於「已發」、「未發」與「寤寐動静」的討論，深化了朱子的精神理論，反映了中國古代對夢與潛意識的特殊見解。如在知行論上，他强調知行隨時互發、力行爲主致知副之，從而使朱子學的知行論更爲圓融。如在道德論方面，他對「根原」的推求，是在道德本體與倫理規範之間所作出的其時最爲理性化的邏輯探索。如在鬼神論方面，他繼承朱子的思想，反對淫祀、破除世俗迷信，也有重要的貢獻。陳淳問學致知，始終貫徹宋代哲學的思辨精神，特别是他的「字義」分析，繼承了朱子注重義理辨析的精神，完善了範疇研究的基本方法，建立了理學的範疇體系（參看陳淳的《北溪字義》、《儒藏》精華編一九一册），在中國哲學範疇發展史上，具有非常特殊的意義。陳淳捍衛師説，而對陸學多存門户之見。簡言之，如果説朱子學是中國文化思想史上的一座豐碑，那麽，陳淳應被視爲塑造這座豐碑不可或缺的人物。

關於陳淳的著述，據陳淳門人陳沂所撰之《叙述》稱：舊所編輯，有《禮詩》（今存之《養正遺規》中有《小學詩禮》）、《女學》之書；外有《字義詳講》（即《北溪字義》）、《大學中庸口義》、《筠穀瀨口金山所聞》，皆爲諸生所録而陳淳筆削而成；陳淳著述及往復書問等，由陳淳之子陳榘（字方叟）編次爲五十卷。今《北溪先生大全文集》即爲陳榘所編，共五十卷並外集一卷，外集爲奠祭文、墓誌銘、叙述等。《北溪先生大全文集》初刻於宋淳祐八年（一二四八），再刻於元至元元年（一三三五），三刻於明弘治三年（一四九〇），四刻於明萬曆十三年（一五八五），五刻於清乾隆四十八年（一七八三，此版編排有所調整，改稱《先儒北溪陳先生全集》），六刻於清光緒七年（一八八一，書名同於五刻），並有明、清多種鈔本（包括文淵閣《四庫全書》本《北溪大全集》）存世。此外還有選集刻本，如清康熙五十四年（一七一五）《陳北溪先生文集》，清咸豐刻本《宋北溪陳先生遺書》等。

《北溪先生大全文集》宋元刻本今已不存，明弘治刻本爲現存最早刻本。此次校點，即採用北京市委圖書館藏弘治本爲底本（該本曾爲清翰林院典範廳所藏，從該本中後標註的格式和書寫的校註等，可知該本爲文淵閣《四庫全書》本《北溪大全集》所據底本）。參校本包括：清乾隆時期刻本《先儒北溪陳先生全集》（以下簡稱乾隆本）、國家圖書館藏清鈔《北溪先生大全文集》本（以下簡稱清鈔甲本）、北京大學圖書館藏清鈔《北溪先生大全文集》本（以下簡稱清鈔乙本）、清康熙時期選集本《陳北溪先生文集》刻本（以下簡稱康熙本），並吸收了《四庫全書》本（以下簡稱《四庫》本）的校刊成果。

清乾隆本《先儒北溪陳先生全集》，是以明萬曆刻本爲底本，以明「刻本間有訛誤」，參照古人編書之例，以類相從，「改訂篇次」，「校正重編」而成。目次分爲：講義、書問、答問、各體文、各體詩等五門。內容經詳加校訂，故對明本舊刻有所補正。但自出的文字較多，今只迻録有參考價值之部分。

清鈔甲本，即今國家圖書館藏《北溪先生大全文集》鈔本（今線裝書局《宋集珍本叢刊》已影印出版）。書中鈐有「秀野草堂顧氏藏書印」、「俠君」、「顧嗣立印」等多款藏印，表明爲顧嗣立（字俠君，一六六五—一七二二）藏本無疑。《鐵琴銅劍樓藏書目録》卷二十一著録，認爲「即從元刻本傳録」者，有人（如線裝書局《宋集珍本叢刊》）推定其鈔録當在明世，爲明鈔本。但從避清世諱等方面來看，只能視爲清鈔本。該本與弘治本不同的文字較多，雖整體而言錯訛稍多，並有整頁漏鈔現象，但保存着一些舊本的信息，如有元刻本序，其所據鈔底本可能是元刻本或其鈔本，對今校點所據弘治本之殘缺，可提供重要之補充。

清鈔乙本，曾爲朱彝尊（字錫鬯，號竹垞，一六二九—一七〇九）所藏，其底本爲明弘治刻本，校改的字極少。它對於辨識今校點所據底本（弘治本）漫漶不清之處，助益亦多。

康熙本，雖爲《全集》之節選本，但刊刻較早，内容與上述諸參校本可相互印證。此次校點，從該本中補録了陳沂《叙述》之末尾部分，這部分在現存的弘治本中，至少自清代（如《四庫全書》以及上述清鈔乙本鈔録時）即已闕如。

此外，此次校點，從上海圖書館藏《北溪先生大全文集》弘治刻本中，補入了明弘治本《序》；還參校了載於《晦庵先生朱文公文集》卷五十七《答陳安卿（淳）》中陳淳書問的相關内容，所據版本爲《朱子全書》，上海古籍出版社與安徽教育出版社共同出版，二〇一〇年修訂版，出校註時簡稱《朱子全書·答陳安卿》。

目録部分，悉依正文。僅存其目者，在正文相關段落出校。個別次序有變者，亦依正文之序，並出校説明。

校點者　張加才

北溪先生文集序

道之顯者謂之文。措辭艱深，造語險怪，文云乎哉？六經，乾坤也；四書，日月也。矢口成言，下筆成書，❶惟《盤》、《誥》雜以方言，❷初未嘗艱深險怪也。蜀之《玄》、蒙之《莊》，如駕蛟螭，如攫虎豹，文誠奇奇，❸求其顯斯道者，無有乎爾！

夫以見知聞知之傳，有所自來。孟子而後，斯道顯於濂洛。濂洛之後，斯道顯於紫陽，一時門人半天下。惟北溪陳先生，獨傳派漳南，始未獲見；員以成規，方以中矩，一聆謦欬，紅爐點雪，查滓渾融。觀其《問目》，如小戴《曾子問》，隨事辨詰，❹毫髮不遺。《戒懼》、《謹獨》二箴，與朱子箴《敬齋》同一轍；程、張、吕《言仁》二辨，與朱子辨《輯略》同一機。《字義》，《近思録》也；《雜詠》，《感興詩》也。篇篇探心法之淵源，字字究性學之藴奥，誠又與《朱子大全》文相先後。朱子之道學大明於世，羽翼之功，先生居多。當時稱爲朱子嫡嗣，其信然與！讀先生之文，當如菽粟布帛，可以濟乎人之饑寒。苟律以古文馳騾，連篇累牘風形月狀，❺能切日用乎否？

《集》五十卷，淳祐戊申，郡倅薛公季良

❶「成」，清鈔甲本作「皆」。
❷「雜」，原作「難」，今據乾隆本、清鈔甲本、清鈔乙本及《四庫》本改。
❸下「奇」字，《四庫》本作「矣」。
❹「事」，清鈔甲本作「時」。
❺「牘」，原作「櫝」，今據乾隆本、清鈔甲本及《四庫》本改。

鋟梓龍江書院，歲久佚壞。乙亥暮冬，幕賓本齋高公，念斯文之將墜，痛道統之無傳，遂乃文移有司，力請壽梓。❶於是太守張公是其説，推理烏古孫公贊其謀，遂以庠廪贏奇，委學録黄元淵之三山墨莊鋟刻。而黄又勉齋先生之裔，故其奉承惟謹，不三月而集事。

環翁備員教席，命序其事。生晚謏聞，揚休玉立不可得而見之矣。所幸者，嘉言善行猶未泯焉。思昔吾莆陳復齋、鄭子上、❷黄子洪諸老，與先生同在朱門，著述今無一二，❸其子孫亦不顧惜。使皆如諸公之敬前修、勉來學，安有奇寶横道側之歎哉？僕於先生之文，增景仰也夫！❹亦重有感也夫！

至元改元臘月，漳州路儒學教授莆宓軒王環翁舜玉父序。

❶「壽」，清鈔甲本作「受」。
❷「上」，清鈔甲本作「尚」。
❸「無」，清鈔甲本作「有」。
❹「增」，原作「韻」，今據乾隆本改。清鈔甲本作「願」，《四庫》本作「集」。

重刊北溪陳先生文集序[1]

江西藩參龍溪林君進卿，得北溪陳先生集，捐俸，屬撫州守莆田周梁石鋟梓以傳。梁石素爲朱氏學，雅與藩參志向相合，遂捐俸以助。板刻垂成，各以改任去。後通守姚琛，乃續而終焉，尚未有序之者。林君以委孟中，辭，弗獲。

於乎！自孔孟没而道不明，至考亭朱子出，而後堯、舜、禹、湯、文、武、周公、孔子之道，始復大明，蓋考亭得濂洛之正傳。北溪之學，始而用力深久，考亭則語以上達；及其游心高明，則又欲其下學。自是而後，徹上徹下，該貫精粗，無復遺恨。故考亭嘗稱之曰：「安卿看得道理儘密，諸生未有及之者。」「南官，喜爲吾道得此人。」北溪之學，謂非得考亭之正傳者耶？

大抵吾儒之道，理一分殊而已。理不患其不一，所難者分之殊耳。故曾子從事於「貫」而後得所謂「一」，顏子從事於「博約」而後至於「卓爾」之地，蓋以聖道高深，其宗廟之美、百官之富，非得其門，曷由而入？今觀考亭之語，正所以通洙泗之宮墻；而北溪發性理諸論，又所以入考亭之蹊徑。考亭得濂洛之正傳，而先聖之道大明；北溪得考亭之正傳，而先賢之道益明。

北溪平生著述，盡在此集，學者即其言

[1] 此序原闕，今據上海圖書館藏弘治本補。

以求其心，得其心而驗諸事，然後知此集之有補於名教，而林君用心爲不苟也。若概以世之詞章視之，豈知德者耶！

弘治庚戌春二月既望，後學廬陵周孟中書。

北溪先生大全文集卷第一❶

古詩

隆興書堂自警三十五首

堂中鶴髮老，臞臞未能寬。泮奐而爾游，❷於汝其獨安？

負米慚子路，殺雞愧茅容。汗顏戴履間，子職何以供？

富貴以榮親，有命不可必。道義以榮親，古人所無斁。❸

茫茫八極內，何莫非斯人？苟非富道義，何異彼黔民？

人禀五行秀，卓然與物異。由其達大經，秉彝不容已。

人爲天地心，體焉天地同。病於有我私，不能相流通。❹

二程十四五，即爲聖人徒。汝年已蹉跎，得無驚覺乎？

昔者抗厥志，欲效顏子復。今胡事悠悠，反作曹食粟？

古人用功處，步步最縝密。胡爾大闊疏，踐履無其實？

細味古人書，❺惕焉重深慚。循首以至足，百無一二三。

❶「第」，清鈔甲本作「之」。以下各卷同，不另出校。
❷「奐」，《四庫》本作「涣」。
❸「所無」，清鈔甲本作「無所」。
❹「不能相流通」，清鈔甲本作「安能自流通」。
❺「書」，清鈔甲本作「詩」。

器局事宏大，心期勿卑汙。俗士不必效，汝爲君子儒。

百樂不足玩，萬好俱無益。休休事追逐，蕩志而害德。

輔仁貴有益，謹毋友善柔。良心放則死，胡爲樂佚遊？

克己貴乎嚴，存心大而正。改過勿憚吝，任道尤須勁。

知以達其行，行以精其知。二者互相發，不容偏廢之。

詩蔽思無邪，禮主毋不敬。二言書諸紳，時時與涵泳。

大學示絜矩，中庸發尚絅。昔人深工處，❶頤言日三省。

周翁圖太極，張子銘訂頑。吾門禮義宗，毋離几席間。

言人必志聖，論學必志道。有如講爲邦，規模必王佐。

志一氣以動，氣一志以隨。持養使清明，和平毋暴之。

血氣有盛衰，理義無損益。理義要常勝，毋爲血氣役。

始學何所主？以心爲嚴師。動作必内懼，隱微毋自欺。

心藏隱奥中，乘間亦易動。須於動之微，堅持勿使縱。

人心甚可畏，動熾如奔霆。雖以刀鋸降，不能爲之寧。

居獨念無僻，境動情不肆。聖人然後能，學者須敬忌。

聖人於燕居，德容申天如。學者之自持，其可惰慢與？

❶「深工」，清鈔甲本作「工心」。

吉士無妄語，德人不苟笑。容貌端以莊，話言謹而要。❶

勿謂善戲謔，於我固何尤？要知外不嚴，中爲之所流。

開卷必起敬，❷肅容正冠襟。如侍聖賢側，親承謦欬音。

事事物物間，私皆在所滌。一裘憾雖微，子路必勇克。

質暴雖入德，心麄寧配義。君看簞瓢人，磨礲極醇粹。

氣禀微有偏，積習日蕃衍。矯厲工弗深，其末必猶反。

今日一念差，不即伐以柯。明日又重生，習熟將如何？

顔子不貳境，如判桐葉然。一絶不復續，何嘗有遺根？

成湯之盤銘，新焉旦復旦。未聞作聖功，毫釐有間斷。

閒居雜詠三十二首

仁

仁人之安宅，在心本全德。要常處於中，不可違終食。

義

義人之正路，中實存羞惡。要常由而行，不可離跬步。❸

❶「話言」，清鈔甲本作「言語」。

❷「起」，清鈔甲本作「啓」。

❸「跬」，原爲墨丁，今據清鈔乙本及《四庫》本補。乾隆本作「一」，清鈔甲本作「半」。

禮

禮者人之門，節文自中根。所主一以敬，出入無不存。

智

智者人之燭，於我非外鑠。清明本在躬，無容自昏濁。

孝

孝以事其親，斯須不離身。始終惟愛敬，二者在書紳。

悌

悌以事其兄，温恭盡乃情。出門惟敬長，内外一於誠。

忠

忠以盡諸己，其中不容僞。一毫苟自欺，在我先有愧。

信

信以實諸言，於外無妄宣。要須循爾物，何可背其然？

父子

父子本天性，人倫此其大。一言在有親，不可薄厥愛。

君臣

君臣本大分，天尊而地卑。一言在有義，不可以爲利。

夫婦

夫婦亦大端，乾男而坤女。一言在有別，不可欲敗度。

兄弟

兄長而弟幼，天屬之羽翼。一言在有序，不可事私鬩。

朋友

朋友同門志，所以輔吾仁。一言在有信，不可私狎親。

耳

耳所以司聽，聽正乃爲聰。匪彝謹勿

聞，❶聞之則爲聾。

目

目所以司視，視正乃爲明。非禮謹勿覩，覩之則爲盲。

口

口所以司言，所言必正説。非法謹勿道，道之爲噬嗑。

手

手所以司執，所執必正事。回德謹勿持，持必爲痿痺。

足

足所以司履，所履必正道。邪徑謹勿由，由之爲蹣跛。

心

心爲形之君，所主一身政。持養常清明，百體皆順令。

博學

泛觀事物間，是理真卓卓。無一非吾

❶「謹」，乾隆本作「慎」，蓋以爲此處作者避宋孝宗趙眘（古慎字）諱改，今仍從底本。

事，要在博所學。

審問

物理本不齊，雜然各異分。參伍寧無疑，要在審所問。

慎思❶

論學取諸友，舉隅發之師。欲自得其傳，要在謹厥思。

明辨

利與善之間，微似未易斷。欲無毫釐差，要在明厥辨。

篤行

學問思辨者，於中瑩且精。欲實據而有，要在篤於行。

隆師

師者人之範，辨惑正吾疑。苟不就有道，倀倀其何之？

親友

友者人之輔，以善相切磨。不取直諒

❶「慎」，原作「謹」，此處當爲《中庸》「慎思」之「慎」，爲作者避宋孝宗諱改，今回改。後文不再出校。

聞，其如損德何？

遷善

善者性所有，不可無諸躬。每見必勇遷，吾德乃可崇。

改過

過者動之差，毋容實諸己。才覺必速改，乃不爲吾累。

禮維

禮以維其心，在心無不敬。非此勿言動，非此勿視聽。

義維

義以維其心，在心常有制。惟爲理所宜，不徇情所利。

廉維

廉以維其心，在心常有辨。一介不妄取，真如視土糞。

恥維

恥以維其心，在心每知愧。❶ 不善臨吾前，真如負芒刺。

❶「每」，清鈔甲本作「惟」。

警惰

日月雙跳丸，❶一旦復一旦。於穆無疆命，後面催如趲。❷前頭只逗遛，不勇攻與戰。當然緊切功，一一事散漫。便是惰天職，天地一罪漢。

警滯

賓主辨貴白，❸死生路宜分。當克即便克，❹當存即必存。直須要脱灑，如彼霽月輪。超然物累上，無復查滓渾。不須事黏滯，如咬老樹根。彌年齧不斷，豈不妨吾仁？

丁未十月見梅一點

清清一點玉，❺枯枝絶鮮鮮。歷歷霜林奇，未省有此妍。雅如哲君子，覺在羣蒙先。揭之几案上，使我心洒然。

丙辰十月見梅同感其韻再賦❻

霜枝禿禿瘦，孤英自中鮮。出塵寒玉姿，❼熟視何清妍。端如仁者心，洒落萬物

❶「跳丸」，清鈔甲本作「丸跳」。
❷「面催」二字，原爲墨丁。今據乾隆本補。
❸「賓主」，清鈔甲本作「主賓」。
❹「即」，清鈔甲本作「復」。
❺「清清」，清鈔甲本作「青青」。
❻「同感其韻」，乾隆本作「因感前韻」。
❼「姿」，清鈔甲本作「枝」。

先，渾無一點累，表裏俱徹然。

憶李友叔皓三首 以所贈墨《博雅堂》爲韻

君居郭之東，我館亦東郭。❶君已素我心，我未一君目。時初丙辰秋，一見洞肝腹。君即就我眠，我亦共君讀。歷代故史編，❷皇家新典牘，我獵未暇精，君記抑何博！寒燈窗竅紅，明月庭陰緑。君舉口不休，我聽膝屢促。相從半載餘，❸麗澤情方熟。胡爲一别後，終天訣遽作？嗟嗟懷若人，❹重攪我心曲。

二

君資蓋清湛，君氣亦温暇。厭渠市利囂，向我訪清灑。卑渠世學陋，就我咨純雅。肺腸無膠轕，襟懷悉傾寫。談義信即篤，不以吾言野。箴過聽益敬，不以吾爲訐。授之關洛編，晝夜閲不捨。竊喜得良朋，可與結仁社。同驅入德車，共策適善馬。胡此會乖違，使我闇陋寡？嗟嗟今而後，詎見斯人者？

三

初見即我贈，東京博雅堂。再見復我和，北窗小梅章。此物今只存，而人乃云

❶「亦」，清鈔甲本作「在」。
❷「故」，清鈔甲本作「古」。
❸「相」，原殘損，今據乾隆本、清鈔甲本、清鈔乙本訂補。
❹下「嗟」字，原殘損，今據乾隆本、清鈔甲本、清鈔乙本訂補。

亡。❶有時牽龍尾，濃磨發精光。恍惚金漆交，相與游翰場。間或展騷軸，熟玩題芬芳。嶙峋骨鯁語，猶能動剛腸。觸物即君感，感物復君傷。藏之不敢輕，於以無君忘。嗟嗟豈無朋？知心鮮其當。

自訟

氣一志以動，志動氣益狂。輾轉互攻擊，其端何有窮？哲人動知幾，清明常在躬。私欲絕微萌，天真湛流通。表裏皎如日，一隙無曖曚。

失言箴❷

言者身樞機，興戎亦出好。既正且中節，吉祥以類和。正苟發不中，忤物立召禍。不可言而言，夫子戒失道。❸言輕則招憂，子雲亦辨早。龍門有明箴，愬愬豈欺我？爾素重所出，胡茲失太果？策駟非難追，噬臍悔自蹈。從今臭不同，謹謹三緘些。

榘子名字義

小子爾定孫，來前吾語汝。爾今既加冠，盍以成人遇。今爾名以「榘」，字爾以「方叟」。告爾名字義，爾其敬聽受。榘所以爲方，是爲法度器。極天下之方，不能外乎是。在人事而言，不越乎此理。此理根所性，其本一而已。散諸事物間，各各有所

❶「云」，清鈔甲本作「已」。
❷「箴」，乾隆本下有小註：「箴，一作戒。」
❸「失」，《四庫》本作「勿」。

止。當然不容易，❶萬殊而一揆。截截有成法，方正無少陂。聖人安而行，所欲不踰此。賢者勉而復，折旋必中矣。學者思聖賢，於學亦必以。所擇要精明，所執在固緻。法皆自中定，方非由外至。如或非禮視，是以不法視，於視爲不方，隨物而妄伺。如或非禮聽，是以不法聽，於聽爲不方，隨物而妄應。如或非禮言，是以不法言，於言爲不方，隨物而妄宣。如或非禮動，是以不法動，於動爲不方，隨物而妄往。惟視方而明，不爲非禮傾。惟聽方而聰，不爲非禮從。惟言方而信，不爲非禮徇。惟動方而直，不爲非禮適。一一守吾法，私意無容雜。尋絶枉尺爲，乘戒詭遇合。直道範馳驅，何行不檢押？其可者則與，不可者必拒。交遊自正方，不隨不可去。有善者則從，不善者必克。處事自正方，不隨不善溺。隨物則爲圓，非圓特其偏。同流而合汙，在方誠有愆。先方而後圓，於圓乃可全。既無一不方，斯無一不圓。動容皆中禮，從心得孔傳。豈但方之熟，實惟圓之安。聖法萬世在，楘爾其勉旃。稱名惕自省，聞字肅反觀。斯義無爾愧，服膺常拳拳。

警　懦

顔子之克己，鏌鋣斫空桑。曾子毅於仁，重擔硬脊梁。子路勇有行，勁兵赴敵場。孟軻剛不屈，砥柱立滄浪。嗟哉入聖門，迢迢萬里長。儻非四子才，寧不中道僵。爾宜變爾質，變爾柔而剛。

❶「容」，清鈔甲本作「可」。

《謹所之》贈王氏子❶

寓嚴陵郡學，王生震欲往四明求師，因作《謹所之》以贈之

我贈王氏子，作此《謹所之》。之子何所喜，喜有近道資。妙齡正弱冠，立志已不卑。與之語則解，知弗流俗隨。今聞欲有行，問之如何其？曰取天下友，曰求天下師。斯言美則美，乃大人之爲。在子則太早，恐非其所宜。去聖嗟已遠，名家好相持，師者煞異户，❷友焉亦多岐。志稚未堅定，焉保無轉移？識嫩未的確，那知真是非？同人遽于野，懔乎其亦危。既慕聖賢學，須循聖賢規。聖功有次序，躐進徒爾疲。非益欲速成，孔深闕童譏。登高必自下，子思端不欺。道邇求諸遠，❸孟軻尤所嗤。小學極纖悉，無非固骸肌。洒掃進退間，三千其威儀。子曾與周旋，有虧已無虧。大學入德門，綱條備無遺。開端在格物，大當致吾知。子曾與講貫，有疑已無疑。語孟兩部書，坦坦無嶢崎，盡是平實語，中蘊至寶輝。子曾得其趣，抑爾獵其皮。入道貴有主，何須事支離？進德貴著實，何容慕新奇？後生所可畏，不在華藻摛。亦非記覽博，亦匪談辨飛。勇往識其正，路頭不參差。終始一敬入，絶無傲岸私。驅車萬里道，最謹發軔時。毫釐稍有差，千里謬莫追。志學錯所學，從心竟相違。知止失所止，能得之者希。康莊大通衢，無用徑捷窺。章韶大雅音，不必轉調

❶ 此標題原脱，據目録補。
❷ 「煞」，清鈔甲本作「乃」，《四庫》本作「每」。
❸ 「邇」，原作「爾」，今據清鈔甲本改。

吹。美璞要成器，切戒浪琢鎚。良苗善保養，粢盛方可期。惜兹少壯力，正宜自鞭治，一一務下學，俛焉日孜孜。聖門縝密功，不容漏毫絲，真積中欠缺，虚勞外奔馳。雜乎其胸臆，❶決墮狂與癡，不爲子行喜，抑爲子行悲。子既扣我門，吾何吝子醫，不覺寫肝肺，有此諄諄詞。此理無强聒，姑以誠吾思，於乎王氏子，念我謹所之。

名陳憲友清軒

陳憲於仁智堂之西，結小軒，植梅竹。求名，因以「友清」命之，而述其意云。

名軒何以清？惟有梅與竹。梅清清且白，竹清清更緑。雪蕊破清洒，霜操挺清肅。至哉雙友清！格韻真寒玉。伊誰與之友？相對淡無欲。清心仁智翁，妙趣於中足。

贈劉伯翔相師❷

孔孟不説相，於人洞肺肝。由也行行如，不得其死然。括也未聞道，其軀難以全。賜億亦屢中，執玉俯仰間。經禮視平衡，下憂傾則姦。兹皆以理決，初匪由術傳。劉君以相名，表裏須相關。備道最上格，温恭厲而安。睟面盎於背，德人盛容顔。論心勿徇形，心廣體自胖。敬吉怠則滅，炳炳真如丹。此訣若未喻，所閱非神觀。

❶「其胸臆」，清鈔甲本作「胸臆間」。
❷「劉」，原脱，今據本書目録及乾隆本補。

赴調歸憂時題壁

上林一株木，其大千百圍。栽培自上古，婆娑蔭八維。云何歲月老，頹衰復頹衰。守者勿灌溉，伐者交剥椎。木根既不固，枝葉何所依？心骨又有蠹，皮膚何能爲？安得善場師，轉回陽春熙？變却久悴態，如彼正茂時。坐令萬蟲蟻，稍託庇命絲。嗟嗟難爾必，慨然動長悲。

秋夜玩月

月出已林杪，夜深光更佳。可愛滿地陰，扶踈漏瓊花。興來不能寐，庭除步百迴。微吟弄清輝，❶幽意誰會哉？

北溪先生大全文集卷第一終

❶「弄」，清鈔甲本作「動」。

北溪先生大全文集卷第二

古詩

四十

孔子四十而不惑，孟子四十不動心。爾年已及德未就，可不汲汲痛自箴？

和丁祖舜緑笋之韻

哦風徑遊衛山岫，溢耳謡言如春敷。猗猗青青發三嘆，熟察其調未免麄。當年載歌淇水澳，區區但取枝葉緑。惡知中有至味存，爽人神思勝於玉？料想厥種未爲良，校之吾邦君視僕。吾邦此君最佳處，唯在根萌毓坤腹。出塵妙質瑩無疑，徹骨不容疵纖蠧。地靈精白氣所孕，圃師培壅工弗施。❶火行用事正炎欝，故遣特特清南垂。鑽泥苯蓴伸蟄龍，軋石朧腫亞卧獅。蓄節正直已不拔，藏心塞實如亡私。❷新班黄甲固脆潤，半露青簪猶珍奇。雨餘荷鋤試一訪，穎穎競脱毛囊錐。發封奏之金錯刀，片片逐刃滋瓊脂。未數冰谷素龍肝，豈遜金墉白雲芝？天然真味本自足，不待滑瀡甘以飴。烹煎燔炙無不可，論材宜爲百品師。疏腸滌胃掃煩穢，侑卮贊膳功誰知？九飣槃中若得此，方貢諸羞特餘子。

❶「弗」，清鈔甲本作「勿」。
❷「亡」，《四庫》本作「無」。

簞瓢陋巷時相逢，炳腹琅玕焰欲起。❶從知種種山海腴，那有似此清中癯？吴蕈楚苻儻埒美，恰類醍醽音麥歷。酪滓也。擬醍醐。猫兒班孫真徒胥，何復敢校榮與枯？信哉超越天地爐，君子之德他所無。

和丁祖舜二月陰寒之作❷

東皇沍事已告半，農村恰恰脂田車。胡爲元冥尚偃蹇，暗弄威權未退斜？阿霒於今切。最癡鎖烏脚，阿香亦懶敲龍牙。❸竟日欲雨竟不雨，號寒往往悲啼鵶。原苗縮澁鮮生意，且悴且腐真可嗟。皇天本自愛下氓，陰陽舒慘元不差。不知當軸燮理人，此劑得之誰氏家。傅霖遁跡莫與用，鄒律束手難爲夸。安得巨力挽天河，洗净妖氣無蘖芽？放開和氣充人寰，均敷菽麥榮禾麻。同作堯民含哺樂，毋但獨醉盈畦花。

晴和再用丁韻

膏霖溉注既優渥，璇穹頓掃頑雲車。沉香久鬱悉清豁，無復沴氣東西斜。金盤擁出三足烏，赫赫耀目伸爪牙。融融熙熙遍林谷，❹鳴有喜鶯無愁鵶。東阡土脉浸温暢，頗頗釋我農人嗟。壯者舉耜趾相摩，少者行饁肩相差。乃知乾元父萬物，仁育兩間同一家。太和生生終莫遏，不容癡寒固驕夸。殘陰噎噎終必退，安能掩軋壯陽

❶「炳」，清鈔甲本作「滿」。
❷「二」，乾隆本作「三」。
❸「牙」，原作「芽」，今據清鈔甲本改。
❹「融融」，清鈔甲本作「溶溶」。

芽。❶日涉老傴憂民隱，詩詞懇惻如黃麻。料對茲晨少慰懌，行歌豳頌筆生花。

西征鉛山遇霜❷

年來五十筋力衰，不耐風霜不耐雪。手爲寒凋可鑢磋，足爲凍冽如刀切。泥濘跋涉負塗豕，磽确陟降蟠山鼇。欹行橫行又跳行，忍痛忍飢復忍渴。此勞此苦豈再堪，焚舟之戰惟一決！

遭族人橫逆

顔子有犯不之校，胸懷洒落冰雪融。孟軻横逆必自反，律己程度嚴秋霜。君子於物本無悶，小人胡爾好有攻？矧今薄俗抑又甚，絶無禮義争豪强。大倫大法毁瓦礫，小計小數横干將。背面反覆蓋常態，是非毁譽無定章。朝爲懿親暮仇虜，外結同好中豺狼。奉之屈膝轉摇尾，擠之下石仍揮槍。喜躋跖蹻夷齊上，怒黜皋益共鯀傍。要之總總皆吾外，於我内者庸何傷。達人大觀等毫毛，不爲欣戚留心胸。剛應以柔逆以順，譟應以静暴以恭。紅爐點雪不少凝，曲直勝負何所量！况乎他石可攻玉，火經百鍊金始剛。堅吾志節熟吾仁，❸理義之益端無窮。

❶「能」，清鈔甲本作「得」。
❷「霜」，清鈔甲本作「雪」。清鈔甲本目録作「霜」。
❸上「吾」字，清鈔甲本作「我」。

上趙寺丞修學釋菜會餞❶

嘉定四年日在房，趙侯來守南清漳。下車百事所未遑，❷先務化原修泮宮。發帑市材鳩衆工，改偏易陋規模洪。❸大門復舊正當陽，直揭名第真仙峰。❹泮渠下疏清波溶，時與潮汐相流通。兩廊軒軒如翬翔，❺朱欄翼之森衛防。講堂嵓嵓峙中央，高明洞豁無曖曚。東西兩舍夾其旁，扉楹新廠標祠堂。❻諸祠疇昔亂無章，從今一正嶢相望。❼東祀無極濂溪翁，❽渾淪再闢如羲皇。二程從而大發揚，千載絶學始有光。文公繼之擷精剛，發揮大學明中庸。善集諸儒粲朝綱，金聲玉振真瓕瓏。此邦況又舊遊鄉，流風遺澤尤洋洋。合爲四座儼顒顒，卓示師表開羣矇。女令聖門知所從，❾無徒自棄甘面墻。西祀唐人相國常，名衮。首變蠻俗趨文風。配以周歐二俊良，破荒桂籍先傳芳。端明蔡公著清忠，始自蓮幕起騰驤。東溪高公拔上庠，勁節凛凛凌秋霜。力摧秦檜鋭鋒鋩，瀕死奮不顧厥躬。列爲五像竦昂昂，論世尚友激懦慵。要令片善有磨礱，無往不切進修功。越惟明年神祝融，羣工告備襡器藏。侯曰輪奐美而彰，落成合與諸賓同。釋菜之禮久已亡，在

❶「上」，底本目録作「叙」，乾隆本、清鈔乙本同。「寺丞」，諸本目録均作「守」。
❷「所未」，清鈔甲本作「未所」。
❸「洪」，清鈔甲本作「弘」。
❹「真」，清鈔甲本作「直」。
❺「翔」，《四庫》本作「飛」。
❻「廠」，乾隆本、清鈔甲本作「敞」。
❼「正」，清鈔甲本作「改」。
❽「祀」，清鈔甲本作「祠」。
❾「女」，乾隆本作「要」。

泮飲酒儀亦荒。今其舉之始自卬，不宜草略宜周詳。時惟月琯中林鍾，旬有三日方曈曨。闔郡文武諸曹郎，下及生員隸學供。廟廷敘立嚴班行，銀青錯間緋紫裳。主人升自阼階東，東茅灌獻文宣王。韭芹蔬筍羅芬薌，配食兖鄒二國封。跪伏拜起儀從容，精神昭格乎冥茫。恭惟道德萬世隆，參天配地相始終。再詣東祠諸儒宗，薦以時器陳時饗。粢盛醴齊烹羔羊，尊師一意昭無窮。三詣西祠諸賢蹤，饋薦一視東祠豐。豈應故事誠有將？❶示人友善何日忘！❷祀事既畢登堂堭，峩冠列坐咸肅恭。廣文巍榻歌魯頌，古音容。講揚經義發童蒙。卷經羣趨蹡而蹌，舊堂序列環而重。老少團拜敬而雍，申明孝弟消强梁。更衣紫袖巾縮縫，旋復故坐舉餕觴。羞桃華瓜仍蕉黄，左殽右胾羹及粱。五行大白益静莊，威儀秩秩無儴佯。徙倚也。三勸和樂恩意濃，酬酢揖遜交更相。主人載笑色而康，方今太平無征攘。幸與諸賓相慶逢，願均飲醉文字中。衆賓欣謝且慚惶，此會曠典昔未嘗。今幸親與沾霈霶，報之愧無圭與璋。文班進請輸肺腸，❸泮儀民則詩言颺。風教基本今既崇，禮遜興行道義充。觀聽感德還降衷，自達閭巷無姦兇。異時刺史入三公，又推此道柔萬邦。❹移風易俗歸醇醲，均令天下躋虞唐。武班進請披心胸，侯飲於泮爲道長。可屈羣醜服淮羌，獻囚獻馘不告訩。坐格飛鴞食我桑，賂金貢齒皆來降。異時錫命侯弓彤，又相君德成安强。樽俎自折

❶「將」，清鈔甲本作「章」。
❷「友」，清鈔甲本作「有」。
❸「進請」，清鈔甲本作「請進」。
❹「柔」，原作「揉」，今據清鈔甲本及《四庫》本改。

萬里衢，❶會同四海無夷戎。諸生繼進吐卑悰，惟中文武無異方。加之俾爾熾而昌，加之俾爾壽而臧。降爾遐福如陵岡，嗣續與國同無疆。北溪野人狷且狂，躬陪盛儀喜莫量。直述詩史爲鋪張，昭示來世驚盲聾。

送趙寺丞解南漳赴湖北倉❷

前年邦人迎公來，人人喜公來何暮。今年邦人送公去，人人恨公去何遽。公在南漳甫三年，仁政率起百年慕。在民條目皆可書，及人惠愛何勝數！農歌田野士歌學，工歌市廛商歌路。攀轅無願以公歸，❸斷鞅必欲留公住。❹天子愛民南北均，豈暇私漳一隅故？命公乘軺使荆湖，歷訪民瘼清民蠹。❺况曰古來用武地，❻直瞰中原正門户。英才分布豈苟然？❼籌畫端爲恢拓具。❽北視犬羊紛蠢蠢，義概寧無激衷素。一洗腥膻特餘功，不日入爲聖明輔。沃心迪德文太平，上窺周召參伊傅。鯫生忝出陶鎔下，日望清光日以阻。❾闔門惟知自好修，何敢越分求攀附！竊幸斯道有主盟，用舍行藏無所與。

❶「自」，清鈔甲本作「未」。「衢」，乾隆本作「疆」。
❷「寺丞」，諸本目録均作「守」。
❸「以」，清鈔甲本作「與」。
❹「鞅」，清鈔甲本作「鞭」。
❺「歷」，清鈔甲本作「密」。
❻「古」，清鈔甲本作「今」。
❼「分」，清鈔甲本作「公」。「苟」，清鈔甲本作「古」，《四庫》本作「偶」。
❽「具」，清鈔甲本作「地」。
❾「以」，清鈔甲本作「似」。

用敖教所贈詩韻送行

臞菴先生仙籍豪，固非塵中浪骼骨。挺特不隨時世粧，那學兒女誇首鬅。❶ 揭來龍江主文盟，鑪錘廣大無棄物。裁狂雕朽誰弗容，遊刃三年不少剮。九勿反。刀曲也。野人掩關北溪曲，於道未能探絲忽。甘謝馳驅抱孤拙，反獲優容免呵咄。紆軫衡茅過招邀，寘之學海滄流潏。道德淵源漫斟酌，理義芻豢飽齧齕。由堂賜室縱步躡，淵鱗騫翼恣手捽。金篦刮瘼丹起廢，萬斛塵胸爲一拂。要令齪齪鑛璞姿，無或晶光向埋没。❷ 云何聚散不可常，征車已駕城東月。當今中原若角崩，曦娥薄蝕耀計孛。廟堂側席急選用，英才詎復偏方屈。便起鶚林篋鵷行，感時怒豎衝冠髮。整頓乾綱靖坤維，扶掖炎精夐熛歘。拯危直鼓濟商楫，❸ 逢邪須奮擊泚笏。挽回一氣轉洪鈞，平地春雷百蟄出。雍容細旃講唐虞，正韠垂紳其弁突。抑均斯道覺斯民，何但諸生私蔭樾。

詠陳世良天開圖畫之閣

九仙縣地名。來來到筠谷，居地名。誰向雲端締高閣？背倚金山後山名。作後屏，左右龍虎交蟠伏。前頭諸峰列碧霄，獻奇貢異相聯絡。文筆前山名。時時氣蔚葱，香騰

❶「誇」，原漫漶不清，今據乾隆本、清鈔甲本、清鈔乙本訂正。
❷「晶」，清鈔甲本作「精」。
❸「濟商」，清鈔甲本作「湘江」。

前山名。旦旦煙醲郁。瀑布泉名。西奔扈衛雄，❶席帽山名。東出朝宗肅。玉欄山名。管住不斷勢，銅鼎山名。蓄就無窮禄。石潭溪名。通貫洗馬陂，溪名。一派寒流腰帶束。雨暘舒慘變萬狀，青黄紫緑呈千簇。十里風光盡入懷，四時春色常在目。好是天開一圖畫，丹青巨擘難描摸。閣中仙翁有佳趣，❷襟抱磊磊還落落。飽餐蒼秀炯詩囊，静挹菁華洗愁斛。日暄晝永酒三樽，月明夜清琴一曲。興來草木欣榮意，意到鳶魚自飛躍。此外應無人境喧，於中覺有天真樂。試問仙翁爲阿誰？世良其字陳其族。

和林叔已詠揚守福壽林塘之韻

史君幽趣鍾靈臺，胸中圖畫如天開。居閒薄發林塘勝，根原福壽兩山來。石骨旁峙虎蹲踞，泉脉下繞龍瀠洄。高低隨巧結亭榭，收拾造化成錦堆。緋黄紫緑獻態度，纖洪濃淡敷條枚。四時春色常在目，嘘咻無用鄒律催。那知禁林鳳池上，須君緩步鏘鳴瓌。詎容袖手此山下，龜朋鶴侣相追陪。❸

和林叔已詠福壽林塘四十九韻呈揚守并謝保舉狀

漳臺最尊第一峰，分支福壽飛雙虹。壽山左蟠氣葱葱，福山右峙狀窿窿。中有洞壺出塵蹤，景物簇聚造化功。不減杜陵門城東，未數漆園舊崆峒。高人卓犖關西

❶「扈」，清鈔甲本作「挹」。
❷「佳」，清鈔甲本作「高」。
❸「陪」，清鈔甲本作「隨」。

公，神僊識趣清瀛蓬。疏淪寒泉衆流潨，刮築嵓石羣山嵩。滌洿剔穢輯和沖，❶飛甍敞棟勢如穹。福壽大亭名。林塘扁其中，銀鈎鐵畫燦黑松。以次亭榭隨窠空，各各標揭題踈通。濯纓亭名。一點塵不叢，澄澄北繞冰壺融。新緑亭名。東開青藻芃，磨銅徹底瑩淵衷。水竹環之翠垂弓，波光暗射驚魚蟲。❷西問荷花亭名問花。滿池紅，❸千枝萬朶爛燒空。行行半山亭名。杖履逢，小憇平章景異同。絶巔亭名清漳奇觀。奇觀超陰曚，❹四方八達輝明瓏。俯瞰闤闠罔利翁，徒登壟斷誇嵸嵸。❺主人緑鬢碧方瞳，壽山崒嵂福海洪。濟川才具如飛艟，須遊鳳池職乃充。能蘇民瘼如香蒻，須從禁苑馳華驄。況屢秉麾天眷隆，陽春脚布隨處豐。自當九二任發蒙，❻均陶生民天降侗。未應山人遨渤仝，登高臨清玩曨曈。西隣隱霧有豹鼨，欲化龍虎九霄翀。卵翼之恩始而終，端賴餘福錫厥躬，庶幾攀附于飛雄。

仙霞嶺歌

仙霞何事名仙霞？巔末得之神仙家。此山南來絶高峻，❼上插雲表參天涯。羣仙遊宴絶頂上，❽不飲烟火湯與茶。朝餐赤霞吸其英，暮餐黄霞咀其華。日傲烟霞爲洞

❶「滌」，原爲墨丁，今據《四庫》本補。乾隆本作「疏」。
❷「魚」，清鈔甲本作「飛」。
❸「荷」，清鈔甲本作「何」。
❹「超」，原漫漶不清，今據乾隆本、清鈔甲本及清鈔乙本訂正。
❺「壟」，原作「龍」，今據清鈔甲本及《四庫》本改。
❻「自」，清鈔甲本作「任」。
❼「絶」，清鈔甲本作「極」。
❽「羣」，清鈔甲本作「神」。

府，不踏塵寰寸泥沙。後躅躋攀不可得，危梯峻級頻咨嗟。高人欲解行者疲，掇作好語清而嘉。故取仙霞起人慕，非以仙霞爲世誇。流傳歲月浸久遠，此意零落說又差。謂酌流霞固淺陋，謂著霞衣亦浮葩。我來登陟動幽趣，愧無洒落清襟懷。聊寓數言代嶺記，未可例視爲南華。

謁張公祠

古來傳説雙劍靈，精氣直上干雲星。有如掘出爲世用，一揮便可四海清。方今擾擾胡塵起，中原分裂亂無紀。正好提攜爲掃平，何事雙龍卧此水？試問張公知不知？英靈千載如生時。何時神物得神用，爲報風雲會合期。

三月十一夜紀候

春光正濃二三月，氣候不作春和柔。白晝炎炎若盛夏，半夜凄凄如老秋。

久不雨

草廬卧龍目未開，嵩溪作霖手未擡。蒼生望望亦勞爾，雱霈甘澤從何來？

賀傅寺丞喜雨二十六韻

去冬九旬已渴雨，那意今春渴尤苦。自開正元越三月，生意全蟄不闖吐。陽威烈烈熾盛夏，田野熬熬劇焦釜。新秧既長且乾萎，播種無由可入土。農民望雨若倒垂，類嘆天命我無所。❶太守念膺民命寄，如傷體膚痛心膂。奔禱山川社稷前，下及百祠靡不舉。壇告雷師雷莫聞，江扣龍神龍弗顧。❷間或沾洒隨即收，翹想霶霈殊烏有。日切一日不遑寧，直欲伐牲實籩俎。❸精虔充積四十朝，幽明貫徹忽無阻。季春望夜五鼓餘，❹瓦鳴瑑瑑簷垂縷。起來四顧雲黑暝，阿香驅車震鼉鼓。甘霔一番復一番，達晝傾盆莫之禦。東阡西陌土膏溶，負耒荷鋤翕旁午。父語其子兄語弟，咸曰我侯感格故。滴滴皆是真珠飯，❺天救我民賜我哺。非我下民能動天，侯澤我民如父母。既優既渥尚未已，實穎實栗決可睹。人解戚容爲懽忻，❻歲轉凶兆爲豐阜。從知天人本一機，氣脉流通有如許。端猶影響應形聲，證驗昭昭真足數。亦侯作霖大手段，家學淵源傳自古。豈徒蕞爾南漳濱，特私所惠偏一塢。❼抑將天下濟蒼生，行赴九重大用汝。

北溪先生大全文集卷第二終

❶「類」，乾隆本作「頻」。
❷「扣」，清鈔甲本作「叩」。
❸「伐」，清鈔甲本作「代」。
❹「鼓」，清鈔甲本作「更」。
❺「真」，清鈔甲本作「珍」。
❻「戚」，清鈔甲本作「憂」。
❼「特」，清鈔甲本作「獨」。

北溪先生大全文集卷第三

律　詩

訓兒童八首

孔　子

孔子生東魯，斯文實在兹。六經垂訓法，萬世共宗師。

弟　子

洙泗三千衆，何人得正傳？省身有曾子，克己獨顔淵。

顔　子

賢哉顔氏子，陋巷獨幽居。簞食與瓢飲，蕭然樂有餘。

曾　子

敬謹曾参氏，❶臨深履薄如。平生傳聖訓，要具孝經書。

人　子

人子勤於孝，無時志不存。夜來安寢

❶「氏」，清鈔甲本作「子」。

息，早起問寒暄。

灑掃

奉水微微洒，恭提帚與箕。室堂須浄掃，几案亦輕麾。

應對

應對須恭謹，言言罔不祇。父呼唯無諾，長問遜爲辭。

進退

進退須恭敬，時時勿敢輕。先生趨拱立，長者後徐行。

西征黄蓮坑遇雪

自入黄蓮北，❶風嚴雪又加。滿山羅玉樹，遍地錯瓊花。清灑姿無纇，虚明質不華。瘴眸爲一洗，驚覺若仙家。

分水嶺

寶貝山前去，瓊瑶世界行。蠟鞋穿瑟瑟，竹杖獨鏗鏗。❷凍色迫毛竅，寒光射眼睛。酒亭何處認，速欲一壺傾。

❶「自」，原漫漶不清。今據乾隆本、清鈔甲本、清鈔乙本訂正。《四庫》本作「行」。
❷「竹」，清鈔甲本作「行」。

祝杖投錢唐江❶

爾自黃源嶺，相從到上都。扶持千險阻，❷策掖萬崎嶇。鳳沼波應煖，龍門路不迂。便須齊變化，霈澤濟寰區。

和陳叔餘韻二首一以謝來意一以勉之

碌碌平生學，慚無席上珍。僅餘守師訓，豈欲衒時人？誤入侯門聽，黐勞友義陳。願從温故業，庶或稍知新。

又

此道何曾遠，吾儒自有珍。反求皆在我，中畫豈由人？利善分須白，知行語未陳。若能祛舊見，明德日惟新。❸

送王子正宰長樂二首

一陽天運復來亨，君子隨時亦吉征。暫向三山瀕海處，❹小馳百里愛人聲。從知文物新長樂，❺便作絃歌舊武城。須信道行由此兆，牛刀指日宰寰瀛。

又

君當民社戴星遊，我玩簞瓢守故丘。

❶「唐」，乾隆本、清鈔甲本作「塘」。
❷「持」，清鈔甲本作「杖」。
❸「惟」，清鈔甲本作「維」。
❹「暫」，清鈔甲本作「漸」。
❺「知」，清鈔甲本作「之」。

袂自此分何所憾，學無與講是吾憂。聖心未可窺覘得，道體難從寡陋求。鱗翼元無南北間，時推緒論發蒙不？

送廖子晦倅潮還別四絶❶

紫陽門户聳參天，駢往紛來幾計千。誰立脚跟老彌篤？❷交溪原上有深傳。

使車南騖過吾邦，❸幸挹端嚴毅直風。多謝兩年勤尺素，諄諄頻爲發童蒙。❹

松窗梅雪歲寒餘，奉别城東古驛頭。君去有行應可樂，我來獨學重爲憂。

聖賢事業浩無疆，未易孤聞寡見窮。友善更資天下士，時推一二附南鴻。

送廖婿林伯魯東歸南寺，席中因舉送王長樂詩，伯魯用後篇韻求教，故復依其韻以别之

良夜禪房欵一遊，義心相與重山丘。少陪文字賡酬樂，頓釋胸懷鄙吝憂。❺我愧反身無寸得，君方努力勇前求。懸知日有新新益，還肯雙魚遠寄不？

❶ 此詩底本目録中在下一首之後。清鈔甲本、清鈔乙本同。

❷ 「跟」，清鈔甲本作「根」。

❸ 「使」，清鈔甲本作「侯」。「吾」，清鈔甲本作「我」。

❹ 「童蒙」，清鈔甲本作「蒙童」。

❺ 「吝」，原爲墨丁，今據乾隆本、清鈔甲本補。《四庫》本作「隱」。

和丁祖舜重脩日涉園

重來日涉整前盟，欲與淵明細論朋。向市鬧中渾覺勝，❶可人幽處不妨仍。歲寒依舊竹三逕，春意長新花數棚。對景春容無一事，好將氣馬欵調乘。

依趙尉獄空韻上陳宰

民沐仁風狀小兒，陶陶遠罪日何知。圜扉草色春長茂，公舍棠陰晝緩移。誰復鼠牙紛擊剥，類將雞黍樂追隨。塗歌里詠喧傳處，盡是吾侯德政碑。

依方宗丞和林簽判賞梅追璧水之韻

冰玉精神清且凝，不嫌霜雪慘於刑。傳來春信嚴明地，吐出陽和節愛亭。孤艷迥凌仙子桂，餘香暗及庶民星。尋盟璧水渾閒事，好整和羹入帝庭。

送陳尉後之園賞歸二首❷

巖邑崎嶇俗最獰，君來談笑自風生。平戎大策方微露，執訊奇功便立成。❸百里秋光瓜代及，九重春色笋班榮。金閨此去

❶「市鬧」，清鈔甲本作「鬧市」。

❷「後之園」三字，原闕。今據原書目録及乾隆本、清鈔甲本補。

❸「便立」，清鈔甲本作「立便」。

應無阻，好把胸中次第行。

又

世論年來太不和，真真僞僞總偏頗。陽尊孔孟陰排斥，深怯周程浪詆訶。誰是横流堅立砥？類於入室反操戈。始終無負傳心處，一片精剛要不磨。

送滕教歸二首❶

本是山林一陋蒙，何心馳騖利名中。只因尺檄來蓬户，故策駑才入藻宮。既爾薰陶知厚德，又於歷練熟頹風。區區未飫高山仰，❷何事征蹄今已東。

驛道芬菲春氣柔，征蹄去去不容留。俛辭南國摳衣佩，直向端門拜冕旒。璧沼從知新訓導，石渠旋復細刊讎。澤民致主淵源學，那或浮沉逐輩流。

不赴十姊初度之席

吾姊今朝慶誕辰，❸奈何賤弟亦同倫。❹汝逢壽考榮雙老，我感劬勞悼昔人。一懽贊祝欲陪千歲願，追思難遏寸心真。一戚應殊分，只任天情不必均。

湖齋對蓮

平湖花葉亂相撐，恰對幽齋小榻清。

❶「滕」，清鈔甲本作「陳」。
❷「高山」，清鈔甲本作「山高」。
❸「辰」，原作「晨」，今據《四庫》本改。
❹「同」，清鈔甲本作「何」。

萬緑淺深非作意，千紅濃淡總無情。好觀物態羣嘉萃，從識乾元一理生。佔畢暇餘時與玩，會予心處有誰評。

對　葵

開闔隨陽自曉昏，輕如綃縠净瑶琨。淡黄相枕五重靚，濃紫深藏一竅渾。❶熟視絶無粧點態，細看不見剪裁痕。誰能會取箇中意，與玩乾坤造化根。

和丁丈詠史君禱而雨之韻

史君持志一恭謙，何問幽明與巨纖。渴雨方將爲旱閔，卧龍便不復泥潛。連宵頗作霶霈注，闔郡均蒙優渥沾。竊喜陽春端有脚，閭閻和氣日須添。

用明師叔韻贈畫工張子英

雖憑縑素狀儀容，的自毫心藴妙鋒。箇箇本來天所賦，隨人變化有奇工。❷

送王子正赴瀨倅

飛騰仙馭自漳濱，去去西隅指瀨津。夾道賓僚方一際，滿城老稚便皆春。正心誠意平生學，愛物親民此日仁。只恐貳藩車未煖，紫泥催促貳皇鈞。

❶「渾」，清鈔甲本作「横」。
❷「工」，清鈔甲本作「功」。

又

昔日濂溪倅此州，施爲洒落豈常儔？今承遺躅百餘載，又得當朝一雋流。詔世典刑應未泯，在民德化豈無求？發揮舊事重增煥，好與邦人作勝謀。

子方宗弟側弄之璋❶

珍祥充塞故旁流，底信先傳慶有由。莫訝雞胞寧吐鳳，❷須知虎氣已吞牛。古來孽士皆榮達，此日宗支自穎尤。蟄蟄繩繩從未艾，❸會看貴種出公侯。

西征范田遇雪三絶

夜宿荒村曰范田，聲聲頻滴屋簷前。朝來揭起柴扉看，滿目青山白玉巔。

飽啗炊粱萊菔羹，皁臺催促趕前程。手攜竹杖足穿革，緩撥瓊花徒步行。

歷歷山坳凍迫人，指頭欲墮痺難伸。探囊速買三杯後，更覺陽和暢此身。

大漿嶺

大漿陟降幾千層，積雪朝來錯去程。溜石瓊花新琢就，平田玉鏡恰塵成。不嫌

❶「弄之」，清鈔甲本作「之弄」。
❷「寧」，清鈔甲本作「能」。
❸「從」，清鈔甲本作「來」。

凍氣侵肌慄，最愛清姿照膽明。聊把杖頭敲擊處，那忘疲薾旅中情。❶

過武夷

武夷山下幾迴過，未暇於中賞一遭。獅鶴諸仙知我意，故將青靄淡遮羅。

紫溪遇日

日露雪頭紅玉盤，❷氤氳和氣靄人寰。回眸萬素無從覓，依舊千山列翠鬟。

鉛山遇霜❸

冒風冒雪冒霜寒，手足胼胝百狀艱。只爲胸中春一點，未能忘世卧溪山。

和人詠梅韻

不妨雪壓與霜糊，友結松筠鄙橘奴。特放孤標先煖覺，肯隨衆卉望寒逋。疑將冰月爲精爽，端借瓊瑶琢體膚。闖出一元生物意，從兹引領萬容姝。

示兒定孫二絶

童蒙發軔最初時，庸聖分岐謹所之。

---

❶「那」，清鈔甲本作「都」。
❷「露」，清鈔甲本作「落」。
❸「霜」，清鈔甲本作「雪」。

凡百小兒嬉戲事，❶類皆鄙俚不須爲。❷丈夫尚志志高明，勿效卑卑世俗情。從上一條平坦路，千賢萬聖所通行。

鄰舍横逆

茫茫薄俗沸蚊蛆，禮義全無一點餘。只得杜門對賢聖，專來教子讀詩書。千般横直休干己，一切是非無問渠。若救鄉鄰爲被髮，風波轉起撓吾廬。

西征過仙霞嶺雪晴❸

自入仙霞十里程，滿山晴雪射虚明。路從寶貝洞中去，❹人在瓊瑶世界行。❺枯木競傳千狀巧，荒崖亦作十分清。回環四望真奇觀，識破乾坤洒落情。

過江山遇雪

江山方進半程前，正值羣遊剪水仙。滿道鹽花堆粲粲，飛空粉屑舞翩翩。樊墻廬舍皆銀飾，溝瀆潢汙盡玉瑱。却認青山埋不得，嶆峨氣勢直凌天。

❶「嬉戲」，清鈔甲本作「戲嬉」。
❷「類」，原漫漶不清，今據乾隆本、清鈔甲本、清鈔乙本訂正。
❸「嶺」，原脱，今據清鈔甲本目録補。
❹「貝」，乾隆本作「月」。
❺「界」，清鈔甲本作「間」。

平垣雪兼風雨❶

自從平垣望衢南，❷值雪霏霏日日添。既挾狂風和面撲，又偕猛雨向身沾。手拈紙傘凝猶痺，足踏皮鞋涷亦漸。那識堅剛金石操，於中凜凜獨争嚴。

玩　雪

南人乍見此般奇，驚怪誰司妙化機。月裏姮娥篩粉撒，雲端仙子削瓊飛。寶山瑶室隨村峙，玉樹銀花夾道輝。造物襟懷真洒落，更無塵滓間纖微。

過衢州第二程見麥雪中青

雪過三衢越厚埋，❸却於農事不爲災。今朝方爾半融釋，隴麥青青奮出來。

答留粹中承奉求教之韻❹

玉質雖精更用礲，❺切磋磨琢趣無窮。但於天理昭如視，何患私情衆互攻。明善誠身爲要訣，博文約禮是深功。從今日用

❶ 此詩，清鈔甲本在《過江山遇雪》之前。「垣」，原作「坦」，今據清鈔甲本改。
❷ 「垣」，原作「坦」，今據清鈔甲本改。
❸ 「埋」，清鈔甲本作「堆」。
❹ 「留」，清鈔甲本作「劉」。
❺ 「用」，清鈔甲本作「有」。

培基處，敬道尤須徹始終。

橫逆自廣三絶

湯文事小豈爲迷？物我從來絶町畦。胸次洞然天地闊，本無南北與東西。

樂天一説見軻書，豈是高談强解渠？牛馬蚊虻無足校，不須芥蔕此襟裾。

仁人方寸萬機空，片逆何能介此中。視爾恰如風動竹，在予安有竹嫌風。

趙寺丞禮延入學，陳伯躍有詩詠其事，因和以復之

道學規模本自宏，❶師傳敢背此心盟。❷追思嚴訓昭如在，❸惟誓終身篤所行。❹每患無成辜宿志，那知自鬻釣浮名。

賢侯愛友交提獎，重我慚惶未見榮。

修學扁大成殿門，依敖教韻上趙寺丞

育才爲國寸心丹，修泮時聞鏘八鑾。緑引滄溟循道入，❺青排名第對門看。宸鈎日焕龍蛇動，書閣雲齊牛斗寒。末學幸陪芹藻豆，詎耽秋菊夕英餐。

❶「道學」，清鈔甲本作「學道」。
❷「師」，清鈔甲本作「書」。
❸「思」，清鈔甲本作「師」。
❹「惟」，原漫漶不清，今據乾隆本、清鈔甲本、清鈔乙本訂正。
❺「道入」，清鈔甲本作「入道」。

存　心

心藏隱奥最難知，出入無時不可羈。須向動時牢把住，莫教失却便支離。

和卓廷瑞贈詩之韻四絶

一見襟懷便豁然，交情輸寫意忘年。傾囊經訓璠璵富，與我從頭細細傳。

日復陪遊泮水湄，發揮史學到淵微。直從天理人心處，❶剖破存亡治亂機。

長書一卷墨新題，志在斯民壽域躋。歷歷愛君憂國語，施行須自起鋤犂。

我愧年幾六十秋，時華虚度事優柔。頭云皓矣未聞道，深藉磨礱與勿休。

林户求明道堂詩二首

秉彝同是得天生，道在其中本自明。氣爲稟來微有蔽，欲因感處復多萌。磨礱須到十分粹，克治全教一味清。從此洞然無別體，真元輝露日光星。❷

又

自從河洛發真筌，節目綱條已粲然。志若堅剛方可適，心如扞格決難詮。從頭格物爲當務，穩步求仁乃秘傳。表裏直須名副實，高標終不愧前賢。

❶「從」，清鈔甲本作「到」。
❷「星」，乾隆本作「呈」。

遊雷峰塔處晦上人求詩

擺脱人間名利韁，湖山深處事韜藏。❶
要知晦裏真消息，養取靈臺一點光。❷

無言上人求詩依黄簿韻

休説西來幾許年，此身動静莫非禪。須知天理流行妙，不待人言髣髴傳。運水搬柴存實則，着衣喫飯即當然。若能默悟真消息，剖破諸空億大千。

寓嚴陵學和鄧學録相留韻

道爲賢侯講泮宮，淵源程子及周翁。路開正脉同歸極，川障狂瀾浪駕空。珍重前廊渾氣合，督提後進要心通。聖門相與從容入，❸矩步規行不用忽。

北溪先生大全文集卷第三終

❶「事」，清鈔甲本作「是」。
❷「取」，清鈔甲本作「此」。
❸「入」，清鈔甲本作「合」。

北溪先生大全文集卷第四

律　詩

題蓋竹廟六絶

人心活物本來靈，❶動静那分晦與明？
晝接事爲思有主，夜思無主夢因成。

夢生於想本來非，一自魂交百感隨。
漠漠茫茫無定準，若何據此卜前逵？

世人莫悟此端原，兆自心機闢闔間。
却向妖祠求證應，妖祠於我固何關？

至人神定氣常清，夜息虛明一若醒。
假使妖祠能獻兆，如何窺得此門庭？

大都流俗急榮名，切切於中夢自形。
附會便爲神所告，神明虛得號通靈。

升沉大分係於天，決匪人謀所必然。
告爾往來通達者，不須贅贅鬼神前。

馮中郎廟

爲問中郎昔抗忠，力箴頗牧不能庸。
如今疆場多塵擾，頗牧還能容不容？

西楚霸王廟二絶

氣壓關河力拔山，絶人武勇更無前。
若於今代當戎寄，何復孱胡踞百年？

❶「活」，原漫漶不清，今據乾隆本、清鈔乙本訂正。

又

孱虜奔亡我舊畿，中原蛇豕肆交馳。❶
思君一劍爲平蕩，蓋世英魂知不知？

題江郎廟六絶

三石參天作柱擎，自從開闢便崢嶸。❷
何爲末俗好奇怪，盡道江郎魄化成？

緣爾江家兄弟三，平生愛此石巖巖。
寓居石下多年代，陋俗因成附會談。

好看三石絶奇蹤，自是山靈氣所鍾。
致雨興雲功利博，❸合編祀典以神封。

禮經岳瀆視公侯，只謂祠儀一例修。
不識鬼神情狀者，錯將經意以人求。

峙立嶆峨本石形，人其廟貌據何經？
祇宜壇壝爲民禱，時雨時暘便是靈。

禮學無人發世蒙，正神流弊與妖同。
既非氣類相求者，豈解精誠妙感通？

和傅侍郎至臨漳感舊十詠

陽復東郊雨閣絲，歡迎父老擁車隨。
競傳碧眼朱顔在，宛若當年剖竹時。和《始至》。

黄堂盛事據今論，向日郎君忠肅孫。
依舊誠心勞撫字，漳民世世沐深恩。和《閲題名》。

郡圃森森幾閲春，一番太守一番新。
何如今日同行樂，綵袖恭陪紫橐人？和《行

❶「馳」，清鈔甲本作「驅」。
❷「崢嶸」，清鈔甲本作「狰獰」。
❸「博」，乾隆本作「溥」。

郡圃》。

燕遊規畫孔明廬，陳法區藏梅李株。❶慨想先儒遺意遠，能將舊觀一還無？和《訪晦翁廬已毀》。

老榕盤鬱植根深，意到扶藜賞緑陰。天理流行隨寓足，何心故步與追尋？和《訪古榕茅亭》。

依山種竹襯山佳，傍水栽花水妬霞。一意生生俱好玩，休分紅翠有無遮。和《訪西山爽氣》。

雲移月色爽人看，雨趁潮聲迅拍欄。自是與民同樂地，何妨一整復前歡。和《訪水雲館》。

南州佳品勝羅浮，青女飛花任打頭。寒涸更深香更烈，❷松朋梅友敢凌不？和《遊柑橘園》。

主山昂首狀魁嵬，虎踞龍蟠萃一臺。若蹕地靈規貢宇，❸英才衮衮拔條枚。❹和《登臨漳臺》。

臺前一帶繞漳溪，臺下回環萬象齊。就拓宏模須大手，❺非爲諂語病於畦。❻和《下山》。

和陳侍郎韻寄題林尉肯堂

肯堂題扁自名公，表裏須教實一同。門閥不誇車馬大，家聲端藉禮詩隆。熟仁便足膏粱味，❼殉義能傳清白風。終始此生

❶「李」，清鈔甲本作「樹」。

❷「涸」，清鈔甲本作「固」。「深」，清鈔甲本作「嚴」。

❸「蹕」，原漫漶不清，今據乾隆本、清鈔甲本訂正。

❹「枚」，清鈔甲本作「梅」。

❺「就」，乾隆本作「孰」。

❻「於」，原作「丁」，今據乾隆本、清鈔甲本改。

❼「足」，清鈔甲本作「促」。

無忝處，❶精誠妙與古人通。

和陳侍郎韻寄題林尉尚絅堂

中庸尚絅示諸儒，爲己何心世毀譽。只要美中存德本，❷無容飾外事文餘。魚潛理趣真如灼，屋漏工夫的不虛。珍重子思深屬意，一言綱領此篇書。

權長泰簿喜雨呈鄭宰

夜雨滂沱一若傾，朝來南畝足春耕。相呼荷耒奔趨急，便與擔秧插蒔盈。令尹精誠知到處，上天仁愛見真情。從今可釋懸懸望，百里已無愁嘆聲。

四月十八日喜雨再用前韻呈鄭宰

民間霓望正頻傾，天澤如期爲養耕。終夜連朝淋不住，上畦下畝浸皆盈。春來又見玆濃霈，秋穫何愁弗滿情。感格一機無外事，氣和端自有和聲。

解職歸題主簿軒壁

偶然寓興五山陰，可嘆頽波日轉深。鼓瑟齊門莫同調，舞韶鄭側鮮知音。歸尋舊徑掃新榻，從整遺編理素琴。惟有春秋知罪我，外餘横直一何心。

❶「此」，清鈔甲本作「宛」。
❷「本」，清鈔甲本作「性」。

挽詩

挽王郎中五首

蚤得名師友，淵源正不他。持身莊以重，接物簡而和。游夏文章學，求由政事科。朝聞今可矣，爲恨復云何。

二

壯歲登科甲，淹遲暮始通。閩中馳德政，灞上振儒風。藥石王宫訓，權衡璧水功。儼然遺躅在，誰不悼思公？

三

剖竹毘陵郡，乘軺古越城。活民均惠澤，報國一忠誠。强禦斂蹤伏，姦欺束手清。至今誦遺愛，何日可忘情！

四

暮景孤高節，巖巖挺歲寒。松姿標雪嶺，玉質照冰盤。一介應無取，截毫不可干。❶ 老成視前輩，宜作典刑看。

❶「截」，乾隆本作「纖」，清鈔甲本、清鈔乙本及《四庫》本作「纎」，字通。

五

近甸勳勞著，中朝寵眷隆。召從宗正貳，躐進户曹郎。從槖方虛佇，生經遽不融。罣如喦下息，❶萬古儼公宮。

挽楊料院二首

早識淵源正，從師事切磨。天姿純不纇，世俗淡無波。廬墓誠於孝，刑家儉以和。自應仁者壽，命也奈之何。

恩沐賢關渥，名登桂籍榮。古田馳義勇，永福播仁聲。料院從優選，朝階即坦行。胡爲成契闊，第爾哭銘旌？

挽程推官二首

壯歲聲場屋，高年僅小行。❷鄱江夷暴跡，湟水雪冤情。節志冰壺潔，襟期玉井清。竟耽泉石趣，勇去謝榮名。

生質鍾來厚，❸風流近古人。奉官常翼翼，居里復恂恂。甥姪誨猶子，夫妻敬若賓。噫嘻公不死，嗣世有簪紳。

挽蕭知縣二首

資稟於人異，天鍾自粹夷。懷才無表

❶「罣」，清鈔甲本作「翠」。「喦」，清鈔甲本作「巖」，字通。
❷「小」，清鈔甲本作「少」。
❸「鍾」，清鈔甲本作「從」。

襮，制行絶瑕疵。孝比王祥篤，知機下惠遺。❶ 鄉閭稱厚德，已矣但長噫。

蚤擢儒科秀，❷旋驅仕路榮。平反東廣幕，撫字桂陽城。選調方優脱，朝階自坦行。如何中道處，遽爾輟千旌？

挽孫少卿四首

自抛欄苧列簪紳，便展施爲志獲伸。剖竹三衢無警盜，乘軺兩浙蔑冤民。居官清節冰壺凛，到處仁恩雨露春。歷歷典刑如在日，慕思遺愛幾多人。

聖主更新大化年，趨朝正預拔茅連。青華上厠郎星列，近密光陪卿月聯。垂躡從班提從橐，遽萌歸興乞歸田。至今士論追懷處，第誦高山景行篇。

厚德天鍾有異資，❸反身尤謹事操持。儉勤忠孝傳家訓，直諒忱恂獲上知。正色嫉邪嚴莫犯，高標立懦屹難移。睪如香坂孤峰下，千載唯存篤行碑。

福慶於人鮮比方，一生坦若履康莊。好逑得偶天官胄，嗣子能傳月窟芳。壽入九齡光寶籙，服膺三品燦金章。始終可謂無遺憾，信矣榮歸死不亡。

銘

敬恕齋銘

天地之性，惟人爲貴。由其有仁，於我素備。胡爲不仁？私欲間之。欲求仁者，

❶「知機」，乾隆本、清鈔甲本作「和幾」。
❷「秀」，清鈔甲本作「考」。
❸「資」，清鈔甲本作「姿」。

敬恕是宜。出門如賓，承事如祭。以主於中，對越上帝。己所不欲，勿施於人。以是而行，與物皆春。内外敬恕，私欲何寓？天理周流，無所不具。是之謂仁，乃復其初。孔聖明訓，的非我誣。子程伯子，正事斯語。傳聖人心，立後學矩。濟南氏子，是宗是師。我贊無倦，有此銘詩。

希程賢友扁是齋於明道堂之後，蓋師慕明道先生「内主於敬而行之以恕」之説。嗚呼！此正夫子所以告仲弓求仁之方，至爲要切；而明道所以學問造到而得聖心之傳者，有在乎是也。輒爲之銘以相之。嘉定戊寅春，臨漳北溪陳某書。

枕屏銘

枕之爲義，以爲安息。夜寧厥躬，育神定魄。屏之爲義，以捍其風，無俾外入，❶以間於中。中無外間，心逸體胖。一寤一寐，一由乎天。寂感之妙，如晝之正。可通周公，以達孔聖。夜氣之清，於斯以存。仁義之良，不復爾昏。咨爾司寐，無曠厥職。一憩之樂，實汝其翼。

❶「入」，原作「人」，今據乾隆本改。

箴

君子戒謹所不睹恐懼所不聞箴

天命之性，具於吾心。流行日用，無往不臨。❶即物即道，孰非吾事？與身而俱，須臾弗離。曷其體之？其要無他：只於平時，事未萌芽。己所未聞，己所未睹，即須自力，❷戒謹恐懼。戰戰兢兢，臨深履冰。一主於敬，中常惺惺。從事於斯，乃全所性。本體渾淪，無間厥命。天理生生，如坤之陽。萬化根原，的在其中。咨爾靈臺，❸所宜深警。此第一功，毋容昏瞑。

君子謹其獨箴

天命之性，不能常静。感自外來，動即中應。由乎天理，中節爲和。蹉諸人欲，則爲偏頗。若何用功，粹然一正。事稍萌初，念微闖境。人所未聞，己獨聞知。❹人所未睹，己獨見之。善惡之幾，於焉兆眹。毫釐易差，當切致謹。扶持天理，發達敷榮。防遏人欲，無使勞生。茲續前功，相次加密。大本達道，表裏爲一。咨爾靈臺，敬止緝熙。契天合聖，的其在茲。

❶「往」，清鈔甲本作「所」。
❷「須」，清鈔甲本作「思」。
❸「咨」，清鈔甲本作「資」。
❹「知」，清鈔甲本作「之」。當從。

贊

晦菴先生贊

德稟純陽，清明剛健。篤學真知，全體實踐。集儒之粹，會聖之精。金聲玉振，紹古作程。

夢中自贊繪像

天賦爾貌，幽乎其閑。地育爾形，頎乎其寬。視諸孟子之睟面盎背，❶孔子之温厲恭安，須力學以充之，而無愧乎聖賢之容顏。

疏

不允隆興寺僧傳經疏

先王盛時，黎民徧德。閭里之間相勸，農桑之外無他，惟父慈子孝而兄友弟恭，意誠心正而身修家理，絶無詖行以汩善端。自三綱九法斁淪，而别派殊宗躪蹂，❷大抵化人導世，急於覬果邀功。視奉親敬長爲度耳閒譚，把誦佛持經爲切身重事。需事畜之資以頣塗偶，剶塞墐音僅，塗也。《詩》：「塞向墐户。」之用以賁空廬。顛之倒，倒之顛；厚者薄，薄者厚。蚩蚩者，渾如大寐；明明

❶「諸」，清鈔甲本無此字。
❷「躪」，乾隆本及清鈔乙本作「躪」。

者，亦被冥驅。恬習成風，迨至今日。欲爲爾重，乃謁子文。嗟哉淺德！大愧無韓。豈於淫辭，灤復助墨？❶作俑既非，予志率獸，亦豈吾心？❷屢遜屢前，且笑且嘆。聊書此以自命，或罪我而不知。

北溪先生大全文集卷第四終

❶「灤」，清鈔甲本作「敢」。
❷「吾」，清鈔甲本作「我」。

北溪先生大全文集卷第五

書問

初見晦菴先生書

十一月吉日，學生鄉貢進士陳某，謹齋沐、裁書百拜，請備灑掃之禮於判府寶文侍講先生門下。

某竊嘗謂：道必真有人而後傳，學必親炙真任道之人，而後有以質疑辨惑而不差。自孔孟没，天下貿於俗學，蓋千四百餘年，得濂溪周子、河南二程子者出，然後斯道有傳，而正學始有宗主。自程子至今又百餘年矣，見知聞知代不乏人，然淵源純粹精極，真可以當程氏之嫡嗣而無愧者，當今之世，捨先生其誰哉？而天下學士有志於古、欲就有道而正之者，非先生亦誰與歸哉？❶

某窮鄉晚生，愚魯遲鈍，居於僻左，無明師良友，❷不蚤聞儒先君子之名，自兒童執卷，而世儒俗學已蠱其中，窮年兀兀，初不識聖賢門户爲何如。

年至二十有二矣，始得先生所集《近思録》，❸讀之，始知有濂溪、有明道、有伊川爲近世大儒，而於今有先生，然猶未詳也。自是稍稍訪尋其書，間一二年、三四年，又得《語孟精義》、《河南遺書》，及《文集》、《易

❶「亦」，清鈔甲本作「我」。
❷「良」，清鈔甲本作「隆」。
❸「始」，乾隆本無此字。

傳》、《通書》，與夫先生所著定《語》、《孟》、《中庸》、《大學》、《太極》、《西銘》等傳，吟哦諷誦，反諸身、驗諸心，於是始慨然敬嘆當時師友淵源之盛，抽關啓鑰如此之至，❶而重自愧，覺此身大爲孔顔罪人，❷而且益仰先生道巍而德尊、義精而仁熟，立言平正溫潤、精切的實，明人心、洞天理，達羣哲、會百聖，粹乎洙泗伊洛之旨。凡曩時有發端而未竟者，今悉該且備；凡曩時有疑辨而未瑩者，今益信且白。宏綱大義，如指諸掌，掃千百年之謬誤，爲後學一定不易之準則。辭約而理盡，旨明而味深，而其心度澄朗、瑩無查滓。❸工夫縝密，渾無隙漏，尤可想見於辭氣間。故孔孟周程之道，至先生而益明，所謂主盟斯世，獨惟先生一人而已。❹

然求於書，未如親炙之爲浹洽；徒言之誦，未若講訂服行之爲實益。❺故愚生竊不自量，嘗欲盡屏世學，奔趨席隅，面領其梗概，然後退而結茅於清泉茂林，以畢其業而終吾樂。❻獨奈何事與心違，❼家窮空甚，無千里裹糧之資，❽而二親臞薾，又日奪於仰事不給之憂，❾汩没乎科舉干禄之累，而於此第竊有志焉，不克實下手專研而精究。今三十有二矣，十年之間，但粗獵涉，

❶「至」，清鈔甲本作「急」。
❷「大」，清鈔甲本無此字。
❸「查」，乾隆本作「渣」。
❹「惟」，清鈔甲本作「推」。
❺「行」，清鈔甲本作「習」。
❻「樂」，清鈔甲本作「獨」。
❼「獨」，清鈔甲本作「樂」。
❽「家窮」至「之資」十一字，清鈔甲本作「門祚衰薄，無他兄弟之可托」。
❾「日奪」至「不給」七字，清鈔甲本作「恐失于溫清定省」。

悠悠蹉跎，若存若亡，枉逾夫子而立之年，未免曹交徒食之計，❶良心蕪没，百無一就，駸駸下流，甚懼甚恐。

去年秋賦，夤緣有臨安之役，自謂是行也，此累可永了。❷其歸也，道武夷，當徑走五夫，共洒掃於墻仞之下，❸以紓其所素願。不謂命也天窮，舊累依然。而先生又此來矣，某始聞之歡欣鼓舞，謂：「向者十年願見而不可得，今乃得親睹儀形於州閭之近，殆天之賜歟！」既而又自疑曰：先生，郡侯也；某，郡之一賤氓也。貴賤之分有等，且侯門如海、府吏森嚴如截，❹問學，若之何而通？請益，若之何而便？講論，若之何而欵？❺故又遲遲者累月，屢進而屢趑趄。

然是學不可一日廢，而見賢之心油然動於中，終有不容遏。且人生聚散不可期，幸與賢者並世而生，而邂逅又如此其密邇。人未有拒我之形，吾逆爲之辭以自止，是果於自暴自棄者也。况先生以道學爲天下宗師，既不得盛行於時，猶當私淑於後，樂育善誘，❻循循不倦，夫豈以鄙夫互童而遽棄之！

然公庭不敢私請，❼輒冒昧先此導意，併録舊日自警之章，列於别幅以爲贄。先生儻以爲可教而進之，俾獲預罏錘之末稍，不失爲君子之歸，是所願望；若不遇焉，則亦命也，安愚分、退守窮廬，只遥望門墻以自攷而已。敬恭俟命，不備。詩見第一卷。

❶「曹交徒食之計」，清鈔甲本作「徒計曹交之食」。
❷「可永」，原作「了未」，今據清鈔甲本改。
❸「共」，乾隆本作「職」。
❹「截」，乾隆本、清鈔甲本作「戟」。
❺「欵」，清鈔甲本作「快」。
❻「樂育」，清鈔甲本作「學有」。
❼「公」，原作「互」，今據康熙本、乾隆本、清鈔甲本改。

孝根原

爲人子止於孝。近因讀「事父母幾諫」，至「父母之年不可不知」等章，極索玩味，似略見根原確定處。未知是否，試一言之：

夫人子於父母，其所以拳拳竭盡，如此篤切而不敢緩，極至而不敢少歉者，是果何爲而如此也？非父母使我如此也，又非畏父母而然也，又非冀父母於我如何也，又非吾身自欲如何也，又非聖人立法使人如此也，又非畏神明譴之、鄉黨議之、朋友責之而然也。其根原之所自來，皆天之所以命於人而人之所以受乎天，其道當然，誠自有不容已處，❶非有一毫牽强矯僞於其間也。

蓋天之生人，決不能天降而地出、木孕而石產，決必由父母之胞胎而生。天下豈有不由父母胞胎而生之人乎？而其所以由胞胎而生者，亦豈子之所能必，而亦豈父母所能安排計置乎？是則子之於父母，信其爲天所命，自然而然。人道之所不能無其爲天所命，自然而然。人道之所不能無俯仰戴履，自此身有生以至没世，不能一日而相離。如欲離之，必須無此身而後可。然人豈能無此身？豈能出乎天理之外哉？既不能無此身，不能出乎天理之外，則是決不能一日而相離。既不能一日而相離，則決不可以不竭盡，決不可空負人子之名於斯世，決然在所當孝、而決不容於不孝。

且如君者以天下奉、以天下養，父母之下唯子而已，不以子之身勤勞奔走以事父

❶「自」，清鈔甲本無此字。

母，更教誰事哉？　設或使人爲之，豈理之宜乎？　或親焉不免勞於自養，豈事之安乎？　况子之身又非子之身，父母之賜而天所與也。　天之命爾爲人子者果何謂？　父母之生爾爲子，而字育惟謹者果何爲？❶壯爾體、强爾力，是豈欲使安閒、❷空飽飲於天地間而全無所事乎？❸　則人子之竭力以盡所事於此，豈得爲過分乎？

「維天」、「於穆」，天命流行不曾停，日復一日、歲復一歲，尺奔趲督趣乎其後，往者不可以復反，老者不可以復壯，則親不可得而再事，亦不可得而久事，是豈可逗留於前，私竊自怠，若挨推不行而格其於穆無疆之大命哉？　萬一大願未償，終天之隔，雖欲孝，誰爲孝？　豈不爲大欠缺、大悔恨耶？　此仁人孝子所以必汲汲急於競辰愛日，❹無所不自盡，奉天命而不敢稽，恭天職而不敢惰，如執玉、如奉盈、如養嬰兒，無跬步不切於心。　蓋必如此，然後吾心始安、❺俯仰無愧，方足以償願塞責，而恰得謂之人子。不然，則爲天地間有罪，雖安鬚眉面目、立於人類中，不得名之曰人子，是無父母而生之人矣。

即是而觀，爲人子止於孝，其根原豈不昭昭可見乎？　夫豈自外來乎？　夫更孰有加於此者乎？❻　是豈不爲人道大本，確然終其身而不可易者乎？　妄論如此，幸望裁教。

❶「爲」，清鈔甲本作「謂」。
❷「壯爾體强爾力是」，清鈔甲本作「壯者體强爾力是視」。
❸「飲」，清鈔甲本作「食」，乾隆本作「飫」。
❹「競辰」，乾隆本作「兢兢」。
❺「始安」，清鈔甲本作「如」。
❻「更」，乾隆本作「人」。

君臣夫婦兄弟朋友根原

又嘗因是而推君臣、夫婦、兄弟、朋友，其根原所自來，莫非天命自然，而非人所强爲者。併一言之，未知當否：

夫天之生人，羣然雜處，愚智不能皆齊，不能以相安，必有才智傑然於中、爲衆所賴以立者，是君臣蓋天所命，自然如此也。然天尊地卑、乾坤定矣，則君君臣臣之所以當義，亦豈自外來乎？

天之生人，獨陰不生，獨陽不成，必陰陽合德，然後能生成。是夫婦亦天所命，自然如此也。然乾道成男、坤道成女，其分固一定而不可亂，則夫夫婦婦之所以當别，亦豈自外來乎？

天之生人，雖由父母之胞胎，然決不能一時羣生而並出，必有先者焉、有後者焉，是兄弟亦天所命自然如此也。思乎此，則兄弟之所以當友，亦豈自外來乎？

天之生人，人必與人爲羣，決不能脱去與鳥獸爲伍，於是乎黨類儔輩成焉，是朋友亦天所命自然如此也。思乎此，則與人交之所以當信，亦豈自外來乎？

夫君臣、夫婦、兄弟、朋友既皆天命所必然，非由外而來，則自此身有生以至没世，決無所逃於天地間，亦決不能一日而相離。天下豈有離君臣、離夫婦、離兄弟、離朋友，而逃於天地之外、絶不與世接之人哉？俯仰戴履，既不能離此而兀然逃於天地之外、絶不與世接，則行乎其中，其所當義、當别、當友、當信，決不可不隨處各有以

自盡，思以奉天命而共天職。❶

不然，憚於爲義而事驕諂，則是不循天命之正爲君臣，而以私意爲君臣矣。❷ 豈天地統攝之權所寓哉？ 憚於爲別而事淫欲，❸則是不循天命之正爲夫婦，❹而以私意爲夫婦矣。 豈天地生化之根所寓哉？❺ 憚於爲友而事爭鬩，則是不循天命之正爲兄弟，❻而以私意爲兄弟矣。 豈天地之序所寓哉？❼ 憚於爲信而事機詐，則是不循天命之正爲朋友，而以私意爲朋友矣。❽ 豈天地並育並行之道所寓哉？

事物根原

又嘗因是而推之事物之間，❾其根原之所自來，皆天也。 請併折衷其當否焉：❿

夫天之生人，首不能如禽獸之禿其髮，⓫則欲使人莊以冠；身不能如禽獸之毹

❶「共」，康熙本作「供」，義通。《四庫》本作「盡」。

❷「爲君臣」三字，原殘缺，今據康熙本、乾隆本、清鈔乙本及《四庫》本訂補。

❸「淫欲」，原殘缺，今據康熙本、乾隆本、清鈔乙本訂補。《四庫》本作「狎昵」。

❹「則是」，原殘缺，今據康熙本、乾隆本、清鈔乙本及《四庫》本訂補。

❺「天地生」，原殘缺，今據康熙本、乾隆本、清鈔乙本及《四庫》本訂補。

❻「天命」，原殘缺，今據康熙本、乾隆本、清鈔乙本及《四庫》本訂補。

❼「寓哉」，原殘缺，今據康熙本、乾隆本、清鈔乙本及《四庫》本訂補。

❽「而以私」，原殘缺，今據康熙本、乾隆本、清鈔乙本及《四庫》本訂補。

❾「又嘗因」，原殘缺，今據乾隆本、清鈔乙本及《四庫》本訂補。

❿「請併折」，原殘缺，今據乾隆本、清鈔乙本訂補。

⓫「其髮」，原殘缺，今據乾隆本、清鈔乙本訂補。《四庫》本作「其頂」。

其毛，則欲使人蔽以衣；❶趾不能如禽獸之剛其爪甲，則欲使人束以屨，❷則正其衣襟冠履，乃天所以命於人如此也。若裸袒秃跣，❸則豈其天？而專事華靡之飾，亦豈其天哉？

天之生人，賦以臀欲使之能坐，賦以足欲使之能立，則坐當如尸，立當如齊，亦天所以命於人如此也。若箕踞跛踦，則豈其天？而專事釋子之盤躡，亦豈其天哉？

天於人，飢不能使之不食，渴不能使之不飲，則飲食者乃天所以使人充飢渴之患者也。若厭之者爲道家之辟穀，而溺之者又窮口腹之欲，則豈其天哉？

天於人，晝不能使如夜之晦，夜不能使如晝之明，則晝作而夜息，亦天所以使人順陰陽之令者也。若晝而爲宰予之寢，夜而爲禪定之坐，則豈其天哉？

以至頭容之所以當直，目容之所以當端，手容之所以當恭，口容之所以當正，皆莫非天也。不然，則天於人，必偏其頭、側其目、參差其手、飄摇其吻而生者矣。視之所以當思明，聽之所以當思聰，貌之所以當思恭，言之所以當思忠，皆莫非天也。不然，則天於人，必瞽其視、聾其聽、槁其貌、瘖其言而生，而其所以視、聽、言、貌非禮之具，亦必元與形俱生矣。

又至冬之所以當裘，夏之所以當葛，出門之所以當如賓，承事之所以當如祭，見齊衰之所以當變冕，瞽者之所以當貌，鄉黨之

❶「使人」，原殘缺，今據乾隆本、清鈔乙本及《四庫》本訂補。

❷「以屨」，原殘缺，今據乾隆本、清鈔乙本訂補。

❸「秃」，原殘缺，今據乾隆本訂補。清鈔乙本作「免」，《四庫》本作「徒」。

所以當恂恂，宗廟之所以當便便，亦無一而非天也。不然，則天於人，元必皆無是等事；而吾身之所接，元亦必不復與是遇矣。

由是而觀，凡事物所當然，皆根原於天命之流行，非人之所强爲，決不容以忽而易之者。人之所以周旋乎其間，只奉天命而共天職耳。苟於此而容其私心，便是悖天命而廢厥職。

不審事物間，只如此推之是否。

仁

「仁」字近看，未審認意定否，❶請質諸明訓之下。

夫仁者，天地生物之心，而人生所得以爲心者。其體則通天地而貫萬物，其理則包四端而統萬善，蓋專一心之全德而爲性情之主，即所謂乾坤之元者也。故於此而語其名義，❷則以其冲融涵育、温粹渾厚，常生生而不死，因謂之「仁」。人惟己欲蔽之，❸是以生道息而天理隔絶，❹遂頑然不識痛痒而爲忍人。

人之所以體乎仁者，必此身私欲净盡，廓然無以蔽其所得天地生物之體，其中真誠惻怛，藹然萬物之春意常存，徹表徹裏、徹巨徹細、徹終徹始，渾是天理流行，無一處不匝、無一事不到，❺無一息不貫，如一元之氣流行無間斷，乃可以當渾然之全體而

❶「認意定否」，《朱子全書・答陳安卿》作「認得意是否」。
❷「而」，《朱子全書・答陳安卿》無此字。
❸「欲」，《朱子全書・答陳安卿》作「私」。
❹「絶」，《朱子全書・答陳安卿》無此字。
❺「事」，《朱子全書・答陳安卿》作「處」。

無媿。若一處稍有病痛，一微細事稍照覺不到，❶一頃刻稍有間斷，則此處便私意行而生道息，❷理便不流通，便是頑麻絶愛處，烏得渾全是仁？如人之一身，渾是血氣周流，便是純無病人。纔一指血脉不到，便是頑麻不仁處。

商三子及夷、齊，雖皆許以「仁」，然非正許以全德，繹其辭意，皆是從一節上説來，但五子於一節上各做得極，皆真誠爲之，有以不咈乎其全體，故孔子因各隨事稱許，非若聖人大成地位，其辭直截而無委曲也。如顔子不違仁，雖未端的許，然辭意無所偏指，較之五子却是具全體，而聖人大成之亞也。

「仁」者，固是能好人、能惡人，公平無私。然恐惡人之意常過寬，好人之意常過厚；惡人之心終較緩，好人之心終較速。

恕

「恕」固是推己及人。若不真識恕，只管泥推己及人，則又拘拘，説「恕」字骨不出，不見得曾子所解「貫」字廣大也。某近覺此，大意只是我這理流注去到那事物處。但「仁」是流去到，便熟滑；「恕」用推方到，較生澁。所以恕爲求仁之方者，只爲事事物物間易爲私欲所隔，有不到處，便要得逐一推引這天理出去，流注到那事物，使千條萬緒無所不貫也。

然亦不必須是待人接物處。凡行止坐卧，但少有一念之私，理便隔絶，便是不恕。

❶「稍照覺」，《朱子全書·答陳安卿》作「照管」。

❷「意」上，《朱子全書·答陳安卿》有「私」字。

故「出門如見大賓，使民如承大祭」，固敬也，而亦莫非恕也。「居處恭、執事敬、與人忠」，固仁也，而亦莫非恕也。凡「禮儀三百、威儀三千」，蓋無一事之非恕也。

不審如此體認，意有差錯否？又，聖賢言恕，多只就「所欲」字上言之，如何？是此處見心之所存爲切否？

忠恕

程子説「忠恕」，以「大本」、「達道」爲言，只是借《中庸》此字言之，其意自不同否？

蓋「中」之爲大本，是專指未發處言之；此「忠」之爲大本，則是就心之存主處真實無妄爲言，徹首徹尾無間於已發未發。但就「忠」、「恕」分别，則「忠」主於心言；「恕」通於事言。然「忠」之徹首徹尾當其爲「忠」時，「恕」便包在其内；及到那「恕」處，這「忠」底又只在也。如天命流行不已，自元至貞，生物都包在其内。而萬物生生各遂處，不已之命又只在也，其實難截然分成兩段去。故發出忠底心，便是恕底事；做成恕底事，便是忠底心。

以上《問目》一卷，文公答書云：「所示卷子看得甚精密。」同時又答其外舅李丈書云：「安卿書來，看得道理儘密，此間諸生皆未有及之者。知昏期不遠，正爲德門之慶。區區南官，亦喜爲吾道得此人也。」❶

北溪先生大全文集卷第五終

❶ 乾隆本此下有附注云：「又，《朱子全集·答晉江楊至之書》末云：『漳州朱飛卿近到此，病作，未能細講。陳淳者書來，甚進，異日未可量也。』今並附注，以見文公之亟稱北溪先生如此。」

北溪先生大全文集卷第六

問目

詳論夷齊

來教論夷、齊云：「以天下之公義裁之，則天倫重而父命輕。以人子之分言之，則又不可分輕重，但各認取自家不利便處，退後一步便是，伯夷、叔齊得之矣。」

某詳此，竊謂諸侯繼世襲封，所以爲先君之嗣，而爵位土田，則實自天子錫。故内必有所承，❶上必有所禀，而大倫大義又不至於相悖，端可以光付託而無忝，❷然後於受國爲正。❸

伯夷、叔齊以天倫言之，則伯夷主器之嫡，在法固當立，然不得先君之命，則内無所承，烏得以嗣守宗廟而有國也？以父命言之，則叔齊固有其命矣，❹然伯夷長也，叔齊弟也，叔齊之德不越於伯夷，其父乃舍嫡立少，是一時溺愛之私意，非制命以天下之公義者也。

亂倫失正，王法所不與，何可以聞於天王而撫國也？❺此皆在己有礙而不利便處。此在伯夷，所以不敢挾天倫自處，以壓

❶「土田則實自天子錫故」，《朱子全書・答陳安卿》無此九字。
❷「忝」，《朱子全書・答陳安卿》作「歉」。
❸「受」，《朱子全書・答陳安卿》無此字。
❹「其」，《朱子全書・答陳安卿》無此字。
❺「王」，《朱子全書・答陳安卿》作「子」。

父命之尊，只得力辭而不受，而決然不敢以或受。在叔齊，所以不敢恃父一時之命以壓天倫之重，只得固讓而不爲，而決然不敢以或爲。皆各據其分之所當然，❶以求即乎吾心之安。蓋不如此，❷則於心終不安。爲伯夷者，是不受之先君，不受之天王，❸而受之於弟；爲叔齊者，是成父之非命而干王法也，豈得爲受國之正乎？

文公先生批云：「此説得之，更看求仁得仁處。」❹

詳「發憤忘食、樂以忘憂」意

來教云：「忘食忘憂，是逐事上説。一憤一樂，循環代至，非謂終身只此一憤一樂也。逐事上説，故可遂言『不知老之將至』，而爲聖人之謙詞。❺若作終身説，則憤短樂長，不可并連下句，而亦不見聖人自貶之意矣。」

某詳此，竊謂聖人安得有憤？只是做事與衆超越，做便做得極誠懇篤切，如恐不及，便是憤。既誠懇篤切，則於事便做得徹底竭盡，無遺恨。及事既了，便稱意，心得志滿，慊快充足，有樂底氣象。逐事皆有憤樂，憤在事方切之際，樂在事既透之後。惟真能憤，然後真能樂。不憤則事不極盡，而中有愧悔，安能樂？

然日用間應接酬酢，自朝至暮，事非一端。方其爲此一事時，其憤其樂如此；及

❶「皆各」，《朱子全書·答陳安卿》作「此是」。
❷「此」，《朱子全書·答陳安卿》作「是」。
❸「王」，清鈔甲本作「子」。
❹「更」上，《朱子全書·答陳安卿》有「但」字。
❺「詞」，《朱子全書·答陳安卿》作「辭」。

又一事來，其爲之，依前又如此。❶其憤既做得透了，依前又如此其樂，❷每事皆然。一憤一樂，樂而又憤，憤而又樂，工夫循環無所間斷，不知有歲月之逝，此便見好學之篤、而爲聖人之謙處。若通以終身言之，則憤短而樂長，只於童年志學時，是有所發憤處。自既立以後，如不惑、知命、耳順、從心，則皆其所以爲樂之地。故「不知老之將至」一句，誠著不得，而亦不見其爲自貶之意矣。

文公先生批云：「得之。」

詳「寤寐動靜」

來教云：「寤寐者，心之動靜也。有思無思者，又動中之動靜也。有夢無夢者，又靜中之動靜也。但寤陽而寐陰，寤清而寐濁，寤有主而寐無主，故寂然感通之妙必於寤而言之。」

某思此，竊謂：人生具有陰陽之氣，神發於陽，魄根於陰。心也者，則麗陰陽而乘其氣，無間於動靜，即神之所會而爲魄之主也。晝則陰伏藏而陽用事，陽主動，故神運魄隨而爲寤。夜則陽伏藏而陰用事，陰主靜，故魄定神蟄而爲寐。神之運，故虛靈知覺之體㷔然呈露，有苗裔之可尋。如一陽復後，萬物之有春意焉。❸此心之寂感所以爲妙，❹而於寤也，爲有主。神之蟄，故虛靈知覺之體沉然潛隱，悄無蹤跡。如純坤

❶「前」，清鈔甲本作「然」。
❷「前」，清鈔甲本作「然」。
❸「物」，原作「核」，今據《朱子全書·答陳安卿》及清鈔甲本改。
❹「爲妙」及下句「而於寤也」，《朱子全書·答陳安卿》無此六字。

月，❶萬物之生性不可窺其眹焉。❷此心之寂感所以不若寤之妙，而於寐也，爲無主。然其中實未嘗泯，而有不可測者存。呼之則應，警之則覺，則是亦未嘗無主而未嘗不妙也。

故自其大分言之，寤陽而寐陰，而心之所以爲動靜也。細而言之，寤之有思者，又動中之動而爲陽之陽也；無思者，又動中之靜而爲陽之陰也。寐之有夢者，又靜中之動而爲陰之陽也；無夢者，又靜中之靜而爲陰之陰也。又錯而言之，則思之有善與惡者，又動中動之陽明陰濁也；❸無思而善應與妄應者，又動中靜之陽明陰濁也。❹夢之有正與邪者，又靜中動之陽明陰濁也；❺無夢而易覺與難覺者，又靜中靜之陽明陰濁也。❻

一動一靜，循環交錯，聖人與衆人則同，而所以爲陽明陰濁則異。聖人於動靜無不一於清明純粹之主，而衆人則雖同焉而不齊，❼然則人之學力所係於此，亦可以驗矣。

文公先生批云：「得之。」

詳「子温而厲」章

「子温而厲，威而不猛，恭而安」，《集注》

❶「月」上，《朱子全書・答陳安卿》有「之」字。

❷「物」，原作「核」，今據《朱子全書・答陳安卿》及清鈔甲本改。

❸「動之」，《朱子全書・答陳安卿》作「之動」。

❹「靜之」，《朱子全書・答陳安卿》作「之靜」。

❺「動之」，《朱子全書・答陳安卿》作「之動」。

❻「靜之」，《朱子全書・答陳安卿》作「之靜」。

❼「雖同」，《朱子全書・答陳安卿》及清鈔甲本作「雜」。

謂：❶「盛德之容，中正和平，陰陽合德。」

竊嘗因其言而分之，以上三截爲陽而下三截爲陰，似乎有合。然又以上三截爲陰而下三截爲陽，亦似有合，未知所決。抑聖人渾是一團元氣之會，❷無間可得而指，本不可指定爲説，❸但學者以己意强爲之形容如是。❹

今且就其説自分三才而言，❺則温然有和之可挹而不可屈奪，則人之道也；儼然有威之可畏而不暴於物，則天之道也；恭順卑下而恬然無所不安，則地之道也。

自陽根陰而言，則温者陽之和，厲者陰之嚴，威者陽之震，不猛者陰之順，恭者陽之生，❻安者陰之定；自陰根陽而言，則温者陰之柔，厲者陽之剛，威者陰之慘，不猛者陽之舒，恭者陰之肅，安者陽之健。蓋渾然無適而非中正和平之極，不可得而偏指之也。

文公先生批云：「如此推得亦好。」❼

詳「匡人不能害孔子」意

聖人知匡人之決不能害己，而必又有戒畏之心。往前看得偏重了，所以一向不通。後來乃覺彼此皆渾淪是天處，蓋此處以大綱言之。斯文未喪，固天意在我，而匡

❶「謂」，《朱子全書·答陳安卿》作「云」。
❷「團」，《朱子全書·答陳安卿》無此字。
❸「本不可指定爲説」，《朱子全書·答陳安卿》無此七字。
❹「但學者」至「如是」，《朱子全書·答陳安卿》作「學者强爲之形容」。
❺「今且就」，《朱子全書·答陳安卿》作「如且以」。
❻「生」，《朱子全書·答陳安卿》作「主」。
❼「如此」，《朱子全書·答陳安卿》作「此説」。

人決不能逆天矣。聖人於此更不復疑懼，所以信天理之必然也。

然就其中細論之，吾無以致之而彼無故而來，莫之爲而爲，是亦天也。吾又安可輕自恃哉？故聖人於此又必戒謹而不敢忽，所以盡天理之當然也。二者並行而不悖，便見聖人之行，縝密無縫罅，而左右動靜，❶無非天處。

竪看橫看，道理便不偏著在一邊。不審是否？

前節「天在我」，後節「天在彼」。

文公先生批云：「是。」

詳「高堅前後」意

「高堅前後」，大概只是譬其無階可升、無門可入、無象可執捉也。然從而考其高、堅、前、後之實，❷恐亦不外乎日用行事之近，即是日用間事，但其理如是之高堅玄妙耳。

「高」，是理義原頭上達處；如性，天道所由來。❸「堅」，是理義節會難攻處；❹如數端參錯，盤根錯節處。「前」「後」是理義變化不居處。如一彼一此，亦時中之類。❺「仰」者，望而冀及之貌；「鑽」者，鑿而求通之意。「瞻」則視之方微見也，「忽」則認之又未定也。❻此正用功憤悶懇篤之際，而萬疑畢湊、欲融未融之

❶「静」，原脱，今據清鈔甲本補。
❷「從」，《朱子全書·答陳安卿》無此字。
❸「來」，《朱子全書·答陳安卿》作「也」。
❹「攻」，《朱子全書·答陳安卿》作「考」。
❺「如一」至「之類」，《朱子全書·答陳安卿》無此十字。
❻「認」，《朱子全書·答陳安卿》作「視」。

時也。❶所謂「欲罷」之意，亦易萌於此矣。而夫子在前，却循循善誘，不亟不徐而教有其序。既「博我以文」，使我有以廓其知，而無一理不洞研諸心；又「約我以禮」，使我有以會其極，而無一理不實踐諸己。

至此，則高、堅、前、後之旨趣要歸，亦不外乎其中，而有可從升之級、有可從入之門，有可執守之象矣。是以日益有味而中心悦懌，❷雖欲罷而自不能以已。❸

於是又即仰鑽博約之功所未精密，而猶可以容吾力者，一一極盡，更無去處，然後向之所以爲前、後、高、堅者，❹始瞭然盡在目前，如渠決水通，大明之中睹萬象，❺真見其全體之實，卓爾直立於其所，昭著親切，端的確定，而無纖毫疑礙遺遁之處矣。然欲更進一步，實與夫子相從於卓爾之地，則無所由。蓋前此猶可以用力，此則自大而趨於化，自思勉而之不思不勉，❻介乎二者之境，所未達者一間，非人力之所能爲矣。但當據其所已然，從容涵養，勿忘勿助，至於日深月熟，則亦將忽不期而自到，而非今日之所預知也。

文公先生批云：❼「卓爾，即是前日高、堅、前、後底，今看得確定卓然爾。如

❶「畢湊」，原作「查滓」，今據乾隆本、清鈔甲本及《朱子全書・答陳安卿》改。

❷「心」，《朱子全書・答陳安卿》無此字。

❸「自」，清鈔甲本作「有」。「以」，《朱子全書・答陳安卿》無此字。

❹「前後高堅」，《朱子全書・答陳安卿》作「堅高前後」。

❺「睹萬象」，清鈔甲本作「觀萬物」。

❻下「不」字，《朱子全書・答陳安卿》無此字。

❼「文公先生批云」六字，原脱，今據清鈔甲本及《朱子全書・答陳安卿》補。

巍巍高底，今從頂徹底皆分曉，❶卓然盡在目中，無有遺遁。節會堅底，今皆融判，❷自成條理，卓然森列於中，不容紊亂。前、後捉摸兩不定底，❸今則前者的見其卓然在前，❹不可移於後；後者的見其卓然在後，❺不可移於前。不是高、堅、前、後之外，別有所謂卓爾也。」❻

諸家多以「前」爲過，「後」爲不及，恐無此意。「前」、「後」只是恍惚不可認定處，將以前者爲是耶，忽又有在後者焉，而前者又似未是，皆捉摸不著。若見得端的時，皆是時中，無過不及。諸家以「卓」爲聖人之中。❼卓却是中，然亦恐未可便説中。便説中，❽則「卓」字意又看不切矣。

文公先生批云：「此説甚善。昔聞李先生説此章最是。『夫子循循然善誘人，博我以文，約我以禮』，是親切處，❾其言有味。『前』、『後』，固非專指中字，然亦彷彿有些意思。」

詳「逝者如斯夫」章

「逝者如斯夫，不舍晝夜」，嘗因是推之：道體無一息之停，❿其在天地，則見於日往月來，寒往暑來，水流而不息，物生而

❶「頂」，清鈔甲本及《朱子全書·答陳安卿》作「頭」。「曉」，《朱子全書·答陳安卿》作「明」。
❷「判」，清鈔甲本及《朱子全書·答陳安卿》作「泮」。
❸「底」，《朱子全書·答陳安卿》作「者」。
❹「的」，《朱子全書·答陳安卿》作「灼」。
❺「的」，《朱子全書·答陳安卿》作「灼」。
❻「也」上，《朱子全書·答陳安卿》有「者」字。
❼「以」上，《朱子全書·答陳安卿》有「又」字。
❽「便説中」，《朱子全書·答陳安卿》無此三字。
❾「是」，《朱子全書·答陳安卿》作「至」。
❿「體」，《朱子全書·答陳安卿》無此字。

不窮，終萬古未嘗間斷。其在人，則本然虛靈知覺之體常生生不已，而日用萬事亦無一非天理流行而無少息。

故舉是道之全而言之，合天地萬物、人心萬事，統是一無息之體。❶分而言之，則「於穆不已」者，天之所以與道爲體也；生生不已者，心之所以具道之體也；「純亦不已」者，聖人之心所以與天道一體也；「自强不息」者，君子所以學聖人存心事天而體夫道也。

楊氏此篇有不逝之説，❷亦猶《中庸》説死而不亡之意，❸皆是墮異端處。

文公先生批云：「此亦得之。」

詳「學道立權」章集注

「學道立權」章，《集注》舉楊氏曰：「信道篤，然後可與立。」且篤信是好學前事，既篤信然後能好學也。❹今於此既學適道之後，❺却言「信道篤」，❻何也？恐「信」字徹首徹尾不可分先後。❼如篤信而後好學者，方只信個大概；既學之後而又信道篤者，是真知而信之，所信意味自不同。其言各有主，而此章所引「篤」字，❽又應「立」字，爲切否？

文公先生批云：「『信道篤』三字，誠

❶「統」，原漫漶不清，今據康熙本、乾隆本、清鈔甲本、清鈔乙本及《朱子全書·答陳安卿》訂正。「一無」，《朱子全書·答陳安卿》作「無一」。
❷「篇」，《朱子全書·答陳安卿》作「章」。
❸「猶」下，《朱子全書·答陳安卿》有「解」字。
❹「然」，《朱子全書·答陳安卿》作「而」。
❺「於此」，《朱子全書·答陳安卿》作「此於」。
❻「信道篤」，《朱子全書·答陳安卿》作「篤信」。
❼「字」，清鈔甲本作「自」。
❽「章」，《朱子全書·答陳安卿》作「意」。

有未盡善者。」

此章又舉楊氏曰：「『知時措之宜，然後可與權』，則是『中』在先；如《孟子》曰『執中無權猶執一』，則是『權』在先。」不審「中」與「權」先後果何別？莫只是同時事，不可分先後否？

蓋「中」之在事物，即其恰好處，而無過不及者也。「權」則稱其輕重，而使之恰好，❶無過不及者也。故中者權之極，極猶屋極之極。權者中之則。則猶準則之則。中所以行權，權所以取中。論理，則知中然後能權；就事，則由權然後得中。猶之秤焉，❷或斤或兩，莫非有中也。然必識斤兩之所在，然後能以權而稱。能以權而稱，然後物之輕重得其斤兩之平矣。

文公先生批云：「是。」

禱是正理

前承教「子路請禱」處云：❸「禱是正理，自合有應。」

嘗思之：周公請命而王乃瘳，成王出郊而天反風，耿恭拜井而泉出，庾黔婁稽顙北辰而父疾愈，與王祥雙鯉、姜詩井魚等類，其所以必如是而無不應者，只爲天地間同此一理，同此一氣。理所以統乎氣，而人之心則又爲理氣之主而精靈焉，隨其所屬小大分限，但精誠所注之處，懇切至極，則是處理强而氣充。凡我同氣類而屬吾界分者，自然有相感通，隨而凑集之，以此見實

❶「使」，清鈔甲本作「施」。
❷「猶」，清鈔甲本作「譬」。
❸「承」，清鈔甲本作「申」。

理在天地間，渾是一个活物，端若有血脉之相關者矣。

雖然，亦或有不能必其然者，蓋必然而無不應者，理之常也。或不能必然者，則非其常而不可以常法責也。故君子惟自盡其所當爲，而不可覬其所難必。

文公先生批云：「得之。」

聖人千言萬語皆從大體中發來

聖人千言萬語，雖或至粗至淺、至近至小處，無非從大體中發來。就一語上直而觀之，亦可見妙道精義；横而觀之，則與其他萬語無不旁通貫串。其於行也，亦然。猶天地生物，雖一草一木之微，皆從大氣中流出。就一草一木上直而觀之，亦可見造化之神；旁而推之，與萬木生理無不相通。又如裘然，千絲萬縷皆從領上係來。就一絲直而尋之，亦可見大綱所在；横而推之，則與萬縷無不相聯屬。故一不可闕而萬不可厭，以一爲足而忽其餘則見不廣，以萬有餘而略其一則識不周。不審是否？

文公先生批云：「得之。」

主敬窮理克己工夫

「主敬」是日用間動静不可間斷要切工夫，其次則「窮理」，「克己」又其相須也。蓋敬者生道也，心之所以常惺惺不昧而天理之所以聚也。必主焉則專以是爲重，常存於中，爲此心之鎮而無少時之不然也。無事而主乎敬者，所以醒定其未發；有事而所主之敬不弛者，所以齊整其已發。未發者醒定，則天理昭融，於方寸有以涵夫動之端，而其發也必齊整。❶已發者齊整，則天理森布，於事物各不違其静之則，而其復常而爲未發也，又益醒定矣。一動一静，只管如此循環去，然亦豈一時暫爾之敬而遽能爾哉？

平時之學，苟惟一理之未瑩，則未發雖醒定，而其中已有是一理之欠。其中既一理之欠，❷則所發雖齊整，而亦必有乖礙不中節之處矣。一私之未克，則未發雖醒定，而其中已有是一根之伏。其中既一根之伏，❸則所發雖齊整，而亦必有不覺乘間爲事之累矣。故平時之窮理、克己，❹非主敬不能，而亦所以維是敬也。蓋敬貫動静，而窮理者又所以栽培其未發，而精明其所已發；克己者又所以隄防其未發，而洒落其所已發。平時之窮理、克己，所以爲今日未發已發之趾，❺而今日之窮理、克己，又所以爲後日未發已發之基。理之窮也日益精，則敬之致也日益密，而動静灼然純天理之公。己之克也日益力，則敬之存也日益固，而動静粹然無人欲之間。夫是以未發之前全體完瑩，而真有大本之中；已發之際大用通暢，而實得其達道之和矣。此心地上工夫之大概，動静無端，與日周流，至死而後已也。

文公先生批云：「亦善。」

理有能然必然當然自然

理有能然、有必然、有當然、有自然

❶「而」，清鈔甲本無此字。
❷「既」下，清鈔甲本有「有」字。
❸「既」下，清鈔甲本有「有」字。
❹「時」，清鈔甲本作「生」。
❺「趾」，乾隆本作「址」。

處，❶皆須兼之，方於「理」字訓義爲備否？且舉其一二。

如惻隱者，氣也；其所以能如是之惻隱者，❷理也。蓋其中有是理，❸然後能形諸外，爲是事。外不能是事，❹則是其中無是理矣。此能然處也。

又如赤子入井，見之者必惻隱。蓋人心是箇活物，❺其感應之理必如此，❻雖欲忍之，而其中惕然自有所不能以已也。不然，則是槁木死灰，理爲有時而息矣。此必然處也。

又如赤子入井，則合當爲之惻隱。蓋人與人類，其待之之理當如此，❼而不容以不如此也。不然，則是爲悖天理而非人類矣。此當然處也。當然亦有二意：❽一就合做底事上直言其大義如此，如入井當惻隱，與夫爲父當慈、子當孝之類是也；❾一泛就事中又細揀別其是是非非，當做與不當做處。如視其所當視而不視其所不當視，聽其所當聽而不聽其所不當聽，則得其正而爲理。非所當視而視與當視而不視，非所當聽而聽與當聽而不聽，則皆非理矣。❿此亦當然處也。

又如所以入井而惻隱者，皆天理之真

❶「處」，清鈔甲本作「此」，則此字當屬下讀。
❷「之」，《朱子全書·答陳安卿》無此字。
❸「其」，《朱子全書·答陳安卿》作「在」。
❹「是」上，《朱子全書·答陳安卿》有「爲」字。
❺「物」，《朱子全書·答陳安卿》作「底」。
❻「其」上，《朱子全書·答陳安卿》有「然」字。「此」，《朱子全書·答陳安卿》作「是」。
❼「之之」，《朱子全書·答陳安卿》不重文。
❽「意」，《朱子全書·答陳安卿》無此字。
❾「子」上，《朱子全書·答陳安卿》有「爲」字。
❿「皆」，《朱子全書·答陳安卿》作「爲」。

流行發見，❶自然而然，非有一毫人僞預乎其間，❷此自然處也。其他又如動静者，氣也；其所以能動静者，理也。動則必静，静必復動，其必動必静者，亦理也。事至則當動，事過則當静，其當動當静者亦理也；而其所以一動一静，又莫非天理之自然矣。又如親親、仁民、愛物者，事也；❸其所以能親親、仁民、愛物者，理也。❹見其親則必親，見其民則必仁，見其物則必愛，其必親、必仁、必愛者，❺亦理也。在親則當親，在民則當仁，在物則當愛，其當親、當仁、當愛者，亦理也。而其所以親之、仁之、愛之，又無非天理之自然矣。

凡事皆然。能然、必然者，理在事之先；❻當然者，正就事而直言其理；自然，❼則貫事理言之也。四者皆不可不兼該，而正就事言者，尤見理直截親切，在人道爲有力。所以《大學章句》、《或問》論理處，❽惟專以當然不容已者爲言，亦此意。熟則其餘自可類舉歟！❾

文公先生批云：「此意甚備。《大學》本亦更有『所以然』一句，後來看得且要見所當然是要切處。❿若早見得不容

❶「之」下，清鈔甲本有「所」字。
❷「僞」，乾隆本及《朱子全書・答陳安卿》作「爲」。
❸「也」，《朱子全書・答陳安卿》無此字。
❹「也」，《朱子全書・答陳安卿》無此字。
❺「其必親必仁必愛」，《朱子全書・答陳安卿》無此七字。
❻「之」，《朱子全書・答陳安卿》無此字。
❼「然」下，清鈔甲本有「者」字。
❽「理」，《朱子全書・答陳安卿》作「難」。
❾「歟」，《朱子全書・答陳安卿》作「矣」。
❿「見」下，《朱子全書・答陳安卿》及清鈔甲本有「得」字。

已處，❶則自可默會矣。」

詳「公而以人體之，故爲仁」意

「公而以人體之，故爲仁」，李丈前所問，❷蓋以「人」字統就生人之類而言，❸所以轉見不通。❹ 某竊謂此段之意，「人」字只是指吾此人身而言，❺與《中庸》「仁者，人也」之「人」自不同，❻不必重看，緊要却在「體」字上。

蓋仁者心之德，主性情，宰萬事，本是吾身至親至切底物。公只是仁之理，專言公則只虛空説著理，而不見其切於己，故必以身體之，然後我與理合而謂之仁。亦猶《孟子》「合而言之，道也」。然公果如之何而體，如之何而謂之仁也，❼亦不過克盡己私。至於此心廓然，❽瑩浄光潔，徹表徹裡，❾純是天理之公，❿生生無間斷，則天地生物之意常存。故其寂而未發也，⓫惺惺不昧，如一元之德昭融於地中之「復」，無一事一物不涵在吾生理之中。其隨感而動也，惻然有隱，如春陽發達於地上之「豫」，無一

❶「早見得」，《朱子全書・答陳安卿》作「果得」，清鈔甲本作「早得見」。按：「早」當爲「果」。

❷「丈」，《朱子全書・答陳安卿》作「公」。

❸上「人」字，《朱子全書・答陳安卿》作「仁」。「統」，《朱子全書・答陳安卿》作「純」。

❹「所以轉見不通」，《朱子全書・答陳安卿》無此六字，然有一小段文字討論細節，茲不録。

❺下「人」字，《朱子全書・答陳安卿》及清鈔甲本無此字。

❻「庸」下，《朱子全書・答陳安卿》有「言」字。

❼「也」，《朱子全書・答陳安卿》無此字。

❽「廓」，《朱子全書・答陳安卿》作「豁」。

❾「徹表徹裡」，《朱子全書・答陳安卿》作「徹表裏」。

❿「純」，清鈔甲本作「統」。

⓫「也」，《朱子全書・答陳安卿》無此字。

事非此理之貫，而無一物非此生意之所被矣。❶此體公之所以爲仁，而所以能恕，❷所以能愛，雖或爲義、爲禮、爲智、爲信，無所往而不通也。

文公先生批云：「此説得之。不然，則如釋氏之捨身飼虎，雖公而不仁矣。」

北溪先生大全文集卷第六終

❶「而」，《朱子全書·答陳安卿》無此字。

❷「而」，《朱子全書·答陳安卿》無此字。

北溪先生大全文集卷第七

問　目

詳「顔淵問仁」段

孔顔答問爲仁一段，嘗思之，有理氣之分。蓋人受天命而生，必得乎其理以爲性，曰仁、義、禮、智而皆具於心；必得乎其氣以爲體，曰耳目鼻口、四肢五臟之屬而皆具於身。「仁」即此心所得天理之全體而主於愛，常生生不已而包乎四端，猶天道之「元」而包乎四德也。「禮」即此心所得天理之節文而主於敬，所以常生生不已，上繼乎仁而下包乎義、智，猶天道之「亨」，即元之始通而兼乎「利」、「貞」也。❶ 耳目鼻口、四肢五臟之欲，即所得氣形之私而主於有我，即所謂「己」者。而氣之所禀有雜揉之不齊，❷則欲之所感，又有淺深之不一矣。

人惟天理、私欲二者並行乎性命形氣之間，而又日接乎事物無窮之境，是以性命常易爲形氣揜，而天理常多爲私欲屈。故耳目口體之屬，往往偏爲己意之徇，有違於禮而害夫仁。

人而不仁，則此心漠然無以帥氣統形而御夫物，殆將顛迷錯謬無所不至，而萬善皆於是乎廢矣。此聖門之學所以必汲汲於求仁。而求仁之要，聖人所以必以「克己復

❶「貞」，原作「正」，作者避宋仁宗禎諱改，今回改。後文不再出校。

❷「揉」，乾隆本作「糅」。

禮」一言而斷之，而於是一言之中，所要又在「克己」，而所主則在「復禮」。誠以「己」者吾身病仁之總目，❶非他病之比，而「禮」於仁爲切近，在吾心天理有持循之實，非如義、智之裁可否、别是非，介乎兩端而未專於天理之守也。故克去有己之私以復還乎是禮之本然，❷使日用間天理常爲主，而氣形每聽命焉，則吾心常清明端肅，無一動不合乎節文之正，而人欲無得以干之，則此身純是天理，而仁之爲體不離乎是矣。

至其所以爲克己復禮之目，則又不過乎勿爲非禮於視聽言動之間。夫目視、耳聽、口言，固也，若動則兼乎内外，而七情之所萌、四肢之所運也。四者皆形氣之所爲，而與心相應者也。視聽則自外入而感於内也，言動則自内出而應於外也。視、聽、言者發其端也，動者成其事也。四者視爲接物之先，而聽次之，然後繼於言而卒於動也。亦有各司其一而各自爲一病者，亦有因其一而動即隨者，要之，四者足以該吾身之用。而吾身日用所以爲天理人欲出入之階者，亦莫要於是四者矣。自一而入者病未蔓，四者參合則病根深。

「非禮」者，即形氣之私欲；所謂「己」者，而天理之反也。❸非禮而視聽言動者，一以己而不以理也。以禮而視聽言動者，一以理而不以己也。出乎己則入乎理，出乎理則入乎己。以理者，性命之正，所當然而然，而形氣順從者也。以己者，形氣之私，所欲然而然，而性命受制者也。「勿」，即克之事也。非禮而勿視、聽、言、動，即

❶「目」，《四庫》本作「自」，屬下讀。
❷「是」，清鈔甲本作「其」。
❸「而」，清鈔甲本作「乃」。

「克」之謂也；以禮而視、聽、言、動，即「復禮」之謂也。曰克曰勿、曰復曰爲，二者操縱之間，又吾心所以爲主而天理人欲消長之機也。彼克則此復，一長則一消，兹又顔子用力所致謹處。如臂之屈伸在肘，如舟之縱横在柁，如三軍之進退在將。❶而於所謂勿者，又以見物欲本自外來，吾心非預内蓄。而所以爲克之功，初不用窮其巢穴而驅除之，而亦非有斬伐攻戰之勞也。

截然一段已往之放心置之勿論，只據今日見定求仁一念之頃，此時此心全然清明，無一點私欲。自此而往，於非禮但勿更爲之而已。一刻如一刻而常相接續，一日如一日而常無間斷，由是歲復歲以終其身焉，則渾然天德矣。是其名義豈不甚精，而爲力豈不卓然從容不偲哉？❷

雖然，非至明則不能察天理人欲邪正所由動之機，將有誤認天理爲人欲、人欲爲天理，而不自覺於冥冥之中矣。亦何以精其克復之功？非至健則不能決天理人欲勝負所由分之勢，將有玩天理而不肯進，戀人欲而不忍割，而依違於二者之間矣。亦何以勇其克復之力？惟其知之也至明，則表裏隱顯、小大精粗釐分縷析，無不瞭然，如辨白黑而不可亂，❸又焉有人欲與吾天理混哉？而又濟之以至健，則割所愛如所仇，❹捨所難如所易。如一劍之斷蛇，更不復續；如洪爐之點雪，消鎔無迹；❺如決洪

❶「三」，乾隆本作「中」。
❷「卓」，清鈔甲本作「篤」。
❸「辨」，原作「卞」，今據乾隆本、清鈔甲本及《四庫》本改。
❹「則」，清鈔甲本無此字。「愛」，清鈔甲本作「害」。
❺「鎔」，清鈔甲本作「融」。

瀾，下臨萬仞之壑，沛然誰能禦之？而又焉有人欲爲吾天理病哉？

然夫子於此，直曰「克己復禮爲仁」，止於行而不及知者，非偏也。「一日克己復禮則天下歸仁」，若是其速而無循序之漸者，非徑也。此蓋物格、知至以上之事，❶即顔淵學力所至而語之，而惟顔子足以聞此。未至乎此，則遲速深淺不諳其所自，而必有疏闊滲漏之功矣。若在學者，雖不可以高躐徑造，而亦不可以畏憚退縮而不務勉行之實也。❷

「己」一名含二義

何謂「己者，身之私欲」？蓋「己」一名而含二義：一以身言之，如下文「由己」之「己」與「求諸己」之類；一有私之意焉，所謂「有己之私」即此。「克己」之「己」與「至人無己」之類，亦猶「我」之爲言。一以身言之，如「萬物備我」、「我欲仁」之類；一有私之意焉，所謂「有我之私」，如「毋我」之「我」也。

詳《克齋記》「克己乃所以復禮」句

《克齋記》云：「克復雖若各爲一事，其實天理人欲相爲消長，克己者乃所以復禮，而非克己之外，别有復禮之功也。」嘗以是説驗之，見人有淡然不逐物欲者，而亦不進天理，未的見此爲一處，❸切恐自質美而未

❶「蓋」，清鈔甲本作「皆」。
❷「憚」，清鈔甲本作「怯」。
❸「此」，清鈔甲本作「其」。

學者言之，❶則爲二事，蓋其質美不逐人欲矣，而未之學，則亦無進天理之功，故既克人欲於彼，而又須復天理於此，當兩其進也。若自求仁者言之，則只是一事，蓋其平日用心所主者在天理，惟病人欲之絆累而不得快於進爾。今既克去人欲，則天理無所累，而所進自不可禦矣，是所謂克己乃所以復禮也。

又嘗細考之，有能去人欲矣，而未能復天理，則是所去者止其粗而未及精，止其顯而未及隱，其實只不復天理處，便是人欲之根尚在，潛伏爲病，未能真去净盡，而猶有陰拒天理於冥冥之間，似病不病，正如瘧疾人寒熱既退矣，而精神猶渾渾不爽。若病不病，便是病猶在，隱而未全退也。假如人欲無別惡候，只此不進天理，亦是怠惰之私爲病，形氣尚爲主，而天理尚爲客也。

「克己復禮」須知二而一一而二

克己復禮，須知二而一一而二者也。蓋克己是去人欲於彼，復禮是復天理於此，此二也；然二者相爲消長，猶陰陽寒暑，彼盛則此必衰，絶無人欲則純是天理，故去人欲是乃所以復天理，而實非有二事，此二而一也。二者雖同爲一事，然亦須有賓主之分。天理，主也；人欲，客也。復天理，主事也；去人欲，客事也。吾日所重者，當以復天理爲主，以爲用力歸宿之地，而去人欲以會之爾。❷於其去人欲也，又每提天理，使卓然清明不昧，則權在我而所克也有統，

❶「切」，乾隆本作「竊」。
❷「會」，清鈔甲本作「全」，可從。

亦自不勞餘力矣，非謂止務克人欲更不必及天理，則天理自復也。此一而二也。

一日克己

當是時，顏子固已知至，聖人更不待説知一節，而以直説克己工夫，然於所謂己者，在顏子分上，亦已自去七八分，過乎大半，無粗厲之顯過了。所以夫子假設而激厲之，有「一日克己」之説，未爲徑快疏略，而在顏子剛勇手段，若責一日工夫，亦真足以承當，必能一日掃除得盡，而不爲虛此語也。若在學者，致知工夫未到，克己工夫亦未曾一二，而輒欲試一日之説，則一下安能頓然盡知己私於隱微？將從何所一併下手，使徹底净盡，於一日之内而無遺餘哉？

仁禮

仁者心理之全體，禮者心理之節文。全體者，節文所合之本統也；節文者，全體所分之條派也。故竊謂：仁者禮之會而禮者仁之達。仁者禮之會，明道所謂「視聽言動一於禮之謂仁」，伊川所謂「克盡己私，只有禮時方是仁也」。禮者仁之達，橫渠所謂「禮儀三百，威儀三千，無一事之非仁也」。

顏淵仲弓資稟

顏子有清明剛健之資，可與大有爲，故告之以克復之事。仲弓資稟安静篤學，惟可與謹守，故告之以敬恕之事。顏子若不告以克復而下從仲弓位，則是以千里駿足，而局之牛車之下也。仲弓若不告以敬恕而上躐顔子等，則是以嫺習南畝之才，而責之騰踏千里也。惟各隨其資之所近，而語之以理之所契，雖其爲説有淺深、高下之不同，而所以切於二子之身，各得以持循据守，而進道入德，則均矣。

二説若就仲弓言之，則「出門如見大賓，使民如承大祭」，其端莊恪謹之容如此，蓋有睟面盎背、周旋中禮氣象，非平時主敬於中有素者不能也。己之所不欲者，非吾本心天理之誠也，必禁而絶之，勿以施之於人，則凡其所以流通貫造於人者，必皆吾本心天理之誠然而恕之道也。敬者，吾心之所以生而仁之存也；恕者，吾心之所以達而仁之施也。誠能主敬持己若是其篤，則私意無所萌於内矣；行恕及物若是其實，則私意無所形於外矣。内外無私意，則純是天理而仁在是矣，又何有所謂己，而又何待於克爲哉？

此夫子所以使仲弓必從事於此，❶其用功亦可謂直而約矣。雖不必事顔子之所事，而亦未始與相戾也。若就顔子而校之，則彼敬固足以無私於内矣，然平時私意之未克，則所以爲敬者，亦將徒爲是矜持，而未必合乎節文之正也。彼恕固足以無私於外矣，然平時私意之未克，則所以施其所欲者，未必理之正；而禁其所不欲者，未必理之非也。

故敬、恕，但渾淪其功而已，不若克去己私、以復還天理，於心地上工夫爲親切也。敬、恕但以善養而已，不若克人欲、復天理，兩進其功之爲浄盡也。出門如賓，使

❶「必從」二字，原爲墨丁，今據乾隆本、《四庫》本補。

民如祭，己所不欲，勿施於人。在四目中，特不過其非禮勿動之一爾。又不若克己復禮規模之大，而無所不總也。出門、使民、推己、施物，所指言者，皆詳於顯而略於隱，重乎外而簡乎内，又不若克己復禮條理之密，而不容有滲漏也。蓋一則鞭辟入裏之功，而一則持養放出之事；一以上達天德而極高明，而一以下學人事而道中庸，其等級大不可以同日語。

在顔子，正明道所謂「學質之美明得盡，查滓便渾化，❶與天地同體」者。仲弓則其次之莊敬持養者，及其至則一也。然在學者，則亦不容有輕重之别，當隨所在而交致其功。日用間覺其有人欲則克之，見其爲天理則循之，持己則主於敬，而接物則行夫恕。彼此均無所偏遺，然後吾爲仁之功可以無隙漏，而二子之長，皆集於我矣。

語司馬牛又下於雍

語司馬牛之説，又最下於雍矣，非祕其精義而不以語之也。以牛多言而躁，若不以其病之所切者而語之，則彼之躁必不能自覺，將終身爲此心之累，而仁無由可達。故必使之先致謹於此，去煩而簡，反躁而静，則心無所放而常定於中，然後入德次第皆可漸進，而仁可求矣。

譬如人身之有病，未論其證之大小善惡，但或有一指之腫、一足之廢、一目之盲、一耳之聵，或肺之逆、或脾之刺、或胸腹之痞、或腰背之疼、或小腸之泄、或大腸之秘、或寒熱吐利之行、或癰痔癬癩之作，纔一有

❶「查」，乾隆本作「渣」。

攻注作梗，便通一身氣脉俱爲之牽引不寧，而爲此身對頭之患。當是時，雖有神仙補養、延年益壽之奇劑妙訣，皆爲無所用矣。故必須先去其見在之病，使吾身泰然無所礙，然後神仙方劑可得而餌，❶而延年益壽之訣，可得而服也。

雖然，聖人斯言固爲切牛之病而發，若就其言而究之，則至理亦不外是。蓋言者，心之聲而行之表也，關吾身日用爲甚切。其心敬，則其言不易；而言之易，則心不敬。其行謹，則其言不輕；而言之輕，則行不謹。惟内外本末交相養、心常主敬而行常致謹，然後言由中出而動必顧行，自然簡重而不易其發。茲豈易及之功哉？而牛少之疏闊甚矣！此在顏子克己目中，即非禮勿言之事，但其所主不同耳。顏主於無所私，牛主於無所放。若在學者，則尤不可不以爲切身之戒。苟或未能去牛之病，而輒欲効仲弓之敬恕、顏子之克復，其亦將如之何哉？

三仁夷齊之仁及顏子等仁

三仁、夷齊之仁，各隨其事看，皆是當理而無私心，所以皆謂之仁。然與顏子之仁、與雍也未仁等相參校，❷又覺仁所係甚大，非全體不息不足以當之，又未見二說相通爲一處，不審如何。恐三仁、夷齊之事，皆是身分上大節目處，因此以見其心之全體。而顏子未遇事變，只是暇日做仁底工夫，須當舉此一身，絕無一毫私意而純是天理，然後得爲仁。若其遇事變，則亦與三

❶「餌」，原作「弭」，今據乾隆本、清鈔乙本改。

❷「未」，《四庫》本作「問」。

仁、夷齊同，而所謂易地皆然否？然畢竟顏子底地位煞高，恐不止三仁、夷齊之類。如何？

右《問目》一卷，文公先生答書云：「其間説得極有精密處，甚不易思索至此，今更不能一一批鑿得，久之，自見得也。」

北溪先生大全文集卷第七終

北溪先生大全文集卷第八

問目

詳集注與點説

天理自然流行圓轉，日用萬事無所不在。吾心見之明而養之熟，隨其所處，從容洒落而無一毫外慕之私，然後有以契乎天理自然流行之妙，在在各足而無處不圓。堯舜之所以爲堯舜者，不能加毫末於此矣。如堯自明德親族、平章協和以往，小而析因夷隩之授其時，大而傳賢以天與，無非渾然此理也。舜之飯糗茹草，若將終身焉，則此理行乎貧賤之中者也。及被袗、鼓琴、二女婐，若固有之，則此理行乎富貴之中者也。人悦富貴好色，無足以解憂，惟順於父母可以解憂，則此理行乎事親之中者也。象憂亦憂、象喜亦喜，則此理行乎兄弟之中者也。凡所謂五典而天叙，五禮而天秩，五服而天命，五刑而天討，於天下事事物物，無一不從容乎天理之自然，而舜皆無纖毫容私焉。如孔子之志，「老者安之，朋友信之，少者懷之」，亦無非對時育物，使之各遂其天理而無咈焉爾，與堯舜同一道也。

若曾點之言志，蓋有見乎此，故不必外求，而惟即吾身之所處，而行吾心之所樂，從容乎事物之中，而洒落乎事物之表。固非滯著以爲卑，而亦非放曠以爲高；固非窘迫而有所助，而亦非脱略而有所忘。此正有與物爲春、並育同樂之意，即堯舜之氣象而夫子之志也。推此以往，隨其所應，觸處洞然，冰融凍釋，小而洒掃進退三千之儀，大而軍國兵民百萬之務，何所而非此理？何所而非此樂哉？故堯舜事業於此可卜，其必優爲之矣。❶若三子之事，亦莫非此理之所當爲，但身未當其時、履其地，而區區焉以是橫於心而不忘者，何哉？是則理在彼而不在此，在異日而不在今日，在吾身外而不在日用之見定，便覺出位越思而有凝滯倚著、窘迫正助之病。較之於點，則點見事無非理，三子則事重而理晦。點於理密而圓，三子則闊而偏，不可與同日語矣。

雖然，❷點亦只是窺見聖人之大意如此而已，固未能周晰乎體用之全，如顏子卓爾之地；而其所以實踐處，又無顏子縝密之功，故不免爲狂士。是蓋有上達之資而下學之不足，安其所已成而不復有日新之意。若以漆雕開者比之，則開也，正所以實致其下學之功而進乎上達，不可得而量矣。在學者於點之趣味，固不可不涵泳於中，❸然所以日致其力者，則不可以躐高而忽下，而當由下以達高，循開之所存而體回之所事。開之志既篤，則點之地可造；回之功既竭，則點之所造，又不足言矣。

子路不達禮

程子曰：「子路只爲不達『爲國以禮』道理。若達，却便是這氣象也。」蓋禮者，理

❶「必」，清鈔甲本無此字。
❷「雖」，清鈔甲本無此字。
❸「中」上，清鈔甲本有「其」字。

也，天理之中也。若洞然有見乎此，❶便理明分定，從容乎節文之中，無過不及。用則行，舍則藏，可則爲，否則止，各安其所而自無忙迫出位之思，便是此氣象也。子路行處篤於點，平時胸懷磊落，不爲勢利拘，幾有洒然底意，❷如與狐貉立不恥、與朋友共敝無憾、❸聞過則喜等處可見。其地位高矣。與浴沂趣味蓋不相遠，但其見處不及點，故由此理而不知爾，使其達之，則即此而妙用在，❹如曾子之悟「一貫」，豈復離此而爲道哉？

天理人欲分數

天理者，上達之正逵；人欲者，下達之邪徑。二者向背之岐，固當明辨；而二者勝負之幾，最未易決。蓋天理一分長則人欲一分消，天理二分長則人欲二分消，便待天理所造者五分，而人欲亦只五分之消，猶有五分之相持，未可保其決不爲他引去。萬一把守不牢、攻戰不力，一旦忽不覺爲他引去，則和從前五分天理都喪了，更無復上達而下墮於迷矣。惟理到六分以上，然後天理强而人欲衰，天理把得住，在中而爲主，人欲戰得退，在外而爲客，當是時，始真能入得上達之正逵而勇不可禦，始真能脱得下達之邪逕而確不復墮，❺所謂顯過麄惡已無復有，但其念慮之隱、應接之微，失照

❶「乎」，清鈔甲本作「于」。
❷「幾」，清鈔甲本無此字。
❸「敝」，原爲墨丁，今據乾隆本、清鈔乙本及《四庫》本訂補。
❹「在」，清鈔甲本無此字。
❺「達」，《四庫》本作「學」。

顧處有三四分零碎底查滓在，❶自是日亦漸易消磨，如已破勁賊而蒐其餘黨，不勞餘力，所謂十全極至之地，於是亦可馴造不遠矣。

然則五分相持之地，正聖愚對敵急要之關，而天理須到六分以上，方得爲透過此關向上去。❷然則亦若何而爲吾天理已到六分而上之驗乎？❸曰亦須是好善真如好好色之切，則善者真爲吾裏面實有底物矣；惡惡真如惡惡臭之酷，則惡者真爲吾外面不容底物矣。是乃天理勝得人欲之驗也。學者自驗吾好善未能如好好色之切，惡惡未能如惡惡臭之酷，則便是天理人欲勝負未分，不可不深知下墮之爲可畏，而當汲汲以上進自力也。自昔學者，有或不能善其後者，其病正坐此歟！

率性之道原有條理節目❹

天命之性，渾然一大本；而其中率性之道，元有自然條理節目，❺燦然萬殊。聖人生知安行，萬善無一不中節者，只是全得本原底恰好，❻無些剩亦無些欠，而其所以脩道立教於天下，爲三千三百之儀，有輕重厚薄淺深疏密之不等者，亦只是依此本元條理節目以示人爾，❼非聖人撰之也。

君子所以窮理者，亦只是要窮到本元

❶「查」，乾隆本作「渣」。
❷「關」下，清鈔甲本有空格，疑有脱字。
❸「而」，清鈔甲本作「以」。
❹「原」下，清鈔甲本有「自」字。
❺「元」，清鈔甲本作「原」。
❻「原」，清鈔甲本作「元」。
❼「元」，清鈔甲本作「原」。

恰好處，❶使一一凑合得著，無少差錯，方得爲盡心、知性、知天。所以力行者，亦只是要做到本元恰好處，使一一各當無加無減，方得爲盡性至命而契乎天。若所宜重而輕，所宜輕而重；所宜厚而薄，所宜薄而厚；所宜深而淺，所宜淺而深；所宜密而疏，所宜疏而密，不合本然分數，便未是恰好，未得爲《大學》「至知」、《中庸》「至德」也。

親親仁民愛物只是理一而分殊

親親、仁民、愛物，大意只是理一而分殊。然其所以爲理一分殊者，亦有二義：以天言之，則乾父、坤母、民物，皆爲同胞，與吾親同此一氣體而生，是理一也；然親也、民也、物也，其親疏本末，亦天然自有个差等處，是分殊也。如人之一身，四肢百骸皆是一體，❷一氣脉所貫，然首之與足，心腹之與四肢，亦各有分別也。以人言之，則曰親、曰仁、曰愛，皆一仁心之所流行貫徹，而所謂仁愛者，不過出於親，是理一也。然親者，隆於仁愛；仁者止於仁而弗親，愛者止於愛而弗仁，其親重亦有等，先親親而後仁民，仁民而後愛物，其緩急又有序，是分殊也。如人身四肢百骸皆知所痛痒，皆無所不愛，然其待頭目則厚於手足，衛胸腹則重於四肢，亦有辨也。此天命人心本然之目，爲學依此，則爲當然之功。

理一者，統言其體；分殊者，分言其用。理一所以包貫乎分殊，分殊只是理一

❶「元」，清鈔甲本作「原」。
❷「是」，清鈔甲本作「自」。

中之差等處，非在理一之外也。然於分殊之中，所以如是其親、其仁、其愛，隨其用而無不盡者，❶是又所以全其體，而使所性之分無有外，玆又分立而推理一也。❷理一者，仁也；分殊者，義也。仁者，廓然而大公；義者，截然而有制。理一而分殊，則仁中有義，其施有差等，而不流於兼愛之泛。分殊而理一，則義貫於仁，其會有宗元而不梏於爲我之私，此所謂體常涵用、用不離體，而非有二物也。

利者義之和

利者義之和。以理言，利物足以和義；以學言，利者不相妨害，和者不相乖戾。以和解利，和即利也。蓋義者心之斷而事之宜，其體嚴、其用和，如君臣、父子、夫婦之分，截然不可犯者，心之斷而體之嚴也。君君、臣臣、父父、子子、夫夫、婦婦，各安其分而無不利者，事之宜而用之和也。體嚴則用和而不流，用和則體嚴而不傷，亦非有二也。故君子於事物也，各遂其宜而無不利，則於義也，得其和而無乖戾、傷嚴之病矣。

孟子説「天與賢與子」可包韓子「憂慮後世」之義

韓子説「堯舜傳賢爲憂後世，禹傳子爲慮後世」，是就人事見定説，固爲親切。孟子「天與賢則與賢，天與子則與子」，是就原

❶「其」，清鈔甲本作「所」。

❷「立」，乾隆本校爲「殊」。

頭説，尤爲精到。若韓子説則不到上面一著，孟子説則可以包韓子之義。其實憂後世而傳賢，慮後世而傳子，皆莫非天也，非堯、舜、禹所能容一毫憂慮之私於其間也。蓋使天不與賢，則堯舜豈能違天，獨私憂後世而必與賢哉？天不與子，則禹豈能違天，獨私慮後世而必與子哉？故與賢與子者，天也；憂後世慮後世者，聖人所以奉天命、祇惕寅畏之意也。其憂乃天理之發、當然之憂，而非私憂；其慮乃天理之發、當然之慮，而非私慮，皆聖人性情之正也。韓子識未及此，乃以孟子之説爲非，則失之矣。

深造自得段意

「深造之以道」，是千條萬緒，件件都恁地深著工夫去。「自得」，則爲己物矣。「居之安」，是己物已成个基址，安固而不摇矣。「資之深」，是基址有个根原來歷，可憑藉依賴而無盡，非浮埃聚沫之比矣。「取之左右逢原」，是本末一貫，渾成一个物，降衷秉彝之本然者，無不流行呈露於日用千條萬葉之中，而日用千條萬葉無一不是降衷秉彝之本，故纔有一動，真情便現，此理便在面前，無不遇其本處也。

告子論性之説五

告子論性之説有五，而「生之謂性」一句，乃其訣本者。蓋性者，人所得於天之理，若仁義禮智者是也，而視物爲獨全。生者，人所得於天之氣，若知覺運動者是也，而與物爲不異。告子不知性之爲理，而指氣以當之，故以知覺運動不異也爲解，而斷爲一定之論，謂凡有生者，皆同是一性，更無人物差別，是立个大底意以包之。

而餘之四説，則又就其中推演，如食色、無善不善二説，則正與此同。蓋一由其能知覺運動，故能甘食悦色也；一由其知覺運動之無所異，故無善無不善也。如杞柳、湍水二説，❶則亦不外乎此。蓋一由知覺運動之或偏於惡，故必待矯揉而後成也；一由知覺運動之或混於善惡，故之東之西而無所定也。夫既以甘食悦色爲仁生乎内矣，而又反之以爲惡；既曰無善無不善矣，而又反之以爲善惡混，展轉縱横，支離繆戾，要之皆只説著氣，而非性之謂也。夫既以氣爲性，則仁義禮智之粹然者，將與知覺運動之蠢然者相爲混亂，無人獸之别，而且不復識天理人欲所從判之幾矣。其爲害豈淺淺哉！❷

告子與程張説氣不同

告子説氣，與程張説氣不同。嘗推之：氣一也，告子生之謂性之説，❸所謂知覺運動者，是統指夫氣之流行爲用者而言。程子才稟與張子氣質之性，所謂清濁剛柔者，是分指夫氣之凝定成體者而言。自知覺運動者統言，可包得清濁剛柔；而清濁剛柔者分言，其中亦各具知覺運動。

但告子之説，乃即是以爲本性，而大爲包含之意，❹渾無分别，如無星之秤、無寸之

❶「二」，清鈔甲本作「之」。
❷「淺淺」，清鈔甲本不重文。
❸「之謂性」，此三字原脱，今據清鈔甲本補。
❹「含」，清鈔甲本作「容」。

尺；而程張之説，❶則是於本性之外，發此以別白其所未盡，如大明中閲物象瞭然，更無隱漏矣。如杞柳、湍水之説，亦氣質意也，但程張分明斷作氣質，則自不亂此性之本，便爲精確不易之論。告子雖於杞柳説著氣之惡，湍水説著氣之混，而其意不認作氣質，只專作本性看，所以不可同日語也。

三仁夷齊顏子之仁

某向者以三仁、夷齊之「仁」及顏子等「仁」不相協合，❷久爲之礙，❸未能洒落，屢次具問，後再思之，覺釋然已無礙矣。❹敢請質之：蓋仁一也，而言各不同。以理言，則天理之公也；以心言，則此心純是天理而無私之謂；以事言，則當理而無私心之謂。若顏子之所謂「仁」，是平時此身上純天理而無私欲；三仁、夷齊之所謂「仁」，是臨大變中做事當理而無私心，自有其辨，亦必須平時此身上純天理而無私欲，然後能於大變中，做事當理而無私心，而非有二也。但顏子無遭變之事，而三仁、夷齊不可見其平時之功，亦不必區區爲是優劣之較矣。

用散而體不分

天地大化流行發育萬物，而渾然太極之全體，則未嘗動也。人心日用泛應酬酢

❶「張」，清鈔甲本作「子」。
❷「及」，清鈔甲本無此字。「等」，清鈔甲本作「之」。
❸「之」，清鈔甲本作「疑」。
❹「礙」，清鈔甲本作「疑」。

萬事，而渾然本性之全體，則固自若也。故自一而萬也，而一者未始支；自萬而一也，而萬者未始併。

橫逆自反

凡橫逆之來，必吾有致之之隙。❶不然，亦必有近似之情，未有全無故而來者。君子視之當如鍊金之火、攻玉之錯，於中有進德無窮之意焉，無惡也。

蓋使吾之自反果無一不盡其理矣，❷而猶未也，恐吾出之有未中其節也；使吾出之果中其節矣，而猶未也，恐吾之全德未能充實而素孚於人也；使吾之全德果充實而素孚於人矣，而彼猶若是者，至此然後可以天地間一惡物視之，亦未可亟勝而峻滅，❸惟當公處而順應。

如暴來者，待之以遜；毀來者，❹待之以靖；❺詐來者，待之以誠；慢來者，待之以恭。一行吾天理之當然，若無聞無見焉，是則吾心無時而不休，吾身無日而不泰，地無適而不夷，事無接而不利也。

右《問目》一卷，親呈文公。先生讀至半，曰：「說得也好。」遂瞑目，坐少久，又讀，至近末，曰：「說得皆好，皆是一意。」

北溪先生大全文集卷第八終

❶「吾」，清鈔甲本作「我自」。
❷「吾」，清鈔甲本作「我」。
❸「亟」，原作「函」，今據康熙本、乾隆本、清鈔甲本及《四庫》本改。
❹「毀」，乾隆本作「逆」。
❺「靖」，乾隆本作「順」。

北溪先生大全文集卷第九

記

貫齋記

聖門教不躐等。下學而上達，未有下學之不致，而可以徑造夫上達者。當時門弟中，❶從事於此爲最篤者，自顔子之外，惟曾子一人，平時於聖人用處，每隨事精察而實履之。觀《曾子問》一篇，所講明者皆其變禮，則於周旋進退之常，固已無一節之不究矣。日省吾身以三者，内外交相飭，則體之在我者，又已無一刻之不謹矣。所欠者，但未知夫大本之所以爲一爾。夫子知其下學之功到，將有所覺，而可以上達發之也。於是呼而語之以「一貫」之旨。

曾子果能於言下心融神會，即應之速而無疑，亦其真積力久所必至，而非一蹴之所能强也。及門人扣之，❷難於爲言，乃借學者盡己推己之目所謂「忠恕」者以著明之，欲聽者之易曉。自今觀之，「忠」即所謂「一」，「恕」即所謂「貫」，而未可以常情論也。蓋聖人之心，渾然一理而至誠無息，猶「維天之命，於穆不已」，所以爲天之「忠」，❸固無待於有所盡。及日用酬酢，萬物各止其所，而莫非渾然一理者之所流行通貫，猶「乾道變化，各正性命」，所以爲天之「恕」，

❶「中」，清鈔甲本作「子」。康熙本作「子中」。
❷「扣」，乾隆本作「叩」。
❸「爲」，清鈔甲本作「謂」。

而亦無待於有所推。其爲「忠」也，道之體也，而萬殊之所以一本也；其爲「恕」也，道之用也，而一本之所以萬殊也。由一本而萬殊，而所謂體者，常呈露於用之中；合萬殊而一本，而所謂用者，未嘗離乎體之内，此夫子所以授之曾子，而曾子所以契諸夫子而喻諸門人者。❶其爲心法精微之實，詎容以二觀哉？

在學者，追慕其學，則未可躐進夫所謂「一」，亦惟致曾子下學之功，專從事於所謂「貫」者而已爾。凡日用千條萬緒，各精察其理之所以然，而實踐其事之所當然，使無一不明諸心，而無一不誠諸身，然後合萬理爲一理，而渾然夫子太極之全體，自此其上達無餘藴矣。譬之錢十百，❷曾子已數而列之整矣。夫子與之緡一條，則不復問而貫之矣。其未曾下學者，殆猶散錢之未數，雖以貫指之，亦未如之何。此門人之同在側者，所以皆莫喻其旨，而異時子貢嘗亦與有聞焉，竟亦莫曉其意之果爲何如也。❸

或曰：曾點浴沂之志，見道之大體甚明，夫子深嘆與之，豈非與參之「唯」亦同一趣味歟？曰：曾氏父子之學正相反。參也由「貫」以達夫「一」；點則又專游心於「一」，而不必實以「貫」。蓋以上達爲高而不屑夫下學者，所以行有不揜而不免爲狂士，是固不可以同日語也。

仙遊陳生沂伯澡，始慕點爲名，今復以「貫」名齋，蓋覺點之病而欲務參之學以實之，且求講明其義。❹予嘉其立志之審而用

❶ 上「諸」字，清鈔甲本作「之」。
❷ 「之」，清鈔甲本作「諸」。
❸ 「也」，清鈔甲本作「哉」。
❹ 「求」，原作「來」，今據清鈔甲本改。

功之有序也，因書此以爲之勉焉。

雖然，曾子之所以能勝重任而遠到者，亦由有其弘毅之質以充之，蓋不弘，則蓄德易厭，而萬理無以嘉其會；不毅，則立操易移，而萬理無以剛其守。茲正古人之所不容闕，而叔世學者之所甚不足者，而況於頹波流俗之中，欲卓然有以超凡而達聖，非此亦將何以真能自拔而任重致遠乎？嗚呼！此又伯澡之所當深自警焉者也，此又伯澡之所當深自力焉者也。

戊寅七月朔，陳某記。

仁智堂記

憲使陳侯結堂於第之南，面直峰巒，翠拔參天。其下甃爲凹池，導後山之泉注其中，清泚寒冽。取夫子所謂樂山水之意，而扁之曰「仁智」。

噫！有旨哉！夫仁者，天地生物之心而人生所得以爲心者，純是天理，絕無一毫人欲之私以間之；智則此心之虛靈知覺而所以是是非非之理也。故有是仁者，必安於義理而重厚不遷，有似於山而樂乎山；有是智者，必達於事理而周流無滯，有似於水而樂乎水。其氣類相感，物觸而理形焉，是豈尋常觀覽於外，❶而玩物喪志者之比哉？

然於其樂山而有觀乎山之時，覺彼巍然盤峙於地，而無今古之移也，❷則必有以堅吾仁之守，可以久處約、長處樂，而不爲得喪、榮辱之所搖奪也；覺彼青紫萬狀、四

❶「尋」，清鈔甲本無此字。
❷「今古」，清鈔甲本作「古今」。

時生春也，則必有以養吾生物之心，使胸中常如春陽之和，而與之爲春也。於其樂水而有觀乎水之時，覺彼澄然可燭眉鬚，❶而無塵滓之汙也，則必有以濯吾智之知，使清明常在躬，而不爲私意雜慮之所汩撓也；覺彼流泉之有本，常新而不敗也，則必有以毓吾虛靈知覺之本體，使之常惺惺，而與靈源相爲不竭也。

至是，則又內外交相發，彼此互相長，仰觀俯察，鳶飛魚躍，蓋無一而非天理自然流行著見之實，無一而非吾藏修遊息之益也，則侯與子弟賓朋於斯，❷其爲樂又何有既哉？ 堂之西又結小軒，植梅竹，曰「友清」，已有詩爲之紀。

嘉定戊寅元旦，臨漳北溪陳某記。

韶州州學師道堂記

濂溪先生熙寧中提點廣東刑獄公事，而治於韶。於是韶之爲祠者有三：祠於學者以二程先生配，然在明倫堂之西，迫窄無堂宇之嚴，未足以稱尊崇道統之意；祠于憲司者即其遺躅，本廖侯所重建於廳之西偏，而後人徙之西園之右，乃與世祀淫祀五通廟門相向，❸隣於鄙雜；而祠於通衢，❹爲往來士夫瞻慕之所者，又與張余二公、王令公、楊誠齋合焉。張余二公，里之先賢，風

❶「眉鬚」，清鈔甲本作「鬚眉」。
❷「朋」，清鈔甲本作「友」。
❸「祀淫祀」，清鈔甲本作「俗淫祠」。康熙本作「祀淫祠」。
❹「祠」，清鈔甲本作「祀」。

節可仰，未爲失倫。如令公，荆公之父，天聖中守是邦，安石用事時，人建祠以媚之，與張余並坐中堂，而濂溪、誠齋列於東廡，位序不正，尤爲可耻。

嘉定丙子，憲使陳侯深爲病之，乃於通衢之祠，奉濂溪於中堂西偏，而降令公於東廡。於憲司之西園者，❶改創外門，以正南向，藩墻周密，不與他神祠錯列。而學中三先生之像，則移入明倫堂後、主一堂之中間，易去舊扁，而以「師道堂」揭之，取《通書》所謂「師道立則善人多」之説，特以表先生宗師後學之意，且以書來求一言以示學者。

竊爲之喟然嘆曰：師道之不立也，久矣！自孟子没，天下騖於俗學，蓋千四百餘年，昏昏冥冥，醉生夢死，不自覺也。宋興，濂溪先生以先知先覺之資，卓然拔出於春陵之間，❷不由師傳，獨契道體，建《圖》著《書》，提綱啓鑰，推原無極太極之妙而不離乎日用人事之實，❸發明中正仁義之精而不越乎秉彝良心之所固有，聖人之所以安乎此而立人極，賢者之所以執乎此而復其性。處而學顔子之所學者，學乎此也；出而志伊尹之所志者，亦志乎此也。上與羲皇之《易》相表裏，而下以振孔孟不傳之墜緒，所謂再闢渾淪。二程先生親受其旨，又從而光大之，然後其學布於天下，使英才志士得所依歸，河洛洋洋，與洙泗並。兹其所以繼往聖、開來哲之功，可謂盛矣。雖於當時不得大施以著堯舜君民事業，而其爲部使者，於此一以洗冤澤物爲己任，惟恐有一夫之

❶「司」，清鈔甲本作「使」。
❷「春」，原作「春」，今據康熙本、乾隆本、清鈔甲本、清鈔乙本及《四庫》本改。
❸「實」，清鈔甲本作「憂」。

不獲其所，皆莫非從大原中出；而大用之所流行，亦可以考驗聖賢作處，而未可以尋常吏治例觀也。

故在萬世公義而言，自合配諸禮殿之側，與先師齊紳接冕，❶通爲天下後學師表，豈特嘗臨之地，所得而私何？ 韶人師事之意，乃久焉晦昧而不章，今陳侯既爲之改正祠事，復正名「師道」，以揭學者之指南，其所以觀視韶人不淺矣。

韶之士果能因是興起而師其道，於遺編熟讀精思，深體而實履之，無以俗學之見亂焉，則是亦將不遠於我與！❷凡宦游於韶者，均能相與起敬師慕，而吏事之有所本，則亦將不失爲有道之政，而於陳侯之意，皆可以無負矣。《詩》不云乎：「高山仰止，景行行止。」凡我同志，其共勉乎哉！

陳侯名光祖，字世德，德行政事皆不凡。子沂，從予講濂洛之傳，❸爲志甚厲云。

嘉定丁丑三月壬辰，臨漳陳某記。

宗會樓記

古人宗法，別子爲始祖，繼別爲大宗，繼禰爲小宗。宗其爲始祖，後者爲百世不遷之宗；宗其爲高祖，後者爲五世則遷之宗。蓋諸侯世適爲君，由次而下，不得禰先君、視正適，皆稱別子。或異姓之來自他邦，與庶姓之起於是邦者，亦皆謂之別子。其後世子孫爲卿大夫，則立此別子爲始祖。而別子之世適，常繼別子之正統，以主始祖

❶「師」，清鈔甲本作「聖」。「紳」，原作「紬」，今據康熙本、乾隆本、清鈔甲本、清鈔乙本改。

❷「是」，乾隆本作「道」。

❸「濂」下，清鈔甲本有「溪河」二字。

之祭，與族人爲宗，謂之大宗。雖五世外，皆爲服齊衰三月，是謂百世不遷之宗。其别子之庶子，又不得禰别子，而自使其世適後之，以主庶子之祭，與兄弟爲宗，謂之小宗。旁而例之，爲類不一。

其繼禰者，爲親兄弟所宗，爲服期；繼祖者，爲從兄弟所宗，爲服大功；繼曾祖者，爲再從兄弟所宗，爲服小功；繼高祖者，爲三從兄弟所宗，爲服緦；外高祖，五世則無服。祖遷而宗易，是謂五世則遷之宗。大宗一與小宗四爲五小宗，五世外雖已遷，而復統於大宗，百世未嘗絶。

爲宗子者，所以主祭，其體爲甚專；壓族人，其分爲甚尊；統率族人，其權爲甚重。而族人所以祗事宗子，其禮又爲甚嚴，冠娶必告，喪練必赴，歸器必獻其上，具牲必獻其賢。雖貴富不以入其家，非所獻不以入其門，居庶者不敢僭其斬，爲支者不敢干其祭。❶宗子有疾而攝，則必告而後祭。若庶子爲大夫，則以上牲獻宗子，❷爲薦於宗子之家。或宗子居他國，則庶子大夫稱宗子，使執常事，而所謂攝主，又不言孝不備。厭旅嘏讀作假。❸綏讀作墮，❹許規反。配歸胙，凡拳拳於宗子，若是其敬者，皆以重正體而一人情也。

何爲其重正體而一人情？大要上以事祖禰而盡尊尊之義，下以合族屬而篤親親之恩爾。是以人知宗派所自來，本支昭穆不亂，而宗廟常嚴，家與宗黨時相接，長幼戚疏有紀，而骨肉不離。古人禮俗之盛，

❶「干」，清鈔甲本作「主」。
❷「獻」，原脱，今據乾隆本補。
❸「假」，乾隆本作「古」。
❹「墮」，清鈔甲本作「隳」。

孝弟達於州閭者，由此其故也。今世禮教廢已久矣，宗法不復存。士夫習禮者，專於舉業用，莫究宗法爲何如：禰已祔，則不復饗其祖；祭有適，而諸子並立廟。父在已析居異籍，親未盡已如路人。或語及宗法，則皓首諸父，不肯陪禮於少年適姪之側；而華髮庶姪，亦恥屈節於妙齡叔父之前，是亦可嘆也已！

吾友郭君子從，乃於頹俗廢禮之中，卓爲尊祖收族之舉，推原本姓出於虢叔之後，自太原陽曲，分徙潁川、華陰、昌樂、中山，唐末華陰之族有避地游宦於南，而本宗始祖蓋自漳來，失其名位且非世家，不敢僭祖。其次據大父廣萊府君諱近者，❶實始基産業爲繼禰之適，越考至己又皆居長，於是放小宗法，與其弟某割先業潮陽汶溝田充蒸嘗，定爲世適主祭之議，❷并摭程夫子所取韋家宗會之説，扁其樓曰「宗會」，以爲歲時會合宗人之所。而書來請記，以傳言後代。❸予發書爲之深感，因敘古人宗法曲折以詔其宗人，使知子從此舉，實出古先聖王之遺典，而非己意撰爲苟合之私，則凡會於兹樓者，皆有以各盡其尊尊親親之誠，❹而本根枝葉之相爲依庇壯茂，❺豈不休哉！

抑子從所爲宗田之約：❻適子不得出粥、❼諸子不得均分專修四代墳忌及時祭合族之費；❽忌日一按禮書，不用浮屠。其意

❶「其」下，乾隆本有「世」字。
❷「議」，清鈔甲本作「義」。
❸「言」，乾隆本作「示」，可從。清鈔甲本作「于」。
❹「誠」，清鈔甲本作「義」。
❺「本根」，清鈔甲本作「根本」。
❻「爲」，清鈔甲本作「謂」。
❼「粥」，清鈔甲本作「鬻」，字通。
❽「合」，原作「各」，今據康熙本、乾隆本改。

義蓋甚嚴明正大，惟後之子孫及宗人其識之，於是併爲之書，俾刻示焉。

嘉定庚辰十月望日，清漳北溪陳某記。

食燕堂記

予從既以主祭合族立宗會樓，復於寢堂扁曰「食燕」。蓋取禮經所謂「族食族燕」之義，以爲祭後與宗人餕之地，且併以記文爲囑。予竊以爲古昔聖人所重民生，賜姓命氏以別之，而於姓氏中，又立大小宗以聯之，非固外爲是法以强乎人也，❶猶之木焉，有從根直上之榦、有從榦旁附之枝。於榦之上又分榦，枝之上又分枝，縱横數節，後然後布爲千枝萬葉，蓋莫非一氣周流，出於天理之自然而然。聖人特因而綱紀之，以爲長久不紊之道焉爾。走獸知有母而不知有父，飛鳥知有父而不知有祖。人靈於物，知有祖禰。尊尊親親，秉彝良心，夫誰無之？本無古今貴賤之别，雖叔世衰微離亂之極，而猶有孝義族類。班班史册，或九世同居，齊隋唐張公藝。或緦服百口同爨，《南史》楊播。或宗族七百口合席共食，五代江州陳氏。尤可見良心天理之不容泯没。惟其宗法不立，無禮樂以文之，而漫無統紀。然今之條令，有承重瞻塋之制，高祖元孫之服，即禮經宗法意，而人不之察爾。

吾子從獨能酌古參今，舉而行之於家，可謂篤信實踐而不爲虚文之學者矣。凡郭氏宗盟，於歲事合餕斯堂之時，羣昭穆長少咸萃，宜交相訓敕以尊尊親親之大義，相與

❶「外」，乾隆本作「刱」。

維持，世守之，而無以私意利欲壞焉。將見人歌塘口郭氏家法，卓然爲三陽禮義之宗，庶乎有以副子從今日創始傳後之雅意，而不爲忝也。子從又嘗編《宗禮》、《宗義》二篇，附以《立宗文約》、《公狀》、《家約》、《家譜》於其後，及晦菴、蒙谷二先生《宗法》各一册，並藏諸堂中，❶以爲後代維持之計者甚悉，惟後人之考焉。

抑又有告者，宗人之睦，豈姑爲是一燕之樂而已哉！冠昏喪葬必相助，貧窮患難必相恤，推先祖所以芘覆之澤，使宗人無或顛連之病，然後爲尊尊親親、恩義之至者，又不可以不知也。然親睦宗族、家道之一節，如父子親、夫婦別、男女正、長幼序，實齊家之大經，未有内治無本而能外睦者也。然身者家之則也，改過遷善、懲忿窒慾，又修身之要務，未有身法不立而能齊其家者也。而身之所以修，又在乎有致知、格物、誠意、正心之學交盡其至，未有學術不正而能修其身者也。而其所以爲學節目，在孔孟周程之書者，又有明法，則宗人於既燕而歸也，必當各正爾學、各修爾身、各齊爾家，以無失爲人大體，❷於父乾母坤之下，是又同宗相率入堯舜之域，蓋有醉道飽德之不窮趣味在焉。

兹説子從必已與宗人素講之，而今兹之言，適所以爲贅，惟無視其贅而忽諸。

嘉定庚辰十月望後五日，清漳北溪陳某記。

北溪先生大全文集卷第九終

❶「諸」，清鈔甲本作「之」。
❷「以」，乾隆本作「方」。

北溪先生大全文集卷第十

序

《郡齋録》後序

先生庚戌四月至臨漳。某自罷省試歸，❶五月方抵家，而道途跋涉之苦，得病未能見也。至十一月十八日冬至，始克拜席下。而居村食貧，❷又以訓童拘絆，不得日侍鑪錘之側。明年，先生忽以喪嫡子丐祠甚堅，當路者又以經界一奏，先生持之力，雖已報行，而終以不便己爲病。幸其有是請也，即爲允之。四月二十五日午後，❸主管鴻慶宫加秘閣修撰誥到。二十六日早拜誥，州印付通判，即還行衙。越兩日，通判及諸曹留酌別，❹二十九日方行。某送至同安縣東之沈井鋪，而別實五月二日也。區區所録，姑以愚鈍不敏，私寓其書紳請事之意而已也，❺非敢爲他人道也。

然先生在臨漳，首尾僅見一期，以南陬敝陋之俗，驟承道德正大之化，始雖有欣然慕，而亦有愕然疑、譁然毁者。越半年後，人心方肅然以定。僚屬厲志節而不敢恣所欲，仕族奉繩檢而不敢干以私，胥徒易慮而不敢行姦，豪猾斂蹤而不敢冒法。平時習

❶「某」，乾隆本作「淳」。下同。
❷「而」，清鈔甲本作「某」。
❸「後」，《四庫》本作「時」。
❹「曹」上，清鈔甲本有「礼」字。
❺「請」，清鈔甲本作「諸」。

浮屠、爲傳經禮塔朝嶽之會者，在在皆爲之屏息。平時附鬼爲妖、迎遊於街衢而抄掠於閭巷者，亦皆相視斂戢，不敢輒舉。良家子女從空門者，各閉精廬，或復人道之常。四境狗偷之民，亦望風奔遁，改復生業。至是及期，正爾安習先生之化，而先生又行，是豈不爲可恨哉！

抑先生在此，其關於州鄉之大者，不特欲正經界以興民利，除鹽錢以蘇民瘼，蓋又嘗病貢院之迫窄、學校之隘陋而議爲之更張。貢院則欲遷於東市兵官之居，已差尉司廣輪其地，而度其規模，擬容萬人之坐，以爲後來百年之計。其學校，則以侍郎李侯之大成殿與尊道堂爲不可改移，而東西兩廡則必開拓而明爽之。東欲毁貢院之冗屋，而盡貢院之址悉以爲東諸齋；西欲移行衙於馬棚所，而盡行衙之址悉以爲西諸齋。其齋相枕，悉南面。❶每齋中間爲廳，廳之左右各爲四大窗，而各裝截爲四閣間，❷廳之後爲爐亭，爐亭之左右爲小庖及浴室與圊音清，圂也。舍。其外則以崇墉包之，後齋之面則對前齋之墉，一如太學之制，並擬秋月興工，而自是亦不復及矣。又豈不爲漳民大恨哉！併附記於此，以無忘先生之志，而亦庶乎來者得以考焉。

慶元庚申十月一日某謹識。

《竹林精舍録》後序

某自辛亥夏送别先生於沈井之後，❸以

❶「面」，乾隆本作「向」。
❷「閣」，乾隆本、清鈔甲本作「濶」。
❸「某」，乾隆本作「淳」。下同。

菽水之不給，❶歲歲爲訓童牽絆，未能一走建陽，再詣函丈，而先生屢以書來招。至乙未冬，始克與妻父同爲考亭之行，十一月中澣到先生之居，即拜見於書樓下之閤内，甚覺體貌大減曩日，脚力已阻於步履，而精神、聲音則如故也。晚過竹林精舍止宿，與宜春胡叔器、臨川黄毅然二友會。

而先生日常寢疾，十劇九瘥，每入卧内聽教，而諄諄警策，無非直指病痛所在，以爲所欠者下學，惟當專致其下學之功而已。而於下學之中，所謂致知，必一一平實循序而進，而無一物之不格。所謂力行，亦必一一平實循序而進，而無一物之不周。要如顔子之博約，毋遽求顔子之卓爾；要如曾子之所以爲貫，毋遽求曾子之所以爲一。而其所以爲人痛切直截之意，比之向日郡齋從容和樂之訓，則又不同矣。

越明年，庚申正月五日，拜别而歸。臨岐又以冬下再見爲囑。❷豈謂自此一别方閲九十二日，而遽有幽明之判，反成終天之訣！追思嚴訓洋洋在目，❸不知涕零，於是編而集之，以爲終身鑽仰之警，庶幾朝夕目擊，常有以不替其如在之誠，❹而無昧乎此心之靈。異時萬一獲免罪戾於門墻之下，則爲大幸焉爾。嗚呼！是可不敬乎哉！是可不勉乎哉！

嘉泰辛酉正月一日，某謹識。

❶「菽水」，原作「水菽」，今據清鈔甲本乙正。
❷「岐」，康熙本、乾隆本、清鈔甲本、《四庫》本作「岐」。
❸「目」，康熙本、《四庫》本作「耳」。
❹「如在」，《四庫》本作「在如」。

送徐楊二友序❶

紹熙改元維夏之初，晦庵先生來臨漳。越月，而永嘉徐君居甫不遠千里受業於門下。又越月，而郡人楊君尹叔與俱。又五越月，某方獲侍洒掃，於是始識徐君，而楊君又其舊也，聲臭不侔而合。❷自是相與往來於郡齋，疑之質、謬之正、蒙之釋、益之請，或一二日、三四日，❸辰而入、酉而出，爲月者幾四，其所以從容共學之情密矣。顧惟駑惰之資，❹方有賴於左鞭而右策。夫何合簪方勤而袂欲分，麗澤方洽而席欲判。徐君之歸興不可羈，而楊君又有成均之役，於我心殆戚戚然。今二君行輿已膏而征蹄已秣矣，思無以見，意姑借古人贈言之義，以致朋友所以相切磨者而共勉焉，❺可乎？

昔者嘗聞謝、尹諸公游河南夫子之門，於其別也，謝謂尹曰：「吾徒從先生，見行則學，聞言則識，譬如服烏頭者，方其服時，顏色悦澤、筋力强盛，一旦烏頭力去，則將如之何？」今吾先生所以藥吾二三子者，其方大略亦可知矣。而吾二三子相從服餌於此，朝夕拳拳唯謹者，則以有先生之嚴在。❻二君自此而別也，去先生之側日遠，歷郵亭，閱都邑，❼紛華靡麗之衢，放蕩膠轕之境，身日與頹俗接，可玩、可愛、可昵、可欲、

❶「序」下，乾隆本有注云：「徐名寓，楊名士訓。」
❷「侔」，乾隆本、《四庫》本作「謀」。
❸「三四」，原作「四三」，今據乾隆本、清鈔甲本、《四庫》本乙正。
❹「駑惰」，清鈔甲本作「頑劣」。
❺「而共勉」，清鈔甲本作「共勉之」。
❻「嚴」下，清鈔甲本有「訓」字。
❼「閲」，《四庫》本作「越」。

可駭、可愕、可憤、可厭，凡所以摇聰明、拂心志者，千狀百證日交乎其前，此正烏頭力不足恃，而己所自力之時也。❶自志柔氣弱者，於此最易爲之荏苒骫脃，而移其所守。而見善明、用心剛者，以爲件件無非實用工之地。二君謂之何哉？

道無往而不在，學無時而不然。二君自兹而往也，誠能常如侍先生之側，静則存主敬之味，動則佩燭理之方，參前倚衡，念念以無負先生所期望，無時無處而不用其力焉，則是雖遠先生之函丈，而正大之訓常在耳。於其灑然有得之時，又無惜一二附南來之鴈，以交致並爲仁之意，則是雖與某非向者從容郡齋之樂，固千里共肝鬲也。二君果謂之何哉？

抑南軒與先生有語云：❷「驅車萬里道，中途可停輈。勉哉共無斁，邈矣追前脩。」吾二三子者，共加鞭焉。因録二通爲贈行序。

辛亥二月望後四日，陳某序。

送趙秋序

慶元丙辰之秋，三山趙君有裕來典左獄於臨漳，不鄙郡士陳某而下交焉，一見之始，即以心相與，自是往復講論，❸閲有三載，爲情密矣。今兹解印而歸也，適某有至痛，不及爲歌詠以叙別，然又不能爲無益之語也，敢效古人贈言之義，以寓區區之誠，可乎？

❶「之時」二字，原漫漶不清，今據康熙本、乾隆本、清鈔甲本、清鈔乙本訂正。
❷「語」，清鈔甲本作「詩」。
❸「復」，清鈔甲本作「來」。

嘗觀人生天地之間，夫孰非才也，而得其秀者爲難。所以成其才而誦詩讀書，夫孰非學也，而卓然不迷其所趨者，爲尤難。既識其所趨矣，而能至至而終終，不至於復自墮於迷者，又其難之難者也。蓋陰陽五行之運，錯揉不齊，❶而人之得之者，大概多於濁而不能以皆清，多於駁而不能以皆純，所謂清明純粹之禀，特其間值之而已。則才之秀出於等夷者，非難乎？夫天既予我以是才矣，而學之不正，則無以磨礲成就，而反爲之變移斵喪，是以其「知」非德性之良知，而爲私智之妄度；❷「能」非德性之良能，而爲私意之苟作。吐而爲言，非先王之法言；履而爲行，非先王之法行；施爲政、著爲業，又皆非根心盎背、大用之所流行，類亦不過人欲自便之私、權術功利之陋而已。滔滔者皆是，而誰肯以易之，則卓然識聖賢之正而不迷其所趨者，又非其尤難者乎？

然天理正逵，❸上達如登而難進；人欲邪逕，下達如墜而易徇。❹吾之所趨雖審矣，而二者勝負之幾，蓋未易決。此有一分之長，則彼有一分之消；此有二分之益，則彼有二分之損。雖天理所造者五分，而人欲止五分之亡，猶有五分之相持，未可保其不爲之引去也。一旦忽不期而爲之引焉，則前功盡棄，無復一存，亦終於陷溺而不可救矣。惟天理六七分而上，然後爲足以勝人欲，而人欲始爲退負，主日强而客日衰，

❶「揉」，清鈔甲本作「綜」。

❷「爲」，原作「無」，今據康熙本、乾隆本、清鈔甲本、清鈔乙本及《四庫》本改。「智」，清鈔甲本作「意」。

❸「逵」，清鈔甲本作「途」。

❹「墜」，康熙本、清鈔甲本作「墮」。

所向果而所背決，真有以駸駸於上達不可禦，而必不復墮於下達之境矣。由是而之焉，且又有以馴造於十全之地，而渣滓盡渾化矣，則能至至而終終、不復墮於迷者，又非其難之難者乎？嗚呼！此予與求所以不免於聖門之誅，而回作聖之功所以爲萬世法也。

趙君風采議論敏爽雋發，而學問又有師友淵源，所謂難與尤難者得之矣。而難之難者，茲正其幾，不可不深知復自墮焉之爲可畏，而當汲汲力進，以取勝自厲也。非惟趙君爲然，凡吾徒者皆所當然，而愚與趙君，尤有望於鞭之嚴而策之勇，以交致其齊驅並進、任重詣極之功也。其毋以離合而異諸！若其所以進之之科級節目，則有聖賢嚴密之訓在。趙君當自知之，無俟於愚言。

慶元己未七月甲寅，北溪陳某序。

送家本仲序

眉陽家本仲，訪道閩山，中都諸賢餞於吾山之隅，清漳北溪野人與焉。送行者皆有詩，或謂野人曰：子與本仲邂逅，有一日之雅，亦不可以無贈言。野人因爲之嘆，曰：人生稟二五之氣，多値其不齊；剛者則過於亢，而柔者又懦而無立。求其所謂純正不雜者，❶最爲難得。❷幸而或得之，又每識凡志陋，汩汩於頹波流俗，而不能奮發於聖賢之學以求自拔。今本仲於世味甚薄，而狷介有守，可謂粹然有近道之資矣。

❶「純」，原作「絶」，今據康熙本、乾隆本、清鈔甲本改。
❷「最」，清鈔甲本作「故」。

而又不肯隨波逐流、❶甘於自棄，❷爲凡陋之歸，❸乃且不遠千里，從師親友以講明夫淵源之所自來，又可謂卓然有求道之志矣。兼是二者，度越於人不淺，誠可爲本仲美。

或者曰：是或以爲足乎？❹曰：未也。吾二年於中都，接見士友者非一人，亦多有是二美矣。至其責以切磨之實，則類皆悠悠，若存若亡，而無急切懇迫之意。正如舟人之適越，既南其檣矣，而徜徉中流，不果於進；車人之適燕，既北其轅矣，而彷徨中途，不勇於行。吾恐燕越非惟無可至之期，雖欲保其不中輟而他陷也，❺亦難矣。❻况聖人之門庭堂奧，決不可以坐而造；而宗廟百官之美富，又非可以想而知。必篤吾力以實致其下學之功，如顏子之欲罷不能，如子思之弗得弗措，然後有以成其資而達其志也。

或者又曰：是可以爲足乎？曰：未也。士之篤於道者，蓋亦嘗屢見之矣，而又多病於所聞之先入者，私主以爲安；所見之素習者，偏執以爲固，不能豁然虛其心以爲大受之地。若是，則胸中已隔塞隘陋矣。凡前聖往哲，相與發明真義理、真趣味，所謂公平正大之訓，將何從而入？精微嚴密之旨，又將何從而得之？殆見用力枉勞，而良資美志，亦終於無就矣。玆又本仲之所當深自警焉者也，玆又本仲之所當深自勉焉者也。本仲而果無忽於斯，❼則學將日

❶「流」，清鈔甲本作「欲」。
❷「自棄」，清鈔甲本作「凡陋」。
❸「凡陋」，清鈔甲本作「自棄」。
❹「或」，康熙本、清鈔甲本無此字。
❺「保其」，清鈔甲本無此二字。
❻「亦」上，清鈔甲本有「蓋」字。
❼「忽」，清鈔甲本作「怠」。

進而日新，其於所造又孰禦焉！本仲以爲何如哉？

或者曰：唯唯。敢請以爲送行序。野人爲誰？陳某安卿也。

戊寅立冬後八日書。

別徐懋功贈言

某區區此來，所幸得一共學之友，曰徐懋功。今其別也，而請贈言。

竊以爲：聖門用功不一，而總其要不過曰明善誠身而已。善者，天命人心之本純粹而無惡也。明善者，真知其爲本善而無惡也。誠身者，實有是善於己，純是天理流行而無人欲之間也。未能明善，必在擇善；未能誠身，必在固執。而博學、審問、慎思、明辨者，又所以爲擇善之目；而篤行者，又所以爲固執之功。

至於五者要歸，子思子必又皆以弗措爲言，而每百倍其功以進者，何哉？此勇以終之之事也。《中庸》入德之門，曰智、仁、勇。明善在智，誠身在仁，所以明而誠之弗措者在勇。《易·文言》發明進德居業之方，曰：「知至至之可與幾，知終終之可與存義。」而必特於《乾》之九三言之者，以陽居陽爲剛健之至也。蓋惟剛健之至者，而後能真知，❶與行俱到。❷《易》與《中庸》無二旨也。

故顏子克己復禮，以乾道者，由剛健之絶人；而曾子竟能負荷聖人之傳，勝重任而遠到者，亦惟於弘毅得之。❸況今學者處

❶「而」，清鈔甲本作「然」。
❷「與」上，清鈔甲本有「知」字。
❸「弘」，原作「洪」，今據清鈔甲本改。

斯世頹波流俗之中，最易以墮，人非厲剛勇之志，則安能決所向，卓然以自拔？而血氣之身日與事物相酬接，又人欲私意之易萌也，非剛吾質、勇吾力，亦安能以自克而洒然無累哉！

懋功於明善誠身之方，嘗切磨之矣。而兹義有未及講者，因書以爲贈言，惟懋功其勉之。

嘉定壬午四月癸巳，北溪陳某安卿，書於武勝簿曹之讀書室。

北溪先生大全文集卷第十終

北溪先生大全文集卷第十一

説

心説

「維天之命，於穆不已」，所以爲生物之主者，天之心也。人受天命而生，因全得夫天之所以生我者，以爲一身之主，渾然在中，虚靈知覺常昭昭而不昧，生生而不可已，是乃所謂人之心。其體，則即所得元、亨、利、貞之道，❶具而爲仁、義、禮、智之性；其用，則即所得春、夏、秋、冬之氣，❷發而爲惻隱、羞惡、辭讓、是非之情。故體雖具於方寸之間，而其所以爲體，則實與天地同其大，萬理蓋無所不備，而無一物能出乎是理之外；❸用雖發於方寸之間，❹而其所以爲用，則實與天地相流通，萬事蓋無所不貫，而無一理不行乎其事之中。❺此心之所以爲妙，貫動静、一顯微、徹表裏終始而無間者也。❻

人惟拘於陰陽五行所值之不純，而又重以耳、目、鼻、口、四肢之欲爲之累，❼於是，此心始梏於形氣之小，不能廓然大同無我，而其靈亦無以主於身矣。人之欲全體

❶「得」，《朱子全書・答陳安卿》作「謂」。
❷「得」，《朱子全書・答陳安卿》作「謂」。
❸「能」，《朱子全書・答陳安卿》無此字。
❹「於」，《朱子全書・答陳安卿》作「乎」。
❺「其」，《朱子全書・答陳安卿》無此字。
❻「而」，《朱子全書・答陳安卿》無此字。
❼「鼻口」，《朱子全書・答陳安卿》作「口鼻」。

此心而常爲一身之主者，❶必致知之力到而主敬之功專，使胸中光明瑩浄，超然於氣稟物欲之上，而吾本然之體所與天地同其大者，❷皆有以周徧昭晰，而無一理之不明；本然之用所與天地相流通者，❸皆無所隔絶間斷而無一息之不生。

是以方其物之未感也，則此心澄然惺惺，如鑑之虚、如衡之平，蓋真對越乎上帝，而萬理皆有定於其中矣。及夫物之既感也，則妍媸高下之應，皆因彼之自爾，而是理周流該貫，❹莫不各止於其所。❺如乾道變化，各正性命，自無分數之差，而亦未嘗與之俱往矣。

静而天地之體存，一本而萬殊；動而天地之用達，萬殊而一貫。體常涵用，用不離體，體用渾淪，純是天理日常呈露於動静間。夫然後向之所以全得於天者，在我真有以復其本，而維天於穆之命，亦與之爲不已矣。此人之所以存天心之大略也。❻

心體用説

所謂體與天地同其大者，以理言之耳。蓋通天地間，惟一實然之理而已，爲造化之樞紐，古今人物之所同得。但人爲物之靈，極是體而全得之，總會於吾心，即所謂性。雖會在吾心，❼爲我之性，而與天固未嘗間，此心之所謂仁即天之元，此心之所謂禮即

❶「欲」上，《朱子全書・答陳安卿》有「所以」二字。
❷「其」，《朱子全書・答陳安卿》無此字。
❸「所」，《朱子全書・答陳安卿》無此字。
❹「理」下，《朱子全書・答陳安卿》有「固」字。
❺「於」，《朱子全書・答陳安卿》無此字。
❻「天」，《朱子全書・答陳安卿》及清鈔甲本作「夫」。
❼「吾」下，《朱子全書・答陳安卿》有「之」字。

天之亨，此心之所謂義即天之利，此心之所謂智即天之貞，真實一致，❶非引而譬之也。故天道無外，❷此心之理亦無外；天道無限量，此心之理亦無限量；天道無一物之不體而萬物無一之非天，此心之理亦無一物之不體而萬物無一之非吾心。❸

天下豈有性外之物，而不統於吾心是理之中也哉？但以理言，則爲天地間之所公共，❹不見其切於己；謂之吾心之體，則即理之在我有統屬主宰，而其端可尋也。此心之所以至靈至妙，❺凡理之所至，其思隨之無不至，❻大極於無際而無不通，細入於無倫而無不貫，前後乎萬古而無不徹，❼近在跬步、遠在萬里而無不周。❽雖至於位天地、育萬物，亦不過充吾心體之本然，而非外爲者。此張子《正蒙》謂「有外之心，❾不足以合天心」者也。

所謂用與天地相流通者，以是理之流行者言之耳。❿蓋是理在天地間，流行圓轉，無一息之停。凡萬物萬事、小大精粗，無一非天理之流行。⓫吾心全得是理，而是

❶「真」，乾隆本、《朱子全書・答陳安卿》及清鈔甲本作「其」。
❷「故」，《朱子全書・答陳安卿》無此字。
❸「心」下，《朱子全書・答陳安卿》有小注：「那箇不是心做？那箇道理不具於心？」
❹「間之所」，《朱子全書・答陳安卿》無此三字。清鈔甲本無「所」字。
❺「之」，《朱子全書・答陳安卿》無此字。
❻「無」下，《朱子全書・答陳安卿》有「所」字。
❼「前」下，《朱子全書・答陳安卿》有「乎上古」三字。「後」，清鈔甲本無此字。
❽「周」，《朱子全書・答陳安卿》作「同」。
❾「正蒙」，《朱子全書・答陳安卿》作「所」。
❿「者」，《朱子全書・答陳安卿》無此字。
⓫「之」，《朱子全書・答陳安卿》無此字。

理之在吾心，亦本無一息之不生生，❶而不與天理相流行。❷人惟欲浄情達，不隔其所流行，然後常與天通耳。❸

且如惻隱一端，近而發於親親之間。親之所以當親，是天命之流行者然也。❹吾但與之流行，而不虧其所親者耳。一或少有虧焉，則天理便隔絶於親親之間而不流行矣。❺次而及於仁民之際，如老者之所當安、❻少者之所當懷、❼入井者之所當怵惕，❽亦皆天命之流行者然也。❾吾但與之流行而不失其所安、所懷、所怵惕者耳。一或少有失焉，則天理便隔絶於仁民之際而不流行矣。又遠而及於愛物之際，如方長之所以不折，胎之所以不殺，殀之所以不夭，亦皆天命之流行者然也。❿吾但與之流行，而不害其所長、所胎、所殀者耳。一或少有害焉，則天理便隔絶於愛物之際而不流行矣。

凡日用間，四端所應皆然。但一事不到，則天理便隔絶於一事之下；一刻不貫，則天理便隔絶於一刻之中。惟其千條萬緒，皆隨彼天則之自爾，而吾心爲之周流貫匝，⓫無人欲之間焉，然後與元、亨、利、貞流

❶「之」，《朱子全書・答陳安卿》無此字。
❷「理」，《朱子全書・答陳安卿》作「地」。
❸「天」下，《朱子全書・答陳安卿》及清鈔甲本有「地流」二字。
❹「之」，《朱子全書・答陳安卿》無此字。
❺「便」，《朱子全書・答陳安卿》無此字。
❻「所」下，《朱子全書・答陳安卿》有「以」字。
❼「所」下，《朱子全書・答陳安卿》有「以」字。
❽「所」下，《朱子全書・答陳安卿》有「以」字。
❾「之」，《朱子全書・答陳安卿》無此字。
❿「命」，原爲空格，今據乾隆本、《朱子全書・答陳安卿》、清鈔甲本及清鈔乙本補。《四庫》本作「理」。
「之」，《朱子全書・答陳安卿》無此字。
⓫「吾」，《朱子全書・答陳安卿》無此字。

行乎天地之間者同一用矣。此程子所以指天地變化、草木蕃蕃，❶以形容恕心充廣得去之氣象者也。❷

然亦必有是天地同大之體，然後有是天地流通之用；亦必有是天地流通之用，然後爲是天地同大之體，❸則其實又非兩截事也。

河圖洛書説

河圖、洛書有定義，古今傳者多矣。劉牧之説最爲後出，而世之學者，多不自知其誤也。吁！❹盍亦攷其源流之實歟？

謹按：孔安國曰：「河圖者，伏羲氏王天下，龍馬出河，遂則其文以畫八卦。洛書者，禹治水時，神龜負文而列於背，有數至九，禹遂因而第之以成九類。」而劉歆亦曰：「伏羲氏繼天而王，受河圖，則而畫之，八卦是也。禹治洪水，錫《洛書》，法而陳之，九疇是也。」河圖洛書相爲經緯，八卦九章相爲表裏，此河圖洛書之定説也。

又按：關子明曰：「河圖之文，七前六後，八左九右；洛書之文，九前一後，三左七右，四前左，二前右，八後左，六後右。」而邵康節亦謂：「圓者，河圖之數。❺歷紀之數，其肇於此乎？方者，洛書之文。州井

❶「蕃蕃」，《朱子全書・答陳安卿》及清鈔甲本不重文。

❷「以」，原爲空格，今據《朱子全書・答陳安卿》、清鈔甲本及《四庫》本補。「恕」，乾隆本作「此」。「廣」，乾隆本、《朱子全書・答陳安卿》及清鈔甲本作「擴」。「者」，《朱子全書・答陳安卿》無此字。

❸「爲」，《朱子全書・答陳安卿》及清鈔甲本作「有」。

❹「吁」，原漫漶不清，今據康熙本、清鈔甲本及清鈔乙本訂正。《四庫》本作「噫」。

❺「數」，原漫漶不清，今據康熙本、清鈔甲本、清鈔乙本及邵雍《觀物外篇》訂正。

之法，其放於此乎？」蓋曆法有所謂二始二中二終，正一二五六九十之數；而州井亦以九數爲率，❶此河圖、洛書之定數也。如劉牧者又在康節之後，反從而易置之，以九數爲河圖、十數爲洛書，且謂二者俱出於伏羲之世，而伏羲之所兼取。託言其傳出於希夷。夫康節亦希夷之後也，豈康節不得之，而牧獨得之乎？吁！是亦未嘗攷其源流之實而已矣。

昔者嘗觀《易》之《傳》曰：「天一地二天三地四天五地六天七地八天九地十，天數五地數五，凡天地之數五十有五。」此正吾夫子所以發明河圖之數也。又嘗觀《書》之《洪範》曰：「天乃錫禹洪範九疇。」而九宮之數，自初一次二次三次四次五以至於次六次七次八次九，昭然成列。實吾夫子之所定，是正所以爲《洛書》之數也。

蓋天以一生水，而地以六成之；地以二生火，而天以七成之；天以三生木，而地以八成之；地以四生金，而天以九成之；天以五生土，而地以十成之。故《河圖》之位，必以一與六同宗而居乎北，二與七爲朋而居乎南，三與八同道而居乎東，四與九爲友而居乎西，五與十相守而居乎中，積之爲五十有五也。

天地之數，不出乎一陰一陽、一奇一偶而已。一三五七九者，陽之奇而屬乎天者也；二四六八十者，陰之偶而屬乎地者也。故《洛書》之位，必前戴乎九、後履乎一，左列其三、右列其七，二四爲肩、六八爲足，而五居乎其中。積之爲四十有五也。

二者固不容於無辨。吾夫子所謂「河

❶「數」，清鈔甲本無此字。

出《圖》，洛出《書》，聖人則之」者，亦但泛言聖人作《易》作《範》，其原皆出於天而非止爲《易》言也。然聖人之所以則之者，果如之何？蓋則《河圖》者，虚其中，則太極也。奇數二十、偶數二十，則兩儀也。以一二三四爲六七八九，則四象也。析四方之合以爲乾坤離坎，補四隅之空以爲兑震艮巽，則八卦也。則《洛書》者，在一則爲五行，二則爲五事，三則爲八政，四則爲五紀，五則爲皇極，六則爲三德，七則爲稽疑，八則爲庶徵，❶九則爲福極，是其義亦各有所取矣。

然合是二者而論之，亦未嘗不互相發明而迭相爲用也。且以《洛書》而虚其中，則亦圖之太極也；奇偶各居二十，則亦圖之兩儀也；一二三四而含九八七六，❷則亦圖之四象也；四方之正以爲乾坤離坎，四隅之偏以爲兑震巽艮，則亦圖之八卦也。而《河圖》之一六爲水，二七爲火，三八爲木，四九爲金，五十爲土，則亦《書》之五行也。虚而爲太極，則亦《書》之皇極也。其數五十有五，則又九疇子目之數也。横斜曲直，無所不通，則《圖》之爲《書》、《書》之爲《圖》，又豈復有彼此之間哉！

大抵天地之間，理一而已。時雖有先後之不同，❸而理則不容於有二也。但《易》乃伏羲之所先得於《圖》，初無待於《書》，而自默與之合。《範》則大禹之所獨得乎《書》，亦不必追攷於《圖》，而自暗與之符矣。至是，則劉歆經緯表裏之言，豈不信然矣乎！若所謂六篇、九篇，真有所謂赤文緑字、天神言語，則又皆不經之説，而非所論也。

❶「徵」，原作「證」，今據康熙本、乾隆本及《四庫》本改。
❷「含」，清鈔甲本作「合」。
❸「時」，清鈔甲本無此字。

四象數説

太陽之數九，少陰之數八，少陽之數七，太陰之數六，果何從而取之也？曰：在《圖》、《書》所取，則以《圖》、《書》之數言；在卦畫所生，則以卦畫之數起，不可一概論也。

蓋《河圖》之數，本五行生成之數，始於一而終於十，五居其中，則參天爲三奇、兩地爲二偶之合也。天以一生水而居乎北，則太陽之位也；地以六成之而居乎北之外，則太陰之數也；地以二生火而居乎南，則少陰之位也；天以七成之而居乎南之外，則少陽之數也。天以三生木而居乎東，則少陽之位也；地以八成之而居乎東之外，則少陰之數也；地以四生金而居乎西，則太陰之位也；天以九成之而居乎西之外，則太陽之數也。位與數逆而相違，其六者以一而得於五者也，七者以二而得於五者也，八者以三而得於五者也，九者以四而得於五者也。合而言之，右旋，則太陽居一而連九，少陰居二而連八；左旋，則少陽居三而連七，太陰居四而連六。位極方正，而數稍偏曲者也。

《洛書》之數，本陰陽奇偶之數，始於一而終於九，五居其中，則亦參天爲三奇、兩地爲二偶之合也。虚其中，則履一而戴九爲太陽，居一而含九；左三右七爲少陽，居三而含七；右肩二而左足八爲少陰，居二而含八；左肩四而右足六爲太陰，居四而含六，位與數順而相會。其九者，以十分一之餘也；八者，以十分二之餘也；七者，以十分三之餘也；六者，以十分四之餘也。總其中，則縱横皆十五而又互見之。太陽之九南，則太陰之六北；則少陽之七西，則少陰之八東；則太陰之六西北，太陽之九東南；少陰之八東北，少陽之七西南。位稍偏側，而數甚明直者也。

此《圖》、《書》四象之所取，❶皆自居位以外，極其統攝者而言之也。

卦畫，則自太極動而生陽，始爲畫一奇而謂之陽儀，動極而静，静而生陰。次爲畫一偶而謂之陰儀，静極復動。一動一静，互爲其根。故又其次於兩儀之上，各生一奇一耦，而爲二畫者四，謂之四象。太陽居一，其本體二畫奇，每奇之圍三，爲含三奇，通所從生位一奇，以三其圍三者而起之，故其數九。少陰居二，其本體一畫奇、一畫耦，每耦之圍四，爲含二耦，通所從生位一奇，以一其圍四、兩其圍四者而起之，故其數八。少陽居三，其本體一畫耦、一畫奇，通所從生位一偶，以一其圍三、兩其圍四者而起之，故其數七。太陰居四，其本體二畫耦，通所從生位一耦，以三其圍四者而起之，故其數六。

此卦畫四象之所生，專自本體以内，極其根原者而起之也。自本體以内而極其根原，❷則數之體也；自居位以外而極其統攝，則數之用也。二者，其取數之象然也。❸

若其所以爲取數之義，則如之何？

曰：陰陽之數，自一至五爲生數，以方生其氣也；❹自六至十爲成數，謂已成其質也。今四象以成數言之，陽主進，自六方進至七，而未極乎盈，則爲少陽，故其數爲七。

❶「取」，乾隆本作「處」。
❷「以」，清鈔甲本作「之」。
❸「然也」，清鈔甲本作「也然」。
❹「氣」，清鈔甲本作「數」。

又進而極於九，則已盈而爲老陽，故其數爲九。陰主退，自十方退至八，❶而未極乎虚，則爲少陰，故其數爲八。又退而極於六，則已虚，而爲老陰，故其數爲六。此其取義，又各有所主，而非苟然也。

《先天圖》説

昔者伏羲氏之作《易》也，始畫八卦；又因而重之，爲六十四。莫非其理氣象數之自然而然，初無一毫智慮增損於其間。自孔子以來，莫有明其意者，類皆以爲伏羲止於八，❷而文王六十四。至我朝邵康節先生始得其説於《大傳》之文，❸遂爲之圖，名之曰《先天》，以發伏羲氏之藴。❹

今觀《大傳》曰：「易有太極，是生兩儀，兩儀生四象，四象生八卦。」此正吾夫子發明六十四卦氣畫之所由以生者也。❺又曰：❻「天地定位，山澤通氣，雷風相薄，水火不相射。八卦相錯，數往者順，知來者逆。」此又吾夫子發明六十四卦圖象之所由以寓者也。❼

❶「方」，清鈔甲本作「分」。
❷「類皆」，原爲空格，今據清鈔甲本補。
❸「始」，原漫漶不清，今據乾隆本、清鈔甲本及清鈔乙本補。
❹「之藴」，原爲空格，今據乾隆本、清鈔甲本及清鈔乙本補。
❺「也」，原爲空格，今據乾隆本、清鈔甲本及清鈔乙本補。
❻「又」，原爲空格，今據乾隆本、清鈔甲本及清鈔乙本補。
❼「圖象之」，原爲空格，今據清鈔甲本補。清鈔乙本作「氣畫之」。

蓋自太極之判，❶始生一奇一偶，❷而爲一畫者二，❸是之謂兩儀。❹又自兩儀之上，各生一奇一耦，分之而爲二畫者四，是之爲四象。其位則太陽一，少陰二，少陽三，太陰四。又自四象之上，各生一奇一耦，分之而爲三畫者八，於是八經卦之名立。❺而其位則乾一、兑二、離三、震四、巽五、坎六、艮七、坤八。自是而往，又自八卦之上，各生一奇一耦，分之而爲四畫者，十有六，是爲兩儀之上復加八卦，八卦之上復加兩儀。又自四畫之上，各生一奇一耦，分之而爲五畫者，三十有二，是爲四象之上復加八卦，而八卦之上復加四象。又自五畫之上，各生一奇一耦，分之而爲六畫者，六十四。於是乎六十四卦之名以備，而易道渾然天成矣。是固不容以贅一，而亦不容以斂一於其中。

所謂乾一而至坤八者，又依然有自然之序。在下，則每卦之爲體者各八，昭然布列於八位之内，一周而不亂也；在上，則每卦之重體者各一，粲然迭錯於六十四體之上，八周而不紊也。合二體而言，則重乾又居其一，重兑又居其二，重離又居其三，重震又居其四，重巽又居其五，重坎又居其六，重艮又居其七，重坤又居其八，亦無往而不得其序者。

❶「蓋自太極之判」，原爲空格，今據乾隆本、清鈔甲本補。
❷「始生一奇一偶」，原漫漶不清，今據乾隆本、清鈔甲本及清鈔乙本訂正。
❸「而爲一畫者二」，原爲空格，今據乾隆本、清鈔甲本補。
❹「是之謂兩」，原漫漶不清，今據乾隆本、清鈔甲本、清鈔乙本訂正。
❺「經」，原爲墨丁，今據乾隆本補。

以是而爲圓圖，則其一亦自乾體之八重卦，居於南之東；其二則兑體之八重卦，居於東之南；其三則離體之八重卦，居於東之北；其四則震體之八重卦，居於北之東；其五則巽體之八重卦，居於南之西；其六則坎體之八重卦，居於西之南；其七則艮體之八重卦，居於西之北；其八則坤體之八重卦，居於北之西。自一而四，依然序於其左；自五而八，依然序於其右。合左右，八八循環相次，震而離，離而兑，兑而乾，乾而巽，巽而坎，坎而艮，艮而坤，坤而復震。而重乾居於正南，重坤配於正北，則定天地上下之位也。重離居於東，重坎配於西，則列日月左右之門也。重震居於東北，重巽配於西南，則雷風啓閉之候也。重艮居於西北，重兑配於東南，則山澤高卑之象也。

左爲陽也，始於復而終於乾；右爲陰也，始於姤而終於坤。❶復之爲卦也，在震之八，是爲冬至，一陽之生而起於正北之分，而東至離兑之中，則爲春分。正東至乾之一，則四月，六陽之極，又所以爲陰之父，生長女而爲姤焉。姤之爲卦也，在巽之一，是爲夏至，一陰之萌而起於正南之分，而西至坎艮之中，則爲秋分。正西至坤之八，則十月，六陰之極，又所以爲陽之母，復孕長男而爲復焉。故自復而之乾，則皆其所已生之卦，❷而爲數往者順；自姤而之坤，則皆其所未生之卦，而爲知來者逆。

在震，則始交陰而陽生，其陰尚多也，故二十陽而二十八陰。兑、離，則陽長而陰

❶「姤」，原作「遇」，避南宋高宗趙構諱，今據乾隆本及《周易》本文改。下同。

❷「已」，原作「以」，今據乾隆本、清鈔甲本改。

少也，故二十八陽而二十陰。至於乾，則陽盛而陰微矣，故三十六陽而十二陰。在巽，則始消陽而陰生，其陽尚多也，故二十陰而二十八陽。坎、艮，則陰長而陽少也，故二十八陰而二十陽。至於坤，則陰盛而陽微矣，故三十六陰而十二陽。自震而乾，皆其在天之屬，總之，凡百一十有二陽而八十陰，其陽爲生而陰爲退也，則陰而亦莫非陽也。自巽而坤，皆其在地之屬，凡百一十有二陰而八十陽，其陰爲生而陽爲退也，則陽而亦莫非陰也。陽在陽中，則自一而六，皆順行；在陰中，則其行逆矣。陰在陰中，則自一而六，亦皆順行；在陽中，則其行逆矣。

總六畫而觀之，自上之一畫，則爲一陰一陽之相間；二畫則倍之，而爲二陰二陽之相間；三畫則又倍之，而爲四陰四陽之相間；四畫則又倍之，而又爲八陰八陽之相間；❶五畫則又倍之，而爲十六陰十六陽之相間；六畫則又倍之，而爲三十二陰三十二陽之相間。又自下而推之，則兩儀之上生四象，四象之上生八卦也。又自外而反之，則兩儀之内包四象，四象之内包八卦也。

又分而言之，則兩儀之相乘其六，自内一畫，則陰陽之二其列，而爲兩儀者一；二畫則陰陽之四其列，而爲兩儀者二；三畫則陰陽之八其列，而爲兩儀者四；四畫則陰陽之十六其列，而爲兩儀者八；五畫則陰陽之三十二其列，而爲兩儀者十有六；六畫則陰陽六十四，而爲兩儀者三十二。四象之相乘其三，自下二畫，則列而爲四象者一；中二畫，則列而爲四象者四；上二畫，則列而爲四象者十有六。八卦之相乘

❶「又」，清鈔甲本無此字。

其二，自下三畫，則爲八卦者一；上三畫，則爲八卦者八也。

又統而言之，則左皆陽長而屬乎天，右皆陰生而屬乎地，而通爲一，兩儀也。震離陽長而方少，兌乾陽盛而之老；巽坎陰長而方少，艮坤陰盛而之老。而通爲一，四象也。乾之八卦皆曰乾，兌之八卦皆曰兌，離之八卦皆曰離，震之八卦皆曰震，巽之八卦皆曰巽，坎之八卦皆曰坎，艮之八卦皆曰艮，坤之八卦皆曰坤。而通爲一，八卦也。又合兩儀、四象、八卦而會于一體，則周環無端，又渾然一太極也。

若又以是爲方圓，語其八經卦之生：自乾一而至坤八，則由下而上，而八位皆同其生者也。語其八經卦之乘：自乾一而至坤八，則由右而左，而八位皆同其乘者也。

又語其八重體之縱：則右自一八，又皆屬乎乾，而重乾又居其一之一；其次二八，又皆屬乎兌，而重兌又居其二之二；其次三八，又皆屬乎離，而重離又居其三之三；其次四八，又皆屬乎震，而重震又居其四之四；其次五八，又皆屬乎巽，而重巽又居其五之五；其次六八，又皆屬乎坎，而重坎又居其六之六；其次七八，又皆屬乎艮，而重艮又居其七之七；其次八八，又皆屬乎坤，而重坤又居其八之八。

又語其八重體之橫：則下自一八，亦皆屬乎乾，而重乾亦居其一之一；其次二八，亦皆屬乎兌，而重兌亦居其二之二；其次三八，亦皆屬乎離，而重離亦居其三之三；其次四八，亦皆屬乎震，而重震亦居其四之四；其次五八，亦皆屬乎巽，而重巽亦居其五之五；其次六八，亦皆屬乎坎，而重坎亦居其六之六；其次七八，亦皆屬乎艮，而重艮亦居其七之七；其次八八，亦皆屬乎坤，而重坤亦居其八之八。

又旁通而曲暢之：自下左而之右上，皆屬乾以交乎坤；自上右而之左下，皆屬坤以交乎乾，則又天地包含交泰之義也。次下二左而之次右二上，皆屬兑以交乎艮；次上二右而之次左二下，皆屬艮以交乎兑，則又山澤相通于四隅也。次下三左而之次右三上，皆屬離以交乎坎；次上三右而之次左三下，皆屬坎以交乎離，與其中四卦爲震巽之交，❶則又水火雷風之相盪蕩於其間者也。❷

方圓曲直，分合錯綜；至纖至悉，千變萬化，而天理自然之妙，無往而不然。初不容人力之牽合布置者，是則八卦雖伏羲之所畫，而非伏羲之所自畫也；六十四卦雖伏羲之所重，而非伏羲之所自重也。當時文字未立，而天地、人事、萬物之理，無不炳爕於其中，使人觀其象而玩其占，莫不心喻而理得矣。❸

是所以爲伏羲之《易》，❹蓋至於夏之《連山》首以艮，商之《歸藏》首以坤，遂皆因之爲六十四卦。至文王之蒙大難也，則又取伏羲之六十四者而衍之，首於乾坤以定君臣之分，終於未濟以盡人事之脩，又於每卦之下，係之以辭，謂之「彖」，亦謂之「繇」。至周公，則又謂之「六爻」，遞相發明。至吾夫子，則又爲上《彖》、下《彖》以釋文王之《辭》，爲大《象》以釋伏羲之畫，爲小《象》以釋周公之爻，又爲《文言》、爲上下《繫》、爲《說卦》、爲《序卦》、爲《雜卦》，極其明辨而

❶「其」，清鈔甲本無此字。
❷「盪蕩」，清鈔甲本作「摩盪」。可從。
❸「莫」，清鈔甲本作「無」。
❹「之」上，清鈔甲本有「氏」字。

詳著之，❶謂之「十翼」。蓋歷三古四聖，而易道於是乎大備矣。其實則文王、周公、孔子之辭，又皆不外乎羲畫之意也。

《後天圖》説

伏羲之《易》，先天學也；文王之《易》，後天學也。先天之卦以乾居南、坤居北、離居東、坎居西、震居東北、巽居西南、艮居西北、兑居東南，乾坤縱而六子横者，此《易》之所由本也。後天之卦，以離居南、坎居北、震居東、兑居西、乾居西北、坤居西南、艮居東北、巽居東南，震兑横而六卦縱者，此《易》之所以爲用也。

夫先天之所由本者如彼，而後天《易》而爲用者乃如此，❷其故何也？

蓋乾本生於子而成於午，坤本生於午而成於子，故乾南而坤北者，天地之成位也。及其交，則乾反其所生於北，坤反其所生於南，於是乎爲泰矣。然乾者，陽之極而爲父；坤者，陰之極而爲母。父母老，則退乎不用之地，❸此其再變也，乾所以退乎西北，而坤所以退乎西南也。

離本升於東，❹坎本升於西，❺此日月之常度也。及其交，則東者自上而西，西者自下而東，於是乎爲既濟矣。然坎者，乾之中男也；離者，坤之中女也。父母既退，則男女得位，此其再變也。坎所以得坤位於

❶「辨」，原作「卞」，今據乾隆本、清鈔甲本改。
❷「易」，原漫漶不清，今據乾隆本、清鈔甲本、清鈔乙本訂正。《四庫》本作「變」。
❸「乎」，原脱，今據清鈔甲本補。
❹「升」，乾隆本作「生」。
❺「升」，乾隆本作「生」。

北，❶而離所以得乾位於南也。❷

震爲陽生也，本起於東北；巽爲陰萌也，本伏於西南。然震者，乾之長男也；巽者，坤之長女也。乾既退，則長男當進而用事，以主發生之權；坤既退，則長女當出而代母，以司長養之職。此震所以居東而巽所以居東南也。

艮爲山也，本高於西北；兑爲澤也，本傾於東南。然艮者，乾之少男也；兑者，坤之少女也。乾既退，則少男當出，附於震之後，以習其生；坤既退，則少女當反侍於坤之側，以成其養。此艮所以居東北，而兑所以居西也。

坎離震兑四者，❸皆當四方之正位，❹而爲用事之卦也；乾坤艮巽四者，當四隅不正之位。乾坤則不用，❺而艮巽則用之偏也。震艮坎三男者，皆相從以承乾，而任父事於前也；巽離兑三女者，皆相與以夾坤，而輔母儀於左右也。

其爲序，則始於震，震而巽，巽而離，離而坤，坤而兑，兑而乾，乾而坎，以終於艮也。以其義言之，則爲萬物出乎震，齊乎巽，相見乎離，致役乎坤，説乎兑，戰乎乾，勞乎坎，成乎艮也。

此吾夫子之所已發明於《大傳》之文，而非康節臆度而强爲之也。

北溪先生大全文集卷第十一終

❶「坤」，原作「乾」，今據乾隆本改。
❷「而」，乾隆本無此字。「乾」，原作「坤」，今據乾隆本改。
❸「四者」，清鈔甲本無此二字。
❹「皆當」，清鈔甲本無此二字。
❺「用」下，清鈔甲本有「事」字。

北溪先生大全文集卷第十二

説

子石見子求名説

紹熙癸丑九月乙亥，堂弟子石見稚子，請名於予。

予觀《左氏傳》魯人申繻對桓公之辭，論名之所以爲名者，其説有五：有信、有義、有象、有假、有類。以名生爲信，如成季生，有文在其手曰「友」，而名友是也。以德命爲義，如文王生，而名「昌」是也。以類命爲象，如孔子生，首象尼丘而名丘是也。取於物爲假，如伯魚生，有饋之鯉者，而名鯉是也。取於父爲類，如子同生，與父同物而名同是也。

今吾子石自外訓童蒙，❶適歸，而見稚子，玆其一氣感通之幾，夫豈偶然哉？故今玆所望，❷無求諸他，惟取諸蒙之義以見意焉可矣。❸夫蒙之爲卦，山下出泉，静而且清，而君子所取以果行育德之時也。其爲訓，則物方穉而未達之稱。而其在人，則爲形既賦生之後，而神未發知之際。雖曰未發知，而良知之真，所謂「降衷秉彝之本然，與堯舜孔顔同一天」者，實爲完具而未

❶ 「童蒙」，原作「童童」，今據乾隆本、《四庫》本改。清鈔甲本作「訓童」。

❷ 「故」，清鈔甲本無此字。

❸ 「取」，原作「即」，今據乾隆本、清鈔甲本改。「焉」，清鈔甲本無此字。

放。由是而養之以正，無異習以汩之，則作聖之功恢乎有餘矣。其義顧不大矣哉！此吾所以深有感於斯，而以「初筮告」之義以配之，曰「初蒙」。

「初」之爲言，在筮則以其誠一之意，可以對神明而無愧。在德則四端萬善之所由始，而於類則爲第一子之象也。子石以爲何如哉？揆諸申繻之五言，於中又爲兼備矣。蓋其生也，應父自訓蒙而至，則其信也。蒙以養正爲聖功，則其義也。物之始生曰蒙，則其象也。託物之蒙以見蒙之義，則其假也。取諸父之蒙，則其類也。則是名也夫，豈常談者比哉！

子石於阼階祇見之時，執右手咳而授之，勿容以常談而忽諸。❶至若欲講明其所以爲蒙之學，與成就其所以爲蒙之德，則又在稚子之當其可焉。

越十日乙酉，陳某書。

朱仁仲字説

嘉定丁丑秋，過嚴陵，爲鄭侯留，在學講説。學徒朱君右者，甚拳拳於聽受，❷深有所警發，每自恨親炙之爲晚。一日來請字以表其名，因取《表記》「仁者右也」之語，而字之曰「仁仲」，且爲講明其義之所以然。

古者以右爲尊，其所右仁者，亦曰尊敬奉持之意云耳。蓋仁者，天地生物之心，而人生得之最先，具於方寸，爲心德之全，包五常而統萬善。及發而爲惻隱之情，則又貫四端而生生不已，是乃爲衆善之長、❸而

❶「諸」，清鈔甲本作「之」。
❷「受」，清鈔甲本無此字。
❸「爲」，清鈔甲本無此字。

天爵之最尊者。亦猶四德之元，貫乎亨、利、貞，所以始乎物而統乎天者也。

仁之有常尊如是，則爲仁者，其可不有以尊之乎？若屈於物欲，則失之卑而非尊矣；加之私意，則幾於慢而非尊矣。視聽言動一徇於非禮，❶則又鄰於左遷而非尊矣。必如所謂「好仁者無以尚之，不使不仁者加乎其身」，然後爲尊之而不卑。必如所謂「居處恭、執事敬、與人忠，雖之夷狄不可棄」者，❷然後爲尊之而不慢。必如所謂「無終食之間違仁，造次必於是，顛沛必於是」，然後爲尊之，而不復有左遷之失。夫是以仁體常昭融呈露於方寸間，有以宅中而居尊，而日用酬酢，千變萬化，無一非天理流行，而皆吾統攝之内矣。

茲固古人所以右仁之義也。然其爲用功之要，則在程子有「主敬」、「致知」之説焉。蓋敬者，此心常惺惺法，而天理之所以生也。能敬，則仁矣。而知者，又心之神明所以妙衆理、而覺夫害仁之所由起也。故敬不主，則仁亦無由而尊；而所知之不致，則又若何而爲物欲、若何而爲私意、若何而爲非禮，焉能保其不害吾之尊耶？

嗚呼！此又在仁仲勉之。名實表裏，其有以相副而無愧乎哉！

卓氏二子名字説

温陵卓君廷瑞，嘉定乙亥秋，游臨漳，訪予衡簷而定交焉。予覸其爲人，蓋亦知有是學而好之者也。自是相與幾兩閲月，

❶「於」，清鈔甲本作「乎」。
❷「者」，清鈔甲本作「也」。

襟懷輸寫，趣味投合，有金蘭之契。一日爲予言：晚得二子，有可教之質，欲名其長以克、字伯仁，名其次以存、字叔義。蓋取《魯論》《易傳》之語，請爲講明其義之所以然，庶其歸也，得以爲趨庭詔士之助。❶予義不得辭也，爲之言曰：

卓氏子克，字曰伯仁。惟仁如何？心德之真。渾然全體，純乎天理，四端五常，皆管於是。衆善斯長，妙主性情，❷如元統天，不息其生。人惟有身，口鼻耳目，手足四肢，接物生欲。人欲一間，心晦厥靈，天理之公，不復流行。於是不仁，如頑如痺，滅理窮欲，何所不至？聖學要訣，求仁爲大。何以求之？克去心害。非禮而視，非禮而聽，非禮而言，非禮而行，凡此衆疾，皆害於中。克之克之，靡他其功。見善惟明，真知不疑。人欲攸起，有觸其幾。用心惟剛，勇決不吝，人欲之去，有拔其本。幾瑩無適，本絶不遺。欲净理純，仁德乃輝。在昔有回，從事於此，心不違仁，體具孔子。彼我丈夫，睎顔亦顔，咨爾子克，其惟勉旃。

卓氏子存，字曰叔義。惟義如何？曰心之制。制之在心，如利刃云，物來觸之，則半而分。一可一否，便成兩片；一從一違，決有定見。初無所爲，惟理之宜，日用由行，坦然正逵。父子夫婦，兄弟朋友，一惟當然，何私之有？起居話言，飲食葛裘，計較之私，一毫不留。酬酢萬變，其則不紊，物各付物，一止其分。君子存之，念兹在兹，一息無間，靡他其爲。見義必明，如辨白黑，灼然不亂，無爲利惑。守義必固，

❶「詔士」，清鈔乙本作「詔告」，乾隆本作「一説」。
❷「主」，清鈔甲本作「于」。

金石其堅，確然不渝，無爲利遷。如是而存，義即我立，存之又存，衆義畢集。慊心無餒，氣自浩然，乃復其初，塞乎兩間。體用具全，終始惟一，所謂終之，於易無失。咨爾子存，毋忽而易，❶舍之則亡，是謂自棄。

莊氏子名字説

莊氏子冠，請命於余。緣姓命名，而以字俱。名之曰約禮，字之曰博仲。以人生秉彝，無不公共，自稟氣之不齊，而感物之易動。非有禮以約之，則必流於放蕩。此古之君子所以必莊嚴敬祗，約此身於三百、三千之内，❷無細大之或違。視以禮而無邪，聽以禮而無欹，❸言以禮而無妄，動以禮而無非，皆所以固其肌膚之會、筋骸之束，揉氣質而使純，杜物欲之交鑠，無一節之不中，以會歸於至約。

然其至約之由，又在斯文之博。蓋博所以明萬理於心，約所以會萬理於身。❹不博，則無以識夫約中止宿之地；不約，則無以體夫博中聞見之真。盡心知性，而後能存心養性。物格知至，而後能心正意誠。苟蹊徑之少差，於堂奥而莫升。惟兩盡以造極，信學功之大成。昔子顔子從事於此，竭吾才而無餘，如有立之「卓爾」，博約之至是而俱融，無惚恍拘縶之病矣。❺亞聖人而具體爲後學之指南爾！約禮其景慕，無斯

❶「而」，原闕，今據乾隆本、清鈔甲本、清鈔乙本補。
❷「三百三千」，清鈔甲本作「三千三百」。
❸「欹」，清鈔甲本作「淫」。
❹「會」，清鈔甲本作「斂」。
❺「惚恍」，乾隆本、清鈔甲本作「恍惚」。

名子之慚。❶

嚴陵學徙張呂合五賢祠說

嚴陵學，舊有嚴、宋、田、范、趙五賢祠，在明倫堂之東偏，近世又祠張、吕二先生於別室。嘉定丁丑秋，鄭侯徙二先生像合諸五賢，而更其扁曰「七賢祠」。時，某自中都歸，爲鄭侯留，在學與諸生講磨。諸生有扣其説者，義不容默。

因攷子陵，里之高士，其清風孤操，有以起人主尊敬之誠，而成一代節義之俗。廣平之危言峻行、不少屈撓，與諫議之勁直、文正之忠誠、清獻之清白，又皆郡之賢刺史，載在史籍，昭昭不待言也。

至如乾道庚寅中，南軒以道學名德守是邦，而東萊爲郡文學。是時南軒之學，已遠造矣，思昔猶專門固滯。及晦翁痛與反覆辨論，始翻然爲之一變，無復異趣。其親仁之篤、徙義之勇、克己之嚴、任道之勁，卓卓乎不可及。東萊筮仕方初，以少年豪才，博覽藐視，斯世無足與偶，何暇窺聖賢門户？及聞南軒一語之折，則愕然回、釋然解，乃屏去故習，斂躬屈節，爲終身鑽仰之歸。且道紫陽、沿濂洛、以達鄒魯，俛焉日有孜孜，斃而後已。雖於南軒所造有不齊，要之不失爲吾名教中人，而斯文與有賴焉。

視世儒之竊佛學以自高，屹立一家門户，且文聖賢之言以蓋之，以爲真有得乎千古心傳之妙，不自覺其與聖人殊宗背馳，反誤學者於詖淫邪遁之域，而卒不免爲吾道之賊者，是豈不大相萬萬？而鄭侯今日所

❶「斯」，乾隆本作「貽」。

以示邦人合祠之意者，亦豈徒云乎爾哉？

昔子路問成人，夫子告以若臧武仲之智、❶公綽之不欲、卞莊子之勇、❷冉求之藝，而文之以禮樂，則可以爲成人矣。蓋舉近世之賢者以爲之質，以復加之磨礲潤澤之功，❸然後可以責其有成。

今嚴之學子，❹誠能起敬五賢之高躅，而實致其希慕之功以爲受道之質，然後講明二先生之學問，以參攷夫師友淵源之全，求其所謂大中至正之統者，博學、審問、慎思、明辨而篤行之，則體全用周，文質相副，其於至道成德之君子也，又孰禦焉？《詩》不云乎：「高山仰止，景行行止。」嚴之學子，❺其勉之！

魂魄説

魂者陽之靈，氣之發也。其分主乎動，所以行乎此身之中，隨所貫而無不生也。魄者陰之精，體之凝也。其分主乎静，所以實乎此身之中，隨所往而無不定也。❻故自著者而言之，則口鼻靈於呼吸，而不息者魂也。耳目精於視聽，而不散者魄也。

統而言之，則所以貫乎耳目視聽之間，使之常靈而不匱者，亦魂也。至於四肢之

❶「臧」，原作「藏」，今據《論語》原文及諸本改。
❷「卞」，原作「孟」，今據《論語》原文及諸本改。
❸「以」，清鈔甲本作「而」。
❹「嚴」下，清鈔甲本有「陵」字。
❺「嚴」下，清鈔甲本有「陵」字。
❻「往」，原作「注」，今據清鈔甲本改。

靈於舉履、五臟六腑之靈於傳送，凡氣之所貫，常發越而有生意者，皆魂也。所以注乎口鼻呼吸之間，❶使之常精而不爽者，亦魄也。至於四肢之精於舉履、五臟六腑之精於傳送，凡體之所注，各凝實而有定理者，皆魄也。若口噤而鼻絶、目困而耳窒、手頑而足憊、肺萎而脾弱、肝枯而腎涸，則靈者息而非魂之謂矣。若口狂而鼻逆、目流而耳恍、手亂而足輕、肺喘而脾滑、肝急而腎泄，則精者散而非魄之謂矣。

又廣而言之，下極者，形之底、❷氣之根，而魂魄之所自出也。元首者，形之表、氣之會，而魂魄之所由萃也。在精神，則神魂而精魄也；在血脈，則脈魂而血魄也；在聲貌，則聲魂而貌魄也。

又錯而言之，呼吸以氣，固魂也；然呼者爲陽伸，吸者爲陰屈，又有不同焉。視聽以體，固魄也；然視者爲陽明，聽者爲陰虚，又有不一焉。四肢有左右之辨，而又有動静之殊；五臟六腑有五行之别，而又有生尅之異。與夫神有清濁而精有虚實，脈有浮沈而血有凝釋，聲有剛柔而貌有温厲，又各不齊焉。蓋其分也，雖有陰陽在氣、在體之異屬，其合則又俱不離乎一氣。

而參觀互考，魂中又有魄，魄中又有魂，萬變固無所不存，並行亦未嘗相悖。魂必魄，然後有以精其靈；魄必魂，然後有以靈其精。而心居中央，秉氣麗體，又所以爲魂魄之主而總攝之。凡日用之所奮厲振作、通暢和樂，施爲經畫，思慮明覺者，皆心之所以主魂之屬也；整齊嚴肅、安恬退止、持循執

❶ 「乎」，清鈔甲本作「于」。
❷ 「底」，清鈔甲本作「柢」。

守、決斷誌記者，皆心之所以主魄之屬也。

故魂充而魄聚，則心力强；心之神明精爽，則魄魂有統。其記事也必專，而其慮事也必明；其斷事也必確，而其行事也必勇；其絶惡也必嚴，而其徙義也必果；其執德也必固，而其進道也必健。至於山立而揚休、玉色而金聲，坐如尸、立如齊，出門如賓、承事如祭，九容之無不敬、九思之無不通，望之儼而即之温，恭而安而威不猛，❶凡睟面施體，陰陽合德，無非是形見也。

人心始於氣感，則得魄爲先；❷既而體凝焉，則魂次之。及既生而神發焉，❸則魂主之；發未遠而純一湛静，則魄主之。男乾道，則魂統魄；女坤道，則魄統魂。稟重厚者，則魄勝魂；賦輕浮者，則魂勝魄。

人於幼也，氣渾全而質未實，則魂盛而魄少。及其壯也，氣正充而質已定，則魂與魄俱强。及其老也，氣衰而質羸，則魂與魄俱耗。及其死也，氣與質判，則魂升而魄降，❹惟平時粹有陰陽之德者，魂清魄爽，灑然於化，無復凝滯；若陰欲重而陽明昏者，則魂沈魄濁，於是乎或滯於冥漠之間，而未能以遽化矣。此魂魄之大旨也。

釋家君録忌説

禮書忌説

《檀弓》曰：「喪，三年以爲極，亡則弗之忘矣。故君子有終身之憂，忌日不樂。」

❶「而威」，清鈔甲本作「威而」。

❷「魄」，原作「魂」，今據清鈔甲本改。

❸「發」，清鈔甲本作「登」。

❹「而」，清鈔甲本無此字。

鄭氏註曰：「念其親，死日不用舉吉事。」

孔氏《正義》曰：「言服親之喪已經三年，可以棄。❶而孝子有終身之痛，曾不暫忘於心也。故君子終竟已身，怛慘念親，忌日不爲樂事，以其親亡忌，難吉事。」

《祭義》曰：「君子有終身之喪，忌日之謂也。忌日不用，非不祥也。言夫日志有所至，而不敢盡其私也。」

鄭氏註曰：「忌日，親亡之日。忌之者不用舉他事，❷如有時日之禁也。祥，善也。志有所至，至於親，以此日亡，其哀心如喪時。」

孔氏《正義》曰：「此一節，明孝子終身念親不忘之事。謂忌日不用舉作他事者，非謂此日不善，別有禁忌不舉也。言夫忌日，孝子志意有所至極，思念其親，不敢盡其私情而營他事也。」

又曰：「文王之祭也，事死者如事生，思死者如不欲生。忌日必哀，稱諱如見親，祀之忠也。如見親之所愛，如欲色然。其文王與？」

孔氏《正義》曰：「此一節，明文王祭，思親忠敬之甚。言思念死者，意欲隨之而死，如似不復欲生。廟中上不諱下，於祖廟稱親之諱，如似見親也。祭祀盡忠誠，齊時思念親之平生嗜欲，如似真見親所愛在於目前。又思念親所愛之甚，如似凡人貪欲女色然也。」

❶「棄」下，清鈔甲本有「忘」字。

❷「之者」，清鈔甲本作「日」。

近代諸儒議論

伊川先生曰：「家必有廟，廟必有主。忌日必遷主出祭於正寢。今正廳正堂也。蓋廟中尊者，所據又同室，難以獨享也。於正寢，可以盡思慕之誠。喪祭，禮之大者。豺獺皆知報本。今士大夫家多忽此，厚於奉養而薄於先祖，甚不可也。凡物知母而不知父，走獸是也；知父而不知祖，❶飛鳥是也。惟人能知祖，若不嚴於祭祀，殆與禽獸無異矣。」

又嘗於國忌日素饌。或以詰其故，先生曰：「禮，居喪不飲酒、不食肉。忌日，喪之餘也。」

橫渠先生曰：「忌日變服：爲曾祖祖，布冠素帶麻衣；❷爲曾祖妣，素冠布帶麻衣；爲父，布冠帶麻衣麻履；爲母，素冠布帶麻衣麻履；爲伯叔父，素冠帶麻衣；爲伯叔母，麻衣素帶；爲兄，素衣素帶；爲弟姪，易褐不肉，爲庶母及姊，一不肉。」

晦庵先生《祭儀》：❸「忌日特設一位於正寢，如祭禰之儀。主人黲紗垂脚，❹幞頭，黲布衫，燋鐵脂皮帶。主婦去華盛之服。凡與祭執事者，皆然。告言：孝某孫某，禰云：孝子。今以皇某親某官府君遠諱之辰，敢請神主出臨正寢，❺恭伸追慕。考妣即三獻，哭，盡哀。不飲福受胙。」

❶「父」下，清鈔甲本有「母」字。
❷「素」，原脱，今據清鈔甲本補。
❸「儀」下，清鈔甲本有「曰」字。
❹「黲」，原作「慘」，今據乾隆本、清鈔甲本改。下同。
❺「出」，清鈔甲本無此字。

祝文：維某年歲次，月朔日辰，孝某孫某敢昭告于皇某親某官府君，無官稱某號府君，❶妣無封言某氏夫人。歲序遷易，諱日復臨，追遠感時，不勝永慕。考妣即云痛割如新，❷昊天罔極。敢以清酌庶羞，敬伸奠獻。尚饗。愚謂：吾家避先諱，末句當云：伏惟鑒饗。❸

右忌說，禮書三段，注疏五段，并三先生之說五段。恭承先諱在近，重感於心，因録以示諸子姪，而共致其孝敬焉。慶元己未二月十日書。

淳曰：忌日者何？亡者屬纊之日也。亡者爲何？有祖焉、有禰焉、有旁殺之親焉。忌者孰忌之？有子焉、有孫焉、有旁殺之親焉。然則如之何其忌之？曰：此天理之至，人情之極，出於其中，秉彝之所不容已，而非自外至者也。

蓋昔者亡者於是日之亡也，乃人道之大變，爲子者卒然遇之，如天之忽崩、地之忽陷，無所告訴。正其笄纚徒跣、擗踊哭泣、傷肝焦肺、水漿不入口之時，其爲哀痛迫切之甚，直欲與亡者俱亡，而不復意有此身之存者也。雖其所服，日月之已竟，而此心之慕，終其身有不能已。而况於是日之復臨，則其爲感動，又將如何耶？下而爲孫者，若曾若玄，及旁而若弟若姪，由齊衰以至功緦，雖其發於容體、聲音、言語、飲食、居處、衣服者，其哀情有等級之殺，要之當時於此，❹則亦其遭變之始，❺而痛于厥心者也。豈以是日之復臨，獨能頑無所動

❶「某」，原作「其」，今據乾隆本、《四庫》本改。
❷「如新」，原漫漶不清，今據乾隆本、清鈔甲本訂正。
❸「愚謂」至「鑒饗」，清鈔甲本無此十五字。
❹「此」，清鈔甲本無此字。
❺「則」，清鈔甲本作「服」。「遭」，清鈔甲本作「當」。

耶？此聖人制禮，因人情而爲之節文，以是日爲君子終身之喪。

所以行乎是日者，雖其全儀去古廢缺不可復考，而其遺言緒論，猶間有存于《檀弓》《祭義》等篇。如曰不樂，曰不用，曰不敢盡其私。若簡簡乎一二語，而其大義則固昭昭可推而見也。夫亦豈止於若是而已哉！夫亦豈徒然若是而已哉！故君子爲禮於是日也，必視諸喪之餘以從事，每事必變乎常：衣必以素，食必以蔬。不御酒肉，不接聲色。不敢他適，不敢他舉，惟專有以致其事亡追遠、憂思敬慕之誠，然後爲情文之稱、中哀樂之節、得性情之正，而不失乎聖人之意也。嗚呼！此文王以是日必哀，事死者如事生，思死者如不欲生。所謂天理人倫之至，而爲萬世法矣。

奈何世之人不復講乎此，動惟適己以自便。上焉既無追慕之哀，❶而一肆志於燕飲之樂，若賀亡之爲；下焉又無戒禁之敬，而蕩然無所不爲、無所不之，殆若安平無事者，吉凶紊亂、常變混雜，抑不思今日爲何日，名之曰忌者，其端原果何謂。昔之斯辰其人果何爲，而吾於是人又爲何屬也。顧乃忍焉若是，寧不悖理傷義，而類於無人心者歟？

其有篤於奉先者，❷又不過精嚴豐潔，爲浮屠事。祀非其鬼，饋非其徒，以爲是足以薦拔亡者而無憾，而於亡者之前，則荒忽褻慢，❸姑泛爲之一薦。已則肆飲妄動，❹又依然前之爲也。展轉迷繆同然一習，莫

❶「哀」，清鈔甲本作「懷」。
❷「其」，清鈔甲本作「即」。
❸「荒」，清鈔甲本作「怠」。
❹「飲」，乾隆本、清鈔乙本作「欲」。

有以爲非者，有如近世先覺諸君子，❶更相正訂，略有成説可舉可稽，其覺迷警謬之惠大矣。

某小子竊幸有聞斯義，兹因祖諱之臨，適吾房之直其事，恭承嚴父所録古今聖賢諸説，命某釋之，以詔吾門内同奉祖先之人，爲之慨然有感，因發明于下方，而請共警省焉。

嗚呼！凡我同祖，其亦有以懋敬之哉！某謹書。❷

北溪先生大全文集卷第十二終

❶「有」，清鈔甲本無此字。
❷「某」，乾隆本作「淳」。

北溪先生大全文集卷第十三

說

宗說上

按禮經：別子爲始祖，繼別爲大宗，繼禰爲小宗。宗其爲始祖，後者爲百世不遷之宗。宗其爲高祖，後者爲五世則遷之宗。

蓋諸侯適子適孫，常繼世爲君，自第二而下，諸子不得禰先君而別於正適，皆稱別子。其後子孫爲卿大夫，則不敢祖諸侯，必立此別子爲始祖。而別子之世適，則常繼此別子之正統，以主始祖之祭，與族人爲宗，爲其所尊宗，謂之大宗。子雖五世外與之絶服者，亦皆爲齊衰三月，及其妻同，❶雖婦人不敢降，是謂百世不遷之宗。

其別子之庶子，❷又不得禰別子而自使其世適後之，以主庶子之祭，與兄弟爲宗，謂之小宗。子旁例而降之，其第一世繼禰者曰繼禰小宗，爲親兄弟所宗，爲服期。第二世繼祖者曰繼祖小宗，爲同堂兄弟所宗，❸爲服大功。第三世繼曾祖者曰繼曾祖小宗，爲再從兄弟所宗，爲服小功。第四世繼高祖者曰繼高祖小宗，爲三從兄弟所宗，爲服緦。自高祖外五世，則無服。祖遷於上而宗易於下，是謂五世則遷之宗。

雖別子兄弟五人，其爲宗法皆然，大宗

❶「妻」上，清鈔甲本有「母」字。
❷「庶」，乾隆本作「世」。
❸「同堂」，清鈔甲本作「從」。

一與小宗四，爲五小宗。五世外雖已遷，而復統於大宗，更百世未嘗絕。故魯人有同姓死，以其疏遠而弗弔，子思以爲無恩之甚，引夫子答季孫之言以正之，曰：「繼之以姓，義無絕，雖萬世而婚姻不通也。」此大小宗之定説也。

不惟公子之爲然，或異姓公子之來自他邦，别於本國，不來者亦謂之别子。及庶姓之起於是邦，别於隱淪不起者，亦謂之别子。其繼世爲大小宗法，一與此同。不惟公子繼世之後爲然，其在當時或先君之子、今君兄弟等輩，上不得宗君，下又乏爲後世之宗，❶不可無人主領，則亦比附大小宗法以領之。

先君之同母弟，❷適夫人所生者，謂之適昆弟；其庶母所生者，謂之庶昆弟，皆先君之子，俱謂之公子。而在士大夫列者，固有相宗之道焉。君必爲此公子士大夫之庶者，立此公子士大夫之適者爲之宗，使之宗之。君有適母弟，❸則使一人爲宗以領公子，死則公子爲之齊衰九月，其母則小君也，爲其妻齊衰三月，禮如大宗，更不立庶昆弟爲之宗，是謂有大宗而無小宗。君無適母弟，則遣庶昆弟一人爲宗，❹以領公子。死則公子爲之大功九月，其母妻無服，禮如小宗，是謂有小宗而無大宗。或公子惟一，無他公子可爲己宗，而亦無他公子來宗於己，是謂有無宗亦莫之宗，❺此又大小宗之

❶「乏」，乾隆本、清鈔甲本作「未」。
❷「先」，原漫漶不清，今據乾隆本及文義訂正。
❸「君」，原漫漶不清，今據清鈔甲本訂正。
❹「遣」，原漫漶不清，今據乾隆本、清鈔甲本及清鈔乙本訂正。
❺下「宗」字，原爲空格，今據乾隆本、清鈔甲本及清鈔乙本補。

變例也。

爲宗子者，在大宗，所主始祖别子之祭；❶小宗，所主逐宗祖禰之祭。其禮爲甚專。❷宗子壓族人於外，宗婦領族婦於内，其禮爲甚重。❸而族人所以祇事宗子者，其禮又爲甚嚴。冠娶必告，喪練祥必赴，雖貴富，❹不敢以入其家，必舍車徒於外。有歸器衾裘車馬必獻其上，而自服用其次，非所獻不敢以入其門。若富具二牲，必獻其賢於宗子，夫婦皆齊而宗敬焉，終事而後敢私祭。

爲支子者，❺不敢干其祭，或宗子有疾而當攝，則必告而後祭。若宗子爲士，庶子爲大夫，則以上牲祭於宗子之家，祝曰：「孝子某爲介子某薦其常事。」若宗子無罪而去國，則以廟從；或有罪去他國，庶子爲大夫而居，則祝曰：「孝子某使介子某執其常事。」其辭于賓，則曰：「宗兄宗弟宗子在他國，使某辭。」或庶子無爵而居，則望墓爲壇以時祭。及宗子死，必告于墓而後得祭于家。稱名不言孝，所謂「攝主」。又不敢備禮不厭，祭不旅、不嘏、不綏，祭不配，不歸胙。或有殤與無後，則從祖附食，庶子不得僭祭之，及不得僭爲長子斬。

凡拳拳於宗子，若是其敬者，何哉？皆以尊先祖之正體而不二其統，一人情之所趨而不背其本也。惟其如是，故上有以事祖禰而盡尊尊之義，下有以合族屬而篤

❶「别子」，原漫漶不清，今據清鈔甲本及清鈔乙本訂正。
❷「禮爲」，原爲空格，今據乾隆本、清鈔乙本補。清鈔甲本作「體爲」。
❸「禮」，原作「權」，今據乾隆本、清鈔乙本改。清鈔甲本作「權」。
❹「貴富」，清鈔甲本作「富貴」。
❺「爲」下，清鈔甲本有「之」字。

親親之恩。是雖歷世代愈遠，分枝系愈蕃，而人知宗派所自來，本支昭穆不亂而宗廟常嚴，家有宗黨時相接，長幼疏戚有紀而骨肉不離。

自國姓達于庶姓，通天下無二禮，則通天下無二俗。如《小記》所謂「序昭穆、別禮義，而竭人道」，《白虎通義》所謂「長和睦、通有無，而紀理族人」，《文王世子》所謂「孝弟之道達，君臣之道著，邦國有倫而衆嚮方」，《大傳》所謂「社稷重而百姓愛，刑罰中而庶民安，財用足而百志成」，禮俗形者皆於是乎見，❶則其立宗之効，固不甚大矣哉！❷此有周而上，王化之所以爲盛，禮樂達於天下，道德一而風俗同者，其大綱目端有在乎此也。

宗說中

古人宗法不幸厄於秦火，不見全經，又幸而復出於漢儒雜記之書，學者因得以考識其遺意。其綱領，大概見《大傳》、《小記》，其變禮條目見《曾子問》，而其所旁照者，又間見於《曲禮》、《内則》、《喪服傳》、《文王世子》、《王制》等諸篇。然其殘文有闕晦而不章者，可不講訂以明之乎？

或問：《大傳》、《小記》，皆無大宗之文，但曰「繼別爲宗」而已，何以見其爲大宗耶？曰：宗者，尊也。以其爲先祖主、爲族人之尊，故族人來共尊之，與事其先祖，

❶「形」，乾隆本作「判」。
❷「固」，乾隆本作「顧」。

因推尊爲宗子而得宗之名。若繼別子之後，乃其世世適派，❶無旁枝之間，雖更百世族屬之遠，亦咸宗之而無所遷改，非謂大宗而何？❷況以下文「繼禰者爲小宗」形之，則見此爲大宗決矣。必欲更明白無疑，則當云「繼別爲大宗」，而禮志亦已有如此云者，可以補其字之所不足也。

曰：既曰「繼禰者爲小宗」矣，又曰「宗其繼高祖」者，何小宗所繼之不一耶？曰：小宗有四，或繼禰、或繼祖、或繼曾祖、或繼高祖，皆至五世則遷。以其五世則遷，比大宗爲小，故謂之小宗。由己上言之，則繼禰爲第一世，❸繼祖者爲第二世，繼曾祖者爲第三世，繼高祖者爲第四世，至高祖之父則爲第五世。❹已親盡，無服，當祧而不復祭，是謂「祖遷於上」。由己下言之，則繼高祖者至子爲五世，繼曾祖者至孫爲五世，繼祖者至曾孫爲五世，繼禰者至元孫爲五世。視族人皆是四從兄弟，無服，更不復與之爲宗，而各自隨近相宗，是謂「宗易于下」。要之，四小宗初皆繼禰爲始，而末皆至繼高祖爲終，故原其始則云「繼禰」，而舉其終則云「繼高祖」。❺況此所謂「禰」者，乃指別子之庶子。所謂「繼禰」者，指庶子所生之適子。繼此庶子之後，與親兄弟爲宗，其文承「繼別大宗」之下，是從別子宗法旁殺而爲之，正小宗立法所從，始所以必亞大宗而立言，曰「繼禰者爲小宗」也。

曰：繼高祖者之身，正是第四世，而又

❶「派」，乾隆本作「族」。
❷「非謂」，清鈔甲本作「謂非」。
❸「爲」上，清鈔甲本有「者」字。
❹「則」，清鈔甲本無此字。
❺「舉」，《四庫》本作「要」。

爲宗，未及滿五世，而禮經乃以當五世則遷之言，何也？曰：此言繼高祖者至五世則遷，非指定繼高祖者爲已五世而當遷也。但記文簡略，其實即是指繼高祖者之子爲五世則遷，而非謂繼高祖者之身也。

或問：大宗繼别子之後，只是世世直派適長，非有他也，而《大傳》乃曰「宗其繼别子之所自出」者，❶其主意又似歸重於所從出之人，何也？曰：按鄭氏注，無此文，亦無解此意。至疏家，則以爲别子所由出者，❷或由此君而出，或由他國而來。果若然，則是其所爲宗者，非宗其繼别子之世適，是乃宗其别子所由出之先君與其所由他國之公子也。無乃支離迂折之甚乎！故文公以「之所自出」四字斷爲衍文，謂作注時未誤，至作疏時乃始誤耳。今當删去，則古人宗法明白直截易見，如日星而無可疑矣。

或問：《大傳》既曰「庶子不祭，明其宗也」，而《小記》又曰「庶子不祭禰，明其宗也」，又曰「庶子不祭祖，明其宗也」，三言大同小異，果孰得而孰失耶？今按：《大傳》之文爲正而意已足。直謂非大宗則不得祭；别子之爲祖者，非小宗則各不得祭其四小宗所主之祖禰也。若《小記》中二言，乃又有不祭禰、不祭祖之别。據其文意重複，似是衍字。而鄭氏乃曲爲之説，疏家又從而實之。於「不祭禰」，則謂：「宗子庶子俱爲下士，得立禰廟。宗子是禰適，故得立禰廟而得祭禰；庶子是禰庶，❸故不得立禰廟而不祭禰，明其尊宗以爲本也。」於「不祭

❶「者」，清鈔甲本作「也」。
❷「則」，清鈔甲本作「乃」。
❸「是」下，清鈔甲本有「爲」字。

祖」，則謂：「宗子庶子俱爲適士，得立祖禰二廟。宗子既得立祖廟祭之，而庶子是祖庶，雖得自立禰廟，而不得立祖廟祭之。以正體祖適居乎上者，謂下正禰適猶爲庶也，此正推本崇適，明有所宗也。族人上不得戚君，❶下又辟宗，然後能相序爲五宗者悉然。」此於文雖亦可通，而不免意折辭費，不若《大傳》辭簡意直，而事反該悉也。

或問：《大傳》曰：「庶子不得爲長子三年，不繼祖也。」而《小記》又曰：「庶子不爲長子斬，不繼祖與禰故也。」《大傳》之言與《喪服》傳之言一同，而《小記》之言又有增損，果孰得而孰失耶？曰：《大傳》所謂「得」字在《小記》則無之，而《小記》所謂「斬」字在《大傳》作「三年」，又無「與禰」二字，彼此之義皆有所未盡者。今當互取之，曰：「庶子不得爲長子斬，不繼祖與禰故也。」則語明而意備矣。原此文大要，須己身是父適、祖適，承重乃得遂其爲長子極服之制，其尊先祖之正體當如是也。在馬季良注《喪服》云：❷「此爲五世之適，父乃爲之斬。」蓋以長子是繼高祖小宗之適而言，其世數過於大遠。在鄭氏註：此「言不繼祖禰，則長子不必五世」，❸所以破季長之説，而不明其世數。及注《喪服》，則曰：「此言爲父後者，然後爲長子三年。」蓋以持服者是父之適子而言，又不及祖之世數，爲未盡。若庾氏云：「用恩則禰重，用義則祖重。至己承二重，則爲長子斬。」既承祖、禰二重，則亦猶父適、祖適也。疏家又詳此

---

❶「戚君」，原漫漶不清，今據乾隆本、清鈔甲本及清鈔乙本訂正。

❷「良」，當作「長」。馬季長，即馬融，注三禮等書。

❸「不」，原脱，今據乾隆本及鄭氏原註補。

意，謂：禮有適子者無適孫。或己是祖正、又是父適，若父猶在，則己未成適，不得重長，重長必是父没後者，故云：爲父後者，然後爲長子三年。或己雖是祖庶而却是父適，應立禰廟，則己長子傳重當祭。而不爲斬者，以祖庶厭降故也。即是二下參之，❶則必兼父適祖適，然後可遂其服斬，益以明矣。疏又言：禮爲後者有四條皆不服斬：有體而不正，若庶子爲後者；❷有正而不體，若適孫爲後者；有傳重而非正體，若庶孫爲後者；有正體而不傳重，❸若適子有廢疾不立者。四者皆期，悉不得斬。惟正體又傳重，乃得極服。此又以長子不得斬之變例言之，亦不可以不併知也。

或問：《内則》曰：適子庶子祇事宗子宗婦。以庶子祇事宗子固也，宗子本適子也，又以適子祇事之，如何其别也？曰：此適子謂小宗中父之適及祖之適也，庶子爲大宗之庶子及小宗適子之弟也。然正體在乎上者，謂下正猶爲庶，故以大宗子視小宗子，雖曰父之適、祖之適，而皆爲庶也。宗子指大宗子而言，此文雖主事大宗子，而其事小宗子者亦然，❹故族人一身凡事五宗：既事親兄弟之適繼禰小宗，又事同堂兄弟之適繼祖小宗，又事再從兄弟之適繼曾祖小宗，又事三從兄弟之適繼高祖小宗，與事别子世適繼始祖大宗爲五。若庶子是宗子親弟，俱爲下士，得立禰廟，則宗子立禰廟祭之，庶子更不别立禰廟行祭，惟助祭於宗子禰廟。若宗子庶子俱爲適士，得立

❶「下」，清鈔甲本作「辯」，《四庫》本作「辨」。
❷「若」下，清鈔甲本有「遭」字。
❸「傳重」，清鈔甲本作「重傳」。
❹「者」，清鈔甲本無此字。

祖禰二廟，則宗子立祖廟祭之，庶子更不别立祖廟行祭，惟助祭於宗子祖廟。若宗子爲士，庶子爲大夫，得祭曾祖而不合立廟，則必寄立曾祖廟於宗子之家。❶若己是宗子從父庶兄弟父之適子，則惟得於家自立禰廟，而祖及曾祖亦必於宗子之家寄立之。若己是宗子從祖庶兄弟父祖之適，則立祖禰廟於己家，而亦寄立曾祖廟於宗子之家，皆己供上牲，宗子爲祭之。此其祇事，宗子之所由本也。

宗説下

此篇方起草，未及竟，而先生寢疾矣。姑存此以見大意。

或問：古人宗法，果可以行於今與否歟？曰：後世頹風敝俗，❷與古人宗法相反者，❸莫甚於今日。生民秉彝，良心天理之不容泯没，亦未嘗不間見於世。而近代先覺諸儒宗，所相與發明遺文故典者，亦已昭昭有成説於世矣。

蓋今之所謂姓氏者，幾更世代離亂，朝市變遷，已不復上世。聖人因生胙土之舊章百宗蕩析，或妄委其姓而冒人户貫，或妄以户貫與人而溷其宗，何止於託漢壻而冒姓劉，以狄種朱邪而附李屬籍也。至於無嗣續而欲繼絶者，又不本聖人「同宗爲後」之正典，乃字育螟蠕、昵非族類。或取諸妻之黨，若鄫人立莒公子、郭氏之立柴榮；或

❶「必寄立曾祖廟於」七字，原漫漶不清，今據乾隆本、清鈔甲本訂正。

❷「敝」，清鈔甲本作「敗」。

❸「反」，原漫漶不清，今據乾隆本、清鈔甲本、清鈔乙本訂正。

取女子之出，若賈氏之立韓謐；或公然取他族苗裔，若存勖之養寧嗣源、寧嗣源之養王從珂；❶或以他人妊孕爲己出，不之怪，若秦政之本吕不韋、楚幽之本黄歇、宋蒼梧之本李道兒；又有若漢鬼之蓬頭歆祀，莫識爲誰何者，意其得於荒茫遺棄、不可知之中；抑又有若司馬之牛睿陰爲曖昧者。凡此數端，不惟搢紳宦族爲然，在閭閻編户之伍，蓋總總也。豈知神不歆非類，民不祀非族，是乃自爲斬絶之道，而非有嗣續之實也。

譜系真贋既雜亂不明，而宗庶昭穆又顛倒無卞：❷或以弟爲子；或以子爲孫；或位姪於叔之上、班叔於姪之下，是以族屬不相統，恩意不相浹。在族燕，一序齒爲儀，不復省名分尊卑之别；在族會，一視財爲禮，不復顧服紀疏戚之差。名家顯族降爲皂隸而不之知，❸雖至親以過門爲辱。自白屋至卿相，問其所從來，則莫之識，或識之，每羞道。其祖甚至父母在，已析居異籍。兄弟不相顧，一如路人。户未割反互相殘賊，親未盡不復相往來。冠昏死喪不相告，貧窮患難不相卹，故骨肉苐相告訐而無親睦之風，❹族黨務相争鬭而乏遜順之習，於是有語及祀典，則禰己附而高曾忘忽不致，享祭有主而適庶相勝並立廟。或欲叙及宗法，則皓首諸父，不肯陪禮於少年適姪之側；華髮庶姪，亦耻屈節于妙齡叔父之前。家家自爲俗而各有法，人人自爲法而各有

❶「寧嗣源」三字，原不重，今據清鈔甲本補。「寧」，清鈔甲本作「李」。

❷「卞」，乾隆本、清鈔甲本、《四庫》本作「辨」。

❸「之知」，清鈔甲本作「知之」。

❹「苐相」，清鈔甲本作「兄弟」。

心。公卿大臣閥閲纔易一世即墜塗地，賢人君子之後不復能世其家。回視古人宗法，與之甚相反者，蓋莫甚於今日也。

然知有母而不知有父者，走獸之道也；知有父而不知有祖者，飛鳥之道也。人靈於物，知有祖禰，尊尊親親，秉彝良心。夫孰不固有之？本無古今貴賤之别，雖更叔世衰微離亂之極，猶有孝義族類、班班史册。或九世同居相與忍爲雍睦者；張公藝。或宗族七百口，設廣席，長幼以次坐，共食者；五代江州陳氏。或三世共財，子孫朝夕禮敬，常若公家者；後漢樊重。❶ 或緦服百口同爨，昆季相事如父子者；《南史》楊播。或累世同居共庖，兄弟至四從皆如同氣者；唐劉君良。或子孫數世至二百餘口，猶同居共爨，田園俸禄皆聚一庫，而計口日給餉者；本朝李昉。或奉兄軌如父，公禄賞賜皆入軌之庫，有所資須悉就軌請者；宋蔡廓。或奉叔母李如母，兄弟寸尺皆入李之庫，四時分賚一聽李自裁者，《北史》崔孝芬。則良心天理之不容泯没者，固未嘗不間見於斯世也。

而近世先覺諸儒宗，所相與發明遺文故典，又昭昭可覆。如程子曰：「管攝天下人心，收宗族，厚風俗，使人不忘本，須是明譜系、立宗子法。」又曰：「若立宗子法，則人知尊祖重本，而朝廷之勢自尊。」此言宗法之爲係甚重也。如曰：「宗子法壞，則人不知來處，以至流轉四方，往往親未絶、不相識。」又曰：「宗子法廢，後世譜牒尚有遺風。譜牒又廢，人家不知來處。無百年之家，骨肉無統，雖至親恩亦薄。」此言無宗之爲俗不美也。如曰：「凡言宗者，以祭祀爲

❶「樊」，原作「其」，今據乾隆本改。

主。」言人宗於此而祭祀也。以己之旁親兄弟來宗於己，所以得宗之名，非宗於人也，❶則明其所以爲宗之義也。如曰：「立宗子法亦是天理，如木必有直榦，亦必有旁枝；如水必有正源，亦必有分派；又有旁枝達而爲榦者，明其皆本於自然之勢也。」至論所以行之之實，❷則曰：「須且如唐時，立廟院仍不得分割祖業，使一人主之。」又如：「韋家宗會法：月爲一會，以合族，使骨肉之意常相親。」其間支子不祭，則曰：「齊戒致其誠意，與主祭者不異，可與則以身執事，不可與則以物助。不別立廟爲位行事而已。❸雖不祭，情亦可安。」其論長子不得爲人後，則曰：「若無兄弟，又繼祖之宗絕，亦當繼祖。如卑幼爲大臣，以今之法，自合立廟，不可使從宗子以祭。」

北溪先生大全文集卷第十三終

❶「非」下，清鈔甲本有「己」字。
❷「所」上，清鈔甲本有「之」字。
❸「不」上，清鈔甲本有「但」字。

北溪先生大全文集卷第十四

題跋

代陳憲跋《家禮》

予職憲廣東之明年，先生之門人臨漳陳淳安卿者爲予言《祭儀》，始得王郎中子正傳本三卷。上卷編程子《祭説》及《主式》，中卷自《家廟》、《時祭》以至《墓祭》凡九篇。而《時祭》篇中又分卜日、齊戒、陳設、行事凡四條，爲文蓋一統而無分綱目。下卷則列諸祝詞而已，蓋最初本也。

既而紹熙庚戌於臨漳郡齋，嘗以冠、昏、喪、祭禮請諸先生。先生曰：「温公有成儀，罕見行於世者，只爲閑詞繁冗，❶長篇浩瀚，令人難讀，往往未及習行而已畏憚退縮。蓋嘗深病之，欲爲之裁訂增損，舉綱張目別爲一書，令人易曉而易行。舊亦略有成編矣，在僧寺爲行童竊去，遂亡本子，更不復修。」是時只於先生之季子敬之傳得《時祭儀》一篇，乃其家歲時所常按用者，其文有綱目大小字之别。綱爲正文大書，目則小註於其下。蓋甚簡潔明白，最令人易曉。雖未見亡本之爲如何，而比前所謂初本者，❷體制迥不同也。

又後慶元己未到攷亭精舍，聞先生家時祭，今只定用二分二至，不復卜日。校臨

❶「只」，清鈔甲本作「以」。
❷「前」，清鈔甲本作「書」。

漳所傳卜日「丁亥」，雖本《儀禮》之文，而實不若此。乃求鬼神於陰陽魂魄屈伸之際，其義又爲益精矣。於是又叩先生以冬至立春二祭，則愀然爲言：後來有疑乎冬至之祭似禘，立春之祭似祫，更不敢冒舉。

嘉定辛未，自南官回過温陵，值敬之倅郡，出示《家禮》一編，云此往年僧寺所亡本也。有士人録得，會先生葬日攜來，因得之。即就傳而歸，爲篇有五：《通禮》居一，而《冠》、《昏》、《喪》、《祭》四禮次之。於篇之内各隨事分章，於章之中又各分綱目。未幾，亦有傳入廣者。廖子晦意其爲成書定本，遽刊諸帥府，❶即今此編是也。❷

因以前後本相參訂，所謂《時祭儀》綱目，大概如臨漳所傳。但「降神在參神之前」，不若臨漳傳本「降神在參神之後」爲得之。蓋既奉主於位，則不可虛視其主，而必拜以肅之，故「參神」宜居於前，至「灌」則又所以爲將獻而親饗其神之始也，故「降神」宜居於後。然始祖、先祖之祭，只設虛位而無主，則又當降神而後參，亦不容以是爲拘。但彼冬至、立春二儀，乃其所未定，及卜日一節，當併以今不用者爲定義。又《治葬》章中所用石灰，亦有不出石灰處，則此制難以通行，只得隨土俗審處。❸而《題主》一節，只依温公行於墓所，而不行於反哭入室之後，疑失之少早，則於「禮之既亡，而後以鬼饗」者爲不合，恨不及面訂於先生耳。

其他諸儀，大概皆已簡潔明白可按，而其間亦尚有闕文而未及補、脱句而未及填與訛舛字之未獲正者，或多見之。惜其書

❶「遽」，清鈔甲本作「遂」。
❷「編」，清鈔甲本作「篇」。
❸「土」，清鈔甲本作「生」。

既亡而復出，不出於先生無恙之前，而出於先生既没之後，不及先生再修爲一定之成儀，❶以幸萬世，❷而反爲未成之缺典，至貽後學千古無窮之恨，❸甚可痛也。

予聞其言，慨然爲之有感，因識諸編末以示來者，使讀是書而有志焉者，知始末之所由。其於宏綱大節之昭昭不可揜者，既得以從容從事而無所疑，而於一二疑義之未定及訛缺脱漏之多錯見者，❹亦有以攷覈折衷而爲至當之歸，不至於一直例行按用之，或有誤焉而不自覺也。

嗚呼！於以助成斯世禮俗，而推廣聖朝道化之美，尚有以庶幾先生之志乎哉！

《家禮》跋

嗟乎！禮教之廢於世也久矣。由古今異俗，宫廬器服異制，無聖人者作，爲之通損益之宜，而世莫從而折衷以爲依據者。在昔程子、張子嘗有意乎此，皆未及成書。惟司馬公有成書，而讀者又厭其長篇浩瀚，未及習行而已望風畏縮。

先生蓋深病之，舊因舉綱張目，别爲是書以示斯世，欲其易知而易從。方爾草定，即爲僧童竊去，至先生没而後遺編始出，不及先生一修，其間猶有未定之説。五羊本先出，最多訛舛，某嘗以語曲江陳憲而識諸編末矣。餘杭本再就五羊本爲之考訂，所

❶「及先生再修」，原漫漶不清，且後二字爲空格，今據清鈔甲本訂正。
❷「幸」，清鈔甲本作「行」。
❸「學」，原爲空格，今據乾隆本、清鈔甲本及清鈔乙本補。
❹「訛缺」，清鈔甲本作「缺訛」。

謂《時祭》一章，乃取先生家歲時常用之儀入之，❶准此爲定説，❷并移其諸「參神在降神之前」。

今按餘杭本復精加校，❸至如冬至、立春二儀，向嘗親聞先生語，以爲似禘祫而不舉，今本先生意刪去。至《題主》一節，按《禮記・問喪》：「送形而往，迎精而反。」其往也如慕，其反也如疑。入門而弗見也，上堂又弗見也，❹入室又弗見也。曰：亡矣！喪矣！不可復見已矣！❺然後祭之宗廟，以鬼饗之。蓋《喪禮》：「自既斂尸柩在堂以後，事死如事生，凡朝夕純用生前奉養之禮；及既葬入室弗見以後，則事亡如事存，以鬼神之道接之。」今方奉柩入壙，未及迎精而反，以伸夫如疑之情，而遽爲決辭以神之，恐失之少早，於孝子痛割之情爲未安。或曰：「此正所以爲迎精，而亦主人贈而祝宿虞尸之比。」不思迎精固已有魂帛，而虞尸之宿，乃祝者先歸，私自備之，非行於墓所，而於主人蓋無與焉。竊以爲此節當移於反哭入室之後行之，然後虞祭，乃於禮爲有合而於精爲得宜。❻惜不及面訂此明證耳。

其他一二小節，如注酒之或親不親，及告遷祝詞之未填，❼與葬用石灰有鄉土所

❶「常」，原漫漶不清，今據乾隆本、清鈔甲本、清鈔乙本訂正。
❷「准」，乾隆本作「唯」。
❸「精加」，清鈔甲本作「加稽」。
❹「弗」，清鈔甲本作「勿」。
❺「矣」，清鈔甲本作「也」。
❻「於精」，乾隆本作「迎精」，清鈔甲本、《四庫》本作「於情」。
❼「告遷」，原殘缺，今據乾隆本、清鈔甲本及清鈔乙本訂補。

闕，則非通行之制，此等正在人參酌審處。❶

要之，以全編大體而言，❷則其綱條節目已定，❸坦然簡易而粲然明白，情文適中，本末相副，上不失先王之大典，而下甚便於斯世之服行。❹雖有作者，不能以易此矣。❺

嚴陵郡鄭侯欲刻以示邦人，❻其轉移風俗之機，可謂知所務哉！

嘉定丁丑季秋，門人臨漳陳某謹書。❼

代鄭寺丞跋《家禮》

此書酌古通今，綱條節目甚簡易明白，最有關於風教之大，人人當服習而家家當講行也。因刻之嚴陵郡庠，與邦人共之。凡我父兄子弟，其相與勉焉，以脫末俗之陋，而成此邦禮義之風。顧不偉歟？

代跋《小學》

此書最切於學者日用之實。在幼學之始，固所當從事，而其終之所以造道據德、

❶「此」，原漫漶不清，今據乾隆本、清鈔甲本及清鈔乙本訂正。「正」，清鈔甲本無此字。

❷「大體」，原殘缺，今據乾隆本、清鈔甲本及清鈔乙本訂補。

❸「條節目」，原漫漶不清，今據乾隆本、清鈔甲本及清鈔乙本訂正。

❹「之服行」，原殘缺，今據乾隆本、清鈔甲本及清鈔乙本訂補。

❺「有作者不」，原殘缺，今據乾隆本、清鈔甲本及清鈔乙本訂補。

❻「鄭」，原殘缺，今據乾隆本、清鈔甲本及清鈔乙本訂補。「邦人」，原殘缺，今據清鈔甲本及下段文字訂補，乾隆本作「天下」，《四庫》本作「後世」。

❼「其轉移」至「臨漳」二十三字，原殘缺，間有字皆漫漶不清，今據清鈔甲本及乾隆本訂補。「移」，乾隆本作「化」。

而成大學之功者，亦不越乎此，皆不可以一日而不講也。今刻之嚴陵郡庠，以示學徒，其毋以言近而忽諸。

代跋《大學》

此書乃羣經之綱領，而初學入德之門。晦庵先生解之已明白、親切、詳盡矣。今得先生絶筆定本，因刻之嚴陵郡庠，以示學徒。其相與復之、熟之，要使聖賢深長意味源源出於中，而宏大器局卓然呈露於前，然後知此書之爲真不我誣，而聖賢大業其可進矣。嗚呼！其共勉之哉！

書李推《近思録跋》後

某竊詳此跋，意甚平正。向聞先生亦曰：「四子，六經之階梯。《近思録》，四子之階梯。」此自無可疑者，❶而子武乃不以爲然。蓋緣跋中大意固正，❷而行文語脈紆緩，發揮本旨未甚相照應，不見此編與四書相關之切處，遂有以啓其疑云耳。

大抵聖賢示人入德，所以爲理義之要者，莫要於四書，但絶學失傳寥寥千載，直至四先生而後明。而四先生平日抽關啓鑰，所以講明孔孟精微嚴密之旨者，又雜見於諸書，不可類攷。幸吾先生掇其關於大體而切於日用者爲此篇。❸其次第倣《大

❶「自」，清鈔甲本作「本」。
❷「固正」，清鈔甲本作「正固」。
❸「掇」，原作「輟」，今據康熙本、乾隆本、清鈔甲本改。「日」，原爲墨丁，今據康熙本、乾隆本、清鈔甲本、清鈔乙本及《四庫》本補。

學》，其會趣準《中庸》，其規模法《語》、《孟》。❶誠後學迷途之指南，而入聖門之正路也。故吾先生所以發明四書之宏綱大義者，亦自四先生之書得之。而此編其四先生之要旨萃焉，欲起學者於俗學横流之中，若不先攷乎此，則準的不立而邪正之分不明，聖門將何從而入？而千載不傳之秘旨，又將若何而窺測之？

今先刻以示人，使讀者知聖傳之所在，有以起尊敬師慕之心，而卓然不迷其所趨。然後循序而進於孔孟之門庭堂奧，自當從容造詣、一惟吾所之而無寸步之枉矣，尚何以爲疑而謂之非其序乎？更在明者訂之。

題徐君大學詩後

觀徐君此詩，可見立志之高而慕道之切。其中有説得已分明處，亦有看得未瑩白處，已各隨章正訂批鑿於其旁，幸更詳玩其理之所以然。

大抵窮理與作文章不同，作文章逐旋修飾潤色，要教好看；❷窮理只是講明箇是與非。是者，的知其爲真是；非者，的知其爲真非。使吾之取舍不迷於外，而存養無

❶「模」，原作「摹」，今據康熙本、乾隆本、清鈔甲本及《四庫》本改。「法」，原爲墨丁，今據康熙本、清鈔甲本補。乾隆本作「倣」，《四庫》本寫作「效」。

❷「要」，原漫漶不清，今據康熙本、乾隆本、清鈔甲本、清鈔乙本訂正。

喪于中耳。❶

况道體高明廣大，未可以綴緝摹畫；而聖心精微嚴密，非可以獵涉窺覘。必當實致下學工夫，俛焉孜孜循序而進，無一知之不實求其精，無一行之不實用其力，至於優柔饜飫，❷真積力久，一旦豁然融會貫通，而後上達者可造，與聖心無間而道在我矣。此聖門真實學問，顏曾二子正從事於斯，惟有志者可與語此。

若或止以修辭爲工，略略捉模得个髣髴近似，便以爲真得已在是，而不復加進進之功，❸吾恐終身無復有實得，固非今日所望於徐君之意，而亦非徐君今日所以講學之本志也。徐君其勉乎哉！

讀高齋《審是集》

世儒科舉之學，特借聖賢之言以爲進取之媒耳。而其心度識趣，與聖賢判然不同。今乃欲以是而釋聖賢之訓，自以爲真有得乎正大嚴密之旨，其亦誤矣。况有如所謂道、德、仁、恕、性、情、心、志、才、氣之類，在聖賢前後更相發明，固有定論若合符節，不容更易。且其所以爲説，亦不過於是理之實然者，先知先覺而因以示人耳，非聖賢之自撰也。彼初不識此等名狀爲何物，而妄肆詆剥。唱者既以傳得其宗自尊大，而和者又從而贊之以無忌憚之辭。蓋皆坎

❶「養」下，清鈔甲本有「之」字。
❷「柔」，清鈔甲本作「游」。
❸上「進」字，《四庫》本作「精」。

蛙之見，淺乎無以辨爲也。姑書此，以爲後進末學而易於言者之戒。

讀曾君《皆春堂記》

斯堂記所叙皆春之義，意度誠爲可嘉，此正顔子之所謂「樂」中事也。如先賢地位已到，自然有此意見，不覺流出此語。今必欲慕此，須於其中深致夫顔子「博約」之功，必至於《大學》所謂知止有定而能静能安，然後萬物各止其所，隨寓皆春，而無入不自得，乃能真有以識其趣、充其義而不爲虚也。若或欠闕此功夫，而徒然於閒静之中坐想春致，愚恐其所以爲樂者，未必真有先賢之意味。殆且不免墮於空寂之歸而不自知矣。嗚呼！是可不謹乎哉？是可不勉乎哉？

北溪先生大全文集卷第十四終

北溪先生大全文集卷第十五

雜　著

道學體統

聖賢所謂道學者，初非有至幽難窮之理、甚高難能之事也，❶亦不外乎人生日用之常爾。

蓋道原於天命之奥，而實行乎日用之間。在心而言，則其體有仁、義、禮、智之性，其用有惻隱、羞惡、辭遜、是非之情。在身而言，則其所具有耳、目、鼻、口、四肢之用，❷其所與有君臣、父子、夫婦、兄弟、朋友之倫。在人事而言，則處而脩身齊家、應事接物，出而涖官理國、牧民御衆；微而起居言動、飲食衣服，大而禮樂刑政、兵財律曆之屬，凡森乎戴履千條萬緒，莫不各有當然一定不易之則，皆莫非天理自然流行著見，而非人之所强爲者。

自一本而萬殊，而體用不相離也；合萬殊而一統，而顯微無少間也。上帝所降之衷，即降乎此也。生民所秉之彝，即秉乎此也。以人之所同得乎此而虚靈不昧，則謂之明德；以人之所共由乎此而無所不通，則謂之達道。堯舜與塗人同一稟也，孔子與十室均一賦也。聖人之所以爲聖，生知安行乎此也；學者之所以爲學，講明踐

❶「能」，原爲空格，今據清鈔甲本、清鈔乙本及《四庫》本補。康熙本、乾隆本作「行」。

❷「鼻口」，清鈔甲本作「口鼻」。

履乎此也。謂其君不能者，賊其君者也；謂其民不能者，賊其民者也；自謂其不能者，自賊者也。由之，則爲正逵、❶爲上達、爲君子儒、爲賢聖之歸；悖之，則爲邪逕、爲下流、爲小人儒、爲狂愚之歸。

此其理蓋較然甚易知，而坦然甚易行也。是豈有超乎日用常行之外，别自爲一物至幽而難窮、❷甚高而難能也哉？如或外此而他求，則皆非大中至正之道，聖賢所不道也。

師友淵源

粤自羲皇作《易》首闢渾淪，神農、黄帝相與繼天立極，❸而宗統之傳有自來矣。堯、舜、禹、湯、文、武更相授受，中天地爲三綱五常之主。臯陶、伊、傅、周、召又相與輔相，躋天下文明之治。孔子不得行道之位，乃集羣聖之法，作六經，爲萬世師，而回、參、伋、軻實得之，❹上下數千年無二説也。軻之後失其傳，荀與揚既不識大本，董子又見道不分明，間有文中子粗知明德新民之爲務矣，而又不知至善之所出。❺韓子知道之大用流行於天下矣，而又不知全體具於吾身。蓋千四百餘年，昏昏冥冥，醉生夢死。

直至我宋之興，明聖相承，太平日久，天地真元之氣復會，於是濂溪先生與河南二程先生，卓然以先知先覺之資，相繼而

❶「逵」，乾隆本作「逕」，清鈔甲本作「道」。
❷「别」，原作「則」，今據康熙本、乾隆本、清鈔甲本改。
❸「黄」，原作「皇」，今據康熙本、乾隆本、清鈔甲本改。
❹「得」，乾隆本作「傳」。
❺「出」，清鈔甲本作「在」。

出。濂溪不由師傳，獨得於天，妙建圖書，抽關啓鑰，上與羲皇之《易》相表裏，而下以振孔孟不傳之墜緒，所謂再闢渾淪。二程親受其旨，又從而光大之。故天理之微、人倫之著、事物之衆、鬼神之幽，與凡造道入德之方、❶脩己治人之術，莫不粲有條理，使斯世之英才志士，得以探討服行而不失攸歸，河洛之間斯文洋洋，與洙泗並聞而知者。

有朱文公，又即其微言遺旨，益精明而瑩白之，上以達羣聖之心，❷下以統百家而會于一。蓋所謂集諸儒之大成，嗣周程之嫡統，而粹乎洙泗濂洛之淵源者也。

有如求道過高者，宗師佛學、凌蔑經典，以爲明心見性不必讀書，而蕩學者於空無之境；立論過卑者，又崇獎漢唐、比附三代，以爲經世濟物不必脩德，而陷學者于功利之域。至是一觝排辨正之，皆表裏暴白，無得以亂吾道、惑人心。

學者欲學聖人而攷論師友淵源，必當以是爲迷塗之指南，庶乎有所取正而不差矣。苟或舍是而他求，則茫無定準，終不可得其門而入。既不由是門而入，而曰吾能真有得乎聖人心傳之正，萬萬無是理也。

用功節目

道之浩浩，何處下手？聖門用功節目，其大要亦不過曰致知力行而已。

致者，推之而至其極之謂。致其知者，

❶「與」，清鈔甲本無此字。
❷「聖」，清鈔甲本作「賢」。

所以明萬理於心，而使之無所疑也。力者，勉焉而不敢怠之謂。力其行者，所以復萬善於己，而使之無不備也。知不致，則真是真非無以辨，其行將何所適從？必有錯認人欲作天理，而不自覺者矣。行不力，則雖精義入神，亦徒爲空言，而盛德至善，竟何有於我哉？此《大學》「明明德」之功，必以「格物致知」爲先，而「誠意、正心、脩身」繼其後。《中庸》擇善固執之目，必自夫博學、❶審問、慎思、明辨而篤行之。而顔子稱夫子循循之誘，亦惟在於「博我以文，約我以禮」而已，無他説也。

然二者，亦非截然判先後爲二事，如車兩輪、如鳥兩翼，實相關係，蓋亦交進而互相發也。故知之明則行愈達，而行之力則所知又益精矣。

其所以爲致知力行之地者，必以敬爲主。敬者，主一無適之謂，所以提省此心，使之常惺惺，乃心之生道，❷而聖學所以貫動靜、徹終始之功也。能敬，則中有涵養而大本清明。❸由是而致知，則心與理相涵，而無顛冥之患。由是而力行，則身與事相安，而亦不復有扞格之病矣。

雖然，人性均善，均可與適道，而鮮有能從事於斯者，由其有二病：❹一則病於安常習故，而不能奮然立志以求自拔；❺二則病於偏執私主，而不能豁然虛心以求實見。

❶「夫」，清鈔甲本無此字。

❷「之生」，原漫漶不清，今據康熙本、乾隆本、清鈔甲本訂正。

❸「涵養」，原漫漶不清，今據康熙本、乾隆本、清鈔甲本訂正。

❹「其」，原漫漶不清，今據康熙本、乾隆本、清鈔甲本訂正。

❺「拔」，原漫漶不清，今據康熙本、清鈔甲本訂正。

蓋必如孟子，以「舜爲法於天下，而我猶未免於鄉人」者爲憂，思期如舜而後已，然後爲能立志。必如顔子，以能問於不能，以多問於寡，有若無、實若虚，然後爲能虚其心。既能立志而不肯自棄，又能虚心而不敢自是，然後聖門用功節目，循序而進，日有惟新之益。其於升堂入室，一惟吾所欲而無所阻矣，此又學者所當深自警也。

讀書次序

書所以載道，固不可不讀，而聖賢所以垂訓者不一，又自有先後緩急之序，而不容以躐進。程子曰：「《大學》，孔氏之遺書，而初學入德之門也。於今可見古人爲學次第者，獨賴此篇之存，而《論》、《孟》次之。學者必由是而學焉，則庶乎其不差矣。」

蓋《大學》者，古之大人所以爲學之法也。其大要，惟曰「明明德」、曰「新民」、曰「止於至善」三者而已。於三者之中，又分而爲格物、致知、誠意、正心、脩身，以至齊家、治國、平天下者，凡八條。大抵規模廣大而本末不遺，節目詳明而始終不紊，實羣經之綱領，而學者所當最先講明者也。其次，則《論語》二十篇，皆聖師言行之要所萃，於是而學焉，則有以爲操存涵養之實。又其次，則《孟子》七篇，皆醇醇乎仁義王道之談，❶於是而學焉，則有以爲體驗充廣之端。至於《中庸》一書，則聖門傳授心法，程子以爲其味無窮，善讀者玩索而有得焉，則終身用之有不能盡者矣。然其爲言，大概上達之意多而下學之意少，非初學所可驟

❶「醇醇」，清鈔甲本不重文。

語。又必《大學》、《論》、《孟》之既通，然後可以及乎此，而始有以的知其皆爲實學，無可疑也。蓋不先諸《大學》，則無以提挈綱領，而盡《論》、《孟》之精微。不參諸《論》、《孟》，則無以發揮蘊奥，而極《中庸》之歸趣。若不會其極於《中庸》，則又何以建立天下之大本，而經綸天下之大經哉？

是則欲求道者，誠不可不急於讀四書。❶而讀四書之法，無過求、無巧鑿、無旁搜，無曲引，亦惟平心以玩其指歸，而切己以察其實用而已爾。果能於是四者融會貫通，而理義昭明，胸襟洒落，則在我有權衡尺度。

由是而進諸經，與凡讀天下之書、論天下之事，皆莫不冰融凍解，而輕重長短截然一定，自不復有錙銖分寸之差矣。嗚呼！至是而後，可與言王佐事業，而致開物成務之功用也歟！

似道之辨

或曰：今世所謂老佛之道，與聖賢之道何如？曰：似道而非道也。

蓋老氏之道以無爲宗，其要歸事清净，❷令學者修真煉氣以復嬰兒，誠爲反人理之常。世固有脱事物、遊方外以事其學者，然其説未甚熾，固不待論。

若佛氏之教，❸則充盈乎中華，入人骨髓，自王公大人至野夫賤隸、深閨婦女，無不傾心信向之。而其所以爲説者，大概有

❶「誠」，原漫漶不清，今據康熙本、乾隆本、清鈔甲本及清鈔乙本訂正。

❷「事」，康熙本、清鈔甲本作「乎」，乾隆本作「於」。

❸「若」，清鈔甲本作「之」，屬上句。

二：一則下談死生罪福之説，以誑愚衆，然非明識者莫能決；一則上談性命道德之説，以惑高明，亦非常情所易辨也。

夫死生無二理，能原其始而知所以生，則反其終而知所以死矣。蓋無極之真、二五之精，妙合而凝，乾道成男，坤道成女，二氣交感，化生萬物，此天地所以生人物之始也。人得是至精之氣而生，氣盡則死；得是至真之理所賦，其存也，順吾事，則其没也，安死而無愧。始終生死，如此而已。自未生之前，是理氣爲天地間公共之物，非我所得與。既凝而生之後，始爲我所主，❶而有萬化之妙。及氣盡而死，則理亦隨之，一付之大化，又非我所能專有，而常存不滅於冥漠之間也。

今佛者曰：「未生之前，所謂我者固已具；既死之後，所謂我者未嘗亡。所以輪回生生於千萬億劫而無有窮已。」則是形潰而反於原，既屈之氣有復爲方伸之理，❷與造化消息闔闢之情殊不相合。且謂天堂地獄明證昭昭，則是天地間，別有一種不虛不實之田地可以載其境；別有一種不虛不實之磚瓦材木可以結其居，與萬物有無虛實之性又不相符。況其爲福可以禱而得，爲罪可以賂而免，❸則是所以主宰乎幽陰者，尤爲私意之甚，抑非福善禍淫大公至正神明之道也。觀乎此，則死生罪福之説，真是真非瞭然，愚者可以不必惑，而明智者亦可以自決矣。❹

夫未有天地之先，只自然之理而已。

❶「我」，清鈔甲本作「吾」。
❷「氣」，清鈔甲本作「後」。
❸「而」下，清鈔甲本有「得」字。
❹「智」，清鈔甲本無此字。

有是理則有是氣，有動之理則動而生陽，有静之理則静而生陰。陰陽動静，流行化育，其自然之理從而賦予於物者，爲命。人得是所賦之理以生，而具於心者，爲性。理不外乎氣，理與氣合而爲心之靈。凡有血氣均也，而人通物塞，通則理與氣融，塞則理爲碍隔。❶

今就人者言之，心之虚靈知覺一而已。其所以爲虚靈知覺，由形氣而發者，以形氣爲主，而謂之人心；由理義而發者，以理義爲主，而謂之道心。若目能視、耳能聽、口能言、四肢能動、飢思食、渴思飲、冬思裘、夏思葛等類，其所發皆本於形氣之私，而人心之謂也。非禮勿視，而視必思明；非禮勿聽，而聽必思聰；非禮勿言，而言必思忠；非禮勿動，而動必思義；食必以禮而無流歠，飲必有節而不及亂，寒不敢襲、暑毋褰裳等類，其所發皆原於理義之正，❷而道心之謂也。二者固有脈絡，粲然於方寸之間而不相亂。然人心易危臲而不安，❸道心至隱微而難見，以堯舜禹相傳，猶致其精於二者之間，而一守夫道心之本。自告子以生言性，則已指氣爲理，而不復有別矣。

今佛者以「作用是性」、以「蠢動含靈皆有佛性，運水搬柴無非妙用」，專指人心之虚靈知覺者而作弄之。明此爲明心，而不復知其爲形氣之心；見此爲見性，而不復知性之爲理；悟此爲悟道，而不復別出道心之妙。乃至甘苦食淡，停思絶想，嚴防痛抑，堅持力制，或有用功至於心如秋月碧潭

❶「碍」，原作「得」，今據清鈔乙本改。康熙本、乾隆本、清鈔甲本作「氣」。《四庫》本作「物」。

❷「理」，清鈔甲本作「禮」。

❸「危臲」，乾隆本作「臲卼」。清鈔甲本作「危既」。

清潔者，遂交贊以爲造到。業儒者見之，❶自顧有穢浄之殊，反爲之歆慕，舍己學以從之，而不思聖門傳授心法，固自有克己爲仁瑩浄之境，與所謂江漢之濯、秋陽之暴，及如光風霽月者，皆其胸中輝光潔白之時，乃此心純是天理之公，而絶無一毫人欲之私之謂。若彼之所謂「月潭清潔」云者，特不過萬理俱空而百念不生爾，是固相似而實不同也。心之體所具者惟萬理，彼以理爲障礙，而悉欲空之，則所存者，特形氣之知覺爾。此最是至精至微第一節差錯處。❷

至於無君臣父子等大倫，乃其後截人事粗迹之悖繆至顯處。其爲理之發端，實自大原中已絶之。心本是活物，如何使之絶念不生？❸所謂念者，惟有正不正耳。必欲絶之不生，須死而後能。假如至此之境，果無邪心，但其不合正理，是乃所以爲邪，而非豁然大公之體也。程子以爲：「佛家有个覺之理，可以敬以直内矣，而無義以方外，然所直内者亦非是。」正謂此也。

觀乎此，則性命道德之説，真是真非瞭然，高明者可以不必惑，❹而常情亦可以能辨矣。而近世儒者，乃有竊其形氣之靈者以爲道心，❺屏去「道問學」一節工夫，屹然自立一家，專使人終日默坐以求之，稍有意見，則證印以爲大悟，❻謂真有得乎羣聖千古不傳之秘，意氣洋洋，不復自覺其爲非。❼故凡聖門高明廣大底境界更不復覩，而精

❶「業儒」，清鈔甲本作「儒業」。
❷「差錯」，清鈔甲本作「錯差」。
❸「念」下，清鈔甲本有「有」字。
❹「高」，清鈔甲本作「而」。
❺「乃」，清鈔甲本無此字。
❻「證印」，清鈔甲本作「印證」。
❼「自」，清鈔甲本無此字。

微嚴密等工夫更不復從事，良亦可哀也哉！

嗚呼！有志于學者，其戒之！謹之！

似學之辨

或曰：今世所謂科舉之學，與聖賢之學何如？曰：似學而非學也。

同是經也，同是子史也，❶而爲科舉者讀之，徒獵涉皮膚以爲綴緝時文之用，而未嘗及其中之藴。止求影像髣髴，略略通解，可以達吾之詞則已，而未嘗求爲真是真非之識。窮日夜旁搜博覽，吟哦記憶，❷惟鋪排駢儷無根之是習，而未嘗有一言及理義之實。自垂髫至白首，一惟虚名之是計，而未嘗有一念關身心之切。蓋其徒知舉子蹊逕之爲美，而不知聖門堂宇高明廣大之爲可樂；❸徒知取青紫伎倆之爲美，而不知潛心大業趣味無窮之爲可嗜。凡天命民彝、大經大法，人生日用所當然而不容闕者，悉置之度外，不少接心目，一或扣及之，❹則解頤而莫喻，於脩己、治人、齊家、理國之道，未嘗試一講明其梗概。及一旦躐高科、躡要津，當夫天下國家之責，❺而其中枵然無片字之可施，不過直行己意之私而已。若是者，雖萬卷填胸，錦心綉口，號曰富學，何足以爲學？峩冠博帶，文雅醖藉，號曰名儒，何足以爲儒？假若胸臆歐蘇，才氣韓柳，謂之未曾讀書，亦可也。

❶「同」，清鈔甲本作「固」。
❷「憶」，原作「臆」，今據康熙本、乾隆本、清鈔甲本改。
❸「爲可」，清鈔甲本作「可爲」。
❹「扣」，乾隆本作「叩」。
❺「夫」，原作「人」，今據《四庫》本改。清鈔甲本無此字。

然則科舉之學視聖賢之學，正猶枘鑿之相反而不足以相通歟？曰：科舉程度固有害乎聖賢之旨，而聖賢學問未嘗有妨於科舉之文。理義明，則文字議論益有精神光采。❶躬行心得者有素，則形之商訂時事，❷敷陳治體，莫非溢中肆外之餘，自有以當人情、中物理，藹然仁義道德之言，一一皆可用之實，而有司明眼者得之，即爲國家有用之器，非止一名一第而已也。況其器局高宏，功力至到，造道成德之大全者，所謂伊、傅、周、召，王佐規模具焉。儻遇明王聖帝、雲龍風虎之會，則直探諸囊而措之，與斯人同躋至道之域，又斯世之所不能舍也。

但時王立科目之法，專指三日之文爲名，而素行不與。在學者讀書而言，則以聖師孔子爲祖者也。吾夫子平日之所以教，❸羣弟子之所以學，淵源節目，昭昭方册，固有定法，正學者所當終身鑽仰，斃而後已，非可隨人遷變者。矧自聖朝列祖以至今日，已有尊崇之道，而荆、蜀、江、浙、閩、廣及中都之士，復多以此爲習尚，則亦此理在萬世不容泯没，其輕重緩急固有辨也。

或曰：生斯世也，非能絶意於斯世，而舍彼就此也。曰：時王之法，何可舍也？假使孔孟復生于今，亦不能舍科目而遠去，則亦但不過以吾之學應之而已，焉能爲吾之累也？然則抱天地之性，負萬物之靈，而貴爲斯人者，盍亦審其輕重緩急，而無甘於自暴自棄也哉！

北溪先生大全文集卷第十五終

❶「神」，清鈔甲本作「明」。
❷「形」，清鈔甲本作「行」。
❸「平日」，清鈔甲本無此二字。

北溪先生大全文集卷第十六

雜　著

《大學》發題

《大學》一書，古之大人所以爲學之法也。蓋古者有小子之學，有大人之學。謂天生斯人，既予之以仁義禮智之性矣，而不能不壞於氣稟物欲之雜，故必立大、小學以成之。

人生八歲，則自王公至庶人之子，皆入小學，而教之以灑掃、應對、進退之節，禮、樂、射、御、書、數之文，若《曲禮》、《少儀》等篇是也。及其十有五年，則入大學，而教之以窮理、脩身、處事、治人之道，若此篇者是也。然去古既遠，《小學》之爲書，今已不全；而年之過者，亦不能以復反矣。所幸《大學》遺篇，猶或有存於漢儒雜記之間，於今可見古人爲學次第，規模廣大而内外兼該，節目分明而始終有序，蓋羣經之綱領，而初學入德之門户，所最先焉者也。

其首言「明明德」、「新民」、「止於至善」三者，則又此篇之綱領，而自「格物」、「致知」、「誠意」、「正心」、「脩身」，以至於「齊家」、「治國」、「平天下」，凡八事，則又綱領之條目也。學者果先從事於此而有得焉，則於其他經，端若舉綱張目、振領挈裘，❶秩然有條而不紊矣。

❶「振領挈裘」，乾隆本作「振裘挈領」。

抑此書首三言者，固當無所不盡，而所謂「明明德」者，又通爲一篇之統體，而「止於至善」，則又總爲一篇之極致。繼言八事者，固不容有一闕，而所謂「格物」之爲義甚博，❶尤當有以大致其功，而「誠意」一章，❷在八事中，所關繫爲至要，正天理人欲勝負之幾所由決，❸君子、小人向背之路所由判，必過此關，然後積實而守固，❹始可與言入堯舜之道，而保其不復墮于桀跖之歸矣。❺

茲其旨意輕重之由屬，❻又必從事於斯學者，所當深察而加勉乎哉！

《中庸》發題

《中庸》一書，子思子所以得聖祖之傳而發明之，以詔後學者也。其名篇二字之義，蓋取夫不偏不倚、無過不及而平常之理，誠以天下理義無以加此，而聖聖相傳無以易此，故特表而出之，以爲萬世之所折衷。

其爲書也，始原於天命之奧，而不出乎人心之近；終極於無聲無臭之妙，而不越乎日用之常。中散諸萬事，或爲君子之道四，或爲天下達道五，或九經、或三重，或禮儀三百、威儀三千，雖至於位天地、育萬物，

❶「而所謂」，原殘缺，今據康熙本、乾隆本、清鈔甲本及清鈔乙本訂補。

❷「以大致其功，而誠意一」九字，原殘缺，今據康熙本、清鈔甲本訂補。

❸「人欲勝負之」，原殘缺，今據康熙本、清鈔甲本訂補。

❹「此關，然後積」，原殘缺，今據康熙本、乾隆本、清鈔甲本訂補。

❺「復墮于」，原漫漶不清，今據康熙本、清鈔甲本及清鈔乙本訂正。

❻「由」，乾隆本作「攸」。

參贊元化，博厚高明，❶皆莫非人事分內當然之實，卑不失之汙淺，而高不溺於空虛，蓋真孔門傳授心法，而堯舜以來相承之本旨者。

但其全篇所以爲説，下學之意少而上達之意多，學者必於《大學》、《論》、《孟》既通，而後及乎此以盡心焉，則卓然有以會其極，可與讀天下之書、論天下之事，而建立大本、經綸大經，自從容而有餘矣。

抑子思子示人，此篇大旨必取「智」、「仁」、「勇」三者爲入道之門，以「智」者所以知乎此，「仁」者所以體乎此，而「勇」者所以强乎此者也。而其所以爲用功之目，則必又以「博學」、「審問」、「慎思」、「明辨」、「篤行」五者，❷而弗之措焉。蓋不如是，則無以擇善而明善，其智不足矣，烏能真識中庸爲何味？無以固執而誠身，其仁不足矣，安能依中庸而實體於我？且將間斷之不常，其勇復不足矣，又何以終此理於吾身，與之爲悠久哉？

子思子之言，決不我欺，此又從事於是書者，所當循序而汲汲也。❸

《易本義》大旨

昔者伏羲氏仰觀俯察，有以見乎陰陽奇耦之相生，交換變易，自然而然，其勢若不容已，於是作《易》以配之，始之爲八卦：一乾、二兑、三離、四震、五巽、六坎、七艮、八坤，加倍而重之，爲六十四。而布之爲圓圖，則乾南盡於午中，而姤生焉；坤北盡於

❶「厚」，原作「原」，今據康熙本、乾隆本、清鈔甲本改。
❷「必又」，清鈔甲本作「又必」。
❸「循序」，清鈔甲本作「次第」。

子中，而復生焉，與天地造化自然者相脗合。因教人占筮以斷吉凶，是時雖未有文字，而開物成務之道具矣。逮文王係彖、周公係爻，而隨事叮嚀之意，始爲詳密。

及孔子作十翼，❶釋經乃專以義理明之，使人居則觀其象而玩其辭，動則觀其變而玩其占，❷以求免於大咎。雖因時設教不同，而所以爲心者並行而不相悖，❸雖其所發多因文王、周公之舊，而伏羲氏所以爲圖象之妙者，❹已具見於《繫辭》、《說卦》二傳中矣。

自秦以來，書幸全於遺燼，❺而道則晦而不彰，其溺於象數者，既牽合傅會而失其源流；其泥于文義者，又支離散漫而無所根著。至我宋康節邵子之《圖》出，❻於是乎伏羲之精畫卦以示者，始可得而見；伊川程子之《傳》出，於是乎文王、周、孔之藴因卦以發者，始可得而明。

今晦翁先生《本義》之書，蓋又發揮邵《圖》之法象，而申明程《傳》之旨趣，本末兼該，精粗具舉。推本四聖所以作述本然之義，❼而易道之盛，至是無餘藴矣。其綱領，備於五贊，未可直以占法視之也。抑程子昔以《傳》示門人，曰：「只說得七分，後人更自體究。」若晦翁是書，其補程子之三分，

❶「作十翼」，原殘缺，今據康熙本、乾隆本、清鈔甲本、清鈔乙本訂補。

❷「玩其辭，動則」，原殘缺，今據康熙本、乾隆本、清鈔甲本及《四庫》本訂補。

❸「設教不同，而所以」，原殘缺，今據康熙本、清鈔甲本訂補。「所」上，清鈔甲本有「其」字。

❹「文王、周公之舊，而伏羲氏」十字，原殘缺，今據康熙本、清鈔甲本訂補。

❺「書」，清鈔甲本無此字。

❻「宋」，乾隆本作「朝」。

❼「作述」，清鈔甲本作「述作」。

而上以達于四聖之心也歟！

啓蒙初誦

人自嬰孩，聖人之質已具，皆可以爲堯舜。如其禁之以豫而養之以正，無交俚談邪語，日專以格言至論薰聒于前，使盈耳充腹，久焉安習，自與中情融貫，若固有之，則所主定而發不差，何患聖途之不可適乎？

予得子今三歲，近略學語，將以教之而無其書，因集《易》、《書》、《詩》、《禮》、《語》、《孟》、《孝經》中明白切要四字句，協之以韻，名曰：《訓童雅言》。凡七十八章，一千二百四十八字。又以其初未能長語也，則以三字先之，名曰：《啓蒙初誦》。凡一十九章，二百二十八字。蓋聖學始終，大略見於此矣。恐或可以先立標的，而同志有願爲庭訓之助者，亦所不隱也。

若《小學》洒掃、應對、進退之儀，則又其中始進之條也。固朝夕次第從事，而其端，亦不外乎初誦矣。但其詳見於遺經者多，或字艱而文澁，❶非幼習之便。此須五六年外，語音調熟，然後可以爲之訓焉。

慶元己未七月五日，餘學齋書。

天地性，人爲貴，無不善，萬物備。仁義實，禮智端，聖與我，心同然。性相近，道不遠，君子儒，必自反。學爲己，明人倫：君臣義，父子親；夫婦別，男女正；長幼序，朋友信。日孜孜，敏以求，憤忘食，樂忘憂。

❶「或」，清鈔甲本無此字。

訥於言，敏於行。言忠信，行篤敬。思無邪，居處恭，執事敬，與人忠。入則孝，出則弟，敬無失，恭有禮。足容重，手容恭，目容端，色容莊。口容止，頭容直，氣容肅，立容德。視思明，聽思聰，色思温，貌思恭。正衣冠，尊瞻視，坐毋箕，立毋跛。惡旨酒，好善言。食無飽，居無安。進以禮，退以義，不聲色，不貨利。信道篤，執德弘。見不善，如探湯。祖堯舜，憲文武，如周公，學孔子。禮三百，儀三千，温而厲，恭而安。存其心，盡其性，終始一，睿作聖。

訓蒙雅言

惟皇上帝，降衷于民，元亨利貞，道不遠人。民之秉彝，有物有則，性無不善，好是懿德。仁義禮智，良能良知，❶非由外鑠，我固有之。天叙有典，天秩有禮，有是四端，猶其四體。孩提之童，可知可能，無不愛親，無不敬兄。維此聖人，先知先覺，從容中道，與天地合。進退可度，德義可尊，中天下立，作師作君。昔在帝堯，克明俊德，允執其中，順帝之則；平章百姓，協和萬邦，巍乎成功，❷焕乎有章。大舜有大，惟精惟一，濬哲文明，温恭允塞；明於庶物，察於人倫，由仁義行，樂取諸人。禹曰孜孜，惡酒好善，聞言則拜，敬脩可願；不矜不伐，惡服卑宫，克儉于家，克勤于邦。湯敬日躋，懋昭大德，不殖貨利，不邇聲色；以義制事，以禮制心，毋從匪彝，毋即慆淫。亹亹文王，小心翼翼，不顯亦臨，不聞亦

❶「良能良知」，清鈔甲本作「良知良能」。
❷「成功」，清鈔甲本作「功成」。

式；肅肅在廟，雍雍在宮，刑于寡妻，至于家邦。於皇武王，建其有極，敬用五事，乂用三德；無反無側，無黨無偏，王道蕩蕩，王道平平。周公達孝，善繼善述，思兼三王，夜以繼日；克勤小物，勤勞王家，赤舄几几，德音不瑕。孔集大成，信而好古，祖述堯舜，憲章文武。下學上達，好古敏求，發憤忘食，樂以忘憂。進禮退義，温良恭儉，若聖與仁，爲之不厭。宗廟便便，鄉黨恂恂，私覿愉愉，燕居申申。立不中門，行不履閾，不正不坐，不時不食。出事公卿，入事父兄，罕言利命，不語怪神。毋意毋必，毋固毋我，從心所欲，無可不可。堯舜性者，湯武反之，由文至孔，則聞而知。先聖後聖，道一而已；先覺後覺，心同然耳。人可爲舜，邑有如丘；氓之蚩蚩，放而不求。聖人有憂，設爲學校，于帝其訓，脩道謂教。教以禮樂，教以詩書，教以人倫，皆復其初。蒙以養正，常視毋誑，朝夕幼儀，請肄簡諒。洒掃應對，威儀遲遲，折旋中矩，周旋中規。大學之道，在明明德，十五而志，自强不息。請問其目，先致其知，誠意正心，以公滅私；心正身脩，家齊國治，皆由此出，非自外至。聖謨洋洋，嘉言孔彰，君子人與，日就月將。博學審問，愼思明辨，若昔大猷，監于成憲。道若大路，夫豈難知？❶萬物備我，❷求則得之。利善之閒，乃見天則，如惡惡臭，如好好色。盡心知性，知性知天，理義悦心，秉心塞淵。求其放心，約之以禮，脩其天爵，從其大體。仁實事親，義實從兄，智知禮節，樂樂則生。

❶「夫」，乾隆本作「求」。
❷「備」，乾隆本作「皆」。

入孝出弟，體信達順，强恕而行，求仁莫近。忠信篤敬，參前倚衡，擇乎中庸，拳拳服膺。浩然之氣，至剛至大，配義與道，養而無害。中而不倚，和而不流，勇者不懼，仁者不憂。君子務本，親親爲大，居致其敬，夙夜匪懈。事親如天，事天如親，全而歸之，不辱其身。父子主恩，君臣主敬，夫婦有别，男女以正。老者安之，少者懷之，朋友偲偲，兄弟怡怡。見賢思齊，賢賢易色，以友輔仁，友友其德。雞鳴而起，三省吾身，主善爲師，戰戰兢兢。恐懼不聞，戒謹不睹，相在爾室，不愧屋漏。莫見乎隱，莫顯乎微，必謹其獨，意毋自欺。敬以直内，義以方外，斯遠暴慢，斯遠鄙倍。❶ 正其衣冠，❷出入禮門，❸望之儼然，即之也温。非禮勿視，非禮勿聽，遵道而行，行不由徑。使民如祭，出門如賓，己所不欲，勿施於人。庸德之行，庸言之謹，閑邪存誠，窒慾懲忿。有過則改，見善則遷，非義速已，何待來年？克己復禮，養心寡慾，簞食瓢飲，不改其樂。反身而誠，道積厥躬，飲水曲肱，樂在其中。日新又新，終始惟一，❹赤子之心，敬而無失。經禮三百，曲禮三千，俯不怍人，仰不愧天。和順積中，英華發外，清明在躬，睟面盎背。心莊體舒，心廣體胖，動容中禮，左右逢原。口無擇言，身無擇行，盡性至命，曰睿作聖。用之則行，善與人同，斯道覺民，天下爲公。舍之則藏，龍德而隱，獨行其道，遯世無悶。顔氏之子，其殆庶幾，心不違仁，具體而微。吾道一貫，曾子曰唯，仁爲己任，死而後已。

❶「倍」，清鈔甲本作「俗」。
❷「正其衣冠」上，清鈔甲本有「尊其瞻視」一句。
❸「出入禮門」，清鈔甲本無此句。
❹「惟」，清鈔甲本作「如」。

於乎小子，敬之敬之！堯舜人同，文王我師。行堯之行，是堯而已。舜何人也？有爲若是。彼我丈夫，吾何慊乎？從事於斯，聖人之徒。誨爾諄諄，皆雅言也。自暴自棄，民斯爲下。

暑示學子❶

冠以莊首，衣以庇躬，裳爲脛飾，屨爲趾容。非人之制，乃天之常，君子奉之，寒暑一同。語必表給，❷禮毋褰裳，先民有訓，嗚呼敬恭！

暑月喻齋生

人之所以必具衣裳冠屨者，非聖人制爲是禮以强人也，天之命於人者然也。蓋天之生人，首不爲鳥獸之濯其頂，❸必欲使人莊以冠，身不爲鳥獸之氄其毳，❹必欲使人庇以衣；趾不爲鳥獸之剛其甲，必欲使人束以屨。表裏相備，文質相稱，夫然後有以全人之形而貴於物，理甚昭昭，非由外得。是固無斯須之可去身，而亦無待於人之檢防也。復何有寒暑、隱顯、作輟之不常哉？故《禮》曰：「冠毋免，勞毋袒，暑毋褰裳。」又曰：「不有敬事，不敢袒裼。」又曰：「若有疾風、迅雷、甚雨，則雖夜必興，衣服冠而坐。」而《論語》亦曰：「君子正其衣冠，尊其瞻視，儼然人望而畏之。」皆理之常，無過矯也，聖人特發以示人爾。

❶「暑」下，清鈔甲本有「月」字。當從。
❷「語」，清鈔甲本作「袗」。
❸「濯」，《四庫》本作「露」。
❹「毳」，清鈔甲本作「毛」。

孔子當暑，袗絺綌，嫌其見體也，必又先著裏衣於內，❶以表而出之於外。子路臨死必結纓。伯子不衣冠而處，則議其「同人道於牛馬」。❷伯夷與鄉人立，其冠不正，則望望然去之。孟子見其婦袒而在室，則怒而咎其婦。❸至於叔代禮壞之餘，而萬石君家子孫，雖燕必冠。❹柳仲郢居內齋，未嘗不束帶。管寧海中遇風思過，則深以一夕科頭而自訟。呂滎公平居，雖甚熱而不去巾襪縛袴。有囚首而談詩書者，蘇公必以禍天下斥之。前聖後賢，凡所以致其敬、嚴於此者，非他也，皆畏天命而不敢褻，自重其軀而不容以或賤也。

若或去之而一於自便，則是褻天命而自賤其軀矣，則不得謂之全人之形矣，則是「囚徒」而已矣，則是「赤蠻」而已矣，❺則是「鳥獸之伍」而已矣。然囚猶何校以爲飾，蠻猶執盾以自蔽，鳳鴻猶有羽之儀，虎豹猶有鞟之文，則裸然赭其軀者，是蓋又有甚於囚虜，❻而曾鳥獸之不若矣。

此固脩儒莊士所見而駭者，而亦非人之樂墮乎此也，習焉而未之思爾。誠試引目，觀其如此等之人是何形狀，復反鏡自視其如此等之狀，是可醜不可醜，當亦惕然有以自喻矣。❼

北溪先生大全文集卷第十六終

❶「必又」，清鈔甲本作「又必」。
❷「議」，乾隆本、清鈔甲本作「譏」。
❸「咎」，原作「客」，今據乾隆本改。清鈔甲本作「去」。
❹「燕」下，清鈔甲本有「處」字。
❺「赤」，清鈔甲本作「南」。
❻「又」，清鈔甲本作「尤」。
❼「亦」，清鈔甲本作「自」。

北溪先生大全文集卷第十七

雜著

侍講待制朱先生叙述

自孟子没，聖人之道不傳。更千四百餘年，得濂溪周子、河南二程子者出，然後不傳之緒始續。然濂溪方開其原，甚簡質而未易喻，明道又不及爲書，伊川雖稍著書，大概方提綱發微，未暇及乎詳密，而斯文之未整者猶爲多矣。故百年之内，見知聞知亦不乏人，而斯道復傳之緒，若顯若晦，聖人殘編斷簡，❶竟未有真能正訂以爲後學之定準，❷而百氏争衡於世者，❸亦紛乎未決。

求其詣之極而得之粹、體之全而養之熟，真可以嗣周程之志、而接孟子以承先聖者，惟吾先生一人，超然獨與心契。凡向之精義已確而不易者，今表而出之；宏綱方舉而未張者，今闡而大之；旨有隱而未瑩者，光明而灑落之；辭有樸而未澤者，磨刮而潤色之；訛者正之，闕者補之，偏者救之，繁者約之。上以達於羣聖之心，而下以貫穿乎百氏之説。寸長片得兼蒐並輯，著定爲成書，❹以扶翼聖訓，其爲言大中至正、

❶「編」，清鈔甲本作「篇」。
❷「正訂」，清鈔甲本作「訂正」。
❸「者」，清鈔甲本無此字。
❹「定」，清鈔甲本無此字。

精粗具舉而本末不遺，命理切盡而達意周到。❶金精而玉潤，日光而月潔，渾圓而至粲，疎暢而甚縝。豐不餘一言，約不欠一字。❷合百家而一統，總衆論而同歸，集諸儒之大醇，❸洗千載之積誤，使聖人精蘊瞭然在目，而異端曲學無復容喙。高明有志者，得以省研索之半功，❹而雍容於聖門之入。蒙稚新學者，亦有識趨向之正途，而不迷於文義之歸。故周程所以得先聖不傳之傳者，❺至是始彰信於天下；而先聖所以爲萬世法程者，至是又益定而且尊。其於斯文之功，可謂大矣。

蓋先生秉氣純陽，❻清明剛健，卓絶世表。聞道甚早，而力行有成。其爲學大綱，一主程氏而節目加詳，所以獨知自得而契乎先聖者尤多，其功力之到又無所不盡。❼自「志學」至於「不踰矩」，❽其等級無不有以致其極。自「明德」至於「平天下」，❾其規模無不有以備其全。其文之博也，天下之書無一之不讀，而邪正純駁，必有以究極其歸趣。天下事物，無一之不格，而幽明巨細，必有以洞灼其表裏。千古人才論而友之，賢愚淑慝亦無一不探索其衷曲。其知之至也，瑩萬理於胸中，❿炳千古於目前。是，極其所真是，而不可移；非，極其所真非，而不容易；善，極其本之所由來，而無不徹；

❶「達」，清鈔甲本作「辭」。
❷「欠」，清鈔甲本作「失」。
❸「醇」，清鈔甲本作「成」。
❹「半」，清鈔甲本無此字。
❺下「傳」字，清鈔甲本作「緒」。
❻「秉」，康熙本、清鈔甲本作「稟」。
❼「其」，清鈔甲本作「而」。
❽「至」上，清鈔甲本有「以」字。
❾「明」，清鈔甲本作「明明」。
❿「胸」，原作「胞」，今據康熙本、乾隆本、清鈔甲本改。

惡，極其幾之所從起，而無少遁。其大經大法亭當乎上下者，❶固昭如大明之中天。❷而其至纖至悉，自本而之末，自末而緣本，或出或入，或分或合，至於千變萬化、紛綸錯綜、縱横顛倒，亦無不粲然有條，如衡別鑑照，❸無星毫之紊。❹

其自信之篤也，雖前哲之所已言而吾心不安，則不敢輒爲之徇；雖前哲之所未言而吾心所安，則卓然特立，而不顧其自守之確也。終始屹然，不以衆論而摇，不以利害死生而動。好善如好好色，而咨賞采訪不以微而廢；❺惡惡如惡惡臭，而無或少爲之隱忍回互。❻果於徙義，如洪瀾赴壑而不可禦；嚴於克己，如一劍斷虵，❼而不復續。

至其體道爲一，身即書、心即理，無一言之不實踐，無一行之不素充，粹然規矩準繩之内。貌莊而體胖，神全而志定。視聽坐立不拘拘於持敬，而自有成法；舉動周旋，不勉勉於中禮，而悉有常度。望之儼然而可畏，即之温然而可親。其接人也，終日怡悦薰然如春風之和而可挹。❽事有所不可，❾則其斷之也雷霆之威，又厲然而不可犯。胸懷磊落明快，而所以主於中，則縝密而無滲漏；節操壁立萬仞，而所以處於中，則坦夷而無峻迫。智之圓，足以周流不窮，而制行則直方；膽之大，足以勇爲不懼，而

❶「亭當」，乾隆本作「停當」，清鈔甲本作「體備」。
❷「昭」下，清鈔甲本有「然」字。
❸「照」，清鈔甲本作「昭」。
❹「星」，清鈔甲本作「纖」。
❺「咨賞」，康熙本作「咨察」，乾隆本作「諮詢」。
❻「少爲」，清鈔甲本作「小」。
❼「一」，乾隆本作「利」。
❽「如」，康熙本、清鈔甲本無此字。
❾「所」，清鈔甲本無此字。

小心則兢畏。❶視其表，則泰山巖巖而不可動；測其藴，則滄溟浩浩而不可竭。剛大之氣，有以配義與道而無餒；弘毅之質，可以任重致遠而無虞。處義無決裂之病，行恕無姑息之蔽。❷道愈高而心愈下，德愈盛而禮愈恭。公天下之見而不自是，大天下之量而不自足。其見於著述，凡片文隻字以往，❸不過即其身心之所素者而寫之爾；❹其見於講論，亦不過自大源中流出，❺如取物諸囊，直探而示之。❻叩者辭未竟而答之已縷縷，不待思慮而從容以出，無非妙道至義。曲當人情而深盡物理，令人涣然有省於言下，欣懌不能止也。

先生明睿上達，日新而不已。所著之書，每有温則有改，每改益覺超越，又所未前聞者。先生行健不息，終日乾乾，篤於好學，雖老病後觀書不怠；切於育人材，晝夜無倦色，雖抱病支離，必引至卧内，力坐而共講。日用酬酢，與事周流，雖病困亦未嘗厭斁，而於繁劇之中，常優閑而有餘；交錯之地，常泰定而不亂。

先生教人，循循有序，其始必從事於小學洒掃應對之節，以立其本。然後馴進於《大學》明德新民之道，以成其功。《大學》然後《論》、《孟》，《論》、《孟》然後《中庸》，

❶「小」，清鈔甲本作「居」。「兢」，清鈔甲本作「謹」。
❷「蔽」，乾隆本註引《紫陽類編》作「弊」。
❸「凡」，清鈔甲本無此字。
❹「素」下，乾隆本註引《紫陽類編》有「得」字，清鈔甲本作「具」。
❺「大」，原作「太」，今據康熙本、乾隆本、清鈔乙本及《四庫》本改。清鈔甲本作「心」。
❻「取物」，乾隆本作「物取」。「諸」，清鈔甲本作「于」。「示」，清鈔甲本作「與」。

《中庸》然後及六經諸書，❶而其所以爲教之目，則父子、君臣、夫婦、長幼、朋友；其所以爲學之法，則博學、審問、慎思、明辨、篤行而行之。自脩身至于處事接物，又各有其要，其終始涵養必以主敬爲務，而致知之功視力行爲加多，必極根原之洞徹，毋徒影象之髣髴，❷真能知則真能行矣。

去冬某侍教，又謂當大作「下學」之功，毋遽求上達之見。當如曾子專從事於所「貫」，毋遽求曾子之所「一」；當如顏子專從事於「博約」，毋遽求顏子之「卓爾」。凡所講道，一本乎實。盡性至命，不越乎人心日用之近；窮神知化，不出乎人倫事物之常。嘗論天命之性、無極之真，其所自來雖極微妙，而其實即人心之中所當爲者而已。❸但推其本，則出於人心，而非人力之所能爲，故曰「天命」。雖萬事萬化皆自此中流出，而實無形象之可指，故曰「無極」。非謂日用之間別有一物，光輝流轉。而其所以爲此事，則惟在擇善固執、中正仁義而已，又非別有一段根原之功在講學應事之外者。是乃學問徹上徹下緊密之處也。

其開端示人，大要類此。故當四方英雋來往之會，隨所至之深淺而引接之，如羣飲於河，莫不各充其量而歸；當天下言論交湊之衝，隨所執之是非而爲之剖決，❹不出數語而定。其或自植一家，❺不肯回心向道者，彼固不得其門而入，不見宗廟之美爲

❶「及」，原作「反」，今據康熙本、乾隆本、清鈔甲本、清鈔乙本改。
❷「毋」，清鈔甲本作「無」。
❸「者」，原殘缺，今據康熙本、乾隆本、清鈔甲本、清鈔乙本及《四庫》本訂補。
❹「之剖決」，清鈔甲本作「剖析」。
❺「或」，乾隆本作「惑」，則當屬上句。

可慕，然至誦其書、談其行，則亦未有不爲之仰服而陰自怯縮也。❶

先生盛德充實輝光，見之者起敬，事之者革心，過其門者無不肅，親其謦欬者放心邪氣不復萌於中。其極盛至於威名四達，充塞海内遐陬，行旅賤隸皆能稱道之。

守臨漳，未至之始，闔郡吏民得於所素，竦然望之如神明，俗之淫蕩於優戲者，在在悉屏戢奔遁。❷ 及下車涖政，寬嚴合宜，不事小惠，一行正大之公情，絶無苟且之私意。而人心肅然以定，官曹厲節志而不敢縱所欲，官族循法度而不敢干以私，胥徒易慮而不敢行姦，豪猾斂蹤而不敢冒法。❸

郡中訟牒，日常不下二三百，自先生至，民訟不敢飾虚詞。❹ 其無情者，❺畏憚而不復出；細故者，率相解而自止。惟理實事重、❻不容於私決者，不得已而後進。故訟庭清簡，每所聽不過二三十而已。且又爲歷以誌其事目，旬一校其畢否，故吏無復容其稽滯以賕邀於民，而民亦無復患其稽滯以賕囑於吏，事早白而人甚便之。

郡俗於春，則諸寺爲傳經之集、諸坊爲朝嶽之會；於秋，則諸鄉爲禮塔之社。先生聞之，一禁而盡息。而諸廟附鬼爲妖者，亦相視斂戢，不敢復爲迎神之舉。

郡俗良家子女多學佛老，別創精廬，錯

❶「縮」，清鈔甲本重文。
❷「悉屏戢」，清鈔甲本作「屏息」。
❸「斂」，清鈔甲本作「潛」。
❹「詞」，原漫漶不清，今據康熙本、乾隆本、清鈔甲本訂正。
❺「其無」，原漫漶不清，今據康熙本、乾隆本、清鈔甲本及清鈔乙本訂正。
❻「實」，原漫漶不清，今據康熙本、乾隆本、清鈔甲本及清鈔乙本訂正。

居市廛，峰冠緇裘，❶出入爲羣，至有以敗度至訟庭者。先生憫然爲文以喻其父兄，而家閉精廬，無復肆出。

平時姦民多鼠竊，自先生至，未嘗有峻懲者，而皆望風屏迹。❷終先生去，徧四境民皆安寢，無有夜警者。後三年，歲在甲寅，有友人自漳浦來，謂某曰：「南邑内外，盜竊公行，❸比屋無寧居。人人今始思先生昔日之化，❹外户不閉，真爲太平民而不可得矣。」又後三年，都市有行刼者，民於是益思：先生治下，安得而有此也？❺

尤篤意於學校，牒延郡士黄樵仲、施允壽、石洪慶、李唐咨、林易簡、楊士訓、永嘉徐寓及淳八人入學表率。旬之二日，又領官屬下州學視諸生，講小學爲正其義。六日，下縣學亦如之。又創受成齋，教養武生員，❻新射圃，時督之射。

其於民亦務在教化，嘗榜釋《孝經·庶人》章及古靈先生教民之文，散諭百姓。正月維新，又條布孝悌之訓，與民更始。訟庭所斷，則必以人倫爲重。朞年，人正安習先生之化，而先生又行矣。

又嘗講求民間利病，以經界之大爲民利，力奏行之；以鬻鹽之深爲民病，先罷其瀕海之鋪十有一，欲俟經界之正賦既定，然後闔郡而悉除之。此志皆不克遂，然所以罷者，累政奉承不敢變，至今民被其惠也。

他如罷上元放燈以除慝禮，立風雷雨

❶「峰」，康熙本、清鈔甲本作「黄」，乾隆本作「峩」。
❷「望」，清鈔甲本作「聞」。
❸「盜竊」，清鈔甲本作「竊盜」。
❹「人人」，清鈔甲本不重文。
❺「而」，清鈔甲本無此字。
❻「武」，康熙本、清鈔甲本作「諸」。

師壇以正常祀，省燕約饋，寬賦簡役，卲農厲兵，❶善政在民未可悉記。或有譊譊不靖者，特出於訟庭不得志之强禦，亦不過以慘酷爲言，而實亦無可指者。今或問諸鄉民府吏，未有不咨嗟稱贊、心仰而誠服，亦可以見公論之所在。

此某鄉邦所親覩者，其他歷仕，則有不及知也。

先生進退行藏，以道而不輕；辭受取予，以義而不苟。不枉尺而直尋，寧範我馳驅而終日不獲，一有經世濟物之具，不見是而無悶；有制禮作樂之具，不見知而不悔。雖當毁怒咆哮、人所危慄之際，而綽然不以爲憂；雖當禁令苛急、人所拘忌之中，而泰然不以爲病。方且攷遺經、述舊典，徜徉於林泉之下，悠然不知身世之不足也。嗚呼！若先生者，真王佐之全材、亞聖人而具體。質之曾子所謂「託孤寄命，❷臨大節而不可奪」之君子、孟子所謂「居廣居、立正位、行大道，富貴不能淫，貧賤不能移，威武不能屈」之大丈夫，在先生素爲有餘。而子思子所謂「學知利行」，造於「知之」、「成功」之「一」，則在先生已全盡無愧，而進乎純熟矣。其正《詩》之「允矣君子，展也大成」歟！夫以如是之才，豈易再得？而進焉，不獲大施所藴，以覺斯民同吾道之歸；退焉，又不及大備斯文，以惠來學爲無窮之用。今其已矣，蓋天下所同痛悼，豈但諸生而已哉？

先生道德，昭昭在人心耳目者，固不容諸生之私談；而其口無擇言、身無擇行，則

❶「卲」，乾隆本作「卹」。
❷「託」，清鈔甲本、《四庫》本作「托」。

又未易以形容盡。至於仰之彌高、鑽之彌堅，抑又有不可得而形容者。况某從游未久，又非密邇，莫能深詳，姑據所見，以伸其哀慕之情云爾。不自知其爲贅且僭也，又約而爲之贊云。

慶元六年十月朔，門人臨漳陳某泣書。

贊見第五卷。

北溪先生大全文集卷第十七終

北溪先生大全文集卷第十八

講　義論語

論語發題

《論語》一書，乃夫子門人雜記答問之書，而聖人之言行略具焉。其爲説，有精粗深淺之不一，非聖人有意爲之也，隨觸而應，皆從大本中流出，而莫非天理自然形見之妙。雖片言隻字，朴乎若無文，而斯文之藴甚富；雖日用常行，淡乎若無味，而有真味之不可竭者存。蓋羣經之階梯，而入聖之門户，莫要焉者也。學者不欲學聖人則已，如欲學聖人，有志於造道而入德，則當以是爲切己之務而盡心焉。舍是而他求，亦無由進矣。

聖人之心公平正大，聖人之言坦易明白，❶非可以過求也，非可以泛索也，非可以新奇華巧穿鑿也，非可以偏旁迂曲揣測也。平其心、易其氣，順攷其文義，而紬繹其旨脈，如親炙聖人，耳聞心受而身體之，必沈潛反復、真切懇到，而後聖人之實意見矣。聖人之實意有見，由是而益竭吾鑚仰，不以一斑半點自喜，又推類而博通之，須至於真有卓爾呈露于前，確確不可易，然後上達下達之岐判、向背取舍之幾決，聖人之門可遊，堂可登而室可窺，所謂宗廟之美、百官之富，皆可以措目容足，次第而得之，於己

❶「易」，《四庫》本作「夷」。

雖欲罷而自不能以止矣。

嗚呼！此聖賢事業也。欲登高必自下，欲陟遐必自邇，❶願與諸同志共切磨之。

學而第一

子曰：「學而時習之，不亦説乎？有朋自遠方來，不亦樂乎？人不知而不愠，不亦君子乎？」

「學」之爲言效也。未能肖聖人，❷而效爲聖人者也。❸蓋天之生人，其性皆善，皆有聖人之質，惟其稟氣感物之不齊。❹聖人所稟純而清，❺又無物欲之汩，本然之善無所蔽，無所事學。自賢者而下，所稟不能以純清，而有濁之參焉，物欲又從而汩之，本然之善不能無所蔽，必有待於學以明之。所謂「學」者，亦不過效聖人之所爲，而去其氣稟物欲之蔽，以明善而復其初爾。其綱條節目，則具在聖人之訓。「習」之爲言，有重温不已之義。在學者之效聖人，必即其所效條目，❻重温之而不已焉。乃所謂「習」、「時習」者，無時而不習也。時時習之而無間斷，則所學者熟，趣味源源而出，中心不期悦懌，而進進自不能止矣，此學之始也。

「朋」者，同爲此學者也。「自遠方來」者，以善及人，而信從者衆也。蓋所

❶「陟」，原作「步」，今據《四庫》本改。
❷「肖」，清鈔甲本無此字。
❸「爲聖」，清鈔甲本作「聖爲」。
❹「稟氣」，清鈔甲本作「氣稟」。
❺「所」，清鈔甲本作「之」。
❻「條目」，清鈔甲本無此二字。

學之善，乃人心之所同然，非一己之得私。吾之得於己者既足以及人，而人之同爲是學者又有以興起其善而信從之，如此其衆，則是率天下之人，皆有以復其初，而均得此心之所同然，吾之志願畢矣。安得不愜快於中而悠然適其樂哉？此學之中也。夫「有朋」之來，是道同志合者也。其不見知，則道不同者也。

學本爲己，非求人之知也。人知不知，何與吾内？而何足以爲喜愠？詳味「不愠」之旨，見其胸中洒落明瑩，豈復有纖毫物我之私介於其間哉？然朋來而樂者，順境也，易爲力；人不知而不愠者，逆境也，難爲功。非信之篤而養之厚，得之深而守之固，不足以與此，必惟成德君子能之，此學之終也。

合三節而論，其中之樂，必由始之悦而後得；而非中之樂，亦不足以成其終之德。然始之所由學者不正，則節節從而差，亦不能有時習之悦矣，亦無自而有朋來之樂矣，亦不復有以成其君子之德矣。惟始不迷其所從入，而終不失其所造極，乃所謂善學者也。

有子曰：「其爲人也孝弟，而好犯上者，鮮矣。不好犯上而好作亂者，未之有也。君子務本，本立而道生。孝弟也者，其爲仁之本與！」❶

此章分作二節：前節泛論常人，後節專論君子。其旨脈皆相應，但功用有小大之不同爾。夫孩提之童，稍有知則

❶「仁」，原作「人」，今據乾隆本、清鈔甲本及《論語》原文改。

無不知愛其親，無不知敬其兄，此人人之所同也。故常人苟能孝弟，則心氣和順，自無犯上作亂之事。若君子，專用力於根本。根本既立，則其道自生。所謂「孝弟」者，❶乃爲仁之根本也。❷

「爲仁」猶曰行仁。行仁者，推行充廣之謂。蓋仁者，心之德而愛之理也。心之德，其全體；而見於愛者，其用。事親、從兄，則愛之端，先見而最切者。此如木之根本處，加之培壅之功，則愛之萌日滋而無所遏。自此而充廣之，由親親而仁民，由仁民而愛物，如木之自根而榦，自榦而枝葉，雖有差等之不齊，而此氣無不流行通貫，所謂仁之道於是乎生生不窮矣。其功用豈不甚大？又豈特常人所謂不好犯上作亂者而已哉？此孝弟所以爲行仁之本也。

然程子又曰：「論性，則以仁爲孝弟之本。」何也？蓋孝弟者，仁中之一事耳。仁是性，孝弟是用。譬之粟而生苗，仁其粟而孝弟其苗也。此仁所以爲孝弟之本也。學者而識仁，則於此自明白矣。

子曰：「巧言令色，鮮矣仁。」

前章論「仁」，以「愛之理」言之；此章論「仁」，以「心之德」言之。夫五常之「仁」，猶四德之「元」。偏言則一事，專言則包四者。「愛之理」，以偏言者也；「心之德」，以專言者也。

如巧好其言、令善其色，致飾於外而務以悅人，則人欲肆行而本心之德亡矣。❸豈復有所謂仁哉？然聖人不謂之

❶「弟」下，清鈔甲本有「也」字。
❷「根本」，清鈔甲本作「本根」。
❸「本」，清鈔甲本作「人」。

「無仁」，而曰「鮮矣仁」者，詞不迫切。謂如是之人少有仁爾，非以爲猶有少許之仁存在也。❶故程子之傳，直以「不仁」斷之，其義精矣。蓋仁不可以多少言，此心純是天理之公，❷而絶無一毫人欲之私以間之，乃謂之仁。稍有一毫之私以間之，則天理不流行，而不得爲仁矣。猶人之有一支一節之廢，則謂頑痺不仁，❸而不得謂之康寧人矣。況巧言令色，又非小小病乎？

大抵聖門之學，以求仁爲要。其所以行之者，必本於孝弟。而所以賊之者，莫甚于巧言令色。記者列此二章於學習章之次，亦欲學聖人者，知此道之爲急，先務其所當務，而復戒其所可戒也。讀者宜深味之。

曾子曰：「吾日三省吾身。爲人謀而不忠乎？與朋友交而不信乎？傳不習乎？」

「忠」者，盡己之謂。凡利害關於己，則度之必盡；利害不關於己，則易有不盡。故爲人謀鮮有忠者。「信」者，以實之謂。凡稱人之善，則易過其實；道己之失，則易諱其真。故與朋友言，鮮有信者。此處心之病也。「傳」之於師，不習之、熟之，則無以得於己，不過口耳之傳爾。此問學之病也。

三者皆日用行事大節目處。曾子之學，專用心於内，以是爲切身之大病，日常加省，懼其或有存焉，可謂自治之篤矣。而於三者之中，本末有序。而質文相發，又得其所以入道成德之要，所以卒

❶「在」，乾隆本、清鈔甲本作「住」。

❷「心」，原作「是」，今據清鈔甲本改。

❸「謂」，清鈔甲本作「爲」。「頑」，乾隆本作「痿」。

能全歸其體而傳聖人之道歟！學者以之爲標的，則不差矣。

子曰：「道千乘之國，敬事而信，節用而愛人，使民以時。」

此章最可玩。聖人之言小大淺深、縱横顛倒，無不混淪處。夫「道」者，治也。不曰「治」千乘之國而曰「道」云者，治，其事也，以政言；道，其理也，以爲政者之心言。其目五者，則皆其心之所存而未及爲政，乃所以爲政之本也。「敬事」者，心存於事而不苟也。「信」者，令信於民而不數易也。「節用」者，儉而不妄費也。「愛人」者，惠而不傷也。「使民以時」者，於農隙而使之也。此五者，夫子爲諸侯之國而言，至近而易行矣。然皆治道所當務，至確而不可易，至要而不容闕。推而極之，雖天下亦不外此，而堯舜之治亦不過此。

合五者而觀，又皆以「敬」爲主。蓋「敬」者，主一無適之謂，乃心之生道，而萬事之根本，所以成終而成始者也。爲信而不敬，則出令必苟而不能確定矣；節用而不敬，則所節必苟而不有常度矣；愛人而不敬，則所愛必苟而不免姑息矣；使民而不敬，則所使必苟而不復計其勞逸矣。

又自上順而觀：敬而後能信，不敬則事事皆苟，而不能以信矣；信而後能節用，不信則有時乎節、有時乎不節矣；節用而後能愛人，不節用則必至於傷財而害民矣；愛人而後能使民以時，不愛人則輕用民力而不暇，惟其時矣。

又自下遡而觀：敬事者又不可以不信，不信則朝令夕改、亦無從而敬謹矣；

爲信者又不可以不節用，不節用則泛濫無度，亦不能以保其信矣；節用者又不可以不愛人，不愛人則視人之膏血如泥沙，亦不能以嗇其用矣；愛人者又不可不使民以時，不以時則力本者不獲自盡，雖有愛人之心，而人不被其澤矣。

凡小用大用、淺用深用、横觀竪觀、顛倒而觀，無所不通而無所不圓，由聖人胸中渾淪太極之體，❶隨所感觸，不覺流而爲此語，皆莫非自然而然，非有意於安排布置，此其所以爲聖人之言歟！

子曰：「弟子入則孝，出則弟，謹而信，汎愛衆而親仁，行有餘力，則以學文。」

孝於親、弟於長、謹其行、信其言、廣愛衆人而親炙仁者，此皆日用行事之要處，而應接有事之時也。當其時，須各盡其事；及事已之後，有餘暇之力，不可以虚度時光，必用此餘暇之力而學《詩》、《書》、六藝之文。蓋斯文所載者，亦不過此等事之理及聖賢已行之法而已。如是而爲孝弟，如是而爲謹信衆，如是其愛仁，如是其親，莫不各有其理之所當然，綱條節目粲具於其中。如是而爲舜、❷文王之孝，如是而爲王季、叔齊之弟，與其他所已行，莫不各有一定成法可覆也。

吾以所行之餘力從事於此，則本質先立而良心不放，有以爲致知之地矣。其於講究此理之當然，攷訂聖賢之成法，❸固有所根著，而知之也必精。既知之精，有以悟此理之當然，則於行也，不

❶「胸」，原作「胞」，今據乾隆本、清鈔甲本、清鈔乙本改。
❷「而」，清鈔甲本作「其」。
❸「攷訂聖賢」，清鈔甲本作「則於行己」。

疑而必益確；有以識聖賢之成法，則於行也，有證而必益力。行之既確而力，由是而復致知也，必又精而益精矣。每日之内，致知力行隨時更迭而展轉互相發，其味無有窮矣。

苟於餘力而不學文，則所行雖力，必不免於私意，而不能以中節，將如刲股封肝之孝、❶抱橋之信，反陷於不孝不信而不自知。若未有餘力，遽輟而學文，則又廢人事而曠天職，雖所知之精，亦何與於我？然則德固不可以一日而不修，而學亦不可以一日而不講也。

子夏曰：「賢賢易色。事父母能竭其力，事君能致其身，與朋友交言而有信，雖曰未學，吾必謂之學矣。」

賢人之賢而自改其好色之心，則誠於好善矣；事親不自愛其力，則誠於孝矣；事君不自有其身，則誠於忠矣；與朋友言而信，則誠於交際矣。四者皆人倫之大者，而無所不用其極。學以明人倫，不過求如是而已。

子夏謂人能如是，則得爲學之道矣。雖或以爲出於生質之美，而非由務學之至，我必斷然謂之已學矣。蓋深以實行，非學不能篤，而疾時人於學不務實。但詞氣抑揚之間，少有過中。其流弊，必至于廢學。不若上章聖人之語意圓而無弊也。

大抵生質之美，有限而易窮；務學之益，無窮而不可廢。以生質之美，而加之務學之益，則磨刮愈見精粹，潤澤愈見

❶「刲」，清鈔甲本作「割」。

輝光，❶心與理相涵而知愈密，身與事相安而守愈固，其所有限而易窮者，將通爲無窮矣。若謂質美已得學之道，而不必更學以爲質之副，則所美者，終涉於粗而不精，而陰亦不能免私意之雜。❷至於窮而或變焉，又將忽反陷於惡而不自知矣。❸

是則此章之流弊，可不重以爲警？而上章之旨，可不深體以爲日用之準則哉？

子曰：「君子不重則不威，學則不固。主忠信。無友不如己者，過則勿憚改。」

正其衣冠，尊其瞻視，則儼然人望而畏之；輕乎外者，必不能堅乎內，故不厚重則無威嚴，而所學亦不堅固也。主者，心以爲重，無時而不在是也。忠者，盡己之心而無隱也。信者，以事之實而無違也。以忠信爲主，則真心常存而事事皆實矣。友，所以責善而輔仁，與勝己者處，則己有益；不如己，則無益而有損。過者，動之差。知而速改，則復於善而爲無過。若畏其難，❹而不勇於去之，則過遂成而爲惡矣。此皆君子自脩之道，當然而不容一闕者也。

蓋以威重爲質，則立德有基矣。必學以固之，則基壯而不摇矣。必主忠信以實之，則日積而日崇矣。必勝己者以輔之，則日益而日進矣。又過而必速改，則惡日消，而進善之路不格，遂可馴至於充盛輝光而成其德矣。切哉！聖訓。篤自治者，所當汲汲以從事也。

❶「輝光」，清鈔甲本作「光輝」。
❷「陰」，清鈔甲本無此字。
❸「忽」，清鈔甲本無此字。
❹「其」，清鈔甲本作「於」。

或曰：「不如己」之說，❶自謂人不如己，則生自滿之心；必勝己者而後友之，❷則勝己者又將視我爲不勝己而不吾友，則如之何？聞之師曰：人之賢否優劣自有定則，非彼我好惡所得私，而吾於應接，或親或疎，或高或下，亦不容以分別爲嫌也。❸故於齒德之殊絶者，則尊而師之；於賢於己者，則尚而友之；其不如己者，❹雖不當就而求之以爲吾友，亦必有以矜而容之、勉而進之爾。是皆理勢之必然，非我之敢爲自滿，而亦未嘗輕以絶人也。❺彼賢於我者，其視我亦猶是耳，而何有棄於我？

但世之人，每難於友勝己而好友不如己。其樂於縱恣者，則憚直諒者之正己而不敢親。❻安於淺陋者，則忌多聞者之少己而不肯問。至於卑孱嵬瑣之流，則喜其臨之而足以爲高。便辟佞柔之友，則悦其下己而足以自肆。是以賢智日遠，而所與居者第庸夫俗子爲伍。❼雖有良才美質，❽亦交相從於小人之歸而不自知矣。❾

然則聖人安得不直一言以警之，而何以迂爲顧慮？在學者亦何必舍聖人

❶「說」，清鈔甲本作「謂」。

❷「而後」，清鈔甲本作「不吾」。

❸「容」，清鈔甲本作「欲」。

❹「其」，清鈔甲本無此字。

❺「以」，清鈔甲本作「於」。

❻「者」，清鈔甲本無此字。

❼「爲伍」，原殘缺，今據乾隆本、清鈔甲本及清鈔乙本訂補。

❽「雖有」，原殘缺，今據乾隆本、清鈔甲本及清鈔乙本訂補。

❾「從於小」，原漫漶不清，今據乾隆本、清鈔甲本及清鈔乙本訂正。

明白之旨，而妄生曲説爲之遷就也哉？

曾子曰：「慎終追遠，民德歸厚矣。」

終者，人之所易忽，而能謹之於喪，以盡其禮；遠者，人之所易忘，而能追之於祭，以盡其誠：厚之道也。以此處己，則己之德厚；以此化民，則民德亦歸於厚也。曾子之學，以孝弟忠信爲本，故其言如此。從而味之，其人氣象可見矣。

子禽問於子貢曰：「夫子至於是邦也，必聞其政。求之與？抑與之與？」子貢曰：「夫子温、良、恭、儉、讓以得之。夫子之求之也，其諸異乎人之求之與？」

夫子至於是邦而必聞其政者，非聖人有求之也。子禽以求爲問，是以常情測聖人也。子貢答以夫子温、良、恭、儉、讓以得之，可謂深知聖人而善言德行者矣。此五者，夫子之盛德輝光接於人者也。❶蓋言聖人德容如是，❷故時君敬信，自以其政就而問之，若以是求之云爾，非實若他人，必有求之而後得也。其亦必以求爲説者，特因子禽之言，借其字而反之，以明夫子之實未嘗求，亦猶孟子言伊尹以堯舜之道要湯，特借或人之言而反之，而實未嘗有要之之意也。

然即此而觀聖人，所至必風動響應，其過化存神之妙，亦略可見矣。而時君乃莫有能委國而授之政，蓋見聖人之儀容而樂告之者，秉彝好德之良心也。而竟莫能授之政者，私欲從而害之爾。在聖人，於此雖未足以有行，而亦足以爲之兆矣。而一言不契，則委而去之，未嘗不

❶「輝光」，清鈔甲本作「光輝」。
❷「人」下，清鈔甲本有「之」字。

果，亦其濟時行道之心雖切，固未嘗屈道以從人也。

子曰：「父在觀其志，父没觀其行。三年無改於父之道，可謂孝矣。」

此觀人子之法也。其志與行善矣，又必三年無改於父之道，乃見其有愛親之心，而可以爲孝。蓋爲人子者，本以守父之道，不忍有改爲之心，至有所遇之不同，則隨其輕重而以義制之。如其道，則終身無改。❶ 如其非道，何待三年？無改者，意其有爲而言，其事在所當改，而可以稍遲而未改，❷爲孝子之心，則有所不忍，而未容以遽改故也。若當改之時至，則如之何？雖不容以隱諱遷就，❸而至誠哀痛之心，則不可不存焉。

有子曰：「禮之用和爲貴，先王之道斯爲美。小大由之，有所不行，知和而和，不以禮節之，亦不可行也。」

禮者，天理之節文，人事之儀則也。其爲體甚嚴，如君尊而臣卑、父尊而子卑、夫婦之有别、長幼之有序，截然一定而不可亂。然皆本於天理之自然而人心之所安，非聖人以强乎世者。故其爲用也，必從容舒泰而無拘迫艱苦之患，乃不拂乎天理人心之本，謂之和而爲可貴。如君臣都俞之相孚，父子唯諾之相親，夫婦之唱隨，長幼之遜順，其情無不交通焉，是其類也。其他三千三百之儀，亦莫不皆然。先王之道，此其所以爲美。

❶「則」，原脱，今據清鈔甲本補。

❷「稍」，原漫漶不清，今據乾隆本、清鈔甲本及清鈔乙本訂正。

❸「雖」，原漫漶不清，今據乾隆本、清鈔甲本及清鈔乙本訂正。

而小事大事無不一由之，兼指禮與和而言也。然如此而復有所不行者，以其徒知和之爲貴，而一於和，和遂過而流於嫚，不復以禮節而歸之中，則去天理之本然者遠，而人心所安者，蕩而爲不安矣。所以「亦不可行」也，蓋禮之體嚴而用和，本非判然不相入。其嚴也無不泰，而所謂和者中已具，豈復有勝而離？其和也無不節，而所謂嚴者未嘗失，豈復有勝而流？必如是，然後得性情之正，❶而爲禮之全也。若稍過中而各倚於一偏，❷則其不可行，均矣。豈但和之流，然後爲不可行哉？

有子曰：「信近於義，言可復也。恭近於禮，遠恥辱也。因不失其親，亦可宗也。」

此章大旨，謂人之言行交接當謹于始，❸以防後患也。夫人之約信，固欲其言之必踐也。然始之不度其宜，則所言將有不可踐者。以爲義有不可而不之踐，則失其信。以爲信之所在而必踐焉，則害於義。二者無一可也。惟約信之始，必求其合於義焉，則其言無不可踐，而無二者之失矣。

致恭於人，固欲其遠恥辱也。然不中乎節文，則或過或不及，如望塵而拜之類，❹非所當致恭而致恭，則失之過，其人必不我答。如君父師長之類，所當致恭而不致恭，則失之不及，其人必爲我怒，❺皆自取恥辱之道也。惟致恭之始，必求

❶「性情」，清鈔甲本作「聖人」。
❷「於」，清鈔甲本無此字。
❸「接」，清鈔甲本作「際」。
❹「而」，原爲墨丁，今據乾隆本、清鈔甲本、清鈔乙本補。
❺「爲我怒」，乾隆本作「不我怒」。

其中於禮焉，則其遠恥辱也，必矣。

因猶依也，所依託之始，必度其人之賢而後依之，則在我不失其所親，而彼亦可以爲吾之宗主，必不至誤我之託矣。如孔子於衛主蘧伯玉，於陳主司城正子，則不失其親而可宗者也。此三者，若於始之宜約與不宜約、當恭與不當恭、可親與不可親，因仍而不早爲之決，苟且而不早爲之審，迨其差也。乃徐計於已然之後，以求免焉，則亦緩不及事，而豈勝其噬臍之悔哉？

子曰：「君子食無求飽，居無求安，敏於事而慎於言，就有道而正焉，可謂好學也已矣。」

不求安、飽者，志有在而不暇以口體之奉爲務也；敏於事者，力於行而不敢怠也；慎於言者，擇其可而不妄發也。能此四者，其於學用功亦篤矣。

若遽足焉自以爲是，而不取正於有道，則所學不能無差。心之所求者，❶必有非所當求，而未必皆先王之正路；事之所敏者，必有非所當敏，而未必皆先王之德行；言之所慎者，必有非所當慎，而未必皆先王之法言，而其終亦未必果能以造極。❷惟不敢輕自是，而又必就有道之人以正其是非，則學質自此如金經洪爐，炳然爲之一新，志可純、行可粹、言可精，而大中至正之極，亦可以馴造。非好學者，其能之乎？

子貢曰：「貧而無諂，富而無驕，何如？」子曰：「可也。未若貧而樂，富而好

❶「心」，清鈔甲本作「志」。

❷「果」，原作「不」，今據乾隆本改。《四庫》本作「遂」。

禮者也。」子貢曰：「《詩》云：『如切如磋，如琢如磨。』其斯之謂與？」子曰：「賜也，始可與言《詩》已矣！告諸往而知來者。」

常人溺於貧富之中而不知自守，故爲貧富所累，而有諂驕之病。子貢貨殖，蓋先貧後富，而嘗用力於自守，已能無諂無驕而不爲貧富動矣。故質之夫子，以驗其學之所至。❶夫子曰可者，所以許其所已能；而復告之樂與好禮者，所以勉其所未至。

今就二者等級校之，無諂無驕者，但能於貧富中無顯然之過而已，❷未能超貧富之外而進于善也。樂，則心廣體胖而忘其貧；好禮，則安處善、樂循理而不自知其富，蓋有超乎貧富之外，非造道入德之深潛縝密者不能。而語其實，則樂必顔子，好禮必周公，乃可以當之，非前之小成者所可望也。子貢因是覺無諂無驕之未得爲至，而其上又有所進焉，抑知理義之無窮。❸

學者不可以少有得焉，而遽自足也。於是引《淇澳》之詩以明之，言治骨角者，既切而復磋之；治玉石者，既琢而復磨之，治之已精而益求其精也。夫子以其能因所已言而知所未言，有得學《詩》之活法，❹遂嘉嘆而予之。

在學者而言，若安於無諂無驕，而不求進於樂與好禮之極致，乃徒切琢而不復磋磨者，固乃自足之陋。然諂驕之病

❶「至」，乾隆本作「得」。
❷「中」上，清鈔甲本有「之」字。
❸「抑」，乾隆本、清鈔甲本作「益」。
❹「得學」，原漫漶不清，今據乾隆本訂正。清鈔甲本「學詩」二字互乙，清鈔乙本作「事詩」。

未實去，而曰吾欲樂與好禮，則是又未嘗切琢而專事磋磨者，不免爲虚躐之狂，❶亦不可以不戒也。

子曰：「不患人之不己知，患不知人也。」

學本爲己，惟求其在我者而已，故不患人之不己知。若不知人，則賢者不得而師，善者不得而友，詖淫邪遁者得以害道，便辟柔佞者得以損德，故以爲患也。然在己者有可知之實，則於人亦不容揜。而知言、窮理之未至，則人之邪正，亦無從而辨之也。

爲政第二

子曰：「爲政以德，譬如北辰，居其所而衆星共之。」

政者，正也，所以正人之不正也。德者，得也，行道而有得於心者是也。爲政而以德者，如以吾之孝以正人之不孝，以吾之悌以正人之不悌之類是也。此皆爲人上者所當爲，非有心於欲民之我歸而爲之也。然德行於上，極其充盛輝光，則同是秉彝好德者，孰不觀感而興起？其或反常敗德者，孰不愧忸而消化？所以能端處無爲而天下自歸之，其象如北極之星，居於天中樞紐不動之處，而衆星四面旋繞而歸向之，亦其效之所必至，而非外得者。若不以德而徒從事於權謀智力以爲政，則在我已不勝其勞，而人亦離心不附矣。

子曰：「《詩》三百，一言以蔽之，曰：思無邪。」

❶「躐」，乾隆本作「遠」。

此一言，《魯頌・駉》篇之詞也，主於思馬而言。夫子讀《詩》至是，有感而取之，以斷三百篇之義。非以三百篇之《詩》，皆止乎禮義而粹然一正也。如變《風》，鄭、衛之詩，不止乎禮義而逸於邪思者，亦多矣。聖人之意，直以爲《詩》有美惡之不同。其言善者，足以感發人之善心；其言惡者，足以懲創人之惡志。所以爲指歸，不過欲使人得其情性之正而已。❶故惟此一言，簡要明白，可以通貫全體而盡蓋三百篇之義，因特表而出之以示人，可謂切矣。則讀《詩》者，可不深體以爲切身之務，而徒諷誦之云哉？然詳玩是言，雖約而爲義甚博，蓋誠之通而大本之所以達也。豈但讀《詩》之法爲然？❷凡讀書窮理、治心脩身，無適而不可，學者誠能深味其旨，而審於念慮之間，必使無所思而不出於正，則日用云爲千條萬緒，莫非天理之流行矣。

子曰：「道之以政，齊之以刑，民免而無恥；道之以德，齊之以禮，有恥且格。」

政者，爲治之具，若法制禁令，凡聽斷約束之類是也。刑者，輔治之法，若墨劓剕宫、大辟鞭扑之類是也。以政先示之，則民有所振厲而斂戢矣。其或未能一於從吾政者，則用刑以齊一之，俾强梗者不得以賊善良，而姦慝者不得以敗倫理，故民亦畏威革面不敢爲惡，❸以苟免於刑罰。❹然無所羞愧，則其爲惡之心未亡也。德、禮者，所以出治之本。而德，

❶「性」，清鈔甲本作「實」。
❷「然」，清鈔甲本作「善」。
❸「不」上，清鈔甲本有「而」字。
❹「於」，清鈔甲本無此字。

又禮之本，乃吾躬行之所實得者，若孝悌忠信之類是也；禮，則制度品節，❶若冠昏喪祭之儀是也。以己德先率之，則民有所觀感而興起矣，而其淺深厚薄之不一，則明禮以齊一之，俾之周旋浹洽，良心日萌，自將愧恥於不善，而又有以格至於善也。

是四者，功用之不同，而皆不可以偏廢。若專務德禮而不用政刑，則徒善不足以爲政；專用政刑而不務德禮，❷則又徒法不能以自行。然其本末表裏，亦當有輕重之別，末以飭乎外者在所輕，而本以淑乎内者尤當加隆，而不可一日已焉。此又講明治道者所當知也。

子曰：「吾十有五而志于學，❸三十而立，四十而不惑，五十而知天命，六十而耳順，七十而從心所欲不踰矩。」

聖人生知安行，理義大本無所事學。❹然聖人之心則未嘗自以爲聖而無事於學也。故自童年以往，亦與人同其學，而况乎古今事變、❺名物制度之詳，非由學不可得，所以有問禮於老聃、問樂於萇弘等類。但自常人視之若緩，而聖人爲之則甚篤切；常人費心力之苦，而聖人則胸中明朗，隨所在莫不至極而無容吾力。❻此所以爲聖人之學，而非常情之謂也。

聖人因吾之有是學也，於是即身立

❶「品」上，清鈔甲本有「之」字。
❷「禮」，清鈔甲本作「化」。
❸「有」，原脱，今據乾隆本、清鈔甲本及《論語》原文補。
❹「大本」，原漫漶不清，今據乾隆本、清鈔甲本、清鈔乙本訂正。
❺「乎」，清鈔甲本無此字。
❻「在」，清鈔甲本作「至」。

法以示學者，❶凡爲進道之序有六等，非全無其實而姑爲是空言之誘也。

其必十五而志於學者，古者八歲入小學，至十五成童，而後入大學。志者，心之所之之謂。向於《大學》之道，正所以求之而致其格物致知以誠意正心脩身之功也。志乎此，則念念在此，必欲至其地，而無作輟退轉之慮矣。

又積十五年之久，至三十而後能立。謂有以自立于斯道之中，已踐及實地而卓然無所跛倚。所守者固，而不爲事物摇奪，如「富貴不能淫，貧賤不能移，威武不能屈」是也。至是，則物格知至而意誠、心正、身脩，蓋已實得之在己而無所事乎志矣。

又積十年之久，至四十而後不惑。凡於事事物物之所當然，大如君當止仁、臣當止敬、父當止慈、子當止孝之類，小如坐當如尸、立當如齊、視當思明、聽當思聽之類，皆洞識其綱條品節之實，❷而一無所疑。至此，則豁然如大明中覩萬象，所知者益明而無所事乎守矣。

又積十年之久，至五十而後知天命。天命，即天道之流行而賦于物者。蓋專以理言，而事物所以當然之故也。如君之所以當仁、臣之所以當敬、父之所以當慈、子之所以當孝、坐之所以當如尸、立之所以當如齊、視之所以當思明、聽之所以當思聽之類，皆天之命我而非人之所爲者。吾皆知其根原所自來，無復遁情。至此，則所知者又極其精，而不惑又不足

❶「身」，清鈔甲本作「心」。
❷「品節」，清鈔甲本作「節目」。

以言之矣。

又積十年之久，至六十而後耳順。聲纔入心即通，是非判然，更不待少致思而後得其理。❶纔容少思而後得，則是内與外有相扞格違逆，而不得謂之順矣。如夫子聞《滄浪之歌》，即悟自侮自伐之義，是其順之證也。至此，則所知者又至熟而絶無人力矣，❷即《中庸》所謂「不思而得」處也。自不惑至此，三節皆以知言，乃明睿日進無疆之事，與志學、而立時之所謂知，趣味迥不同矣。

又積十年之久，至七十而後從心所欲不踰矩。至此，則心體瑩徹，純是天理，渾爲一物。凡日用間一隨吾意欲之所之，皆莫非天理大用流行，而自不越乎法度之外。聲即爲律，身即爲度。所謂道心常爲此身之主，而人心一聽命矣。即《中庸》所謂「不勉而中」地位也。

總而言之，志學所以造道也，而立所以成德也，自不惑知命而耳順，則義精之至也。從心所欲不踰矩，則仁熟之極也。在夫子，豈果有六者等級積累而然哉？❸亦因己之近似者以自名，欲學者以是爲準則，使之優游涵泳而無躐等之過，❹日就月將而無半途之廢爾。

然立志之始，苟所學者一差而非聖人之正學，則自後節節從而差，雖用功之勤，亦決不復有所謂立與不惑、知命、耳順、從心矣。或始焉得其正，而所謂立之

❶「思」，原漫漶不清，今據乾隆本、清鈔甲本及清鈔乙本訂正。
❷「矣」，清鈔甲本作「者」。
❸「有」下，清鈔甲本有「是」字。
❹「使」，乾隆本作「得」。

一關有未能徹，則又將若何而能不惑、知命？若何而能耳順、從心哉？是則志學之初，正聖愚二路之所由分，尤學者之所當致謹而立之爲地，又植本固址之所在，❶尤學者所當用力也。

果能於是二節路脈不差而根址深固，❷則自此而上，❸惟不倦以終之。雖有四節之高，皆可從容造詣而無所阻矣。又何聖人之不可至哉？然則學聖人者所宜盡心而無忽焉。❹

北溪先生大全文集卷第十八終

❶「本」，清鈔甲本作「根」。
❷「於」，清鈔甲本作「如」。
❸「上」，原漫漶不清，今據乾隆本、清鈔甲本訂正。
❹「宜盡心而無忽焉」，原殘缺，今據乾隆本、清鈔甲本及清鈔乙本訂補。

北溪先生大全文集卷第十九

講　義《易》

原　畫

伏羲作《易》，根原備見於先天一圖。世傳是圖出於邵康節，以爲得之陳希夷、穆伯長而來，而其實，固已具於《繫辭》傳「易有太極」章，及《説卦》傳「天地定位」章矣。

蓋昔者伏羲仰觀俯察，灼見夫陰陽二氣錯綜流行，生生而不窮，於是作書以配之，而名之曰「易」，取其有交易、變易之義。今按《繫辭》傳攷之，所謂「太極」云者，象數未形而其理已具之稱，形器已具而其理無朕之目。蓋兆於萬古無極之前，而貫乎萬古無極之後，立於天地萬物之表，而行乎天地萬物之中也。

自其始之「動而生陽、静而生陰」也，以陰陽有奇偶之數，故畫一奇以象陽，畫一偶以象陰，而爲一畫者二，是謂「太極生兩儀」，其位則陽先而陰後，其數則陽一而陰二。

於兩儀之上，又各生一奇一偶而爲二畫者四，是謂「兩儀生四象」。太陽位乎一而含數九，以奇，圓一而圍三，三各一奇，參天而爲三，本體畫奇，通所從生位一奇，乃三其圍三而得之也。少陰位乎二而含數八，以偶，方一而圍四，四合二偶，兩地而爲二，本體一畫偶一畫奇，通所從生位一奇，乃一其圍四、兩其圍三而得之也。少陽位乎三而含數七，以本體一畫奇一畫偶，通所從生位一偶，乃一其圍三、兩其圍四而得之也。太陰位乎四而含數六，以本體二畫偶，通所從生位一偶，乃三其圍四而得之也。

於四象之上，又各生一奇一偶，而爲三畫者八，於是三才略具而八卦之名立，是謂「四象生八卦」。其位則乾一、兑二、離三、震四、巽五、坎六、艮七、坤八，而謂之經卦。

於八卦之上，又各生一奇一偶，而爲四畫者十六，是八卦復爲太極而復生兩儀。於四畫之上又各生一奇一偶，而爲五畫者三十二，是八卦之兩儀復生四象。於五畫之上，又各生一奇一偶，而爲六畫者六十四，則兼三才而兩之，是八卦之四象復生八卦，於是六十四卦之名立而謂之重卦。是於乾一、兑二、離三、震四、巽五、坎六、艮七、坤八之上，復以乾一、兑二、離三、震四、巽五、坎六、艮七、坤八者，循序而重加之也。

故始自重乾以及夬、大有、大壯、小畜、需、大畜、泰八卦，則爲乾一之所生。次自履、兑、睽、歸妹、中孚、節、損、臨八卦，則爲兑二之所生。次自同人、革、離、豐、家人、既濟、賁、明夷八卦，則爲離三之所生。次自無妄、隨、噬嗑、震、益、屯、頤、復八卦，則爲震四之所生。次自姤、大過、鼎、恒、巽、井、蠱、升八卦，則爲巽五之所生。次自訟、困、未濟、解、渙、坎、蒙、師八卦，則爲坎六之所生。次自遯、咸、旅、小過、漸、蹇、艮、謙八卦，則爲艮七之所生。次自否、萃、晉、豫、觀、比、剥，以終於重坤，則爲坤八之所生。次第相承，條理不紊，由本而榦，由榦而枝，皆其勢之所自然而不容已，特假聖人之手以畫之，而非人力所能安排布置者。

自八卦之立，即具六十四卦，而非八卦之後旋生六十四卦也。自六十四卦之成，即是八卦，而非六十四卦之外復有八卦也。

就中平分之爲兩截，而按《説卦》對待之位，相接爲圓圖，則虚中者爲太極，自内而外，第一畫分爲兩儀，則陽儀居左，陰儀居右。第二畫分爲四象，則太陽居左之前，少陰居左之後，少陽居右之前，太陰居右之後。第三畫分爲八卦，則乾一兑二居左之前，離三震四居左之後，巽五坎六居右之前，艮七坤八居右之後。第四畫至第六畫，則八卦乘八卦而六十四卦，整整成列。

在乾一位之中，内之八乾實不離乎一乾而爲貞；外自乾一至坤八爲悔，而重乾復居乾一位之一。在兑二位之中，内之八兑實不離乎一兑而爲貞；外自乾一至坤八爲悔，而重兑復居兑二位之二。在離三位之中，内之八離實不離乎一離而爲貞；外自乾一至坤八爲悔，而重離復居離三位之三。在震四位之中，内之八震實不離乎一震而爲貞；外自乾一至坤八爲悔，而重震復居震四位之四。在巽五位之中，内之八巽實不離乎一巽而爲貞；外自乾一至坤八爲悔，而重巽復居巽五位之五。在坎六位之中，❶内之八坎實不離乎一坎而爲貞；❷外自乾一至坤八爲悔，❸而重坎復居坎六位之六。❹在艮七位之中，内之八艮實不離乎

❶「之中」，原殘缺，今據乾隆本、清鈔甲本及《四庫》本訂補。
❷「内之八坎實不離乎」，原殘缺，今據乾隆本、《四庫》本訂補。
❸「爲悔」，原殘缺，今據乾隆本、清鈔甲本及《四庫》本訂補。
❹「而重坎復居」，原殘缺，今據乾隆本、清鈔甲本及《四庫》本訂補。

一艮而爲貞；❶外自乾一至坤八爲悔，而重艮復居艮七位之七。❷在坤八位之中，內之八坤實不離乎一坤而爲貞；外自乾一至坤八爲悔，而重坤復居坤八位之八。

自外而內，❸第一畫則一陰一陽相間，第二畫則二陰二陽相間，第三畫則四陰四陽相間，第四畫則八陰八陽相間，第五畫則十六陰十六陽相間，第六畫則三十二陰三十二陽相間。

統而言之，則左者皆爲陽、右者皆爲陰，而各有界分。故自復至乾，❹凡百一十二陽而又有八十陰者，陽中之陰也。自姤至坤，凡百一十二陰而又有八十陽者，陰中之陽也。迭而言之，則陽往交陰、陰往交陽，而互爲其根，故陽在陽中陽順行，陽在陰中則逆行，陰在陰中陰順行，陰在陽中則逆行。

即卦氣流行之序而言之，則復居子半，以應冬至一陽之生，積而二陽臨、三陽泰、四陽大壯、五陽夬。至乾居午半，而爲六陽之極，陽爲陰之父，故乾父又生長女而爲姤焉。姤居午半，以應夏至一陰之生，積而二陰遯、三陰否、四陰觀、五陰剥。至坤盡子半，而爲六陰之極，陰爲陽之母，故坤母又孕長男而爲復焉。離則盡卯中以應春分，坎則盡酉中以應秋分。

即卦一定之分而言之，❺則乾居南、坤

❶「實不離乎一」，原殘缺，今據乾隆本、清鈔甲本及《四庫》本訂補。

❷「居艮七位」，原殘缺，今據乾隆本、清鈔甲本及《四庫》本訂補。

❸「自外而內」，原漫漶不清，今據乾隆本、清鈔甲本、清鈔乙本訂正。

❹「乾」，原漫漶不清，今據乾隆本、清鈔甲本及《四庫》本訂正。

❺「即」，原作「耶」，今據乾隆本、清鈔甲本及《四庫》本改。

居北，以應天地闔闢，而辨上下之位，是謂天地定位。離居東、坎居西，以應日月出入，而列左右之門，是謂水火不相射。艮居西北、兑居東南，以應山高西北、澤傾東南，是謂山澤通氣。震居東北、巽居西南，以應雷啓羣蟄、風養萬物，是謂雷風相薄。無非與造化自然之易相脗合，於以教民占筮揲蓍、布卦以斷吉凶。

每一卦之中，其變又各六十四，蓋有變易無窮之用也。是乃所以通天下之志，定天下之業而妙開物成務之道也。

原辭

伏羲之《易》本無文字，始於乾而終於坤，每卦惟有六畫而已。蓋是時太朴未散、世質民淳，凡有動作，莫識是非利害，因即陰陽逆順消息之大分而示之，使占者於是玩焉以決吉凶，而不至於迷茫爾。是乃首闢渾淪，其爲旨蓋甚坦易明直，而非有淵微玄妙之意也。

降及中古，民僞日滋，易道微矣。文王於羑里中爲斯世患，乃取伏羲之《易》而衍之。既改八卦之位，以乾居西北、坤居西南，退處不用之地，而任六子以爲天地用。離居南、坎居北、震居東、兑居西、巽居東南、艮居東北，所謂「帝出乎震，齊乎巽，相見乎離，致役乎坤，説言乎兑，戰乎乾，勞乎坎，成言乎艮」。❶是謂後天之學。又以六

❶「成言」，原殘缺，今據乾隆本、《四庫》本及《易·説卦》傳原文訂補。

十四卦之序，❶始於乾坤而終於既濟未濟，❷若今所傳之序是也。於每卦之下，又總提卦義而繫之象辭，以斷一卦之吉凶，若「乾，元亨利貞」之類是也。大概亦惟以明民之占，❸然已非伏羲之舊矣。

周公繼志述事，於逐卦之下，又分别爻義，❹而繫之爻辭，以斷六爻之吉凶。若「初九，潛龍勿用」之類是也。隨事丁寧，始爲纖悉，於文王占法抑加密矣。❺以文字始著於文王、周公，因謂之《周易》。❻又以簡帙重大，分爲上下經兩篇。❼上經止坎離，而下經首咸恒，條理昭晰已如星日。

迨周之衰，淫于術數而易道復不明矣，孔子乃黜八索而作十翼以贊之。曰《彖》上傳、曰《彖》下傳，所以釋文王所繫彖上下經爻之辭，若「大哉乾元」以下等是也。曰《象》上傳、曰《象》下傳，所以釋伏羲卦之上下兩象，若「天行健」等類，及周公所繫兩象六爻之辭，若「潛龍勿用，陽在下也」等類是也。曰《繫辭》上傳、曰《繫辭》下傳，所以述文王、周公所繫卦爻辭之傳，而通論一經之大體。上自「天尊地卑」以下，下自「八卦成列」以下是也。曰《文言》傳，所以申言乾坤

❶「以」，原殘缺，今據乾隆本、清鈔乙本訂補。「之序」，原殘缺，今據清鈔乙本訂補。乾隆本作「次第」。

❷「始」，原殘缺，今據乾隆本、清鈔乙本訂補。「而終於」，原殘缺，今據乾隆本、清鈔乙本訂補。

❸「之序是也」至「明民之占」四十五字，原闕，今據清鈔甲本訂補。乾隆本作「之序是也。於晦朔陰陽交泰之卦繫乾坤三象辭，列六十四卦之吉凶。若『乾，元亨利貞』之類是也。大概亦惟以陰陽相占」。

❹「志述事」至「卦之下又分」，原殘缺，今據清鈔甲本訂補。

❺「於文王」，原殘缺，今據清鈔甲本訂補。

❻「謂之」，清鈔甲本作「之謂」。

❼「兩」，清鈔甲本作「二」。

彖象之旨而爲諸卦之例，若「元者，善之長」以下是也。曰《説卦》傳，所以詳其所未盡之意，若「昔者聖人之作易也，幽贊於神明而生蓍」以下是也。曰《序卦》傳，所以序其先後，若「有天地，然後萬物生焉」以下是也。❶曰《雜卦》傳，所以錯雜而言之，若「乾剛坤柔，比樂師憂」以下是也。是十篇者，亦無非推廣圖象卦爻之藴，以著明羲文周公之法。然專以理義發明占意，使人居則觀其象而玩其辭，動則觀其變而玩其占，以求免於凶咎，校之羲、文、周公之舊，雖其爲言縱横反覆、窮深極微，與初旨已大相異，而其所以爲理，則實不越乎圖象卦爻之中，而非從外得；實不離乎天道人事之常，而非可以詭異過求也。

自秦以來，書幸全於遺燼，道則晦而不章。卑者泥於窮象數而穿鑿附會，爲災異之流；高者溺於談性命而支離放蕩，爲虚無之歸。

至我朝程子，蓋深病焉，於是作傳以明之，一掃諸儒之陋見，而專即日用事物之著，發明人心天理之實，奥旨宏綱昭然在目，視孔子所發又加詳且明焉。學者於是始知《易》爲人事切近之書，而云爲踐履，可以無所往而不在是也。

然《易》之起原於象數，自象數之既形，則理又具於象數之中，而不可以本末二其觀也。《易》之作本於占筮，自占筮之既立，則理又寓於占筮之内而不可以精粗二其用也。此正程子所謂「體用一源，顯微無間」者，若偏于象占而不該夫理義，則孔子之意泯；一於理義而不及乎象占，則羲、文、周

❶「生」，原作「盈」，今據乾隆本及《序卦傳》原文改。

公之心，亦幾乎息矣。此朱文公《本義》之書作，所以必表伏羲圖象冠諸篇端，以明作《易》根原之所自來，一出於天理之自然而非人爲智巧之私，❶又復古經傳次序，❷推原四聖所以成書之本意，遞相解釋，❸而惟占法之明，隨人取決而無偏辭之滯，而天下義理爲之磨刮精明，依然涵萃於其中，本末精粗兼該具舉，近以補程《傳》之所不足而上以承四聖之心，所謂開物成務之大用，至是又益周備，而易道之盛，於此無餘藴矣。

學者當因是書，各就四聖一賢本義消詳，❹果能知其因時設教，所以爲心者蓋並行而不相悖，然後於易學可進，而《易》書之廣大悉備，有天道焉，有人道焉，始可與提綱張目，徧觀而盡識，至所謂「和順於道德而理於義，窮理盡性以至於命」者，其根原脈絡歸宿，皆由是其可通乎！

原旨

列禦寇曰：「有太易，有太初，有太始，有太素。太易者，未見氣也；太初者，氣之始也；太始者，形之始也；太素者，質之始也。氣形質具而未相離，故曰渾淪。視之不見，聽之不聞，循之不得，故曰易。」此異端之説，非儒者之所宜言。自唐孔氏引之爲疏義，而後之學《易》者遂祖之。吁！是

❶「人」，原殘缺，今據乾隆本、清鈔甲本及清鈔乙本訂補。

❷「復」，原漫漶不清，今據乾隆本、清鈔甲本及清鈔乙本訂正。

❸「書之」至「解釋」八字，原殘缺，今據清鈔甲本及清鈔乙本訂補。

❹「義」，清鈔甲本作「意」。「消」，乾隆本作「精」，《四庫》本作「稍」。

豈羲、文、周、孔四聖之旨哉？

蓋昔者聖人之作《易》也，本就陰陽而取名。以陰陽交錯而理流行，❶不容以一定拘，故以「易」命之。其爲字，從日從月，亦陰陽之謂也。而其所以爲義，則代换變易之稱，即生生之謂者。不惟天地造化之爲然，而在書之爲蓍卦辭義及人事之理，莫不皆然也。

今以造化而言，太極動而生陽，動極復静；静而生陰，静極復動。一動一静，互爲其根。子月，六陰極而退於上也，而一陽復生於下焉；午月，六陽極而退於上也，而一陰復生於下焉。晝，陽之盛也，而陰已生於午焉；夜，陰之盛也，而陽已生於子焉。其代换有如此者。二氣交感，化生萬物。自元而亨，亨而利，利而貞，貞而復元。自春而夏，夏而秋，秋而冬，冬而復春。一闔一闢，一消一息，循環而無端，周流而不窮。其變化有如此者。即所謂「天地設位，而易行乎其中」者是也。

在書之所謂卦者而言，自一奇一偶而爲兩儀，加倍而爲四象，又加倍而爲八卦，又加倍而爲六十四卦。陽奇交乎陰，陰耦交乎陽，互相參錯而成。其代换有如此者。自乾至泰，由一乾而變；自履至臨，由一兑而變；自同人至明夷，由一離而變；自無妄至復，由一震而變；自姤至升，由一巽而變；自訟至師，由一坎而變；自遯至謙，由一艮而變；自否至坤，由一坤而變。其變化有如此者。即所謂「聖人之作易也，觀變於陰陽而立卦」者是也。

以蓍而言，自一變所歸，有奇偶而爲兩

❶「理」，清鈔甲本無此字。

儀，自三變奇偶有多少而爲四象，至十八變而後卦成，則亦不外乎四十九策，更互分合往來而爲之。其代換有如此者。或得一爻而變，或得二爻而變，或得三爻而變，或得四爻而變，或得五爻而變，或得六爻而變，六十四卦能變之所之。❶其變化有如此者。即所謂「四營而成易」者是也。

以辭義而言，或剛上而柔下，常、蠱。❷或柔上而剛下，咸。或內健而外順，泰。或內柔而外剛，否。或柔進而上行，鼎。或剛自外來，而爲主於內，无妄。或柔外而文剛，❸或剛上而文柔。❹賁。其代換有如此者。卦各隨時爲義不同，如《泰》：君子道長、小人道消之時，則其進爲亨，吉。❺《否》：小人道長、君子道消之時，則其進爲不利。而六爻於其中，又各隨位取義不一。如《泰》之初九：羣陽始進，則「拔茅茹，征，吉」；九二：以剛中爲主信，❻任則治泰之道，「得尚于中行」。九三：泰將極而過乎中，則以「艱貞」爲戒。六四：泰已極而入乎陰類，則以「翩翩其鄰」爲警。六五：爲泰主能，任九二，成治泰之功，則有「帝乙歸妹」之「祉」。上六：泰極而復否，則有「城復于隍」之「吝」。凡卦爻之例皆然，其變換有如此者。即所謂「六爻之義易以貢」者是也。

在人事之理而廣推之，凡日用動靜、語默、屈伸、進退、大小、粗精、隱顯等類應一切相對待者，皆莫不各有陰陽分屬，如張忠

❶「能」，乾隆本作「惟」。
❷「常」，即「恒」，避宋真宗趙恒諱改。諸本無此字。
❸「外」，乾隆本作「來」。
❹「或」，乾隆本作「分」。
❺「亨吉」，乾隆本作「吉亨」。
❻「主」，原作「五」，今據清鈔甲本改。清鈔乙本、《四庫》本作「立」。

定公所謂「公事未判者屬陽，已判者屬陰」，二端常相因相禪而無窮。雖極千條萬緒之不齊，而莫不各有當然一定之則參錯於其間，惟當與之相爲流通爾。方其成己爲仁、成物爲智，則仁主内而智主外矣。及學不厭爲智、教不倦爲仁，則又智主内而仁主外焉。方其義以爲質、禮以行之，則義主先而禮主後矣。及修禮以耕之、陳義以種之，則又禮主先而義主後焉。其代换有如此者。當揖遜則揖遜，當征伐則征伐，當與賢則與賢，當與子則與子。在禹稷之地則當出，在顔子之地則當處，在曾子之地則當去，在子思之地則當守。在三仁之地，當去者去，當奴者奴，當死者死；在孔子之地，可仕則仕，可止則止，可久則久，可速則速。於鄉黨則當恂恂，於朝廷則當便便，與上大夫言則當誾誾，與下大夫言則當侃侃。而皆不可以一律定焉。其變化有如此者。即所謂《易》「窮則變，變則通」者是也，而總皆不離乎陰陽之所爲也。

此聖人於《繫辭》傳，必曰：「天尊地卑，乾坤定矣。高卑以陳，貴賤位矣。動靜有常，剛柔斷矣。方以類聚，物以羣分，吉凶生矣。在天成象，在地成形，變化見矣。」所以取造化陰陽之實，與卦爻無二致也。又曰：「廣大配天地，變通配四時，陰陽之義配日月，易簡之善配至德。」又所以即卦爻陰陽之旨，與天地人同一揆也。故莊周謂：「《易》以道陰陽。」亦窺見乎此矣。

然合而言之，所謂「太極」者，常流行通貫，皆無不在焉。在造化，則陰陽二氣之中，各具一太極。在書，則六十四卦之中，每象每爻亦各具一太極也。四十九策之中，每揲每變亦各具一太極也。在人事千條萬緒之中，無小無大，又無不各具一太極也。即所謂「易有太極」及「三極之道」也。故占者於此，必各隨卦爻陰陽奇偶與太極周流以決吉凶悔吝之幾，而不滯於一隅，如程子所謂「隨時變易以從道」。聖人有聖人之用，賢人有賢人之用，衆人有衆人之用，學者有學者之用，君有君用，臣有臣用，無所不通。若拘於一，則三百八十四爻但爲三百八十四事而止也。

在學者之學《易》，必平心以觀其象而玩其辭，如筮者之筮事，每虛心以觀其變而玩其占，於逐位之下，視陰陽消息盈虛以察其所值之時。❶又於逐爻之中，視剛柔進退偏正以攷其所主之義，使萬理粲然一定，如森如列，脈絡不亂而分毫不差，然後能體之在我，而動靜無非易。於寂然不動之時，則合萬殊爲一本，而渾然太極之全體，常昭融於方寸間。及感而遂通之際，則散一本爲萬殊，而縱横曲直莫非太極大用之所流行，又何有一物之不會于極哉？

故曰：「化而裁之存乎變，推而行之存乎通，神而明之存乎其人。默而成之，不言而信，存乎德行。」至是，則羲、文、周、孔之傳，始知其真不吾欺矣。

天行健君子以自强不息

此《象傳》之辭，夫子所以釋伏羲之卦象也。夫乾六畫純陽，上下皆乾，爲重乾之卦。陽之性健，其成象之大者曰天。天一而已，何以見其爲重義？蓋天行一日一夜三百六十五度四分度之一爲之一周，今以

❶「盈虛」，清鈔甲本作「虛盈」。

行而言，則見其今日一周，而明日又一周，若重復之象焉，非至健不能也。

君子法天行之象，而必自强不息者，何也？此正夫子示人以體道之要，而非姑爲是區區之法也。蓋是道流行乎天地之間，亘古窮今無一息之停。凡天之所以爲天，運行旋轉，終古而無息者，乃與道爲體也。故盈乎天地之間，如日往則月來，寒往則暑來；星辰之回旋，風雷之鼓舞；木生而不窮，水流而不息。自元而亨，亨而利，利而貞，貞而復元；自春而夏，夏而秋，秋而冬，冬而復春。凡大化流行、循環而無端者，皆與道爲體也。

而其在人，則總會於吾心，天理本體亦常生生而無一息之已，而其大用亦無一息不流行乎日用之間。故孩童之良知、良能，無不愛敬；見赤子入井者，皆有怵惕、惻隱之心；見牛觳觫，則爲之不忍。嘑爾蹴爾之與，行道乞人皆有所不屑，是雖於窮凶縱欲、昏迷陷溺之極，而所謂「降衷秉彝」亦終有不可得而殄滅者。

惟聖人純乎天德，爲能全體之而無一息間斷，故仁則徹終始皆仁，而無一息之不仁；義則徹終始皆義，而無一息之不義；禮智則徹終始純乎禮智，而無一息之不禮智。此正所謂「至誠無息」之地，❶配天悠久無疆之境。而詠文王之詩者，有曰：「維天之命，於穆不已。於乎不顯，文王之德之純。」純亦不已。又曰：「穆穆文王，於緝熙敬止。」又曰：「亹亹文王，令聞不已。」是文王正有以全體乎此，而與天相爲不已也。

古之聖人莫不皆然。堯舜之所以兢

❶「此」，清鈔甲本無此字。

業，禹之所以克勤，湯之所以日新又新，武王所以終身佩服丹書「敬勝怠」之訓，周公所以拳拳於《無逸》之書，皆以此也。吾夫子於此素行，尤爲與天無間。其曰：「爲之不厭，誨人不倦。」又曰：「發憤忘食，樂以忘憂，不知老之將至云爾。」正其天行之健，雖欲已而有所不能已也。蓋嘗於川上，發「不舍晝夜」一節以示人，已爲精切矣。今此適贊重乾之象，有契於其中。是安得不爲學者一言哉？

夫道體本無窮，天德本無疆，聖心本不已。在君子，誠不可不深有以體之，而自强不息也。一事之不强，❶則天德便息於一事之下；❷一刻之不强，則天理便息于一刻之中。❸私事之一萌，❹則天理即爲私意息，而不能以自强矣。人欲之一間，則天理即爲人欲息，而不復以自强矣。夫惟卓然有清明剛健之資者，既能致知至極、有以見夫道體之所以然，又能克己净盡、無以害乎天德之所本然，則將見志氣日强，俛焉日有孜孜不能以自息。❺如顏子之惟見其進，未見其止矣。

雖然，其所以爲存養之要者，又在主敬；而爲省察之要者，又在謹獨。蓋敬者，貫動静、一終始之功，天理之所以生生；而獨者，又幾微方動而未形之初，於是而不謹，則私欲行而天理爲之間斷矣。此又學者所當盡心也。❻

北溪先生大全文集卷第十九終

❶「强」上，清鈔甲本有「自」字。
❷「則」，清鈔甲本無此字。
❸「理」，清鈔甲本作「德」。
❹「事」，清鈔甲本作「意」。
❺「焉」，清鈔甲本作「然」。
❻「所」上，清鈔甲本有「之」字。

北溪先生大全文集卷第二十

解義

視箴解

心兮本虛，

心之爲體，其中洞然，本無一物，只純是理而已。然理亦未嘗有形狀也。

應物無迹。

心，虛靈知覺，事物纔觸，即動而應，無蹤迹之可尋捉處。

操之有要，視爲之則。

人之接物，視最爲先，即此處而操存之，庶乎得其要而有一定之準。

蔽交於前，

蔽，指物欲之私而言。

其中則遷。

中，指心之體而言，即天理之謂也。物欲之蔽接於前，則心體逐之而去矣。

制之於外，以安其內。

物欲克去於外，則無以侵撓吾內，而天理寧定矣。

克己復禮，

上以一節言，此以全體言。

久而誠矣。

誠者，真實無妄之理也。克復工夫真積力久，則私欲凈盡，徹表裏一於誠，純是天理之流行而無非仁矣。

聽箴解

人有秉彝，本乎天性。

人均執此常道而生，其原於天之所賦，而人受之以爲性者也。

知誘物化，

知，指形氣之感而言。物欲至而知覺萌，遂爲之引去矣。化則與之相忘如一，而無彼我之間也。

遂亡其正。

正，以理言，至是則天理俱滅，而無復存矣。

卓彼先覺，

悟此理之全而體之者。

知止有定。

事事物物各有所當止之處，即理之當然者是也。能一一知其然，則此心明徹，於日用應接皆有定理，不爲之誘而化矣。

閑邪存誠，

邪者，物欲之私；誠者，天理之實。閑外邪不使之入，則所存於心者，徹表裏一於誠，純是天理之流行而仁矣。

非禮勿聽。

總結之。

言箴解

人心之動，因言以宣。

一念之動於中，或善或惡，必由言以聲之，而後見於外。

發禁躁妄，

疾而動曰躁，虚而亂曰妄。人之爲言，大概不出此二者，皆人欲之所爲也，故必禁之。

內斯靜專。

靜安專一，皆天理之所存也。外不躁則內靜，外不妄則內專。此二句爲一篇之關要處。

矧是樞機，

門之闢闔所係在樞，弩之張弛所係在機。人心之動有善惡，由言以宣之，而後見於外，是亦人之樞機也。

興戎出好。

言非禮，則有躁妄而起爭；言以禮，則無躁妄而生愛。

吉凶榮辱，惟其所召。

興戎則凶而辱，出好則吉而榮。

傷易則誕，

易者，輕快之謂，躁則傷於易。誕者，欺誑之謂，而易中之病也。

傷煩則支。

煩者，多數之謂，妄則傷於煩。支，猶木之枝，從身之旁而逆出者，乃煩中之失也。

己肆物忤，

傷易而誕，則無有成法。在己者肆，而與物忤矣，內何復靜之云？

出悖來違。

傷煩而支，則不合正理。所出者悖，而來亦違矣，內何復專之云？

非法不道，

法，謂先王之格言。

欽哉訓辭。

欽，謂敬謹，❶其出而無躁妄也。

❶「敬謹」，清鈔甲本作「謹敬」。

動箴解

哲人知幾，

幾者，善惡欲動而未形之間，其兆甚微。哲人心通理明，能燭於其先。

誠之於思。

於一念微動而未形之間，便已知覺，而實之無妄，則天理之本然者，流行無壅矣。

志士厲行，❶

見於所行之謂行。志士激厲，❷能勇於有行。

守之於爲。

爲，事動之已著者也。至此方知覺而守之不放，則事亦中理而無過舉矣。

順理則裕，從欲惟危。

結上文。二者之動雖微顯不同，然循天理之公，則皆無餒於中，故裕。逐人欲之私，則易陷於下，故危。此正舜、跖二路之所由分，其發軔之始，尤不可以不謹之也。

造次克念，

雖急遽苟且之時，亦必誠之于思，則其涵養之功密矣。

戰兢自持。

常恐懼戒謹，守之於爲，則其操存之力篤矣。

習與性成，

習慣如自然，則莫非天理之流行而仁熟矣。

聖賢同歸。

❶「厲」，乾隆本作「勵」。

❷「厲」，乾隆本作「勵」。

自賢入聖同一歸宿，即其止於至善之地者也。

敬齋箴解

正其衣冠，尊其瞻視。

謂早起時主敬。

潛心以居，對越上帝。

謂未有事静坐時主敬。

足容必重，手容必恭。擇地而蹈，折旋蟻封。

謂有所舉動時主敬。

出門如賓，

謂近接物時主敬。

承事如祭。

謂已應事時主敬。❶

戰戰兢兢，罔敢或易。

戰戰，謂恐懼，如敬於見賓之貌。兢兢，謂戒謹，如敬於奉祭之貌。❷

守口如瓶，

謂欲有言時主敬，無妄泄也。

防意如城。

謂欲有意時主敬，無輕動也。

洞洞屬屬，毋敢或輕。

洞洞，謂質慤，敬於言之貌。屬屬，謂專一，敬於意之貌。

不東以西，不南以北。當事而存，靡他其適。

謂心方對事時主敬，無別走作也。

勿貳以二，勿參以三。惟心惟一，❸萬變是監。

❶「應」，清鈔甲本作「有」。

❷「奉」，清鈔甲本作「承」。

❸「心」，朱熹《敬齋箴》原文作「精」。

謂心既寓事時主敬，❶只專在一事上也。

從事於斯，是曰持敬。動静無違，表裏交正。

謂動而應事時主乎敬，則外正矣。静而無事時主乎敬，則内正矣。

須臾有間，私欲萬端。

須臾，以時言，謂少刻有間斷不敬，則大病從此萌蘗，而私欲乘隙叢生矣。

不火而熱，

謂此心方熾於物欲之境，惡念狂燥不可制，其熱有甚於火也。

不冰而寒。

謂此心既沉於物欲之下，善端凝涸無復萌，其寒有甚於冰也。

毫釐有差，天壤易處。

毫釐，以事言，謂纖微有差失不敬，則大繆從此胚胎，而俯仰戴履變亂矣。

三綱既淪，

三綱，見《白虎通》「君爲臣綱，父爲子綱，夫爲妻綱」。謂一快己欲，❷而不復知有人道之大經也。

九法亦斁。

九法，即《洪範》九疇，謂一便己私，而不復顧先王之大法矣。

於乎小子，念哉敬哉！

謂主敬之功爲甚密，當常存諸念而自力也。

墨卿司戒，敢告靈臺。

謂不敬之害爲甚大，當常切諸心而致警也。

❶「時」，清鈔甲本無此字。

❷「快」，乾隆本作「縱」。

辨論

程吕言仁之辨

程子曰：「醫書以手足痿痺爲不仁。主意。此言最善名狀。仁者，以天地萬物爲一體，莫非己也。認得爲己，何所不至？若不屬己，應「莫非己」句。自與己不相干。應「認得爲己」句。如手足不仁，氣已不貫，皆不屬己。應「何所不至」句。故博施濟衆，乃聖人之功用。仁至難言，故止曰：『己欲立而立人，己欲達而達人，能近取譬，可謂仁之方也已。』欲令如是觀仁，可以得仁之體。」主意。

吕氏《克己銘》曰：「凡厥有生，均氣同體。主意。胡爲不仁？我則有己。主意。立己與物，私爲町畦。詳言己意。勝心有己。横生，擾擾不齊。大人存誠，心見帝則。初無驕吝，即有己意。謂「吝」，則守己太固，不能與物同體。「驕」，則好勝，於己不肯與物同體。作我蟊賊。志以爲帥，氣爲卒徒。奉辭于天，誰敢侮予？方其未克，窘我室廬。婦姑勃蹊，❶己與物敵。安取厥餘？亦既克之，❷皇皇四達。無己了。洞然八荒，皆在我闥。至此，則同作一體矣。孰曰天下，不歸吾仁？痒痾疾痛，皆切吾身。同作一體内事。一日至之，莫非吾事。顔何人哉？睎之則是。❸克己工夫未肯加，吝驕有己。封閉縮如蝸。試於清夜深思省，此空想像時。剖破藩籬即大家。即「八荒在我闥」意。

❶「蹊」，原漫漶不清，今據吕大臨《克己銘》原文、清鈔甲本及清鈔乙本訂正。
❷「亦」，原作「已」，今據《克己銘》原文及清鈔甲本改。
❸「睎」，乾隆本、四庫本作「希」。

此二段，大概甚相似而實不同。蓋程子主意以天理周流無間者爲仁，若手足痿痺，則爲不仁。呂氏主意以與物同體處爲仁，若有己，則爲不仁。惟其大綱所主既異，故其詞語曲折、往往不能相合。

如程子所謂「萬物爲一體」者，只是言其理之一爾；呂氏則實欲以己與物混同作一个體。程子視物若屬於己之切，必推吾之所欲者，流行貫注於物；呂氏則欲以己就於物而合之，必與之大同而無彼我之間。❶呂氏所謂「痒痾疾痛，皆切吾身」者，亦即是程子「認得爲己，何所不至」之意，但程子「認得爲己」相關之切，則施之無所不貫，❷故其歸宿在下面己欲立達而立達人，皆是天理流行之實事；呂氏克去有己，不與物立敵，則天下各歸吾仁中，方相關如此之切。❸然其實，天下豈能皆歸吾仁中？不過只是空想像个仁中大抵氣象如此爾。是豈孔顏當日授受精微之本旨哉？

然則程子於仁，體立而用行，在我者有所統攝而仁在內；呂氏於仁，不免有兼愛之蔽，在我者皆無所統攝而仁在外，❹所謂差之毫釐，則繆以千里者也。

張呂言仁之辨

或曰：「呂氏《克己銘》，豈非張子《西銘》之意乎？」曰：呂氏之說，蓋本張子之

❶「我」，清鈔甲本作「此」。
❷「則」，清鈔甲本作「而」。
❸「方」，清鈔甲本作「間」。
❹「者」，清鈔甲本無此字。

意而差者也。

《西銘》之書，明道以爲乃仁之體，此亦只是言其理之一而已矣。蓋人物並生於天地之間，父乾母坤，同得天地之塞以爲體，同得天地之帥以爲性，此其理固一也。而君臣民物、親疎貴賤之有等，則其分未嘗不殊也。故君子處乎中者，必遏人欲、循天理，存心養性，不愧屋漏以立其本。然後流行是理而充之天下，推吾親親以仁民愛物，以吾之長長者及人之長，以吾之幼幼者及人之幼，使天下疲癃殘疾、惸獨鰥寡皆莫不各有以遂其分焉。是雖天下一家、中國一人，而一統之中自有萬殊，而不流於兼愛之蔽。雖人各親其親、各子其子，而萬殊之中莫非一貫，而不梏於爲我之私，此《西銘》之大旨也。是固所以爲仁之體，而義之用存焉。故伊川以爲「明理一而分殊」，可謂一言以蔽之矣。

若吕氏者，以「與物同體處爲仁」，必克去有己，不與物立敵，直以己與物實混同作一个體。只於清夜一思省之間，便剖破藩籬作一大家，洞然八荒皆在我闥，混天下同歸吾仁中。既無差等之辨，又無天理周流之實。其爲仁工夫蓋甚疎闊，❶於我殊無主宰。是豈《西銘》之旨哉？吕氏親炙張子而其差若是，然則見理不可以不真，而立言不可以不謹也。

北溪先生大全文集卷第二十終

❶「爲仁」，清鈔甲本無此二字。

北溪先生大全文集卷第二十一

辨論

太玄辨

《太玄》本爲擬《易》而作也，而又參之《易緯》以序卦氣，❶准之《太初曆》以考星度，蓋雜乎爲書而不純於《易》、❷密於數，而道則未也。

夫《易》以八爲數，而《玄》以九爲數。《易》數始於一，一重之而爲二，二重之而爲四，四重之而爲八，八重之至於六十四，而八八之數立焉。故自太極生兩儀，❸兩儀生四象，四象生八卦，八卦生六十四卦。玄數始於一，一轉之而爲三，三轉之而爲九，九轉之而爲二十七，二十七轉之而爲八十一，而九九之數具焉。故自一元分而爲天地人之三方，方各有三州，三其三方而爲九州；州各有三部，三其九州而爲二十七部；部各有三家，三其二十七部，而爲八十一家。

《易》以六畫成卦，而《玄》擬以方、州、部、家之四位，四位立而首成焉。自中至事爲天元二十七，自更至昆爲地元二十七，自減至養爲人元二十七，合三二十七爲八十

❶「而又」，原殘缺，今據乾隆本、清鈔甲本及清鈔乙本訂補。

❷「爲」，原殘缺，今據乾隆本、清鈔甲本及清鈔乙本訂補。

❸「自」，原漫漶不清，今據乾隆本、清鈔甲本及清鈔乙本訂正。《四庫》本作「曰」。

一。首以擬《易》之六十四卦，首下有辭以擬卦之《彖》。首爲有九贊以擬卦之六爻，❶九其八十一首則爲七百二十九贊，贊下有測以擬爻之《象》，爲七百二十九測。測贊之外，又有《元衝》以擬《序卦》，《元錯》以擬《雜卦》，《元數》以擬《說卦》，《元攡》、《元瑩》、《元挩》、《元圖》、《元告》以擬上下《繫》。

至於筮策，又以擬《易》之大衍虛其一而用四十有九；《玄》則虛其三而用三十有三。大衍以乾之策二百一十有六、坤之策百四十有四，合三百六十以當期之日，積爲萬有一千五百二十以當萬物之數；而《玄》則以天數十有八、地數十有八，合三十六策以律七百二十九贊以當一歲之日，積爲二萬六千二百四十四策以配萬物之數。大衍揲以四，而《玄》則揲以三。大衍以七八九六定六爻而辨吉凶，《玄》則以七八九六定四位而別休咎，與夫三摹之擬三索、三表之擬四象，一一與《易》相准而猶以爲未也。

何氏《易緯稽覽圖》創爲卦氣之說，以爲起於中孚而終於頤，六十卦別以坎、離、震、兑四卦各主一方，卦中二十四爻各主二十四氣，❷其餘六十卦有三百六十爻主三百六十日。餘有五日，每日分爲八十分，合四百分，又四分日之一爲二十分，是有四百二十分。以六十卦分之，六七四十二，卦各得七分。每卦得六日七分，以當期三百六十五日四分日之一之數。

而《玄》則又從而參之，始於中首以配

❶「爲有」，清鈔甲本作「下有」。乾隆本有小註云：「疑當作每首。」

❷「二」，原作「一」，今據乾隆本、清鈔甲本、清鈔乙本改。

中孚，而終於養首以配頤，凡八十一首皆法卦氣之次序。首以二贊當一日，凡七百二十九贊當三百六十四日有半，又增踦贏二贊爲閏餘之數以足之。❶《太初》上九十一月甲子朔旦冬至無餘分，後千五百三十九歲甲辰朔旦冬至又無餘分，❷又千五百三十九歲甲申朔旦冬至又無餘分，又千五百三十九歲復甲子朔旦冬至無餘分。而《玄》則又從而准之，始於中首冬至之節，初一日起牽牛一度，❸而終於養首之上九，以周二十八宿之行而爲一歲，十九歲爲一章。二十七章，凡五百一十三歲爲一會，八十一章則三會。凡千五百三十九歲，爲一統。自子至辰、自辰至申、自申復子，凡三統九會、二百四十三章有四千六百一十七歲爲一元。一章則閏分盡，一會則月食盡，❹一統則朔分盡，一元則六甲盡，與《太初曆》相應。是《玄》之爲數，密矣。

然密於其數，而道則未也。吾觀其書，有如《中》首曰：「陽氣潛萌於黄宮，信無不在其中。」而《養》首又曰：「藏心於淵，美厥靈根。」則天理始終循環無間之義，似亦察矣。然於《元攡》有曰：「其上也垂天，下也淪淵，纖也入薉，廣也包畛。其道，游冥而挹盈。」又曰：「虛形萬物所道之謂道；因循無革，天下之理得之謂德；理生昆群，兼愛之謂仁；列敵度宜之謂義。」又未能根極乎理義之大本，而不免乎老墨之指歸，於《易》

❶「爲閏餘之數以足」，原殘缺或漫漶不清，今據乾隆本、清鈔甲本訂補。清鈔乙本「閏」作「所」。

❷「分後千五百三」六字，原殘缺，今據乾隆本、清鈔甲本、清鈔乙本訂補。

❸「日」，清鈔甲本無此字。

❹「食」，清鈔甲本作「分」。

之宏綱大義，亦何所發明哉？

況乎以周配復、以戾配睽、以上配升、以差配小過、以童配蒙、以增配益、以達配泰、以從配隨、以進配晉、以釋配解、以樂配豫、以争配訟、以更配革、以斷配夬、以裝配旅、以衆配師、以親配比、以盛配大有、以居配家人、以竈配鼎、以大配豐、以逃配遯、以永配常、❶以度配節、以減配損、以聚配萃、以飾配賁、以視配觀、以晦配明夷、以窮配困、以割配剥、以止配艮、以成配既濟、以失配大過、以難配蹇、以養配頤，徒區區爲字訓之模倣，而復拘拘于句法之循襲。

《易》曰：「幽贊神明而生蓍。」而《玄》則曰：「昆侖天地而産蓍。」《易》曰：「雲從龍，風從虎，聖人作而萬物覩。」而《玄》則曰：「風識虎，雲知龍，賢人作而萬類同。」《易》曰：「闢户謂之乾，闔户謂之坤。」而《玄》則曰：「闔天謂之宇，闢宇謂之宙。」《易》曰：「乾確然示人易，坤隤然示人簡。」而《玄》則曰：「天宙然示人神，地他然示人明。」《易》之「元亨利貞」，萬化之原也，「故君子行此四者，曰：乾，元亨利貞」；而《玄》配之以「君子能此五者，❷曰罔、直、蒙、酋、冥」。愚不知罔直蒙酋冥，於元亨利貞之義，何得哉？

《易》之陰陽、剛柔、仁義，三才之本也。故「立天之道曰陰與陽，立地之道曰柔與剛，立人之道曰仁與義」；而《玄》配之以「立天之經曰陰與陽，形地之緯曰縱與横，表人之行曰晦與明」。愚不知縱横晦明，於剛柔仁義之旨何有哉？

❶「常」即「恒」，避宋真宗趙恒諱改。
❷「能」，《四庫》本作「行」，清鈔甲本作「能行」。

其他效「爲天、爲圜」等語，則有「爲雷、爲鼓」之辭。效「革去故、鼎取新」等語，則有「更造新、常因故」之説。效十三卦所取，則有衣裳圭璧挩擬之論。若此之類，不可勝數，而於《易》道，初無一補。前不足以發往聖之心，而後不足以開來哲之耳目。子思氏之《中庸》、孟軻氏之七篇，所以與堯、孔心傳千載若合符契者，何嘗必爲如是之配倣哉？

抑又多爲誇張自贊之語，曰：「知陰知陽、知止知行、知晦知明者，惟玄乎！」又曰：「曉天下之瞑瞑，瑩天下之晦晦者，惟玄乎！」又曰：「夫《玄》，卓然示人遠矣！曠然開人大矣！淵然引人深矣！渺然絶人眇矣！」殊非聖賢氣象。此當時如劉歆者，所以有「空自苦覆醬瓿」之譏，而近世如東坡、如伊川，所以謂其「道不足取」與「屋上架屋」之誚，是雖侯芭之受、桓譚之傳、張衡比之五經、陸績推之爲聖人、宋衷之訓詁、范望之解釋、王涯之纂述、司馬温公之作書與擬類，皆隨己之好，而終不足以厭服千萬世學者同然之見也。

潛虛辨

《潛虛》本爲擬《玄》而作也。《玄》之數九而《虛》之數十。凡九者，❶取三才相乘之數，而十者取五行生成之數也。

温公之自序曰：「萬物皆祖於虛，生於氣，氣以成體，體以受性，性以辨名，名以立行，行以俟命。故其爲書也，有氣、體、性、名、行、命之别。」

❶「凡」，原作「九」，今據乾隆本改。清鈔甲本無此字。

其意蓋曰：萬物之始，未有兆眹之謂虛，此即一元之未形。所以表是而出之，以爲物之祖，以擬《玄》之所以爲「玄」，而命其書曰「虛」。

自天一生水於北，而地六成之。地二生火於南，而天七成之。天三生木於東，而地八成之。地四生金於西，而天九成之。天五生土於中，而地十成之。於是乎五行之氣流行乎天地之間，故虛于水之一，則命之曰原；而六則命之曰委。火之二則命之曰熒，而七則命之曰焱。木之三則命之曰本，而八則命之曰末。金之四則命之曰丱，而九則命之曰刃。土之五則命之曰基，而十則命之曰冢。

自有是五行之氣也，而後生萬物而爲之體，故《虛》以是一原、二熒、三本、四丱、五基，與夫六委、七焱、八末、九刃、十冢者，隨其序迭，分左右而偶之。自上一次二，而下至於十等爲五十五體，以應王公岳牧率侯卿大夫士庶人之象，而周五行生成五十有五之數。

自夫物之有是體也，而後性具於其中，隨其體而有純駁之不齊，故《虛》於五生數偶五生數，曰水火木金土而爲生純之性五。於五成數偶五成數，亦曰水火木金土而爲成純之性五十。純之外其次降一，則自二至六偶五生數、自七至一偶五成數，皆曰火木金土水。又其次降二，則自三至七偶五生數、自八至二偶五成數，皆曰木金土水火。又其次降三，則自四至八偶五生數、自九至三偶五成數，皆曰金土水火木。又其次降四，則自五至九偶五生數、自十至四偶五成數，皆曰土水火木金。合四降有四十，是爲生成之錯，最後於五生數偶五生數，復得水火木金土之序，是爲五配之性，以合五十有五體，而性備矣。

自夫物之有是性也，而後爲之名以別之，故《虛》於一與一偶則名之曰元，以爲物之始。而中於齊、終於餘。謂元、裒、齊、散、餘五者，形之運也。自是而次，柔、剛、雍、昧、昭，則性之分也；容、言、慮、聆、覿，則動之官也；繇、懠、得、罹、耽，則情之訹也；歬、郤、庸、妥、靈，❶則事之變也；訒、宜、忱、喆、戞，則德之塗也；特、偶、暱、續、考，則家之綱也；范、徒、醜、隸、林，則國之紀也；禋、準、資、賓、戒，則政之務也；斆、乂、積、育、聲，❷則功之具也；興、痛、泯、造、隆，則業之著也。凡五十五名，秩然有序。

於是乎又爲之行以文之。凡五十五行，行下有辭以述行之意，自初至上，凡七變。變下有解，以釋變之義，于是乎又爲蓍法以占之。以五行相乘，五其五爲二十五。又以三才乘之，三其二十五爲七十五策。虛其五而用七十，揲之以十而觀其餘，以斷吉凶。元、齊、餘三行無變，❸皆不占。其他五十二行，初上亦不占，而惟占其中之五變，然後以俟命焉。

氣、體、性、名、行、命備而書以全，雖若別爲一家，而大概與《玄》相準。《虛》之二數之相偶，則以擬《玄》之四位之迭畫。《虛》之五十五行，則以擬《玄》之八十一首。《虛》之七變，則以擬《玄》之九贊。《虛》之七解則以擬《玄》之九測。《虛》之虛五，則

❶「靈」，司馬光《潛虛》（清知不足齋叢書本，下同）作「蠢」。

❷「積」，《潛虛》作「績」。

❸「三行」，清鈔甲本無此二字。

以擬《玄》之虛三。《虛》之揲十，則以擬《玄》之揲七。《玄》以冬至之氣始於中，而《虛》則以冬至之氣始於元。《玄》有七百二十九贊，以當期三百六十四日有半，而又有踦贏之贊二；《虛》則有三百六十四變，以當期三百六十四日，而又有元、齊、餘不變之行三。《玄》以後世有子雲者必好《玄》，《虛》亦以後世有君實者必好《虛》。一一模倣，要之俱不足以有補于《易》。是亦工于其數而道則未也。

夫性者，人所禀于天以生之理，蓋生生之所以爲主而非氣形而下者，今其言曰「體以受性」，又曰「形然後性」，則性在於氣形之後矣。性之本體純粹至善，萬物一原而非有不齊之品也。今其言以柔剛雍昧昭爲性之分，則是止論氣之禀，而非性之謂矣。

其學已不識大本，而其他又多爲艱奥之辭以文淺近之理，而所謂虛者，即不能免乎老氏之歸，❶於聖賢之心傳大義要旨，亦將何所發明哉？胡不移是心，以講明羲、文、周、孔之《易》，上以發前藴，中以洗吾心，而下以開後學？胡爲亦區區空自苦而復效雄之贅也？❷

北溪先生大全文集卷第二十一終

❶ 「不能」，原爲墨丁，今據乾隆本、《四庫》本補。清鈔甲本作「不」。

❷ 「苦」，原爲墨丁，今據乾隆本、《四庫》本補。

北溪先生大全文集卷第二十二

書

答廖帥子晦一

某前者《與點説》拜呈，伏承批誨詳委，甚荷警策之勤。然愚意更有欲講者，敢一披露，以求正誨。

竊謂此章之旨，未可容易讀過。夫子所以喟然發歎而深與者，是豈淺淺見解？學者須看得表裏净盡，方有實益。程子以點爲已見大意，有堯舜氣象，而與夫子老安少懷、使萬物莫不各遂其性之志同。此其爲義已精且備，但其言引而不發。如《集注》，乃是即程子之意而發明之。其緊要却只在「見日用之間，莫非天理流行之妙」句上，此正是就根源説來，❶而志之所以然者，可謂至精實、至明白矣。會得此意，則曾點氣象洒落從容，優爲堯舜事業，方識得端的落着，❷不是鑿空杜撰。而夫子所以深與、程子所以發明，并三子所不及之旨，並洞見底裏，會同一源。

但此意，乍看亦甚微而難著。某自三四年前已略窺一線，而口筆屢形容不出。至丙辰秋，因感嚴説大故遺闕，❸忽躍如於中，遂發此一段以記之。只是推廣程子及《集注》之意，而不敢有加焉。似覺如水到

❶「源」，清鈔甲本作「原」。
❷「落着」，清鈔甲本作「着落」。
❸「故」，清鈔甲本作「段」。

船浮，不至甚有慳澁處，而夫子曾點當日之意味，亦覺洋洋如在目前。以是自信常存於中，而日用應接，亦覺有洒然得力處多，所以奉而質諸長者。今承來教縷縷，大概排抑根原底意而深主嚴説，似於《集注》未合。

夫所謂根原來底，❶只是以天理言之，看理至於知天始定。此亦不過下學中「致知格物」一節事，而所致所格者，要有歸着至到云耳。蓋致知力行正學者並進之功，真能知則真能行，知行俱到，正所以爲上達實見之地，自不相妨，恐未可偏抑。而但如來教，只務理會此不必理會彼，而彼自在裏許，忽然自達，恐差之多也。如嚴説者，全篇大旨只謂「直到清明在躬，志氣如神，則天下無不可爲之事」。又曰：「素其位而行，不願乎其外，無入而不自得。」又曰：「須自所樂中出，方做得聖賢事業。」此只説得《集注》所謂「洒落從容」以下底意，❷乃涵養成後之效也。其所以如此者，端由向前有造理之功，洞見得天理流行日用間無處不是，故涵泳乎其中，即身見在便是樂地，❸更無他念耳。以此意推廣之，❹何處不是此理之妙？何處不是此理之樂？故雖堯舜事業巍巍蕩蕩，其作處亦不過只順他天理，對時育物，如此而已。此意思一同。

所以謂可優爲之，言此底即是做彼底樣爾。竊謂此意味甚博洽，此義甚縝密，最是聖賢喫緊處。若無此，則冥然養个甚？而亦安能恁地清明自得，從容洒落？所樂

❶「原」，清鈔甲本作「源」。
❷「意」，清鈔甲本無此字。
❸「身」，清鈔甲本作「是」。
❹「意」，清鈔甲本作「理」。

樂个甚？而於聖賢事業，亦將從何處有縫罅可入手哉？嚴說正闕此。愚所以不敢依阿徇情，而有向前「根原說不著」之斷，亦何嫌于分別？恐不得一衮以道徹上下、貫本末，爲此彼，此各是一義也。

理在事中。理，形而上；事，形而下。三子只見物不見理。嚴說未說到理，鄙說正所以發明點於日用事物上見得件件都是理，於形而下處見得一一都是形而上之妙，又非語上遺下、語理遺物之謂也。

況嚴說又全無下學次第，❶如來教所謂「與堯舜有天下，不與者無間」。惟此一條云者，正與嚴說同。聖人所與之意，決不徒然止此。若但止此，則意滯而不圓，非惟不徹古人心，而於自身又無受用實益。其不鬆鬆成謝事去、流入佛老者，鮮矣。所謂「塗人爲禹」者，義又不同，亦不得引以爲喻也。若必論端的成个堯舜巍巍蕩蕩之功，此須窮神知化、盛德之至，有「綏斯來、動斯和」底手段方能。其中多少事在，雖顏子亦未可快許，而況於點乎？

至所謂虛見實見不同，❷而下敘顏曾所以爲實見，及以點無顏曾之功，而君子欲訥言敏行，行遠必自邇，登高必自卑者，極善極善！此則日用不可少歇工夫，而鄙說亦略具於篇末矣。講之不厭其詳也，三復警竦，當切銘佩。然亦當知下學中，知與行齊頭並進。如前之云，❸不但偏靠於行，而忽造實見地也。

區區欲長者詳其是非底裏而正之，辭不覺繁千萬，乞賜斤砭，瞻仰函丈，豈勝

❶「說」，清鈔甲本作「氏」。
❷下「見」字，原脱，今據乾隆本、清鈔甲本補。
❸「如」，清鈔甲本作「而」。

馳情！

答廖帥子晦二

伏承録示先師別紙議論，捧讀再四，❶追感嚴訓，何戚如之。

嗚呼！自今無復得此矣。且此篇所謂「日用間別有一物光輝流轉」，最説得病痛緊切，乃初學之通患。如自「原此理之所自來」而下，至「便是理會此事處」，又最是説道理工夫切要處，所謂「徹上徹下緊密之功」便只在此。向來攷亭之誨，無不諄諄此意。深嫌人説顔樂與點，深惡人虚説天理人慾，每每令就實事上理會。今提出來，發得又益親切明白。❷即此便見得聖賢之學甚實，❸師門所傳甚正。而異端虚無之説，真如捕風繫影，不足以爲教矣。

某平日亦未嘗不如此體悉，未嘗輒於日用外別立意見，與實事不相干。畢竟淺學，未能偏觀盡識，所以未能全契夫道理，豈容易自以爲是？且如萬事須從一理會至百、百理會至千、一千理會至十千，乃於萬事得爲透徹。縱待理會得九千九百，猶有一百未諳底裏，便欲去通論他萬物，❹亦恐成虚説妄斷。况淺學於萬分中果能窺得幾何？宜其往往有病痛在，不逃師鑒，既荷指摘，只當銘諸心腑，懇懇常切加工，凛凛常防差過，乃爲庶幾耳。

大抵許多合做底道理，散在事物而總會於吾心，離心而論事，則事無本；離事而

❶「再」，原作「載」，今據清鈔甲本改。
❷「親」，清鈔甲本作「深」。
❸「賢」，清鈔甲本作「人」。
❹「物」，清鈔甲本作「事」。

論理，則理爲虚。須于人心之中、❶日用事物之際，見得所合做底，便只是此理，一一有去處，乃爲實見。所合做底做得恰好，乃爲實踐。即此實見無復差迷，便是擇善。即此實踐更能耐久，便是固執。即此所合做底，分來便成中正仁義。即此所合做底，見定淺深輕重，便是日用枝葉。即此所合做底，淺深輕重元有自然條理縫罅，非由人力安排，便是天命根原。講此要明爲學問，存此勿害爲涵養。大概只如此而已，更不須枉去別求玄妙奇特也。

如來教別紙《問目》中分「根原」「學問」爲二事，此最大病。先師指破已明白無可説。然詳來意，終是未平于根原之論。如謂「識得根原合下底大意未是奇特，須如先生所云擇善固執、中正仁義，凡合做底道理一一實踐，方有向進工夫」，此只指根原別作一種玄妙奇特在日用事物之外，與「擇善固執、中正仁義，凡合做底道理」不相干，切恐依舊墮在先師所説病痛中，❷依舊是日用間別有一物，依舊是別有一段根原工夫在應事之外，與學問爲二事。轉見刻畫支離，未有和平之益，而尤非愚者向來區區之本旨也。

來教「博文約禮」之説，愚見竊謂：博文，只是窮此合做底道理于事物而無所遺；❸約禮，只是會此合做底道理于身心而無所放。二者實相關爲一統，如所謂「擇乎中庸」、所謂「有不善未嘗不知」者，乃博文之功；所謂「得一善則拳拳服膺而弗失之」，所謂「知之未嘗復行」者，乃約禮之事。

❶「人」，乾隆本作「吾」。
❷「墮」，乾隆本作「墜」。
❸「遺」，清鈔甲本作「昧」。

又如「克己復禮」則「請問其目」，乃博文之屬；「請事斯語」，乃約禮之屬。初非判然不相交涉，而其所謂「中庸」、所謂「善」、所謂「復禮」，其實又只是所合做底道理也。

別紙又謂：「韓公只於治國平天下處用功，而未嘗就其身心上講説持守。」此説固然。然亦須知韓公只是優于彼而欠于此爾。不可謂只就身心上講説持守，更不必於治國平天下處用功，而便自能了得治國平天下也。

所答「死生」精潔明快、❶甚省發人，最宜玩味。祭文極荷點竄，然「金聲玉振」之説，乃假借以形容先師之學集諸儒之大成，所以接上文論學而云。竊謂正使得著，非孟子所以形容孔子全德之謂也，言雖同而旨有異。青藍寒冰，異色而同根、異氣而同源，此亦猶賢於堯舜之意，乃以立教之功言，所以以「倍功」之語承之，非謂其道之有優劣也。「遊其門者莫繼其志」，指當時見知者言。「誦其書者莫追其蹤」，❷指後來聞知者言。皆非敢貶剥前輩，欲直辭以見程子之後，莫有正得其傳，而獨吾先師得其宗，亦不容於婉遜也。❸然此等皆非容諸生私斷，自有萬世公論在。若「根本之立」，此乃先師大有警策之辭，首尾一套相關，非褒揚之語。然既蒙摘出有涉嫌疑，不必道亦可也。

愚竊所病者淺陋，口筆不相應，一時姑少敍其哀慕之情，大概亦然。而亦煞有形容不出處，吾長者乃過稱之。豈勝負愧，相望懸隔，有所懷疑，不敢不請質。然區區尺

❶「死生」，清鈔甲本作「生死」。
❷「蹤」，原作「縱」，今據乾隆本、《四庫》本改。
❸「於」，清鈔甲本作「以」。

楮，終不盡意。何時還過敝里，得面承謦誨數日之欸，何啻萬幸！未間向仰函丈，豈勝馳情。

答廖帥子晦三

某特蒙惠《易本義》及《卦圖》、《大學議論》，甚荷誨督不棄，銘佩何已！

某向者庚申春首，自考亭傳《本義》來，前列諸圖，如伏羲八卦方位，乾一在左方之上，兑二次之，離三又次之，而震四居其下，巽五居右方之上，坎六次之，艮七又次之，而坤八居其下，❶與今所刊《本義》正同，但其中無「太極」字。伏羲六十四卦方位，左自乾一至震四，右自巽五至坤八，亦依前八卦方位。而正南之中注夏至午中，正北之中注冬至子中，正東之中注春分卯中，正西之中注秋分酉中。外無六十四卦名，而内爲方圖，與《啓蒙》全同。竊謂此爲定本，更不可易。

今不必證諸他，只以「太極生兩儀，兩儀生四象，四象生八卦」畫爲圓圖，則太極渾然居中，❷陽儀象居左，陰儀象居右，而八經卦粲然不待人力安排，而乾一、兑二、離三、震四自然列於左，巽五、坎六、艮七、坤八自然列於右。又因而重之，八位之上各序以八，❸爲六十四。如榦生枝，而榦體豈移？❹玩其象，則重乾居南盡午中，爲陽極；而姤之一陰又接生於中，爲夏至；重坤居北盡子中，爲陰極；而復之一陽又接生

❶「居」，原作「卦」，今據清鈔甲本改。乾隆本作「列」。
❷「則」，清鈔甲本作「而」。
❸「位」，清鈔甲本作「卦」。
❹「豈」，乾隆本作「不」。

于中，爲冬至。皆自然與造化契合，非是伏羲私巧撰造。

若校之《啓蒙》，八卦圖以乾一居正南、坤八居正北，則爲蹉進了。只做得八重卦方位，而亦少偏不甚全。正恐昔日攷之未精，而今不從之。

若今所刊《本義》六十四卦方位，以乾一八卦居東南、兑二八卦居正東，又蹉退了，不合自然之位。且以復居北之初隅、姤居南之初隅，則是十一月節氣便爲冬至，而五月節氣便爲夏至矣。又無方布，與《圖》後説不相應，爲悞無疑。書坊所貨《六經圖》，❶有先天象圖位次，❷恰如此，注出康節，未必果康節，胡本其出此歟？後别换一版者，位次却是，而亦少有未當。如其中方布無卦名，亦可以證圓布之不必注卦名，其八卦界處須有小豎畫以别之。又須注「乾一、兑二」等字於本位之中，及「冬至子中」等語於本方之中，一如《啓蒙》乃善。

《大學》之疑，只須平心熟玩本文之意，所謂「知止」至「能得」二段，只是因上文「止於至善」一語，而推明其所以然也。「知止」是知其至善所當止之地，「能得」是得其至善所當止之地而實止之也。自「知止」至「能得」，只是一事，❸地步相去非甚相懸，只如「知命」至「耳順」、「知至」至「意誠」之類。定、静、安、慮四節，只是就此一事中間細破，非如心正、身修、家齊、國治等界限功夫之爲闊也。

「止」以物言，是事物所當止之地，便即所謂「至善」處。「定」以理言，物既知所止，

❶「貨」，清鈔甲本作「賣」。
❷「次」，清鈔甲本作「序」。
❸「只」，清鈔甲本作「亦」。

則方寸之間皆有定理而無他矣。「有」字亦有力，是我有之也。「静」以心言，理既有定，則心之所主更無外慕，❶凡外物皆無以動之而能静矣。「安」以身言，心既能静，則身之所處無入而不自得，樂、約、夷、險皆無所擇而能安矣。「慮」以應于事而言，身既能安，則向者知所當止之事物，或接乎吾前而吾從容以應之，❷自能精于慮而不錯亂矣。「得」以實諸己而言，❸事既能慮，則動必中節，而所當止之地，所謂「至善」處，❹吾乃實得而止之不移矣。

其間名義若相類，而界分之辨則甚明；❺主意各有屬，而次序所續則甚密。雖其言本爲「止於至善」而發，❻而實所以推原上文「明明德」者之「止於至善」，❼必知「明明德」之所當止如是，而後能得所止。「新民」者之「止於至善」，❽必知新民之所當止如是，而後能得所止，其下文又所以詳之。❾「格物」、「致知」、「誠意」、「正心」、「脩身」，即所以「明明德」之條目也。❿「齊家」、「治

❶「外」，清鈔甲本作「他」。

❷上「吾」字，原殘缺，今據乾隆本、清鈔甲本、清鈔乙本訂補。

❸「實諸」，原殘缺，今據乾隆本、清鈔乙本訂補。《四庫》本、清鈔甲本作「實乎」。

❹「至善」，原殘缺，今據乾隆本、清鈔甲本及清鈔乙本訂補。

❺「分之」，原殘缺，今據乾隆本、清鈔甲本及清鈔乙本訂補。

❻「本爲」，原殘缺，今據乾隆本、清鈔甲本及清鈔乙本訂補。

❼「於至」，原殘缺，今據乾隆本、清鈔甲本及清鈔乙本訂補。

❽「者之」，原殘缺，今據乾隆本、清鈔甲本訂補。

❾「其下」，原殘缺，今據乾隆本、清鈔甲本訂補。

❿「明明德」，原殘缺，今據乾隆本、清鈔甲本訂補。

國」、「平天下」，即所以「新民」之條目也。❶「格物致知」，❷所以求知至善所當止之地，自「誠意」至「平天下」，所以求得夫至善所當止之地而止之也。❸至於物果格而無一理之不到，❹知果至而無一知之不盡，❺則於天下之事，所謂至善所當止者，❻皆灼然有以知之矣。

由是而往，意極其誠而無一念之或欺，❼心極其正而無一息之不存，身極其修而無一物之或偏，❽則「明明德」者之得「止於至善」，有以爲「新民」之準矣。❾家極其齊而無一儀之或忒，國極其治而無一事之或僨，天下極其平而無一民之失所，則「新民」者之得「止於至善」，有以著「明明德」之效矣。前後脈絡相貫分明如此，則此一段者，實一篇之總攝。今若不紬繹此脈絡，而必欲與後段牽聯配合爲一例求之，則有不通者矣。

如來書謂「知止是知至之事」，固也。謂「有定是意誠之事」，則「定」以見理之不易而言，「誠」以發意之無妄而言，自不侔矣。又注「意既實，則事有定理」，亦恐可疑。蓋事有定理而後意必實，意實則理益定，非意實而后有定理也。謂「能静是心正

❶「也」，原殘缺，今據乾隆本、清鈔甲本訂補。
❷「格物」，原殘缺，今據乾隆本、清鈔甲本訂補。
❸「所以」，原殘缺，今據乾隆本、清鈔甲本訂補。
❹「無一」，原殘缺，今據乾隆本、清鈔甲本訂補。
❺「知」，清鈔甲本作「見」。
❻「所謂」，原殘缺，今據清鈔甲本訂補。乾隆本作「理皆」，《四庫》本作「凡爲」。
❼「其誠」，原殘缺，今據乾隆本、清鈔甲本訂補。
❽「其修」，原殘缺，今據乾隆本、清鈔甲本訂補。「物」，清鈔甲本作「動」。
❾「爲新」，原殘缺，今據清鈔甲本訂補。乾隆本作「立新」，《四庫》本作「爲斯」。

之事」，則静止於不爲物動而已，而正則體用明達也。謂「能安是身脩之事」，則安止于處不擇地而已，而脩則克治粹密也。曰誠曰正曰脩，蓋皆以全體言之；而曰定曰静曰安，乃是發明一義云爾。謂「能慮，則齊家治國平天下，無所不管矣；能得，則家齊國治天下平，各得其所止矣」。夫齊家治國平天下，固當研諸慮，然日用萬事皆然而近或不審也；家齊國治天下平，固各得所止，然特新民之止而内有所遺也。要之，非本文之旨，牽强未合費力，縱宛轉湊合得，只是抝理義以就經文，而不因經文以發理義，殊乏怡然氣象。昔日先生最嫌人如此而讀書，要在理會裹面大義精藴，亦初不在於此。

來書又謂「傳釋『知止』，只指君臣父子國人交之所止，而不及其他」。此姑舉其凡例，而非謂至善只在此也。《章句》因謂「推類以盡其餘」，乃所以足其義矣。大抵凡天下萬事萬物，莫不各有所當止之處，所當止者非他，只是事物中一箇恰好不易處，大如君止仁、臣止敬、父止慈、子止孝之類；小如坐如尸，如尸即坐之所當止；立如齊，如齊即立之所當止；又如足容之重、手容之恭、視之思明、聽之思聰等類，皆是一事中所當止而即所謂「至善」處。但總而言之，必如《文王》之緝熙敬止，無非至善，然後爲得其全；必如《淇澳》之瑟、僴、赫、喧，終不可諼，與《烈文》之没世不忘，然後爲造其極爾。若疑傳於「知止」「能得」段無釋義，則《或問》固已言之。古人釋經取其略，未必如是之屑屑。而有闕文，則又安知非本有而并失之耶？❶然究而言之，則意亦具於

❶「又」，清鈔甲本作「亦」。

三章矣。臆見如此，更願高明訂之。

辨林一之動静書

動中如何有静？静中如何有動？此理天地萬物莫不皆然。

今就人心日用言，則事物未感者，静也，而知覺不昧，則静中之動也，此復之所以雷在地中而見天地之心也。事物既應者，動也，而各止其所，則動中之静也，此艮之所以行其庭而不見其人也。静中之動，即直内之敬也；動中之静，即方外之義也。不敬，則其静也淪于死物，而無以存夫動之體；❶不義，則其動也與物俱靡，而無以達夫静之用。敬義夾持，間不容髮，然後吾心之靈周流該貫，而無所偏。其静也昭然，而未嘗不動；其動也肅然，而未嘗不静。常有以爲一身之主，而日用間莫非寂然感通之妙矣。

如尊見所論動静，大概亦不相遠，但辭意有未完瑩。而其言不及心，又覺無主統，而於我似不相關。所舉總論之語，❷恐亦不必然。却覺於動静之正意有不切，而依然枝蔓牽合之病也。至于以「無極而太極」爲人生而静以上事，自原頭論，固不容有異理。然其名義亦各有攸主，恐不若隨處體察爲有力也。

蓋太極者，天地萬物所同然之理、至極無以加之名，而爲萬化之所總會而取準者也。語其精，則極天下之至精，而無有以過其精；語其神，則極天下之至神，而無有以

❶「夫」，清鈔甲本作「乎」。
❷「論」，清鈔甲本作「會」。

過其神。所謂「無極」云者，則又以是理之至極，而實無形象方所之可究極指定爾。具於天地萬物未形之先，而立於天地萬物已形之後。行乎天地萬物流形之内，而超乎天地萬物有形之表。故自其沖漠無眹而已渾淪完具，則謂之「無極而太極」；自其渾淪完具而固沖漠無眹，則謂之「太極本無極」。此徹上徹下之道，處處皆圓而在在皆足，非有動静之間而可以一所囿之也。

周子首「無極太極」一語於圖之端者，蓋方統原天地萬物根原之所自來，辭意平正，非偏指人而言，而亦非謂止此一截是也。如《樂記》所謂「人生而静，天之性也」者，則是專就人言。其自「形既賦生」以往，至「情未感物」之初，人欲未萌，未有物以間之，❶渾是天命之全爾。明道先生於此更從而精之，謂「『人生而静』以上不容説」，是又欲即人生分上，別出氣質而説天理也。蓋性即理也，❷因生禀得名而不離乎氣也。然其初全未感物，則氣未用事，❸此理本體尚渾淪完具，凝然不動，未爲氣禀所雜，❹尚未有隙罅走失，純是天命之真，漠無形眹，故亦未容易以「性」字説。❺才立「性」字，便涉生禀而牽滯於氣，不能洒然於氣質之外，端的説得天命本然之真也。

以上云者，亦只謂「自未感物以前，至於已有生之始」云云爾。一從上説來、一從下説去，皆重在静字，其中實無異旨。但

❶「物」，清鈔甲本作「人欲」。
❷「性」，原作「情」，今據康熙本、乾隆本、清鈔甲本改。
❸「用事」，原作「有之」，今據清鈔甲本改。乾隆本作「之有」。
❹「雜」，原作「衮」，今據康熙本、乾隆本、清鈔甲本改。
❺「未」，清鈔甲本作「無」。

《樂記》主於未有人欲之汩，而明道主於不雜氣爲言爾，皆非離人而言天、别説未生以前事也。

今若以此中所具渾然爲人心太極之全體則可，若直指此統爲無極太極所在，則失之截定，❶非惟天地萬物所公共者偏囿於人之軀，而其一於静而不復動，❷便與向後覺無交涉，而墮在有形氣方所域矣。❸ 恐又牽合糊塗之未免也。

抑《樂記》下文所謂「感」者，則對「静」而言也。所謂「欲」者，則對「性」而言也。言其既感物而動，則人欲於是乎萌，❹雖性亦未嘗泯，而不得全謂天命之本然矣。故只曰「性之欲也」。明道下文所舉《易》語，乃借其陰陽變化者而就人言之：所謂「繼」者，則對「静」而言也；所謂「善」者，則對「性」而言也；所謂「凡人説性」者，則對「不容説」而言也。言其繼此方感而動，則氣已行而天理流出，所謂善之端倪因有可尋，所可容説者止此而已，然已非天命本然真一之體矣。故曰：「便已不是性也。」

若太極，則其動也，亦渾然於動之中；其静也，亦渾然於静之中。自天地言，則天地一太極；自萬物言，則萬物又各一太極。合天地萬物言之，則體統惟一太極；專就人言，則人心全體一太極也。散於日用，則千條萬緒，又莫不確然各有一定不易之則，天然森布，不容人安排，是又各具一太極也。無適而非太極，亦無適而非無極。未

❶「失」，清鈔甲本作「説」。
❷「復」，原作「該」，今據清鈔甲本改。乾隆本作「言」。
❸「墮」，乾隆本作「墜」。「氣」，原作「象」，今據清鈔甲本改。
❹「乎」，乾隆本作「方」。

應不爲先，已應不爲後。合不見其餘，散不見其欠。活潑潑地，略無一毫凝滯倚着之意可影可像，是果得而截定也哉？

北溪先生大全文集卷第二十二終

北溪先生大全文集卷第二十三

書

與黃寺丞直卿

某僻處南陬，與同門朋友聲問不相接，孤陋寡聞，惟謹守師訓而已。鄉閭諸老，在師門者皆已零落；在後進輩，又絶無此志可誘掖以嗣音。惟鄰郡泉莆間，却稍有信向；相從講貫者，庶幾或有一二可望。

去歲以特試來中都，❶四方才俊所萃，有平昔同門未相識者，多得會面，然亦所造不齊，難得見明而守剛者。既而趙計院季仁拉宿書院，近三月日，頗得與諸友會聚。及道嚴陵，又爲鄭寺丞留郡庠，與諸生切磨兩月而歸。大抵世上一派禪學，❷年來頗旺於江浙間。士大夫之有志者多墮其中，❸而嚴尤甚。及聽其講說旬月後，士方多有警發，知聖門實學之所以然，而覺邪正二路之由分。亦有一二後進，未雜可教。

玆因參注，再至中都，復與季仁居處，新接見一二人，亦頗有志。畢竟先爲禪門熏染，未必果能渙然一於改聽易慮，則此道在天地間，誠可謂凛凛孤立。而邪説詖行之惑人心，乃如彼其昌熾，識者深爲之隱憂。

何時得天開日明？然則挽回狂瀾而注之東者，獨推吾兄是賴。聞在安慶頗得

❶「特」，清鈔甲本作「待」。
❷「一派」，清鈔甲本作「浮」。
❸「墮」，乾隆本作「墜」。

行志，繼聞與時扞格而歸。世道之衰，❶仁人君子自是難於有行，❷且退處里閭，❸爲一方學者主盟，❹隨其才質而成就之，使師道之傳得以有光，❺於時亦不爲無補也。❻

與朱寺正敬之一

前丁卯冬赴省，道仙里，特拜謁文公先生祠下，感舊悽懷，不能以已。試罷回來，擬造塘石拜先生之墓，瞻山水之秀，不謂中途接先訃，狼狽奔歸，竟不克以如願。

每思前年更化之初，時事一一反正，❼而先生恩命特不舉行者，不審何謂。聞兩年來甚崇尚道學，❽上庠課試悉以命題，不審主盟者何人。向來出先生之門，立脚得住，不爲時論所變而顯達于時者，自廖漕之外，更有何人？士子中有何人立朝？行當要津者，還有其人否？如廖漕輩老學有守，最罕其匹，却置之閑散，而萃列清華者，不聞其人，恐其崇尚者，亦不免但爲虛名之舉，而實何足以爲吾道重也。❾

❶「世道之衰」，原漫漶不清，今據康熙本、乾隆本、清鈔甲本及清鈔乙本訂正。《四庫》本作「世道如斯」。

❷「仁人君」，原漫漶不清，今據康熙本、清鈔甲本、清鈔乙本及《四庫》本訂正。「於有行」，原漫漶不清，今據康熙本、乾隆本、清鈔甲本訂正。《四庫》本作「苟合」。

❸「且」，原漫漶不清，今據康熙本、乾隆本、清鈔甲本及清鈔乙本訂正。《四庫》本作「故」。

❹「方學者主盟」，原漫漶不清，今據康熙本、清鈔甲本訂正。《四庫》本作「世之宗」。

❺「之傳得以有光」，原漫漶不清，今據康熙本訂正。清鈔甲本「傳」上有「得」字。

❻「於時」，原漫漶不清，今據康熙本訂正。清鈔乙本「時」爲空格。乾隆本作「然亦」。

❼「事」，清鈔甲本無此字。

❽「來」，清鈔甲本作「間」。

❾「何」，清鈔甲本作「未」。

要之，實欲崇尚，除是表出周、程三先生及吾文公先生者，並錫之公爵，而置之先聖廟顔、孟配享之列，而布其書於天下，使學者尊信鑽仰、晞慕服習，以作成人才而變化風俗，然後於道爲庶幾，而萬世公論少有慊焉爾。

然此又非常之舉，❶「爲天地立心，爲生民立命，爲去聖繼絶學，爲萬世開太平」，非盛世明朝君相大有卓絶異常之識，❷不足以及此，未可以常情淺淺論也。不知將來到何時世，方克舉此一段公案以幸天下，抑又關天運存乎其間，非人力所能與也。

與朱寺正敬之二

某春間經仙里，少欵誨論，不勝欣慰。別後途中節被脚子撓，竟不克入三山與黄寺丞相聚。二月末抵家，幸爾善達皆庇之。

及繼得潮陽郭子從寄示先生《行狀》後段印本，不書姓名，想是直卿之筆。鋪叙得大意頗出，❸甚穩帖，然亦有小小造語立字未安處，不知前段如何。又不得本子，如云「正統有歸」，恐只宜作「全體有在」。又如「秋霜」處，恐尚欠「温和」一節。❹又如「有功天下後世」處，恐欠「集諸儒大成」底意。又如「天文、地理、樂律、兵機等類，皆吾道中之事，自己本分著實工夫，所以明明德體用之全，止至善精微之極」底意思，所係「不可得而精粗者」，今乃結上文以「道德光明

❶「然」，清鈔甲本無此字。
❷「明朝君相」，清鈔甲本作「明君賢相」。當從。
❸「頗」，原漫漶不清，今據康熙本、乾隆本、清鈔甲本及清鈔乙本訂正。
❹「恐」，清鈔甲本無此字。

俊偉」，如此却分析此節離爲二截，似出道德之外不相管屬。

大抵先生之教，所喫緊爲人至切至要處，最是就下學上極著工夫。❶凡上達底妙道精義，須從人事千條萬緒中串過來，極是著實，更無一點懸空底意；極是縝密，亦無一點疎闊底意。恐不必如此分開了，失其旨矣。又如碑記等文，多亦只是發明此理，不可與騷賦等文別作一等看。蓋理明義精，詣極造到，自無所往而不通，無所發而不當，非可拘拘以常迹分別也。❷

凡此等恐更當修刮純粹無病，方爲至善盡美。不審台意以爲如何？❸

與李公晦一

某在都下，爲林自知及趙計院諸士友留講貫，至七月末始出都門。八月初經嚴陵，又爲使君鄭寺丞留學中講説，不覺度兩月日。

自都下時，頗聞浙間年來象山之學甚旺，以楊慈湖、袁祭酒爲陸門上足，❹顯立要津，鼓簧其説，❺而士夫頗爲之風動。❻及來嚴陵山峽間，覺士風尤陋，全無向理義者。纔有資質美志於理義，便落在象山圈檻中。緣士人前輩有趙復齋、詹郎中者，❼

❶「最」，原漫漶不清，今據康熙本、乾隆本、清鈔甲本及清鈔乙本訂正。
❷「非」，清鈔甲本作「不」。
❸「如何」，康熙本、清鈔甲本、《四庫》本作「何如」。
❹「袁」，原作「衣」，今據乾隆本、《四庫》本改。清鈔甲本無此字。
❺「鼓簧」，清鈔甲本作「笛鼓」。
❻「士」下，清鈔甲本有「大」字。「風」，清鈔甲本無此字。
❼「土人」，康熙本、乾隆本、清鈔甲本作「士人」，可從。
「者」，清鈔甲本無此字。

爲此學已種下種子。趙、詹雖已爲古人，而中輩行有喻、顧二人者，又繼之護衛其教，下而少年新進遂多爲薰染。❶其學大抵全用禪家意旨，使人終日默坐以求本心，更不讀書窮理。而其所以爲心者，又却錯認人心指爲道心之妙，與孔孟殊宗，與周、程立敵。平時亦頗苦行，亦以道學之名自標榜鄉閭，時官多推重之，殊無一人看得破者。

自某到學，亦都來相訪，議論不合，遂各屏跡。其少年後生有可教者，未欲絶之，❷屢邀來説話。而陷溺固蔽之深，更説不入，竟亦希行疎立，❸不復相親。日間所與講貫者，只是繫籍習舉業諸生，志趣雖凡而意向未雜。聖賢要義與之明白剖析，旬日後，却多有感動警發，嘉歎歆慕，以爲平生所未聞，多有議論播在人間，得以正人心、闢邪説，邦人至是始曉然識破邪正二路之由分，知聖賢實學淵源之所自來，而覺渠諸輩都是沙門黨類，非吾徒者。其間亦接得三四後進，專心一志，有可造道成德之望。

十月初九始離嚴陵到莆，而仙遊陳憲又專書邀過書院，留與令嗣伯澡相聚。此後生甚不易得，數年來極是辨得做鑽仰工夫，甚懇切專篤，已識路脈不差，將來必大有可望者。温陵諸友甚懸望某經過，❹而未暇及者，準擬開春和暖始克辭歸。

稔聞真侯撫字之政甚切，斯民得安田里，頗有生生之樂。自三十年來，士夫不復有此念，視民端如禽獸，摧剥殘賊，不復顧恤。今乃見此仁慈惻隱之實，薰然如春風

❶「爲」，清鈔甲本無此字。
❷「未」，清鈔甲本作「不」。
❸「希」，清鈔甲本作「各」。
❹「某」，原作「其」，今據乾隆本改。

和氣之發育萬物，令个个有蘇醒意。千里生靈，何其幸邪！

答李公晦二

承喻，黄堂前日欲相延入學講《西銘》，固已參商無及，然亦良感其不外。

但此等文字，亦須稍識路脈者，方可與警發而起其向慕之心。有如汙世流俗，舉子素顛迷於利欲而厭薄理義者。之前且得開示以邪正大分，而明白其入德之門，然後徐徐進以聖賢精密之功。非可躐等，驟與之語此而强聒之，恐未必有絲毫之實益也。

答李公晦三

所示《近思録》并林子武之説，良荷啓益。按此跋意自平正，於理無咈者。

向聞先生亦曰：「四子，六經之階梯；《近思》，四子之階梯。」今子武不以爲然，乃欲讀四書，只參攷此録，使互得以發明。❶似此言者，彼只據先生已解之四書理義已明白者而云云爾。若據古四書本文，非先有得乎此録，四先生之説，則亦將從何而入？而孔孟所不傳之秘旨，亦將從何而窺測其藴乎？况先生所解四書之説，亦自四先生之書得之，而此録則四先生之要言所萃。

今令學者先讀之，使知道統之復續實有賴於四先生，而起尊敬師慕之心，然後循序漸進於孔孟之門，自當不迷其所趨，亦何疑乎？

❶「互」，清鈔甲本作「正」。

此《儀式》之書，乃朝廷頒降，年間所按以行事者，泉之公庫必亦有之，試取一閱之，可見也。

答李郎中貫之

歷陽兵來，忽辱墜翰，詞謙義重，何以克當！

竊嘗深歎：世之學者多有良資美質，可與共學適道，而又多壞以二病：一則病於安常習故，不能立志以求自拔；一則病於偏執己見，不能虚心以求真是。惟其有二病爲之梗塞，是雖有粹美近道之資，亦不免墮于固陋，而終不能以有成。須無二者

答李公晦四

外日承訪及臨漳諸壇壝事。此間舊只有社稷壇一所而已，自先生至，始添創風雷雨師壇二所。已將民間常用尺子，躬按遺址，畫爲圖三紙。

大抵社稷壇在郡治之坤位，以春秋社日祭。風師壇在郡治之艮位，以立春後丑日祀。雷雨師壇在郡治之辰位，以立春後申日祀。其執事者並以郡中十名内吏人充。既又借得郡中印本《淳熙編類祭祀儀式》，内有壇壝制度及禮器尺樣，❶適與民間常用之尺合。并檢先生所作《鄂州社稷風雷雨師壇記》參訂之，丈尺又不相契，未詳其如何。若非匠者製造有出入之訛，則恐先生别有所據而然邪？❷

❶「器」，乾隆本作「部」。
❷「邪」，清鈔甲本作「也」。

之病，然後致知、力行之功，可以交進于其後，聖賢千言萬語，皆可以無扞格，而宗廟之美、百官之富，皆可以次第而得之。

如高賢之資質甚美，自其立朝風節勁勁，又典刑端莊静重者言之，其立根脚已甚健，本領已甚正，胚模已甚宏矣。所欠者，特出光彩工夫。❶今其立志於聖賢門户，甚專篤，且復謙謙求益，虚懷下問，絶無有我之意，又無世學所謂二疾矣。而又如常常佩誦居敬致知之方，是又得其所以爲用功之要，其路脈已不差矣。但俛焉日有孜孜，顧何精之不可詣，而何遠之不可造哉！

諸老先生平日教人最喫緊處，❷「尊德性」、「道問學」二件。工夫固不偏廢，而所大段著力處，却多在「道問學」上。其所以爲綱條節目，見於《大學或問》所叙程子格物諸説處，須實下手做，❸便見得滋味，斷不我欺。至于融會貫通，則「卓爾」、「躍如」並在前矣。

江西一派却只是厭煩就簡，❹偏在「尊德性」上去。先生蓋深病之，力爲之挽。乃確然自立一家門户，而不肯回。今世後進中學質美者，亦多有流入此病。可歎！高明固無此等病，亦不可不知其得失之所以然。失者看之破而照之徹，則得者守益牢而進益力矣。

前日見黄義剛録，多有與某所録相同處，彼又未及修整，多過冗濫，恐成重複。可以將倉司本即義剛卷删其同者，將所不

❶「特出」，原作「出持」，今據康熙本、乾隆本、清鈔甲本改。

❷「諸」，清鈔甲本無此字。

❸「做」，原作「故」，今據康熙本、清鈔甲本改。

❹「煩」，清鈔甲本作「繁」。

同段子并削去其差冗處，❶攢聚只作一卷，如何？廷試後，某更就子善處旋借來看，或有差舛。別更得託胡仲立，附便白鹿奉聞也。

與陳寺丞師復一

某去載在都城，爲朝士輩相留講貫。區區在都城之久，頗覺兩浙間年來象山之學甚旺，由其門人有楊、袁貴顯，據要津唱之，不讀書、不窮理，專做打坐功夫，求形體之運動知覺者以爲妙訣。大抵全用禪家宗旨，❷而外面却又假託聖人之言，牽就釋意，以文蓋之，實與孔孟殊宗、與周程立敵。

慈湖纔見伊川語，便怒形於色，朋徒至私相尊號其祖師，以爲真有得堯、舜、孔子千載不傳之正統，每昌言之，不少怍。士夫晚學見不破，❸多爲風靡。而嚴陵有詹、喻輩護法，此法尤熾。後生有志者，多落在其中。其或讀書，却讀《語孟精義》，❹而不肯讀文公《集註》；讀《中庸集解》，而不肯讀文公《章句》《或問》；讀《河南遺書》，而不肯讀《近思録》；讀周子《通書》，而不肯讀《太極圖》。而《通書》只讀白本，而不肯讀文公解本。平時類亦以道學自標榜，時官里俗多所推重，前後無一人看得破。

自某到都來，相訪議論絶不相入。凡朝夕所與講磨，只是在學習舉業諸生，❺雖識趣凡陋，而志向未雜。聖門要義，每極口

❶「子」，乾隆本作「更」。
❷「全」，清鈔甲本作「皆」。
❸「士」下，清鈔甲本有「大」字。
❹「語」，清鈔甲本作「論」。
❺「舉」，原脱，今據本書卷二十四《答趙司直季仁一》補。

爲之明白剖析。旬日後，大小生徒多所感發歆慕，以爲平生所未聞，邦人至是始釋然，❶知邪正二路之由分，而異端曲學贓證暴露。使儒容墨行、盜名於一方者，❷不復得以遁其情。亦接得後進三四輩，專心一志，爲可望有以慰鄭侯拳拳囑望之意，亦自愜以不枉。

如南康乃濂溪、晦翁二儒宦游之邦，流風遺躅儼然如在，而豪雋遊紫陽之門者亦多。然其地鄰江西，則象山之風聲氣習，亦無不熏染於簪紳韋布之間。爲吾徒者，時或有出入焉，真是真非無復能辨，而天理人欲恐或混爲一區。則發揚先儒道德之化，主盟斯文，使邦人風動響應，粹然一於聖門實學之趨，而絶無復有詖淫邪遁之流者，❸非吾賢使君其誰歸？想下車先務，深所加意，而英才美質有依賴焉，不審白鹿洞中人物竟如何？有真篤志不雜可取者否？

又聞前政遺論以聚斂之故，則閭閻不無赤立之憂，❹仁人君子至此必深爲之動心而哀痛焉。❺于斯時也，極力撫摩，朝夕正不容緩。況今之世，横斂毒賦隱爲民病，如久年錮疾，赤子不能言、有司不敢言者，在在有之。惟仁者爲能勇于爲民除去，而不容其或留。州閭之間所同病者，最是强梗姦慝之民，專飾虚詞健訟以撓吾善良，❻惟義者爲能深察其情狀，而痛爲之懲艾。或

❶「始」，清鈔甲本作「大」。
❷「使」，清鈔甲本作「正」。「方」，清鈔甲本作「時」。
❸「復」，清鈔甲本無此字。
❹「閭閻」，此二字原倒，今據乾隆本乙正。
❺「深」，原漫漶不清，今據康熙本、乾隆本、清鈔甲本及清鈔乙本訂正。
❻「善良」，清鈔甲本作「良善」。

長年善閉之自訟齋，使之無復逞其爪牙，❶庶乎吾民有可安生樂業之望矣。

答陳寺丞師復二

伏承誨示讀書精、誠、静三者之説，自非切己用功體察，何以及此？但來説太約，不見得主意之果爲如何。

且書之所謂精者，不知如何其精也。精者，乃純粹至極而無以加之謂。❷如致知而至於知至，則是致知之精；格物而至于物格，則是格物之精也。在讀書言，則只是研窮其理，見理真是真非端端的的、不可移易云爾。如一句以爲如此，又以爲如彼，則是一句之不精矣。如一章既達其辭，而未達其藴，則是一章之不精矣。程子謂「《論語》有讀了後全無事者」，是全未有一字之得，而草率不精之故也；「有得一兩句喜者」，是已入得一線路子開明，是一句之精也；「有知好之者」，是已覺其中有趣味之可嗜，而於書之大義漸精也；「有直不知手之舞、足之蹈者」，❸是深有悟夫趣味之無窮，而全書之已精也。

然精亦豈容易可至哉？是用多少工夫積累而然！如顔子之博文約禮，必至于所立卓爾，然後爲精。如孔子志學，必至于不惑、知命，然後爲精。然此又以見道全體言之，非精于一書之謂也。

今謂「誠則精」者，不知如何其誠。蓋誠者，真實無妄之謂。有以天命本然言者，若「誠者，天之道」是也；有以人事當然言

❶「之」，清鈔甲本無此字。「逞其」，清鈔甲本作「甚逞」。
❷「至」，清鈔甲本作「之」。
❸「直」，清鈔甲本作「真」。

者，若「誠之者，人之道」是也；有以理言者，若「誠者，物之終始」是也；有以心言者，若「不誠無物」是也；有以德言者，若「唯天下至誠，爲能盡其性」是也；有以用工言者，❶若「君子誠之爲貴」是也。不知來意所主，是以天言邪？人言邪？以理言邪？心言邪？以德言邪？用工言邪？❷由誠而精者，于誠後又如何而精邪？

謂「静則誠」者，不知如何其静。静與動對，静是無事時，動是應事時。如「寂然不動」者是心之未發，而其静也；「感而遂通天下之故」者，是心之已發，而其動也。「人生而静，天之性也」，是未感物時，心之所發渾然天理也；「感於物而動，性之欲也」，是已感物時，性之發而爲情也。「喜怒哀樂之未發謂之中」，則其静也；「發而皆中節謂之和」，則其動也。静者其體，而動者其用也。心不能偏於静，必有動時；亦不能偏於動，必有復静時。一動一静，循環無端。而誠則徹表裏、一終始，而貫動静者也。

今以静言誠，偏就静一邊爲主，❸則其接物而動時，非所謂誠乎？由静而誠者，於静後又如何而誠乎？恐不免墮於釋氏之失否？❹然則由静而誠，由誠而精，其中果有血脈相關處與否？果通而無礙與否？

想親下工夫，必深熟曲折。若只是揀數箇好字、立箇標榜，不暇計其中意旨曲折淺深可否，使之明明瑩瑩，却成疎漏，又大

❶「工」，乾隆本作「功」。
❷「工」，乾隆本作「功」。
❸「就」，乾隆本作「於」。
❹「墮」，乾隆本作「墜」。

糊塗、大欠缺，無實下手用工夫處。文公平日所深不喜諸生之有此類者，正謂是也。

所謂「寡欲爲本」之説，信然明白，無可疑者。恃講訂相忘，不覺縷縷。未審雅意以爲如何？

答陳寺丞師復三

久不奉清表，忽承惠翰，披挹謙光，何勝感悚！

勉齋之逝可傷。終始親密師門、傳本末之備者，惟兹一人。今其已矣，誰復可依靠邪？❶爲之累日嘆息。吾黨凋零，斯道誠爲孤立。賢契有志之篤如此，只有賴其光大之功。❷

所論「讀書持敬，一時不可輟」，可謂得學之要領矣。蓋須如此用功，方有日新之望。大抵持敬，乃貫動静、徹顯微之功，所以存主此心，而森萬里之會爾。讀書又無他道，❸特不過講明此理之端的，是者真知其爲是，❹非者真知其爲非，如此而已。是二端者，固相須而相發，然非切實著功夫，❺齊頭並進，亦不足以得其趣味也。

區區每病孤陋，惟英明時有以發之，幸甚。勉齋《論語增釋》，果蒙肯來發藥，❻尤千萬之幸也。

北溪先生大全文集卷第二十三終

❶「靠」，乾隆本作「歸」。
❷「光」，清鈔甲本作「廣」。
❸「道」，清鈔甲本作「奇」。當從。
❹「爲」，清鈔甲本作「會」。
❺「非」，清鈔甲本無此字。「著」，清鈔甲本作「者」。
❻「發」，乾隆本作「相」。

北溪先生大全文集卷第二十四

書

答趙司直季仁一

某八月初三日抵此，即見寺丞，蒙出劄子相留在學講説，而士人新第余尉者力贊之。次日，陳宰權教又以學中衆人之狀來請，勢不能却，遂爲之留。

因慨念江西禪學一派，苗脈頗張旺于此山峽之間，❶指人心爲道心，使人終日默坐，以想像形氣之虚靈知覺者以爲大本，而不復致「道問學」一段工夫以求理氣之實。於是舉其宏綱大旨，作《講義》四篇：一曰《道學體統》，二曰《師友淵源》，三曰《用功節目》，四曰《讀書次序》。明爲之剖析，以爲後學一定之準，庶有以正人心而息邪説、距詖行。

講義既成，請使車初八下學，不期寺丞又值私忌并祭社，遷延到十三開講。置酒百位，與諸官及諸生均洽，蓋重其事，欲諸生留意。不期忽值補試，不行，令諸生四散。又空兩旬閑坐。此月十一方再集講起。

大抵今世士習顛迷於舉業一段骨董，殊不知聖門有大壇場、大境界。而此間尤陋，無一人置得晦翁《大學解》，間或一有焉，❷亦只是久年未定之本。如喻、顧二人，

❶「此」，清鈔甲本無此字。
❷「一有」，清鈔甲本作「有一」。

資質粹美，却落在江西窠臼中，亦極口爲之剖析，而其受病已深、立意已堅，無可轉回者。

有一二後生可喜，又却平日與相往來，陶染一習，正茲朝夕爲之解釋，未必其果能改聽易慮。外此却有一二後生，志向未雜，儘可與語，頗樂聽受。其他則在學習舉業諸生，朝夕且拘令聽講，多於背後更相告語，以爲說得明白，皆平生耳所未聞，更俟其積累通曉，看如何。

與趙司直季仁二

某在此，不覺兩月日，象山之學，因以得知其情狀來歷，前與寅仲書已詳之矣。

大抵全是禪學，象山本自光老得之，今楊門下多是引接僧道等人來往，❶以爲覺者甚多。此間九峰僧覺惠者，詹、喻、顧皆以其得道之故，與之爲朋。詹悟道時，嘗謂他證印法門傳度，❷從來如此。然則此一家學問，分明是空門宗派，曉然張無垢之徒，何暇更說吾儒道統？何暇更甚争衡堯、舜、孔、孟之傳？縱待說得精微玄妙，不過只是彌近理而大亂真、甚相似而絶不同也。

然非物格知至、理明義精者，不足以識破此。平時數輩，洋洋於閭里間，以道理自高。後進無知，多爲熏染，落在圈檻中。闔郡又無一人看得破，皆以爲頂上一格人。胡伯量到此講說，亦看之不破。

自某到後，對當人分上，既各逐一與之明白剖析。有後生染其學而來見者，又極

❶「來往」，清鈔甲本作「往來」。

❷「度」，清鈔甲本作「受」。

與詳細分別路頭。及開講後，又時或與大小諸生說破其是非邪正，根源來歷已自曉然分明，❶無復遁情，邦人始知其判然爲二路之分。

後進中，亦有省覺象山而願學周程、喜來扣擊者。雖只數輩傳法沙門陷溺至深，痛護祖印如護命，不能割舍轉回，然其心腸肝肺中正贓證病根，已被拏攫出來，暴白於衆，有不可得而掩者。是雖無風動響應之效，而其所以正人心、闢邪說、距詖行，以遏方來已說之衝，而開後來無窮之新進者，其爲補亦不淺矣。

與趙司直季仁三

載伯話別次，道及節夫已求書爲四明之行，此子可謂狂妄矣。聞之深爲嘆惜。前日相聚許多時，凡有議論，渠多不入，意只以守槎溪之言自爲足了。又殊無扣擊，無因與劇談痛論。❷今流而爲此舉，乃是於聖賢門户中，元來全未有少知味處，❸故以爲緩而不在急，蓋無可扣擊者。因覺相聚間泛泛地徒飲食，忽聚忽散，亦不濟事。須是帶一兩件切要書去，不必以道自遜，須舉兩三段道義與衆講貫，明白剖析，如此則每聚每有益於後生。有不能問及未知所向者，皆可以有補。渠館地在何處？今一書早與救正，見三十二卷。不及封，望爲封達之。

載伯又說：袁侍郎欲著書尊其師。豈

❶「源」，清鈔甲本作「原」。
❷「痛」，清鈔甲本無此字。
❸「處」，清鈔甲本作「趣」。

可强著書？亦豈可强尊所學？❶大抵全是禪家宗旨，無一字與孔孟合。假如推尊之極，亦不過《傳燈録》上添一位爾。若説去聖五百年，得其傳者惟象山，但越見其魍魎無忌憚之甚，爲後世一大笑也。

前日寅仲書中，❷有謂「口頭儘説得，筆下儘寫得，恐亦只是看他不破」而云耳。孟子「知言」地位，自非物格知至、理明義精者不能，非可容易及也。如看他不破，初亦何害？只恐被他引去，則爲害之大者。然與之周旋浹洽，亦安能保其決不爲之引去耶？此又在諸賢所當深自戒也。

與趙司直季仁四❸

去冬棘寺之聚，❹情理優渥，豈勝銘佩！春首判袂南歸，而台旌又榮赴桂陽藩屏之除，❺相去日遠。一自閏月得楊卿書，道及尊契陛辭之劄，一絶和好，一奬忠義，誠爲大公至正之論，竊深敬仰。

四月初，忽傳邸報，又聞遭論罷桂陽之命，爲之怪訝，不知已交篆得幾時，或尚在道未至邪？司人物之柄者，率然而予，率然而奪，何其兒戲若此？

可見世道之衰，仁人君子難於行志，動輒與時相忤。惟在我者，苟内省無疚，雖百厄其何傷？且冷處高卧以看兒戲，却於餘暇温習舊學，以爲異日大施設之地，亦自有

❶「豈可强著書亦豈可强尊」，乾隆本作「書豈可强著，師豈可强尊」。
❷「中」，清鈔甲本無此字。
❸「與」，清鈔甲本作「答」。
❹「冬」，清鈔甲本作「年」。
❺「旌」，乾隆本作「車」。

無窮之益，爲一樂也。諒高趣遠識，必不爲之芥蔕也。

與嚴守鄭寺丞一

某伏蒙喻及講説，此乃與人爲善之美意。區區淺陋，義亦不容固辭。竊惟開發後進，初不在于辭説之多。假如將一件書全部講説，聽者遂不復致思，亦無進益，反成長人怠惰之心，不若只明指其切要路脈，❶使有志者依此尋求，却有日新不已之功。

某今欲將學問大要處，❷作講義四篇。已立題目：一曰《道學體統》、二曰《師友淵源》、三曰《用工節目》、❸四曰《讀書次序》，以應嘉命。若果蒙開允，則退去脩治其詞，午間乞遣一筆吏爲寫講義册子就，明日乞使車下學，❹集諸生一講，因得午後登舟，趕及同行，庶幾行途有所相依。若蹉過此，則後去獨歸，途中勢孤，極爲不便，伏丐台照。❺

與鄭寺丞二

日外拜違，過蒙頒賸。至水次，繼辱誨翰，拳拳眷顧不已之誠，何感如之！

十一日經過壽昌航頭，鄭生聞者已伺候于道左。❻扣其所學來歷，平日惟在婺女吕氏家塾，從王深源爲學，却好觀周、程、

❶「明指」，清鈔甲本作「指明」。
❷「今欲」，清鈔甲本作「欲令」。
❸「工」，清鈔甲本作「功」。
❹「學」，清鈔甲本無此字。
❺「丐」，清鈔甲本作「乞」。
❻「左」，清鈔甲本作「右」。

朱、吕之書，不曾交惹象山，但於書詞，不識郡中諸人學問之是非，而偶及之爾。及得某書，❶大有警省，特爲留一日半并兩夜，與之欵洽，曾用工夫頗有扣擊。年方二十六，趨向甚正。且言諸人之病，謂「其平時以道自尊，無一人看得破，被長者説破情狀，不直一錢，聲價頓減，❷所以魂消魄沮，不復來相親」。斯言亦不易見得到此也。

大抵此一種學問，不止是竊禪家一二，乃全用禪家意旨，與孔孟殊宗。但孔孟爲歷代宗崇已極，❸立之廟學已定，不可貶剥，遂托其言以文。❹蓋其學欲以儒名家，其實乃牽聖言以就釋意，實爲釋家者流。於儒家事業初無絲髮之補，雖或做入細工夫與儒家内省處相近，而亦大故疎闊簡率，❺於儒家淵源趣味實迥然不同。特不過只是山林一苦行僧道輩氣象。❻所謂聖門切己存養省察、精微嚴密之旨，彼烏足以知之？而況含糊不明理之蔽。

其流弊，必至于錯認人欲作天理。如亟戰殺母以爲忠，忘君事讐以爲義。導學者于綱淪法斁之域而不自知，乃囂然欲以是而争衡孔孟千載不傳之緒，亦可謂無知之甚。奈近日兩浙間，此學頗旺，緣有貴顯者倡之，後進見不破，樂於徑捷，隨而風靡，識者蓋深憂焉。

兹者幸獲憑藉威尊發揚德音，極爲之剖析，是是非非界分已瞭然明白，雖彼數輩

❶「書」下，清鈔甲本有「詞」字。
❷「聲」，清鈔甲本作「身」。
❸「已」，乾隆本作「至」。
❹「文」，清鈔甲本無此字。
❺「故」，康熙本、清鈔甲本作「段」。
❻「象」，原作「相」，今據康熙本、清鈔甲本改。

陷溺之深已不可轉移，而在學大小諸生及邦人在外之有志者，頗多有感動警發，已識邪正二路之由分，而知聖門實學，不迷其所向，有以正人心、闢邪説、距詖行。

於其間，又接得四人，若張應霆、朱右、李𤼵、❶鄭聞者，專心篤志，爲理義之歸。而四人之中，鄭與張又已識路脈不差，有可造道成德之望。且因以種聖學于一方，尤非細事，是雖區區勞費唇吻之劇，而不自以爲悔也。

答黃先之

某八月初經嚴陵，不意爲使君及邦人挽留，❷在人情事勢，❸有不容峻拒而走者。遂將《大學》《論語》及《孟子》《中庸》大節目難曉處，都講了。

喻丈者，舊雖造師門，而後却爲象山之學。象山學全用禪家宗旨，本自佛照傳來，教人惟終日静坐以求本心，而其所以爲心者，却錯認形體之靈者以爲天理之妙，謂此物光輝燦爛，萬善皆吾固有，❹都只是此一物，只名號不同，但静坐求得之，便爲悟道，便安然行將去，更不復作格物一段工夫去窮究其理，❺恐辨説愈紛而愈惑。此正告子「生之謂性」、佛氏「作用是性」「蠢動含靈皆有佛性」之説，❻乃即舜之所謂人心者，而非道心之謂也。是乃指氣爲理，指人心爲道

❶「𤼵」，同「登」，本書卷三十二《與鄭行之》作「發」。康熙本作「莽」，清鈔甲本作「奔」，清鈔乙本作「菴」。
❷「使」，原作「史」，今據乾隆本、清鈔甲本改。
❸「勢」，《四庫》本作「理」。
❹「吾」，清鈔甲本作「我」。
❺「不」下，清鈔甲本有「必」字。
❻「佛」，清鈔甲本作「物」。

心，都混雜無別了。既源頭本領差錯，其於聖賢經書言語，只是謾將來文蓋名家，❶多牽合己意，不究本旨端的，與孔孟實相背馳，分明是吾道之賊，只向日張無垢之徒。

楊慈湖爲陸門上足，專佩服《孔叢子》「心之精神是謂聖」一句，❷作《己易》四千餘言，只發揮此意，無一句是。此間詹郎中，亦號陸門上足。趙復齋舊雖來往師門，後亦從此學。今都下士夫，多溺此學者，皆緣以其學簡易徑捷，見之不破，誤陷其中而不自覺。此邦緣有人唱此苗脈，士之有志者多爲薰染。長者有顧平甫，少者有邵生甲、王生震。既落此圈檻，❸意趣議論全別，更無一字相入。又却偏執自是，無可救正轉移者。

學中所與講貫，只是係籍大小諸生，每日會聚講説，❹必詳悉爲之剖析。聽者無不嘆羡其明白，皆以爲平生所未聞，多有感動警發者。邦人至是始曉然知邪正二路之由分。下縣傳講義去，亦多有興起者。

其間亦接得三數人，專心篤志爲理義之歸，無雜念，爲可望爾。是雖無風動響應之效，而其所以正人心、闢邪説、距詖行，于此邦所補亦不淺矣。

答潘謙之

某忝同門之末，曩嘗竊窺問目，久願切磨。南北參商無由會合，高山景行，日勤仰止。昨忽承華緘，先施披味，如奉面教。

❶「名」，乾隆本作「自」。
❷「服」，清鈔甲本無此字。
❸「此」，清鈔甲本作「在」。
❹「聚」，清鈔甲本作「叙」。

顧惟先師文公已遠，有大疑義無從質正。黄寺丞近又不起，失此良友，心傳本末誰與講明？道在斯世凛乎可憂，玆正吾徒所當用力交相勉焉，日有孜孜爲死戰計，而不容有半途之弛者也。

然嘗竊謂：聖賢學問，無過明吾心身之理而已。❶所以爲理者，又非可悠悠泛泛、若存若亡、半間半界，須是見得親切端的，見善真如好好色，見惡真如惡惡臭，然後於切己爲得力，而在我有受用處。到凡遇事，直如鏌鎁著物，❷一觸便成兩片，無復有騎墻不決之態，❸蓋必如此而後爲分明洒落。每深病其未能造此，正有賴於高明鞭策之功，賢者以爲何如？

答徐居甫

所諭家居爲俗務所縈，此非吾徒所宜病也。

日用萬事莫非天理所當然，而人道所不容不然。吾於其間但順以應之，奉天命而共厥職爾。何者爲當務，而何者爲俗務耶？纔以俗言，便理與事判，易生厭射，而不自覺其墮於清寂之境矣。故以流俗爲病則可，而通人事爲俗則未可。

雅意以爲如何？

❶「吾」，清鈔甲本作「我」。
❷「直」，清鈔甲本作「真」。
❸「墻」，原作「穡」，今據康熙本、乾隆本、清鈔甲本及清鈔乙本改。

答蔡廷傑一

陳生來，忽承教墨，❶豈勝皇恐！以令嗣之資甚朴茂，❷而性亦開通，又加以過庭日親嚴明正大之訓，❸何患其無有造道成德之望？

但後生晚學始進發軔之初，亦未可便責以必須知味、必須踐實，且當循循誘之，馳入此路來便不迷其所趨。凡所合當先聞底切要嘉言善行，且須逐旋一一説與之知；凡所合當先讀底切要諸書，且須逐件一一令講究過。要耳目聞見常是此事，心志念慮常在此途，勿過急而迫，勿太弛而忘。

至于日積月累，漸摩涵泳之久，一旦自能不覺忽然有警省處，至是，然後其中喜悦方可有趣味，不惟喜之，而又愛之、嗜之，蓋不待爲之鞭辟，而駸駸自不能以止矣。所謂「優而柔之，使自求之；饜而飫之，使自趨之」之道也。

答蔡廷傑二

所喻庭訓多爲舉業之分，❹此無足怪者。時王之法，以此爲尚。生今之世，未能絶俗高飛遠引，安能舍此？自是人家子弟，常事所當習者。

但要之聖賢學問，則此等伎倆工夫虚浮無根，誠有病乎聖賢正大之意；而聖賢

❶「墨」，清鈔甲本作「翰」。
❷「嗣」，原作「似」，今據清鈔甲本改。
❸「大」，清鈔甲本作「人」。
❹「喻」，清鈔甲本作「諭」。「庭」，原作「廷」，今據康熙本、清鈔甲本改。

學問，實未嘗有妨於科舉之文。蓋理義明，則文字議論益有精神光采，燁然從肺腑中流出，自切人情、當物理，爲天下之至文，而非常情所及者。

故學者亦不必以此分厭懌，在平居暇日，[1]當知本末輕重立課程爾。如卓卓有志者，只依程子「月中十日」之說，自不爲慊；或未能然者，每日但分一半工夫，亦可無相妨。惟遲之日積月累之後，至於有得趣味，則必自知賓主，而勇往不可禦矣。

北溪先生大全文集卷第二十四終

[1]「在」，清鈔甲本置於下句「當」字下，似可從。

北溪先生大全文集卷第二十五

書

答郭子從一

去秋承惠書，并碑記文字一封、議論一卷，未及奉報。便來再蒙教翰，❶并書籍二封，重疊皇恐。

某區區庸陋，皓首無成。師容日遠，索居閩底，與同門朋友又不相親，❷無可切磨。而鄉間士習又陋，❸不似仙里崇尚此學，故後進絶無登門問津者。

丁丑歲，因特試久留中都，❹同門未曾相識者多得會面，四方英雋寓輦下，及朝行志向之美者，亦多得相聚講貫。此番參注，朝士稍稍聞知，又多遣子弟聽講，❺至相挽留依戀，幾不得脱身歸者。

頗覺中都士夫却多有尊德樂道之風，但年來象山之學，亦頗旺于江浙間。❻其爲説全用禪家「作用是性」一意爲宗主，而牽聖言皮膚枝葉以文之。不窮理、不讀書，專静坐澄心，自以爲涵養本源，真有得堯、舜、周、孔千載不傳之秘旨。其實詖淫邪遁，與周、孔背馳，無一相合，蓋真吾道之賊。後

❶「便」，康熙本、乾隆本、清鈔甲本作「使」。當從。
❷「親」，清鈔甲本作「見」。
❸「又」，清鈔甲本作「之」。
❹「特」，康熙本、清鈔甲本作「待」。
❺「多」，清鈔甲本作「各」。
❻「旺」，清鈔甲本作「望」。

生晚學看不破，多先入其説；朝之貴顯者，亦多墮其圈穽而不自知。❶

兩年在彼，頗極爲之剖析是非邪正。其偏執固陋不肯回者，置之不足恤；或所染未深，因有警發而知所歸向者亦衆。❷如仙鄉姚安道，亦象山之學，此後生妙齡美質，志向甚佳，頗勁勁自立。但學無師友淵源，只壁角鑿空杜撰，不知從何傳授得此一門宗旨，先蠱其心。初榮歸經過，一見之頃，亦未詳其爲如此。次年過温陵結親，直造家講論，意旨殊扞格不相入。繼而自温陵貽一書，頗自張皇，説道理自是自專，而其矜驕褊迫、狠憤不平之氣，甚盛溢于豪楮間，已知其非遠器矣。自後相見，以其聲臭不同之故，❸更不復與講論。

如《祠堂記》，亦只是後生時文之見。捉摸所謂物格知至、意誠心正、身脩家齊、國治天下平者，無日不講之，乃揀極至之語爲形容，以此爲一篇關紐處而主意焉，❹其實乃大病所在。蓋聖賢正誼不謀利、明道不計功，平時拳拳教人篤于下學，只是做格物致知以誠意正心而脩其身底工夫，何嘗躐等使遽造于物格知至、意誠心正身脩之地，而安享其效？至所謂齊家治國平天下，則又在于身已脩而充之爾，非素無本領可以雜然妄進其極也。

繼又以「敬」之一説，强牽挽附麗于其後，❺意義殊不相屬。外日温陵會次，亦説

❶「圈穽」，清鈔甲本作「穽圈」。
❷「亦衆」，清鈔甲本無此二字。
❸「以」，原脱，今據康熙本、清鈔甲本補。
❹「篇」，原作「偏」，今據康熙本、乾隆本、清鈔甲本及《四庫》本改。
❺「其」，清鈔甲本作「時」。

破此病與之知，❶未必當其意也。使其享年，學老而成，亦不過只成就得一箇扨爾，無足多道。

每嘗竊嘆世之學者，最難得美質。質既美，又難得有志焉。幸而質與志俱美，而所學又不得門路，無以成其質而達其志，竟亦何美之有焉！因是益覺伊川所謂三不幸之説，誠爲不易至論，可敬可服。

林賢良《草範》之書，極荷承教。此亦英才美質、度越流俗者，恨不遇明師，學無本源，用心良苦，與子雲《太玄》、温公《潛虚》、後周衛元嵩之《元包》同一律，皆無加損于《易》。後世聖道不明，而英才美質無所成就、枉入偏曲者，何可勝計邪？

仙鄉多同門老成，想時有切磨之樂。前年，道間遇潮人，説及謝教有《書解》自刊行，❷未悉是自著？❸是編集？因一書求之，未蒙回答，更仗吾友求本示及爲幸。

蓋《書》之爲經，最爲切于人事日用之常，惜先師只解得三篇，❹不及全解，竟爲千古之恨。自先師去後，學者又多專門。蔡仲默、林子武皆有《書解》，聞皆各自爲一家。昨過建陽，亦見子武《中庸解》，以《書》相參爲説，中間分章，有改易文公舊處。過温陵，又見知契傳得蔡伯静《易解》，大概訓詁依《本義》，而逐字分析又太細碎，及大義則與《本義》不同，多涉玄妙，終不能脱莊列之習。豈真知《易》之所以爲《易》？良可嘆矣。

❶「病」，乾隆本作「而」。
❷「刊行」，原漫漶不清，今據康熙本、乾隆本、清鈔甲本、清鈔乙本訂正。
❸「悉」，原作「委」，今據乾隆本改。
❹「解」，清鈔甲本作「講」。

直卿去年過南康，太守陳寺丞邀到白鹿洞，講乾九三、坤六二，傳得本相似舉子時文牽挽之態，發二爻大義本旨殊不出。中間詞語又多病，復不見所以爲乾坤之變處。今録去，漫一觀。直卿在師門最久，傳得本末極爲精備，而其爲説如此，則真見之粹然者最爲難也。

《行狀》後段，必是渠筆。此篇形容得文理俱到，却穩善。所欠「温和」一節，誠如來喻。舊某《叙述》之文，亦曰：「望之儼然而可畏，即之温然而可親。其接人也，終日怡悦，熏然春風之和而可挹；事有所不可，則其斷之也雷霆之威，又厲然而不可犯。」乃其實也。

然其間亦有小小造語立字未穩處，而後面近末，説「天文、地理、樂律、兵機等，皆吾道中之事，自己本分著實工夫，所以明明德體用之全、止至善精微之極，所係不可得而精粗」者，今乃結上文以道德，却分析此，出在道德之外，離爲二截，似不相管屬，説開了。及碑記等文，多亦只是發明此理，不可與騷賦又别作一等看。此段更當脩刮，純粹無病爲善。

直卿前日在安慶，有小不合當路者之意，不欲顯然罷之，姑以大理丞召起。既在道，則使臺章彈去，而畀以祠禄，非誠有召對之命，得以從容于辭受進退之義也。

答郭子從二

所論先天順逆之説，太泥，左旋右轉相滚雜，終竟未瑩。據《説卦》本語，自古無人曉得字義。直至康節先天之學，始説得出，而《啓蒙》《本義》復用其説而詳之，已甚明白矣。

如圓圖之左方，自有乾一而後有兑二、離三、震四相次而生，而卦氣則自震之初爲冬至，離、兑之中爲春分，至乾之末而交夏至焉，皆是順數其已生之卦而言，如順天而左旋，故曰：「數往者順。」

其右方，自有巽五而後有坎六、艮七、坤八相次而生，而卦氣則自巽之初爲夏至，坎、艮之中爲秋分，至坤之末而交冬至焉，是皆逆數其未生之卦而言，如逆天而右行，故曰：「知來者逆。」

然推原《易》之所作，乃從乾一、兑二、離三、震四、巽五、坎六、艮七、坤八相次而生，然後成六十四卦焉。故曰：「《易》逆數也。」

凡此所謂逆順，其主意只是已生未生爲別，而康節引天左右旋爲譬，亦各就兩邊言之耳。今不必拘諸家之説，只管分别如何是左旋、如何是右轉，愈見礙也。

乾九三、坤六二所云云，須要見得兩爻本義端的不可移易處。九三以陽居剛，健而又健，爲健之至，故有「終日乾乾」之象。以其不中，故又有「夕惕」「厲」之戒。然所以至健而乾乾者爲何事，聖人于《文言》申之以「進德修業。知至至之，可與幾；知終終之，可與存義」。大要不過致知、力行兩盡其道而已。是迺所以爲健而又健之實也。

六二以陰居柔，順而又順之至，❶且居中得正，純粹無偏，故有直方之象。然所以至順而直方者爲何事，聖人於《文言》申之以「敬以直內，義以方外」。大要不過順守

❶「之」上，清鈔甲本有「爲順」二字。

其正而已，是乃所以爲順而又順之實也。

乾坤何爲其如此不同也？　乾知大始，而坤作成物。乾元，萬物資始，乃統天；而坤，利牝馬之正，先迷後得。是乾能創始，又兼統其終；坤則無始，但有其終而已。

故致知非健，則事物渾淪，無以剖析是非；力行非健，則或作或輟，無以造極。二者兩盡，無一强一弱，乃剛健之至。此正聖人純亦不已之事，而顔子克己工夫，亦足以當之。坤則無致知一截事，只敬義順守于其終而已，此乃仲弓爲仁之功，視顔子大有逕庭。知乎此，則乾坤健順之辨自判矣。此等工夫義理，亦何有上下之限？而渠乃以居下爲言，未免偏滯疎闊。又止言力行一邊，❶而不及致知，一强一弱，何健之云？甚大失聖人之旨矣。

以窮理言，義又不相似。窮索乃平日之功，非裁度處事時之事也。若曰「觀理度宜」則可矣。又言「乾之德業，必本於坤之敬義」，亦有病。乾之爲乾，果有資于彼乎？❷是則聖人德業，須有待於賢者功夫而後成矣。曰：「如此，則乾獨無敬義乎？」❸曰：非也。乾之爲德業純一於誠，無表裏隱顯之間。所謂敬者，自清明如神，何有持主之迹？所謂義者，自從容洒落，迎刃而解，又何有裁度之爲乎？然人之資質不齊，學者自顧，若無清明剛健絶人之資，不能超拔爲乾之事，則莫若且用力於坤之敬義，至于真積力久而不息、無不利，則乾之德業亦可馴造矣。此又自賢入聖而合德無疆之

❶「止」，清鈔甲本作「只」。
❷「彼」，清鈔甲本作「本」。
❸「義」，清鈔甲本作「意」。

地也。❶安議大義如此，高明以爲如何？

李推所作姚誌銘亦善，美質不遂，誠爲可惜。然其人已往，無足深論，姑置之。大抵自專自是而不能虛心，乃世儒之通患。惟好自專自是，則無復有進；惟不能虛心，則無可大受。前賢多能以駁雜之資轉移爲美德者，❷皆由不自是之故。先生亦嘗曰：某平生不曾自以爲是，而吾徒看道理，又須要見得真是真非端端的的，方爲切己物有得力處。不可半間半界、含含糊糊，徇人情世俗，相假借爲隱忍回互之態。不惟于道理有妨，而亦心術之大病。去年在桐城，與李推相處多時，見渠于是非白黑，大故騎墻，❸甚欠親切端的工夫。所謂「相觀而善之謂摩」，吾徒亦不可不自警勉也。

答郭子從三

承諭創行宗法，可謂勇于爲義之舉矣，不勝贊詠。且蒙以宗會樓、食燕堂之記爲囑，久未得暇。

去冬十月，因撥冗取禮經攷其法之所以然，初只欲應命一篇。然古人宗法，不可不叙其來歷與後人知之，而其中法意曲折浩博，詳言之則動傷冗長，有厭觀者；約言之則又不足發明大義，安能以警悟昏俗？❹遂併作二篇，庶幾少布露區區，以爲名家扶持禮教之助爾。

❶「德合」，清鈔甲本作「合德」。
❷「德」，清鈔甲本作「質」。
❸「故」，清鈔甲本作「段」。「墻」，原作「檣」，今據乾隆本、清鈔甲本改。
❹「能」，原作「肯」，今據康熙本、乾隆本、清鈔甲本改。

既而成篇，只依來意所主歸之小宗爲説。而妻父再三道及「豈可無始祖」，畢竟始祖之祭，終不可得而廢之也。於是再攷所示諸文字，得見來説所謂「盛族之始，實自漳來」，此正禮之所謂別子者。若知其名字或墓地名，❶則當以爲始祖；若不記識，則不得已以其下所得知者爲之。莫是今高祖而上，所謂二郎者是否？

然所謂始祖之祭，亦無甚重難，按《家禮·祠堂》章，始祖雖親盡，而大宗猶歲率宗人一行墓祭，❷百世不改。因欲以是説，再訊取雅意之可否，而悄無鱗翼可附。今只具數端于後，惟高明裁擇焉。

答陳與叔

承手翰并謝教夏商書二册，豈勝欣慰！《女訓》之書極關世教，得真本見示爲荷。某亦嘗恨此爲世間闕典，因編《女學》之書一帙，以女、妻、婦、母、姑等分門類。纔脱藁，即爲朋友取去，已多年，亦自不能存得一浄本。今感兄之書，覺節目亦切。

深竊敬仰林宰，久聞賢名，只等入郛一見而竟未能來也。傳説愛民甚篤，但亦空有仁心仁聞，而民不被其澤。蓋南邑官錢浩瀚，多是鑿空白撰。爲有司者例許人告訐，重爲科罰以充解發。今渠惡此等無名而不肯效顰，誠是也。然則無計畫可代，其勢不能舍此。若在己當之，則自斟輕重適中，民猶有分毫之賜。今凡有當科罰處，却不自當，而推與三佐官爲之，冀其罪過不己出。

❶「或」，清鈔甲本作「識」。

❷「猶」，原漫漶不清，今據康熙本、乾隆本、清鈔甲本訂正。

然佐官藉長官之命，則肆其慘爲害益甚，❶此何異遣兵殺人，曰：❷「此兵也，非我也。」❸不思律中猶分首從輕重之别，則在己果能逃其罪乎？是本欲愛民而反爲民病，其心誠可矜，而用處不達，殊可悶。兹豈學問之當然乎？❹恨不得一會面而扣其説也。

與卓廷瑞一

某欲寓中都，凡百粗遣皆庇之。及此行，雖于進取不甚利，而因以多見賢者，其爲道義之益不淺。

自過莆見陳南康，留書院講論。其人胸懷磊落，一持正論，更無回互。因出至之所爲新作二圖并親書，囑渠刊布。一曰《天道至教圖》，❺從太極、兩儀、五行、四時、四方以至四德、五常、四端，相次排列；其一曰《天道至教圖説》，❻標出《禮記》「至教至德」一條，及「風雨霜露無非教」一條，與「仁氣義氣」一條，列於其首而爲説于其後。大意説：「君子法天從政，如風動以教民善，如雷擊以懲奸慝。便及始爲士而終爲聖，盡乎人而合乎天。」鄙見竊謂其圖是矣，其説則未能與圖相應，在我殊無本領，所謂「有用而無體」。且徒止於兩端，而造聖人天德之路，又失之急遽而太徑。陳守操筆再三，令某就圖上斫抹，曰：「朋友切磋，正

❶「慘」，原作「參」，今據康熙本、《四庫》本改。乾隆本、清鈔甲本作「暴」。
❷「曰」上，清鈔甲本有「而」字。
❸「我也」下，清鈔甲本有「哉」字。
❹「兹」，原漫漶不清，今據康熙本、乾隆本、清鈔甲本及清鈔乙本訂正。
❺「教」，乾隆本作「德」，可從。
❻「天道」，乾隆本作「聖人」，可從。

要如此。」某謂鄙見姑論其理如此爾，亦不必爲太甚也。

又出黄文思《孟子説》二十段，大概亦平正，而説「性」處所引書及韓公説，只少委曲爾，而至之有説極與辨正。又將《太極圖》來讀，其旁註潘丈説曰：「上天之載無聲無臭者，無極也。儀刑文王萬邦作孚者，太極也。」某謂無極之説是，而太極之説不相似也。大抵論愈精微，言愈易差。於至極精微之地而純乎無毫髮之差者，至爲難得，最未可以容易下筆也。

李郎中貫之，在京口亦得一日之欵。其人氣象端莊静重，最能謙虚請益。其他有同在師門而未及相識者，往往多得面會於中都，亦一幸也。

答卓廷瑞二

林仲載歸，出示二書，甚感勤拳之意。傳守仁賢，頗相親，向詢民間利病，其謙虚無我，極不易得。始見便囑以學糧事，因上利病二十條，皆學中僉謀公論，❶非一己私説。❷緣漳學糧號爲天下豐羨，數極萬餘。又累政撥田，添至千餘。二三十年來，因推官掌管無清白吏，彼人户計弊減落租數，今不登七千。又累被姦胥盗用，庾庫焦枯，諸生月分錢隔三四季無可支者。寺丞之來，邦人望之，真如大旱之望雨。始謁學日，謂教與養不可偏闕，甚有意爲之整理，

❶「中」，清鈔甲本作「者」。
❷「己」，清鈔甲本作「人」。

因而採訪利病。及集劄子上，將謂便一一施行，立見其效，可以快邦人之望。既而閱旬月後，恬然悄然，無一語信用。

大概近弊，只在庫子吳深、推廳司屈寧二胥盜用，❶而監官受賂，力爲蔽護，然至此而情態暴露，昭昭不可揜。此用剛斷之時，吏當即就鞫，❷官當即改司，庶可整理還復。而依然待之如初，纖毫不少動，著意者姿性慈祥之太過，而剛斷之不足歟！

大抵恤民當以慈祥寬厚爲本，馭吏當以剛明果斷爲先。非所恤而恤，則爲惠姦而傷仁；當爲而不爲，則爲昧理而害義。

亦準擬旦夕更入一劄，少爲裨贊萬一，❸亦未知其從違之果如何。未信而言，聖人弗與；交淺言深，君子所戒。自反亦不能無此咎也。

答卓廷瑞三

九月間，亦得葉友仲圭書，道及夏間造李推處授室。

此子資質甚穎敏，可與適道爲可愛，而病痛之重，❹亦爲可憂。所謂「貪多欲速，而乏研精覃思之功；馳騖飛揚，而無優游涵泳之實」。誠如長者之喻。由其所師者節齋之學，又別自立一家，不純用文公節度。❺如《易解》，雖訓詁紬繹詳於《本義》，❻而理義要歸

❶「吳」，清鈔甲本作「只」。「司」，清鈔甲本作「用」。
❷「吏」，清鈔甲本作「事」。
❸「萬一」，乾隆本作「一二」。
❹「痛」，清鈔甲本作「篤」。
❺「純」，清鈔甲本作「能」。
❻「詳」，清鈔甲本無此字。

未能遠脱王、韓、老、莊之見。❶而非有申明義、文、周、孔之旨，則其所爲教者，必好躐高妙而鮮循序就實工夫，所以從游沿習之至此。

向在仙里相見，頗屢折而痛砭之。及建上再遇，却屏斂鋒鋩，俛意信向。今頗駸趨實矣。是其資質猶可與點化，病痛猶可與醫療，不固執專門偏陋之見，殊可喜。但恨隔越不復相及，恐齊人一語之傳，無以勝楚人衆説之咻，爲可嘆爾。

所喻仙里後進學者通患，誠然。但今世學者，於頹波流俗陷溺至久之中，忽知回頭去彼就此，未可以規繩矩度嚴密責之，❷須幸其抗志而來，且與嘉接而循循誘之，得他甘心俛首自去下功。俟其入門稍稍有見，則聖人宫墻内許多藴蓄，如千倉萬庾菽粟之富、如千箱萬篋布帛之厚、如千櫝萬匣金璧之美，❸便有一線路脈之可通，❹而知自厲以求之，鑽得一級則見又親得一級，窺得一點則察又密得一點，鑽益入而見益親，窺益到而察益密，則此身病痛自將愧覺悔悟，慄然不能以自寧，❺而檢點克治懇切，❻更不容已，自不覺其氣質變化矣。

若于始焉，遽繩之太苛，恐又沮人進道之心。彼未得趣味，且畏憚恧縮不復進，則聖人宫墻自此無可入之望，而吾道轉爲孤立，豈不大可慮哉！

北溪先生大全文集卷第二十五終

❶「脱」，清鈔甲本無此字。
❷「以」，清鈔甲本無此字。
❸「匣」，清鈔甲本作「篋」。
❹「路」，清鈔甲本作「絡」。
❺「以」，清鈔甲本無此字。
❻「檢點」，清鈔甲本作「點檢」。

北溪先生大全文集卷第二十六

書

答陳伯澡一

吾友天資粹淡，最是近道。而又立志於此，曾用工夫，已識門户趨向矣。加之妙齡甚富，儘可著步。第恨去冬面會只半日，倉遽不及欵曲講論，以發高明之見爾。

閒居無良朋善友，與流俗混處，易墮得。❶人先須堅立此志，常以顔子「有爲若是」者在念而自提撕，以孟子「未免鄉人」者爲憂而自淬厲，不埋没，不退轉，然後循序用工以副之。

其爲工夫大要處，亦不過致知、力行二事而已。二者皆當齊頭著力並做，❷不是截然爲二事，先致知了然後力行，只是一套底事。真能知，則真能行。行之不力，非行之罪，皆由知之者不真切，須到見善真如好好色，見惡真如惡惡臭，然後爲知得親切而謂知之至，則行之力即便在其中矣。自古聖賢喫緊爲人處皆在此。

就二者之中言之，則其最要又在格物上多著工夫。格，至也，窮至事物之理，表裏灼無遁情，如親到而見其然。如《大學或問》中程子所説「格物」諸條，則其用功次第極爲明備。

❶「墮」，乾隆本作「墜」。
❷「並」，清鈔甲本作「去」。

至其所以爲致知力行之地者，又在主敬。此又是日用貫動静工夫，所以喚醒此心常存于此，惺惺不昧，然後看理不散漫而知可精，作事不差繆而行可達。

若分讀書之序，則須先《小學》以立其基址，次《大學》以提其綱領，次《論》、《孟》以玩其精微，然後會其極于《中庸》。此已詳見《大學或問》中。且就此數書用功，有疑可以書往復，俟此等工夫既做，然後會合正訂，未爲晚也。

答陳伯澡二

所示疑難册子，甚不易究索至此，大概亦多得之。其間有未合處，一一批其後，更子細體認。

大抵窮理不要高遠，只以《集註》爲本，平心看去。欲登高必自下，❶欲陟遐必自邇。❷先其易者而後其節目，且循循漸進，切問而近思，到五六番後自有見處，非只一番便可躐等，和高深玄妙都了也。

答陳伯澡三

所寄《論語疑》册子，頗見日來進學工夫。不易，不易！已據鄙見各批鑿於其下，幸更思之。❸

但看文字，非可只一番，便要鑽研都了得。聖賢精微嚴密之旨，須至于再、至于三而浹洽之，方見得趣味源源而出。

然聖門事業浩博無疆，而用功有節目，

❶「下」下，清鈔甲本有「始」字。

❷「遐」，清鈔甲本作「遠」。「邇」下，清鈔甲本有「始」字。

❸「思」，清鈔甲本作「詳」。

讀書有次序。初學入德之門，無如《大學》。此書見得古人規模節序，在諸書中爲提綱振領處，❶必先從事於此，而《論》、《孟》次之，《中庸》又次之。四書皆通，然後胸中權衡尺度分明，輕重長短毫髮不差，乃可以讀天下之書、論天下之事，於是乎井井繩繩，莫不各有條理而不紊矣。不然，泛無定準，凡所考論非有成説。今已讀《論語》，成塗轍，宜速了畢，便著力從《大學》看起。

然古者八歲入小學，十五入大學，中間有許多年植立地基，故就上發越精采，有根著。今已蹉過，無如之何。幸晦翁先生自出一家機軸，輯成《小學》之書，皆是見成義理，甚明。直日用當務，甚切要于以收放心。而養其良知、良能之本，便可補填往前欠闕而栽培後來功用，❷極有益於學者，亦不可以爲童習而忽之。常置在案頭，於朝夕之暇，或取一觀焉，則於《大學》不無所發。此在《大學或問》中，第一問之首段及末段，説之已明，須實按之用功，乃見其非虚語也。

答陳伯澡四

承惠書并《疑問》一册，見得日來用功懇切，甚不易。大概不走失，亦多有精確穩帖處。

但看文字，須專一熟玩本文正意，最不要支離牽引，愈見駁雜，晦翁平日最不喜人如此。

《論語》須以《集註》爲正，❸此書與《孟

❶「在諸書中」，清鈔甲本無此四字。

❷「功」，原作「切」，今據清鈔甲本改。

❸「正」，清鈔甲本作「定」。

子集註》及《大學》《中庸》章句、或問等四書，時時脩改，至屬纊而後絶筆，最爲精密。如《論語或問》之書，雖云著之丁酉間，年已高矣，後來置之不脩，未得爲成書。今細觀之，時覺有枯燥處，亦多有不穩處，亦多有失之太甚處。比之《大學》《中庸》或問之書大不同，若姑借之以參訂《集註》之所未詳，則可矣，未可全按之以爲定論也。凡所講究，只專依傍《集註》爲之準的，則非惟大故省力，❶而路脈意義亦自不差矣。

「仁」字看得亦已近傍，更須熟玩，時時勿忘，須到胸中洒落、無纖毫窒礙處，則日用動静，無非此「仁」卓然呈露矣。

答陳伯澡五

所寄《雍也》册子，講究得頗精密，又路脈認得已定不走，❷較之前册子又大勝矣。此後已無多接續，早終之爲佳。

道雖浩浩無疆，而升高自卑，陟遐自邇。但將路脈不差，又加之不息之功，❸則循序漸進，自有可造之理，更望勉旃。

「仁」字此册看得已稍親，不似前之泛泛。文公有《仁説》二篇，莫須已曾見否？一篇誤在《南軒文集》中，一篇近方得温陵卓丈傳來。此二篇及《克齋記》説較親切，可以此爲準則而體認之，自不差矣。

❶「故」，清鈔甲本作「段」。「省」，原漫漶不清，今據乾隆本、清鈔甲本、清鈔乙本訂正。

❷「走」下，清鈔甲本有「失」字。可從。

❸「之」下，清鈔甲本有「以」字。可從。

答陳伯澡六

姚省元過温陵，便道見訪，得欵曲兩時辰講論。奈少年方入門庭，遽攖大名，於路脈未有定準，且復不能虛心敬信、循序致力，尚有疑乎格物工夫之爲外而且煩，又有眷乎陸氏學問之爲得而非偏。彼時隨證爲之救藥，未知其果能釋然與否。若其歸也，必再胥會，當極與之痛切剖析，使之邪正大分明白。不然，則恐亦不能保其一於聖途之適而無差也。

大抵吾儒工夫，有節目次第，非如釋氏妄以一超直入相誑眩，須從下學方可上達，須從格物致知，然後融會貫通。而知與行又不是兩截事，譬如行路，目視足履，動即相關，觸即相應。豈能相離，偏一廢一？若瞽者不用目視而專靠足履，則寸步決不能行；若跛者不用足履而專靠目視，則有空勞望想，亦決無可至之處。

陸學從來只有「尊德性」底意思，而無「道問學」底工夫，蓋厭煩就簡、忽下趨高者，其所謂精微要歸，❶乃不過陰竊釋氏之説以爲聖人之藴，確然自立一家，牢執不可轉移，最爲害事。初學見識未定，看之不破，只當以此爲警，而何可惹著？

學者大患，最是不可先立意見横在肚裹，執之不化。若然，則中已梗塞，後來之善更不能容，是自入頭門路便已差，却更何復望其有睹於堂奥？須是虛心平玩、優柔饜飫，然後聖人之意可以有得，而步步踏實，工夫不枉矣。

❶「謂」，原脱，今據清鈔甲本補。

吾友却無此等失，然亦不可不知也。吾友攷索路脈已自不差，更望亹亹加功，早畢了《論語》，即又從《大學》看起。《大學》既畢，復温《論語》，意味又别。温《論語》又畢，則基址已自稍稍立定，然後從而開廓之以《孟子》，自不復難，而亦時有洒然之意矣。續後，方以《中庸》會其歸，則聖賢藴蓄事理本末精粗深淺，皆可瞭然在目，而胸中權衡尺度，無星毫分寸之紊矣。❶至是然後可以讀天下之書，論天下之事，而皋、益、伊、傅、周、召大業，亦自不離乎其中矣。此文公先生所示學者次序，決不可移易，決非欺世誤人者。

而姚學諭却不循此，兩年來先專從事於《詩》，李探花持書折之，謂其何不先從《大學》看起。姚却引聖言「興於詩」爲據，而固執其説。時併舉以講訂，某復語以文公四子之序，須著如此用工。渠有難詞。似此等意見，便與聖賢天地懸隔，若久而不改，雖曰篤志，恐散漫而不倫。❷無乃空自苦，是猶却行而望及前人，萬萬無是理。吾友其亦戒之哉！其亦勉之哉！

答陳伯澡七

《論語》看到何處？早畢之爲佳。一書既看得精，則他書亦易。山谷所謂「精于一，然後諸書則亦得其精」，正此意也。

大抵道體渾浩，非可以一蹴到。而聖門事業宏博無疆，又非窺見一斑半點所能了也。求之有次序，而入之有等級，須一一

❶「矣」，原殘缺，今據乾隆本、清鈔甲本及清鈔乙本補。
❷「倫」，原作「淪」，今據乾隆本、清鈔甲本改。

實致下學之功以體會之。但上等明睿資質，用功快易，到處從容迎刃而解，不大段勞苦。❶在尋常學者，須鋭情苦思，循序以求之，不能兀然安坐，❷望其自至。

若於四子既融會通貫，則理義大體在吾身心已有歸著，更看一二經傳，參質歷代諸史，是非得失皆粲然如燭照星列，然後可探天地之全，施諸用而無阻。此乃聖賢大業，非真篤志者不足語。此吾友進之有方矣。其幸勉之哉！

答陳伯澡八

所示《論語説》二册子，其未安處已批鑿。其所已是處，亦未可便以爲足。異時再復温繹，趣味源源又别也。講究理義，須是一日明白一日，一日簡潔一日，一日親切一日，方爲有日新之功，未可偏滯在一隅，而不之進。

所論「洒掃應對是其然，必有所以然。爲難曉」，此亦何難曉之有？蓋是其然者，洒掃應對之事也；所以然者，洒掃應對之理也。事者，人事也；理者，天理也。理不外乎事之中，而卓然于事之表，然必從事其事，節文纖悉無所不究，而後理可達也。未有不了其事，而能得其理者也。

至《大學或問》中所謂「當然之則」者，其事之理也；「所以然之故」者，即理之根源而以天所命者言之也。格物窮理，須且就當然之則處熟看。所謂當然之則，在日用應事境界，正爲要切。其節文淺深疏密、

❶「段」，原作「故」，今據清鈔甲本改。
❷「兀」，清鈔甲本作「塊」。

精微曲折，有多少事在，一一見得確然定準，各有條理，不容少紊，然後就上更進一步，究其所以然之故，則自釋然於心目之間，不難曉矣。

故理義中，所以然之故者，實不難曉；而所當然之則者，最未易究。學者毋患乎不難曉者之未能曉，而患乎未易究者之未能究。曉其所不難曉者之未在所急，而究其所未易究者之最不可緩。但當循序用功，俛焉日有孜孜而已，不可忽略於此，而注意于彼也。

某向來得先師親授以「根源」二字之訓，謂「窮理須到根源處方確定」。當時在郡齋，亦未能曉。到別去後，方即其言而推詳之，有數段子去請質，即已深契師旨。❶書來印證，以爲「看得甚精密」。而廖丈不知其由，反以爲疑而立論排之，反復不置。亦感其下學篤實之助，而于原頭終未瑩，❷看理爲不盡也。今録去段子，以此例推之，亦可觸類見矣。

所喻「仁字未能釋然」，此亦不難曉。仁，只是此心天理生生之全體。天理二字，除不得；一个生字，亦除不得。只如此認定看，自直截明潔親切，其他則以此旁通曲暢，無不是矣。但欲真知而實得之，則未易能，須體於身心工夫純熟，遲之十年後，❸亦未爲晚也。

答陳伯澡九

姚省元初間經過，日議論煞不合。後

❶「旨」，原作「自」，今據乾隆本改。清鈔甲本作「有」。
❷「原」，清鈔甲本作「源」。
❸「後」，清鈔甲本無此字。

來因便寄一書，只詳日前所論意旨，大抵皆平心講貫之辭，不意渠甚尅不得，答書來，悻悻不平之氣盈溢楮幅間，甚作怪，殊可笑。原其病在於一魁，❶容不得不知，此乃世俗軒輊事，何足道而横肚裏不化？只欲伸於人之上，而不肯屈於人之下。在吾儒真講貫義理，一點俗氣使不得，便昏了義理，不見得是非之真及裏面無窮之趣。

看來乃江西流派，確然欲自植立一門户，無可挽回者。議論殊不識深淺，輕剥儒宗，妄自尊大，欲獨步斯世。亦緣是未曾深用工夫，未見得滋味之故。若用工深、真得滋味之人，自終身竭鑽仰之力，❷俛焉日有孜孜，斃而後已。惟恐做不徹，何敢肆輕無畏？何敢率易妄措一辭？可嘆！

此學甚難，亦見真用力之難，其人謾知之，以爲警戒矣。

答陳伯澡十

某平居里閈，不曾將此理爲人説。以其非是趣味相同，言之徒爲强聒，而無益焉爾。

大抵今之讀書爲儒者，通一世皆是學舉業之人，自兒童學語，便教以屬對。❸既而少長，雖次第讀《孝經》《論》《孟》《詩》《書》經，莫非爲舉業之具。越十五成童，至於二十成人，所謂舉業語言已盈耳充腹，纏肌緻骨，❹渾是世俗一機變浮華之人矣。於

❶「魁」，清鈔甲本作「塊」。
❷「自」下，清鈔甲本有「然」字。
❸「教」，原作「對」，今據康熙本、乾隆本、清鈔甲本改。
❹「緻」，清鈔甲本作「徹」。

是時，而忽有能悔悟、起而從事於聖賢之域，❶而其心度意趣終是束於故習之慣，若固有之而不能忘。至于談賢論聖，乃欲以是而辨是非、斷可否，反自謂真有得乎聖賢精微嚴密之旨，不知依舊只是日前穿鑿粧綴之私，非惟不足以得理義之真，而與聖賢相背馳而去之，是亦良自誤也已。

故凡今之學者，如欲有志于聖賢之學，❷須是屏除舉業一切新奇意見，放下世俗一切人我態度，脱然一意於此，從頭逐句逐字一一子細虚心以求焉。一字亦不敢自是，而必細攷其義之的爲何訓；一句亦不敢自專，而必平玩其旨之的爲何歸。是雖無驟升頓造之功，而循序孜孜日積月累，寸便真得其爲寸，尺便真得其爲尺，進進不已，❸聖人堂奥自是亦有可造之漸矣。此是真實學問工夫，豈泛泛焉窺高蹦遠、輕自大而卒無得者之所能知也。

答陳伯澡十一

相別又許久，做得甚工夫？

道理須要看得端的，不可只略略見个大意便了。是是非非須如好好色、惡惡臭，恁地真切，確然不可移易，方爲實有得于己，方始分數占在强邊，方透得《大學》「誠意」關，方到得《孟子》「居安」地位，方有牢固得力處，方駸駸日進不可禦，方可保成个人免禽獸之歸。

❶「於聖賢之域」，清鈔甲本無此五字。
❷「欲」，清鈔甲本作「彼」。
❸上「進」字，四庫本作「日」。

若只依希略綽、❶不解端的，是非美惡半間半界、茫然不定，在平居無事未接物時，猶未見做病，若到應接事物，忽臨大利害境界，有大可羡可嗜及可駭可懾，便不覺爲之潰亂變動，忽或墮於非人類之域而不自知矣。到此又反成大姦慝，從前許多功都掃了，不復見有分毫之益，都成枉費心力，是豈不甚可畏也？是豈不甚可戒也？

然欲到那實得端的處，非迅速用功者不能，而非悠悠度日之可得也。幸更勉之，非細事也。

北溪先生大全文集卷第二十六終

❶「希」，乾隆本、《四庫》本作「稀」。「綽」，原作「晫」，今據清鈔甲本改。

北溪先生大全文集卷第二十七

書

答陳伯澡一

所示「問目」二册，治行忙甚，兼年來精力覺退，目患常作，視力短，不甚耐煩。撥冗看過，據鄙見批鑿去，可詳之。

大抵讀書之法，先須逐字逐句曉其文義，❶然後通全章會其旨歸。文義、旨歸既通，然後吟哦諷誦，優柔饜飫以玩其味。其中之底蘊，虚心以察之，切身以體之，要使本章正意大義爛熟，擊其首則尾應，擊其尾則首應，逐章每每如此相續，然後意味浹洽，而聖賢精蘊可見。必至於理義昭明如在面前，一扣及之便如自胸中流出，方爲實得而謂之己物。

況如四書者，實後學求道之要津，幸文公先生註解已極精確，實自歷代諸儒百家中磨刮出來，爲後學立一定之準，一字不容易下，甚明甚簡，而涵蓄甚富，誠有以訂千古之訛，正百代之惑。今學者即此據依，不支不蔓，而直從容於聖門之入，以全其降衷秉彝爲成德之歸，非以資談柄也。

今吾子之於四書，姑只通其文義，便以爲足而自任；更不復究其中精藴大義，便一向就枝葉皮膚、偏旁迂曲、閒慢零碎去

❶「逐字」，清鈔甲本無此二字。

處，逐一精粹苦索，❶要無一之不知。如《語孟或問》乃舊作，爲已棄不脩之書，而必著意，惟恐一字之或漏。《中庸集解》中所不取諸有病痛等説，亦必注心，不容一字放過，而《集註章句》微言至論可玩味處，却草率過了，是何耶？

夫窮理固在乎無所不通，然亦須當務之爲急，先其所當務而後其所可緩，到理明義精田地，則從高視下，一目瞭然，一切是非白黑自無遺遁，何須先以瑣瑣爲急？當講者不講，而講其所不必講；合疑者不疑，而疑其所不足疑；不借他言語以看自家道理，而急於攻彼之短；不因他不是以訂自家是處，而專於外面馳逐。蓋自始講學以來，便有此病，合下亦屢説破，而竟不相信。迨今莫能少改，而此病尤甚。看來吾子所學，只欲博物洽聞，爲司馬遷、揚雄諸儒者流，而不欲爲聖門志道據德功夫，殊不入顔、曾路來，竟不知其果何謂也？此理昭昭天地間，亦在人自肯，難爲强聒，不知吾子所志果何如。

古人謂：「博學而篤志，切問而近思。」又曰：「博學之，審問之，慎思之，明辨之，篤行之。」今吾子不切不審，而雜乎其問；不近不慎，而泛乎其思。長編大帙，不論精粗美惡，都一衮來，浩浩瀚瀚，是乃博問而遠思，無乃欲夸多鬬靡，姑託此以爲虚譽之媒乎？殊非朴實頭作工夫。若一向如此，不早自省覺，回頭就實，吾恐終於散漫無所歸宿。至是境界，雖或知悔其功用之錯，亦噬臍無及矣。今不説破此，則區區不能逃

❶「粹」，康熙本、清鈔甲本作「研」，當從。乾隆本作「細」。

誤人之責。❶説破其誤而不肯信，則是乃所以爲自誤，而非區區之預也。❷

所喻質疑陸續，此何期限之拘？能時嗣音，得見進學次第爲佳。但須更請平心直道看文字，掃除舊習，濯出新見。取其大節目關於天理人事之實，端的有疑不通，合講貫處相講貫，則庶幾拙者得以効區區之愚，不爲枉，而賢者因以獲切磨之益，不爲虚也。

答陳伯澡二

承示喻紬繹《集註》之説，甚善。

聖賢精藴，非可以獵涉取，固朝夕所當優游玩味者，但此亦温故之常法，若專一區區於此，又恐窄狹了。有如博覽諸羣書，❸亦當趁後生精力，且勇猛經歷，逐件打破一過，俟他時重温習，旋旋做細密工夫，方可情節諳熟而議論確定。非素未嘗經，可以一朝驟然者也。《中庸》擇善之功，自博學至篤行，其目凡有五，皆始終表裏相爲用而不可偏以一廢者，幸更勉之。

大抵聖賢言語，似甚平常，皆是發明至道精微以示人，然亦無他玄妙奇巧，特不過人道日用之實。斷斷乎不可者，蓋深慮斯人之迷茫不自知，而爲夷狄禽獸之歸爾。今讀其書，亦不必過用心求玄求妙於杳冥昏默之表，特於人事日用間，以聖言一一切身體之，須至于一一見得確然不可移易，當然不自已，❹實爲吾身中物事，則是雖艱難

❶「逃」，乾隆本作「委」。
❷「之」，清鈔甲本作「所」。
❸「諸」，清鈔甲本無此字。
❹「不」下，清鈔甲本有「容」字。

險阻之中，無不從容洒落，百鍊不爲之磨，九死不爲之悔，其中固自有所謂快樂、所謂玄妙者，只心知獨悟，而非他人所能與者。夫然後爲知之至而行之盡，然亦豈尋常苟且所能到哉！是誠不可以不勉焉者也。其毋以常而忽諸。

答陳伯澡三

泉城與諸友講論文公所答《胡廣仲書》卷子，已隨段批鑿其旁，幸更詳之。

某守拙如昨，無足言者。多時不見賢者講貫之來，豈勝馳想！大抵講論不接續，則無以知進學次第而施其與共適道之功。不審許多時，做得甚工夫，見得又如何。

温故者既熟，則新得須源源而出；新究者既廣，則舊見須印證而益精。若溺心偏旁閒末，則大道正義將窒塞而曖昧；以一斑半點爲足而自限，則宗廟之美、百官之富，將無由而前窺。❶故過屠門，惟膚骼之是嗜，則肥腯大胾，無由可知其味；入酒肆，惟糟醨之是慕，則馨甘醇酎，無由可識其趣。不游滄溟之心，則無以觀大水波瀾之壯，而知天下萬水之所會；不登泰岱之顛，則無以據大山氣勢之雄，而知天下萬山之所歸。

其未識蹊逕、未做基址者，誠不足以語此。若可與之語，而嗇焉不之及，則又非忠告善誘之道，而心之所不安也。賢者以爲如何？

❶「前」，清鈔甲本無此字。

答陳伯澡四

承示及疑難册子，又概看得已詳細精密，不勝嘉歎。

所謂「讀書須就字裏究其底藴」者，非是又别有世外一種幽玄道理也。亦不過人事日用間，聖賢道體昭明，不覺流出言語以教人，其爲言似甚平常，而莫非妙道精義所存。今若只就皮膚枝葉、偏旁閒末處理會，則恐枉用心，支離而失却其中之底藴，爲可惜。中前一書痛及此者，蓋爲是爾。

然所謂「妙道精義」者，亦非區區談天説地、窮高極深之謂，直不過將聖賢言語，就人事日用之實，參質攷訂其理之爲如何。是非可否、淺深疎密、精微曲折，講之詳則見之益明，體之熟則用之益精。盈天地間，千條萬緒，是多少人事！聖人大成之地，千節萬目，是多少工夫！固不可以支離而失，亦不可以一斑半點而自限。如入大富家，循墻而走者，固不足以窺大富之藴。既由其門升其堂矣，却不深歷帑廩府庫，以徧閲萬寶之藏，而直欲安據壺奥、端坐堂室，以享大富家之用，亦恐指揮不克以如志也。是可不勉乎哉！

答陳伯澡五

外日所寄册子，説得已精密，甚不易思索至此。豈勝慰沃！大抵道理看得大概已定，無甚走作，更可推廣看去。

成己與成物，理本一而分却不同。所以施諸人者，固不越自身底，然界分廣則施益廣，事緒繁則應益繁。其間綱條節目、法度典章、淺深疏密、輕重曲折，非可以一律齊。若不講究，一一通明透徹，則出門舉足便有礙，一步不可行。

孔子曰：「《詩》《書》、執禮，皆雅言也。」《詩》有文公傳，猶可依傍，本子看不差。其他經無準則，正要自著工夫。如《書》，乃帝王所以施諸天下者，其政事功業如彼之光明正大，皆是大本處，堅緻深厚，故大用流行，無所不通。《經禮》三百，《曲禮》三千，皆人事日用不可去者，其纖悉詳委，是多少品節，尤非可以糊塗。《周禮》，又周公經國規模在焉，乃周公之大用流行處。《春秋》，又孔子撥亂世之規模在焉，乃孔子之大用流行處。皆不可以不盡心。

觀萬物流行，而後知洪造之神；萃衆材結屋，而後知大匠之巧。妙道精義，須從千條萬緒中穿過來，無一之不周，然後爲聖門實學；萬理須明徹於胸中，然後可與語孔顏之樂。將此身放在天地間一例看，與之並立爲三才；須明三代法度，通之於當今而無不宜，然後爲全儒，而可以語王佐事業。須運量酬酢，如探諸囊中而不匱，然後爲資之深，取之左右逢其原，而真爲己物。若拘拘止守一隅，道理偏著在一己，則寡陋淺狹、孤單枯燥，是乃一夫之小善，何足以言道？何足以言學？

未能深著工夫，而見理未定者，亦未敢與語此。已識路脈、有基址，❶而不與之言，則又壞人之才爲可惜。❷惟心志不以小成爲限，而俛焉孜孜，實區區千萬之望也。

所論精微底蘊底工夫，大概亦得之。

❶「有」，清鈔甲本無此字。

❷「壞」，原漫漶不清，今據康熙本、乾隆本、清鈔甲本、清鈔乙本訂正。

然一字有一字之藴，非可專泥著一言片句下，❶皆求必盡得爲拘。誠以聖人一言片句，莫非妙道精義所流行，果能優柔饜飫、融會貫通，則聖人大本全體自可得而見，不待扣諸人而瞭然，更無餘藴矣。

《子上語録》，不止説本朝典故，兼有問理義大節目處，未必經文公親改，向見朱寺正以遺亡爲憂，面囑求之，未知廖本所傳者，是此否。能示及亦佳。

答陳伯澡六

所喻仁體周流無間，已曉悟無疑，甚善甚慰。但求仁須有克復存養實工夫以副之，然後與之相爲周流而無間。如一視聽非禮，則仁便息於一視聽之下矣；一言動非禮，則仁便息於一言動之間矣；居處一不恭、執事一不敬、與人一不忠，及禮儀三百、威儀三千中，稍有一節目之或不謹，則仁隨處處當下，各便爲之間斷矣。亦復何能與之周流者哉？是固不可以不周匝其功也。

《太極》卷子，各隨段正訂附回，但此等未到處，不必苦苦勞心，過求外索，當反之吾身日用人事之切處。一動一静，蓋莫非太極流行之實，非大著下學工夫，從千條萬緒中串過來，等爲虚談，終非實見，亦安得存養而實有之？將恐復墮於莊列之塗，❷而不自知矣。須從博文約禮工夫兩盡至到，合聚成一个渾淪者在我，❸然後太極全體方爲己物，方可以言大用，而有扶持人極之功。此乃聖門實學工夫，甚穩當，決不差

❶「片」，清鈔甲本作「半」。
❷「墮」，乾隆本作「墜」。
❸「个」，清鈔甲本無此字。

誤人，惟篤信者勉之。

答陳伯澡七

所喻看《書》課程，得見日來進學次第，甚喜甚慰。

《書》無文公解，固無可依據，然有典謨三篇，説得已甚明白，親切精當，非博物洽聞、理明義精不及此。正可爲後學讀他篇之樣。雖他篇茫無定準，便正是學者所當自加功著力磨刮此心之鏡處。

外諸家解，文公惟取東坡得解之體，及林少穎説，堪看。然二家之書，非謂一一穩當無病，更在學者精於考覈而去取之。

今來册子雖講究得詳，然大抵有躁迫欲速之病，而無沉潛熟玩之功，未甚得觀《書》之法。

《書》不比《論語》，《論語》乃聖人暇日講説理義，章句簡約，又有《集註》指南，直就章句深探力取，可以無走作差謬。《書》乃帝王施設事業，正是聖人用處。大篇大套，有出一時之言，有非同日之語；有記數年之事，有纂數十年之説；有前後相反而相應，有彼此不相干而相涉。上下數千載治迹萃爲一編，一代有一代規模氣象，爲體甚浩博，文難於分章，非有臯、益、伊、傅、周、召胸次，未易諳悉得當時人情事理、精微曲折。

在學者，今只得且順本文，通其訓詁、理義，平心看去，未可輕立議論。看了一番又一番，反覆玩味，優柔饜飫，至數十番後，便有見得爲如何。既有入門路，❶到得裏

❶「爲如何既」，原殘缺，今據康熙本、清鈔甲本訂補。乾隆本作「義精理到」，《四庫》本作「其中道理」。

面，又就中益加熟復，❶便自有貫通融釋，❷是時方可有端的真見處。如文公《語》《孟》集註，初頭遍閲諸家説，❸或一兩段、或一兩句、或一兩字可取，皆抄掇來，盈溢一箱中，❹續後又旋旋磨刮，❺剪繁趨約，末稍到成个定本，凡幾百番經手頭過。

今方乍讀之，始於一閲之際，便欲浚而深之，句句字字求爲一定不易之則，以括盡千古之情。如入人家，方入第一門限，便欲覷了室中之珍藏。如登高臺，方登第一級，便欲覽了頂上之奇觀，恐不免於躐等而徒勞。方將何以遂志而有得？

况遇制度名數稍磽确處，却又掉了。此等無非理義所寓，於輕重疎密之間，可見古人心術纖悉處，正後生氣力强時工夫可了辦。乃厭而置之，不幾墮釋老空無之病，而不自知乎？

某於此書，亦未能有工夫到一一見得確定不易處，每恨不及請質師門，正望賢者用功，有相發之益爾。

答陳伯澡八

去載承書，痛悼内助之失。并問喪一册，未及奉報。八月初，忽陳秋來，説變故，甚爲驚駭，且恐風傳之説。今承來書，始詳

❶「復」，原殘缺，今據康熙本、清鈔甲本訂補。乾隆本作「讀」，《四庫》本作「味」。

❷「便自有」，原殘缺，今據康熙本、清鈔甲本訂補。乾隆本作「詳審方」，《四庫》本作「則自然」。

❸「頭」，清鈔甲本作「時」。

❹「中」，原殘缺，今據《四庫》本訂補。乾隆本作「滿」。

❺「續後」二字，原殘缺，今據康熙本、清鈔甲本訂補。《四庫》本作「然後」，乾隆本作「一腹」。

曲折，❶倍增傷痛。雖屬纊不及親侍，爲終天之恨，想是時得九叔老成，凡事處之周至，必無遺憾。人事變化不常，修短禍福有數。奈何只得以順處之，勉從大事，更不作慰書。

東禪林穴，想必佳葬地，惟以山勢環抱縝密，藏風聚氣爲上，方可久遠無患。南中土薄水淺，穴内不可鑿太深，其兆域亦不可深。今人多只略淺開兆域，遂依山結塚，其封土大半傍山所起，頂處不甚高，甚爲穩，耐久不崩墜也。

《家禮》所處穴中式，在上四州出石灰處可用，在下州不出石灰處難行。蓋緣石灰和細沙、黄土，久後結成石片，❷若蠣螃灰。❸不堪用此式，只得從鄉俗，用塼結壙爲善。或從隧道入，則上純用磚作窿穹，勢如城門樣。或欲直下，則只用厚石版蓋之，皆可。如晦翁薄版之制，内蓋乃以承松脂，勿汙棺；外蓋以隔石灰，勿與松脂混。渠大要在堅築石灰二三尺之厚，異時化石，則爲金石壙，故無用厚板隔，恐板高又反成不實。然在旁便可堅築，終是上面難於堅築，只待輕旋躡實，所用酒灑却最易實。在吾鄉，如何拘拘此等制耶？葬者，藏也。要爲耐久之計，如四外用灰，❹一説在全塼壙，能依用之，使包裹周匝極佳，蓋灰禦木根，❺只患貧者無力可久，❻則無可奈何爾。

❶「詳」，原漫漶不清，今據康熙本、乾隆本、清鈔甲本及清鈔乙本訂正。

❷「片」，清鈔甲本無此字。

❸「螃」，康熙本、乾隆本、《四庫》本作「房」。

❹「用灰」，乾隆本作「用炭」，清鈔甲本作「爲炭」。

❺「灰」，乾隆本、清鈔甲本作「炭」。

❻「久」，乾隆本作「及」。當從。清鈔甲本、《四庫》本作「辦」。

明器，《温公儀》及《家禮》已備載之，鄉人或作小土偶，不用木刻，然須是於壙外別坎藏之。世俗用紙作人、馬、屋宇等，雖大小不同，亦是明器之遺。但此等無緊要處，合官品與不合官品無足論。若苞筲罌甂等，須依制行禮，豈可用紙糊？

晦翁《儀》雖具明器，而答書又云：「某家不曾用某，向來治葬亦不用此，只用筲罌等，藏之別室所處，朝祖已得之。」所謂告遷祝詞，只直詞言之可也。

慰客之禮，鄉俗用酒，不特莆俗爲然，自泉而漳，此風尤甚。舊嘗以正禮語人，人每以爲難行。及某兩遭大變，來慰者一屏俗禮，遠客只以素食餅麵等待之。及至山頭會葬，賓客只用麵飯，與之飽喫而去，始終絕不用酒。於是人始信之，士族多相倣效。亦有不能純用而間以俗者，❶亦有以山頭祭，❷餘多不敢犯禮，只於親賓麵飯，後分與荷葉包去而已。俗禮最爲害義，豈可顧俗論而不忍拂之耶？

北溪先生大全文集卷第二十七終

❶「用」，清鈔甲本作「行」。
❷「祭」下，清鈔甲本有「飯」字。

北溪先生大全文集卷第二十八

書

答陳伯澡

所喻《三禮圖》受冠、受服升數，乃《儀禮・間傳》之文，此固有輕重節次。然古人有織此等布以供喪，升數不容有分毫僭差。

在今世論之，升數不可得而攷矣。若何而爲三升六升，若何而爲七升八升，如攷之果明，則從古豈不甚善？惟其未可的知，難以想像裁決，所以《温公儀》及《家禮》必直至小祥、除首絰，亦本《間傳》之文，非臆斷也。所併去者，辟領、負版及衰，三者而已。

其衰裳固自在朔望會哭及饋祭等須服之，非盡除去，此大賢隨時損益之精義，所云用練麻頭巾，自是合如此。若欲用練麻上項衫，繫以索，而去其衰裳腰絰，則只爲服期，何可也？温公於既葬家居，非饋祭見賓客，服白布襴衫、白布四脚巾、白布帶、麻屨，此亦以已葬後哀情減殺，在閒居中可服此。至饋祭見賓，則須仍舊衰裳。

世俗以百日爲卒哭，乃本《開元禮》之失。卒哭本三虞後祭名，以亡者已安厝，其情可少殺，故卒了無時之哭，然猶朝夕哭。今喪柩在堂，未有所歸，正皇皇傷切之時，遽爲之卒哭，服黲衣出謝賓，是割哀自殺，而忘其親矣。夫黲者，淡墨之色，似白非白、似黑非黑，乃禫制中服色，已非喪初所宜。而鄉里近年來，士夫又都變作深皂色，甚可怪，與吉服全無異。且出入無禁，不特以謝賓而已。凡弔賀、餞謁、聚會，無所往而不之。豈喪中「不貳事」之謂乎？

若謝賓一節，《温公儀》、《家禮》俱不載，非忘之意者，其出世俗吉禮之屬歟？如必欲行之，須遲之既葬之後，喪中惟爲喪事而出，則可。其出有適人家者，喪服人所忌，不可以入人家，必不得已，須暫假黲衣行之，亦須白布背，不可以純黲。在春秋，晉公已用墨衰即戎，今當知其爲變禮，何可安之爲常儀？

己卯春，某也自中都回，經建陽，拉文公壻范九哥同訪朱寺正，不知范幾時丁母艱，出相見，乃用麻布巾、麻布上項衫，遂以同造朱宅，彼此俱無諱忌。今汀、贛客人有服者，來往多是虔布上項衫，非學南俗，無理之甚也。

所遭二喪相繼，斬衰已在身，不容更製齊衰，只從重服服之可矣。然《雜記》曰：「有父之喪，如未没喪而母死，其除父之喪也。服其除服，卒事，反喪服。」則是兩製喪服矣。今不再製，以重可包輕，然亦不可全無辨，恐宜於首更增一絰，本在右，及布纓；腰更增一絰，五寸餘，及布帶；杖更加桐與竹，束之相並。如何？

《温公儀》、《家禮》皆於期日易練服，然後行小祥祭，於再期日易禫服，然後行大祥祭。然《士虞禮》卒哭祭竟賓出，主人拜送稽顙，然後脱絰帶於廟門外。以此例推之，恐小祥、大祥，亦當先行祭，然後除服。《服制令》曰：「二十五月大祥，除衰，去絰、杖。」今宜於先小祥日，行祭畢，去首左絰繩纓，未服練冠。俟後小祥日祭畢，去右絰布纓，然後練冠。先大祥日行祭畢，縫斬爲衰，去腰小絰布帶、斷桐杖，然後併服禫服，其請神主入祠堂、徹靈座，亦各隨先後行之。方庶幾於情文相稱耶？❶

東林穴欲於春開驗，則定葬想是秋後事。甲戌生人，在術家，來年正是大利之年，八月與十二月又是大利之月。葬，大事，一而不可再，不必欲速，亦不可自任後生一偏之見。須謀之老成歷練，俟既端的審確，然後下手，庶可以免後悔。

穴向未定，此亦不難。坐穴只看左右前後，環密就平勻相稱，不高不低恰好處。所向，則術家從來内向要合本山陰陽，用針法不可分毫差；外向須看朝對端正及四畔俱勻。

雖然，此皆外面有形勢可憑據處，不難於預定。最是穴中美惡，煞多端，未可預，必須開鑿到底而後見。有山高，而穴中却土薄水淺者。有山勢甚好，而穴中土色不佳，如枯死狀、無生活意者。有到中間忽遇石塊者，如塊不甚大，可以掘取去之，則無害；如至大，盤據不可去，輒就其上，則易引潤，又須度左右前後而改移之。有遇山脈成條，小石卵相枕橫貫穴中、而泉行其間者，須少遷而避之。有渾是金沙者，此色甚好。但有乾鬆者，有帶潤意者。若帶潤意，則又防見濕，不可深。有土成五色、甚鮮明者，有膩如粉者，有瑩如切脂者，此等皆是極好之色，爲難得也。

外既山勢聚，内又土色好，無他阻而所處於中者，又盡善周至，則決爲萬世固無疑

❶「耶」，清鈔甲本作「耳」。

矣。❶ 人子之心，至是豈不甚愜乎哉！

石灰仙鄉既有，則《家禮》之式可按，但上蓋薄版，斷不任重，須用厚椁之制。椁木不必求完，每邊用杉枋二三片，相接亦不妨。但雙柩合葬，❷或當一兆而並室，或當一室而並位，更在審處之爲善。如或石灰難得，當富羡不用《家禮》三物之制，則只如鄉俗，用堅塼並結雙室，上用厚石版蓋之，中央一壁，塼用横下，❸庶厚壯，耐承石版。雙頭，四外以炭末厚二寸包一周匝，而中亦用。椁之内用瀝清填實，棺四旁亦爲堅緻安穩。但如此用，椁則不必過厚亦可，或只如灰隔樣，可承瀝清亦不妨。

大抵穴中所最患者，泉水、地風、蟲蟻、木根。上面環密無缺陷，無風門，則無地風之變。鑿穴時土色好，則無泉水之虞。而又爲此瀝清炭末之制，則蟲蟻木根皆無慮矣，更在斟酌裁之。

前書所答挽歌，❹乃按《温公儀》所論，挽柩索而歌者，隨官品有人數多寡，爲失哀樂之節，不可用。若士夫，挽章一節却無害，但出鄉閭親戚知契，自形追慕之誠，則可貴。

今世俗都是刻行狀，送有官及文士求之，編列紙碑輂之，爲從葬之儀。此却是求名耀俗、❺虛文無益。❻在名德之士，一言猶可爲重，若世俗常人之顯秩厚譽者，雖獲綺言錦語，亦何足爲泉壤之光乎？

❶「決」，清鈔甲本無此字。
❷「柩」，清鈔甲本作「棺」。
❸「塼用横下」，清鈔甲本作「用横下塼」。
❹「書」，清鈔甲本作「章」。
❺「却」，清鈔甲本作「則」。
❻「文」，清鈔甲本作「名」。

與陳伯澡論李公晦往復書

泉人寄吾友與李公晦往復書，三復爲之慨歎。

平昔於吾友所以切磨講貫，不拘麤麤細細，是説幾多話矣。而吾友所以鑽研攷究，爲之勤勤懇懇，是用幾多功矣。而此書乃茫然無定主，何耶？默而不言，則無以救其偏；❶言而不白，則無以釋其疑。欲意之白，又不免費辭。

且廖丈病學者妄談高遠、無聖賢切己工夫，遂令其須將《語》、《孟》卑近平實處，身體心驗，以求受用。此教人循序著實，是發明一義。然聖人之道，不離卑近平實者爲是，亦至論也。愚以學者散漫無統紀，遂令其入德之始，先就窮格下功，而必須真知，此爲人發蒙進步，又是發明一義。然非臆見杜撰，實按《大學》節目，亦至論也。二義雖若不同，合而言之，在廖丈所謂「卑近平實」者，亦豈不必真知而可體之以受用？而愚之所謂「窮格必真知」者，亦豈窮高騖遠之謂？大要亦不外乎切己人事之近，如爲臣真知止於敬，爲子真知止於孝之類，雖天地萬物皆有理，乃人事通貫後餘力之及，亦姑以參訂吾之理而已，而非其本也。所謂理義精微，須重重入細做工夫者，亦豈求玄求妙於離形絶物之表？亦不過即切己人事之近者而密察之。如敬裏面多少事，豈一致恭足以爲敬？孝裏面多少事，豈一致愛足以爲孝？是則二義之實，固未嘗相反也。

❶「救」，清鈔甲本作「究」。

然愚之所謂「真能知則真能行，」❶行之不力非行之罪，由知之不真切」者，乃就窮格一節説个盡頭，兼與行相關之効云耳。非是只教人專務致知，而不必力行。而吾友領去，反認以爲必待知至後方去力行，又以爲只要知得，便自能行得。若然，則《大學》從誠意而下許多節目，都只束之高閣，不用著工夫，可謂大失其旨矣。不知吾友平時所孜孜窮格求真知者，知何事耶？即面前至近至切，意不知著功夫使之誠，心不知著功夫使之正，身不知著功夫使之脩，家不知著功夫使之齊，是大昏瞑者。更以何事爲真知耶？

壬申五月之書，丙子六月之書，及嚴陵《用功節目》講義與《貫齋記》，所以諄諄屬意於知行兩節，亦已苦口矣。何荒忽莫之省耶？

大抵聖學以力行爲主，而致知以副之。以力行爲主，則日日皆是行底事；以致知爲副，日間講究皆是所以達其行，徹首尾無容絲髮間。要之，以極至而論，知與行其實只是一事，不是兩事。凡以知行爲兩事、或分輕重緩急者，皆是未曾切己真下功夫，徒獵皮膚之故耳。

真切己下致知功夫者，念念每與行相顧，知得如是而行不去，❷便就步頭思所以窒礙如何，而求必通之，故所知益精細，❸而所行益縝密。

真切己下力行功夫者，步步每與知相

❶「愚」，清鈔甲本作「予」。

❷「是而」，原殘缺，今據乾隆本、清鈔甲本及《四庫》本補。

❸「所知」，原殘缺，今據乾隆本、清鈔甲本補。

照應。❶行得如是而不知其理之所以然，節目必疎率，不合聖賢之成法。須知其理昭昭在前面，則行去便無礙，而所知益清澄。知始終副行，行始終靠知。正如行路，目足相應。目顧足，足步目，無頃刻可偏廢處。

乾九三發明「知至至之」與「知終終之」二節，示人以進德居業、始終條理之方，然合而觀之，「知至」、「知終」皆致知之屬，「至之」、「終之」皆力行之屬。今於始條理以知至爲主，而必繼以至之；於終條理以終之爲主，而必繼於知終之下。知與行終始常相依而不能相離，則聖人精密之意可見矣。

丙子六月書，譬「瞽者不用目視而專靠足履，則寸步決不能前；跛者不用足履而專靠目視，則又空勞望想、決無可至之處」，其意亦可謂精切與易，非有異旨，而忘之何耶？至病理義重重入細，真知之爲難，未得以力行，乃欲據見成明白無可疑者，且把來做身心受用。得尺守尺、得寸守寸，漸立一定家計，恐紙上鑽研，終無所依據。是何於理求玄妙之過，在己失疎闊之甚，爲差誤之至此耶？即此便是蹉過多少難得底日月，空缺多少合做底工夫，寧不半間半界、若有若亡、如在風波洶湧中流耶？

其讀《語》、《孟》之法，廖丈令先看《集義》，❷諸家之説各有落著，❸方將《集註》玩味，謂文公亦是從諸説中淘來做《集註》。然此蓋未成《集註》時讀書之法也。文公本先覺大才，❹又早於儒宗傳心正統，得之有

❶「與」，原殘缺，今據乾隆本、清鈔甲本補。「應」，清鈔甲本作「顧」。
❷「令」，原作「今」，今據乾隆本、清鈔甲本改。
❸「落著」，清鈔甲本作「著落」。
❹「大」，清鈔甲本作「人」。

素，故可從諸家說中淘來做《集註》，茲可以常法論。❶今幸已有《集註》爲學者準程，何可放緩作閒物？且復循舊轍、責常情，以先覺之事世，恐必有明睿之才，可以如文公之法。但愚未之見。只據愚以魯鈍之質言之，決不敢若是之泛。先須專從事《集註》，爲一定標準，果於是復熟饜飫，胸中已有定見，然後方可將《集義》諸家說來相參較，仍以《或問》之書訂之，方識破諸家是非得失瞭無遁情。而益見得《集註》明潔親切，辭約而理富，義精而味長，信爲萬世不刊之書！非是禁人絕不要看《集義》與《或問》之書也。

故凡以讀《集註》爲可緩，及慮其枯澁無浹洽意者，皆是未得《集註》中趣味而然，使果得其中趣味，❷日夜不能去手矣。若吾友向來於《集註》微言至論，却草率過了，而《集義》諸家之偏旁閒慢者，却苦思研究不休，實枉工夫，爲可惜。何爲不自省覺，反以切磋之言爲訝之？❸

有真學問須有真切磋，有真切磋然後真理義出焉，真德業成焉。若「與點」一段議論，又難與初學者道，且點意見極高明，而實不外乎日用人事之近，非洞見道體不至此。而其所以然者，惟程夫子識得破，而文公發得出，甚醒學者眼。且廖丈說涵養後事，而謂涵養之理在裏許，不可分前後作兩截，不免姑含糊作此大言以包之，而實於曾點、程、朱旨趣根原，未能洒落融徹。學者若未曉此，則姑涵泳以俟他日，何可强鑽之不得，反過以爲疑乎？

❶「可」上，清鈔甲本有「不」字。
❷「趣味」，清鈔甲本作「意趣」。
❸下「之」字，清鈔甲本作「也」。

所謂別尋一个光輝底物爲收藏之說，此正文公摘出異端心腹隱疾，以警學者，而世儒多不免此。凡其窮高極遠、求玄語妙者，皆是坐此病。吾儒所謂高遠，實不外乎人事卑近，非窮諸天地萬物之表。所謂玄妙，實不離乎日用常行，非求諸空無不可涯之中，故精義妙道，須從千條萬緒中串過來，方爲精妙之實；盛德至善，須從百窮九死中磨出來，方爲盛至之實。觀六經、《語》、《孟》所載，何嘗有一懸虛之說？攷孔、顏、曾、孟相傳，何嘗有一過分之事？

語其所以爲教，則循循有序，下學上達，然亦非謂專務下學，便自能上達；亦非謂只務下學，而上達便在裏許。蓋其始，須從下學工夫至到，然後可以上達，於是而著上達工夫，則冰融凍釋，自不勞餘力，至是方真知上達只在下學中，而下學真所以爲上達之地，徹上下本末，真爲一貫者。是則下學之功不可緩，而上達之志不必急；下學之事未易致，而上達之境不難造。但學者自信不過，不肯安心循序用功耳。

如吾友此全書之旨，首以廖說卑近爲厭，既又以專就人事理會爲隘，以道體淵微爲念，以天命於穆爲歎，以理義愈窮愈深、安有盡期爲患，以原頭未瑩爲恐，❶所謂「須窮究其根原之所自來」，所謂「望指示其根原之大端」，❷所謂「要向上深去理會」，所謂「終是疑向上截不能放下」，❸所謂「此心大

❶「未瑩爲恐」，原漫漶不清，今據乾隆本、清鈔乙本訂正。「恐」，清鈔甲本作「窮」。

❷「所謂須」至「指示」十七字，原漫漶不清，今據清鈔甲本訂正。

❸「所謂終是疑向上截」，原漫漶不清，今據乾隆本、清鈔甲本及清鈔乙本訂正。

有遲疑而不知所據」，凡此等云云，却是求高遠玄妙之意多，而平實用功之意少；馳心上達之意急，而循序下學之意緩。愚不知其果爲何也？

今請平心放下，審思平日講貫意旨之正脈爲如何，而就實用功以副之，勿支勿離，則尚庶幾其復之不遠，而不墮於迷復凶矣。❶

凡言語須活看，自古聖賢有就一節説話，方發端而未竟者。遽從而偏執之，則必至於差。伊川初謂心，指已發而言，及與叔反覆問難，有「此固未當」之説，而兼明體用之全，至此已説得圓而盡矣。後來五峰不知何爲，又反錯認「心指已發」一句，乃專以「性動爲心」，門徒復從而實之，不肯改。其失旨之害可勝嘆哉！

至若公晦所答，似矣，然不審人發言本指，而遽立説以取勝，豈平心當理之論乎？如謂廖丈之説「重於行而輕於知」，則是厭卑近而騖高遠，以沮學者之就實。謂愚之説「重於知而輕於行」，則是惡真切而事鶻突，以沮學者之進步。皆是未曾切己真著致知力行功夫，只見知行爲兩事，而不見其相關繫之密處。謂「聖賢之言，不必著意扶撑。著意於左則偏於右，著意於右則偏於左」，然此説流弊，必至使學者於所當爲之事，不敢深著十分功夫，只於中騎墻，❷即這邊五分，又那邊著五分，都要平匀無偏，然後爲得也。

緣渠質軟弱，以騎墻爲便。在泉幕正遇真侯，樂善而好受，盡言乃反。講學務騎

❶「墮」，乾隆本作「墜」。

❷「墻」，原作「檣」，今據乾隆本、清鈔甲本及《四庫》本改。下同，凡六見。

墻，而不必是非之太白；論事務騎墻，而不必義利之太分；行政務騎墻，而不必誅賞之太明；與人交務騎墻，而不必善惡之太察。熟此一線路，而不自知其爲病痛之不小也。

其讀書，謂廖丈先《集義》而後《集註》，爲得先師之遺訓。且如「先於一説，隨其意之所在以驗其通塞，復於衆説求其理之所安，以攷其是非」，❶此乃先師教人於文義有疑而衆説紛錯者，其法當如此讀，何嘗指説須先讀《集義》而後讀《集註》也？果如其説，則於《集義》將以何爲準？若何而可以判通塞、❷決是非乎？

謂愚「專看《集註》爲準的」之説，❸乃爲精力記識之弗强與夫奪於事而鮮餘力者言之，然則精力記識有餘而又有暇日者，只得迂從諸家之泛覽，而不必太快於正逵直道之適乎？

謂先攷諸家而折衷於《集註》，猶手挈天下之物，而取正於規矩準繩。然未識規矩準繩爲何物，乃欲挈天下之物而取正之，吾恐必錯認方者爲規，圓者爲矩，平者爲繩，直者爲準矣。若何而可得其正？所謂規矩準繩與所取正之物，豈不作一場没理會乎？

謂先觀《集註》，❹而後攷《集義》，爲先約而後博。然博學詳説將以反説約，反之

❶「攷」，原作「攻」，今據《朱子語録》改。清鈔甲本作「正」。

❷「以」，乾隆本、清鈔甲本無此字。

❸「謂」，原作「請」，今據乾隆本、清鈔甲本改。

❹「謂先觀集註」，原漫漶不清，今據清鈔甲本、清鈔乙本訂正。

爲言，❶豈非先於約中已有定準，故可博學詳説不爲之流，因得以觀其會，而復反來歸之約乎？

末説世儒竊禪師之緒餘，以爲別有一物光明迥超物表者，固當麾之門墻之外。凡吾徒之略於事而亟於聞性、天道者，亦不可不戒。然渠門下樂與緇黄來往，而又好觀《楞嚴經解》，則恐其看他必不破，必亦未能脱此圈檻也。❷

有如論「明明德」至「莫非天命流行」一節，及末梢論「見虚」「見實」二條，則却平正無病、有補於學者，亦不可以不知也。

北溪先生大全文集卷第二十八終

❶「然博學」至「反之爲言」十四字，原漫漶不清，今據清鈔甲本訂正。

❷「必」，乾隆本作「恐」。

北溪先生大全文集卷第二十九

書

答林司户一

所喻目今讀《大學》，甚善，不須别立意見。晦翁《章句》訓詁，已示學者一定之準，只直按他見成底，熟就裏面看意思滋味，便見得無窮義理出焉。凡義理都藏在字裏面，不須只皮膚上淺淺獵涉過，亦不須旁生枝蔓支離，反枉費工夫，都無益也。

此書却是羣書綱領，而節目分明，説得親切。於此得焉，則讀諸書有所統攝，而不至於泛濫無歸矣。

答林司户二

承喻日間讀書課程，可見用志之篤，甚善。

但讀書貴精，不在貪多。《論語》中既未有得，却難讀《孟子》。蓋《論語》中聖師所説，句句皆是切身操存涵養實語，如規矩準繩之陳列，使人跬步不敢放；如布帛菽粟之衆，❶使人服食之而不能舍；如太和元氣之絪緼磅礴，襲人肝腸肺腑，而不自知。須當把作切己體察，優柔饜飫於其中，使吾胸中於是理實有所得，則根本立而基址厚

❶ 「衆」，康熙本作「用」，乾隆本作「常」。

矣，然後讀《孟子》以開廓發達之，乃能令人器局恢洪，而意脈條暢。

蓋孟子見得道理明明朗朗，七篇中多是發揮充拓體驗之端，不有以翕之，孰從而闢之？不有以聚之，孰從而散之？若在我者未有根基而遽躐進焉，只將蕩無執守，恐易流於疎闊，而無縝密之功矣。

《近思録》第一卷，皆陰陽性命之藴，最爲難看，未可入頭便硬穿鑿去，須且將易曉段子理會，未曉段子且放緩亦無妨。從第二至第五卷，皆切身用功處，最宜熟與究會。及十三卷辨異端之説，十四卷明聖傳之統，亦兼爲之參攷詳玩，俟有得焉，然後其他皆可以次第釋矣。

《通書》簡奥，亦未可驟。讀史亦宜且放緩。蓋欲應舉者不得不急於觀歷代故事，今既不脩舉業，急之何爲？反見繁雜無補於身心，必須四子兼《詩》、《書》皆通後，胸中權衡一定，方可及之，乃能真有以斷千古是非之情，而資異時盛大之用，不爲虚讀也。

所病收心之難，此亦何難之有？程子曰："人有四百四病，皆不由自家，只是心須教由自家。"蓋心之爲物，虚靈知覺，所以爲一身之主宰也。身無此爲之主宰，則四支百體皆無所管攝，視必不見，聽必不聞，食必不知其味矣。然所以爲心者，又當由我有以主宰之，我若何而主宰之乎？所謂敬者，又一心之主宰也。敬若何而用工？所謂《大學或問》集程門諸説已明備矣。蓋心神明不測，出入無時，莫知其鄉，惟主於敬，❶則便收斂在此，澄然無事矣。

❶「於」，清鈔甲本無此字。

來説乃謂「敬極難下手做，如整齊嚴肅、戒謹恐懼，猶可勉爲，而主一無適、常惺惺者，難勉爲也」。毋乃分析之過，却是未曾下手，如實下手做，只整齊嚴肅，則心便一；只戒謹恐懼、提撕警覺，便常惺惺在此，不可以他求而二觀也。❶

又謂「主一事無適他事，固可。若心主這一事，無適第二事，爲最難」。不知謂事者，是何事耶？若是物欲、私意底事，合下便須一刀截斷了，不可接之上心來。若是當然人事所不容廢底，則亦自有輕重緩急，先者輕而緩，後者重而急，則當捨先而應後；先者重而急，後者輕而緩，則所應自有次第，隨物各止其所。何容膠膠紊亂乎？

聖賢主一之功到，是雖日用酬酢千條萬緒，爲之千變萬化流行貫通，❷而吾之所謂一者，固常卓然一定而不亂，何但拘拘於二三之無適而止乎？所病者，只恐平日所以爲持敬者不力，素無真積力久、一顯微、貫動静、徹終始之功，或作或輟，方暫爾一念之整敕，而遽責以全體之寧定，則亦難乎其爲效矣。

然又不可以偏主，而「居敬」、「窮理」二者，實爲相須。蓋心具萬理，能敬則心體昭融，而萬理呈露；至於窮理之精明，則又所以達吾之敬，而瑩吾之心。敬直乎内，則清明如神；理徹乎外，則知止有定。於是時也，一毫私意無少萌焉，一毫物欲無少留焉。

若所謂「茫茫無所不之」者，所謂「思那事又惹起那事、憧憧無止息」者，所謂「未一

❶「而」下，清鈔甲本有「爲」字。
❷「千」，原脱，今據康熙本、乾隆本、清鈔甲本補。

瞬間又在千里外」者，所謂「静坐一時幾出幾入」者，所謂「愈見散漫無收拾」者，所謂「讀書易忘、應事多錯」者，所謂「鐘聲未斷已在别處」者，所謂「心游千里之外而身在此」者，所謂「愈把捉愈易走作」者，許多等類，諸件並是書中問語。皆是私意物欲底心，由形氣而發，乃即舜之所謂人心者，而非降衷秉彝正心之謂，至此自當恬静退伏，一惟道心之聽命矣。寧復尚有竊發爲吾病乎？

文公《敬齋箴》、《孟子心箴》及《大學或問》、《正心説》，與明道《定性書》，皆要切語，可爲收心之助，併列座右，交規互警，然操縱之權實在我而已。我自不能爲主而聽其所之，亦何以我爲是？雖區區外求扁鵲、華陀神奇醫治之術，亦末如之何也矣。

答林司户三

前書所訂改名可否異同之論，良見不外。然此亦不甚難決。今只據朴實頭論之，須原其命名之初。

若先世只是偶然與儒宗同，而所主别有意謂，此亦世俗常情之事，與儒宗自不相干，不足爲怪，則其所命已定之名，自不容輕以私意改易，只依舊名舊字，一循其初，固無妨害，而亦不須委曲回互，妄以私意杜撰出希慕儒宗乃先人所囑，而别爲新字以副之，是又誣其親而以僞道事之者也。

若先世果在於希儒宗以爲名，但一時不及細意，其直犯儒宗之爲不遜，此則先世有尊德樂道之美而未盡善者也。不改，則反以彰其先人不學無識之陋；改之，則有以成先人之美，而蓋先人之愆。是乃以聖賢禮義事其親而爲孝，正大之道也。

此其幾，非外人所得知，而亦非外人所能決，只在賢者自度於心，而自爲之決爾。

其餘名齋等所囑，皆是標榜虚心，非聖門志道據德、朴實頭做工夫底事。聖門實學綱條節目布在方册，昭昭不紊，惟實用工者一一循序，俛焉孜孜，真積力久便知趣味無窮，而不能以自止矣。外此區區一切沽名之説，皆非愚之所知，而亦不敢以相授與相率而爲僞也。

答林司户四

再訂仁之爲義，已説得明穩，不走作，更不必就上穿鑿，恐又支離。且只如此涵泳，久久熟後自當有長進、通透，便自有的然親切不可移易處。

「安仁」、「利仁」已剖析得明白，但「安」、「利」二字，須只就「約」、「樂」處合看，方見得本旨之親切，不可開看，便疎了、無意味。安仁者，仁已是己内物，此身都從容天理中行，而無適不安，久處約亦安，長處樂亦安。利仁者，仁未與己一，然已真知其爲至寶，深貪極愛而不易所守，久處約亦不易所守，長處樂亦不易所守。

「不以其道得之」，《集註》謂「不當得而得之」，其意已明白矣。蓋以君子所爲而得富貴，是有當得富貴之道也。若附權倖而轉官，以賂求薦而改秩，則是不當得之富貴，此等富貴吾所耻，故舍之而不處。以小人所爲而得貧賤，是有當得貧賤之道也。若脩身謹行而愈遭困匱，抱道守義而竟淹下僚，則是不當得而得之貧賤，此等貧賤於我何病焉？故安之而不去。若貪此等富貴而求處之，則是其中爲富貴所動；厭此等貧賤而求去之，則是其中爲貧賤所移。是蓋本心出逐物欲而自離其仁，已無君子成德之實矣。亦何以成其君子成德之名乎？

下面歸重説依仁存養至密之功，又示人以所當著力要切處，有志於仁者，不可不熟玩而深體之也。

答蘇德甫一

大抵自古聖賢，平時所以孜孜汲汲於此學而不容一日廢者，非有他也，只爲此身中有至珍至貴底物事，不欲自毀壞了，須爲之成就保全，達則與天下共之，不克行於時則垂訓以傳方來，如此而已矣。

如賢者之質，湛然無世俗之好，最爲近道，而又有志於此，不肯以庸常自處，是其於邪正之大分已卓然不迷其所趨矣。

惟願立此志之堅，常以顔子所謂「舜何人也，予何人也，有爲者亦若是」，孟子所謂「舜爲法於天下，可傳於後世，而我猶未免鄉人，爲可憂」者，自激厲、不埋没、不退轉，然後循序用功以副之，自格物致知以正心脩身，如《大學》明德之次第；自學問思辨而篤行，如《中庸》擇善之節目，而其所以進學之要處，❶尤於「思」爲著力。

凡讀書，一言一句，皆當思聖謨賢訓引而不發，不思則不得也。日用應接，一事一物，亦皆當思天理流行，事事物物無所不在，不思則不得也。至其所以爲思，則勿浮

❶「學」，清鈔甲本作「德」。

淺、勿散漫，須是懇切精專。蓋不懇切，則無以抉開縫罅而探其中之藴；不精專，則無以鑽入堂奥而詣乎理之至。故《管子》曰：「思之思之，又重思之，思之而不通，鬼神將通之。非鬼神之力也，精神之極也。」若有大疑義苦不通處，則記向一邊，俟會行剖析。

前日所謂「看《小學》者，蓋古人大學工夫，須於洒掃、應對、進退中立根本」。今亡其書，晦翁所集，姑以補亡。然其開示人以爲學大義，綱條有序，於學者尤爲有力，❶且其言明直，讀之知學之大義如此。有个基址，則做大學等工夫有所係屬，不爲懸虚。如《大學或問》中一段，説諸書次序，亦不可不循序速理會過也。其他須相見進一級則講一級，不能預及。

答蘇德甫二

向者自閩入浙，區區經歷，道途所接峩峩偉偉，誰非時豪習尚，誰肯回頭作此念者？而賢者獨甘心焉。可謂卓然於流俗之中，不隨波而流，不逐風而靡，不肯作尋常士類矣。

矧今時累已脱，正可著功成就此美志，勿謂身事已了，不足加意，徒爲此虚勞，此便正是作臯、益、伊、傅、周、召等事業規模也。平日一一排定在此，一旦當路舉而施之，如探諸囊，夫豈淺淺俗吏私智所杜撰，胡撑亂拄，謂爲致君澤民之術哉！

聖賢之學與科舉之學，事同而情異。

❶「尤」下，清鈔甲本有「大」字。

同是書也，同是讀也，科舉之儒專事涉獵、剽竊以粧點時樣，取妍於人，只如工賈門一技藝，不見裏面真實滋味；聖賢之學，件件都是實工夫，無非切己分事，所以成就吾道義，二者意趣甚相判。

今格物時取聖賢之書讀之，須字字句句都從新虚心理會，❶勿以舉業舊意見先主於中，細觀其指而徐玩其歸，則聖賢平正廣大之意，可得而見矣。駸駸不已，異日到真有躍如於前，則手舞足蹈，自不能止矣。

賢者日下雖有廷課關念，❷然此等文字，如章奏，儘可肆筆，不比方州省闈，程度太拘拘，自無相好絆處。賢者以爲如何？

答蘇德甫三

所喻「日來病痛在於泛觀博取而無精切篤志之思，根浮脚淺而無沈潛縝密之味，似做不做，若存若亡」，可謂切於内省者矣。然此亦何足深病？所病者，工夫之未加焉爾。不知吾友日間如何作工夫，而朋輩時相來往者，又如何其切磨。夫學正貴乎博，而不貴乎泛。蓋道體高明廣大，非可以單寡聞見求，而聖心精微嚴密，未可以一二窺覘得，故學者用工須有次序，而不可泛泛，而其循序而進也，又須勇猛，而不可悠悠。

文公表出《近思録》及四子，以爲初學入道之門者，姑使人識聖門蹊逕。於此融會貫通，以作準則權度，❸去讀天下羣書，究

❶「新」，原作「心」，據康熙本、清鈔甲本改。乾隆本作「此」。

❷「日」，乾隆本作「目」。

❸「準」，原脱，今據康熙本、清鈔甲本補。

人生萬事，特其始進綱領之一端，非謂天下道理皆叢萃該備於此，可以向此取足，便安然兀坐，❶持循把守，以爲聖賢事業盡在此，無復他求，只恁静存動察，一直熟將去，便可造道成德，運用施爲，脩己治人，齊家理國，無往而不通耶？是大不然也。

凡學未到聖人從心地位，須只管做工夫，去一層了又一層，不可萌計效之心。如格物只管格將去，須無一物之不格，而未可計效望物之已格。致知只管致將去，須無一知之不致，而未可計效望知之已至。

自四子等數書之外，所謂經傳子史諸屬，一件各有一件指歸，須循序件件從首至尾，更將此道理充廣去，逐一勘驗，其異同得失、是非邪正、淺深疎密各有歸著，然後道理自然愈見精明親切，而其最緊要，却是常反吾身心，著實體驗其有無欠缺、體用精粗符與不符，❷常切切照管，勿令間斷，内外交養，表裏並進。

所謂博學、審問、慎思、明辨、篤行，五者之功，自粗而精，終始循環，俛焉日有孜孜，斃而後已者，何可只髣髴覷得个些少一撮底道理，便欲依靠其即至？❸

所謂精切篤至、深沈縝密之功，非惟計功謀利之私，已爲害道。此正猶朝植一尋之木，而夕遽求其凌霄漢之高；❹今日覆一簣之土，而明日遽責以齊嵩華之壯。萬萬無此理。亦何怪乎根浮脚淺、無可據之

❶「兀」，清鈔甲本作「靠」。
❷「精」，原作「之」，今據乾隆本改。康熙本此句爲「體用之相符與不符」。
❸「即至」，原殘缺，今據《四庫》本訂補。
❹「凌」，原漫漶不清，今據康熙本、乾隆本、清鈔甲本及清鈔乙本訂正。

地乎？

程子曰：「學者識得仁體，實有諸己，只要義理栽培。如求經義，皆栽培之意。」又曰：「須大其心使開闊，譬如爲九層之臺，須大做脚始得。」果能如是栽培，則植根日深而愈深。果能如是開闊，則立脚日壯而益壯。若未嘗栽培而病根之浮，未嘗開闊而病根之淺，亦空勞心力而已。

此病非特吾友爲然，迪父諸友輩，皆到此一證，須趁妙齡精力，做工夫正其時，所謂潛心大業者正在此。如只孤孤單單、窄窄狹狹去看道理，但見左動而右礙、前觸而後窒，便是欲做不做、若存若亡，更無復有長進之望，亦無可加醫治之功矣。

北溪先生大全文集卷第二十九終

北溪先生大全文集卷第三十

書

答王迪甫一

相别多年，做得甚工夫？想平日諸友，時得聚辨。若有新得及有疑義便次可附者，❶儘往復校量爲佳。

若只姑存趨慕此道之意而悠悠，❷若存若亡，若進若退，不能辨得氣力大作講究此道之功，非惟虚度妙齡爲可惜，而在我胸中，亦未有確然端的可執守處，異時忽臨利害，安能保其不爲之遷變也？此事甚要急，幸勿作閒慢視之。

答王迪甫二

來書所喻「佛家持敬」一段，分别得聖賢與佛家相異處，已爲得之。但須更以人心道心者按之，則其界分益明白净盡而無遺矣。

人生血氣纔具而爲身，便有箇心之靈在其間爲身之主宰，而其所以爲心之體，渾然萬理具焉。由理義而發者，是理義爲之主，而謂之道心；由形氣而發者，是形氣爲之主，而謂之人心。然理義無形狀，至隱微而難著；形氣易走作，至危⿰骨危而不安。聖

❶「次」，清鈔甲本作「此」。
❷「只」，清鈔甲本無此字。

賢學問，專就理義上用功夫，要使道心常爲此身之主，而人心每聽命焉。故平時主敬工夫，乃所以唤醒此心。敬則此心惺惺，萬理便存在，所謂「敬，德之聚也」。惟此理存在，故其酬酢事物，便無非此理之流行。

佛氏合下不曾知此心體全是理，亦不曾就理上作工夫要明理，彼都以理爲障礙，要得心上全無一物，故所謂道心衮雜於日用之間，亦不復自知，更不待論矣。平日只是見得形氣所主底偏重，故其所以堅持力制，亦只是硬將此形氣所主底鈐束按伏，取使之一向寂滅，❶如槁木死灰，絶念不動，方爲浄潔。不知此心本是箇活物，如何教他絶不動得？只是其動有邪正之分爾。邪便是從形氣上動來，正便是從義理上動來。若要教他絶不動，除是形氣都死，始得。

僧家煞有苦行，終日面壁，兀坐澄心，真如對越上帝，全無邪念妄想者，分明是有持敬工夫。然其所以爲敬，其實又却同行而異情，不是要清明此心、存在此理，只是要空虚此心、絶滅百念。

惟其如此，是雖工夫做得十分精到，無邪念妄想，而實不離乎意欲之私，非所謂天理之公，是乃邪妄之尤者。此是第一精微病痛處。

至於無下學、絶人倫之失，又是此後第二節病也。故程子以爲：「佛有个覺之理，可以敬以直内矣。然無義以方外，其直内者，要其本亦不是。」正謂此也。

外日承喻蔡丈所疑「授命」「致命」諸説，如拚命一般。向因送别之晚，於旅邸獨處無事，忽及之，始悟蔡丈所以爲疑者，蓋

❶「取」，疑當作「期」。乾隆本無此字。

嫌其似拚命而無義爾。

據《論語》夫子論成人章云「見危授命」，謂不愛其生，持以與人也；子張曰「士見危致命」，謂委致其命，猶授命也；子夏曰「事君能致其身」，謂委致其身，不以爲我有也。凡此事，皆以人之常情顧身命太重，❶便爲此物所蔽，更不復知有義矣。

故聖人教人事君，見危便須委致其身命，不以爲己有，則不爲之所蔽而義便可明，❷方能直前勇往，冒患難任君之事而不辭。或當死與不當死，皆自分曉矣。非謂授命致命後，便即死也。

況其委致之初，是爲君、爲國而不爲己，爲公而不爲私，即此便已有義在其間矣。既曰義，則當死與不當死，便有裁斷可否；至其果死，須又看臨時事理輕重緩急，未便一快直就死，以爲合義也。

此與拚命者其情自不同。世之勇猛、暴悍之夫好拚命者，不爲君、不爲國、不爲公，直不過任血氣之私，不能自禁爾，義何在也？

若《困卦》所謂「致命遂志」者，此語意正與殺身成仁一般，義便在遂志中矣。致命所以遂此志，猶殺身所以成此仁也。

蔡丈更共講之，爲如何？

答王迪甫三

所示程子「主一」及文公「有事主事」之義，大概皆已得之。❸然亦當知所謂主事者，心只在我而有以宰制彼事之謂，非逐在

❶「身」，清鈔甲本作「自」。
❷「之」上，清鈔甲本有「物」字。
❸「皆」，清鈔甲本作「俱」。

事上去而中無有也。若世人讀書忘寢食，乃心逐物在外而中無有，固不得例以爲主事、主一之證。若以主之爲受重而著意以加之，則又將心爲事役，不免助長之病，而無從容之應矣。

其次段就理氣間剖析是非真妄之起，已爲明净，但「非性無自而發」一語，畢竟亦未甚透徹，幸更詳之。

答梁伯翔一

竊嘗深歎聖賢理義之學，最是人間第一義，而人生天地間，抱負良資美質可與適道者，❶亦甚不少，只緣被科舉一段無益之業籠罩了，自嬰孩便聾瞽其耳目，不復知有聖賢門路，是以終其身顛冥於同流合污之中，而不知覺，竟亦醉生夢死而已爾，未可全歸之自暴自棄而不肯志焉者也。

今賢者幸迷途未遠，早自悔悟而有志於超凡而入聖，又正是妙齡可畏之時，如其立此志之堅，果能勇往精進，則何理義之不可明？何聖賢之不可造？

聖賢著書垂訓以示天下來世，千言萬語，無他，大抵亦不過明此理義而已。理義乃人心之所同然固有，聖賢先知先覺，先鋪排在那裏，已如日星，雖極千條萬緒之不齊，其實不離乎日用人事常行所當然者，初無玄妙高遠底事。學者讀聖賢之書，亦不過平心講究以明此理義之攸歸，其大要亦惟欲内成諸己以無失吾之所固有者而已。在己者有餘，然後推而淑諸人，以廣吾之所

❶「資」，原作「姿」，今據康熙本、乾隆本及清鈔甲本改。「抱負」，清鈔甲本作「負抱」。

同然而非其所先也。

今來意先急諸人而後諸己，失其序矣。且人性雖曰本善，然自有生以來，拘於氣稟，狃於俗習，蔽於物欲，汩於私意，是幾重埋没，則其所以檢察克治之功，雖汲汲窮日夜之力，猶恐其不逮，而何暇及乎其他？

然其日間用功節目，亦自有其要。程子曰：「涵養須用敬，進學則在致知。」❶二言者，夫子教人所以造道入德之大端，而不可偏廢者也。蓋敬者，主一無適之謂，乃貫動静終始之功，有事無事皆常主於中。中能主敬，則此心大本清明，而萬理萃焉。致知者，推致吾心之知識，欲其精粗隱顯無不極盡也。知不致，則無以識是非、善惡之真，將從何而趨，從何而舍？必有錯認人欲作天理而不自覺者矣。欲致知，在格物。而讀書其格物之一端也。

然讀書次序，亦自有其要。先須《大學》以爲入德之門，以其中説「明明德」、「新民」具有條理，實羣經之綱領也。次則《論語》，以爲操存涵養之實。又其次則《孟子》，以爲體驗充廣之端。三者既通，然後會其極於《中庸》，而胸中之權衡一定矣。至是乃可以進讀他經，併及諸史子，而論天下之事，無往不迎刃而解矣。

若所謂《近思録》者，又四書之階梯也。諸先覺君子，發洙泗千載不傳之秘，其全編大帙，若《遺書》等類，文字浩博，難驟得其門而入。文公集其要者爲此録，真迷途之指南，而初學啓蒙之最切者。文公所答鄧衛老，論其標目已甚分明，如第一卷較淵

❶ 「知」，原作「和」，今據康熙本、乾隆本、清鈔甲本及《二程遺書》改。

奥、有未曉處，且放過無妨。自第二、第五卷，皆日用緊切下工處，并末一卷説聖傳標的，皆宜先反復玩味，以會其旨歸爲善。❶所喻借伯澡註本，今納去，幸檢。

至若《小學》一書，文公雖以補古人幼學之闕，而其終之所以凝道據德而成大學之功者，亦不越乎此。且甚坦易明白，最爲切於學者日用之實，亦不可不常在目前也。

答梁伯翔二

承特有講訂三段之説，得見日來進學次第，頗有切己體察之功，深以爲喜。

第一段所論「持敬」工夫，謂「静亦敬、動亦敬，只管恁地，❷却茫然無下手處」。恐只是於動静時止死法空念个「敬」字，不曾實作持敬工夫，所以如此。今不必他求，只原程子説「敬」字本旨，其以「主一無適」四字爲言者，可謂極其精矣。「主一」是心只在此，所主惟一，不二不三。「無適」是心只在此，不走作，亦不之東，亦不之西，亦不之南，亦不之北。然「主一」即是「無適」，只展轉相解釋，要分明，非於「主一」之外，又別有「無適」之功也。惟心主乎一，所以無適；惟心無所適，所以常主於一。此四字貫動静，無事時其心收斂，主一在此，不走作；應事時心又主在一事上，亦無走作。

其他又以「整齊嚴肅」爲言，及謝氏「常惺惺」之説、尹氏「其心收斂，不容一物」之説，皆是詳發明此一意。整齊思慮、嚴肅容貌，此心便一，更無他適。常惺惺，亦只是

❶「旨」，清鈔甲本作「指」。

❷「地」，原作「他」，今據康熙本改。

心常惺定在此，不昏困，所主便一，若昏困則便有他適矣。其心收斂、著一物不得，亦只是主一，若更容得一物，便是有他適矣。此三言，亦皆貫動静之功，可謂甚親切明要。只依此爲準作工夫，自不差錯。

雖然，亦偏靠一箇「持敬」不得，須是「致知」與「持敬」相發。知精則敬益密，敬密則知益精。知苟不致，則理義不明，雖無事時澄心凈慮，持敬亦姑死守箇無事之敬，或有一念之私慾忽萌，亦何由知而截之？必至隱伏以爲吾病。或有一念之善端微露，亦何由知而養之？必至壅閼而有所傷。及事至而敬以應之，❶又姑死守箇應事之敬，或事中於理而當行，亦何由知而爲之必從？或事違於理而當止，亦何由知而爲之必拒？

故程子曰：「涵養須用敬，進學則在致知。」二者常相須，不容以偏廢。惟二者工夫俱到，則於静而敬時，萬理森然在其中，常昭昭不昧；及動而敬時，此理流行乎萬變之間，又整整不亂也。若欲就九容九思上用持敬工夫，九容皆敬之事，亦善。《小學》所載，一依古註，甚簡而切。而「立容德」句下，又詳之曰：「德者，得也。立則磬折，如人授物與己，己受得之之容也。」亦已甚明白矣。若九思乃思誠事，不專説敬。惟敬而後能爲是九思，以至於誠。不如文公《敬齋箴》，❷鋪叙日間做工夫節目，最爲切密。正宜常在目前，❸今别紙略解析去，幸詳之。

❶「敬」上，乾隆本有「持」字。
❷「不如」，原漫漶不清，今據康熙本、清鈔甲本訂正。
❸「正宜常在」，原漫漶不清，今據康熙本、清鈔甲本訂正。

第二段説《大學》體驗省察之意多而涵養本原之意少，以《小學》時，德性已自涵養了，到《大學》，工夫只一向理會進學致知，以造道成德，所體認已得之矣。但更須知《小學》涵養，只是箇胚樸已就，到《大學》進學時，此等工夫固自在其中，未嘗間斷，非謂止一向進學去，遂忘却此工夫，不相接續也。古人此二項工夫，常相須。如車兩輪、如鳥兩翼，極是相關，縝密無縫罅可截斷處。若文公以「敬」一字，爲今學者補《小學》之闕，而後進以《大學》之功，固是完備無缺，然亦須十倍其力做去，方見得滋味功效次第，而有進之之實也。

第三段，所分別「意」與「情」，未明心是以全體言，意是就心上發念處言，有思量運用之義。凡發見於外，思量要恁地底，❶皆是不可截斷以幾微方動處爲限。情是心裏面自然發動，改頭換面出來底，與性相對，是從性動來，只直恁地，亦不必截斷以大段動來出底爲拘。❷如接物時，在內主宰者是心，動出來或喜或怒是「情」。思量要喜那人，要怒那人，或輕或重，是「意」。裏面有箇物，能動出來底是「性」。心所喜、所怒之人是「志」。許多便都一齊在面前。

經曰：「欲正其心者，先誠其意。」又曰：「意誠而後心正。」其言若有次第者。古人此等工夫，合下皆齊頭並做，逐地頭箇箇各著力，如手捉物時，十指俱動，無一箇放慢處。但遡其本之序而言，則欲正其心者，必以誠意爲先，非謂欲正其心者，更不必做正心工夫，而但專做誠意工夫便了也。

❶「要」，清鈔甲本無此字。
❷「來出」，乾隆本作「出來」。

又順其效之序而言，則必意之已誠而後心乃得其正，非謂意已誠了，更不用做正心工夫，而心便自爾正也。但曰「正心」、曰「誠意」，又自有疎密緩急，而工夫皆不曾偏。

故《大學》於「正心」章，但大概説箇喜、怒、憂、懼四者做病，而必常致其存密之功。❶至「誠意」章中，却再三注意於自欺、自慊，與君子小人誠善、誠惡之辨，而歸重著力在謹獨，以心大體明白易見，而意極細密隱奥，潛伏難測，最難得表裏真實如一，此「誠意」一章所以爲《大學》要關處，説得尤力，正聖賢進退之路所由分，天理人欲勝負之機所由判處。必透過此關而後道理方牢固，實有善而真無惡，始真能入得堯、舜、孔、顔路，上行而決不至於下墜。若過此未透，便待博聞洽見，説得道理如天花亂墜，終未可保其必不下從桀、跖之歸也，可不畏哉！可不謹哉！可不深致力乎哉！

答梁伯翔三

所示《大學疑》，見得日來進學次第。間有未安者，敢一評之。

謂「虚靈不昧皆屬氣」，此當詳本文全句，其曰：「明德者，人之所得乎天而虚靈不昧，以具衆理而應萬事者也。」此句皆是解「明德」兩字爲言。所謂「明德」者，是專以理言之。謂「人之所得乎天」者，是得于天之理。謂「虚靈不昧」者，是狀此德之光明。謂「具衆理而應萬事」者，是又兼舉此德體用之實，要圓備。《或問》中曰：「方寸之間虚靈洞徹，萬理咸備。」亦只是再詳此

❶「密」，乾隆本作「察」。

句，無異旨。

凡此主意，本皆是以理爲言，但今實論其所以爲根原底裏，則理無形狀，其爲物是如何而解如此之靈且明哉？畢竟是理絶不能離氣而單立，因人生得是氣而成形，理與氣合，便有如此妙用爾。外日，姑就四字分析，其實靈與明處，非可專指氣之自會如此，亦非可專指理之自會如此。要之，氣非理主宰，則不會自靈且明；理非氣發達，則亦不會自靈且明。理與氣本不可截斷作二物。去將那處截斷喚此作理、喚彼作氣，判然不相交涉耶？

粗一譬之，明德如燭之輝光燦爛，理則燭之火，而氣則燭之脂膏者也。今指定燭之輝光燦爛處，是火耶？是脂膏耶？專以爲火而不干脂膏事，不可也；專以爲脂膏而不干火事，亦不可也。要之，火爲之主而脂膏以灌注之，方有是發越輝光燦爛爾。此等處須了了，豈可含糊！今不因此句，就吾身心上實體認此明德是甚麼底物，其爲體段形狀是如何，乃解如此之虚靈洞徹、光明不昧，在日用見定間所謂虚靈洞徹、光明不昧之實又如何，就何處可實見得其爲如此。於此果見得落著，❶便可實下操存涵養工夫。不平心定氣實計見此本物，只區區計較閒末，尋枝逐葉、展轉差訛，正如冥者之扣槃捫燭，流爲聞鍾執籥之繆，乃反歸咎於告者以光與圓之言，爲不識日而非所以論日，豈不大誤也哉！

若李推説尤爲亂道，胡答胡辨，殊不成説話，只似不曾讀書者之言。且如《好學論》，曰：「天地儲精，得五行之秀者爲人。

❶「落著」，康熙本、乾隆本作「著落」。

其本也真而静，其未發也，五性具焉。曰精曰秀，以氣言；曰真曰静，以理言。」繼曰：「五性又以理言。」亦可剥以爲理中具理乎？❶又如《太極圖》曰：「無極而太極。」「起頭四字便都言理，下又言真、言性、言仁義中正，又皆以理言。」亦可剥以爲理中重重具理乎？❷

古人文字，血脈相應自如此，假如以虚靈、洞徹、不昧等皆爲氣，如一般心恙底，只有其氣存，何故一恁昏迷顛錯，却無此虚靈、洞徹、不昧底意，何耶？若爾講學，枉用心神而無長進之益矣。

「格物致知」，所以求知所止，「物格知至」，則已知所止。「誠意」而下，所以求得所止。「意誠」而下，則已得所止。此固是總八者説「止至善」之大綱，❸亦須知就八者之中，逐件亦各有「止至善」處，即其逐件中所名，各到至極之處者便是。而於逐章中，亦已默寓其意矣。

感自外入，以彼物之至吾前而言；應由中出，以此心之接彼物而言。彼物之來，有千變萬狀之不齊；而吾心之應，各隨彼天則之自爾。當好當惡、當喜當怒、輕重淺深，分數無毫髮差，是謂物各付物、各止其所，而我無與焉，然亦須吾胸中鑑空衡平之體素定，然後能如此，而非臨時區處之謂也。

「誠意」段，小人外一等未實見道理，人雖分明有好善之心，終是不能徹表裏，必有陷於自欺田地不自知時節，須是真知善惡分明，然後有真好真惡之切，如好好色、惡

❶「剥」，康熙本、清鈔甲本作「駁」。
❷「剥」，康熙本、清鈔甲本作「駁」。
❸「止」，原作「上」，今據康熙本、乾隆本、清鈔甲本改。

惡臭之徹表裏，一於誠爾。所以經文曰：「知至而後意誠。」然真知已至後，❶亦非聽之自誠，蓋無一刻不用其戒謹之功。豈但如來說一日之謂？所以傳文又兩言「必謹其獨」，❷及結以「必誠其意」，以明此功夫須如此不可間斷，而所緊要著力，尤在於幽獨幾微之處也。

二「必」字正本文著力處，❸最宜詳味。始終條理之分難易，姑以骨角之脈理可尋，與玉石之渾全堅確，爲切磋琢磨之辨，最發得本文之旨瑩白，爲可玩。況其實，如物格知至，所謂真知覺貫通田地，又非容易可至，固未可以易視之而不深加工也。力行固難，然知之真而行之勇，則循理爲樂，自不見其難者。惟知之不真而行之不勇，遂不見其樂，而每苦其難爾。若《孟子》，始終條理，分智聖主意，乃言二者須兩極其全爲貴，非有難易之辨。而文公知行如車兩輪之説，其意又要齊頭並進，非可以難易論也。各隨本文自不礙，而各實用功自可見。

要之，聖賢固有言易以誘人之進處，亦有不敢言易以驕人之志處；固有言難以勉人之進處，亦有不敢言難以沮人之志處。皆不可以一律定也。

「治國」章所載先君子之言，誠爲至論。蓋君子之學，惟求其在我者而已，本非有治人之念也。在我者既至，或出而當治人之任，然後推己以及人，而非預爲之地也。若爲人而學，則有計利之私，而非誠於學矣。

《論語》「時習」之説，於當事親時，而習前日所以學事親者；當敬兄時，而習前日

❶「真」，原爲墨丁，今據清鈔甲本補。
❷「又」，原作「反」，今據乾隆本、清鈔甲本改。
❸「本」，原作「立」，今據康熙本、清鈔甲本改。

所以學敬兄者。其爲時似稍疎，❶却是實體此語做工夫處，初無妨害。然亦當知君子縝密之功，固無一事之不學，而無一時之不習也，亦在人隨力量循序而進。果有實工夫進進不已，則由疎而密，無空隙閒事矣。更在勉之。

其十一段之所謂一意者，❷乃是剖析理義之淵微精密處，皆上達底意思，非初學所可驟曉，姑緩之可也。

北溪先生大全文集卷第三十終

❶「時」，清鈔甲本作「説」。
❷上「一」字，清鈔甲本作「二」。

北溪先生大全文集卷第三十一

書

與姚安道潮人，名宏中。

外日特承光訪匆匆，恨不及欵洽清論，别去倏易三晦朔，而區區未嘗不向往也。《詩傳》中所疑難如何，併乞一一疏示，庶得以交相講訂，而爲定是之歸。

蓋學不厭講而貴乎有疑，必有疑而後能進。以疑則辨、辨則明、明則通，至於工夫大進而萬疑畢凑，渙然爲之一決，則如冰消雪融而不復疑矣。此顔子所以「既竭吾才」，而「如有卓爾」也。

所謂「格物」之説，今見得果如何？此最進學之要處。所當大致其功，不得以爲煩勞而狀之也。蓋不如是，則理無由明，義無由精。其於行也，必左動而右礙、前通而後窒，欲保其駸駸一於聖門之入而無路脉之差，亦且難矣。何復望其有從容灑落處乎？程子諸説，示人精微曲折，已爲詳盡，而文公發明攷證，又爲明瑩親切，確乎不可易。學者但當按之循序加功，便自見得趣味，而知聖賢之決不我欺。

大抵聖門工夫自有次序，非如釋氏妄以一超直入之説，欺愚惑衆。須從下學方可上達，須從格物致知，然後融會貫通，而動容周旋可以無阻，譬如行者之適都城，未曾識得路脉，從南從北幾程幾里，如何舉得步？出門便差。却如陸學，從來只有尊德性底意思，而無道問學底工夫，蓋厭繁就簡，忽下趨高者，其所精要處，乃陰竊釋氏之旨，而陽托諸聖人之傳，確然自立一家。文公向日最欲挽而歸之正，而偏執牢不可破，非如南軒之資，純粹坦易，一變便可至道也。

初學者識見未定，其立的最不可泛。孔、顔、曾、孟遠矣，不可得而見矣。如近世周、程諸儒，亦不可親見其人之爲如何，據其道於遺編而師之。若文公者，同時並世，某於經籍中，師仰其道者十年，而親炙函丈者又十年，真所謂身即書、心即理，凡昔聞其語者，今親見其人，真所謂宫墻巍巍不得其門而入，不見宗廟之美、百官之富，仰之彌高、鑽之彌堅，瞻之在前、忽然在後者也。學者惟當終身竭鑽仰之力，未可以道聽塗説世俗常情而窺測之。此心先有一般意見横在肚裏，爲之梗塞，則一切微詞精義便相扞格，更不能入，最是大病處。

爲學工夫所最先者，一當立志以斷定邪正之路，一當虚心以玩味理義之實，然後致知力行可以交進於其後。不然，則散漫不倫，終亦不能以有得矣。

侍同臭，講此不覺縷縷，不自知其爲過繁也。高明以爲如何？

與陳仲思鎮江人。

某前月初八日抵臨安，依舊宿故壘。廷試已定四月十八日，此事從來無定準，一聽造物之爲如何，無可言者。前者高才網漏，欲尋舊迹升黜之爲如何？恐亦不必如此介注。

科舉本是壞天下人才底物，本不足以

取人才。其爲法，不考平日素行，只校三日虛文，固無一定之賢否矣。今且就虛文言之，又只各隨有司意見之不齊，亦非有確然一定之能否，則得不得有命之説焉。達者當之只可付一笑，非可以是爲介注也。況舉子學術技藝，從來有淺深、高下之不齊；考官學術意見，亦從來有淺深高下之不齊，安能保其必相偶合？即此不能保其必相偶合，而其相偶合者，非人力之所能爲，是命也。只此非人力之所能必處，便是天之所爲，便是命，更不必冥搜遠索，指蒼蒼者以爲天之於我如何，而後謂之命也。

雖然，此就格法中論之如此，❶若超乎繩墨之外，以高明正大之見言之，欲治國平天下，而專靠此以取天下人才以爲治國平天下之用，直是兒戲，亦只是未有三代聖君賢相高見遠識，無人看得此事破，無以變通其法爾。

向來伊川先生修學制略，本先王遺意，非有過高之事。以劉摯非不賢，乃獨毅然力排之，以爲「高闊以慕古，新奇以變常」，其識之不足而妄論如此，無足怪也。每嘗最愛明道先生《修學校尊師儒取士》一奏，蓋斟酌三代之意而損益之，以宜於今者。若有聖君賢相者出，欲變通其法於將來，須如此奏節目施行，然後爲可，而非可與常情論也。

因話謾及之，❷聊以發高明之一笑。

與黄寅仲

外日書院相聚，極荷愛篤。遷出江下，

❶「格」，康熙本、清鈔甲本作「俗」。
❷「話」，清鈔甲本作「語」。

銘佩而已。

又蒙連日綢繆，何感如之！別去區區第有

某到嚴陵，不意以人情事勢所不容峻却而去，又留滯在此許久。寺丞端人正士，慈祥愷悌，誠心愛民。今年水旱大歉，無日不憂形於色。子和亦多能之士，曆、醫、山水皆精，由其資稟聰俊，故無所不通爾。

可中資質極是純粹，惜乎學問差向一偏去，已纏肌入骨之深，無可轉回者。初間到旅邸相訪，亦開懷説其學問來歷，及詹郎中悟道一段，殊無隱情。以爲堯舜至孔子相傳都是如此，是時與他詳細剖析，從原頭梳理下來，忽爾日暮，各且散去。後再相見，更不扣竟前説，又多是匆匆不暇。大抵先入者爲主，確然固執，自以爲是了，外言更如何入得？其祭詹文道：「孟子後千五百年，得其傳者惟象山，象山之傳惟默信。」其意向偏暗如此。末結説默信未嘗死，又全用佛、莊死而不亡底意，更何暇責顧？

平甫資質亦莊静，扣其所學及與詹、楊來往有何傳授，欲因其所偏而爲之救正。絶口不出一言，屢扣屢寂，但叉手聲喏而已。又不如可中之無隱。爲其堅意隱默如此，後因來訪，只直剖析儒釋之所以分，及陸楊之所以偏處與之，自後或相見，坐未煖則别去，不暇講論，必是意旨不相契，兼未能知味，故以爲緩而不在急也。

自到嚴陵，益知得象山之學情狀端的處。❶大抵其教人，只令終日静坐以存本心，無用許多辯説勞攘。此説近本，又簡易

❶「處」，原爲墨丁，今據康熙本、清鈔甲本、清鈔乙本及《四庫》本補。

徑捷，後進未見得破，便爲竦動。

今按其説，若果是能存本心，亦未爲失。但其所以爲本心者認得錯了，只是認形氣之虚靈知覺者，以此一物甚光輝爍爛、爲天理之妙，不知形氣之虚靈知覺者，人與物皆同，如牛羊鳥獸蟲魚，凡有血氣之屬皆能知覺，趨利避害不足爲貴。此心乃即舜之所謂人心者，而非道心之謂也。人之所以貴於物者，以其有道心，❶若仁義禮智之粹然者是也。人心，血氣之私也；道心，性命之正也。二者雖不相離而本自不相混。❷

今指人心爲道心，便是向來告子指生爲性之説，及佛家所謂「作用是性」之説，「蠢動含靈皆有佛性」之説，「運水搬柴無非妙用」之説，故慈湖傳之，專認心之精神爲性，則是全指氣爲理矣。惟其全指氣爲理，故安然以陰陽爲形而上之道言之，不惟論天，論《易》、論乾坤都做此一物，論道論德、論仁論義、論禮論智、論誠敬、論忠信，諸等固有萬善，皆只是此一箇渾淪底物，只名號不同爾。

夫道德仁義，乃專以理言。而指氣以當之，已爲不是。而諸等名義各有所主，頭面體段自是不同，甲件自有甲件用，乙件自有乙件用，都來混作一物，尤含糊鶻突，用處豈得不差錯？讀書窮理，正要講究此，令分明。於一本渾然之中，須知得界分不相侵奪處；又於萬殊粲然之中，須知得脉絡相爲流通處，然後見得圓、工夫匝，體無不備而用無不周。

今都掃去「格物」一段工夫，不復辨别，

❶「以」，清鈔甲本作「爲」。

❷「二」，原作「仁」，今據康熙本、乾隆本改。

如無星之秤、無寸之尺，只默坐存想在此，稍得髣髴，便云悟道。既悟得後，却又將聖賢言語來手頭作弄，到死後又依古禮行喪。如此者何故？蓋須是如此，方爲儒名家。不然，則爲佛名家矣。其實於聖賢言語，只是略略依他見成條貫，不要甚通解，多牽來拗就己意，未嘗講究聖賢本旨端的之爲如何。

既不辨别衆理，又不見得端的之爲如何，則臨利害之衝，如何應變？又如何守得牢固？因知輔漢卿所録，譬如販私鹽人擔頭將鮝魚粧面之説，爲發得情狀出，甚端的也。

以晦翁手段，親與象山説不下，况今日其如此等人何？❶近思量渠門既偏溺於此矣，又直攻其所偏溺，則愈畏縮而不入。

今喻文得瘧，俟兩日平和更見之，將此話頭置放一邊，絶口不及，只以孔孟工夫精密切要處開誘之，令且子細師法孔孟，不可恁疏闊，恐滲漏處多，但誘得入窮理路來，可漸有見，自能覺其是非爾。

答黄寅仲

所擿胡義之疵，甚當。不特此句之疵，其説「敬」之大義亦不出。緣是未曾做得持敬工夫，未見得「敬」滋味也。

其他亦多有句不穩，及多有欠意不圓處，只説氣稟之昏，不説物欲之蔽，而「明德」、「新民」、「止至善」三句裏面底藴，殊未曾動著。此非有妄議之慊，乃講其理如此爾，亦格物之一端也。

❶「其」，乾隆本作「某」。

答林自知

自嚴陵一别，僂指忽三易歲華，❶而此念無日不向往。昨許友之來，承惠手翰，深稔勤誠。❷趙司直宫祠莊嚴，幽居想時得過從講貫，有洪論大義時析一二，附南來之鴈，得見故人不忘之意，不爲惡也。

抑嘗嘆今之學者，其隨波逐流者固無足論，或有不肯自暴自棄而願志道者，已爲度越於人不淺，然又多是悠悠泛泛，不能勇往直前，的爲正道之趨。方且彷徨中流、騎墻不定，❸則殆見好善決不能如好好色，惡惡真不能如惡惡臭，切己將何有得力？在我將何有受用？又將若何保其斷爲君子之歸，而決不復小人之墮邪？❹

此亦入門未見趣味者之常態，尤吾黨所當痛自省察而用功加勉焉者也。賢者試三復之爲如何？

與邵生甲嚴陵人。

數日甚企想，而佩音悄然，❺何邪？

始者承賢者來訪，謂賢者資質志向之美，亦易通曉者，便極爲剖析其是非邪正之分，庶幾曉然不迷其所趨。再蒙見訪，又道及濂洛諸老先生之書，都曾看來，親手編寫成帙，又知其亦素用功者。繼而講論鬼神

❶「僂」，清鈔甲本作「屈」。
❷「稔」，原作「認」，今據康熙本、清鈔甲本改。
❸「墻」，原作「檣」，今據康熙本、乾隆本、清鈔甲本改。
❹「墮」，乾隆本作「墜」。
❺「佩」，乾隆本作「德」。

之事，乃至偏執異端死而不亡之說，❶滯而不能化，亦未曉其受病之由。續到賢者之居，獲奉從容，仍出江西。

至言示其意所主者，始讀一篇，不見其有一句入正腔窠；再讀二篇，又不見其有一句入正腔窠，遂掩卷不讀。而賢者又示以小詩與《行狀》，乃知自孩幼時已衩異矣。而賢者嗜之不釋口，且曰「從濂洛諸老先生書來，未方得此，見其爲好」，并談易談心，悉踵已見之誤而安之不怍。至是，乃知賢者平生學問，知賢者胸中底蘊，知賢者病根所在，從原頭本領差錯來，纏心腸、蝕肝肺者已深矣。

因覺始相見極爲剖析之言，殊不入賢者之耳，枉爲虛說。而賢者於諸老先生之書，亦枉用許多工夫，全未有一字之得。此其故何也？由諸老先生見此道理素熟，所謂至精至好處，只作家常茶飯底事，平平說去，淡若無味，而其中發明孔孟不傳之秘旨，實爲格言至論，千古攧撲不破。以時文淺識泛泛讀過，莫能曉解，忽見此人說得奇奇怪怪，又簡易徑捷，便爲竦動而陷墮其間。使向於諸先生書上，❷稍得一字之義而知味焉，則決不至有此陷墮處。非惟於諸老先生書未有一字之得，在孔孟之門，亦未得寸步之入。

并覺昨所論「鬼神」一節，乃至幽至玄、無形影事，非物格知至、理明義精者不足與語，而遽於賢者之前言之，乃强人以所未到之理，講其所不當講，答其所不當答，不能逃躁瞽之愆。然此心終不能恝然於賢者，

❶「亡」，原作「忘」，今據乾隆本、清鈔甲本改。
❷「使」，原作「所」，今據乾隆本、清鈔甲本改。

以賢者方二十六，正孔子所謂後生可畏之時，前程地步闊，日子長，儘可闊步著工夫，做聖賢大業，不可但爲山林苦行，偏滯在一隅，枉了可惜。

今固不敢勸賢者絶濂洛而師象山，亦不敢勸賢者舍象山而從濂洛，此事未易決，姑置之勿論。且賢者讀書爲儒，豈非祖孔孟者乎？今只以孔孟門庭精要工夫，與賢者共切磨之，如何？

某在此不久，只月末便歸，不得與賢者久處。若不説及此，恐失此等工夫，則疎闊走漏處多。

且孔孟門庭精要工夫如何？在《書》則「惟精」與「惟一」不偏廢；在《易》則「知至」與「知終」不偏廢；在《大學》則「知止」與「静安慮得」不偏廢，「格物致知」與「誠意正心脩身」不偏廢；在《中庸》則「明善」與「誠身」不偏廢，「道問學」與「尊德性」不偏廢，「博學審問慎思明辨」與「篤行」不偏廢；在孔子則「始條理」與「終條理」不偏廢；在顔子則「博文」與「約禮」不偏廢；在孟子則「盡心知性」與「存心養性事天」不偏廢。

蓋察之不精，則若何而能一？知之不至，則若何而能終？不知所止之地，則將於何而静？於何而安？於何而慮？於何而得？物不格、知不致，則意將如何而誠？心將如何而正？身將如何而修？善不明，則身將如何而誠？問學之不道，則將如何而爲？德性又如何而尊？學問思辨之不博審慎明，則將從何而行？❶又如何而篤？始不知條理，則終如何而爲條理？文不博，則禮將如何而約？心不盡，

❶ 「從」，乾隆本、《四庫》本作「如」。

性與天俱不知，則又將如何而存？如何而養？如何而事？

萬物固皆備於我，然物物各有頭面：事親當如何而爲孝？事君當如何而爲忠？事長當如何而爲弟？夫婦當如何而爲別？朋友當如何而爲信？曰仁，如何而爲仁？曰義，如何而爲義？曰禮，如何而爲禮？曰智，如何而爲智？合當用義時，❶可只以仁應否？合當用智時，❷可只以禮應否？曰誠，如何而爲誠？曰敬，如何而爲敬？合當用敬時，可只以誠應否？曰忠恕，如何而爲忠恕？曰中庸，如何而爲中庸？曰義利，如何而爲義？如何而爲利？又有義之似利、利之似義，則將如何而辨？曰天理、人欲，如何而爲天理？如何而爲人欲？又有天理之似人欲、人欲之似天理，則將如何而分？

凡此等類，只可坐想都了否？還亦須著工夫理會？如合著工夫，如何而著？不審賢者於此已生知安行將去？抑尚在學知勉行邪？抑未能知未能行，而合求知求行邪？

此等工夫，甚欲與喻、顧二丈及王生相切磨。不然，則空爲世情契，不爲道義交。今喻丈瘧未愈，顧丈又拘書會，自講説，諸執事並在坐相陪，獨渠不曾一來。將意旨不相契而憚進耶？❸抑某説之不足聽邪？抑未能知味以爲緩而不在急邪？

王生又屢邀而屢不至，昨適幸其至，方回頭欲與語而忽又不見，或謂徑去矣。殊不曉其意之如何也。此理十説無窮、七説

❶「合」，清鈔甲本作「曰」。
❷「合」，清鈔甲本作「今」。
❸「憚」，原作「禪」，今據乾隆本、清鈔甲本改。

無盡，雖終日不食、終夜不寢以求之，猶恐不及，而悠悠若是，豈所謂志學者？

竊嘆黄堂篤意於開明後學，每見每必問。是何闔郡亦無一人稍體黄堂之意，以自篤其意爲開明之歸，可以爲黄堂説？幸而得賢者一人可語，又唱焉而不和，何邪？

此天下公理，是曰是，非曰非，一行乎大公，非可拂理狥情，拗非爲是而相取譞。若拗非爲是而相取譞，則是陷人於非道，而賊夫人之子。樂人之取譞而忌人之救正，則是又護過以匿於己，而吾道之賊也。此皆私意之尤，非君子豁然大公之心，而豈所謂切磋之道也？

所學爲何事而私意如此？何時得胸中洒落如光風霽月？何時得本體輝光潔白，如江漢以濯之、秋陽以暴之邪？

野人前所講義四段，想必已見，又不敢奉呈，恐不相契，反爲覆瓿。舊亦有《心説》二篇，皆未敢唐突出授。深念賢者，更遣此忠告，能併達此意於王生諸人，幸甚。

與王生震

某始到學，吾子不外，首先來訪。見其資質志向之美，可與適道，豈勝欣幸！續於九峰，聞尊丈説吾子聰俊之發甚早，自九歲已能文，十二三已志道，今年方二十。又不勝嘉嘆。❶屢使人邀屈欲細扣所學來歷，庶知其是非深淺，可以置切磋之功。而屢邀屢不至，屢唱屢不和。今幾匝兩月矣，竟未得與吾子有一日之欵，劇談而痛論。

❶「嘉嘆」，原漫漶不清，今據康熙本、乾隆本、清鈔甲本、清鈔乙本訂正。

昨忽承吾子之至，方回頭欲與語，而忽徑去又不見。此其故何謂邪？ 是固不難曉矣。子學淵源祖象山，曲護祖印如護命，懼拙者有以攻之，故稀行疎立，而不欲相親。

吾何私寃於象山哉！ 爲其佐異端、鼓淫詞，爲人心害，吾對越上天，講明公理，爲人剖析是非，深有愛於人而存忠恕之心，懼其或至誤陷焉，而枉害了一生也。

今吾子既深忌而痛護之矣，吾亦何苦强聒於子哉？ 姑置之勿論，待他日識見長而自定焉。只如洙泗之上，大聖羣哲端拱肅列相與講道，下學而上達，是多少精微廣大之旨，是多少縝密要切之功，殊不得與吾子浹洽講貫，後生失此不及知，豈不大欠缺，爲可惜。

又深念吾子妙齡美質，正孔子所謂可畏之時，氣力正强，志意正鋭，正可闊著步做聖賢大業工夫，爲天下大儒。無但隘守隅角，小道細行，姑長雄於山峽間，枉度了一生，又可惜。

學中講説，大小諸生皆環坐樂聽，是開闡多少宏綱大義，是發揮多少微言秘旨。而吾子獨不得一聞以發高明之見，又可惜。

此月末欲便歸矣，與吾子只成結世情知識，而不成結道義交契者，何邪？ 九峰又聞尊丈説，吾子旦夕爲四明之行，此豈小兒志識未定者之事邪？ 彼持敬苦行一節爲可美，而學術議論只是一老禪伯。見之何爲？ 看之不破，稚嫩之質寧無轉移潰亂邪？

聞之，極爲良資美質痛惜。夜睫爲之不交，早作，不覺肝肺流而爲一篇。今未知吾子此行之果如何。將別矣，亦録爲贈言在別紙。見第一卷。

北溪先生大全文集卷第三十一終

北溪先生大全文集卷第三十二

書

與鄭行之嚴州人，名聞。

某外日都門一接見，深爲吾子喜。何喜也？二五流行，參錯不齊，而人生所值，駁者多而純者少，故賦質之粹美者最難。其人或既有是美質矣，而又安常習故，不能志於學以成之。其有是美質，又能立志於聖賢之學者，豈不爲難中之尤難者乎！今吾子俱有是二難之美，是安得不爲吾子喜？

自奉嚴陵郡侯命，入學與諸生講貫，深念吾子有此密邇，實爲不可逢之良便，是以專人奉書，冀其一來，相聚旬日，少效愚見以發高明，而吾子辭焉。回武只奉空書而至，又大爲吾子愕。何愕也？聖人垂世立教，是多少精微廣大之旨，欲與吾子講而不得講；學者師慕聖人，❶是多少縝密要切之功，欲與吾子究而不得究。日間與諸生誦《大學》、《論》、《孟》、《中庸》之書，是開闡多少宏綱大義，是發揮多少微詞奥藴，而吾子皆不及與一聽焉，❷於學問誠大欠缺者。❸而安得不爲吾子愕？

既而開緘讀之，心病隱隱於聲畫間，又極爲吾子憂也。聖人不作，專門名家以亂

❶「師」，清鈔甲本作「思」。
❷「及」，清鈔甲本作「極」。
❸「誠」，清鈔甲本作「仍」。

吾道者甚衆，學者立志之初，最當明别邪正二路之所由分。適乎正路，則爲賢爲聖；差之邪徑，則爲狂爲愚。今子之所志者，❶何學歟？書詞主象山，其根原差錯矣。

道學師友淵源，自孟子没，千四百年，得濂洛諸君子更相發明，而後孔孟之心始白，斯道之傳始有繼。其微言秘旨，又得朱文公精明而光瑩之，實後學之指南而百世之師範，一定而不可復易者也。彼象山者，不師孔不師孟，而師道光，號佛照。竊其宗旨而文以聖人之言，屹然自植一家，與孔孟背馳，與周程立敵，導學者於詖淫邪遁之歸，誠異端之雄，而吾道之賊也。

子平日在吕氏家塾相講磨，東萊蓋友朱張，師周程，而宗孔孟者也。其子弟決不肯背其先學爲異端之趨，不知子從何而得之歟？

大抵其教人終日默坐以求本心，以萬善皆吾心所固有，無事乎辨説之勞，屏去格物一段工夫。而其所以爲心者，乃錯認形氣之虚靈知覺以爲天理之妙，不知形氣之虚靈知覺一也，而有人心道心之不同焉。

由形氣而發者，以形氣爲主，而謂之人心，如耳目鼻口四肢之運用者是也，而人與物同，不甚遠也。由理義而發者，以理義爲主，而謂之道心，若仁義禮智之屬是也，而人與物異，獨爲最貴者也。二者在方寸間，本自不相紊亂，如饑而食、渴而飲，此由形氣而發，人心也。此心最危鵽而易陷，若窮口腹之欲，則陷矣。嘑爾蹴爾嗟來等食則不食，此由理義而發，道心也。此心甚隱微而難見，如其嗟也可去，其謝也可食，自非

❶「者」，清鈔甲本無此字。

聖人莫能見之。聖人精察二者，不容於雜而一體，道心常爲之主，使人心每聽命焉，故聲爲律、身爲度，從心所欲不踰矩，則日用動静云爲，無非純是道心之流行矣。自古羣聖所授受、相講明者，其要訣正在於此。

今却指人心爲道心，乃告子「生之謂性」、佛氏「作用是性」之説，是指氣爲理矣。則其所謂道德仁義等萬善，皆不説著本體端的，而萬善本一而分殊，名義又各有所主，一物自有一物之用，隨感而應，脉絡粲然各不相奪。今都混爲一物，無用致窮格之功以明析之，則用處豈能各止其分？不過直行己意之私而天理人欲雜無辨矣。

雖萬善本皆我固有，然人自有生以來，氣禀習俗、物欲私意，是幾重湮蔽，豈可但坐想即得之，便安然行去，有如此之徑捷乎？此根原來歷與聖人殊宗，蓋昭昭矣。吾子晚進見之不破，而遽有嗜焉，又安得不爲吾子憂？

然人之禀性也有偏圓，而其受病也有淺深。❶圓者易轉，偏者難回；淺者易醫，深者難救。

吾子之性若圓而病若淺也，願因愚言，凝然思、惕然動、釋然悟、幡然改，悉濯去江西舊見，一新更窠易模，循濂洛淵源以達洙泗。其用功也，必依某所謂致知力行之節目，而主敬以爲之本。其讀書也，必依某所謂四書之次序而復熟焉。果能致知力行之功到，而四書之義徹，至於一旦豁然，真有卓爾躍如目前，然後知今日之言，❷的不爲

❶「其」，清鈔甲本無此字。
❷「之言」，清鈔甲本無此二字。

吾子欺矣。

吾子之性若偏而病若深也，則濂洛、江西二派未容易決，願將二家之書且束之高閣，俱勿論，惟清心專讀《大學》、《論語》，專以孔聖爲師、顔曾二子爲友，❶而《孟子》亦以爲體驗充廣之助，是三書者既融會貫通，則邪正之分自定而取舍之幾自決，所謂濂洛、江西二派，不待較而判矣。

如或皆不以爲然而偏執舊見，牢不可解，則是不師孔孟而師異端，不由公平正大之道，而趨詖淫邪遁之域。其歸宿成就，不過一老佛莊列之徒爾，反不若常人之未能立志者之爲愈也。何者？以彼之心未病，猶在人理之常，而此爲心恙已甚，乃出乎人理之外也。至是則更不能爲吾子救，❷而但爲吾子哀矣。況子之妙齡甚富，正孔子所謂後生可畏之時，前程地步闊、日子長，正可著聖賢大業工夫，爲天下真儒。而拘拘於一隅之小道細行，枉了一生，抑甚爲吾子惜也。❸

此間詹、喻、顧，皆江西之流。詹不及識，如《己易》，全用空門宗旨，無一句是，而跋爲清明，則其胸中可見矣。喻旨不相契，顧自是自足，議論不離流俗之見。

後進有邵生甲、王生震者，妙齡可教，而亦墮圈檻中，不惟自是自足，而又自高自傲，無可救藥。而甲者又不能閉户自靖，牢守祖印，乃自矜自衒，自哲自聖。爲祖師解析，鼓淫詞而張之，既奉墨以附於儒，而又

❶「二子」，清鈔甲本無此二字。
❷「至」，清鈔甲本作「若」。
❸「抑」，清鈔甲本作「耶」。

挽而歸之墨，❶殊無知可笑。假如有莊周口吻，説得至玄至妙，亦不過彌近理而大亂真，絶相似而極不同也。而况於無莊周之玄妙乎？其殆客氣忿憤欲角勝負，兒態癲狂亂爲叫呼，❷乃自絶於長者，非長者絶之也。

外此，惟接得張生應霆一人，志趣未雜而一心樂聽講論，爲可望爾。近又得李生發，有志舍舊從新，爲可嘉，亦未知其終之如何也。

今恐南去，與吾子益遠，又未敢絶人向善之路，輒叙此曲折，托壽昌縣前董四省元轉達，併録講義四篇，乃立後學一定之準，决無相誤。及舊嘗解「食無求飽」一章，恐可以爲進學之警，别紙録去，幸詳之。

區區詞不盡意，❸諸容來年九月參選過此。吾子有定見，無惜披露一幅，預於九月初寄董家見示，當觀新得，爲吾徒賀焉。

答鄭行之

承喻及臨利害得喪，輒覺氣慴心動，爲身之大患。自非切己用功，何以及此？然去病當從根，則無遺種。此病豈非見底事之理不破，❹而所養之氣餒而未充故邪？大凡臨利害得喪，見其理不破，則於中不能無所疑；所養之氣餒而未充，則於中不能無所懼。疑與懼交戰，心烏乎而不動？❺

❶「挽」，原漫漶不清，今據康熙本、乾隆本、清鈔甲本、清鈔乙本訂正。
❷「癲」，清鈔甲本作「顛」。「亂」，清鈔甲本無此字。
❸「詞」，清鈔甲本作「辭」。
❹「之」，清鈔甲本無此字。
❺「而」，清鈔甲本無此字。

欲見事理之破者，在乎致知格物之功；欲養氣之充者，在乎致集義之功。❶所謂「格物」者，格，至也，窮至事物之理，如親到然，其真是真非甚端的明白。所謂「集義」者，集，聚也。甲事爲之合宜，則在我得一義矣；乙事爲之又合宜，則在我又得一義矣；丙事爲之又合宜，則在我又復得一義矣。每事皆然，則衆義聚集，而行無不慊於中，其氣自浩然生矣。果能物格知至，則於天下之事無所疑，而其中所存者定矣。又能義集氣充，則於天下之事無所懼，而其中所主者壯矣。是雖臨大變、當大任，而應之無不從容閒暇，又何有以爲吾動乎？不特此爾，凡一切病痛，但理明義精，則皆無逃遁之所矣。更在有志者勉之。

與鄭節夫

自都城獲奉從容，知賢者資質志趣之美，實惟欣幸。別來山川日阻，愈見差池，而此心則未嘗忘也。❷

載伯來，得知賢者已有館地，便即就赴，不勝慰懌。報別次又道及賢者已覓書爲四明之行，其意久矣，甚鋭而不可遏者，何邪？驟聞此舉，甚爲賢者傷惜，彌夜達旦，耿耿於中，不能以自平也。

且彼持敬苦行一節，誠亦可欽羨，然所持者，亦只是一箇死敬；所苦者，亦只是一箇死行而已。有何運用活樂處？有何裨

❶ 「致」下，清鈔甲本有一空格。
❷ 「則」，清鈔甲本作「只」。

補濟益處？其學術議論，不過只是一老禪伯祖師傳授，根原本領差錯來，本只是禪家宗派，非可以吾儒論。《己易》數千言，無一句是，察言以求其心，即此便見他所以爲心處。永嘉之政，殊可笑，攷迹以觀其用，即此便見他所以爲用處。其門下多是引接僧道輩來往，以法門兄弟氣類相同之故。嚴陵之詹，乃其朋儕，跋《己易》爲「清明」，則其胸中亦可見矣。

喻、顧及後進輩，有邵、王皆其黨，議論乖繆處甚乖繆，凡鄙處甚凡鄙，無一字合正腔窠，無一語相入。

嚴陵有九峰寺僧惠覺者，詹悟道時嘗造請證印，得「朝聞夕死」一言而歸，不勝其欣榮。喻、顧即日與他爲至朋，無時不造談論，其平日從遊趣向只是如此。彼識吾儒門户是如何？識聖人壇場境界是如何？而欲以儒家事業、聖門淵源與之講訂，則大誤矣。

某《嚴陵講義》四篇，曾見否？此喫緊爲天下來世學者立一定準程，非止爲山峽間一州之設，的無相誤處。幸勿以厭平淡、喜新奇之心而易忽之。及所與寅仲初書，并嚴陵學者鄭生聞書、邵生甲書、王生震書，及詩所辨論象山異端之學，及學者要切工夫處，甚詳明，幸一復熟之。

此等輩不師孔、不師孟而師佛照，其爲學規式、用功節目，別杜撰創一種徑捷門户，與孔孟殊宗，與周程立敵，只當以非吾徒斷之，何暇更求見之？云求見，不徒是空來往，勞費無益，而又不覺能轉移人眼睛喝斜向一邊去，不成本來面目。受害反有甚，亦凛乎可畏。❶

❶「畏」，清鈔甲本作「愛」。

而賢者冒行之，殊不曉所謂吾儒門户，修身行己自有正法，造道入德自有正路，等級次序一定不可復易，而聖人壇場境界，公平廣大，載在《語》、《孟》、《大學》、《中庸》、六經之書，又萬世通行，昭昭可覆也。能循循而進，日有日之功，月有月之益，歲有歲之效。

賢者與槎溪相聚許久，所謂格言至論，誦之亦云多矣；所謂宏綱大旨，講之亦云熟矣。想其志，必亦欲爲君子儒，而不爲小人之歸；必亦識聖賢趣向，❶而知所用力之方矣。今忽舍儒而歸墨，叛聖賢而入異端，不師孔孟大中至正之教，❷而宗慈湖、祖象山，爲奇怪之習，出人理之常，是亦甚可哀也已！豈槎溪有以誤之邪？抑賢者之無常而負槎溪也？謂其急於求道而不暇擇歟？然饑者之欲食，亦須是食五穀然後可以充饑，豈有不暇擇五穀，而但急於走江以漁魚、走山以獵獸？而僥倖其或可以有濟也，謂其旁搜博覧以備參考，而中自有主歟？然此則大賢物格知至、理明義精、學有餘者之事，而非新進晚學、志稚而未定、識嫩而未確者之所宜也。志稚而識嫩，則是非茫然莫得其真，而遽欲爲泛泛之舉，殆猶乘一葉之舟於風濤洶湧之衝，其不覆而沉者，希矣。

因覺前日都門相聚，雖賢者之意亦甚拳拳，而退後之語每以守舊爲足，亦殊無一言扣擊，是以精切之論無因而發，不得到賢者之前以廣高明之見，致使賢者有今日之流，則拙者亦不能逃其罪也。

❶「亦」，清鈔甲本作「多」。

❷「師」，清鈔甲本作「思」。

今白沙舟中念及賢者，恐南去益遠，與賢者愈不相及，而賢者之病日深，纏肌蝕骨不可救藥，❶因急發此，託計院轉達。願平心定氣而三思三省焉，無爲是支離駁雜，且取四書循序而熟讀之，俛焉孜孜，須到混融貫通處，自當卓然有見，而知天下真是真非。邪正之分自定，從違之幾自決，而且以知今日之言，的不爲賢者誑也。若不以爲然，則是欲果於自暴自棄，爲狂妄之歸，愚亦不能强聒於子矣。

答鄭節夫

某十月初抵中都，即探知賢者寓京口。今承惠書，甚慰。但某寓此不能久，而賢者開春方歸，又無會合之期，不無悵然。

前年唐突附計院一書，蓋以賢者可與語，而惜其爲邪說之流，遂據正理直情剖露，更不復委曲回互，效世俗書札諛言諂語之態，亦以真講學故有真切磋，有真切磋然後有真警發，而亦惟真好學者，然後能樂真切磋而可以有真警發，不爲訝也。

今承來書，未能釋然，縷縷分析，猶有不能割捨之意。何邪？豈愚者之言未白，不足以發賢者之正見？抑大賢固無可無不可，非淺拙所能識也？

大抵此一種門户，全用禪家宗旨，無一與孔孟合。其要訣所主，只是祖述那「作用是性」一說，再得孟子所闢告子「生之謂性」底意，重喚起來，乃是指氣爲理，指人心爲道心，謂此箇物輝光燦爛，至靈至聖，天生完具，彌滿世界，千萬億劫，不死不滅。凡

❶「肌」，原作「飢」，今據康熙本、乾隆本及《四庫》本改。

性、命、道、德、仁、義、禮、智等，都是此一物而異名。禪家此等意旨，從來交相密付，只是口訣，不用文字，所以渠門不要讀書，更不用窮格一段學問，而非有存養底工夫。

凡平時所以拳拳向内矜持者，不把作日用人事所當然，只是要保護那箇輝光燦爛，❶不死不滅底物事，是乃私意利心之尤者，其狀甚有似於存養，而實非聖門爲己之學也。惟其所主在此，故將下學千條萬緒底工夫，都作外物一盡掃了，合下處己便直向聖人「生知安行」地位上立，❷至接後進，❸亦便直引向聖人「生知安行」地位上行。其待斯世常人，亦便直以太古太朴之道待之，所以出門動步便有礙，寸地通不得。

其徒一二老輩，間有踐履好處者，此非由學力師訓之故，乃出於生質之篤厚而然，而亦只是與道暗合，按之正理實不相符，不過只如僧道苦行、鄉原忠信廉潔之類，無足歆羨。在後生晚學，只當專以孔、顔、曾、孟實踐處爲準的，果能深熟用功，實得其趣味，則其中之樂自足，自無復走作他求，有如必欲識他是非邪正者，須是真識得儒釋之辨方可。

然儒釋界分亦未易白，自唐來名儒多不能識破，直至周程諸君子，有物格知至之功，理明義精，方始剖判得分明。夫豈初學志識、未有定主者所可遽論？

程子曰：「學者於釋氏之説，直須如淫聲美色以遠之，不爾，則駸駸入其中矣。」又曰：「釋氏之學，更不消言，常戒到自家自信後，便不能亂得。」又曰：「若欲窮其説而

❶「輝光」，清鈔甲本作「光輝」。
❷「立」，清鈔甲本作「行」。
❸「至接後」，清鈔甲本作「其待時」。

去取之，則其説未能窮，固已化而爲佛矣。不若且於迹上斷定：❶不與聖人合者，固所不取；其有合處，則吾道固已有。如是定立，却省易。」此數言，皆緊切爲人處，真千古不易之確論。

若學者未能見破，須且權作未斷底公案，束之高閣，且須依此數言佩服，他日有見自定。何須堅欲俛首鞠躬於其門，姑爲觀德考行，退自警勉之計邪？實得是理於心謂之德，實踐是理於身謂之行。彼於是理本原既差錯，則何實得實踐之能有？而何德之可觀？何行之可考？舍聖門正大、真切、縝密之功不之事，而爲是支離，曰吾自保其必不爲之流，萬萬無是理也。

前年與黄寅仲及鄭聞書，説破儒釋之辨甚明，今更不暇論。此番都下新接一二，非不篤志於道，然皆偏執先入之説爲主，初見間，亦不能不出一二語以正之，既而頗護其説，確然自以爲是，遂更不復與語，聽之自錯自誤，於我何加損焉！❷

要之，吾道自孔、孟、周、程、朱諸儒宗更相發明，❸已明明白白於霄壤間，如青天白日，萬古不容掩没。豈小小異端所能爲病？舉斯世莫非斯人，亦何闕一二人之陷其中？自不須勞唇吻、費詞説，徒爲紛紛，彼此俱無益也。

別紙所論人心道心，中間自「人受二五之氣」而下一截，似已識得人心道心界分，而亦未瑩。其首末處所辨論，則甚支離，又似於二者之名義全未曾曉得，何邪？大抵

❶「定」，清鈔甲本無此字。
❷「加」，原作「嘉」，今據康熙本、乾隆本、清鈔甲本及《四庫》本改。
❸「更」，原作「受」，今據康熙本、乾隆本、清鈔甲本改。

人惟有一心，非有兩箇心並生來，只是所以爲虚靈知覺者不同爾。其虚靈知覺從形氣上發來者，❶以形氣爲主，故謂之人心，如耳目鼻口四支之運動是也。其虚靈知覺從理義上發來者，❷以理義爲主，故謂之道心，如仁義禮智之形見是也。

人心方是就此軀殼上平説，雖上智不能無，未是不好底物，但此心最䠊䠆不安，易流於不好，故謂之「危」。道心專是就理義上説，雖下愚不能無，但此心本無形狀，至幽隱而難見，故謂之「微」。且如饑思食、渴思飲，此由形體而發，人心也。因而飲食未害也，若窮口腹之欲，便陷矣。其動來易陷，如此非危而何如？嘑爾、蹴爾、嗟來等食，皆不肯食，此由理義而發，道心也。然此猶是易見處。若其嗟也可去，其謝也可食，則於理甚隱，最爲難知，非聖哲莫能識之，非微而何？

二者在方寸間，無日無時不發見呈露，非是判然爲二物不相交涉，只在人識别之，其工夫緊要在「精」、「一」二字上。精，則察乎二者之間而不雜；一，則守夫道心之正而不離。既專守道心之正而不離，則道心常爲此身之主，而人心一聽命矣。如此，則實理流行，動無非中。至於聲爲律、身爲度，從心不踰矩田地，則此身日用酬酢，❸凡由人心而出者，莫非純是道心之流行，而不復有二者之間矣。舜此四言，極是親切，端的無一字可改易。

聖人見道明朗如此，若趙臨川所論「人心不可專作人慾看」，此語既説得是，未見

❶「知覺」，清鈔甲本無此二字。
❷「理義」，清鈔甲本作「義理」。
❸「此身」，清鈔甲本無此二字。

其差。而賢者攻之不置，却是未識人心之所以爲人心而求之遠矣。

所引「克己」、「毋意」爲比，亦不相似。克己之己，合下乃指身之私欲而言，非單指此身，只因對「復禮」形之，而後爲己私也。若對「復禮」形之而後爲己私，則須「復禮」而後「克己」，而非「克己」以「復禮」也。「毋意」之「意」，合下亦只是指私意而言，與「誠意」之「意」，亦自不同也。

趙臨川説「危」字之義，又太遲緩。此物好動，本不安帖，最易流易陷，即此便是危處。豈必待到逆倫亂理、❶爭奪相殺，然後謂之危也！説「道心隱於人欲熾盛之中，視之不見、聽之不聞爲微」，亦失之迂折，兼似未識道心之所以爲道心也。

來説折之，以爲：「若如此，則是人心流失，必至於人欲已熾、天理僅存，然後即此道心之隱然者而充導之。此時濟得甚事？」此一義發得甚當，但其他所説「危」、「微」二字之義，却不親切，與夫所謂「純乎天理而中庸爲難」，及所謂「不合於仁則合於義，不合於義則合於禮」等語，殊不可曉也。

大凡知言最難，而立言亦難，須見理明徹後自然無差，❷非區區口舌所能强也。惟願格致之功真積力久，則他日自當條暢，更在勉旃。

北溪先生大全文集卷第三十二終

❶「理」，清鈔甲本作「禮」。

❷「見理明徹後自然無差」，清鈔甲本作「見徹後自然理明無差」。

北溪先生大全文集卷第三十三

書

答西蜀史杜諸友序文❶

某外日别次，甚感諸友各勤贈言，途中匆匆，未及披覽。至家，人事稍暇後，方得一觀。類皆志趣高明，不肯埋没流俗，俱卓卓有景慕賢德之意，竊深爲之敬嘆。其間有義未安處，敢一切磨之。

史兄全篇，以濂洛之學乃洙泗萬世之正學爲主意，而謂文公集厥大成，粹乎真洙泗濂洛之淵源，可謂已認著聖賢門路，而得其一定準程矣。但當即此爲終身鑽仰之計，且須平心玩味，切己體察，孜孜循序，毋支毋離，毋過毋鑿，則異日自有登堂入室處。

所論「乾道變化，各正性命，無非生生不息之誠；鳶飛魚躍，上下皆察，無非成性存存之妙」，此等陳義似高，然不免舉子時文牽挽之態，看道理正不可如此含糊，❷須各隨本文子細紬繹，❸乃能明曉瑩徹，有切己得力處。如《乾·彖傳》，所謂「變者，化之始，以所賦之命言；化者，變之成，以所受之性言」二句，乃謂乾道變化無所不利，而萬物各受其所賦之正，以爲一身之主。所以釋乾利之義，蓋就陰静一邊言之，生生

❶ 「諸友」，清鈔甲本無此二字。
❷ 「正」，清鈔甲本無此字。
❸ 「本文」下，清鈔甲本有「主意」二字。

不息之誠，乃一元生理之流行，貫徹乎四德，動静之間，❶循環而無端也。《中庸》引「鳶飛魚躍」，以證天理自然流行之妙，昭昭乎天地上下無所不在。若「成性存存」，乃言智禮本成之性，❷存存於我，則道從此而出，其存之又存，乃工夫純熟無間斷之意。此等語脉自各不同，强爲牽合，則渾雜無别，有害於窮理之實。

至所謂「清濁混雜有待澄治，則爲庸人」者，又欠委曲。據人生氣稟，除了聖人一等，自賢人而下，便已皆然。但其中多寡分數煞不齊，而人品隨之亦煞不一，未可都以庸人一例斷之，失權衡之平矣。餘所講明，則皆平正穩帖，路脉不差，爲可喜，千萬勉之。

杜兄深有警策於「爲學當在自己下工夫實體之」一言，全篇反復推證，以是意爲主而服膺之，可謂得切問近思之要矣。大抵古聖賢，邈在數千百載之上，影響絶不相接，只有遺言在簡册間，今若不實體於己，則何由識言中滋味，而得古人心腸肝肺？於己分亦何相干？須把聖人之言，如親承謦欬於羣弟子，如親與同堂合席相講磨。其所論事，如自己親做底，一一就己上實體之，則其是非當否、輕重緩急，一如痒疴疾痛之切於身，皆瞭然可得而知矣。

由是而之，則聖賢千言萬語皆爲切己之盤盂几杖，箇箇有受用處。及其久而熟也，雖或閒言漫語，亦無非吾切己之益而用功之實也。然於實體之中，亦須致知力行工夫並進。蓋實體察之，則知益精；實體

❶ 「動静」，清鈔甲本無此二字。
❷ 「智禮」，清鈔甲本作「禮智」。

而合之，則行益切。又不可徒守彼一言，恐復糊塗，無活法也。

子安所叙雖嫩，而旨意已平正。其論「閩、浙、湖湘、江西之學，爲門各異，而獨有取於閩學」，得正傳之粹，亦所主之不差矣，但諸家之深淺邪正，亦當灼知其本末表裏，無纖悉遁情，方能決不爲吾惑，而所主者益堅以定。若未能然，則全未可惹著，只一意堅吾所主，以待他時識見長而自明。

且如湖湘之學，亦自濂洛而來，只初間論「性無善惡，有專門之固」，及文公爲之反覆辨論，南軒幡然從之。徙義之果、克己之嚴，雖其早世不及大成，而所歸亦已就平實，有功於吾道之羽翼。

浙中之學，有陳、吕之别。如吕以少年豪氣雄文，俯視斯世，一旦聞周、程、朱、張之説，乃盡棄其學而學焉，孜孜俛首爲聖門鑽仰之歸，未論所至之何如，只此勇於去邪就正一節，深足爲至道者之觀，亦吾名教中人。如諸陳輩，乃鄙薄先儒理義爲虚拙，專馳騖諸史，攟摭舊聞爲新奇，崇獎漢、唐，比附三代，以便其計功謀利之私，曰「此吾所以爲道之實」者，兹又管、晏之輿皁，而導學者於卑陋之歸也。

若江西之學，則内專據禪家宗旨爲主，而外復牽聖言皮膚枝葉以文之，别自創立一家，曰「此吾所獨悟於孔孟未發之秘旨，而妙契乎堯舜千載不傳之正統」者，其實詖淫邪遁，與孔、孟、周、程大相背馳，其爲吾道賊，害尤甚。後進看邪正不破，樂其徑便，多靡然從之。此種自江沿浙已滋蔓矣。兹其取舍從違之機，非理明義精未易決。在初學有志斯道而爲聖賢之歸者，誠不可不謹其所習也。其名約之，則汎濫駁雜之甚矣。

所列道學四條之義，安得許多分裂？所謂道學者，其所學以道爲主，而所謂道者又非有他，只不過人事當然之理、天下古今所共由者而已。初非有幽玄高妙、懸空在萬物之表，與人事不相干者也。但推其根原所自來，❶則出於天命之自然。而語其全體所會，則實具於吾心。

惟是氣稟物欲之交累，而致知力行等工夫少得人勇猛去做。如果有能做得此工夫浄辦至到，則是理可復全於我，由中而見於四體，則目視耳聽有常度，手舉足履有常節。至於動容周旋無不中禮者，皆仁義禮智睟面盎背之餘，而爲道德之容。見於應事接物，則爲父子有親，爲君臣有義，爲夫婦有別，爲長幼有序，爲朋友有信。無不各盡其道者，皆此理之大目而爲人倫之至。❷其與朋友切磋琢磨者，亦不過講明乎此理，而相勉以進之也。如《大學》所謂「如切如磋」者，道學也。蓋以切磋骨角，有脉理之可尋，乃是言講學之事，非指此目爲道學也。其發明聖經藴奥、著書以導後學者，亦不過寫其平日躬行心得之餘，而寓於修道之教也。雖至於治國平天下，彌綸天地，裁成萬物，亦莫非其中大本之所流行，而明德新民之極功，非度外也。是雖曰萬殊而皆一本也，此堯、舜、禹、湯、文、武、臯陶、伊、傅、周、召達之所行，孔、顔、曾、孟、周、程諸儒窮之所明，無二致也。

若所學不由此，則無其本，而所固有者不能有。凡百所爲，皆不免於外面計較之

❶「來」，原作「未」，今據康熙本、乾隆本、清鈔甲本及《四庫》本改。

❷「目」，清鈔甲本作「自」。「而」，清鈔甲本無此字。

私，是雖言動有禮，容止可觀，未必合理義之當然，而爲先王之法言德行也。是雖忠於君、孝於親、弟於兄、信於友，未必得古人之成法，而爲中庸之至德也。雖於朋友講磨極其博洽，❶殆亦不過俗尚意見之偏，而非聖賢之精義也。雖訓釋諸經窮深極微，號爲名儒，殆亦不過曲學專門之鑿，而非道德之格言也。雖至於治國平天下，亦不過才智功利之陋，而非此道之大用流行也。是特漢、唐諸儒及管、晏儔輩等事，烏識所謂聖門之學？❷而烏可以道學名之？❸

至所謂終日兀坐，與坐禪無異，而前輩又喜人静坐之説，此正異端，與吾儒極相似而絶不同處，不可不講其所以爲邪正之辨。道佛二家皆於坐中做工夫，而小不同。道家以人之睡卧則精神莽董，行動則勞形摇精，故終日夜專以打坐爲功，只是欲醒定其精神魂魄，游心於冲漠以通仙靈，而爲長生計爾。佛家以睡卧則心靈顛倒，行動則心靈走失，故終日夜專以坐禪爲功，只是欲空百念、絶萬想，以常存其千萬億刧不死不滅底心靈神識，使不至於迷錯箇輪回超生路頭爾。❹此其所主皆未免意欲爲利之私，且違陰陽之經，咈人理之常，非所謂大中至正之道也。

若聖賢之所謂静坐者，蓋持敬之道，所以斂容體、息思慮、收放心、涵養本原，而爲酧酢之地爾。固不終日役役，與事物相追逐。前輩所以喜人静坐必嘆其爲善學者，以此。然亦未嘗終日偏靠於此，無事則静

❶「於」，清鈔甲本作「與」。
❷「烏」，清鈔甲本作「焉」。
❸「烏」，清鈔甲本作「焉」。
❹「至」，清鈔甲本作「致」。「箇」清鈔甲本無此字。

坐，事至則應接，故禮經於合當坐時則坐如尸，合當立時則立如齊。明道亦終日端坐如泥塑人，及至接人，則渾是一團和氣。是皆天理之公而學行當然不容廢者。

若江西之學，不讀書不窮理，只終日默坐澄心，正用佛家坐禪之説，非吾儒所宜言，在初學者未能有得，則其志道精思未始須臾息，亦未可須臾忘也。安得終日兀坐而無爲？如理未明、識未精，徒然終日兀坐而無爲，是乃槁木死灰，其將何用？

來説乃謂「心最難制，默然端坐，舉目紛然，❶不火而熱，不冰而寒，欲其無所思而不可得」，則差之遠矣。心不能無思，所思出於正乃天理之形，非以無所思爲貴，坐當思亦思。思其所不當思，則爲坐馳，非以無所思爲奇特。他門欲終日默坐無所思，便自忽然有箇覺悟處，寧有是理哉？

道必講而後明，物必格而後知。《大學》首重在格物致知者，非謂格物致知都要周至全盡，方始可做誠意、正心、修身等工夫，凡一切工夫合下須齊頭並做，但語其功效次第，必物已格而後知乃可得其至，知已至而後意乃可得其誠，以至心正、身修，各隨次第得力爾。

天下事物無一非理之所寓，而格之自有次序。先其近者小者，而後其遠者大者；先其易者著者，而後其難者幽者。論其極，則天地萬物皆不可遺；語其要，則日用人事最不容緩。

如事親當孝者，非是空守一箇孝字，必須窮格所以爲孝之理當如何，如何而爲奉

❶「目」，原作「日」，今據康熙本、乾隆本、清鈔甲本改。

養之宜，如何而爲温清之節，❶凡古人事親條目，皆無一不講，然後可以實能盡孝。

如事長當弟，非是空守一箇弟字，必須窮格所以爲弟之理當如何，如何而爲侍坐、侍食之禮，如何而爲應對、進退之儀，凡禮經事長條目，皆無一不究，然後可以實能盡弟。

況此身在目當如何視而爲明，在耳當如何聽而爲聰；在手當如何執而爲恭，在足當如何履而爲正。內而曰心當如何而存，曰性當如何而盡；曰情當如何而撿，曰意當如何而誠。曰仁、曰義當如何而居、如何而由，曰道、曰德當如何而志、如何而據。善如何遷、過如何改而爲吾益，忿如何懲、慾如何窒而爲吾損。利與義雜，如何而能舍利，如何而能取義；己與禮並，如何而能克己，如何而能復禮。言當如何言爲法言，行當如何行爲德行。居家當如何爲齊，居鄉當如何爲睦；居官當如何爲理，事君當如何爲忠；待人當如何其節文，接物當如何其品制。

似此等類，是多少底事，皆爲人至切要處。若不講究得一一分明，如何忽然自能之？亦如何做得人？今舍此等不務，却疑身外别更有深奥處，而欲博窮六合，知其非所得知，❷果何以彼爲？無乃太失之支離，向莊列圈穽去，豈聖門實學之謂哉？

程子曰：「致知之要，當知至善之所在，如父止於慈、子止於孝之類。若舍此不務，而欲泛然觀萬物之理，吾恐其如大軍之遊騎，出太遠而無所歸。」正爲此爾。若果

❶「清」，原作「清」，今據康熙本、乾隆本、清鈔甲本、清鈔乙本及《四庫》本改。

❷「知其非所得知」，清鈔甲本作「知其所以知得」。

能低心遜志於人事處，下學既到，則根本體統一定，至是雖或窮高極深，莫非吾度内，亦自可以通天地之大全矣。

若讀書次序，則《嚴陵講義》第四篇已明，須循此而進，方可入道。讀晦庵之書，則第二篇已言其略矣。須以此爲定準，方可路脉無差。果於是焉真有實得，則胸中權衡尺度明明整整，以之讀他書，真僞邪正自判然迎刃而解，雖汗牛充棟，不能爲吾惑。不然，則將有泣岐望洋之憂，亦難保其不迷而覆矣。

《近思録》之讀，則已見《答林司户書》。大抵首尾陰陽性命之説，姑示學者以理義根原，❶大端有在於此而不在乎他，蓋亦不離日用人事之實，特欲使志道者，起向慕之心，而知所底止，非遽躐等俾之强通也。自第二至第五卷，皆用工夫之切；十三十四卷，又辨異端、明道統，尤不可不熟於究竟。此數卷果通，則首卷將不言而喻矣。

答楊行之

承附遞書翰，深愜間闊之情。去冬都城幸獲邂逅，諸賢拳拳向道之志，度越流俗倍等，竊深以爲喜。蓋聖門之學，雖自濂、洛、紫陽諸儒宗發明得已有成説，如皎日、如夷途、如桑麻穀粟之切於日用，奈斯世士俗甚陋，類竭一生心力，顛迷沈没於科舉中，每厭薄理義，以爲若將凂焉，❷更不復有回頭問津者。不知舉業有害乎聖賢之學，而聖賢理義文字，本無相妨。理義明，則文

❶「原」，清鈔甲本作「源」。

❷「焉」，原漫漶不清，今據康熙本、乾隆本、清鈔甲本、清鈔乙本及《四庫》本訂正。

字益條暢、有精采。况日下視聽言動、事親事長、待人接物處，箇箇有合用道理切身，不可一日闕者，乃反屏去不少顧，而急急於身外儻來不可必之物，冥其心於虚浮無根不之覺，多見其不知輕重，而果於自暴自棄，爲下流之歸也。

某自戊辰、辛未兩至中都，絶無一人知音過門。丁丑歲再至，雖四方英雋來往相過者亦衆，然大抵或只欲識面，或圖結交，或只要知己。求其所謂確實下工、真以理義相切磨而期有實益於己者，絶難得一二見。既不可以往教，又不可以强聒，遂使區區與人爲善之心無從而發，而聖賢精切正大之論，亦無由得到後學之前。

今諸友皆真情悃愊，有樂相親之意，切磨講貫，日求實益，不爲具文，可謂真有志於聖賢者，此豈世俗尋常所可論哉！惟真有志於聖賢，然後能辨得真下工夫、真相切磨，而可以真有警發，異日必亦真有造到、真有成就而不徒爾也。

諸所惠序文，可見人人志向，其中或有合講磨處，已别紙剖析去，可相與詳之。所喻讀《大學》、《論語》二書已畢，再欲從首子細窮索所疑，甚佳，但所疑亦未可强索，須意到自見。

文公四書，一生精力在是，至屬纊而後絶筆，爲義極精矣。凡立語下字，端端的的，如逐字秤過一般，無一字苟且過。《大學》約其旨於《章句》，已的確真切，而詳其義於《或問》，又明實敷暢。觀《章句》中太簡而或未喻，則易枯，必於《或問》詳之。觀《或問》中太博而或未貫，則易泛，必於《章句》約之。

《論語》，聖人之言，真如箇元氣，極是

渾淪無縫可鑿，被文公直就句裏面剖抉出許多精藴來，爲詞甚約而涵理甚腴，註文與經文，字字元自照應，有一字當數十字者，有一字當數千百字者，不可草草率略皮膚上走過，然亦不必別生枝節過求，只就本句下所註本語，逐字相照理會，要實通曉其義，字字句句既分明，則總一章全旨玩之。一章既通透訖，則讀第二章，二章又通透訖，則讀第三章。章章如此相接續去，則前後旨意又相發。到一篇終，則一篇中許多理義又接續相發，而聖人之旨可見於一篇矣。到二十篇俱通，則篇篇許多理義又接續相發，而聖人一部書之全旨，粲然盡在目矣。果能於是中有得，則理義已稍見大概，方可讀《孟子》以發暢之。

今吾友讀之太快易，恐未見得趣味處。❶ 程子曰：「《論語》有讀了後全然無事者，有讀了後其中得一兩句喜者，有讀了後知好之者，有讀了後不知手之舞之、足之蹈之者。」「全無事者」，是只空念過，全未有一字之得，恰如未曾讀也。「得一兩句喜者」，是已開得一線路子入也。「知好之者」，是已覺其中有趣味之可嗜也。「不知舞蹈者」，是已嗜後沉潛饜飫在裏面，又深悟其趣味之無窮而不能自止也。舊《答林司户書》中，亦有説讀《論語》之法，可參看。

若諸子時文之類，欲應舉者自是合當讀，後生筆力未熟，此等工夫，豈容少廢？但在平居暇日，可酌輕重立課程，如程子月中十日之説，未爲害。若在今試期之迫，則且將聖學等書權放一邊，❷ 而專做舉業工

❶ 「見得」，清鈔甲本作「有」。
❷ 「學」，康熙本、《四庫》本作「賢」。

夫,亦無妨。

答葉仲圭邵武人,名采。

某前者過建陽朱寺正處,❶領文字一封,并别簡議論,迫行匆匆,不及報。今回程,不可無一言。

簡中所喻「性」一條,别立語固佳,然彼此都一般,但文質不同,初未嘗有異旨也。又謂「仁義禮智四者之發,本無次第」,則恐未然。大抵心之理本渾淪,只一箇物,分而言之則爲四位,相對截然各有定分。而於四者之中,脉絡又未嘗不相爲貫通,❷又非判然各成四箇界分,絶不相交涉去。惟其如此,故纔一遇事觸物,此中打一動,便都呈露在面前,隨吾所用而應,固自有秩然不紊。可以次第言時,亦或有雜然並見;不必以次第言時,初不可執定拘著在一偏。况如所講兩節,一從下説上去,一從上説下來,自是天然如此,不待人安排,亦烏得强欲紊之以爲不然?

如所謂:「與賓客相接,初纔聞之,便有箇惻怛之心怛然動於中,是仁。此是合相見之客,初聞之,自是如此,其後接見之禮、管待之義,自是隨應相繼而出,復何疑焉?」來説乃於既惻怛後,方裁度其可見與不可見,若是不當見之客,合下便不見,自不曾上心來,豈得思量而後决?這裏合下元亦不曾有惻怛之動,又何待至此後,方徐徐爲之裁度其可見不可見邪?恐皆雜亂不可得而通矣。

❶「者」,清鈔甲本作「日」。
❷「爲」,清鈔甲本無此字。

如所講兩節，方是粗言其大略耳。據裏面曲折，大有事在。必若究言之，大處則大有，小處則小有；疏處則疏有，密處則密有；充之天下莫能載，斂之毫末不能遺。若果見得本物真玲瓏，貫穿四方八面俱透徹，則横説竪説、七顛八倒説，❶無所窒礙而無所不通。何但止此爲然哉？更在詳細深切體察而涵泳之，無急輕議論，他日熟後，自當條暢。

別紙更録所改「命」章一段，并「仁義禮智」章數節，寄范九哥處遞達，聊以爲講磨之助也。

北溪先生大全文集卷第三十三終

❶「説」，清鈔甲本無此字。

北溪先生大全文集卷第三十四

書

答陳遂父一

外日特承光訪，深認來誠，❶因以接見。賢者近道之質爲甚美，而慕道之志爲甚鋭，何勝贊詠！　第恨區區不及奉從容而有歉爾。❷

蓋聖賢精微嚴密之旨，未可以立談判，而斯道高明正大之體，❸非可以翹想窺，彼此交拘於内外之爲限，而無以暢切磨之情，恐不免有滯乎駿才一日千里之進也。

答陳遂父二

所喻病痛，有「喜善嫉惡之心太勝，而包荒之量則未洪；勇往直前之力有餘，而詳緩之意則不足」。非自反之篤，何以及此？

大抵病痛，有從氣稟之偏來者，有從己意之私來者，其類自不同。而於氣稟偏中又不一，有偏向上去，是過於厚、過於善而爲君子之過，如黨錮諸賢之類。有偏向下去，是過於薄、過於惡而爲小人之過，如世俗五不孝之類。若喜善疾惡、勇往直前等類，却是氣稟之偏爲病，而過於厚、過於善

❶「認」，清鈔甲本。
❷「而」，清鈔甲本作「爲」。
❸「立談判而」，清鈔甲本作「判而立談」。

者，固非私意之屬，亦未可爲之深疾。

然欲去其病者，無他，惟進吾之學，至於理義窮格昭明，氣質磨礲純粹，則其遇事所發，當好而好、當惡而惡、當進而進、當退而退、當輕當重、當緩當急，皆莫非天理流行，自無不各中其節，而無復有太過不及之病矣。若吾學未進、理義不明而氣質不化，則病根不去，雖欲力摧强制，亦未如之何。況如一以包荒爲量，而其理不明，則混而無別，有妨乎智。一以詳緩爲意，而其理不明，則懦而無立，有害乎義，又不可以一定拘也。

至程子論讀書法，要「平其心、易其氣」。所謂平其心者，是虚其心，如衡之平，不可先立一箇定説，❶纔先把一説爲主於中，便如秤盤上先加一星了。到秤物時，如何得銖兩之正？易其氣者，只是欲見得聖人真意時，須是和平其氣，雍容和緩，自然而得之，乃能默契。非如初入門鑽仰考索時，奮厲吾氣力、鋭攻急逐之可能也。如左序所謂「優而柔之，使自求之；饜而飫之，使自趣之；涣然冰釋，怡然理順，然後而得」，即此意也。

然讀書，見今緊要處，❷最是「虚心玩味，切己體察」兩句爲要，不可易之以爲常談而忽諸。❸

答徐懋功一❹

承示及《〈大學章句〉雜詠》一篇，可見

❶「説」，清鈔甲本作「識」。
❷「處」，清鈔甲本無此字。
❸「諸」，清鈔甲本作「之」。
❹「懋功」，清鈔甲本作「茂公」。

用心傳習之不苟，非徒爲口耳之好者。竊不復事形迹，輒以情義相忘，詳爲三復，直據鄙見隨章改抹批鑿，而總論講學之大意於其後。亦惟有真切磨然後有真警發，有真警發然後有真造到，惟英明無以爲厭，而深爲之熟復焉。

果若有會於心，而實用其功以副之，沉潛浹洽，見得其中趣味源源而出，則嗜之有不容釋，而進進自不能已者，夫然後知愚言之爲決不我欺。若以一斑半點自奇，以直詣徑造爲志，務獵虛名、不圖實得，則與聖賢心事相反，非愚之所知也。

答徐懋功二❶

某始者接吾子於稠人之中，見其粹然有近道之質，❷而卓然起慕道之志，爲之敬愛。❸既而日夕相親，聲臭相投，而不相枘鑿，❹竊不自勝其喜，以爲斯學之不孤也。今承貽書，乃以親朋相責，以爲恐害夫場屋之文，而中心亦爲之自疑而驚且嘆焉。

嗟乎！吾道不明，❺至是哉！自堯舜周孔之教不行於世，而禪學老子習盈乎中土，❻世之儒者類以吾之爲道，亦二家之比。蓋皆有超乎天地人物之表，爲世外一等幽微玄妙之説，與日用人事不相關，遂爲吾子忠告，其懼有陷溺之害。是蓋不知吾道中體統，不識吾學中趣味而爲是卑陋之見，亦

❶「懋功」，清鈔甲本作「茂公」。
❷「粹然有近道」，清鈔甲本作「有粹然近道」。
❸「敬愛」，清鈔甲本作「愛敬」。
❹「枘」，原作「桐」，今據康熙本、乾隆本及《四庫》本改。
❺「道」下，清鈔甲本作「之」字。
❻「子」下，清鈔甲本有「之」字。

無怪乎其然也。

自有天地，則有此理。有生人，則在心所具有五常，在身所接有五品，在日用動静有萬事，而道行乎其間，不能與之相離。講明是道則爲學，實踐是道則爲行，實得是道則爲德，舉而措之天下則爲事業，而發達於言詞則爲文章。故道與文非二物也，是則吾道豈日用人事之外，别爲一等幽微玄妙之説？而文即是理之所形見，豈能有外乎道哉！

道者，文之根本；文者，道之枝葉華實。道即體，文即用。弸中而彪外，和順積而英華發。

六經，孔子之文也，而實孔子之道。所以渾然一本者，流行貫通也。七篇，孟子之文也，而其大本自性善而來，故醇醇乎仁義王道之談。荀卿惟不識大本，故其文偏駁而不純。揚雄惟善惡無别，❶故其文淺短而艱晦。董子最得聖賢之意，故三篇之策純如也。惟其見道不甚明白，❷故其失也緩而不切。韓子惟有見乎堯、舜、禹、湯、文、武、周、孔之傳，故其文雄深雅健，最爲近古；惟其知用而不及體，故無精微縝密之功。歐陽之文，步驟最學韓而欠韓之健，❸不免淺弱而少理致；由其不事性學，無韓之淵源。眉山之文，老蘇波瀾最爲雄健，然縱横偏駁，原於戰國之學。歐陽子以爲似荀卿，其偏駁者相似也。東坡雄健大不及其父，然節氣所充亦英發；但揆之理則不十語必差，未能改家學縱横之舊。至子由則弱矣，

❶「揚」，原作「楊」，今據康熙本、乾隆本及《四庫》本改。

❷「白」，清鈔甲本無此字。

❸「步驟」，清鈔甲本無此二字。

又不及其兄，然其致頗近理而少繆，又似過於兄；惟所學以虛無爲宗，皆非有聖賢之淵源者也。若濂溪關洛諸儒宗不爲文，惟其道體昭明，間有著書遺言一二篇，實與聖經相表裏，爲萬世之至文。

歷考古今其文之粹者，未有不根本於道。而多駁不純者，皆由是理之不明者也。

若今科舉之文，至爲陳腐爛熟、浮虛卑薾，不足以古人前輩論，然其所以爲文，亦豈能外天理人物、離身心萬事而爲説哉？❶既不能外天地人物、離身心萬事爲説，則所以行乎天地人物之中，身心萬事所當然之理，古今所共由而不可離者，正所以資文之精采，而發文之波瀾，何有妨於文哉？

雖今之文不本於道，而文中之傑者，蓋亦有與道暗合，由之而不知者也。況國家法令，何嘗禁人爲理致之文？而有司程度，亦豈必取夫無理之文哉？學者惟窮理之不精，而見義之不明爾。理義決非害人之具，果能窮格工夫至到，胸中昭融洞徹，無一毫之少蔽，則於吐詞論事，如冰融凍釋，如破竹迎刅而解，如春陽著物，❷隨所至無不敷榮條暢，又何艱深蹇塞之爲乎？

故凡狀物意之不切者，由其見物理之不真也；論事情之不白者，由其燭事理之不瑩也。然則理義於文章，果不相爲悖，而世儒交攻卑陋之説，無足惑亦無足責也。

吾子於文已成一機軸，詞源之正駛、詞鋒之正鋭，其於對敵有餘也。科舉之文足以對敵，則已其得失有命焉。若於其上求之益工，爲必得之計，則惑矣。理義在吾身

❶「哉」，清鈔甲本作「耶」。
❷「春陽」，清鈔甲本作「陽和」。

心，不可一日闕者，一日而舍去，則醉生夢死，爲迷途中人，爲庸夫俗子，爲自暴自棄於孔孟門墻之外。此其輕重緩急之辨，亦惟有志者之自擇。

連日公事冗擾，❶不得暇。今撥剔奉報，併録舊作《似學之辨》一篇，與此意正相發者，幸併一覽焉。當有以釋其疑矣。

答徐懋功三❷

外日承喻及：「世俗風波，有譖言之入於百里者，不審其然邪？」此無他，皆由未知心事之故爾。

大抵世俗耳聞目見、口誦心惟、是非美惡、好惡輕重，只是流俗一種見解，初不識古之士君子用心爲如何。❸不識古士君子之用心，由其不識聖賢學問功夫之所在。聖賢學問功用之大，極於彌綸天地、化育萬物。而其用功之至切、至要處，惟在於此心。此心寂而静，則有直内之敬；感而通，則有方外之義。體未發，則卓然存大本之中；用既發，則粹然達中節之和。

在吾身主宰，入而處己，❹則不愧屋漏，不欺闇室，肅肅乎上帝之臨汝；出而應接，則如見大賓，如承大祭，兢兢乎不敢有一念之忽。視不妄視，而視必思明；聽不妄聽，而聽必思聰；言不妄言，而言必忠；行不妄行，而行必謹。足容必重而不妄履，手容必

❶「事」，原漫漶不清，今據康熙本、乾隆本及《四庫》本訂正。清鈔甲本作「車」，清鈔乙本作「咠」。
❷「懋功」，清鈔甲本作「茂公」。
❸「如何」，清鈔甲本作「何如」。
❹「入」，原作「人」，今據康熙本、乾隆本、清鈔甲本及清鈔乙本改。

恭而不妄舉，口容止而不妄欬，色容莊而不妄笑，頭容直而頸必中，氣容肅而屏不息。山立而揚休，聲律而身度。

而其所以爲戒謹恐懼、提撕警覺、常惺惺乎一敬者，蓋又貫動静顯微、❶徹表裏終始，而無頃刻絲忽之容有間斷。志於古學者，平日用功蓋如此，雖未敢望聖人之純亦不已，常必勉爲君子之自强不息。

一有非禮之稍干吾防，❷則亟察而克去之；一有私意之微動其幾，則早覺而勦絶之。日惟切切自攻其惡，無攻人之惡。樂取人善於己，聞人之過如聞父母之名。凡其磨礲剔刮，直欲使吾胸中光明瑩浄，洒如光風霽月，日用渾是天理流行，無一點障翳，尚何有世俗相毁相訾、相傾相陷等嵬瑣汙陋氣習？❸此豈不爲妄言、妄動之大，非禮私意之尤者乎？所謂戒謹恐懼、提撕警覺之功者，至此何在？寧不重爲吾心事之累、吾天理之玷乎？

若世俗顛迷於頽波之中，心靈昏昏莫克主宰，體用動静無復準則，目隨物視，耳隨物聽，行信足步，言信口説；面對人談欲猝取其舌，貌與人笑欲陰割其肝；❹貴利如珠璣，賤義如草芥，❺上下同一習慣矣。不曾此等學問工夫，❻不曾知學古君子平日用心之如是，謂其饑食渴飲與人同也，冬裘夏

❶「又」，清鈔甲本作「交」。

❷「干」，原漫漶不清，今據康熙本、乾隆本、清鈔甲本、清鈔乙本及《四庫》本訂正。

❸「嵬」，《四庫》本作「猥」。

❹「割」，原作「對」，今據康熙本改。乾隆本作「剖」，《四庫》本作「劌」。

❺「賤」，原作「則」，今據康熙本、乾隆本、清鈔甲本改。《四庫》本作「刈」。

❻「曾」下，清鈔甲本有「有」字，康熙本、乾隆本有「知」字。

葛與人類也，意其心度識趣與世俗人一等，❶則世俗所謂相毁相訾、相傾相陷等氣習，例以爲常情，俱不免。

故譖者之言易入，而聽者之惑易深，此無足怪，亦無足憾，❷無足爲解析，無足爲芥蔕也。何者？此吾外，無預吾内也。吾惟盡吾分内之所當然：事官長，惟知盡吾恭而已，不知官長怒我之有無輕重；交僚友，惟知盡吾信而已，不知僚友擠我之有無淺深。凡在内者，一毫未有盡，則爲吾愧；而在外者，於我無加損，吾無容心焉。《論語》所謂「人不知而不愠」、《易》所謂「不見是而無悶」，正此其境也。故於此，益有以密吾恐懼修省之功，增吾之德而熟吾之仁，是又爲吾進學之益也。何病焉？

某沿檄此來，蓋嘗講道矣，而知心者絶少，幸吾友臭味相投，可與晤語。而相聚日淺，恐亦未知心曲精微嚴密之功，因此略道其梗概，以爲切磋之資，庶幾發軔取舍之分白得以相期，❸一意於聖賢高明正大之域之歸，而世俗嵬瑣汙陋之蹊逕，不在論也。❹惟其勉之，千萬之幸！千萬之望！

答林若時

价至辱惠書，知諸賢俱悄然者，何邪？敝里榜重陽前已揭，亦不愜公論。然此等末世敝法，其得與失從來不足爲賢者輕重，而士君子立身行己自有法度，亦不當以是爲低昂也。

❶「與世」，清鈔甲本作「都與」。
❷「足憾」，清鈔甲本作「所惑」。
❸「白」，清鈔甲本無此字。
❹「在」，清鈔甲本作「足」。

某區區皓首未能聞道，有玷師門。暮年叨冒末職，又需遠闕，不足以行志，極爲之意闌。居常惟念世道之衰，同志者鮮，如吾執契者以純明朴實之資，春秋正盛而志趣不凡，每恨往年接識之不早，方邂逅而忽分飛，不及從容於切磋磨琢之場，迨今以爲歉也。

兹承枉翰，拳拳惟以反觀内省、求道寡過爲務，竊深嘆咏，竊深嘉仰。大抵此道理本無玄妙奇特，只是人事日用之常，於中一一見其職之所當然，而悟其理之所以然，又厚養而實體之，然後爲己物，而區區正病此而未能也。

不無望於吾執契交規互警之力，儻能時加箴砭，豈勝萬幸！

與林一之

聞有欲收養遺棄之説，果成否？還論其姓同異否？若異姓，則如何？此雖比傍律文，然本律之意主於存恤之仁，❶而非與其繼絶之義，且係在禁養異姓條之下，則非律之正，按之禮經，又甚違戾。

在本宗而言，陽若有於爲繼，❷而陰不免於自絶，秦之吕政、晉之牛睿，識者貶之。世之蚩蚩愚氓，亦多有循習此態成俗而不自覺，❸而謂明者亦爲之，豈當局易眩，未之

❶「主」，原漫漶不清，今據乾隆本、清鈔甲本、清鈔乙本及《四庫》本訂正。
❷「於」，清鈔甲本作「子」。當從。
❸「亦」，原爲墨丁，今據清鈔甲本補。乾隆本作「固」，《四庫》本作「或」。

思乎？且度其果能息異日争之之患乎？恐未爲計之善者，更當熟入思議，未可輕決也。

未及躬拜函丈，姑此一言，少盡忠告之愚，不宣。

與王仁甫

春首紹興書院得拜侍先丈郎中，極荷欵洽。豈意自此一别而歸，反成永世之訣。追思疇昔，其爲感愴，何可言諭！

前日一慰之頃，❶倉卒不及少叙所欲言，既而歸村，杜門不復入郛。日來傳聞襄事已有定期，在十二月十六日，果然否？切惟郎中之才學、行義、風節，度越於人，非循常之比，不審所當墓誌銘之類，亦曾經營諸作者之筆，以發先德之幽光否？在《祭義》「孝子顯揚其先」一節，反復甚詳明，以爲：「無美而稱之，是誣也；有善而弗知，不明也；知而不傳，不仁也。」

況郎中如彼卓卓，而道義之交，爲世顯顯者，有廖帥寶謨公，其次有黄宰直卿，皆平生號爲素相知。而時之貴人，有如鄒給事公，又其門下士最相與者，合具其行狀，爲之一請可也。❷而行狀則孝子之職，非他人所得熟知。不然，則或編其事實，只作段子亦可也。

夫孝子所謂孝之云者，豈專在於送死能終其大事之謂哉？又豈專在於泣血三年，而盡其痛慕之謂哉？又豈專在於保其財業，承其爵命，以光大門閭之謂哉？善

❶「慰」，清鈔甲本作「會」。

❷「可」，原殘缺，今據康熙本、乾隆本、清鈔甲本及《四庫》本訂補。

繼前人之志，善述前人之事，顯揚其美而明著之後世，最爲孝子致孝之大節，所關係事體甚重，未易以尺楮究。想在賢者素有是議，❶無俟於鄙賤者之言，而區區忝辱知識之末，不得不爲之一訊。

抑又有欲訊者，郎中道義家，平生素持正論，不與世俗浮沉，其身後舉動，正鄉人觀禮者之所屬，最不可以不謹。始者自荒帷未至之前七七日，❷盛爲緇黄之會，存歿殆若相反，何謂邪？或者猶可諉曰：此家人隨俗之禮，而賢者不之與也。❸昨承惠齋食，甚感至意。然亦頗爲訝。愚不曉其所謂將隨鄉儀爲此，以答來弔之客邪？抑尚緇黄薦拔邪？若是爲鄉儀以答弔客，則已爲濡滯流俗而立脚不住，然猶庶幾其有説也。若是靠緇黄薦拔，則無乃隨頹波流轉，全然放倒門户者，所謂君子之澤一世即斬，不待其至於五世之後也。如何如何，已往無可言，會葬之禮更宜謹之。

唐突附此，少仲平日道義交契之忠，更望炤亮不宣。

與陳正仲

始吾子造門求教，拳拳執恭，甚卑甚巽。將謂吾子之誠有志也，因爲講《大學》以開其入德之門，❹既而方及首一章，吾子乃無心於聽受，遽告爲清源之行。❺覈其所以行之故，則無説，亦未曉其意之爲如

❶「是」，清鈔甲本作「定」。

❷「帷」，原作「惟」，今據康熙本、乾隆本、清鈔甲本改。

❸「不之與」，原作「之與不」，今據康熙本、清鈔甲本改。

❹「其」，清鈔甲本無此字。

❺「爲」下，清鈔甲本有「有」字。「源」，清鈔甲本作「原」。

何也。

越旬日後，令叔遣人來道慇懃，歷歷吾子之詳：家人生産之不事，而事落魄不羈之態；庭闈素行之不修，而修猖狂妄行之術。請爲之嚴加箴砭，以懲其舊而進其新，創其既往而淑其方來。

某聞其言，慨然爲之三太息。曰：噫！有是哉？有是哉？且吾子之及吾門者，何謂邪？意者爲慕道而來也，欲相與講明聖賢之學，而爲君子之儒也。而其爲清源之遊者，❶又何意邪？無亦爲孤陋寡聞，而欲從師取友於四方也。以一鄉之善爲未足，而欲兼天下之善也，其立志亦可謂偉偉不凡矣。然道不在乎他，只在日用人倫事物之間所當行者是已。

子家有母之親、有叔父之尊、有兄長之嚴，正大倫大法所係，所謂「孝弟爲仁根本」者，實在此。入孝出弟，行有餘力而以學文，蓋有無窮之樂存焉。而子欲反之，不稟叔父教命，不與兄比肩事母，❷朝夕承順以安子職，是根本已先撥矣。舉足第一步便錯，而與道背馳矣，何更以求道爲？聖賢之學，不過講明此理，而以明人倫爲主。敗倫逆理之人，正聖門所必誅而不赦者，何復以講學爲？而亦何君子儒之有？

道在邇而求諸遠，素未曾識蹊逕而狂走四方者何之？假使徧謁明師，歷扣良友，鞠躬盡敬於其旁，不知欲聞見何事？欲講貫何説？不愛其親而愛他人者，謂之悖德；不敬其親而敬他人者，謂之悖禮。求師友於四方，而悖德悖禮之是習，❸不知

❶「源」，清鈔甲本作「原」。「者」，清鈔甲本作「也」。
❷「與」，原作「事」，今據康熙本、乾隆本、清鈔甲本改。
❸「悖德悖禮」，清鈔甲本作「悖禮悖德」。

此爲何淵源？

吾鄉儒宗所臨，道德遺風未泯，雖後進拘於舉子程度，未能嗣音，然猶寶祖業、安里塾，日怡愉於事親敬長之側，不失人道之常，亦足以爲善俗。子不是之善，而欲變常求異以取善於天下，是乃反人道爲行怪之舉，既自誤其身，而復誤其弟，相從於狂妄之歸蓋莫大焉，而何善之能爲？

道若大路然，豈難知哉？人病不求爾。子歸而求之，有餘師。孟子不聽曹交講學於其門，而必使之歸，求諸孝弟之間者，❶非有秘於交也，欲其朴實用功，屏虚文而務實行，以爲入堯舜之實地，是誠深有愛於交，而不爲交之欺也。

吾子其熟復斯言，以爲切己之警請。無求諸他，❷且安心定志，從小學之書始。「君子之過也，如日月之食焉，人皆見之。及其更也，人皆仰之。」若甘於自暴自棄，則無可言者矣。

答陳正仲

承喻文公《語録》云：「自家只著些子力，提醒照會他便了，不要苦著力，著力則反不是。」此語只是指此心萬理，本自完具，只著些少持敬工夫，便都森然如在面前。所謂持敬，便即是提醒，便即是戒謹恐懼。此中趣味須實用工夫便自見得，若苦執捉太重，則又太拘拘，反成畏怖驚惶去，本然道理反晦了。

「戒謹恐懼」四字解析，亦切於自省者，

❶「諸」，清鈔甲本作「之」。
❷「諸」，清鈔甲本作「之」。

但此處用四字意，説得較輕。戒字只是懲創禁止之意，莫恁地不好而已。不必記人已前後，又多端了。

北溪先生大全文集卷第三十四終

北溪先生大全文集卷第三十五

答問

答王迪甫問「仁」

承示仁説，大概近傍無甚差錯處。然亦未見得真有貫通之實也。

蓋仁最是箇大底物事，❶聖人所以教人急於求仁者，只爲此物乃人所以爲人之主，日用不可須臾失。纔失之，便身心顛冥，而入於夷狄禽獸矣。其所關繫如此之切，裏面底藴是多少曲折，今不合只將數箇字立數箇語，要拘定包蓋了，便覺見如絣放在那裏，意味殊枯餒孤單，徒依傍人言語，不自胸中流出，恐於切己之用無補，非求仁之善也。若是真曉得底人，假如簡説一兩句，亦自明白親切，縱教詳説到千言萬語，亦自不差。❷

今須如程子所謂「將聖賢言仁處類聚觀之，❸體認出來」，須是逐件一一考究，要有歸著，各各通透，如寶藏四方，八面玲瓏，穿穴無所壅窒，然後於仁始無遺藴，而可以從容體之在我矣。今就段子，亦略批其大意，未穩處幸更詳之。批答段子見下卷。

❶「箇」，清鈔甲本無此字。
❷「自」，清鈔甲本作「是」。
❸「須」，清鈔甲本作「思」。

答王迪甫問「性」

「非性無自而發」一句，前日伯澡録所説已自明，今忽將此一句插在彼，殊無理會，又似不曉。何也？「大本一正」後，下面許多查滓，便如何自會渾化？説得又太快易，得無糊塗鶻突也邪？

答林尉問「仁者心之德、愛之理」

四端是仁、義、禮、智所發見端緒，如何指作「四者界分」？仁是此心中天理生生之全體。發出來真情，自惻隱，自無不愛，但惻隱是於渾淪體上方萌動，便是從惻隱端來，流行及到那物處。故愛與惻隱皆仁之情、性之用。如何全指仁作「本是箇愛底物」？無乃認情爲性、認用爲體，恐差之遠矣。更子細體認之。

答鄭尉景千問「持敬」

所喻「持敬之難」，恐莫是大把來做件事，❶太重了，須是見得「敬」字明，則做便易，無所往而不在是矣。

所謂「主一無適」者，敬之義；所謂「常惺惺」者，敬之體；所謂「整齊嚴肅」者，敬之容；所謂「戒謹恐懼」者，敬之意；所謂「其心收斂，不容一物」者，又正持敬時凝定之功。人心散漫，出入無時，莫知其鄉，須敬則有所統攝主宰，許多道理便萃在其中，生生有不容已。

❶「件」，清鈔甲本作「個」。

所謂敬者非有他也，只是此心存在不走作爾。非是專要整襟肅容、❶端身拱坐，而後謂之敬也。坐則在坐，言則在言，視則在視，聽則在聽。無事時在此常惺惺，有事時則呈露在事。執此事則在此事，執彼事則在彼事。對境而見，當境而存。既不走東，又不走西。既不添第二件，又不插第三件。既不執著太重，又不忽略太忘。既不拘束太迫，又不放蕩太寬。只如平常做去，久之自然耳目手足有常度，容貌身體有常節，初未嘗著意於持敬，而固無所不敬也。

如文公《敬齋箴》，正是鋪叙持敬工夫節目，不可不詳玩在目前。然程子曰：「涵養須用敬，進學則在致知。」二言者，又夫子所以教人造道入德之大端，而不可偏廢。不是只靠著此一邊，便自可管得那一邊也。故既尊德性，須又道問學。二者互加功，便互相發而互進。❷不然，則亦不能以上達矣。若在官中，自涵養而言，則酧酢應接，莫非做工夫處，本無相妨。自窮格而言，則紛來沓至，却有所妨奪。然於公餘，所謂四子面前明白底道理，亦未可全然棄却。

因話縷縷及此，亦同臭講貫之故，不自知其爲過繁也。

答鄭尉景千書中「窮格」一條之義

或疑應接事物亦窮理也，而書中乃以爲有妨奪，何也？曰：是何言之易也！予非不知程子論「窮理」之目，曰：「或

❶「襟」，清鈔甲本作「謹」。
❷「互」，清鈔甲本作「後」。

讀書講明道義，或論古今人物而別其是非，或應接事物而處其當否。」然其言固有序矣。讀書居其先，而應接事物居其後，無亦以應接事物一節爲最難，❶非讀書有定見者未易以當此，而非初學者所可遽及也。

予向於書中所云，其意爲初學者主於讀書而言，雖事事物物固皆有理，而聖賢書中，又見成理義所萃，而皆事物之則也。在初學者入窮理工夫，或茫然未識其入門，或泛然莫得其要領，未可當動而妄求，憑虚而暗索。須先且就聖賢言語實處爲準則，於幽閒静一之中，虚心而詳玩，隨章逐句，一一實下講明考究工夫。

蓋幽閒静一，則心清而不擾；虚心詳玩，則前無所蔽，而可以有見。果能於是理實有得其大綱，則是非邪正大分已明，而胸中權度稍定，然後次而及於論古今人物，以相參質，則其褒貶去取，方可有定論。

最其後也，乃及於應接事物以相證訂，❷則其裁處剖決，方可有中節，而不至於差舛。至是，則吾之見有以照彼之情，而歷練感觸，又有以長吾之見，内外交相發，權度可以愈精，理義可以愈瑩，將無所往而非吾窮格之益也。

若在我未能有定見，而遽欲於酧酢求窮格之益，吾恐外紛而内擾，彼求而此震，稚嫩者爲之眩惑，柔弱者爲之牽引，其心之不流而亡者，鮮矣。尚何理之能窮哉？此夫子於子路以「社稷人民皆所以爲學，何必專於讀書然後爲學」，必深斥其佞者，❸亦正爲是爾。

❶「一節」，清鈔甲本無此二字。
❷「應接事物」，清鈔甲本作「應事接物」。
❸「斥」，清鈔甲本作「折」。

然程子之言必兼該衆目者，博其功而言之也，是用功深者之事也。予之説非偏靠一邊，乃循其序而言之也，是方用功者之事也。意各有所主而不相悖，惟實用功者加勉而無忽焉可也。❶

答徐懋功問「過化存神」説❷

舊説皆以「『過化』爲物已過乎前者，即消化無凝滯；『存神』謂心存於中，常恁神妙，應事物而心常虚靈，❸故謂大而化之之化，即此化意」。此説似精而粗，與上下文不相貫，決非孟子本旨。在常人，質美者可能之流弊，❹有老學之病。

至程子説，曰：「身所經歷處便無不化，心所存主處便神妙不測。」二言已甚明白，而南軒又錯會下句，復如前之意。文公《集註》上句證以舜事，下句證以夫子得邦家一節，到此乃極明瑩，無復可疑矣。其意蓋謂聖人到處，無不感動從化，心存主要做那事，便自響應，此由盛德之至，便自然有此神化之妙，上下與天地同流。語脈渾然貫通。❺其説似粗而實精，自非聖人大根大本博厚深固，安能及此？乃堯舜地位事，非常情所可容易到也。

若來説曉會未通，乃是字義未明，欲合二意爲一説。請更詳之。

❶「實」，清鈔甲本作「曰」。
❷「功」，清鈔甲本作「公」。
❸「靈」，原爲墨丁，今據《四庫》本補。乾隆本作「湛」。
❹「質美」，清鈔甲本作「美質」。
❺「脈」，清鈔甲本作「默」。

答李丈人「因亡婦欲輟春祭」之問❶

伏承示喻以亡者之故，欲輟春祭。此在《曾子問》，誠可考者。《曾子問》：「士緦不祭。」謂主祭者己身有緦服，則不當行祭也。又曰：「所祭，於死者無服，則祭。」鄭注謂「若舅、舅之子、從母昆弟」，以己身於舅有小功，於舅之子及從母昆弟有緦，然在所祭者而言，於是死者皆無服，又皆外服也，神明之情自無阻也，❷則己雖有服，是私義也。何可以己之私義而廢祖先正統之常祀也？此於不可祭之中，而有可祭者焉，固不得而屈也。

若今之亡者，在主祭者己身則謂之堂弟之婦，固無服阻礙。而上自二代言之，一謂孫婦，有緦麻；一謂親子妻，有大功。於死者分明有服，又皆內服也。冥冥之間，必無安然享祭之情，則己雖無服可祭，是私禮也，恐亦難以己之私禮而通祖先必享之情也。於此可祭之中，❸而有不可祭者焉，又不得而伸也。

二者，其義固一，無可疑也。若疑一代廢祭而餘代併廢者，蓋自三年及齊衰、大功而下，其例皆然，不復分別，豈不以四代精神則一，❹祖祔合高、禰祔合曾，祔合不全則難以獨享歟？

❶「人」，清鈔甲本無此字。「婦」上，清鈔甲本有「弟」字。
❷「自」，清鈔甲本作「是」。
❸「於此」，清鈔甲本作「此於」。
❹「四代」上，清鈔甲本有兩空格。

答李丈人論「喪疑」❶

伏承示及《喪疑》所引《雜記》之文。竊詳其義，是前居重喪，❷已製重服服之矣，未終，而復併遭輕喪，❸則又製後輕喪之服，暫以從事而不以輕爲常。若前居輕喪，已製輕服服之矣，未終，而復併遭重喪，則又必製後重喪之服，而專以重爲常。及除輕喪之日，暫服輕服以與祥祭。既卒事，然後反服重服如常，恐無待於服前服不脱體。俟既一處不祭，乃可以爲嫌。

今則屋祭，乃後屋具饌去，若二處俱祭，誠爲重複。而只行祭於前屋，不必再行於後屋，自可以爲安，若又不然，❹必欲别擇日，❺具一牲，特講後屋之祭，❻此義却無不可者，不必以支子專祭爲疑也。若必欲同日兼同一牲，則於義決爲不可矣。

答陳伯澡問「居喪出入服色」

所叩出入服色，在今時俗言之，只得用黲布、衫巾爲得情理之宜。

温公《論禫服》亦云：「未大祥間出諸人家，假而用之。」正是此意。其爲白布四脚、白布襴衫者，乃公所自撰，爲家居之服，

---

❶ 此目下，原有「又答喪疑」、「答李丈人論祔疑」、「又答祔疑」、「答李丈人問祭疑」、「又答祭疑」等五目，僅存標目。
❷ 「居」，清鈔甲本作「遭」。
❸ 「併」，清鈔甲本無此字。
❹ 「安若又不然」，原残缺，或漫漶不清，今據乾隆本、清鈔甲本及清鈔乙本訂補。
❺ 「别」，清鈔甲本無此字。
❻ 「講」，清鈔甲本作「備」。

説見本章已明矣。

若今人假禫服，果爲喪事而出，未爲失禮。惟其視以爲常，直至忘哀、慶弔、燕集，無所往而不之，全似已除喪者，却爲大害義也。

答莊行之問「服制主式」

承喻及「紹興服制」之説，某不曾見此書，但據禮經：己之子與兄弟之子，以己視之；若有親疎，以父母視之。己與兄弟均爲父母之子，己子與兄弟之子均爲父母之孫，故己視兄弟之子謂之猶子，其服均爲期，不容以私意有所輕重。此引而進之者也。

堂兄弟之妻與堂兄弟子之妻，若有尊卑，然古禮嫂叔無服，蓋推而遠之，重别之義。以親兄弟之妻猶無服，况堂兄弟之妻乎？自唐太宗始制嫂叔服小功，而後代因之，兄弟子之妻紹興服緦，❶今律服大功，已爲定制。蓋亦以子婦視之，引而進之者也。

若主式古無傳，❷只晏昌公荀氏始有祠版，❸而温公因之，然字已舛訛，分寸不中度，難於據從。至程子始創爲定式，有所法象，已極精確。然陷中亦不言定寸，至《高氏儀》始言闊一寸，長六寸。朱文公又云：「當深四分。若亡者官號字多，❹則不必拘六寸之制。」《温公儀》「韜以囊，考紫妣緋」者，亦是以意裁之。見《小祥》篇首，所謂府

❶「緦」下，清鈔甲本有「麻」字。

❷「主」，原漫漶不清，今據乾隆本、清鈔甲本及清鈔乙本訂正。

❸「只晏昌公」，原漫漶不清，今據清鈔甲本訂正。

❹「多」，清鈔甲本作「漾」。

君、夫人，則自漢來，以爲尊神之通稱，❶文公説漢人碑已如此云。

北溪先生大全文集卷第三十五終

❶「來以」，清鈔甲本作「以來」。

北溪先生大全文集卷第三十六

答問

答南康胡伯量問目 名詠，文公門人。

問：《大學》敬四說，一長上云：四說乃是互足。先生可之，是否？

互足之說，究未爲差。❶但如此樣校量，都是皮膚上走。四說之意，各有所主，亦不須比並相校，只須直就裏面深著持敬工夫，到融會貫通處，❷無所往而不敬，四說箇箇有得力受用，無復更有窒礙矣。舊日答人書，有「持敬」一段，恐可以助高明。別紙録呈。見上卷答鄭尉問「持敬」。

問：「游氣紛擾，合而成質者，生人物之萬殊。其陰陽兩端、循環不已者，立天地之大義。」游氣在陰陽之外，恐是二物否？

游氣、陰陽，不必分別。陰陽循環不已，是統言大化全體。游氣生人物，是就上拈出流行發育底說。所謂陰陽游氣，亦猶言山之土石、水之波浪云爾。豈得以爲二物而在外也？

問：「動靜無端、陰陽無始」，或云動靜是理，或云是氣，或云是所乘之機。所謂無端無始，只是二而一、一而二者也。

動靜，氣也。動陽而靜陰，其所以動靜者，理也。無端無始，說亦未明。只是此物渾

❶「究」，原作「空」，今據乾隆本改。清鈔甲本作「實」。

❷「處」，清鈔甲本無此字。

淪，就中分作陰陽動静，雖分作二箇，依舊只是渾淪一箇，也不見起頭處，也不見合尾處。在造化言亦如此，在人事言亦如此。如元亨利貞，❶循環不窮。元亨，動也，屬乎陽；利貞，静也，屬乎陰。謂動爲始，則動前又是静；謂陽爲始，則陽前又是陰。若就日用論，則程子所謂「冲漠無朕，萬象森然已具。未應不是先，已應不是後」者，亦此理也。寂然不動，感而遂通。以寂爲始，則寂前又是感；以感爲始，則感前又是寂。元無間斷，將那處窺其端乎？

問「明明德」章句註。

「明德」，專以理言，但不外乎氣。氣有象，理無形。無氣則理無寄劄處，無理則氣亦不解妙用。「虚靈」二字看得是。然「虚靈」二字，大概形容本體明處，只「虚靈不昧」四字，説「明德」意已足矣。更説「具衆理、應萬事，包體用在其中」，又却實而不爲虚，其言的確渾圓，無可破綻處。至此謂之「直指全體」，亦可見矣。

答郭子從問目 潮州人，名叔云。

問「孝弟爲仁之本」章。

來説解釋得前言已明，然畢竟只不過依傍人言語，未見有自得處。仁之所以爲仁，須是切己體察，❷自真見得親切端的，爲物果是如何，加之涵養，常如在目前，則日用動静無一不在是，而無往不得力矣。若按册子上便見得，掩了册子去應接事物，便不見，則只是紙上仁也。與己何相干？願更

❶「如」，清鈔甲本無此字。
❷「是」，清鈔甲本作「自」。

勉之。

問「曾子啓手足」章。

來說已詳明，此固是奉父母遺體，亦爲人合當本分底事。蓋天下萬萬道理，非此身無所該載，豈可一日而不敬謹邪？

問「先天後天說」。❶

來說發明先天，大義未出，從乾至震以下分別逆順，又雜亂不可曉。據《繫辭》「易有太極」及「天地定位」二章，最是緊要處，於以見易之象數次第，全是天然，特假伏羲手畫出來，無一點智力造作。至其爲圓圖，則陰陽消長布置，又全與天地造化自然者相契合，無纖毫出聖人私意，最可深玩。聖人作《易》，本原精微之義。若逆順之說，則在《啓蒙》、《本義》解釋已極分明，恐讀之未詳，請更子細消悉。後天之說，則已詳明矣。當敬承教益。

問前書所扣「三子出位越思，❷而有凝滯倚著、窘迫正助之病」。

三子所言，自量才力所至，亦皆是實事。但身未當其時、履其地，却先去著意想像，把那事橫在胸中，❸如此則是理在彼而不在此，在異日而不在今日，❹在吾身外而不在日用之見定。便是出位越思，不安己之本分。便是凝滯泥著那事。不待其來則應、過則化，便是窘迫。要急於用而不從容於酬酢之間，便是有意於期必、正心、助長，而失却自然流行之意。若點，則志識高明，存見乎日用，處處無非此理流行之妙，故從容

❶「先」，原作「應」，今據乾隆本、《四庫》本改。

❷「扣」，乾隆本作「叩」。

❸「横」，原殘缺，今據乾隆本、清鈔甲本及清鈔乙本訂補。

❹「日」，清鈔甲本無此字。

洒落，惟即吾身之所處而行吾心之所樂，絶無一毫外慕之私，此其所以爲高而非三子所及也。但其行有不揜，不免爲狂士，又不若曾子，工夫從實地上逐一做去，到那一貫處，爲無病也。

問後書所疑《太極圖説》「中正仁義」而註脚又云「仁義中正」。❶

曰中正仁義，曰仁義中正，互而言之，以見此理之循環無端，不可執定以孰爲先、孰爲後也。亦猶四時言春夏秋冬，或言秋冬春夏，以見此氣之動静無端、陰陽無始也。

答王迪父問「仁」之目❷

問自其包四者而言，則曰心之德；自其偏主一事而言，則曰愛之理。然愛之理即心之德，非心德之外復有所謂愛之理也。

此説固然。須看愛之理，如何便即是心之德。❸德裏面須有血脉貫通，❹未可强牽合，恐成鶻突也。

問仁者愛之性，愛者仁之情。

仁何故是愛之性，愛何故是仁之情，須見得相關親切處，乃爲有益。

問孝弟者，仁之實。心猶穀種，仁者穀種所具之生意，愛即生意之發，孝弟乃其發出至親至切之根苗。

此段與程子本説又差。程子以生之性爲仁，今以生意言則是已發矣。「根苗」二字，

❶「後」，清鈔甲本作「復」。
❷「父」，清鈔甲本作「甫」。
❸「便」，清鈔甲本無此字。
❹「通」下，清鈔甲本有「處」字。

亦不可含糊，根是生入土底，❶苗是生出土來底，須認定以何爲主。❷

問公者仁之量。若夫愛，則此心元有之理，以公而後能充其本體，非因公而後有是也。

公所以爲仁也。蓋仁者本心之全體渾是天理，人惟私欲間之，故爲不仁。惟廓然大公，則無私欲以間之，而天理便流行矣。今以量言，却不親切。文公嘗譬仁如水泉，私如沙石，能壅却水泉，公乃所以決去沙石者也。沙石去而水泉出，私去而仁復，此説得甚親切矣。愛是仁之發處，愛之理則具於心。今指愛爲理，則不可。

問覺者仁之著。按文公謂仁是箇生物，必具生之理，滿腔子純是生理，則其所知覺者，即此生之理之自然呈露者爾。其界限蓋智之發用，而仁之所兼也。若指以爲

仁，則又離矣。上蔡所謂覺者，又異是。上蔡謂「活底是仁，死底是不仁」，與程子「手足頑痺」之説最近。但程子主意在於生意不貫，❸上蔡以察識端倪爲急。❹

仁以理言，知覺活物以氣言。上蔡之病在於指氣言仁而不及理，正佛氏「作用是性」之説，若能轉一步看，只知覺純是理，及所活底道理便是仁也。文公説不差，來説却鶻突矣。若程子「手足頑痺」之説，只是譬生理不流行爾。上蔡意雖相近，而甚不同也。

❶「生」，清鈔甲本無此字。
❷「爲」，清鈔甲本無此字。
❸「意」，原漫漶不清，今據乾隆本、清鈔甲本及清鈔乙本訂正。
❹「急」，原漫漶不清，今據乾隆本、清鈔甲本及清鈔乙本訂正。

問敬者仁之聚。此心兢兢收斂不放，則一動一静自不違乎愛之理，而心之德全矣。

敬固德之聚，乃左氏語。然敬字看得未親切，與聚意未甚相關也。

答陳伯澡問「仁」之目

問《語録》「以初意看，仁及生之性只是狀得仁體」段。

此等語言若見得破後，❶皆無窒礙。蓋仁者，天地生物之心，而人生所得以爲心者。在五常得之最先，故可以初意看。如一陽來復之初，生理昭然可見，而在人正所謂性之仁者，故春所以爲生物之初，而元者所以爲衆善之長也。道夫乃指動之機運轉流通者言之，分明靠一邊了。晦翁令看程子「心譬穀種」一節及夫子「克己復禮」一節，誠爲親切，不可不深玩之。所謂「生之性是仁」者，以大本言之也。若該内外本末言，則生之性，乃爲狀得仁之體矣。❷亦猶其他處言仁是性，又曰「仁之體用，所以專一心之妙而主乎性情者也」。

問「生之性，是偏言之仁」段。

愛之理，却可以爲偏言。❸而生之性，則未可以爲偏言也。謂其不能兼包而貫通，則誤矣。

問《語録》謂「須將仁義禮智四者共看便見仁」。

須於渾然統體之中，分别出四者所以條理不紊處；又於四者界至分明之中，總玩其

❶ 「語言」，《四庫》本作「言語」。
❷ 「乃」，清鈔甲本作「只」。
❸ 「爲」，清鈔甲本無此字。

所以血脈處。要得縱横顛倒，無所不通。若靠著一邊，則狹隘而不能以周匝矣。

問《語録》「就惻隱上看」段。

傍惻隱上看，則仁意不差。然靠著，則又迷其本矣。

問《語録》説「惻隱之心」，林擇之謂：「人七尺之軀，一箇針劄著便痛。」問處事物亦然否？曰：「此心應物不窮，若事事物物常是這箇心，便是仁。若有一事不如此，便是這一處不仁了。」

晦翁所謂「若事事物物常是這箇心，便是仁」，此一節發得極親切，與擇之所説亦無異旨，❶須詳味之。若來説只發得惻隱之貫四端處，而亦不親切。要見惻隱之貫四端，只遇事到那真切懇到處，便是，亦只於不期而然，不由人安排處見之。如己有不善忽自覺著，再三羞愧，痛自悔恨；人之不善忽然聞著，再三酷惡，至於痛責。又如人忽有餽賜，不欲受，再三辭遜，情甚迫切，必欲脱去。又如忽覽古迹之興亡，忽聞時事之得失，是者再三慨嘆其爲是，而起慕之；非者再三痛憤其爲非，而切責之。似此等類，皆是真情惻隱貫通處。

問「仁者，以萬爲一體」段。❷

人物事物，皆在其中。然人物以生體一源而言；事物以本體未發而言。

問《論語或問》辨謝氏「活者爲仁，死者爲不仁」。

謝氏謂：「活者爲仁，死者爲不仁。」此語未爲失，但其主意必欲識此活物乃爲知仁，而不務操存踐履之功，則爲大失。而其所謂

❶「亦」，清鈔甲本作「初」。

❷「萬」下，《朱子語類》卷五十三有「物」字。

活之意，乃知覺之謂，平時專以知覺言仁，而深疾夫愛之説。不思仁者能知覺，而非可以知覺訓仁。知覺乃智之事，舍愛而言知覺，則蹉仁愈遠矣。❶前日所謂心是箇活物，仁是心中活底道理，其意又不同。活猶生也，心不是槁木死灰，常惺在這裏，生生爲不息也。仁是其中活底道理，此正猶程子所謂生之性也，更在體認之。

問楊敬仲詩云「有時父召急趨前，不覺不知造淵奥」，五峰説「人要識心」，與謝氏説如何？

楊詩不曾見全文，不曉所謂。然其學無本領，持循篤而講貫略。五峰多教人識心，而其所以爲心，則指用言之。又有「心無死生」之説，殊涉妄誕，❷而其論「爲仁必先識仁之體」，則又謝氏之説也。

答陳伯澡問「性」之目

問「理氣」段。

合是非真妄皆以爲性，則不可。須是是者、真者，乃理之所當然，而謂之性；非者、妄者，則咈乎理之所當然，而不得爲性矣。

問「性無善、無不善」與「性可以爲善，可以爲不善」何分别？

謂無善、無不善，則是天理人欲於中雖未見，而已隱然同體矣。謂可以爲善、可以爲不善，則是天理人欲於中雖未分，而已晦然並生矣。❸

問佛氏「作用是性」與「虚無寂滅，去四大

❶「蹉」，乾隆本作「差」，《四庫》本作「去」。
❷「誕」，清鈔甲本作「談」。
❸「晦」，乾隆本作「隱」。

除六根」之説相反。

佛家以作用言性。作用是動作運用，是指氣之活處。謂衆生與佛同一性者在此，故有問如何是佛？答者呼犬而前以示之。他把此處做大本一源，更無分別，不知只是説著氣之云爾，❶非指日用動作等實事爲言也。凡日用動作等實事，他又却把作緣累，須要一切掃除，都歸於空寂，雖天地、日月、山河，亦以爲幻妄不實，都要一空，始爲正道。其談玄説妙、不可致詰處，只不過即此空幻者極言之爾。嘗愛程子之言，曰：「學者於釋氏之説，直須如淫聲美色以遠之，❷不爾，則駸駸然入於其中。若欲窮其説而去取之，則其説未能窮，固已化而爲佛矣。」此乃示人不易之格言，非徒務爲却絶，而漫無是非也。吾惟專從事於吾儒經常之定説，到自家理義明徹、根本深固後，則其差繆處自一照而破，不待勞心苦索矣。大抵老釋差處，只在判道器爲二物，而欲離日用實事以求道於冥漠之中，雖其用功有極精篤處，要之無下面一截，則其所謂上達者，便亦都全不是，❸而不得謂之達也。而何得以爲道乎？

答陳伯澡再問「仁」之目

問晦庵説「克己復禮」如何便喚做仁，疑是兼體用而言。

克去己私以復於禮，純是天理流行，則仁之體極是親切。雖是用在其中不相離，然恐愈眩惑，若到真識後，自無所不通貫。

❶「只是」，清鈔甲本作「是只」。
❷「須如」，清鈔甲本作「需是」。
❸「都」，清鈔甲本作「多」。

問「生之性兼包四者」。

生之性，是就心之體言，義禮智都統在其中。若無此生性，則義如何裁制？禮如何敬？智如何別？正猶元之貫亨利貞，無一刻少息，默驗之，自見。

問：「克己復禮爲仁，乃統言心之全德、天理之公也。」今卓丈所傳「仁説」則云「天下無一物不在吾涵育之中」，却就愛上説，似偏言之仁。如何？

仁離愛字不得。所謂「愛之理」，只就心之德上狀出來，非於心之德之外別有愛之理也。

問「傍惻隱上看，則仁意不差；然靠著，則又迷其本」。

惻隱是愛之初萌，便是從生性發來，於仁之意義爲親切，只是發在外，不可偏靠著爾。

問「心生生不息，又與知覺意思相類；❶而仁是活底道理，又隣於謝氏活底是仁」之説。

生生不息是心體本如此，❷然貫動静而無間，惟其生生所以能知覺，然可以生之性言仁，而不可指知覺以言仁也。仁是活底之理，謝氏所失，只在於活物而不及理，便是涉釋氏「作用是性」之説，❸其取譬直以桃仁杏仁爲仁，❹與程子「穀種生性」之意大異，而其所謂活物者，又作弄太過，❺如有一箇物跳躍流動，常在事物之間，欲見此爲知仁，主意又專在於知見，❻而無操存踐履之

❶「類」，清鈔甲本作「戾」。
❷「本」，清鈔甲本作「上」。
❸「涉」，清鈔甲本作「極」。
❹「直」上，清鈔甲本有「諸」字。
❺「作弄」，清鈔甲本作「似」。
❻「見」，乾隆本作「覺」。

功，其差之愈遠矣。

問謝氏所謂「活即知覺」之謂。

據謝氏所謂活、所謂知覺，按程子頑痺不仁之説，亦相似，但主意却差。把作一箇物，恁地活，欲瞥然見之方得爲仁，全流入異端去也。

北溪先生大全文集卷第三十六終

北溪先生大全文集卷第三十七

答問

答陳伯澡問《論語》

問程子説作經之意與用心。❶到經明後，方知得作經之意；識聖人心體，方知他所以用處。❷今不必指定爲證也。❸

問「學而時習之」。《集註》數語，須當詳玩。❹所謂「明善而復其初」者，❺其中極有含蓄，乃兼知行而言，非於善明之便是復其初也，❻學自是兼知行工夫，豈但明此理而已哉？❼

問「不亦樂」。此正孟子所謂「得天下英材而教育之」之樂也。❽蓋人皆信從，則是道所傳者衆，吾中心之所願者愜矣。豈不快樂也哉！不干人共樂事。

❶「與用心」三字，原漫漶不清，今據清鈔甲本訂正。乾隆本作「本於心」。

❷「他」，原漫漶不清，今據清鈔甲本及清鈔乙本訂正。乾隆本作「其」。《四庫》本作「得」。「用」下，清鈔甲本有「心」字。

❸「也」，原漫漶不清，今據清鈔甲本及清鈔乙本訂正。

❹「玩」，原漫漶不清，今據乾隆本、清鈔甲本訂正。

❺「所謂明」三字，原漫漶不清，據乾隆本、清鈔甲本訂正。

❻「非於善明之」，原漫漶不清，今據乾隆本訂正。《四庫》本作「非謂明善」。

❼「理而已」，此三字原漫漶不清，今據清鈔甲本訂正。《四庫》本作「善而已哉」，乾隆本作「而遺彼耶」。「正」，清鈔甲本無此字。「之之」，清鈔甲本不重「之」字。

問「説無迹，樂有迹」。

悦者得此理而怡悦，❶自形見有迹。樂者胸中快樂，形容不得，何迹之有？非因悦之發散也。❷

問「學之正、習之熟、悦之深」。

學之正，則路不差；習之熟，則悦在己；❸悦之深，則無作輟。❹

問「不和不樂則鄙詐」。❺

鄙者麄俗，自是乖戾，安能和？詐者多機變膠擾，安能樂？

問「孝弟爲仁之本」。

行仁只是推行仁愛以及物，須從孝弟處起。蓋事親事兄，❻乃愛之發所最先處，❼以是爲根本，然後可及民物，所謂「親親而仁民，仁民而愛物」也。須認定此意熟看，不必文離。❽

問「犯上者鮮」。

一言稍不中節，便傷父母之色，便是犯上。豈是易事？

問「心之德，愛之理」。

愛之理，即是心之德，非於心之德之外，又別有箇愛之理也。但「心之德」就體言，「愛之理」就用言，須兼兩語方圓。

---

❶「怡悦」，原作「活説」，今據清鈔甲本改。乾隆本作「活潑」。

❷「悦」，清鈔甲本無此字。

❸「習之熟則悦」五字，原漫漶不清，今據乾隆本、清鈔甲本及清鈔乙本訂正。

❹「無作輟」三字，原漫漶不清，今據乾隆本、清鈔甲本、清鈔乙本訂正。

❺「鄙詐」二字，原闕，今據乾隆本、清鈔甲本補。清鈔乙本存「鄙」字。

❻下「事」字，清鈔甲本作「從」。

❼「愛」，原作「受」，今據乾隆本、清鈔甲本及《四庫》本改。

❽「支」，原作「文」，今據乾隆本、清鈔甲本及《四庫》本改。

問「爲仁之本」。

此第一仁字，合如此正解。然仁字隨處用，又有淺深，此爲仁，只以仁愛而言，不必深看。

問「木神則仁，火神則禮」。

此神只是氣之伸，只以五行分配而言，不必重看。

問「惻隱貫四端」。

貫是穿透去，不可分先後，就羞惡、恭敬、是非中，只看真情所發懇切處，便見得惻隱相爲貫通。

問「仁活物」。

心是箇活物，仁便是心中活底道理，所以謂心之德。❶

問《論語或問》中説「仁」與「巧令」氣象。

仁者，中有實德，自是渾厚慈良。巧令者，言輕貌輕、外事虚飾，自是輕浮刻薄，氣象自明，何用過索？

問「忠信」。

「盡己之謂忠」，是就中心處説，非指其發於外也。「以實之謂信」，是就言上説，非謂所爲之事理也。

問「五常之信」與「忠信之信」同異。

信之得名，只是實而已。五常之信以心之實而言，是其體；忠信之信以言之實而言，是其用。非有二物也。

問「賢賢易色」。

易色是改易其好色之心，❷正如《中庸》遠色所以尊賢之意，不必將好好色來摻了。❸

問「忠信」與「誠」。

忠信是人做工夫處，「不誠無物」之誠，亦是

❶「謂」，清鈔甲本作「爲」。

❷下「易」字，清鈔甲本無此字。

❸「了」，原作「子」，今據乾隆本改。

就人工夫言。若「誠者物之終始」與「誠者天之道」之誠，則以自然之實理言。當隨處看。

問「晦翁平生斷義分明，最得延平此一言之力」。

「晦翁平生斷義分明，最得延平此一言之力」，如東萊則正坐此病。

問「節文儀則」。

四字相對説，節則無太過，文則無不及，則定法也。儀在外有可觀，則在内有可守。宜細玩之。

問「不患人之不己知，患不知人」。

不知人，則人之是非邪正不能辨，故賢者不得親，不肖者不得遠，所以爲患也。

問「其言微婉，或因一事而發」。

此乃説《詩》中其他言語如此，便證見「思無邪」一句，爲直指全體，自明也。

問「知天命」。

天命初無甚玄妙處，但學不躐等，且當循序逐件理會事物當然之則，若果知之明而無所疑，則更推上一層，其所以然者，便自瞭然矣。

問「生事以禮」段。

須熟究以禮事其親之正意，始終一以禮事其親，則爲敬親之至矣。然若何而爲以禮事其親，其中節文纖悉委曲多少事，皆不可以不講也。

問「父母唯其疾之憂」段。

凡《集註》有二説者，當以前説爲正。後説雖於文義亦通，終不似前義之爲長爾。此章乃發父母愛子情之真切處，❶以感動之，使之起孝起敬，自不容已，亦可見聖人之變化人有道矣。

❶「愛」，原脱，今據乾隆本、清鈔甲本補。

問「夫子答子游以敬、子夏以愛」段。愛、敬固是兩盡，須深究其所以爲愛、敬之蘊，不但只咬此兩字而已。

問「武伯多可憂，子游狎愛，子夏直」義。武伯謚以武，爲人自可。卜子夏只於「不可者拒之」一節，❶及「北宮黝似子夏」底意，❷亦可見其氣象端嚴；子游亦未至於狎處，但警之，恐其流如是爾。

問「顔子不違如愚」段。延平發得固明白，亦須自體認得洒落，方見趣味。蓋聖人言語，皆從大本中流出，雖一言半句，若常談而莫非妙道精義所形見，他人聞之，只如平常。豈曾識破顔子工夫至到，見識明睿？其於夫子之言，耳纔聞得，❸口不待説而心中了了，如冰之融釋，隨入隨化，此理洞然呈露，自成條理，不復疑礙。所以雖終日言而意旨相契，❹不相違背，此於聖人耳順地位雖未幾及，而已同是一般趣味矣。來説雖隨文解析，終不免牽强，未見洒落處。所謂「坦然由之而無疑」者，只是見得此理明，甚坦然，平步進去，更無阻礙爾，亦未説到安行底意，恐不必過爲是支離也。

問「觀其所由」段。觀其所由，是就意之所從來處看；察其所安，是就心之所安樂處看。意是發端處，心是全體處。

問「温故知新」段。「知新」是心中有得於是理，已覺悟。曰「新」云者，是日每有得而學能日進，所藴未

❶「卜」，清鈔甲本作「見」，屬上讀。
❷「意」下，清鈔甲本有「思」字。
❸「得」，清鈔甲本無此字。
❹「言」，清鈔甲本無此字。

可量也，故可應學者之求。曰「可以」，猶云足以之謂，何必又生「方僅而非有餘」之説以汩之乎？恐涉支離而晦其正意矣。

問「學而不思則罔」段。

學統言之，固是效先覺之所爲。今就近言，學只是學其事，思是思其理。學是身去學，思是心中思。

問「子張學干禄」段。

謹乃不放縱、不輕忽之謂，非方爲之審擇。而亦不必説「僅能寡尤悔而未至於純」，尤悔豈易寡哉？恐轉見支離，而不得其所以謹言行之趣矣。

問「舉直錯枉」段。❶

好惡，情也。好直而惡枉，則情之由性而發者也。不可混雜無辨。謝氏居敬窮理之云，乃因而及之，其實此二者聖學之要訣，大有工夫在，未可以易視之。

問「非其鬼而祭之」段。

妄祭未是諂。於其中趨媚以求福，則諂也。

問「不仁如禮何」段。

仁不止言心，❷須兼以理看。蓋仁者之心純是天理，其從事於禮樂，莫非天理之所流行著見，❸故玉帛所將皆吾之敬，鐘鼓所發皆吾之和，與禮樂只是一物。不仁之人則本心亡而天理滅，所謂「敬本無有，雖欲用玉帛以將之而莫之能將」，所謂「和本無有，雖欲用鐘鼓以發之而莫之能發」，便是禮樂不爲之用，而無如禮樂何，身與禮樂判而爲二矣。

問游氏、程子「如禮樂何」之説。

仁者，此心天理之全體也。程子「正理」之

❶「枉」上，清鈔甲本有「諸」字。
❷「止」，清鈔甲本作「仁」。
❸「所」，清鈔甲本無此字。

說，雖寬而實切，却見得仁與禮樂相關甚密處，❶然須更兼游氏「人心」之說乃圓，所以《集註》並言之也。

問「林放問禮」段。

儉、戚雖非得中，終是本之所在，要須先以此爲主而加隆焉，然後文以副之爾。

問「知其説者之於天下也」段。

此是最大節目難明處。既有以明之，則其他無有不可明者也。最疎遠難格處，既有以格之，則其他無有不可格者矣。所以於治天下不難也，亦猶「至誠感神，矧兹有苗」之意。豈謂只能如此，便能如彼，更不必用工夫心力邪？

問「獲罪於天」段，說「天下只有一箇道理」云云。

天即理也，只是一物，若所說則天與理爲二矣。豈得爲至尊無對，❷而可以折夫媚奧竈者之禱乎？

問「入太廟，每事問」段。

《集註》云：「雖知亦問，則不知而問者，自在其中。」然此章，須於聖人敬謹之至處，玩聖人氣象。

問「射不主皮」段。

此章須玩古人尚德不尚力之意，乃爲得其旨。

問「子貢欲去告朔餼羊」段。

須知子貢意思，未免計校，涉於爲利，聖人則大義甚明，故斷制直截如此。

問「君使臣以禮」段。

呂氏齊頭說本章之義已明，尹氏作相關說，可以足其餘意，所以并取之，亦不可遺也。

❶「甚密處」，清鈔甲本作「處甚密」。

❷「豈得爲至尊」五字，原漫漶不清，今據乾隆本、清鈔甲本及清鈔乙本訂正。

問「管仲器小」段。

奢而犯禮，事目皆莫非在器小之内，不待功業著不得後，方奢而犯禮。

問「局量規模」。

局量是就身上言，局是格局其所存處，量是度量其所藴處。規模是就事業言其所施設處。局量褊淺，故不能正身修德，好奢而犯禮，規模卑狹，故不能致主於王道，僅相威公霸諸侯而已。二者蓋兼内外體用平説，以爲器小之證，亦略有先後，但不可分明開了。如蘇氏説得不知《大學》本領，所以局量褊淺處；楊氏説得不能致主於王道，所以規模卑狹處。須兼二説通看，乃備其義。凡義當以《集註》爲正，如《或問》之書，乃舊説，不曾經脩，更在平心去取，不可全靠爲定論也。如召陵之役，以義服楚，最爲春秋盛舉，然細攷之，當時所以責楚者，亦不過只搜尋昭王遠年已往之事，及包茅小小不供貢，便休了。如僭王猾夏之罪，實關天地大經，可以爲興周之舉，殊不敢問着，恐他未肯退聽，便大費力，無合殺也。此皆是器小之故。須如《大學》局量規模，乃爲大器，非王佐之才不能。

問「純如皦如」。

二字正相反。純則相濟如一而和，皦則節奏分明而不相侵奪。

問「韶武善美」。

美以功言，善以德言，《集註》已分明。揖遜、征伐，乃所遇之時不同，非干性反之故。

問「性反與樂何相干」。

樂雖由外作，却與本人意思相合，便是德之影子，不可謂不相干也。

問「居上不寬」段。

觀字有辨明兩件底意，此三者是根本切要

處，可以觀人之得失。若無其本，則其他末處，無可以觀其得失矣。必如此，然後文義乃足矣。❶

問「久處約」段。

仁者、智者之能處約樂，只於安利處便見。蓋仁者，安其仁而無適不安，❷久處約亦安，長處樂亦安。如舜飯糗茹草，若將終身；及被袗鼓琴，若固有之。殊不以約樂爲事，視外事若無有也。智者貪仁如嗜利而不易所守，在富貴不能淫，在貧賤不能移，故久處約、長處樂，皆確然不爲外物所奪。

問「仁者心無內外、精粗、遠近之間」段。

內外以身分別，內是裏面，外是外面；遠近以所在言，近是目前處，遠是千里之外極天所覆處。精粗以事言，精是入細底事，粗是至麄鄙底事。仁者之心，日用間渾是天理流行，無一處不該、無一物不貫，何有內外、遠近、精粗之間？若見得仁分明，此等處自曉然矣。

問：「《孟子》『中天下而立，君子樂之，所性不存焉』與『樂爲情而所性不存焉』相類，得失如何？」

孟子主意在所性，❸不以行藏而有加損。謝氏主意在盡性以忘情之累，自不同矣。但看文字，只須隨本章直看正意，❹正意既明，涵泳熟後自有通貫處。最不要如此牽東牽西、引南引北，胸中擾擾，越見窒礙，大義無由而明。如《或問》之書，亦姑借以證《集註》之所未詳，其與《集註》異者，當從《集

❶「矣」，清鈔甲本無此字。

❷下「安」字，清鈔甲本作「然」。當從。見朱熹註「仁者安仁」，文句同。

❸「主」，清鈔甲本作「所」。

❹「須」，清鈔甲本作「思」。

註》，亦不在旁搜横索，一一勘定，且須放緩，將見大體通貫後，此等自迎刃而判，不待勞心苦索矣。

問「强仁恐不能無易所守」。

强仁亦有淺深，若用功深後，天理有以勝人欲，亦能確其所守也。

問程子公正二字。

二字固須兼盡，然亦相因，非截然二物，更須知雖無私心，苟不合正理，乃私也；雖或當理，苟未能無私心，亦未得爲當理也。

問《或問》辨楊氏「會萬物於一己」之説，以爲僧肇之言也段。

世之想像理義者，多好爲此等大言，以籠天下之物，而不究其實。背理傷義，無一可通。《或問》辨之已悉矣。原其初，亦是放孟子萬物皆備於我之説，而不得其旨，毫氂之差則千里之繆，所以至此。

問「富貴是人之所欲」。

不當得之富貴，如齊不用孟子而欲養以萬鍾之類，及世人買官覓薦等，皆是。貧賤在天，如何去得？如不能安分，却非理求官營財，便是欲脱去貧賤。

問「好仁、惡不仁」段。

好仁、惡不仁，二者字固若以二人言，然真能好仁者，未有不惡不仁；真能惡不仁者，未有不好仁。但聖人於此二者，各極其趣而言之，未有好仁者只知仁之可好而不能惡不仁，惡不仁者只知不仁之可惡而不能好仁底意，恐不必恁支離也。此處須深究如何是好仁，如何是惡不仁，❶見得其中底蘊，方有益。凡看文字，只就字裏究底蘊，不須就字旁生枝節。

❶「如何」，清鈔甲本無此二字。

問「實理虛理」。

理無不實，非有虛也。但人之聞見，自不實爾。

問程子「實理者，實見得是、實見得非」段。

晦翁亦嘗疑此句記有誤，實理與實見不同，有那實理，人須是實見得也。

問「聞道非但知一理」。

聞道是真知，非一二髣髴之可得。

問「謝氏謂『不聞此而死，則謂生而死』者，爲吾身血氣之爲，『聞此而死，則知生而死』者，乃道之出乎生、入乎死，而無所復憂」段。

此言聞道者，生死乃道出入，而非血氣之生死，故超然無生死之累，而無所復憂，亦「死而不亡」之意。蓋異端驚怪之論，非儒者之所宜言矣。

問「士志於道」段。

志方求而未真有得，安能保其無外役以分之？

問：「佛有覺之理，可以敬以直內。是如何？」

覺只是未接物之前，❶惺惺不昧也，故亦可「敬以直內」。然細論之，吾儒覺中皆是實理，又非如釋氏空寂之云矣。

問「能以禮讓爲國乎何有」段。

此章讀作三句爲安：❷上句至「有」字，中句至「國」字絶。「遜者，禮之實」一句最要。乃以心言，真能如此，則自足以興起國人之心矣。❸《集註》文義不倒，❹更詳之。

問「一貫」段。

忠恕之分不可亂。忠盡己，是在我底；恕推己，是及物底。今曰就事物上盡己心推

❶「只」，清鈔甲本作「即」。

❷「安」，清鈔甲本作「妥」。

❸「自」，清鈔甲本作「是」。

❹「倒」，清鈔甲本作「到」，可從。

將去，則恐渾雜無辨。若曰以其盡己心者推將去，則可爾。

問「更無餘法」段。

詳《集註》所謂「自此之外，更無餘法，而亦無待於推矣」，繫之「天地至誠無息，而萬物各得其所」之下，則「更無餘法」，是言已盡之意，應「至誠無息」句，「亦無待於推」，是應「萬物各得其所」句。

問「一事各具一理，而萬理同出一原」。

一事各具一理，若易究也。然一一下學，欲偏觀而盡識，則未爲易也。萬理同出一原，若難窮也。然到上達境界，則瞭然在目，亦未爲難也。在學者用工，❶須俛焉從事於曾子之所以爲貫，而未可躐等遽求夫子之所以爲一。譬之一貫散錢，須已數成十箇百訖，與之一條索子，便都貫得；若散亂堆簇，未曾數著，縱與之索子，亦無從而貫之矣。

問「君子喻於義」段。

義只是心之裁斷，而宜之理也。利是利便，只是討便宜之謂。凡所以行乎父子、兄弟、夫婦、朋友之間，飲食起居言動之際，纔有一毫涉於便己自私，皆利也。其事雖善，而有所爲而爲之，如内交要譽、惡其聲之類，稍有萌於中，是亦莫非利焉，不止於名位貨財之謂，此特其流之甚著見爾。

北溪先生大全文集卷第三十七終

❶「工」，清鈔甲本作「功」。

北溪先生大全文集卷第三十八

答問

答陳伯澡問《論語》

問「雍也仁而不佞」，《集註》「仁道至大，全體不息」段。

仁惟此心純是天理之公，而絶無一毫人欲之私以間之，❶乃可以當其名。《集註》所謂全體云者，非指仁之全體而言，乃所以全體之也。仲弓又不止「日月至焉」之地位。

問「顔子具體與全體，❷如何分别」。

具體之體，實字，乃以成人身體譬之；全體之體，虛字，旨意自不同。

問「夫子之文章」。

文是條理相錯，章是彰著可觀。

問「文章、性、天道」。

文章固是「性」、「天道」之發，然聖人教不躐等，平時只是教人以文章，到後來地位高，方語以「性」、「天道」爾。

問「令尹子文、陳文子『未知，焉得仁』」段。

此處論仁，以「當理而無私心」，正以其事言，未可開看。

問「三仁，微子先去，比干繼死，箕子後爲奴」。

按《史記》，是時箕子先諫，紂因之爲奴，箕子因佯狂受辱，佯狂非本意也。比干繼而

❶ 「無」，原脱，今據乾隆本、清鈔甲本及《四庫》本補。

❷ 上「體」字，原作「禮」，今據乾隆本、清鈔甲本、清鈔乙本及《四庫》本改。

諫，紂殺之，微子乃去周，以存宗祀爾。❶

問「三仁、夷齊、顏子、仲弓、子路等，❷及《憲問》等仁」。

仁一也，而言之不同：以理言，則心德之全，而天理之公也；以心言，則此心純是天理之公，而無一毫人欲之私者是也；以事言，則當理而無私心之謂。若顏子、仲弓、子路、冉有、公西華及《憲問》等章之所謂仁，則以此心純是天理之公而無一毫人欲之私者言之；若三仁、夷齊與子文、文子等章之所謂仁，則以當理而無私心者言之。然以心言者，是以平日統體言之也；以事言者，是於臨事變中，因以觀其心體之云爾，非姑指一事而言，其實亦非有二義也。

問「子文不能無喜愠，文子不能無怨悔」，與「克伐怨欲不行」及「夷齊、三仁相反」段。

聖人於子文，大概以所仕、所已、所告者，未必皆出於天理而無私，故不得謂之仁，非專以無喜愠者論也。文子大概以潔身去亂，其心未能果見理義之當然而有失正君討賊之義，故不得謂之仁，非專以反國而未能無怨悔者論也，與《憲問》章意自不同。而三仁、夷齊，只是一樣心，又不可分高下。

問「一事可謂之仁」段。

仁者心德之全，其道至大，非全體而不息者，不足以名之，❸非可指一事而言。若三仁、夷齊之仁，是於大變中做事見其當理而全無私心之謂。若子張之問子文、文子，則又但以其一事之小者而欲信其大者，則不

❶「宗」，清鈔甲本作「商」。

❷「齊」下，據卷七「三仁、夷齊之仁及顏子等仁」章，當有「之仁」二字。

❸「名」，清鈔甲本重一「名」字。

可也。

問「二子事聖人爲之亦曰忠清」與「比干之忠見得便是仁」段。

聖人之心，渾然天理流行通貫，❶固無一事之非仁。❷若但指其忠清一事而遂以爲仁，則不可。若比干之「忠」，而謂之「仁」者，是於此見其心之所存者，皆天理之正而無毫髮私欲之爲累爾，非指忠之一事而名之也。❸

問「君子務窮理而貴果斷」段。

理之明，則是非判；斷之果，則從違決。此又工夫最切處。

問：「程子謂『微生所枉雖小，而害直爲大』。」

程子之意，恐只是以乞醯之事至小，而害及心術，❹則爲大也。

問「足恭等可恥，有甚於穿窬」。

穿窬者之志，不過陰取貨財而止，若此二者，過諂以事人，匿怨而面交，其所包藏，豈止於取貨財之謂邪？故可恥有甚於穿窬也。

問「雍也可使南面」段。

寬洪只就仁字見之，簡重則就不佞及居敬行簡見之，然此須看寬洪簡重，乃君人當然之常度。仲弓特於此有合焉，非專就仲弓起此意。

問「不遷怒」段。

更看理所當怒而不在血氣，則伸縮由我，自是不遷。若怒自己起而不由於理，則氣不能平，必至於移甲加乙。

❶「通貫」，清鈔甲本作「貫通」。
❷「固」，清鈔甲本無此字。
❸「忠」，清鈔甲本無此字。
❹「及」，原作「乃」，今據清鈔甲本改。

問「不貳過」。

有心背理謂之惡，無心失理謂之過。過者，誤也，不必拘定以爲只在心術念慮之間。❶不貳云者，只是不再作，若念慮間覺得爲過，則便克了此念，更不再作；若於行上覺得爲過，則便克了此行，更不再作。只如此看，甚明白，不必過爲支離也。

問「顔子好學論」。

其本也真而静，只就人説。其未發也，五性具焉，亦只一套接去，真只是理，❷即所謂五性者。静亦即是未發爾。情循性而發則善，不循性而發則不善，非因所行之得失，而後有善不善之分也。其餘並已得之，而以顔子就性情上用工夫，發得尤爲親切。而程子曰：「心一也，有指體而言者，寂然不動是也；有指用而言者，感而遂通是也。」又曰：「自性之有形者謂之心，自性之有動者謂之情。」此論心性情三者爲一處，更詳玩之。

問：「喜、愛、欲如何分？」

三字有淺深。喜方見於顔色；愛則心中好之，❸然未有取之之意；欲則貪意直注於彼，必欲挐將來矣。

問「程子論七情，與孟子四端之情不同」。

情只是心之發。子思只説箇喜怒哀樂四者，到《禮運》詳而爲七情，又就上生來。愛自喜上生，❹欲又自愛上生。❺程子只是申明此説爾。若展轉相生不已，雖什伯千萬而無算者，如《大學》所謂「忿懥、恐懼、好

❶「只」，清鈔甲本作「指」。
❷「只」，清鈔甲本作「即」。
❸「心中」，清鈔甲本作「中心」。
❹「自」，清鈔甲本作「是」。「生」下，清鈔甲本有「來」字。
❺「自」，清鈔甲本作「是」。

樂、憂患」，所謂「親愛、賤惡、畏敬、哀矜、敖惰」之類是也。豈但七者而已哉？若《孟子》論四端之情，乃專指其由仁義禮智之性而發者，其言各有所當，不必相比較也。然七情之類，亦未嘗不由性而發。大抵心統性情，其未發則性也，心之體也；其已發則情也，心之用也。情發於心而根於性，雖古人諸説詳略之不同，固亦未嘗不相爲流通，而發之有中節、不中節，則又係乎所養如何爾。

問横渠説當知「三月不違」與「日月至焉」、「内外賓主」之辨。

知只是一知，只有淺深、真與未真爾。横渠説亦只是平説，而淺深皆用得，不必過求、不必泥著，亦隨人用力旋旋加進。如「内外賓主」之辨，初學便當知此。然天理人欲相爲勝負之幾，最未易判也。若到天理決然常在内而爲主，人欲決然不隨之追逐於外而爲賓，非真知而足目俱到者，不能到此田地，則主勢日伸、賓勢日屈，其進進日不能止，過此方如車輪運轉不停，非是放下全不用力，前頭限量不由我，非吾力所能料，雖欲輟不用力而力自不能輟矣，此即日進無疆地位也。然此等皆學者所未到之理，非可以臆度想像而識，須臨境而後知味也。

問程子説心廣體胖，這裏著樂字不得。

延平以明道吟風弄月爲初見濂溪時事。心廣體胖地位高，自是樂之發散，有自然安泰氣象。人見其爲樂，而自不知其爲樂也。如何更著得樂字？明道見濂溪，吟風弄月以歸，雖云胸中快樂，有自得之意，然未免有形迹，若鄰於乍見者，未能恬然以爲家常茶飯底事，所以延平疑其爲初見時事也。

問程子説「爲人欲見知於人」、謝氏説「利

爲適己自便」、南軒説「有所爲」，三者不同。君子小人儒章。

欲見知於人，便是求自利便，便己而後爲之，便是有所爲。程、謝、張説更相發明，初無異旨。

問「生理本直」段。

只是秉彝中許多道理，本甚坦直，何嘗有一毫嶢曲迂折？如自孩童便知愛親，是直；妻子具而孝衰，則不直矣。長便知敬兄，是直；紾兄臂而奪之食，則不直矣。見孺子入井便怵惕、惻隱，是直；納交、要譽、惡其聲，則不直矣。見牛觳觫而不忍，❶是直；以羊易之，則不直矣。又廣而推之，至於君臣之當有義，夫婦之當有別。居處之當恭，執事之當敬，與人之當忠，理本甚直；若沈湎淫佚，若鑽穴踰墻，若箕踞傲惰，若相傾相詐，則非其直矣。似此等類，皆可見。

問「程子以先獲如利仁是也」段。

先難後獲，本文爲事而發。若程子利仁之説，乃於言外發。此以警學者心術之微。❷在學者，雖以利仁之爲篤，❸而亦當知利仁之爲非。所謂地位，亦未易定其優劣也。

問「齊魯一變」章，《集註》謂「施爲緩急之序」。

恐只是變齊之習至魯在所急，而變魯之習至道在所緩，以霸俗貴掃除之亟，而王道須浹洽之深故也。

問「博學於文，約之以禮」段。

博文是所以窮理，約禮是約此理於吾身而已。

❶「而」，清鈔甲本作「便」。
❷「微」，原作「徵」，今據乾隆本、清鈔甲本及《四庫》本改。
❸「之」下，清鈔甲本有「説」字。

問楊氏辨「高明所以處己，中庸所以處人」之説。

或人之説固失矣。楊氏辨之雖得，而所以主意，亦未能無失也。大抵皆是不得本文之義。本文所謂極高明者，是言存心處無私欲之累，故恁地高明。所謂道中庸者，是言處事處無過不及之差，皆由乎中庸而已。今彼主意皆以理論，則是理有二致矣。而可乎？

問「己欲立而立人」章，《集註》謂「狀仁之體」。

仁者之心廓然大公，無所不愛，其體自如此，非姑指其及物處爲然也。❶但不可偏靠此爲言爾。

問程子謂「仁者以天地萬物爲一體」。

程子之説，亦只是言其與物爲一，而無所不愛之意。然專靠此爲言，則窮大而失其本，當於此處觀天理所以流行無間之體，則仁可識矣。❷

問程子「手足痿痺爲不仁」段。

仁只是天理生生之全體，❸故仁者之心，渾然天理。生生不息者，其本體也。視物爲一而無所不愛者，其用也。夫子所答以己及人，公乎天理流行無間者，正是指言其體，而用在其中矣。程子、《集註》所發明，皆是不外此意。

問「默而識之」段。

不言而存諸心，謂口雖不言而歷歷記在心也。

問「依於仁」段。

仁非萬理之總名，所以該貫萬理而爲之總

❶「及」，原脱，今據乾隆本、清鈔甲本及清鈔乙本補。

❷「仁可識」，清鈔甲本作「無失」。

❸「只」，清鈔甲本作「即」。

會也。依仁，則此心全體不昧，而是理之在我者有所總會，❶而主宰之矣。

問「志道據德」章。

初學須循四者之序，而不可亂。到成德後，日用間四通八達，穿穴玲瓏，方有更相爲用處。

問「用之則行」段。

此章文義固然，❷然其主意大體，更須看聖人道全德備，其具在我，顔子體道幾於聖人，亦有其具，故用舍行藏，獨與夫子能之，在他人則假使遇明王聖主之用亦無可行，而舍之亦無可藏矣。

問「樂亦在其中」段。

若欲知樂之實味，須到萬理明徹、私欲浄盡後，胸中洒然無纖毫窒礙，而無入不自得處，方庶幾其有以得之矣。

問「樂在其中」與「不改其樂」有淺深。

「樂在其中」與「不改其樂」，誠有間，但程子於此却用「不改」字，主意全別，其添一「能」字，而又係之「疏食飲水」之下者，是雖疏食飲水，亦不能改聖人之樂，便見本然渾成之樂元不曾動，比之顔子「不改」係之「回也」之下，❸是回不爲簞瓢陋巷所改，語意輕重自不同矣。

問「子所雅言」章説「性與天道夫子不言」。

性與天道，非聖人絶口全不言之，❹但以此理玄奥，未易遽知，非教人之所先耳。其與學力到、地位高者，亦未嘗不一二言以發

❶「我」，清鈔甲本作「外」。
❷「文義」，清鈔甲本作「之意」。
❸「改」下，清鈔甲本有「其樂」二字。
❹「口」，清鈔甲本無此字。

之，❶如語子貢以「天何言」及贊《易》以「一陰一陽，繼善成性，乾道變化，各正性命」之類。但不如日用切近等事，常言之爾。其曰不可得聞者，亦姑言其大概如此，而在學者默而識之，亦非是全用不言而解，亦須略憑聖人一二言爲之法，然後從而準則，以演而伸之、❷觸類而長之爾。

問「子不語怪」章論「鬼神造化之迹」。

造化之迹，只是天地間造化之顯然可見處，莫非陰陽二氣之所爲。來説大概近之而未廣，更詳之，到無所不通處爲善。

問「桓魋其如予何」段。

曰「天生德於予」，亦其至聖之實所不容揜處，曰「桓魋其如予何」，乃聖人極斷制以理，雖臨患難而每自必如此，無復顧慮也。

問「二三子以我爲隱」章論「道果有隱顯之異否」。

如性與天道，是深隱高遠處；日用人事，是淺近卑顯處。然深隱高遠之理，實流行乎淺近卑顯之中；而淺近卑顯之事，實根原於深隱高遠之處，其分不同，而其理則一而已。由其理之一，所以夫子「無行而不與二三子」，作止語默，無非教也。由其分之殊，故學者當循序而漸進，不可躐等而頓造也。

問「子以四教」章。

須知學文所以窮理，修行所以體是理於身，而存忠信又所以萃是理於心者也。

問：程子曰「一心之謂誠，盡心之謂忠」，「一心」與「盡心」何别？

「一心」是終始無間斷之意，❸「盡心」是自盡於中而無隱之謂。「一心」是自然，「盡心」

❶「言」，清鈔甲本無此字。
❷「演」，乾隆本、清鈔甲本作「引」。
❸「終始」，清鈔甲本作「始終」。

是著力。誠以理言，忠以心言；誠以天道言，忠以人道言；誠以聖人言，忠以學者事言。在聖人之誠，則天道也；在聖人之忠，則誠之發也。在學者之誠，則本然之理也；在學者之忠，則近於誠矣。

問：程子曰：「忠信以人言之，要之則實理也。」《文公語録》曰：「以人言之，則爲忠信；不以人言之，則只是箇實理。如誠者天之道，則只是箇實理。惟天下至誠，便是以人言之也。」

五性之信，是即仁義禮智皆實有而無妄之謂，此理之總名。程子所謂實理者，此也。其見於用，則發己而自盡者謂之忠，循物而無違者謂之信，是以人工夫得名。程子所謂以人言之者，此也。文公所引「誠」説，亦正如此。

問「聖人者，神明不測之號」。

聖與神無甚分別，合而言之，只一套事。分而言之，神只是聖之不可知，非於聖人之上，又別有一等神人也。所謂神明不測者，自其底蘊言之，則淵而不可測；自其施爲言之，則妙而不可測，不可以偏看也。

問「我欲仁」章。

據一時言，只我欲仁一念之興，此心便在此，仁便當時即此而在矣。此聖人示人親切直截、簡潔明快處，❶自足以起人歡欣愛慕、亹亹不厭之心。

問「丘也幸，苟有過」章。

吴氏之説甚善甚穩，❷甚精甚密，最發得聖人盛德酬酢從容中節之意，更不容貶剥，宜詳玩之。

❶「處」，清鈔甲本無此字。
❷「穩」，清鈔甲本作「慰」。

問程子謂：「巫馬期以告孔子，孔子只得不答。」

程子之意，以孔子既不可自謂諱君之惡，又不可以娶同姓爲知禮，自受以爲己過；又恐彰君之惡，只可不答而已。然以吴氏之説通之，其受以爲過也，亦不正言其所以過，初若不知孟子之事者，是則彼此俱無妨礙，非惟程子之所疑者不足疑，抑以見聖人盛德之言，隨觸而應，自然從容中節，而不失乎人情事理之宜，真可爲萬世法矣。

問「温而厲，威而不猛，以氣稟言；恭而安，以氣習言」。

此皆聖人盛德充溢、睟面盎背，自然之容，豈復可見氣稟、氣習之所以然？而何可以是論？

問泰伯「父死不赴，斷髮文身」。

此乃變中之正，不可以常論。蓋不如是，❶則無以絶君國之念，而成其讓矣。

問「動容貌」章「動」、「正」、「出」三字。

若以三字作重看，爲用力處，則正字可通，而動、出二字，非其例也。若作輕看，則又有行信脚動、話信口出之弊，今只得平看，其用工不在三字上，而在三者之時。

問「所貴乎道者三」《集註》新舊説。

斯字猶必字意，據曾子，此章主意不在斯字上，最重在貴字上。動容貌以能遠暴慢爲貴，正顔色以能近信爲貴，出詞氣以能遠鄙背爲貴，其意止此而已。程子及門人發明究極三者之所以然，則有平時涵養之功，有臨事持守之力。❷以平時涵養而言，則工夫在上三句之前，而下三句乃其效驗處，斯字

❶「是」，清鈔甲本作「此」。
❷「事」，清鈔甲本作「時」。

猶「綏之斯來」之斯，謂其必能如此也。以臨事持守而言，❶則工夫在上三句之時，而歸宿在下三句。斯字猶「聞斯行之」之斯，謂其必要如此也。是二義皆曾子意之所未及。《集註》舊本以爲修身之驗，非莊敬誠實涵養有素者不能，則申程門平時涵養之説也。改本以爲修身之要，學者所當操存省察，而不可有造次顛沛之違，則申程門臨事持守之説也。❷今考之平時涵養之説，雖有根原，然却在三言之外起意，其工夫全在日前，而目下則疎闊，有任其自爾，如前所謂信脚動、信口出之弊，不若改本工夫縝密親切，既可以包平日涵養在內，又從目今臨事以至於將死，❸一息未絶之前，皆無有頃刻之違。其所謂操存，則在上三句，所謂省察則在下三句。本末不偏，終始兼貫，其義爲長，却皆在曾子三言之中，起意於曾子，正意不相悖，所以《集註》如此改定，而程子、尹氏之發明，有味，不可廢，亦必係之於其後也。

問「以能問不能」章。

理義無窮，如何盡得？顔子汲汲下問，惟恐其有一理之不獲，而已如何敢有必其盡之之心？若有必其盡之之心，則是自爲之限，而學不能以日新矣。犯而不校，亦非只見理在，而不見其有犯我者，不專是所存之廣大也。

問「可以托六尺之孤」三句。

三句謂之君子者，乃有學以成其才德者之事，周公固不待説，孔明正可當此，若子孟輩，只是資稟來厚、朴實頭能鎮壓，故做得

❶「事」，清鈔甲本作「時」。
❷「事」，清鈔甲本作「時」。
❸「事」，清鈔甲本作「時」。

嬴爾，他無可恃也。

問程子曰：「弘而不毅則無規矩而難立，毅而不弘則隘陋無以居之。」二句亦明白不難曉，如柳下惠是弘底人，其流失之不恭，則無規矩而難立，然惠却不以三公易其介，是弘而能毅也。伯夷是毅底人，其流失之隘，則是隘陋而無以居之，然夷却不念舊惡，是毅而能弘也。弘而能毅，則和而不流而有規矩矣；毅而能弘，則中立而不倚，而有以居之矣。

問「民可使由之」章「理之當然」與「其所以然」。

理之當然，如父慈子孝之類，亦是大綱説。其纖悉曲折，乃是中間慈孝節目，如《内則》許多事件之類，皆日用常行當然底，非謂其所以然者，所以然乃根原來歷，是性命之本處。

問「學如不及」章。

此章大意説爲學用工如此之急。程子「不得放過」又接此發明「恐失」之意。纔放過待明日，便緩便失了，非是常持，此二句之心，不得放過也。

問「唯堯則之」章尹氏説。

尹氏説當與前合作一意看，無爲而成是大裏面事，準則之以治天下，亦是德裏面事。

北溪先生大全文集卷第三十八終

北溪先生大全文集卷第三十九

答問

答陳伯澡問《論語》

問「子絶四」章，横渠説「四者有一焉，則與天地不相似」。

無我一義，❶楊氏所謂「道通爲一」者，亦精。蓋聖人之心，廓然大公，與道爲一，何有私我？❷如天地大化，一闢一闔，無非公乎太極流行之妙，而天地何預焉！又細思之，我與物對，因物形之而後我始見，恐亦去此意不得，須兼之於中。蓋聖人於應事也，物各付物，而我何預焉！同然大公，豈復見有物？豈復見有我？惟純見是理而已。

問「仰之彌高」章，程子謂「到此地位工夫尤難」。

前此尤可以用力，到此則自大而趨於化，自思勉而之不思不勉，介乎二者之境，所未達者一間，非人力所能爲矣。但當據其所已然，從容涵養，勿忘勿助，至於日深月熟，則亦將忽不期而自到，而非今日之所預知也。

問「子在川上」章。

程子「與道爲體」四字極精。蓋道體本無窮，天運日行、水流物生，乃與道爲體而無窮者也。

問程子答張思叔無窮之説。

❶「義」，清鈔甲本作「意」。
❷「我」，清鈔甲本作「吾」。

思叔於此直斷以「無窮」二字，而不知其所以無窮之蘊，煞有義理在，觀諸《集註》，亦可以見其大略矣。

問「未可與權」章漢儒程子經權之説。

權不可直謂之反經。漢儒之説誠非，程子亦不直謂「權只是經」，本文謂經所不及者，權量輕重使之合義，才合義，便是經也，其爲言亦婉矣。來説所辨已得之，謂「權異乎經而不離乎經」者，亦當。嘗愛柳子之言，曰：「權也者，達經者也。」斯義甚精，❶併詳玩之。

問「子莫無權」與此章「權」字輕重不同。

權之得名，本秤錘之義，所以稱物輕重而取中者也。然古人用之，有以一節言者，有以全體言者。自其一節言，則如時中之類，亦日用所不可闕；自其全體言，則如「中庸」之爲至德，非義精者不能及也。

問程子曰「權，義也，義以上更難説」。

權所以量輕重而使之合義，不可直謂之義也。蓋亦有體用之分焉。然處義未精者，亦未可與權，必有錯用其所不當用處；而欲精其義者，非物格知至者不能。此程子所以謂「義以上更難説」也。

問「與上大夫言，誾誾如也」。

先言和悦，後言諍。和悦者，❷事長順也；諍，則不詭隨矣。

問「足躩如也，盤辟貌」。

盤辟，乃盤旋曲折之意。辟，音闢；蹜蹜，乃舉足促狹也。❸

問「立不中門」註「當棖闑之間」。

棖是門旁枋，闑是門中立木，以爲門扇之

❶「精」，清鈔甲本作「明」。
❷「者」上，清鈔甲本有「也」字。
❸「促」，清鈔甲本無此字。

礙者。

問「過位」註「位者，君之虚位，人君宁立之處」。❶

門屏之間，謂之宁屏，猶今之塞門也。古者覲以正君臣之禮，天子當依而立，不下堂而見諸侯，朝以講賓主之儀，天子當宁而立，在路門之外，相與揖遜而入。

問「享禮有容色」段。

聘禮有享、有私覿。聘者，奉君命聘問於鄰國之君，以結其好也。享，獻也，與饗不同。既聘而行享獻於鄰國之君，以厚其恩也。❷私覿者，既享而以私禮見鄰國之君，以盡其歡也。聘君用圭，聘夫人用璋。享君用束帛加璧，享夫人用束帛加琮，庭實用皮或馬。私覿用束帛，乘馬。既覿就館，君使卿致饔餼，❸贈賄及饗食燕。將反，則還圭璋而不還璧琮享幣。圭璋以致命，璧琮享幣以致獻。重命而輕獻，所以輕財而重禮也。璧琮享幣不還者，有賄及幣以報之也。圭璋必還之者，禮命之玉，非財之比也。詳見《聘禮》及《聘義》。

問「顔淵後」段。胡氏曰：「閭巷之人辭親遠適，則同患難，有相死之理，況朋友乎？況弟子之於師乎？」又曰：「其可不可，當未行而預斷，不當臨難而始謀也。」

胡氏所謂「未行而預斷，不當臨難而始謀」者，蓋以常人大概言之。若回於孔子，恩義極重，豈他人之爲師弟者比？假使夫子在患難，而回不預其行，則於風聞之始，亦必稟父而糾率以赴救之，亦不當以在父而不在師者爲辭。況已辭親之側而侍師之旁，

❶「宁」，清鈔甲本作「佇」。
❷「恩」，清鈔甲本作「惠」。
❸「卿」，乾隆本作「人」。

則其同患難危迫，灼然有相死之理。在師爲師，天理人情大公至正，無可疑者，非回私爲師而不存其父也。是乃所以忠於師，而爲不辱其親之孝也。萬一夫子不免於難而死，而回赴救之不克及，則奈何？至是，則又不當繼之，徒爲無益之死矣。必當告天王方伯，請討復讎。如胡氏之説，以伸此心拳拳事師之大義，乃庶乎有以對越神靈而無忝也。

問「親在而仕當致死不致死」。

所在致死之説，古人已明白。然於臨境情態亦多端，❶而所以處之之義，亦未可以一概定也。若東漢趙苞於鮮卑入寇之時，其母爲所質以要之，乃亟戰以殺其母，則大非所宜矣。

問「與點」章程子謂「游心千里之外，爲曾點設」。

程子之言亦只是平説，非有譏點之意，然點亦未能脱此病也。

問「克己復禮」段。

「一日克己復禮，天下歸仁焉」，極言其功夫之勇猛至到，與效驗之速，而大不必贅添支節也。

問「心兮本虚，應物無迹，即《孟子》『出入無時，莫知其鄉』也」。

與孟子語不相似。所謂虚者，只是本無一點物事，雖裏面都是實理，然理有甚形迹。

問「知誘物化」。

程子此四字，正用《樂記》中語，非指耳而言也。❷

問「『發禁躁妄』與『傷易則誕』，易即躁，

❶ 「於」，清鈔甲本無此字。

❷ 「非」下，清鈔甲本有「真」字。

誕即妄」。「躁妄」與「易誕」似相類而實不同。「躁妄」二字是雙頭並説，與「静專」二字爲對。躁者，病而動也，❶而與静對；妄者，虚而亂也，而與專對。此二字置於心動之下，樞機之前，所以總提其意。易者，輕快之謂；誕者，欺誑之謂。其傷易、傷煩兩脚，則從躁妄句中分來，易自躁中生，煩自妄中生，誕則易中之病，支則煩中之失。易而誕，則己肆而物忤矣，内何有静之云？煩而支，則出悖而來違矣，内何有專之云？其首尾意脈相應，可詳玩之。

問「視聽有節文處」。

禮文正是指禮儀三百、❷威儀三千之類。但書亡，無傳其緒。餘可見者，如「視毋上於面，毋下於帶。坐視膝，立視足，應對言語視面」。「將入户，視必下。入户，視瞻毋回。」「經坐視平衡；恭坐微俯，視尊者之膝；肅坐仰首，視不出尋常之内。朝廷之視，端沵平衡；祭祀之視，視如有將；軍旅之視，固視虎張；喪紀之視，下沵垂綱。」皆視之節文也。如「毋側聽，不傾聽，聽必恭」之類，則聽之節文也。古人此等，想極纖悉詳備，人動容周旋，無一日一時不在禮文中。今既無可考，但當以理爲主。理之當然處，無過無不及，便中節文之會，如當視而視、當聽而聽、當言而言、當動而動，便中理之節文，❸便是禮。如視其所不當視，聽其所不當聽，言其所不當言，動其所不當動，便是人欲之私，不中理之節文，是之謂非禮。然非窮理之精，則必有錯認其所不

❶「病」，乾隆本作「疾」。
❷「禮」，乾隆本作「節」。
❸「理」，清鈔甲本作「禮」。

當然者爲當然，而節文亦不能以中矣。

問「死生有命」章。

天者命之所自出，命則天地之所賦於人者，故以理言之謂之天，自人言之謂之命，其實一而已。

問「盍徹」章。

周制，國中鄉遂之地，用貢法：田不井授，但爲溝洫，一夫受田百畝，與同溝之人通力合作，計畝均收，大率什而賦其一，所謂徹也。野外都鄙之地，用助法：田以井授，中百畝爲公田，八家各私外百畝，同養公田，公事畢，然後敢治私事也。詳見《周禮》《孟子》。

問「子張崇德」段。

主忠信，則存無不誠而本以立；徙義，則動無非理而行以進。❶ 又互而言之，能主忠信，則所徙者溥博淵泉而時出；能徙義，則所主者篤實輝光而日新。此德所以日積而高，自有不容已者。

問「子張問政」章註。

凡文公之説，皆所以發明程子之説，或足其所未盡，或補其所未圓，或白其所未瑩，或貫其所未一，其實不離乎程説之中。必如是，而後謂有功於程子，未可以優劣校之。

問「先事後得」段。

先其事之所當爲，而後其效之所得，是不計功謀利也。只管爲所當爲，則德日積；不計效，則德崇而不自知矣。《集註》已甚明。

問「名不正」段。

兩句亦甚明。❷ 如父喚做子，子喚做父，名不正了，便説來不順。呼喚既不順，則所以

❶「理」，清鈔甲本作「禮」。

❷「句」，乾隆本作「段」。

待父待子之事，❶都不成了，便顛倒無序，乖戾不和，禮樂如何興得？以此推之，他可類見。

問「見小利」。

見小利，便被小利牽制蒙蔽了，更都不見大體處，故大處做不成。❷只如此看，自分曉。

問「克伐怨欲」章《集註》「拔去病根」意。

學者惟患不能自知己之病根所在耳。若果知，却合下便當下克己工夫，對境直截與之拔去，一舉浄盡，然後爲快。豈有放緩第一著且做第二著，且制之不行，待他時工夫稍熟後，乃漸進以拔之邪？若然，則恐病根轉深，不可得而拔，胸中一起一伏，轉爲之擾，非所謂篤志求仁之道也。

問《集註》管仲、子産才德。

二子皆無《大學》規模，須是《大學》規模，乃爲王佐才，而伊、傅、周、召其人也。

問「以直報怨」章。

「以德報怨」，乃老氏語，❸出於有意之私，可謂特加厚於怨者矣。而德無物可報，不幾於薄乎？其言死定偏滯在一邊。若聖人之言，怨則以直報，德則以德報，二者各得其平，極是明白簡約，更無蹺欹勞攘，而其中旨意却反覆無窮。且如此人舊於吾有怨，今適相值。有罪邪？隨其罪之如何而公斷之。果賢邪？亦薦之。果不肖邪？則絶之。設若不肖者後復能改而賢，則吾又薦之，一惟理之當然而吾無容私焉，是之謂直，而於怨固未嘗汲汲以圖報也。如此人舊於吾有德，今適相值。果賢邪？吾固薦之以爲報。若不肖邪？吾則權其輕重，

❶ 下「待」字，清鈔甲本無此字。
❷ 「處」，清鈔甲本作「體」。
❸ 「氏」，清鈔甲本作「子」。「語」，清鈔甲本無此字。

使公義行於上、私恩伸於下，於德亦未嘗失其報也。此其言甚活樂圓轉，無所用而不通，所以爲聖人之言歟？

問「上達」及程子説「下學上達，意在言表」句。

有一節上達，有全體上達，因其言而得其意，便是下學上達也。

問「修己以敬」章程子説。

此又極言敬之道。程子此段成二節，皆是推廣修己以敬，以發聖人言外之意。

問「予一以貫之」章。

此章須玩味。予一字，要認定是就吾心渾然一大本而流行貫徹乎萬事者言之，非可泛言其爲一道也。謝氏譬天之造化發育萬物，亦是一元之氣流行貫徹，初無二理，末以《中庸》語證，乃形容天理自然流行之妙、❶無雕刻形迹，即以結前意爾。

問「行篤敬」篤之一字。

「篤」謂厚而力也，不止是厚一字，於厚之中有自力之意。聖人無不然，但不見其迹爾。「篤」與「敬」，乃相對雙字。若篤敬，❷則又是篤其恭也，語意自不類。

問「志士仁人」及《集註》、《語録》所辨。

仁人身與理俱，志士亦能確然不易所守。《集註》兩條是解本文兩句文義，字字相應，甚明。《語録》所辨，是説當人臨境時直截一意，無他顧慮，尤爲簡潔。

問「義以爲質」段。

事到面前便斷可否，此在先是「義以爲質」。可否既定，或從或違，所以區處須中節文，無過不及，是「禮以行之」。於其區處，或出

❶「自然」，清鈔甲本無此二字。

❷「敬」，乾隆本作「恭」。當從。

辭氣，須遜順而無峻厲，方不忤人，是「孫以出之」。其總歸須誠實，則此事之成無欠缺可悔處，是「信以成之」。四者皆一套事，只於日用間驗之，自見。

問「思無益，不如學」段。學是親身去理會，兼知能說；思是心頭空思量。

問：「智己及之而動不以禮，乃有小疵，是知處猶未周匝。如何？」理義欲其周知而無不盡，學問欲其大醇而無少疵，❶夫豈易至？而亦豈可以易言哉？

問：「『祿之去公室』章，南軒說『以祿去公室爲專制魯國之富，❷以政逮大夫爲政悉移於大夫』。解得明？」南軒分別二句，誠明，但恐無事實，則難爲確論。《集註》意恐以上句主於君言之，故曰：「君失其政。」以下句主於大夫言之，故曰：「始專國政。」蓋君失其政不能制祿，則祿去公室也。

問蘇氏說「魯失政，恐魯未有專征伐之事」。魯雖無威文專征伐之事，❸然征伐亦不無。按《春秋》可見，凡征伐皆天子之事，非諸侯所宜出，則魯亦豈得爲無僭者？

問「性相近」章。論性之本，只是就氣中掇出理言，❹非於未有氣之前論也。若未有氣之前，則是未有人，所謂堯舜亦何在？

問公山、佛肸召二段。《延平師弟答問》中云：元晦更熟玩孔子所答之語，求一

❶「少」，清鈔甲本作「小」。
❷「富」，乾隆本有註：「大全張氏本文『富』作『賦』。」
❸「威」，乾隆本作「桓」。
❹「就」，原作「說」，今據乾隆本、清鈔甲本改。

指歸處。所謂指歸處是如何？又問：自其欲往觀之，則見聖人神化之妙，雖叛逆之徒，❶亦無所棄。自其卒不往觀之，則見聖人圓通明達，才知其不可爲，則便不爲之浼，此乃涅不緇、磨不磷處。

磨不磷、涅不緇，是就到地頭説，非是知其不可便不爲處看。所謂指歸處，只就程張説中意看。

問：朱先生《語録》云「吾其爲東周乎」謂干木隨身，❷逢場作劇。❸是如何？

只是有家具在身，遇著用處也要用。

問：六言惟剛勇二者相近，如何分別？兼後章「惡果敢而窒」，與此二者又如何分別？❹

「勇」是氣奮發直前，其蔽便作亂鬭打。「剛」是體質剛硬，其蔽便躁率。「果敢」是好果決作事，若窒塞不通，便妄作矣。

問「正墻而立」段。

二《南》所説修身齊家，最日用至切事。❺若不知此，舉目便有遮蔽，無所見；動步便有礙，不可行。《集註》解得極親切分明。

問「民有三疾」。

蕩忿戾詐，乃是意欲之私，非小病也。

問「惡紫奪朱」。

朱是南方正，火色赤。紫是北方間，水剋火，赤黑色。似朱而非朱，惡邪之奪正也。

問「三仁」，按《史記》三處不同：《殷紀》以微子先去，比干乃諫而死，然後箕子佯狂爲奴。《周紀》云：「殺王子比干，囚箕

❶「徒」，原作「往」，今據乾隆本、清鈔甲本改。
❷「干」，乾隆本、清鈔甲本作「竿」。
❸「劇」，原作「處」，今據清鈔甲本改。乾隆本作「戲」。
❹「分」，原脱，今據清鈔甲本及《四庫》本補。
❺「至」，清鈔甲本作「親」。

子。」《宋世家》云：「箕子先諫，紂囚之，乃徉狂爲奴。比干乃繼而諫，紂殺之，大師乃勸微子去，遂行。」未知孰是？《或問》中主《殷紀》，❶亦未純以爲然。《小學》書又却取《世家》之言，其先後亦有理。今《集註》中又却是參取殷周二《紀》并《世家》之文，其考之必得，實當按此爲定。然其大義，則須各就逐人分上，看他所處如何，亦不必苦泥此先後，非大義所係也。

問「三仁」。

三子謂之仁者，只是即此等事變之中，見他心體之所存，洞然無一毫私欲之爲累，而其所處，又各當於理而無咈焉爾。

問「小子當洒掃」章。

須是先從事其小者、近者，而後從事其大者、遠者，是謂循序漸進，由末以達本，工夫不偏靠在一邊。此章程子説得甚快，而旨意甚微。賴文公斷得分明，於學者極爲有力。

問：「程子曰：從洒掃應對與精義入神通貫一理，雖洒掃應對，只看所以然如何。」

如《曲禮》「爲長者糞」一段。第一番且講究此禮，要見其中一箇節文曲折所當然不易處。如「必加帚於箕上」，此是初往時，以帚加箕上，方得兩手奉箕爲恭。若不然，則所執參差不齊，不得而爲恭矣。於此知必加帚於箕上，乃初往時節文所當然不可易處也。如「以袂拘而退，其塵不及長者」，此是正掃時，以袂擁帚之前，而却行以退，則其飛塵不汙及長者。若不然，則其塵必汙及長者而不敬矣。於此知「以袂拘而退，其塵不及長者」，乃正掃時節文所當然不可易處

❶「中」，清鈔甲本無此字。

也。如「以箕自向而扱之」，❶此是收糞時，必以箕舌向己而勿向長者，乃爲敬。若不然，則是以穢處向長者，爲不敬矣。於此知「以箕自向而扱之」，❷乃收糞時節文所當然不可易處也。既各各見得節文當然不可易，第二番看，❸便要見初往時，節文因甚如此當然不可易；正掃時，節文又因甚如此當然不可易。見得時，此便是理也。是理合如此，而吾不得不如此也。既各各見得爲當然之理，第三番又看初往時當然之理，因甚其如此；正掃時當然之理，又因甚其如此；收糞時當然之理，又因甚其如此。既不是聖人制禮，使我要如此齊整，又不是生於吾之己意，要如此好看；又不是迎奉長者意思，要道好；又不是畏長者，恐激怒；又不是恐旁人窺其所爲。彼此俱無所由，❹便是天之命我者如此，而一毫人爲之私無所與於其間，吾只得盡恭敬以奉天職爾。是謂必有所以然者，是理之根原來處。所謂「人事盡處，是謂天理」，❺於此可的見其實。而於其中又細玩之，可見此心生道焉，可見天理流行者焉，可見敬之所以主一者焉，可見誠之所以不息者焉，可見仁之所存焉，可見恕之所貫焉，可見中之所寓焉。此又其精義入神處，即是上達處。以此類推之，三千三百之儀皆可見，然終是根原來歷未爲難窮，而節文曲折最未易究，❻尤不

❶「扱」，原作「吸」，今據乾隆本及《曲禮》原文改。

❷「扱」，原作「吸」，今據乾隆本及《曲禮》原文改。

❸「二」，原作「一」，今據乾隆本改。

❹「彼」，清鈔甲本作「凡」。當從。

❺「盡」，原作「一」。「謂」，原作「爲」。今據《北溪先生字義·命》引唐陸德明語改。

❻「折」，原作「節」，今據乾隆本、清鈔甲本及《四庫》本改。

可以或忽也。

問「立之斯立」章。

植其生乃制民之産底事。感乃上四者，應乃下四者。

問「泰而不驕」。

安舒氣象似驕。心廣體胖，何驕之有？

問：「不戒視成謂之暴」與「慢令致期謂之賊」，意相似，何以分别？

上句是工役等事，下句是約束、立限、輸納及禁止等事。

北溪先生大全文集卷第三十九終

北溪先生大全文集卷第四十

答問

答陳伯澡問辨諸丈人心道心之論

問張、吴南劍張顯父，字敬之。潮陽吴恭之，字叔惠。❶説「人心道心，一是天理，一是人欲」。程子雖有是説，然更在人自體察。而人欲亦有淺深，若察之不明，則人心與人欲又都没理會了。

問二丈云「操則存，道心也；舍則亡，人心也」。

操而存，則道心便在此。舍而亡，則人心便放蕩去了，非可直指此爲人心道心也。

問二丈云「其爲物欲者，都是此心做去，難叫做好」。

嗜欲皆從人心出。心逐欲而陷，乃不好。

問二丈云「主宰便道心矣」。

主宰萬物皆由理義，乃是道心。未便可唤作道心。

問「人心道心大意」。

《中庸》序説已極分明，可熟玩味爲準，不必他生穿鑿，轉見迷眩。大抵心一也，就中分别：以其從形氣上發來，本形氣爲主，故謂之人心，即四支百骸之所知覺運動者是也；以其從理義上發來，本理義爲主，故謂之道心，即此所稟受仁義禮智之心是也。二者之心，上智下愚皆所同然，但人心至危

❶「潮」，原漫漶不清，今據乾隆本、清鈔甲本訂正。

殆而難安，道心至微隱而難見，雖上聖大賢，亦不敢以爲易而忽之。況在學者，尤須要分别得二者界分分明而操制之。❶如饑則食、渴則飲之類，人心也；嗟來之食則不肯食，嘑爾蹴爾而與之則不肯食等類，道心也。如男女之欲等類，人心也；夫婦有别等類，道心也。人徒見程子有天理人欲之分，更不實自體察於己，以道心全做好底物，亦便以人心全做不好底物。夫天理與人欲相對，天理分明是好，人欲分明是不好；道心全是天理，固全是好；然人心只是平説形體之知覺運動，未便是人欲，未便是不好。只是嗜欲之類皆從此出，極是危殆躷𠩂而難乎安息安帖，❷最易流易墮爾。❸古人於此有精一之功焉，「精」則要分别二者界分明，不相混雜；「一」則專守道心之正，而無以人心二之，要得道心常爲一身之主，而人心每聽命焉。至於工夫純熟、氣質變化，則從心所欲不踰矩，聲爲律而身爲度，即人心便都純是道心，❹而不復見人心之爲吾間矣。

問「人心無定，如翻車流轉，無須臾停。楊至之曰：此乃人欲，非人心也」。

此乃人心馳逐於物欲之私。

問程子謂「逐物是欲而非心」。

所謂「逐物是欲」，程子之意，蓋謂欲者情也；❺感物而逐之者，乃情欲爾。本心之體在中，却自若。然細論之，情亦心之成也，❻

❶「二」，原作「一」，今據康熙本、乾隆本、清鈔甲本、清鈔乙本及《四庫》本改。

❷「躷𠩂」，原作「𠩂躷」，今據乾隆本改。

❸「墮」，乾隆本作「墜」，《四庫》本作「陷」。

❹「純」，清鈔甲本作「統」。

❺「蓋謂」，乾隆本作「以爲」。

❻「成」，乾隆本作「感」。

更以人心道心按之，則逐物欲亦是人心，而非道心之謂，未可全以爲非心也。文字須要活看。

問：心者知覺之謂，而智亦訓爲知，心與知字亦須分明。❶楊曰：不須如此説，有心便有性，二者不相離。不是先有這知覺，而後這是非之理，旋旋安排出來。又問：《語録》云：動處是心，動底是性。楊曰：仁義禮智，性也；惻隱羞惡等，情也。心統性情也。分開説，則動處是心，動底是性。然論得來，心性自不相離，此心纔動，那箇仁義禮智便在裏許，非旋旋安排出來。

「心」者人之神明，所以爲身之主宰者，即此身上箇靈底是也。「性」即心中所具之理，若仁義禮智是也。「心」是箇靈物，能知覺。「智」即心中所能知覺之理，能是能非者。豈可更將「心」與「智」相對持分別？❷是猶指日與光對分爲二物也，而可乎？所謂「動處是心，動底是性」，動處是其靈活能酬酢處也，動底是動之理也。若合「心」、「性」、「情」而言，則静是性，動是情，心貫動静而統性情，静其體而動其用也。所謂「知覺在，理義便在，只有淺深」。緣知覺則惺惺不昏昧，理義便都在其中。若冥然不省，則禮義何在邪？如人叫則便應，其知覺之淺處；見孺子將入井便怵惕，其知覺之深處。理義隨深淺呈露爾，❸楊文此處説不破。

❶「分」，清鈔甲本作「看」。
❷「更」，清鈔甲本作「便」。
❸「深淺」，清鈔甲本作「淺深」。

答陳伯澡再問《論語》

問「祖孫一氣」。

精與氣合而生，魂升魄降而死。然祖孫一氣，祖宗雖死而子孫之身在，此則所謂一氣者，猶相貫於幽明之中，固自有長存不滅者。所以禮重於絶人後，而人以子孫世世有常祀爲貴也。

問康節謂「性者道之形體」，與《文公語録》「性是道骨子」及「道是在物之理，性是在己之理」。

道者事物中所當然之理，人之所共由者也。性即在我之理，具於吾心而道之所總會也。所謂形體者，正如此。初非有待於人爲而後得。❶而邵子、文公之説，皆互相發明，本無異旨。

問楊氏「會萬物於一己」之説，與《孟子》「萬物皆備於我」，異同如何？

「萬物皆備於我」，是言萬物本然之理，皆具於吾身而已。若「會萬物於一己」，是言人恁地做工夫，然萬物如何會合於己，己亦如何會合得萬物？此其意特不過佛家平等之説、墨氏愛無差等之云，不知萬物從來不齊，人酬酢於其間，小大疎密，各有其分而不亂，但仁者之心無私，則自無物我之間爾，非以彼合此之謂也。

問「學者就事上逐件盡己心推將去」。

此語之病，是臨事方盡己心，而無平日存主之功爾。所謂盡己心者，只是此心存主處，❷真實而無僞妄，便是忠。平日常如此，

❶「爲」，清鈔甲本作「焉」。
❷「主」，原作「王」，今據乾隆本、清鈔甲本、清鈔乙本及《四庫》本改。

到臨事時，只是此心無間斷，非於此而方盡也。

問：「盡己推己，就事父孝、事君忠及泛應事物上如何？」

事親孝是忠恕之本，所發用來最先第一件便在此上。若就此上分別二字，則其正所從事孝時，便是恕起頭處；其所存主於中，真實無僞妄處，便是忠。至於事長弟、事君忠，便只是以此事親底心達之爾。但學者著力而然，便是盡，便是推。故自其所存主於事親時，真實無僞妄底心，到事長事君時無間斷，便是盡己之忠。自其所從事於事長、事君時，要得皆如事親底心，便是推己之恕。至凡應事物，皆是己與人相接了，其爲心皆如此。若其思慮當如何如何，此又是講學之事。

問「盡己心者推將去」一句。

泥文執義太局蹙了。凡窮格到窒礙不通處，便須退步澄神，反觀其本義，然後復徐徐尋繹而進，則堅者亦將自破矣。❶

問《遺書》「仁者渾然與物同體，義禮者皆仁」。❷「物」字是人物？是事物？若説人物，則恐連禮智信不來；❸若説事物，則與「《訂頑》備言此體」之句不合。如何？

「仁者與物同體」，只是言其理之一爾。人物與事物非判然絶異。細論之，事物只自人物而出，凡己與人物接，方有許多事物出來；若於己獨立時，亦無甚多事。故此「物」字皆可以包言。所謂「《訂頑》備言此

❶「破」，原作「彼」，今據乾隆本、清鈔甲本、清鈔乙本及《四庫》本改。

❷「者」，乾隆本及《遺書》作「智信」。

❸「連」下，乾隆本有「義」字。

體」者，亦只是言其理之一爾，更詳玩之。

問：文公稱許明道「須先識仁」一段，復嘆其說太廣，學者難入。學者於仁，合如何下工夫？

明道此一段說話，❶乃地位高者之事，學者取此甚遠。❷在學者工夫，只從克己復禮入，爲最要。❸此工夫徹上徹下，無所不宜。

問：程子說「《訂頑》意極完備，乃仁之體」。此篇只發明「與萬物爲一」之意，如何見得仁體？

非指與萬物爲一處爲仁之體，乃言天理流行無間爲仁之體也。

問：程子此下云：「實有諸己，其地位已高，到此地位自別有見處，不可窮高極遠。」

見得此理渾然無間，實有諸己後，日用酬酢無往而非此理，更有何事？更何用窮高極遠？

問：「仁者之心，廓然大公，無所不愛。其體段自如此，非姑指其及物處爲然，但不可偏靠此爲言爾。」是如何？

仁者之心，廓然大公，視天地萬物皆爲一體，固無所不愛。但偏靠此爲言，則窮大而失其本，溺於情而不及性爾。

問「博施濟衆」章文意曲折。

此章須將夫子所答本文分作三節看：「何事」至「病諸」爲第一節，「夫仁」至「達人」爲第二節，「能近」至「也已」爲第三節。上節是辨子貢之失。夫博施濟衆，亦仁者之極功，但不可以是求仁。今子貢欲以是求仁，則失之泛濫高大，而不切於己。故夫子折

❶「說」，清鈔甲本無此字。
❷「甚」，清鈔甲本作「意」。
❸「最」，清鈔甲本作「得」。

難之，曰：何止仁能如此，必須聖人能之乎！雖聖如堯、舜，猶不足於此，不能做得此等功，❶汝安可以是求仁？中節是就己上平説。仁者之心，以己欲立欲達之心而及於人，則天理流行無間，便正是語子貢以仁之體，而爲切於己矣。末節遂説恕所以推己及人之事，是推己所以欲立欲達之心而及於人，亦引天理使流行無間，其示子貢求仁之方，可謂益近而易勉。若果能如此，則博施濟衆之功，亦自此而可進矣。程子之説，正是狀天理流行無間處，當以此意體認之，❷可也。若不觀此，而偏靠天地萬物爲一體上尋求，則是吕《銘》之失矣。

答陳伯澡問《大學》

問：小學、大學所教子弟如何分别？

初間未知智愚，皆當教之，到十五年，則智愚可見矣。故入大學須有别。然天子之元子，❸當有天下之責，衆子當建國爲侯；❹公卿大夫元士之適子，當有家之責，故皆在所教；庶人則惟俊秀者，乃得與，以其亦將任之以位也。

問：「敬以直内」，如何是直内？

内主敬，則私意不萌，更有甚嶢曲？所以謂之直也。

問：《文公語録》：「無事主心，有事主事。」如何是「無事主心」工夫？

無事主心，有甚大段工夫？只是提撕，常教醒定，常敬而已。若有走作，便是不敬

❶「此等」，清鈔甲本作「如此」。
❷「此」，清鈔甲本作「己」。
❸「然」，清鈔甲本作「焉」，屬上讀。
❹「衆子當」，清鈔甲本作「次皆亦」。

了。心亦如何絶得不思？但無邪思可也，❶纔思便是已發，便是有事了。惟動静皆一於敬，則静無走作，動無邪思。

問「氣質」二字。

「流行乎一身之間」者，是氣。「凝定成形」者，是質。❷

問「物得其偏：有專得水之性，有專得木之性」。

如動物頭横，植物頭倒。人頭圓，象天，居上；足方，象地，居下。兩目象日月，居前南；頂中央百會穴，象北極，居後北。亦其得天地正氣之一驗也。

問：「其正也，有美惡之異；其通也，有清濁之殊。」正如何有惡？通如何有濁？

偏正、通塞，方以判人物之大分；其美惡、清濁，又就人中細别。❸

問：齊家中所以新之之道、治國中所以新之之道、平天下中所以新之之道，或是只自明其明德，而人自觀感爲善邪？或亦須有施爲，如禮樂刑政之類？

二者皆不可偏廢。家國天下，大小雖不同，而其所以爲齊治平之道則一，前古帝王此道皆備，而《堯典》稱堯自「克明俊德」，至於「協和萬邦」；二《南》詩詠文王之化，自《關雎》至於《騶虞》，尤爲明著易見者，亦其全盡。此《大學》之一驗也。

問：「至善」是指工夫做到極處而言？是事物中極至之理而言？

「至善」是物事中極至之理，是所當止之地

❶「思」，清鈔甲本無此字。

❷「凝」，原作「疑」，今據乾隆本、清鈔甲本、清鈔乙本及《四庫》本改。

❸「就」，清鈔甲本作「從」。

也。❶「止於至善」，是做工夫做到極處，是止於其所當止之地也。文義自不亂。

問：新民是在人底，如何使之皆止於至善？

須是到比屋興仁，人人有士君子之行處，方爲新民之止於至善。此亦是聖人善政、善教全盡之功。

問：《或問》「致知」章中云：「身心性情之德，人倫日用之常，天地鬼神之變，鳥獸草木之宜，莫不有所當然而不容已，與所以然而不可易者。」乞一一分析。

當然、所以然，皆言理。「當然」是就目今直看其合當如此，是理之見定形狀也。「所以然」是就上面委曲看其因甚如此，是理之來歷根原也。❷「當然」者，在身，如手容合當恭、足容合當重之類；在心，如體合當寂、用合當感之類；性如仁合當愛，義合當斷之類；情如見赤子入井合當惻隱，見大賓合當恭敬之類；人倫如君合當止仁，臣合當止敬之類；日用如居處合當恭，執事合當敬之類；天地如天合當高，地合當厚；鬼神二氣如陽合當伸，陰合當屈；鳥獸如牛合當耕，馬合當乘；草木如春合當生，秋合當殺等類，皆有理存乎其間也。所以然者，如手容因甚當恭，足容因甚當重，以下諸條一一各因甚當如此，是理之所自來，天命之本然也。凡此等，煞有事在，皆當理會，要一一通透。果能一一通透，無所窒礙，便是物格，便是知至。前書并所答「洒掃」條，及寄去「根原」段子，已具其詳，可併玩之。

問：「誠意」前已有「格物」一段工夫，而

❶「也」，清鈔甲本無此字。

❷「是理之來歷」，原作「而來之來歷」，今據乾隆本改。清鈔甲本作「是來歷之」。

此章所謂「自欺」，猶有「陽欲爲善，而陰在於惡」。如何？

雖是物已格、知已至而後意誠，然必須透過此關之後，善惡進退之機方真能決，君子小人之岐方真能判，物方爲真能格，❶知方爲真能至。若未透過此關，則所守不牢，忽或變潰。❷其所以爲自欺情狀，自有如許，亦何怪乎？可不重以爲戒？

問「絜矩」章：初言上下四旁如一，自《南山》詩以下，止言好惡兩端有不同，及請實事爲證。

初言上下四旁，均平如一，是總説箇「絜矩」正意。自引《南山》詩以下，則姑舉兩端以見其例云爾。如己欲孝其親、弟其兄、慈其幼，而使民父母凍餓、兄弟妻子離散，亦上下之證。如户開亦開、户闔亦闔，不以後來變乎前；有後入者，闔而勿遂，不以先入拒乎後，亦前後之證。如並坐不横肱，恐妨害旁人，亦左右之證。《或問》中，所舉「趙由爲守則易尉，而爲尉則陵守」，「王肅方於事上，而好人佞己」，皆已明白。於此見得明，則廣而言之，如「己欲立而立人，己欲達而達人」，「己所不欲，勿施於人」，「所欲與之聚，所惡勿施爾」，及文王「視民如傷」、「如保赤子」等類，皆此一理也。

問：《或問》中，有以倡焉而興起矣，然不能察彼之心，而失其所以處之之道，則或不得遂而有不均之嘆。

上既老老、長長、恤孤，有以倡民而興孝弟，

❶「格」，原作「決」，今據乾隆本、清鈔甲本及清鈔乙本改。

❷「忽或」，原漫漶不清，今據乾隆本、清鈔甲本及清鈔乙本訂正。

不倍矣而不能制民之産，使仰不足以事、❶俯不足以育，❷至樂歲終身苦、凶年不免於死亡，則是不能察其心，❸而失所以處之之道，使彼興起者，或不得遂也。只觀孟子答齊、梁行王政條目「五畝之宅」一段，則古人察民心之所同，而得絜矩之道，可見矣。

答陳伯澡再問《大學》

問：《或問》中於「致知」云：「表裏洞然，無有不盡。」於「格物」云：「精粗隱顯，究極無餘。」不知何別？或一物俱含此四字，或總百物始有此四字。

「致知」言表裏，以心之内外而言；「格物」言精粗隱顯，方周匝物之曲折。而偏言、總言，皆當如此也。

問「知」與「覺」字不同。

「知」與「覺」並言，則「知」是識其事之所當然，「覺」是悟其理之所以然。

問：程子曰：「但於一事上窮盡，其他可以類推。」是如何？

如親親上理會得盡，便推類去理會仁民，仁民是親親之類。仁民上理會得盡，便推類去理會愛物，愛物是仁民之類。如視思明上理會得盡，便推類去理會聽思聰，聽思聰是視思明之類。聽思聰上理會得盡，便推類去理會色思温，色思温是聽思聰之類。

問天地之所以高深，鬼神之所以幽顯。

此二節求之過深了，只須平看。如天之狀如何便恁高，地之狀如何便恁深。天是覆地上，是包地下過；地是上載天，是跨在天

❶「事」下，清鈔甲本有「父母」二字。
❷「育」下，清鈔甲本有「妻子」二字。
❸「能」下，清鈔甲本有「以」字。

中間。天是浮停在上，是旋轉不息。日月星辰是懸在天上，是附天而行；地是如何結而爲山岳，如何融而爲江海。只如此等理會，❶便是理會天地之所以高深處，何必更過索之冥冥漠漠邪？

問《或問》中云：「莫不有以見其所當然而不容已。」

日用事物間，見得到當然不容已處，則於此理便真切，❷自住不得，自不得不恁地做，此最爲人緊切處也。

問：「極其大，天地之運、古今之變，不能外也；盡其小，一塵之微、一息之頃，不能遺也。」此處欲分別其所當然，與其所以然之故，如何？

理無物不在，無時不然。大而天地之一開一闔，古今之一否一泰；小而一塵之或飛或伏，一息之或呼或吸，皆此理之所寓也。❸「當然」，就其見定者而言；「所以然」，乃大化本體從來如此。

問：表裏精粗四字分別。表裏是言物有內外，精粗是言人見有淺深否？

表是外面，裏是內面，粗是外面形狀大概，精是內面底藴細密處。凡物皆有此四者，未説到人工夫處。❹

問「修身」章喜怒憂懼四者。

此章只是四者。感物而應不中其節，則此心便爲四者所動，而不得其正矣。

問：如恐懼、如憂患，若是小可底事未甚逼近，❺猶可排遣；若是大禍患逼近在目

❶「等」下，清鈔甲本有「類」字。
❷「於」，清鈔甲本無此字。
❸「此」，清鈔甲本無此字。
❹「到」，清鈔甲本無此字。
❺「是」，清鈔甲本無此字。「逼」，清鈔甲本作「迫」。

前，則恐懼憂患，如何不動其心？不知當此之時，果何道以處之？使各當其分而不動其心邪？

此二節是當恐懼、當憂患之時，如何要排遣？死了心不應？若强要排遣，灰槁其心，便成釋氏去而所以爲禍患者，處之便失其幾矣。

問：意者心之所發，若忿懥等四者，❶謂心之所發亦可，❷不知與「誠意」何異？又如忿懥四者，與親愛五者亦相類，親愛畏敬乃好樂之屬，賤惡傲惰乃忿懥之漸，不知「正心」與「修身」又何別？

隨本章各有所主。❸且「誠意」章是説好善、惡惡，須恁底真實。「正心」章忿懥四者，是説心之用處，不可不中節。「修身」章親愛五者，又是身接物時事，❹不可失之偏。所主各自不同，安可比而同之？

問：《或問》云：若於理有未明，心有未正，則吾之所欲者，未必其所當欲，遽欲以是爲施於人之準則，則其意雖公而事則私，將見其物我相侵、彼此交病，❺雖庭除之内、跬步之間，亦且參商矛盾而不可行矣。

且以今人溺浮屠者言之，❻是所欲非其所陰欲。❼爲郡守者，率民禮塔修善，自州治之前及諸坊巷，各建道場，使民廢耕織、買賣

❶「等」，原作「寺」，今據乾隆本、清鈔甲本、清鈔乙本及《四庫》本改。
❷「心」上，清鈔甲本有「之」字。
❸「章」，清鈔甲本作「意」。
❹「時事」，清鈔甲本作「事時」。
❺「彼」，原作「被」，今據乾隆本、清鈔甲本、清鈔乙本及《四庫》本改。
❻「且」，原脱，今據乾隆本、清鈔甲本及清鈔乙本補。
❼「陰」，乾隆本、清鈔甲本作「當」。

來會，是我侵乎物；民托太守威勢，張皇其事，莫敢誰何，是物侵乎我。太守送諸處香燭，雖費不敢辭；民亦斂財備燈燭，化粿食犒設，雖費不敢道，是彼此交病。動闔郡男女游觀，❶因而有爭鬬、淫奔等訟，太守亦鹵莽隱忍不敢正其罪，❷雖親子弟僕從，亦動游觀之念，而不可禁遏。是庭除之内、跬步之間，參商矛盾，而不可行矣。

北溪先生大全文集卷第四十終

❶「闔」，原漫漶不清，今據乾隆本、清鈔甲本及清鈔乙本訂正。

❷「鹵莽」，原作「莽鹵」，今據乾隆本、清鈔甲本及清鈔乙本改。「隱」，清鈔甲本作「因」。「敢」，乾隆本作「復」。

北溪先生大全文集卷第四十一

答　問

答陳伯澡問《近思録》

問：「發微不可見，充周不可窮」，二句如何分别？

「發微」指幾言，「充周」指德言。其所發見流行之實，則誠也。

問「一陽復，乃天地生物之心」。

須元、亨、利、貞，乃心之全；一陽復處，乃天地之心。此動之端，乃天地生物之意，於此可見耳。程子「動之端」三字最精，宜詳玩之。

問「人生氣禀，理有善惡」。

「人生氣禀，理有善惡」者，非指此理之體，有善惡相對而生也。只是言氣禀之不齊，所以有善有惡，此乃其理之必然耳。

問「冲漠無眹，萬象森然已具」云云。

此句已甚明白，不容添字贅了。造化、人心，皆如此。當寂然不動之時，是冲漠無眹，然日用萬事之理，皆森然已具於其中。及感而遂通之際，千條萬緒泛應各當，莫非即此理流行發見，非至此而後始旋生也。故或寂或感，雖有體用之殊，❶而其實只渾淪是一物而已，不容以先後言。如就蓮子中最可觀造化，此理尤爲明甚：方成房結子，稍可食時，來年生意絶未有兆眹，而其

❶「殊」，清鈔甲本作「全」。

根葉花實則已盡具矣。每於此深有省焉，所謂塗轍云者，只猶曰路脉云耳。

問「心本善。發於思慮，則有善有不善；若既發，則可謂之情，不可謂之心」。

心自是本善，何嘗有不善？其不善者，乃發而流耳。其曰「可謂之情，不可謂之心」，乃隨人問意，各有所主，今但當以意逆之。豈可又從而貶剥之？

問「氣坱然太虛」一段。

此乃是從太初説來。至爲霜雪而上，則氣之成象者；至爲山川萬品，則氣之成形者耳。

問「游氣紛擾」。如何是游氣？

游氣，只是流出來生人物底氣。

問「推行有漸爲化，合一不測爲神」。

「化」，只是變化此物，變成彼物。❶惟是變則有迹，而化則無迹。至於「神」，則又妙而不可測耳。

問《定性書》「無將迎」。

未然而趨之謂之將，未至而逆之謂之迎。若如此，則是求物爲應，先已自亂矣。何定之有？

問「忠信所以進德，修辭立誠所以居業」至「存義」，《本義》、《程傳》不同。

忠信進德是存心處，修辭居業是行事處。《本義》與上文相應，而《程傳》不相應，亦不害其爲同也。

問《咸》九四《程傳》。

傳義已明。今只以王霸觀之：王者之心，無偏無黨，所過即化，所存即神，上下與天地同流，豈思之所及？若霸者一用其私

❶「成」，清鈔甲本作「化」。

心，只盟會所及之國，❶則服從所不及者，豈能感而通乎？

問「忠恕所以公平」。公平是言理否？忠恕是做工夫處。其工夫極處，則自公平。❷故曰：其致則公平。語脉自明，不必以理言也。

問「公而以人體之，故爲仁」。公只是虚説箇理；以人體之，則公在我，此心廓然無私，天理便流行而爲仁矣。

問横渠「精義入神」段。此張子推明《易·繫辭》。本文只是極言屈伸感應自然之理，❸所以交養互發之意。若謂動静相爲用，則稍緩而非切本旨矣。

問「窮神知化」四字，兼窮神與入神淺深。神是天地之心，化是天地之用。❹入神以知見言，窮神以至到言。知化非聞見之知，如知化育之知，乃默契之謂耳。

問「領惡全好」。領是一齊掃去，更無少留迹。領是統領之意，其權在我矣。古人下字甚有力。

問：「莫非天也，陽明勝」云云，此語法與「視聽言動皆天也」云云一同否？何必相牽？此最讀書之大病。每每愛如此，便將其中無窮之味都失了。且如「視聽言動皆天也」，❺是以氣言；「於其中要識得真與妄」，是以理言。而「陽明勝則德性用，陰濁勝則物欲行，領惡全好」等語，若就日

❶「只盟會」，清鈔甲本作「即會盟」。
❷「自」，清鈔甲本作「是」。
❸「屈伸感應」，清鈔甲本作「感應屈伸」。
❹「是」，原作「之」，今據乾隆本、清鈔甲本及《四庫》本改。
❺「且」，清鈔甲本作「只」。

用以晝夜體察，則其切己做工夫有無窮意味。不此之究，豈非其大欠缺乎？

問「體天下之物」。❶ 體字是體認、體察否？

體是以身體之，謂視之無一非我，如此則切於己，而此心之用無不周矣。

問「《易》有聖人之道四，以言者」云云。

以者，用也。用《易》發言，所尚者卦爻勸戒之辭；用《易》應事，所尚者卦爻陰陽之變；用《易》制器，所尚者卦爻上下自然之象；用《易》卜筮，所尚者卦爻吉凶已決之占。四者《易》之本旨大要。而《程傳》以玩辭爲主者，專以理義言也。

問「觀會通以行其典禮，則辭無不備」。

會，謂理之所聚而不可遺處。通，謂理之可行而無所礙處。觀理之會通，以爲行事品節之常，見於爻辭者無不備矣。

問「由象知數」。

物生而後有象，有象而後有滋，有滋而後有數，故由象可以知數。

問《春秋傳序》。

《春秋》大概所以明王道、立百王經世之大法，❷ 非止褒善貶惡而已。《傳序》首言：「治之而爭奪息，導之而生養遂，教之而倫理明，然後人道立，天道成，地道平。」及《語》「顔子爲邦」一節，乃其綱領也。

問「《尚書》難看，蓋難得胸臆如此之大」。

《書》皆帝王經綸天下大業，從大公至正胸中流出，乃聖人之用處，未可以小見而窺也。

問《易傳》「艮其背」一段。

❶「問」下，乾隆本有「聖人」二字。

❷「立」，乾隆本作「正」。

未接事物之時，不獲其身，只知有理；既接事物之際，不見其人，亦只知有理。

問「欲實認得敬，只是常惺惺三字最好。若專就整齊嚴肅上用工，又太迫切拘束」。

須是整齊嚴肅，便常惺惺，烏有外慢而中不放者，不可爲是厭煩憚勞之意也。

問「惡不仁，故不善未嘗不知。徒好仁而不惡不仁，則習不著」。

好仁是善邊工夫，必兼惡不仁，乃有去惡邊工夫，相副兩盡，爲密察精至也。

問「盡性至命必本於孝弟」，是就孝弟中推原其所以然，則性命便在其中。

孝親弟長，是性命流行發見之大處。今不務全盡孝弟爲實到性命，❶只欲於孝弟中推原其所以然者爲性命，無乃墮於佛氏「一超直入」之説，豈聖門實學工夫之謂也耶？

答陳伯澡問《中庸》

問：程子曰：「中之理至矣。獨陰不生，獨陽不成。偏則爲禽獸夷狄，中則爲人。」此是泛言天地中底道理，恐不可分作未發已發之中否？

已發未發，是就人心分別，❷在天地只是統言此理而已。然亦何有偏倚？何有過不及？

問「天性在人，猶水性之在冰」。

張子冰水之譬未善。冰釋復歸於水，便是佛氏「死而不亡、還復本來面目」之説，與「天性在人」不相似也。

❶「爲」，清鈔甲本無此字。
❷「就」，清鈔甲本無此字。

問「張子曰：未嘗無之謂體」。

「未嘗無」，只是言此理之實有。然不直曰有，而必委曲言未嘗無者，老氏以無爲宗，所以破異端之説也。然亦不必靠此立論。❶

問「程子曰：若言道不消先立下名義，則茫茫地何處下手」。

先立下名義，❷則有所依據準的，然見之不精，則名義亦不能確定矣。

問「文公《或問》中言：物得其形氣之偏，而不能以貫通乎全體」。

物雖稟得來偏，然隨他所得許多，其理依舊渾淪完足。❸且如蜂蟻，雖偏於君臣之義，然其報衙，則禮也；巧於營窠，則智也；失主則團聚不食，而爲情惻然，則仁也。虎狼雖偏於父子之仁，然有文章，則禮也；有威，則義也；殺有神色變與不變之別，則智也。其他廣推之，皆可見矣。

問「程子曰：鬼神憑依言語」。

鬼神憑依事，大抵是妖由人興，多緣人之精神不足，故妖邪之鬼乘而附之。若正鬼神則不然，此不得以莫見乎隱、莫顯乎微者爲言。

問「楊氏曰：權以中行，中因權立」。❹

前後二説皆通，然分析楊氏本語未甚明白。權以中行者，中爲主；中因權立者，權爲主。大抵知中，然後能權；惟權，然後得中。

問呂氏與程子論「中」。

辨析呂説雖詳審，然偏旁枝葉之論，在文公

❶「此」，原漫漶不清，今據乾隆本、清鈔甲本及清鈔乙本訂正。
❷「先」，清鈔甲本無此字。
❸「其」，乾隆本作「道」。
❹「因」，清鈔甲本作「以」。

《或問》中已説破大概矣。學者且須涵泳子思本文爛熟，講究其正意大義，切於身心而實體之。舍此不務而區區惟偏旁枝葉之急，非所謂善學《中庸》者也。

問「劉用之問：氣之已散者，既化而無有；根於理而日生者，固浩然而無窮」。

此語録一段，已説得明。所謂無子孫底事已絶，而根於理而日生者，固浩然而無窮。乃是如今社稷祭勾芒后稷，廟學祭先聖先師，及齊祭爽鳩氏之類，非可通天下之常人無後者。皆以此一例論也。

問《或問》中論宗廟段「惑異端、狥流俗」之説。

後世祀典，自天子至於庶人，皆是惑異端、狥流俗。鄙陋之甚，而不自知其爲非者。

問：《或問》中云：「不違之終始，即其事之終始；至焉之終始，即其物之終始。」

言事言物何别？

心不違仁，就事見，故以事言；至其境界，是實地，故以物言。

問「夫焉有所倚」，謂「少涉思議作爲，便是倚」。

此句只是結上文三語而言，此皆至誠無妄、自然之功用。夫豈有所倚靠於他術，而後能哉？亦猶不待賞而民勸，不待怒而民威於鈇鉞之類。若來說，乃涉於釋氏之意矣。

答陳伯澡問辨諸友情性之論

問：文公答胡廣仲「人生而静」説云：「及其感物而動，則是非真妄自此分矣。然非性，則亦無自而動，故曰性之欲。」性無不善，「是」與「真」固是性之動，「非」與「妄」如何亦謂性之動？

文公此本句是將情粘帶性來，❶非指「非」與「妄」亦從性中動來也。非與妄，只是動後差，却不必過爲紛紛，若曰非與妄亦謂性之動，乃錯會文公本句。病在此。

問：情感物而動之時，似有二截。初頭裏面，自惻惻地發動出來，是第一截，乃能然之理也。到既動後，易爲物欲所誘，始有善惡之分，是第二截，乃當然之理也。

兩截之説甚支離。能然、當然，亦非可分二截，不能然何有當然？不當然則能然者妄矣。若此所説，則是合當做底，乃後來旋旋生也。豈本然固有之謂乎？

問：當初只因「情非性無自而發」一句不通，後來李推却令須看非與妄從何處發來，故諸友推詳，轉生疑惑。

問語當云「須看非與妄從何處起」，則自直截。今云「何處發來」，則若有所從而來矣。所以起學者生疑，只管展轉就裏面尋求，求之愈深而愈不得其要領。然諸友所以展轉辨論，如彼其不通瑩者，皆緣性、情、理、氣四字，❷曉得不透。四字分看，須要界分極分明，不相凌奪；合聚作一處看，又須見得脉絡不相紊亂。如性與情，正相對底物。性是情底體，情是性底用。性是情底静，情是性底動，猶形影然。性無形狀，非情無以見；情雖外見，非性無自而發。性本純粹，至善無惡，見於情有中節不中節，便有善惡之分。情之善是從本性正面發來，其不善是發處差了，是感物蹉了性之本位而然，非從本性中來也。若便以理與氣合言之，則

❶ 「本句」，清鈔甲本作「句本」。
❷ 「緣性」，原漫漶不清，今據清鈔甲本、清鈔乙本及《四庫》本訂正。

性即是天理，❶然理不懸空，必因氣賦形，生而寓其中。氣形活物，不能不動而發於情；情則乘氣而發者也。情之所以有不善者，由氣有參差不齊，其發時從氣之偏勝處差去，故氣强厲者多怒，柔弱者多笑。其怒與笑，豈能一一皆中節？故氣質之性有善惡，雖原於賦形已具之初，而亦於發而後見。天地之性本善，然在氣質之中，亦未嘗相混而無別。氣質之性以氣言，天地之性以理言。理固不離氣，氣固不離理。但迪父説得自糊塗鶻突，無以訂是非，須就實事上聚作一處看，見得如何是理、如何是氣，要十分明徹不亂，始於切己有力。如目之欲色、耳之欲聲，是氣質之性，由人心所發而以氣言者也。如目不視惡色而視必思明，❷耳不聽惡聲而聽必思聰，❸則是天地之性，由道心所發而以理言者也。此等正理義原頭來歷處，講之不明而見之不真，則反之於身，一點不能有；責之日用，一字用不得。是理於我亦何干涉乎？幸更詳之，而併以《通書》之所謂「幾」者參攷焉，則善惡來歷所由分，瞭然無遺遁矣。

答陳伯澡問《敬箴》

問：程子説：「佛有箇覺之理，可以敬以直内矣，然無義以方外。其直内者，其本亦不是。」及「佛氏不知裏面實理」。佛氏亦不是不知裏面有實理，他合下以理爲障礙，直要一盡掃除，使萬理俱空而百念悉滅耳，亦自不知有所謂敬，只是箇覺底工

❶「即」，清鈔甲本無此字。
❷「必」，清鈔甲本無此字。
❸「必」，清鈔甲本無此字。

夫，有似乎直内之敬耳，而實不同。吾儒不必言空，其所存養工夫，只是要得此心豁然純是天理之公，而絶無一毫人欲之私之謂。須認此意體究，方斷制得明白。

問：《敬箴解》「不東以西」至「靡他其適」，謂「心對事時主敬」；「勿貳以二」至「萬變是監」，謂「心寓事時主敬」。「對」與「寓」何别？

二字皆是應事時，但小爲之别耳。本文上四句申程子無適之義，説較寬，是事始到面前，方對境時。下四句申程子主一之義，説却緊，是心寓在事上，乃正裁處時，亦略有踈密不同也。

問「不火而熱，不冰而寒」。

原此節四句，及後節四句，皆説得病痛重大，❶而其語又本用《莊子》「熱焦火而寒凝冰」句意，更以《感興詩》所謂「凝冰亦焦火，淵淪復天飛」，及前後「出入」、「動静」之言參之，則其大意亦可見矣。

問「毫釐有差，天壤易處」。

此非謂些小事不敬，便能做大病。是言大病痛，只在微細處失起，故千里之繆差之毫釐處，千丈之繩斷在一寸處。然亦當思微細處差失，似甚小可，何故便到天地變亂，三綱淪、九法斁，何爲罪過如彼重大？此殆難以空言解釋，須多歷人情事變之熟，乃知此不敬之爲害端的處，凛乎甚可畏，❷而抑以見此老非練熟情理明、事義精，亦不能發到此，真可爲切己箴砭，救人免陷於夷狄禽獸之歸也。

問：蒙指教「天理流行無間是仁之體」，

❶「得」，清鈔甲本作「到」。
❷「甚」，乾隆本作「其」。

常疑天理流行無間，乃是仁之發用。如何謂仁之體？

仁之本體，渾是天理周流無間，❶無表裏動靜、無隱顯精粗，其生生不息之機不曾有少停歇，亦不曾有少限隔。所謂用處，只是就體中掇出一截爲言，而與體實未嘗相離。而非謂體只塊然不動在中，❷因見於發用，而後始流行也，更詳體認之。

北溪先生大全文集卷第四十一終

❶「周流」，清鈔甲本作「流行」。
❷「在」，清鈔甲本作「其」。

北溪先生大全文集卷第四十二

答問

答陳伯澡問「太極」

問「無極而太極」一節解。

「上天之載」，以理言；「無聲無臭」解「無極」字；「實造化之樞紐、品彙之根柢」解「太極」字。無極只是無形狀，太極只是至理。理不外乎氣，若説截然在陰陽五行之先及在陰陽五行之中，便成理與氣判爲二物矣。❶

問「一陰一陽之謂道。繼之者善，成之者性」，《通書》、《本義》不同。《本義》皆言氣，《通書》解分理氣。

「繼」字、「成」字與「陰陽」字相應，是以氣言；「善」字、「性」字與「道」字相應，是以理言。二解未見其有異也。

問「動静所乘之機」。

「動」是理之流行出來，「静」是既流行底復止，如弩機之一張一弛也。

問「五行生生之序，如何是天一生水、地二生火」等。

以《河圖》觀之：天一生水，居北；地二生火，居南；天三生木，居左；地四生金，居右。與今天地間四方四時位次相合，恐是元初生來自然之序如此，然亦非是截然爲先後之序，一箇生了又一箇生也。

❶「理與氣」，清鈔甲本作「氣與理」。

問「五殊二實無餘欠」。

分而爲五非有欠，合而爲二非有餘。

問「感物而動，或發於理義之公，或發於血氣之私，這裏便分善惡」。

非發於血氣之私便爲惡，乃發後流而爲惡耳。

問：《文公語録》：「『一陽初動處，❶萬物未生時』，此所謂一動一静之間也。曰某嘗謂康節之學，與周程所説小有不同。康節於陰陽相接處看得分曉，故多舉此爲説，不似周子説『無極而太極』與『五行一陰陽，陰陽一太極』如此周遍。若如周程之説，則康節所説在其中矣。」又曰：「伊川之學，於大體上瑩徹，於小小節目猶有踈處。康節却盡得事物之變，於大體上有未瑩處。」二段欲望就周程、康節不同處開教。

康節本從數學入，因而究竟得事物之理，一一有自然歸著。到那盡頭，遂亦通及本原，如先天圖象、《經世》、《觀物》，及《擊壤》中《冬至》、《天根》、《月窟》等詩，皆可見。只是理義根原正面大體上未能透徹，無周程等學問意識。周程是正用功理義之學，於陰陽、太極、性命原頭，大根大本、人事大體上極瑩徹精熟，而小小節目亦有踈漏處。如易學象數，却無康節《先天圖畫》底意思，乃以抑末視之，不屑爲。故論聖賢傳道之統者，❷惟周程獨當之；而語君子成德之域，則康節亦所不歉。學者攷師友淵源，固不可不灼知本末，而亦不可徒爲高山之仰，當各盡其景行之實，然後於切己俱爲有

❶「處」，原作「後」，今據乾隆本及邵雍原詩改。
❷「故」，原漫漶不清，今據乾隆本、清鈔甲本、清鈔乙本及《四庫》本訂正。

益也。

問：「或誦康節詩『若論先天一事無，後天方要著工夫』。先生問：如何是『一事無』？曰：出於自然，不用安排。先生默然。廣云：一事無處是太極。先生曰：嘗謂太極是箇藏頭底物事，重重推將去，更無盡期，有時看得來頭痛。」切詳「一事無處是太極」，便似截斷上一節，與事物相離了，却有箇起頭處，故文公云「是箇藏頭底物」，此是「陰陽無始、動静無端」底意。如何？

所説亦通。但「一事無處是太極」，乃冲漠無眹而是理已具之謂。以太極爲藏頭底物，乃渾淪無端而涵蓄之富。及重重推去，更無盡期，則又千變萬化而本無窮極也。

問「物雖禀得來偏，然隨他所得，許多道理依舊渾淪」段。

太極只是理，理本圓，故太極之體本渾淪。理無形狀、無界限間隔，故萬物無不各具得太極，而太極之本體各各無不渾淪。惟人氣正且通，爲萬物之靈，能通得渾淪之體。物氣偏且塞，不如人之靈，雖有渾淪之體，不能通耳。然人類中，亦惟聖人大賢，然後真能通得渾淪之體；一種下愚底人，其昏頑却與物無異，則又正中之偏、通中之塞者；一種靈禽仁獸，其性與人甚相近，則又偏中之正、塞中之通者。細推之，有不能以言盡。來説大概得之。

問「無極而太極」，「而」字不是有兩義意，只是就一句中有抑揚，言此理雖無形狀，而實能爲萬化根柢。「太極本無極」，「本」字是指定那本體言；「無極之真」，「真」字又是指其實有此理而言，見得道體無形狀中，都是實理，不是寂滅空虛，便見下語精密。

更須知無極之所以爲無形狀，而太極之所以謂之理者何故。今粗以近言之，「極」之爲訓「窮也」、「至也」，只是言此理之無窮極，而實至極耳。從而語其義，則只是無聲無臭而爲萬化之樞紐者，下句放此。

問人者天地之心，或云：「天地其體，而人其心也。天地非人，則緣何發揮得那許多底藴道理出來？」或云：「人之心即天地之心。『天地之塞，吾其體；天地之帥，吾其性。』惟人能全得天地之心以爲心。」又云：「人者其天地之德、陰陽之交、鬼神之會。」又何别？

且平看來，只是人處中間，有彌縫造化之妙耳。若從而細論之，人之所以有是彌縫造化之妙者，亦由其心，即天地之心也。來説二義須兼看乃足。若又就人類中實究其所以然，則惟是聖人然後足以當天地之心也。所謂天地之德，則又就其中以所得之理言，此説較密。陰陽之言「交」，則又以二氣交合而成此體質；鬼神之言「會」，則又以二氣精靈妙用，萃于此身爲魂魄言。❶

問陰陽鬼神之交會，人與物同否。

陰陽鬼神只是氣，物亦無不有，畢竟偏而塞，不如人之魂魄爲精靈耳。《禮記》此數言蓋真聖賢之遺語，非漢儒所能自道也。

答陳伯澡再問「太極」

問「太極之所以爲理，以其爲天地萬物之至極，而無以加之謂」。

太極所以唤做理者，以其至極，萬古不易而

❶「身」上，清鈔甲本有「心」字。

已。窮天地、亘萬古，所不易者，惟理。此所以爲萬化樞紐，而天地萬物無此則不能以自存也。

問：無極之所以爲無形狀，只是渾淪一理，無限隔；或是渾淪無端意。推前引後，合一分萬，皆無窮極，所以無形狀可見否？

無窮極，只是申明無極二字；無形狀，亦只是形容無極二字。二意只一般。惟無窮極，所以無形狀；惟無形狀，所以無窮極。須合聚散、縱横顛倒看，徹前後終始、精粗本末，無往不然，乃益見此理之爲渾淪至極。來説大概得之，但須將「無極」二字，急連「太極」二字，合一看，方見此理之爲妙，不可分開去，恐成二截，不相貫了。

問：文公解「無極」作「無聲臭」，如何？

無聲臭，只是無形狀。若稍有聲臭，便涉形狀、落方體，是有窮極處，不得謂之無極矣。文公解用「無聲臭」語，是説二字之大義，詞不迫切而其理自曉。然學者又過索二字於玄妙，不知此只是無窮極耳。故今只就近而前訓之，語雖平常，而意旨則甚親切明白矣。

問：「無形狀」是形容此理之本體，「無窮極」是推究此理之妙用否？

體用皆然，不必判作二意。指定分開説，恐又成二截，涉於有形狀、有窮極而不圓矣。

問：理無形狀，無界限間隔，須把形器相比並看，方影得此理本自渾淪。❶

理不在形器之外，非可離形器而求。須大著下學工夫，從千條萬緒中串過來，到合聚成一箇物處，方真見得此理之爲渾淪至極，

❶「影」，乾隆本作「形」。

亦便實能體得渾淪至極者在我矣。

問：前截蒙面誨云：太極只是理，自象數未形，而其理已具之稱；及形器已具，而其理無眹之目。此物本渾淪，無往而不渾淪。總萬物爲一太極，固是渾淪；散而爲萬物，則萬物各具一太極，个个又渾淪。如月落萬川、處處皆圓，而其實，在天只一个月，恁的圓，自四方八面凑合來，到此中間爲極，更無去處。自此中間分散出去，四方八面都个个停匀，亦無偏剩，亦無偏缺。推之萬古之前，不見其始之合；引之萬古之後，不見其終之離。自其冲漠無眹，而天地萬物皆由是出，便是「無極而太極」；及天地萬物既由是出，而又依舊冲漠無眹，便是「太極本無極」。某細攷此段，只是發明渾淪底意：「總萬物爲太極」一節，是言自一而萬，个个圓足，更無虧欠也。「自四方八面凑到中間」一節，是言中外凑合，面面停匀，更無剩欠也。「推之萬古」一節，是言圓物活轉不停，更無頭尾也。「自其冲漠無眹」一節，是言圓底體相常自若，更不隨物變化也。蓋此理本圓，故如此縱横顛倒，或開或合，❶看來看去，無往而不渾淪。未審是否？

説亦得之，而未能意味浹洽。大抵第一節，言太極渾淪之理，自末而本，自本而末，一聚一散，而太極無所不圓具也。第二節，言太極渾淪之象，自愽而約，自約而愽，一闔一闢，而太極無所不至極也。第三節，言太極渾淪之全體，自萬古之前與萬古之後，總只是一太極也。第四節，言太極渾淪之妙

❶「合」，乾隆本作「闔」。

用，自無而入於有，自有而復於無，又只是渾淪一無極也。可熟玩之。

答陳伯澡問《西銘》

問《西銘》專言事天、事親之事。

《西銘》非將事親、事天並言，乃是借事親，以形容事天云耳。

問「知化善述其事，窮神善繼其志」。

化者天地之用，知化則如孝子之善述其事。神者天地之心，窮神則如孝子之善繼其志。

問：「《訂頑》立心便達天德」，是言人能以訂頑立心，則廓然大公，便純是天理。

《訂頑》是説人之立心如此。天德，在天言，則天理流行，爲人物所得者；在人言，則人所得於天之理也。

問：《西銘》是《原道》之宗祖。

《原道》説無原頭，《西銘》從原頭説來，所以爲《原道》之宗祖。

問：游氏讀《西銘》曰：「此中庸之理也。」是言人物性體之所自來否？❶

不止是言性體之所自來，須兼事天節目言之，皆是日用切己之實，無過無不及，所以謂「中庸之理也」。

問《西銘》有箇直下底道理，有箇横截底道理。

如「乾稱父」至「顛連無告」，是直下底道理；自「于時保之」以下，是横截底道理。

答陳伯澡問《詩》

問《詩》大序六義註：比中有專於比，而

❶「性體」，原作「體性」，今據清鈔甲本及本書下文改。

又有兼於興；興中有專於興，而又有兼於比。難曉。

不正言其事，只以彼物譬喻其意，是之謂比。如《螽斯》、《鶴鳴》、《匏有苦葉》之類，全章皆比，乃專於比者。有上二句是比，下繼有詞若相因者，是比中兼興。如《南山》、《甫田》、《揚之水》、《蜉蝣》之類是也。只託物興詞，無意義相協者，是之謂興。如《南有嘉魚》、《南山有臺》、《蓼蕭》、《湛露》、《園有桃》、《山有樞》、《終南》、《黄鳥》、《晨風》、《墓門》、《澤陂》之類是也。有託物起意，與下文意義相類者，是興中兼比。如《菉竹》、《菁莪》、《鴻鴈》、《旄丘》之類是也。然詩人之情，本甚坦易明白、和平温厚，絶無一點磽确。讀詩者，須從容涵泳，以會其大旨，不比他書須逐字究索，便拘礙滯泥而不通也。

問：《二子乘舟》詩，李迂仲説：父之命，有可從，有不可從者。伋既不能避害而見殺，是不可從而從也；壽之争死，無救於兄而重父之過，非義也。如太子申生，謂之恭則可，謂之孝則不可。若伋、❶壽，以恭名之則可，論其孝則不可。竊謂伋可謂之恭，壽恐不得謂之恭否？

父母有過則諫，三諫不聽，則號泣以感動其天性之真心，諭歸於道而無陷於惡，然後爲孝。今二子争相爲死，蓋急趍父之非命，而恐傷父之邪志，違經背理甚矣。此其事無足深論，而其志實爲可哀，故作詩者，姑以著國人悲傷之情，一以痛二子之殉小節而忘大義，一以惡宣公之溺人欲而滅天理也。

❶「若」，清鈔甲本無此字。

答陳伯澡問《書》

問《書序》。

《序》乃先秦之儒、孔門之後，不可的知其誰何，決非孔子作，明矣。如《康誥》《酒誥》《梓材》三篇，乃武王封康叔告戒之詞，而《序》以爲成王，可見其誤。

問：《舜典》以下，❶《春秋傳》引曰《夏書》，而今云《虞書》，乃孔子所定者。何在？

夫子定夏書爲虞者，以其皆舜時事。

問：「古人教人，必先以樂。」是何意？

古人禮樂不可斯須去身，自幼年已學樂，至成德則必成於樂。❷ 今此學廢已久，視樂爲賤藝，見此等話，自詫異。

問：「水火金木土穀惟修。」文公《傳》以水尅火，以火尅金，以金尅木，以木尅土，而生五穀。或相制以泄其過，或相助以補其不足。是如何？❸

逐件言之：在水克火，❹則燎者沃之，鍛者淬之。火克金，則硬者柔之，軟者剛之。金克木，則節者削之，偏者直之。木克土，則高者平之，低者填之。土克水，則穴以滲之，隄以瀦之。此相制以泄其過，相助以補其不足也。又一套言之，則以水制火，乃不至焚燎而可鍛金；金成器，則斵木爲耒耜，然後可以治土而播種焉。此五行相克，以生五穀也。至若木乾則火熾，火熾則竈土熱，土熱則鼎金焦，金焦則水沸，然後

❶「舜」，乾隆本作「堯」。
❷「德則」，原爲墨丁，今據清鈔甲本補。
❸「是」，清鈔甲本無此字。
❹「在」，清鈔甲本作「是」。

可烹飪以食焉。此又五行相生，以熟五穀也。

問「昏迷不恭，侮慢自賢」。

「昏迷不恭」，言處己處；「侮慢自賢」，言待人處。二句相對。惟昏迷不恭，故反道；惟侮慢自賢，故敗德，民棄去，不與保邦，亦與「天降之咎」句意相對。❶

問「剛而塞、彊而義」。「剛」、「彊」二字，不知何訓？

剛者勁而不屈，彊者壯而有力。剛而弗實，則屈於物欲矣；彊而弗義，則爲血氣之勇矣。

問：九德有與教胄子之目同，其意同否？

上九字，以性質之美言；下九字，以學力言，所以成是德者。前命夔教胄子，有與此同其目者，彼因其性質之美，而輔翼以成之，此則以其德之已成者言之也。

問：以五采彰施于五色，只是作繪。與繡何預？

青黄赤白黑，性曰采，施曰色，衣皆玄，裳皆纁，所象十二章，或繪於衣，或綉於裳，皆雜用五采本性，而施之爲五色也。

問《五子之歌》「五子」，仲康、少康，是其二也。

少康乃相之后緡逃有仍而生，去太康時已遠，非可以爲太康之弟也。

問「五章」。每人各作一章，或云只是篇次。

「五章」各出於五人，而詞意相次，從輕至重，渾如一人之手，見其同心一體，憂國之深也。

問：東坡、少穎、東萊「三失」之說，孰是？

❶「句」，清鈔甲本無此字。

蘇氏「三失」之説雖明，然篇中無「失天命」之意，未敢信其爲必然。看來林説爲長。失而至於三，則彰著已甚，民怨必叢至矣。人君弭怨之道，豈在於已明而後圖之？當圖於未有纖毫形見之初，則可以絶怨之根矣。此三句自然相應。可詳之。

北溪先生大全文集卷第四十二終

北溪先生大全文集卷第四十三

劄

辭謝陳教廷傑延入學

某伏蒙公堂特有寵命，延入賓賢齋者，顧惟是齋本以賓禮賢者，而肅後進於儀範，其所係蓋不淺。區區愚陋，何足爲輕重，而乃蒙蒐録，甚感甚愧。

但自春首，已在隆興村寺訓集童蒙。既不可中輟而入學；又不可姑以共命，而往來乎二者之間；又不可姑寄虛籍，而惟月廩之請；又不能靦顔隨例日提攜，於庖人之側飽餐，❶獲罪深矣。然嚴命又不可以虛辱，竊有所欲言者，敢盡愚於左右，可乎？

蓋自教授先生下車以來，最篤意於學校，既誦史以訓之，又考課以勸之，又命宿學以鎮之，又不測巡齋以察之，又申月書季考以激之。而文之魁者，又列之職以率之。而又采鄉評、訪人物，欲儲爲有學之光，可謂卓犖振拔，有志於盡職，而非尋常苟簡爲學校者比也。然以愚觀之，恐未得其所以作成教育之方，將徒勤而無補歟！

蓋昔者聖王立學教民，以民之秉彝有仁義禮智之性，父子、君臣、夫婦、長幼、朋友之倫，與生俱生，不能以一日離，故使之羣聚而講明服習之。而其所以爲教之條序，則自格物、致知、誠意、正心、脩身，以至

❶「餐」，原作「深」，今據乾隆本改。

於齊家、治國、平天下。而其教之成，則自鄉人可至於聖人。❶而閻閭之薰其德者，❷亦皆有士行。夏曰校，殷曰序，周曰庠，莫不一由於此。而其説，則具於孔、孟、周、程羣聖賢之書，昭如日星，不我誣也。

今之郡庠，即古之鄉學也。一郡人才風俗，於此焉係，亦不可謂不重也。雖今之法取人以文，而聖賢之學，則與法未嘗相戾，❸而法亦未嘗是禁也，故有志者亦可以有行矣。内以是自治，而外以是治諸人矣。奈何世之士類，皆志卑識凡，斷然判古今爲兩途，截上達通衢以爲決不可行，而甘心於時流蹊徑自限。爲師者之所以教，爲弟子者之所以學，舍科文之外，無爲也。

夫止於科文猶可矣，今則左呼紅、右喝么，前淫歌、後偶唱，亂頭倮體，俳言穢語，争簞競豆，踰墻穿穴，靡不有之，遂使聖賢明倫之重地，反爲市廛烏合之淵藪，蕩無繩檢，壞人子弟，使之至於棄人倫、賊天理，而胥爲夷獸者，常必由之，滔滔皆是，蓋不特兹地爲然矣。士之稍自愛重者，恥入焉，而況乎嚴於自律而密於自省者，其肯輕棄規矩繩墨，❹俛焉自相追隨於放蕩無檢之地，而取玷明倫之罪於聖賢哉？

此樂育英才之具，所以常爲饕利亡恥者之世利；❺而端人雅士，則惟願結環堵之茅於茂林之下、清泉之濱，與一二同志疏食飲水，詠先王之風，以樂吾趣，而亦無來學

❶「聖」，原漫漶不清，今據康熙本、清鈔甲本及《四庫》本訂正。
❷「閻閭」，康熙本、清鈔甲本、《四庫》本作「閭閻」。當從。
❸「與」，清鈔甲本作「其」。
❹「棄」，清鈔甲本作「去」。
❺「世」，康熙本、清鈔甲本作「所」。

之念也。如執事以卓犖振拔之資，二年於此，勤勤於舉其職者，❶殆恐亦未免作學者以緝時文、釣利禄之具，而聖人教人之法，則遺漏而未舉歟！

夫緝時文、釣利禄之具，彼自急之不待作也。作之者，賈儒也。聖人教人之法，一郡民彝人極之綱紀，則當一郡師儒之職者，不可以不正也。執事如卓然有志，不狥流俗之私情，欲一變而新之，則學宫郡縣帑見有近日所刊孔、孟、周、程諸書在。

而仙里有陳君厚之者，又執事之鄰，學古君子也。試一訪焉，彼必有以忠復矣。而又蒐集此郡之學明行脩者，肅然在列，朋而翼之，是乃率一郡均爲君子之道也，則某雖僻處竊其餘潤以自補，克免爲郡之愚氓，❷則受賜亦大矣。

區區叙此，拜謝厚意，非敢爲瀆也。惟善人能受盡言而教之。

擬上趙寺丞改學移貢院

某竊嘗謂：❸負高明正大之才者，然後有以立高明正大之功；立高明正大之功者，必先有以定高明正大之見。

恭惟判府寺丞，以天潢源派之秀，來典此邦，下車以來，擿姦發伏，有巨猾爲民蠹，繩年不能去者，❹一旦悉剔清之。崇儒重道，有越繩檢、行訟庭，累政無敢誰何者，一旦悉鈐制之。可謂負高明正大之才矣。邇

❶「者」，清鈔甲本作「也」。

❷「氓」，乾隆本作「民」。

❸「嘗」，清鈔甲本無此字。

❹「繩」，乾隆本作「頻」，清鈔甲本作「終」，《四庫》本作「積」。

者悼此邦士風之一厄，以爲實原於學校作成之地，規模之不端正，奮然爲之更改，期以振作而汎刷之，是又能立高明正大之功矣。❶以高明正大之才，而立高明正大之功，漳之士子幸也。然其所以爲規模者，大有可議，未可以尋常淺見議之。而奉承者，以尋常淺見，左牽而右拘，則失其旨矣。

蓋向者晦庵先生朱侯之在此邦，首務明教化、崇學校。以侍郎李侯始創規模之已善，自大成殿及池與尊道堂爲不可更移，而深病夫東西兩廡齋舍之迫窄、晻曖，❷不足以容人物、清講磨，思一開廣而明爽之。東欲移貢院於他所，而盡貢院之址悉以爲東齋；西欲移行衙於他所，而盡行衙之址悉以爲西齋。其齋相枕，悉南面，每齋中間爲廳，廳之左右各爲四大窗，而各裝截爲四闊間。廳之後，爲爐亭；爐亭之左右，爲小庖及浴室與圊舍。其外，則以崇墉包之。後齋之面，則對前齋之墉，一如太學之制。

時紹熙辛亥春也，擬秋月興工，不謂入夏，忽以喪嫡奉祠，而竟不果。繼以司諫鄧侯，承其有改學之名，不復攷其所以爲規模之實，遽毀東廡諸齋，及填池之左邊，悉以與貢院。又毀西廡諸齋，及填池之右邊，別爲學於西偏，以與先聖廟相並。然其所以爲齋之間架，則反變大而就小，抑又狹於李侯之舊。邦人至以俚語目之，曰「十八家」，以其局蹙，❸不足副學校之名云耳。

今吾君侯病鄧侯規模之不善，而欲復李侯規模之舊，誠善矣。然東迫於貢院之西廊，不敢以侵入，則在東諸齋，必不能以

❶「又」，清鈔甲本無此字。
❷「窄」，原作「穿」，今據乾隆本改。
❸「蹙」，乾隆本作「促」。

寬廣；西拘於鄧侯之故迹，不欲以盡毁，則在西諸齋，亦不能以從容。而池之塞者不復鑿，則又不能以爽塏，雖視鄧侯學爲差勝，而終未免於五十步之視百步。較之李侯規模之舊，未足以增光，則亦何以集吾高明正大之功哉？必欲稱此邦方面之體制，則須定吾高明正大之見，一遵晦庵先生規模之盛，然後爲可耳。

若夫貢院，奉天子明詔，賓興之地，在此邦關係尤爲重，而視學校爲尤急，尤不可不擇形勝之最者處之。前年之厄，説者皆以爲南橋之激。南橋之造，特出于鄉大夫林寺丞聽一庸僧之臆見，不僉謀諸善陰陽者。漳水本安静，而聚石以激之，衝突怒號，一如建、劍湍險之聲，將何以自寧？南橋之造，盍造於出雲館？❶以漳水自此而下，爲翫弓之勢，不純腰帶之繞，正陰陽家所忌。橋造於此，則下流有鈐束不足忌，而上流有關鍵，風氣藏聚盤礴，自足以爲雄勝。然此事已失，重大難整，更不必深論。惟是貢院正居其衝，有前年之變，則恐難於不移。而其中迫窄，不足以容衆，則又不容於不移。而此邦所謂形勝之聚者，又有久虚而未及舉，❷則益不可以不亟移。

何謂此邦形勝之最？蓋此邦行龍，自天寶山發脉而來，至欲結聚爲州，則湧起昂頭而爲登高山，然後左臂分枝而下，寬平廣厚，而爲郡治。實坐坎山，視登高在乾，爲貪狼，魁然其形，雄偉秀傑，爲諸山之冠，惜其下以浮屠鎮之。浮屠無父無君之教，非聖世之所宜容。而所謂開元寺者，又非聖朝之所

❶「出」，乾隆本作「水」。
❷「及」，清鈔甲本無此字。

創建，特有唐之陋俗，而五代之所沿襲。至聖朝綱漏，尚爲未斷之案，固非有司所得專廢，然移之他所，有何不可？若出一札之喻，❶許僧家自移，僧人無不樂於效命。

吾因度其故地，廣輪若干，擬容萬人之坐，爲後進日增之計，創新貢院，以爲吾君選取忠義孝友之士，使行所學於斯世，以佐國家、理民物，誠大公至正之舉，非燕私亭榭之比，亦豈法之所制？

其中經畫既定，其在兩旁諸小院之不相礙者，爲崇墉以障之，左視光孝净衆，及郡治諸山，爲龍臂；右視湖内諸山，爲虎臂。天融地結，氣象環合。前朝之水，❷實在南橋之内，則南橋關鏁，尤爲有力，乃復轉凶而爲吉，所謂地靈人傑，亦將理勢之不容已者。

自非卓然有高明正大之見，亦何以照識之而定？吾高明正大之見，確然不爲浮論摇奪，以立漳民萬古之遺愛者，非吾君侯其誰？比數詔掛坐圖於此所，邦人私竊相慶，以爲天啓之兆矣。則待其人而舉之者，端有在於今日歟！

或者曰：改學校、移貢院，大役也。寧無擾民費財之病乎？愚以爲，善於區處則不擾民，不費財而自集。區處之不得其策，則雖擾民、費財而無成。

大抵官司創造，始必發公帑以市屋材，而責胥吏以行文，引四散鄉村與民户交易，❸於是乎假託行姦而擾民者，❹百出焉。

凡用若干竹木，若干瓦石，若干甎甓，釘若干頭，灰若干斛，朱漆若干斤，引之所

❶「若」，清鈔甲本作「君」。
❷「朝」，清鈔甲本作「廟」。
❸「散」下，清鈔甲本有「之」字。
❹「乎」，清鈔甲本無此字。

載者百，不知賣弄其幾百，而後百者始至官。引之所具者千，不知賣弄其幾千，而後千者始至官。

及其既至官，直一緡者只估五百，直十緡者只估五千，較之民間私價，已虧其半。至請其半價之直，則又有董脩造職事之覓，總脩造都匠之覓，❶交領貨物吏之覓，估物價牙儈之覓，與夫稟支雜吏之覓，❷出庫吏之覓。經由諸門吏之覓，實錢歸家，能復幾何？名曰依公估價，而實橫取；名曰見錢和買，而實白奪。

況又易堅以瑕，代美以惡，胥輩於中種種情弊，故其所萃集之物，則徒爾駁雜備數，而不復能以精良。

至於工匠，所謂工師者，止用一人，而小小諸匠，亦各有定數，乃闔境賣弄無寧居。卒之趍供工而赴執役者，特其羸鈍、無錢計囑者耳。官或時支雇錢，復爲監吏所得，不過素手而歸，❸故其所制造之功，則徒爾草率應命，而不復能以固緻。

是則公家雖不欲擾民，而民實不能逃其擾；雖不吝於費財，❹而絶不得其財之力。朝植而暮欲頹，❺春落成而秋告圮焉，❻所謂區處之不得其策者也。

善於區處者如之何？

舉漳州之産而七分之，❼民户居其一，

❶「都」，清鈔甲本無此字。

❷「雜」，原爲墨丁，今據清鈔甲本補。

❸「素」，原作「索」，今據乾隆本、清鈔甲本改。

❹「吝」，原作「各」，今據乾隆本、清鈔甲本、清鈔乙本及《四庫》本改。

❺「欲」，乾隆本作「卻」。

❻「圮」，原漫漶不清，今據清鈔甲本、清鈔乙本及《四庫》本訂正。

❼「舉」，清鈔甲本無此字。「漳」，乾隆本作「一」。

而僧户居其六。於一分民户之中，上等富户，歲穀以千斛計者絶少；其次，數百至百斛者，亦不多見；類皆三五十斛無擔石之家，終歲營營，爲仰事俯育之計，且不能以自給。則爲漳之民户者甚貧，在官司絶不可更有絲毫之擾。

以六分僧户言之，上寺歲入以數萬斛；其次，亦餘萬斛，或數千斛；其下，亦六七百斛，或三五百斛。雖窮村至小之院，亦登百斛，視民户極爲富衍。以滅倫敗教、不耕不蠶，塊然一無用之髡，獨無故竊據而奄有之，閒居以安享之。所與坐食之衆，上寺不過百人；其次不及百人，或數十人；其下僅五六人，或止孤僧而已，則歲費類皆不能十之一。所謂九分者，直不過恣爲主僧花酒不肖之資，是果何爲也哉？

故今公家凡有創造，無求諸他，惟盡第彼僧門産業之高下，而畫吾屋宇界分之大小之財付之，且量支吾公帑之財，爲之開端，而後取辦責成焉耳。

絶無出一引，絶無差一吏，凡竹木甎瓦之類，任其以市價私自貿易，而吾不之問焉，則其所聚者皆精良。凡工匠人夫之輩，❶聽其以鄉例私自傭雇，而吾不之繩焉，則其所就者皆固緻。假使有陪貼不貲之費，實皆吾公家之財也。移吾公家之財爲吾公家之用，彼特爲吾幹之耳，非剋彼父母錢本也，非括彼房匳中物也，吾不可復爲之恤也，但時施其犒勞之惠耳。❷若是，則吾民不知擾，❸吾財不甚費，而無不如吾志之所欲爲。

❶「輩」，清鈔甲本作「類」。
❷「時」，清鈔甲本作「得」。
❸「知」，乾隆本作「之」。當從。

往者判院趙侯之架州治，亦大役也，惟責辦於諸僧，而民絶無所擾，即今之廳事是也。司諫鄧侯之架州學，亦大役也，每齋惟支百緡付之一僧，亦不擾而學成，即前所謂西偏是也。都運趙侯之造通濟橋，亦大役也，每舟惟支二十緡付之一僧，亦不擾而橋成，即今柳營江之所跨是也。

凡此諸名公，蓋有高識明見，燭破風土民俗輕重弛張之所宜，而隨宜區處，所以爲至當不易之道如此，君侯以爲如何？

某素不預學校教養，又已該恩免，不預貢院之選，皆非有所覬望，又不曾足躡貴人之門，惟以鄉邦此事，久爲闕典，自創州以來，至于今五百餘年，未遇一賢刺史，覺其然而整頓之。今幸遇君侯負高明正大之才，秉高明正大之見，而又能立高明正大之功，此正千一之期。苟於此不爲州閭出而一陳之，則進爲有隱於邦君之賢，而失事機之會；退爲得罪於鄉人子弟，而抱無補之羞。是以冒昧而前，不勝僭越皇汗之至。

上趙寺丞論淫祀

某竊以南人好尚淫祀，而此邦之俗爲尤甚。

自城邑至村墟，淫鬼之名號者至不一，而所以爲廟宇者，亦何啻數百所？逐廟各有迎神之禮，隨月迭爲迎神之會，❶自入春首，便措置排辦迎神財物事例，❷或裝土偶，名曰舍人，羣呵隊從，撞入人家，迫脅題疏。多者索至十千，少者亦不下一千。或裝土

❶ 「迭」，原作「送」，今據乾隆本、清鈔甲本改。

❷ 「排辦」，清鈔甲本作「安排」。

偶，名曰急脚，立於通衢，攔街覓錢。擔夫販婦，拖拽攘奪，真如白晝行刼，無一空過者。或印百錢小榜，隨門抑取，嚴於官租，單丁寡婦，無能逃者。陰陽人鬼不同途，鬼有何説，欲人之必迎？人有何見，知鬼之必欲迎？

凡此，皆游手無賴、好生事之徒，假托此以括掠錢物，憑藉使用，内利其烹羔擊豕之樂，而外唱以禳灾祈福之名。始必浼鄉秩之尊者，爲簽都勸緣之銜以率之；既又挾羣宗室爲之羽翼，謂之勸首；而豪胥猾吏，又相與爲之爪牙，謂之會幹。愚民無知，迷惑陷溺，畏禍懼譴，皆黽勉傾囊舍施，或解質舉貸以從之。今月甲廟未償，後月乙廟又至，又後月丙廟、丁廟，復張頤接踵於其後。廢塞向墐户之用，以爲莊嚴祠宇之需；❶輟仰事俯育之恩，以爲養哺土偶之給，至罄其室、枵其廬，凍餒其父母，藍縷其妻孥，有所不恤。

錢既裒集富衍，遂恣爲無忌憚。既塑其正鬼之夫婦，被以衣裳冠帔；又塑鬼之父母，曰聖考聖妣；又塑鬼之子孫，曰皇子皇孫。一廟之迎，動以十數像羣輿於街中，且黄其傘、龍其輦、黼其座，又裝御直班以導於前，僭擬踰越，恬不爲怪。四境聞風鼓動，復爲優戲隊相勝以應之，人各全身新製羅帛金翠，務以悦神。或陰策其馬而縱之，謂之「神走馬」，或陰驅其轎而奔之，謂之「神走轎」，以誣罔百姓。男女聚觀，淫奔酣鬭。夫不暇及耕，婦不暇及織，而一惟淫鬼之玩；子不暇及孝，弟不暇及恭，而一惟淫鬼之敬。廢人事之常職，崇鬼道之妖儀。

❶「莊」，原作「裝」，今據乾隆本改。

一歲之中，若是者凡幾廟，民之被擾者凡幾番。

不惟在城皆然，而諸鄉下邑，亦莫非同此一習。前後有司不能明禁，復張帷幕以觀之，謂之與民同樂。且賞錢賜酒，是又推波助瀾，鼓巫風而張旺之。

《禮》：法施於民則祀之，以死勤事則祀之，以勞定國則祀之，能禦大災則祀之，能捍大患則祀之。及夫日月星辰，民所瞻仰；山林、川谷、丘陵，民所取財用，能出雲爲風雨、見怪物，皆曰神。非此族也，不在祀典。今此邦之所崇奉者，大抵皆非此族：其無封號者，固無根原來歷；而有封號者，亦不過出於附會而貨取，何者而非淫祀？

惟威惠一廟，爲死事捍患於此邦，國朝之所封錫，應禮合制，號曰忠臣義士之祠，邦人之所仰。然既載在公家祀典，則春秋薦享常儀，蓋有司之事，必肅其壇宇，嚴其扃鐍，歲時禁人閒雜來往，止於朔望啓鑰，與民庶瞻禮乃爲得。事神嚴恭之道，上不失乎敬鬼神而遠之之智，下不陷於非其鬼而祭之之諂，陰陽人鬼不相亂，庶幾稱情而合宜，固非民庶所得私祭而浪祀者也。今帳御僭越既不度，廟貌叢雜又不肅，而又恣羣小爲此等妖妄媟瀆之舉，是雖號曰正祠，亦不免均於淫祀而已耳。

非所祭而祭之，曰淫祀。淫祀無福。神其聰明正直，必不冒而享之。況其他所謂聖妃者，莆鬼也，於此邦乎何關？所謂廣利者，廣祠也，於此邦乎何與？假使有，或憑依言語，❶亦妖由人興，不足崇信。人惟素行質諸鬼神而無愧，則雖不牲不牢，而

❶「言語」，清鈔甲本作「語言」。

神福之。何事此妖邪之爲乎？

至於朝嶽一會，又將次第而起，復鄙俚可笑。嶽泰山，魯鎮也，惟魯邦之所得祭。而立祠於諸州也，何謂？國朝以帝封之，帝以氣之主宰者而言，非有人之謂也。巋然其峙者，山之形也，而人其貌也，何爲？立后殿於其後者，又不知爲何山也。自開闢已有是嶽，而以三月二十七日爲嶽生之辰者，❶又爲何據？闔境男女混雜，徹晝夜而朝禮之，以會于嶽廟，入門則羣慟，謂爲亡者祈哀，以爲陰府縲紲之脱慶。侍者亦預爲他日之祈，❷謂之朝生嶽。州有州嶽，而近城之民朝會焉；邑有邑嶽，而環邑之民朝會焉。自以爲報親，而不知其爲辱親。自以爲修善，而不知其陷於惡。與前迎鬼者同一律，❸皆蠹壞風俗，溷亂教化之尤者也。

端人正士德政之下，恐非所宜容。國家法令，迎鬼有禁。前政方宗丞嘗列其條於譙門，❹故榜在案可考也。

某愚區區，欲望台慈特喚法司開具迎鬼諸條令，明立榜文，并朝嶽俚俗嚴行禁止，仍頒布諸鄉下邑而齊一之，於以解人心之宿惑，而有風移俗易之美；省民財之妄費，而有家給人足之道。實爲此邦厚幸。

北溪先生大全文集卷第四十三終

❶「七」，清鈔甲本作「一」，當爲「八」。
❷「祈」，清鈔甲本作「期」。
❸「鬼」，清鈔甲本無此字。
❹「宗」，疑當爲「寺」。

北溪先生大全文集卷第四十四

劄

上趙寺丞論秤提會

某伏覩朝廷注意會子頒行天下，諸州大率秤提不起。獨南漳一邦，得寺丞公嚴無私，民間流通行使，一如元錢之數，上下固已相安，爲天下之最矣。

近日上司又差興化通判到此，再共秤提。寺丞爲之遣兵馬司根刷在城户眼富室質庫。上户俾藏二百，中户一百，下户五十，不測行輿以摘之，兩日之内，會價騰湧，不惟行使如元錢之數，而兑使增加與見錢等，頓使錢輕而會重，又可謂得秤提之機要矣。昨以兵馬司所籍三等户之失實，又爲之分九，則俾巷長平議投櫃於鼓門，以憑撞點，是又覺前日賣弄之弊，而爲今日均平之政矣。然於其間，猶有一二未盡通處，不得不采物議以冒聞焉。

蓋南漳僻在一隅，無番舶來往，民無大經商。所謂富室上户者，亦無甚巨力；❶中産之家，則僅足以自遣；謂之下户者，大率皆貧窶者而已耳。前日，兵馬司過於賣弄不實，多以下户爲上户，邦民畏謹，不能分解。其在物力稍嬴者，猶可傾囊以供命；守常處約者，類多解質以從之；貧者，倉卒無可計畫，則多有鬻田出屋以爲備者。今

❶「巨」，原作「區」，今據乾隆本改。

覺其爲害，而分九則以均之，俾巷長别開具其户等，誠善矣。

然九等之户，官司不明示一式而付之巷長所自分，將以何據而分之？以産論，則有有財而不置産者；以財論，則有有産而無浮財者；以門面論，則有賃屋而居者，有高梁大厦而内實空虚者。户等既不明，則其中所以區别會子者，將不能以各得其分。

今若上户果有物力，則上之三，則或二百，或百七十，或百五十，皆足以供之，而日間行用之際，猶别有截長補短，未爲甚病。惟是中下户，最難於取給。中户之上者，藏一百，非有七十七千剩錢，不可備平時。僅僅守常，安有剩錢七十七千居於一百之會而不動乎？次者減而八十，亦須樁六十一千有奇以居之。下者減而七千，亦須樁五十三千有奇以居之，則外此爲日間行用，❶則又將以何錢何會而給之？其在下户三，則皆是貧者，平時家無一緡之儲，至有用財，方擘畫計置，則下之上者五十，非三十八千有奇不可置，何從而得之？中者四十，非三十千有奇不可置，何從而備之？下者三十，亦非二十三千有奇不可置，何從而辦之？假使户户各擘畫如數，則又各保護愛惜，牢緘固守爲鎮家之具，不敢以移用，是又使民停藏會子而已耳。安有日前流通之實？

況所謂僧户，産居此邦十分之七，目前數甲院或産百千，或九十千，或八十千，歲入巨萬斛，正其多用會子之所，而安坐旁視，又何以均之？所謂品官户，及吏户、軍

❶「此」，清鈔甲本作「取」。

户，亦非用會子之家乎？而皆不預其數，又何以通之？

下至鄉村根括，農功正時，騷然擾動，竟廢種蒔奔波營備，其力不贍者，曰：吾有死而已！而昨收元引，❶皆懽欣鼓舞，詠更生之賜。惟城下貧户，日夜懔懔，懼官司撞點，不能以逃罪。

愚區區竊以爲會子之政，惟貴於公私上下無處之不流通，非貴於偏責民户之多爲私藏，今莫若出一定格：富室上户自産錢七千而上，巨商賈户自鋪前積貨七百緡以上，質庫户若不在産户之家者以簿歷有典百緡以上，僧户以産錢二十千而上，並使收塌若干數，以備官司不時之點兑，而其他諸户，皆不必立定數責之收塌，❷聽其或出或入，惟申嚴其日間行用中半之制，無拘於官户、吏户、軍户，及一切小小户，並五家爲一甲，遞相糾察。其不用會者，❸告者重賞，犯者痛懲，則人人無不用會，❹而會子無不流通矣。

凡會子之所以不行者，非與者之不肯用，由受者之不肯用也。五家相糾察，則凡有用財，與者不容於不與，而受者亦不容於不受矣。又奏請小會以濟之，使零碎皆有得用之便，又措置前後之所，實與平民相通，無徒爲人吏官族户之所專有，而官司又無先自萌其壅塞之意，如輸納既用會，而異税色及裹足頭合不肯用會之類，❺又無先開

❶「收元引」，乾隆本作「者元元」。「收」，清鈔甲本作「被」。

❷「必」，清鈔甲本無此字。「收」，清鈔甲本作「成」。

❸「用」，清鈔甲本作「容」。

❹「用」，清鈔甲本作「容」。

❺「合」，原漫漶不清，今據清鈔甲本訂正。

其減折之門，如交易既如元錢，❶而又減下七百三十以恤兑便家之類。果若是，則會子自然流通，可永久無滯，蓋又不待如前之約束矣。

區區干冒台嚴，伏乞裁察。

上莊大卿論鬻鹽❷

某伏覩判府大卿先生視事以來，愛民如子，痒疴疾痛皆切於身，有病民者爲之輒弛，實漳民千一不可逢之幸會。然合境赤子，有久年纏飢刻骨之錮疾，日夜甚切望醫救而不可得者，今正遇其時，敢爲斯民一冒言之。

夫鬻鹽一橫賦，在漳民實爲錮疾，民罹斯苦，餘七十年矣。蓋自紹興庚申，虔寇陸梁於西隅，陳敏一軍屯于郡，❸林倅安宅爲權宜之計，創以食鹽暫鬻民間，以佐軍須，❹民以一時桴鼓之警，義在掃除，猶未言病。後來寇靖，屯移於泉，而鹽鬻如故。斯民嗸嗸始告病矣。

紹興丙子，陸侯涣特疏請罷於朝，閏十月丙辰，蒙聖旨依奉施行，奈何陸侯去，而姦吏爲之復起。紹興庚辰，鄉人主簿林公宗臣，又以書謁臺諫，論其病，時汪參政澈爲侍御，爲之敷奏，四月八日再蒙聖旨，特降本州駐罷。奈何至乾道辛卯，高侯禹以少年武弁，不爲民遠慮，復於城中鬻之。然利門一啓，歲入甚羡，人非夷齊，見率動心。官府來繼者，人人類欲囊橐之厚；胥徒效

❶「錢」，原漫漶不清，今據清鈔甲本、清鈔乙本訂正。
❷「鹽」下，乾隆本有小註「郡守名夏」。
❸「郡」，清鈔甲本作「群」。
❹「須」，乾隆本作「需」。

命者，人人類欲室家之肥。於是張皇滋蔓，流毒四出，❶遂爲漳民之痼疾，纏肌刻骨，不可以復解矣。

始者十八鋪，後旋廣而數倍之，徧及鄉村外邑，鋪有監胥一人，走卒十數輩，擅將人户編排爲甲，私置簿籍，抄括姓名，分其主客，限以斤數，或父子一門而並配，或兄弟同居而均及。雖深山窮谷，無有遺漏；雖單丁孀户，無獲逃免。

每季客户勒買九斤，斤十七文，該錢一百五十三足，通一歲計六百一十二足。主户勒加三斤爲十二斤，該錢二百單四足，通一歲計八百一十六足。又有加至六斤，爲十五斤，該錢二百五十五足，通一歲計一貫二十足。成數一定，列在私籍，更不容脱。

至其俵鹽，則非復有元斤數之給，但一升半合，姑以爲名云耳。而鹽又非復官倉故物，雜以灰泥黟汙，不可食，人户多有寧空輸錢而不願受鹽者。

其或與校斤秤、詰美惡，則以不肯買鹽、率衆甲而罪禍立至。繼者懔然，更無誰何。强弱賢愚，一噤聽命。間有偶他出户閉者，則撮少鹽於屋簷之瓦溝，或門限上，或户外有敗瓦器，傾之而去。其姓名已掛私籍，❷及季將終，踵門索錢，急於星火，往往鬻妻質子、賣牛解屋以償者。

亦有聚落僻處，絶無升合俵散，但持空籍，按月索錢，如數取足。稍有稽遲，則呵詈箠楚，繫縛拘囚，亦有被杖毆斃者。或欠零金數十餘，其農器即徑攜去，更不問所直若干。農民遇有錢，欲以就贖，則季終替

❶「四」，乾隆本作「百」。
❷「其」，清鈔甲本作「則」。

去，無可從得矣。

一季一胥，前胥之去，必以是籍授于後胥；後胥之來，復以是籍按於前。鹽既不實給，則自官倉所請而來者，俵散極少而堆剩極多，故百户之聚，只半籮可匝；千户之鄉，只五籮可均。其餘堆剩，則主胥又徑作一綱，私賣與龍平、水頭二鋪之吏，或寄轉貨於商旅，每籮本價例一千七百，而客販騰踊，則又不啻此，總之又動以百計。❶

漳土瘠薄，民之生理本艱，與上郡不同。主户上等、歲粟斛千者，萬户中末一二；❷其次，斛三五百者，千户中末一二；❸外此，大率皆僅收斗斛，不足自給，與無産業同。年間二正税所輸升斗，尚不能前，正税之外，所謂二産，鹽不過數斤，復不能了，況四季又重疊以鬻鹽錢，所謂八百一十及一貫二十足者，夫豈易供哉！

其餘客户，則全無立錐，惟藉傭雇，朝夕奔波，不能營三餐之飽，有鎮日只一飯，或達暮不粒食者，歲輸身丁一百五十猶不能辦，則四季所謂鹽錢六百一十二足者，將於何而出之？民生所最急處，在飢無糧，而何闕於鹽？假使官司實有按月如數給之，❹彼亦何用此鹽爲？

當盱不足以代糧，❺當食不足以代肉，故諺者類曰：「官與鹽一合，恐我飯無夾。不知我無飯，飢來不可呷。官與鹽一甌，恐我肉食淡。不知我無肉，瘦來不可啖。」況胥輩於中，又有需糧索酒之擾，攘雞盗犬之

❶「又」，清鈔甲本作「爲」。
❷「末」，乾隆本作「未」。
❸「末」，乾隆本作「未」。
❹「實」，清鈔甲本作「或」。
❺「盱」，清鈔甲本作「飢」。

殃，是以愁嘆之聲，窮年竟日，喧溢田里。

嘗以所親目松州一鋪實計之。松州一鋪，每季定額官倉支鹽一萬二千斤，爲一百二十籮，敷錢二百單四貫足。而鋪籍所管户眼，有四千餘，無不盡數偏敷。今且就四千載數言之，以二千五百户爲客户，自一户九斤，該錢一百五十三足而積之，計三百八十二貫足；又以二千户爲主户之加三斤者，自一户該錢二百單四足而積之，計二百單四貫。又以五百户爲主户之加六斤者，自一户該錢二百五十五足而積之，計一百二十七貫五百足。合計七百一十三貫五百足。就其中以二百單四貫足納官司元額，其餘五百單九貫五百足，則入之胥家。兼以鋪内如前所謂堆剩而私貨者，百二十籮中，可有百籮爲錢，不啻一百七十貫足，通計一季，合得六百八十貫足，則鹽錢所入官府，得四分之一有縮；胥家得四分之三有贏。又有納賂得兼董兩季者，合兩季爲得一千三百六十貫足，彼胥無故安坐不久而驟得此横富之財，買田置屋，頓爲巨室，果何理哉！

即此一鋪以推其餘，皆可類見。環千里之郡爲幾萬户，歲之所敷爲幾萬緡，大抵到官五萬緡，則入胥家者十五萬緡；到官十萬緡，則入胥家者三十萬緡。正如刼盗分贜，坐家指縱者聽一分，而親操戈者三分以優之，官府何故貪戀一分，甘冒刼民之盗而不耻，乃反爲胥家大作暴斂，縱與之三分而不啻乎？

紹興辛亥，朱侯待制察其然，亟罷去沿海之鋪十有一，正欲區處盡罷，迫於奉祠而去。至嘉泰癸亥甲子間，俞侯監簿，又深爲討論，灼見底裏實無與乎歲計，於是一舉闔郡諸鋪而盡除之，載在廳壁記，可攷也。

時惟特存龍平、水頭二鋪，以此二鋪者，乃賣鄰郡商旅之鹽，與吾郡内之民無相干，所謂諸弊亦無容作，凡其來販，皆汀贛之民，動以千百爲羣，苟措置有方，俾鹽皆精白上品，長厚堆鋪前，斤兩不虧而貿易無阻，則所貨易流通，而所入易豐衍。每鋪元額一年一萬六千緡，合二鋪爲三萬二千緡，其公家雜用綽然矣。

自俞侯盡罷諸鋪後，應經費之外，如燕饗、❶營繕、犒軍、招卒，皆無闕用，而又代納民丁一萬七千緡，❷至秩滿，郡帑亦無損前政交承之數，則罷鹽之利害，自昭然可見。其或以歲計爲辭，而聽之存留者，用實不及，竟將何歸，亦可不言而喻也。民沾俞侯實惠，二年之内，帖息安寢，吏不登門，真若痼疾脱去而體復康寧，❸再生爲太平人。奈未幾，而開禧丙寅毛侯監丞爲其子運屬所迫，舊病依然再發，復纏肌刻骨，以至于今，漳民於此，抑又重不幸哉！本路瀕海四州，上三州皆弛禁不鬻，漳獨非王土王民乎？而獨罹荼毒，至根深枝蔓如此之甚！貪夫汙吏，❹頑然瞪目，固不足與語；仁人君子見之，惻然動心，豈能一日以安？而亦豈能以一日留？

今大卿廉素之節、仁慈之德，蓋與朱侯待制、俞侯監簿，共骨骼而同肝膽，真醫國治人手也。❺必能仰體紹興兩罷之聖旨，而深斥高毛再發之姦謀，一洗漳民百年之痼

❶「燕饗」，清鈔甲本作「延警」。
❷「一」，清鈔甲本作「十」。
❸「而體」，原作「體而」，今據清鈔甲本乙正。
❹「汙」，清鈔甲本作「奸」。
❺「治」，乾隆本作「活」。

疾，而永貽漳民萬古之遺愛。

輒生於此時，苟不爲斯民出而一言以贊其決，則進爲有隱於君子，❶而退爲抱愧于鄉人矣。所以冒昧而前，並録汪侍御劄子，別紙以參照本末，而不自知其瀆也。❷伏望台慈，特賜矜察。

上胡寺丞論重紐侵河錢

某伏覩使判近以侵河官錢失陷，委官打量，欲別行均敷，此誠公平之大政。某因采訪來歷，的見其失陷之由，敢不冒聞。

竊以州縣二河民居千百家，❸前靠官路實地，元納樓店務前，後抵官河虛地，元納河岭錢，後來官中改名爲侵河錢，各有定籍，上下相承，已經數百年矣。❹樓店務錢，古例委甲頭催納取足。今雖不用甲頭，而都監人吏按月隨門批歷領去，無容有欠者。

所謂侵河錢，古例以《千字文》爲號，每號以一名爲甲頭，隨月催足。後因官司不取辦於甲頭，而聽人户自納，於是人户不齊，有納有不納，其間或甲賣與乙，乙賣與丙，遷徙不定，官籍虛存甲姓名，而乙丙遂成漏落者。或户絶歸官，後人請買，而公據不聲載者；或宗室官户，及前名胥家，並無敢登門催納者；或鄉居人買負郭屋，日常户閉，而人吏無敢催納者；或賃人之屋，以屋主居遠爲辭，而無復爲納者；或交關明載契面，而恃頑不納者；或交關故不入契面，而謂祖無此額者。凡此等類，無甲頭爲

❶「有隱」，清鈔甲本作「無益」。

❷「自」，清鈔甲本無此字。

❸「民居」，原作「居民」，今據《四庫》本改。

❹「矣」，原作「之」，今據清鈔甲本改。

之糾察，年深月久，遂至失陷。

今別行均敷，此等固無脱漏，然一例並行而無所分別，則恐常輸二項錢、元無虧官之家，重併被擾，回視聖旨，數番減降，不聞加增，似幾違戾。且其步畝一聽於兵馬司、莊宅牙輕重之手，有計囑則縮多爲寡，無計囑則喝少爲多，居民驚憂，不遑安處。

前守何寺丞侑，于淳熙甲午間，亦嘗打量重紐，已給歷付人户矣，而民間惶惶。本路漕使風聞，即下本州住罷。於文移未到之前，❶何寺丞亦自覺其爲不便，已榜諸市曹曰：「河之通塞，於州治初無利害，民既不便，官司自是不爲，何必洶洶聚議，日夜不已？已將手分謝舉斷罷，❷仰人户仍依舊籍送納。」❸既而漕司文移復繼至，❹民間頓釋慘戚爲懽欣，變怨謗爲歌頌。

今若欲屈己便民，則莫若帖兵官住量紐之議，又照祖籍，委甲頭催足。有不納者，仰甲頭申官施行，❺則亦可以無漏落。若欲公私兩便，則莫若逐處各委巷長副同廂司，隨家看驗納錢庫狀歷頭，如月間有納二項錢庫狀歷頭，❻即是常輸之家，依然仍舊。如無庫狀歷頭可照者，即是脱漏失陷之家，巷長副具姓名、結罪狀，付廂司申，方特與紐估科納。❼籍既均定後，亦付甲頭，司其催納之責。如此，則人口永無走漏，官司永無失陷，而常輸之家亦無至重擾，實爲

❶「罷」，清鈔甲本作「服」。
❷「已」，清鈔甲本無此字。
❸「仍」，清鈔甲本無此字。
❹「既」，清鈔甲本無此字。
❺「申」，原作「甲」，今據清鈔甲本及清鈔乙本改。
❻「月間」，清鈔甲本作「照門」。
❼「與」，清鈔甲本作「舉」。「紐」，清鈔甲本作「納」。

大公至正之舉。❶

君侯，一郡父母，萬民之命係焉，慈仁愷悌，素已安習。一旦忽有疾痛，不得不以呼號，撫之如子，在吾侯誠無有替。

鯫生竊不自揆，輒以民之至情告焉。干冒台嚴，不勝惶惕戰懼之至。❷

北溪先生大全文集卷第四十四終

❶「舉」，清鈔甲本作「本」。

❷「紐估科納」至「戰懼之至」一百二十一字，原闕。今據乾隆本、清鈔甲本及清鈔乙本補。

北溪先生大全文集卷第四十五

劄

代人奏稾

臣聞今天下有若可安之勢，而實非所以爲安者，不可不深爲之慮。有若可緩之形，而實非所以爲緩者，不可不急爲之防。

夫山東諸豪，乘殘胡逃死之機，紛然四起而共圖之，蜂屯蟻聚，跨州據邑。大者數萬人，小者數千人，一旦皆相率以中原遺黎而歸附於我，俯伏轅門，惟吾命之聽，此其勢若可以爲安矣。然彼之所謂豪傑者，本非循禮守法之士純爲忠義，而發其大概，不過民之元凶劇惡、里之老雄巨俠，平生素負跌踢不可羈之才，而素蓄桀驁不可御之志，每思其便而一逞之，非能帖然真有屈服於我，則我之容接之，當如御龍虵、御虎豹，略其禮法而操縱之，適宜非可遽以爲得計而恃之以爲安也。

亡胡自入夏以來，退伏屏息，不復爲吾疆埸之擾，而吾三邊之民爲之解嚴。自江淮達荆益數千里，皆得以偃旗卧甲，弛轉輸，寬調發。而京畿萬姓，亦得以奠枕而無北顧之驚。自目冑視之，亦若有可緩之形矣。然彼狼子野心，非實畏我而遁也。以韃人深仇分道夾攻之急，❶倉皇抗禦爲救命之計，未暇以及我，而其咆哮蹂躪之素態，

❶「攻」，原作「改」，今據乾隆本、清鈔甲本改。

固未嘗一日不思騁於我，則我當亟爲之圖萬全之備，如賑焚溺，如刀鋸之迫其後，非可便以爲無事，而視之以爲緩也。

今按山東諸豪，乃安然不復顧忌，而以庸將董之，庸將若何而可以得其心乎？且運糧而餉之，吾糧若何而可以常繼乎？束縛之以規矩繩墨，如内執事之比，使不得與妄行攻取，以起兵端。此固聖人愛民之至仁，而有妨於祖宗復讎之大義，❶蓋山林獨善閉户自守者之私態。而堂堂立國於天地間，豈其正道之所宜？無乃區區過爲畏虜之情，而非所以待中原豪傑也。

彼其心岣焉不得騁，無以發其怒而飽其所欲，❷則必至反搏而内噬，正如養虎於房室之内，不與攫狐囓兔於山林，則必至於壞房室而傷人；豢龍於池沼之中，❸不與行雲致雨於霄漢，則必至於裂池沼而爲淵，亦其勢之所必然，容可不爲之慮乎？

况彼之能糾集統帥，亦必有超群出類之智謀勇略，吾能虚懷大度，以高祖所以御韓彭之術御之，束縛於規矩繩墨之内，籠之以高爵之虚名，結之以不時賜賚之德意，淑之以故國遺黎之大義，❹而付之以中原舊物之隽功，使各隨機會乘便進取，得郡則與郡，得邑則與邑，禽虜酋則爵之王，其不捷於吾無損，而吾亦無容責之也。❺夫如是，則彼將人人踴躍於前趨，而以後爲羞矣。是乃所以駕御豪傑，得其心而爲吾用之道，

❶「於」，清鈔甲本無此字。
❷「所」，清鈔甲本無此字。
❸「中」，清鈔甲本作「内」。
❹「淑」，乾隆本作「喻」，清鈔甲本作「激」。
❺「而吾」，清鈔甲本無此二字。

不可忽焉而不介慮者也。❶

今於虜騎之退、邊庭方稍寧謐，則以爲幸安，上下中外便歌詠太平，百司庶府一切爲之紓緩廢弛，不知戎狄豺狼不可厭也，宴安鴆毒不可懷也。似聞亡胡甚祈安於韃人，使命至懇，萬一韃人與之有講解之漸，則必復來肆侵軼於我，或夫果積怒勦絶其命，❷而韃人奄其故墟，則與我爲鄰者，又當强梁之新敵，❸志驕而氣盈，其變必益急而其應必益繁，容可圖之或緩乎？

且吾自顧吾國，亦能如杜牧爲唐人之上策，品式條章果自治？賢才姦惡果自治？干戈車馬果自治？井閭阡陌、倉廩財賦果自治乎？又能如王朴爲周人先立不可勝之計，群才果既集？❹政事果既治？❺財用果既充？❻士民果既附乎？❼舉天下官軍，狃於承平不用之久，無一可恃，甚有似於崇、觀、靖康之不能兵，蓋不特沿邊之不足用而惟靠於民兵耳。如沿邊民兵，謂姑以暫濟一時之急可矣，非可專恃爲長久計也。不早覺而爲之變通，則一旦噬臍，如何其悔之？

政事必内修而後夷狄可外攘，王猷必允塞而後徐方可來庭；朝廷之本强而後精神折衝，禮義廉耻之臣誠死封疆社稷而後有金城之固。未能厚德允元而難任人，則蠻夷何以率服？未能任賢勿貳、去邪勿疑、無怠無荒，則四夷何以來？王安進一

❶「焉」，清鈔甲本作「棄」。
❷「夫」，乾隆本、清鈔甲本作「天」。
❸「又」，清鈔甲本作「必」。
❹「既」，乾隆本、清鈔甲本作「能」。
❺「既」，清鈔甲本作「能」。
❻「既」，乾隆本、清鈔甲本作「能」。
❼「既」，清鈔甲本作「能」。

男子，必起單于之笑；在位無一賢，必莫制千里之難。必顔真卿守太原，而後淮南寢謀；必汲黯在朝，而後河朔有所恃；必藺相如在趙，而後秦人不敢加兵；必真儒用於魯，而後齊人歸汶陽之田；必軍中有韓范，而後西賊骨寒膽破；❶必中國相司馬，而後遼人、夏人無敢生事開邊隙。

此正古今所以尊强中國、❷鎮服外夷之常經而當世切時之急務，不可一日緩焉而不講者也。惟陛下特留神介念，❸深爲之慮而急爲之防，無以苟且拘攣失大機，無以宴安廢弛壞大計，則禍患庶幾其可弭，安强指日其可致，實宗社無疆之幸也。

與李推論海盜利害

某寓客，不當出位而言，但耳目所接，海盜利害關係甚重，其事幾有不容失，敢與同志者一言之。

夫賊之南徙，❹非畏我而遁也，以賢太守之精明，賢幕府之忠勤，相與謀謨規畫爲甚切，出軍遣將、厚餉醲賞，無一毫少吝，而賊未能即就擒者，失之倉卒而無素具故也。

賊跳梁於巨浸中，而大軍之屯岸上者過多，布水道者殊少，賊徒示我以驕狂不可犯之勢，而我軍冒不相及，且無虎飛鷹搏之術，而又狃於安平日久，無誓不與賊俱生之意。岸上之兵，徒束手而空視；水道之師，又幸風而逗留。民船單寡，器械不精，日夜

❶「西」，原作「四」，今據乾隆本、清鈔甲本及清鈔乙本改。
❷「今」，清鈔甲本作「人」。「尊」，清鈔甲本作「争」。
❸「念」，清鈔甲本作「意」。
❹「徙」，清鈔甲本作「涉」。

望官軍而不得會合。董戎者雖親履行陳，相度要害，甚爲懇切，而下無驍鋭將校，誰與統率勇進而先登？❶

民船與官船不相應，將心與士心不相一，賞格雖明，而罰紀不張，請行者雖奮發，而至止者競餒縮，賊氣不挫，勢不衂，雖曰南徙，必易我而復來，而我不可安然置之度外。既往者不可咎，及今以後，不可不亟爲之備，以俟其來。

今爲州司計者，一宜急揀悍鋭之卒，及選募重役軍兵，與海道作過之人，約五百餘額爲水軍；又擇驍勇出羣之才，分布諸船以將之，督習水戰於南門外新橋之側，日有課，旬有按，月有閲，而郡將時或不測臨觀以激厲之，使其身慣出入於風濤之上，如履平地而不没；足熟馳逐於檣桅之旁，❷如騁康莊而不躓，然後手施擊刺斬斫之技，隨吾意之所之而無不捷，若是者，不出兩月，必爲精水軍矣。

二宜按境内瀕海諸灣澳船户之籍，凡有船總若干，分爲若干陳，各隨諸灣澳，推其才力過人者，郡補爲首領，以統率之，使督所統之船，各新利其器械，亦日習水戰。❸彼生長於水，❹禦寇之技本其素習，今再從而激厲振作之，則氣爲之益鋭，而技爲之益精。至於教習已成，則民船與官軍，又期一日大會于近江，而郡將復親按閲焉。若是，則公私皆有水戰可用之兵，而郡之武威大振矣。

三宜立軍政。夫驅人於萬死一生之

❶「與」，清鈔甲本無此字。
❷「桅」，原作「於」，今據清鈔甲本改。乾隆本作「舵」。
❸「亦日」，清鈔甲本作「以」。
❹「水」上，清鈔甲本有「海」字。

地，人情莫不惜生而畏死，必用命者有賞，不用命者有戮，❶然後人敢於勇而不顧。雖聖賢行軍用師，亦不能以廢此。

近世軍政不立，賞罰莽鹵俱廢者，❷固不足道；間有賢人君子，存忠厚不嗜殺之心，專用醲賞以厲將士，而於重刑有所不忍，且身後堆金積帛，豈足以奪人舍生之心？而區區敲朴之威，又豈足以絶人畏死之路？矧鋒刃既交，前有決死之敵，後無必死之刑，誰不思退而寧肯冒進？

昔諸葛武侯街亭之役，至流涕以斬馬謖，此公豈嗜殺者？觀其言曰：兵交方始，若復廢法，何用討賊邪？亦以大義所當斷，不容行姑息之仁而忍於一人，乃所以爲千萬生靈之地也。

大抵用命俱奮，則有可生之理；顧命不前，則有俱斃之勢，此決然無可疑者。今賊未殲，正立法之始，賢太守親筆奠文，❸收録死事之孤，❹於賞固不吝矣。然似聞當時失利，同事中有先奔不爲援者。若果然，而廢其不用命之誅，則異日討賊，將士卒伍決不以區區之賞而冒赴必死之地，❺吾恐波濤洶湧之間，彼此顧望不前，其失豈特無功而已哉！

區區竊以爲三者，誠此邦目下之急務，果能揀練民兵以精水戰之技，又能大明誅賞以作其用命之心，技既精、人皆致死，雖用之大敵，何往不克？而况蕞爾海寇乎！

外此，更當講明裕財之策以副之。蓋

❶「戮」，乾隆本作「罰」。
❷「莽鹵」，乾隆本、清鈔甲本作「鹵莽」。
❸「筆」，清鈔甲本作「舉」。
❹「事」，清鈔甲本作「士」。
❺「必」，清鈔甲本無此字。

事役重大，❶非財力豐贏，❷則運用斡旋不能以如志。或曰：賢太守一毫不妄取於民，其如郡計之不充何？曰：事有經、有權。平居無事，❸不妄取於民者，經也；倉卒有警，隨宜而取之者，權也。今海道不寧，米船百貨爲之不通，而郡民生生之具蹙，❹此一邦通患，正用權之時，民力竭矣。常賦之外，決不可以妄取。若寺院者，民之保障，乃國家物力。而住持者掌之，非僧家祖業與房奩中物也，移國家財爲國家用，以安國家之民，非郡守私計也，於僧乎何傷？

蓋空門設教，本事清虛寂滅以獨潔其身，於斯世已爲無用。今其曹無復有脩祖師來意，大率只是飽食煖衣於幽閒無事之境，專一巧運機籌，鼓唱邪說，以攫良民財帛爲姦養之資；且低眉拱手，先意趨和以勾致時官權貴之欲，而藉其聲勢，凌壓愚騃，肆行邪慝，❺無所不至。此與盜賊無異，未可例以齊民視之。

矧今亦無名色過取，只約住持五年者納貼頭錢與換貼，不願納者聽別納錢者，住持至甲乙寺，亦隨坐高下比附而行之。此舉人自樂輸，何過取之有？及童行輩，諸寺動以百爲羣，暨諸鄉齋堂道流，日集民禮塔而取其金，動以千百計。小民沾體塗足，爲仰事俯育之資，終歲所獲能幾何？而積日累月取之，❻爲之一空，良可哀憫。今將此曹悉籍之丁帳，未爲過也。

❶「事」，清鈔甲本作「士」。
❷「非」下，清鈔甲本有「貲」字。「豐」，原爲墨丁，今據清鈔甲本補。乾隆本、《四庫》本作「充」。
❸「居」，清鈔甲本作「安」。
❹「郡民生」，清鈔甲本作「群」。
❺「行」，清鈔甲本作「志」。
❻「積」，原作「即」，今據乾隆本、清鈔甲本改。

至如樂山一所，非有寺額，而僧道設計裒斂民財，尤爲精緻。每一歲間，招誘農商工賈，遞分節次，各以時會，名曰燒香。就稠衆中察其猾黠能事者，❶分俵疏且請爲勸首，❷抄題錢物，每疏以數百緡，經年積蓄，今已浩大，而其中輩行屢經官司爭主首之權，此亦可以按籍舉而歸之官。

又如尼寺，一遭回禄，疏題民財，見以巨萬計，此誘陷良民子女之淵藪，天其或者故一除之，而愚民逆天再造。今按其疏目移爲公家討賊之助，❸正所以順天理、合人心，又何疑焉！

至是而又不足，則勸諭沿海豪户助軍，彼亦切身利害，自其所願；又不足，然後次第及城中巨賈貴族之借助，亦義不容辭者。凡此等類，皆所謂時措之宜，而不失爲權中之經，未可以小不忍而重行之。

君子舉事，惟其理之當而已，隱忍回互最害智，因循苟且最害義。拳拳之愚，恐可以少助幕中參謨之萬一，惟剛明正大者，試一擇焉，實邦人千萬之幸也。

代王迪父上真守論塔會

某輒有所聞，冒浼台聽。

六月初，道路讙傳以爲闤闠之民聚議，欲於本府衙前創建塔會，云舍人已峻卻其請矣。有識之士方嘆詠識度之高明，越旬日後，又讙傳已得郡判許其爲塔會，民間安排措置，欲赴道場，❹所云有定期矣。識者

❶「能」，原爲墨丁，今據乾隆本補。
❷「且」，清鈔甲本作「題」。
❸「疏」，清鈔甲本作「数」。
❹「道場」，清鈔甲本作「塔會」。

聞之愕然，爲之不敢信。誠以此等事，乃出於鄉閭武斷者，假托異教裒斂民財，以爲媚上行姦之計，而非出於細民戴慕歸美之誠心；蓋好名俗吏之所喜爲，而高明正大君子之所深惡也。意道路之傳其然，豈其然乎？

夫佛氏絶滅天倫，枯槁山林，本欲遂其獨善爲我之私，蓋特西胡一方外之士，非可通其教於世。自王道不明，邪説詖行流入中國，而華人之譎誕者，又文莊列之虚無以佐其高，於是無父無君之教，充盈乎天下。

七閩自五代僭僞，荼毒生民，罪惡彌天，妄靠浮屠以爲讖悔，故度僧創刹，視它所爲特盛。泉人至今動輒以佛國自名，而不知爲生靈巨蠹，愚民蚩蚩，奔趋日熾。其憚耕種、偷安佚者，競樂爲其徒，且莊嚴金像，大倡冥司福田果報之説，鳩索寶財，肆爲安居美衣豐食之計。

其聚男女雜坐，以梵書輪玩，則謂之「傳經」；率男女躡足行拜於通衢，則謂之「朝嶽」；列男女行伍，張燈膜拜，則謂之「塔會」。充爲勸首者，非豪强之姦民，則暴横之公族；執疏登門，如誅所負。無告愚民，一怵於身後之冥福，❶再怵於儔類之嗤笑，三怵於勸首之陵壓，至妻子藜藿不充而典質以赴佛會，父母甘旨不贍而供具以奉它人，奪仰事俯育有用之財而爲無用之給，剥塞向墐户至切之貲而爲不切之費，生理日窘，皆此之由。

今者無故復於通都大衢，創爲此會，在隨波逐流時樣其官之前，❷亦未足爲怪；在

❶「福」，乾隆本作「禍」。

❷「隨」，原漫漶不清，今據乾隆本、清鈔甲本訂正。《四庫》本作「阿」。

立節守義學古名賢之下，❶則大爲不便。蓋不惟大可怪而亦大可嘆，不惟大可駭而亦大可惜。以舍人平日器識甚正，名義甚高，斥白玉蟾之妖術於群公趨和之日，却呪水解厭之邪説於奉行天討之時，何於今殆若相反？豈昨明而今遽暗歟？竟不知其果何説也。謂爲百姓祈福歟？昔韓公持國帥，許伊川。程子往見，謂公曰：「適市中聚浮屠，何也？」公曰：「爲民祈福也。」程子曰：「福斯民者，不在公乎？」韓公即爲媿悔服義。今寇盜清夷，❷年穀豐熟，民均按堵，吏絶登門，闔境和氣熙熙，實皆賢太守精神心術之所運，哀矜惻怛之所形，其賜有不可誣者。夫豈必待數百人膜拜而後致此哉？謂斯民欲以種太守之福歟？聞聖經有求福不回之説矣，有自求多福之説矣，未聞以邪道外求也。彼佛氏所謂福田、果報、天堂、地獄等説，揆之天地大化與幽明實故，❸萬萬無此理。如依憑邪法，爲之私祈陰禱，是乃衰世州縣貪夫納賂以囑公事者之鄙態，寧有當乎天地神明福善禍淫之公心正道？寧不反以貽笑於天地神明之側乎？

若曰：邪説本無足惑，但斯民拳拳酬恩報德不自已之誠，有重違其情耳。果然，則是豈不可明言以喻四民？謂爾但各安爾田里，各勤爾生業，各修爾孝弟忠信，無爲非理爭訟以虚撓太守之庭，是乃所以實報太守，而亦太守之至願也。❹何用爲此虚幻之舉乎？且大賢君子，時人耳目當世所儀，

❶「學古」，乾隆本作「古學」。
❷「夷」，清鈔甲本作「平」。
❸「大化」，清鈔甲本無此二字。
❹「至」，清鈔甲本作「志」。

則舉動一不謹，則無知之民視爲當然，群趨百和，猶揚狂瀾而助之長，鼓頹風而使之旺也。其害寧有既哉？

昔王公詹事守此邦，當時豪民亦有以衙前塔會爲請者。詹事公照其姦，送之理，以正其裒斂之罪，末雖以闔郡公贖從恕，猶封罪名於案，以杜其後。自是一懲，良民得免掊克之擾者二十餘年。最後姦雄之徒，久鬱不得逞，乃從臾權貴子弟爲倡首，而塔會復興。識者觀其顛末，未嘗不爲此邦風俗慨嘆也。先生德望器局，王公詹事輩行也，豈舉措尚在王公詹事後乎？

或恐謂外典之道甚高，未容以遽輕，則彼高談性命，所謂最精妙處，特不離告子「以生爲性」之説，而其内省工夫至極處，亦不過「滅情以復性」而已。蓋皆儒家所深鄙而指爲吾道之賊，則維持名教者，尤不可不謹也。

況乎夫耕婦織之業於是而廢焉，男女淫奔之風於是而作焉，醉夫爭鬭之獄於是而興焉，回禄不虞之變又於是而可慮焉，虚福未見而實禍立聞，抑其利害又有甚者。

此邦近創大道場有三所：一則衙前，❶二則壽寧，三則開元寺之普度會。所謂勸首者，雖隱匿姓名托之它人，而主其謀者，大抵實豪强之宗子也。此等平日聚博屠牛，交結胥吏肆爲非法，本非向善之人。所以爲此者，特不過以姦謀詭計遇賢太守無所施，故借是色目裒斂民財，而恣其醉飽淫蕩之私耳。集衆定社已刲羊釃酒，一出題疏，僕夫負財，爛醉而歸。原其假托，實與平時聚博屠牛等事，同工而異曲耳。

❶「前」上，清鈔甲本有「門」字。

刓頭會箕斂，動以太守爲名，到梵音一畢，則所積丘山，席卷而歸，誰敢冒凶焰而勾稽之？此其肺肝，自可灼見。假如一受其陷，則異日有違法至於黄堂之前，寧不爲之動而躊躇其筆乎？

區區一介，非固爲是狂僭之言。所深惜者，以明月之珠、夜光之璧，有纖微玷纇，則非十全之寶矣。幸毋以山判已出爲嫌，此正聖賢不遠之復，而闔郡觀聽所由新，❶所謂正人心、移風俗之機也。惟大賢君子深察之。

北溪先生大全文集卷第四十五終

❶「所」，清鈔甲本作「之」。

北溪先生大全文集卷第四十六

劄

上傅寺丞論學糧

某伏以判府寺丞，下車首先篤意學校。風化本原，以教與養不可偏廢。謙謙訪及利病，因竊博采内外僉言，參贊耆老公論。皆以本州學糧，古來號爲天下豐羡，大觀、政和間，教養五百額，後減殺至二百員。淳熙甲辰、乙巳間，田教全年破供，無旬休、節暇及堂試日，並皆造食，常綽然有餘。

及有學糧官後一年二補，每補僅破一百日食；况又累政撥田入學，乃常告匱，至有今日之極，其故何邪？大抵始者非天雨鬼輸而來，❶今又非冰融雪消而去，皆係乎其人。若非監官之耗蠹，則庫子之盗竊；非催科吏之蔽欺，則輸納户之欠折。

今惟先攷究府庫失陷之弊，以清學糧所聚之地，則日下便可以蘇醒有濟；❷繼又兼整理田畝失陷之弊，以豐學糧所出之原，則日後益可以久遠無壞。謹畫一開具于後，少裨采訪之末，幸賜台覽。

一、學糧庫不在學之弊

本學倉庫，❸元皆在學，見有舊所存在。因癸酉詔通貢院引試，黄推官桂遂搬出錢糧，權寄軍資庫。試後因循，不復搬回。然

❶「雨」，乾隆本作「運」。
❷「日」，清鈔甲本作「目」。
❸「庫」，清鈔甲本無此字。

在軍資庫，與學隔越，易生情弊。湯推官政内，嘗因士子有請，❶搬回在學。未及一年，復爲胥輩轉移而之軍資庫。今莫若仍舊在學，此乃十目之地，庶幾諸弊不生。

一、庫子兼管他庫之弊

學糧今在軍資庫内，與歲計共一庫，與增鹽庫相接聯，❷見是吴深一名充三庫子。軍人或借請歲計錢，吴深常將學糧錢代支；及或用鹽錢，又將學糧錢借撥，擅於移易如此，❸所以致滲漏消折。今若移學糧庫在學，則免與諸庫混雜，只差吏人一名專掌，而無兼他庫事，❹則可杜移易借撥之弊矣。

一、催科不嚴之弊

村民佃租爲數不多，其欠亦少。惟在城抱佃之人，自五緡十緡、至三四十緡者，❺或以假儒、或以勢族，或正官户、或宗室，僞名多方，計囑司吏。如今年秋收已畢，却還延不輸，至明年新租之起，尚納未盡。新租既起催，則舊欠不復督。更拖一二年，便望赦恩蠲放矣。此學糧所由欠折。

今革其弊，所爲催科之限，須如州司納子㪷錢，責之正額典貼，一年拘催一年，以取足爲了當，不許過期拖欠，有賞有罰。如此，則承行者無不效力，而欠户難隱蔽矣。

一、學糧典貼盜用之弊

本學催租，只差齋僕，蓋懲吏卒下鄉之擾也。用之既久，弊所由生。村民居遠，或

❶「因」，原漫漶不清，今據乾隆本、清鈔甲本、清鈔乙本訂正。

❷「接」，原爲墨丁，今據乾隆本、《四庫》本補。

❸「於」，清鈔甲本作「自」。

❹「事」，原作「眼」，今據《四庫》本改。

❺「者」，清鈔甲本無此字。

以租錢付齋僕，齋僕不爲輸納，與司吏通同使用，❶遂免點檢違限，❷書吏亦往往兜攬在脚盜用。監官稍緩比校期會，則積欠愈多。設若監官令典貼劄出欠户，彼既嘗用過佃户之錢，却將欠户姓名隱匿。遠鄉村民，但知有齋僕司吏手寫領榜爲憑，而劄欠又不及之。其在城抱佃之人，每月以錢賂司吏，名曰「帳脚」，覆護不催。或以一半租錢私付司吏，遂不復責之全納。此皆監官無比校，而程限不嚴之故。

今革其弊，須逐年全録佃户姓名，作三册子：其一監官所，其一學官所，其一在學。常嚴程限比校，如有懶催不登數者，監官或不糾，則學官當徑申州。如此，則催科一一分明，可無漏落倖免者矣。❸

一、納米之弊

本學輸納，被佃户作弊。❹米變爲穀，穀變爲錢；大斗變爲小斗，百足變爲百省。其來已久。向者白米之納，倉廒盈溢，陳陳相因。近來不過年納二百餘石，僅可以周一補造飯；繼後一補，則官庫支錢，就米鋪糴。錢既不時給，鋪户皆臨時供惡濕之米。蓋由納米之日，斟子與典貼取裹足太重，一石至費六百文，佃户苦之。遂計囑減落米數，秪作錢納。如遊洋一庄，租來納白米，米又精良。去年，湯推官臨替，却計會納錢，是致學糧米數又須減少。外有合納本色之户，多遷延不納，至來春，却圖折價。

❶「與」，原漫漶不清，今據乾隆本、清鈔甲本、清鈔乙本訂正。
❷「點檢」，清鈔甲本作「檢點」。
❸「可無」，清鈔甲本作「無可」。
❹「被」，清鈔甲本作「彼」。

折價既行，又不鋪錢，❶此皆在城抱佃之人，百端計囑，司吏通同作弊，遂至學厨一旬有三五日不造食。

今革其弊，須覈實一年合用若干米，取元納米精良處，籍定其數，俾永輸本色。仍減輕裹足，立爲定制，而嚴禁胥徒之横取，然後人户樂輸，而年間可以足用矣。

一、庫子受納之弊

舊學中受納，監官給一到庫印與職事收。每日有人户納錢到庫，庫子交收訖，即批上都曆，職事遂將庫狀就都曆上合同打到庫印，付人户去。❷及人户取鈔時，將庫狀比都曆上合同，方給鈔與之。此更無可容弊處。後來庫子爲見其中無所取，乃轉移監官，毁職事印，只給一印與庫子自打，庫狀從此遂無稽考。

如，有一日，或十户鈔到，皆是自印庫狀，付佃户去。其實只將五户納入附都曆，而餘五户，别作小草簿，私記姓名，爲盜用計。官司無從而知，但云鼓門下抄附納錢有總曆，皆本人自抄附，已有登帶。然鼓門抄附所納佃户姓名、錢數，不曾申學糧官，學糧官亦不曾就門頭取會。一日，有若干人錢數，是致庫子公然盜用一半，不入都曆，誰敢詰其端？

由此觀之，庫子私記小簿，最是作弊要處，藏之甚秘。如：去年春，庫子楊茂，冬則陳起，一年首尾盜用數百緡。或下獄，或逃竄，皆以私領佃户錢不入曆之故。亦獄司不測打開私櫃，攫取私記小簿，鞫之，乃獲知其狀情，然其錢竟無復追補。

❶「鋪」，乾隆本作「納」。
❷「人」上，清鈔甲本有「與」字。當從。

今若移庫在學，并依舊差職事，於受納時親就，都曆打到庫印，則此等盜用諸弊，無容作矣。

一、庫口樁錢之弊

納錢權樁庫口，至晚，監官須入庫收藏，或請職事監收。今多閱日不曾搬入收藏。吏人垂涎，無不潛移盜用，❶則是官司以錢付盜手，❷而非盜者之盜用官錢也。

一、驅磨且從近年

主學糧前後亦多美惡不常。如甲子年間，在黄判官景淵手，多有計校，減下租數，然未到無支梧處。❸ 至癸酉甲戌間，在敎政内，俸錢猶依舊例，定於本月初六日支；食錢定於旬日給。歲暮又預出來春兩月錢與人，爲歲節之用，亦未聞以匱告。

及丙子後，入湯推官政，便支遣不行，或春季錢至秋而後支，❹或秋季錢次年而後給。緣是湯推官不了胥輩多作姦弊，不曾知覺，且時受其蕉布、吉布厚貢，❺每以十疋爲束，因遂鉗口，無復檢點矣。豈知蕉布、吉布等物，即是學糧錢换名邪？❻ 至任滿之末，有人户錢被吏人領去，在己以百貫爲率而不到庫者；有欠在人户分上，只厚賂吏人庇蓋而不復納者。

葉檢院見學糧大欠闕，不與批書，責其填補。未幾，而權要之書至，復與批書去。新官交印，乃曰：「前事吾不理。」於是，諸作弊老姦巨猾網漏矣。

❶「用」，原爲墨丁，今據《四庫》本補。乾隆本作「取」。
❷「則」，原爲墨丁，今據《四庫》本補。
❸「梧」，乾隆本作「吾」。
❹「支」，清鈔甲本作「至」。
❺「厚」，清鈔甲本無此字。
❻「是」，清鈔甲本無此字。

今幸遇天開日明，若未能從遠年驅磨，且近從湯推政內丙子年以來，委清明官驅磨，其出納之數，年間所納若干、所出若干，一一嚴核其實，則諸般滲漏侵盜情弊，皆瞭然不能逃矣。

一、主學糧時擇清明官，不可拘在一司

學糧專在一司掌管，則官無常人。有公清者，有不公清者；有明曉者，有不明曉者。幸而遇公清明曉者，則才有樂育之善，❶士無不飽之嗟；不幸所遇非人，則其中姦弊紛拏膠轕。惟隨時選擇曹職中清明者主之，至或滿去，則又聽學中公論，推薦曹職中清明者代之，而不拘定在一司。此窮則變，變則通之常道。果如是，則管學糧常得人，而士子常沾國家教養實惠矣。

一、教官與錢糧官通知出入之數

學糧收支出入，固當責之監官；而稽攷參驗，權當在學官。若學糧官主錢糧，而教官只知教導，各不相通，財則已匱而教官增額太濫，錢當給而學糧官反以窘乏爲辭。前此教官亦嘗檢點學糧，同簽押，似乎通融，而權實不在教官。及湯推官稟白州郡，復不令教官與檢點，而錢糧官始專其權，以自恣矣。

一、學糧典貼及庫子，須擇人充

舊來典貼及庫子，皆都副吏保明，選差正額手分、貼司，謹畏、有家地底保人充。後來所差不擇，多用會子數百求之。緣其中可以作弊，大有所獲之故，老姦巨猾一入其中，肆行盜用，無所顧忌，寒士更莫敢誰何。必欲選差，宜從舊例。

一、虛蠹學糧之弊

❶「善」，《四庫》本作「喜」。

舊未有錢糧官，差龍溪縣尉受納，有茶湯錢；舊置武生員，以兵官爲教導，有教導錢。今尉司無與受納，而供茶湯錢者如故；武生員廢已久，而供兵官教導錢者猶昔。果何爲乎？

右關府庫失陷條件，大概其間情弊頗多，未能悉知，更在委清明官以類推究。先且從湯推官内，三年來驅磨其出内之數；復移庫置學中，擇謹畏人吏專掌；然後即諸宿弊，一併洗清之。則府庫之失陷者，可以立振矣。

一、學田圖籍有青册子，可按爲準

本學田元租有大觀年間圖籍，傳之既久，頗有遺亡，不具在。淳熙戊申間，黄推官渥主學糧，注意覈實，爲久遠計，申州重造圖籍，每莊保田各差職事一員，副以官牙一名，書吏一名，畫匠一名，前去地頭打量步畝，圖畫田段，紐定租數，類爲簿籍，名曰青册。已公平明允，可按以爲準。一正本藏學糧司，一副本寄軍資庫。及黄推官滿去，諸姦弊即復旋生。今已三十餘年，田租數數更變，未悉此青册尚無恙與否。❶恐有惡其害己，而去其籍者。

今宜速契勘，此青册果儼然無變動，必按其圖以覈今見在之田，按其數以覈今見在之租，則凡今之不如舊者，皆可從而整理矣。如其無足憑，則重差人造圖帳，亦不容廢。

一、累政撥田添學糧

前郡守自傅樞、傅侍郎、俞監簿、莊侍郎、趙寺丞諸公，屢撥廢院田添助學糧，或

❶ 「悉」，原作「委」，今據乾隆本改。

二百斛，或三百斛。又在青册租數之外，具載碑記分明。年間用度宜有寬羨，而乃日甚焦熬，何也？此等田，若例遭作弊曖昧，則方近接耳目，未至無稽考處。不可不覈定數，附青册子，爲傳遠計。

一、田租減落之弊

本州學糧元號萬餘，今年間所入僅止七八千而已。蓋緣三十年來，累被姦猾佃户計囑司吏，於錢糧官臨替之日，假作拋荒逃亡，詭名入狀，計較減落田租，承佃依舊只是元佃本人。然租簿所批附減落之數，不過只是司吏自注，有何勘會憑據？有何經官印押？大抵都是作弊莽鹵，❶所以大至失陷。

今欲一一整理，須先多散榜諸庄保内，許人户告首其隱没之數者，與賞佃；或自首其元數者，亦與元佃。及趁春工未動，許人增租改佃，務以青册元業爲率，❷則學糧庶乎可復舊矣。

一、田租瞞減之證

湧口莊，元係莊氏捐百斛租田以助學糧，具載學碑。始者，每壹桶蚪納錢一百五十足；中間將貳桶蚪折爲三官蚪，❸納錢三伯足，❹有舊鈔可憑。後來佃户郝謙之、蔡恭叔、林容等，計較將每蚪壹伯足作七十價輸納，今元佃見在無恙，而租錢乃至三變。然其間亦有人户分佃，如陳高、黄進者，目今尚每蚪作壹伯足納官；比郝謙之等，瞞官頗多。豈有一項租田，却有兩價？按庫鈔相校，爲弊灼然。上項本末，莊氏子弟備

❶「莽鹵」，乾隆本作「鹵莽」。
❷「業」，清鈔甲本作「額」。
❸「折」，原作「析」，今據乾隆本、清鈔甲本改。
❹「伯」，乾隆本、清鈔甲本作「百」。下同。

知端的。其他莊田情弊，亦多類此。舉此一端，則他田情弊，可以類推。

一、學田有偷賣者

村民有世佃學田，上世祖父立鬮書遺後人，載所佃學田與諸子分佃；至再易世後，又再立分佃鬮書，而不聲説是學田，又易數世後，子孫不復知其由，以爲祖父産業，遂立赤契與人户交關，❶而無可奈何矣。若明皇莊田是也。

一、學田有偷占者

本學田有一段，在城東之村七里，❷曰赤嶺。圖記分明，而無有的知疆界之所在。遺職事出地頭訪之，居民皆曰無之；又以圖記細考而物色之，乃覺其爲武斷鄉村者所盜據。居民蓋畏憚而不敢言。然此段，竟亦無如之何。❸

一、學田有偷入帳請買者

本學官洲莊田有三洲，年科占穩穀一千五百斛。❹其中大者曰北洲，該納九百六十斛；次二洲，共五百四十斛。今北爲洪水流崩，未有拄應。淳熙間，趙師洽捨田入學，其田下沿生泥淤，學中歲收茑草錢一百九十一貫，殆未足以裨補北洲所崩地位。近緣謝念二、❺念九盜刈茑草，斷罪挾怨；欺罔顔知縣宅，唆令幹人計較入帳請買。❻顔宰最是潔白之官，一時爲村人所誤，納錢請買。豈有本學沿生泥白而可以入帳請買乎？❼近又計較林廷秀，詭名增三百石租

❶「赤」，乾隆本作「賣」。
❷「村」下，清鈔甲本有「北」字。當從。
❸「竟」，原作「意」，今據清鈔甲本、《四庫》本改。
❹「穩」，清鈔甲本作「租」。
❺「二」，清鈔甲本作「三」。下文有「謝念三」。
❻「唆」，清鈔甲本作「叱」。
❼「白」，清鈔甲本作「田」。當從。

摻佃。彼官洲佃户，父祖世居在彼，或有海濤衝突，隨即補治，久而輸納無欠。豈應爲謝念三計較詭名摻佃乎？

右關田畝失陷條件，大概其間情弊頗多，未能悉知，亦在委清明官以類推究。於府庫既有倫序之後，必又相繼按青册子田圖租數，從根本處整理。若明白易見者，先與之正定其經界；或曖昧難知者，徐爲之爬梳其條緒。務要如青册子元業，則田畝之失陷者，可以復還矣。

北溪先生大全文集卷第四十六終

北溪先生大全文集卷第四十七

劄

上傅寺丞論民間利病六條

某伏承台慈，不以愚賤，訪及民間利病，敢采摭目前切近者，凡六條，上浼台聽。

一、此間民俗，大概質朴畏謹。然其間亦有姦雄健訟，爲善良之梗，使不獲安息者，在民師帥不可以不知。蓋緣一種人，長於詞理，熟公門事體淺深，識案分人物高下，專教人詞訟爲料理公事，利於解貫頭錢爲活家計。凡有詞訟者，必倚之爲盟主，謂之主人頭。此其人，或是貢士，或是國學生，或進士困於場屋者，或勢家子弟宗族，或宗室之不羈者，或斷罷公吏，或破落門户等人。皆於影下教唆，或小事粧爲大事，或無傷損粧爲幾喪性命，或一詞實而粧九虚以夾之，或一事切而粧九不切以文之。承行之吏，亦樂其人爲鷹犬；而其人，亦樂於挾村人之財，與之對分。此詞訟之所以日繁一日，聽斷之所以徒爲虚勞，而善良者之所以虚被其撓也。

前政趙寺丞知其然，當聽訟時，灼見有此等人，便嚴行懲斷。其在士類者，則善處之自訟齋，齋在州後園。窮年不與歸，人因畏戢，不敢健訟。次年所引詞狀，日不到三十紙。莊卿繼之，廢自訟齋，詞訟翕然，日至四五百。其中虚妄健訟者，雖亦能燭破其情，末却放之善去，❶無所懲艾，於是姦雄鼓舞而詞訟益蔓，善良益不克安迹矣。張郎中再按趙寺丞故事，榜儀門曉示，詞訟又頓少。

今寺丞下車，第一引詞狀日幾至三四百者，亦以故事未曾舉行故也。❷而今而後，宜申嚴約束，如有此等人出入公門，隱匿司房，爲詞人盟主者，門卒案吏同坐。若其人非士類，則依條重行科斷；在士類者，則循舊例，決竹篦，處之自訟齋，窮年使讀《論語》、《小學》之書。是乃以善治之之道，如此，則健訟者無復敢恣爲虚妄而肆行教唆，然後人之以詞訟來者，必皆其事之不可已而情之不容僞，聽斷自可常清明，獄訟自可常簡少也。

一、此間村民有一種折合之風，甚爲善良之擾。蓋村民中有浮浪、貧窮、無顧藉人，不安己分營生，反妬人之有財，專萌折合之心。如同儕輩是一樣門户，纔見渠所蓄有二三十緡，稍勝於己，便思以事與相干涉而折合之。或以牛羊踐踏賴，或以妻兒鬬駡賴，甚至或食野葛仆於其室，或潛賫夜經於其門，必卷他家之財爲己有然後已。

況視産業温燠家，其設計謀取錢物尤爲詭譎，一唱百和，至朴拙無能者亦相效成風。故或田主取償於佃户，而佃户適有家人病死，乃以賴其金穀者；或財主索債於貸户，而貸户無還，乃殺其幼孩以謀錢帛者；或屋主有責事於店客，❸而店客生憾，乃扼吭殺其病母，以劫白金數百兩者；或良家産户，婢僕不幸嬰病以卒，而父母、兄

❶「末」，乾隆本作「狀」，當從，屬上讀。
❷「曾」，清鈔甲本作「嘗」。
❸「事」，清鈔甲本作「求」。

弟、姑姨、叔伯，必把爲奇貨，羣湊雇主之門，争攫珍貝者。悖理傷義，大不可言，亦由州縣無清明，❶有司復於其中乘隙圖一分己賂，推波助瀾，遂愈滋蔓。

前政葉檢院知其俗，一鎮以無事。凡有此意來者，悉折之不行，至其實有鬭死，方與依條究治。蓋其所辨别，亦惟以貧論富，以賤論貴，則決知其爲折合之計；或兩家之力俱相等，方疑其有鬭敵而爲之受詞。龍溪陳宰亦深能照破此等姦狀，只於其始便遏絶之，不與肆。數年來，閻閭田里此風稍息，❷粗獲安寢。今仁政之下，決不容此等俗，然亦不可以不預知。

一、屠牛之風與盜賊實相表裏。蓋屠牛者，盜殺人之牛，與承盜者之牛而屠之，以盜遇盜，豈但姑爲一牛之故而已？必無不盜之所由長也。此間屠牛，在城是宗室不檢者，鄉村是亡命浮浪者。近日肆行，蓋緣前政以軍需牛皮，不欲科配，只出官錢付吏和買。承吏因自收錢入己，只分些少與屠家爲名，屠家因是公然牽人之牛而屠之。村民失牛者，拱手相視，無敢誰何。

今使府新政之初，尚稍觀望斂戢，既而旬日，便遂縱横無顧忌。春功將動，耕牛有限，安能供日日無窮之屠？恐不可不申嚴約束。如有犯者，若是亡命浮浪人，宜借一人重行懲治，以警其餘，未可只與一決杖，快便而去，須索烹宰之具椎毀之，錮身徧押諸下縣，納牛肉錢，及徧號令四境諸鄉村以苦之。到一年後，有犯者代之，方可聽放。若是宗室，亦如前，決竹篦，窮年閉之「自訟

❶「明」，清鈔甲本作「白」。
❷「閻閭」，乾隆本、清鈔甲本作「閭閻」。當從。

齋」以善治之。又嚴左右鄰甲告首，若容隱必同坐。如此，則人自不敢犯。果屠牛能禁止，則是亦去盜賊之一端也。

一、此間有所謂「鄉稅」擾民，甚於官租。官租猶時有定目，鄉稅則不可以一目計，而又無時之能已也。何謂鄉稅擾民之甚？如諸廟之率斂民財，其一也。蓋此間民俗尚淫祀，多以他鄉非鬼立廟，其植禍深，其流殃蔓。

今未暇細論，姑以目前粗擾者言之：一般浮浪不檢人，託鬼神圖衣食，稱廟中「會首」，每裝土偶如將校衣冠，名曰「舍人」，或曰「太保」。時騎馬街道，號爲「出隊」。羣不逞十數輩，擁旌旗、鳴鉦鼓隨之，擎疏頭假簽、土居尊秩名銜，爲都勸緣。繼以宗室列其後，入人家抄題錢物，託名脩廟，或託名迎神禳災，脅以禍福，不分貴賤貧富，必足數而後去。雖肩擔背負小夫，亦必索百文五十爲香錢。連日自朝至暮，徧匝城市，無一户得免者。其實所抄題錢，大概皆是會首入己自用，爲醉飽計，爲肥妻孥計，於鬼神何有計？闔城諸祠，似此類假託者，不知其幾廟。一歲間，自春徂冬，人户遭此等撓聒者，❶不知其幾番。❷愚民無知，畏鬼誅譴，割仰事俯育之具爲無用不切之輸，不勝其苦。此鄉稅之至横者。

漳民無大經商，衣食甚艱，十室而九匱，非如温陵市舶連甍、富饒之地，其何以供？此爲千里神人之主，可坐視而不之問乎？假鬼神以亂政，及裒斂民財，在法有明禁，恐不可不申嚴約束。如有故違者，將

❶「聒」，乾隆本、清鈔甲本作「括」。
❷「幾番」，原漫漶不清，今據清鈔甲本及清鈔乙本訂正。

會首計贓依條重行斷罪，仍押徧歷在城及鄉村諸廟門號令，以困苦之。若然，則姦民知懼，不復賣弄，人户遂可省此等橫賦之擾，庶乎其稍蘇矣。

一、此間多有一般無行止姦雄、浮浪客旅，上既非商賈販賣之流，下又非殘疾跛躃之輩；❶形貌巍堂如大兵，氣力兇很如暴虎。假名尤溪師巫，或攜刀子，或鳴牛角，或吹竹筒，或木拳槌胸打業，或蓬頭，或裸體，入人家乞丐，厲色峻辭，如誅所負，排門逐户，無一放過，應之稍遲，便出惡口。人户畏憚，不敢譏呵。有人一日一番，有人三四日一番，有日三四人疊至，編氓間日又爲此等所撓，❷兹又鄉稅之一橫者。

熟覘其人，實非乞丐，乃假託此態，窺覘人門户，爲盜竊計。目今夜行之黨甚熾者，多此曹之預其間也。前政張郎中嘗榜緝捕，閭里清晏。今亦不可不申嚴約束，應旅邸不可居停。❸有依舊臨人門户者，許人户告廂官、地分等捕捉，悉押出境。❹不然，刺爲散兵而重役之。是亦去盜賊、蠲鄉稅之一端也。

一、此間僧寺極多，極爲富饒，十漳州之産而居其七。凡爲僧者，住無礙屋，喫無礙飯，著無礙衣，使無礙錢，因是不復知稼穡艱難，而至於驕縱。雖已出家爲方外之徒，不肯安分修方外之行，却與俗人結冤於貪癡嗔愛之場，爭人我者甚大。如五禪大

❶「疾」，清鈔甲本作「病」。
❷「編」，原作「徧」，今據乾隆本、清鈔甲本改。
❸「邸」，原作「邪」，今據乾隆本、清鈔甲本、《四庫》本改。「旅」上，乾隆本有「禁」字。
❹「悉」，原漫漶不清，今據乾隆本、清鈔甲本及清鈔乙本訂正。

剎，爲郡頭目，皆出頭好鬧。至猾黠者圖之，握錢穀大權在手，聚姦凶大衆在院，遂作無邊罪苦，侵虐平民，陵抗士夫，非有率衆脩善根意。以聖節道場一所，係闔郡文武祝聖，爲體甚重，而主者乃舊住光孝，犯姦坐獄、行賕苟脱之人。豈不爲公家汙辱？其他多此類，不待言。

外而環城諸寺，尤爲豪横，多買土居尊官爲庇護，舉院界限，❶皆託名爲土居尊官墳林，倚靠聲勢，酷毒村民。有拾界内一枝薪者，則以爲斫墳林而弔打之；有牛馬羊豕食界内一葉草者，則以爲踐墳庭而奪没之。村民受苦，無敢誰何。諸寺類皆招集無圖浮浪人充行者，結束作士人衣冠，凶悍如大兵氣勢，專以打人示威，名曰「爪牙」，外護其出入踐履公庭，尤甚於民間健訟之夫，至其恃財縱欲行姦，亂民伍、汙風教者，久被俗之常態，❷穢人楮筆，不在論。

祖例州縣凡有營繕修造等大役，官司量以錢付僧家，仍授之規模而責成焉。至有不給，則令彼出陪補，亦不離公家常住之財，於吾民免被擾，而閭里獲安息。後來諸僧院設計厚賂，都吏去其籍，遂破元例。而有事復敷之民，民遂被擾，而僧家安養端坐無爲矣。自是有司行遣，作輟不常。存心公明正大者，則寧役無用閒僧，而不忍擾吾民；以種福田爲心者，則無暇慮及吾民，而惟恐一毫有傷於佛子。二説相持，然一邪一正、一公一私，賢有司爲國家根本地者，不可莽鹵無辨也。❸

昔南軒先生帥靖江，日待僧家甚得體。

❶「限」，原爲墨丁，今據乾隆本補。《四庫》本作「址」。
❷「久被」，乾隆本作「多陂」。
❸「莽鹵」，乾隆本作「鹵莽」。

以公廳非接見夷狄之所，凡有干謁白事者，但令趨庭，無上廳接見之禮。其説載在《語録》，誠可爲斯世大公至正之式。

今宜比傍「自訟齋」，將後園冗屋一間，作「自訟庵」，有躡訟庭、犯典憲，其罪不在流徒之科者，❶處於其中，一如「自訟齋」行遣，是亦善治之道，而可使之斂戢，無復縱横者矣。

上傅寺丞論淫戲

某竊以此邦陋俗，常秋收之後，❷優人互湊諸鄉保，作淫戲，號「乞冬」。羣不逞少年，遂結集浮浪無圖數十輩，❸共相唱率，號曰「戲頭」。逐家裒斂錢物，豢優人作戲。或弄傀儡，築棚於居民叢萃之地、四通八達之郊，以廣會觀者，至市廛近地、四門之外，亦争爲之，不顧忌。

今秋自七八月以來，鄉下諸村，正當其時，此風在在滋熾。其名若曰「戲樂」，其實所關利害甚大：一，無故剥民膏爲妄費；二，荒民本業事遊觀；三，鼓簧人家子弟，玩物喪恭謹之志；四，誘惑深閨婦女出外，動邪僻之思；五，貪夫萌搶奪之姦；六，後生逞鬬毆之忿；七，曠夫怨女邂逅，爲淫奔之醜；八，州縣二庭，紛紛起獄訟之繁，甚至有假託報私仇、擊殺人無所憚者。其胎殃産禍如此，若漠然不之禁，則人心波流風靡，❹無由而止。豈不爲仁人君子德政之累？

❶「流徒」，原作「徒流」，今據清鈔甲本改。
❷「常」，乾隆本作「當」。
❸「圖」下，乾隆本有註「圖，漳州府志作賴」。
❹「風」下，清鈔甲本有「俗頽」二字，可從。

謹具申聞，欲望台判案榜市曹，明示約束，并帖四縣，各依旨揮，散榜諸鄉保，❶申嚴止絶。如此則民志可定，而民財可紓；民風可厚，而民訟可簡。闔郡四境，皆實被賢侯安静和平之福，甚大幸也。

上傅寺丞論告訐

某竊謂：民生秉彝，以人倫爲重；治民聽訟，亦以人倫爲本。故百姓不親、五品不遜，聖人所深憂。而聽五刑之訟，必原父子之親、立君臣之義以權之，亦王制所先務，誠以美教化、厚風俗，所係在此而不容緩也。

共惟判府寺丞，治貴清净，政尚中和，用刑必期于無刑，聽訟欲使之無訟。下車之始，即明榜通衢，首崇輯睦之風，申明孝友之道，勸喻諄切，可謂知所本矣。今已漸及一朞，固宜人心感格，同歸于善；風流篤厚，莫不耻言人過。竊怪近日以來，乃不其然。

民間詞訟，大概多是告訐，或蔓引其無干涉之説，或妄發其十數年之事，揆之事理無甚緊切，按之人倫大相悖戾。以兄弟均父母遺體，而交相告訐，入室操戈，如何相之於何尚忠、林鼒之於林衡等類是也。以叔視姪爲猶子，姪視叔爲從父，而交相告訐，入井下石，如戴世略之於戴夢松、王振之於王椿等類是也。甚而婦姑勃蹊，有違不順父母之律而不恤者；夫妻反目，有違前賤後貴之説而不顧者。似此類例，姦險百出，不可枚數，皆關人道之大經，犯天理

❶「保」下，清鈔甲本有「甲」字。可從。

之大戒。抑又有難露楮筆者，雖其情狀不能逃神明之鑒，然而賊害綱常、敗壞風教，莫此爲甚。此而不禁，將恐薄惡之習愈熾，❶而醇厚之風不聞。

昔舊邦君樞相傅公在此，嘗勸人户賑糶。有林仁壽者，告其兄林堯壽産錢之高，合先糶穀。公判其狀曰：「官司寧可無二百石穀，而兄弟告訐之風不可長。」此判一出，邦人傳誦以爲神筆，聞者褫魄，無復效尤。今弊俗如此，可駭可嘆。

某忝知門下，有所聞見，不敢隱默，謹具公劄申聞，欲望台判嚴榜曉示，杜告訐之一門，明人倫之大法，以開其友睦、禮遜、秉彝之良心，使人人知恩義所自來。有相賙相恤之愛，而無相刃相靡之薄，一還昔日清漳道院之美，豈不偉歟！或自此之後，猶有循習不悛者，則用孔子拘三月之説以揉之，庶幾良心必有悔悟，天理必有還復之時矣。

北溪先生大全文集卷第四十七終

❶「薄惡」，清鈔甲本作「惡薄」。

北溪先生大全文集卷第四十八

劄

上傅寺丞論釋奠五條

某伏以仲春上丁，禮期在近，其間有大不備當預措置及大失禮當預禁約處，謹條畫于後，少俾郡國典禮之末議，伏幸台覽。

一、祭器大不備，爲侮神甚矣。按先聖先師三正位，每位前祭器一分，該用籩十、豆十、俎八、簠二、簋二、爵一，皆初獻官所親臨，固不敢闕。次而東西壁從祀十位，每位前祭器一分，該用籩三、豆二、簠一、簋一、俎一、爵一，迫近先聖先師左右，亦初獻官目之所及，猶不敢不具。至兩廡從祀九十八位，每位前祭器一分，亦如東西壁之數。爲其初獻官目所不接，大故欠闕，❶往往九十八分之中，所見存只有三之二，故於陳設不能一一均備。或兩神位共祭器一分，或三四神位共祭器一分。亦有神位對空而無所設者，使諸賢神明一皆來格，則全分者如何其獨安？共分者孰先而孰後？無分者得無空視乎？其爲侮慢，可謂極甚，大有失禮經「備物盡志」之義。宜移文學中掌儀，閱實其數。除先聖先師三正位及東西壁從祀十位分前所合用祭器足數外，凡兩廡從祀九十八位，分前所見存祭器，實有若干，所欠若干，若籩豆、若簠簋、

❶「故」，康熙本、清鈔甲本作「段」。

若俎爵，逐一計數；并尊罍之屬，有損當脩、有闕當製者，一併具申。早差工匠製造，使前期照數一一了辦，❶庶至期應用無少闕乏，❷而有以實致其事神之敬矣。

然祭器之所以多欠闕者，亦有其故：緣本州社稷風雷雨師壇俱無祭器，當行禮時，只就本學借用。春秋二社日祭社稷，立春後丑日祀風師，立夏後申日祀雷雨師，每年間借用凡四次。所用既頻，在本學乃士人收管，固自謹重；而外借用者，兵卒搬擔，既不保護，而吏胥抛擲，復不愛惜。或閱日之久而不還，或委地之濕而致腐，遂至損壞遺失，有此欠闕。及本學正當釋奠禮官，苟簡蕆事，不知點檢；掌儀鹵莽供職，復憚申紏，非惟無以致事神之誠，而反以重慢神之罪，其害顧不大哉！

《禮》：「大夫祭器不假。」此言大夫家祭器，不可假人，亦不可假於人。况堂堂郡國，而可爲假借用事乎？以先聖之位之尊，而其祭器乃浪假於人，何以示嚴肅之意？以社稷諸神之重，而乃假人之器以祭，亦何以致恭誠之心？「大夫祭器未成，不造燕器」。今燕器純用金銀，且無不備。祭器古朴，所費甚簡。豈能當燕器百分之一？而不專致其用，豈州郡事力不足辦之？❸良亦不識輕重緩急之體矣。

今莫若於社稷祭器，亦各專置一副，仍於官庫所特立一祭器閣，謹其出用而嚴其收藏，不必專靠假借於學。則在學者，不致

❶「前期」，清鈔甲本作「期前」。當從。「一一」二字，乾隆本作「其」。「辦」，清鈔甲本無此字。
❷「期」，《四庫》本作「臨時」。
❸「事力」，清鈔甲本作「力事」。當從。

易損壞，❶有全敬事先聖之心；❷而在社稷者，亦獲盡精專，無失欽崇命祀之意，爲兩得之矣。

一、牲牢大不備，爲瀆神甚矣。如先聖先師三正位，分前牲體，皆初獻官所親享，固不敢不備。次而東西兩壁從祀十位，分前迫近先聖先師左右，亦初獻官目之所及，猶不敢草率。至兩廡從祀九十八位，分前乃初獻官目所不接，大故滅裂。❸不惟祭器欠闕三之一，而牲肉只據位前所見，有祭器實之，每分一俎，羊腥肉一小片，豕腥肉一小片，如指面大，可謂至極微鮮。堂堂州郡，奉行國家尊祀先聖重大典禮，以諸賢陪從爲榮，其正食惟在牲禮，而所薦只如此，使諸神一皆來享，則若何而飽乎？或三四位共一分，則若何而均乎？或對空無分者，又何以爲顔乎？其爲褻瀆，得無太重？大有失禮經所以厭飫事神之義。

按朱文公《釋奠申明旨揮》，❹乃頒諸州縣所通行者也。其中附載「政和五禮新儀」一條，稱：「釋奠文宣王，羊五、豕五，其割牲體大小，各有定品。」今本學釋奠，羊豕僅三頭，又涉稚嫩，未該肥腯。而所割豐約，又皆無度。聞官府例破牲牢錢六十貫，❺今宜依文公申明羊豕之數，乃就上件錢數内，會計諸色祭饌，如鹿臡、魚、兔、棗、栗等類，所經措置牲牢，羊、豕各五頭，宜從使旨裁斷，每頭羊若干斤樣，每頭豕若干斤樣，立

❶「損壞」，清鈔甲本作「壞損」。
❷「事」，原漫漶不清，今據康熙本、乾隆本、清鈔甲本及清鈔乙本訂正。《四庫》本作「享」。
❸「故」，康熙本、清鈔甲本作「段」。
❹「旨」，乾隆本、《四庫》本作「指」。
❺「六」，清鈔甲本作「五」。

一定數，合該用錢若干可以了辦，其上件錢有無剩欠，如或少欠，則併與支添，永爲定例。

牲牢既備，又依禮割，則庶幾從祀俎實可以豐潔，足致郡侯奉祀之敬，而不爲虛享以瀆神矣。至祭畢之後，又須從使府指揮，索久近例，分胙有無、豐約之數，别加裁處，立爲尊卑隆殺一定之品，庶以均神之福，而無至褻神之惠；又以定人靖恭之心，而息人貪競之志，令終一於禮也。

國之大事，莫重於祭，毋以餕爲祭之末，尊者不屑細務而忽之。《禮》曰：「善終者如始。」餕其是已。故由餕可以觀政，所以别貴賤之等，而興施惠之象。以廟中爲境内之象，而祭爲澤之大者，上有大澤，則惠必及下，而境内之民無凍餒者，此之謂也。

一、按古禮經，皆是「質明而始行事」。質者，正也。方正明而日光未見，未及乎文也。❶今《釋奠儀》有「丑時行事」之文，乃是奏大安、大成等樂，多占時刻之久，至行獻處，實在交寅以後。前後有司行禮，多是始於丑初，未及寅而已畢，皆失之過早。

惟晦菴先生在此，於五鼓一點而始行事，至禮畢而天明，庭中恰已辨色。參之禮經，雖非「質明而始行事」，亦至「質明而畢事」也。欲及將來上丁行禮之期，一以晦菴先生爲式，庶不失早晏之中，爲得禮之宜。

一、灌酒是盡傾于茅上。❷其三獻中，所謂三祭酒，是少傾三滴也。每獻畢，執事者徹爵中餘酒于他器，於受胙主人之就席

❶「文」，原爲墨丁，今據康熙本、清鈔甲本補。《四庫》本作「明」。

❷「茅」，原漫漶不清，今據康熙本、乾隆本、清鈔甲本及清鈔乙本訂正。

也，執事者奉先聖前所獻餘之酒，詣主人之右；主人搢笏跪受爵，祭酒、啐酒、飲爵。是乃飲神之惠，爲福酒，不當別以酒進于主人，恐非所宜。

一、子弟士人觀禮者，多入殿内，兩隅至四五十人。既迫近褻狎，紛擁喧譁，無以肅事神之儀；而其間又有寡廉鮮耻者，於獻官方徙步未出殿前，而已争攫菓攫燭；燭光頓滅，軍人乘隙又攫肉攫酒。盈殿中不勝其鬧，❶甚非古人祭後陶陶遂遂之義。使先聖神駕尚留，寧不大見鄙於殿上乎？

昔晦庵先生行禮，雖郡齋中子弟來觀，只設次於戟門内廡右旁植碑之處，未嘗敢有一人徑造殿内者。今欲乞約束禁止，仍於戟門内廡右旁植碑之處，特設一觀禮幕次，以待觀禮者造焉。庶幾殿内肅静，無犯禮之虞。

右畫一如前，欲望台慈特賜詳酌施行，非徒以整飭一時禮儀之事，實所以興起一邦禮義之風，誠非小補。

區區干冒台嚴，不勝皇恐之至。

請傅寺丞禱山川社稷

某恭惟判府寺丞仁心愛民，以春序過半，農事正興，雨意頗慳，朝夕憂勞。與僚屬躬禮百神，遍走祠廟寺觀，凡祈求之方，無所不至。雖或屢灑而復收，竟未蒙優渥之應，此其故何邪？

竊按之《禮經》曰：「天降時雨，山川出雲。」言雨之所從出者，在於山川也。又曰：「山林、川谷、丘陵，能出雲爲風雨者，

❶「殿」，清鈔甲本作「庭」。

皆曰神。非此族也，不在祀典。」言山川神靈，爲祀典之正者也。又曰：「諸侯祭名山大川之在其地者，亡其地則不祭。」言諸侯所當祭者，惟境内山川諸神，而不可以他求者也。

近世張南軒帥靖江，以堯山灕江爲州之望壇而祝之，❶水旱禱焉，隨感隨應。今漳之望，其山則天寶圓嶠，雄據西隅，天將雨則雲氣先冒于顛。其川則西北二江，發源汀、潮，夾遶州治而合歸于海。此正吾州陰陽融結之會，宜於城西五里内，度高爽之地，築壇壝，載祀典。但今倉卒未暇，姑席地望禱，亦合禮典之正。

其次，則有社稷風雷雨師之壇在焉。❷近邵武陳史君於水旱，惟專詣社稷致禱，俗人笑之，而不知其爲禮之正也。天人一氣，幽明一機，本相與流通無間。而郡侯者，又千里山川社稷之主，而萬户生靈之命係焉，其所感格爲尤切而甚易，惟患誠之不至爾。

有其誠則有其神，無其誠則無其神。誠者，心與理真實無妄之謂。在山川社稷，有是真實無妄之理矣，若又加之真實無妄之心，以萃集其神靈，則必能實感而實應。不於此致極精專，乃雜焉外求之異端淫祀，彼土木偶何從而有雨露邪？既無是理而强爲之，心雖虔，於造化乎何關？

至如舞師巫、繞僧道、設齋醮、禁腥臊等類，又皆循俗之常儀，非所以交神明之要，雖圓山嘗致禱矣，然所主乃山下寓居之鬼，而本山之神未之及也。惟龍潭祈祭，❸亦此州山川之一者，但恐文具而往，初無所

❶「祝」，清鈔甲本作「祀」。
❷「稷」下，清鈔甲本有「壇」字。
❸「祭」，清鈔甲本作「禱」。

補。況因而圖利，抑又甚邪？

今若掃去流俗一切冗雜之説，而專一致吾精意於山川社稷正神之前，則脉絡貫通，無有不感格者。設若至是猶未獲大應，則更退而求之政事之間。若刑賞、若財賦，恐或微有召天意之慳。是亦湯自責已。吾夫子素行合神明，所以爲禱之實也。

某辱知門下，不皇寧處，敢冒昧以此少裨黄堂之末議，并録南軒《堯山灕江壇記》上呈，惟高明垂照，幸甚。

禱山川事目

一、就西門外五里内，擇高陵平曠、四達無壅之地，見天寶、圓山呈露分曉，剗草爲壇場。設爲四席位，每位各以幕圍三面，其上露天幕，不必高，恐遮蔽，只平胸，乃須上下縛定。其天寶山神席位，直向天寶山；圓山神席位，直向圓山；西江神席位，向圓山、天寶二山之間，正平匀對中，是西江上源來處；九龍江遠，不可見水，其神席位，只向梁岡、天寶二山之間，正對縫中，是九龍江上源來處。每位前留空地，稍寬，度可展拜縟，及陪位官列班。

一、每位各用牌子，以紙粘上。寫曰「天寶山神座」，❶曰「圓山神座」，曰「西江神座」，曰「九龍江神座」。

一、行禮之序：先天寶，次圓山，次西江，次九龍江。每一位脯一盤，用猪肉三斤；醢一盤，用魚三斤；作鮓菓子三盤。並列作一行。其餘茶盞、酒盞、香卓、❷香爐，

❶「寫」，原漫漶不清，今據乾隆本、清鈔甲本及清鈔乙本訂正。《四庫》本作「書」。

❷「卓」，清鈔甲本作「燭」，乾隆本、《四庫》本作「桌」。

如常儀，或用牲牢隨意。

一、祭饌多是庖卒無知，易至竊食。須令監官務極精潔。

一、差官出門做事，多是影下假託科配，乃其常態。須嚴行約束，無騷擾村民，以動其怨嘆之聲，反虧祈禱之敬。

一、禱名山大川事體之重，須三日齋戒。致極精虔，則精神所注，神靈必集，有感格之理。

一、山頭帆屋幕次，恐難宿齋。只宿齋於郡館，四更命駕到幕次，少静坐，澄息思慮，凝定精神，至五更行禮。

一、逐位各一祝版。

一、讀祝宜差官。

一、祝版之文，須識本州山川來歷，説及相關係處，方切事情，有通神意。如：天寶山發脉行龍，湧爲州治，實郡之宗祖。如：圓山雄據西隅，鎮翼右臂，實郡之藩屏。如：西江發源汀潮，遶抱州治，實爲郡右襟帶。如：九龍江發源汀贛，遶郡東臂，與西江匯歸于海，實爲郡左襟帶。四者皆漳之望，恐撰祝文官外州人，未諳悉此，不可不報知。

與仙遊羅尉論禁屠牛懲穿窬

某少有所聞，敢浼台聽。此間鄉民，甚感戴前政禁屠牛、懲穿窬二件。德惠之美，三年内，四境編民晏然奠枕。

兹者幸遇台旌之來，鄉民深望其舉行故事，以爲帡幪之賜。蓋前政於此二件處，不可坐視其俗之惡，而聽其所之。若坐視其俗而聽其所之，是乃恣其俗而助之爲惡也。

今獻歲在近，❶舊俗將作。不如禀官長，預先出榜，明文戒約。又逐鄉責保司與團司，罪狀入按，令他預隨門戒喻，不能止絶者同坐。當其時，更遣人郊外默默緝之。❷或所在有此風不改者，以違法論，追保司、團司及犯人，痛行懲治，押逐鄉號令，則人必畏戢，而惡俗可革矣。

區區所聞，不敢不以告也。更在台慈詳之，以爲百里編氓之惠，❸且以爲兼善天下之兆，自此而始，尤千萬之望也。

北溪先生大全文集卷第四十八終

❶「在」，乾隆本作「期」。
❷「默默」，清鈔甲本無此二字。
❸「氓」，乾隆本作「民」。

北溪先生大全文集卷第四十九

祝文

祭四先生

謹以釋奠之明日，致祭于濂溪周先生、明道程先生、伊川程先生、文公朱先生。道喪千載，得自濂溪。《太極》一書，渾淪再闢。二程親受，濬其淵源，河洛洋洋，與洙泗並。聞而知者，卓有文公，發揮微言，皎如星日。惟四先覺，前後一心，道統攸歸，百世師表。學官列像，昭示儀刑。敢率彝章，少陳明薦，陟降庭止，惠我光明。

三賢

謹以釋奠之明日，致祭于唐相國常公、四門助教歐陽公、高州刺史周公。閩自唐世，始向儒風。惟爾三賢，倡導之力。遺祠在學，稱思未忘。❶敢率彝章，少伸報享，洋洋昭格，惠我無疆。

蔡端明❷

謹以釋奠之明日，致祭于端明學士忠惠蔡公。惟公義概忠風，在朝顯著，筮仕之始，由此幕賓。厥有遺祠，稱思未泯。敢循

❶「思」，乾隆本作「頌」。
❷乾隆本有註：「郡判名襄。」

故典，少薦微衷。昭明格思，慰我景慕。

李侍郎❶

謹以釋奠之明日，致祭于徽學侍郎忠肅李公。公在紹興，力排和議，權臣見嫉，出牧此州。建學崇儒，人懷忠烈，遺祠未泯，報事敢愆。式遵彝儀，少陳明薦，來格來祐，多士以寧。

東溪先生❷

謹以釋奠之明日，致祭于東溪先生高公。惟公志節堅高，議論鯁切，一視夷險，之死弗渝。賢者之清，聞風肅立。學存遺像，❸庸激懦貪。敢率彝儀，少陳明薦。英靈如在，鑒此拳拳。

立后土祠

敢昭告于后土氏之神。古者家有中霤之祭，謂土神也。故禮經自天子至大夫，皆祭五祀。而中霤與户、竈、門、行之神並列。而其所以祭之，則皆用特牲爲禮。士不得祭五祀，以位卑禄薄，不克備特牲之禮。然《禮》有士「禱于五祀」之文，則雖不得行祭，而五者之神無不具。亦以人之所居，雖有小大之差，而五者之事，則無不同也。

某以庶士之賤，❹於五者不敢僭禮以並

❶ 乾隆本有註云：「名彌遜，連江人，户部侍郎。力排秦檜和議。檜陷以相位，正詞拒之。出爲漳州郡守。」
❷ 乾隆本註云：「郡人，名登。」
❸ 「存」，清鈔甲本作「行」。
❹ 「士」，清鈔甲本作「人」。

立，竊惟土位中央，神實爲尊；而居地之主在，有家所不容廢。今輒以義起，而特立「中霤」一祠，以朝夕致其奉事祈報之誠。創事之初，敢伸一薦。惟爾有神，尚明鑒之。

禱山川代傅寺丞❶

具位敢以酒菓脯醢之奠，昭告于天寶山之神。禮：諸侯祭境内之名山大川，以其能興雲致雨，而潤澤羣生，有神靈在焉。惟本山發脉行龍，結爲州治，實郡宗祖，爲漳之望。合築壇壝，編諸祀典，而闕然未有舉之。

今春序過半，雨意甚慳，羣民告病，日甚一日。某膺民命之寄，惕不皇寧，❷敢席地望拜，虔精以禱。迫於倉卒，鮮克如儀。惟爾山靈垂閔，大蒸雲氣，沛爲三日之霖，❸以慰我民來蘇之望，俾四境均洽，無失歲事，有以生生，實賴我神無疆之休。謹告。

圓山之神。同前。惟本山雄據西隅，鎮翼右臂，實郡藩屏，爲漳之望。後並同。

西江之神。同前。惟本江發源汀潮，遶于州治，實郡右襟帶，爲漳之望。後並同，只改山靈爲川靈。

九龍江之神。同前。惟本江發源汀贑，遶郡東臂，與西江滙歸於海，實郡左襟帶，爲漳之望。後並同。

禱雨良崗山

年月日，從政郎長泰縣令鄭煬，謹遣佐

❶「代」，原作「氏」，今據乾隆本、清鈔甲本改。
❷「皇」，乾隆本作「遑」。
❸「三」，清鈔甲本作「一」。

官迪功郎權主簿陳淳，躬致香茶酒菓之奠，❶昭告于良崌山之神。禮：諸侯得祭名山之在其地者，以其能興雲致雨，潤澤羣生，有神靈在焉。今之邑，亦古子男國之比。而此山行龍，自北而來，結爲邑治，實吾邑宗祖。巍然一巨鎮，蓋居民所賴惠澤以爲生，而有司當建壇壝以嚴祀事者，❷乃久焉闕典。

今春氣已暮，雨意尚慳，種不及施，民甚告病，恐蹈舊歲，與死爲隣。吏膺民命之寄，惕不皇寧，是用奔走俯伏，爲民請命于爾山之神，倉卒爲儀，未能如式。惟爾神靈昭鑒，亟垂閔救，蒸氣興雲，沛爲三日之霖，優渥四境之内，俾我合邑土田，春膏溶溶，播種畢興，無失一歲之望，以活我萬户生靈，實賴爾神無疆之休。尚饗。

黏蠅

維爾之生，于氣之查。腥渠鮑壑，乃爾之家。非可與人，是儔是侶，同焉是食，雜焉是處。况此之地，待聖對賢，天心之講，王道之傳。於赫有臨，齊嚴莊肅，尤非爾曹，所宜厠足。云胡麾之，頑不肯歸，天討明命，豈容已而。咨爾司黏，恪共乃職，❸澄清誅夷，以會于一。

❶「躬」，清鈔甲本作「恭」。
❷「祀事」，清鈔甲本作「事之」。
❸「共」，清鈔甲本作「恭」。

喻蟻

維人之生，得天之精，服役萬物，通天之靈。惟物之生，得天之穢，服役於人，其天則昧。惟爾蟲蟻，又穢之餘，腥渠鮑壑，乃爾之居。非可蠢蠢，入人之室，循人之器，嗜人之食。况我竈君，爲祀甚尊。我家奉之，潔净精勤。爾物之幺，尤不可黷。胡爲於斯，羣趨隊逐。汙我庖厨，蠛我鼎鼐，非惟黷神，抑干我私。匪干我私，實亂天紀，姑息苟容，則非天理。噫爾有義，能相君臣，物性之中，亦覺其真。今與爾約，三日而徙，四圍之外，各遠去耳。三日不徙，徙之不遥，是爾有罪，昏頑倨驕。天討明刑，吾何容止？即命司寇，恭行而已。以掃以除，焚如棄如，誅夷澄清，一復厥初。嗚呼蟻酋，告爾黨類，吾言不再，爾毋自斃。

祧遷祝祠

親未盡遞遷

世序代易，義當遞遷。追舊感新，不勝慘愴。

親盡别子祖

世易親盡，於義當祧。惟别子祖，盍遷于墓。

親盡族有親未盡

世易親盡，於義當祧。族脉猶存，盍遷

彼室。

親皆已盡

世易親盡，義當祧遷。追舊感新，不勝慘愴。

祭　文

奠侍講待制朱先生

嗚呼！痛哉！吾道之不幸而先生之亡也。

自孔孟既云没，至周程始得其宗。然提其綱者，甚簡而未悉；闡其緒者，微露而未彰。聞者方疑而未信，望者亦眩而莫從。遊其門者莫繼其志，誦其書者莫追其蹤。

獨吾先生見明守剛，❶超羣儒而妙契，能至至而終終，體致廣大而用盡乎精微，志極高明而行道乎中庸。自一本而萬殊，無一事之不貫；由萬殊而一統，無一理之不融。所以能訛者訂而闕者補，晦者瑩而略者詳，啓羣哲之未發，集百氏之所長。會聖訓以作程，極至正而大中。辭達意以俱到，無或欠而或豐。折天下言論之衡而定于一，合今古道術之異而歸之同。使真是真非若白黑之不亂，人心衆理有脉絡之可通。聖心賢藴如丹之炳炳，帝謨王範在目之洋洋。大金聲之條理，粹玉振之玲瓏。蓋不直可以當周程之嫡嗣，是又益精而益光，所謂青於藍而寒於冰，半與事而倍其功。天既不付之以重任，使大施所學以措斯世於

❶「獨」，乾隆本作「惟」。

堯舜，何不假之以遐齡，使大備斯文以覺後學於無窮？

嗚呼！痛哉！吾道之不幸而先生之亡也。《禮經》脩矣而未具，將誰有制作之才，❶可以紹其業？《書傳》纂矣而未就，將誰有帝王之學，可以畢其章？《春秋》深斥諸儒失聖經之旨，又將誰與發其大義而振其宏綱？

嗚呼！吾道真不幸而先生之亡也。先生之藴，浩乎滄溟；先生之德，巍乎穹窿。望之儼然乎其敬；即之温然乎其雍。其春風之和，薰然襲人而可挹；其雷霆之威，厲然斷事而不可當。其襟懷磊落明快，如青天白日之豁；其節行屹立萬仞，如泰山華嶽之崇。其取善也，樂而無纖微之棄；其疾惡也，嚴而無回互之藏。其强健，天行而不息；其明睿，日進以無疆。其應學者，愈出愈新，直探諸懷而不匱；而言之入人也，又涣然洞徹乎心胸。真可謂通儒全才，而體道之大成。抑自學知、利行之至，純熟而從容。

淳以小生獲侍門墻，荷警策之十年，幸不至於迷蒙。昨歲暮之趨隅，誨諄諄而益隆。謂愚根本之已立，正可闊步而力攻。責之以參乎之「貫」，戒之以點爾之「狂」。宜友善於天下，毋孤陋于厥鄉。抑上論於千古，毋隘守于厥躬。須萬變之畢習，❷庶十分之可充。於臨岐之丁寧，且再約乎兹冬。豈謂斯言之在耳，反爲永訣之悲傷！❸

嗚呼！而今而後，有疑無復質矣！

❶「誰」，原作「訟」，今據康熙本、乾隆本、清鈔甲本及《四庫》本改。

❷「習」，清鈔甲本作「集」。

❸「反」，原作「及」，今據康熙本、乾隆本及清鈔甲本改。

但日誦遺編以自敀，而無嚴訓之忘。薄寫情而寄奠，泫流涕其淋浪。惟昭明而不昧，有以迪乎愚衷。

祭侍講待制朱先生大祥

惟先生講明是學，於周程夫子之後，又精明而光大之。上以達于洙泗淵源之盛，使聖人嘉言懿範，益信白於天下來世，而諸家百氏之似是亂真者，悉顛末炳炳，無復可遁其情。其於斯文之功，大矣！雖使泰山其壽，長爲吾道之主盟於戴履可也。何乃氣數之不融，而遽與化爲徒，使海内學者頓失依歸，而長抱山頹安仰之恨耶？

况如某者深荷教育，幸粗知向，儀刑永隔，無從卒業，則其痛慕之思，❶又將何時而已邪？日月不居，奄及大祥。慨道里之云阻，望几筵而莫親。竊惟先生道在天下，昭明洋洋，無往不臨。謹爲位玆精舍，薄陳蔬酹，聊伸一慟之誠。儀菲哀長，辭不盡意，惟先生之靈實鑒之。

爲廖帥舉哀❷

惟朱夫子唱明洙泗，❸濂洛之學於斯世，遊其門者庸詎以數計？公獨所志毅然，終老而不衰；所守確然，經變而愈厲。所謂百煉之金，不以烈焰爍其精；歲寒之栢，不以嚴霜改其翠。蓋前輩老成之風，而吾黨直諒之士，非惟有以無忝師門之傳，而亦足以少增善類之氣。何爲不早及於中朝

❶「思」，原作「私」，今據清鈔甲本改。
❷乾隆本註云：「即德明。」
❸「唱」，乾隆本作「倡」。

之顯用，而僅晚見於南方之小試？所抱負於胸中，姑稍施其一二，方祠奉之未幾，遽壙息之奄至。嗚呼！哀哉！追念平生情義周緻，切磋琢磨其已矣。遥望潸然而出涕，爲位家塾以泄哀。昭明洋洋兮來戾。

奠廖帥

惟我夫子，發明周程之所傳，上以達于孔孟。在斯世者蓋五十年，天下士無貴賤，羣趨而争湊之者，何啻以千。自排僞之説一行，未仕者顧遠舉而奔潰，已仕者顧位禄而變遷。卓然於門墻之下，一始終而不變者，能幾何焉！

公以剛嚴毅直之資，獨屹屹乎其間。所志者，自少至老而愈厲；所守者，更險如夷而益堅。夫子嘗爲之嘉嘆，謂公獨爲拳拳，正猶「寒松之節不爲嚴霜而改，精金之質不爲烈焰而燃」。非惟師門之無忝，而亦國士之所難。何爲不顯用於中朝，而僅小試於南偏？

始漳户職，已趣操之特特，不同流而合汙，常自律以清德。分教韶潯，惟宣究夫道心，揭先覺之模範，正所適於青衿。撫字于莆，篤哀鰥而恤孤，閔歲荒之在疚，屢切切以蠲租。倅貳于潮，當僞禁之正苛，圖太極以立祠，歸砥柱於頹波。執憲南粤，適洞蠻之猖獗，設方略以捍禦，督師徒而平遏。移憲而帥，抑森嚴乎閫制，❶清海道以寧謐，鎮連氓而安泰。雖胸中之負抱，未及竟其施行，然學之篤而見之實，得之深而養之精。

❶「抑」，康熙本、清鈔甲本作「益」。「乎」下，清鈔甲本有「其」字。

故所至如春風和氣之著物，隨所寓而無不發生。何琳館之清游方適，❶而壙息之大期已丁！

嗚呼！哀哉！追念疇昔，辱公知之最密，不以愚之晚進，每謙謙而下屈，時切磋而琢磨，一相與以情實。凡書牘之往來，則縷縷其盈溢：或所疑之講訂，或所聞之攷質；或師説之推明，或已見之剖析；或證印其所是，或辨正其所失；或相發以並進，或交規而互敕。既有以挹其虛懷樂義之洪，又有以浹其責善輔仁之益。雖相去之甚越，固精神之無隔。懍訃音之奄至，嗟死生之異轍。

嗚呼！哀哉！吾黨之彫零若是，斯文誰與扶持而提挈？則愚之西望以哭公也，豈爲私慟？而緘詞以奠公也，豈爲私設？昭明洋洋，鑒此誠切。

奠陳憲❷

惟公出忠臣義士之後，負英明信厚之姿，高標偉躅，有祖之遺。天子象賢崇德，特垂眷遇之私。以南方赤子之未遂，俾分符秉節而撫綏。惠澤浹東衡之民，威信著永寧之夷。洗冤澤物於曲江之上，又接踵乎濂溪之規。何世道之不諧，未及竟而遽歸！逍遥山水之爲樂，殊亡身世之是非。❸方耆年之尚壯，忽勇退而高飛。兹其雅趣之不凡，未可常情而度窺。蓋不以榮貴利達之爲事，而超然欲怡神養性以終享。於期頤何七衮之未周，而仙馭之去不可

❶「適」，清鈔甲本作「息」。
❷乾隆本註云：「即光祖。」
❸「亡」，康熙本、清鈔甲本作「忘」。

復追？

嗚呼哀哉！公胡爲而遽止於斯！某有同窗之契，既而翔泳之分殊而雲水之勢睽。自十數年來，蒙其不鄙，聯緘累牘之貽，❶拳拳以其嗣伯澡爲切磨理義之囑，且復招致金山，爲家塾之師。略形迹之不事，披誠悃之爲儀。既感公之教子高誼，欲成聖門之器，以脱流俗之陋；亦感伯澡之能恭父命，每篤講學之功，而精入道之思，頗能有以繼父志而悟旨。竊喜之，殆若千里似人之爲必，將無忝庭訓以副先志；亦私自幸，此學之不孤而斯道有望於扶持。則公之所以教子弟、隆師友者，非世俗相從於無根無用之比，而孟子所謂人樂有賢父兄者，於兹見之。

昨聞伯澡有銓闈之捷，意其旦夕榮歸，侍下團欒戲綵之愉怡。何及境尚一程之未達，❷而反成契闊千古之悲！藥餌不及躬，殮含不及親，固足爲終天之恨。然全送終大義以慰亡魂於九泉，而謹承顔致孝以奉偏親於慈幃者，尤子職所當深念而不可虧。始得訃於行道，莫可覈其的。今承書以爲信，重驚怛而痛悲。嗟善人之不淑，夫何脩短之參差！慨然緘詞以寄奠，引領東望，不知涕泗之交垂。惟公之有賢嗣以昌厥後兮，在公爲不死矣。諒昭明君蒿如在兮，❸其照予之衷曲，而鑒予之哀詞。

北溪先生大全文集卷第四十九終

❶「貽」，清鈔甲本作「遺」。

❷「達」，原漫漶不清，今據康熙本、乾隆本、清鈔甲本及清鈔乙本訂正。《四庫》本作「及」。

❸「君」，原作「焄」，今據康熙本、乾隆本及《四庫》本改。

北溪先生大全文集卷第五十

祭文

祭石子餘❶

論學於去聖頹波之世者，知精行密，固難其人。然能識向背之大分，而卓不迷其所趨者，亦千一而未聞。

惟夫子卷道于兹，不得其門，而爲叔孫之自絶者，蓋泯泯而棼棼。如君以耆艾之年，不知爲將老之身，乃奮然一屏其平生馳騖之氣，而斂躬肅容，與後進趨隅而問津。不自諱其淺陋，而傾囊倒橐以求是正之真，俛焉孜孜，不惰于勤。此其志趣之超卓，夫豈尋常之可倫？况其抱剛方不屈之資，可與勇於義而果於仁。自建陽再謁而歸，氣象温然，非復曩時行行之云。使天假之年，則其所就又未易論。

某辱同門之義，所以嚴鞭勇策者，方有賴乎終始之勳。何癸丑之冬，君有南游之興，而間闊乎二春？幸去秋之來歸，謂合簪之有因，矧一緘之先枉，惟疑辨之是詢。何望望更不及見，而是緘反爲永訣之文！

嗚呼！吾畏友喪矣，吾將誰爲作德之鄰？山川之阻，哭臨莫親。忽焉斗建之九移，而適壙息之將湮。是用走价，薄奉一酹，而東向長望，不知泫然流涕之四奔。❷

❶ 乾隆本註云：「名洪慶，龍溪人。」

❷ 「泫」，康熙本作「潸」。

昭明如在，其鑒此誠兮石君。

祭陳景文

嗚呼！哀哉！吾愛友景文之死，爲可惜也。

世競拏攫於利門、爲機巧者百出，而子獨恬然守先人之稼穡也。世爭馳騖於榮途，至皓首不肯休；而子獨退然惟林泉之樂以自適也。世皆以絺章繪句爲學，無一字反諸身；而子獨毅然屏去時技之習，一惟躬行自飭也。蓋其稟純慤近道之姿，而非世味之所能溺也。生長田間，而有士君子之實也。胸中負抱有定主，而時人莫之識也。

自少年講學，一聞聖賢正大之論，則信之不復疑，而嗜之不容釋也。凡《語》《孟》之格言要旨，則誦詠之甚力也。事有觸乎前則舉以應之，若流諸肺腑而不外索也。故日用對境，而至理成法，昭昭在目，不揜匿也。其文雖不足，而甚有餘其質也。其節目雖闊疏，而所謂大經大本，則無慚德也。

以先業積累艱難之爲念，與其兄一心共保之，而不異籍也。友于兄如一體，而無纖毫之間隙也。所以爲之經紀其後累者，不以存亡彼此二其心，而一如己息也。充此念以往，端可質神明而入堯舜之域也。

平時輕財重義，無吝嗇也。存心濟人，常怛惻也。四鄰假貸無不賙之，而未嘗爲爾汝之擇也。宿逋積負，時必蠲之，而未嘗計錐刀之獲也。仁恕達于一方，而困窮無告者均含茹其澤也。與人直情，而行無粉飾也。所合者不苟，而胸中涇渭，則甚白也。賢者之交，久要不忘；而挾勢之臨，則一毫不可得也。

日飾十畝之園，而蔬菓之是植也。藏脩游息於是，而悠然以朝夕也。與童子六七人，絃誦乎其中，而視浴沂之趣一也。外此無所知，亦無所役也。蓋上古之遺民逸士，與比屋可封之叟、康衢順則之童者，爲儔匹也。非後世所謂耦耕荷篠、竹林自放之徒，或潔身而亂大倫，或蔑禮法而爲名教之賊也。其視斯世之醉生夢死於頹波流俗，顛迷於私欲詭道不自覺者，大有徑庭之隔也。

昔與予相聚隆興，迨今蓋三十餘年，而尊德樂道之誠，如一日也。每以得一言之訓不迷錯者爲深感，而謂成己之恩爲罔極也。常存父事之敬，而拳拳不忘悃愊也。年來屢有遊圃之約，而因循未之前即也。夏季之簡，方以學道不勤者自咎而請益也。何越秋未幾，忽以訃聞，爲之震驚而褫魄也？

嗚呼！哀哉！天何奪我愛友景文之若是亟也。知心者世固鮮，而知子之心者，誰其的也。哀死者人之常，而子之死誠可痛戚也。❶嗚呼！哀哉！追念疇昔，心如噎也。一樽之奠，儀甚瘠也。所以寫繾綣哀情於子而不自已者，非私爲之昵也。惟精爽之不昧兮，其歆我之誠，而來格也。

祭十五伯父伯母

噫惟二老，享壽俱隆。如彼雙椿，垂蔭

❶「戚」，清鈔甲本作「慽」。

我宗。一門長稚，均在帡幪。❶胡爲兹今，相繼云亡？合族失庇，如露于空。號鳴蹢躅，莫訴彼蒼。行趨窀穸，益愴于中。恭陳菲奠，❷聊寫哀衷。靈兮不昧，來挹其芳。

奠陳親晦之

人生氣禀，最難其醇。如君之質，湛乎其人。不隨風而靡靡，不逐流而奔奔。其衷洞洞，其容温温，其行謙謙，其言恂恂。持恭之常，不以隱而廢；處義之厚，不以利而湮。接物無所忤，而非詭道之謂；與人無不周，而非汙合之云。蓋有得乎惠之和而不流，而語其資之所達，則暗與道以相隣。是所謂吾黨之德友，豈直爲同門之懿親？何相與之未幾，遽幽明之兩分！嗟游陪之契闊，孰始卒其陶薰。感壙息之及期，愴兹懷而莫論。聊一奠以寫哀，噫來格兮靈魂。

祭王氏姊

維靈父母兄弟，蚤已俱亡，孑然以一身，孤立於太原之胄。歲時來往乎宗家者，恩意未嘗少間。視叔父如乃父，同祖兄弟無異乎同胞。

壬子之冬，與濟陽氏姊胥燕于吾家，合親族長幼萃焉。獻酬祝頌，方相期於壽考期頤之地，百歲團欒常如此日。竊亦喜其康寧未艾，謂歲歲必可星團蕚聚，以洽骨肉之懽。何意自此反成終訣！靈之歸方再

❶「在」，清鈔甲本作「作」。

❷「奠」，清鈔甲本作「儀」。

閱旬，略不聞有微恙，而遽奄然以訃，而濟陽氏姊亦繼此不可再見。

嗚呼！天何降割于我有系之如此邪？一朝千古，感舊如新。❶薄奠告哀，語不能究。惟靈其垂饗之。

祭蔡氏姊

惟我兄弟姊妹，自同祖而下，惟太原氏姊居長，靈而爲次。❷平時相與，於義甚篤，未嘗有爾汝之間。

壬子冬暮之集，壽觴交錯。方相期於團欒未艾，何一別而去？春籥方更，而太原氏姊忽焉如奪；淚睫未乾，而夏之季靈又繼之。

嗚呼！哀哉！靈之秉心，甚愨而直；靈之處己，甚約而質。其志潔也，絲毫垢污不能容；其性仁也，里閭惸獨無所吝。亦非歉然於壽者之證也，天胡降割而遽止於斯？

嗚呼！哀哉！昨朝侍疾之語，今歷歷恍然在耳，❸豈謂自此，遂成永訣耶？一樽之奠，莫訴予悲。靈兮不昧，其鑒于兹。

祭程氏姊

嗟嗟姊兮，與我同祖。恩義綢繆，有若同父。雖既從人，而義不阻。歲時往來，寧曰爾汝！何事不常，倏焉齟齬。數奇以窮，閱十而五。六袠方開，遽判今古。男二未室，女一幼處，骨肉之痛，徹我心膂。窀

❶「舊」，清鈔甲本作「愴」。

❷「靈而」，清鈔甲本作「而靈」。

❸「然」，《四庫》本作「如」。

穸届期，益重愴楚。聊薦一樽，以寓哀素。靈魂不昧，來格來顧。

與堂兄等祭程親正仲

前年丙寅，鶺尾之會，哀哀涕漣，既哭我姊。如何丁卯，方閲歲餘，淚痕未乾，復哭姊夫。吁嗟君兮，慈良其性！於己不華，於物無競。來往我門，❶恩義甚敦，與我輩行，如親弟昆。其在家居，恂恂信實。伉儷如賓，伯仲如一。仁何不壽？善何反殃？夫婦中年，相繼云亡。蒼蒼茫茫，不可致詰。爲君痛悼，中心如噎。一樽之奠，聊寫此誠。儀菲哀長，詞不盡情。

妻李氏祭嫂宋氏

哀我嫂嫂，何遽喪兮？棄我父母，不終養兮。反令舅姑，哭汝葬兮。三袠爲婦，一如夢兮。人道反常，何勝痛兮！我感疇昔，而來慟兮。一樽之奠，有餘愴兮。君蒿如在，其來享兮。

妻李氏祭姊八姨

嗟嗟姊兮，何數之奇而命之促也！往歲既喪爾良人兮，何未匝四朞，而姊又繼之不淑也！棄其父母不以周旋兮，反令爲汝哭也。四十八年兮，如夢之倏也。僅有一

❶「來往」，清鈔甲本作「往來」。

子兮，庶幾其遺躅也。幽閒貞静之姿兮，不可以復贖也。温恭婉娩之容兮，不可以復矚也。我疇昔姊妹之情兮，何勝其痛毒也！感窀穸之屆期兮，病不能以行服也。姑一奠以寄哀兮，歉然終不足也。惟靈之格思兮，少鑒我心曲也。

同族人祭八叔

哀哀我公，粹乎爲人。吾鄉之表，吾族之尊。辭氣謙和，容貌恭温。與人有義，接人有恩。視五服外，如親子孫。凡我宗人，帡幪是均。一朝契闊，若喪厥親。號攀愴慕，痛懷莫論。菲奠薦誠，聊寓此樽。洋洋格思，嗚呼靈魂。

奠外姑黄氏

惟靈享壽，七十有四。婦道母儀，兩無所愧。我託恩庇，餘二十年。一朝千古，痛復何言。窀穸戒期，❶薄陳奠俎。❷靈魂洋洋，鑒此衷素。

代姨子奠外祖母黄氏

惟靈以膏腴之冑，朴淑之資，❸出自江夏，適于隴西。育一男而二女，早畢夫昏嫁之儀，與君子以偕老，享壽齡於七十四朞。在人生之希有，固亦何憾而怨咨！

❶「戒」，清鈔甲本作「屆」。
❷「奠」，清鈔甲本作「樽」。
❸「資」，清鈔甲本作「姿」。

惟痛念夫我父之蚤世兮，不得預行服之列，鞠躬盡瘁，以答授室之義。而我母又繼以先亡兮，不克執喪服勤，以終大事，而報夫劬勞罔極之恩。

私此實孤外孫終天之所長恨，無一日忘諸心者，而在靈亦豈能恝然瞑目於斯？上無以訴之天神，下無以白之地示。

惟願達此情於我父母兮，交相陰騭以默祐，使我粗克立於斯世，以無墜乎香火之祠，則其於無可奈何之中，或稍其庶幾。

嗚呼！哀哉！日月不居，窀穸有期。聊薄奠之，敬陳以寓哀乎此詞。詞不盡兮哀長，惟靈如在其鑒兹。

祭三十一堂兄

嗚呼！哀哉！吾兄曷歸，我輩之悲！兄弟手足之愛，同氣連枝，天屬真情之所在，終有不可得而虧。自孩童至耆艾，相與羣聚乎一門，恩意綢繆，何可以歲月而計之？

以兄爲之長，正所賴其蔭樾之私。況兄稟氣之厚，雖年登六十有九，❶而姿態未瘁，殆如五十之期。意相處之未艾，何一旦忽焉不可得？而追所享年者未爲不壽，亦未可以爲怨咨。惟其卧病不及知候以藥療，而其屬纊不及知與於扶持，所爲弟者弗獲於此，以盡吾義，而於兄者遽成終古之永相違。

嗚呼！而今而後，更莫陪游息而奉笑語，更莫聆謦咳而睹容儀。嗟天倫之割痛，將正寢之告離。日月逝其益遠，涕泗霈其

❶「登」，清鈔甲本無此字。

淋漓。一尊之奠，❶莫寫哀思。惟英靈之不昧兮，其鑒斯。

祭三十二堂兄

惟我與兄，皆自一祖。同根而生，同門而處。出則同游，入則同聚。食則同饌，事則同語。恩義相期，何可計數？胡爲中道，遽判今古。壽不享百，衮僅周五。禍變殫極，莫可扶救。死者已矣，生者何慕！原鴒之情，曷勝痛楚！日月云吉，庸奉爾柩。壬山之麓，於焉安厝。雖弗如儀，亦可保固。一樽之奠，聊泄哀素。靈魂如在，來享來顧。

北溪先生大全文集卷第五十終

❶「尊」，乾隆本、清鈔甲本作「樽」。

北溪外集

奠文

王雋

維年月日，學生王雋等，謹致奠于近故北溪先生判簿陳公之靈。

嗚呼！夫誰不傳道受業，真實難其人。昔在洙泗，若曾與顔，所造彌真。降及伊雒，尹謝游楊，實超等倫。逮近世紫陽朱子之門，號爲嫡嗣，亦惟先生與黄、廖諸君子，僅僅若參辰。

始先生之進見紫陽也，貌木訥而甚古，語期吃而少文。紫陽隨其叩擊，察其素藴，蓋有本而有根。延之郡庠而禮特異，接之郡齋而情愈親。凡有所質正、有所辨難，衆方訝其陵僭，紫陽則傾囷倒廩，而樂爲開陳。蓋先生親切洒落之見，基於覃其思、研其精。而先生研精覃思之功，則又得於静而一、敏而勤。紫陽明睿絶世，故洞識其所學於始覿之辰。

逮精舍之合并，則又痛加砭劑，既博之以尚友四方之志，復約之以從古聖賢克治之實，屢警誨之諄諄。紫陽是時，蓋望先生以成德，而先生亦心領意會，而書諸紳。

繼是紫陽即世矣，先生念遺訓之拳切，懼正道之廢堙，愈精思而力踐，學進進而又新。

雋等不獲遇文公而親炙，得師事於先生而幸。實均荷抽關而啓鑰，闡正塗而指迷津。熟四書之講貫，摭字義而討論。拔雋等於坎穽，脱雋等於荆榛。如焦土而沃以膏澤，如晦谷而耀以曦輪。尚賴先生之終教，豈謂訃音之遽聞！

嗚呼！天其忍喪斯文歟？思昔先生承紫陽直截之訓，未幾，紫陽遽爾奄逝。今雋等正望先生痛切之規，有求未即，而亦遽泣先生于蒼旻。

嗚呼！先生探其賾而索隱，精其義而入神。遡大原之脉絡，觝異説之紛綸。别分數於理欲之界限，析錙銖於全體之渾淪。攷古之博，而精禮文之品節；窮理之粹，而究易學之淵源。徹終始表裏之謂敬，極生意不息之謂仁。議論也，水有源而浩浩；德行也，玉有彩而磷磷。其言語，朴乎若訥；而發爲詞章，則有爛如之雲。其辭色，凜乎若嚴；而即之造請，則有温如之春。

嗚呼！天何忍奪雋等之師匠！孤哉！此道其誰與鄰？抱羣疑之轇轕，攬遺卷而酸辛。設靈几以一慟，徒有涕以霑巾。緘詞遠奠，意不盡言。

奠文

陳宓

嗚呼！自文公朱夫子闡孔孟之秘，吾道大明。遊其門者，天下居其半，獨北溪先生傳一派於南漳。問學高明，踐履端方。嚌嚅理義之奥，沉酣道德之鄉。使伊洛源委於是乎有屬，而開誘後進，不至擿埴索塗，而馳騁乎康莊。學優則仕，意謂官無崇卑，皆可以行志。天胡不憖！一病莫支，而公之抱負，不及設施其一二。

宓托契之久，聞訃驚怛，恨不及往唁繐帷，以少見朋友之義。所幸傳家有子，含英咀華，猶可以繼志而述事。薄奠效誠，不覺潸然而出涙。尚饗。

祭文

黄必昌

嗚呼！講學至於精微，則益易差；進道至於峻絶，則愈難守。孔門之速肖凡七十，而具體者蓋亦僅有。自軻死以及周、程，越千四百年，而授受尹、謝、游、楊，皆有過人之才，終未盡化乎查滓。又歷數傳，乃及朱子，集諸儒之大成，振前聖之墜緒。朱之門人半天下，其升堂入室者又可數。

伏惟先生，朱門嫡嗣。一見之初，遂蒙許與。外若朴鈍而明敏絶人，言若拙訥而勇進莫禦。混然之中而有粲然者存，尋常之中而有精妙者寓。慤乎子輿省身之誠，湛乎曾晳詠歸之趣。德量渾涵，則顔子之不校；氣象巖巖，則孟氏之無懼，宜乎獨得朱子之大全，而考亭夢奠之後，猶使學者有所宗主也。

嗚呼！後學所望於先生者何如！而一旦遽止於此也，人莫不悼先生之亡，而孰知僕之戚戚，尤不能已也？

僕慕先生之道，亦既有年；去先生之居，僅數百里。然而進見之日爲最晚，親炙之時蓋無幾。迨夫同試南宮，棲遲逆旅，耳提面誨，猶姪猶子。念聚會之爲難，急講明乎大旨。既而金陵之游，僕守不遠有方之戒，而不敢從；嚴陵之講，僕懷倚門之望，而不能俟。及先生横經温陵，僕僅得私傳諸人而淑艾乎已。將謂先生來仕安邑，而僕已解戍安陽，則卒業之期尚可倒指。曾謂西郊拜别，❶而遂判袂於生死乎！

嗚呼！先生之疾不知時、没不知日，

❶「别」，清鈔甲本作「送」。

既不及盥手以飯含，又不及執紼於道周。聞訃遺奠，獨在諸賢之後。僕之罪不敢諱，而先生之恩義，將曷酬已焉哉！泊然之容，不可復見；琅然之音，不可復聞。所恃者，遺書之可攷，則堂堂之心，庶千古其猶存。悵南望以何極，徒紓哀於此文。嗚呼！哀哉！尚饗。

墓誌 叙述附

有宋北溪先生主簿陳公墓誌銘

朝奉大夫主管建康府崇禧觀陳宓撰

嘉定十六年四月一日，北溪陳先生卒。後四年，其門人蘇思恭、梁集、陳沂，以書抵莆陽陳宓謁誌。陳宓既題其墓，又爲之辭曰：

先生生有淑質，幼而穎悟。少長，趣識已端高，爲學務實，以同於俗爲耻。間取濂洛遺書，伏而讀之，曰：「是若與吾心會。」蓋真得洙泗之傳者。循墻闖門，未身其奥，吾心恧焉。聞朱夫子講道武夷，是又真得濂洛之傳者。贏糧願從，厄於無資。

天啓其逢夫子出守，實維先生之鄉。一見與語，知其用工之深久，直以「上達」之理發之。謂：「凡閲義理，必尋究其根原。如爲人父，何故止於慈？須窮慈之根原所自來。爲人子，何故止於孝？須窮孝之根原所自來。」先生一聞其語，深思默探，日求其所未至，不以苟得而遽止也。夫子去漳，每語諸人，屢以「南來，吾道得一安卿」爲喜。或士友疑問不合夫子意，獨稱安卿爲「善問」。其許可如此。

先生又積其十年之學，凡所讀聖賢之書，講明義理，洞究淵微。日用之間，行著習察，有以洞見乎天理流行之妙，胸中灑落，隨其所處，莫不有從容順適之意。不遠千里質之夫子，有喟然與點之嘆。則又告之曰：「當大作下學之功，毋遽求上達之見。當如曾子專從事於所『貫』，毋遽求曾子之所『一』；當如顔子專從事於『博約』，毋遽求顔子之『卓爾』。」夫子蓋許先生以曾晳之意，而勉先生以子路、冉求、公西華之事也。

先生於是無書不讀，無物不格，旁搜廣覽，惟恐或遺。嘗語人以「文公表而出四書與《近思録》，乃聖賢傳心明道之要法，學者造道成德之大端，非謂天下道理、聖賢事業可以取足於此而已也。凡經傳子史之所載紀綱制度之詳，禮樂刑政之用，古今興衰治亂之原，得失利害之機，與夫異端邪説似是之非，淺深疏密難明之辨，須一一講究勘驗過，方得」。又曰：「《書》乃帝王大用流行處，《周禮》乃周公大用流行處，《春秋》乃孔子大用流行處，皆不可不盡心焉者。蓋妙道精義，須從千條萬緒中串過，無一不周匝，然後爲聖門之實學。不然，則不免落空矣。」此皆先生中年再聞朱夫子「一貫」「博約」之語，積功而有得者也。至是，夫子之所以教，先生之所以學，徹上徹下，該貫精粗，無復遺恨矣。

夫子没，先生僻處南陬，與四方同門朋友聲問不相接。鄉間諸老囊在朱門者，皆已零落。後人累於科舉，習於見聞，絶無此志。唯鄰郡泉、莆，間有相信從者。

嘉定丁丑，以特試，寓中都。四方士友所萃，有平昔同門而未識面者，聞先生至，叩門求質者甚衆。朝士大夫，争迎館焉。鄭侯之悌刺嚴陵，招致學宫，坐臯比講道。發明正學，求其指歸，則有《道學體統》等四篇；觝排異端，中其膏肓，則有《似道》、《似學》二辨。蓋近世固有學無師傳、竊似亂真，自立門庭者，但教人默坐求心，謂一蹴可以至道，而以致知、格物爲支離，認人心爲道心，而理欲是非之所在，皆置之不問。後生晚出，喜其奇而便其簡，羣而和之，牢不可破。朱子没，其説益張，其徒益繁，故先生極力排之者。昔孔子没，有孟子，息邪距詖以正人心，而孔子之道始尊。嗚呼！是先生之所以爲心歟！

歸自中都，泉之人士争師之。先生爲之講解，率至夜分，惟恐聽者之勞，而在己曾無一毫倦色。惟慮夫人無以受之，而不憚於傾其所有以告。於是，門人隨其口授，而筆之於書。《大學》、《論》、《孟》、《中庸》，則有《口義》；仁、義、禮、智、心、意、性、情之類，隨事剖析，則有《字義詳講》。仙谿陳沂往來其門，歲月逾久，以一時問答之言，輯《筠谷所聞》二卷，尤其深切著明者也。今二邦學子，欲識聖門蹊徑者，皆賴是書以爲標的云。

維先生之道，至晚益尊。行著於鄉，德形於言。其胸中明瑩，湛乎太空之無雲也。其辯説條暢，浩乎水涌而山出也。其推己及人之心，甚於飢渴嗜慾而不能以自遏也。先生調官泉南，諸生預竊自幸其有以終教於我也。將之官而先生卒。於是相與哭之哀，曰：此後學之不幸也。

嗚呼！先生仕不逮禄而行可爲法，功不及時而言可明道，死而不亡。信然！非邪？

先生諱淳，字安卿，漳之龍溪北溪人。淳熙己酉與計偕，嘉定丁丑該特奏恩。越明年，授迪功郎，主泉州安溪簿。壬午以恩循修職郎。享年六十有五。曾大父宥，大父尚德，父懷忠，咸韜德弗耀。妻曰李氏，同門友唐咨之季女。子曰榘，能讀父書，而詮次其家集爲五十卷。女二人，長適蕭篤志，次未行。銘曰：

在昔洙泗，孔聖尚存，羣弟親炙，各有所聞。及師既没，源遠流分。子夏知過，蓋爲離羣。卓爾曾子，道晚益尊。偉矣先生，始登朱門，妙契厥旨，一貫糾紛。師去愈久，不替討論。由泉暨莆，從者如雲。衛道嚴陵，大論始伸。剖析幽微，如木斯春。瑞泉之里，石鼓之原，過者必敬，歸彼新墳。

敘述

門人陳沂

先生稟姿無華，識性穎悟。少習舉子業，嗜學精勤，趣向不凡。高東溪門人林簿宗臣，鄉之儒先也，一見奇之。謂曰：「子之所習，科舉文爾！聖賢大業，則不在是。」乃以紫陽朱文公所編《近思録》授之。先生退而誦習，始知濂洛之淵源。於是盡屏舊學，博訪諸君子之書，專研精究，得其梗概。時有愕然疑、諠然笑、譁然毁者，先生確然自信，不爲之惑。思欲摳衣文公之門，迫於親養，而未能也。

歲在庚戌，文公出守臨漳。先生抱十年願見不可得之誠，廼袖所著《自警詩》而贄敬焉。文公恨見之晚，首授以「根原」二字。謂：「凡看道理，須各窮个根原來處，方見得端的確定而不可易。首末表裏，必極其透徹，不可只窺見一斑半點便以爲足。」因劇論詳剖，且歡然曰：「某到此未曾將這般道理説與人。今向公都説了。」先生面領心會，時造郡齋講論，或至夜分。凡所扣擊，❶無非向上意旨。文公屢以「善問」稱之。延寘學宮，表率後進。

辛亥夏，文公去郡。先生推詳所授「根原」，析爲問卷。書來印證，有「看得甚精密」之語。貽書于李唐咨堯卿，曰：「區區南官，喜爲吾道得此人爾！」丙辰秋，先生因感嚴時亨《與點論》大有遺闕，發爲詳説。槎溪廖子晦先生劇與辯論，猶以「語上遺下、語理遺物」爲疑，質之文公。雖未免互有得失之答，然終喜先生所見净潔，爲不易。

文公晚年嘆此道之寂寥，屢書招致。己未冬，再謁于攷亭。文公時已寢疾，延至臥内，扣以「十年之別，有甚大頭項工夫」？先生縷縷開陳。文公復抑之。曰：「所欠者，惟當大專致其下學之功爾。」蓋至是甚喜先生已見「根原」大意，復欲其詳驗、實體於日用事物之中也。故「竹林所聞」，無非直截痛切、喫緊爲人底語，與昔日郡齋從容和樂之訓，迥然不同」。越明年，庚申正月告歸。文公借棋引喻，猶欲其博友四方，則拳拳屬望之意有在矣。

三閲月，而文公即世。先生追思嚴訓，痛自裁抑，一掃平日立定大底意見，平心下氣，悉力探討。於書無所不讀，於事無所不格。凡千條萬緒分合出入，實是實非易惑難辨者，無不毫分縷析，各有以詣其極而無

❶「扣」，清鈔甲本作「叩」。

餘。故其真積之久，渾然不見其本末精粗之間，此先生再見文公而深有得也。

先生之道，默探乎太極渾淪之妙，而實不離乎粲然日用之中；剖析乎事物流行之費，而實總會乎本原之所自出。故其言「太極」，曰：「太極只是理。理本圓，故太極之體渾淪。以理言，則自末而本、自本而末，一聚一散，而太極無所不圓。具以象言，❶則自博而約、自約而博，一闔一闢，而太極無所不極。至自萬古之前，與萬古之後，無端無始，此渾淪太極之全體也。自其冲漠無眹，而天地萬物皆由是出，及天地萬物既由是出，又依舊冲漠無眹，此渾淪無極之妙用也。聖人一心，渾淪太極之全體；而酬酢萬變，無非太極流行之用。學問工夫，須從萬事萬物中串過，湊合成一渾淪大本。又於渾淪大本中，散爲萬事萬物，使無少窒礙，然後實體得渾淪至極者在我，而大用不差矣。」其言「仁」，曰：「仁只是天理生生之全體。畢竟天理二字除不得，一个生字亦除不得。仁無表裏動静、隱顯精粗之間，惟此心純是天理之公，而絶無一毫人欲之私，乃可以當其名。若一處有病痛，一事有欠缺，一念有間斷，則私意行而生理息，便頑痺不仁矣。」又謂：「忠如水之潤，恕如水之流。發出忠底心，便是恕底事；做成恕底事，便見忠底心。至於心思與形體之動，則驗其所發之時，微不同；食色與才稟之性，則辯其所指之本，大有異。」皆探賾發微之至論也。其他闡明經旨，誘掖後學循循有序，爲之立一定之則，此渾淪聖門所從入之地。則曰：「聖人言語，皆從大本中流出，

❶「具」，清鈔甲本作「且」。

雖一言半句若常談，而莫非精義妙道之所發見。凡義理都藏在句裏，其間有正面説者，有偏旁及者，又有縱横顛倒説者。雖不同，然須先於本物根株上見得爛熟，然後縱横顛倒，無所不通。」

其始學未有所入者，則正其路脉而語之，曰：「讀書之法，須字字句句曉其文義，然後通全章以會其旨歸。文義旨歸既通，然後吟哦諷誦，以玩其底藴，固不可只皮膚上淺淺獵涉，亦不可就字旁生枝節支離。❶但虚心玩味，浹洽日久，自然有得。」

其已學粗有所得者，則進以入德之次第而勉之，曰：「道理渾淪，非可以一蹴到。凡看道理，須就裏面重重入細做工夫，自到至精至極處。最緊要是就身心上著實體驗，其有無欠缺，常切照管，勿令間斷，方可己分上有得，不是懸空閒説。」

恐其騖於高遠，則曰：「道理初無玄妙，只在日用人事間，但循序用功，便自有見。非如老莊，脱人事之外，而求之虚空曠蕩之表也。所謂下學上達者，非謂專務下學便能上達，須下學工夫至到，然後可著上達工夫，則冰融凍釋，自不勞力爾。」

恐其畫於小成，則曰：「盈天地間千條萬緒，是多少人事；聖人大成田地千節萬目，是多小工夫。惟當開拓心胸，大作基址，須萬理明徹於胸中，將此身放在天地間一例看，然後可以語孔顔之樂。須明三代法度，通之於當今而無不宜，然後爲全儒，而可以語王佐事業。須運用酬酢，如探諸囊中而不匱，然後爲資之深，取之左右逢其原，而真爲己物。若拘拘只守一隅，道理偏

❶「旁」，清鈔甲本作「多」。

著在己，則寡陋窄狹，孤單枯槁，是乃一夫之小善，何足以言道！何足以言學！」

至於「以天理人欲分數，而驗賓主進退之幾，如好好色、惡惡臭，而爲天理人欲彊弱之證，必使之於是是非非如辨白黑、如遇鏌鋣，不容有騎墻不決之疑，則雖艱難險阻之中，無不從容自適。夫然後爲知之至而行之盡」。此又深砭學者之膏肓，而示以至極之標的也。

先生平居里閈，不沽名譽，不拘流俗，恬然退守，若無聞焉。然德名播天下，大夫、士有志於道者，往來必致敬。壬申夏，趙公汝讜守臨漳，一見先生貌粹而古、言約而精，信其爲得道君子也。重禮招屈，處以賓師之位。先生遜謝不獲而後就。其後，大老賢俟時造其廬，或質以所疑，或咨以時政得失，泉莆之間，❶學子問道踵至。歲在丁丑，待試中都。同志之士遠及川蜀，爭投贄謁；朝紳之彦，聞風加禮。歸過嚴陵，郡守鄭公之悌率僚屬人士，延講郡庠。先生嘆陸學張王，學問無源，全用禪家宗旨，認形氣之虚靈知覺爲天理之妙，使人終日默坐澄心、以求大本，屏去「道問學」「窮格」工夫，欲一超徑造上達之境，反托聖門以自標榜，牽聖言以就老釋意。❷其爲吾道之賊，極口辨論，辭不少遜。遂發明吾道之體統、師友之淵源、用功之節目、讀書之次序，析爲四章，以示學者大公至正之標的。於是儒名墨行、盜名於一方者，歛縮不敢肆；而志學向道者，始釋然知邪正之所由分。然則先生之息邪説、距詖行、正人

❶「咨以」至「之間」，原闕，今據乾隆本補。
❷「意」，康熙本、清鈔甲本作「慮」，乾隆本作「惡」。

心，其有功於斯道也，大矣！

注簿安溪，❶未上而歿。學者痛慕，或奔赴其喪，或爲位而哭，或緘詞寄奠。寺丞復齋陳公宓，大書其阡曰：「嗚呼有宋北溪先生之墓。」復誌而銘之。

先生學力造微，充養有道。胸懷磊落而榘度端方，智識高融而文理縝密。言語簡訥，而入人也如時雨之潤；容貌樸古，而接物也如春陽之温。形於議論，不待思索，自中流出，如長江大河，有沛然莫能禦之勢；見於動作，不事矯揉，而見面盎背，有粹然不可揜之美。

晚年嘆師友之凋零，直以傳道授業爲己任；樂於教人，雖終日應酬而不倦。或有憤悱而不能自發者，先生爲之達其詞意，徹其骨髓，令人言下省悟，忻懌不能止。

生理素薄，量入而出；衣敝緼袍，略無少憾；菽水甘旨，曲盡其歡。其順親有道：世俗多用浮屠，先生諭父以理，屏去不用。母疾亟，藥劑罔功，先生號泣于天，乞減己壽以延母年。弟妹之未婚嫁者，則竭力任責，以次了遣。親黨之不能葬送者，則倡義經營，爲之安厝。

先生雖不見用於世，然憂時論事，感慨動人。每誦前輩歌詞，擊節長嘯，以發其勃勃英毅之氣。嘗代人奏劄，言：「山東歸附，有若可安之勢，而實非所以爲安者，不可不深爲之慮。亡胡屏息，有若可緩之形，而實非所以爲緩者，不可不急爲之防。」目擊閭閻利病，慨然開陳，如止横斂、懲豪姦、實檢旱、秤會價、禁屠牛、懲穿窬、戢海寇之請，無非深切時政，杜絶民害。如請改覺

❶「注」，康熙本、清鈔甲本作「主」。

泮、移貢闈、罷塔會、禱山川社稷、禁淫戲淫祀，則又一以崇化導民爲意。陳復齋嘗云：「鹽筴爲漳害最深。先生條畫詳盡，使其説果行，則惠流數世，何必仕是邦而後爲政耶？」

先生舊所編緝，則有《禮詩》、《女學》之書，外有《字義詳講》、《大學中庸口義》、《筠谷瀨口金山所聞》。皆諸生所録，而先生筆削之矣。其他著述，與夫往復書問，先生之子榘編次爲五十卷。吁！道必真得其人而後明，學必真得其人而後傳。若先生，真文公之嫡嗣歟！

沂摳衣師門，二十年矣，❶先生不以其愚，❷刮目期待，誘其入而厲其志，❸扶其偏而起其痼者，不知其幾。識昧質柔，每嘆仰鑽瞻忽之不能企。❹先生往矣！今乃以終身之誦，求十分之心，將何以升其堂而入其室乎？然遺訓洋洋，如在其上，何敢昧此心之靈！惟知俛焉孶孶，斃而後已。

昔韓子云：「聖人之道大而能博，門弟子不能徧觀而盡識，故學焉皆得其性之所近。」沂不敏，敢記所聞以備遺忘，願與同志考之。若夫譜系、官簿見於誌銘者，茲不復書云。紹定壬辰正月元日，文林郎新就差新州軍事推官陳沂敬述。❺

北溪先生大全文集外集終

❶「矣」，康熙本、清鈔甲本作「而」。當從。
❷「以其」至篇末，原脱，今據康熙本補。
❸「志」，清鈔甲本作「進」。
❹「企」下，清鈔甲本有「及」字。當從。
❺「差」下，清鈔甲本有「官」字。

鳴謝

《儒藏》精華編惠蒙善助，共襄斯文；謹列如左，用伸謝忱。

本焕法師　壹佰萬元

智海企業集團董事長　馮建新先生　壹佰萬元

NE·TIGER時裝有限公司董事長　張志峰先生　壹佰萬元

張貞書女士　壹佰萬元

北京大學《儒藏》編纂與研究中心

本册審稿人　代　超　李劍雄

本册責任編委　馬月華

圖書在版編目(CIP)數據

儒藏.精華編.二四〇：全二册/北京大學《儒藏》編纂與研究中心編.—北京：北京大學出版社，2018.9

ISBN 978-7-301-11958-7

Ⅰ.①儒… Ⅱ.①北… Ⅲ.①儒家 Ⅳ.①B222

中國版本圖書館CIP數據核字（2018）第199141號

書　　名	儒藏（精華編二四〇）（上下册） RUZANG
著作責任者	北京大學《儒藏》編纂與研究中心　編
責任編輯	王　琳　吴冰妮
標準書號	ISBN 978-7-301-11958-7
出版發行	北京大學出版社
地　　址	北京市海淀區成府路205號　100871
網　　址	http://www.pup.cn　新浪微博：@ 北京大學出版社
電子信箱	dianjiwenhua@126.com
電　　話	郵購部010-62752015　發行部010-62750672　編輯部010-62756449
印 刷 者	北京中科印刷有限公司
經 銷 者	新華書店
	787毫米×1092毫米　16開本　91.75印張　913千字
	2018年9月第1版　2018年9月第1次印刷
定　　價	1200.00元（上下册）

ISBN 978-7-301-11958-7
9 787301 119587 >
定價：1200.00元
（上下册）